HISTO

JOSEPH PÉREZ

HISTORIA DE ESPAÑA

CRÍTICA

BARCELONA

Primera edición en rústica: junio de 2000

Título original:
HISTOIRE DE L'ESPAGNE

Traducción castellana de
JUAN VIVANCO, MAGDA MIRABET y M.ª CARMEN DOÑATE

Diseño de la cubierta: Joan Batallé
© 1996: Librairie Arthème Fayard, París
© 1999 de la traducción castellana para España y América:
EDITORIAL CRÍTICA, S.L., Provença, 260, 08008 Barcelona
ISBN: 84-8432-091-X
Depósito legal: B. 15.517-2000
Impreso en España
2000.—Domingraf, S.L., Mollet del Vallès (Barcelona)

PRÓLOGO

Con el restablecimiento de la democracia y la incorporación en la Comunidad Europea, España ha vuelto a desempeñar en el mundo el papel que le corresponde por su contribución a la civilización occidental. Se cierra el largo paréntesis abierto a mediados del siglo XVII cuando su desarrollo histórico pareció apartarse de la línea general seguida por las demás naciones europeas. Durante siglos, bajo la influencia de la historiografía anglosajona, se difundió la idea de que la civilización moderna —el desarrollo técnico y económico, la ciencia, el progreso, la tolerancia...— era hija de la Reforma protestante y que las naciones que, en el siglo XVI, se habían mantenido fieles al catolicismo romano —es decir, fundamentalmente las naciones latinas: Francia, España, Portugal, Italia— quedaban incapacitadas para integrarse plenamente a dicha civilización. Hubo franceses y españoles que compartieron esta idea. Bastarán dos ejemplos: en Francia, el político e ideólogo Guizot;[1] en España, nada menos que Manuel Azaña.[2] Hoy en día, los historiadores han matizado y revisado aquellas perspectivas. La distinta orientación que tomaron, a partir del siglo XVII, las naciones de Europa ya no se atribuyen exclusiva ni principalmente a motivos religiosos, raciales o ideológicos, sino a causas mucho más complejas.

Desde luego, la historia de España, como la de todas las naciones, tiene sus rasgos específicos, pero estos rasgos no deben ocultarnos lo esencial: el profundo parentesco de España con las demás naciones europeas. No cabe duda de que la evolución pudo ser distinta. Hubo un momento en el que la península pudo elegir un rumbo muy distinto. Fue a raíz de la invasión de 711, cuando la casi totalidad del país pasó a ser una mera provincia del mundo musulmán. España, entonces, se incorporó a una civilización original, completamente opuesta a la cristiana occidental: desde el punto de vista religioso, se islamizó; desde el punto de vista lingüístico y cultural, se arabizó. Ahora bien, la clave de la historia de España, durante la Edad Media, está precisamente ahí: en el esfuerzo de los españoles durante siglos para reincorporarse cuanto antes al mundo occidental y evitar a la península el destino del norte de África, es decir, el de unas provincias romanizadas y cristianizadas que acaban formando parte del mundo islámico. Este esfuerzo es el que

1. Guizot, *Histoire de la civilisation en Europe depuis la chute de l'empire romain jusqu'à la Révolution française*, París, 1875, 14.ª edición (la primera edición es de 1828), pp. 342-343.

2. «Durante nuestro sueño las demás naciones han inventado la civilización, de la cual no participamos, cuyo rechazo sufrimos y a la que hemos de incorporarnos o dejar de existir» *(El problema español)*.

se conoce con el nombre de Reconquista y ha dado algún fundamento a una tesis a mi modo de ver exagerada. Hacia 1950, en una interpretación brillante, Américo Castro expresó la idea de que España, desde la Edad Media, siguió otro rumbo que el resto de Europa. Castro tuvo un gran acierto al destacar la importancia que tuvieron en la formación de España la influencia del Islam y la presencia de una fuerte minoría judía. Pero él y, más que él, algunos de sus discípulos, han sacado de aquellos hechos consecuencias que creo excesivas: la idea de que la idiosincrasia de España es radicalmente distinta de la de las demás naciones europeas. El deseo de llamar la atención sobre la situación creada a los conversos lleva a Castro a privilegiar el papel de esa minoría y a descalificar de antemano todo estudio histórico que no tenga en cuenta esa situación; cualquier episodio de la historia de España pasaría a ser incomprensible para quien se negara a abordarlo desde este punto de vista. Esas opiniones no me parecen acertadas. No se puede negar la importancia de los cristianos nuevos en la vida social y cultural de la España moderna; tampoco conviene exagerarla y no hay ningún motivo para atribuir a ese elemento un lugar determinante hasta el punto de convertirlo, en última instancia, en la explicación de toda la historia de España moderna, poniendo entre paréntesis los factores económicos, sociales y políticos. Los trabajos publicados desde hace cuarenta años demuestran que el caso de España no es fundamentalmente distinto del de las demás naciones europeas. Las persecuciones antisemitas de los siglos XIV-XV se inscriben en una coyuntura europea, la de las grandes catástrofes demográficas y las convulsiones económicas y sociales consecutivas a la Peste Negra.

La obra del profesor José Antonio Maravall representa, en este sentido, un hito importante a la hora de enfocar la historia de España dentro de una perspectiva europea. El profesor Maravall tiene en cuenta las características específicas de España, pero muestra también cómo su evolución sigue las pautas de lo que ocurre en el resto de Europa, con las matizaciones que exige tal planteamiento. La Inquisición, por ejemplo, es la forma española de una intolerancia desgraciadamente común a toda Europa. La ausencia de un desarrollo económico a pesar de las remesas de Indias también tiene su explicación: nada en el temperamento de los españoles les impide participar de lleno en las actividades económicas; son las circunstancias las que contribuyeron a transformar a España, a finales del siglo XVI, en una nación de rentistas más que de empresarios, pero estas circunstancias no son exclusivas de España; en Francia también, por ejemplo, por las mismas fechas, se perciben los efectos de la mentalidad hidalguista. El desprecio del trabajo manual, el prurito nobiliario, el afán de hidalguía, la «traición de la burguesía»... no son exclusividades de la España de los Austrias; se encuentran actitudes análogas, en diversos grados, en todos los países de Europa occidental. Pensar que tales actitudes se deben exclusiva o principalmente a la limpieza de sangre, por ejemplo, resulta a todas luces excesivo. John H. Elliott, excelente conocedor de la España moderna, llega a conclusiones semejantes:

> *Cuanto más avanzamos en el conocimiento de la sociedad española bajo los Habsburgo, más nos hace pensar esa sociedad, al menos en determinados respectos, en lo que eran las sociedades de otros Estados europeos en la misma época. Así, cuando se examinan atentamente muchos fenómenos que, en un momento dado, se consideraban como especificidades españolas —los despilfarros de la corte, el parasitismo de la burocracia, la abundancia de licenciados universitarios*

sin empleo, el desprecio generalizado por el trabajo manual y la inclinación a la pereza—, resultan ser igual de característicos de la Francia de Luis XIII y de la Inglaterra de Jacobo I ... La existencia de una variante específicamente española del pecado original parece cada vez más un punto de vista periclitado.

Desde otra perspectiva, creo que fue don Antonio Domínguez Ortiz el primero en reaccionar contra la tesis de las dos Españas irreconciliables. No pretendo que sea totalmente falsa la idea, pero la verdad es que lo mismo cabría decir de todas las naciones. En todas, existe diversidad de pareceres sobre la manera de organizar la sociedad; sólo en circunstancias excepcionales llega esta diversidad a provocar tensiones violentas y dramáticas. Basta con repasar someramente la historia de las naciones europeas para encontrar ejemplos de esta diversidad. La civilización española posee indiscutiblemente su originalidad y su singularidad, pero ¿es radicalmente ajena a los grandes movimientos que caracterizan al Occidente europeo? No hay ningún motivo serio para pensarlo. O sea que España no me parece en este sentido que constituya ninguna excepción y coincido totalmente con la tesis que exponen Juan Pablo Fusi y Jordi Palafox en su reciente libro España: 1808-1996. El desafío de la modernidad, *sólo que yo extendería la tesis a períodos anteriores al siglo* XIX: *España es un país con formas de vida y cultura homologables con las de otros países europeos, por lo menos desde finales de la Edad Media.*

Uno tiene a veces la impresión de que son los mismos españoles los que han contribuido a difundir la leyenda negra, al insistir con excesivo masoquismo sobre determinados aspectos del pasado de su patria: la expulsión de los judíos y de los moriscos, la Inquisición, la violencia en la conquista de América... Cada nación tiene en su historia sus páginas negras, pero, en general, se las considera como acontecimientos que pertenecen a un pasado histórico que no tienen por qué empañar definitivamente la imagen de la nación. En Francia, sin ir más lejos, las matanzas del Terror revolucionario y de la Comuna de París han sido tan tremendas como las guerras civiles que ha conocido España; la expulsión de los protestantes durante el reinado de Luis XIV fue posiblemente más horrorosa que la expulsión de los judíos de España, etc. Ningún historiador francés oculta aquellos hechos pero tampoco se le ocurre a nadie concluir que Francia queda definitivamente descalificada por ello. Lo mismo cabría decir de Inglaterra y Alemania y de casi todas las naciones. Los españoles tienen que reaccionar ante su propia historia, asumiendo los episodios negativos como cosas que pertenecen al pasado histórico. No se trata de ocultar las páginas negras, menos aún de oponerles una leyenda rosada, sino de exponer los hechos, todos los hechos, enfocándolos en una perspectiva histórica. Así es como se puede llegar a una visión objetiva de lo que fue una nación. Esto es lo que he procurado hacer.

JOSEPH PÉREZ

Octubre de 1998

Introducción

DE LOS TIEMPOS PREHISTÓRICOS A LA INVASIÓN MUSULMANA

¿Es legítimo plantear una historia de España desde los orígenes más remotos? «El hombre que realiza la historia es siempre el mismo.» Este postulado justificaba la aspiración de Menéndez Pidal: extraer unos rasgos característicos de toda la historia de España, desde sus orígenes. Para eso es preciso que haya una España y un pueblo español que permanezcan idénticos a sí mismos a través de todas las épocas, pese a las mezclas étnicas y las vicisitudes históricas. La afirmación de Menéndez Pidal postulaba esta premisa: la permanencia de una identidad española a través de los siglos.[1] Ahí está el problema. No se trata de negar validez a los conceptos de aspiración universal, pero debemos reconocer que, llegados a cierto grado de generalización, caemos en la abstracción. Américo Castro reaccionó con vigor contra esta tendencia a considerar que el pueblo español es idéntico a sí mismo desde los orígenes, y a considerar parte de la historia de España todo lo que se produjo en el territorio de la península ibérica desde la aparición del hombre: «Sólo una alucinación, explicable por una especie de psicosis colectiva, pudo hacer de Séneca y de su filosofía un fenómeno español». A diferencia de lo que creía Ortega, Trajano no era sevillano, «los visigodos no eran españoles»,[2] etc. La tesis de Castro tiene el mérito de destacar lo absurdo que sería, por ejemplo, empezar una historia de la literatura española con un capítulo sobre los escritores latinos nacidos en la península. Como dijo Henri Marrou a propósito de san Agustín, «lo que cuenta es la civilización, y no los cromosomas». Agustín seguramente era de raza beréber, lo cual no impide que sea representativo de un momento de la civilización romana.[3] Hemos de admitir, con Américo Castro, que Séneca y Trajano pertenecen a la civilización romana, y no a una hipotética civilización española que aún no existía en la época en que vivieron.

Dicho esto, ¿a partir de cuándo es legítimo hablar de España, de españoles, de civilización española? Para Américo Castro, no antes del siglo X: sólo entonces apa-

---

1. Ramón Menéndez Pidal, *Los españoles en la historia*, Espasa-Calpe (Colección Austral, n.º 1.260), Buenos Aires.
2. A. Castro, *La realidad histórica de España*.
3. H. I. Marrou, *Saint Augustin et l'augustinisme*, París, 1955, pp. 11-12.

reció el término español para designar a los hombres que vivían en los reinos cristianos de la península ibérica. Estos hombres tenían en común su rechazo a someterse a los soberanos moros, pero sus contactos con el islam influyeron en su comportamiento y mentalidad: «Los españoles … pertenecieron a una colectividad humana, sita temporal y espacialmente en la península ibérica, e integrada por tres castas de creyentes: cristianos, moros y judíos. O sea, que los españoles nacieron a la vida histórica sin conciencia de ser celtíberos, y sí de ser cristianos, mudéjares[4] o judíos».[5] Puede que aquí Américo Castro caiga en el exceso opuesto. Sánchez Albornoz se lo reprocha agriamente, al mencionar «la absurda y torpe teoría de que lo español es posterior a 711. Es difícil evitar una sonrisa ante la afirmación … de que todo lo ocurrido en la península antes de la invasión islámica cae fuera de la historia de España».[6] 711 no es un comienzo absoluto. Antes de 711 la península era un lugar donde se cruzaban culturas llegadas del sur, el este y el norte. Después de 711 siguió siéndolo: «Hispania volvió a ser lo que había sido desde siempre, una encrucijada de culturas y estilos de vida».[7] Es difícil seguir a Castro hasta el final: los cristianos de la España de la reconquista se sentían solidarios de la cristiandad, que a su vez se consideraba heredera de la civilización romana. El español es una lengua neolatina, aunque haya acogido formas árabes. Todo habría sido distinto si el islam hubiera ocupado por completo la península y hubiera logrado mantenerse en ella. No fue así, y precisamente por sentirse solidaria de la cristiandad, una vez terminada la reconquista España decidió deshacerse de lo que aún la distinguía de esa cristiandad: el judaísmo y el islam.

Si identificamos pueblo con lengua, España aparece al mismo tiempo que las lenguas románicas, es decir, no antes del siglo X, pero si nos situamos en el punto de vista de la civilización, la península ibérica se convierte en una unidad política coherente a partir de la época visigoda. Gracias a los visigodos no hay solución de continuidad entre la España romana y la España del siglo XIII. Esta continuidad es lo que Menéndez Pidal se propone estudiar cuando busca los rasgos generales de lo que llama el carácter español, algo que con Fernand Braudel llamaríamos civilización. Hoy el área cultural ibérica se extiende geográficamente por toda la península ibérica, parte de América del Norte y América central, toda América del Sur, importantes zonas de África (Angola, Mozambique) y algunas de Asia (Goa, Macao, Filipinas). Esta área posee algunos rasgos que la diferencian de otras: en ella se habla español o portugués y el catolicismo ha dejado una fuerte impronta. Hay numerosas variedades regionales, empezando por el mundo hispanófono y el lusófono. El punto de partida, el foco original de esta expansión, es la península. En ella encontramos hoy dos estados, España y Portugal, y dentro del primero una comunidad mayoritaria, la castellana, y comunidades históricas y culturales minoritarias: los ámbitos catalán, gallego y vasco.

Es esta diversidad lo que debemos explicar. Se comprende que para Sánchez Albornoz esta larga lucha contra el islam sea la clave de la historia de España, pues engendró estructuras, instituciones, modos de vida, de pensar y actuar que no desaparecieron, ni mucho menos, con el fin de la reconquista. Esto nos remite, una vez

---

4. En los últimos siglos de la Edad Media se llamó mudéjares a los musulmanes sometidos a la autoridad de un soberano cristiano.

5. A. Castro, *op. cit.*, p. XII.

6. Claudio Sánchez Albornoz, *España*, t. I, p. 5.

7. *Ibid.*, I, p. 102.

más, a la historia de la civilización más que a la psicología, porque estas costumbres y tradiciones son hijas de la historia y las circunstancias. De modo que no nos parece ocioso empezar esta historia de España con un recuerdo de los orígenes, aunque sólo sea para situar los marcos que, muchos siglos después, servirán de referencia a los españoles.

LOS TIEMPOS PREHISTÓRICOS

¿De dónde procedían los grupos nómadas del Paleolítico, grandes cazadores? Algunos prehistoriadores dudan que las poblaciones primitivas pudieran cruzar el estrecho de Gibraltar con embarcaciones rudimentarias, lo cual excluiría un origen africano. Sea como fuere, se han encontrado restos de hábitat por lo menos en tres zonas:

— en el noroeste, donde varias cuevas de la provincia de Santander (Puente Viesgo y sobre todo Altamira) conservan admirables pinturas rupestres de bisontes, caballos y ciervos que tienen muchos aspectos en común con los hallados en el valle del Vézère, lo que podría sugerir una identidad de civilización, y por tanto de poblamiento;

— las terrazas fluviales del Jarama y el Manzanares, en el centro de la Meseta;

— Levante, entre Lérida y Albacete, y especialmente en la zona de Teruel, donde a principios del siglo xx se descubrieron pinturas rupestres en abrigos que representan animales, pero también hombres, mujeres y niños, con escenas de caza y de guerra que hacen pensar en las que se han encontrado en el Sahara, lo que refuerza la tesis de un poblamiento de origen africano. Pero los especialistas no se ponen de acuerdo. En contra de la opinión del abate Breuil, Martín Almagro no reconoce en estas pinturas bisontes ni rinocerontes. Se trataría de manifestaciones posteriores a las del Cantábrico y del Paleolítico.

Cinco mil años antes de la era cristiana, atraídas por las minas de cobre y estaño, surgieron verdaderas colonias en el sur de España. Se cree que procedían del Mediterráneo oriental, y eran comparables, salvando las proporciones, a lo que más adelante serían las factorías griegas. Los restos hallados permiten hablar de una agricultura primitiva, de domesticación de ciertos animales (vacas y cabras), de una artesanía rudimentaria con cerámica e incluso de una metalurgia primitiva del cobre en la provincia de Almería. Algunos de los establecimientos están protegidos con murallas de piedra provistas de torres redondas. También se cree que fueron poblaciones del Mediterráneo oriental las que poco después introdujeron los ritos funerarios, primero en forma de sepulturas colectivas (dólmenes de Levante, Andalucía, desembocadura del Tajo y Galicia), y después individuales. En Soria, Teruel y Levante hay restos de poblados fortificados, a menudo situados en colinas. La abundancia de testimonios sugiere una penetración por los valles del Guadalquivir y el Tajo hasta el interior, a través de la cuenca del Guadiana y la actual Extremadura. Esta última región, geográficamente homogénea, va desde la llamada Siberia extremeña hasta el Algarve portugués. Desde una época muy antigua debió de ejercer una fuerte atracción, aunque estuvo muy poco urbanizada hasta que los romanos fundaron una gran ciudad que acabaría siendo la capital de España, Emérita Augusta (Mérida). No se puede descartar un principio de organización política en la zona de Huelva, origen de las leyendas sobre el imperio de Tartessos.

GRIEGOS, FENICIOS Y CARTAGINESES

Las fuentes griegas más antiguas llaman Tartessos primero a un río, luego a un territorio, pero nunca a una ciudad. Este reino, que según estas fuentes se extendía hasta Valencia, se caracterizaba por una gran riqueza en metales (plata, cobre, estaño; se explotaban las minas de Riotinto y Linares) y una importante ganadería bovina, que pudo ser el origen de la leyenda de Gerión, muerto a manos de Hércules. Los fenicios tuvieron contacto con estas poblaciones iberas. La investigación histórica ha confirmado, en general, los datos proporcionados por Diodoro de Sicilia. Una de las primeras factorías fenicias se fundó más allá de las columnas de Hércules, en la isla de Cádiz. Según Estrabón era una de las mayores ciudades del mundo. Cádiz (o Gadir) tenía una fortaleza, una muralla y un templo dedicado a Moloc, otro a la «Venus marina» (¿Astarté?). El santuario de Hércules —donde según la leyenda estaba enterrado Melqart, el Hércules de Tiro— era el más importante de la península. Aníbal, César y Trajano lo visitaron con devoción. En el cementerio, situado fuera de la ciudad, se han hallado unos sarcófagos y unas joyas de oro, monedas con la cabeza de Hércules-Melqart y dos atunes, símbolo de las pesquerías que daban prosperidad a la región. Esta primera colonización no dejó restos monumentales. Se supone que se remonta al año 1100 a.C., fecha que para Bosch Gimpera es demasiado precoz, aunque en la necrópolis fenicia de Almuñécar (Granada) hay vasos de alabastro importados de Egipto y datados en el siglo IX, lo que implica una presencia fenicia activa y antigua en todo el litoral andaluz. Las ánforas halladas en toda la costa son una muestra de la importancia del vino y el aceite, que los fenicios cambiaban por plata, oro y cobre. La pesca y sus derivados —salazones y conservas de atún, salsa llamada *garum*—, así como la púrpura sacada de las conchas de cañadilla, eran importantes actividades económicas.

El hábitat ibérico de Santa Pola (Alicante) data de finales del siglo V a.C. Está rodeado de una muralla y un foso, y se encuentra en la región —desembocadura y curso bajo del Segura— donde se estableció, con la ocupación romana, Portus Illicitanus (Elche). Se ha encontrado un taller de salazones, y los restos de cerámica podrían indicar la importancia del establecimiento en el comercio mediterráneo, por la presencia de ánforas de distintas procedencias (Andalucía, Ibiza...). Muy cerca de allí, en Cabezo Lucero, se han descubierto restos de un poblamiento antiguo que posiblemente se remontan a la edad del bronce, unos restos arqueológicos de inspiración fenicia, y un hábitat ibérico que pudo estar ocupado por griegos, con tumbas de incineración, sin estelas, según la costumbre de los iberos. La Dama de Cabezo Lucero, descubierta en 1987 (actualmente en el museo de Alicante) es un busto de arenisca fina, de 49 cm de altura, adornada con joyas que recuerdan a las de la Dama de Elche, busto de piedra descubierto en 1897: una diadema, unas arracadas redondas de 16 cm de diámetro que tapan las orejas y unos collares. Los iberos conocían formas de escritura, y se han encontrado fragmentos del siglo V (el plomo de Alcoy), en una lengua desconocida que recuerda al euskera y que, en todo caso, no es indoeuropea.

Los griegos, rivales de los fenicios en el Mediterráneo, llegaron mucho después que ellos, hacia el siglo VI. Fueron los primeros que hablaron del país de los iberos para designar la costa meridional donde establecieron factorías, un término que aplicaron después al conjunto de la península. La colonia más antigua es Mainake

—o Menaca—, cerca de Málaga. Atraídos en un principio por las riquezas de Tartessos, se establecieron en la costa oriental, en el golfo de Rhode (Roses, provincia de Gerona), quizá en el siglo VIII, más probablemente en el VI, cuando fundaron la ciudad de Emporion (Empúries). La mayoría de los restos arqueológicos datan de épocas más recientes, concretamente una hermosa estatua de Esculapio (siglo III) y sobre todo la Dama de Elche, encontrada en la provincia de Alicante, probablemente de época romana y no griega arcaica, aunque en ella se advierten reminiscencias púnicas. Los fenicios y los griegos no se aventuraban mucho en el interior de la península. Su influencia se sintió sobre todo en el arco litoral situado entre las desembocaduras del Ebro y el Guadiana, y tuvo como consecuencia la formación de una civilización homogénea que atestiguan, por ejemplo, los restos de cerámica.

Hacia 800 a.C. otras poblaciones —los celtas—, procedentes de Europa central y de cultura más tosca, penetraron en España por el oeste de los Pirineos y se instalaron en el valle del Ebro y las costas de Levante. En el siglo VI otras tribus celtas eligieron el valle del Duero, en la Meseta central, donde se les atribuyen los Toros de Guisando, esculturas de piedra cuya forma recuerda a unos toros. Numancia fue la principal población construida por los celtas. Al oeste, en la región comprendida entre el Tajo y la actual Galicia, los celtas colonizaron lo que sería Lusitania. Más al este de dicha zona se instalaron los galaicos. Los pueblos del interior acabaron fundiéndose en uno solo, el celtíbero, aunque todavía hay muchas dudas al respecto.

La llegada de los cartagineses en el siglo VII introdujo cambios en la península ibérica. La tradición sitúa en 654 la fundación de Ibiza, en las Baleares. Escala entre Sicilia y el sur de Italia, por un lado, y entre el golfo de León y Levante, por otro, la isla proporcionaba vino, aceite y corderos. También se comercializaban conservas de pescado. Pero los cartagineses empezaron la conquista progresiva de la península por Cádiz, no por Ibiza. Amílcar Barca (237-228) desembarcó allí en 237, venció la resistencia de las poblaciones locales y avanzó por la costa hacia el este. Entre 228 y 221 Asdrúbal continuó avanzando y fundó Cartagena (la nueva Cartago). En su avance los cartagineses se adueñaron del litoral y de las factorías fenicias y griegas más meridionales. Empúries, temerosa, pidió ayuda a Marsella y a su aliada Roma, la única potencia que parecía capaz de detener a los cartagineses. En 219 Aníbal llegó a las puertas de Sagunto, ciudad aliada de los romanos. El sitio duró ocho meses y terminó con el suicidio colectivo de sus habitantes. El ataque contra Sagunto fue lo que desencadenó la respuesta de Roma.

La España romana

La intervención romana en España no se puede separar del conflicto más general con Cartago. En 226 a.C. se había firmado un acuerdo para delimitar las zonas de influencia de las dos potencias rivales. El ataque de los cartagineses a Sagunto se consideró un *casus belli*. Los romanos tenían razones estratégicas para actuar. Después de una marcha de dos mil kilómetros, Aníbal había logrado una victoria aplastante en Cannas (216 a.C.) y amenazaba directamente a Roma, pero su flota era incapaz de asegurar una comunicación directa entre Cartago y Sicilia, por lo que se veía obligado a llevar los refuerzos y el avituallamiento por tierra a través del norte de África, la península ibérica y el litoral mediterráneo. Roma debía cortar esta ruta para aislar a Aníbal. En esta segunda guerra púnica los romanos, apoyados sólidamente en la base de retaguardia de Tarraco (Tarragona), tuvieron la oportunidad de vencer fácilmente a sus adversarios. La derrota de Cartago se consumó en 206. Una vez en España, los romanos se dieron cuenta del interés de la península, sobre todo a causa de los metales (oro, plata, cobre, hierro), que eran abundantes. Decidieron conquistarla, empresa larga y costosa que no se completó hasta dos siglos después, en 19 a.C. En realidad, excepto Sagunto y Empúries, apenas había en España ciudades helenizadas donde los romanos pudieran encontrar aliados. En el interior sólo vivían unas tribus más o menos autónomas a las que tuvieron que reducir una tras otra, o enfrentar unas con otras. Al principio los Escipiones sólo controlaron la franja costera, donde podían apoyarse en la superioridad de su flota. En la península propiamente dicha tropezaron con una resistencia a menudo feroz, jalonada de episodios como el sitio de Numancia (153-133) o la resistencia de Viriato en Lusitania (147-139), acontecimientos que tampoco fueron decisivos, ya que un siglo separa la toma de Numancia por Escipión Emiliano y la conquista del reducto astur-cántabro por Augusto. Sería un error interpretar esta lucha de dos siglos como una muestra del afán de independencia de los pueblos de la península y de su capacidad guerrera, propios de un precoz temperamento español que resurgiría más adelante con la guerrilla contra los ejércitos de Napoleón. Es sobre todo la falta de cualquier tipo de organización política lo que explica la lentitud de una conquista que tampoco fue completa, ya que algunas regiones del norte quedaron al margen del imperio romano.

La ocupación del país se hizo en tres etapas:
— entre 218 y 172 a.C. por el litoral mediterráneo y Andalucía;
— entre 194 y 172 a.C. por la cuenca del Ebro;
— a partir de 123 a.C. por las Baleares y el resto del territorio.

La primera etapa empezó en 218 con el desembarco de los Escipiones en Empúries. Duró unos dos siglos, caracterizados por un gran esfuerzo por ocupar el territorio y explotarlo, y por la fundación de «colonias» de veteranos, las ciudades de Emérita (Mérida), Caesarea Augusta (Zaragoza), Itálica (cerca de Sevilla), León, Bracara Augusta (Braga)… Tres grandes regiones destacaron por su integración en el imperio: el noreste (Cataluña), prolongado en el valle del Ebro, el sector de Cartagena y el valle del Guadalquivir. La romanización de Lusitania se hizo por el Alentejo, a partir de la Bética. La presencia de Roma era escasa o nula en Asturias y el País Vasco. A partir del año 19 a.C. la península ibérica —designada con el nombre de Hispania, cuyo uso se generalizó—[8] formó parte del imperio romano. Augusto creó las circunscripciones administrativas con sus tres provincias:
— Bética, es decir, el valle del Guadalquivir;
— Lusitania, alrededor del valle del Tajo y la colonia Emérita Augusta, donde se instalaron los primeros veteranos en 25 a.C.;
— Tarraconense (*Hispania citerior tarraconensis*), que comprendía el valle del Ebro, Cataluña, el noroeste y Cartagena.

Con el advenimiento de Vespasiano en 69 d.C. dio comienzo la edad de oro de la España romana. Sus habitantes disfrutaron del *ius Latii* que, sin convertirlos en

---

8. La palabra «Hispania» puede tener un origen fenicio. Se ha propuesto traducirla por «país de conejos» porque la abundancia de estos animales impresionó a los viajeros.

ciudadanos de pleno derecho, les otorgó ciertas garantías. Muchas ciudades pasaron a ser municipios romanos. El grado de romanización se mide por el número y la importancia de las ciudades. Los pueblos de la península ibérica se integraron en el área económica del imperio. España siguió exportando metales a Roma. También suministró trigo, vino y aceite en cantidades crecientes. Atraídos por los beneficios de la agricultura, jefes de tribu y altos funcionarios romanos adquirieron grandes dominios en el valle del Guadalquivir. Esta zona había sido, desde la época ibero-púnica, el foco de una actividad humana ininterrumpida. Los romanos se preocuparon de rentabilizar los campos de Andalucía, región natural cuya espina dorsal era el Betis (Guadalquivir), que ponía en contacto las minas de Sierra Morena (oro, plata, cobre) con las tierras bajas y fértiles y el mar, donde se pescaban atunes, vía de comunicación con el mundo exterior. En aquella época el gran río era navegable hasta Córdoba, pero las aguas de sus afluentes causaban periódicamente avenidas e inundaciones devastadoras. Las necesidades de la economía, más que la geografía, aconsejaron la fundación de Hispalis (Sevilla), un puerto indispensable para dar salida a los productos del interior, adonde llegaban los barcos aprovechando la marea alta. En la época romana la región se organizó en torno a este río y este puerto. En las llanuras irrigables se cultivaron cereales, olivos y viñas, en las marismas se desarrolló la ganadería extensiva de bovinos, y la zona se cubrió de una red de caminos alrededor de las *villae*. Los restos de almazaras y los fragmentos de tejas y ánforas que los arqueólogos sacan a la luz revelan estas actividades.

Fue así como se puso en pie una organización económica y social duradera: la gran propiedad —*latifundio*—, el papel de las ciudades como focos de civilización, y ciudades comunicadas entre sí por una red de calzadas. En la península había 34 itinerarios: de los Pirineos a León, de Tarragona a Andalucía, de Lisboa a Mérida, de Braga a Astorga, de Mérida a Zaragoza… Gracias a la conquista romana la península se integró en la economía mediterránea y, sobre todo, en una civilización superior. Los hispanorromanos —sería inexacto llamarles españoles— tenían acceso a una cultura con vocación universal, y ante ellos se abrieron unas posibilidades de promoción insospechadas hasta entonces. España proporcionó a Roma algunos de sus mejores escritores (Marcial, Quintiliano, Séneca, Lucano…) e incluso emperadores (Trajano, Adriano y Nerva). La religión —primero el culto imperial, y después, a partir del siglo IV, el cristianismo— fue un gran factor de unificación y romanización, lo mismo que el latín, que desempeñó un papel de primer orden, pues sirvió para que los hispanorromanos se comunicaran entre sí, dotándoles de una lengua común. Las lenguas primitivas acabaron desapareciendo, con excepción del vascuence, precisamente porque en el norte de la península la romanización no había sido tan intensa como en el resto del país.

La prosperidad de la España romana empezó a declinar en el siglo III. En 212 el emperador Caracalla otorgó a sus habitantes el *ius Romanorum* que les convirtió en ciudadanos romanos de pleno derecho, pero las dificultades económicas entorpecieron la actividad de las ciudades. Muchos ciudadanos acaudalados prefirieron instalarse en el campo, en las *villae*, grandes explotaciones agrícolas en las que se distinguen tres elementos: la residencia de los propietarios, los edificios para el personal y el ganado, y la finca propiamente dicha. Gracias a los restos encontrados (mosaicos, pinturas, baños y termas…), sabemos que algunas de estas *villae* disponían de muchas comodidades o verdaderos lujos, por lo que no es extraño que los señores residieran en ellas de forma permanente. La *villa* es el producto de unas costumbres sedentarias, un hábitat disperso, el predominio de la agricultura sobre la ganadería y la mayor seguridad del campo, signos todos ellos de la decadencia progresiva de la urbanización, que había sido la marca distintiva de la romanización. En la región de Valencia la crisis del siglo III condujo a una atonía que duró hasta los siglos X y XI. Entonces la población abandonó las llanuras para refugiarse en las aldeas de la sierra. En esta zona, y puede que en otras, la ruptura entre la Antigüedad tardía y los siglos medievales es anterior a la conquista de los árabes e incluso al dominio de los visigodos: «Mucho antes del siglo V, los marcos económicos, sociales, culturales y seguramente demográficos de la Antigüedad quedaron destruidos o profundamente alterados».[9]

¿Unificó Roma política, económica, social y culturalmente la península ibérica, o se limitó a imponer una superestructura administrativa a unos pueblos que conservaban casi intactas sus características anteriores? Los especialistas no se ponen de acuerdo, y este debate histórico tiene implicaciones políticas. Unos —los castellanos— dan una gran importancia a la romanización, factor de unidad; otros —sobre todo catalanes— rechazan este análisis. Según la tesis castellana, la de Menéndez Pidal, los romanos acabaron con la fragmentación étnica, lingüística y política de la península, e impusieron una unidad administrativa, política, lingüística y, por último, religiosa. España pasó a ser una provincia integrada en el conjunto del mundo romano. La romanización fue más débil en el norte, en el País Vasco —«la España que se libró de la romanización»—, y en el resto fue total. Se hizo a partir de las ciudades, de modo que esencialmente fue una urbanización, y hay una continuidad entre el *forum* antiguo y la plaza mayor. La religión y la lengua completaron la unificación de España y su integración en el mundo romano.

Esta es la tesis castellana. Algunos catalanes se oponen a ella. Pere Bosch Gimpera, en particular, rebate estas conclusiones. En su opinión, Roma impuso una superestructura administrativa, pero los grupos indígenas conservaron sus peculiaridades. La penetración romana se limitó al litoral y a una clase social elevada, mientras que la masa siguió siendo la de siempre. Los romanos sólo obligaron a estos pueblos a vivir juntos, sin fundirlos. No hubo, pues, unidad hispánica, sino unas provincias administrativamente autónomas pese al culto imperial, pese al cristianismo. Las poblaciones primitivas —Bosch Gimpera dice «los pueblos»—, por muchas cosas que tuvieran en común, permanecieron intactas y resurgieron, con otros nombres, después de la conquista musulmana. Si Bosch Gimpera está en lo cierto, la reivindicación autonomista de los catalanes no es un capricho, una invención reciente más o menos artificial, sino que correspondería a una realidad: la existencia de pueblos que tuvieron que sufrir una integración impuesta primero por los romanos, luego por los musulmanes y finalmente por los castellanos. Sea como fuere, Roma sacó a estos pueblos de su aislamiento y les dio por lo menos la conciencia de pertenecer a una comunidad superior, sin que se pudiera hablar ya de una personalidad colectiva afianzada: la España romana aún no es España. Esta variante hispánica de Roma fue la que se enfrentó a las invasiones bárbaras.

9.   André Bazzana, *Maisons d'al-Andalus. Habitat médiéval et structures du peuplement dans l'Espagne orientale*, Casa de Velázquez, Madrid, 1992, p. 35.

LA ESPAÑA VISIGODA

Al principio estos bárbaros eran vándalos,[10] suevos y alanos. Los visigodos llegaron más tarde, en varias oleadas, entre 409 y 507, después de la caída del imperio de Occidente y del reino godo de Tolosa. No eran verdaderos invasores, ya que estaban aliados con los romanos. Incluso se considera que eran el pueblo germánico más romanizado de todos. A uno de sus reyes, Ataúlfo, se le atribuyen estas palabras en 417: «Roma será defendida por la fuerza de los godos», lo cual, de alguna manera, se llevó a cabo en 451 cuando en la batalla de los campos Cataláunicos Atila fue derrotado por los ejércitos aliados de Aecio y Teodorico. A partir de 468 extendieron su dominio por toda la península ibérica. En 531 Amalarico se estableció en Barcelona. Atanagildo (551-567) estableció definitivamente la capital del reino en Toledo. En el siglo siguiente Suintila (621-631) se apoderó del enclave que el imperio bizantino conservaba en la región de Granada, un hecho cuya crucial importancia fue destacada por san Isidoro de Sevilla: «Suintila alcanzó con su gloriosa victoria la gloria de un triunfo superior al de los otros reyes, pues fue el primero en establecer el poder monárquico en toda la España peninsular, algo que no se había producido con ningún príncipe anterior a él». La España visigoda formaba una comunidad política independiente, y la autoridad de los reyes de Toledo se extendió a toda la península. Después de lograr la unidad política, en 654 Recesvinto instauró la unidad jurídica al promulgar el *Libro de los jueces* (*Forum judicum*), inspirado en el derecho romano, que suprimió las distinciones entre los habitantes, sometidos al mismo cuerpo de magistrados y a una sola ley.

Los visigodos, sin embargo, estaban en minoría: menos de un dos por ciento, frente a cuatro o cinco millones de hispanorromanos. Además eran de confesión arriana (no admitían la unidad y consustancialidad de las tres personas de la Trinidad), lo que les oponía a una población mayoritariamente fiel al catolicismo. Leovigildo, pese a sus logros importantes en la unificación territorial, política e incluso jurídica del reino, fracasó en su intento de convertir al arrianismo a los hispanorromanos. Recaredo sacó la conclusión, y en 587 se convirtió al catolicismo. Dos años después el III concilio de Toledo consagró esta transformación, y el catolicismo pasó a ser la religión oficial del reino visigodo. A partir de entonces hubo una especie de identificación entre la Iglesia católica y el poder del estado, que dejó huellas profundas y duraderas en España. El poder real y el clero se asociaron para fijar las directrices generales del reino por medio de reuniones periódicas, los concilios de Toledo. Estas asambleas eran convocadas siempre por el rey, que fijaba el orden del día. Los nobles y obispos participaban en la discusión de los asuntos políticos, y los obispos deliberaban aparte sobre las cuestiones religiosas, pero sus decisiones, para ser válidas, tenían que ser aprobadas por el rey. Los dos siglos de dominio visigodo se saldaron con una construcción política y religiosa homogénea y coherente. «Para que después de 711 se hablara tanto de "la pérdida de España", era necesario que España existiera previamente» (Pierre Vilar). Durante mucho tiempo los españoles

---

10. Los vándalos sólo permanecieron en España veinte años. Algunos de ellos se establecieron en el sur de la península, pero apenas dejaron huellas de su paso. A pesar de una etimología poco seria, no dieron su nombre a esta región: Andalucía no es el país de los vándalos, sino al-Andalus, la España musulmana.

tomaron como referencia la unidad de España realizada por los visigodos. Cuando los reyes cristianos de la Edad Media luchaban contra los moros, se consideraban herederos de los visigodos y continuadores de su obra. En la España del siglo XVII el recuerdo de los godos cobró la dimensión de un mito: descender de los godos era signo de nobleza, y se invocaba la tradición visigoda para justificar las reivindicaciones territoriales y la influencia política de España, y también como un modo de gobierno opuesto a la ascensión del absolutismo. La época visigoda produjo un pensador que nos atreveríamos a llamar nacional: san Isidoro de Sevilla († 636) Su *Elogio de España* (*Laus Spaniae*), aunque debe mucho a fuentes anteriores, es el primero de una larga serie de textos similares, y revela un patriotismo español precoz. San Isidoro, además de ser el principal representante de la cultura española de la época visigoda, tuvo una influencia y un prestigio enorme en Europa por la forma en que recogió y transmitió la ciencia de la Antigüedad[11] y realizó una síntesis original entre el saber de los antiguos y la fe cristiana. Alcuino le llamó «doctor de todas las iglesias de lengua latina».

La monarquía visigoda era electiva, y Leovigildo (568-586) fracasó en su intento de crear una realeza hereditaria en provecho de su familia. Los reyes adoptaban a sus hijos como posibles sucesores, con la esperanza de afirmar por lo menos el principio de la herencia, pero las reglas establecidas en el IV concilio de Toledo (633) eran terminantes: a la muerte de un soberano, los nobles y los obispos tenían que ponerse de acuerdo para designar un sucesor entre los nobles de raza goda. Mediante el rito religioso de la unción se confería al elegido la autoridad necesaria y de alguna manera se le sacralizaba. Este sistema propiciaba toda clase de ambiciones e intrigas. A cada cambio de reinado estallaban peleas entre las facciones rivales. Una disputa sucesoria fue la causante de la caída de la monarquía visigoda a principios del siglo VIII. Motivó la intervención de los árabes, y con ello cambió el destino de España.

Desde la invasión musulmana de 711 hasta hoy, podemos distinguir tres grandes períodos. Durante el primero la península ibérica estuvo dividida entre Oriente y Occidente, entre el islam y la cristiandad. Las comunidades judías aprovecharon para mantenerse y luego extenderse, antes de tropezar con una hostilidad creciente. Es lo que podríamos llamar la España de las tres religiones. El reinado de los Reyes Católicos inauguró una nueva era. España se unió a la cristiandad cincuenta años antes de que esa misma cristiandad se rompiera con el avance de la Reforma protestante. Durante dos siglos España, potencia mundial, trató de imponer su hegemonía. En el siglo XVIII, con los Borbones, empezó un tercer período. Los españoles se enfrentaron entre sí. ¿Debía renunciar su país a su propia identidad para sumarse a un mundo surgido de la revolución científica y la secularización del pensamiento? Probablemente se ha exagerado la importancia de las luchas fratricidas que desgarraron España por lo menos hasta la muerte de Franco. En todos los países de Europa —empezando por Francia a partir de 1789— hubo enfrentamientos parecidos. Hoy las discusiones toman otro sesgo: ¿es España una nación o una comunidad de nacionalidades? La Constitución de 1978 no ha zanjado realmente el asunto. La cuestión es dar un sentido al estado de las autonomías: ¿llegará a ser España una confederación?

---

11.   Las *Etimologías* es una vasta compilación de carácter enciclopédico en la que san Isidoro trata de resumir la ciencia de la Antigüedad.

Primera parte

LA ESPAÑA DE
LAS TRES RELIGIONES
(711-1474)

La invasión árabe de 711 cambió el curso de la historia de España. A partir de esta fecha la península ibérica quedó dividida entre dos civilizaciones: el oriente musulmán y el occidente cristiano, una situación original que tuvo consecuencias duraderas, aún hoy perceptibles. Por un lado lo que los textos árabes llaman *al-Andalus*,[1] el islam de España, y por otro la *Hispania* cristiana. La España musulmana —al igual que el norte de África— formaba parte de un bloque relativamente homogéneo que iba del Indo al océano Atlántico. Pese a los fraccionamientos regionales, compartía la misma religión, la misma lengua y la misma ley. Por su parte la España cristiana trató de conservar su identidad y de mantenerse en contacto con Occidente. Andando el tiempo estos dos elementos variaron mucho. En los años inmediatamente posteriores a la conquista, al-Andalus abarcaba casi toda la península, con la excepción de algunos reductos en los Pirineos y la cordillera Cantábrica. A finales del siglo XI, tras la caída de Toledo (1085), los dos territorios quedaron bastante equilibrados: el islam predominaba al sur del Tajo y los cristianos al norte. En el siglo XIII la victoria de las Navas de Tolosa (1212) puso al alcance de los cristianos todo el valle del Guadalquivir, que cayó en su poder al cabo de unas décadas. Al-Andalus quedó reducido entonces al pequeño emirato de Granada, que siguió siendo independiente hasta 1492.

---

1. La palabra aparece por primera vez en 716 en un texto bilingüe (árabe-latino) traducida por *Spania*. Hasta finales del siglo XII, en los textos escritos en lengua romance, no se emplea España para designar el conjunto de la península. Los textos árabes utilizan siempre al-Andalus para hablar de la España musulmana, cualquiera que sea su extensión territorial.

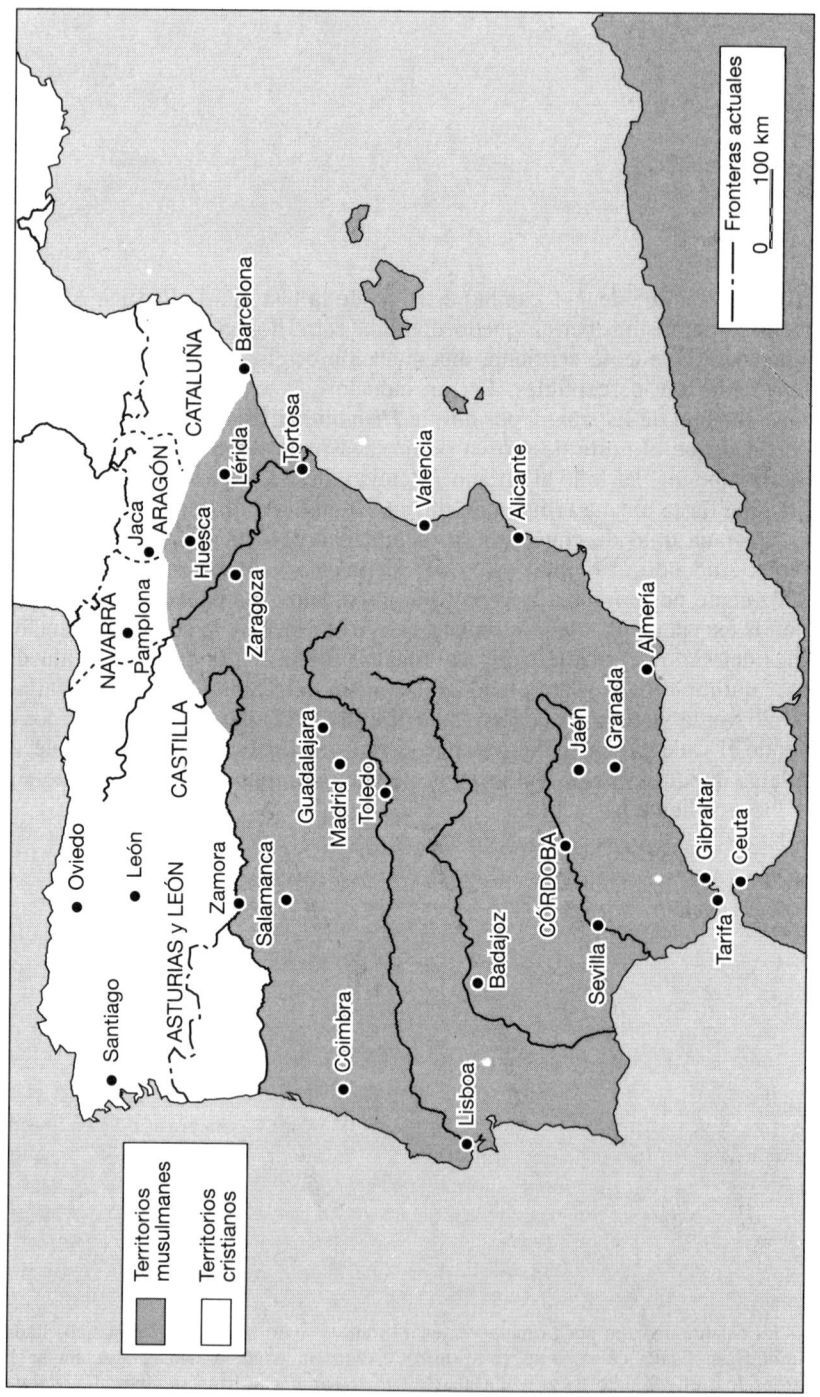

MAPA 1.   El emirato y el califato de Córdoba (711-1031).

Capítulo I

LA ESPAÑA MUSULMANA DESDE LA CONQUISTA ÁRABE HASTA EL FIN DEL CALIFATO (711-1031)

LA «PÉRDIDA» DE ESPAÑA

Las rivalidades con ocasión de un cambio de reinado causaron el fin de la monarquía visigoda. A la muerte del rey Vitiza en febrero de 710, unos nobles pretendieron repartir el reino entre sus hijos. Otros nobles se opusieron y apoyaron la candidatura de Rodrigo, quien acabó imponiéndose tras una corta guerra civil. Sus adversarios no se dieron por vencidos. Para recuperar una corona que se les iba de las manos acudieron a un tal conde Julián, que gobernaba Ceuta en representación del emperador de Bizancio. Julián probablemente era un beréber aliado de los musulmanes que ocupaban el norte de África desde hacía varios meses. Éstos, a las órdenes de Tariq, cruzaron el Estrecho en abril de 711.[1] Rodrigo halló la muerte en seguida (batalla de Guadalete), pero Tariq, en vez de volver a África, se adentró en el país y avanzó hasta Toledo. En junio-julio del año siguiente su superior jerárquico Muza llegó con refuerzos. Los dos ejércitos reunidos marcharon sobre Zaragoza y el valle del Ebro, atravesaron los Pirineos y tomaron Carcasona y Nimes en 725. En 732 fueron derrotados en Poitiers por Carlos Martel, y retrocedieron a la península.

En pocos años la península ibérica cayó en manos de los sarracenos.[2] Para explicar esta invasión tan rápida se ha hablado de traición y llamamiento al extranjero —lo cual es cierto—, y se han buscado motivos novelescos: el conde Julián se unió a Rodrigo, pero este último abusó de su hija, la bella Florinda, llamada la Cava. Para vengarse Julián sugirió a los nuevos dueños de África que conquistaran la península, y les ayudó en la empresa. Así nació la leyenda de la «pérdida» de España. En realidad, la conquista es una etapa de la expansión de un islam dinámico que, después de ocupar el norte de África, se lanzó sobre Europa. Sabemos que un primer destacamento desembarcó en Tarifa en julio de 710. Iba a reconocer el terreno y a pre-

---

1. A partir de entonces el Estrecho se llamó de Gibraltar: Yébel al-Tariq.
2. En 714 los rivales de Rodrigo habían renunciado a sus derechos en favor del califa de Damasco.

parar la expedición del año siguiente. La conquista estuvo facilitada por las rivalidades políticas y la crítica situación por la que estaba atravesando España: malas cosechas, hambrunas, pestes, desmoralización de la sociedad...

DE LOS EMIRES A LOS CALIFAS DE CÓRDOBA

En 711 España pasó a ser una provincia (un emirato) del califato de Damasco. Fue un período de asentamiento, caracterizado por las luchas intestinas entre los invasores (árabes y beréberes), los odios entre familias y las rivalidades entre tribus. Los árabes del norte conservaron el poder hasta la llegada en 755 de un descendiente del último califa omeya, huyendo de la matanza de su familia en Oriente. Al año siguiente Abderramán I se proclamó emir de al-Andalus en Córdoba y se distanció del califa. A su muerte, en 788, había logrado restaurar la unidad política de la España musulmana, una precaria unidad que los seis emires que le sucedieron a duras penas pudieron mantener. Tuvieron que luchar incesantemente en varios frentes: contra los grupos cristianos refugiados en las montañas del norte, contra los normandos que llegaron por primera vez a Galicia en 844, avanzaron hacia el sur remontando el Tajo y el Guadalquivir y saquearon Sevilla; pero, sobre todo, tuvieron que luchar contra la oposición interior. La minoría árabe se enfrentó varias veces a los beréberes, a los renegados e incluso a los cristianos que se habían quedado. La rebelión más importante, al parecer, fue la de Omar ben Hafsún, a fines del siglo IX. Descendiente de una familia de visigodos convertidos al islam, Omar ben Hafsún acaudilló a los descontentos, y durante varios años dirigió un pequeño reino independiente en la serranía de Ronda. Cometió el error de abjurar del islam y volver a la fe cristiana. Con ello se ganó el favor de los cristianos, pero sus seguidores musulmanes le abandonaron y fue derrotado en 917, durante el reinado de Abderramán III (912-961). Reforzado por su victoria sobre los rebeldes, este monarca intentó extender su autoridad a todo al-Andalus. Sólo lo consiguió en parte. Por ejemplo, una gran ciudad como Toledo siempre fue hostil a los omeyas, que le hicieron pagar cara esta indisciplina. En otro orden de cosas, Abderramán III fue el adalid de la ortodoxia sunní frente a las herejías shiíes, y transformó en derecho la autonomía de hecho de la que disfrutaba al-Andalus desde mediados del siglo VIII. Recuperó el título de comendador de los creyentes que habían llevado sus antepasados omeyas en Oriente de 660 a 750, y en 929 se proclamó califa. A partir de entonces hubo dos centros en el islam, el califato de Bagdad en Oriente y el de Córdoba en Occidente.

El siglo X fue la época más gloriosa de la historia de la España musulmana. La autoridad del califa de Córdoba se extendió sobre la mayor parte de la península, las Baleares y parte de Marruecos. El régimen basaba su fuerza en una aristocracia de servicio compuesta de advenedizos árabes o beréberes, mercenarios magrebíes, funcionarios y oficiales de origen servil educados para desempeñar estas funciones desde la infancia, dentro del mismo palacio. Entre estos hombres que constituían el servicio y la guardia del califa, había esclavos procedentes del África negra (sudaneses), pero merecen una atención especial los llamados *saqaliba* o esclavones, esclavos cristianos importados de Europa oriental, que solían ser esclavos capturados por los caballeros teutones.[3] En efecto, el Occidente medieval vendió muchos escla-

---

3.   Según cálculos de Lévi-Provençal en Córdoba eran 12.000 hacia el año 1000.

vos al islam, ganado humano capturado en las tierras situadas al otro lado del Elba. La mayoría iban a parar a España a través de Verdún y el valle del Ródano. Había judíos especializados en este tráfico, así como en la creación de eunucos para los harenes, sobre todo en Lucena, ciudad que servía de etapa para el comercio de esclavos a través del puerto de Almería.

Es el primer rasgo destacable de la civilización hispanomusulmana: era una sociedad esclavista. También una sociedad urbana. Las ciudades eran a la vez fortalezas, centros religiosos y culturales, con sus mezquitas, alminares y escuelas, y por último centros comerciales, con mercancías procedentes de todo el mundo, donde todo estaba dispuesto para recibir y alojar a los comerciantes: mercados, caravaneras, baños... En todo el mundo musulmán las ciudades tuvieron un gran desarrollo: Medina, Bagdad, Teherán, Mosul, Alepo, Damasco y El Cairo en Oriente Medio, Samarcanda en Asia central, Kairuán, Fez, Sevilla, Granada, Córdoba y Palermo en Occidente. Todas estas metrópolis estaban enlazadas por una red de comunicaciones que formaba el armazón económico, social y cultural del mundo musulmán, inmenso mercado común que se extendía de Asia central al océano Índico, de Sudán a los Pirineos. Entre los siglos VIII y XI los centros principales de este eje que iba de Samarcanda a Córdoba fueron Bagdad, Damasco, El Cairo, Kairuán y Palermo. Estos enlaces son una muestra de la unidad de una civilización donde circulaban hombres, mercancías e ideas, superando el viejo fondo regional, rural y nómada del que había salido. En contraste con el resto de Europa en la misma época, al-Andalus se distinguía por la importancia y riqueza de sus ciudades. En el siglo X Toledo tenía 37.000 habitantes, Almería 27.000, Granada 26.000, Zaragoza 17.000, Málaga de 15.000 a 20.000, Valencia 15.000... Cabe destacar que los árabes no fundaron ciudades en España, sino que se instalaron en las que ya existían en tiempo de los romanos, limitándose a adaptarlas a su civilización: los edificios públicos eran escasos (mezquitas, mercados), mientras que los espacios privados ocupaban casi todo el lugar disponible y llevaban el sello de la intimidad y la vida familiar. Como es natural, la ciudad del califa descollaba con creces sobre las demás. Córdoba era una gran población. Dejaba muy atrás no sólo a todas las ciudades de Europa occidental, que en esa época, comparadas con ella, parecían simples aldeas, sino también a las otras metrópolis del islam mediterráneo, como Palermo, Kairuán y El Cairo... Para su población se han propuesto toda clase de cifras, que van de 100.000 a un millón de habitantes. Era sin duda una espléndida ciudad, con cientos de mezquitas, miles de baños y caravaneras, decenas de miles de tiendas. La gran mezquita, empezada a fines del siglo VIII, podía acoger a 5.000 personas. En 936 los califas instalaron su residencia y su gobierno en los alrededores, en Madinat al-Zahra.

Al-Andalus debía su prosperidad a la actividad industrial y comercial. En numerosos talleres textiles (en la época almorávide se calcula que hubo unos 800 en Almería), se trabajaba la seda, la lana y el algodón. Se fabricaban sederías, brocados, tapices, alfombras... Hasta el siglo XII el mundo musulmán tuvo una clara superioridad sobre el Occidente cristiano. Oriente fue el principal inspirador, el polo de atracción, la fuente de esta supremacía y esta riqueza que encontramos en al-Andalus. Las únicas monedas de oro que circulaban entonces en Europa salían de las cecas griegas (dependientes del imperio bizantino) o árabes. Muchas de estas monedas procedían de España.

Para apreciar en su verdadera dimensión el componente urbano en el mundo islámico convendría revisar algunos tópicos, por ejemplo la leyenda de que los musulmanes introdujeron en España el arte de cultivar y regar la tierra. Estas técnicas eran conocidas en África y la península Ibérica desde la época romana. No se trata de negar la influencia de los árabes en la agricultura, como hizo a principios de siglo Julián Ribera, quien trató de demostrar que el sistema de regadío de la huerta valenciana, por ejemplo, no les debe nada. Aunque las técnicas hidráulicas ya estaban inventadas, los árabes las volvieron a poner en funcionamiento y las mejoraron. Perfeccionaron de forma considerable el sistema de acequias de riego, y generalizaron el uso de la noria. No descuidaron la agricultura tradicional, sobre todo el cultivo de trigo, base de la alimentación en forma de pan, sopas y gachas,[4] ni tampoco el cultivo de la vid: pese a la prohibición del Corán, parece que en la época del califato todas las clases sociales bebían vino. Los árabes también aclimataron en España cultivos nuevos como el naranjo, el algodón, la morera y la caña de azúcar.[5]

La cultura dio esplendor y prestigio al califato. Córdoba, junto con Bagdad y El Cairo, fue uno de los tres polos de la civilización islámica de la Edad Media, y se benefició de las aportaciones de las otras dos. Al-Hakam II (961-976) acogió en la ciudad a los sabios orientales y fundó una biblioteca pública que, aunque no tan rica como la de El Cairo, contaba con más de 500.000 obras. Sólo el catálogo ocupa 44 volúmenes. Junto a los libros sobre la religión había tratados científicos, médicos, filosóficos, etc. Las aportaciones de la cultura árabe e hindú completaban la herencia de la Antigüedad griega y helenística. A la biblioteca acudieron médicos, botánicos, astrónomos, matemáticos, filósofos, etc., que tenían a su disposición talleres de copistas.

Hasta mediados del siglo XI no se despertó el interés por las ciencias. Fue entonces cuando se tradujeron del griego al árabe los textos de la Antigüedad. En el mundo islámico escaseaban los verdaderos especialistas. Por lo general, se trataba de eruditos versados en todas las ramas del saber. En medicina se volvió a los clásicos como Hipócrates y Galeno, cuyas experiencias fueron enriquecidas. Cabe citar a Ibn Wafid (1008-1074), el más importante de los médicos árabes de Toledo, cuyos trabajos se tradujeron al latín y al catalán. No era sólo un erudito, él mismo practicó la medicina, y en sus libros menciona la experiencia adquirida en contacto con los enfermos. Su ciencia es puramente racional, en ella no encontramos elementos tomados de la magia ni de la teología. En filosofía la figura principal es Avicena, que realizó una síntesis entre el aristotelismo y el neoplatonismo, por un lado, y los principios religiosos del islam, por otro. El literato más destacado del «clasicismo» andaluz del siglo XI es Ibn Hazm de Córdoba, al que Sánchez Albornoz considera uno de los arquetipos del *homo hispanicus*, un eslabón musulmán de la cadena que va de Séneca a Unamuno, lo cual plantea un primer problema, el de la originalidad de la civilización hispanomusulmana: ¿es esta civilización ante todo hispánica, y el aspecto musulmán sólo forma un barniz superficial, o bien es una versión occidental del islam? Una reflexión de Lévi-Provençal nos lleva a prolongar la pregunta con esta otra cuestión: la originalidad de al-Andalus se debe a su aislamiento del resto del mundo musulmán y a su estrecho contacto con la comunidad cristiana y judía.

---

4. El alcuzcuz (o cuscús), desconocido en la España musulmana en la época del califato, no se introdujo hasta el siglo XII por influencia de los almohades.

5. El arroz llegó más tarde, en el siglo XII, introducido por los almohades, pero parece que la paella es posterior al dominio musulmán.

ÁRABES, BERÉBERES E HISPANORROMANOS

¿De dónde venían los guerreros que conquistaron España en 711? En un libro publicado en 1969, Ignacio Olagüe da a esta pregunta una respuesta en forma de provocación: «Los árabes nunca invadieron España».[6] Con ello se limita a avivar una controversia que desde hace tiempo divide a los historiadores. Entre los invasores de 711, los árabes propiamente dichos eran una ínfima minoría. Según Henri Terrasse, los árabes propiamente dichos en el ejército de Tariq sólo fueron nueve, según otros autores una veintena. La mayoría eran beréberes. Sumando las sucesivas oleadas del siglo VIII, se obtienen menos de 100.000 invasores, y de este total el número de árabes no pasaría de 30.000 —hipótesis baja— o 50.000 —hipótesis alta—. Podemos afirmar, pues, que los beréberes eran mucho más numerosos que los árabes. Lo mismo sucedió en el siglo XI y en el XII: ni los almorávides ni los almohades eran árabes. Por eso los españoles, para referirse al dominio musulmán, prefieren hablar de moros, por otro nombre magrebíes.[7] Los árabes y los beréberes se repartieron las zonas de influencia. Por ejemplo, los árabes se instalaron en el rico valle del Guadalquivir. Aragón fue conquistado por árabes procedentes de Yemen, y conservó una composición étnica bastante homogénea. En otras partes la situación fue variada. Hubo regiones ocupadas por los beréberes, mientras que en otras los invasores se limitaron a enviar pequeños grupos para dirigir a la población local. Durante todo el período musulmán convivieron en al-Andalus, en distintas proporciones, árabes, beréberes, conversos (muladíes), negros, esclavos, cristianos y judíos.

Por eso no debemos imaginar la invasión de 711 y los años siguientes como una marea humana que se extendió por la península. Más bien estamos en presencia de tropas de choque poco numerosas, formadas en su mayoría por beréberes, que liquidaron rápidamente la superestructura política y social de los visigodos. La masa de la población no hizo nada por defender a sus antiguos señores a los que probablemente consideraba opresores, mientras que los nuevos les exigían unos impuestos moderados en comparación con los que acostumbraban a pagar. Su conversión al islam fue espontánea y muy lenta. Al parecer, durante siglos los cristianos eran las tres cuartas partes de la población de al-Andalus. Esta proporción no se invirtió hasta comienzos del siglo X. Aunque hay que considerar estas cifras con prudencia, se impone una conclusión: en al-Andalus, durante dos o quizá tres siglos, los cristianos fueron mayoritarios. Los conquistadores, que en su mayoría eran guerreros en busca de un botín, apenas hacían proselitismo religioso, entre otras cosas porque ellos mismos acababan de convertirse al islam y no profesaban una fe muy sólida.[8] Esto

---

6. Flammarion, París, 1969. Según Olagüe la conquista militar fue técnica y materialmente imposible. Su tesis es que una desecación del Sahara causó emigraciones. Además, las poblaciones de España (y del norte de África), poco o nada cristianizadas, se convirtieron en masa al islam. «La permanencia de la tradición pagana ... y la promoción de un proselitismo judío ... favorecían las doctrinas unitarias en detrimento de la ortodoxia cristiana, basada en la Trinidad ... Asimismo, el sincretismo arriano desembocó en un sincretismo musulmán» (pp. 131-132).

7. En los textos de los siglos VIII y IX se distingue entre los *mauri* o africanos y los árabes, aún designados como sarracenos.

8. P. Guichard cita el caso de uno de los jefes de la conquista, Abu Yausham al-Sumail, que aunque era árabe no sabía leer ni conocía el Corán, bebía vino y estaba ebrio casi todas las noches.

explica la persistencia de comunidades cristianas —los mozárabes— y judías, de las que hablaremos más adelante. Hubo islamización, pero a largo plazo. La resistencia ideológica cedió ante el prestigio de los vencedores y su religión, fácil de asimilar y, a fin de cuentas, poco exigente.

La arabización —es decir, el uso de la lengua árabe— fue paralela a la islamización. El árabe era la lengua dé los vencedores y la administración. En esa época también era la lengua del progreso, la ciencia y la cultura. Es lógico que fuera adoptada en todo el territorio de al-Andalus, aunque en algunos casos persistió el bilingüismo hasta el siglo XII.

Unos invasores poco numerosos, entre los que los árabes propiamente dichos eran minoritarios, y unos indígenas convertidos o no al islam, que no se movieron y siguieron formando el fondo de la población: he aquí los elementos de la controversia. ¿En qué medida era un imperio árabe la España de los omeyas? Ciertos autores, sobre todo españoles que consideran el período musulmán como un paréntesis en su historia nacional, tienden a minimizar la aportación árabe, haciendo hincapié en la debilidad numérica de los conquistadores, la tibieza de su fe y el mestizaje con las mujeres indígenas,[9] para concluir que hubo una asimilación de los vencedores por los vencidos. A principios del siglo XX el arabista Julián Ribera trató de demostrar que las estructuras administrativas, lingüísticas, culturales e incluso económicas de la España visigoda perduraron en la España musulmana y luego en la de la reconquista. Según él, la civilización de la España musulmana debía muy poco a los invasores y casi todo a los elementos hispanorromanos anteriores; el árabe clásico sólo fue una lengua cultural, desconocida por la gran mayoría de la población, que utilizaba normalmente el árabe vulgar y sobre todo el romance, lengua derivada de la fragmentación del latín, que dio el origen a los dialectos románicos de la península.

Esta tesis fue defendida por ilustres medievalistas españoles, empezando por Ramón Menéndez Pidal y Claudio Sánchez Albornoz: la conquista de 711 no supuso una solución de continuidad en el desarrollo histórico de España. Los conquistadores, un puñado de beduinos incultos y varios miles de beréberes apenas islamizados y aún no arabizados, se hispanizaron rápidamente. Fue así como en el solar de la península ibérica se formó una sociedad más hispánica que oriental. Henri Terrasse destaca que el islam de España se separó muy deprisa, ya a mediados del siglo VIII, del resto del mundo musulmán, con la creación en Córdoba de un emirato autónomo, más tarde transformado en califato. También él habla de hispanización del islam y formación de una civilización original, emparentada con la que se desarrollaba en Oriente, pero en la que tenían gran importancia los elementos anteriores a la conquista.

Uno de los argumentos invocados con más frecuencia en pro de la persistencia de una mentalidad «occidental» en al-Andalus es la condición de la mujer. Según esta opinión, los guerreros de 711, llegados sin familias ni mujeres, se «occidentalizaron» en contacto con sus mujeres, concubinas y esclavas, todas ellas indígenas. Los hijos de las familias «árabes» eran educados en este ambiente genuinamente hispánico. Esta influencia se advierte en la idea que tenían los musulmanes de España de la mujer y el amor, muy distinta de la oriental. A este respecto, como ejemplo significativo, se cita el «romanticismo amoroso» de *El collar de la paloma*, una de las obras maestras de la literatura clásica hispanoárabe.

9. Se cree que la mayoría de los invasores tomaron una mujer en España. El propio hijo de Muza se casó con una cristiana, la viuda del último rey visigodo Rodrigo.

No todos comparten esta opinión. Según Pierre Guichard se ha subestimado la importancia numérica de los árabes y los beréberes en la conquista, y más aún la influencia de sus estructuras sociales, cuya base era la tribu y el clan. Los arabo-beréberes del siglo VIII las importaron en España ya que, en contra de lo que se ha afirmado, estos guerreros no llegaron solos. Lo que se instaló en la península fueron fracciones de tribus, de linajes. En la realidad social de la España musulmana las estructuras de tipo «oriental» tuvieron más peso que las «occidentales», y los hispanomusulmanes, en conjunto, debían de sentirse más próximos a sus correligionarios magrebíes y orientales que a los españoles cristianos. Ante todo eran musulmanes, y la religión es un hecho de civilización más importante que los fenómenos biológicos. Prueba de ello es la idea de la honra familiar, propia de los árabes y los beréberes: «La consecuencia del predominio del mundo masculino sobre el femenino y del carácter pasivo, secreto y sagrado del segundo, y activo del primero, es que el ámbito de lo público está reservado exclusivamente a los hombres» (Pierre Guichard). Esta concepción perduró en la mentalidad española.

Aunque los elementos árabes sólo entraron en una proporción infinitesimal en la química social de los musulmanes de España, impusieron una religión, una organización política, unas costumbres y, sobre todo, una lengua, poderoso factor de asimilación cultural. El árabe se extendió muy deprisa. Américo Castro se basa en este hecho para rechazar la tesis de la hispanización de los conquistadores africanos. Tiene razón. La lengua que se habla y escribe no es algo neutral, expresa una mentalidad, unas formas de pensar y de sentir, un estado de civilización.[10] Cuando España adoptó el árabe se integró en el mundo musulmán, «un bloque geográfico muy homogéneo que forman, en los confines del océano y en las dos orillas del extremo del mundo mediterráneo, África menor y la península ibérica» (E. Lévi-Provençal), aunque dentro de este conjunto conservó una peculiaridad, compartida con la parte de África situada al otro lado del Estrecho. El islam se implantó en el siglo VIII, conviene no olvidarlo, en una porción del mundo antiguo romanizada y luego cristianizada.[11] Lo que Sánchez Albornoz considera características del islam peninsular se encuentra también en la Berbería medieval: hasta el siglo XI se siguió utilizando un dialecto de origen latino, existieron comunidades cristianas, se tardó mucho en renunciar al vino pese a la prohibición del Corán, etc.

Las investigaciones arqueológicas realizadas por André Bazzana en la región de Shark al-Andalus[12] han enriquecido y renovado este debate sobre el alcance real de la invasión musulmana de 711. La toponimia hace pensar en una fuerte y rápida aculturación oriental e islámica del campo de la región de Valencia.[13] André Bazzana habla de «una fuerte orientalización de la península ibérica en la Edad Media», pero aporta dos matices a esta afirmación, uno menor y el otro preñado de consecuencias. Veamos rápidamente el primero: es falso que los árabes ocuparan las mejores tierras y dejaran a los beréberes las zonas montañosas y pobres del interior.

10.   «Quede claro de entrada que para mí la palabra *árabe* no se refiere a una etnia ni a una religión, sino a una lengua: la que emplearon los árabes, persas, turcos, judíos y españoles de la Edad Media» (Juan Vernet, *Lo que la cultura debe a los árabes*, p. 13).

11.   La diferencia es que el norte de África permaneció fiel al islam, mientras que España acabó separándose de él después de una larga guerra de reconquista.

12.   A grandes rasgos las actuales provincias de Castellón, Valencia y Alicante.

13.   André Bazzana, *Maisons d'al-Andalus*.

Las aportaciones socioculturales del islam fueron transmitidas sobre todo por grupos de origen beréber, por lo menos en Levante. Estamos, pues, ante una «orientalización» auténtica, pero indirecta: «La criba magrebí modificó la aportación del Próximo Oriente arábigo y omeya».

Esto no es lo más importante. André Bazzana se pregunta sobre la originalidad de estas aportaciones orientales: ¿estamos ante un resurgimiento de elementos culturales que llevaban milenios presentes en el ámbito mediterráneo, unos elementos que el islam se habría limitado a recoger, asimilándolos y transmitiéndolos hasta el Algarve? El parecido de la casa ibero-islámica con la casa magrebí, por ejemplo, es evidente, pero podemos preguntarnos si en ambos casos no estaremos en presencia de un «fondo mediterráneo», vivificado por el islam, sin duda, pero anterior a él.

De ser así, habría que distanciar las grandes fechas de la historia tradicional de los cambios profundos experimentados por las poblaciones. La conquista de 711, según esta visión, no acarreó ninguna ruptura decisiva. Ésta se produjo mucho antes, en los siglos II y III, con el debilitamiento del *latifundium* romano, la decadencia de las ciudades, la ruralización y el abandono de las montañas. El verdadero cambio en los modos de vida habría que situarlo mucho después, en el siglo X, con la progresiva reconquista de las montañas la formación de una red de *husun* (emplazamientos y territorios castrales) y la generalización del regadío, que cambió profundamente el paisaje de Levante. Sólo entonces los esquemas orientales dominaron de forma definitiva. Del mismo modo, la toma de Valencia por los cristianos en 1238 no tuvo consecuencias inmediatas. El poblamiento, la casa, las técnicas del alfarero, el albañil o el campesino, los objetos de la vida diaria se prolongaron hasta mediados del siglo XIV. No es fácil renunciar de la noche a la mañana a unas costumbres ancestrales que constituyen el fondo de la vida diaria. Se necesita tiempo para adaptarse a las nuevas condiciones creadas por los acontecimientos militares y políticos, que sólo afectan a unas minorías. La expulsión de los moriscos a principios del siglo XVII causó una tercera ruptura.

La tesis es atractiva, pero se le pueden hacer dos objeciones:

1) Se refiere al campo y a su vida diaria. Pero el medio rural es mucho más conservador, a causa de las obligaciones de la vida agraria. Probablemente un estudio de las ciudades llevaría a otras conclusiones sobre las consecuencias de los grandes sucesos políticos: la conquista de 711, la instauración del califato de Córdoba y la toma de Valencia por los cristianos.

2) André Bazzana eligió como campo de observación una zona, la región de Valencia, donde la reconquista cristiana no estuvo acompañada de un éxodo o traslado de la población rural. Los campesinos moros se quedaron allí, incluso obligados, porque los nuevos señores necesitaban mano de obra. En el valle del Guadalquivir las cosas fueron distintas. La reconquista expulsó a sus habitantes y repartió la tierra entre colonos venidos del norte. Sería interesante aplicar aquí el mismo método, para ver si también en este caso las permanencias prevalecen sobre los cambios causados por los acontecimientos políticos.

Aunque la composición étnica de España no varió de forma apreciable después de la invasión de 711, la península permaneció durante varios siglos vinculada a una civilización que tenía poco en común con la romana. Juan Vernet lo señaló hace poco:[14] hoy tendemos, no sin razón, a tomar nota de los anglicismos presentes en la

---

14.   En un artículo publicado en *El País* el 5 de noviembre de 1992.

lengua de todos los días para medir el grado de penetración de la civilización norteamericana en los países europeos. Si utilizamos el mismo criterio, no deja de impresionarnos la gran cantidad de préstamos del árabe que hay en el vocabulario español y que todavía están vivos quinientos años después de la eliminación del islam en España. Este hecho pone en evidencia la intensidad que tuvo la arabización en la península durante los primeros siglos de la Edad Media. Por supuesto, la lengua es sólo un aspecto, pero muy significativo, de esta captación de la antigua Hispania por el islam.

LOS JUDÍOS EN TIERRAS DEL ISLAM

La España musulmana se suele presentar como un país donde las tres religiones monoteístas —el islam, el cristianismo y el judaísmo— vivieron en paz y armonía. Bien es verdad que en las tierras del islam el denominado pacto de la *dhimma* preveía un trato preferente a la «gente del Libro», judíos y cristianos, quienes tenían derecho a un estatuto especial, eran «protegidos», tolerados, no se les obligaba a convertirse. Lo cual no significa, ni mucho menos, que estuvieran en pie de igualdad con los musulmanes. Había en esta actitud una segunda intención, pues el no creyente tenía que pagar fuertes impuestos, y una conversión en masa habría disminuido de forma considerable los ingresos fiscales de los nuevos señores de España. Además, los judíos y los cristianos estaban discriminados en el ámbito civil y jurídico, sometidos a una suerte de tutela. Pero, a pesar de todas las restricciones legales, este estatuto les libraba teóricamente de la persecución. Lo cual explica que pudieran conservar, además de sus bienes, la libertad de practicar su culto y cierta autonomía jurídica. Unos y otros nombraban delegados que les representaban ante las autoridades musulmanas, y se administraban en sus respectivas comunidades.

La presencia de judíos en la península ibérica está atestiguada desde la época romana. A principios del siglo IV los encontramos en Cataluña, Levante, Andalucía, el centro de la Meseta (Ávila), el noroeste (Astorga)… Nuestras informaciones son más numerosas y precisas para la época visigoda. Los judíos formaban entonces una comunidad religiosa, no un grupo étnico ni tampoco una clase social. Ejercían muchas profesiones, entre ellos había ricos y pobres, y no parece que estuvieran especializados en determinados oficios, como el comercio o el préstamo con interés. Los primeros reyes visigodos fueron bastante tolerantes con ellos. Las cosas cambiaron a finales del siglo VI, tras la conversión de Recaredo al catolicismo (587). En su afán de unidad religiosa, este rey tomó las primeras medidas contra los judíos. Les prohibió casarse con cristianas, desempeñar cargos públicos, tener esclavos cristianos —con la consecuencia de que muchos de ellos no pudieron explotar sus tierras—, hacer proselitismo y construir nuevas sinagogas. Sisebuto, que subió al trono en 612, fue más agresivo con ellos. Planeó expulsar del reino a los judíos que no se convirtieran. Esta política recibió el apoyo de las autoridades religiosas. Aunque san Isidoro tenía sus reservas acerca de las conversiones forzadas, el objetivo estaba claro: eliminar el judaísmo. No cabe duda de que la invasión musulmana de 711 salvó a los judíos españoles de la catástrofe que les amenazaba. Esto explica que acogieran a los invasores como libertadores, que les abrieran las puertas de algunas ciudades e incluso que les auxiliaran. En Córdoba los judíos prestaron ayuda a los sitiadores. En Sevilla y Toledo los moros, en su avance hacia el norte, dejaron estas ciudades en manos de guarniciones judías. Más adelante los cristianos de España recordaron estas actitudes, tachándolas de traición. La acusación aparece con frecuencia en la literatura antisemita.

Los judíos se integraron rápidamente en la nueva sociedad. Los encontramos por doquier. En algunas ciudades eran la mayoría de la población, como sucedía en Lucena, famosa por su escuela rabínica que se mantuvo hasta el siglo XII. Los geógrafos árabes hablan de Granada y Tarragona como ciudades judías. Estos judíos ejercían los oficios más variados. Muchos de ellos trabajaban la tierra y vivían de la agricultura, lo que contradice la leyenda de que los judíos de Occidente se especializaron muy pronto en el comercio, los negocios y el préstamo con interés. En realidad, sólo una minoría se dedicaba a estas ocupaciones y a tareas administrativas. Los judíos acabaron adoptando el árabe como lengua de comunicación y cultura, con lo que se integraron en la sociedad musulmana, y las autoridades solían contratar a judíos para funciones impopulares como la recaudación de impuestos. En varias ocasiones también encontramos a judíos ocupando puestos de gran responsabilidad en el aparato del estado. Cabe citar, por ejemplo, a Abu Yusuf Hasday ibn Saprut, que vivió durante el reinado de Abderramán III (912-961). Fue médico de la corte, buen conocedor de las lenguas extranjeras (tradujo varias obras científicas), y asistió al califa en las negociaciones con los diplomáticos extranjeros y para el comercio exterior. Estos y otros ejemplos revelan la consideración de que gozaban los judíos en la España musulmana, pero para describir la situación exacta debemos hacer dos salvedades. En primer lugar, se trataba de ascensos individuales y excepcionales de unos judíos plenamente integrados en la vida política del país. La inmensa mayoría de sus correligionarios vivían en condiciones mucho más modestas. En segundo lugar, y sobre todo, la situación social de los judíos les exponía al resentimiento y la venganza popular en los períodos difíciles. Los altos empleos que desempeñaban contravenían claramente el pacto de la *dhimma*, según el cual los no creyentes no podían tener autoridad sobre los creyentes. Por consiguiente, su caída solía ser tan rápida como su ascenso, no tenían ninguna seguridad frente a los reveses de la fortuna, a menos que se convirtieran al islam, como hicieron en una proporción difícil de calcular.

La comunidad judía de la España musulmana pasó por su mejor momento al final del califato de Córdoba y en el siglo XI. Protegida por su estatuto de autonomía, esta comunidad se administraba a sí misma, nombraba libremente a sus magistrados y rabinos, tenía sus sinagogas, escuelas rabínicas y hospitales. Estaba en contacto con otras comunidades judías del mundo. En Granada, Hasday fue uno de los que más contribuyó a dar un nuevo impulso a la ciencia rabínica y a la literatura hebrea.

CRISTIANOS DE AL-ANDALUS

Lo mismo que los judíos, los cristianos que vivían en España en el momento de la invasión de 711 pudieron quedarse en sus lugares de residencia y practicar libremente su religión, en aplicación del pacto de la *dhimma*. Recibieron el nombre de mozárabes. Desde el comienzo de la era musulmana se organizaron comunidades cristianas en Toledo, Córdoba, Sevilla, Mérida y otras zonas. La presencia de mozárabes está atestiguada desde el siglo IX en la zona de Huesca, donde entonces representaban del 10 al 15 por 100 de la población y tenían por lo menos tres monasterios.

Estas comunidades se administraban dirigidas por sus condes, que cobraban los impuestos. La ley de los Godos (*Lex Gothorum*) se mantuvo como código jurídico para los litigios entre cristianos. La jerarquía eclesiástica permaneció casi intacta. Hasta fines del siglo XI al-Andalus estuvo dividido en tres provincias eclesiásticas: Toledo, Lusitania (Mérida) y Bética (Sevilla). Cada uno de estos distritos tenía varios obispados. Se reconoció la existencia legal de los monasterios. Alrededor de Córdoba había más de quince. Al parecer, las autoridades musulmanas no se oponían a la construcción de nuevos santuarios y lugares de culto. Estas comunidades conservaron su liturgia, el rito mozárabe, heredero del rito visigodo creado por Isidoro de Sevilla. También se mantuvo la tradición de los concilios. Por lo menos en dos ocasiones (924 y 1064) estas comunidades recibieron la visita de legados del papa.

Los mozárabes siempre consideraron su situación como un mal menor. Cuando podían emigraban a territorio cristiano. Este movimiento se intensificó a mediados del siglo IX, después del asunto llamado de los mártires de Córdoba, un episodio que aún no está muy claro. Hacia 850 un tal Eulogio, clérigo perteneciente a una rica familia mozárabe, y su amigo Álvaro, también él burgués acomodado, encabezaron un movimiento de oposición. Instigados por ellos, varios frailes, diáconos y monjas se ofrecieron voluntarios para el martirio. Fingieron convertirse al islam y luego abjuraron dando gran publicidad a su gesto, lo que les hacía reos de muerte. El propio Eulogio fue decapitado en 859. ¿Oposición política o arrebato místico? Es difícil saberlo. Posiblemente la situación de las comunidades mozárabes se volvió más precaria a raíz de este suceso, lo que explicaría el aumento de las conversiones al islam y el movimiento de emigración a los territorios cristianos del norte de la península, a Cataluña y sobre todo al reino de Asturias. En efecto, fue en esta época —finales del siglo IX y comienzos del X— cuando varios monasterios fueron repoblados o fundados por monjes mozárabes, en particular el de San Miguel de Escalada, cerca de León. En el siglo X los mozárabes estaban en vías de extinción en las regiones periféricas e incluso en las grandes ciudades. Quedaban muy pocos en Huesca cuando la ciudad fue reconquistada en el siglo XI.

Sin ser una peculiaridad de la España musulmana —encontramos ejemplos análogos cada vez que los árabes conquistaron regiones previamente cristianizadas—, el caso de los mozárabes ha llamado la atención de los historiadores. En su *Historia de los mozárabes*, publicada en 1897, F. J. Simonet analizó toda la documentación disponible sobre el asunto y sacó conclusiones favorables a la tesis tradicionalista, contraponiendo la actitud de los mozárabes a la de los «malos españoles» (que se convirtieron al islam) durante el «cautiverio» de España, para sugerir que el islam sólo formó un barniz superficial y su dominio fue un paréntesis en la historia de España. Otros estudios más recientes llevan a un replanteamiento de la cuestión en dos sentidos: la amplitud del fenómeno y su significado histórico.

Mikel de Epalza aborda el primer aspecto. Duda que los mozárabes fueran tan numerosos como se afirma. Incluso niega que hubiera mozárabes en algunas regiones, por dos razones. Según él, antes de 711 la cristianización no había sido profunda ni uniforme en toda la península, lo cual redujo las posibilidades de supervivencia del cristianismo. En segundo lugar, la existencia de cristianos implica la de obispos, los únicos habilitados para consagrar sacerdotes y el óleo utilizado en los bautizos. La implantación de los mozárabes se tiene que medir, pues, por el número de obispos atestiguados en la documentación. De acuerdo con estos criterios, Mikel de

Epalza niega la existencia del fenómeno mozárabe en el Levante valenciano[15] y la relativiza en otros casos. Toledo tuvo dos obispos hasta el siglo IX; en el X no está tan claro. Esto equivale a negar la existencia de una comunidad mozárabe en Toledo a partir de esta época, una conclusión apresurada, ya que en el momento de la reconquista de la ciudad (1085) había mozárabes allí.

La palabra y el concepto de mozárabe son tardíos. Más que un fenómeno religioso, designan una realidad cultural. Los mozárabes eran cristianos arabizados en un doble sentido: hablaban árabe y, en contacto con los árabes, adoptaron su modo de vida. Mezclados con los moros —al parecer no vivían en barrios separados—, los mozárabes, al igual que los judíos, acabaron integrándose en la sociedad musulmana. El latín siguió siendo su lengua litúrgica, pero fueron adoptando poco a poco el árabe como lengua de cultura y comunicación. ¿Qué árabe? No lo sabemos. Es posible que la gran mayoría de los hispanorromanos utilizaran distintos dialectos, no escritos, pero las minorías selectas debían conocer el árabe literario. Los clérigos mozárabes, que no podían permanecer indiferentes ante la riqueza de la literatura y la cultura musulmana, acabaron leyendo mejor el árabe que el latín. Esta arabización se hizo poco a poco. Un texto árabe de fines del siglo X dice que en el Magreb se utilizan tres lenguas, el árabe, el beréber y una lengua derivada del *rumi*, es decir, del latín de África (*al-latini al-afariqui*). El árabe hablado solía estar plagado de palabras y giros de origen latino, lo que llamaba la atención de los viajeros orientales, que llamaban a esta lengua «árabe del oeste», *al-garbya*. A principios del siglo XVII el diccionario de Covarrubias recoge esta etimología: «Algaravía. La lengua de los africanos o ponientina, porque en respeto nuestro nos caen al poniente; de Algarve, que vale poniente». En castellano la palabra ha acabado siendo un sinónimo de «confusión» o «galimatías».

La lengua es el signo más visible de una aculturación que se pone de manifiesto en muchos otros aspectos. Los mozárabes tomaron nombres árabes, y adoptaron los vestidos y el modo de vida musulmán. En el siglo X, por ejemplo, ya no comían carne de cerdo. En sus iglesias evitaban la acumulación de imágenes (pinturas, esculturas) de Dios, la Virgen y los santos. Siguieron celebrando sus fiestas tradicionales, pero les parecía natural invitar algunas veces a los mahometanos. Así, por ejemplo, a mediados del siglo X el califa de Córdoba organizaba carreras de caballos con ocasión de San Juan.

Estas particularidades sorprendían a los habitantes de los reinos cristianos del norte cuando los mozárabes emigraban allí, llevando consigo unas costumbres, formas de vestir y cocinar, técnicas y estilos artísticos de origen musulmán —recordemos el desarrollo del arte mozárabe en la región de León—. Aportaban, sobre todo, ese particularismo que les había permitido permanecer fieles a su fe en un medio hostil. Estaban orgullosos de ser cristianos de antes de la conquista árabe y de haber resistido a la fascinación del islam. Por eso indujeron una actitud intransigente en sus correligionarios. Fueron ellos —como veremos— quienes lograron que los soberanos cristianos del norte se proclamaran herederos de la monarquía visigoda. También fueron los que introdujeron la noción de reconquista. Los clérigos mozárabes, al hacer esto, ¿no estarían aplicando sin darse cuenta la idea musulmana de la guerra

---

15.   ¿De dónde habían salido entonces los mozárabes a los que el Cid confió las puertas de Valencia en 1064? Epalza piensa que podrían ser mozárabes de Córdoba huidos de Andalucía tras la desaparición del califato, o cristianos del norte que se habían alistado en la tropa del Cid.

santa? Es lícito hacerse esa pregunta, dado que en su comportamiento y su doctrina se advierten otras contaminaciones islámicas. En efecto, andando el tiempo el nivel doctrinal de los mozárabes se fue empobreciendo. Privados de comunicación regular con el resto de la cristiandad, en contacto con musulmanes y judíos, los mozárabes tuvieron forzosamente que impregnarse del medio cultural en el que vivían. En algunos de ellos descubrimos tendencias monofisistas, o incluso maniqueas. Cabe citar, por ejemplo, la controversia entre Alcuino y el obispo de Toledo, Elipando, en el siglo VIII. El obispo, seducido por algunos aspectos del Corán, había esbozado una suerte de sincretismo entre el islam y el catolicismo: a fin de cuentas Alá no era tan diferente del Dios todopoderoso de los cristianos, Jesús era mencionado en varios pasajes del Corán, donde aparecía como profeta, es decir, como hombre. ¿No se podría buscar un compromiso? Jesús era tal como lo definía el Corán, el hijo adoptivo de Dios y su servidor, pero ese punto de vista sólo tenía en cuenta su naturaleza humana; si se hacía hincapié en su filiación divina, las dos creencias no estaban tan alejadas entre sí. Estas teorías escandalizaron a Alcuino. Después de este episodio todo lo que procedía de los mozárabes sonó a herejía en la Europa cristiana, sobre todo en lo concerniente al dogma de la Trinidad, rechazado por los judíos y los musulmanes.

LA ESPAÑA DE LAS TRES RELIGIONES

Parece que hasta finales del siglo XI los judíos y los cristianos convivieron sin problemas en la península ibérica. Esta situación nos permite hablar de una España de las tres religiones, pero en ningún caso de una España de las tres culturas. Para evitar malentendidos conviene distinguir entre cultura y civilización. Para los etnólogos y los antropólogos, la cultura, «en un grupo dado, es lo que se transmite, al margen de la herencia biológica, por herencia social».[16] La civilización es más bien un conjunto de hechos —las técnicas, las artes, la religión, las ideas, las instituciones...—,[17] «un complejo histórico-geográfico, que tiene su área, a veces sus límites, en todo caso sus centros vitales, sus focos de irradiación, sus zonas de influencia».[18] En el caso presente es mejor hablar en términos de civilización que de cultura. Desde esta perspectiva, en la España medieval convivieron con más o menos problemas tres religiones, la musulmana, la cristiana y la judía. Pero no estamos en presencia de tres culturas, sino sólo de dos formas de civilización: la civilización árabe y la civilización cristiana occidental, que alternaron su preponderancia. La primera fue la más rica y brillante hasta que la segunda, en el siglo XII, la relevó definitivamente. Los judíos y los mozárabes, conservando su religión, se integraron en la civilización árabe. Los mozárabes desaparecieron con los avances de la reconquista cristiana, cuando ya no tenían razón de ser. En cuanto a los judíos, asimilaron sucesivamente ambas civilizaciones, lo cual les permitió desempeñar el papel de intermediarios entre los siglos XI y XII. Sin renunciar a sus tradiciones religiosas, adoptaron la lengua y los modelos literarios y filosóficos de la civilización islámica. El hebreo sólo

16.   Fernand Braudel, *Écrits sur l'histoire*, Flammarion, París, 1969, p. 264.
17.   Es la definición que proponía en 1930 Marcel Mauss (citado por Lucien Febvre, *Michelet et la Renaissance*, Flammarion, París, 1992, p. 191).
18.   Paul Ricoeur, *Histoire de la vérité*, 3.ª edición, Seuil, París, 1980, pp. 87-88.

lo utilizaban los rabinos, y los fieles para el culto. En las relaciones sociales e intelectuales los judíos cultos recurrían al árabe. En árabe leían a los grandes autores musulmanes, y componían sus propios tratados filosóficos. Estaban impregnados de cultura árabe.

También hay que renunciar a otro mito, el de una España acogedora y tolerante. Hace ya bastante tiempo el historiador Y. Baer rechazó la expresión «edad de oro» que algunos creyeron oportuna para designar este período de la historia de los judíos de España. Conviene señalar que la prosperidad de los judíos en esta época sólo se debió a la negligencia y al abandono de las autoridades musulmanas, que no pusieron mucho empeño en aplicar con rigor el pacto de la *dhimma*. Esta prosperidad era precaria, no respondía a una política deliberada de respeto y tolerancia, y dependía por completo de la buena voluntad, es decir, de la arbitrariedad y el capricho de los soberanos. Lo mismo se puede decir de los mozárabes. La tolerancia supone una ausencia de discriminación de las minorías. No fue esa la situación en la España musulmana, ni luego en la España de la reconquista. Los dueños del país siempre estuvieron convencidos de la superioridad de su fe. Los judíos y los mozárabes fueron súbditos de segunda categoría. Dos siglos después la situación se invirtió. El cristianismo pasó a ser la religión dominante y los soberanos reinaron sobre infieles —esta vez musulmanes, y también judíos—, tolerados, pero sometidos a toda clase de discriminaciones. Sea como fuere, durante siglos en España convivieron fieles de tres religiones distintas, una situación original en la Europa de entonces.

El califato de Córdoba se vino abajo en el primer tercio del siglo XI. El tercer califa, Hisham II, aún no había cumplido doce años cuando sucedió a su padre. Era demasiado joven para ejercer sus prerrogativas, y además era un incapaz. El califato, amenazado de desmantelamiento, fue salvado gracias a la energía del chambelán Almanzor, quien desde 979 hasta su muerte ejerció el poder efectivo. Era un letrado descendiente de una familia árabe establecida en España desde la época de la conquista. «Durante su auténtico reinado, el poderío hispanoárabe alcanzó su punto culminante en el mundo occidental» (E. Lévi-Provençal). Almanzor reanudó la política de expansión. Su ejército llegó hasta el extremo noroeste, y en 997 saqueó Santiago de Compostela. A su muerte en 1002 salieron a la luz los particularismos que se incubaban en al-Andalus desde hacía cincuenta años. El desorden se extendió a todas las provincias. En 1031 el califato de Córdoba se deshizo en muchos estados independientes, las taifas, mientras los reinos cristianos cada vez eran más grandes y poderosos.

Capítulo II

LA ESPAÑA DE LA RECONQUISTA (SIGLOS VIII-XIII)

Durante trescientos años los musulmanes sólo sintieron desprecio por las pobres comunidades cristianas del norte de la península. Su fuerza militar, la prosperidad de su economía y el esplendor de su civilización les otorgaban una clara superioridad. Pero los reinos cristianos, andando el tiempo, fueron arrancando territorio a sus vecinos del sur y lograron extender su autoridad sobre una parte de la península. Cuando cayó el califato de Córdoba estos reinos se sintieron con fuerza suficiente para pasar a la ofensiva. Con la toma de Toledo (1085) y Zaragoza (1118), la mitad septentrional de España quedó libre del dominio musulmán. Ciento cincuenta años después, en 1238, los cristianos entraron en Sevilla, y al-Andalus quedó reducido a las fronteras del emirato de Granada. Este avance hacia el sur, al principio lento y después más rápido, es lo que se llama la reconquista.

FORMACIÓN DE LOS REINOS CRISTIANOS

Se entiende por reconquista la lucha multisecular de la España cristiana contra el islam, una lucha que empezó varios años después de la invasión musulmana y terminó en enero de 1492 con la entrada de los Reyes Católicos en Granada. Es el hecho trascendental de la historia de España: la España de la reconquista se definía como rechazo del islam. Para entender su importancia basta con observar el destino del norte de África, otra tierra cristiana con fuerte impregnación romana. El norte de África aceptó el hecho consumado, y en este territorio hoy se habla el árabe y el islam es la religión dominante. En cierto modo, pues, se puede decir que la península ibérica es la más europea de las naciones de Europa. Las demás no tuvieron que plantearse ningún dilema, mientras que España y lo que posteriormente sería Portugal tuvieron dos opciones: resignarse o rechazar los hechos consumados. España no se resignó, y optó por permanecer o volver a ser cristiana.

La palabra reconquista sugiere dos ideas complementarias:

— la de un territorio que había que liberar del dominio extranjero;

— la de un combate por la fe, pues los invasores eran vistos como infieles por quienes se oponían a ellos.

¿Cuál de estas dos ideas dio sentido al fenómeno? La primera fue la que predominó desde el principio hasta el final, de 711 a 1492. Los cristianos veían a los moros como un cuerpo extraño en la península, unos conquistadores o usurpadores a los que había que expulsar, aunque muchas veces se vieran obligados a entenderse con ellos. Así lo expresó claramente don Juan Manuel (†1348), todavía a mediados del siglo XIV: «Ha guerra entre los cristianos y los moros y habrá hasta que hayan cobrado los cristianos las tierras que los moros les tienen forzadas, ca, cuanto por la ley ni por la secta que ellos tienen, no habrían guerra entre ellos».

Nos engañaríamos si afirmáramos que los cristianos tuvieron desde el principio una idea clara de la meta a alcanzar. Para que existiera una voluntad de rehacer la España cristiana se necesitaba un poder que la encarnara. Ese poder, después de la conquista musulmana, ya no existía. La monarquía visigoda había pasado a la historia, junto con sus dirigentes, aniquilados y dispersados. Hasta la segunda mitad del siglo IX la batalla de Covadonga no se consideró un símbolo de resistencia, el punto de partida de una gran empresa. En su momento fue un episodio más de resistencia a los extranjeros por parte de los pueblos montañeses, que siempre se habían rebelado contra cualquier invasión; antes ya se habían negado a someterse a los romanos y a los visigodos.

A principios del siglo X esta resistencia asumió una perspectiva histórica: la vuelta a la unidad política en una península ibérica liberada de los moros. No era una perspectiva espontánea. Fue impulsada por los monjes mozárabes huidos de al-Andalus, que se habían refugiado en el reino de Asturias. Los territorios cristianos del norte, y en especial el reino de Asturias, con su oposición inicial y posterior resistencia y organización, fueron el refugio de las antiguas clases dirigentes de la España visigoda. Los monjes eran portadores de tradiciones, recuerdos históricos, ideas políticas. Fueron ellos los que sugirieron a los reyes asturianos que se proclamasen herederos del reino visigodo, oponiendo una legitimidad histórica al derecho de conquista. Fue entonces, durante el reinado de Alfonso II (866-910), cuando surgió la idea de reconquista, es decir, la pretensión de que la península volviera a manos de quienes se consideraban sus legítimos propietarios. Los reyes de León, sucesores de los de Asturias, se dieron el título de emperadores para recalcar su propósito de unificar la península bajo su cetro. Esta aspiración fue discutida. Las otras comunidades cristianas que se habían formado —navarros, aragoneses, catalanes— no reconocieron la autoridad de León. Pronto aparecieron nuevos estados, Castilla, Portugal... la idea imperial leonesa se esfumó tras Alfonso VII (1126-1157). Porque la reconquista fue obra de cristianos divididos. En Asturias, País Vasco y los Pirineos se formaron varias comunidades resistentes sin vínculos entre sí. Algunas de ellas, más dinámicas, crecieron, mientras que otras fueron absorbidas por las primeras, y aparecieron otras más. Todas tenían conciencia de pertenecer a una misma familia, e incluso a una misma área cultural, pero poco a poco se fueron consolidando las originalidades, y a mediados del siglo XIII la península estaba dividida en cinco estados: uno musulmán, Granada; otros dos a ambos lados de los Pirineos, Navarra y la corona de Aragón; y, por último, otros dos estrictamente peninsulares, Portugal y la corona de Castilla. La península no recuperó la unidad perdida en 711. Sólo en época tardía —siglo XIII, con la batalla de las Navas de Tolosa, fines del siglo XV con la toma de Granada— esta lucha cobró un carácter de empresa común de los pueblos cristianos contra el islam, de combate contra los infieles, de cruzada, sin perder la perspectiva inicial: la recuperación de un territorio por parte de los que se consideraban sus legítimos propietarios.

La conquista musulmana no fue total, bien porque los invasores decidieron retirarse de algunas zonas aisladas o inhóspitas, bien porque encontraron una fuerte resistencia. Así se formaron en el norte de la península, de Asturias a Cataluña, los núcleos cristianos desde donde partió la reconquista.

Según la tradición, ésta empezó en Asturias, región marginal ocupada de forma tardía y superficial por los romanos. Los visigodos tampoco se mostraron aquí mucho más activos. La cristianización fue muy débil. La resistencia a los sarracenos se enmarcó en esa tradición de resistencia al extranjero, quienquiera que fuese, por parte de grupos montañeses acostumbrados a vivir aislados, espontáneamente reacios a todo poder procedente del exterior. ¿Se les unieron los nobles visigodos fugitivos de la derrota del reino de Toledo y dirigidos por Pelayo?[1] Es lo que sugieren algunos historiadores. Sea como fuere, muy pronto se organizó una resistencia en las montañas de Asturias, marcada por la batalla simbólica de Covadonga, de la que ni siquiera conocemos con certeza la fecha: 718 o, con más probabilidad, 722. El reino de Asturias, cuya capital fue primero Cangas de Onís y después Oviedo, sólo se constituyó realmente con Alfonso I (739-757). Entonces se extendía por una franja que iba desde Galicia hasta el País Vasco. La cordillera Cantábrica formaba al sur una frontera natural, prolongada por una extensa tierra de nadie de varios cientos de kilómetros cuadrados: el valle del Duero, que separaba al-Andalus del reino de Asturias. ¿Se transformó deliberadamente en desierto esta zona? Es la tesis defendida por Sánchez Albornoz. En su opinión, Alfonso I y luego Fruela (757-768), incapaces de defender y colonizar estos territorios, mataron a los moros que no habían huido y se llevaron a los mozárabes al otro lado de la cordillera Cantábrica. Hoy se ponen en cuestión estas conclusiones, y la idea misma de desertificación. Nadie duda que los habitantes huyeran en masa de las regiones en litigio, pero otra cosa es que desapareciera de ellas todo rastro de vida humana. Al final de sus días parece que Sánchez Albornoz tuvo en cuenta estas objeciones. Hasta en los desiertos se encuentran oasis, les concedió a sus contradictores...

En el extremo oriental de la península el avance de los sarracenos fue detenido por Carlomagno, que ocupó Pamplona y Huesca y tuvo que detenerse ante Zaragoza. Al regreso de esta expedición su retaguardia fue atacada, en 778, por grupos de vascos, sin que sepamos muy bien dónde situar este episodio, ¿en el valle de Hecho, a la altura del collado de Pau que comunica con la cabecera del valle de Lescun,[2] o en Roncesvalles, como manda la tradición? Carlomagno se alejó entonces de España, pero Gerona en 785 y Urgel y la Cerdaña un poco después se pusieron espontáneamente bajo su protección. En 801 Luis de Aquitania ocupó Barcelona y creó una serie de condados al sur de los Pirineos: Pallars-Ribagorza, Urgel-Cerdaña, Empúries, Barcelona... Era la llamada Marca Hispánica, teóricamente bajo la autoridad del imperio de Occidente. En realidad, este término carecía de significado político e incluso geográfico, y sólo designaba la frontera entre el imperio carolingio y la España musulmana. Los condados catalanes —pronto destacaría el de Barcelona sobre los demás— se consideraron más o menos autónomos. Aquí no había nada parecido al «desierto» del valle del Duero, y la frontera entre la zona cristiana y la musulmana se estabilizó en torno a 814, sin cambiar apenas hasta mediados del

---

1. Según una tradición los musulmanes encargaron a Oppas, obispo de Sevilla, que ganara para su causa a Pelayo, un noble visigodo refugiado en Asturias.
2. Es la hipótesis formulada por Antonio Ubieto a partir de las crónicas árabes.

siglo XI. Los condes catalanes, para librarse de la tutela de los francos, no dudaron en firmar acuerdos de' buena vecindad con los sarracenos de Lérida y Tortosa. El conde Borrell (947-992) fue aún más lejos en su acercamiento al califato de Córdoba, hasta que en 985 Almanzor adoptó una actitud ofensiva y saqueó Barcelona. El conde aprovechó la oportunidad para romper con los carolingios, que no habían acudido en ayuda de la Marca. Cataluña logró la independencia oficial en 987.

Los futuros reinos de Aragón y Navarra, al principio, también fueron simples dependencias del imperio de Carlomagno. El condado de Aragón, limitado a las comarcas de Jaca y Huesca, se emancipó a principios del siglo IX, y sus titulares emparentaron con la familia reinante en Pamplona. Hay que esperar a 1035 para que Ramiro, hijo de Sancho el Grande de Navarra, se proclame rey de Aragón. La comarca de Pamplona se había sublevado en 755 contra los sarracenos. Desde entonces se la disputaban el imperio de Carlomagno y el califato de Córdoba. La autoridad del primero prevaleció en 806, pero Luis el Piadoso fue menos afortunado. El ejército que envió al sur de los Pirineos fue derrotado en 824. Los príncipes de Pamplona —hasta el siglo XII no adoptaron el título de reyes— se aliaron con el reino asturiano, sin dejar de mantener buenas relaciones con los moros. Navarra sólo se formó realmente con la nueva dinastía fundada por Sancho Garcés I (905-925), que ocupó Nájera y parte de La Rioja. Durante el reinado de Sancho el Mayor (1000-1035) el reino se extendió hasta Sobrarbe y Ribagorza, se anexionó el condado de Castilla (1029) y llegó a ocupar León en 1034. Navarra era entonces el estado más poderoso de la España cristiana. Su autoridad se extendía desde la vertiente norte de los Pirineos (el actual País Vasco francés) hasta la frontera occidental de los condados catalanes, pero Sancho consideraba estos territorios como bienes patrimoniales de los que podía disponer a su antojo. A su muerte los repartió entre sus hijos. Al hijo mayor, García, le dejó Navarra. Una parte de los territorios del este formaron el reino de Aragón, creado para Ramiro. Gonzalo recibió Sobrarbe y Ribagorza, y Fernando fue rey de una Castilla independiente. Este reparto fue causa de rencores y luchas fratricidas al final de las cuales, en 1076, la Navarra propiamente dicha dejó de existir como entidad autónoma. Pamplona pasó a formar parte del reino de Aragón, mientras que el País Vasco y La Rioja quedaron bajo el cetro del rey de Castilla, Alfonso VI. Navarra no volvió a ser un reino independiente hasta 1134, con la proclamación de García Ramírez.

De todos los territorios no dominados por los moros, sólo el reino de Asturias podía crecer, al estar separado de al-Andalus por una amplia tierra de nadie. En las demás zonas los príncipes cristianos debían tener mucho tiento, pues el enfrentamiento directo podía resultar fatal para ellos. Por esta razón, el reino de Asturias no tardó en ponerse a la cabeza de las luchas de la reconquista, con Alfonso II (791-842) y, sobre todo, Alfonso III (866-911).

El primero extendió sus posesiones hacia el este hasta Pancorbo y Castrojeriz, en lo que más tarde sería Castilla y entonces no era más que una marca avanzada del reino, confiada a un conde. El segundo continuó esta expansión en tres direcciones:

— hacia el oeste, ocupando toda Galicia y la zona comprendida entre el Miño y el Duero (Oporto fue tomado en 868, y Coimbra en 878);

— al sur de la cordillera Cantábrica, con asentamiento de colonos en las comarcas de León y Astorga (Zamora fue fundada en 893);

— por último, hacia el este, llegando hasta La Rioja, que le disputaron los reyes de Pamplona. Alfonso III, como hemos visto, fue el verdadero creador de la idea de reconquista, inspirada por los monjes mozárabes. Pretendió enlazar con la monarquía visigoda desaparecida en 711. Durante su reinado unas crónicas escritas en tono propagandístico trataron de demostrar que los reyes asturianos eran los herederos de los reyes visigodos, tanto por sucesión dinástica como por el hecho de gobernar sobre poblaciones godas, los asturianos y los mozárabes. En una de estas crónicas es donde la batalla de Covadonga aparece como punto de partida de una gran empresa, el renacimiento de España y la reconstitución del pueblo godo y de su ejército; la monarquía que se había hundido con Rodrigo renacía gracias a Pelayo.

Para Alfonso III la reconquista no era una cruzada contra el infiel. No tuvo el menor reparo en mandar a su hijo, el futuro Ordoño II, a aprender con el rey moro de Zaragoza. Pero el rey no desdeñó las motivaciones religiosas, siempre que le parecieron oportunas para dar lustre a la realeza y provocar el entusiasmo de los combatientes. Durante su reinado se desarrolló el culto a Santiago. En torno a 780 un fraile, Beato de Liébana, había mencionado por primera vez la evangelización de España por el apóstol Santiago, creando un clima favorable a la invención de su tumba en Iria Flavia (actualmente Padrón): en 814, en un sarcófago romano, se hallaron unos restos que fueron identificados como los del apóstol, cuyo cuerpo habría sido transportado en barco desde Jaffa hasta las costas de Galicia. Alfonso II mandó construir una iglesia en el pueblo. Así fueron los comienzos de la futura metrópoli, Santiago de Compostela. Alfonso III se dio cuenta del partido que podía sacar de esta circunstancia. El reino estaba orgulloso de poseer en su territorio las reliquias de un apóstol. Sólo la ciudad de Roma, que conservaba los restos de san Pedro, podría disputarle semejante privilegio. Los magnates, el clero y el pueblo compartían el mismo entu...asmo, y la confianza en el futuro del reino se vio reforzada. Se organizó el culto, y a mediados del siglo X llegaron los primeros peregrinos franceses. A partir de entonces la afluencia de peregrinos fue constante, desde Francia y el resto de Europa. Pronto Santiago atrajo a una muchedumbre. Una extensa organización se ocupó de las peregrinaciones, fijó los itinerarios (por Somport, Roncesvalles, Nájera, Burgos, Carrión de los Condes, Sahagún, Astorga), y creó hosterías y hospicios en las principales etapas (Santo Domingo de la Calzada, Burgos...). Se llegó a publicar un libro, primera guía turística conocida, en el que se daban al viajero las indicaciones oportunas sobre la longitud de las etapas, las costumbres de los habitantes, los lugares a visitar (santuarios y lugares históricos), las especialidades culinarias e incluso un diccionario básico para viajar por el País Vasco. Dos siglos después Santiago alcanzó una proyección internacional. El modesto santuario construido por Alfonso III se había convertido en obispado, luego en iglesia metropolitana gracias a dos ambiciosos prelados, el francés Dalmace y el español Diego Gelmírez, los dos firmemente apoyados por los monjes de Cluny. El papa Calixto II (1119-1124) concedió a la peregrinación a Compostela los mismos privilegios que a las de Roma o Jerusalén. Gelmírez soñó con hacer de la ciudad episcopal la rival de Roma. Fue entonces, en el siglo XII, cuando Santiago llegó a su apogeo. Alrededor de la catedral, empezada en 1080, se agolpaban los mercaderes del templo que vendían a los peregrinos llegados de toda Europa cruces, odres, alforjas de cuero y, sobre todo, las conchas que eran el emblema del santuario, así como infinidad de recuerdos y objetos piadosos, todo lo que podía producir la imaginación de los comerciantes para explotar la piedad de las muchedumbres. Sin embargo, Compostela era algo más. El camino de Santiago estrechó los lazos entre la pequeña España cristiana y la cristiandad occidental, propició los intercambios económicos, artísticos y culturales que rompieron el aislamiento de la península y la apartaron de Oriente.

Cuando Alfonso III impulsó el culto a Santiago, sin duda no se imaginó el futuro grandioso que le esperaba. Convendría explicar los motivos de este éxito, un asunto que ha sido abordado por Américo Castro, quien ha sugerido unos orígenes míticos: la confusión popular entre los dos Santiagos, el Mayor y el Menor, la contaminación con el culto pagano a Cástor y Pólux, los dioscuros, hijos de Júpiter, y la creencia, también popular, de que Santiago el Menor era hermano de Jesús. Para los cristianos del norte, Santiago se convirtió en el anti-Mahoma, el «matamoros» cuyo nombre invocaban los guerreros en las batallas y al que creían ver combatiendo con ellos, montado en un caballo blanco, en los momentos difíciles.[3] Según esta teoría, España nació de este culto. Pero no hay unanimidad al respecto. Al fin y al cabo, fue la España cristiana la creadora del culto a Santiago, y no al revés. La invención de la tumba del apóstol encajaba demasiado bien en la línea que se había fijado Alfonso III, de dar legitimidad histórica al reino de Asturias, pero nada induce a pensar que desde el principio se quisiera convertir a Santiago en un anti-Mahoma. Fue mucho más tarde, a finales del siglo XI, y en los siglos XII y XIII, cuando el *Jacobus miles Christi* ocupó su lugar entre los guerreros de la reconquista, pero en un contexto muy distinto, el de la cruzada predicada por monjes franceses.

A comienzos del siglo X, Ordoño II (914-924) se creyó con fuerza suficiente para instalar su capital al otro lado de los montes, en León, donde quiso fundar una ciudad capaz de reemplazar al Toledo visigodo. El reino de León relevó al de Asturias. Sus soberanos se hicieron llamar emperadores para proclamar su pretensión de lograr la unidad de la España cristiana bajo su cetro. La reconquista siguió avanzando, y sobrepasó la línea del Duero. En 941 fue tomada Salamanca. Pero el hecho más importante, en el sureste, fue la ascensión de Castilla, esa vanguardia del reino de León destinada a un gran futuro. Castilla, tierra poblada de hombres libres, una sociedad abierta, orientada a Europa, que a finales del siglo XI encontró su héroe emblemático, el Cid.

El Cid era el *hombre de la frontera* (Louis Bertrand), de ese vasto territorio que separaba el pequeño reino de León de la poderosa España musulmana. Varias veces al año los guerreros moros franqueaban esta zona, atacaban los pueblos cristianos del norte y se retiraban con el botín reunido en estas razzias. Esta región tan expuesta fue lo que se empezó a llamar Castilla, quizá a causa de los numerosos castillos que se construyeron para proteger a los hombres que, pese al peligro, se obstinaban en quedarse.[4] La vida de estos hombres no era nada fácil. País sin riquezas, siempre amenazado, siempre atacado —«sin una década de paz», escribe Sánchez Albornoz—, Castilla apenas atrajo a los nobles, que optaron por la seguridad y la comodidad de la capital, León, situada en la retaguardia, lejos del frente. Pero había que ocupar el territorio, poblarlo, defenderlo. Burgos, fundado en 884 por el conde Diego Porcelos, fue el centro de este territorio en disputa. Para atraer a los colonos se les ofrecieron privilegios, garantías, fueros: los hombres que aceptaron asentarse en Castilla eran libres, y recibían tierras a condición de que las explotaran y las defendieran, llegado el caso, de los moros. Por esta razón, Castilla fue durante la Edad Media un islote de

---

3. Batalla de Clavijo (845).
4. Castilla, tierra de castillos. Hay quien rechaza esta etimología y le atribuye un origen árabe.

hombres libres en la Europa feudal, sometida a la servidumbre. Aquí no había restricciones jurídicas para los campesinos, que eran dueños de sus tierras, y libres. A mediados del siglo XIV todavía quedaban en Castilla 659 behetrías, es decir, aldeas con derecho a elegir a su señor y a rechazarlo si no les convenía; algo único en Europa.[5] Es el rasgo distintivo de la España de la reconquista, y en particular de Castilla: el feudalismo no arraigó con fuerza, salvo en Cataluña y, en menor medida, en Aragón, donde las instituciones francas dejaron su huella. En el resto encontramos algunos elementos,[6] pero en conjunto no es nada comparable con la trama tejida en el resto de Europa por los vínculos de dependencia entre los hombres. A veces se habla de feudos, pero más a menudo de préstamos (prestimonios). La corona no solía ceder sus prerrogativas a los señores. Lo que encontramos en Castilla es un régimen señorial sin la jerarquía feudal que triunfó al norte de los Pirineos. El señor, por delegación del rey, tenía competencias judiciales sobre sus súbditos, administraba justicia civil o criminal, a veces ambas (mero y mixto imperio), pero el soberano no renunciaba en derecho a ninguna de sus prerrogativas. La explicación de esta original situación está en el doble carácter de la reconquista, que implicaba la toma de posesión de un territorio y su colonización. La invasión musulmana había acabado con los grandes dominios de la época visigoda, acentuando el carácter rural de la sociedad. En el valle del Duero la mayoría de las ciudades habían desaparecido. La repoblación se dejaba a la iniciativa de los que acudían a instalarse en esos territorios sin cultivar, y la propiedad así adquirida (presura) se transmitía por venta y por herencia. Cada cual tomaba la tierra que podía cultivar con su familia, y no siempre era necesaria la confirmación del rey. El resultado fue la proliferación de pequeñas propiedades explotadas por hombres libres. Los colonos recibían derechos y fueros, y los ladrones y asesinos garantía de impunidad.[7]

La tesis que acabamos de resumir, defendida por Sánchez Albornoz, es hoy matizada por algunos historiadores que, sin desdeñar la influencia de la conquista musulmana en la evolución de la sociedad cristiana, son mucho más proclives a admitir la existencia de instituciones feudales comparables con las que había en el resto de Europa. Pero el hecho diferencial sigue siendo evidente: la repoblación, la mayoría de las veces, fue una empresa oficial, impulsada por los propios reyes o incluso por condes, obispos y abades de monasterios, y más adelante, a partir del siglo XIII, por las órdenes militares.

En los territorios reconquistados surgieron poblaciones. Unas volvieron a ocupar emplazamientos abandonados, otras eran de nueva creación (Burgos, Zamora). Se fundaron o refundaron por razones militares (defender el territorio contra los moros), políticas (administrar la población de la zona) o religiosas (restablecer o

---

5.   ¿Era un vestigio del pasado? Marc Bloch observaba que en España «el derecho visigodo siempre reconoció a los soldados privados la facultad de cambiar de señor», situación excepcional en Europa (*La Société féodale*, t. I, p. 243).

6.   Más en el vocabulario que en los hechos. La palabra «vasallo», por ejemplo, apareció en el siglo XI, pero para designar a cualquier súbdito (del rey o de un señor), y conservó este sentido hasta bien entrada la época moderna. La expresión no tiene nada que ver con la relación con un señor feudal, como en Europa. También encontramos la palabra «homenaje» y el rito que la acompaña, pero en España consistía en un besamanos.

7.   Cf. el fuero de Sepúlveda (1076), un modelo en su género: quien hubiera cometido un homicidio, un robo o un rapto de mujer al norte del Duero podía refugiarse en Sepúlveda, donde hallaría protección contra sus perseguidores.

crear obispados). Hasta el siglo X el poblamiento consistía en pobres aldeas y la vida económica se limitaba a algunos intercambios comerciales en los mercados semanales, como en León o Barcelona. Fueron pocas las aglomeraciones de carácter propiamente urbano, con palacios, iglesias y baños públicos. En el siglo X la única excepción era la ciudad de León. En estas ciudades, dotadas de un extenso término (alfoz), los habitantes se administraban libremente. Las decisiones sobre todos los aspectos de la vida municipal se tomaban en común, en asambleas generales de todos los vecinos (concejos abiertos). En ellas nombraban a los nuevos magistrados de la ciudad, pedían cuentas a los antiguos, discutían sobre la necesidad de empedrar una calle, construir un puente o crear un mercado, y votaban los impuestos necesarios para todo ello. Esta forma original de democracia directa no se mantuvo más allá de los siglos XII-XIII. Se ha tendido a idealizarla, y los historiadores se preguntan sobre su alcance real. Hoy se piensa que la jerarquía social entre caballeros y villanos fue más fuerte de lo que se creía, pero esta idea dejó una marca en el alma colectiva de los castellanos, que siempre se mostraron reacios a la creciente jerarquización de la sociedad. En Castilla, según un dicho que a Antonio Machado le gustaba citar, «nadie es más que nadie». Más que en otras partes, se respetaba al prójimo y su dignidad, y las minorías dirigentes, para ser aceptadas, debían ser reconocidas y no impuestas arbitrariamente.

Esta sociedad libre también era una sociedad abierta. Los hombres no quedaban de una vez por todas y definitivamente confinados en castas o clases. Como en el resto de Europa, en Castilla había una jerarquía social. En la cima estaban los llamados ricoshombres, la alta nobleza. Luego estaba la pequeña nobleza de los infanzones, que más tarde se llamarían hidalgos, y por último el tercer estado, los pecheros, los villanos. Nada estaba prefijado, los hombres podían salir de su condición y ascender en la escala social. Un simple hidalgo podía llegar a ser ricohombre, un campesino hidalgo. La guerra contra los moros permitía esta movilidad social, excepcional para su época. Veamos dos ejemplos.

El primero es la sorprendente institución de la caballería popular (caballeros villanos), formada por campesinos o ciudadanos lo bastante ricos como para tener un caballo de combate y armas. Estos caballeros eran descendientes de los primeros colonos. Al principio, se trataba de campesinos que en los ataques por sorpresa cambiaban el arado por la espada. Después volvían a sus tareas, hasta la siguiente alarma. No eran nobles propiamente dichos, pero gozaban de ciertos privilegios, como la exención parcial del impuesto. Poco a poco acabaron confundiéndose con los hidalgos, pero esta movilidad dejó su impronta. Todavía en el siglo XVI había en Burgos grandes comerciantes con el título de caballeros, sin que hubiera la menor incompatibilidad entre el ejercicio de su profesión y su pertenencia a la aristocracia.

Los soldados tenían otra forma de convertirse en caballeros: sencillamente, quitarle un caballo al enemigo durante una batalla. El caso aparece con frecuencia en el *Cantar de Mio Cid*, que es el equivalente del *Cantar de Roldán* francés, la primera epopeya de la literatura española, pero una epopeya en la que lo novelesco y maravilloso tienen muy poca cabida. Son preocupaciones muy realistas y materiales las que inspiran al poeta cuando cuenta el modo en que los vencedores se reparten el botín después de la victoria. Es entonces cuando los que combaten a pie, la infantería, se hacen caballeros, un ascenso insólito que explica el prestigio que conservó la institución militar durante mucho tiempo.

La aventura personal del Cid y su extraordinaria ascensión, tal como la esceni-fica el autor anónimo del *Cantar*, da una idea cabal de cómo era la Castilla de fines del siglo XI. Al principio el Cid sólo era un miembro de la pequeña nobleza, situado en el grado más bajo de la escala nobiliaria, un infanzón. Perdió el favor del rey Alfonso VI, el cual le expulsó de la corte y prohibió que nadie le diera refugio. El Cid tuvo que partir al destierro, atravesó Burgos, y sus habitantes, cumpliendo las órdenes del rey y pese a la simpatía que sentían por el héroe, no quisieron cobijarle ni siquiera por una noche: «Mío Cid Roy Díaz por Burgos entrove, / en sue conpaña sessaenta pendones; / exien lo veer mugieres e varones, / burgeses e burgesas, por las finiestras sone, / plorando de los ojos, tanto avien el dolore». El Cid y sus com-pañeros tuvieron que acampar en las afueras de la ciudad, a la orilla del Arlanzón. La pequeña tropa partió a la aventura, guerreó contra los moros y fue acumulando un botín enorme y un prestigio extraordinario. Tomaron Valencia, y el Cid fue col-mado de honores: «Oy los reyes d'España sos parientes son». Es uno de los últimos versos del *Cantar de Mio Cid*, dedicado por completo a exaltar la movilidad social, las posibilidades de ascenso y promoción que se les brindaban a los jóvenes caste-llanos insatisfechos de su suerte, si estaban dispuestos a arriesgarse. En cierto modo el *Cantar* es un llamamiento a alistarse en la hueste del Cid: «Por Castiella odien-do van los pregones, / commo se va de tierra mio cid Campeador, / unos dexan casas e otros onores». Hay otro llamamiento similar antes del asalto a Valencia: «Quien quiere ir conmigo çercar a Valençia, / todos vengan de grado, ninguno non ha pre-mia». Como todas las sociedades de la alta Edad Media, la castellana era una socie-dad guerrera, con la peculiaridad de que la reconquista mantuvo esta militarización durante siglos. Mientras hubo tierras al sur que tomar a los moros, los más emprende-dores y ambiciosos mantenían la esperanza de elevarse por encima de su condición. Con la punta de la espada se podían conseguir a un tiempo «honra y provecho», y esta perspectiva perduró hasta la toma de Granada (1492) e incluso después, porque la conquista de América le dio un nuevo impulso. De esta raza de guerreros y aventu-reros salieron los conquistadores que partieron al Nuevo Mundo. No es extraño, pues, que en estas condiciones el prestigio de los valores militares y nobiliarios fuera muy superior al de las actividades económicas, el paciente trabajo en el campo, la artesanía o el comercio. Los castellanos no padecían ninguna incapacidad congéni-ta para la vida económica. Si en muchos casos optaron por las armas, fue porque esa elección les brindaba más posibilidades de ascenso y prestigio social. Les sedujo más el ideal caballeresco que el espíritu burgués. Por las circunstancias, más que por temperamento, Castilla se convirtió en una sociedad militar con todas las pro-mesas y los riesgos que implicaba esa escala de valores.

Los señores que residían en Castilla compartían la precaria existencia de sus subordinados, que les veían como compañeros de armas, más que como señores feu-dales dispuestos a explotarles. Unos y otros, unidos por una fuerte solidaridad, recela-ban de los aristócratas de León, la capital. Castilla sólo podía contar con sus propias fuerzas. Esta situación particular explica en buena medida los hechos posteriores: una sociedad expuesta a la amenaza permanente de la guerra, que se sentía más o menos abandonada por el lejano poder real, una sociedad libre, sin grandes señores feudales ni siervos de la gleba, muy unida en torno a sus dirigentes, acabó siendo consciente de su personalidad. Una leyenda forjada en el siglo XII trató de legitimar *a posteriori* la secesión de Castilla. A principios del siglo X, es decir, apenas veinte o treinta años después de la fundación de Burgos, una asamblea de nobles y prelados habría deci-

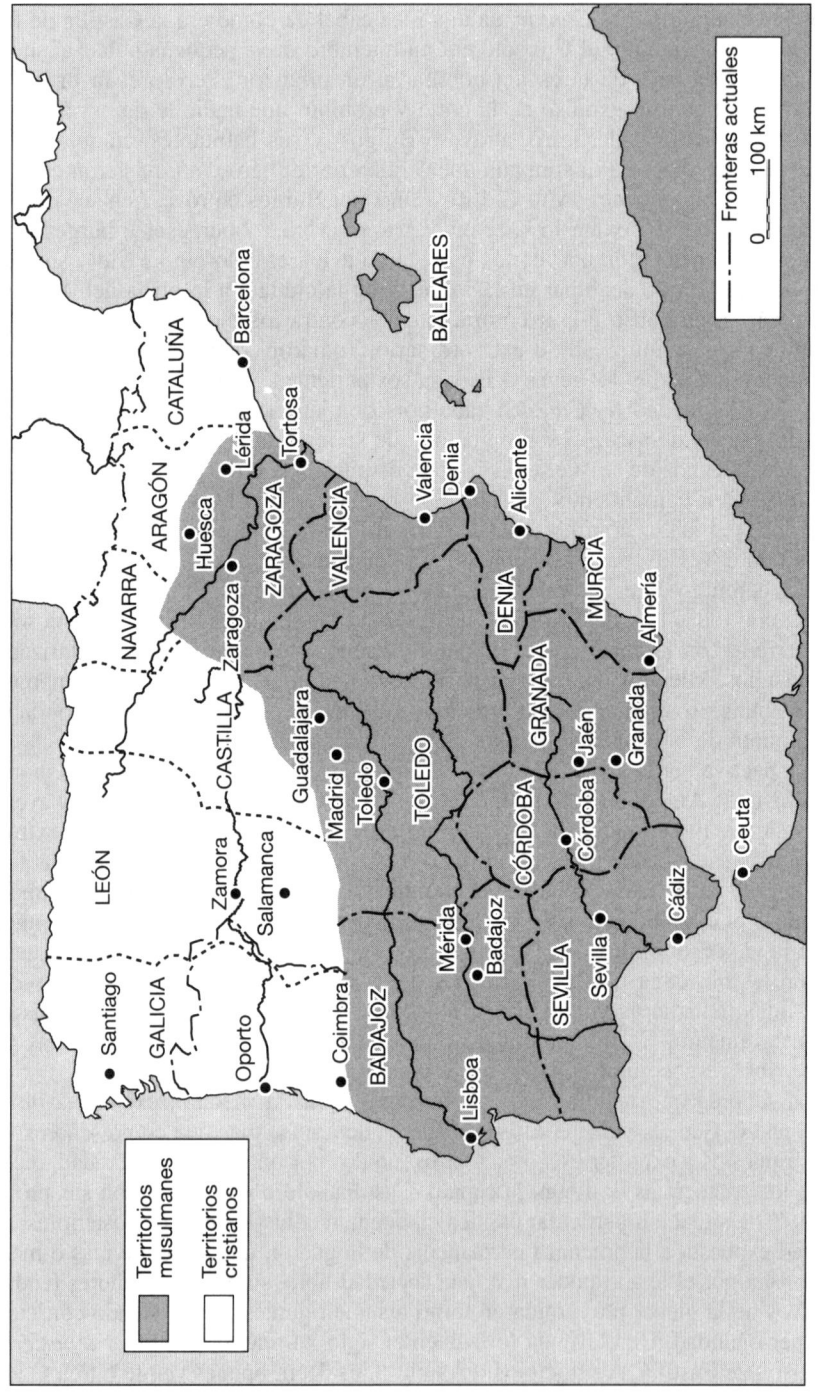

MAPA 2. Los reinos de taifas en 1065.

dido confiar la dirección de los asuntos de Castilla a dos magistrados, Laín Calvo y Nuño Rasura. El primero sería antepasado del Cid y el segundo de Alfonso VII. Ello suponía ya guardar las distancias con la corte de León, sin romper con ella. Fernán González, conde desde 932, dio el paso decisivo y unificó los territorios castellanos, dando a Castilla una independencia de hecho. El condado pasó después a depender del rey de Navarra, Sancho, que lo transformó en reino para su hijo Fernando. En 1037 este último añadió a su título el de rey de León, después de casarse con Sancha, hermana de Bermudo III, muerto ese año. Fernando I dio comienzo así a la larga historia de los dos reinos, unas veces unidos y otras separados, hasta que Castilla suplantó definitivamente a León. Al igual que Sancho de Navarra, Fernando I de Castilla consideraba que sus estados eran bienes patrimoniales, de los que podía disponer a su antojo. A su muerte en 1065 dejó Castilla a su hijo Sancho II, y León a Alfonso VI. A otro de sus hijos, García, le dejó el reino de Galicia. Sancho II fue asesinado en 1072, y Alfonso VI pudo ceñirse la corona de Castilla. Este reino incorporó provisionalmente León, y pasó a ser la principal potencia política de la España cristiana. Fue Castilla la que en gran medida hizo España, y su lengua, el castellano, acabaría siendo el español, una lengua con vocación universal. Castilla se formó, por tanto, sobre una base popular y contractual contra la monarquía visigoda de León, aristocrática y unitaria. La lucha por su independencia y la formación de un estado vascocastellano, separado del estado asturleonés, era algo más que el producto de la ambición personal de un conde rebelado contra su rey. Se trataba de otra concepción de la vida política, más democrática (si cabe este anacronismo), opuesta al imperialismo y al centralismo de León.

TAIFAS, ALMORÁVIDES Y ALMOHADES

La autoridad de los califas de Córdoba en al-Andalus era más nominal que real. A finales del siglo X y comienzos del XI cada vez estuvo más cuestionada por la presión de los particularismos locales. El desorden se extendió por todas las provincias. Durante unos años más la fuerte personalidad de Almanzor mantuvo la unidad política del conjunto, pero a su muerte la España musulmana se dividió, y aparecieron decenas de pequeños reinos autónomos, las llamadas taifas. Había taifas árabes, taifas beréberes, taifas esclavonas… Su número y sus fronteras fueron cambiando, porque los reinos rivalizaban y guerreaban unos contra otros, con anexión de los más débiles por los más fuertes. La taifa de Toledo, por ejemplo, comprendía las actuales provincias de Toledo, Madrid y Guadalajara, además del sur de Ávila, la sierra de Cuenca, la zona de Ciudad Real y el este de Cáceres y Badajoz. En cambio otras, como las taifas de Córdoba y Denia, se reducían a la ciudad capital y sus alrededores, y permanecieron poco tiempo independientes.

> No hay nada … más engañoso que presentar la fase posterior … al fin del califato omeya como un período de disgregación de los poderes y anarquía generalizada. Los «reyes de taifas» que sustituyeron al califato no eran simples jefes de cuadrilla. La época de las taifas no supone un debilitamiento del estado califal, sino su regionalización. En esta época se formaron verdaderos estados territoriales musulmanes, que prolongaron el califato. Como ha afirmado acertadamente Menéndez Pidal, llegaron a consolidar las estructuras políticas y culturales en unos marcos más estrechos y por tanto mejor controlados (Pierre Toubert).

Siete de estas taifas acabaron prevaleciendo por la importancia de su territorio: Sevilla, Granada, Murcia, Toledo, Badajoz, Zaragoza y Valencia.

Entre las características de las taifas, una estaba en continuidad con el período califal, y la otra introdujo una ruptura.

En el aspecto cultural no cambió nada, excepto que se observa cierta especialización: los poetas se concentraron en Sevilla, mientras que la actividad científica y filosófica se desplazó hacia el norte, a Toledo y Zaragoza. Este renacimiento cultural estuvo acompañado de una vuelta a las fuentes orientales. «Si los omeyas habían occidentalizado Oriente, los reyes de taifas orientalizan de nuevo Occidente. Bagdad se refleja en microscópicas bagdades» (Emilio García Gómez). Fue entonces cuando, por influencia de Oriente, se empezaron a estudiar las obras de los filósofos árabes y, a través de ellos, las de los griegos, sobre todo las de Aristóteles. La continuidad también se mantuvo en la actitud con respecto a las minorías religiosas, los mozárabes y los judíos. Es posible que nunca fuera tan grande la influencia de los judíos. Uno de ellos, Samuel ha-Naguid (†1056), fue visir en Granada durante más de treinta años. Personalidad destacada, muy versado en los estudios bíblicos, polemista, poeta de talento, dirigió la política interior y exterior del reino, pero seguramente no fue un gran jefe militar, tal como se ha afirmado. En la primera mitad del siglo XI Zaragoza se había transformado en foco cultural judío, con sus escritores y filósofos. Allí vivió Selomó ibn Gabirol, llamado Avicebrón en los textos cristianos posteriores. En *La fuente de la vida* defiende la tesis audaz de la universalidad de la materia, substrato común de todos los seres con la excepción de Dios. En su *Libro de la corrección de los caracteres* define al hombre como una unidad psicofísica. Su *Corona real* es un poema a la gloria de la creación, en el que el hombre aparece como la coronación y la medida de todas las cosas. Estos ejemplos son una muestra de la libertad de pensamiento que había en la España musulmana. Los autores judíos no tenían inconveniente en polemizar con los musulmanes a propósito del valor del Corán. Ibn Hazm (†1064) replicó poniendo en evidencia las contradicciones e inconsistencias de la Torá y criticando el poder, según él excesivo, que tenían los judíos al final del califato.

En el aspecto político y militar, la situación de las taifas no era la misma que habían conocido los emires y los califas de Córdoba. Sus reyes, desunidos y enfrentados, ya no suponían una amenaza para los reinos cristianos del norte. No sólo eso, sino que para sobrevivir dichos reyes necesitaban la alianza o la neutralidad de los cristianos, y la compraban a precio de oro. Las taifas pagaban un tributo a los cristianos, las «parias», que suponían unos ingresos importantes para los estados cristianos. Fue así, mediante estos tributos, como el oro musulmán llegó al norte y, desde allí, a la Europa cristiana, lo cual contribuyó a relanzar la economía y el comercio a lo largo del camino de Santiago. También permitió que reyes, nobles y prelados construyeran magníficos monumentos de arquitectura románica como Silos, Burgos, San Isidoro de León... Los reyes de taifas se comportaron cada vez más como vasallos de los del norte, y no dudaron en pedirles ayuda cuando estaban en apuros. Por ejemplo, hacia 1040 el rey de Toledo solicitó el apoyo de Fernando I de Castilla y León contra el rey de Zaragoza, que le disputaba la posesión de Guadalajara. Hubo cristianos que se pusieron al servicio de determinadas taifas. Fueron numerosos los castellanos, vascos, navarros, aragoneses y catalanes que ejercieron en tierras musulmanas el oficio de *condottiere* como medio de vida. Uno de estos caudillos entró en la leyenda. Fue Rodrigo Díaz de Vivar, nacido hacia 1040.

El rey de Castilla Alfonso VI le había mandado a Sevilla a recaudar el tributo que el emir se había comprometido a pagar. A la vuelta de esta misión Rodrigo se enemistó con el círculo de Alfonso VI, quizá porque el rey planeaba una expedición precisamente contra Sevilla, pese a los acuerdos de amistad existentes. Sea como fuere, en 1081 Rodrigo cayó en desgracia y el rey le desterró. Entonces el Cid —como empezaba a ser conocido—[8] se puso al servicio del rey moro de Zaragoza. En dos ocasiones derrotó al conde de Barcelona, y en 1082 llegó a hacerle prisionero. Nada muestra tan a las claras las complejas relaciones que existían entre las dos Españas rivales. ¡He aquí un noble castellano que sale en defensa de un emir musulmán, hace sus primeras armas en un ejército moro y lucha contra españoles cristianos! Es el ejemplo más ilustre, pero no el único, y revela lo lejos que estaba aún la idea de cruzada. Lo que predominaba entonces era el deseo de recuperar los territorios perdidos, con un espíritu algo distinto del que había alentado al reino de León. Aún quedaba algo del sueño godo: rehacer la unidad política de una España nuevamente cristiana. Al Cid se le atribuyen estas palabras: un Rodrigo perdió España, otro Rodrigo la libertará. El Cid probó fortuna por su cuenta y se lanzó a la conquista del reino moro de Valencia, donde gobernó desde 1094 hasta su muerte en 1099. ¿Podemos decir que Valencia fue reconquistada? El territorio no se incorporó realmente a la España cristiana. Era una especie de principado donde coexistían las dos religiones. El Cid fue su dueño absoluto, y gobernó como los emires, limitándose a percibir de sus súbditos musulmanes los impuestos autorizados por la ley coránica.[9] Este estado, difícil de clasificar, apenas sobrevivió a su fundador. Los cristianos evacuaron Valencia en 1102.

La ocupación de Valencia por el Cid fue un episodio aislado. En este final del siglo XI hubo otros acontecimientos de alcance bien distinto. En el oeste Fernando I, conde de Castilla (1029-1065) y rey de León (1038-1065), llevó la frontera de sus territorios hasta el río Mondego, y tomó Viseo y Coimbra. Poco después el primer rey de Portugal, Alfonso Enríquez, llegó hasta el Tajo y tomó Lisboa en 1147. Los cristianos avanzaron continuamente en las Extremaduras, es decir, las tierras situadas más allá del Duero (*Extrema Dorii*). A fines del siglo XI y comienzos del XII dos victorias dieron prueba de la vitalidad de los dos principales reinos cristianos del momento, la Castilla de Alfonso VI y el Aragón de Alfonso I el Batallador (1104-1134): la toma de Toledo (1085), seguida de la de Zaragoza, unos treinta años después (1118). Estuvieron acompañadas de la reconquista y repoblación de Salamanca, Ávila, Segovia y Sepúlveda. Mientras tanto el conde de Barcelona Ramón Berenguer IV se apoderó de Lérida y Tortosa (1148-1149). Al este fueron ocupadas las dos orillas del Ebro, en el centro y el oeste el Tajo pasó a ser la frontera meridional entre los cristianos y los territorios musulmanes: la mitad norte de la península estaba reconquistada.

La toma de Toledo sigue siendo un episodio oscuro pese a la versión oficial, establecida siglo y medio después por el arzobispo Jiménez de Rada. La taifa de

---

8.   La palabra no tiene ningún valor especial. En árabe significa «jefe» (*sidi*). También en árabe, a Rodrigo le llamaban *Galib*, que se tradujo al latín y luego al castellano como *Campidoctus* y *Campeador*. El término implica que se trataba de un caudillo, experto en razzias en tierra enemiga, capaz de organizar incursiones en campo raso.

9.   Rodrigo no fue más que un barón despechado que corrió una aventura personal. En el *Cantar de Mio Cid* el juglar procura justificar este descarrío, borrar esta indisciplina, y dirigirlo todo a una noble causa, la lucha contra el infiel.

Toledo llevaba varios años como protectorado, y los reyes de Castilla no parecían muy dispuestos a ocuparla. Preferían cobrar tributos y hacerse entregar los castillos de los alrededores, que les permitían dominar toda la zona. Al parecer, la muerte del rey al-Ma'mun en 1075 precipitó los acontecimientos. Sus dos sucesores, su hijo y posteriormente su nieto, fueron incapaces de enfrentarse a una difícil situación interna. Alfonso VI supo aprovecharlo y en otoño de 1084 asedió Toledo. Seis meses después, el domingo 25 de mayo de 1085, entró solemnemente en la ciudad. No hubo batalla, Toledo capituló después de obtener unas garantías que posteriormente no fueron respetadas. No era un episodio cualquiera: la antigua capital del reino visigodo volvía a ser cristiana. El sueño de los monjes mozárabes empezaba a plasmarse. Ya se podía pensar seriamente en recuperar la unidad perdida en 711. Alfonso VI, anticipándose a los acontecimientos, se hizo llamar rey de España (*Rex Hispaniae*).

Los moros se dieron cuenta del peligro. La reacción llegó de África. Los «vientos del desierto», los almorávides, llamados por el rey de Sevilla y los ulemas, desembarcaron en 1086. Este movimiento religioso, nacido en Kairuán a comienzos del siglo XI, se proponía luchar contra la degradación del islam y restablecerlo con toda su pureza y rigor. Uno de sus adeptos, afincado en Senegal, se dirigió hacia el norte. En 1061 los almorávides inauguraron una dinastía, fundaron Marrakech en 1068 y ocuparon Fez en 1069. Los hombres con velo del Sahara cayeron sobre España como una nube de langostas (Ortega y Gasset). En octubre de 1086, nada más llegar, consiguieron cerca de Badajoz una gran victoria sobre unos cristianos aturdidos por los dromedarios, el redoble de los tam-tam y las masas compactas de jinetes. Tomaron Valencia en 1100 y avanzaron por el litoral mediterráneo, sin detenerse hasta cincuenta kilómetros de Barcelona. La ofensiva fue igual de fulminante en los otros frentes. En 1108 los almorávides aplastaron a los castellanos de Alfonso VI en Uclés. Toledo estaba en peligro. En el oeste expulsaron a los portugueses de Lisboa. Una tras otra, las taifas fueron cayendo en sus manos, y en 1103 la España musulmana quedó de nuevo unificada bajo su autoridad. El puritanismo y rigorismo religioso de los almorávides contrastaban con el eclecticismo y la libertad de costumbres que encontraron en España. Impusieron el uso exclusivo del árabe, pretendían restablecer el dogma con su pureza original, persiguieron y desterraron a los judíos y a los mozárabes, que se refugiaron en la España cristiana. En realidad, siempre fueron minoritarios y extranjeros. Su poder se vino abajo al cabo de cincuenta años, y fueron sustituidos por los almohades, unos beréberes cuyo nombre significaba «partidarios del Dios único». También ellos eran intransigentes con la pureza de la fe y las obligaciones de la religión, y pretendían volver al Corán y a la tradición del Profeta. Después de tomar el poder en Marruecos de 1147 a 1150, unificaron la España musulmana e instalaron su capital en Sevilla, donde construyeron una gran mezquita.[10]

Las invasiones africanas de los almorávides y los almohades provocaron reacciones en España, incluyendo a la población musulmana, descontenta con el rigorismo de los nuevos amos del país. Conocemos por lo menos un ejemplo de esta resistencia a los beréberes almohades: Ibn Hud, emir de Murcia, que encabezó un movimiento para unirse directamente al califato abasí de Bagdad. Los cristianos se tomaron la

10. De este monumento, empezado en 1171, sólo quedan la torre de la Giralda y el Patio de los Naranjos.

situación muy en serio. El temor a que toda la península volviera a quedar domina-da por el islam suscitó un movimiento de solidaridad en la Europa cristiana, y aumentó el número de «francos» que acudieron a luchar junto a sus hermanos de religión. El aspecto religioso de la reconquista —poco destacado hasta entonces— se vio reforzado con la intervención de los monjes de Cluny y Cîteaux. Las órde-nes militares que aparecieron en esta época confirieron a la lucha contra los musul-manes un carácter de cruzada contra el infiel, y esta exaltación dio lugar a ofensi-vas fulgurantes y decisivas.

Los «francos» —que no sólo eran franceses, sobre todo del sur de Francia, sino también italianos, ingleses y en general gente de fuera de la península— ya eran numerosos en España cuando se abrió el camino de Santiago: peregrinos, guerreros atraídos por el afán de aventura o el señuelo del botín, colonos en busca de tie-rras... Muchos de estos «francos» habían participado en la toma de Toledo, y habían recibido en recompensa privilegios y tierras durante los reinados de Alfonso VI y Alfonso VII.

Al igual que los caballeros y los aventureros, los monjes negros de Cluny y los monjes blancos de Cîteaux acudieron para reorganizar la vida religiosa, armonizarla con lo que se hacía en el resto de Europa y elevar el nivel material y moral del clero. Se trataba de sacar a España de su aislamiento con respecto al resto de la cristiandad, con la aprobación del papado. Todos los soberanos cristianos de la península apoyaron esta iniciativa, que tuvo sus consecuencias políticas, ya que los cluniacenses también proporcionaron consejeros y propiciaron alianzas entre las familias reinantes de Espa-ña y las grandes casas feudales francesas. La penetración de Cluny empezó por Cata-luña. En el primer cuarto del siglo X Guérin, abad de Lézat, reformó los monasterios de Sant Miquel de Cuixà, en la diócesis de Elna, y de Sant Cugat del Vallès. A prin-cipios del siglo XI Sancho III de Navarra llamó a los cluniacenses, que en 1028 toma-ron posesión del monasterio de San Juan de la Peña. La influencia de Cluny se dejó sentir sobre todo en Castilla. En 1073 Alfonso VI de Castilla fundó el primer monas-terio de la orden en San Isidoro de Dueñas, y lo dotó de tierras y rentas. Al poco tiem-po, después de casarse en segundas nupcias con una sobrina del abad Hugo, decidió convertir Sahagún en el Cluny español. Le pidió a Hugo que le recomendara a un frai-le adecuado para esa misión. Roberto fue nombrado abad de Sahagún pero, curiosa-mente, resultó ser más tradicionalista de lo previsto, y propuso sustituir el rito romano por el visigodo. No era lo que se esperaba de él. Roberto fue desautorizado y reem-plazado por Bernardo de Sédirac, fraile de Saint-Aurence d'Auch (1080). Cinco años después Bernardo fue el primer arzobispo del Toledo reconquistado, y en 1088 reci-bió la dignidad de primado de España. Alfonso VI se mostró generoso con los clu-niacenses. Les entregó parte del botín de la toma de Toledo y les repartió tierras. Sus sucesores siguieron la misma conducta. Durante el reinado de Alfonso VII se funda-ron varios monasterios. En 1180 Alfonso VIII fundó Las Huelgas junto a Burgos, y en 1189 les concedió el privilegio de dirigir todos los monasterios para mujeres de Castilla y León.

Los cistercienses llegaron un poco más tarde, procedentes de Clairvaux, por su-puesto, pero también de la abadía gascona de Morimond. Su primer centro, en 1140, fue Fitero, en la frontera de Navarra, Castilla y Aragón. Pronto Clairvaux y Mori-mond se repartieron los territorios reconquistados, fundaron Poblet y Santes Creus en Cataluña, Alcobaça en Portugal... Los cistercienses fueron los creadores de las órde-nes militares en España, según el modelo de la orden de los hospitalarios (o de San

Juan de Jerusalén) y la orden del Temple (1130), protectoras de los peregrinos que viajaban a Tierra Santa. En 1131 el rey de Aragón, Alfonso el Batallador, concedió grandes privilegios y tierras a estas dos órdenes y a otra más, la del Santo Sepulcro. Después de la disolución del Temple sus bienes pasaron a una orden aragonesa nueva, la de Montesa. En 1157, en lo más recio de la ofensiva almohade, los templarios se mostraron incapaces de defender la plaza de Calatrava, al sur de Toledo. Los cistercienses se presentaron voluntarios para sustituirles. Fue así como nació la orden de Calatrava, que recibió su regla del papa Alejandro III en 1164. Durante cuatro siglos la orden estuvo sometida a la autoridad espiritual de la abadía cisterciense de Morimond.[11] En el siglo xiv Calatrava heredó rentas y posesiones del Temple, disuelto por el papa Clemente V. En el último tercio del siglo xii nacieron las otras dos órdenes militares castellanas: la de Alcántara, que también se sometía a la regla de Cîteaux, y la de Santiago, fundada dos años después, que era autónoma. Su sede estaba en Uclés, en La Mancha, y pronto fue la más prestigiosa de todas.

Los caballeros de las órdenes militares eran monjes-soldados. Pronunciaban los tres votos clásicos de obediencia, pobreza y castidad,[12] y llevaban el hábito blanco de los cistercienses (los de Santiago con una cruz roja). Como soldados, los caballeros tenían una obligación prioritaria, la lucha contra los moros. En todo momento debían estar listos para el combate, y por eso los de Calatrava debían dormir vestidos. Sometidos a una jerarquía estricta, con un gran maestre elegido, dignatarios (trece en la orden de Santiago), comendadores y caballeros, los miembros de las órdenes militares fueron la vanguardia de la reconquista. ¿Representaban una contaminación del islam, con su noción de guerra santa? Américo Castro observa que el oficio de las armas asociado a la ascesis era la regla de los almorávides. Es posible, aunque también había precedentes cristianos inmediatos. Lo cierto es que en el contexto de la península ibérica su participación en los combates les dio una importancia que no tuvieron en otras partes. En España las órdenes militares perduraron. Recibieron extensas tierras en La Mancha, el valle del Tajo y Extremadura, origen de una importante riqueza que más tarde les llevó a intervenir de un modo decisivo en las luchas políticas del siglo xv.

La presencia de guerreros y monjes llegados del otro lado de los Pirineos invirtió el sentido de la lucha en la península. Era la época en que toda la cristiandad se aprestaba a enfrentarse al islam. En el sur de Italia los normandos comenzaron la reconquista de Sicilia. En 1095 el papa Urbano II hizo un llamamiento a los caballeros para que tomaran la cruz y partieran a Tierra Santa. Para animarles y santificar su campaña les concedió indulgencias para la remisión de sus pecados. Fue la primera cruzada, que terminó con la conquista de Jerusalén (1099). La España cristiana no permaneció al margen de este movimiento. El papado bendijo su lucha contra el islam y le dio el carácter de una cruzada. Muchos francos acudieron a ese llamamiento y pasaron los Pirineos, pero su comportamiento sorprendió a los alia-

---

11. La elección del gran maestre por el capítulo reunido en el convento de Calatrava debía ser confirmada en un plazo de tres meses por el abad de Morimond. Todavía en el siglo xvi Carlos V se dirigió a este último para nombrar al prior. Antes que someterse a la decisión de un fraile extranjero, Felipe II prefirió dejar vacante el cargo.

12. En la orden de Santiago no se exigía el celibato. La castidad se entendía dentro del vínculo conyugal.

dos españoles, acostumbrados a tratar con los moros como adversarios, desde luego, pero a veces también como socios, interlocutores o aliados. La toma de Toledo ya había dado lugar a un incidente grave y significativo. Sin respetar las promesas de Alfonso VI, que había garantizado a los musulmanes el libre ejercicio de su culto, el nuevo arzobispo franco, aprovechando una ausencia del rey, transformó en iglesia la gran mezquita. Los sucesos posteriores confirman esta desavenencia, que acabó estallando en vísperas de la batalla de las Navas de Tolosa. Las tropas francesas eran reacias a someterse a un mando unificado, y no querían contemplaciones con el enemigo. El espíritu de lucro y la intolerancia les impulsaban a no dar cuartel. Pretendían pasar a cuchillo a todos los moros que se opusieran a ellos, y saquear las comunidades musulmanas y judías que encontraran a su paso, aunque se sometieran. Los españoles eran más indulgentes con los infieles, y no tenían inconveniente en dejarles vivir y practicar su religión, porque les necesitaban para explotar las tierras reconquistadas. Los franceses eran unos aliados muy molestos, y les declararon indeseables. Los caballeros francos se marcharon sin tomar parte en la batalla decisiva. Así pues, la victoria de las Navas de Tolosa (1212) se debió exclusivamente a los españoles. A principios del siglo XIII Castilla, Aragón, Navarra y Portugal se asociaron, con la bendición del papa, para rechazar a los almohades. El arzobispo de Toledo, Rodrigo Jiménez de Rada, de origen navarro, predicó la cruzada. Fue él quien, al lado del rey de Castilla Alfonso VIII, dirigió el ejército que aplastó a los almohades en un impresionante desfiladero de Sierra Morena. El paraje parece predestinado a los grandes acontecimientos históricos. Allí, junto a Bailén, se habían enfrentado Aníbal y Escipión, y muy cerca de allí, en 1809, Castaños obligaría a capitular a los 20.000 soldados franceses del general Dupont.

La victoria puso al alcance de los cristianos el valle del Guadalquivir. Después de abrir el candado de Sierra Morena, nada pudo detener a los ejércitos del norte. Fernando III tomó Córdoba en 1236, Jaén en 1246 y, por último, Sevilla en 1248. En poco más de treinta años toda Andalucía fue reconquistada. Este éxito castellano no debe hacer olvidar el avance de portugueses y aragoneses, durante la misma época, en las franjas occidental y oriental de la península. Los reyes de Portugal prosiguieron en el siglo XIII la marcha hacia el sur, y llegaron hasta el cabo de San Vicente. Por su parte, el rey de Aragón Jaime I ocupó Mallorca (1229-1235), Valencia (1239-1253) y Murcia (1265-1266). En esta última región tropezó con los reyes de Castilla. Los tratados concertados a mediados del siglo XII habían demarcado los territorios que debían corresponder a las dos coronas. Valencia, Denia y Murcia pasarían a Aragón. Unos cambios posteriores modificaron el trazado de las zonas de influencia, y al final Murcia pasó a Castilla. Las conquistas del siglo XIII revelan la eficacia del modelo leonés-castellano:

> . Formado por pequeños ejércitos municipales de encuadramiento caballeresco bajo control monárquico, cuya presencia permanente en el terreno fue posible gracias al principio de rotación de las milicias urbanas establecido por Fernando III en 1236 durante el sitio de Córdoba, este modelo castellano fue una creación pragmática de la frontera. Contrastaba con el modelo almohade, cuyo potencial guerrero beréber no era urbano sino tribal.[13]

---

13. Pierre Toubert, lección inaugural en el Collège de France, 19 de marzo de 1993.

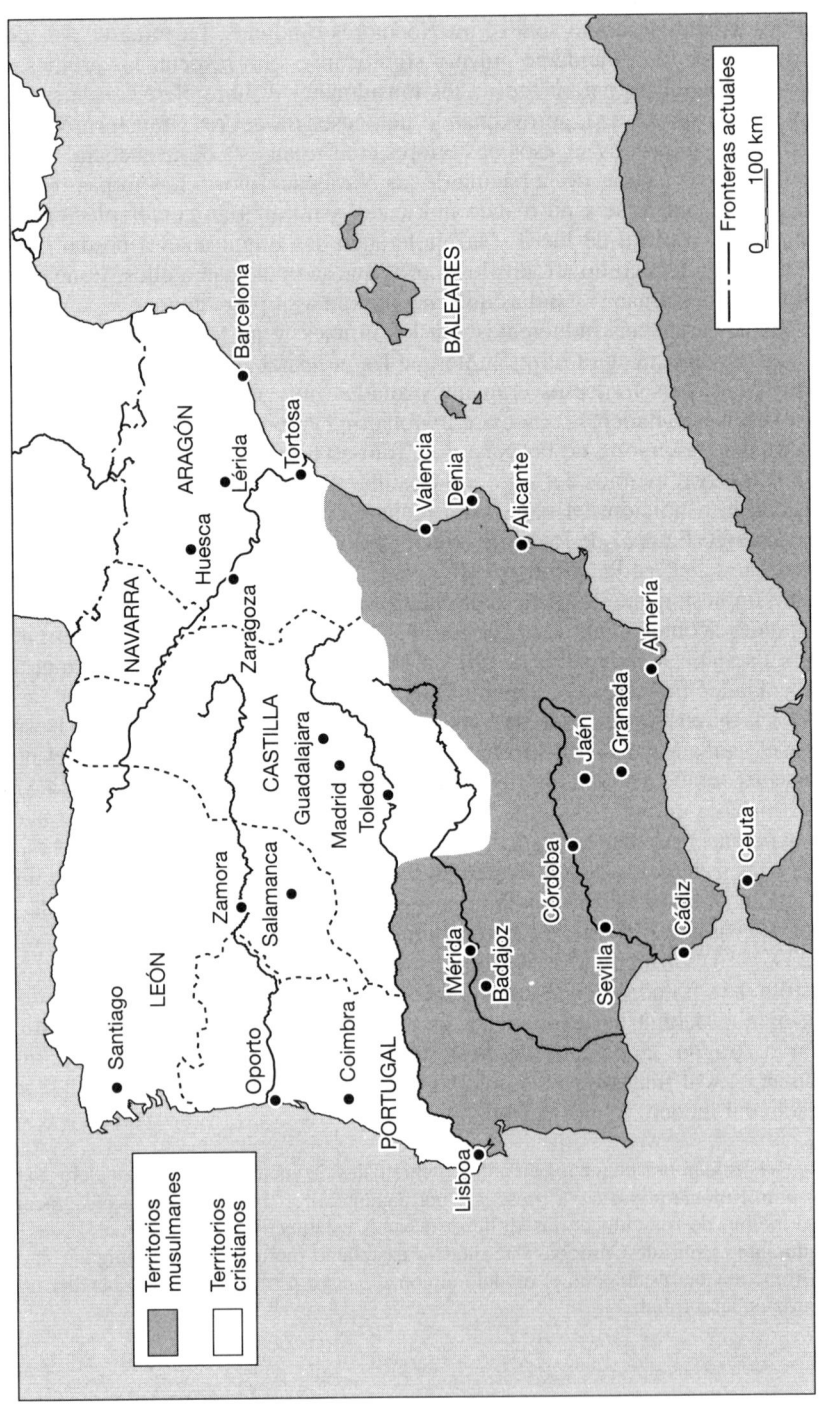

MAPA 3. El imperio de los almohades en 1212.

Estamos en un momento crucial. La España cristiana prevalece sobre la musulmana en los ámbitos militar, político y económico. La muerte de Almanzor (1002) y las invasiones africanas habían dado un giro imprevisto al sentido de la reconquista, que cada vez se parecía más a una cruzada. La victoria de las Navas de Tolosa cierra este período. La partida de los contingentes franceses antes de entablar la batalla es todo un símbolo: el espíritu de cruzada pasa de nuevo a un segundo plano. A mediados del siglo XIII lo único que queda del antiguo poderío de al-Andalus es el pequeño emirato de Granada, donde desde 1238 reina la dinastía de los nazaríes. Para mantenerse en el poder y resistir la presión de los cristianos, los nazaríes llaman en su ayuda a los benimerines de Marruecos. Éstos desembarcan periódicamente en la península para hacer razzias, pero cuando parecen dispuestos a instalarse los emires de Granada acuden a los cristianos para que les libren de ellos. Estas incursiones de benimerines terminan en 1340, tras la derrota que les infligen Alfonso XI de Castilla y Alfonso IV de Portugal en la batalla del Salado. La reconquista empieza entonces una larga pausa que dura hasta la guerra de Granada, a fines del siglo XV. A lo largo de la frontera que separa los dos territorios se producen enfrentamientos esporádicos, pero son combates aislados en los que los caballeros de ambos bandos hacen alarde de valentía, y de paso obtienen un botín y esclavos.[14] Los reinos cristianos tienen otras preocupaciones, como la explotación de las tierras reconquistadas, la organización de la sociedad y las rivalidades internas. Esto explica la interrupción de los combates durante más de un siglo, hasta que los Reyes Católicos deciden eliminar lo que queda del islam en España.

LOS CINCO REINOS

Las conquistas del siglo XIII se debían al dinamismo de los reinos cristianos, que adquirieron entonces una fisonomía casi definitiva. En el aspecto político se crearon los cinco estados que formaron España: la corona de Castilla, Portugal, Navarra, la confederación catalanoaragonesa y el emirato musulmán de Granada.[15] De esta época data también la pretensión castellana de ponerse a la cabeza de toda la península, de hecho o de derecho. Por último, fue el momento en que se trazaron las líneas maestras de la vida económica y social, con el desarrollo de las ciudades y una economía basada en la ganadería trashumante y el comercio internacional.

Portugal

Una de las consecuencias inesperadas de la influencia cluniacense fue la formación de un reino independiente, Portugal, en el oeste de la península. Alfonso VI de Castilla se había casado con una hija del duque Roberto de Borgoña, sobrina del abad Hugo de Cluny. En 1097 casó a sus hijas con cruzados borgoñones. Uno de ellos,

---

14. Una de las batallas más famosas fue la de Higueruela (1431), que se libró a las puertas de Granada entre los moros y los cristianos mandados por el rey Juan II de Castilla y el condestable Álvaro de Luna. El episodio carece de importancia, pero tuvo una gran repercusión. En la literatura proporcionó el tema de uno de los más bellos romances del siglo XV, *Abenámar*. También está ilustrado en un gran fresco que se puede admirar en la galería de las batallas del monasterio de El Escorial.

15. En otro capítulo se aborda la organización y la evolución del emirato de Granada.

Enrique de Lorena, recibió un territorio situado al sur de Galicia, entre el Miño y el Tajo, que comprendía las regiones de Braga, Oporto, Coimbra y Viseo, con el título de conde de Oporto (*Portucalense*). Aspiraba a ser el único señor del país, pero murió antes de poder hacer realidad su sueño. Su viuda siguió adelante con el proyecto y animó en este sentido a su hijo y heredero Alfonso Enríquez. En 1139 Alfonso Enríquez se proclamó rey. En 1143 Castilla reconoció el hecho consumado. Había surgido una nación, que a partir de entonces proclamó su personalidad y prosiguió por su cuenta la reconquista de lo que acabaría siendo Portugal.

Navarra

Durante siglos las fronteras de Navarra, separada de La Rioja desde 1035, fueron imprecisas. Variaban con los testamentos de sus soberanos, que pretendían dejarles un territorio a cada uno de sus hijos. Hubo un momento en que se incorporó a Castilla. En otras épocas se extendió por zonas que hoy se consideran aragonesas. Sancho el Mayor (1004-1015), por ejemplo, logró reunir bajo su cetro León, Castilla, Aragón, Sobrarbe y Ribagorza. Más tarde la costumbre de desmembrar los territorios cada vez que se planteaba la sucesión de un rey redujo considerablemente este conjunto territorial. Las fronteras se estabilizaron cuando un francés, Teobaldo de Champagne, subió al trono. Inauguró las dinastías francesas, que se mantuvieron hasta comienzos del siglo XVI. Primero los Champagne de 1234 a 1305, después los Évreux de 1328 a 1479, y, por último, los Foix, de 1472 a 1512, con un breve intermedio entre 1307 y 1327 durante el cual el territorio pasó directamente a la casa real de Francia.

La corona de Castilla

En el centro de la península las fronteras de la corona de Castilla también se fijaron en el siglo XIII. Dado que los soberanos consideraban que sus estados eran bienes patrimoniales de los que podían disponer a su antojo, el reino de León y el condado, luego reino, de Castilla quedaron unas veces separados y otras unidos bajo un mismo cetro, según lo que decidían los soberanos. Alfonso VI (1065-1109) y Alfonso VII (1126-1157), por ejemplo, llevaron el título de rey de Castilla y de León, pero el segundo hizo otro reparto y en su testamento dejó Castilla a Sancho III y León a Fernando II. Sólo en 1230 la unión de Castilla y León fue definitiva, una vez más a causa del azar de una sucesión. Este año Fernando III, rey de Castilla desde 1217, heredó León de su padre Alfonso IX. Los dos reinos quedaron unidos. Los castellanos y los leoneses tardaron otros cien años en convertir esta asociación circunstancial en unión política, y luego en nación. Un siglo después las tres provincias vascas, que hasta entonces pertenecían a Navarra, se incorporaron a Castilla. Ya en 1258 la cofradía de Arriaga, que administraba Álava de forma autónoma, se había acercado a Alfonso el Sabio, rey de Castilla. La etapa decisiva se situó en 1332, con el pacto de Arriaga. La cofradía renunció a los derechos señoriales que aún tenía a favor del rey de Castilla Alfonso XI. Guipúzcoa se sumó en la misma época. Vizcaya siguió su ejemplo en 1379. Las provincias vascas no se unieron realmente a Castilla, sino que se incorporaron a la corona de Castilla conservando cierta autonomía de sus instituciones.

Después de las conquistas territoriales de los siglos XII y XIII Castilla era uno de los estados más dinámicos de la península ibérica. Sus reyes aspiraban a restaurar la monarquía visigoda y avanzar en la dirección de una España reunificada. Era la llamada idea imperial leonesa. La reconquista había dado lugar a varios reinos cristianos. Sin poner en cuestión su existencia, se extendió la idea de que uno de ellos debía prevalecer sobre los demás. El rey de León (o de Castilla, o de Castilla y León, según las circunstancias) se consideraba heredero legítimo de los monarcas visigodos, y pretendía ser rey de reyes o emperador. Tras la toma de Toledo, con el acuerdo tácito de los monjes de Cluny, Alfonso VI se tituló emperador de toda España (*Imperator totius Hispaniae*). Alfonso VII le imitó, se hizo llamar emperador y coronar como tal en León, en 1135. Después de él la idea imperial decayó, sin quedar por completo olvidada. Con una forma aún más ambiciosa la recuperó Alfonso X el Sabio (1252-1284), que aspiró a ser emperador de Occidente. Alentado por las gestiones de la ciudad de Pisa, que le consideraba el monarca más ilustrado de su tiempo, Alfonso X presentó su candidatura a los sufragios de los electores del Sacro Imperio. Fue elegido en 1257, ¡pero al mismo tiempo que un inglés, Ricardo de Cornualles! La disputa entre los dos candidatos duró veinte años. El papa, creyendo que Alfonso X estaba de acuerdo con los gibelinos, rechazó su candidatura. El rey de Castilla acabó renunciando a sus pretensiones en 1275 tras una entrevista con el papa en Beaucaire. Al margen de su aspecto anecdótico, este episodio es revelador de la importancia de Castilla en Europa. Ya no era ese territorio fronterizo de la cristiandad ocupado en defender su existencia contra los moros. Se había convertido en una potencia europea con la que había que contar.

La corona de Aragón

A principios del siglo XII Aragón todavía era un pequeño reino alrededor de Jaca. En varios años se extendió hasta Huesca, y luego hasta Zaragoza. El gran acontecimiento fue la unión dinástica del reino de Aragón y el condado de Barcelona. Alfonso I el Batallador murió en 1134. Como no tenía hijos dejó su reino a las órdenes militares. La decisión no fue acatada, y los aragoneses fueron en busca de Ramiro, hermano del rey difunto, al monasterio benedictino adonde se había retirado, para convencerle de que renunciara a los votos. Ramiro consintió en hacerlo sólo durante el tiempo necesario para asegurar la sucesión. Reinó con el nombre de Ramiro II, se casó y tuvo una hija, Petronila, que nació en octubre de 1136. Su padre la prometió en seguida a Ramón Berenguer IV, conde de Barcelona, y en agosto de 1137 abdicó en su favor, designó regente a su yerno y entró en un convento de Huesca. En 1162 el hijo de Ramón Berenguer y Petronila, Alfonso II, recibió las dos herencias. El reino de Aragón y el condado de Barcelona formaron una confederación que tomó su forma definitiva en 1344, durante el reinado de Pedro IV el Ceremonioso. Nació así la llamada corona de Aragón, es decir, un conjunto político en el que cada miembro conservaba sus instituciones y su autonomía. El único vínculo entre ellos era la persona del soberano. Al núcleo primitivo no tardaron en incorporarse los territorios reconquistados en las Baleares (reino de Mallorca) y en el sur (reino de Valencia); posteriormente lo hicieron las conquistas en el Mediterráneo: Sicilia, Cerdeña, y más tarde el reino de Nápoles.

Los catalanes emprendieron una política resueltamente expansionista. En esta época los Pirineos, lejos de formar una barrera infranqueable, eran un lugar de paso y de contactos.[16] Todavía no existía una demarcación precisa entre las provincias vascas, Navarra, Aragón, Cataluña y lo que sería Francia. Como hemos visto, unas dinastías francesas reinaron en Navarra, cuyo territorio se extendía entonces de Saint-Jean-Pied-de-Port a Pamplona, en las dos vertientes de los Pirineos. En el otro extremo de la cordillera los reyes capetos habían mantenido durante mucho tiempo el principio de una autoridad feudal sobre Cataluña, la antigua Marca Hispánica de Carlomagno. En la segunda mitad del siglo XII la situación se invirtió, y fueron los catalanes quienes intervinieron al otro lado de los Pirineos. Pretendían formar un estado pirenaico y mediterráneo que fuera del Garona al Ebro y a Provenza. En un período en que la configuración de los estados nacionales todavía era indecisa, este proyecto no era más absurdo que cualquier otro.[17] Esta nación en gestación tenía unos rasgos que la diferenciaban de las provincias del norte de Francia y el resto de la península ibérica: en primer lugar, la lengua de oc, aunque todavía sin unificar —nunca lo estuvo del todo—; una cultura laica, mientras que la del norte era casi toda clerical; una vida urbana más desarrollada, con burguesías mercantiles y artesanales; unas formas jurídicas con predominio de la influencia del derecho romano; y, por último, una forma de entender la vida distinta de la del norte. A fines del siglo XI y comienzos del XII, a raíz de la «pulverización de los poderes» (Philippe Wolff) en el sur de Francia, Bearne y Bigorra entraron en el área de influencia ibérica. En 1118 Gastón, cuarto vizconde de Bearne, participó en la toma de Zaragoza al lado de Alfonso I el Batallador, rey de Aragón, en calidad de aliado, casi de su igual. La reconquista del valle del Ebro cambió la situación. Aragón era ya una potencia. En 1170 la heredera de Bearne, María, se declaró vasalla del rey de Aragón Alfonso II. Como conde de Barcelona, este rey heredó los derechos feudales sobre unos territorios situados al norte de los Pirineos, el condado de Provenza (1166) y el Rosellón (1172). Su hermano menor Pedro gobernó la Cerdaña, el señorío de Carcasona y la ciudad de Narbona.[18]

El proyecto suscitaba la oposición de los condes de Tolosa, pues afectaba a territorios situados en su zona de influencia. Para salvar el obstáculo Ramón Berenguer IV se unió con Enrique II Plantagenet, señor de Aquitania. En 1158 los dos aliados decidieron repartirse los dominios del conde de Tolosa, y en 1159 un ejército anglogascón se lanzó a su conquista. Las tropas catalanas acudieron en su ayuda. El rey de Francia Luis VII, como soberano del conde de Tolosa, tenía el deber de socorrerle. La intervención de los capetos hizo fracasar el plan de los catalanes. Cincuenta años después

---

16.   Sólo a partir del siglo XIX, con el ferrocarril y el automóvil, la cordillera se alzó como un obstáculo para las comunicaciones. En la Edad Media las cosas eran más fáciles. Baste con pensar en la población de Montaillou, en los Pirineos de Ariège, estudiada por Le Roy Ladurie: les resultaba más fácil ir a Cataluña y Andorra que a Toulouse. Del País Vasco al Rosellón, la gente no notaba la existencia de la frontera tal como la entendemos hoy. Los hombres y el ganado pasaban constantemente de una a otra vertiente.

17.   Pierre Tucoo-Chala hace una reseña histórica en un libro reciente, *Quand l'islam était aux portes des Pyrénées*, Biarritz, 1994.

18.   El conde de Barcelona Ramón Borrell (992-1018) se casó con la hija del conde de Carcasona, Rogelio el Viejo. Medio siglo después otro conde de Barcelona, Ramón Berenguer I, se casó con Isabel de Béziers. Estos dos matrimonios sentaron las bases de la influencia catalana en el sur de Francia.

las cosas tomaron un cariz bastante favorable a los intereses catalanes. El nuevo conde de Tolosa, Raimundo VI, se reconcilió con los Plantagenet. En 1196 se casó con la hermana de Ricardo Corazón de León, que le aportó el Agenais en dote. En el lado español las cosas no se arreglaron, al contrario. El rey de Aragón no renunció. Una hermana suya se casó con Raimundo VI en segundas nupcias. En 1211 otra hermana fue entregada en matrimonio al heredero del conde. Por último, el 27 de enero de 1213, Pedro II de Aragón recibió el juramento de vasallaje del conde de Tolosa, su hijo y los principales señores de la región codiciada: los condes de Cominges, Foix y Bigorra, el vizconde de Bearne... «El mapa muestra que en esta época Pedro II había alcanzado el objetivo de sus predecesores desde la unión de Cataluña y Aragón: el gran estado pirenaico y meridional se hacía realidad» (Pierre Tucoo-Chala).

La cruzada contra los albigenses lo desbarató todo. Desde hacía varios años el papado veía con inquietud el desarrollo de la herejía en el sur de Francia. Los señores locales, empezando por el conde de Tolosa, eran más bien reacios a luchar contra los cátaros, cuando no claramente favorables a ellos. Por eso el papa confió a un señor del norte, Simón de Montfort, la misión de restablecer la ortodoxia en la región. A principios de 1213 el papa confirmó su condena a los tolosanos y le ordenó al rey de Aragón que cooperara con Simón de Montfort. Pedro II tuvo que decidir entre su fidelidad a la Santa Sede y sus intereses políticos. Detrás de la cruzada se adivinaban unas ambiciones que nada tenían que ver con la religión. A principios del siglo XIII la cruzada había alcanzado la mayoría de sus objetivos, y la cuestión religiosa había pasado a un segundo plano. Para los meridionales, tanto de Tolosa como de Barcelona, esta cruzada tenía el cariz de una invasión bárbara que amenazaba con destruir una civilización original. Por eso Pedro II se creyó en la obligación de socorrer al conde Raimundo VI de Tolosa, que era su cuñado y su vasallo. Sería absurdo suponer que el mismo cruzado que en 1212 había participado junto con los castellanos en la batalla de las Navas de Tolosa, fuera un protector de la herejía cátara del sur de Francia. Pedro II era tan buen católico como Simón de Montfort, aunque no compartía su intransigencia. Defendía a sus vasallos, los Trencavel, y la nación que aspiraba a unificar del Ebro a Niza, codiciada por los barones franceses del norte. Pedro II murió en Muret el 12 de septiembre de 1213, el conde de Tolosa fue despojado de sus dominios, y Languedoc y Provenza entraron en el área de influencia francesa. Los catalanes fueron rechazados al sur de los Pirineos. Por el tratado de Corbeil (1258) Jaime de Aragón renunció formalmente a todos sus derechos, excepto a los que poseía en Montpellier, pero la batalla de Muret zanjó de hecho la cuestión. A partir de entonces los catalanes no se dirigieron al norte sino al este, para fundar una talasocracia mediterránea que duró hasta comienzos del siglo XV.

LA ESPAÑA DE LAS TRES RELIGIONES

Las invasiones de los africanos y el avance de la reconquista en los siglos XII y XIII tuvieron tres consecuencias: la desaparición de las comunidades mozárabes, la instalación de judíos en territorio cristiano y la aparición de una nueva minoría, la de los mudéjares [19] o musulmanes tributarios de un soberano cristiano.

19.   La palabra es tardía, y aparece a fines del siglo XV. Antes los textos hablan de «moros de paz» (sometidos), «moros del rey» o «vasallos moros», un vocabulario que perduró: en la América del siglo XVI se hablaba de «indios de paz» e «indios bravos».

Los mozárabes

A pesar de su intransigencia, los almorávides se dieron cuenta de la importancia económica de los mozárabes, expertos en albañilería, arboricultura, regadío... y trataron de retenerles. Todavía a principios del siglo XII las fuentes árabes mencionan la existencia de comunidades organizadas en Sevilla, Granada, Málaga, etc., con sus obispos, curas y frailes. Una bula del papa Pascual II de 1117 exhortaba a los cristianos de Málaga a reponer en su sede al obispo Julián, encarcelado por los almorávides durante varios años. Este hecho parece indicar que la situación de los mozárabes había empeorado. Puede ser esta la explicación de que muchos de ellos se pusieran al servicio de Alfonso I el Batallador, cuando el rey de Aragón realizó una larga incursión por tierras islámicas en 1125-1126.[20] En esa ocasión unas fatuas de jurisconsultos recomendaron sanciones para los mozárabes. Muchos de ellos fueron despojados de sus bienes y deportados a Marruecos. Los que quedaron emigraron al norte cuando los almohades, más rigoristas que los almorávides, tomaron Sevilla en 1147.

Con la reconquista de Toledo (1085) miles de mozárabes se reintegraron a la cristiandad, no voluntariamente, sino a consecuencia de una victoria militar. Muchos de ellos eran indiferentes al régimen político, y algunos salieron de la ciudad con los musulmanes. Sólo una minoría deseaba un cambio de poder y contribuyó a la victoria cristiana, porque esperaba sacar provecho. Fue lo que ocurrió al principio, cuando Alfonso VI nombró dos magistrados en la ciudad reconquistada, uno mozárabe y otro inmigrante. Fue el corto período de tolerancia en Toledo.[21] El ambiente se enrareció con rapidez a causa del nuevo arzobispo —un monje de Cluny—, de la reina —una francesa— y de los franceses que habían participado en la reconquista. Los mozárabes, con sus peculiaridades demasiado chocantes, les desconcertaron. En al-Andalus habían sido una minoría cristiana arabizada, y en el Toledo reconquistado siguieron siendo una minoría cultural. Surgieron disputas entre ellos y los castellanos y franceses a causa de las tierras abandonadas por los moros. Durante un siglo los mozárabes se enfrentaron a las nuevas autoridades eclesiásticas. Por ejemplo, no entendían por qué debían renunciar al rito visigodo y adoptar el romano. Alfonso VI les autorizó a celebrar el culto tradicional en seis parroquias de la ciudad. Los mozárabes de Toledo se integraron con lentitud. Siguieron utilizando el árabe por lo menos hasta fines del siglo XIII,[22] y durante el mismo período se sometieron al viejo código jurídico de los visigodos, el Fuero Juzgo.

Los judíos

El número y la situación de los judíos también cambiaron con las invasiones africanas, sobre todo con la llegada de los almohades en 1147. Sabemos que algunos de ellos —por ejemplo, la familia de Maimónides— tuvieron que convertirse al

---

20.   Después de asolar el territorio de Valencia, Alfonso I penetró en Andalucía, llegó a las puertas de Granada y atravesó la provincia de Córdoba antes de volver a Aragón.

21.   En el Toledo reconquistado hubo, incluso, un cementerio donde se enterraba a los muertos de las tres confesiones.

22.   Muchas actas notariales de la época, por ejemplo testamentos, están escritas en árabe. El castellano no se impuso hasta el siglo XIV.

islam. A mediados del siglo XIII, tras la derrota de los almohades, no se aprecia una vuelta masiva al judaísmo en las zonas que habían estado sometidas a ellos. La mayoría de los judíos había optado por emigrar a los territorios cristianos, donde los soberanos les acogieron sin reservas en Toledo, Zaragoza y otros lugares. Gozaban de su propia administración en el seno de comunidades autónomas (aljamas), con sus magistrados, rabinos, sinagogas y comerciantes.

Los mudéjares

Justo cuando el fenómeno mozárabe desaparecía con las circunstancias que le habían dado origen, los musulmanes se hicieron cada vez más numerosos en los reinos cristianos. Hasta entonces los territorios reconquistados o bien estaban muy poco poblados, o bien habían sido abandonados por sus ocupantes musulmanes, de forma voluntaria o expulsados por los vencedores. Sólo permanecían unas pocas comunidades aisladas en algún arrabal. La situación cambió con la toma de Toledo (1085) y Zaragoza (1118). Entonces la reconquista hizo que pasaran al territorio cristiano unas masas humanas a las que no se quiso o no se pudo expulsar. En la zona del Tajo, el valle del Ebro y Valencia muchos musulmanes quedaron bajo la autoridad de soberanos cristianos, que prometieron respetar su lengua, su culto, su derecho y sus costumbres. Cuando eran lo bastante numerosos, los mudéjares, lo mismo que los judíos, se organizaron en comunidades autónomas (las aljamas), con su propia jerarquía social: el alamín, que se encargaba de cuestiones económicas y fiscales —de hecho era el intermediario entre el señor local y los habitantes—, el consejo de los ancianos, la asamblea general, los alfaquíes (sacerdotes), el almuédano, los caídes —jueces y notarios que administraban los bienes colectivos de la comunidad, escribían y hacían cumplir los testamentos, registraban los matrimonios y los divorcios, y administraban justicia, tanto civil como criminal, cuando sólo se personaban musulmanes en la causa, pero las sentencias debían ser revisadas por las autoridades judiciales cristianas—. En las aljamas había por lo menos dos establecimientos públicos, la mezquita y la carnicería, esta última para garantizar que los animales se sacrificaran conforme a las reglas del Corán. Así pues, los musulmanes, lo mismo que los judíos, tenían existencia legal en los estados cristianos. Alfonso VI se proclamó en Toledo «emperador de las dos religiones» y mandó acuñar monedas con una leyenda en árabe. Todavía en 1369 el epitafio de Pedro el Cruel se escribió en latín, hebreo y árabe.

¿Fueron tolerantes al-Andalus y la España cristiana al permitir que las minorías religiosas vivieran, trabajaran y practicaran libremente su culto? Conviene saber de qué estamos hablando. La libertad religiosa es una conquista de la historia, un fenómeno reciente. ¿Podemos afirmar que hoy existe en todo el mundo? Apartemos de nuestra mente la imagen ideal de una España medieval adelantada diez siglos a la evolución del mundo. En la península ibérica, entre los siglos VIII y XV, los cristianos y los musulmanes estuvieron convencidos por igual de que su fe era la verdadera, e incompatible con las demás. Si se mostraron tolerantes fue porque no tenían más remedio. Aceptaron a regañadientes lo que no podían prohibir. Hablemos de convivencia, o si acaso de coexistencia, pero no de tolerancia. Hay un dato significativo al respecto: las relaciones sexuales entre cristianos, judíos y musulmanes eran frecuentes, aunque teóricamente estuvieran prohibidas, pero en cambio no se conoce ningún caso de matrimonio mixto, porque no se podía celebrar. Actualmente se tiende demasiado a idealizar la España de las tres religiones, dando una imagen falsa. Por ejemplo, ¿cómo se puede convertir a Maimónides en un símbolo de esta España pluricultural, dedicándole una estatua en Córdoba, cuando fue una de las víctimas más ilustres de la intransigencia religiosa? Maimónides nació en Córdoba en 1135, en una familia judía. Como muchos de sus correligionarios, recibió una educación árabe. Tenía doce años cuando los almohades tomaron el poder. Estos últimos dieron a elegir a los judíos entre convertirse al islam o exiliarse. La familia de Maimónides fingió convertirse, posteriormente se trasladó a Fez y desde allí a El Cairo, donde Maimónides, sintiéndose seguro, volvió al judaísmo, se hizo rabino y médico, y escribió en árabe una obra filosófica y científica que le dio fama internacional. Nunca regresó a su tierra natal, y ni siquiera la menciona en sus libros. La intransigencia le expulsó de su país, y no tiene ningún sentido convertirle en un representante de una España tolerante y acogedora.

La realidad es que se toleraba a los demás porque eran necesarios. En particular, los soberanos cristianos no podían prescindir de los judíos, pues procedían de un país —al-Andalus— que en esa época tenía una civilización superior a la de la España cristiana. Hablaban árabe, conocían la organización política, económica y social de los territorios musulmanes, y estaban al corriente de las técnicas comerciales más avanzadas. Estas características les convertían en auxiliares indispensables para las relaciones diplomáticas y la explotación de los territorios reconquistados. Los reyes cristianos no sólo les acogieron, sino que les animaron a que se establecieran en sus territorios. Por ejemplo, a principios del siglo XIII, Jaime I de Aragón concedió salvoconductos y cartas de naturaleza a todos los judíos, andalusíes o marroquíes, llegados por tierra o por mar para establecerse en las Baleares, Cataluña o Valencia.

En cuanto a los musulmanes, la cuestión mudéjar se planteó a partir del siglo XII. En los dominios castellanos se zanjó rápidamente. Los monjes de Cluny, muy influyentes, fueron intransigentes. Uno de ellos, don Bernardo, nombrado obispo del Toledo reconquistado, transformó la gran mezquita en catedral, quebrantando las promesas de Alfonso VI. Las cortes de Valladolid (1293) pretendieron prohibir a los mudéjares de la corona de Castilla la posesión de tierras, e incluso obligarles a vender las que tenían. Pero los soberanos les dieron garantías. Así lo hizo, por ejemplo, Enrique II en 1369, pero en una época de dificultades económicas en que se necesitaba mano de obra y no se podía prescindir de nadie. La reconquista cristiana se caracterizó por un doble movimiento: expulsión de los moros y repoblación con colonos llegados del norte y atraídos por los fueros. Esto se puso de manifiesto con las grandes conquistas del siglo XIII. Cuando los castellanos ocuparon el valle del Guadalquivir expulsaron a la población musulmana, y llegaron a poner barcos a disposición de los musulmanes para que huyeran al norte de África. Las ciudades y campos que cayeron en manos del rey de Castilla estaban casi desiertos. En 1264 se sublevaron los que se habían quedado. Alfonso X respondió con expulsiones masivas. A fines del siglo XIII los mudéjares apenas eran el 0,50 por 100 de la población andaluza. Es falso, pues, e incluso ridículo, considerar esta región un país oriental u orientalizado. Los colonos llegados del norte tenían una idea fija, borrar todo rastro de islamismo, y esa mentalidad persistió durante mucho tiempo. Muchos cronistas andaluces del siglo XVI trataron de borrar los siglos de dominación musulmana, todo el período comprendido entre la «destrucción» de España y su reconquista.

La política de los reyes de Aragón se basaba en consideraciones del mismo orden. Cuando Alfonso el Batallador reconquistó Zaragoza en 1118, entró en una ciudad evacuada por las clases dirigentes, los artesanos y los comerciantes musulmanes. Muchos campesinos también quisieron huir, y el rey trató de impedírselo por todos los medios. La misma situación se reprodujo un siglo después en Valencia y Murcia. En ambos casos los soberanos aragoneses no tuvieron elección. Esperaban la llegada de 100.000 colonos cristianos, pero sólo aparecieron 30.000, que además no quisieron instalarse en el campo. Para explotar el país fue necesario retener a los mudéjares. Los de Valencia se sublevaron en 1258 y en 1275-1276, pero la toma de Murcia les cortó la retirada, y se vieron obligados a quedarse y trabajar las tierras de sus nuevos señores, los cristianos, que les permitieron practicar su religión, pero también les redujeron a una condición casi servil. En el valle del Ebro y Valencia los musulmanes eran más numerosos y estaban más concentrados que en la corona de Castilla, donde estaban más desperdigados. En Aragón, más que en Castilla o Andalucía, se desarrolló el mudejarismo, origen de lo que en la época moderna sería el problema morisco. Murcia, reconquistada por Aragón, fue cedida a Castilla en virtud de los acuerdos sobre el reparto de zonas de influencia entre las dos coronas. También en este caso la crisis demográfica dificultó la colonización por parte de los cristianos. Para explotar la huerta hubo que contar con la colaboración de los mudéjares, poco entusiasta, a juzgar por la rebelión de 1264.

Fue la necesidad lo que posibilitó la presencia de comunidades cristianas en territorio del islam y de minorías mudéjares en los reinos cristianos, por no hablar de los judíos, que estaban en todas partes. Por lo tanto, conviene matizar la originalidad de la España medieval. Como hemos visto, había una tolerancia de hecho, soportada más que deseada. Es cierto que hasta el siglo XIV hubo pocas persecuciones religiosas, algo excepcional en esta época. ¿Fue aceptada de forma unánime esta tolerancia de hecho? Debemos distinguir entre la actitud de las minorías selectas y la de las masas. Los estados, los soberanos y, en menor medida, los señores fueron los más «tolerantes», pero para la masa del pueblo los judíos, los moros, los mudéjares y después los moriscos eran infieles, enemigos, rivales en el mercado de trabajo. Este estado de ánimo explica los conflictos posteriores.

¿Contribuyeron los mozárabes y los mudéjares a formar una civilización original en España? Es conocida la tesis de Américo Castro: la España medieval, en contacto con los semitas —judíos y musulmanes—, se convirtió en una sociedad plural, esencialmente distinta de la cristiandad occidental. Esta opinión no es compartida por todos los historiadores.

¿Aportaron influencias musulmanas los mozárabes afincados en territorio cristiano durante este período? Profundamente arabizados, al mismo tiempo tenían mucho apego a lo que para ellos era la tradición. De ahí la ambigüedad de su situación y su papel. Por un lado introdujeron en los reinos del norte unas costumbres, formas de vida y técnicas que se pueden apreciar claramente en algunas iglesias y monasterios de la provincia de León: el uso sistemático del arco de herradura, el canecillo de virutas, la bóveda nervada o los ábsides y hornacinas de altar semejantes a los *mihrab* de las salas de oraciones musulmanas, todo ello —como podemos observar, por ejemplo, en San Miguel de la Escalada o en San Millán de la Cogolla— procedente de al-Andalus. Es lo que se llama propiamente arte mozárabe, que sólo era una fachada. En lo fundamental, los mozárabes permanecieron muy apegados a sus tradiciones ancestrales, a unas ideas religiosas y a una forma de gobierno anteriores a la dominación musulmana. Estaban orgullosos de no haber capitulado, de haber mantenido su identidad en un medio hostil. Lo que les caracterizaba era el particularismo y la intransigencia. Las comunidades mozárabes fueron el principal obstáculo para la romanización, para la integración de la península en la cristiandad, tal como la entendían los monjes de Cluny. La disputa sobre el rito romano es un ejemplo significativo. En el ámbito de la historia literaria se advierten influencias en la llamada lírica mozárabe, poemas en árabe o hebreo (moaxajas) con palabras e incluso versos enteros en romance, sobre todo al final de la composición (jarchas); el más antiguo que se conoce data de antes de 1042. Estos textos a veces recogen canciones anteriores a la dominación musulmana, y son precursores de las cantigas de amigo galaicoportuguesas o de los villancicos castellanos. Por este motivo, Menéndez Pidal cree que estas composiciones de formas fijas son el eslabón entre la música y la poesía ibérica de la Antigüedad clásica y las de la España actual. Podrían ser el origen de la poesía de los trovadores, aunque este es un asunto muy controvertido.

Los mudéjares formaban un grupo social dedicado a tareas subalternas. Su influencia era muy limitada, ya que las masas cristianas veían con recelo todo lo que les recordara el islam. Las clases dirigentes se mostraron más abiertas ante algunos aspectos de una civilización árabe ya vencida. Algunos aristócratas adoptaron costumbres araboislámicas. Fue el origen de la llamada maurofilia, la afición a los vestidos, el mobiliario, las fiestas, el arte y las costumbres caballerescas del islam, un gusto que perduró hasta el siglo XVII, y no fue obstáculo para que estos grandes señores explotaran a sus súbditos mudéjares y a sus descendientes, los moriscos. El arte mudéjar empezó antes. Se llama mudéjar una arquitectura que combina formas y procedimientos del arte cristiano y el arte musulmán. Era un arte bastante barato. El estilo gótico requería un material, la piedra, que a veces había que traer de lejos, y después se tenía que tallar. El arte mudéjar utilizaba sobre todo el ladrillo, la madera y el yeso, y era más adecuado para la decoración y la ornamentación: repetición indefinida de temas y motivos vegetales, epigráficos, geométricos... De estilo mudéjar son las iglesias de ladrillo y decoración moruna (Santo Cristo de la Luz de Toledo), que a veces tienen arcadas superpuestas en el exterior de los ábsides, o torres-alminares, como se ven muchas en Aragón. También fue un arte cortesano, como en el caso de los baños de Tordesillas que mandó construir Alfonso XI para su favorita Leonor de Guzmán; el rey hizo llamar a unos artesanos de Granada. Uno de los ejemplos más logrados del arte mudéjar es más tardío: el alcázar de Sevilla, que data del siglo XIV. La literatura llamada aljamiada del siglo XIV fue escrita por mudéjares o judíos que escribían en lengua romance, pero utilizando la escritura árabe o hebrea. Se conservan dos manuscritos en hebreo de los *Proverbios morales* de don Sem Tob de Carrión y las *Estrofas de Yosef*, en árabe *Poema de Yusuf*. La polémica sobre el «mudejarismo» se ha centrado en Juan Ruiz, autor del *Libro de buen amor*. ¿Estaba Juan Ruiz tan impregnado de cultura musulmana como se ha dicho? ¿Se puede concebir un mudejarismo sin mudéjares? En la Castilla de Juan Ruiz los mudéjares eran una ínfima minoría, seguramente menos de 1,5 por 100 de la población, y debido a su baja extracción social no podían ejercer ninguna influencia cultural. Juan Ruiz pudo conocer en traducciones muchos de los cuentos orientales que incluye en su libro en forma de apólogos, como *Calila y Dimna*. La influencia de *El collar de la paloma* en Juan Ruiz también es discutible. Se trata de una obra del poeta cordobés Ibn Hazm (994-1064), en parte autobiográfica, que constituye una especie de tratado sobre el amor y los amantes en 29 capítulos. Más seria parece la tesis defendida por Asín en 1919 sobre las fuentes árabes de la *Divina comedia* de Dante. El vínculo sería el libro *La escala de Mahoma*, del que conocemos tres versiones, una en francés y dos en latín, todas ellas a partir de una traducción al castellano del original árabe que el rey Alfonso X encargó a su médico judío Abraham Alfaquin (al-Hakim).

No podemos afirmar, pues, que en la España medieval se formara una civilización original a partir de influencias recíprocas entre distintas culturas. Se tomaron muchos elementos de la civilización árabe, en el ámbito lingüístico, literario, artístico, etc., pero siempre hubo una sola cultura dominante, musulmana hasta 1085 y cristiana después. Los judíos asimilaron sucesivamente las dos; en España la cultura propiamente judía —floreciente en determinadas épocas— apenas salió de las comunidades judías.[23] Por eso —una vez más— podemos hablar de una España de las tres religiones, pero no de una España de las tres culturas.

LA ESCUELA DE TRADUCTORES DE TOLEDO

El asentamiento de los musulmanes en la península ibérica coincidió con un agrupamiento de fuerzas políticas y culturales en Oriente y Occidente. Tres imperios, tres culturas se repartían entonces el mundo conocido: el imperio árabe, el imperio bizantino y el imperio carolingio, es decir, la cristiandad occidental.

Los dos primeros desconocían casi por completo al tercero; el mundo latino estaba separado de la cristiandad griega de Oriente. A partir del siglo XII España fue intermediaria entre Oriente y Occidente.

Entre los siglos VIII y XII la riqueza cultural e intelectual de la España musulmana contrastaba con la dispersión y la pobreza de la cristiandad. Allí el saber se refugiaba en las escuelas parroquiales, monásticas, capitulares o episcopales. En el siglo XII dos series de sucesos acabaron con el aislamiento cultural del Occidente cristiano:

En la península ibérica, con los grandes progresos de la reconquista, la España cristiana pudo conocer la riqueza cultural de al-Andalus. Hasta entonces las dos civilizaciones que se repartían la península ibérica luchaban entre sí y se desconocían. Los musulmanes sólo sentían desprecio por los pobres reinos del norte,[24] para los cristianos sus poderosos vecinos sólo eran infieles, y miraban más bien hacia la cristiandad, de la que esperaban mucho: en primer lugar ayuda militar, y también ayuda cultural. Era la época en que se desarrollaba la peregrinación a Santiago y se apelaba a los monjes de Cîteaux y Cluny. Hubo que esperar a los siglos XII y XIII para que cambiaran las relaciones. La mayor parte de la península estaba ocupada entonces por los cristianos. Al-Andalus, reducido al emirato de Granada, ya no suponía un peligro, y además era tributario del reino de Castilla.

---

23.   No hay que confundir, como se hace a menudo, la cultura judía con la cultura de los judíos. Santa Teresa, en la España del siglo XVI, o Einstein en el nuestro, no son en absoluto representantes de la cultura judía, sino judíos formados en la cultura que predominaba en su época.

24.   A principios del siglo XI un juez musulmán de Toledo escribía a propósito de los europeos: «esos bárbaros del norte no nos interesan».

Fue entonces cuando la España cristiana, y gracias a ella la cristiandad, descubrieron la cultura árabe y accedieron a las corrientes de pensamiento filosófico y científico que se habían desarrollado en Oriente.

En la misma época nacieron y se propagaron las universidades de la cristiandad: París y Oxford en el siglo XII, Salamanca (1220), Toulouse (1230), Coimbra (1308), etcétera. Los profesores sabían que su información filosófica y científica dejaba mucho que desear, sobre todo en lo referente a la herencia de la Antigüedad griega, y dirigieron su atención a España con la intención de aprovechar la experiencia de los mozárabes y los judíos, impregnados de cultura árabe, y verter del árabe al latín una infinidad de conocimientos que hasta entonces habían permanecido inaccesibles. Gracias al rigorismo religioso de los almorávides, y sobre todo de los almohades, que expulsaron a la mayoría de los judíos de al-Andalus y les obligaron a refugiarse en los reinos cristianos, el saber griego y oriental pudo pasar a Occidente.

Esta conjunción de circunstancias fue lo que dio origen a la llamada escuela de traductores de Toledo. La expresión es doblemente impropia, primero porque no se trataba de un establecimiento especializado, y segundo porque Toledo no fue el principal ni el único centro que hizo de intermediario entre Oriente y Occidente. Es cierto que en los años anteriores a su reconquista la ciudad había sido uno de los focos más activos de cultura árabe de la península, y que después de su reconquista conservó ese papel. Los universitarios europeos iban a España en busca de informaciones científicas.

Los contactos entre la cultura árabe y la latina pasaron por varias etapas. Las primeras muestras de interés por la producción científica y filosófica de los árabes no partieron de los monjes de Cluny. Cuando tomaron posesión de la mitra de Toledo, sus desvelos eran de orden religioso: instaurar el rito romano, restablecer el uso del latín en la liturgia y formar a los clérigos. Parece ser que la iniciativa partió de un judío converso de Huesca, Pedro Alfonso, autor de una *Carta a los peripatéticos de allende los montes* (1106) destinada a estimular los viajes científicos del mundo latino. En la misma época —principios del siglo XII—, en Tarazona, Hugo de Santalla tradujo al latín una decena de libros científicos árabes para el nuevo obispo de la ciudad. Fue el personaje central de esta primera etapa de divulgación cuyo marco fue el valle del Ebro y Navarra. En la misma época surgieron iniciativas similares en Logroño y Barcelona. Se tiende a restar importancia a la aportación de los países de la corona de Aragón en la transmisión de la ciencia árabe, en provecho de Toledo y los dominios castellanos.

Los primeros contactos se produjeron entre Navarra y el Tajo, y en Cataluña. El monasterio de Ripoll, por ejemplo, donde se habían refugiado muchos monjes mozárabes desde el siglo X, poseía tres preciosas colecciones de manuscritos. Unos estudios recientes han llamado la atención sobre las bibliotecas de Mallorca, donde abundaban las obras de derecho, medicina, filosofía, teología, etc. En este ambiente se formó Ramon Llull.[25]

Un poco después intervino Juan de Sevilla, un mozárabe o judío converso de la zona de Toledo que, al parecer, coordinó los trabajos de traducción entre 1120 y 1130. Su labor fue mucho más importante que la del arzobispo Raimundo (1125-1152), que tomó el relevo y al que una tradición reciente —data de finales del siglo XIX—

25. Cf. J. N. Hillgarth, *Readers and Books in Majorca, 1229-1550*, París, 1992.

considera el creador de la escuela de traductores. En realidad, el arzobispo se limitó a impulsar un movimiento que había empezado antes que él. Fue entonces cuando los monjes empezaron a interesarse por la cultura árabe. Pedro el Venerable, abad de Cluny, viajó a España en 1143 para impulsar la transmisión del saber árabe en Occidente.

Por último, Alfonso X el Sabio (1252-1284), rey letrado, sensible al fulgor intelectual de al-Andalus,[26] reavivó este movimiento intelectual y le dio una sanción oficial. Fomentó la continuación de las traducciones, en Toledo y, sobre todo, en Sevilla. Bajo su protección los rabinos judíos y alfaquíes moros trabajaron con los clérigos cristianos para verter a la lengua vulgar toda clase de tratados árabes. Alfonso X dio muestras de ser un hábil político. Trató de imponer la lengua vulgar, el romance, como lengua culta, no tanto por influencia de sus consejeros judíos, que recelaban del latín, lengua de la Iglesia, cuanto porque conocía bien el ejemplo del árabe, lengua viva, y aspiraba a que el romance gozara del mismo prestigio.

En todos los casos el método era sencillo: un judío (o un mozárabe) traducía de viva voz el original árabe al romance; un clérigo recogía esta versión y hacía una traducción escrita al latín. De esta manera, en el siglo XII, en la zona comprendida entre el Ebro y el Tajo, gracias a una ósmosis relativa entre la cultura árabe y la cristiana, los universitarios de Europa pudieron conocer el saber oriental y enlazar con la filosofía antigua.

¿Cuál era el saber que se transmitía? Al principio el interés se centraba en las ciencias de la naturaleza, concretamente en el ocultismo, lo maravilloso y la astrología. Luego se pasó al estudio de la astronomía, la meteorología y las matemáticas, sin dejar de cultivar el ocultismo.[27] Se tradujo todo lo que se tuvo a mano. Más adelante aparecieron los trabajos de carácter filosófico. Cabe distinguir, pues, tres campos principales: las ciencias, la medicina y la filosofía.

En lo que respecta a las ciencias exactas, la astronomía dio las principales aportaciones. Las teorías sobre los movimientos de los astros de los antiguos (Hiparco, Tolomeo) fueron comparadas con las de los árabes, con la intención de reducir las diferencias entre ambas. De esta comparación surgieron las *Tablas alfonsinas* confeccionadas entre 1263 y 1272 por astrónomos cristianos, judíos y musulmanes bajo la supervisión de Alfonso X. Dividían el año en 365 días, 5 horas, 49 minutos y 16 segundos. Cabe destacar el desarrollo del álgebra y la trigonometría. Un matemático granadino del siglo XV empleó por primera vez símbolos para resolver ecuaciones: letras para designar la incógnita, el cuadrado y el cubo de la incógnita, el signo «igual», la raíz cuadrada y las fracciones (numerador y denominador separados por una raya horizontal). En el mismo orden de ideas hay que mencionar la primera introducción de las cifras llamadas árabes, en realidad hindúes, así como el sistema numérico de base 10 completado por la utilización del cero. Una de las obras fundamentales en este campo se había escrito en 820 y fue traducida en Toledo en el siglo XII con el título de *De numero Indorum*. En cuanto a las aplicaciones técnicas, los árabes transmitieron a Occidente la brújula, un invento chino, y el astrolabio, un

26. Incluso se le atribuye la intención de construir en Murcia una suerte de universidad (*medersa*) común a cristianos, moros y judíos.

27. Debido a este interés por la astronomía, que no se distinguía de la astrología, Toledo tuvo durante mucho tiempo fama de ciudad especializada de alguna manera en el ocultismo, la magia y las «artes del diablo».

instrumento conocido en la Antigüedad, perfeccionado en el mundo musulmán e imitado en Occidente hacia 1200.

Los árabes se interesaron mucho por la medicina y las ciencias naturales en general. Muchos filósofos fueron al mismo tiempo naturalistas o médicos. En la llamada medicina árabe cabe distinguir entre la herencia antigua y las aportaciones originales. Esta medicina prolongó la obra de Hipócrates, Galeno y el botánico Dioscórides (griego del siglo I). Sus obras fueron traducidas muy pronto al árabe, y las versiones latinas se hicieron en los siglos XII y XIII. Los grandes nombres de la medicina árabe son: Rhazes (al-Razi, 865-965), que representa la tendencia empírica, opuesta a la de sus sucesores Avicena (980-1037) y Averroes (1126-1198). Avicena compuso el *Canon*, enciclopedia médica que durante muchos siglos fue el libro de cabecera de los médicos occidentales. En cirugía destacó Abulcasis, nacido en Córdoba *c*. 926 o 936, muerto en 1013. Fue médico de Abderramán III. Su tratado sobre los cauterios y las operaciones, traducido al latín, fue una obra clave hasta el siglo XVI. La medicina árabe gozó de gran consideración en el mundo occidental hasta el Renacimiento. Andando el tiempo se anquilosó y se volvió dogmática y rutinaria. En el siglo XIV estaba en plena decadencia.

En filosofía los árabes desempeñaron un papel crucial para la evolución del pensamiento occidental. Probablemente el hito lo marcó el viaje a España de Pedro el Venerable, abad de Cluny, en 1143. Gracias a él y a Gerardo de Cremona se produjo la conexión con las escuelas francesas, en particular con la de Chartres. La selección de los libros destinados a ser traducidos fue mucho más rigurosa. Se produjo el redescubrimiento de Aristóteles, pero de un Aristóteles recargado con un fárrago de comentarios y añadidos de la época helenística que los árabes habían conservado devotamente y agravado. Hubo que desbrozar esas invenciones y excrecencias de todo tipo para percibir el interés propiamente filosófico de los tratados de Aristóteles. El Aristóteles que conoció en el siglo XIII Alberto Magno era el mismo que habían comentado Avicena y sobre todo Averroes. Estos dos sabios escribieron su obra en la época de los almohades, que dieron cierta libertad de investigación a los intelectuales. Avicena y Averroes intentaron conciliar la religión y la filosofía, un proyecto que en la misma época también sedujo al médico judío Maimónides. La llamada controversia del averroísmo dividió a la Universidad de París a principios del siglo XIII. Giraba sobre todo en torno a la teoría de la doble verdad: la teología y la filosofía son verdaderas, cada una en su ámbito, aunque parezcan opuestas. Santo Tomás de Aquino puso orden en esta polémica remitiéndose a los propios textos de Aristóteles tal como se podían conocer en su época.

Según afirmó a fines del siglo XVIII el jesuita Juan Andrés, a la literatura árabe le debemos el restablecimiento de los estudios serios en Europa. Un siglo después Renan seguía destacando la importancia de los árabes en la historia de la filosofía occidental. No cabe duda de que en los tres campos citados (matemáticas, medicina y filosofía) Occidente aprendió mucho de los árabes. Volvió a ponerse en contacto, indirectamente, con los sabios y pensadores de la Antigüedad, y conoció las aportaciones originales de los propios árabes. En ese momento España fue el mediador necesario entre Oriente y Occidente. Sin ella la escolástica medieval no habría existido, por lo menos tal como la conocemos hoy.

Hubo un aspecto que no suscitó ninguna curiosidad, el del diálogo entre las religiones. Los musulmanes, cristianos y judíos que tuvieron que convivir en la España medieval no hicieron el menor esfuerzo por comprenderse mutuamente. Por ejemplo, nadie se preocupó de traducir el Corán. Cuando se mencionaban estos textos se hacía con afán polémico, para demostrar la superioridad de la propia fe. Por este motivo el cronista Juan Manuel felicita al rey Alfonso X:

> Fizo trasladar en este lenguaje de Castilla todas las ciencias ... toda la secta de los moros porque paresciese por ella los errores en que Mahomad, el su falso profeta, les puso ... Otrosí, fizo trasladar toda ley de los judíos e aun el Talmud. E otra ciencia que han los judíos muy escondida a que llaman Cabala. E esto fizo porque paresce manifiestamente por la su ley que todo fue figura desta ley que los cristianos habemos.

He aquí una clara muestra de las limitaciones de la España de las tres religiones. Hasta más tarde, en el siglo XV, no se planteó un diálogo entre cristianos y musulmanes. Juan de Segovia le escribió entonces al cardenal de Cusa para sugerirle una cruzada pacífica y contactos científicos como la mejor manera de librar a Europa del peligro sarraceno.

Capítulo III

EL FINAL DE LA EDAD MEDIA (SIGLOS XIII-XV)

Las conquistas de los siglos XII y XIII fueron posibles gracias al dinamismo de los reinos cristianos, que tomaron entonces una forma casi definitiva. Se produjo un desarrollo de la economía y una articulación de la sociedad que duró hasta la peste negra, a mediados del siglo XIV. Entonces hubo un período de gran agitación, que en Castilla condujo a una revolución política, en la corona de Aragón a la instauración de una dinastía castellana, y en el conjunto de la península a una explosión de antisemitismo. Es lo que Américo Castro propuso acertadamente llamar «la edad conflictiva», de la que España no se pudo librar hasta el último tercio del siglo XV, con el establecimiento de la doble monarquía de los Reyes Católicos.

LA CORONA DE CASTILLA

El período estuvo dominado por dos grandes reinados, el de Alfonso X el Sabio (1252-1284) y el de Alfonso XI (1312-1350). Ambos hicieron de Castilla una gran potencia.

El desarrollo de la economía

Los cristianos, que habían tardado cuatro siglos en ocupar los territorios comprendidos entre el litoral cantábrico y el Tajo, sólo necesitaron cuarenta años, entre la victoria de las Navas de Tolosa (1212) y la toma de Sevilla (1248), para apoderarse del valle del Guadalquivir. Toda la mitad sur de la península, del Tajo a la desembocadura del Guadalquivir, de Murcia al Atlántico, quedó en su poder. Este cambio de ritmo explica no sólo las diferencias de estructura agraria entre el norte y el sur, sino también las nuevas formas económicas que aparecieron, con sus consecuencias en la organización de la sociedad y las mentalidades. Los territorios conquistados en el siglo XIII eran ricos y poblados, pero los musulmanes los abandonaron de grado o por fuerza. Los soberanos cristianos decidieron expulsar a los musulmanes de las ciudades por razones de seguridad. Los movimientos de población decididos por Alfonso X provocaron una rebelión de los mudéjares en 1264, seguida de expulsiones masivas. Esta política causó un éxodo de musulmanes. Las elites sociales, culturales y técnicas se marcharon a Granada, y el grueso de la población al Magreb. Sevilla se vació de habitantes después de la conquista. Hay que renunciar a la idea de una Andalucía dominada por los señores cristianos que harían trabajar en sus dominios a los mudéjares reducidos a servidumbre. En realidad fueron muy pocos los musulmanes que se quedaron, apenas un 0,5 por 100 de la población. Andalucía fue repoblada por cristianos llegados del norte de la península, atraídos por la entrega de tierras. Por lo tanto, sería inexacto concluir, como se hace a menudo, que la reconquista facilitó la aparición de grandes latifundios. La situación era más compleja. En realidad, el latifundio andaluz tenía orígenes lejanos, que se remontaban a la época romana. La civilización árabe no modificó en profundidad este paisaje agrario. En el siglo XIII la región atrajo a pocos colonos, porque seguía siendo una zona fronteriza con los moros de Granada. Allí se afincaron hombres libres, propietarios de sus tierras, pero en escaso número. Los soberanos confiaron a los señores la responsabilidad de administrar y colonizar las regiones reconquistadas. Los grandes concejos, como Sevilla y Córdoba, recibieron extensos alfoces, las órdenes militares se hicieron cargo de las zonas estratégicas, y el clero y la nobleza se apoderaron de enormes señoríos. Pero no todo estaba controlado. La reconquista había dado al traste con la próspera economía urbana del sur. Además, la colonización de Andalucía puso en dificultades la de los campos de Toledo, reconquistados en 1085, y la repoblación se estancó. El problema crucial era el de la mano de obra, escasa y cara. Las tierras más fértiles se reservaron para la agricultura propiamente dicha. El resto —la gran mayoría— se dedicó a la ganadería extensiva, que requería poca mano de obra, una situación que ya se había dado en el valle del Duero y sobre todo en los territorios situados más allá de este río, las Extremaduras de León (zona de Salamanca) y de Castilla (zonas de Ávila, Segovia y Cuenca), que durante mucho tiempo marcaron el límite entre los reinos de León y Castilla. En estas regiones ya se había impulsado la ganadería como un medio de beneficiar las tierras. La solución se generalizó en el siglo XIII. En 1273 Alfonso X dio un estatuto jurídico a esta situación con la creación del consejo de la Mesta, asociación de ganaderos encargada de desarrollar y dirigir la trashumancia de las ovejas.

Al principio se llamaban mestas las asambleas locales en las que se procuraba entregar a cada propietario las reses descarriadas, pero no sólo se trataba de ganado trashumante. La Mesta institucionalizada por Alfonso X sólo se ocupaba de la trashumancia. Las ovejas pasaban el verano en las montañas del norte. De fines de agosto a mediados de septiembre emprendían el viaje a los pastizales de La Mancha, Extremadura y Andalucía, unos terrenos que se reservaban desde varios meses antes y se arrendaban muy caros. Las ovejas —con la marca distintiva de su propietario— se reunían en rebaños (cabañas), dirigidas por un mayoral con la ayuda de personal subalterno. Cada cabaña, además de miles de ovejas, tenía caballos y acémilas para el material de avituallamiento, una cincuentena de machos cabríos y mansos (cabestros), vacas, cerdos, perros guardianes... Las cabañas tenían reservadas unos caminos especiales, las cañadas.[1] La cañada atravesaba zonas cultivadas en las que no

1. Las cañadas principales arrancaban de León, Segovia, Cuenca y Soria. La leonesa enlazaba en Villacastín con la segoviana. El ramal occidental de la cañada de Soria también enlazaba con la segoviana en Riaza.

podían entrar las ovejas. Eran las «cinco cosas prohibidas»: los cercados, los sembrados, las viñas, las huertas y los prados. Los bosques y las tierras comunales situados a lo largo de las cañadas debían permanecer accesibles, y no se podían cercar. Esta situación originó conflictos entre ganaderos y labradores, que recuerdan a los de las *enclosures* en la Inglaterra de los Tudor, con la diferencia de que en Inglaterra fueron los cultivadores quienes protestaron contra las *enclosures*, mientras que en Castilla fueron los ganaderos. En ambos casos el objetivo era impulsar la ganadería lanar. A lo largo de su recorrido los rebaños pagaban unos impuestos de tránsito.[2] Estos impuestos, en principio, iban a parar al tesoro real, pero en la práctica las ciudades y los señoríos obtuvieron la cesión total o parcial de su percepción. Los ganaderos gozaron de ciertos privilegios, como el derecho a comerciar en los mercados locales, la dispensa de los gravosos impuestos sobre la sal, etc. El poder de la Mesta se debía no tanto a estos privilegios, cuanto a su eficaz organización. Unos magistrados especiales (alcaldes entregadores), rodeados de numerosos ayudantes (notarios, juristas, procuradores, alguaciles…), velaban constantemente por los intereses de los hermanos de la Mesta. Eran los encargados de hacer que se respetaran las cañadas, de su conservación, de mantener en buen estado los abrevaderos, de proteger a los pastores de los salteadores, los campesinos y los concejos municipales… Estos magistrados tendían a extender abusivamente sus prerrogativas y litigaban a menudo con las justicias locales, pero unos demandantes que actuaban en orden disperso no tenían ninguna posibilidad frente a una organización colectiva, que disponía de unos medios jurídicos abrumadores y contaba con la protección de la corona. Hasta el siglo XVI, por lo menos, la Mesta fue un estado dentro del estado. ¿Estaba al servicio de una oligarquía? Según Julius Klein, los pequeños ganaderos eran mayoría, y representaban las tres cuartas partes del total. Es posible, pero ¿qué influencia podían tener comparada con la de los grandes aristócratas o ciertos monasterios, cuyas reses se contaban por cientos de miles? La Mesta favoreció a la nobleza terrateniente, propietaria de rebaños y pastos, por partida doble. También orientó la actividad económica hacia el gran comercio de exportación en detrimento de la manufactura, pues la lana era la partida más importante del comercio exterior de Castilla. De esta manera, se creó un entramado de intereses entre los ganaderos, los comerciantes y la corona que cobraba tasas y derechos de aduana. Los adversarios de la Mesta le hacen sobre todo estos dos reproches: al favorecer la ganadería frenó el desarrollo de la agricultura, y contribuyó a desforestar Castilla. No parece que sean críticas completamente justificadas. En el siglo XIII, y aún en el XIV, la única manera de aprovechar unos territorios difíciles de poblar y cultivar era la ganadería. Por otro lado, los bosques que se describen en la literatura de la época parecen hallarse en muy buen estado.

Las vicisitudes de las reconquistas del siglo XIII fueron dando forma a la economía castellana, con un predominio de la ganadería sobre la agricultura y un desarrollo de un comercio exterior basado en la exportación de materias primas. Las ovejas merinas —introducidas en el siglo XII, a finales de la Edad Media llegaron a ser más de dos millones— proporcionaban lana abundante y de calidad.[3] La lana, junto

2. Los portazgos se percibían sobre las vías de comunicación. Los montazgos, que al principio eran multas por los daños causados por las ovejas en los bosques comunales, acabaron convirtiéndose en impuestos fijos.
3. La lana roja de España era famosa desde la Antigüedad. Estrabón, Varrón, Columela y otros la elogian en sus escritos. A fines del siglo XII fue sustituida por una lana blanca producida por una

con el hierro de Vizcaya, se convirtió en el principal artículo castellano de exportación, y compitió con la lana de Inglaterra. Este fue el punto de partida de la prosperidad económica del reino y de la fortuna de Burgos. El pequeño *castellum* que era Burgos al principio, ni romano ni visigodo, había sido repoblado o fundado en 884. En el siglo x Burgos era ya una población fortificada, con su ciudadela. Situado en la parte meridional del camino de Santiago, todos los años acogía a miles de peregrinos. En 1075 fue la sede de un obispado. En el siglo XIII la ciudad tenía unos 7.000 habitantes. En 1221 o 1222 se puso la primera piedra de la catedral, uno de los monumentos más hermosos de la arquitectura gótica española. Su construcción duró tres siglos. La vocación comercial de Burgos se debía a los escasos recursos naturales de la región. La ciudad se dedicó al comercio para traer de fuera los productos que faltaban y distribuirlos. Burgos se transformó en un centro receptor de mercancías para la exportación y distribuidor de artículos importados. Su posición geográfica era muy propicia, pues la ciudad se encontraba a mitad de camino entre la meseta castellana, donde abundaban los rebaños de la Mesta, y los puertos del litoral cantábrico y el País Vasco, que en esa época empezaban a desarrollarse: Castro Urdiales, San Vicente de la Barquera, Santander, Bilbao... Algunos de estos puertos se especializaron en la captura de ballenas. A partir del siglo XI los intercambios comerciales entre la España cristiana y Occidente aumentaron, mientras que las transacciones con al-Andalus disminuyeron. En 1281 Alfonso X concedió un privilegio de protección a todos los mercaderes de Burgos, ya fueran españoles o francos, que fue confirmado a fines del siglo XV con la creación de un consulado, el más importante de España. Estos mercaderes formaron un grupo aristocrático que dirigió la ciudad. Uno de ellos, Ramón Bonifaz y Camargo, fue almirante del rey de Castilla y mandó la flota del Cantábrico. Estos mercaderes enviaron agentes a las principales plazas de Europa: Francia, Inglaterra, Flandes. En Brujas la colonia española, es decir, burgalesa, que se remontaba por lo menos a 1267, pronto dispuso de un barrio y una capilla. Vendía lana de Castilla, y el flete de vuelta consistía en paños flamencos. También en Bretaña se establecieron españoles. Se tienen noticias de su presencia en Nantes desde el siglo XIII.

Castilla poseía en el sur otra fachada marítima que también prosperó en el siglo XIII. Los puertos de Sevilla, Puerto de Santa María, Sanlúcar de Barrameda y Cádiz estaban en plena expansión. En ellos se practicaba con éxito la pesca del atún, así como el comercio con África e Italia. Entre otras cosas se intercambiaba trigo por oro de Sudán. Las exportaciones eran de aceite, trigo, vino, pescado seco, frutos secos, azafrán, cuero, mercurio, telas de Italia y paños de Inglaterra y de Flandes. Los puertos de esta fachada, situados en el cruce de las rutas comerciales del Atlántico y el Mediterráneo, eran importantes escalas entre Italia y el norte de Europa. En Sevilla se instalaron italianos, sobre todo genoveses. Gracias al espíritu nuevo y a las técnicas que aportaron —el crédito, la letra de cambio...— Sevilla, dos

---

raza nueva de ovejas procedente del norte de África. Este podría ser el origen de los merinos, cuyo nombre, según Klein, recuerda al de la tribu marroquí de los benimerines, aunque el término no aparece hasta mucho después, hacia 1450. El vocabulario español del pastoreo está tomado sobre todo del árabe: «zagal» y «rabadán» para designar a los pastores, «cabaña» y la misma palabra «mesta», que seguramente procede del árabe *mechta*, pastizales de invierno de las ovejas.

siglos antes del descubrimiento de América, llegó a ser una plaza comercial y financiera de primer orden.

Entre las dos fachadas marítimas, la del norte y la del sur, se extendían los vastos territorios de la Castilla interior, separados por la sierra de Guadarrama, que en esa época no era una barrera infranqueable. Al contrario, estaba atravesada por varias rutas que comunicaban Guadalajara con Segovia, o Toledo con Salamanca, Valladolid, Segovia y Burgos. Estas rutas eran de dos clases, según el relieve. Las más lentas se podían recorrer en carreta, las otras estaban reservadas a los caballos y mulas que transportaban las mercancías. A ambos lados de la sierra, Segovia y Toledo eran centros de distribución, uno hacia Burgos y los puertos del Cantábrico y el otro hacia Andalucía. Se formó así un eje norte-sur entre Bilbao y Sevilla que pasaba por Burgos, Segovia y Toledo. En torno a este eje se desarrollaba toda la actividad de la corona de Castilla. Según las épocas, estuvo orientado hacia el norte o hacia el sur, hacia los intercambios con Europa o con Oriente (y más adelante con América). Compartimos la opinión de Manuel Criado del Val: Castilla no formaba un bloque compacto; en la Edad Media (y aún en el siglo XVI) tenía dos núcleos, uno alrededor de Burgos y el otro alrededor de Toledo. El primero, más densamente poblado, acusó pronto la influencia europea gracias al camino de Santiago, los monjes de Cluny y los caballeros francos. El segundo miraba más hacia África y Oriente, y conservó durante más tiempo la huella de la civilización islámica. Como vemos, lo que caracteriza a las dos Castillas va mucho más allá de las cuestiones económicas. La poesía épica, los cantares de gesta, el arte románico y posteriormente el gótico predominaron en el norte; en el sur floreció el arte hispanomorisco y, más adelante, la novela picaresca.

En la Edad Media Castilla la Nueva aún no había desarrollado todas sus posibilidades. La actividad económica se concentró en el norte, en torno a unas ciudades relacionadas con la peregrinación a Santiago de Compostela (Santiago, Oviedo, León, Burgos…) o las necesidades de la reconquista (Salamanca, Ávila, Segovia, Cuenca…). Con el crecimiento de estas ciudades se desarrolló una manufactura para cubrir las necesidades locales de la población. Por ejemplo, en Zamora, Palencia, Ávila, Soria, Segovia y Cuenca había talleres textiles. Las catedrales góticas que se empezaron a construir entonces, además de embellecer las ciudades, son una muestra del enriquecimiento global del país. La de Burgos se empezó en 1221 o 1222, la de Toledo en 1223 y la de León en 1254. Las 150 miniaturas del *Libro del ajedrez*, publicado en Sevilla en 1283, ilustran lo que era la sociedad castellana del siglo XIII. En los escaques de un tablero el artista ha colocado unas figuras que representan al rey Alfonso X, su esposa Violante de Aragón, caballeros, damas, monjes, soldados, villanos, judíos, mudéjares, etc. Las miniaturas que ilustran las *Cantigas de Santa María* (poemas atribuidos a Alfonso X) proporcionan datos parecidos. Estos dos manuscritos son unos documentos muy interesantes sobre el hábitat, el mobiliario, los vestidos y el modo de vida de la época. Muestran una sociedad esencialmente feudal, agraria y pecuaria, en la que empieza a surgir una burguesía urbana, comercial y artesanal.

La vida política

Alfonso X el Sabio (1252-1284) dominó su época. Este soberano de compleja personalidad —ya hemos visto cuál fue su papel en la llamada escuela de traductores de Toledo— fue poeta,[4] historiador,[5] aficionado al ocultismo... En política soñó con ser emperador y recuperar el Santo Sepulcro. El principio de su reinado coincidió con el final de las grandes campañas de reconquista, lo que le permitió dedicar parte de sus esfuerzos a la reorganización del reino. Alfonso X trató de unificar el derecho y acabar con unas costumbres que variaban de ciudad a ciudad. Esta preocupación le movió a promulgar dos códigos jurídicos, el *Fuero real* (entre 1252 y 1255) y las *Partidas*. Estas compilaciones, inspiradas en el derecho romano, pretendían crear un derecho común, sustituyendo a los fueros municipales. El resultado no estuvo a la altura de lo deseado.

También durante el reinado de Alfonso X empezaron a formarse las Cortes. Se ha dicho que esta institución nació en 1188. En realidad, a fines del siglo XI y en el XII los reyes celebraban de vez en cuando reuniones con los *cives* —¿la pequeña nobleza?— y *boni homines burgueses*, que probablemente representaban a las principales ciudades. Aunque todavía no eran las Cortes, se pueden considerar sus precursoras. En el siglo XIII sí se celebraron Cortes con representantes del clero, la nobleza y los municipios. El rey trataba de obtener su acuerdo sobre decisiones importantes, sin que podamos concluir por ello que estas asambleas compartieran con él el poder legislativo. A partir de una fecha difícil de determinar el clero y la nobleza dejaron de asistir regularmente a las reuniones de las Cortes, que sólo contaron con representantes de las ciudades, y no de todas. En el siglo XV sólo 17 ciudades gozaron de este privilegio.

Alfonso X se apoyó en las Cortes para proporcionar a la corona los ingresos regulares que ya no le aseguraban los tributos de los estados musulmanes. Eran sobre todo impuestos directos (servicios) pagados por los pecheros, e indirectos: tasas sobre la trashumancia, derechos de aduana, productos de bienes de la corona (peajes, salinas, minas de hierro, impuestos pagados por los judíos y los mudéjares...). Un siglo después Alfonso XI añadió la alcabala, impuesto del 10 por 100 sobre las transacciones comerciales. Como estos ingresos no eran suficientes, la corona empezó a pedir contribuciones al clero. En concreto se quedó con dos novenas partes de los diezmos, las tercias reales. Para obtener recursos complementarios se sirvió de dos procedimientos, la devaluación de la moneda y los empréstitos forzosos.

El rey tenía que contar con dos grupos políticos de importancia desigual: los nobles y las ciudades.

---

4. Es autor de poesías líricas en gallego y de 420 estrofas en loor de la Virgen, las *Cantigas de Santa María*.
5. Suya es la idea de una historia general de España, extensa compilación incompleta de la que conocemos varias fases sucesivas: la redacción primitiva (1270-1274), inspirada en el neogoticismo, según la cual el reino de Castilla-León prevalece sobre los demás y tiene por misión reunificar la península ibérica; una versión revisada después de 1274; una versión crítica que data de los años 1282-1284 y se opone a las pretensiones expansionistas de la mitra de Santiago de Compostela, y, por último, una versión más retórica (1289) que procura establecer una solución de continuidad entre la monarquía visigoda y los reyes posteriores. Esta última visión también señala que el poder nace de un pacto entre el soberano y los nobles.

El movimiento de colonización comprendido aproximadamente entre 1050 y 1250 fue el hecho diferenciador que impidió que el feudalismo castellano tuviera el mismo desarrollo que en el resto de Europa. Los reyes de Castilla tenían menos razones que otros para delegar parte de sus prerrogativas. Siempre consiguieron dominar la situación. Para los nobles, la detención de la reconquista supuso el fin del botín fácil. Entonces se dirigieron al rey para obtener tierras, pensiones y derechos. Se pusieron a su servicio para ganar su favor, o trataron de arrancarle concesiones. En cualquier caso, todo dependía del monarca. Esto debilita la tesis de Américo Castro, según la cual las circunstancias impusieron en Castilla un régimen de castas basado en la religión. Según Castro, los cristianos se reservaron las funciones de mando, dejaron a los mudéjares los puestos ejecutivos y a los judíos las actividades económicas y culturales. Por lo que sabemos de la sociedad castellana, este esquema no sirve. Aunque todos los señores eran cristianos y muchos judíos financieros o comerciantes, también había muchos cristianos labradores, comerciantes y artesanos. En cuanto a los musulmanes, como hemos visto, la mayoría fueron expulsados de los territorios reconquistados. El feudalismo no se implantó de la misma forma que en otros lugares, pero Castilla tuvo un régimen señorial muy desarrollado que se le parecía mucho, con una jerarquía nobiliaria muy marcada. En la cima estaban los ricoshombres, por debajo los hidalgos, sucesores de los infanzones, y los caballeros, que podían ser de dos clases, o bien nobles de nacimiento o bien descendientes de los caballeros villanos de los primeros siglos de la reconquista, es decir, pecheros que habían podido comprar armas y caballos para participar en la guerra contra los moros. En el siglo XIII, con la detención de los combates, las dos categorías acabaron fundiéndose en una sola dentro de las oligarquías municipales.

En efecto, una de las originalidades de la Castilla medieval —que perduró hasta la época moderna— fue la existencia de señoríos municipales. Algunas ciudades —de entre las más importantes: Valladolid, Segovia, Toledo, por no hablar de los municipios de Andalucía— se comportaron como señores colectivos con respecto al territorio (alfoz) administrado por ellas, un territorio que a veces equivalía a toda una provincia. El campo estaba en la misma situación de subordinación a la ciudad-capital que los campesinos (vasallos) a un señor laico o eclesiástico. A partir del siglo XIII la vieja democracia municipal (si alguna vez había existido) fue reemplazada por un patriciado urbano, formado casi exclusivamente por nobles o burgueses enriquecidos que se asimilaban progresivamente a la nobleza. Estamos bien informados sobre el caso de Burgos, que es representativo. Estas oligarquías municipales tuvieron una realidad social, la fortuna inmobiliaria o mobiliaria, y un estilo de vida, el ideal nobiliario.

La reforma municipal de Alfonso XI (1312-1350) se limitó a tomar nota de esta evolución. So pretexto de acabar con los conflictos originados por los concejos abiertos de antaño, entregó oficialmente el poder a las oligarquías. La administración de las ciudades quedó en manos de un cuerpo restringido de regidores nombrados por el rey, quien procuró establecer un equilibrio entre las facciones rivales: en Valladolid los cargos se repartieron entre los clanes de los Tovar y los Reoyo, en Sevilla entre los hidalgos y los burgueses, y así sucesivamente. En teoría estos regidores eran nombrados por un tiempo limitado, pero en realidad el cargo era vitalicio, y en una segunda etapa, ya en el siglo XV, hereditario en las familias. Para controlar los municipios y evitar los abusos Alfonso XI creó dos contrapesos: unos magistrados reales, que inspeccionaban periódicamente el funcionamiento de las instituciones locales, y unos jurados, nombrados en ciertas ciudades para representar a la población, a modo de tribunos de la plebe. En realidad, los regidores y jurados pertenecían a los mismos grupos sociales y defendían los mismos intereses. La reforma de Alfonso XI consagró la toma del poder municipal por las oligarquías.

La corona de Aragón

Los sucesores de Pedro II, derrotado y muerto en la batalla de Muret (1213), renunciaron a la aspiración de formar un gran estado pirenaico y mediterráneo que se extendería de Barcelona a Niza. Al otro lado de los Pirineos sólo conservaban la Cerdaña y el Rosellón, semilleros de conflictos diplomáticos y militares con el reino de Francia hasta la firma del tratado de los Pirineos (1659), que incorporó estos territorios a Francia. Después de 1213 la corona de Aragón ya no trató de extenderse hacia el norte, sino hacia el este, por el mar. La primera etapa fue la ocupación de las islas Baleares. Mallorca fue conquistada en 1229, Ibiza en 1235 y Menorca en 1287. En una segunda etapa Pedro III intervino en Sicilia, donde la sublevación de las Vísperas sicilianas (1282) había expulsado a los angevinos. Unos mercenarios catalanes, los almogávares, emprendieron la conquista de la isla. Parte de ellos, dirigidos por el aventurero Roger de Flor, acudieron luego en ayuda de Bizancio, amenazado por los turcos. Roger de Flor fue asesinado en 1305. Sus compañeros ocuparon entonces el ducado de Atenas (1311) y lo convirtieron en una suerte de república militar. Un poco después, siguiendo el mismo modelo, crearon el ducado de Neopatria al sur de Tesalónica, territorios que a finales de siglo pasaron a la corona de Aragón.[6] La política mediterránea de Jaime II (1291-1327) tuvo parecidos objetivos. El rey renunció a Sicilia en favor de su hermano Federico, pero se instaló de forma duradera en Córcega y Cerdeña. Llegó a acariciar la idea de someter Pisa, lo que le habría dado el dominio del Mediterráneo occidental. Pedro el Ceremonioso (1336-1387) siguió la misma política. A la muerte del rey Federico (1377) hizo valer sus derechos a la corona de Sicilia, pero tuvo que renunciar ante la oposición del papa y los angevinos. Hubo que esperar un siglo para que Sicilia se incorporara a la corona de Aragón. El primer título que adoptaron Isabel y Fernando, los futuros Reyes Católicos, antes de subir al trono de Castilla, fue el de reyes de Sicilia.

Estas conquistas territoriales fueron el resultado de un expansionismo comercial que corrió a cargo de los catalanes. Ellos formaban el elemento más dinámico y emprendedor de la corona de Aragón. Los marinos catalanes estaban presentes en todo el Mediterráneo. Barcelona encabezaba un imperio comercial que llegaba muy lejos por el este. Su burguesía mercantil, segura de sí misma, valiéndose de sus éxitos, era consciente de desempeñar un papel que sobrepasaba con mucho el marco urbano e incluso regional. Barcelona desplegó sus iniciativas y desarrolló sus contactos, su comercio y su influencia a escala internacional, en toda la cuenca mediterránea. La ciudad tenía entonces unos 40.000 habitantes. Una veintena de familias —los «ciudadanos honrados»— ocupaban los primeros puestos. No eran nobles sino banqueros, armadores, pañeros, así como terratenientes con viñedos en el cam-

---

6. Hasta mucho después de ser evacuados, estos territorios siguieron figurando entre los títulos de los reyes de Aragón y sus herederos. Por ejemplo, Carlos V todavía se tituló duque de Atenas y Neopatria.

po. La riqueza y el poder de esta burguesía se reflejan en los edificios que hizo construir: el salón del Tinell (1370) del palacio de Barcelona, la Lonja, los palacios municipal y de la Generalitat, las mansiones particulares...

¿Cuáles eran las bases de esta prosperidad? El negocio, la producción especializada, las fábricas de paños. Barcelona, además de puerto y plaza comercial, era un centro industrial —los artesanos constituían el 80 por 100 de la población—, una aglomeración donde se concentraba la décima parte de los habitantes del principado, que drenaba los recursos del interior: productos alimentarios (vino, que abastecía a la población local; carne, que a veces había que traer de Aragón; aceite y frutos secos, que se exportaban; trigo, que se importaba de Sicilia o Languedoc; y azafrán, cultivo especulativo que relegó a los cereales, cuya exportación permitió compensar el déficit de otros productos alimentarios), minerales y materias primas industriales (Cataluña importaba cobre, estaño, productos metalúrgicos, cera, cueros, coral, cáñamo, lino, algodón y seda; exportaba mercurio y antimonio). Detrás de este negocio había un artesanado especializado que cubría las necesidades diarias de la población, además de los oficios suntuarios (el azúcar, la plata, la cuchillería, el cuero, las joyas de coral) y sobre todo una pujante fabricación de paños, que llegó a su apogeo en los años 1293-1313. La prosperidad de la ciudad se basaba en el comercio, que tomaba varias direcciones: la península ibérica (cuenca del Ebro, litoral de Levante); el sector continental, desde el Languedoc, que abastecía de trigo y compraba paños y productos para reexportar —azúcar, alumbre, frutos secos, algodón, especias, etc.—, hasta los Países Bajos e Inglaterra, pasando por las regiones del Ródano y el Saona; la península italiana (Toscana, pero allí los catalanes tropezaron con la competencia de Génova y Venecia), el Mediterráneo medio (Cerdeña, Nápoles, Sicilia y norte de África) y, por último, lo que entonces se llamaba ultramar: Rodas, el mar Egeo, Siria y Egipto. Barcelona debía su importancia económica a los intercambios comerciales. La marina mercante, el azafrán y los paños eran sus principales bazas, pero este papel intermediario la hacía vulnerable a las fluctuaciones de la coyuntura. En el siglo XIV la ciudad estaba en el apogeo de su poder. Esta época perduró en la memoria colectiva de los catalanes, que nunca se consolaron de la pérdida de esta supremacía a mediados del siglo XV.

La prosperidad de Barcelona eclipsó al resto de la confederación. En el campo catalán la situación de los campesinos se deterioró durante la segunda mitad del siglo XIII. Fue entonces cuando aparecieron los «malos usos», que otorgaron a los señores unos poderes exorbitantes: se quedaban con un tercio de la herencia de los campesinos muertos sin hacer testamento, cobraban un porcentaje sobre los bienes de una mujer adúltera, tenían derecho a una indemnización si un incendio destruía un caserío... A partir de 1123 todo campesino que quisiera abandonar la tierra que cultivaba debía pagar una cantidad de dinero a su señor. Esta redención se llamaba remensa, y era una forma de convertir a los campesinos en siervos adscritos a la gleba. En general, en las comarcas de la corona de Aragón, la condición de los campesinos era mucho más dura y precaria que en la corona de Castilla, y los nobles mucho más poderosos. Por el contrario, la situación de los musulmanes, numerosos en el reino de Valencia y al sur del Ebro, en los valles del Jalón y el Jiloca, era mejor que la de los campesinos cristianos, pues en principio los mudéjares dependían directamente del rey, y ni siquiera cuando trabajaban las tierras de los señores podían ser maltratados. No sucedía lo mismo con los campesinos cristianos, cuya suerte fue de mal en peor. Los señores tenían el monopolio de los molinos, los lagares, los hornos y los baños públicos. De hecho, poseían plenos poderes sobre sus súbditos, podían condenarlos y hasta matarlos cuando desobedecían o intentaban cambiar de residencia y, por supuesto, cuando se rebelaban. En 1247 los fueros de Aragón concedieron a los señores el derecho a dejar morir de hambre, sed y frío al siervo que matara a otro siervo.

Las instituciones políticas apenas podían hacer nada contra esta preponderancia de la nobleza. La corona de Aragón se caracterizaba por lo que se ha llamado el pactismo: se suponía que las instituciones limitaban el autoritarismo del soberano y exigían que respetara los fueros de los territorios, en virtud de una suerte de contrato entre él y su pueblo. Las cortes estaban concebidas para contrarrestar la arbitrariedad. A diferencia de lo que ocurría en Castilla, incluían representantes de todas las categorías: la nobleza, el clero y las ciudades, los «brazos» que encontramos en cada componente de la confederación, Aragón, Cataluña y Valencia, con la diferencia de que en el reino de Aragón el brazo aristocrático estaba desdoblado en la alta nobleza de los ricoshombres y la pequeña nobleza de los caballeros, cada una con su propio brazo. Las Cortes debían velar por la vigencia de los fueros. Cada sesión empezaba con una exposición de los abusos cometidos desde la última reunión, y sólo después de ser escuchados estos agravios se pasaba a la orden del día, sobre todo al examen de las demandas fiscales presentadas por el soberano. En los países de la corona de Aragón éste sólo disponía de los recursos que las Cortes le asignaban, carecía de medios para imponer su voluntad, y sólo las medidas decididas por las Cortes tenían fuerza de ley. Entre las sesiones una delegación permanente (la Diputación) se encargaba de recaudar los impuestos y administrar los caudales públicos. Para garantizar su independencia, esta Diputación tenía inmunidad judicial, y sus decisiones eran inapelables. En Cataluña y Valencia se llamó Generalitat, y representaba los intereses generales del país. En todos los reinos de la corona se aplicaban estas reglas generales, completadas a veces con instituciones que iban en el mismo sentido. La más conocida es el justicia del reino de Aragón, alto magistrado nombrado por el rey entre los nobles, juez supremo también encargado de legislar, interpretar los fueros y calificar los atentados contra dichos fueros.

Estas instituciones limitaban la iniciativa de los soberanos. A diferencia de Castilla, donde éstos tenían más libertad de acción (por lo menos en teoría), en la corona de Aragón debían rendir cuentas constantemente, justificarse y satisfacer las peticiones de sus súbditos. Estaban atados por infinidad de prescripciones jurídicas que aumentaban a cada reunión de las Cortes. Esta singularidad ha dado lugar a una leyenda acerca de las libertades de la corona de Aragón y sus instituciones, que han merecido el calificativo apresurado de democráticas.[7] ¿Eran verdaderos representantes del reino ante el soberano? No lo parece. En Cataluña, la burguesía de Barcelona tenía una influencia preponderante, compensada por el poder de los señores rurales. En Valencia eran los señores quienes predominaban con creces. Y más aún en el reino de Aragón, donde la nobleza y el clero abrumaban a los otros elementos, debido a su riqueza territorial. Entre ambos poseían dos tercios del territorio,

---

7.   Conviene aclarar una leyenda, la del compromiso que los nobles exigían a los reyes de Aragón antes de jurarles fidelidad: «Nos que valemos tanto como vos y juntos podemos más que vos, os hacemos nuestro rey y señor con tal que guardéis nuestros fueros y libertades y si no, no». Este supuesto juramento fue una invención de un jurisconsulto francés del siglo XVI, recogida por un cronista aragonés.

sobre todo el clero, pues los obispados de Huesca, Zaragoza, Lérida y Tarazona, los grandes monasterios cistercienses (Piedra, Rueda…) y las órdenes militares (San Juan de Jerusalén, Santo Sepulcro, Calatrava, Montesa) eran los mayores terratenientes del reino. Ya hemos visto cómo ejercían los señores este poder. Estamos lejos de las instituciones representativas, y todavía más lejos de un embrión de democracia. Aún nos encontramos en pleno arcaísmo.

TIEMPO DE CONVULSIONES

En la segunda mitad del siglo XIV toda Europa padeció los efectos de la peste negra, que se propagó a partir de 1348. La península ibérica no se libró. Al contrario, parece que la epidemia encontró aquí un terreno abonado, pues hacía años que la sociedad pasaba por dificultades económicas. Una serie de malas cosechas habían acarreado subidas de precios y carestía en unos momentos en que los reyes aumentaban los impuestos para compensar el déficit de la Hacienda pública. La peste se abatió sobre una población debilitada, y tuvo consecuencias catastróficas. La mortandad alcanzó proporciones espantosas. En algunas regiones perecieron tres cuartas partes de los habitantes. Los campos se despoblaron y quedaron a merced de bandas de saqueadores. Muchas tierras quedaron sin cultivar. La mano de obra escaseó, los salarios aumentaron, y los precios también. La corona y los señores, al ver que sus rentas mermaban, trataron de mantenerlas en el nivel anterior, la primera mediante la devaluación y la fiscalidad, y los segundos aumentando la presión sobre los campesinos, dedicándose al comercio cuando podían, o apelando al estado en busca de compensaciones como cargos públicos, pensiones o concesiones de tierras. Los equilibrios políticos y las relaciones sociales anteriores quedaron completamente alterados. Esta crisis general tuvo consecuencias semejantes en cuatro de los cinco estados de la península —Portugal, Navarra, Castilla y Aragón—: el estallido de conflictos sociales, que culminaron con la aparición de una nobleza nueva, y de revoluciones políticas acompañadas de cambios dinásticos, así como el avance del antisemitismo. El emirato de Granada se mantuvo al margen de estas convulsiones.

Portugal

Portugal era el más pequeño de los estados cristianos salidos de la reconquista. También fue el primero en alcanzar la unidad nacional. Sus fronteras definitivas quedaron fijadas en 1238. A lo largo de veinte años, a principios del siglo XIII, Portugal se anexionó todo el territorio comprendido entre el Tajo y el Algarve. Para mantener su independencia, que podría estar amenazada por su vecina Castilla, en 1373 buscó la alianza con Inglaterra, algo que a partir de entonces fue una constante de la diplomacia portuguesa. En 1383, poco antes de morir, el último rey de la dinastía borgoñona, Fernando, casó a su hija Beatriz con el rey Juan I de Castilla, lo que alarmó a ciertos sectores. Durante la crisis de los años 1383-1385, que fue a la vez dinástica, social y nacional, los nobles, favorables a Castilla, se enfrentaron a los burgueses y al pueblo llano. Un bastardo de la familia real, el maestre de la orden militar de Avís, acaudilló a los oponentes y se hizo proclamar rey con el nombre de

Juan I. Los castellanos trataron de imponer a su candidato por la fuerza. Asediaron Lisboa, pero el 14 de agosto de 1385 sufrieron una derrota en Aljubarrota que les obligó a pasar la frontera y a renunciar, de momento, a sus pretensiones. Este episodio tuvo secuelas, y la paz no se firmó hasta 1411.

La personalidad de Portugal estaba a salvo, pero la crisis se cobró sus víctimas, sobre todo entre la nobleza tradicional, que había apoyado al pretendiente castellano. El nuevo poder confiscó las tierras de esta nobleza para compensar a sus partidarios. Parte de estos aristócratas huyeron al reino vecino, donde intentaron rehacer su fortuna, cosa que algunos lograron. De esta manera, se creó en Castilla un partido portugués que hizo oír su voz en los años siguientes. En Portugal aparecieron nuevos hombres con posesiones e influencia. La nueva dinastía y la nueva clase dirigente, más emprendedora que la antigua, orientaron a Portugal hacia ultramar. Fue el punto de partida de una expansión extraordinaria para el país, que contaba entonces con menos de un millón de habitantes. Los comerciantes portugueses llevaban mucho tiempo viajando a Marruecos para comprar cereales. El oro, transportado por las caravanas desde Sudán, les atraía cada vez más, lo mismo que las especias, que entraban en Europa a través de una serie de intermediarios. Los portugueses planearon ir a buscar las especias directamente a sus lugares de producción, en el sureste de Asia. Esta perspectiva inspiró su avance por el Atlántico sur, con la intención de rodear África y enlazar directamente con India o China. A estas motivaciones económicas hay que añadir las preocupaciones políticas y espirituales, el afán de proseguir más allá del Estrecho la lucha contra el islam. Ceuta fue ocupada en 1415, pero Marruecos no era presa fácil. Portugal acabó renunciando a ocuparlo tras la desastrosa expedición contra Tánger de 1437. Entonces se lanzó a otra ambiciosa empresa, la conquista de las islas azucareras del Atlántico sur, Madeira (1423-1425), las Azores (1427-1450), las islas de Cabo Verde (1457) y las Canarias, aunque en estas últimas los portugueses tropezaron con los castellanos. Un hombre simboliza la aventura africana de Portugal: Enrique el Navegante, tercer hijo de Juan I, que puso su fortuna e influencia al servicio de las exploraciones y el comercio. Este caballero, científico y mercader se afincó en Lagos, al sur de Portugal, construyó una flota y reunió a marinos, pilotos, cartógrafos y matemáticos. El cabo de San Vicente fue el laboratorio donde se preparó la expansión colonial. En 1434 los portugueses llegaron al cabo Bojador. Diez años después alcanzaron la desembocadura del Senegal, e hicieron frecuentes viajes por el que sería llamado «río de Oro» y por Guinea, de donde extrajeron oro y esclavos.

A mediados del siglo xv Portugal estaba dedicado de lleno no ya a la exploración, sino a la explotación del África negra. No en vano en portugués hay una sola palabra (*explorar*) para designar ambas operaciones, que de ordinario son sucesivas, aunque en este caso fueron casi simultáneas. No obstante, Portugal no había renunciado a intervenir en los asuntos de la península. En 1428 el rey Duarte casó con Leonor, hija de Fernando de Aragón, y otras infantas lo hicieron con príncipes castellanos. Vemos que a pesar de las rivalidades históricas, las familias reinantes no perdían la esperanza de lograr la unidad dinástica, por lo menos en una parte de la península.

La revolución Trastámara en Castilla

Las ciudades y villas castellanas, para luchar contra la inseguridad en el campo, reaccionaron como ya hicieran varias veces en el pasado: formaron «hermandades», es decir, costearon sus propias compañías de soldados, que se prestaban ayuda unas a otras. Una brigada perseguía a un grupo de malhechores, pasaba el relevo a la brigada vecina, y así sucesivamente hasta que el grupo dejaba de ser un peligro. Los apicultores de la zona de Toledo, Talavera y Ciudad Real ya se habían organizado de esta forma para proteger sus colmenares, y los puertos del litoral cantábrico hacían lo mismo para vigilar la costa. La Hermandad general de la primera mitad del siglo XIV tuvo un alcance bien distinto. Surgió como un grupo de presión frente al poder real y a la nobleza. Trató de contrarrestar la tendencia del primero a la centralización y los intentos de acaparamiento de la segunda. So pretexto de luchar contra la delincuencia, la Hermandad general dotó a las ciudades de unas fuerzas armadas autónomas. Esta situación sólo se podía dar en un contexto de crisis de la autoridad pública.

La crisis también tuvo serias consecuencias para los señores. Hubo aldeas que desaparecieron, y en los vacíos resultantes la producción bajó. Los señores no tuvieron más remedio que pagar salarios altos para retener a los campesinos. En un intento de compensar la disminución de sus ingresos pretendieron poner en vigor unos derechos caídos en desuso, y sólo consintieron arriendos a corto plazo, que se revisaban al alza en cada renovación. Al mismo tiempo solicitaron al rey rentas o cargos remuneradores. También en este caso se planteaba un problema de autoridad: ¿era capaz el poder real de oponerse eficazmente a los intereses particulares y a la ola de reivindicaciones?

La peste negra y sus consecuencias sociales coincidieron exactamente con una crisis del poder real. En 1350 murió Alfonso XI. Le sucedió su hijo Pedro I el Cruel, pero su autoridad fue impugnada. El nuevo rey se apoyó en los elementos más dinámicos del país: los sectores dedicados al comercio internacional y las ciudades mercantiles (Burgos, Zamora, La Coruña, Sevilla...). Las ciudades aristocráticas (Salamanca, Toledo...), la nobleza terrateniente, el clero y las órdenes militares pasaron a la oposición. ¿Se puede hablar de un enfrentamiento entre burgueses y aristócratas, entre una Castilla continental, agraria y conservadora, y una Castilla periférica, progresista, abierta al mar y al comercio? La crisis no se redujo a estos contrastes regionales, sino que afectó a todo el país. Su resolución requería cambios de orden social y político, una reorganización profunda de la sociedad salida de la reconquista. Este fue el sentido de la revolución Trastámara.

El conflicto, latente durante quince años, degeneró en una guerra civil en 1366. Este año los oponentes se agruparon en torno al conde de Trastámara, Enrique, hijo bastardo de Alfonso XI. En 1367 las Cortes de Burgos declararon que Pedro el Cruel era un tirano malhechor que se había dado a sí mismo el título de rey, y reconocieron a su hermanastro Enrique como soberano legítimo. Este episodio se debe situar en el contexto internacional. En cierto modo, la guerra civil de Castilla fue un aspecto del enfrentamiento general conocido con el nombre de guerra de los Cien Años. Las intervenciones de Francia e Inglaterra influyeron en su desarrollo y su resultado. Los primeros combates fueron favorables a los oponentes. Pedro el Cruel se refugió en Gascuña, donde contó con el apoyo del príncipe de Gales, Eduardo. Con un ejército de mercenarios ingleses volvió a España y venció a su rival en Nájera (1367). A su vez, Enrique de Trastámara buscó ayuda en el extranjero, y se alió con Francia. Duguesclin y sus compañías se pusieron a su servicio. La suerte de la guerra se decidió en Montiel, en marzo de 1369. Pedro el Cruel, derrotado, se encerró en la fortaleza. Con el pretexto de negociar, Duguesclin le atrajo al exterior la noche del 27 al 28 de marzo, le citó en su tienda... donde le esperaba su rival. Los dos hermanos lucharon con puñales y rodaron por el suelo ante Duguesclin, que de una patada invirtió la posición de los adversarios: Enrique quedó encima, y aprovechó para apuñalar a Pedro.

Con este asesinato Enrique II se apoderó de Castilla. Su régimen introdujo importantes cambios. El más significativo fue la creación de una nueva nobleza. La antigua había desaparecido, arruinada por la crisis, la inflación y la guerra civil. Pero Enrique II no concebía un reino sin un grupo selecto de dirigentes, es decir, sin nobleza. El primer Trastámara emprendió la tarea de crear una nobleza sobre nuevas bases. En vez de alienar parte del patrimonio real para compensar a sus partidarios (las famosas «mercedes enriqueñas» que más tarde le reprocharon), delegó poderes y creó cargos que, a su vez, proporcionaron rentas a sus titulares. Más que dar tierras en propiedad, concedió la jurisdicción sobre las tierras y sus habitantes. Este fue el origen de lo que en la Castilla del siglo xv recibió el nombre de señorío, cuya extensión y límites variaron con arreglo a las decisiones del soberano y a relaciones de fuerza. El señorío fue el cimiento social de la nueva nobleza. Enrique II creó señoríos para sus allegados: el ducado de Benavente, el marquesado de Villena, los condados de Medinaceli, Carrión, Alburquerque, Niebla... Su sucesor Juan I (1379-1390) fundó el principado de Asturias, destinado a garantizar la seguridad del heredero al trono desde el momento en que fue reconocido como tal por las Cortes. Al mismo tiempo aparecieron las grandes familias destinadas a llenar los anales de la España moderna, los Mendoza, Manrique, Velasco, Ayala, Ponce de León, Zúñiga, Álvarez de Toledo, fundadoras de las grandes casas: los ducados o condados del Infantado, Nájera, Frías, Arcos, Alba, Fuensalida... Los sucesores inmediatos de Enrique II, aplicando la misma política, crearon más señoríos, títulos nobiliarios y cargos, como el de condestable o el de almirante que, andando el tiempo, acabaron siendo meramente honoríficos y hereditarios, el primero en la familia de los Velasco y el segundo en la de los Enríquez.

Estas transformaciones sociales estuvieron acompañadas de una evolución política que ya iniciara Alfonso X, aplicada sistemáticamente por los primeros Trastámara —Enrique II (1369-1379), Juan I (1379-1390) y Enrique III (1390-1406)— con la ayuda de juristas imbuidos de las doctrinas del derecho romano. El objetivo era reforzar el poder real y convertirlo en fuente principal del derecho. El rey se atribuía todos los poderes en materia de justicia y orden público. El Consejo del rey pasó a ser el órgano fundamental de gobierno. En 1371 Enrique III promulgó varias disposiciones para crear un alto tribunal de justicia, la Audiencia, que conociera directamente los litigios entre ciudades o señores y sirviera de instancia de apelación a los particulares. La Audiencia, formada por ocho jueces letrados y presidida por un obispo, fue itinerante hasta que se instaló en Valladolid en el siglo xiv. La concentración de poderes superiores se hizo en detrimento de los cuerpos intermedios, y en especial de las Cortes, que se convocaron con muy poca frecuencia y fueron cada vez menos representativas. Tan sólo estaban formadas por representantes de 17 ciudades, pues la nobleza y el clero preferían tratar sus asuntos directamente con el soberano, lo que no dejaba de tener sus riesgos; los dos grupos, y sobre todo el primero, acechaban el menor signo de debilidad del rey para arrancarle nuevas concesiones y prerrogativas.

La historia de Castilla durante los reinados de Juan II (1406-1454) y Enrique IV (1454-1474) estuvo acaparada por el conflicto entre una oligarquía nobiliaria reducida —dos docenas de familias como mucho— y unos reyes de escasa personalidad. Los nobles, beneficiados por las concesiones de los primeros Trastámara, no cuestionaron la institución monárquica. En el mejor de los casos procuraron compartir el poder con ella, y en el peor colocarla bajo su tutela y privarla de autoridad real. Las circunstancias favorecieron sus planes. Enrique III murió en 1406, cuando su hijo y sucesor Juan II apenas tenía un año. Su tío Fernando ejerció la regencia, con aspiraciones a la corona. La consiguió seis años después, cuando subió al trono de Aragón. Mientras tanto se aprovechó de la situación. Poseía extensos dominios en el centro de Castilla, productores de trigo y lana, que le proporcionaban unas rentas elevadas. Con esta fortuna pudo gastar mucho dinero en fiestas y banquetes, organizar torneos y concursos literarios. También participó en cabalgadas contra los moros de Granada. Una de ellas, que acabó con la toma de Antequera en 1410, le hizo famoso, y a partir de entonces fue conocido como Fernando de Antequera. El regente tenía sentido de la familia, y se preocupó de instalar a sus hijos en puestos lucrativos. Sancho († 1416) fue nombrado maestre de la orden de Alcántara, Enrique maestre de Santiago, Juan —futuro rey de Aragón— duque de Peñafiel. Cuando Fernando fue coronado rey de Aragón, en 1412, siguió de cerca los asuntos de Castilla, y sus hijos —que entonces se llamaban infantes de Aragón— eran los verdaderos dueños del reino, incluso después de la mayoría de edad de Juan II, en 1419.

Este poder alarmó a la nobleza, que encontró en Álvaro de Luna un jefe inteligente y eficaz. Álvaro de Luna era un advenedizo, un bastardo, sobrino nieto del papa Benedicto XIII, que supo medrar rápidamente. En 1420 «liberó» al rey, es decir, se convirtió en su hombre de confianza, su consejero, su favorito. Entonces dio comienzo un juego a tres bandas: el favorito, los infantes de Aragón y los nobles. La partida se desarrolló en tres tiempos:

1.   Primero Álvaro de Luna se alió con los nobles con el lema «Castilla para los castellanos». Presentó a los infantes de Aragón como el partido del extranjero. El rey de Aragón intervino militarmente en ayuda de sus hijos, pero Álvaro de Luna era el más fuerte y los infantes de Aragón tuvieron que marcharse de Castilla (1420-1430).

2.   Álvaro de Luna se dedicó entonces a restablecer la autoridad del rey y devolverle sus prerrogativas. Quería un poder real fuerte. Los nobles le acusaron de ocultar ambiciones personales y se volvieron contra él en 1437 con la ayuda de los infantes de Aragón, que regresaron en son de guerra y ocuparon posiciones hegemónicas en el reino. El infante Enrique se apoderó de casi toda Andalucía.[8] En mayo de 1445 Álvaro de Luna aplastó a sus adversarios en Olmedo.

3.   Álvaro de Luna, en la cima de su poder, actuó en dos direcciones: en el plano diplomático, para contrarrestar la influencia de Aragón, se acercó a Portugal y logró que el rey contrajera segundas nupcias con una infanta portuguesa; en el interior pretendió hacer una jugada política reconciliándose con los nobles y conce-

8.   Ya en 1433-1434 un pequeño grupo de conspiradores trató de apoderarse de Sevilla y transformar la ciudad en república independiente.

diéndoles tierras y títulos. Su maniobra fracasó. Los nobles, lejos de deponer las armas, lograron que el heredero del trono, el futuro Enrique IV, se pusiera de su parte. Esta conjura obligó a Juan II a separarse de Álvaro de Luna y a llevarle ante la justicia. El favorito fue apresado en abril de 1453 y decapitado en Valladolid el 3 de junio siguiente.

Álvaro de Luna no actuaba de forma desinteresada —aprovechó su paso por el poder para enriquecerse—, pero su derrota fue la del poder real, al que pretendía fortalecer y librar de la tutela de los nobles. Su declaración en las Cortes de 1445, tras la victoria de Olmedo, revela muy a las claras sus intenciones: «Nadie sea osado de alzar la mano sobre el rey ni pensar mal de él porque ha recibido la unción divina; se le debe tener por vicario de Dios ... Los que al rey resisten son vistos querer resistir a la ordenanza de Dios». Antes y después de su muerte los partidarios de Álvaro de Luna le compararon con Juana de Arco. Al igual que la Doncella, Álvaro de Luna fue abandonado por el soberano al que trataba de ensalzar.[9] La comparación sugiere que se estaba abriendo camino la idea de un poder real fuerte, por encima de las facciones aristocráticas.

Juan II murió en 1454. Le sucedió Enrique IV. Nadie ha sido nunca tan vilipendiado como él. Los cronistas del tiempo de los Reyes Católicos —bien es verdad que estaban interesados en cargar las tintas— no le perdonaron nada. Le describen casi como un degenerado. Enrique IV era pelirrojo, lo que en España se consideraba una tara (se decía que Judas era pelirrojo). Unos miembros demasiado largos le daban un aspecto pesado y torpe. También le presentan como un marido engañado y consentido, un impotente, un homosexual, un ser raro que mataba el aburrimiento con largos paseos solitarios por los bosques o tocando música y escuchando canciones melancólicas. Por último, critican su forma de vestir: Enrique IV tenía debilidad por la moda morisca. Hoy los historiadores procuran juzgar de un modo más ecuánime al personaje, o incluso rehabilitarlo. Al rey no le faltaban ideas, quería reorganizar el Consejo real, crear una fuerza armada que habría asegurado la independencia del poder real... Tenía otros proyectos de esta clase que fueron recogidos por los Reyes Católicos, sus sucesores, pero se echó atrás al encontrar la menor resistencia. La verdad es que Enrique IV fue un pusilánime, incapaz de tomar una decisión y mantenerla. Intentó entenderse y negociar con el adversario, en vez de aplastarle. No le gustaba que corriera la sangre.

Los primeros años de su reinado fueron pacíficos. Las cosas se torcieron a partir de 1460 a causa de una reforma monetaria mal enfocada, que provocó protestas y dio pie a una facción de la nobleza para arremeter de nuevo contra la monarquía. Esta facción estaba capitaneada por la familia Pacheco: Juan Pacheco, marqués de Villena y amigo de infancia del rey —fue él quien, en 1453, le había arrastrado a la conjura contra Álvaro de Luna—, su hermano Pedro Girón y su tío Carrillo, arzobispo de Toledo. Los Pacheco mantenían buenas relaciones con Aragón, cuyo

---

9. En la crónica de Álvaro de Luna se puede leer el relato de un episodio curioso: en 1436 Juana de Arco envió un emisario a Juan II para pedirle el apoyo de Castilla contra los ingleses. La misión dio resultado: la marina castellana zarpó y bloqueó el puerto de La Rochela, gracias a lo cual la Doncella pudo tomar la ciudad. Es una bonita historia... sólo que el cronista pasó por alto que Juana de Arco había muerto en 1431. En realidad, se trata de una interpolación tardía, inspirada en una crónica sobre la Doncella publicada en 1512. Por lo menos esto demuestra que a principios del siglo XVI los españoles encontraban parecidos entre los dos personajes, al fin y al cabo tan distintos.

rey era uno de los infantes de Aragón, Juan II. Juan Pacheco se disgustó por la ascensión de un hombre nuevo, temiendo que fuera un segundo Álvaro de Luna: Beltrán de la Cueva, del que se decía que era amante de la reina y padre de la infanta Juana, heredera del trono. A esta última la llamaron a partir de entonces la Beltraneja.

No hay razón para pensar que la infanta no era hija legítima de Enrique IV. El rey se casó dos veces. A pesar de los doce años de vida en común con su primera esposa, Blanca de Navarra, el matrimonio no se consumó nunca.[10] En 1453 el obispo de Segovia pronunció la anulación. Entonces Enrique IV volvió a casarse con una hermana del rey de Portugal, Juana, que siete años después dio a luz una niña. Era esa niña cuya legitimidad negaban algunos. Desde luego la reina llevaba una vida muy libre, se le atribuyen aventuras y por lo menos dos hijos adulterinos, pero la sospecha de que la infanta Juana no era hija del rey carece de fundamento; hoy día todos los historiadores están convencidos de lo contrario. Los adversarios de Enrique IV afirmaban que Juana no podía ser hija del rey porque éste era impotente. Este argumento es desmentido por ciertas declaraciones hechas en 1453, durante el proceso que desembocó en la anulación del primer matrimonio: varias mujeres testificaron que se habían acostado con Enrique IV. Los expertos llegaron a la conclusión de que había habido impotencia... pero sólo en las relaciones con la reina. Esta controversia avivó el ingenio de Voltaire: «El arzobispo [Carrillo] y su partido declararon que el rey era impotente en un momento en que estaba rodeado de amantes, y en un proceso que sería inaudito en cualquier estado, fallaron que su hija Juana era bastarda, nacida de adulterio, incapaz de reinar». Los adversarios del rey guardaban en la manga un argumento definitivo: el segundo matrimonio de Enrique IV no era válido porque los contrayentes eran primos hermanos y no habían obtenido la necesaria dispensa de consanguinidad. Por lo tanto, los hijos nacidos de ese matrimonio se debían considerar ilegítimos, y no tenían derecho a la sucesión.

Enrique IV siempre afirmó que Juana era hija legítima suya, incluso cuando se vio obligado a desheredarla por la presión de los nobles. Quería ganar tiempo. Detrás de esta disputa sobre los secretos de alcoba de la familia reinante estaba la lucha por el poder. Para una parte de la nobleza cualquier pretexto era válido con tal de impedir que la corona tuviera demasiada autoridad. En mayo de 1464 los Pacheco formaron una liga para «liberar» al rey y a los infantes.

La liga lanzó una violenta campaña contra el rey. En un manifiesto de septiembre de 1464 se vertían varias acusaciones contra él: estaba rodeado de infieles —alusión a la guardia mora—, daba cargos públicos a individuos de baja extracción —alusión a Beltrán de la Cueva— y, por último, ya que había serias dudas sobre la legitimidad de la infanta Juana, convenía proclamar heredero del trono a Alfonso, hermanastro del rey. Beltrán de la Cueva animó al rey para que resistiera, e hizo un llamamiento al pueblo. Cinco mil campesinos armados con picas y hoces salieron en defensa de quien para ellos encarnaba la justicia y la legalidad, y Enrique IV entró en Segovia entre aclamaciones. El rey vaciló ante el pulso entablado. Seguramente con la intención de ganar tiempo, el 30 de noviembre cedió en toda la línea. Apartó a Beltrán de la Cueva del Consejo —pero después de nombrarle duque de Alburquerque— e hizo que Juan Pacheco se incorporara a él, desheredó a su hija

---

10.   «La reina era virgen incorrupta como avía nascido», concluyeron los expertos en 1453.

(aunque sin declararla ilegítima) y reconoció a su hermano Alfonso como heredero.[11] Esta capitulación no satisfizo completamente a los facciosos. El 5 de junio de 1465, en una ceremonia grotesca celebrada en Ávila, Enrique IV fue destronado en efigie: en un estrado levantado en la plaza pusieron un maniquí que representaba al rey. El arzobispo de Toledo le quitó la corona, Juan Pachecho le arrancó el cetro, y otros aristócratas le despojaron del resto de sus ornamentos. Al final Diego López de Zúñiga derribó la efigie de un puntapié. Acto seguido proclamaron rey a su hermanastro Alfonso.

Pero Enrique IV no estaba completamente aislado. Una parte de la nobleza —en especial los Mendoza y la casa de Alba— le seguía siendo fiel, y algunas milicias urbanas estaban dispuestas a ayudarle. En julio de 1468 se le presentó una ocasión de acabar con los facciosos, cuando su rival Alfonso murió a causa de la peste. Sus allegados apremiaron al rey para que no esperara más, presentara batalla y aplastara a sus adversarios. A Enrique IV no le gustaba la guerra. Cuando el obispo Lope de Barrientos le habló de la necesidad de pasar a la acción, esta fue su respuesta: «Bien parece que no son vuestros hijos los que han de entrar en la pelea ni os costó mucho de criar», a lo que el prelado replicó: «Quedaréis por el más abatido rey que jamás ovo España y arrepentiros heis, señor, cuando no aprovechare».

Una vez más Enrique IV prefirió negociar. Sus adversarios no se arredraron. La muerte de Alfonso les desconcertó, pero les quedaba la hermanastra de Enrique IV, la infanta Isabel. Jugaron esta carta con la intención de debilitar un poco más al poder real y entronizar a una reina que les debería todo y estaría a su disposición. Isabel sólo tenía 17 años, pero no era tonta. No quiso que la proclamaran reina en vida de su hermano, y se limitó a tomar nota de una situación que le era propicia. El 20 de julio de 1468 se declaró princesa y legítima heredera de los reinos de Castilla y León. Enrique IV, siempre en busca de un compromiso, se prestó a una humillación más: el 18 de septiembre de 1468, en los toros de Guisando, llegó a un acuerdo con sus adversarios. Volvió a desheredar a su hija Juana, reconoció a Isabel como heredera del trono y le dio el título de princesa de Asturias. La futura Isabel la Católica, que empezó así su marcha hacia el trono, no olvidó nunca las afrentas de los facciosos a la institución monárquica, pese a resultar favorecida por ellos. Cuando se hizo con el poder no estuvo dispuesta a compartirlo con nadie.

Entre 1406 y 1474 el conflicto entre unos clanes nobiliarios ambiciosos y un poder real débil y pusilánime se saldó con un crecimiento considerable del régimen señorial. Cada fase del conflicto estuvo acompañada de un reparto de prebendas, tierras y privilegios, tanto para ganarse a los adversarios como para recompensar a los fieles. De este modo una porción cada vez mayor del territorio quedó bajo la autoridad directa de los señores, en detrimento de la corona. Fue entonces cuando se formaron los grandes dominios sometidos a la jurisdicción de la nobleza —Julio Valdeón Baruque ha confeccionado el mapa—. Los Manrique, Enríquez, Fernández de Velasco, La Cerda y Pimentel tenían señoríos en Castilla la Vieja. En

---

11. El rey Juan II se había casado dos veces. De una primera unión con María de Aragón había nacido un hijo, el futuro Enrique IV. De un segundo matrimonio con Isabel de Portugal había tenido una hija, la futura Isabel la Católica, nacida en 1451, y un hijo, Alfonso, nacido en 1453. Recordemos que en Castilla no regía la ley sálica, y la corona se transmitía a través del primogénito, siempre con preferencia para los varones. El testamento de Juan II fijaba así el orden de sucesión al trono: Enrique y sus infantes; en su defecto, Alfonso y los infantes; por último, Isabel.

Castilla la Nueva estaban los Mendoza, Zúñiga, Álvarez de Toledo, Suárez de Figueroa... Los Fajardo dominaban la región de Murcia, los Guzmán y Ponce de León el valle del Guadalquivir. Estos aristócratas de fecha reciente adoptaron unos títulos que hasta entonces eran bastante raros o inexistentes: condes de Benavente, de Haro, duques de Alba, de Béjar, de Medinasidonia, de Medinaceli, de Alburquerque, marqués de Villena, de Cádiz, etc. Eran menos de 50 familias emparentadas entre sí, lo que reducía el número de grandes linajes, en total, a menos de dos decenas. Antes se habían llamado ricoshombres, entonces se decía «los títulos», y en el siglo XVI pasaron a llamarse grandes de España. Los Mendoza, por ejemplo, eran una de las pocas familias de rancia nobleza que habían logrado mantenerse. Oriundos de Álava, en 1293 habían adquirido un señorío en Santillana. Pedro González de Mendoza defendió con entusiasmo la causa de Enrique de Trastámara, y fue recompensado con posesiones en el centro del reino, alrededor de Guadalajara. Sus descendientes hicieron fructificar esta herencia: en 1445 Íñigo López de Mendoza fue nombrado marqués de Santillana, y en 1475 su hijo adoptó el título de duque del Infantado. Los Pacheco obtuvieron un señorío enorme en la zona de Albacete, el marquesado de Villena, que se extendía de Cuenca a Almería, con una superficie de más de 25.000 km^2 y 150.000 vasallos. Los Zúñiga eran oriundos de Navarra. A principios del siglo XV se instalaron en Andalucía. Diego López de Zúñiga, camarero de Juan I, recibió posesiones en Extremadura, en las comarcas de Plasencia y Trujillo. Su hijo fue nombrado conde de Plasencia en 1442; otro Zúñiga, Pedro, fue conde de Miranda, y otro más duque de Arévalo. El jefe del linaje fue nombrado duque de Béjar en 1488.

Las posesiones que recibió la nobleza incluían dos elementos: unas tierras de las que era propietaria y otras sobre las que ejercía un poder jurisdiccional o tenía derechos. En ambos casos, la nobleza se quedaba con una parte de la producción agrícola. Dueña de pastizales y rebaños de ovejas, participaba de los beneficios generados por la ganadería. En Andalucía las haciendas plantadas de olivos y los cortijos dedicados a los cereales o a la viticultura daban excedentes que se vendían bien y se exportaban, al igual que la lana de los merinos, que suplantó a la lana inglesa en los mercados europeos. A lo que hay que añadir el botín capturado en las expediciones guerreras en el emirato de Granada o en África (joyas, dinero en monedas, artículos diversos, esclavos...), y el producto de las industrias locales como la pesca o las jabonerías.[12] Los progresos realizados en los intercambios interiores y el comercio internacional, en parte gracias a las disposiciones de los soberanos,[13] proporcionaban más ingresos. A partir de 1454, de acuerdo con la corona, se generalizó la costumbre de que los señores percibieran directamente en sus posesiones los impuestos indirectos (alcabalas) y, sobre las sumas recaudadas, retuvieran el importe de sus pensiones y remuneraciones. El saldo (cuando quedaba algo) pasaba al tesoro real. La corona renunció así a una de sus prerrogativas, el cobro del impuesto. Para la nobleza era una forma de quedarse con un porcentaje sobre el desarrollo del mercado interior, impulsado por ella con la organización de grandes ferias: los Enríquez

---

12. Todavía en el siglo XVI las pesquerías de atunes de Andalucía —las almadrabas— proporcionaban unos ingresos importantes a los duques de Medinasidonia.

13. Enrique III prohibió a los barcos extranjeros cargar mercancías mientras hubiera buques castellanos disponibles. Declaró ilegal la exportación de capitales, de modo que los importadores extranjeros estuvieran obligados a invertir el producto de sus ventas en el mercado interior.

tenían las ferias de Medina de Rioseco, los Pimentel las de Villalón. La nobleza también participaba de los beneficios del comercio internacional, y lo hacía de dos maneras: directamente, cuando armaba ella misma los barcos (como algunos aristócratas andaluces) o cuando vendía la lana de sus rebaños, o indirectamente, cuando obtenía del poder real el privilegio exorbitante de percibir parte de los derechos de aduana. Por ejemplo, el almirante de Castilla cobraba las tasas sobre el comercio andaluz, y los Velasco, condes de Haro, los aranceles del litoral cantábrico.

Algunos magnates aumentaron su poder con la concesión de funciones públicas, pensiones y rentas propias de la corona. Las altas dignidades de las órdenes militares eran muy codiciadas, debido a la autoridad que conferían a sus titulares y las riquezas que conllevaban. Como ya hemos visto, estas órdenes poseían enormes latifundios en La Mancha y Extremadura, que se arrendaban muy caras a la Mesta para que pastaran las ovejas. Por eso en el siglo XV la dignidad de gran maestre era muy codiciada.

No contentos con dominar el campo, los señores procuraron implantarse en las grandes ciudades. Cádiz quedó en manos de los Ponce de León, Guadalajara bajo el dominio de los Mendoza, Murcia de los Fajardo, mientras los Velasco afianzaron su poder en Burgos y los Enríquez en Valladolid; el duque de Medinasidonia y el marqués de Cádiz se disputaron Sevilla… Las Cortes y las ciudades denunciaron este avance del régimen señorial y la malversación del patrimonio real, y se opusieron con energía. Muchas ciudades se resistieron a someterse a un señor o a dividir o enajenar sus dominios. En algunas ocasiones lo lograron. Por ejemplo, en 1466 Enrique IV tuvo que renunciar a ceder Santander al marqués de Santillana. En 1467 los campesinos de Galicia se sublevaron contra los señores. Estas resistencias confluyeron en una corriente antiseñorial que alcanzó gran intensidad a mediados de siglo. La literatura de la época lo recoge. Un anónimo satírico, las *Coplas de Mingo Revulgo* (1464?), describe a los nobles como lobos que beben la sangre de los pobres. Un poco después (1473?), un texto titulado *Tratado de los pensamientos mudables* denuncia las desigualdades sociales: Dios ha creado a los hombres iguales, una minoría se ha apropiado de los bienes de este mundo y ha esclavizado a la mayoría, los campesinos sufren para pagar los gastos de los reyes, los despilfarros de los cortesanos, las fiestas de los señores. A menudo, cuando vuelven agotados por el trabajo, encuentran a su mujer llorando y la casa vacía, porque los recaudadores de impuestos se lo han llevado todo.

Varios de estos señores castellanos, ávidos de ganancias, también se aficionaron a las letras y a la cultura, practicaron el mecenazgo y, llegado el caso, fueron poetas. Esta evolución se aprecia desde la primera mitad del siglo XV, y un buen ejemplo es una gran familia como la de los Mendoza. Sin dejar de bregar por aumentar sus posesiones, el marqués de Santillana, Íñigo López de Mendoza, dedicó su tiempo libre a la literatura, y fue uno de los más grandes poetas de su tiempo. Coleccionó los manuscritos latinos que se hizo enviar desde Italia y formó una de las más ricas bibliotecas privadas de Europa. Como no sabía latín encargó a su hijo, Pedro González de Mendoza, el futuro cardenal, que tradujera los textos. De esta manera, se enfrascó en la lectura de la *Eneida*, las *Metamorfosis* de Ovidio, las tragedias de Séneca, la *Ilíada*… El marqués de Santillana no fue un caso aislado. Otros aristócratas tuvieron inquietudes parecidas, aunque no le alcanzaran en gusto ni en talento. La biblioteca de los condes de Benavente, por ejemplo, contenía muchas obras que denotan una curiosidad ecléctica: la Biblia y textos piadosos, crónicas de historia de España, clásicos de la Antigüedad (Tito Livio, Valerio Máximo, Trogo Pompeyo, Cicerón, Séneca...), pero también obras modernas (Boccaccio), tratados jurídicos y filosóficos, antologías de poemas... Estos mismos aristócratas impulsaban las órdenes religiosas y las corrientes de espiritualidad. Los jerónimos y los franciscanos, sobre todo, les debían mucho.[14]

Estas manifestaciones en el ámbito de la cultura y la espiritualidad dan una idea de la vitalidad de la Castilla del siglo XV. Lejos quedaba la recesión anterior y posterior a la peste negra del siglo XIV. La recuperación se hizo notar en todos los campos, tanto en el crecimiento demográfico como en la expansión comercial. La prosperidad de la economía contrastaba con la anarquía política y la debilidad de la realeza. A mediados del siglo XV Castilla anhelaba la paz civil, harta ya de los abusos señoriales. Los Reyes Católicos tuvieron el buen juicio de basarse en esos anhelos y ese estado de ánimo para restablecer el prestigio y la autoridad de la corona.

Una dinastía castellana en Aragón

«Decadencia catalana, progreso castellano», así es como Pierre Vilar caracteriza el período que va de mediados del siglo XIV a finales del XV, e incluso más allá. Justo cuando Castilla inicia un movimiento ascendente, la corona de Aragón se hunde en el marasmo, y el retroceso de la actividad económica acarrea una serie de conflictos sociales y políticos.

Los problemas dinásticos no contribuyeron a mejorar las cosas. Martín I el Humano (1395-1410) murió sin descendencia legítima directa. Dos candidatos se disputaron la sucesión, Fernando de Antequera, su sobrino, que en ese momento era regente de Castilla, y el conde de Urgel, Jaime, hijo de un primo suyo. Para evitar que la cuestión se resolviera por las armas, se decidió someterla al arbitraje de una comisión de doctos, formada por nueve miembros nombrados por los tres componentes de la corona de Aragón. En 1412 los compromisarios, reunidos en la villa de Caspe, acordaron recomendar la candidatura de Fernando, quien reinó con el nombre de Fernando I (1412-1416). Benedicto XIII, el papa aragonés, se había empleado a fondo para lograr este resultado. Con Fernando, una rama segundona de los Trastámara recogió la herencia de la corona de Aragón. La solución no fue muy bien acogida por los catalanes. El compromiso de Caspe supuso una cierta revancha de Aragón sobre el principado. Los magnates aragoneses habían prevalecido sobre los burgueses de Barcelona. Éstos, tras un largo período de hegemonía, achacaron todas sus desgracias a la dinastía extranjera, por demás castellana.

Pese a que Alfonso el Magnánimo (1416-1458) asumió la vocación mediterránea de la corona de Aragón, instalándose en Italia y conquistando en 1443 el reino de Nápoles, la situación apenas mejoró. Mallorca estaba en plena decadencia, el

---

14. La orden de los jerónimos, fundada en España en 1373, tuvo un éxito inmediato. Entre 1375 y 1415 se crearon treinta monasterios, todos ellos ricamente dotados por la corona y los señores. Uno de los más importantes fue el de Guadalupe. Un ejemplo de la devoción de algunos aristócratas por la orden de san Francisco es el palacio que hizo construir en Burgos el condestable de Castilla. Es uno de los monumentos más bellos de la arquitectura civil del siglo XV. En la fachada se representa el cordón, insignia de la orden tercera franciscana. Todavía hoy el palacio se conoce como «casa del Cordón».

principado de Cataluña renqueaba, y sólo el reino de Valencia parecía librarse del deterioro. De todos modos conviene señalar que la política mediterránea del Magnánimo no tenía mucho que ver con la expansión catalana de la época dorada. Aquélla tuvo motivaciones comerciales y expresó el dinamismo de una ciudad y un puerto en plena actividad, necesitados de mercados exteriores. Buscaba factorías, más que cabezas de puente, la hegemonía económica, más que la dominación política. El Magnánimo, por el contrario, se fijó unos objetivos militares y dinásticos, aplicó una política de prestigio, pero chocó con la competencia de Génova, una rivalidad que a partir de entonces sería una constante de la diplomacia primero aragonesa y después española, hasta la inversión de alianzas efectuada por Carlos V poco antes de 1530. Alfonso convirtió Nápoles en un foco intelectual y artístico digno de rivalizar con la corte de los Médicis. Bibliófilo, coleccionista y mecenas, fue impulsor del humanismo aragonés, un movimiento que había comenzado a fines del siglo XIV con el gran maestre de la orden de Rodas, Juan Fernández de Heredia (1310-1396), insigne helenista, tanto o más que latinista, y proseguido durante el reinado de Juan I con Bernat Metge (1346-1413), traductor de Ovidio, Virgilio y Cicerón, pero también de Boccaccio, Petrarca y Dante. Durante el reinado del Magnánimo, Nápoles fue la base del imperialismo aragonés en el Mediterráneo, pero ¿disponía la corona de Aragón de medios para sufragar semejante política? Castilla hubo de allegar recursos para que Nápoles, en tiempos de los Reyes Católicos, permaneciera sólidamente unido, por varios siglos, a la corona española.

Muerto en 1458 sin descendencia directa, Alfonso repartió sus territorios. Cedió Nápoles a su hijo bastardo Ferrante, y el resto de sus estados a su hermano Juan II (1458-1479). Ya hemos visto que este último, uno de los famosos infantes de Aragón, estaba muy interesado en los asuntos de Castilla. Esta circunstancia no dejaba muy tranquilos a los catalanes, que una vez más temían ser sacrificados o al menos olvidados por un monarca que parecía ajeno a sus afanes e intereses. Durante el reinado de Juan II la crisis latente acabó en lucha abierta y guerra civil, en Barcelona y los campos del principado.

La ocasión o el pretexto fue una disputa dinástica. Antes de ser coronado rey de Aragón, Juan II era rey de Navarra. En su primer matrimonio con Blanca de Navarra había tenido un hijo, Carlos, príncipe de Viana, que contaba con sucederle, pero Juan II casó en segundas nupcias con una castellana, Juana Enríquez.[15] Este segundo matrimonio disgustó al príncipe de Viana, cuyas posiciones políticas no coincidían con las de su padre.[16] Juan II le mandó apresar en diciembre de 1460. Los catalanes tomaron partido por el príncipe y lograron liberarle, pero murió a los tres meses. La segunda esposa de Juan II fue acusada de envenenarle. El principado se rebeló. La Generalitat declaró enemigos de Cataluña al rey y su mujer, y les expulsó, ofreciendo sucesivamente la corona condal al rey de Castilla Enrique IV, al condestable de Portugal, a Renato de Anjou, conde de Provenza,[17] y a otros. ¿Qué sentido se puede dar a esta rebelión? ¿Era una sublevación de Cataluña contra el «tirano» que había despojado de sus derechos y quizá asesinado a su hijo? ¿O estamos en presencia de un movimiento «nacional» contra un rey al que se considera extranjero?

---

15. Su hijo Fernando sería el Rey Católico.

16. El príncipe negoció con el rey de Castilla, por ejemplo, sin preocuparse de lo que pensara su padre.

17. Lo que equivalía a colocarse bajo la protección de su sobrino, el rey de Francia Luis XI.

Los trabajos de Vicens Vives y Pierre Vilar dejan entrever, tras los argumentos ideológicos y sentimentales, la verdadera naturaleza del conflicto, que fue sobre todo una manifestación del malestar de las oligarquías tradicionales (aristocráticas y burguesas) ante una crisis que se les iba de las manos y de la que responsabilizaban a un soberano que ya no era catalán. Esta crisis tuvo un cariz distinto en Barcelona y en el campo.

Duramente azotada por las hambrunas desde 1333, posteriormente por la peste (1347-1351), y finalmente por unas epidemias cíclicas que duraron hasta mediados del siglo XV, Cataluña estaba en un mal momento. Los paños ingleses competían con los catalanes, la producción descendía, las numerosas quiebras dejaban a los artesanos en la calle. La crisis llegó también a la construcción naval y al gran comercio. El tráfico del puerto se redujo a la cuarta parte entre 1434 y 1454, y la deuda pública aumentó con los empréstitos emitidos por la Taula de Canvi, fundada en 1401. En la ciudad había dos partidos rivales, la Busca y la Biga. La «astilla» contra la «viga»: ¿los pequeños contra los grandes? Las cosas no eran tan sencillas. Entre los partidarios de la Busca estaban los artesanos textiles y los gremios que reclamaban la intervención del rey y medidas autoritarias en materia económica (devaluación de la moneda para atajar la fuga de dinero y relanzar el comercio, proteccionismo) como medios para luchar contra el marasmo de los negocios. La Biga agrupaba a propietarios y rentistas. Era partidaria de la estabilidad monetaria y de una suerte de liberalismo económico. En 1453 la Busca accedió al gobierno de la ciudad y aplicó su programa, pero la situación no acabó de mejorar.

En el campo, mientras tanto, los campesinos se sublevaron contra la opresión señorial. Las catástrofes demográficas del siglo XIV habían dejado vacantes muchas explotaciones. Los campesinos sobrevivientes aprovecharon para ocupar esas tierras despobladas y cultivarlas. En el siglo XV los señores consolidaron por doquier sus derechos con dureza, e intentaron arrendar las tierras a otros colonos en condiciones más desfavorables. Esta reacción señorial provocó una hostilidad general contra los «malos usos», y en particular contra la remensa (redención), una elevada suma de dinero que debían pagar los campesinos si querían abandonar el dominio señorial. Estos campesinos eran muy numerosos, representaban unos 20.000 hogares, entre la cuarta y la tercera parte de la población. Se organizaron en un sindicato que en 1448 contaba con 20.000 afiliados, y propusieron a los señores una negociación global: la libertad jurídica a cambio del pago de una cantidad total razonable. Los señores, a su vez, se unieron frente a estas reclamaciones.

La acentuación y la conjunción de estos descontentos —los conflictos urbanos en Barcelona y el problema de los remensas en el campo— desencadenaron la guerra civil de 1462-1472. La exasperación de las villas contra la hegemonía de Barcelona complicó aún más la situación. Los remensas y la Busca pidieron el arbitraje del rey, mientras que las oligarquías (la Iglesia, los señores, los ciudadanos honrados de Barcelona) consideraban a Juan II causante de todas sus desgracias y aliado objetivo de sus adversarios. Estas oligarquías contrapusieron los fueros, constituciones y libertades del principado a un soberano extranjero que no les entendía ni defendía con la energía necesaria sus intereses, privilegios y haciendas, mermados por la crisis. El conflicto revela la decadencia del principado y la cerrazón de las clases dirigentes, remisas a aceptar los cambios: acercamiento a Castilla, fortalecimiento del poder real, libertad de los campesinos.

Juan II, vencedor en 1472, no abusó de su triunfo. Confirmó los privilegios de

Barcelona y el principado, se reconcilió con la Iglesia y los señores y logró una tregua en el conflicto de los remensas, pero la crisis no estaba superada. Al contrario, la guerra civil acabó por arruinar el país. Precipitó la decadencia de Barcelona, que se había implicado a fondo y había recaudado unos impuestos extraordinarios para mantener el ejército. Cuando Fernando, hijo y sucesor de Juan II, estaba a punto de unirse con Isabel y con Castilla, la corona de Aragón ya había perdido gran parte de su dinamismo anterior y se hallaba en una posición de inferioridad con respecto a Portugal y, sobre todo, a Castilla.

Navarra

A la muerte de Sancho VII (1234) reinaron en Navarra unos príncipes franceses, los condes de Champagne, sin que Aragón se ofendiera por ello. En 1304 se creó una situación nueva. El azar de una boda hizo que Navarra se incorporase al reino de Francia. No recuperó la independencia hasta la coronación de Juana II (1329-1349), hija de Luis X el Obstinado, casada con el conde de Évreux. De nuevo se instalaba en Pamplona una casa francesa. Carlos II (1349-1387) pasó la primera parte de su reinado guerreando en Francia contra su suegro Juan II el Bueno y su cuñado Carlos V. A partir de 1365 se dedicó por completo a su estado ibérico. Él y su sucesor, Carlos III (1387-1425), y luego Blanca (1425-1441), aplicaron una política independiente. La sociedad navarra les aceptó sin discusión, pero Navarra ocupaba un territorio que se extendía a ambos lados de los Pirineos, una posición estratégica en caso de conflicto entre Francia y Aragón, según se inclinara por uno u otro beligerante. Y la verdad es que Francia y Aragón se habían estado enfrentando constantemente durante toda la Edad Media. Por eso en 1419 el futuro Juan II de Aragón casó con Blanca de Navarra. Pretendía mantenerse en el poder tras la muerte de su mujer, pero en 1421 las Cortes de Navarra reconocieron como heredero del trono al hijo que había tenido con Blanca, Carlos, príncipe de Viana. Juan II no quiso aceptarlo. Navarra se vio envuelta en la guerra civil. Se formaron dos ligas, los agramonteses y los beaumonteses, que teóricamente defendían los derechos del rey de Aragón y de su hijo, el príncipe de Viana. Tras la muerte del príncipe (1461), Juan II salió vencedor a medias: consintió que la corona pasara a su hija Leonor, casada con Gastón, conde de Foix. A partir de esta fecha los reyes de Navarra estuvieron sometidos a fuertes presiones por parte de Francia y Aragón. La situación empeoró con la subida al trono de Navarra de otra familia francesa, la de los Albret (1484). A finales del siglo XV los Reyes Católicos obtuvieron el derecho a acantonar varias guarniciones en Navarra para asegurar la neutralidad del reino, con lo que reforzaron su protectorado de hecho. La muerte sin herederos de Gastón Febo (abril de 1512) dio a España, por entonces en guerra con Francia a propósito de Italia, la ocasión de ocupar la parte del país situada al sur de los Pirineos, y anexionarla a la corona de Castilla.

El emirato de Granada

Desde mediados del siglo XIII, después de que las expediciones llevaron a los aragoneses y catalanes hasta Valencia, a los castellanos hasta la desembocadura del Guadalquivir y a los portugueses hasta el cabo de San Vicente, al-Andalus quedó reducido a las fronteras del emirato de Granada, donde desde 1232 reinaba la dinastía de los nazaríes. Durante un siglo más los cristianos tuvieron que rechazar a los benimerines de Marruecos, que intentaban adentrarse en la península. Estas incursiones cesaron tras la victoria cristiana del Salado (1340), pero entre Granada y la España cristiana se trabaron unas complejas relaciones que duraron hasta 1482. De vez en cuando se libraban combates entre los adversarios. Fue así como el infante Fernando se apoderó de Antequera (1410), Juan II de Castilla derrotó al ejército moro en La Higueruela (1431) y unos nobles andaluces ocuparon Gibraltar (1457)... Pero sólo eran batallas ocasionales y sin continuación, generalmente iniciativas de señores andaluces, ávidos de botín y esclavos o que, simplemente, tenían ganas de luchar.[18] Estos señores, que adoptaban gustosamente los modos y las costumbres de sus vecinos musulmanes, no siempre se apoyaban unos a otros. No tenían escrúpulos a la hora de unirse a un moro para perjudicar a un rival. El duque de Medinasidonia, por ejemplo, ayudó al emir a apoderarse de Cardela, posesión del marqués de Cádiz. Los moros hacían lo mismo.[19] A ambos lados de la frontera moros y cristianos se visitaban, se apreciaban, rivalizaban en valor y generosidad con motivo de los combates singulares que enfrentaban de vez en cuando a los caballeros de los dos bandos. Granada fascinaba a los viajeros con sus palacios,[20] sus mezquitas,[21] sus jardines, la riqueza y el lujo de los pertrechos militares, de los vestidos y las artes decorativas. Fue el punto de partida de la maurofilia literaria y los romances fronterizos que cantan las hazañas de caballeros moros y cristianos.[22] Un siglo después Ginés Pérez de Hita condensó e idealizó esta atmósfera épica y caballeresca de los últimos tiempos de la Granada musulmana en un libro, *Las guerras civiles de Granada* (1595) que, mezclando la historia y la leyenda, hizo las delicias de la Europa culta hasta el romanticismo y más tarde; baste pensar en Chateaubriand (*Las aventuras del último Abencerraje*), Washington Irving (*Cuentos de la Alhambra*) y, más cercano a nosotros, Aragon (*Le Fou d'Elsa*).

Este espíritu romántico no debe llamar a engaño. Si los estados no se mezclaban en estas aventuras individuales era porque Castilla no tenía nada que temer de Granada, y a Granada no le interesaba provocar a Castilla. El emirato ocupaba un territorio de unos 30.000 km^2, que corresponde aproximadamente a las actuales provincias de Málaga, Granada y Almería, y parte de las de Jaén y Cádiz. Tenía menos de 300.000 habitantes. Sus principales recursos eran la exportación de frutos secos y seda. En realidad, era un protectorado que compraba su independencia a

18.   Era la clase de guerra que le gustaba, por ejemplo, a un señor como Miguel Lucas de Iranzo, que residía habitualmente en Jaén y solía atravesar la frontera con sus caballeros para saquear o incendiar algunos pueblos.

19.   De ahí uno de los problemas que se planteaban continuamente los intérpretes del Corán: ¿podía un musulmán comprar bienes arrebatados por un cristiano a otro musulmán? ¿Se podían vender armas a los cristianos?

20.   Los nazaríes construyeron el palacio de la Alhambra, terminado en 1390. El Generalife es posterior, de principios del siglo XV.

21.   Las mezquitas también eran escuelas en las que se enseñaba el Corán, la gramática y la aritmética. En la gran mezquita y en la madrasa funcionaba un centro de enseñanza superior, donde se daban clases de derecho, teología, letras, historia, genealogía, música, matemáticas, medicina, astronomía...

22.   La primera manifestación fue el romance *Abenámar*, inspirado por la batalla de La Higueruela (1431).

precio de oro, el de los tributos pagados a los reyes de Castilla. Estas «parias» representaban entre la quinta y la cuarta parte de los ingresos fiscales de Granada. A través de ellas, hasta mediados del siglo XV, entró en Europa el oro de Sudán. Con la instalación de los portugueses en Guinea parte de este tráfico se desvió hacia Lisboa. Las arcas del emirato se resintieron, y Granada tuvo más dificultades para pagar el tributo, garantía de su independencia. A partir de entonces el emirato estuvo condenado. Sólo las circunstancias (las catástrofes del siglo XIV y las guerras civiles entre cristianos) habían retrasado su desaparición, pero la España cristiana nunca renunció a reconquistar toda la península. Las corrientes mesiánicas, alentadas en especial por los franciscanos, mantuvieron viva la llama. En los años setenta del siglo XV fray Íñigo de Mendoza recordaba el objetivo prioritario: Granada, y después de Granada, Jerusalén. Para que estas tendencias cobraran fuerza hacía falta voluntad política y un poder fuerte. Estas dos condiciones se dieron con la coronación de los Reyes Católicos.

Capítulo IV

EL ANTISEMITISMO EN LA ESPAÑA MEDIEVAL

Nunca nos cansaremos de repetirlo: la España medieval, tanto si era mayoritariamente musulmana como cristiana, nunca practicó la tolerancia. Cada religión pretendía estar en posesión de la verdad, y no quería transigir con lo que consideraba un error. Si se permitió que las minorías religiosas vivieran y se organizaran fue porque no se podía hacer de otro modo, y había necesidad de ellas. Esto, que vale para todas las minorías, es especialmente cierto en el caso de los judíos, que nunca fueron aceptados. La Iglesia siempre les condenó, y eso tuvo su repercusión en la masa de los fieles. Es cierto que a veces los soberanos y notables fueron sus valedores, pero esta actitud tuvo sus límites. En épocas de prosperidad los judíos salieron ganando, como los demás. Pero cuando las cosas se ponían mal los judíos lo padecían más que el resto de la sociedad. Esta es la historia trágica del judaísmo español durante la Edad Media.

Antijudaísmo doctrinal, antisemitismo popular

En la Edad Media la posición del papado con respecto a los judíos osciló entre dos extremos contradictorios, la protección y la exclusión. Pero la segunda actitud ganó terreno a fines del siglo XII y sobre todo en el XIII, como revela la proliferación de disputas y obras polémicas. En este sentido el IV concilio de Letrán (1215) marcó un hito, al llamar la atención sobre el peligro que suponía para los cristianos el trato con los judíos. El concilio aconsejó limitar estos contactos a las transacciones económicas. Para lo demás, se invitó a los cristianos a mantenerse apartados de los judíos. Los matrimonios mixtos y las relaciones sexuales fueron prohibidos,[1] lo mismo que utilizar judíos como nodrizas, criados o médicos, y encargarles funciones que les dieran autoridad sobre los cristianos. Se recomendó confinar a los judíos en barrios reservados, obligarles a llevar signos distintivos —una rodela amarilla o roja—, no autorizarles a construir más sinagogas, etc.

---

1. Los judíos reaccionaron del mismo modo. Y. Baer cita un caso de 1320 de una judía que se había acostado con un cristiano. En castigo, sus correligionarios de Coca decidieron cortarle la nariz.

Al principio no parece que en España se prestara mucha atención a estas recomendaciones. Sólo un siglo después, en 1312, unos obispos las recogieron. Fue en el sínodo que celebraron en Zamora los prelados de la provincia eclesiástica de Santiago. El sínodo recordó las disposiciones establecidas por el IV concilio de Letrán y pidió que se aplicaran en España, lo cual demuestra que hasta entonces no se habían tenido en cuenta. A partir de esta fecha los judíos tuvieron que vivir separados de los cristianos, llevar signos y nombres distintivos, abstenerse de trabajar ostensiblemente los domingos y días festivos, no aparecer en público del miércoles al jueves santo, e incluso cerrar sus puertas y ventanas el viernes santo, para no ofender a los cristianos que ese día conmemoraban la pasión de Cristo. La liturgia de la pasión incluyó oraciones por los *pérfidos judíos* que se obstinaban en no reconocer a Jesús como el Mesías anunciado por los profetas. Las obras de controversia desarrollaron estos aspectos. Procuraron convencer a los judíos de que estaban en el error, y demostrarles, por ejemplo, que el Antiguo Testamento habla de la Trinidad, que el Mesías tiene una doble naturaleza, humana y divina, que los libros sagrados de los judíos contienen frases injuriosas para el cristianismo, etc. A este respecto cabe citar la disputa de Barcelona (1263),[2] los tratados del dominico Ramon Martí (1278), de Arnau de Vilanova, un poco más tarde el del agustino Bernardo Oliver, etc. Estas controversias movieron a ciertos religiosos a aprender el hebreo para interrogar a los rabinos y aclarar el sentido de determinados pasajes del Antiguo Testamento, remontándose del texto latino de la Vulgata al original hebreo (la verdad hebraica). En 1263 existía en Murcia una escuela de este tipo, pero los frailes que acudían a ella no lo hacían movidos únicamente por el interés científico, ya que eran misioneros, y estos estudios les preparaban para contradecir a los rabinos en su propio terreno.[3] En sus sermones los frailes mendicantes se hacían eco de estos argumentos y recomendaciones, dándoles un tono patético para impresionar a su auditorio. Incluso obtuvieron la autorización de Jaime I de Aragón para predicar en las sinagogas e instigar a los judíos a la conversión. Los catecismos, por último, indicaban a los cristianos lo que debían pensar de los judíos.

Algunos historiadores quitan importancia a estas posiciones de la Iglesia. Según ellos, se trataba únicamente de unos principios generales, y no se pedía su aplicación; estaríamos en presencia de un antijudaísmo doctrinal que tuvo poco que ver con el desarrollo del antisemitismo popular. No estamos de acuerdo con esa opinión. Los fieles cristianos, a fuerza de oír machaconamente todos los domingos que los judíos eran un pueblo pérfido, deicida, obstinado en su error, al que había que mantener apartado, acabaron por creerlo. El antisemitismo popular fue la traducción práctica del antijudaísmo doctrinal. Para el pueblo cristiano los judíos eran unos deicidas, ya que sus antepasados habían sentenciado que Jesús muriera en la

---

2. Durante cuatro días, en presencia del rey Jaime I, el antiguo general de los dominicos san Raimundo de Peñafort y personalidades de la corte y la Iglesia, un judío converso se ofreció para demostrarle a un rabino que Cristo era el Mesías esperado, que tenía una doble naturaleza, humana y divina, que había muerto para salvar a todos los hombres, etc.

3. Como ejemplo de controversia desinteresada y de buena fe se suele citar el *Libro del gentil y de los tres sabios* del catalán Ramon Llull († 1315): un cristiano, un musulmán y un judío intercambian ideas antes de decidir cuál de las tres religiones se ajusta más a la verdad. Y. Baer observa que la tolerancia de Ramon Llull se limitaba a los ejercicios literarios. El rey Jaime II de Aragón le autorizó a predicar ante los judíos, y es de suponer —añade Baer— que el tono de esos sermones sería menos considerado y respetuoso de las creencias ajenas.

cruz.[4] También eran unos traidores, pues habían ayudado a los musulmanes a conquistar España en 711, sobre todo entregándoles la ciudad de Toledo. Les acusaban de ser implacables en los negocios, pérfidos, cobardes, rencorosos... y de poseer los rasgos físicos que delatan estas disposiciones morales: nariz corva, ojos rasgados, etc. Esa es la imagen del judío que representan, por ejemplo, la iconografía de la Edad Media y los refranes populares. A pesar de estos prejuicios, hasta el siglo XIV los judíos de España pudieron llevar una vida bastante apacible. Estaban protegidos por los soberanos y por un estatuto que les daba ciertas garantías.

LOS JUDÍOS EN LA ESPAÑA CRISTIANA

La mayoría de los judíos que vivían en la España musulmana la abandonaron a raíz de la persecución de los almohades, y se refugiaron en los reinos cristianos del norte de la península. Allí fueron acogidos con solicitud. Como procedían de un país que entonces poseía un alto nivel de desarrollo, los judíos eran apreciados en la España cristiana por su competencia profesional y su cultura. Suponían una aportación muy valiosa para los territorios que había que poblar y explotar. Por esta razón, hasta el siglo XIV los soberanos apenas tuvieron en cuenta las recomendaciones de la Iglesia. En Castilla los códigos jurídicos de Alfonso X (*Partidas* y *Fuero real*), y en Aragón la legislación promulgada por Jaime I, recogieron formalmente las prescripciones de las autoridades religiosas: los judíos no podían ocupar cargos públicos, ni ponerse al servicio de los cristianos, ni emplear a cristianos, ni ejercer la medicina con cristianos... Se les concedía el derecho a mantener las sinagogas existentes, pero no podían construir otras nuevas. En realidad, la mayoría de estas prohibiciones quedaron en letra muerta. Más importantes parecen otras actitudes contrarias a las recomendaciones del papado, como el gesto de Alfonso X, que puso a disposición de los judíos tres mezquitas de la Sevilla reconquistada, y sobre todo la libertad de culto garantizada a los judíos por el *Fuero real*[5] a condición de que no estuviera acompañada de proselitismo. Bien es cierto que esta «tolerancia» se justifica en unos términos que revelan el talante del legislador: a los judíos se les permitía vivir entre los cristianos «porque ellos viviesen como en cautiverio para siempre y fuesen remembranza a los hombres que ellos vienen del linaje de aquellos que crucificaron a Nuestro Señor Jesucristo» (*Partidas*). Sea como fuere, recibieron garantías. Los litigios entre judíos y cristianos estaban sometidos a tribunales mixtos, el testimonio de un judío valía igual que el de un cristiano, etc.

---

4.   En Gerona, durante la Semana Santa, existía la costumbre de simular un ataque a la judería. Desde lo alto del palacio episcopal la gente tiraba piedras y antorchas encendidas a las casas de los judíos. ¡Bonito ejemplo de antijudaísmo doctrinal! Para defenderse de la acusación de haber matado a Cristo en la cruz, una tradición piadosamente conservada en las comunidades judías afirmaba que los judíos españoles descendían de la tribu de Judá y se habían asentado en la península ibérica a raíz de la destrucción del primer templo de Jerusalén (587 a.C.), por lo que no habían participado en el proceso a Jesús. En realidad, el judaísmo español es posterior a la destrucción del segundo templo (70 d.C.). En el mismo orden de ideas cabe citar una interpolación tardía (*c.* 1450) en la *Crónica general de España*, texto del siglo XIV: la transcripción de supuestas cartas de los judíos de Toledo a sus correligionarios de Jerusalén para disuadirles de que mataran a Jesús de Nazaret.

5.   Se permitió a los judíos poseer y utilizar sus libros sagrados, y observar el sabbat y demás fiestas religiosas.

Estas disposiciones proceden de un principio general, que se recuerda, por ejemplo, en el fuero de Teruel (1176): los judíos son propiedad personal del rey, y éste es el único que puede decidir su suerte. Basándose en este principio, los soberanos dieron a la comunidad judía una organización que iba mucho más allá de la libertad de culto, algo así como un estatuto de autonomía dentro del reino.

Cuando los judíos eran lo bastante numerosos formaban una aljama. No debemos confundir aljama con gueto, pues hasta 1480 los judíos españoles vivieron mezclados con el resto de la población, y nunca estuvieron confinados en barrios reservados. Si tendían a concentrarse en determinadas calles, era por razones de comodidad, para estar cerca de la sinagoga y las carnicerías *casher*, pero nadie les obligaba a ello. Los que estaban dispersos o vivían en aldeas se juntaban a la aljama más cercana.[6] La aljama era una comunidad de base que equivalía al concejo de los cristianos. Estaba dirigida por un consejo con una función similar al de los regidores, encargado de administrar la comunidad. Tanto en las aljamas como en los concejos cristianos se observa la misma evolución: los concejos abiertos a todos fueron cada vez menos frecuentes, y un grupo reducido —una oligarquía— tomó las riendas de la administración. En el siglo XIV la aljama de Barcelona estaba dirigida por un Consejo de Treinta, que recuerda al Consell de Cent cristiano. Este modelo se extendió a otras aljamas de la corona de Aragón, en especial a las de Valencia y Huesca. En Tudela estos regidores fueron veinte; se conservan algunas de sus ordenanzas, los *tajanot*, escritas en hebreo y español.

La principal función de la aljama era repartir y recaudar los impuestos y velar por los intereses de la comunidad. Además de los impuestos que se pagaban al rey —más elevados que los de los cristianos—, la aljama percibía tasas[7] destinadas a sufragar los servicios comunes, en particular la manutención de los rabinos y la sinagoga, que era algo más que un lugar de culto, pues en ella se celebraban las juntas generales y las sesiones de los tribunales, funcionaban las escuelas talmúdicas, se reunían las cofradías que asistían a los pobres y los enfermos, etc. La aljama tenía sus propios magistrados de la Torá,[8] aunque los litigantes también podían apelar a los tribunales reales. Estos magistrados disponían de un arma temible, el *herem* o excomunión, pronunciada contra los malsines, aquellos cuyos actos o palabras dañaban a la comunidad. Las penas podían llegar hasta la muerte, en cuyo caso la sentencia era ejecutada por oficiales del rey.[9] Más adelante la Inquisición procedió de igual manera contra los cristianos convictos de herejía, también pronunció sentencias de muerte y dejó que el brazo secular ejecutara las sentencias. Basándose en la analogía entre ambos casos, ciertos autores sostienen que la idea misma de inquisición era de origen judío.[10] Las aljamas eran autónomas, pero en el siglo XIII, en la coro-

---

6. Por ejemplo, los judíos de Vilafranca del Penedés, Cervera y Manresa dependían de la aljama de Barcelona.

7. Sobre los animales sacrificados en las carnicerías, sobre el vino, sobre los matrimonios y los enterramientos, etc.

8. Había una serie de penas previstas para el incumplimiento de las reglas del sabbat, el adulterio, etc. En Barcelona esta autonomía judicial estuvo limitada hasta 1377. La aljama tenía competencia en causas criminales, excepto si la pena correspondiente era la muerte o la amputación de un miembro, pues en tal caso había que recurrir a la justicia del rey.

9. En Castilla las Cortes de Soria (1380) pidieron la abolición de este privilegio.

10. Es lo que pensaban Américo Castro y Sánchez Albornoz, por una vez de acuerdo. Recordemos el *herem* pronunciado por la comunidad judía de Amsterdam contra Spinoza en el siglo XVII.

na de Castilla, se creó una representación colectiva de los judíos, semejante a las Cortes, con el cometido de adoptar una actitud común en materia fiscal, judicial, de política religiosa y de administración interna. En Navarra y la corona de Aragón no hubo nada parecido. En cambio, durante la misma época, los soberanos de Castilla adoptaron la costumbre de nombrar a un gran *rab*, interlocutor y portavoz de la comunidad judía, con el que se despachaban los asuntos fiscales y todo lo concerniente a los judíos.[11]

¿Cuántos eran estos judíos, y cómo se repartían por el territorio español? Es difícil dar cifras precisas, debemos contentarnos con aproximaciones. Se habla de 200.000 a 300.000 personas para toda la península, es decir, menos del 5 por 100 de la población, en el siglo XIII, la comunidad judía más numerosa de Europa. En Navarra las grandes aljamas eran las de Tudela, Pamplona y Estella. En la corona de Aragón se suelen citar por orden de importancia las de Zaragoza, Barcelona, Gerona y Palma, y a continuación las de Huesca, Valencia y Tarragona. En tierras castellanas, según informaciones coincidentes, las aljamas de Toledo, Sevilla[12] y Burgos eran las principales. Luego estaban las de Palencia, Segovia, Trujillo, Guadalajara, Ocaña, Soria, Ávila, Zamora, Valladolid, Murcia...

En la España medieval los judíos no eran una raza,[13] ni una casta, ni una clase social. Formaban una microsociedad junto a la sociedad cristiana mayoritaria. La cohesión de esta microsociedad radicaba en la práctica de una confesión religiosa minoritaria; por lo demás, no formaba un grupo homogéneo. Tenía sus ricos y sus pobres,[14] e incluía todos los oficios, desde la agricultura hasta las altas finanzas. Se suele creer que los judíos vivían sobre todo en las ciudades. Esto probablemente fuera así hacia el final de la Edad Media, cuando por razones de seguridad y defensa propia, y para poder practicar su religión, prefirieron concentrarse en las poblaciones grandes. Pero durante mucho tiempo fueron bastante numerosos los judíos que vivieron en el campo, donde tenían viñas,[15] rebaños y tierras, y a veces grandes latifundios. ¿Los trabajaban ellos mismos? Probablemente no. A fines del siglo XIII, a raíz de una ley que les prohibía poseer bienes inmuebles, muchos judíos tuvieron que dejar la agricultura y la ganadería. Entonces se dedicaron al pequeño comercio y la manufactura. Vendían paños, cueros y artículos de confección, eran zapateros, sastres,

---

Afortunadamente para el interesado, los judíos de Amsterdam, a diferencia de los de la Castilla medieval, no tenían derecho a condenar a muerte ni a ejecutar las sentencias.

11. Por lo general, los reyes nombraban para este cargo a algún allegado. En 1390 Carlos III de Navarra designó a su médico personal, José Orabuena. Los nombres de las cuatro personas que ocuparon esta función en la corona de Castilla durante el siglo XV son conocidos: Abraham Benveniste con Juan II, Samaya y Jacob Abén Núñez con Enrique IV, y Abraham Senior con los Reyes Católicos.

12. Durante la primera mitad del siglo XIV en Sevilla llegó a haber 23 sinagogas.

13. El análisis de los restos hallados en el cementerio judío de Barcelona —el único que ha sido excavado— no ha revelado ninguna particularidad especial. Pese a los estereotipos, los judíos no poseen rasgos físicos propios. En Estados Unidos, en los peores momentos de la segregación, nadie propuso que los negros llevaran un signo distintivo, porque habría sido superfluo. En determinadas épocas y países se estimó conveniente obligar a los judíos a llevar una rodela o una estrella amarilla, pues de lo contrario habría sido difícil distinguirlos del resto de la población.

14. ¡Y sus luchas de clases! En Zaragoza, en 1264, los judíos pobres se rebelaron contra los abusos de los ricos.

15. Los judíos sólo podían beber vino preparado y trasegado por otros judíos.

bordadores, orfebres, torneros, herreros, guarnicioneros, cerrajeros, etc. Pero hay que acabar con otro tópico, el de que los judíos acapararon el pequeño comercio y la manufactura. La idea de Castro de la supuesta incapacidad técnica de los cristianos de la península no se sostiene. En la España medieval, a medida que avanzamos en el tiempo, encontramos a más cristianos dedicados a estos oficios. Cuando en el siglo XV se pretendió prohibir que los judíos ejercieran la manufactura y el comercio con el pretexto de impedir el trato de los cristianos con ellos, cabe pensar en una reacción a la defensiva, que demostraría la existencia de artesanos cristianos, deseosos de eliminar la competencia.

Durante toda la Edad Media hubo judíos especializados en ciertas profesiones liberales, sobre todo en la medicina, actividad en la que alcanzaron una justa reputación. Los soberanos y los señores —nobles y prelados— recurrieron con frecuencia, cuando no exclusivamente, a los médicos judíos. Más tarde, en el siglo XV, cuando una parte de la comunidad judía de España se convirtió al catolicismo, algunos neófitos descollaron por su labor intelectual como pensadores o escritores. Es indudable que los judíos gozaron de un gran prestigio en este terreno. ¿Quiere esto decir que estaban especialmente dotados para las actividades intelectuales, y que eran más cultos que los cristianos? La respuesta a la segunda pregunta es afirmativa. No cabe duda de que, en general, los judíos recibían una buena instrucción, lo cual tiene su explicación: según David Romano, el número de analfabetos judíos era, al parecer (no hay documentos escritos que lo confirmen), inferior al de analfabetos cristianos. Era una cuestión de «religión». La religión obligaba al judío a leer textos, no sólo a recitarlos, sobre todo en las ocasiones solemnes. Cuando el cristiano asistía a misa, el signo más externo de la religión cristiana, no tenía que leer; su participación se limitaba a oír y repetir. En estas condiciones se comprende que una minoría intelectual se desenvolviera con más facilidad, pero no hay que olvidar que era una minoría. La masa del pueblo judío no debía de ser muy distinta de la masa del pueblo cristiano.

Queda por ver el papel que desempeñaron los judíos españoles en la vida económica. Algunos eran prestamistas, otros recaudadores de impuestos, mientras que otros se especializaron en el comercio internacional y las altas finanzas. Más adelante hablaremos del problema de la usura, que tanto tiene que ver con el aumento del antisemitismo en el siglo XIV. Américo Castro, Sánchez Albornoz, Baer y otros han dado demasiada importancia a la participación de los judíos en la recaudación de impuestos y la gestión de la Hacienda real. No debemos perder de vista que se trataba de una pequeña minoría, y si no pasa inadvertida es porque ha dejado huellas escritas.[16] En la documentación aparecen judíos que perciben impuestos, tasas y diezmos para los señores, los capítulos diocesanos, los obispos, los monasterios, los concejos municipales y los reyes, o hacen de corredores en operaciones mercantiles o financieras. En un nivel más alto, más en la corona de Aragón que en Castilla, ciertos judíos se dedicaron al gran comercio internacional, con operaciones en toda la cuenca mediterránea y a veces hasta en Oriente. Destacaron en esta actividad los judíos

---

16.   Según David Romano, ha cundido la idea de que los judíos sólo se dedicaban a prestar dinero, y si vemos los documentos, la impresión aparentemente es acertada. Lo que ocurre es que los préstamos dejan huella documental, mientras que otras ocupaciones, que no tienen relación con el dinero, no necesitan textos documentales. Por ejemplo, varias veces se ha intentado seguir en los documentos el rastro de los grandes rabinos catalanes, pero casi nunca aparecen.

de Mallorca. El papel de estos negociantes judíos fue relevante hasta el siglo XIII; a partir de entonces los cristianos también empezaron a interesarse por los negocios. Los judíos de la corte son los mejor conocidos. Algunos, que poseían grandes capitales, hicieron préstamos a los soberanos. Por ejemplo, fueron ellos quienes financiaron la última etapa de la reconquista, la campaña que llevó a la victoria de las Navas de Tolosa y la ocupación de Valencia y las Baleares. Como garantía pidieron la contrata de la recaudación de impuestos. Estos judíos de la corte, banqueros, comerciantes y recaudadores a un tiempo, a veces se ganaron el favor de los reyes. Fue el origen de grandes familias. En la corona de Aragón la de Yehudá ben Leví estuvo primero al servicio de los caballeros del Temple, por lo que se hizo llamar La Caballería. En 1257 Yehudá fue nombrado baile de Zaragoza. En 1260 fue administrador de la hacienda del reino de Aragón. También fue baile de Valencia. En el siglo XIV un descendiente suyo, Benveniste de la Caballería, poseía la mayor fortuna de Zaragoza. Con un tren de vida semejante al de los grandes señores, gozaba de privilegios fiscales y participaba cada vez menos en los asuntos de la aljama. En Castilla, en la misma época, Samuel ha-Leví (1320-1361), gran mayordomo y tesorero de Pedro I, llegó a ser enormemente rico e influyente gracias a sus funciones. En Toledo mandó construir un suntuoso palacio, del que quedan algunas partes y los jardines.[17] Fue él quien sufragó la magnífica sinagoga de Toledo, más tarde iglesia del Tránsito, hoy restaurada y convertida en museo. Al final de su vida Samuel ha-Leví cayó en desgracia y murió en la cárcel, despojado de todos sus bienes.

Entre los judíos cortesanos se produjo cierta indiferencia con respecto a las prácticas del judaísmo. Convencidos de su superioridad, a menudo se mostraban condescendientes y despectivos con sus correligionarios. Las advertencias de los rabinos les dejaban indiferentes. Llevaban una vida fastuosa, tenían amantes, comían cerdo, apenas respetaban el sábado… En contacto con los cristianos hacían gala de cierto escepticismo con respecto a todas las creencias religiosas. Es posible que algunas lecturas les llevaran por este camino. En efecto, sabemos que el averroísmo tenía adeptos en las comunidades judías. Eran corrientes de pensamiento racionalistas, tal vez relacionadas con la influencia de Maimónides (1135-1204). Éste, de origen judío, se había formado en la cultura árabe y había vivido en El Cairo desde su adolescencia. Su *Guía de perplejos*,[18] escrita en árabe, se tradujo muy pronto al hebreo y se difundió por las comunidades judías de Provenza, después de Cataluña y por último de toda España. Es una confrontación entre la Biblia y la filosofía de Aristóteles. Maimónides cree que no hay contradicción entre la fe y la filosofía. Trata de demostrar, recurriendo a la razón, los elementos principales del judaísmo: unidad de Dios, creación, providencia, etc. A partir de estos razonamientos era fácil pasar a una interpretación alegórica de la Escritura, y considerar que los preceptos de la Ley eran símbolos apropiados para la gente sencilla, de los que podían prescindir los espíritus superiores. Algunos judíos dieron este paso, y hubo rabinos que culparon de ello a la influencia de Maimónides, un Maimónides leído apresuradamente y mal comprendido. A principios del siglo XIV uno de estos rabinos, Adret, creyó llegado el momento de intervenir, y prohibió a los judíos catalanes menores de 25 años leer a los «griegos» (es decir, no sólo los tratados de filosofía, sino también las obras de ciencias naturales) en su lengua original o traducidos. En otro

17. Es el palacio que enseñan a los turistas ¡diciendo que era la casa de El Greco!
18. Quizá sea preferible otra traducción: la *Guía de descarriados*.

decreto Adret condenó la interpretación alegórica de la Escritura. No parece que estas medidas surtieran mucho efecto. En cualquier caso, se planteó un problema que tuvo su prolongación en el siglo XV: quedó patente que en la comunidad judía algunos empezaban a dudar. Esta actitud llevó a unos a convertirse al catolicismo, y a otros —a veces los mismos— al indiferentismo y el materialismo.[19] Mientras estas tendencias se extendían entre los judíos cortesanos e intelectuales, la mayoría de ellos fueron exhortados por los rabinos para que observaran con más rigor los preceptos de la Ley, pusieran más atención en el estudio de los textos sagrados y más fervor en la oración. El rabino Adret es un buen ejemplo de esta corriente pietista, que tuvo más intensidad en la segunda mitad del siglo XIII, como si los judíos españoles presintieran las desgracias que les esperaban y que algunos interpretaron como un castigo por la tibieza de su fe y la relajación de sus costumbres. El éxito de la Cábala, suerte de gnosis judía, es revelador de esta inquietud espiritual que rechazaba todo compromiso con el mundo de los gentiles y el racionalismo, situaba una serie de intermediarios entre el mundo y Dios, y comentaba la Torá con conocimientos de distintas procedencias: astronomía, cosmogonía, fisiognómica, demonología, simbólica de los números, enigmas, acrósticos... Otra reacción similar fue el misticismo. En los primeros años del siglo XIII, en la zona de Ávila, unos profetas anunciaron el fin de los tiempos y la llegada del Mesías para la primavera de 1295. Los judíos se prepararon para el acontecimiento con ayunos y penitencias, y después, en el día indicado, se reunieron en la sinagoga, vestidos con túnicas blancas en las que de pronto aparecieron unas cruces rojas...

Estas reacciones racionalistas o místicas sólo son aspectos concretos del judaísmo español. La mayoría de los judíos vivían modestamente y cumplían a conciencia sus deberes religiosos. Entre mediados del siglo XII y mediados del XIV los judíos de España conocieron, si no una edad de oro, al menos un largo período de paz. Todavía en 1357, al inaugurar la gran sinagoga de Toledo, Samuel ha-Leví se felicitaba de vivir en Castilla, uno de los reinos más benevolentes con el pueblo judío. Lo mismo se puede decir de los judíos de la corona de Aragón, y más aún de los de Navarra. El judaísmo español era entonces una isla de prosperidad si se compara con la situación en el resto de Europa. Todo se vino abajo en menos de medio siglo. Se comprende que los judíos todavía sientan nostalgia de esa época.[20]

LA CRISIS DEL SIGLO XIV

Es una regla general: el antisemitismo va unido a las circunstancias económicas. Las persecuciones y expulsiones «siempre dependen de las intemperies de la vida económica, las acompañan ... La principal culpable es la recesión» (F. Braudel). Los judíos tienen la experiencia de José. Cuando las vacas flacas son demasiado numerosas, como sucedió en el Egipto de los faraones, saben que ellos serán las

19.   Es lo que les echa en cara a comienzos del siglo XV el rabino de Zaragoza, Hasdai Abraham Crescas, que se había librado de las matanzas de 1391 gracias a la protección del rey, en su libro *Or Adonai* (Luz del Señor).

20.   Se habrá observado que no empleamos el término Sefarad para designar al judaísmo español. Al parecer esta palabra es posterior a la expulsión de 1492. En la España medieval no aparece nunca, por lo menos en el sentido preciso que tiene hoy.

primeras víctimas. Es lo que ocurrió en la España del siglo xIV. Américo Castro ha sabido ver que entonces se creó un nuevo clima en la península, con el paso de un período abierto, de relativa tolerancia, a una fase de conflictos, pero se equivoca al atribuir este giro a la intransigencia del grupo cristiano dominante. Lo que cambió no fueron las mentalidades, sino la situación económica. La época mejor de la España de las tres religiones había coincidido con una fase de expansión territorial, demográfica y económica. Los judíos y los cristianos no competían en el mercado del trabajo, unos y otros contribuían a la prosperidad general y se repartían los beneficios. El antijudaísmo militante de la Iglesia y los frailes no tuvo mucha resonancia. Los profundos cambios sociales, económicos y políticos del siglo xIV, las guerras y catástrofes naturales que precedieron y siguieron a la peste negra, crearon una situación nueva. Comenzó una fase de recesión, dificultades y tensiones. Nada volvería a ser como antes, ni para los cristianos, ni sobre todo para los judíos. Estamos en presencia de un fenómeno que sobrepasa el marco de la península ibérica. En toda Europa, en Francia, en Alemania y no sólo en España, se advierte la misma desazón de la gente ante unas desgracias que no entendía y era incapaz de detener. Parecía una maldición, un castigo por los pecados cometidos. Los frailes invitaron a los fieles a que se arrepintieran, cambiaran de conducta y volvieran a Dios. Fue entonces cuando la presencia del pueblo deicida entre los cristianos pareció escandalosa. En todas partes creció la hostilidad hacia los judíos. Les acusaron, por ejemplo, de propagar la peste envenenando los pozos. La primera oleada de persecuciones estalló en Francia. Fue la cruzada de los *pastoureaux*, que llegó a Navarra en 1321, fecha en que varios judíos fueron asesinados en Pamplona. En Estella, en 1328, los sermones de un franciscano provocaron un motín que se saldó con asesinatos de judíos y saqueos de sus casas. Veinte años después se produjeron sucesos parecidos en Barcelona y otras poblaciones catalanas. Luego las cosas reanudaron su curso normal, pero ya se había dado la señal. A partir de entonces el antisemitismo arraigó en España. Fue en esa época cuando los judíos fueron acusados de profanar las hostias consagradas y cometer crímenes rituales, y cuando se planteó con crudeza el problema de la usura judía.

En la Edad Media la regla era no prestar dinero con interés a los correligionarios, entre cristianos o entre judíos. Pero un cristiano podía prestar a un judío, y al revés. El crédito es un elemento esencial de la vida económica. A falta de organismos especializados, hubo judíos que se dedicaron a adelantar dinero a quienes pasaban por dificultades financieras. Ya hablaremos de los préstamos a la corona. En lo que respecta a los particulares, la práctica del crédito no se consideraba una actividad reprensible y estaba regulada por la ley, que fijaba el tipo del interés autorizado: el 20 por 100 en la corona de Aragón y el 33,3 por 100 en la de Castilla.[21] Por encima de ese tipo se consideraba que había usura. También se consideraba usuraria la práctica de retener por anticipado los intereses y hacer que sólo figurase el principal en el reconocimiento de deuda. La mayoría de los préstamos correspondían a cantidades poco importantes y se hacían a un plazo muy corto —de seis meses a un año—; se consideraba que la deuda se extinguía al cabo de seis años. Esto hacía que los acreedores tuvieran prisa en cobrar, y en períodos de recesión los deudores tuvieran dificultades para pagar. Los tribunales se llenaron de pleitos: los unos reclamaban las cantidades debidas, los otros se consideraban víctimas de prácticas usurarias. Las

---

21. Esta diferencia de tipos significa que en Castilla el dinero era escaso y, por lo tanto, caro.

Cortes se hicieron intérpretes de las dificultades de los segundos y pidieron moratorias o incluso la anulación de parte de las deudas. Para terminar de una vez con todas con la proliferación de litigios y con el descontento, Alfonso XI tomó en 1348 una decisión radical: prohibió que los judíos practicaran el préstamo con interés y les autorizó a comprar tierras y explotarlas. La medida no se llegó a aplicar. Las propias Cortes pidieron que se anulara. En la economía y en la vida diaria no se podía prescindir del crédito.

El rey fue requerido para que arbitrara en la cuestión de las deudas, pero él también tenía sus problemas de tesorería. Para resolverlos necesitaba que los judíos le concedieran préstamos, pero para eso los judíos debían tener dinero, y ese dinero se lo tenían que reembolsar los particulares. Además, el fortalecimiento del poder real requería un aparato del estado eficaz: una burocracia, medios militares, etc., lo que significaba aumentar los ingresos fiscales. Y los recaudadores de impuestos eran judíos. Así se fue creando el tópico del judío que chupaba la sangre a los pobres, instrumento y beneficiario de la opresión fiscal. La prodigiosa fortuna de Samuel ha-Leví, muy introducido en la corte —fue tesorero del rey, consejero, diplomático...—, y sus gastos fastuosos, calaron hondo en la imaginación popular. Samuel ha-Leví se convirtió en el símbolo de la riqueza y el poder de los judíos de Castilla. La realidad es que las aljamas también padecieron la crisis, los judíos también estuvieron agobiados por los impuestos, más aún que los cristianos, al ser más vulnerables. Sólo se enriqueció una reducida minoría, la masa de los judíos estaba empobrecida. Pero los cristianos no lo veían así, o mejor dicho, les hacían ver lo contrario.

En efecto, la oposición aprovechó este problema para sacar partido político. El antisemitismo fue un arma propagandística de los nobles que pretendían socavar la autoridad de Pedro I y, para ganarse el apoyo del pueblo cristiano, se hicieron eco de sus quejas. No les resultó difícil, pues la gran mayoría de los judíos, tanto por prudencia como por tradición, permanecieron fieles al rey legítimo. Enrique de Trastámara acusó a su hermanastro Pedro I de rodearse de infieles —moros y judíos— y favorecerles en todo. Los partidarios de Enrique hicieron correr el rumor de que Pedro I no era hijo de Alfonso XI sino de un judío, Pero Gil,[22] un niño nacido en el momento en que la reina habría dado a luz una niña,[23] y al que habrían cambiado por ella. Las primeras matanzas de judíos —que se produjeron en Toledo en 1335— no fueron espontáneas, sino perpetradas por los partidarios del Trastámara cuando entraron en la ciudad. Fueron también soldados del Trastámara —y mercenarios franceses dirigidos por Duguesclin— quienes destruyeron la judería de Briviesca en la primavera de 1366. En abril de 1366 el propio Enrique de Trastámara entró en Burgos y exigió a los judíos de la ciudad un tributo elevadísimo. Los que no pudieron pagar fueron reducidos a esclavitud y vendidos. En 1367 el populacho de Valladolid asaltó la judería al grito de: ¡Viva el rey Enrique! No hubo víctimas, pero las sinagogas fueron saqueadas.

Tras su victoria, Enrique de Trastámara aplicó sólo en parte el antisemitismo del que había hecho gala durante la guerra civil. Promulgó una moratoria general de las deudas, lo que provocó disturbios en Segovia y Ávila, donde se quemaron los docu-

---

22. Por eso a los partidarios del rey legítimo sus adversarios les llamaban «emperejilados».

23. Esta niña, a su vez, sería la madre de Salomón ha-Leví, un rabino que se convirtió al catolicismo y llegó a ser obispo de Burgos con el nombre de Pablo de Santa María.

mentos y las hipotecas que guardaban los acreedores judíos. Por lo demás, Enrique II volvió a encargar a los judíos de la recaudación y administración de los impuestos, aunque en proporciones más reducidas que antes. La Hacienda pública dejó de ser un monopolio en manos de judíos. La guerra civil cambió profundamente la situación de los judíos en la corona de Castilla. Por primera vez el antisemitismo fue utilizado con fines políticos, por primera vez adquirió tintes violentos y dio lugar a asesinatos y pillajes. Fue la justificación ideológica de un conflicto social que, en realidad, no tenía raíces religiosas. Lo que pusieron en evidencia las violencias de estos años fue la gravedad de la crisis que golpeó a las clases populares. Las hambrunas, las subidas de precios y la presión fiscal provocaron tensiones y enfrentamientos de los pobres contra los ricos y los opresores. El antisemitismo sirvió para desviar la violencia hacia los judíos. Otro hecho a destacar: la única defensa que tenían los judíos era un poder real fuerte y respetado. Ellos lo sabían,[24] y por eso eran leales a la corona. El mejor servicio que los judíos de la corte podían prestar a sus correligionarios era fortalecer el poder real. Los trágicos sucesos de 1391 lo confirmaron.

A partir de 1378 Ferrant Martínez, arcediano de Écija, arremetió contra los judíos en sus sermones. La situación económica era dramática, la inflación y el alza de los precios hundían en la miseria a la gente humilde. El arcediano arengó a los fieles para que cortaran cualquier contacto con los judíos y destruyeran las sinagogas. Actuaba por iniciativa propia. En marzo de 1382, a petición del arzobispo de Sevilla, el rey Juan I le conminó a que se moderara. Ferrant Martínez hizo caso omiso de esta advertencia y de otras posteriores, aduciendo que no expresaban el verdadero sentir del soberano. Entonces el arzobispo de Sevilla decidió suspender a Ferrant Martínez y emprender acciones legales contra él, pero le sorprendió la muerte (julio de 1390), y el agitador ocupó el cargo de administrador provisional de la diócesis. Varios meses después el rey también falleció, dejando como heredero a un niño de corta edad, Enrique III. Estas dos muertes con un intervalo de pocos meses dejaron las manos libres al arcediano que, aprovechando el vacío de poder tanto en el trono como en la diócesis de Sevilla, fue aún más lejos en sus provocaciones. Mandó derribar sinagogas y confiscó libros de oraciones. Un primer motín, en enero de 1391, fue reprimido por las autoridades municipales con la ayuda de los hombres del conde de Niebla, pero nada pudo detener el segundo, en junio del mismo año. Mientras las sinagogas eran transformadas en iglesias, la multitud saqueaba las casas de los judíos. Unos fueron asesinados, y otros, aterrorizados, pidieron el bautismo o huyeron.

Partiendo de Sevilla, los tumultos se extendieron a todo el reino. En Córdoba, Jaén, Úbeda, Baeza, etc., se reprodujeron escenas de pillaje y asesinatos. La aljama de Ciudad Real fue aniquilada, y las de Toledo y Cuenca saqueadas. Al norte del Guadarrama los acontecimientos no tuvieron un cariz tan grave. Hubo reacciones de pánico de los judíos de Burgos, pillajes aquí y allá, pero pocas víctimas. Los países de la corona de Aragón se habían librado de la histeria antisemita, quizá porque allí el poder real era más respetado que en Castilla. Había habido pocas protestas contra la presencia de los judíos en la administración fiscal, y el tema de la usura apenas se había mencionado. Pese a todo, la violencia también se extendió rápida-

---

24. Cf. la declaración de Moisés ha-Cohen en 1375 sobre el nuevo monarca, Enrique: «Nuestras vidas y bienestar dependen de la prosperidad del estado bajo cuyo gobierno vivimos», a lo que añadía que no estaban contra el rey, sino al contrario, ya que el rey era su protector en la desgracia.

mente por la corona de Aragón. En agosto de 1391 hubo tumultos en Zaragoza, Barcelona, Lérida, Gerona, Valencia y Mallorca. En todas partes se reprodujeron las mismas escenas: matanzas, violaciones y pillajes, con las mismas consecuencias: muchos judíos se convirtieron y otros huyeron. Sólo se libró Navarra, donde se refugiaron los judíos de Castilla y Aragón.

Los sucesos de 1391 deben interpretarse como una explosión de odio de clase, desviada contra los judíos y favorecida por la debilidad del poder. La crónica de Pero López de Ayala es muy clara al respecto: el populacho, ávido de pillaje, se lanzó contra los judíos azuzado por los predicadores. Como el consejo de regencia no se ponía de acuerdo sobre la forma de gobernar durante la minoría del rey, las órdenes procedentes de la corte no eran acatadas. El proceso fue idéntico en todas partes. Los sermones de los frailes mendicantes excitaban los espíritus. San Vicente Ferrer predicaba, por ejemplo, sobre el tema del Apocalipsis. Durante siglos se había acostumbrado a los cristianos a odiar a los judíos. Los pequeños grupos de agitadores no tuvieron dificultades para dirigir contra ellos el resentimiento de una parte del pueblo, desesperado por una miseria cuyas causas desconocía y que parecía no tener fin, escandalizado por la opulencia de unos pocos y convencido de que era víctima de una injusticia. Esto quedó muy patente en Cataluña. En Barcelona los campesinos remensas acudieron en ayuda de los marineros y pescadores. Hubo gritos de «¡Viva el rey del pueblo!», denuncias de que los «grandes» querían acabar con los «pequeños», llamamientos a quemar las casas de los ricos. En Palma todo empezó con una revuelta de jornaleros contra los «grandes». En Gerona fueron los campesinos quienes se sublevaron, hartos de miseria. Con pocas excepciones, las autoridades y las minorías dirigentes trataron de oponerse a los amotinados, casi siempre sin éxito. En Barcelona el Consell de Cent alistó guardias para proteger el barrio judío y mandó prender a varios agitadores. En Gerona el conde de Empúries acogió a un grupo de judíos en su castillo. En Mallorca el gobernador aconsejó a los judíos que se concentraran en Palma, donde sería más fácil protegerles. Después de los disturbios vinieron las detenciones de agitadores: 25 en Barcelona, 15 en Lérida, 5 en Valencia... Otros fueron multados.

El resultado inmediato de los sucesos del verano de 1391 fue el desmantelamiento del judaísmo español. Los asesinatos, el exilio y las conversiones supusieron el fin de muchas aljamas y empobrecieron a muchas otras.

Es difícil hacer un balance de las víctimas. Algunos cálculos son claramente excesivos, en particular los de los cronistas que, impresionados por la amplitud de las violencias y su estallido repentino, hablan de miles de asesinatos. Las cifras, cuando las conocemos con precisión, se reducen bastante: 400 víctimas en Barcelona, 250 en Valencia, 78 en Lérida... Lo que llenó de espanto a los judíos, más aún que los asesinatos y pillajes, fue la explosión de odio. Los que pudieron huyeron al extranjero, sobre todo al norte de África, y también a Navarra, Francia y Portugal. Otros fueron protegidos por los señores y salieron de las grandes ciudades para instalarse en poblaciones más pequeñas, donde se sentían más seguros.

Lo que empobreció al judaísmo español, más que las matanzas y la emigración, fueron las conversiones. El movimiento empezó en el siglo XIV, pero sólo concernía a un reducido grupo de personas cultas y ricas. Fueron conversiones espontáneas, que tuvieron gran repercusión debido a la personalidad de los afectados. La más espectacular de estas conversiones fue la del rabino de Burgos, un año antes de las matanzas de 1391. Salomón ha-Leví, de una antigua familia de talmudistas, se hizo bautizar con toda su familia. Como descendía de la tribu de Leví y pretendía pertenecer al linaje de la Virgen, tomó el nombre de Pablo de Santa María, y poco después fue nombrado obispo de Burgos.

Las conversiones que se produjeron a partir de 1391 fueron mucho más numerosas, y respondieron a motivos muy distintos. En esta ocasión miles de judíos pidieron el bautismo, aterrorizados por lo que habían vivido y ansiosos de librar a sus familias de las persecuciones. En realidad, no fue un movimiento inmediato sino progresivo, que culminó hacia 1415.[25] Veinte años después de las matanzas el poder civil, por primera vez, tomó una serie de medidas para hacerles la vida imposible a los judíos y obligarles a convertirse. En 1412 la reina madre Catalina, que ejercía la regencia durante la minoridad de Juan II de Castilla, decidió encerrar a los judíos en guetos, de los que sólo podían salir bajo ciertas condiciones. Tuvieron que dejarse crecer la barba y el pelo, y coserse una rodela roja en la ropa. Fuera del gueto no podían ejercer las profesiones de médico, boticario, droguero, herrero, carpintero, sastre, carnicero, zapatero, comerciante, recaudador de impuestos... En 1415 esta legislación se extendió a la corona de Aragón, con cláusulas agravantes: la posesión del Talmud se declaró ilegal, los judíos no podían tener más de una sinagoga por aljama, debían asistir a tres sermones al año (el segundo domingo de Adviento, el Lunes Santo y un tercer día a discreción de las autoridades locales). Esta reglamentación no se llegó a aplicar, pero refleja un estado de ánimo: se había agotado la paciencia con los judíos, había que obligarles a convertirse.

Los frailes aprovecharon hábilmente el terror de las comunidades judías para emprender una intensa campaña de proselitismo. San Vicente Ferrer (1350-1419) es el más conocido de estos predicadores. Este dominico valenciano recorrió Italia, Francia y España enardeciendo a las multitudes con su elocuencia y la escenificación con que acompañaba sus intervenciones. Le gustaba predicar al anochecer, en los cementerios, con una escolta de penitentes y flagelantes. Afirmaba que no quería obligar a nadie a convertirse, sólo ayudaba a la gracia para que surtiera efecto. A partir de 1407 se hizo cargo de la evangelización de los países de la corona de Aragón. Sus buenas relaciones con el papa Benedicto XIII y el infante Fernando de Antequera —que subió al trono en 1412 con su ayuda— le facilitaron las cosas. Se le atribuyen miles de conversiones.[26] La campaña de evangelización culminó con la mal llamada disputa o controversia de Tortosa (1413-1414), organizada por el papa Benedicto XIII. Se trataba de establecer la verdad del cristianismo a partir de textos judíos, y de demostrar que los rabinos habían falsificado deliberadamente el Talmud en aspectos fundamentales, como la llegada del Mesías. Los judíos fueron obligados a asistir a las sesiones. Ocho rabinos, elegidos por su comunidad, hablaron en su nombre. Su papel consistía en hacer preguntas; en cuanto se pusieron a discutir y a defender el punto de vista judío ortodoxo el papa suspendió la sesión: no estaban allí para debatir, sino para reconocer públicamente su error...

---

25.   En la historiografía judía 1391 es «el año de las persecuciones y la opresión», y 1413-1414 «el año de la apostasía».

26.   Entre ellas la de los judíos de Palencia, que fue un mal negocio para el obispo de la ciudad. En efecto, Palencia era ciudad episcopal, y los judíos representaban para el obispo, su señor, una fuente de ingresos considerable, pues pagaban muchos más impuestos que los cristianos. El rey Juan II tuvo que concederle compensaciones financieras para paliar la pérdida que supuso para sus arcas la conversión de una parte de sus súbditos.

No es de extrañar, pues, que en estas condiciones hubiera miles de conversiones. Se calcula que más de la mitad de los judíos españoles recibieron el bautismo entre 1391 y 1415, entre ellos muchos rabinos y personalidades conocidas. Esta «traición de los clérigos» (Léon Poliakov) arrastró a los más humildes a la apostasía. El judaísmo español no se recuperó nunca de esta catástrofe, preludio de la expulsión que se produciría un siglo después.

EL PROBLEMA DE LOS CONVERSOS

A partir del siglo XV el vocabulario para hablar de los judíos españoles se complica. Debemos distinguir entre los que seguían profesando el judaísmo —los judíos propiamente dichos— y los conversos, así como sus descendientes, llamados cristianos nuevos. Dentro de este segundo grupo, en España se acostumbró a contraponer a los que aceptaron la situación y decidieron vivir como cristianos —los conversos propiamente dichos— y los que no se resignaron y llevaron una doble vida, fingiendo ser cristianos en público pero observando los ritos y las prácticas del judaísmo en privado: se les llamó judaizantes y marranos.[27]

Los que permanecieron fieles al judaísmo se quedaron en minoría con respecto a los bautizados: menos de 100.000 en el conjunto de la península ibérica. El judaísmo español salió profundamente alterado de los tormentosos años 1391-1415. En la corona de Aragón hubo aljamas que desaparecieron y otras perdieron mucha importancia, como las de Barcelona, Valencia y Palma. Sólo la de Zaragoza permaneció intacta. En territorio castellano se observa un fenómeno similar, con la decadencia de aljamas antaño florecientes (Sevilla, Toledo, Burgos…), mientras surgían otras, como la de Talavera. En Andalucía quedaron menos judíos que en Castilla la Vieja, y en las grandes ciudades menos que en las poblaciones pequeñas. En 1419 y 1422 los reyes Juan II de Castilla y Alfonso V de Aragón derogaron la mayoría de las medidas discriminatorias de sus antecesores. Los judíos volvieron a poseer las sinagogas y los libros confiscados, pudieron ejercer de nuevo las profesiones prohibidas y fueron dispensados de la obligación de llevar la rodela roja. Con estas garantías Abraham Benveniste emprendió la tarea de reconstituir el judaísmo en Castilla. Era un gran comerciante que había llegado a la corte de Juan II en 1420. Gracias a Álvaro de Luna formó una compañía comercial —en la que los cristianos eran mayoritarios— encargada de recaudar los impuestos. Se restableció para él el cargo de gran rab, jefe de la comunidad judía de Castilla. En 1432 Abraham Benveniste reunió en Valladolid a los representantes de todas las aljamas del reino para elaborar un documento destinado a organizar y regular la vida de dichas aljamas. Éstas conservaron su autonomía interna, en especial la judicial.[28] Se crearon impuestos especiales para sufragar el culto y la educación religiosa. Estas ordenanzas fueron sometidas al rey, que las ratificó. La sanción oficial equivalía a reconocer a la comunidad judía como parte integrante del reino. El judaísmo, por lo menos en Castilla, volvió a tener exis-

---

27.   La palabra está atestiguada a partir de 1380, por lo menos, como injuria proferida por los cristianos contra los judíos conversos. La etimología es incierta. Se supone que marrano designaba al cerdo, y el término se aplicaba como burla a los que no lo comían.

28.   Ya no pudieron pronunciar la pena de muerte contra los malsines. Debían conformarse con excluirles de la comunidad.

tencia legal y cierta pujanza. Se reanudaron los estudios teológicos y bíblicos, que a veces incluían intercambios con los cristianos.[29] Pero esto no debe llamarnos a engaño, pues el judaísmo español ya no era el mismo de antes. La influencia de los judíos era casi nula, sobre todo en la vida política y económica. En la corona de Aragón no quedaba ningún judío en altos cargos del estado. En Castilla los judíos apenas recaudaban la cuarta parte de los impuestos.[30]

Las posiciones abandonadas por los judíos fueron ocupadas por los conversos. En primer lugar, desde el punto de vista geográfico. En Barcelona, Valencia y las grandes ciudades de Andalucía y Castilla (Sevilla, Córdoba, Toledo, Segovia, Burgos, etc.) los conversos, que formaban grupos numerosos, se dedicaron a los negocios: el comercio —al por mayor y al por menor—, las finanzas y las manufacturas. Solían ser burgueses en el doble sentido de la palabra, habitantes de las ciudades y miembros de una clase media en formación. Fue así como verdaderas dinastías de mercaderes conversos ocuparon posiciones preponderantes en Burgos, la ciudad del gran comercio internacional de la lana. La novedad era que su conversión les permitía acceder a unas profesiones vedadas a los judíos. Ya empezaban a ser bastante numerosos los que ocupaban empleos públicos. Durante el siglo XV los vemos en los concejos, como regidores o jurados. Otros ingresaron en las órdenes, y gracias a su nivel cultural escalaron con rapidez hasta ocupar puestos de responsabilidad o prestigio: canónigos, priores…

Esta promoción social de los conversos no pasó inadvertida, y provocó reacciones entre el pueblo. A diferencia de las minorías dirigentes —la realeza, la aristocracia y la jerarquía eclesiástica—, que propiciaban la asimilación de los conversos, las masas permanecieron hostiles, y el viejo antisemitismo metió en el mismo saco a los judíos y a los cristianos nuevos, con las consabidas acusaciones de explotar al pueblo y acaparar los mejores puestos. A los conversos les acusaron también de ser falsos cristianos. El reproche no carecía de fundamento. Entre los que se habían convertido para librarse de la furia ciega de las muchedumbres en 1391, o bajo la presión de las campañas de proselitismo de comienzos del siglo XV, algunos, una vez alejado el peligro, habían vuelto subrepticiamente a su antigua fe. Fueron tachados de judaizantes, y eso les colocó en una delicada situación. En efecto, la sociedad consideraba que el bautismo, incluso si era administrado en esas condiciones, creaba una situación irreversible. Los que judaizaran se exponían a ser declarados herejes y severamente castigados. Así que los marranos y sus descendientes estaban condenados a ser cristianos, de grado o por fuerza. En público cumplían sus obligaciones de católicos, iban a misa y seguían los oficios, tratando de destacar lo menos posible entre los demás cristianos. En cambio, en la intimidad de su hogar observaban los ritos y las prácticas de la ley de Moisés, respetando el sabbat y fiestas judías. Algunos incluso se circuncidaban. Llevaban una doble vida: católicos en público y judíos en su casa. Este criptojudaísmo originó conflictos psicológicos y desavenencias en el seno de las familias. Podía darse el caso, como relata un cronista, de que el marido judaizara y la mujer fuera buena cristiana. Los judaizantes tenían que

29. Un buen ejemplo, aunque aislado, es la Biblia de Guadalajara. Se trata de una traducción anotada en castellano realizada por el rabino Moisés Arragel por encargo del maestre de Calatrava Luis de Guzmán, en colaboración con franciscanos de Toledo.
30. Entre 1439 y 1469, de 500 recaudadores de impuestos conocidos, Ladero Quesada sólo encuentra 72 judíos, lo que no llega al 15 por 100 del total.

ocultarse para rezar con arreglo a su fe, y enseñar a sus hijos a disimular. En 1510 una mujer describe la vida de su familia como un perpetuo sobresalto: «un no saber cuándo es de día ni cuándo de noche». En una obra publicada en 1488 por un inquisidor se compara a los marranos con la montura de Mahoma, Alborayaque, que no era ni caballo ni mulo. Sobre la realidad del criptojudaísmo ya no cupieron dudas. Varios escándalos sonados acabaron de convencer a los más escépticos. Por ejemplo, en Zaragoza el caso de la poderosa familia de la Caballería, que se había convertido en 1414. Más tarde se supo que el jefe de la familia, Pedro, muerto en 1461, nunca había dejado de recitar las plegarias judías ni de observar el sabbat.[31] Peor aún: el padre García Zapata, prior del monasterio jerónimo de Sisla, cerca de Toledo, celebraba todos los años, en septiembre, la fiesta de los Tabernáculos. Cuando decía misa, en el momento de la elevación, en vez de las palabras de la consagración pronunciaba en voz baja frases blasfemas e irreverentes. Fue una de las primeras víctimas de la Inquisición, y murió en la hoguera. Una minoría bastante importante de marranos, tras la conversión forzosa, seguían practicando secretamente el judaísmo, leyendo la Biblia, observando el sabbat, absteniéndose de comer carne de cerdo, etc.

Los cristianos viejos desconfiaban de los falsos conversos, pero algunos de los que siguieron siendo judíos también criticaban a los conversos. Les acusaban de falta de valor en la adversidad[32] o de haber renegado por comodidad, para no tener que renunciar a su bienestar material.[33] Entre unas cosas y otras, parte de los judíos perdieron la fe. Al igual que en el siglo XIV, los rabinos denunciaron las malas influencias. La filosofía de Aristóteles y las obras de Maimónides[34] sembraron la duda y socavaron los cimientos de la fe y la moral. En 1390 Pablo de Santa María explicó que la meditación sobre ciertos libros —la *Suma* de Santo Tomás, pero también las obras de Maimónides— le habían llevado a convertirse. En el siglo XV las corrientes averroístas y racionalistas ganaron adeptos, tanto entre los judíos como entre los conversos. La gente humilde no se hacía preguntas, pero las minorías cultas dudaban, y entre ellas se extendió la tendencia a interpretar la Torá de un modo meramente alegórico. Preferían la moral de Aristóteles a los preceptos de la Ley. Muchos de ellos dejaron de creer en la providencia y la inmortalidad del alma. Cada vez se

---

31. El escándalo saltó recién estrenada la Inquisición, con la declaración de un tejedor que conocía bien a Pedro de la Caballería. Al mostrarse sorprendido ante él de que un hombre tan versado en las cosas del judaísmo fuera cristiano, escuchó la siguiente réplica: «Calla, loco; y ¿qué podía subir, estando judío, de rabí en suso? Ahora soy jurado en cap y, por un enforcadillo [Jesús] ahora me hacen tanta honra y mando y viedo toda la ciudad de Zaragoza». Antes de convertirse, Pedro de la Caballería no se atrevía a hacer nada el día del sabbat; «ahora, hago lo que quiero», incluyendo el ayuno de la fiesta del Kippur. Para más inri, Pedro de la Caballería había escrito una apología del cristianismo, *Zelus Christi contra Judaeos, Sarracenos et infideles* (1450).

32. Refiriéndose a la persecución de los almohades, Maimónides, muy leído en las comunidades judías de España, admitía que un judío, al verse obligado, se convirtiera a otra religión: la Ley —escribía— se ha hecho para ser observada en vida, no para que se muera por ella. Lo que Maimónides condenaba no era la conversión, sino que los conversos renunciaran a practicar en secreto el judaísmo.

33. A propósito de las conversiones de 1414 un autor judío de la época escribe: «La mayoría de los bandidos que recaudaban impuestos abandonaron su religión por temor a perder su medio de sustento, ya que no sabían hacer otra cosa. Hubo artesanos que hicieron lo mismo al verse abocados a la ruina, las privaciones y la cárcel».

34. A principios del siglo XV se advierte un aumento del interés por las obras de Maimónides. La *Guía de perplejos* se tradujo al castellano en 1419.

oían más frases como esta: «el hombre es como los animales, nace, muere y después de la muerte todo vuelve a la nada». Es una declaración de materialismo. En contra de la opinión de Lucien Febvre debemos admitir que, por lo menos en España, a partir del siglo XV, el escepticismo ya había hecho su aparición. Divididos entre el cristianismo y el judaísmo, un número bastante elevado de conversos acabaron por volverse indiferentes en materia religiosa, por no creer en nada. En este clima intelectual se gestó una obra desconcertante, escrita por un converso, *La Celestina*. Desde luego no es una obra cristiana, pero tampoco se advierte en ella la expresión disfrazada de un pensamiento o una moral judía. Los personajes se mueven en un mundo que no es ni cristiano ni judío, un mundo secularizado y laico.[35]

Los rabinos ortodoxos no fueron los únicos escandalizados. Algunos conversos arremetieron contra los judíos y los marranos con celo de neófitos. Contra los primeros por obstinarse en el error, y contra los segundos porque arrojaban dudas sobre la sinceridad de todos los cristianos nuevos. Ya en el siglo XIV Abner, que se había convertido en 1321, se especializó en denunciar las falsificaciones que creía ver en el Talmud y la ceguera de los rabinos. Recomendaba mano dura para obligar a los judíos a cambiar de religión. A mediados del siglo XV dos conversos escribieron los panfletos más mordaces contra sus antiguos correligionarios. Eran dos frailes, el franciscano Alonso de Espina y el jerónimo Alonso de Oropesa. El primero denunciaba el materialismo de algunos conversos. Entre los cristianos nuevos distinguía tres grupos: los conversos auténticos, ejemplo de los cuales eran las familias comerciantes de Burgos, los oportunistas, que habían querido salvar la vida y conservar su posición social, y los conversos forzosos.

Alonso de Espina consideraba que los marranos merecían ser castigados, y que los judíos, con su sola presencia, eran un obstáculo para la plena asimilación de los conversos.[36] Con estos razonamientos ya se estaba esbozando la Inquisición contra los judaizantes y la expulsión de los judíos. Por su parte, Alonso de Oropesa salió en defensa de los conversos, pero para atacar mejor a judíos y marranos. También él creía que la sola presencia de los judíos era una provocación y una invitación a judaizar. Para solucionar ese enojoso problema proponía actuar con rigor contra los judaizantes.[37] Una vez más se preconizaba la represión. Enrique IV hizo gestiones ante el papado para crear una Inquisición, y luego se desentendió del asunto.

Estas polémicas no calaron en el pueblo, que no distinguía entre judíos y conversos, entre conversos verdaderos y falsos, y si el antisemitismo se centró sobre todo en los conversos fue porque solían ocupar puestos destacados. Como en el siglo XIV, las dificultades económicas coyunturales y las crisis políticas propiciaron la exasperación y las provocaciones de todo tipo. Fue lo que sucedió en Castilla entre 1449 y 1474. Los disturbios de Toledo, en 1449, no tienen otra explicación. Álvaro de Luna, en su intento por lograr la victoria del poder real contra las facciones nobiliarias, decidió recaudar un préstamo forzoso. Un demagogo, Pero Sarmiento, explotó el descontento de la gente humilde, abrumada por los impuestos, y

---

35. Cf. Yovel (Yirmiyahu), *Spinoza, el marrano de la razón*, Anaya, Madrid, 1995 (primera edición en inglés: *Spinoza and other heretics*, Princeton University Press, 1989).

36. *Fortalitium fidei* (1459).

37. *Lumen ad revelationem gentium* (1465) y *Defensorium unitatis christianae*. En la segunda obra se pueden leer frases como esta: «Si un cristiano nuevo se conduce mal ... hay que castigarle cruelmente; yo seré el primero en llevar leña a su hoguera y prenderle fuego».

lo dirigió contra el gobierno y sus aliados, judíos y conversos. Durante varios meses se hizo dueño de la ciudad y saqueó sistemáticamente las casas de sus adversarios políticos, conversos o no. Por primera vez en España decidió excluir a los conversos de los cargos municipales, y reservó esos empleos a los cristianos viejos. Aparecían así los estatutos de limpieza de sangre, que hacían una distinción entre los cristianos con arreglo a su fecha de bautismo. El asunto suscitó una apasionada polémica. Hubo teólogos que se pronunciaron contra esta discriminación. Lope de Barrientos, obispo de Cuenca, denunció a los que metían cizaña. Según él, admitir a unas personas en la comunidad de los fieles y luego impedirles el acceso a ciertas funciones era una herejía. El papa Nicolás V sostuvo la misma opinión: cualquiera que fuera la fecha de bautismo, todos los fieles formaban un mismo rebaño, y todos tenían el mismo derecho a los beneficios que podían brindarles la sociedad civil y la eclesiástica.

En Toledo se restableció el orden, al menos de momento. Los disturbios se reanudaron en 1467. La causa, una vez más, fueron las exacciones fiscales impopulares y las rivalidades entre partidarios y adversarios de Enrique IV. Después de verdaderas batallas callejeras hubo matanzas de conversos, y sus casas fueron saqueadas y quemadas. Estallaron desórdenes en otras ciudades. Los sucesos de 1473 recuerdan a los de 1391. Sucedieron casi en los mismos lugares y tuvieron causas parecidas. Esta vez no fue Sevilla la que dio la señal, sino Córdoba. En una Andalucía asolada por varios años seguidos de malas cosechas, la carestía era general, agravada por una fuerte subida de los precios. Las epidemias de peste hicieron estragos en una población mal alimentada. El odio a los ricos, que se libraban del hambre y la enfermedad, fue en aumento. Se acusó a los comerciantes de almacenar el trigo para que subieran los precios, hubo saqueos de las casas de unos y otros, pero los conversos se llevaron la peor parte. Los partidos y los demagogos aprovecharon la rabia del pueblo y la dirigieron contra los conversos, porque éstos siempre reaccionaban igual: eran leales al rey, porque sólo él podía garantizar su seguridad. En 1473 Córdoba fue escenario de pillajes y luchas callejeras. Hubo hidalgos y grandes señores, como el duque de Medinasidonia, que arriesgaron su vida por defender a los conversos amenazados de muerte. Con estas escenas de violencia terminó el reinado de Enrique IV, y esta fue la situación con la que tuvieron que enfrentarse los Reyes Católicos a partir de 1474.

Segunda parte

LA ESPAÑA IMPERIAL
(1474-1700)

En el último tercio del siglo XV la península ibérica dejó de ser un territorio al margen de la cristiandad. Dirigida por Castilla, el más dinámico de los estados que la formaban, buscó la unidad política, se situó a la cabeza de Europa y conservó ese lugar hasta mediados del siglo XVII. Este ascenso fue posible gracias a la labor de dos soberanos excepcionales, Isabel de Castilla y Fernando de Aragón, que sentaron las bases de la preponderancia española, y a la serie de circunstancias que convirtieron a su nieto, Carlos de Gante, en heredero de los duques de Borgoña y titular del Sacro Imperio Romano Germánico. Las bases principales de este poderío ya estaban sentadas desde finales del siglo XV: una economía centrada en la exportación de materias primas, el comercio y más tarde en la explotación de las riquezas mineras del Nuevo Mundo; una sociedad caracterizada por el prestigio de los valores nobiliarios, en la que los campesinos y los productores en general fueron sacrificados; y por último un estado autoritario, cuyo motor era Castilla. Un estado que imponía a sus súbditos una ideología oficial, pero respetaba la autonomía de sus componentes territoriales. Durante el período comprendido entre 1474 y 1700 hubo varios reinados. Cada uno de ellos tuvo su originalidad, sin que la unidad global se resintiera, porque las reglas fijadas por los primeros soberanos fueron asumidas por los siguientes. Los fundadores, los llamados Reyes Católicos, Isabel y Fernando, reinaron juntos hasta 1504. A la muerte de Isabel el rey de Aragón reinó solo hasta la coronación de su nieto en 1516. Entonces se instauró en España una dinastía nueva. Gregorio Marañón ha caracterizado a los soberanos de esta forma: de los cinco Habsburgo que reinaron en España, el primero, Carlos V (1516-1556), inspira admiración; el segundo, Felipe II (1556-1598), respeto; el tercero, Felipe III (1598-1621), indiferencia; el cuarto, Felipe IV (1621-1665), simpatía, y el quinto y último, Carlos II (1665-1700), lástima. Es una visión certera, y describe una evolución que impresionó a sus contemporáneos e inspiró muchas meditaciones sobre la grandeza y decadencia de los imperios.

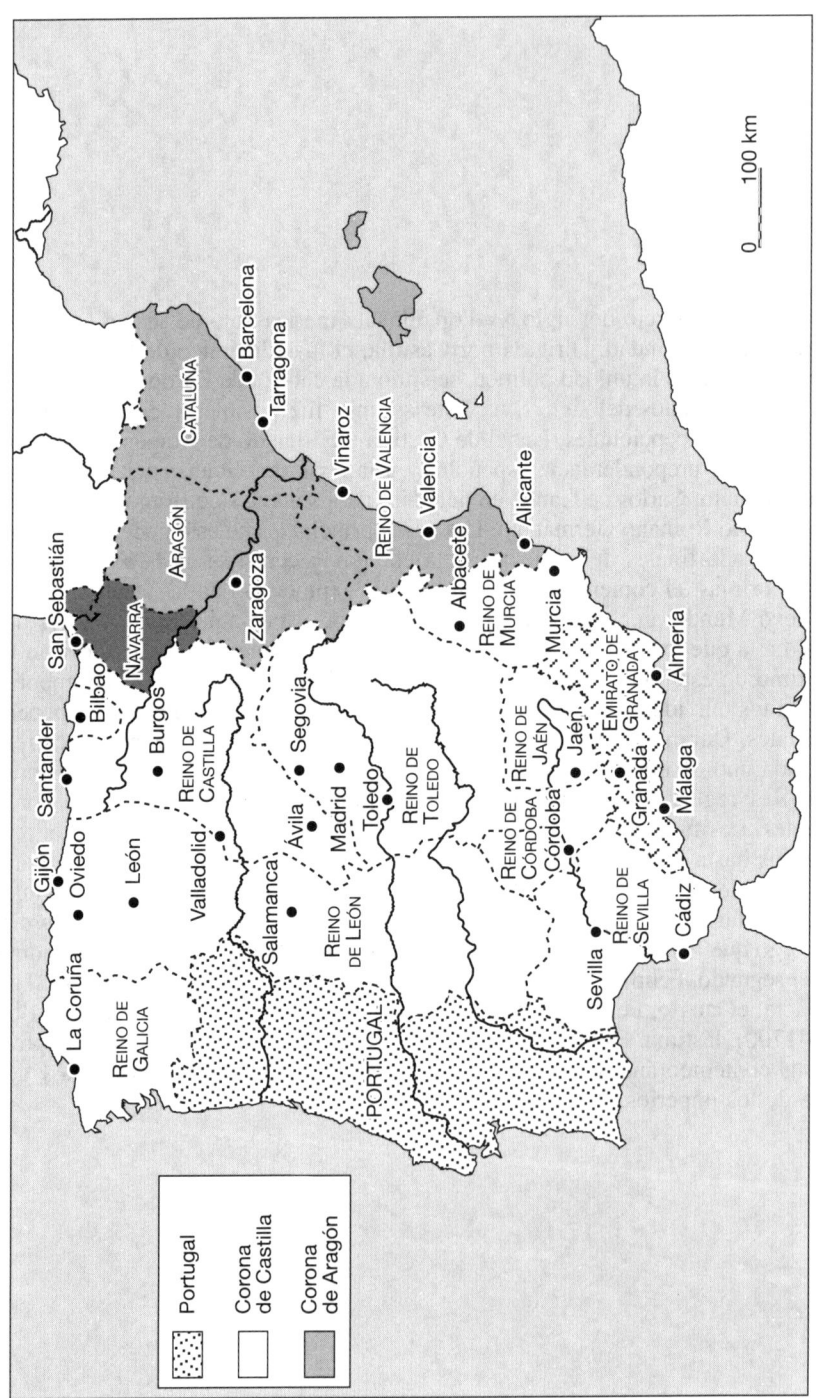

MAPA 4. La península ibérica a mediados del siglo XV.

Capítulo I

LOS REYES CATÓLICOS [1]

En 1474, en el momento en que Isabel subió al trono de Castilla, la península ibérica estaba dividida en cinco estados: Portugal, Castilla, Aragón, Navarra (cuyo territorio se extendía hasta Pau, al otro lado de los Pirineos) y al sureste el último vestigio de la dominación musulmana, el emirato de Granada. A excepción de este último, los otros cuatro tenían la sensación de pertenecer a la misma comunidad de civilización, dicho de otra forma, a la misma área cultural. En Aragón reinaba una dinastía castellana desde 1412, ¿cómo no iban a tener los pueblos la impresión de pertenecer a una misma familia? A pesar de las diferencias que la historia había creado entre ellos, conservaban la nostalgia de la unidad perdida en 711 con la entrada de los invasores musulmanes, que supuso la «destrucción» de España, según la expresión de los cronistas y las leyendas populares. Nunca se perdió la esperanza de rehacer esa unidad, pero ¿cómo lograrlo? Este anhelo era más fuerte en Castilla. Sus reyes se creían herederos legítimos de la monarquía visigoda, y durante mucho tiempo aspiraron a restaurarla bajo su cetro. Pero a mediados del siglo XV esta unión, de hacerse, tenía que ser el resultado de acuerdos dinásticos. En este sentido, Castilla, por la posición central que ocupaba, tenía la iniciativa, y la princesa Isabel, heredera del trono desde 1468, lo sabía: de su matrimonio dependía que la unión se hiciera con Portugal o con Aragón.

El rey de Castilla Enrique IV prefería la alianza matrimonial con Portugal, y tenía pensado casar a su hermanastra Isabel con el rey de Portugal, y a su hija Juana con el hijo mayor y heredero del mismo rey. Era una forma de dar una oportunidad a su propia hija, la infanta Juana, cuyos derechos impugnaban los nobles, porque el contrato incluiría la siguiente cláusula: si Isabel no tenía hijo varón y Juana sí, la corona de Castilla correspondería al de Juana. Por su parte el rey de Aragón Juan II se interesaba vivamente por los asuntos de Castilla. No en vano él también era de origen castellano. Si casaba a su hijo Fernando con la heredera del reino de Castilla, Juan II haría realidad el viejo sueño de los infantes de Aragón: ocupar un lugar destacado en Castilla, ¡y qué lugar! El primero. Juan II trató por todos los medios de convencer a Isabel. Para lograr sus fines contaba con el intrigante arzobispo de

---

1. En 1494 el papa Alejandro VI otorgó a Fernando e Isabel el título de Reyes Católicos, que en sí mismo no implica ningún juicio sobre la intensidad de la fe de los monarcas. Su significado no era muy distinto que el de Reyes Cristianísimos adoptado por los reyes de Francia.

Toledo, Carrillo, quien estaba convencido de que había que apoyarse en Aragón para contrarrestar la excesiva influencia de Portugal.

Isabel optó por Aragón no porque Fernando tuviera casi la misma edad que ella,[2] sino porque era la mejor forma de llegar al poder, ya que el partido portugués era muy fuerte en Castilla y se inclinaba por la princesa Juana. Para eliminar a su rival necesitaba aliarse con Aragón. La boda se celebró en 1469, casi a escondidas para burlar la vigilancia del rey de Castilla. El apoyo del arzobispo de Toledo fue decisivo. Fue él quien celebró el matrimonio después de dar lectura a una falsa bula del papa Pío II concediendo la necesaria dispensa, ya que los novios eran primos segundos.[3] Buen conocedor de la curia romana, sabía que si todo iba bien el papa acabaría regularizando la situación, lo que efectivamente hizo Sixto IV en diciembre de 1471.

Enrique IV murió el 11 de diciembre de 1474 en Madrid. Isabel, que se encontraba en Segovia, fue inmediatamente informada. Tomó una serie de decisiones sin consultar con su marido, que había tenido que ausentarse para ayudar a su padre en Aragón. El 12 de diciembre Isabel hizo celebrar un oficio religioso por el difunto. Al día siguiente, en la plaza mayor de Segovia, en presencia de las autoridades municipales y de personajes de segundo orden —ningún miembro de la alta nobleza asistió a la ceremonia—, tuvo lugar la proclamación solemne de Isabel como «reina y propietaria» de Castilla y de Fernando, «su esposo legítimo». En unas circulares se ordenaba a las principales ciudades que organizaran ceremonias idénticas y repitieran la misma fórmula.

La proclamación de Segovia fue muy propia del estilo de Isabel. Ponía a todos ante los hechos consumados, empezando por su marido, que no encajó nada bien lo de verse relegado a la categoría de rey consorte, pese a que esta situación se citaba expresamente en el contrato matrimonial de 1469. Fernando regresó a toda prisa e hizo valer que sus derechos a la corona de Castilla eran por lo menos tan serios como los de Isabel, pues descendía en línea directa de los Trastámara. Isabel no cedió. A diferencia de lo que ocurría en Aragón, en Castilla las mujeres no estaban excluidas de la sucesión al trono. Los juristas acabaron encontrando un compromiso el 15 de enero de 1475. Isabel fue confirmada en su título de reina y «propietaria» del reino. Fernando también recibió el título de rey de Castilla, y se decidió que en los documentos oficiales su nombre iría delante del de la reina. Después de la muerte de Isabel, sus derechos pasarían a los hijos habidos del matrimonio. La concordia de Segovia tranquilizó a los castellanos que temían una influencia excesiva de Aragón. También satisfizo a Fernando, pues le daba, por lo menos de hecho, poderes de soberano. El acuerdo, que nunca fue denunciado, confirmó el entendimiento político de los reyes. Nadie fue capaz de enfrentarlos entre sí. Sus decisiones, tanto si las tomaban conjuntamente como cada uno por separado, fueron irrevocables; la decisión de uno comprometía al otro, que la asumía como si fuera suya. Todos los textos oficiales se redactaron en nombre del rey y la reina.[4] Todavía hoy, en lo referente a los grandes asuntos del reinado —creación de la Inquisición, expulsión de los judíos, expedición de Cristóbal Colón...—, los historiadores son incapaces de decir quién tuvo la iniciativa, si Isabel o Fernando. Las iniciales y las armas de los

---

2. Ella había nacido en 1451 y Fernando en 1452.
3. Ambos descendían del rey de Castilla Juan I (1379-1390).
4. Lo que hizo escribir a un humorista del siglo XVI: «En tanto de tal mes y tal año parieron los Reyes nuestros señores...».

dos soberanos —el yugo y las flechas— aparecían juntas en los monumentos y las monedas.[5] Como dijo el cronista Pulgar, nos hallamos ante una voluntad única que procede de dos cuerpos.

LA GUERRA DE SUCESIÓN

Al hacer que la proclamaran reina, Isabel jugó fuerte. Obligó a nobles y ciudades a pronunciarse de inmediato, sin darles tiempo a negociar su adhesión a cambio de concesiones y fueros. Isabel hizo sus cálculos: Ávila, Valladolid, Tordesillas, Toledo y el País Vasco no tuvieron ningún inconveniente en reconocerla como reina, mientras que Burgos, Zamora, Salamanca y la mitad sur del reino estaban a la expectativa o eran claramente hostiles. La nobleza también se dividió. Los Mendoza, Enríquez, Velasco y Pimentel confirmaron su adhesión; el marqués de Villena, Diego López Pacheco, y su clientela pasaron a la oposición y fueron los adalides de la princesa Juana, hija de Enrique IV. Se formaron dos partidos. De un lado estaban los que aceptaban la instauración de un poder real fuerte, que garantizara el orden social y los privilegios adquiridos. De otro los que preferían un régimen como el anterior, en el que la corona debía contar con la nobleza como fuerza política preponderante. Estos últimos tenían puestas sus esperanzas en la princesa Juana, que seguramente se mostraría más dócil ya que les necesitaría para acceder al trono y mantenerse en él. Las cuestiones jurídicas —¿Era Juana hija legítima de Enrique IV? ¿Era Isabel una usurpadora?— no importaban mucho. Buena prueba de ello fue la mudanza del arzobispo de Toledo, Carrillo. Había sido uno de los partidarios más eficaces de Isabel mientras creyó poder dominarla. Esperaba convertirse en el tercer personaje del reino, el consejero de los reyes, el verdadero amo de la situación. Cuando se dio cuenta de que los jóvenes soberanos no se dejarían manejar y pretendían ejercer el poder sin compartirlo, se pasó al otro campo. La ruptura se consumó en mayo de 1475.[6] En el invierno de 1474-1475 la situación era indecisa. La nación no mostró ningún entusiasmo por Isabel, ni tampoco se alzó contra ella ninguna oposición clara. Sus adversarios, sorprendidos, aguardaron la ocasión de pronunciarse.

La señal llegó del extranjero. Aragón había sido leal desde el principio a los nuevos soberanos, pero entonces se encontraba en guerra con Francia, cuyas tropas ocuparon Perpiñán en 1475. Portugal, en cambio, se alarmó. Desde mediados del siglo XV estaba intentando aumentar su influencia en Castilla. Una unión dinástica permitiría formar un bloque territorial que sería preponderante en la península y ais-

---

5. Se suele cometer un error al hablar de la divisa: «Tanto monta», seguida de «Isabel como Fernando», como si expresara la igualdad de los dos esposos, asociados en el poder. En realidad, esta divisa pertenecía al rey de Aragón, y daba sentido al emblema, el yugo, que recordaba la leyenda del nudo gordiano. En Gordion, en el templo de Zeus, había un yugo atado de tal forma que nadie era capaz de desatarlo. Un oráculo había predicho que quien consiguiera desatarlo se convertiría en el señor de Asia. El emperador Alejandro cortó la cuerda con su espada, comentando: «tanto monta» [cortar que desatar]. La divisa, inventada por el humanista Nebrija, cuadraba con el temperamento de Fernando, un hombre que no se detenía ante las dificultades.

6. Al parecer fue Isabel, más que Fernando, quien se opuso de forma más tajante a las pretensiones de Carrillo. A éste se le atribuye la siguiente frase: «Yo saqué a doña Isabel de hilar y la volveré a la rueca».

laría a Aragón. En este sentido, el matrimonio de Isabel y Fernando en 1469 y la coronación de Isabel en 1474 fueron sendos fracasos diplomáticos. Portugal decidió recurrir a la fuerza para enderezar la situación. Su rey Alfonso tomó partido por su sobrina, la princesa Juana. Para demostrar que no pensaba renunciar, el 29 de mayo de 1475 se casó con ella, al tiempo que sus tropas invadían Castilla y los nobles castellanos rebeldes pasaban al ataque.

Isabel y Fernando tuvieron que enfrentarse a una guerra civil y una invasión extranjera. Los dos frentes eran solidarios. Para acabar con los enemigos del interior tenían que rechazar a los invasores. Éstos entraron sin combatir en Zamora y Toro. Trataron de llegar hasta Burgos, donde tenían partidarios, con la intención de unirse con sus aliados franceses, que habían prometido atacar el País Vasco y Navarra. Isabel y Fernando tenían que detener a los portugueses en Zamora y tomar Burgos. El segundo objetivo fue alcanzado en enero de 1476. Isabel en persona recibió la capitulación de la ciudad tras un viaje agotador, en plena tormenta de nieve. Fernando se dirigió al frente principal, el de Zamora. El 1 de marzo de 1476, en Peleagonzalo, cerca de Toro, aplastó al ejército portugués.[7] Recién ganada la batalla Fernando le envió un mensaje a su mujer: «Haced cuenta que esta noche Nuestro Señor os ha dado toda Castilla». Para conmemorar su triunfo los soberanos hicieron voto de construir en Toledo el monasterio de San Juan de los Reyes.

La partida aún no estaba ganada. En marzo 50.000 soldados franceses invadieron el País Vasco. Una contraofensiva castellana los rechazó. Este revés obligó a Francia a reconsiderar su alianza. Pese a la visita personal que le hizo el rey de Portugal, Luis XI no quiso seguir adelante. Fernando se dedicó a reducir las bolsas de resistencia. En septiembre tomó Toro. Los combates prosiguieron a lo largo de la frontera con Portugal, en Extremadura y Andalucía. La ofensiva final empezó en otoño de 1478 a partir de Trujillo. El 24 de febrero de 1479 los portugueses fueron derrotados cuando pretendían marchar sobre Mérida. El rey Alfonso no insistió más y detuvo los combates. La paz se firmó en septiembre en Alcaçovas. Portugal evacuó los territorios ocupados y reconoció a Isabel como reina de Castilla. La suerte de la princesa Juana se decidió en arduas negociaciones. Isabel tenía un interés muy especial en este punto. Dado que su matrimonio con Juana no se había consumado, Alfonso de Portugal lo consideró nulo y sugirió que se casara con el heredero de Castilla, que no había cumplido un año, mientras que la infanta castellana Isabel se uniría al heredero del trono de Portugal. La reina Isabel se negó en redondo. Quería deshacerse definitivamente de su rival, como si no se sintiera segura de sus derechos a la corona. Hay que rendirse a la evidencia: Isabel no era exactamente una usurpadora, ya que Enrique IV la había nombrado heredera al trono en 1469, pero se había visto obligado a ello por una liga nobiliaria. No había tenido más remedio que sacrificar los intereses de su hija legítima, cuyos derechos parecían indiscutibles. Juana tuvo que pasar el resto de sus días en un convento.[8] Las alianzas matrimoniales sirvieron para ir preparando la unión de toda la península bajo un

---

7.   Como dato anecdótico cabe destacar la participación en el combate, uno en cada bando, de dos príncipes de la Iglesia, con casco y armadura: el cardenal Mendoza en el ejército castellano y el arzobispo de Toledo en las filas portuguesas.

8.   Cada vez que en Portugal cambió el rey, Isabel pidió confirmación de las cláusulas del tratado de 1479 referentes a la que los portugueses llamaban *la Excelente Senhora*, y consideraron reina hasta su muerte en 1530.

mismo cetro. La infanta Isabel, hija mayor de los Reyes Católicos, fue prometida al rey de Portugal, Alfonso. La boda se celebró en 1490, pero Alfonso murió al año siguiente. Su padre Juan II, que se había casado con otra infanta española, Isabel, murió en 1495. Su sucesor Manuel I el Afortunado se casó en 1497 con la viuda de Juan II, que en ese momento era la heredera de Castilla. El hijo nacido de esa unión, Miguel, iba a heredar las tres coronas (Portugal, Castilla y Aragón), pero murió prematuramente en 1500. Esta serie de desgracias no desanimó a las familias reinantes. Manuel I volvió a contraer matrimonio con una hija de los Reyes Católicos, la infanta María, cuya hija Isabel, en 1526, se convirtió en la esposa del emperador Carlos V y fue madre del futuro Felipe II de España, quien, llegado el momento, haría valer sus derechos al trono portugués. Vemos, pues, que la política matrimonial de los Reyes Católicos preparó la unión de las tres coronas de la península, que se llevó a cabo entre 1580 y 1640.

El tratado de Alcaçovas, por otra parte, fue un intento de poner fin a la rivalidad de ambas potencias en el Atlántico. Castilla admitió que el litoral africano y los archipiélagos —excepto Canarias— formaban parte de la zona de influencia portuguesa. Este tratado fue precursor del de Tordesillas (1494), con el que los portugueses y los castellanos se repartieron el mundo. La derrota portuguesa, previsible después de 1476, tuvo consecuencias diplomáticas. En 1478 Francia firmó la paz con los reyes de Castilla, aunque se quedó con Rosellón y Cerdaña, entregados momentáneamente por Aragón. Ese mismo año la Santa Sede, que había preferido permanecer neutral en la disputa dinástica, tomó nota de la victoria de Isabel.

Cuando el rey de Portugal invadió Castilla esperaba provocar un levantamiento general contra Isabel y Fernando. No hubo tal, pero pese a todo la partida no estaba ganada. Los reyes necesitaron tres años para acabar con los focos de resistencia en el interior. Al principio de la guerra civil había cinco regiones rebeldes, los territorios del arzobispo de Toledo, los del marqués de Villena (que se extendían de Murcia a Toledo), Extremadura, Andalucía y Galicia, es decir, más de la mitad del reino. Parte de los nobles rebeldes depusieron las armas tras la derrota de sus aliados portugueses, en marzo de 1476. Contra los demás Isabel y Fernando emplearon dos métodos. Hicieron que las Cortes de Madrigal (1476) aprobaran la creación de una fuerza armada, la Santa Hermandad, sufragada por las ciudades, cuya finalidad, en principio, era mantener el orden en el campo. En realidad, so capa de luchar contra el bandidaje, esta guardia rural tenía por misión eliminar cualquier oposición. Por otro lado, los reyes no dudaron en alentar la hostilidad hacia el régimen señorial. Incitaron a las poblaciones a sublevarse contra sus señores, prometiendo que dependerían directamente de la corona. Esta propaganda era un arma peligrosa, pues resultaba eficaz contra los nobles rebeldes pero podía alarmar a los leales. Después de todo, las cosas les salieron bastante bien. El marquesado de Villena quedó desmantelado, y las familias rivales de Andalucía hicieron las paces entre sí y reconocieron la autoridad de los reyes en las grandes ciudades. El arzobispo Carrillo no reconoció su derrota hasta 1485. Cada vez que los reyes se desplazaban para acabar con un foco rebelde aprovechaban para restablecer las prerrogativas reales. Los cronistas relatan con complacencia algunas de estas rondas, como una visita a Andalucía en 1477, durante la cual la reina en persona escucha las quejas contra los nobles y hace justicia. La realidad debió de ser más prosaica. En muchos casos los reyes se verían obligados a llegar a acuerdos con los poderes de hecho y a hacer concesiones, aunque acabaran con las situaciones más escandalosas. Para ellos lo importante era reforzar su autoridad. A este fin iban dirigidas las medidas que tomaron para instaurar la supremacía del estado.

LA REORGANIZACIÓN DEL ESTADO

De entrada hay que denunciar una falsificación histórica urdida por los cronistas oficiales que, para exaltar la labor de Isabel y Fernando, creyeron necesario anular a su predecesor. El reinado de los Reyes Católicos no fue un comienzo absoluto; la sola presencia de los soberanos no bastó para restablecer, como por ensalmo, el orden, la justicia y la paz social. Prueba de ello es la lista de crímenes reprimidos en 1492-1493, más de quince años después del fin de la guerra de sucesión. Un lugar común de la historiografía de los Reyes Católicos, y en especial de la de Isabel, es empezar el estudio del período con un capítulo sobre la anarquía anterior, la que imperaba antes de 1475: bandidaje organizado, crímenes sin castigo, desorden general, falta de justicia. Después de 1475, según estas versiones, reinó la calma, una policía eficaz persiguió a los malhechores, garantizó a comerciantes y viajeros la libre circulación y la seguridad en todos los caminos del reino... Conviene matizar este cuadro demasiado idealizado, y marcar etapas cronológicas. De 1454 a 1464 Castilla disfrutó de diez años de paz y justicia. Después de 1464 las cosas se torcieron a causa de discordias políticas, pretensiones de la nobleza y disputas dinásticas, pero todo esto no justifica una condena sin paliativos del reinado de Enrique IV. Sin quitar ningún mérito a los Reyes Católicos, hay que reconocer que en muchos aspectos se limitaron a continuar con eficacia, autoridad e inteligencia una labor iniciada por sus antecesores. Su intervención en materia de orden público lo confirma. Con la creación de la Santa Hermandad en plena guerra civil se dotaron de un instrumento al servicio exclusivo del estado.

La idea llevaba barajándose varias décadas. Había unos precedentes medievales, las hermandades, alianzas temporales de ciertas ciudades y villas para defenderse mutuamente. Enrique IV planeó volver a poner en marcha la institución, modernizándola. La Hermandad de Villacastín (1473) tenía autoridad sobre el conjunto del territorio con la misión de mantener el orden. La Santa Hermandad, fundada el 19 de abril de 1476 por las Cortes de Madrigal, se inspiró en los mismos principios, pero fue más lejos: cada concejo de más de cuarenta familias (unos 200 habitantes) debía reclutar a dos alcaldes y una brigada de intervención (cuadrilleros). Cuando se cometía un crimen, la brigada local perseguía a sus autores hasta los límites del concejo, luego le pasaba el relevo a la brigada vecina y así sucesivamente hasta la detención de los culpables, que eran juzgados de inmediato. Movilidad, eficacia y justicia rápida y expeditiva, esas eran las características de la institución.

En los meses siguientes las brigadas locales fueron reforzadas con soldados a caballo (uno por cada 100 familias) y de a pie (uno por cada 50 familias). Por último la asamblea general de Dueñas (julio-agosto de 1476) organizó la Santa Hermandad a escala nacional. El reino se dividió en distritos, unos grupos móviles (capitanías) reforzaron las brigadas fijas, se creó una diputación general para administrar el presupuesto y se nombró un capitán general, que no era otro que el hermano del rey, Alfonso de Aragón. Al principio la Santa Hermandad no estaba destinada a convertirse en institución permanente. Los reyes, invocando las necesidades de la guerra civil, prolongaron su existencia en 1477, y luego en 1480. Planearon incluso transformarla en ejército permanente, y sus contingentes intervinieron de manera eficaz en la guerra de Granada. Pero a la larga las ciudades y villas consideraron demasiado oneroso el mantenimiento de esta milicia. En 1498 los Reyes Católicos, para aligerar los gastos, suprimieron los órganos centrales, dejando sólo las cuadrillas locales que, como en sus comienzos, se encargaron de perseguir a los malhechores en descampado. De esta forma la Santa Hermandad siguió en vigor hasta finales del siglo XVII.

El mantenimiento del orden fue el paso previo a una tarea no menos importante, el restablecimiento de la autoridad del estado. Las medidas tomadas en este sentido fueron aprobadas en 1480 por las Cortes reunidas en Toledo. La reorganización de los poderes decidida en ese momento fue mantenida por los Habsburgo: como puede verse, las principales instituciones creadas por los Reyes Católicos fueron duraderas. Durante dos siglos aseguraron la supremacía del poder real en Castilla.

En Valladolid se instaló un alto tribunal de justicia, la Chancillería, encargada de conocer en última instancia los procesos civiles y criminales. Tras la toma de Granada se instaló otra Chancillería en esta ciudad. La de Valladolid tenía competencia en los territorios situados al norte del Tajo y la de Granada en la parte meridional del reino. Los reyes confiaron a un jurista, Montalvo, la misión de reunir los textos jurídicos dispersos para ofrecer a los jueces y querellantes unas referencias precisas e indiscutibles. Fue un primer intento de sustituir la confusión del derecho consuetudinario medieval por unas reglas más estrictas y uniformes.

Los concejos permanecieron sometidos a una oligarquía urbana reducida, los regidores o veinticuatros, que transmitían su cargo de padres a hijos y se reservaban los oficios municipales, pero las grandes ciudades perdieron gran parte de su autonomía al quedar sometidas al control de los corregidores, representantes del poder real con amplios poderes. El corregidor presidía las sesiones del cabildo y sancionaba sus deliberaciones, era juez de primera o segunda instancia e intervenía en la designación de los procuradores a Cortes. Los Reyes Católicos innovaron menos de lo que se suele pensar. Se limitaron a tomar nota de una evolución iniciada más de medio siglo antes, y a generalizar una institución creada por sus predecesores, pero con carácter excepcional y temporal. La autoridad del corregidor se extendía mucho más allá de los límites de la ciudad donde estaba destinado. En cierto modo era como un gobernador provincial. El reino se dividió en 64 corregimientos, con lo cual el poder real se hizo oír y respetar en todas partes.

El Consejo Real cambió su composición y sus atribuciones precisas. Bajo la presidencia de un obispo, lo formaban tres caballeros y una decena de letrados. Los miembros de la alta nobleza siguieron siendo miembros de derecho y asistiendo a las sesiones, pero como observadores y con voz consultiva. Despojados del poder efectivo, poco a poco dejaron de participar en los trabajos del Consejo, que por deseo de los soberanos se convirtió en el órgano supremo del gobierno y concentró todos los poderes, judiciales, administrativos y políticos.

Por último el confesor de la reina, fray Hernando de Talavera, emprendió una reforma financiera de envergadura. Había que sanear la Hacienda, gravada desde hacía muchos años por las rentas de todo tipo (juros) y gratificaciones pagadas a la alta nobleza. Una parte de los impuestos iba así a parar a particulares, en su mayoría grandes señores. No era tarea fácil quitarles a los interesados lo que consideraban un derecho adquirido. Los reyes lo lograron, no sin concesiones. Cerca de la mitad de los juros fueron suprimidos, una operación de gran calado que se puede comparar con la desamortización realizada en la primera mitad del siglo XIX. El estado volvió a poseer rentas, tierras y recursos fiscales de los que había tenido que desprenderse en el pasado bajo la presión de los señores, siempre al acecho de la debilidad de los soberanos. La aristocracia castellana tuvo que renunciar a cuantiosos beneficios, pero ni mucho menos se arruinó. Lo que los Reyes Católicos recuperaron fueron las concesiones de rentas, impuestos o tierras realizadas después de 1464, es decir, después del estallido de la guerra civil que ocupó la última parte del reinado de Enrique IV. Estas concesiones se consideraron ilegales, pues habían sido arrancadas bajo la presión de las circunstancias. La aristocracia había adquirido la mayor parte de su riqueza territorial antes de esta fecha, a finales del siglo XIV y comienzos del XV. De modo que salió mermada pero bastante airosa del trance. Pese a la leyenda que se ha creado, los Reyes Católicos nunca pretendieron sojuzgar a la alta nobleza. Lo que hicieron fue dejarla sin influencia política mediante la red de los corregidores y la limitación de su papel en el Consejo Real. Los soberanos habían aprendido la lección de acontecimientos anteriores. Habían meditado acerca de la degradación del poder real durante los reinados precedentes, y estaban demasiado interesados en reservarse exclusivamente la autoridad suprema como para compartir sus prerrogativas con nadie. Esto explica que quisieran controlar también las órdenes militares. Las órdenes poseían inmensos territorios en el centro y el sur del reino, y esta acumulación de riqueza las convertía en temibles adversarios en caso de desavenencia con los reyes. A medida que se produjeron vacantes, Fernando se hizo elegir sucesivamente gran maestre de la orden de Santiago, Calatrava y Alcántara. En 1524 el papa Adriano VI legitimó esta situación y vinculó estas dignidades a la corona.

Al principio de su reinado los Reyes Católicos trataron de apoyarse en las Cortes, es decir, en las ciudades, para que hicieran entrar en razón a sus oponentes, sobre todo a los señores, y para que ratificaran su concepto del estado. En este sentido cabe interpretar la asamblea de Madrigal (1476) y sobre todo la de Toledo (1479-1480), que permitieron trazar las líneas maestras de la nueva organización del reino: creación de la Santa Hermandad, generalización de los corregidores, preeminencia del Consejo Real y anulación de la influencia política de la nobleza. Los soberanos, en su campaña contra los señores, que a la sazón representaban el peligro más grave, pudieron contar con la colaboración y la aprobación de las Cortes. Alcanzado el objetivo, las Cortes pasaron a un segundo plano, lo cual era lógico desde la perspectiva de los reyes: necesitaban a las Cortes para acabar con la influencia política de la nobleza, pero no pensaban compartir el poder con ellas. La colaboración entre los Reyes Católicos y las Cortes fue circunstancial, y duró el tiempo estrictamente necesario para apartar los obstáculos e instalar un poder fuerte. A partir de entonces apenas fueron convocadas,[9] sólo cuando hubo que preparar la sucesión al trono o cuando surgió la necesidad de recaudar nuevos impuestos. Situación, esta última, que apenas se produjo, ya que la fiscalidad indirecta (alcabalas) proporcionaba ingresos constantes y sustanciales a la corona. Además los reyes pusieron un especial cuidado en eliminar cualquier oposición. Sólo una minoría de ciudades,[10]

---

9.   Sólo cinco veces en vida de Isabel (1474-1504): 1476, 1479-1480, 1489, 1499 y 1502.
10.   Al principio del reinado fueron 17: Burgos, Soria, Segovia, Ávila, Valladolid, León, Salamanca, Zamora, Toro, Toledo, Cuenca, Guadalajara, Madrid, Sevilla, Córdoba, Jaén y Murcia. A partir de 1492 Granada completó la lista.

cada una con dos procuradores, tuvieron representación en las Cortes. Estos procuradores eran elegidos por un colegio reducido de notables, los regidores. Gracias a los corregidores, que presidían los concejos, el poder central disponía de un derecho de fiscalización sobre la designación de procuradores. Podía eliminar —y así lo hizo— a los posibles oponentes e impedir que recibieran un mandato imperativo. Las Cortes, por lo tanto, no podían oponer una resistencia importante a los soberanos.

LA DOBLE MONARQUÍA

En 1479, a la muerte de su padre Juan II, Fernando heredó el trono de Aragón. Se formó así la doble monarquía castellanoaragonesa, primer paso hacia la unificación política de la península. No era una unión nacional, sino una simple unión dinástica. Los dos grupos de territorios tenían los mismos soberanos, pero conservaban su autonomía. En este conjunto la corona de Aragón tuvo un papel secundario. Para explicar esta situación es absurdo hablar de expansionismo castellano. Basta con mirar el mapa: Castilla ocupaba las dos terceras partes del territorio de la doble monarquía. La demografía y la economía acentuaron el desequilibrio, con cerca de seis millones de habitantes en Castilla en 1500 y poco más de un millón en la corona de Aragón. Se comprende que los soberanos prestaran más atención a Castilla, pues era la base de su poderío, y que tendieran a descuidar Aragón, Cataluña y Valencia. Sólo estuvieron allí en contadas y breves ocasiones, cuando fue necesaria su presencia (por ejemplo, para recibir el juramento de fidelidad de las Cortes al principio de su reinado, o el reconocimiento del heredero al trono). Los reyes se acostumbraron a gobernar Aragón por delegación, mediante virreyes, con el concurso del Consejo de Aragón creado en 1494.

A decir verdad, estos territorios asociados planteaban menos problemas que Castilla, excepto Cataluña, donde la guerra civil de 1462-1472 había dejado secuelas. Fernando se ocupó de ello desde su coronación. En 1480-1481 hizo aprobar las primeras medidas, llamadas de enmienda (*redreç*). Los campesinos estaban descontentos de su suerte y todo hacía temer que los enfrentamientos con los señores estallaran de un momento a otro. Las dos partes se sometieron al arbitraje de la corona. En 1486, con la llamada sentencia de Guadalupe, Fernando zanjó la cuestión. Los «malos usos», y sobre todo el más odioso, el «derecho a maltratar», fueron abolidos. Se concedió a los campesinos la posibilidad de emanciparse pagando una redención razonable, y el derecho a permanecer en las tierras que trabajaban en unas condiciones interesantes: los arriendos de larga duración, que podían transmitir a sus herederos. Con la sentencia de Guadalupe se formó en Cataluña un campesinado libre y relativamente desahogado. Los señores no perdieron mucho, pues siguieron cobrando derechos proporcionales al valor de las tierras y las cosechas, de modo que el acuerdo benefició a todos. Este equilibrio proporcionó paz social a Cataluña durante cerca de tres siglos.

Para las instituciones Fernando se inspiró, adaptándolas, en las medidas tomadas en Castilla. Debía reducir la influencia política de las asambleas locales, limitándola a la administración de los asuntos de interés común. En 1493 se reorganizó el Consell de Cent, órgano deliberante de la ciudad de Barcelona. A partir de esta fecha estuvo formado por 48 «ciudadanos honrados», 32 mercaderes, 32 artistas y 32 menestrales. El poder ejecutivo lo ejercían cinco consejeros nombrados por sorteo: tres ciudadanos, un mercader y, alternativamente, un artista o un menestral. Las reformas introducidas en Zaragoza y Valencia se inspiraron en principios parecidos. De este modo las instituciones regionales y locales se convirtieron en simples organismos administrativos, y las oligarquías tradicionales fueron confirmadas y reforzaron su posición. Lo mismo había sucedido en Castilla, con soluciones distintas, desde el fin de la guerra de sucesión. En este sentido se produjo una evidente armonización de las dos coronas, con el objeto de acabar con las luchas de facciones creando un equilibrio entre los grupos rivales, con nuevas responsabilidades y beneficios para todos ellos.

¿Cabe atribuir a estas reformas la recuperación que observamos en Cataluña en los últimos años del siglo xv? La mejora fue evidente, pero se produjo a costa de transformaciones y renuncias. Barcelona empezó a importar de Castilla el trigo que antes llegaba de Sicilia; a comprar lana también en Castilla y a vender de vuelta paños y cueros. Pese a esta recuperación, Cataluña no alcanzó, ni muchos menos, la prosperidad de antaño. En la corona de Aragón, Valencia confirmó su avance, favorecida por el retroceso catalán y el marasmo mallorquín. La riqueza agrícola de la región y la producción de lujo, en especial las sederías, fueron la clave de su prosperidad. Una parte del comercio mediterráneo de Castilla se hacía a través del puerto de Valencia, que exportaba a Flandes uvas pasas, almendras, aceite, arroz, azúcar y vino, y a Nápoles sal. Valencia también llegó a ser una plaza financiera capaz de prestar dinero a los soberanos. Con 75.000 habitantes en 1483 —el doble que Barcelona, el triple que Zaragoza—, Valencia era la ciudad más grande de la península ibérica. En el siglo xvi sería uno de los centros culturales más pujantes de la España de los Habsburgo.

Pero la excepción valenciana no puede ocultar el retroceso global de la corona de Aragón. Cataluña, por ejemplo, quedó al margen de las grandes empresas del reinado de los Reyes Católicos. La guerra de Granada, la conquista de las Indias e incluso la expansión por Italia fueron obra de Castilla, con los recursos y los hombres de Castilla. Es cierto que hubo aragoneses y catalanes en la corte, en Sevilla, en Nápoles y allí donde hubiera plazas que tomar y negocios que hacer, pero fue a título individual. Como cuerpo, la corona de Aragón quedó eclipsada por el dinamismo castellano. La España moderna que se preparó a fines del siglo xv y alcanzó su pleno desarrollo en el xvi estuvo caracterizada, ante todo, por Castilla y los valores castellanos. Los catalanes y aragoneses, y en menor medida los valencianos, sintieron amargura, y nunca se reconocerían en esa España.

LA GUERRA DE GRANADA

Vencidos Portugal y los enemigos del interior, reorganizada la política, se diría que Isabel y Fernando dominaban la situación, pero su poder aún era frágil. La unidad de la doble monarquía era puramente formal, en Castilla la guerra había dejado sus secuelas, y una parte de la aristocracia había encajado mal su pérdida de influencia en el estado. Había que encontrar la forma de asociar a Castilla y Aragón en tareas comunes, de ofrecer a la nobleza un campo de acción y arrastrar a todo el pueblo en una empresa exaltante. La guerra de Granada permitiría alcanzar todos estos objetivos. Sería una cruzada contra el islam de España, el último episodio de la reconquista y la ocasión de dar rienda suelta al heroísmo, el espíritu de aventura y el sentimiento religioso, además de conseguir un botín.

En realidad, el emirato de Granada ya estaba condenado desde hacía tiempo. Sólo las circunstancias (las catástrofes del siglo XIV y las guerras civiles entre cristianos) retrasaron su final, porque la España cristiana no había renunciado nunca a arrebatarles toda la península a los musulmanes. Sólo faltaba una ocasión. El emir de Granada la proporcionó, sin reparar en las consecuencias. En la Navidad de 1481, en respuesta a una de tantas escaramuzas, unos guerreros musulmanes tomaron el pueblo de Zahara. El marqués de Cádiz, Rodrigo Ponce de León, reaccionó ocupando Alhama, villa situada a pocas leguas de Granada y lugar de recreo de la aristocracia granadina (febrero de 1482). Las cosas no tenían por qué llegar más lejos. Después de su alarde de valor, el marqués de Cádiz acabaría evacuando Alhama a cambio de un rescate y un sustancioso botín, pero Fernando e Isabel decidieron intervenir. Por fin tenían un pretexto. Así lo habían confesado el 2 de febrero, antes incluso de ser informados de la ocupación de Alhama: «Si se puede decir que ovimos plazer desto que ha pasado [la toma de Zahara], lo diremos porque nos dé ocasión para poner en obra muy prestamente lo que teníamos en pensamiento de hazer y por ventura por algún día se sobreseyera». Los reyes decidieron defender Alhama y convertirla en el punto de partida de una ofensiva a gran escala. Solicitaron el concurso de la nobleza de Andalucía, y acallaron las discordias locales en nombre del interés nacional. Se dirigieron al teatro de las operaciones para dirigirlas personalmente.

La guerra duró seis años, al ritmo de una campaña anual, de la primavera al otoño. Los combates se detenían en invierno, cuando la nieve dificultaba los movimientos en esta región de relieve escarpado. Los castellanos y sus aliados aragoneses tuvieron que organizar un dispositivo militar, una administración y una fiscalidad que contribuyeron a forjar el estado moderno y a dotarlo de un ejército eficaz. Las fuerzas enfrentadas eran desiguales. Los cristianos tenían a su favor el número: entre 1482 y 1484 intervinieron en esta campaña de 6.000 a 10.000 soldados de caballería y de 10.000 a 16.000 de infantería, y estos efectivos aumentaron a partir de 1485. El ejército estaba formado por contingentes proporcionados por la nobleza (unos 5.000 soldados de caballería y 3.000 de infantería en 1485, el doble en 1489), las ciudades (sobre todo las de Andalucía), la Santa Hermandad y algunos grupos de extranjeros (infantes suizos, arqueros ingleses...). A las órdenes del rey de Aragón, el ejército se desplazaba acompañado de una multitud de auxiliares (30.000 en 1483) encargados de quemar las cosechas, arrancar las viñas y los frutales, destruir los molinos, para que el enemigo pasara hambre antes de asediar las plazas fuertes. La artillería tuvo un papel destacado. Para modernizarla se trajeron expertos de Italia, Francia y Alemania. El transporte de los cañones resultó muy trabajoso a causa del relieve, hubo que abrir caminos y construir puentes. Se requisaron carros, bueyes, asnos y mulas, y se movilizaron peones camineros, pontoneros y muleros. En 1485, 6.000 obreros recibieron la orden de abrir en doce días un camino de tres leguas para que pasaran 2.000 carros. Para el asedio de Baza (1489), 2.000 obreros trabajaron durante dos meses en el trazado de un camino de dos carriles por el que pasarían 14.000 acémilas con el avituallamiento del ejército. En la retaguardia se instalaron hospitales de campaña. La creación de estos cuerpos especializados (artillería, ingeniería, transportes, servicio de sanidad) fue toda una novedad. El ejército castellano se convirtió en uno de los más modernos de Europa, como se comprobaría veinte años después, durante las guerras de Italia.

En esta guerra de diez años se distinguen cuatro etapas. La primera (1482-1484) se caracterizó por la improvisación. Los reyes subestimaron la resistencia del enemigo, y quedaron detenidos ante Loja y Málaga. La segunda etapa (1485-1487) fue mucho más satisfactoria. Mejor pertrechado, el ejército castellano ocupó la parte central y occidental del emirato con las villas de Ronda, Loja, Marbella, y sobre todo, la ciudad de Málaga, el puerto principal, cuya caída interrumpió el contacto de Granada con el norte de África. El resto del territorio, a excepción de la capital, cayó en 1488-1489, pero fueron necesarios seis meses de asedio (del 20 de junio al 4 de diciembre de 1489) para vencer la resistencia de Baza. En el asedio participaron 15.000 soldados de caballería y 80.000 de infantería.

Quedaba Granada que, lógicamente, debía capitular. Eso esperaban los Reyes Católicos cuando, el 18 de enero de 1490, consideraron que la guerra había terminado y se dispusieron a hacer su entrada triunfal en la capital al mes siguiente. En efecto, la ciudad estaba aislada. Además estaba gobernada por Boabdil, «el rey chico», aliado de los cristianos. Una de las ventajas de los Reyes Católicos fue que sus adversarios siempre estuvieron divididos. Desde mediados del siglo XV en Granada fueron constantes las disputas entre facciones. En 1482 el emir Muley Hacén (Abu-l-Hasan Ali) destronó a su padre, pero su poder estaba debilitado por las rivalidades de harén y, sobre todo, por el enfrentamiento entre las tribus de los zegríes y los abencerrajes. En julio del año siguiente los segundos apoyaron a Boabdil contra Muley Hacén y su tío, ibn Sad, llamado el Zagal. Cada cual hacía la guerra por su cuenta, sin ponerse de acuerdo con sus correligionarios y rivales. Boabdil cayó prisionero en dos ocasiones, y en ambas los Reyes Católicos le liberaron, contando con él para sembrar cizaña entre el adversario. La maniobra dio resultado. En 1485 había dos emires, el Zagal, que había sucedido al viejo Muley Hacén, y Boabdil. Ambos se disputaron lo que quedaba del reino. Boabdil, dueño de Granada, era de hecho vasallo de los Reyes Católicos. Se comprometió a entregarles la ciudad en cuanto el Zagal quedara fuera de combate. Esto sucedió en diciembre de 1489. En estas condiciones se entiende la seguridad de los Reyes Católicos, pues esperaban que Boabdil mantuviera su promesa.

Pero Boabdil no era tan poderoso como se creía. La población de Granada había aumentado. En la ciudad se habían refugiado miles de irreductibles, que reprocharon a Boabdil su versatilidad y sus traiciones. Entre ellos había un importante grupo de renegados, llamados elches, que temían ser llevados ante la Inquisición si caían en manos de los cristianos. Todo el año de 1490 transcurrió así en discusiones vanas entre los dos partidos y en escaramuzas sin importancia. Fernando e Isabel decidieron intimidar al enemigo para obligarle a capitular. En abril de 1491 ordenaron la movilización de todos los hombres de 18 a 60 años en condiciones de llevar armas. Este ejército tomó posiciones a las puertas de Granada y realizó un bloqueo completo. A la ciudad no pudo llegar ningún refuerzo ni avituallamiento. En junio, para remarcar su determinación, los reyes construyeron en unas semanas el campamento de Santa Fe, en realidad una ciudad nueva, con una planta en cuadrícula que más adelante haría fortuna en el Nuevo Mundo. Hicieron saber que sólo saldrían de allí para entrar en Granada. En la capital se organizó la resistencia, pero Boabdil sabía que el fin estaba cerca. Entabló conversaciones secretas, y el 25 de noviembre de 1491 se firmó un acuerdo con unas condiciones especialmente favorables para los musulmanes, a quienes se garantizó la seguridad de las personas y los bienes, la libertad de culto, la libre disposición de las mezquitas, el respeto a la ley coránica en los procesos entre musulmanes y la garantía de que no se tomarían medidas contra los renegados. A cambio Boabdil se comprometió a entregar Granada dos meses después. El estado de ánimo en la ciudad asediada aconsejaba esperar ese plazo. Acusado de traicionar a sus correligionarios, Boabdil tuvo grandes dificultades para imponer su autoridad, y apremió a los reyes para que tomaran Granada sin más dilación. La noche del 1 al 2 de enero de 1492 un pequeño destacamento cristiano ocupó la Alhambra. La ceremonia oficial de rendición se celebró la tarde del 2 de enero. Boabdil, que no fue humillado (no besó la mano a los soberanos cristianos), entregó las llaves de la ciudad al conde de Tendilla y luego se dirigió al señorío que le habían asignado en las Alpujarras.[11] En la torre más alta de la Alhambra se izaron la cruz, la bandera de Santiago y las armas de Castilla y León.

La reconquista había terminado. El reino de Granada se incorporó a la corona de Castilla. El conde de Tendilla, Íñigo López de Mendoza, fue el primer virrey con el título de capitán general de la Alhambra. El confesor de Isabel, fray Hernando de Talavera, fue nombrado arzobispo de la nueva diócesis. Un tercer personaje, Fernando de Zafra, quedó encargado de reorganizar los territorios conquistados. Las cláusulas benévolas de 1491 cayeron pronto en el olvido. A partir de 1502 los musulmanes fueron obligados a convertirse, lo cual planteó un problema que la España del siglo XVI sería incapaz de resolver: el de los moriscos o descendientes de los moros.

LA UNIDAD RELIGIOSA

La actitud de los Reyes Católicos con respecto a la minoría judía planteó tres problemas distintos. En primer lugar, un problema religioso; en segundo lugar, un problema social, a causa del papel desempeñado por esta minoría; y, por último, un problema político: ¿era compatible la unidad del reino con la coexistencia de comunidades religiosas distintas?

Muchos de los cristianos nuevos, convertidos a raíz de 1391, habían pedido el bautismo únicamente para librarse de la persecución. Pasado el peligro, algunos habían vuelto secretamente al judaísmo y otros, más numerosos, habían conservado costumbres antiguas en su vida diaria. Todos eran sospechosos ante la masa de los católicos, que les acusaban de judaizar más o menos abiertamente, cuando no de cometer actos más graves (profanar hostias o cometer crímenes rituales). El bautismo dio a los conversos los mismos derechos civiles que a los cristianos, y les permitió acceder a puestos que antes tenían vedados. Fue así como ingresaron en las corporaciones locales (regimientos), emparentaron por matrimonio con familias nobles y se incorporaron al clero, donde gracias a sus conocimientos pudieron escalar puestos y ocupar altas dignidades. Todo esto no hizo más que atizar el viejo antisemitismo, que ya no hizo distinciones entre los que seguían siendo judíos y los conversos. Para tratar de resolver este problema, los Reyes Católicos crearon un tribunal especial encargado de velar por la pureza de la fe de los conversos, y luego expulsaron a los que habían seguido practicando el judaísmo.

---

11. Sólo permaneció allí 18 meses. A cambio de una indemnización elevada, Boabdil renunció a sus derechos y pasó al norte de África en octubre de 1493. Murió en Fez cuarenta años después.

Los hechos demostraron que las dudas sobre la sinceridad de los cristianos nuevos muchas veces estaban fundadas. Los amigos de los conversos, e incluso algunos de ellos, lo reconocieron, aunque sin querer generalizar estas acusaciones. Había otros muchos que habían abrazado el cristianismo sin vacilar y sin segundas intenciones. Sólo algunos conversos daban pábulo a las críticas, pero todos eran tratados con la misma hostilidad y padecían los mismos prejuicios. A todos se les aplicaba el apelativo injurioso de marranos. Fue así como surgió la idea de crear un tribunal especial que investigara los casos dudosos. Además de imponer sanciones en los casos comprobados, se lavaría la infamia de los demás, que eran mayoría. Al final del reinado anterior ya había surgido una iniciativa de este tipo, pero Enrique IV no la llevó a la práctica. De todos modos, este es un ejemplo más de que la política de los Reyes Católicos se caracterizó no tanto por la originalidad de sus soluciones y reformas, como por la determinación de llevarlas a cabo cuando las consideraron necesarias.

Con la bula *Exigit sincerae devotionis* de 1 de noviembre de 1478 el papa Sixto IV autorizó a los Reyes Católicos a nombrar inquisidores en sus reinos. El nuevo tribunal estaría formado por eclesiásticos, pero dependería estrechamente del estado. La Santa Sede delegó así en el poder civil una de sus prerrogativas, la defensa de la fe y la lucha contra la herejía. Esa era la originalidad de la Inquisición española y lo que la distinguía de la Inquisición medieval, encomendada a los obispos. Los reyes esperaron dos años, hasta noviembre de 1480, antes de nombrar a los primeros inquisidores. El nuevo tribunal no tardó en concretar su campo de acción, su organización y su procedimiento.

Su campo de acción era la defensa de la ortodoxia católica y la extirpación de «la herética pravedad». Al principio se centró en los judaizantes; más tarde, ya en el siglo XVI, la emprendería contra las sectas seudomísticas, los «alumbrados», y los protestantes. De modo accesorio la Inquisición también reprimió «el pecado nefando» (la homosexualidad), la bigamia, la relajación de los clérigos, la brujería, las blasfemias… en la medida en que estas prácticas iban en contra del dogma. Pero en lo fundamental permaneció fiel a su vocación: no se ocupaba de lo que hacía la gente, sino de lo que pensaba; le interesaba la fe, no las costumbres. La Inquisición fue la única institución del Antiguo Régimen con competencias sobre todos los estamentos y en todo el territorio de la monarquía. No se detuvo ante los privilegios del clero y la nobleza, y actuó tanto en la corona de Castilla como en la de Aragón, pese al estatuto jurídico de los territorios de la segunda, que tenían sus propias leyes. Fernando puso un interés especial en que la Inquisición actuara en los estados de la corona de Aragón a pesar de sus fueros.

La Inquisición estaba dirigida por el Consejo de la Suprema y General Inquisición (abreviado «la Suprema»), presidido por el inquisidor general. Era uno de los grandes cuerpos del estado, del mismo rango que el Consejo Real o, más adelante, el Consejo de Hacienda o el de Indias. En las ciudades principales se crearon tribunales autónomos formados por un mínimo de dos inquisidores, un asesor, un fiscal y personal subalterno, además de unos auxiliares voluntarios y no asalariados, los «familiares» del Santo Oficio.

El procedimiento combinaba la eficacia máxima con la mínima publicidad. Al llegar a una población, los inquisidores publicaban un edicto de gracia o un edicto de fe. Era la lista de los principales errores a combatir, los planteamientos heréticos y las actitudes que delataban una fe débil o sospechosa. Entonces invitaban a los fieles a denunciarse a sí mismos o denunciar a los demás. Una vez recogidas las denuncias (que no eran anónimas pero se mantenían en secreto: el reo no debía saber quién le acusaba ni de qué era acusado, por lo menos al principio), unos teólogos calificadores examinaban los cargos y decidían si había motivo para encausar. En caso afirmativo el fiscal hacía una demanda de detención. Los inquisidores exhortaban al reo a que confesara espontáneamente sus errores, y luego le leían las acusaciones. El reo podía preparar su defensa, recusar a ciertos testigos (proceso de tachas), aportar pruebas indirectas de su ortodoxia (proceso de indirectas) y presentar testigos de descargo (proceso de abonos). Al igual que la justicia civil, la Inquisición sometía a los acusados a tormento previo para arrancarles la confesión. Al término de este procedimiento, que podía durar meses o incluso años, el tribunal, reunido en consulta de fe, decidía si había lugar a absolución o condena, y en el segundo caso las penas correspondientes. Estas penas iban de la simple abjuración a la muerte en la hoguera (la relajación: el condenado era entregado al brazo secular), pasando por la penitencia, la cárcel, las galeras, la flagelación y el destierro. Iban acompañadas de confiscación de los bienes e inhabilitación para ejercer determinadas profesiones. Estas sentencias se hacían públicas en unas ceremonias solemnes, concebidas como actos de desagravio y testimonios de adhesión a la fe, de ahí su nombre de autos de fe. Las autoridades y la población estaban invitadas a asistir. Los condenados que iban a reintegrarse en la comunidad religiosa (reconciliación) llevaban una túnica, el sambenito, vestido infamante que más tarde se colgaba de la bóveda de la iglesia parroquial, en recuerdo de la ceremonia. Después los condenados a muerte eran conducidos a la hoguera.

La Inquisición estaba destinada, en principio, a defender la ortodoxia religiosa, pero, en realidad, fue creada para castigar a los conversos judaizantes. Durante su larga historia nunca perdió de vista esta meta. Algunos contemporáneos se sintieron alarmados. Hubo conversos irreprochables, como fray Hernando de Talavera o el cronista Pulgar, que desde el comienzo, sin discutir el principio de una jurisdicción de esta clase, cuestionaron sus implicaciones concretas. La religión garantizaba la cohesión del cuerpo social, por lo que se consideraba legítimo actuar contra aquellos que, apartándose del dogma, amenazaban con romperlo. Las críticas iban dirigidas a los métodos, en particular al secreto del procedimiento y, sobre todo, a la discriminación que se hacía con los conversos. La Inquisición combatía una sola forma de herejía —la de los judaizantes— y a una sola clase de herejes —los de origen judío—, y eso contradecía el principio de universalidad del catolicismo, según el cual había un solo rebaño y un solo pastor. Todos los cristianos eran hermanos en Jesucristo y miembros de una sola Iglesia, cualquiera que fuese la fecha de su bautismo. Desde el momento en que se decidía perseguir a una sola clase de herejes, el converso pasaba a ser un criminal en potencia, un sospechoso, un paria. Más allá de estas críticas, se planteaba un problema de fondo: ¿era legítimo imponer la fe por la fuerza?, ¿era función del estado velar por la pureza de la religión? Con la Inquisición, a fines del siglo xv, se implantó una forma de totalitarismo moderno. El estado no se contentó con exigir a sus súbditos que respetaran la ley y el orden público. También les impuso una ideología, considerando a priori sospechosos a quienes no profesaran la religión oficial. Los Reyes Católicos quisieron acabar con el antisemitismo medieval, y para ello sólo se les ocurrió obligar a los conversos a equipararse completamente a los cristianos, renunciando a todas las costumbres heredadas de su pasado judío. El antisemitismo desaparecería cuando no se diferenciaran en absoluto de los cristianos viejos.

La Inquisición sólo persiguió a los cristianos nuevos procedentes del judaísmo, en la creencia de que su conversión no había sido sincera ni total. Los que no habían renunciado al judaísmo pudieron seguir practicando su religión. En 1480 las autoridades se limitaron a poner nuevamente en vigor algunas disposiciones antiguas, como la obligación de llevar señales distintivas y vivir en barrios reservados. Pese a esta discriminación, la situación de los judíos no empeoró durante el reinado de los Reyes Católicos, antes al contrario, gracias al restablecimiento del orden público. En varias ocasiones los soberanos hicieron saber que no tolerarían expolios, vejaciones ni injusticias contra los judíos, a quienes garantizaron la protección de la corona. Los judíos españoles así lo entendieron, y todavía en 1487, en una carta a sus correligionarios de Roma, se felicitaban de estar sometidos a unos reyes tan benévolos.

Sin embargo, el 31 de marzo de 1492 los Reyes Católicos decidieron que todos los judíos debían abandonar España en un plazo de cuatro meses. ¿Cómo debemos interpretar esta medida? La explicación más plausible es también la más sencilla, la que se da en el decreto de expulsión. En él leemos que la asimilación de los conversos se ve dificultada, cuando no imposibilitada, por la presencia de judíos que mantienen con ellos relaciones de parentesco, amistad y trabajo. Mientras queden judíos en España, los conversos, en contacto con ellos, nunca renunciarán a sus antiguas costumbres y tendrán la tentación de judaizar. Por lo tanto, no hay más remedio que expulsar a los judíos.

Esta explicación oficial ha sido acogida con escepticismo por muchos historiadores. La religión podía ser un pretexto para ocultar las verdaderas intenciones. ¿Se creó un falso problema —el de los marranos y los judaizantes— para eliminar a una minoría étnica o una clase social? Es la tesis que defiende, por ejemplo, B. Netanyahu. Según este historiador, en 1480 la asimilación de los marranos iba por buen camino y el número de judíos auténticos no hacía más que disminuir. La Inquisición interrumpió brutalmente este proceso, arrojó en brazos del judaísmo a hombres y mujeres que estaban a punto de abandonarlo y prolongó la existencia de un «marranismo» moribundo. La prueba, según el autor, es que la mayoría de los judíos expulsados de España, en vez de marcharse a los países musulmanes donde habrían podido seguir practicando libremente su religión, se instalaron en países cristianos —Portugal, Francia, Italia…— donde sabían que tendrían dificultades para vivir con arreglo a su religión. Se pueden hacer dos objeciones a este argumento: 1) muchos judíos se refugiaron en el imperio otomano, donde les dejaron libertad para practicar su religión; 2) otros quisieron creer que el edicto de expulsión sería revocado, y se marcharon a países cercanos —al norte de África, y no sólo a Portugal o Italia— con la esperanza de que su estancia sería transitoria y pronto podrían volver a su tierra natal. Por otra parte la tesis de Netanyahu se basa en decisiones pronunciadas por los rabinos del norte de África en asuntos que acusaban a los marranos. Ahora bien, es lógico que estos rabinos, que habían salido de España a raíz de las grandes persecuciones de 1391-1415, fueran severos con sus correligionarios que no habían tenido el valor suficiente para permanecer fieles a su fe, habían preferido la comodidad material o habían sucumbido a las corrientes racionalistas. En realidad, la persistencia de una minoría judía ortodoxa y la existencia del criptojudaísmo están bien documentadas.

Suponiendo que Netanyahu esté en lo cierto, ¿cuáles habrían sido las verdaderas intenciones de los Reyes Católicos? Podemos descartar dos argumentos, el racismo y la codicia. No cabe duda de que en España había antisemitas, y en todos los medios sociales, pero los reyes no lo eran. Antes y después de la creación de la Inquisición encontramos judíos y conversos entre sus allegados, ocupando cargos muy elevados. Hernando de Talavera, el confesor de la reina, era converso. De 1474 a 1492 desempeñó un papel crucial en la política interior, y en 1492 fue nombrado primer arzobispo de la Granada reconquistada. Después de la expulsión de los judíos los conversos siguieron ocupando puestos elevados. ¿Quisieron los soberanos hacer demagogia, y alardear de un antisemitismo que no sentían? No era propio de ellos. En asuntos de igual o mayor importancia no dudaron en imponer su voluntad a grupos poderosos y organizados como la nobleza y el clero. En el caso concreto de los judíos y los cristianos nuevos, ¿por qué habrían de preocuparse de lo que pensaran sus súbditos? No pretendían eliminar a los judíos, sino asimilarlos y extirpar el judaísmo. Esperaban que la mayoría de los judíos, ante una elección dolorosa, se convirtieran y permanecieran en España. De haber sido antisemitas no habrían hecho ese cálculo. En cuanto al argumento de la codicia —el deseo de apropiarse de la fortuna de los judíos—, parece tan poco sólido como el anterior. Los reyes no iban a privarse de unos dóciles contribuyentes a cambio de un beneficio inmediato. Como señala Domínguez Ortiz, eliminar a los capitalistas[12] no parece el mejor método para mejorar el rendimiento de los impuestos sobre el capital. Además, los propios Reyes Católicos reconocieron que la expulsión había sido un mal negocio. La reina, sobre todo, se daba perfecta cuenta de las consecuencias de la política religiosa sobre la economía del país: marasmo pasajero en los negocios, falta de ingresos para el estado, etc.

¿Cedieron los Reyes Católicos a la presión de los nobles, que querían librarse de una burguesía en ciernes contraria a sus intereses? ¿Estamos ante un episodio de lucha de clases? Recordemos que ni los judíos ni los cristianos nuevos formaban una clase social homogénea, aunque en unos y otros se observa una tendencia a la endogamia. Entre ellos había ricos y pobres —más pobres que ricos—, y ejercían las profesiones más variadas. ¿Eran solidarios entre sí? No parece. Ya hemos visto cómo algunos judíos acusaban de apostasía a los cristianos nuevos, y algunos conversos perseguían con saña a los judíos y a los marranos. Queda por demostrar que la burguesía española estuviera formada en su mayoría por judíos o conversos. Por último, el poderío de la nobleza, en esta época, no estaba muy amenazado. Es cierto que había perdido parte de su influencia política, pero conservaba un poder económico considerable, y su influencia social estaba intacta (y además era uno de los pilares del régimen). Los judíos no podían perjudicarla. Aun suponiendo que judíos y conversos fueran elementos de una burguesía en formación, ¿se enfrentaba esta burguesía a la nobleza? No tenemos esa impresión. Los grandes burgueses castellanos y los aristócratas tenían intereses complementarios, no antagónicos. Ambos estaban asociados en la explotación del mercado de la lana, unos como ganaderos y propietarios de los pastos, y los otros como exportadores.

En resumidas cuentas, la explicación que se da en el preámbulo del decreto de expulsión tiene que ser válida. Los reyes deseaban crear una situación irreversible. Con la eliminación del judaísmo pensaban hacer desistir a los judaizantes. El clima de exaltación religiosa posterior a la toma de Granada hizo el resto.

Los judíos tuvieron un plazo de cuatro meses para salir de España. Antes de

---

12. Suponiendo que los judíos fueran capitalistas, lo cual está por demostrar.

marcharse se les permitió vender sus bienes pero, conforme a las leyes, tenían prohibido llevarse consigo oro o plata. Les quedaba la alternativa de tomar letras de cambio de los banqueros y cobrar el importe en el extranjero. Dada la situación y la brevedad del plazo, los judíos tuvieron muchas dificultades para cobrar los créditos y vender sus bienes a un precio justo. Muchos compradores esperaron al último momento y acabaron llevándose lo que estaba en venta por cifras irrisorias. En cuanto a los banqueros, negociaron letras de cambio en las condiciones más desfavorables para los interesados. Se comprende que muchos judíos prefirieran convertirse a dejarse desvalijar y abandonar la tierra de sus antepasados. Los Reyes Católicos dieron publicidad a algunas de estas conversiones, con la esperanza de que sirvieran de ejemplo. Fueron los padrinos del bautismo de Abraham Senior, jefe de la comunidad judía de Castilla, y de su yerno, el rabino Mayr, que se celebró ostentosamente en el monasterio de Guadalupe. Es verdad que muchos judíos siguieron el ejemplo de sus jefes espirituales. Los demás tuvieron que partir. ¿Cuántos eran? Teniendo en cuenta las conversiones de última hora y los regresos seguidos de bautismos, la cifra oscila entre 50.000 y 100.000, menos de la mitad de los judíos españoles. Algunos de los desterrados se marcharon a Portugal, otros a Flandes, Italia o el norte de África. La mayoría se establecieron en el imperio otomano (Salónica, Constantinopla, las islas griegas), donde hasta el siglo XX han conservado las tradiciones de su país de origen y su lengua, el judeoespañol, derivado del castellano que se hablaba en 1492. Así se originaron las comunidades sefardíes de Oriente.

Se han exagerado mucho las consecuencias que tuvo la expulsión para España. No supuso ninguna catástrofe económica, como mucho un marasmo pasajero de los negocios. Y es que la importancia de los judíos no era tan grande como se ha dicho. Los más eran humildes artesanos, vendedores ambulantes y pequeños prestamistas. Pocos eran los grandes burgueses dedicados al comercio internacional, pues la mayoría de ellos se habían convertido a finales del siglo XIV y el decreto de expulsión no les afectaba. La medida de 1492 no alteró gravemente el destino de la España moderna. Pero sí que marcó un hito en la política religiosa aplicada hasta entonces. Durante siglos la España cristiana había sido bastante benévola con los musulmanes y los judíos, no por espíritu de tolerancia (nunca nos cansaremos de repetirlo), sino porque no podía hacer otra cosa. En 1492 el fin de la reconquista estuvo acompañado de otra reconquista, la de la propia España por la cristiandad europea. España aspiraba a ser un país como los demás en una cristiandad que desde mucho tiempo no aceptaba en su seno otra religión que no fuera la católica.

A esto se puede añadir otro motivo: la creación de un estado moderno requería la unidad de fe. ¿Era oportuno conservar unas comunidades judías con un estatuto particular que les permitía administrarse con arreglo a su propio derecho, al margen de la sociedad cristiana mayoritaria? Los Reyes Católicos no quisieron conservar, en este aspecto, la originalidad de España. El estado moderno no estaba dispuesto a reconocer el derecho a la diferencia ni la diferencia de los derechos a favor de las minorías religiosas. La España de los Reyes Católicos mostró el camino que pronto seguirían los demás países de Europa. En todos ellos los príncipes se creyeron autorizados a imponer una fe a sus súbditos. Tampoco en este sentido España es una excepción.

EL DESCUBRIMIENTO DE AMÉRICA

A la vez que firmaban el decreto de expulsión de los judíos, los Reyes Católicos aceptaron costear la empresa de un marino que aseguraba poder encontrar una ruta hacia China navegando a través del océano. El viaje de Cristóbal Colón fue la primera de una serie de experiencias en las que rivalizaron las dos principales potencias ibéricas, Portugal y Castilla. En ellas se mezclaron el espíritu de aventura, el mesianismo y el afán de lucro. Unos pretendían llegar lo más lejos posible por mar, otros llevar el Evangelio a nuevas tierras, y otros encontrar caladeros de pesca, comprar ventajosamente el trigo de Marruecos, los esclavos y el oro de Sudán, y sobre todo romper el monopolio veneciano de las especias y los productos de Extremo Oriente, accediendo directamente a los mercados de Asia. Los marinos vascos, portugueses y andaluces, acostumbrados a la pesca en alta mar, disponían de embarcaciones como la carabela, adecuadas para navegar por el océano. La ciencia náutica había progresado gracias a las investigaciones empíricas y al estudio de los tratados de la Antigüedad clásica y las obras árabes. Después de muchos tanteos, la brújula, las cartas marinas y los procedimientos para tomar la posición en el mar empezaron a dar resultados. Por último, ya desde el siglo XIII los genoveses habían instalado factorías en Sevilla, Cádiz y Lisboa, etapas en los circuitos entre Italia y el norte de Europa. Aportaron las primeras enseñanzas del capitalismo comercial: la letra de cambio, el seguro marítimo, la formación de sociedades mercantiles. Se descubrió que el extremo sur de la península ibérica, entre Faro y Cádiz, en torno al paralelo 40, era el que se encontraba más cerca de los alisios, con las facilidades para la navegación que ello implicaba. Esta zona se convirtió, pues, en la base de partida para la exploración del océano.

Entre mediados del siglo XIV y mediados del XV los portugueses y los castellanos descubrieron y colonizaron los archipiélagos atlánticos. Los primeros se apoderaron de Madeira y las Azores, los segundos de las Canarias. Luego Castilla, a causa de sus dificultades internas, dejó el campo libre a los portugueses que, tras desembarcar en Ceuta, empezaron a bajar por las costas de África. Fue entonces cuando apareció Colón. En 1476, en Lisboa, este genovés se codeó con marinos, comerciantes y misioneros atraídos por ultramar. Escuchó sus historias, leyó la Biblia y los tratados de geografía y fue madurando el proyecto de llegar a Asia navegando a través del Atlántico. En 1484-1485 Colón propuso su proyecto a los portugueses, que le parecieron los más adecuados para llevarlo a cabo, pero llegó demasiado tarde. Después de más de un siglo de pacientes esfuerzos, Portugal estaba a punto de alcanzar el éxito en su empeño de rodear África. En 1487 Bartolomeu Dias doblaría el cabo de Buena Esperanza. Para los portugueses hacer caso a Colón significaba renunciar a un resultado que veían al alcance de la mano, a cambio de una empresa arriesgada. De hecho, en 1487-1499 Vasco de Gama llegó a los puertos de la India y volvió a Lisboa con un cargamento de especias.

Entonces (en 1486) Colón se dirigió a Castilla. Los Reyes Católicos sometieron su proyecto a una comisión de expertos, que emitió un informe desfavorable. Daba la impresión de que el genovés era un iluminado y un aficionado en materia científica. Los expertos no andaban descaminados: efectivamente, Colón era un iluminado que se inspiraba en los escritos milenaristas. Estaba convencido de que la Providencia le había confiado una misión, y de que la Biblia confirmaba sus intuiciones de navegante. También era un aficionado. La idea de llegar directamente a Asia atravesando el océano Atlántico no era original y nadie la discutía realmente, pero tropezaba con objeciones prácticas. Una carabela no podía embarcar víveres y agua potable suficiente para salvar esa distancia. Colón contestó con una hipótesis: entre Europa y Asia tenía que haber unas islas —las Antillas— que servirían de etapa. Pero ¿cómo pensaba dar con ellas? También cometió errores de bulto en sus cálculos. Por un lado, creía que la distancia entre el extremo occidental de Europa —el cabo San Vicente— y Japón era de tan sólo 105° —en realidad es de 180°—. Por otro lado, su cálculo del grado terrestre estaba equivocado, pues pensaba que era de 45 millas (en lugar de 60). La combinación de ambos errores reducía de 10.600 a 2.400 millas la distancia que separaba Canarias de Japón. A no ser que conocieran la existencia de un continente o unas islas intermedias, los expertos tenían que rechazar el proyecto desde un punto de vista estrictamente científico: se apoyaba en datos manifiestamente falsos, a no ser que Colón hubiera alterado a propósito sus cálculos para despistar a sus competidores. No podemos descartarlo. Es la hipótesis del «piloto desconocido», ese marino que, empujado por los vientos y las corrientes, habría atravesado el Atlántico y le habría confiado a Colón su secreto.

El genovés no se desanimó. Tenía protectores en la corte. Volvió a la carga a comienzos de 1492. Los Reyes Católicos no quisieron recibirle, pero luego cambiaron bruscamente de actitud. En 30 de abril de 1492 Colón obtuvo todo lo que quería: la financiación de una expedición, el título de almirante de la mar océana y virrey de las tierras que descubriera, el derecho a presentar candidatos para los puestos a cubrir, el derecho a percibir el 10 por 100 de las riquezas obtenidas en esos territorios… En el cambio de actitud de la corte pudieron intervenir dos factores. En primer lugar, la exaltación provocada por la toma de Granada daba rienda suelta a los sueños más locos. La victoria sobre los moros se interpretó como un signo de la Providencia, que había reservado a Castilla un destino excepcional. Colón podía ser un instrumento de ese destino. Después estaban los cálculos económicos. Al fin y al cabo no se arriesgaba tanto. La empresa podía resultar muy provechosa con una modesta inversión. En unos meses Colón armó tres barcos, alistó su tripulación y el 3 de agosto de 1492 zarpó del puerto de Palos. Después de hacer escala técnica en las Canarias, volvió a hacerse a la mar el 3 de septiembre. El 12 de octubre desembarcó en una isla del archipiélago de las Lucayas y posteriormente, en diciembre, en Cuba y La Española. El 15 de marzo del año siguiente regresó a Palos con un escaso botín (siete indios, algunos loros, un poco de oro y perlas), pero lo suficiente como para alentar nuevos viajes. El segundo (1493-1496) sirvió para explorar las Pequeñas Antillas. Durante el tercero (1498-1500) Colón desembarcó en el continente, en la futura Venezuela. El cuarto viaje (1502-1504) estuvo dedicado a encontrar un paso a la altura de Honduras. Colón murió en Valladolid el 21 de mayo de 1506 convencido de que había llegado a Asia. Desde hacía años sus contemporáneos estaban convencidos de lo contrario. Lo que se acababa de descubrir era un continente nuevo. En 1507 el alemán Martin Waldseemüller propuso llamarlo América en honor a Amerigo Vespucci, un navegante rival de Colón, quien se vio así privado del beneficio moral de su descubrimiento. En España se impuso la fuerza de la costumbre, y hasta mediados del siglo XVIII se habló generalmente de las Indias, pocas veces de América, y todavía hoy sus habitantes primitivos son conocidos en todo el mundo como los indios.

Este continente se tuvo que integrar en la mentalidad de Occidente, y para empe-

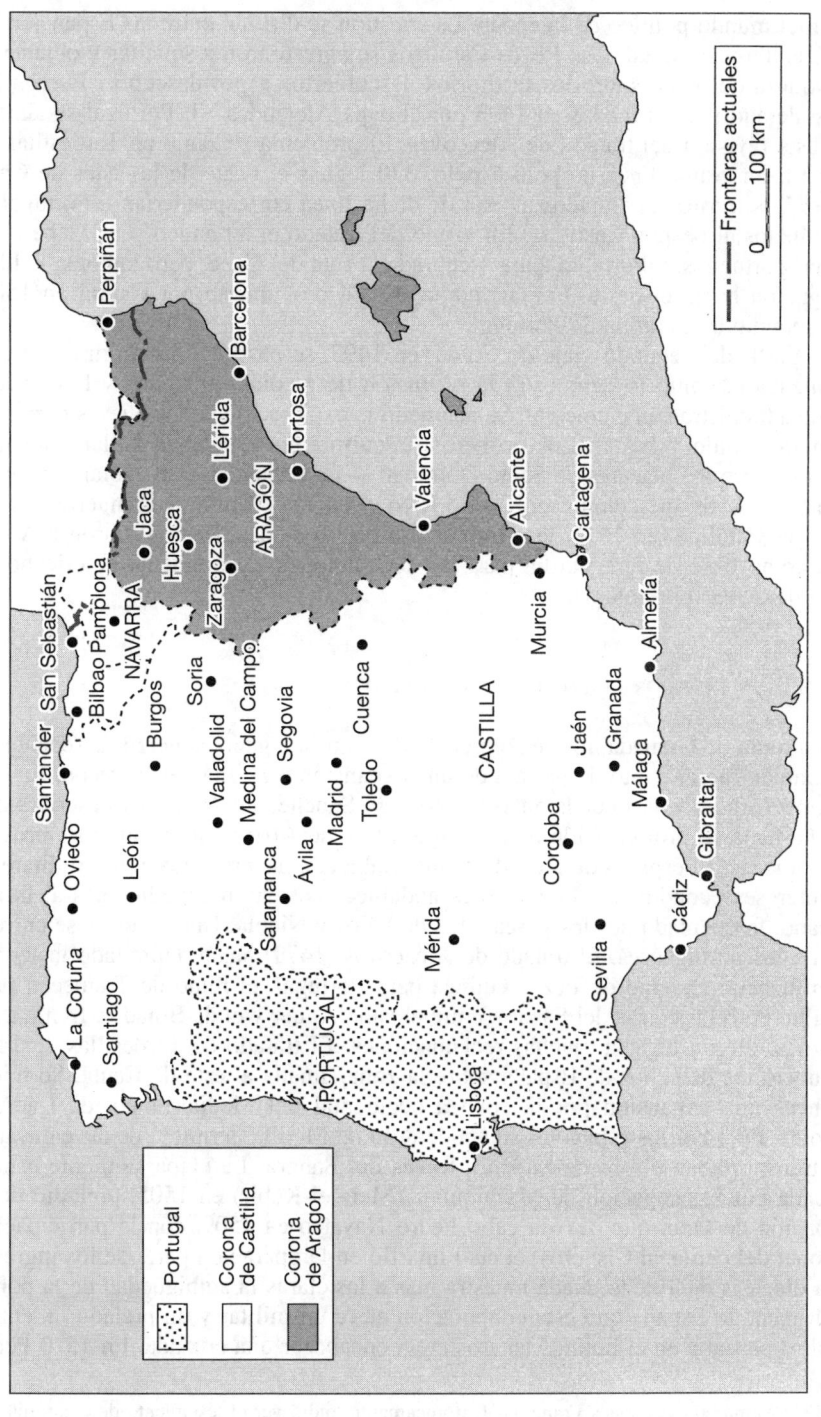

MAPA 5. La península ibérica en 1512.

zar en el mundo político de la época. La cuestión se dirimió entre las Españas riva-les, Castilla y Portugal. Los Reyes Católicos se apresuraron a solicitar y obtener la investidura del papa sobre los territorios descubiertos y por descubrir. Fueron las bulas alejandrinas, firmadas en 1493 por el papa Alejandro VI. Portugal se alarmó ante esta revisión del tratado de Alcaçovas. El problema se zanjó en Tordesillas en 1494 trazando una línea de polo a polo, 370 leguas al oeste de las islas de Cabo Verde. Los territorios situados al este de dicha línea corresponderían a Portugal, y los situados al oeste a Castilla.[13] En virtud del tratado el Atlántico sur pasaba a ser un mar portugués, y Portugal tenía asegurada la ruta del Cabo, pero también la libre navegación hacia el oeste. Fue así como Brasil, descubierto por Cabral en 1500, correspondió a la corona de Portugal.

A partir del segundo viaje de Colón, en 1493, se pasó del descubrimiento a la colonización, como lo demuestra la profusión de medios utilizados y la creación de una administración elemental. Se acometió la explotación de las nuevas tierras de un modo rápido y brutal. Los primeros descubridores esperaban hallar inmensas riquezas, pero los placeres de Santo Domingo —La Española— se agotaron pronto. A partir de 1509 fue colonizado Puerto Rico, y en 1511 Cuba. A la muerte de Fernando el Católico, en 1516, las Antillas estaban agotadas. Reemplazaron a Andalucía como base de retaguardia para las expediciones al continente americano en busca de tierras por colonizar.

LA POLÍTICA EXTERIOR DE LOS REYES CATÓLICOS

La toma de Granada no fue sólo el fin de un prolongado esfuerzo de reconquista; también fue el punto de partida de una expansión más allá del Estrecho. En una *Historia hispanica* terminada en 1469 Rodrigo Sánchez de Arévalo ya escribía que España tenía su prolongación natural en el norte de África, en las antiguas provincias romanas. El espíritu de cruzada se mezclaba con las preocupaciones militares y los intereses económicos. Los señores andaluces costearon expediciones al litoral africano, frecuentado por los pescadores de Palos y Niebla. Unos y otros se enfrentaron a los portugueses. El tratado de Alcaçovas (1479) había delimitado las zonas de influencia: el reino de Fez y Guinea para Portugal, el reino de Tremecén para Castilla. Pero las costas del Sahara, entre el cabo Aguer y el de Bojador, frente a las Canarias, dieron lugar a muchas reclamaciones. El tratado de Tordesillas de 1494 reconoció los derechos de España sobre la zona situada al este de Ceuta. Se inició entonces una expansión por la cuenca occidental del Mediterráneo, de Cádiz a Nápoles. En 1494 los españoles se apoderaron de Melilla, terminal de las caravanas que transportaban el oro de Sudán a través del Sahara. La etapa siguiente estuvo marcada por la ocupación de Mazalquivir (Mers el-Kébir) en 1505, preludio de la ocupación de Orán que llevó a cabo Pedro Navarro en 1509, con la participación personal del cardenal Cisneros, el cual invirtió en la operación parte de los ingresos de la diócesis de Toledo. Nada muestra más a las claras la ambigüedad de la política africana de España que esta cooperación entre un militar y un prelado: mientras Navarro pensaba en el botín, Cisneros creía encabezar una cruzada. En 1510 Pedro

---

13. Veinte años después Francisco I, irónicamente, pidió ver el testamento de Adán que repartía el mundo entre Castilla y Portugal.

Navarro se dirigió al otro extremo del norte de África, y con varios meses de intervalo se apoderó de Bugía y Trípoli. Antes que correr la misma suerte, Argel prefirió firmar un acuerdo. Para acabar de asegurarse el dominio del Mediterráneo occidental el rey Fernando tenía que controlar el brazo de mar entre el cabo Bon y Sicilia, pero en 1510 fracasó el intento de instalar una guarnición en Gelves (Djerba), isla situada enfrente de Sfax. Pese a este contratiempo, en 1515 toda la orilla sur del Mediterráneo, de Melilla a Bugía, fue un protectorado de España.

El norte de África era sólo uno de los puntos de aplicación de una política exterior ambiciosa. La doble monarquía de los Reyes Católicos también tenía intereses en Europa, y las embajadas permanentes creadas a partir de 1495 indican claramente cuáles eran sus preocupaciones: Roma, Venecia, Londres y Bruselas, es decir, Italia y el norte de Europa. Fernando concibió el proyecto de una «gran alianza occidental» —la expresión es de Vicens Vives— con Inglaterra y los Habsburgo. El acercamiento a Inglaterra se remontaba a 1482, y no era ajeno a la economía. Los dos países negociaron para suprimir las patentes de corso que autorizaban a los corsarios a atacar los buques mercantes y saquear sus cargamentos. Se llevaron a cabo alianzas dinásticas. En 1501 la infanta Catalina casó con Arturo, heredero del trono de Inglaterra. Tras la muerte prematura de su esposo, Catalina fue dada en matrimonio al futuro Enrique VIII. La hija de esta unión, María Tudor, reinó en Inglaterra de 1553 a 1558, y en 1554 casó con Felipe II de España. Esta política matrimonial coherente estaba destinada a defender los intereses de Castilla en el norte de Europa.

En este terreno, la gran jugada, que tendría consecuencias duraderas en el destino de España, fueron los matrimonios borgoñones. María de Borgoña, hija de Carlos el Temerario, último duque de Borgoña, casó con un Habsburgo, Maximiliano de Austria, emperador del Sacro Imperio. Los Reyes Católicos y el emperador tenían un enemigo común, Francia, que amenazaba las posiciones españolas en los Pirineos e Italia y se oponía a la reconstitución del ducado de Borgoña, objetivo de los Habsburgo. En 1497 un doble matrimonio selló la alianza entre ambas potencias. Margarita de Austria, hija del emperador, casó con el príncipe Juan, heredero de los Reyes Católicos, mientras que Felipe el Hermoso, otro hijo del emperador, casó con la infanta Juana, que aún no era conocida como Juana la Loca. La muerte súbita del príncipe Juan en 1497 la convirtió en heredera del trono de Castilla y puso el trono de España al alcance de la dinastía de los Habsburgo.

Francia quedó excluida de este sistema de alianzas. Desde el advenimiento de los Reyes Católicos había estado enfrentada a la doble monarquía en el Rosellón, Italia y Navarra.

Durante la guerra civil de Cataluña (1462-1472) Luis XI había apoyado a Juan II de Aragón contra sus súbditos sublevados. Como compensación por sus gastos había ocupado el Rosellón y la Cerdaña, y esta situación era un motivo de discordia entre Francia y Aragón. Fernando el Católico reclamó la devolución de estos territorios, que consideraba parte integrante del principado de Cataluña. Recibió satisfacción en 1493, cuando Carlos VIII, para tener las manos libres en Italia, devolvió a Aragón los condados en disputa. Fernando no quiso bajar la guardia, y la defensa del Rosellón contra un posible ataque francés le salió muy cara a Castilla, que entre 1495 y 1504 invirtió en ella cerca de la quinta parte de sus recursos fiscales.

En Italia Fernando asumió la política de sus antecesores. Del antiguo imperio mediterráneo creado en el mejor momento de la expansión catalana, a comienzos del siglo XV apenas quedaba Sicilia, incorporada a los territorios aragoneses en 1302.[14] Sicilia había sido un excelente punto de partida para las campañas de Alfonso V el Magnánimo, rey de Aragón en 1416. Alfonso V había aprovechado las dificultades de la dinastía francesa de Anjou para intervenir en el reino de Nápoles y conquistarlo entre 1421 y 1443. Como lo consideraba una posesión personal, el Magnánimo, en su testamento, no se lo dejó a su hermano Juan II, heredero de la corona de Aragón, sino a su hijo bastardo Ferrante (1458). La muerte de este último en 1494 dio pie a la intervención de Francia. Carlos VIII reivindicó los derechos que pretendía tener la dinastía de los Anjou sobre Nápoles, y en varios meses ocupó casi todo el territorio del reino. Como Nápoles era teóricamente un feudo de la Santa Sede, el papa Alejandro VI, que no quería tener una gran potencia como Francia instalada en el sur de Italia, promovió una coalición, la Liga Santa, de la que formaban parte, además del papa, el emperador Maximiliano, Milán, Venecia y España. Carlos VIII se vio obligado a retirarse.

Luis XII, que sucedió a Carlos VIII en 1498, renovó sus pretensiones sobre Nápoles. Esta vez se enfrentaba a Fernando el Católico, que hizo valer sus derechos. No en vano era el descendiente más directo de Alfonso el Magnánimo. Por un momento todo parecía indicar que el reino se iba a repartir entre Francia y España, pero luego el contencioso acabó en una guerra ganada por España. Al mando de las tropas españolas estaba uno de los generales que habían descollado en la guerra de Granada, Gonzalo Fernández de Córdoba, llamado el Gran Capitán. Tras una serie de acciones resueltas con brillantez, entre las que destacan Ceriñola (abril de 1503) y Garellano (diciembre de 1503), los españoles expulsaron a los franceses. Luis XII tuvo que ceder, y el reino de Nápoles perteneció durante dos siglos a la corona de Aragón.

Los éxitos logrados en Italia convirtieron a España en una gran potencia europea a comienzos del siglo XVI. Durante 150 años, hasta la batalla de Rocroi (1643), el ejército español tuvo fama de invencible. Su eficacia y superioridad se debían a un instrumento creado por el Gran Capitán. Gonzalo Fernández de Córdoba se dio cuenta en seguida de que era difícil vencer a la caballería francesa, acorazada y armada con largas lanzas. Para hacerle frente formó unas unidades más ligeras, que tenían mayor capacidad de maniobra, y les añadió arcabuceros. Estas agrupaciones de picas, espadas cortas, arcabuces y mosquetes, apoyadas por destacamentos de caballería, formaron el núcleo de los tercios.[15] Diego de Vera y Pedro Navarro crearon un cuerpo de artillería, lo que completó la reorganización que tuvo lugar a principios del siglo XVI. El ejército se convirtió en una de las prioridades de España. Mientras que en 1480 se llevaba el 15 por 100 del presupuesto del estado, al final del reinado esta proporción superaba el 50 por 100.

Navarra era otro motivo de discordia. Por su situación, el reino suponía un peligro en caso de que estallara un conflicto con Francia. Los Reyes Católicos procuraron instalar reyes amigos en su trono. En 1481 sugirieron la boda de su hija Juana, de dos años, con el príncipe heredero de Navarra, Francisco Febo, que tenía la misma edad. Este proyecto no se llevó a cabo, ni el que los reyes propusieron en 1483 tras la muerte de Francisco Febo. El hijo mayor de los Reyes Católicos, Juan, podría

---

14.   Desde el año de su matrimonio (1469) Fernando e Isabel adoptaron el título de reyes de Sicilia, cedido por Juan II de Aragón.

15.   La palabra no aparece hasta 1534, pero la idea data de las guerras de Italia.

casarse con la hermana del príncipe, Catalina. Ésta acabo casándose con Juan de Albret, que varios años después fue rey de Navarra. Ya que no habían podido colocar a un hijo suyo en el reino de Navarra, los Reyes Católicos esperaban al menos que el reino vecino se mantuviera neutral. Estas esperanzas parecieron vanas en 1512, en vísperas de otra guerra entre Francia y España. El rey de Aragón exigió unas garantías que los Albret no podían darle, sometidos como estaban a la fuerte presión del rey de Francia Luis XII, que amenazaba con expulsarles de Bearne. Entonces Fernando de Aragón decidió recurrir a la fuerza. El 21 de julio de 1512 el ejército del duque de Alba entró en Navarra. El 25 ocupó Pamplona, y en menos de quince días el resto del reino. Una contraofensiva francesa fracasó. Desde el principio de la invasión Fernando se proclamó rey de Navarra.[16]

EL FIN DE LOS TRASTÁMARA

A la muerte de Isabel en 1504, la doble monarquía corría el riesgo de deshacerse. Tras el fallecimiento del príncipe Juan (1497) y los de la infanta Isabel (1498) y su hijo Miguel de Portugal (1500), quedó como heredera de los Reyes Católicos la princesa Juana. Pero su salud mental planteaba problemas. ¿Estaba realmente loca, tal como suele aparecer en la historia, la novela y el cine? Hay razones para pensarlo, dado que su propia madre tomó precauciones. En su testamento Isabel dispuso que, a su muerte, Juana fuera proclamada reina de Castilla. Fernando ya sólo sería rey de Aragón, pero Isabel añadió una cláusula: en caso de que Juana no pudiera o no quisiera ejercer sus prerrogativas, su padre Fernando gobernaría en su nombre.

Las Cortes, reunidas en Toro en 1505, reconocieron solemnemente los derechos de Juana a la corona de Castilla, y al mismo tiempo comprobaron que era incapaz de gobernar. Nada se oponía, pues, a que Fernando, en virtud del testamento de Isabel, ejerciera la regencia. Pero Felipe el Hermoso no estuvo de acuerdo. Como marido de la reina pretendía gobernar en su nombre. Con Fernando la continuidad del régimen estaba asegurada, ya que había ejercido el poder desde 1475. Eso no era del agrado de muchos aristócratas que habían tenido que plegarse al autoritarismo de los Reyes Católicos. Esperaban que el cambio de reinado fuera la ocasión de revisar las orientaciones, los métodos de gobierno y los cargos políticos, y decidieron ayudar a Felipe el Hermoso en su reclamación del trono. Lo lograron. En 1506 Fernando el Católico, abandonado por la mayoría de los aristócratas, se vio obligado a ceder el puesto a su yerno. Un año antes, barruntando el peligro, había decidido volver a casarse con la sobrina de Luis XII Germana de Foix. El hijo de esta unión murió a las pocas horas (1509). De haber vivido, habría heredado la corona de Aragón, que se habría separado (quién sabe por cuánto tiempo) de Castilla, ya que en Aragón las mujeres estaban excluidas de la sucesión al trono. Fernando había inten-

---

16. El asunto de Navarra dio lugar a una curiosa intervención de Julio II, entonces aliado del rey de Aragón. El papa pronunció unas sanciones espirituales contra los Albret y les declaró despojados de sus derechos. Fue una de las últimas manifestaciones del poder teocrático de la Iglesia. Algunos jurisconsultos españoles se basaron en este precedente para justificar *a posteriori* la investidura que el papa Alejandro VI había dado a los reyes de España sobre los territorios descubiertos en América.

tado cambiar este aspecto de la ley fundamental. Fue en 1498, tras la muerte del príncipe Juan. Quería proclamar a su hija Isabel heredera de Aragón, invocando la necesidad de mantener la unión de las dos coronas. La muerte de la princesa dejó sin sentido el debate de las Cortes de Zaragoza. En 1504, cuando murió la reina Isabel, la ley sálica seguía vigente en Aragón, lo que hacía teóricamente posible la separación de Castilla.

La coronación de Felipe el Hermoso en 1506 desencadenó una reacción contra el régimen anterior. El nuevo rey destituyó a los viejos servidores de los Reyes Católicos y los reemplazó por sus leales, pero murió repentinamente en septiembre del mismo año. Los recién vencidos reaccionaron y las facciones nobiliarias se disputaron el poder en las ciudades. Para describir la situación, los cronistas recurren a los mismos términos empleados medio siglo antes, cuando censuraron los últimos años del reinado de Enrique IV: la anarquía se apodera del reino. El cardenal Cisneros se dirigió a Fernando y le pidió que volviera urgentemente a Castilla, pues era el único capaz de restablecer el orden. Había llegado el momento de la revancha para el rey de Aragón. Se tomó su tiempo, y por el momento se quedó varios meses en Nápoles. En junio de 1507 regresó a España. Sus adversarios más comprometidos no le habían esperado y se habían refugiado en los Países Bajos. Otros recibieron un severo castigo. Lo mismo que durante la guerra de sucesión, las expediciones punitivas expulsaron a los señores de las tierras y ciudades que habían ocupado. El paréntesis abierto por la muerte de Isabel se cerró. Fernando recuperó el poder en calidad de regente. Gobernó en nombre de su hija, pero tomó precauciones. Para evitar que, una vez más, Juana se convirtiera en un obstáculo y un instrumento en manos de sus adversarios, la mandó encerrar en Tordesillas. La desdichada Juana estuvo recluida allí hasta su muerte en 1554. A Fernando le quedaba dejar resuelta su propia sucesión. La heredera legítima de la corona era Juana, pero todos sabían que no estaba en condiciones de ejercer sus funciones. Aunque prefería al menor de sus nietos, el infante Fernando, nacido y educado en España, el Rey Católico aceptó nombrar al príncipe Carlos para que a su muerte ejerciera la regencia. Carlos inauguró en España una nueva dinastía, la de los Habsburgo.

Capítulo II

CARLOS V (1516-1556)

En enero de 1516, a la muerte del rey Fernando de Aragón, le correspondía a su nieto Carlos de Gante —que entonces residía en los Países Bajos— ejercer el poder como regente en nombre de su madre Juana la Loca, que seguía siendo reina legítima de Castilla. Así se lo recordaron a la corte el cardenal Cisneros y el Consejo Real. En Bruselas, el círculo del príncipe tenía otros planes. El emperador Maximiliano era muy anciano, y su nieto Carlos parecía bien situado para sucederle llegado el momento, pero pensaban que tendría más posibilidades de ser elegido para encabezar el Sacro Imperio si llevaba el título de rey. Haciendo caso omiso de las advertencias procedentes de la península, el 14 de marzo de 1516 la corte de Bruselas le proclamó rey de Castilla y Aragón. Fue un verdadero golpe de estado, y los castellanos así lo entendieron. Pero Cisneros se plegó a los hechos consumados por miedo a complicar aún más una situación ya de por sí enrevesada.

En Castilla volvía a haber disturbios. Como a cada cambio de reinado, los nobles se envalentonaron. Algunos quisieron apoderarse de unos dominios en disputa sin esperar el fallo de la justicia, otros trataron de acrecentar su influencia en las grandes ciudades eliminando a sus rivales. En algunas regiones los vasallos se sublevaron contra sus señores. La autoridad del estado no era respetada. Las ciudades, alarmadas, planearon reunir ilegalmente las Cortes para remediar las carencias del poder. Cisneros, que gobernaba en ausencia de Carlos, apenas lograba imponer su autoridad. Apremió al rey para que se presentara lo antes posible y, mientras tanto, le sugirió que creara una fuerza de policía para que el poder real pudiera mantener el orden. Los nobles barruntaron el peligro e hicieron fracasar sus planes. En efecto, Cisneros no tenía plenos poderes. Para cualquier decisión importante debía consultar a Bruselas, donde no siempre le hacían caso.

Por fin, en octubre de 1517, Carlos I[1] se decidió a viajar a la península. Se esperaba que restableciera el orden y velara personalmente por los intereses del reino. Pronto las esperanzas depositadas en él quedaron defraudadas. Además, la muerte

---

1. Este fue el título que llevó en España. El título de Carlos V lo adoptó en 1519, como quinto titular del Sacro Imperio con dicho nombre.

de Cisneros le dejó sin un consejero prudente y un hombre con autoridad, defensor de las prerrogativas reales. El joven soberano —apenas tenía 17 años— no logró ganarse la simpatía de sus vasallos, que le encontraban frío, estúpido y arrogante. No hablaba una palabra de español, ni parecía muy interesado en los asuntos de estado. En la corte los flamencos coparon los puestos más importantes. Uno de ellos, Chièvres, ejerció una influencia considerable y actuó como si fuera el verdadero dueño del país. En el círculo del rey también había castellanos, pero o bien eran emigrados, como el obispo Mota, que habían salido del país hacía más de diez años, o bien eran funcionarios prevaricadores, como Fonseca o Conchillos, expulsados de la corte por Cisneros y repuestos por la corte de Bruselas. Unos y otros dieron la impresión de que trataban a Castilla como un país conquistado. Se atribuyeron las sinecuras más lucrativas, se repartieron los cargos públicos y los beneficios eclesiásticos. El nombramiento del sobrino de Chièvres, un joven de veinte años, para suceder a Cisneros en el arzobispado de Toledo, fue un verdadero escándalo. Menos de seis meses después de la llegada del rey la desilusión se hizo patente en las Cortes reunidas en Valladolid. Algunos frailes predicaron abiertamente contra la corte, denunciando la codicia de los flamencos y la dejación de la nobleza, que según ellos había perdido el sentido del interés general.

Estando así las cosas murió el emperador Maximiliano, el 12 de enero de 1519. El Sacro Imperio Romano Germánico desató la codicia no tanto por su territorio —un conglomerado de posesiones particulares, principados, señoríos y municipios— cuanto por el prestigio y la autoridad moral que proporcionaba a su titular. Maximiliano deseaba que el imperio siguiera regido por los Habsburgo, y desde hacía varios años había hecho campaña a favor de su nieto Carlos, frente al rey de Francia, Francisco I, y el de Inglaterra, Enrique VIII. El título de emperador era electivo. Siete electores tenían el privilegio de nombrarlo: los arzobispos de Maguncia, Colonia y Tréveris, el rey de Bohemia, el duque de Sajonia, el margrave de Brandeburgo y el conde palatino del Rin. Estos electores no eran desinteresados, y estaban dispuestos a negociar su voto. Sólo faltaba poner el precio. Para enfrentarse a Francisco I, que prometió grandes sumas a los que votaran por él, Carlos logró el apoyo de Jacob Fugger, el banquero de Augsburgo, la principal potencia financiera de Europa, que puso a su disposición más de medio millón de florines renanos. Con esta garantía Carlos fue elegido por unanimidad el 28 de junio de 1519. Fue una victoria para los Habsburgo, pero también para Fugger, que en 1523 le pasó la cuenta al vencedor.[2]

La elección imperial fue mal acogida en Castilla, y provocó la oposición y el descontento. Durante el verano de 1519 la ciudad de Toledo hizo campaña contra los gastos extraordinarios de la elección (deuda de Fugger, costas de la coronación…) y contra el imperio (Toledo temía que Castilla se viera obligada a sufragar una política que no la concernía directamente). En una palabra, Toledo quiso obviar al emperador. Sólo reconocía al rey de Castilla, y reclamó una reunión de las Cortes para

2. «Es de notoriedad pública y claro como el día que su majestad imperial no habría podido, sin mí, obtener la corona romana» (en espera de ser coronado por el papa, el emperador elegido adoptaba el título de Rey de Romanos). Sin embargo, no todo se puede atribuir al poder del dinero. Sin quitar importancia a estos regateos, a favor del Habsburgo intervinieron otros elementos, y sobre todo el sentimiento nacional alemán —o su equivalente en esta época—: «En el momento decisivo, cuando hubo que pasar a la votación, de nada sirvió la negociación, la puja, lo convenido. Una ola de nacionalismo germánico arrolló todas estas cosas pequeñas y miserables» (Lucien Febvre, *Un destin, Martin Luther*, París, 1945, p. 139).

obtener garantías del soberano. La corte, aparentemente, cedió, y en febrero de 1520 convocó Cortes. De este modo pensaba atajar la campaña de oposición, pero su verdadera intención era obtener un nuevo subsidio o «servicio» (impuesto directo). Para atar bien los cabos dio instrucciones a los corregidores para que se aseguraran de que no fuera elegido ningún oponente notorio, y para que los procuradores tuvieran plenos poderes. La preparación de las Cortes dio nuevos bríos al movimiento de oposición, en vez de calmarlo. La expresión más firme de esta oposición fue un manifiesto escrito en febrero por unos frailes de Salamanca. El documento tuvo una amplia difusión en todo el país, y fue el programa del futuro movimiento comunero. En él se concretan tres ideas principales: 1) El rechazo de cualquier impuesto nuevo; 2) el rechazo del Imperio: los comuneros acusan a Carlos V de sacrificar el bien común del reino a los asuntos dinásticos; sospechan que Castilla acabará soportando las cargas de la política imperial y costeando objetivos contrarios a los que ha tenido hasta entonces, con riesgo de perder autonomía; 3) una amenaza: si el rey persiste en sus pretensiones y no tiene en cuenta la opinión de sus vasallos, las comunidades sacarán consecuencias y defenderán los intereses del reino.

Comunidades: el término serviría para designar la rebelión de Castilla en los meses sucesivos. Era vago, y peligroso a causa de su propia imprecisión. ¿A qué se referían los frailes de Salamanca? La palabra comunidad podía tener tres interpretaciones. En primer lugar designaba, en plural, las colectividades territoriales (municipios, universidades, grandes cuerpos del estado), que velaban por el bien común. La palabra también poseía una resonancia social, pues recordaba al pueblo llano (el común), en contraste con los estamentos privilegiados, un pueblo traicionado por las minorías dirigentes. En este sentido, era frecuente la contraposición de «comunero» y «caballero». En cierto modo, la comunidad era como el tercer estado. Por último, la palabra también podía referirse a la comunidad nacional, enfrentada a los intereses personales y dinásticos del soberano.

La corte no tomó en serio estas amenazas. Cuando a finales de marzo de 1520 las Cortes se reunieron en Santiago, el obispo Mota, que las presidía, trató de convencer a los procuradores apelando a su orgullo nacional. El rey de Castilla había sido elevado a la más alta dignidad de la cristiandad, lo que le situaba por encima de los demás soberanos. Como en los tiempos gloriosos de la historia de Roma, España proporcionaba un emperador al mundo civilizado. Lo cual implicaba unas responsabilidades ineludibles para Carlos V. La Providencia le había encomendado la misión de salvar a la cristiandad, amenazada por los turcos. ¿Cómo negarle los medios necesarios para ello? Mota prometió que la ausencia del rey sería breve, de tres años como máximo, y exhortó a los procuradores para que votaran el servicio en cuestión. Este discurso no convenció a los reunidos. Las Cortes fueron suspendidas. Chièvres trató de ablandar a los oponentes con amenazas, presiones y sobornos. Cuando las Cortes reanudaron las sesiones, esta vez en La Coruña —pues la corte pensaba marcharse de España una vez votados los impuestos—, una mayoría de procuradores acabó aceptando las pretensiones de la corte. El rey embarcó en seguida, el 20 de mayo de 1520, y su antiguo preceptor Adriano de Utrecht quedó encargado de gobernar el país en su ausencia.

En cuanto partió el rey estallaron disturbios en Zamora, Burgos, Guadalajara, León y Segovia. Los procuradores que habían votado el impuesto, los corregidores, los altos funcionarios y los recaudadores de impuestos concitaron la ira popular. En este contexto general de rebeldía Toledo volvió a tomar la iniciativa. A partir del

15 de abril, es decir, más de un mes antes de la partida del rey, la ciudad adoptó una actitud revolucionaria, expulsó al corregidor y eligió una nueva corporación local, una comunidad. El 8 de junio ésta propuso que las ciudades representadas en las Cortes se reunieran para restablecer el orden en el reino. Los municipios fueron remisos a seguir el llamamiento de Toledo y colocarse fuera de la legalidad. Al final se reunió una junta en Ávila, a primeros de agosto, pero sólo acudieron representantes de cuatro ciudades: Toledo, Segovia, Salamanca y Toro, flaco resultado que la torpeza del gobierno transformó en victoria.

Cuando el ejército quiso tomar posesión del parque de artillería de Medina del Campo se produjeron graves incidentes. El 21 de agosto de 1520, a raíz de unos altercados entre soldados y civiles, varias casas se incendiaron, y en unas horas el incendio arrasó la mayor parte de la villa. Los comuneros acusaron al gobierno y ocuparon Tordesillas, residencia de Juana la Loca. Allí se reunió la asamblea de los rebeldes, que fue requerida para que devolviera sus prerrogativas a la reina y gobernara en su nombre. Las ciudades que hasta entonces habían vacilado se unieron al movimiento y enviaron representantes a Tordesillas. A finales de septiembre estaban representadas trece de las dieciocho con escaño en las Cortes. La mayoría del reino parecía sumarse a la revolución.

Esta situación favorable a los rebeldes evolucionó a lo largo del otoño. En las ciudades adictas a la Comunidad, el corregidor y los regidores fueron destituidos y proscritos. Estos regidores pertenecían a la pequeña nobleza de los caballeros, que se sintió amenazada por el avance de la revolución. La alta nobleza también empezó a inquietarse. En varias regiones sus vasallos se sublevaron, con la intención de sacudirse el yugo señorial y pasar a depender directamente de la corona. En toda Castilla se propagó un violento movimiento antiseñorial. Los señores empezaron a armarse. En varias semanas el movimiento se había extendido al campo, donde alarmó a la aristocracia terrateniente, que se puso en guardia. En este momento, por consejo del cardenal Adriano, Carlos V renunció al servicio votado en La Coruña y asoció a dos nobles a la gobernación, el condestable y el almirante de Castilla. Por primera vez desde la coronación de Isabel de Castilla, los grandes se asociaban al gobierno. El cardenal Adriano manejó hábilmente la situación y convenció sin la menor dificultad a la aristocracia de que su lugar estaba al lado del poder real. Carlos V y los nobles se pusieron de acuerdo. El primero procuraba defender sus prerrogativas, los segundos sus privilegios. Gracias al apoyo de la aristocracia, el gobierno recuperó Tordesillas el 5 de diciembre de 1520, y el 21 de abril de 1521 aplastó a los comuneros en Villalar. Los tres jefes militares del movimiento —Juan de Padilla, Juan Bravo y Francisco Maldonado— fueron ejecutados al día siguiente. La rebelión se prolongó en Toledo, dirigida por la viuda de Padilla, María Pacheco, hasta febrero de 1522. Carlos V volvió a España en julio. Durante el verano mandó ejecutar a una decena de cabecillas, y el 1 de noviembre promulgó una amnistía de la que quedaron excluidas unas 300 personas.

La revolución de las Comunidades tenía causas inmediatas: la decepción de los castellanos ante el joven rey, la elección imperial y una situación económica desfavorable. Los años 1504-1506 fueron terribles, con malas cosechas, hambre y mortandad, agravadas por un aumento de la presión fiscal. Pocos años después, de 1510 a 1515, se produjo una caída espectacular de los precios, la única del siglo, y a esta depresión le siguió un ascenso imparable, que culminó en 1521.

La revolución también tenía orígenes más remotos. El régimen autoritario de los

Reyes Católicos había sembrado muchos recelos entre la aristocracia y las grandes ciudades, que no se resignaron a perder toda su influencia política. La rebelión se debe situar en este contexto. En 1520 la crisis económica afectó a todos los sectores y todas las regiones, pero sobre todo al centro del reino, la zona comprendida entre Toledo y Valladolid. Allí había ciudades que llevaban unos veinte años recibiendo una afluencia de población rural, en las que se había intentado crear empleo y riqueza desarrollando el textil, pero el artesanado tropezaba con la competencia extranjera y tenía dificultades para conseguir materia prima, porque las lanas de calidad se reservaban para la exportación. En el norte, Burgos estaba en mejor situación, y esperaba que la nueva dinastía reforzara las relaciones comerciales con Flandes y el norte de Europa. En Andalucía, el prometedor desarrollo del comercio con América también mitigó la gravedad de la crisis.

Con estas premisas podemos entender el significado del movimiento comunero. Era un fenómeno castellano, y para ser más precisos, limitado a la zona central de Castilla. Aunque se tratara esencialmente de un fenómeno urbano, tuvo repercusiones en el campo, donde se desató un violento rechazo del régimen señorial. Este movimiento aspiraba a una verdadera revolución política que limitara las prerrogativas de la corona. Los comuneros exigieron una participación directa del reino en los asuntos políticos. La Junta de Tordesillas consideró que el rey tenía que haber consultado al reino antes de aceptar el imperio, absteniéndose de tomar una decisión sin su aprobación. Para los Reyes Católicos la política era un asunto exclusivo de la corona, y los vasallos no debían mezclarse en ella. Esta labor de despolitización quedó patente en los municipios, dirigidos por unas oligarquías dedicadas exclusivamente a tareas administrativas. A escala nacional, la nobleza y las Cortes habían quedado al margen de los asuntos políticos. Los comuneros reaccionaron contra esta situación. Por iniciativa suya se reanudaron los debates políticos en los concejos municipales, donde los regidores tradicionales fueron sustituidos por representantes elegidos por la población. La Junta llevó la delantera en este afán de participar en la toma de las grandes decisiones. Por este motivo consideró insuficientes las concesiones de Carlos V. El rey pensó que para contentar a los nobles que se habían opuesto al nombramiento del cardenal Adriano bastaría con incorporar a dos de ellos a la regencia. Pero la Junta no se dio por satisfecha. No cuestionaba la personalidad de los regentes, sino la manera de nombrarlos. Una vez más, el rey había actuado sin consultar al reino. Se equivocan, pues, quienes interpretan la rebelión comunera como una reacción xenófoba provocada por el nombramiento de un flamenco para dirigir el gobierno. Sus metas eran políticas, y sus contemporáneos así lo entendieron. Uno de los nobles asociados a la gobernación, el almirante, resumió perfectamente la posición de los rebeldes: los comuneros pretendían situar el reino por encima del rey, «cosa es que jamás fue vista». Se invertía la relación entre el rey y el reino, caracterizada hasta entonces por la superioridad del primero. A partir de entonces el reino, y la Junta en su nombre, aspiraba a asumir la realidad del poder. El cronista Pedro Mejía se expresa claramente al respecto: los comuneros querían poner al rey bajo tutela.

La extracción social de los comuneros era de clase media: artesanos, manufactureros, miembros de profesiones liberales (abogados y juristas). Tenían sus ideólogos, los frailes mendicantes, que defendían tesis tomadas del tomismo: existe un contrato tácito entre el rey y sus vasallos. El primero debe velar por el bien común, y en tanto lo haga los vasallos están obligados a obedecerle. En caso contrario el rey se transforma en tirano, y los vasallos tienen derecho a protestar. Si el rey persiste los vasallos quedan libres de todo compromiso. Los comuneros tenían un programa económico. Querían desarrollar las manufacturas textiles y, por consiguiente, limitar las exportaciones de lana. Contra ellos se unieron dos grupos, la aristocracia terrateniente y la gran burguesía mercantil. Sus intereses eran complementarios, pues ambos se beneficiaban del mercado de la lana, unos como propietarios de los rebaños y los otros como exportadores. En este sentido, no es exagerado interpretar el episodio de las Comunidades como una revolución moderna fallida. Pretendía adelantarse a su tiempo instaurando un régimen representativo en el que la burguesía urbana tuviera un papel destacado. Este fue el motivo de su fracaso: era una revolución prematura, que aspiraba a dar el poder a una burguesía aún débil o que, allí donde existía, prefería la alianza con la aristocracia y la tutela de la monarquía.

La rebelión valenciana de las Germanías, contemporánea de las Comunidades de Castilla, presenta unos rasgos distintos. En este caso no hubo reivindicaciones políticas, y aparentemente tampoco se debió a dificultades económicas, pues la crisis no fue anterior a la rebelión, sino su consecuencia. Se advierte, en cambio, un malestar social difuso cuyos orígenes se remontaban por lo menos a los siglos XIII o XIV. Este malestar dio lugar a brotes de mesianismo[3] y disensiones entre el pueblo llano de Valencia y los ricos y los nobles, que se vieron agravadas en el verano de 1519, cuando la peste asoló el reino. Los nobles se marcharon de la ciudad a sus dominios del interior. La población de Valencia se encontró abandonada a su suerte, presa fácil de la peste y los corsarios berberiscos. Para defenderse de estos últimos, la corte había permitido que los gremios se armaran. Estos grupos armados fueron las primeras manifestaciones de germanía (hermandad). En diciembre de 1519 un consejo de trece síndicos se hizo cargo de la administración municipal. Los aristócratas se alarmaron, y se produjeron enfrentamientos sin que el poder real se sintiera concernido. Carlos V se decidió por fin a enviar un virrey para restablecer el orden, pero la germanía interpretó esta decisión como una concesión a la nobleza y una amenaza, y expulsó al virrey de Valencia y Játiva. La verdad es que dicho virrey, Diego Hurtado de Mendoza, reaccionó como aristócrata, antes que como representante del estado. Durante más de un año, hasta mayo de 1521, el poder real no se tomó las cosas muy en serio. Los rebeldes eran dueños de la situación. El 25 de julio de 1521 aplastaron al ejército real delante de Gandía y luego saquearon los dominios de los señores, ensañándose con los musulmanes, mano de obra laboriosa y dócil, a los que bautizaron a la fuerza. Como en Castilla, la alianza entre el poder real y los nobles acabó derrotando a estas tropas mal aguerridas. Valencia capituló el 1 de noviembre de 1521. Hasta septiembre de 1522 hubo algunas escaramuzas alrededor de Játiva y Alcira. La guerra civil fue mucho más mortífera en Valencia que en Castilla. Sus víctimas se contaron por decenas de miles, y dejó fuertes secuelas. Con el bautismo forzoso de los musulmanes, los rebeldes crearon un problema, el de los moriscos, que la sociedad valenciana fue incapaz de solucionar. En 1523 Carlos V nombró a

---

3.   El mesianismo no estuvo ausente de la guerra de las Comunidades, pero tuvo más importancia en Valencia con el fenómeno del Encubierto, un ermitaño vestido con pieles que pretendía ser hijo póstumo del príncipe Juan, heredero de los Reyes Católicos, muerto en 1497. Afirmaba que su padre había sido apartado del trono por las intrigas de Felipe el Hermoso y el cardenal Mendoza. Los hijos del prelado (el virrey Diego Hurtado de Mendoza y el marqués de Zenete, Rodrigo de Mendoza) fueron precisamente los encargados de reprimir la rebelión valenciana. El Encubierto decía que el Espíritu Santo le había encomendado la misión de acabar con el islam en el reino de Valencia (donde quedaban muchos musulmanes). Unos sicarios del virrey asesinaron al Encubierto.

la viuda de Fernando el Católico, Germana de Foix, virreina de Valencia. Germana dio a la ciudad de Valencia un impulso cultural que se mantuvo durante mucho tiempo, pero la ciudad no recuperó la prosperidad anterior a las Germanías.

Antes de marcharse a Alemania, el rey había viajado a los otros dos territorios de la corona de Aragón: Zaragoza, de mayo de 1518 a enero de 1519, y Barcelona, donde permaneció hasta enero de 1520. En ambas ocasiones la acogida fue bastante favorable, aunque tuvo que dedicar mucho tiempo a escuchar los agravios de las Cortes sin obtener a cambio subsidios sustanciales; pero sabía que las limitadas posibilidades de estos territorios no le permitirían cosechar grandes aportaciones.

El primer contacto del joven rey con sus vasallos españoles fue decepcionante, sobre todo en Castilla, el reino más poblado y rico. Si conservó el trono fue gracias al apoyo de la aristocracia. Ésta esperaba obtener beneficios políticos, pero hubo de moderar sus pretensiones. El primer Habsburgo, recogiendo el legado de los Reyes Católicos, quiso reservar exclusivamente a la corona la dirección de los asuntos políticos. No se planteó compartir esta dirección con los nobles, y menos aún con las Cortes, tal como proponían los comuneros. Algunos han sacado la conclusión apresurada de que después de Villalar las Cortes se convirtieron en asambleas dóciles, que lo aceptaban todo sin rechistar. Pero no es verdad. Carlos V las reunió más veces que los Reyes Católicos.[4] Las mantuvo informadas de las grandes orientaciones políticas y, aunque no permitió que éstas fueran debatidas, procuró obtener la aprobación de las Cortes, aunque no siempre lo consiguió. En 1527 las Cortes de Valladolid le escucharon atentamente cuando expuso la dramática situación en que se hallaba Europa central, pero se negaron a allegar recursos económicos al esfuerzo bélico contra los turcos: los procuradores castellanos no se dejaron impresionar por las desdichas de Hungría... Diez años después, en 1538, Carlos V intentó convencer a la nobleza y el clero —convocados excepcionalmente a Cortes; fue la última vez— de que renunciaran a algunos de sus privilegios fiscales. La negativa fue tajante.

El soberano que regresó a España en 1522 después de dos años de ausencia ya no era el joven inexperto de 1517. Había madurado, y la muerte le había librado de la estrecha tutela de Chièvres, que no fue sustituido. A partir de entonces Carlos gobernó solo, como habían hecho los Reyes Católicos, aunque rodeado de un grupo de colaboradores en el que predominaban los españoles. En 1526 casó con su prima Isabel, hermana del rey Juan III de Portugal,[5] y este matrimonio agradó a sus vasallos castellanos, pues el rey había tomado mujer en un país que formaba parte de la misma «nación» que ellos. En el terreno político este matrimonio tenía dos ventajas: reforzar los vínculos con Portugal y permitir que el emperador, durante sus ausencias, confiara la regencia a su esposa. Así lo hizo en 1529 antes de embarcarse rumbo a Italia. Tras la muerte de Isabel (1539), su hijo, el futuro Felipe II, nacido en 1527, asumió este cargo, que le dio la oportunidad de aprender el oficio de rey. Los castellanos ya no tuvieron, como en 1520, la sensación de que su soberano les abandonaba. Este es uno de los aspectos más destacados de lo que se ha llamado la «hispanización» de Carlos V, una hispanización relativa, porque en total pasó mucho menos tiempo en la península que en otras partes de su imperio.

---

4. Quince veces en la corona de Castilla, ocho veces en el principado de Cataluña, siete veces en el reino de Aragón y otras siete en el de Valencia.

5. Con este motivo Carlos V visitó Andalucía. La boda se celebró en Sevilla el 10 de marzo de 1526. El viaje de novios lo hicieron a Granada.

LA POLÍTICA IMPERIAL

En 1516 Carlos recibió una herencia cuádruple:
— de su abuela materna, Isabel la Católica, recibió la corona de Castilla y los territorios dependientes de ella: Navarra y las Indias;
— de su abuelo materno, Fernando el Católico, heredó la corona de Aragón y Nápoles;
— su abuela paterna, María de Borgoña, le transmitió dos territorios, Flandes y el Franco Condado, así como pretensiones sobre Borgoña;
— por último, su abuelo paterno, Maximiliano, le legó los territorios de los Habsburgo en Alemania.

A estas posesiones territoriales se sumó en 1519 la dignidad imperial.

¿Qué representaba el Sacro Imperio Romano Germánico cuando Carlos V se convirtió en su titular? Poca cosa. Era una ficción, un recuerdo de la época en que el papa y el emperador, «esas dos mitades de Dios» (Victor Hugo), creían que se podían repartir los papeles en el mundo cristiano: al primero le correspondía la autoridad espiritual, y al otro, como heredero de Carlomagno y, por lo tanto, del imperio romano, la preeminencia sobre los otros soberanos.

En los años treinta de este siglo algunos historiadores alemanes (Peter Rassow, Karl Brandi) trataron de acreditar la hipótesis de que Carlos V aspiraba a dominar Europa. Destacaban el papel del gran canciller Gattinara, un gibelino rezagado, influido por las ideas de Dante, que soñaba con la grandeza de un imperio poderoso, y solían citar esta frase de Gattinara: «Señor, ya que Dios os ha otorgado la inmensa gracia de elevaros por encima de todos los reyes y príncipes de la cristiandad, con un poder que hasta ahora sólo tuvo vuestro antecesor Carlomagno, os halláis en la senda de una monarquía universal, y vais a reunir a la cristiandad bajo un solo cayado». Menéndez Pidal, en cambio, procura resaltar las influencias españolas en Carlos V, sobre todo la de Fernando el Católico, cuyo pensamiento resume en la fórmula «paz entre cristianos y guerra a los infieles». El imperio, tal como lo concebía Carlos V, aspiraba a representar los intereses superiores de la cristiandad y a coordinar la acción de los soberanos nacionales bajo la autoridad moral de su titular, para evitar que se enzarzaran en luchas fratricidas. Pero esta concepción tropezaba con bastantes reticencias. Para empezar, Carlos V confundió a menudo los intereses de su dinastía con los del imperio. El poderío que había acumulado con sus distintas herencias era en sí mismo una amenaza, en particular para Francia, rodeada por todas partes. Es comprensible que algunos lo consideraran excesivo. Lo que en el siglo XVI se llamaba monarquía universal, hoy se llamaría imperialismo. Estos temores explican la resistencia que encontró Carlos V en los dos puntos más importantes de su programa, la cruzada contra los turcos y la unidad ideológica de Europa.

Incluso España, o más exactamente Castilla, puso reparos desde el principio, y la rebelión de los comuneros estalló en el preciso momento en que el rey era proclamado emperador. España no estuvo nunca dispuesta a seguir a Carlos V en sus grandes designios. Le proporcionó los créditos y los hombres necesarios, pero a regañadientes. Ni la cruzada contra los turcos ni la lucha contra el protestantismo lograron entusiasmar a los españoles, al margen de algunos círculos reducidos de intelectuales, sobre todo los discípulos españoles de Erasmo. En el fondo, hasta los

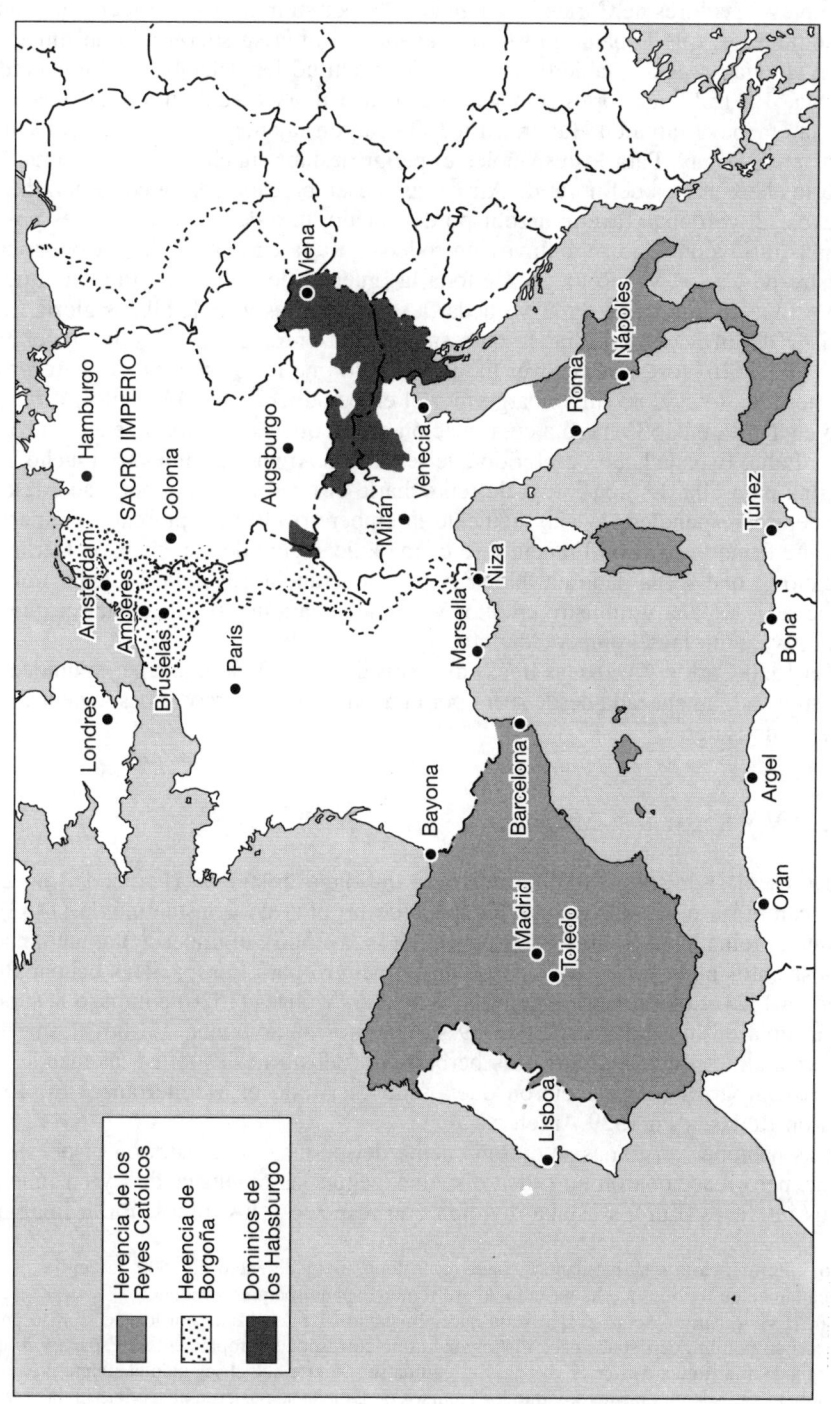

MAPA 6.   Las posesiones de Carlos V.

más fieles servidores de Carlos V —empezando por su mujer— consideraban, como los comuneros, que España no saldría ganando si unía su suerte a la del imperio. No se atrevían a decirlo abiertamente, pero su actitud les delataba, y el emperador lo sabía.[6] En 1527 las Cortes se negaron a costear una expedición militar para conjurar la amenaza turca en Hungría. En 1532 fueron tajantes: «La guerra del Turco no toca a España». Para los españoles el peligro estaba mucho más cerca, eran los corsarios berberiscos del norte de África que desembarcaban en la costa para hacer esclavos. El cardenal Tavera, arzobispo de Toledo, uno de los responsables políticos más influyentes, no se anduvo con rodeos en una carta de 1529 a Cobos, otro ministro de Carlos V: «Reniegue de toda la [guerra] de Italia y de Francia, que al cabo esto es lo que ha de durar y quedar a sus sucesores y lo de allá es gloria transitoria y de aire». Al estudiar la correspondencia entre Carlos V y la emperatriz de 1530 a 1536, José María Jover ha demostrado que la regente era del parecer de sus allegados (elegidos, sin embargo, por el emperador). Felicita a Carlos V por su éxito en Túnez en 1535, pero a continuación añade que esta victoria beneficia sobre todo a Italia; España habría preferido que se atacara Argel, una amenaza mucho más concreta para ella. Es una forma de reprocharle al rey su política poco acorde con los intereses españoles. Al año siguiente la emperatriz Isabel apremia a su marido para que firme la paz con Francia y se ocupe únicamente de España. Con Carlos V se inició lo que se ha dado en llamar la preponderancia española. La expresión es inadecuada. España suministró créditos y soldados para una política exterior que no era la suya, sino la del emperador.[7]

En 1520 Carlos V trazó las líneas maestras de su política: mantener la unidad de la cristiandad, amenazada desde fuera por el avance de los turcos y desde dentro por el cisma de Lutero.

CARLOS V Y SOLIMÁN EL MAGNÍFICO

Desde el siglo XII el Mediterráneo era un «lago cristiano» (Fernand Braudel). Todo cambió a mediados del XV. Después de la toma de Constantinopla (1453) y durante el reinado de Solimán el Magnífico (1521-1566), el imperio otomano, nacido doscientos años antes, se convirtió en un peligro para Europa. Tras ocupar Belgrado en 1521, Solimán atacó Hungría, venció en Mohacs (1526) e impuso la supremacía turca en los Balcanes. En 1529 su ejército asedió Viena. En otro frente los turcos se aliaron con los corsarios berberiscos del norte de África, al mando del famoso Barbarroja, y se hicieron dueños de casi todo el Mediterráneo. En 1521 tomaron Rodas, y en 1529 Argel.

Las naciones cristianas se dieron cuenta del peligro. Se mostraron dispuestas a luchar, pero reaccionaron en orden disperso, según las circunstancias y en función de sus intereses. Europa estaba dividida con respecto a los turcos. En la imagina-

---

6. En una carta a su hermano fechada en Bolonia el 11 de enero de 1530, le confiesa: «En España lamentan todo lo que he gastado de ese reino [España] para esta Italia».

7. Es un aspecto sobre el que solía hacer hincapié Manuel Azaña: en lo que se hizo en el siglo XVI en nombre de España cabe distinguir lo que corresponde propiamente a España y lo que corresponde a las iniciativas de la corona. En seguida se advierte que el segundo elemento predomina ampliamente sobre el primero, y que los recursos de España se pusieron al servicio de la casa de Austria.

ción popular, estimulada por la propaganda religiosa, el turco era el infiel por excelencia, el enemigo irreductible de los cristianos, el bárbaro que incendiaba, saqueaba y empalaba. El tema aparece en multitud de pasquines, libelos y correspondencias, sobre todo después del desastre de Mohacs y el sitio de Viena. Algunos de quienes habían tenido la ocasión de viajar al mundo otomano —peregrinos, mercaderes...—, y los humanistas, dieron una visión diferente. Describieron el imperio otomano como un país donde se tomaba en serio la virtud de la caridad, donde los magistrados hacían justicia sin demorar los procesos, donde se practicaba la tolerancia con las minorías religiosas y se tenía en cuenta el mérito personal. A partir de ahí estos intelectuales se dividían. Algunos —Erasmo, Vives— pensaban que el entendimiento con los turcos era posible, y que en todo caso no había motivo para luchar contra ellos. Otros creían que eran un peligro para el mundo cristiano, y que había que expulsarles fuera de las fronteras tradicionales de Europa, no a causa de su religión —la noción de cruzada contra los infieles ya no movilizaba como antaño—, sino por otras razones más serias. Lo que enfrentaba al mundo cristiano con el turco no era la religión, sino la civilización. Por un lado, una concepción del poder basada en la idea del bien común, en unas normas jurídicas y morales destinadas a garantizar ciertos derechos a los hombres, en la existencia de cuerpos intermedios; por otro, un régimen tiránico, en el que el individuo dependía totalmente de la voluntad o el capricho de un solo hombre que no rendía cuentas ante nadie. Despuntaba ya la idea de despotismo.[8] Para muchos de estos humanistas Carlos V era el paladín de una causa justa frente a los turcos. No todas las cancillerías eran del mismo parecer. Algunas, las de los territorios de los Habsburgo directamente amenazados, pensaban que el emperador combatía contra los turcos en defensa de sus intereses, como jefe de la casa de Austria antes que como adalid de la cristiandad. No había que dejarse engañar por las pretensiones universalistas del emperador.

Por eso Carlos V se encontró prácticamente solo en su lucha contra los turcos. La república de Génova fue uno de los pocos estados que le apoyó eficazmente a partir de 1528, cuando Andrea Doria se puso de su lado. En agosto de 1534 Barbarroja, de acuerdo con Solimán, se apoderó de Túnez, cuyo rey era vasallo de España desde 1510. Carlos V replicó al año siguiente con una expedición para desalojarle de la ciudad. Desembarcó en La Goleta y marchó sobre Túnez, donde entró el 21 de julio, liberó a 20.000 cautivos e instaló a un soberano amigo en la plaza.[9] Pero se trataba de una victoria aislada. Para lanzarse a fondo contra Solimán —una vez formada en 1538 la Liga Santa entre el emperador, el papado y Venecia—,[10] Carlos V necesitaba, por lo menos, la neutralidad de Francia, y no la obtuvo. En 1541 su intento de desembarcar en Argel fue un fracaso. Entonces se resignó a firmar una

---

8.   Es el punto de vista que expone un diálogo español anónimo compuesto en 1557-1558, el *Viaje a Turquía*.

9.   La expedición a Túnez, presentada como una nueva guerra púnica y una nueva cruzada, dio origen a la moda orientalista en la literatura, la pintura y las fiestas cortesanas. Los nobles presentes en la expedición se trajeron de Túnez manuscritos y libros árabes, astrolabios...

10.   La idea de una próxima expedición que llevaría a los cristianos a Jerusalén se propagó por el mundo hispánico. La encontramos en el Nuevo Mundo en 1539: la ciudad de México organizó un carrusel sobre el tema de la reconquista de Rodas. En Tlaxcala los franciscanos organizaron un espectáculo en el que un ejército cristiano al mando de Carlos V, acompañado del rey de Francia, tomaba Jerusalén en presencia del papa y los cardenales.

tregua con Barbarroja e incluso con los turcos (1546). El sueño de la cruzada se alejó definitivamente. El emperador tenía entonces otra preocupación, la reconciliación religiosa de Europa.

CARLOS V Y LOS PROTESTANTES

En el momento de la elección imperial, Lutero acababa de publicar sus tesis contra la Iglesia de Roma, acusándola de haber traicionado su misión. La unidad religiosa de Europa peligraba. Carlos V no pudo desinteresarse de un problema que le afectaba por partida doble, a causa de sus responsabilidades imperiales y porque el cisma se propagó sobre todo en territorio alemán. Sin entrar en las controversias teológicas, consideró que Lutero iba en contra de la tradición católica. Desde el principio (dieta de Worms, 1521) definió su política: no aprobaba a Lutero, pero tampoco quería reducir el cisma por la fuerza. Prefería que las dos partes se reunieran para tratar de ponerse de acuerdo. En otras palabras, esperaba que la solución la diera un concilio universal. Pero para que se reuniera un concilio se requerían tres condiciones previas: que el papa lo convocara, que los luteranos aceptaran asistir, y que la Europa cristiana estuviera en paz.

Estas tres condiciones no se dieron nunca a la vez. Por eso el concilio —cuando acabó reuniéndose— sólo pudo constatar la división religiosa de Europa, y la reforma que puso en marcha sólo afectó a los territorios que habían permanecido fieles a la Iglesia de Roma. Clemente VII y Paulo III no quisieron saber nada de concilios, pues temían salir malparados a causa de la corrupción del papado. A falta de concilio, el emperador promovió conversaciones directas entre católicos y protestantes. Durante toda su vida estuvo convencido de que el cisma se podía superar mediante concesiones mutuas, sin poner el dogma en cuestión. Durante más de veinte años todos sus esfuerzos estuvieron dirigidos a limar las diferencias y acercar a los dos bandos que dividían a la cristiandad, un punto de vista que también compartían los humanistas cristianos y en especial los discípulos de Erasmo, muy influyentes en la cancillería imperial, en el círculo de Gattinara, hasta 1530 e incluso después. Los españoles también recomendaron prudencia. Por ejemplo, en 1530 el confesor del emperador, el dominico García de Loaisa, aconsejó a Carlos V que no cediera en lo fundamental del dogma, pero hiciera concesiones en aspectos exteriores del culto. Según él, el emperador, como soberano temporal, no debía legislar en materia de fe, sino limitarse a exigir lealtad y obediencia a sus vasallos alemanes. Por lo demás, añadía Loaisa, pueden hacerse musulmanes si les place.

En varias ocasiones ambas partes estuvieron a punto de llegar a un compromiso. Por ejemplo, durante la primera dieta de Augsburgo, en 1530, Melanchthon, en nombre de los luteranos, puso dos condiciones para el entendimiento que no parecían muy difíciles de cumplir: el matrimonio de los sacerdotes y la comunión con las dos especies. Pero cada campo tenía sus intransigentes, que echaban leña al fuego cuando el acuerdo parecía alcanzado. Carlos V no se desanimó, y siguió impulsando conversaciones sobre las cuestiones más controvertidas, como los coloquios celebrados en Hagueneau en junio de 1540, que prosiguieron en Worms y luego en Ratisbona en 1541. El emperador en persona presidió estas reuniones. Asistieron Melanchthon y Calvino. Granvela, en nombre de la cancillería imperial, escribió un artículo sobre la justificación por la fe al que Calvino no tuvo nada que objetar. Se llegó a un acuerdo sobre un documento de 23 puntos, pero Lutero y Roma rechazaron el proyecto.

Andando el tiempo las posiciones se endurecieron, nadie quiso dar la impresión de que cedía, y para colmo se mezcló la política. Los príncipes alemanes estaban interesados en apoyar una reforma que les permitiría apoderarse de los bienes de la Iglesia. Enfrentados a Carlos V, buscaron el apoyo de Francia, que no siempre se lo negó, aunque la corona francesa también practicara a menudo una política represiva en materia religiosa. Después de la paz de Crépy (1544) Francia se unió al emperador para reclamar la reunión del concilio, que por fin fue convocado en Trento el 15 de marzo de 1545. Pero ya era demasiado tarde. Esta vez los que no quisieron asistir fueron los protestantes. En el concilio sólo debatieron los católicos. Entonces Carlos V decidió recurrir a la fuerza para restablecer su autoridad en el imperio. Declaró la guerra a los príncipes luteranos y les derrotó en la batalla de Mühlberg (1547), pero no pudo explotar esta victoria. En 1548 se resignó a hacer nuevas concesiones a la Reforma. Fue el llamado ínterin de Augsburgo (1548), un compromiso recomendado por los consejeros del emperador (entre ellos varios españoles, como el dominico Domingo de Soto y el confesor de Carlos V, Pedro de Soto). Los príncipes luteranos no depusieron las armas y volvieron a la carga con el apoyo de Francia. Mauricio de Sajonia obligó a Carlos V a batirse en retirada en Innsbruck (1552). La nueva dieta de Augsburgo (1552) consagró el fracaso de los anteriores intentos de conciliación. Ambas partes renunciaban a armonizar el dogma y el culto, y se reconoció el derecho de cada estado a imponer a sus naturales la religión del príncipe (*cujus regio ejus religio*), garantizando que no se impondría ninguna sanción contra la disidencia religiosa y que los bienes de la Iglesia seguirían perteneciendo a quienes eran sus propietarios en el momento de la firma, poco antes, de los acuerdos de Passau. La cristiandad dejó de existir, y a partir de entonces Europa se constituyó sobre bases distintas de la comunidad de fe. El imperio pasó a ser una mera confederación de territorios. A este fracaso se debió la decisión de renunciar al poder tomada por el emperador unos años después.

Los esfuerzos por mantener la unidad religiosa haciendo concesiones en aspectos secundarios no deben llamar a engaño. Carlos V era intransigente en los aspectos esenciales del dogma católico, y si retrocedió en Alemania fue porque allí la relación de fuerzas no le favorecía, pero en los Países Bajos y España actuó sin vacilación. En los Países Bajos un edicto de 1550 prohibió imprimir, vender e incluso poseer las obras de los reformadores (Lutero, Ecolampadio, Zwinglio, Calvino, etc.). También se prohibió que los herejes se reunieran y que los habitantes les ayudaran y dieran cobijo. Los contraventores serían castigados con pena de muerte, los hombres ejecutados con la espada y las mujeres enterradas vivas. En España puede dar la impresión de que Carlos V tuvo una mentalidad más abierta, sobre todo en los quince primeros años de su reinado, cuando parecía que las ideas de Erasmo influían en la política imperial. El propio Erasmo recibió el título honorífico de consejero del príncipe. Tenía numerosos discípulos en el círculo del gran canciller Gattinara. Hasta el inquisidor general Manrique fue un seguidor de las tesis del humanismo cristiano. Protegió a los erasmistas, concitando contra sí la hostilidad de los frailes, que pusieron en duda su ortodoxia. El emperador en persona firmó una carta —que fue rápidamente difundida— en la que expresaba su admiración por Erasmo. Tras la muerte de Gattinara (1530) y de su secretario Alfonso de Valdés (1532), el ambiente se enrareció. Manrique no pudo impedir que la Inquisición persiguiera a los erasmistas. En efecto, durante este período relativamente tranquilo la Inquisición no había bajado la guardia. De acuerdo con el emperador, sin descuidar la persecución de los judaizantes, a partir de 1525 hostigó a las sectas iluministas y, desde el primer momento, a los luteranos.

Carlos V estaba convencido de que había librado a España de la herejía. Por eso en 1558, ya retirado en Yuste, se quedó horrorizado cuando le informaron del descubrimiento de unos núcleos luteranos en Valladolid y Sevilla. Dio instrucciones rigurosas a su hija Juana, regente del reino —Felipe II no llegaría a España hasta 1559—, para que aplastara estas manifestaciones embrionarias de herejía. A los luteranos no había que tratarles y castigarles como herejes, sino como rebeldes que atentaban contra la seguridad del estado. El auto de fe de Valladolid no fue, como a veces se ha afirmado, el primer acto del reinado de Felipe II, sino el último del de Carlos V, y sobre esta cuestión no tiene sentido contraponer a padre e hijo.

Carlos V no alcanzó ninguna de las dos metas que se había fijado: rechazar a los turcos y mantener la unidad religiosa de Europa. En ambos casos creía que su dignidad de emperador le colocaba por encima de los soberanos nacionales, y le daría suficiente autoridad moral como para defender los intereses comunes. Si no logró convencer a estos soberanos de la pureza de sus intenciones, fue a causa de una ambigüedad fundamental, pues era emperador y al mismo tiempo jefe de la casa de Austria. Ya se tratara del avance de los turcos o del cisma de Lutero, los que estaban directamente amenazados eran los Habsburgo. ¿Se inspiraba la política de Carlos V en consideraciones desinteresadas y universalistas —mantener la unidad de la civilización occidental—, o en unas preocupaciones más egoístas —defender los intereses de la casa de Austria? Los dos elementos estaban imbricados. Los soberanos se preguntaban sobre las verdaderas intenciones del emperador y, en caso de duda, reaccionaban con arreglo a lo que suponían que era el interés nacional. La cruzada aparecía como un ideal anacrónico, y ya no servía para arrastrar a los pueblos. En cuanto a la supranacionalidad, que tropieza con tantas reticencias en este fin del siglo XX, tampoco tenía buena acogida en el XVI, que fue más bien la época de la afirmación de los nacionalismos. Los jefes de estado, para oponerse a lo que consideraban intenciones imperialistas, no dudaron en concertar alianzas, incluso con los enemigos de la cristiandad, otra noción anacrónica. Entre dos guerras Venecia comerciaba con los turcos y mantenía con ellos lo que podríamos llamar relaciones culturales. La actitud del papado y de Francia no era muy distinta.

CARLOS V Y FRANCISCO I

Con el reinado de Carlos V comenzó una rivalidad entre Francia y la casa de Austria que se mantuvo hasta 1648, con la firma de los tratados de Westfalia. A principios del siglo XVI el conflicto tenía dos vertientes, una particular, las pretensiones de Carlos V al ducado de Borgoña, y otra mucho más grave, Italia.

En 1477 Luis XI se había apoderado de Borgoña. De los territorios reunidos por Carlos el Temerario ya no quedaban en el siglo XVI más que Flandes y el Franco Condado. En una época en que las naciones modernas aún no habían alcanzado sus perfiles definitivos, algunos aspiraban a rehacer el gran ducado de Occidente. Carlos de Gante era uno de ellos. Le habían llamado Carlos en honor a su bisabuelo, el Temerario, inculcándole el culto a unos antepasados que habían soñado con crear una nación dotada de personalidad y cultura original entre Francia y los países germánicos. En 1506 adoptó el título de duque de Borgoña, que ya ostentaba su padre Felipe el Hermoso. Hasta 1530, por lo menos, Carlos no dejó de vindicar la patria de sus antepasados; en sus testamentos expresó su deseo de ser enterrado en Dijon, en la cartuja de Champmol, al lado de Juan sin Miedo y Felipe el Bueno. Todavía en 1547, mucho después de renunciar formalmente a su sueño, le recomendó a su hijo, el futuro Felipe II, que no se olvidara nunca de Borgoña, *nuestra patria*.

Los objetivos de Carlos V en Italia eran de otro tipo. En la península se distinguían tres conjuntos: un grupo de territorios sometidos directamente a Carlos V (Nápoles, Sicilia y Cerdeña), pertenecientes a la corona de Aragón; un grupo que se disputaban el emperador y el rey de Francia (Saboya, Milán y Génova); y dos potencias autónomas, Venecia y los Estados Pontificios.

El segundo conjunto era vital para las comunicaciones entre los territorios dominados por Carlos V: Flandes, Franco Condado, posesiones alemanas, Nápoles y península ibérica. Milán controlaba las comunicaciones entre Alemania e Italia, Génova las comunicaciones entre España y Nápoles. La política exterior de Carlos V y Felipe II estuvo dirigida a conservar el dominio de estas comunicaciones y, a ser posible, mejorarlas, por un lado, volviendo a quitarle Borgoña a Francia —de ahí las reivindicaciones dinásticas mencionadas— y, por otro, ocupando Provenza. Por su parte, Francisco I y Enrique II hicieron lo posible por contrariar estos planes y aflojar la tenaza que representaba la casa de Austria, aislando las distintas partes del imperio y aliándose con Venecia, los príncipes protestantes alemanes y los turcos.

En 1516 la corte flamenca del futuro Carlos V aplicó una política de paz general inspirada más en las circunstancias que en sentimientos de fraternidad cristiana. Había que preparar el terreno al sucesor de los Reyes Católicos, que pronto sería candidato al imperio. Por su parte, Francisco I, que se había apoderado de Milán en 1515, debía ser precavido con España. En estas condiciones se firmó el tratado de Noyon (1516) por el que ambas potencias se comprometieron a mantener relaciones amistosas entre ellas y con los otros estados, sobre todo con la Inglaterra de Enrique VIII. Fue entonces cuando Erasmo, nombrado consejero del joven rey de España, compuso un himno a la paz (*Querela pacis*): en Europa empezaba una nueva era basada en la comunidad de civilización entre las naciones cristianas. Estas buenas intenciones no resistieron mucho tiempo la prueba de los hechos. En 1518 la rebelión de Lutero reveló que la cristiandad era más frágil de lo que se pensaba. En 1519 la sucesión de Maximiliano enfrentó a los tres aliados de 1516 (Carlos I, Francisco I y Enrique VIII), convertidos en rivales. La partida se jugó entre los dos primeros. En esa época Francisco I afirmaba que, si era elegido, estaba decidido a encabezar una cruzada. Basándose en los recursos de Francia, pretendía disponer de los medios necesarios para cumplir su misión y rechazar a los turcos. En realidad, su objetivo era impedir la victoria de Carlos, que habría proporcionado al rey de España un poder excesivo. Este temor se hizo realidad en 1519, cuando los territorios de Carlos V rodearon Francia por todas partes. No es extraño, pues, que las relaciones francoespañolas se deterioraran.

Francia, aprovechando las dificultades internas de España, desgarrada por las sublevaciones de las Comunidades y las Germanías, invadió Navarra el 10 de mayo de 1521 e intentó reponer en su trono a la dinastía de los Albret, pero calculó mal el momento y subestimó el patriotismo de los castellanos.[11] El ataque francés se produjo después de la derrota de los comuneros en Villalar (21 de abril de 1521). Muchos de los vencidos buscaron el perdón luchando contra los franceses. Éstos, en tres semanas de campaña, habían ocupado toda Navarra, y tras cruzar el Ebro llevaron la guerra a Castilla y asediaron Logroño. La contraofensiva castellana fue fulminante. El 11 de junio el ejército francés tuvo que replegarse, y el 30 fue aplastado. Navarra fue reconquistada casi tan deprisa como se había perdido. Los franceses volvieron al ataque a finales de septiembre, esta vez en el País Vasco. La segunda invasión fue detenida en menos de un mes, pero los franceses conservaron la fortaleza de Fuenterrabía hasta 1524.

Después de su victoria de Marignano en 1515, Francisco I había logrado dos éxitos diplomáticos: volver a ocupar Milán y firmar un acuerdo con los suizos. De este modo paralizaba la actuación del adversario. Carlos V dio la vuelta a la situación en 1521. En respuesta a la invasión de Navarra envió una expedición a Lombardía. En diciembre sus generales Pescara y Lannoy ocuparon Milán. Tres años después el ejército imperial invadió Provenza. Incapaz de vencer la resistencia de Marsella (septiembre de 1524), se replegó a Piamonte. Fue el momento elegido por Francisco I para contraatacar en Italia y tomar Milán, pero el 24 de febrero de 1525 —vigésimo quinto cumpleaños de Carlos V—, el rey de Francia fue derrotado en Pavía, hecho prisionero y conducido a Madrid. A cambio de su libertad se comprometió a cumplir todo lo que le pidiera Carlos V, y concretamente a entregarle Borgoña, pero en cuanto se vio libre renegó de los compromisos adquiridos a la fuerza. Carlos V le acusó de faltar a su palabra de caballero, y le desafió: «¡Ojalá que esta disputa se pueda zanjar entre nosotros! ¡Dios manifestaría así su justicia!». Francisco I se guardó muy mucho de recoger el guante; el espíritu de la caballería pertenecía a otra época, como la idea de cruzada. El emperador se apuntó varios tantos. En julio de 1528 convenció al genovés Andrea Doria para que abandonara la causa de los franceses y se aliara con él como general del mar, al mando de la armada española. Andrea Doria mantuvo esta alianza hasta su muerte en 1560. Así quedó asegurada la comunicación por mar entre España e Italia. Francisco I tuvo que resignarse. La paz entre Francia y España se firmó en Cambrai en 1529. El rey de Francia reconoció la soberanía de Carlos sobre Artois y Flandes, renunció a sus pretensiones sobre Milán, Génova y Nápoles, y tuvo que pagar un elevadísimo rescate —más de dos millones de escudos de oro— por sus dos hijos, que le habían reemplazado en Madrid cuando fue liberado. Por su parte, el emperador renunció a sus reivindicaciones sobre el ducado de Borgoña, Provenza y Languedoc.

Pero la rivalidad entre los dos soberanos aún no había cesado. Francisco I se dirigió a los turcos. Urgió a Solimán para que atacara Génova, aliada de Carlos V. Las flotas de Turquía y Francia cortarían la comunicación entre Génova y Barcelona, vital para el emperador. De esta época datan las relaciones oficiales entre Francia y Turquía, que en 1536 se concretaron en un tratado de alianza. El ejército y la flota del sultán y los de Francia realizaron operaciones conjuntas en el Mediterráneo: la flota turca pasó el invierno en Toulon, mientras que una escuadra francesa

---

11.   El tratado de Noyon (1516) había previsto conversaciones con la familia de Albret para hallar una solución honorable al contencioso. En febrero de 1520 Francisco I requirió a Carlos V que cumpliera sus compromisos, pero éste debía contar con la opinión castellana, resuelta a conservar Navarra, como recordaron las Cortes de Valladolid (1518).

fondeaba en el Bósforo. Este acuerdo escandalizó a Europa. También en Francia causó extrañeza esta alianza contra natura entre una nación cristiana y los infieles, pero los intereses políticos predominaron sobre las consideraciones ideológicas. En Roma, en 1536, al volver de su expedición a Túnez, Carlos V hizo públicas unas cartas confiscadas a los berberiscos que demostraban la colusión del rey de Francia y los turcos. Acusó a Francisco I de traidor a la cristiandad y, en presencia del papa Paulo III y el embajador de Francia, volvió a proponer un duelo, a espada o puñal, en terreno neutral, en una isla o ante los ejércitos reunidos. Una vez más Francisco I hizo oídos sordos.

En 1530 Carlos V había nombrado duque de Milán a Francisco Sforza. Cinco años después, a la muerte de este último, el ducado, perteneciente al imperio, volvió a Carlos V.[12] Francisco I se opuso rotundamente. En febrero de 1536 invadió Piamonte y Saboya, también territorio del imperio. La respuesta fue la campaña de Provenza, operación combinada contra Marsella, que fue atacada por tierra y por mar. Los franceses se replegaron en todas partes sin combatir y recurrieron a la táctica de tierra quemada. Carlos V avanzó hasta Aix y luego retrocedió, al carecer de medios para proseguir el combate. Se concertó una tregua. Los dos rivales se entrevistaron en Aigües Mortes el 14 de julio de 1538. En esta ocasión trabaron unas relaciones personales bastante cordiales, hasta el punto de que en 1539 Francisco I le sugirió a Carlos V que viajara de España a los Países Bajos pasando por Francia, y aprovechara para pasar unos días en París. El emperador aceptó. Pero esta buena fe no duró mucho tiempo. Francisco I rompió la tregua en 1541. Apoyó a los príncipes luteranos de la liga de Smalkalda, pero el agotamiento de ambos países era tal que lo más razonable era llegar a un acuerdo. La paz firmada en Crépy en 1544 disponía el matrimonio de un hijo de Francisco I, el duque de Orleans, con una sobrina de Carlos V. La dote sería el ducado de Milán. La muerte del duque de Orleans y posteriormente la de Francisco I desbarataron estos planes. El nuevo rey de Francia, Enrique II, reanudó los combates en 1551 y ocupó los obispados de Toul, Metz y Verdún. Carlos V fue incapaz de recuperar Metz, lo que hizo peligrar las comunicaciones entre Flandes e Italia. Hasta 1556, tras la abdicación del emperador, no se firmó una tregua.

El papa y el emperador

La dignidad imperial, tal como la concebía Carlos V, tenía implicaciones religiosas. La cristiandad medieval, en distintas épocas, había intentado una suerte de reparto de responsabilidades: al papa le correspondería la autoridad espiritual, y al emperador la coordinación política. Así se lo recordó el papa a los electores del Sacro Imperio en 1519: el emperador debía favorecer la fe, mantener la paz entre los pueblos cristianos y luchar contra los impíos. Los objetivos declarados de Carlos V —la cruzada contra los turcos y la convocatoria de un concilio para mantener la unidad religiosa de Europa— deberían contar con la aprobación de los papas. Pero no fue así, excepto durante el corto pontificado de Adriano VI (1522-1523), que había sido su preceptor. El sucesor de Adriano VI, Clemente VII, un Médicis, no quiso

---

12.   En 1540 el ducado de Milán fue entregado al futuro Felipe II, disposición secreta que no se hizo pública hasta 1554.

discutir con Lutero acerca de la reforma de la Iglesia, y su principal desvelo fue mantener en Italia un delicado equilibrio entre las potencias rivales —Francisco I y Carlos V—; dar satisfacción al emperador convocando el concilio habría significado reforzar en exceso la autoridad de Carlos V. Después de Pavía, Clemente VII organizó la Liga de Cognac (1526) «para acabar con las guerras que asolaban a la cristiandad», es decir, para liberar a Italia de la tutela de Carlos V y restablecer el equilibrio entre las potencias. En el breve del 23 de junio de 1526 Clemente VII recordó lo que según él eran los derechos del papado. Carlos V replicó con el memorial de Granada (17 de septiembre de 1526): el papa hablaba un lenguaje que no era cristiano, impropio de un pastor. El emperador debía velar por la unidad de la Iglesia, y hacía un llamamiento a los cardenales para que se rebelaran y le recordaran al sumo pontífice que Dios le había colocado en la sede de san Pedro no para la desgracia, sino para la salvación del pueblo cristiano, no para tomar las armas, sino para dar muestras de mansedumbre y humildad. Si el papa se negaba a convocar el concilio, los cardenales debían tomar la iniciativa. En círculos cercanos a Carlos V se hablaba abiertamente de expulsar al papa de Roma.[13] Era la ruptura, a la que pronto siguió la guerra.

El ejército imperial se concentró en el norte de Italia a comienzos del año 1527 y fue avanzando lentamente hacia el sur. Estaba mandado por un francés, el condestable Carlos de Borbón, que se había pasado al bando del emperador por odio a Francisco I. Era un ejército heterogéneo, formado por españoles, italianos, suizos y sobre todo 18.000 lansquenetes alemanes, en su mayoría luteranos. Todos eran mercenarios ávidos de botín. El condestable no tenía fondos para pagarles la soldada, y sólo pudo retenerles prometiéndoles el pillaje de Roma. El 5 de mayo el ejército llegó a las puertas de la ciudad, y el 6 se lanzó al ataque. Muerto en combate el condestable, los soldados sin jefe se entregaron al saqueo. Robaron en casas e iglesias, profanaron las reliquias, jugaron a la pelota con los cráneos de san Juan, san Pedro y san Pablo, violaron a las monjas, humillaron a los príncipes de la Iglesia, despojaron a la población de todo lo que fuera atesorable (oro, dinero, objetos de valor), y se dedicaron al tráfico de obras de arte (estatuas, tapices, cuadros). Cuando el ejército imperial pudo ser controlado, el 16 de febrero de 1528, partió de Roma con un enorme botín. El papa, que había logrado huir, no regresó hasta octubre de aquel año.[14]

Desde las invasiones bárbaras la capital del mundo cristiano no había sufrido nunca un ultraje parecido. La corte de Carlos V quedó impresionada por la rotundidad de la victoria, y luego reaccionó. La cancillería imperial difundió unas memorias para explicar que lo sucedido había sido obra de la Providencia: Roma se había convertido en una ciudad de perdición donde se acumulaban las riquezas de la Iglesia, desviadas de su destino. Clemente VII, al conducirse como caudillo y no como pastor, se había expuesto a tales calamidades. Se alzaron voces apremiando a Carlos V para que aprovechara la ocasión y, ahora que el papa estaba a su merced,

---

13. El texto del memorial fue redactado por Alfonso de Valdés, secretario del canciller Gattinara y erasmizante. Se imprimió en Alcalá en la primavera de 1527, y el verano siguiente se volvió a imprimir en Maguncia y Amberes con el título de *Pro divo Carolo apologetici libro duo.*

14. El saco de Roma suscitó en Italia un odio tenaz a los españoles. Cf. Bandello: «Aunque los pecados de esta ciudad merecían un castigo, los que la saquearon hicieron mal, porque eran cristianos, aunque bien mirado la mayoría eran luteranos, marranos y judíos».

impusiera la reforma de la Iglesia. ¡La historia recordaría que la Iglesia, fundada por Jesucristo, había sido restaurada por Carlos V!

El emperador no siguió estos consejos. Lejos de aprovecharse de la situación, trató de reconciliarse con el papa, y en parte lo logró. En junio de 1529 Carlos V llegó a Italia, se entrevistó con Clemente VII en Bolonia y el 22 de febrero de 1530 el pontífice le ciñó la corona de hierro de los reyes lombardos. Mediante esta ceremonia —la última de esta clase, pues Napoleón se coronó a sí mismo en Nuestra Señora de París en presencia de Pío VII— Carlos V, hasta entonces simple rey de romanos, se convirtió en un verdadero emperador. En este viaje Carlos V evitó visitar Roma, pues su presencia se habría considerado una provocación. Sólo en 1536, al regresar de su victoriosa campaña de Túnez, fue recibido en la ciudad eterna por el sucesor de Clemente VII, Paulo III. Pero las relaciones con este último siempre fueron tensas. El emperador nunca consiguió que los papas acogieran de forma positiva sus planes de reforma de la Iglesia. Siempre le vieron como un soberano peligroso, por su excesivo poder. Hubo que esperar a la paz de Crépy (1544) para que Francia se uniera al emperador y se convocara el concilio. Las primeras sesiones se celebraron en Trento en 1545, demasiado tarde para conciliar las posiciones de unos y otros.

Las Indias

El continente que los españoles se obstinaron en llamar «las Indias» hasta el siglo XVIII ocupó un lugar secundario en los designios del emperador. Se ha querido ver en este hecho una prueba más del carácter medieval del pensamiento de Carlos V. Pero fue durante su reinado cuando se forjó el imperio español de América, y de América le llegaba periódicamente al emperador el metal precioso que le permitía saldar sus deudas más apremiantes.

Cuando Carlos V llegó al poder, las Antillas estaban agotadas, y se estaban buscando nuevas tierras para conquistar y explotar. Esta fue la finalidad de las expediciones al continente —entonces se decía tierra firme— dirigidas por Vasco Núñez de Balboa, que llegó a la costa del Pacífico el 13 de septiembre de 1513, y Pedrarias Dávila, y sobre todo la expedición a México, preparada por el gobernador de Cuba, Diego Velázquez. Hernán Cortés le tomó la delantera. Desobedeciendo las órdenes del gobernador, zarpó a primeros del año 1519 con once barcos, 500 hombres y varios caballos. Durante el trayecto Cortés recogió a dos intérpretes, el sacerdote español Jerónimo de Aguilar, que conocía el maya, y una joven india, Malinche, que hablaba el maya y el náhuatl. En abril de 1519 Cortés desembarcó en la costa de México y fundó la ciudad de Vera Cruz. Luego se adentró en el país. En agosto logró aliarse con la tribu de Tlaxcala, descontentos con la hegemonía azteca.[15] En octubre creyó oportuno aterrorizar al enemigo con la matanza de Cholula. Al cabo de un mes llegó al centro del imperio azteca, donde se impuso al emperador Moctezuma, pero tuvo que regresar a la costa para convencer a su compatriota Pánfilo de Narváez, enviado por Diego Velázquez para castigar su insubordinación. Durante su

---

15. A cambio la tribu obtuvo el privilegio de administrarse a sí misma bajo el control de un funcionario español. Todavía a fines del siglo XVI los indios de Tlaxcala pregonaban con orgullo esta colaboración.

ausencia Pedro de Alvarado cometió una serie de torpezas que provocaron una sublevación de los indios. Cortés volvió a toda prisa, pero los españoles tuvieron que evacuar Tenochtitlán en la «noche triste» del 30 de junio de 1520. Cortés tomó de nuevo la ciudad en agosto de 1521 y gobernó de forma duradera sobre el territorio de los aztecas. A partir de la Meseta central, los territorios de los alrededores fueron metódicamente sometidos, pero en 1529 Carlos V llamó a Cortés (que en 1522 había sido nombrado gobernador de la Nueva España) y no le autorizó nunca más a regresar a México.

No menos audaz fue la conquista del imperio inca. En 1526 se asociaron tres aventureros: Francisco Pizarro, veterano de las guerras de Italia, Almagro, un inclusero, y Luque, un sacerdote que probablemente servía de testaferro a los anteriores. Después de una primera exploración, Pizarro volvió a España para pedirle la investidura a Carlos V, que le hizo caballero de Santiago (1529). En 1531 la pequeña tropa estaba lista en Panamá, establecimiento fundado en 1519 desde donde partían las expediciones al sur (las que se dirigían a América central y México partían de Cuba). En noviembre Pizarro llegó a Cajamarca. Tendió una emboscada al inca Atahualpa, le hizo prisionero y pidió por él un rescate fabuloso [16] que escandalizó a Europa. No por ello se libró Atahualpa de ser ejecutado. En noviembre de 1533 los españoles ocuparon la capital de los incas, Cuzco, pero Pizarro prefirió instalar el gobierno del país cerca de la costa, en una ciudad nueva, Lima (1535). Los vencedores se dividieron y lucharon entre sí. Almagro, que había partido a la conquista de Chile, regresó y le disputó el poder a Pizarro, quien le mandó ejecutar (1538). Sus partidarios le vengaron asesinando a Pizarro (1541). El primer virrey, Blasco Núñez Vela, tuvo que enfrentarse a la rebelión de los colonos contra una legislación que consideraban demasiado favorable a los indios, y murió en la contienda (1546). El orden no quedó restablecido hasta 1548 con la llegada del nuevo emisario real, Pedro de La Gasca.

Los otros territorios de América no plantearon tantos problemas, a excepción de Chile. Allí los españoles fundaron Santiago en 1541, pero su avance fue detenido en 1533 por la resistencia de los araucanos. Los Welser, banqueros de Augsburgo, habían conseguido que les cedieran la explotación de Venezuela, donde esperaban encontrar minas de oro. Al ver frustradas sus esperanzas, no hicieron nada por colonizar el país. Jiménez de Quesada, partiendo de Santa Marta, en Venezuela, remontó el río Magdalena con tres bergantines y 600 hombres. En abril de 1538 fundó Santa Fe de Bogotá, capital de lo que sería Nueva Granada. En esa misma época los españoles llegaron a La Plata, pero Buenos Aires no era más que un establecimiento precario. En cambio Paraguay se organizó en seguida alrededor de la ciudad de Asunción (1537). Muchas de estas expediciones tenían como objetivo el reino de El Dorado, un país fabuloso cuyo rey, en días señalados, se untaba el cuerpo con trementina y luego se revolcaba en polvo de oro, embarcaba en una canoa y tiraba a un lago puñados de oro y esmeraldas… Primero buscaron este reino a orillas del Amazonas, que Orellana exploró en 1541, antes de su muerte. Este fracaso fue una más de las penalidades que esperaban a los conquistadores. ¿Cuántas expediciones acabaron en desastre? Una de las más célebres fue la de Pánfilo de Narváez, que zarpó de Sanlúcar de Barrameda el 17 de junio de 1527 con cinco barcos y 600 hombres. Después de hacer escala en Cuba y Trinidad, en abril de 1528 desembarcó en las

---

16.   Se ha hablado incluso de 88 metros cúbicos de oro.

costas de la Florida. La tropa fue aniquilada en pocos meses. Sólo quedaron cuatro supervivientes. Uno de ellos, Álvar Núñez Cabeza de Vaca, vivió ocho años entre los indios de la Florida antes de ir a combatir a Paraguay.

En menos de veinte años dos enormes imperios, bien organizados y muy poblados, se desmoronaron ante el ataque de unos aventureros cuyas tropas nunca pasaron del millar de hombres. Las razones de una victoria tan fácil han intrigado siempre a los historiadores. Para explicarlo se ha hablado de la superioridad técnica de los españoles. Es verdad que los arcos, las flechas, las piedras, las lanzas y las boleadoras de los indios poco podían contra las armas de fuego y el acero de las corazas, los cascos y las espadas de los europeos, que también combatían con unos animales desconocidos en el continente: los caballos y, sobre todo, los perros, unos molosos que eran como fieras. La ventaja de los españoles era clara, pero no decisiva. Los indios acabaron acostumbrándose a las detonaciones de las armas de fuego, que al principio confundían con truenos. Su ropa de algodón acolchado les permitía moverse con más agilidad que los españoles, entorpecidos por sus armaduras. A la larga, la superioridad numérica les habría favorecido. Pero también intervinieron factores religiosos, unas creencias que socavaron la resistencia psicológica de los indios. Esperaban el regreso inmediato de sus dioses, y los confundieron con los europeos.[17] Fueron diezmados por terribles epidemias, que no afectaron a los españoles. Los indios lo interpretaron como una señal del cielo, de que los dioses les habían abandonado. Por último, tampoco hay que olvidar los aspectos políticos. Los españoles casi siempre lucharon contra un enemigo dividido, aprovecharon las rivalidades locales y el resentimiento de las tribus sometidas por los aztecas y los incas. Por eso se produjo el hecho paradójico de que la victoria fue más rápida y decisiva cuando se enfrentaron a los imperios más poderosos y bien organizados. Los españoles los descabezaron y sustituyeron la autoridad de aztecas e incas por la suya. Siempre pudieron contar con la ayuda de aliados.[18] En cambio, cuando tuvieron que enfrentarse a tribus independientes, el resultado del combate fue mucho más azaroso, como sucedió en Chile o en Patagonia, o en la frontera septentrional de México donde, aún en el siglo XVIII, los españoles tuvieron muchas dificultades para vencer a los apaches.[19]

La conquista de este enorme imperio no le costó nada a Carlos V. Corrió a cargo de la iniciativa individual. El jefe de la expedición debía reunir el dinero necesario para comprar los barcos, conseguir las armas y el equipo y alistar la tropa. Si la expedición se saldaba con éxito, se repartía el botín después de reservar un quinto

---

17.   1519, para los aztecas, era el año I Caña, aniversario del dios Quetzalcóatl, cuyo regreso se debía producir por el este. Era normal que lo relacionaran con los españoles.

18.   En la toma de México participaron 35.000 auxiliares indios al lado de los españoles. También en Perú muchos indios fueron porteadores y tropas auxiliares de los conquistadores.

19.   Este aspecto no se les escapó a los españoles. El cronista Cieza de León distingue entre los indios de Popayán, de Nueva Granada, muy rebeldes a causa de su carácter independiente, y los de Perú, acostumbrados desde hacía mucho tiempo a la servidumbre impuesta por los incas. Polo de Ondegardo hace la misma observación: en los Andes los individuos se anulan ante la comunidad, y ésta, dirigida por los caciques, obedece a los incas sin rechistar; los españoles han conservado esa estructura y les ha salido bien. Montesquieu se hace eco de la mayoría de estas observaciones. Habla de la «superstición» de los indios para explicar la facilidad de la conquista, y del carácter despótico de los imperios azteca e inca; la prueba —añade— es que otros pueblos, más libres, resistieron más tiempo.

para el rey, de acuerdo con el dinero invertido y las responsabilidades de cada cual.[20] El estado se limitaba a autorizar las expediciones en las distintas direcciones, y posteriormente a nombrar funcionarios para administrar los territorios. ¿Quiénes eran los conquistadores? Geográficamente, la mayoría procedían del sur de la península: Extremadura, Andalucía y Castilla la Nueva. Socialmente eran jóvenes sin fortuna personal, a veces hidalgos, nunca nobles ni campesinos. Lo que les impulsaba era el deseo de elevarse por encima de su condición, de enriquecerse rápidamente, pero para ellos el dinero no era un fin en sí mismo, sino el medio para adquirir un prestigio social que no estaba a su alcance en la península. La toma de Granada había puesto fin a la posibilidad de que los jóvenes ambiciosos lograran «honra y provecho» de una sentada. La aventura colonial prolongó en ultramar el espíritu y los métodos de la reconquista, lo cual explica algunas características de la colonización española, como la prioridad dada a las minas en detrimento de la agricultura y la creación de encomiendas, forma remozada del régimen señorial. Tampoco conviene subestimar otras motivaciones. El deseo de ganar almas para Dios no fue muy intenso en los conquistadores.[21] En cambio, el afán de aventuras fue decisivo. Casi todos los conquistadores fueron seducidos por los paisajes de América, donde creyeron ver un paraíso que les recordaba los países legendarios de la Antigüedad o de los libros de caballerías, como revelan los nombres que pusieron a algunas de estas regiones: Florida, California, río de las Amazonas…

La conquista de este imperio tuvo unas consecuencias casi inmediatas: la desaparición de dos civilizaciones originales, la azteca en México y la inca en Perú, y la muerte de gran parte de la población autóctona. La conquista también planteó el problema de su legitimidad: ¿con qué derecho imponían los españoles su dominio a unos pueblos hasta entonces independientes?

La catástrofe demográfica fue denunciada por Las Casas. Su *Brevísima relación de la destrucción de las Indias* (1552) habla de cien millones de víctimas. Actualmente los etnohistoriadores de Berkeley (Borah, Cook…) han tratado de dar una base científica a esta cifra. Calculan que la población de América en el momento de la conquista era de más de cien millones de habitantes.[22] A comienzos del siglo XVII quedaban menos de cinco. No todos aceptan estas cifras. El etnólogo argentino Ángel Rosenblat propone una evaluación mucho más baja: la población de partida sería inferior o igual a 14 millones de habitantes.[23]

Se pueden discutir las cifras. Pero en cambio todos están de acuerdo en la extensión de la catástrofe. En un siglo la población del continente americano se desvaneció. Murieron por lo menos las tres cuartas partes de los habitantes, tal vez más. ¿Cómo podemos explicar un descalabro tan masivo? Sería absurdo responsabilizar directamente a los conquistadores de ello. Aunque se lo hubieran propuesto, no habrían sido capaces de matar a esas muchedumbres. Y tampoco les interesaba

---

20.   Por ejemplo, el rescate de Atahualpa, evaluado en más de 1.300.000 pesos de oro, se repartió así: 400.000 pesos para el rey, entre 30.000 y 40.000 para los capitanes, 8.900 para los soldados de caballería y 4.400 para los de infantería. Algunos españoles lo perdieron todo en el juego, justo después del reparto…
21.   Véase la respuesta de Pizarro a un fraile que le echó en cara su desinterés por la evangelización de los indios: «No he venido por tales razones. Yo he venido a quitarles el oro».
22.   Ocho millones en las Antillas —Las Casas sólo habla de tres millones—, 25 millones en México, otros tantos en los Andes, etc.
23.   Cien mil en las Antillas, menos de 5 millones en México, etc.

hacerlo, pues necesitaban mano de obra, y, por lo tanto, hombres.[24] Los muertos en combate se contaron por miles, no por millones. El trabajo forzado fue tan mortífero o más que las batallas: en el Caribe los pescadores de perlas no resistían mucho tiempo un trabajo que les obligaba a sumergirse cada vez a mayor profundidad; el transporte y el trabajo en las minas también fue devastador, pero ni siquiera teniendo en cuenta todo esto salen las cuentas. La caída demográfica tuvo que deberse, sobre todo, a dos factores: las enfermedades y el traumatismo de la conquista.

Antes de la llegada de los europeos, el continente americano había estado aislado del resto del mundo. Sus habitantes se hallaban en una situación de fragilidad biológica que les hacía muy vulnerables a cualquier infección. Este hecho tuvo consecuencias dramáticas. Mientras que los europeos, al parecer, no contrajeron enfermedades graves,[25] ellos sí contaminaron a los indios con unas enfermedades contagiosas desconocidas hasta entonces en América. Los misioneros lo observaron: la llegada de europeos a un poblado sembraba la muerte entre los nativos, era como si su aliento les emponzoñara. Un simple catarro podía ser mortal, no digamos otras enfermedades más graves. En Santo Domingo se declaró una epidemia de viruela en 1518-1519. Mató a casi todos los indios, mientras que los europeos, inmunizados desde la infancia o más robustos, resistieron mejor. Los soldados de Cortés introdujeron el virus en México. Desde allí la epidemia pasó a Guatemala, se extendió hacia el sur y llegó al imperio inca hacia 1525-1526. En estas regiones densamente pobladas los indios cayeron como moscas.[26] Después de la viruela le llegó el turno al sarampión (1530-1531), luego a una clase de tifus en 1546, a la gripe en 1558-1559, por no hablar de la difteria, las paperas, etc.

El choque microbiano fue el causante de la fuerte caída de la población amerindia, directamente y por el traumatismo que produjo en los espíritus la conquista. La sociedad tradicional quedó desarticulada o desapareció. Los indios perdieron la fe en sus dioses, que les habían abandonado. Muchos de ellos perdieron las ganas de vivir y se dejaron morir, junto con sus familias, de hambre o desesperación, o bien se suicidaron. Las mujeres abortaron. Hasta la segunda mitad del siglo XVII no se aprecia una recuperación demográfica.

Desde comienzos del siglo XVI en España se alzaron voces para denunciar los métodos de colonización y la explotación de los indios. Las Leyes de Burgos (1512-1513) trataron de poner coto a los abusos con la creación de la encomienda, una figura jurídica que trataba de conciliar tres objetivos: respetar la condición del indio, súbdito libre del rey —en teoría el indio no era un esclavo—, evangelizar —lo que en el siglo XIX se llamaría civilizar—, tarea que correspondía a los colonos, y explotar el país gracias a las prestaciones de trabajo a las que estaban obligados los indios.

De este modo las Leyes de Burgos consagraron por derecho una situación de hecho, y legalizaron el trabajo forzado. El debate se reavivó durante el reinado de Car-

---

24. Tocqueville matiza mucho más las responsabilidades de los españoles: «Los españoles fueron incapaces de exterminar a la raza india ... y ni siquiera lograron despojarla por completo de sus derechos; pero los americanos [del norte, los anglosajones] han alcanzado esta doble meta con una singular placidez: con calma, filantropía, en la legalidad, sin derramar sangre y sin quebrantar ninguno de los grandes principios morales. Es imposible destruir a los hombres con mayor respeto por las leyes de la humanidad» (*La democracia en América*).

25. No está demostrado que la sífilis sea de origen americano.

26. Como chinches, escribe en 1523 un misionero, Toribio de Motolinía, quien añade que murieron más de la mitad, a veces dos tercios o incluso cuatro quintas partes de la población.

los V y llegó a tener gran trascendencia. Podemos destacar tres momentos del mismo: las lecciones de Francisco de Vitoria, la protesta de Las Casas y la controversia de Valladolid.

Vitoria, que era dominico y profesor de teología en la Universidad de Salamanca, pronunció en 1539 una lección sobre la colonización. El planteamiento es el siguiente: antes de la llegada de los españoles los indios de América eran dueños de su tierra, y habían sido despojados. ¿Cómo justificar esta denegación de justicia? Vitoria examina entonces los títulos que le parecen ilegítimos, y a continuación los que podrían ser válidos para justificar la presencia española en América. Por ejemplo, considera ilegítimos los títulos basados en la autoridad del papa y los pecados contra natura (incesto, sodomía) cometidos por los indios. En cambio, entre las razones legítimas cita el principio de sociabilidad y comunicación, y sobre todo la necesidad de acabar con prácticas inhumanas como el canibalismo y los sacrificios humanos, contrarios a uno de los derechos más sagrados de la humanidad, el derecho a la vida. La soberanía de los estados, prosigue Vitoria, tiene límites. No les autoriza a tolerar o practicar un incumplimiento del derecho natural, y los demás estados están obligados a impedir los crímenes contra la humanidad (hoy hablaríamos del deber de injerencia para proteger a las minorías o evitar un genocidio). Con esta excepción, la independencia y soberanía de los estados son inviolables. Siguiendo este razonamiento, Vitoria tendría que haber condenado la colonización. Fueron sus discípulos los que sacaron la consecuencia lógica, y rechazaron la idea de tutela, fundamento de cualquier colonización. Carlos V reaccionó airadamente y exigió que la Universidad de Salamanca sancionara a Vitoria y prohibiera a los profesores abordar en sus cursos cuestiones que afectaran a los intereses del estado. La universidad se negó. Aplacado su enojo, Carlos V no quiso porfiar; al contrario, fue entonces cuando ordenó que se revisara la legislación colonial, haciéndose eco de la campaña de otro dominico, Bartolomé de Las Casas.

Las Casas era un colono de las Antillas que tomó conciencia del problema el día en que un dominico se negó a darle la absolución si no renunciaba a vivir de la explotación de los hombres. En su crítica a las Leyes de Burgos, Las Casas no discute la intención del legislador, sino las informaciones parciales o falsas que le han dado de la situación en América. Considera que se está degradando a los indios con el pretexto de evangelizarlos, porque se les expulsa de su medio natural. Además, al exigirles tributos en dinero, se rompen las estructuras a las que están acostumbrados. En el fondo, Las Casas propugnaba, tanto para los indios como para los europeos, la vuelta a un estado anterior al comercio y la manufactura. En su opinión, el dinero corrompe a los hombres. Su ideal sería una sociedad rural que viviera de sus recursos y en la que los intercambios tuvieran poca importancia. Considera que el sistema colonial es intrínsecamente perverso y absurdo desde el punto de vista económico, pues está acabando con la población de las Indias. Estas ideas le llevaron a entablar una batalla incesante para abolir la encomienda y extraer todas las consecuencias del principio según el cual los indios eran vasallos libres del rey. Sus esfuerzos se vieron recompensados en 1542, cuando las Leyes Nuevas recordaron solemnemente la prohibición de esclavizar a los indios y abolieron las encomiendas. La medida provocó una sublevación de los colonos de Perú. En la corte cundió la alarma. El contubernio de los altos funcionarios, los colonos y la mayor parte del clero obligó a Carlos V a dar marcha atrás. Le convencieron de que renunciar a las encomiendas equivaldría a arruinar la empresa de colonización.

Pero el debate no estaba cerrado. Hasta entonces la colonización no había tenido ningún aval intelectual. Todos los teólogos y pensadores eran contrarios a ella o tenían sus reservas. La discusión en torno a las Leyes nuevas hizo que una de las mentes más ilustres de la época se decidiera a intervenir. Frente a Vitoria y Las Casas, Juan Ginés de Sepúlveda, cronista oficial y destacado humanista, defendió la colonización. Su argumentación se puede resumir así: cuando unos pueblos son claramente inferiores a otros, los segundos tienen el derecho e incluso el deber de someterlos a su tutela. Se basa en una tesis de Aristóteles según la cual hay personas que están hechas para ejecutar las tareas, y otras para mandar. Aplicada a la colonización, la tesis tiene este planteamiento: por su propio interés, los pueblos inferiores deben someterse a la tutela de los pueblos superiores. Es la única forma que tienen de acceder a un grado más elevado de desarrollo. Estamos ante la primera expresión histórica de la misión civilizadora de Europa, defendida por Inglaterra y Francia en el siglo XIX. La diferencia es que en la España del siglo XVI esta tesis quedó casi reducida al silencio. En efecto, Sepúlveda expuso sus argumentos en un libro cuyas versiones manuscritas circularon en 1547. Las Casas hizo campaña contra su posible publicación, y se salió con la suya, pues las universidades de Alcalá y Salamanca consideraron que el libro de Sepúlveda era contrario a la doctrina cristiana y se opusieron a su impresión. Entonces Sepúlveda escribió otro libro del mismo cariz y lo editó en Roma. Las Casas consiguió que todos los ejemplares fueran secuestrados en España.

En 1550 Carlos V suspendió todas las operaciones de conquista y encomendó a una comisión de investigación que revisara todo el asunto. La llamada controversia de Valladolid no versó sobre la cuestión de si los indios tenían alma —ya hacía tiempo que no se planteaba—, sino sobre un problema concreto, el derecho de colonización. Este problema tenía dos aspectos:

— una cuestión de derecho: ¿podía un pueblo que se creía superior imponer su tutela, siquiera provisionalmente, a otro pueblo considerado inferior?

— una cuestión de hecho: ¿los indios de América eran inferiores a los europeos? ¿Eran unos bárbaros a los que había que civilizar —entonces se decía evangelizar— para que alcanzaran una fase superior de desarrollo?

Invitado a defender su punto de vista, Sepúlveda justificó la colonización haciendo hincapié en los pecados contra natura, los sacrificios humanos y la práctica del canibalismo, para concluir que los indios eran inferiores y debían ser sometidos. Las Casas refutó las tesis de su adversario basándose en su propia experiencia —los indios no eran más bárbaros que los europeos—, y de pasada hizo una observación de gran alcance: es peligroso clasificar a los pueblos en superiores e inferiores, pues siempre se acaba por ser el bárbaro de alguno. La controversia de Valladolid se terminó sin llegar a una conclusión. La mayoría de los teólogos que intervinieron acogieron con interés las ideas de Las Casas. Pero ¿podían condenar la colonización, es decir, recomendar al rey que evacuara las Indias? Era el mismo dilema que le había impedido a Vitoria llevar su razonamiento hasta las últimas consecuencias, y le había hecho confeccionar una lista de los títulos que podrían legitimar la conquista. La única solución era justificar a posteriori el hecho consumado e introducir en América mejoras y garantías. Esta fue la tendencia de la legislación colonial de España.[27] A menudo se ha tildado de hipócrita, ya que no impidió que los colonos

27. El código que recoge el conjunto de esta legislación se publicó en 1680.

explotaran a los indios. Es verdad, pero al menos tuvo el mérito de existir. Además, no siempre fue papel mojado, como pudieron comprobar los indios a comienzos del siglo XIX, cuando quedaron a merced de los criollos tras la proclamación de la independencia.

LA ABDICACIÓN Y EL RETIRO

Carlos V no pudo alcanzar ninguno de los dos objetivos que se había propuesto cuando accedió al imperio: rechazar a los turcos y mantener la unidad religiosa del mundo cristiano. Ambos se pueden considerar anacrónicos. La cruzada y la cristiandad eran nociones heredadas de la Edad Media que ya no tenían vigencia en el siglo XVI. También, forzando las cosas, podemos decir que Carlos V fue un precursor que tuvo la intuición de lo que debía ser Europa: una civilización original, producto del encuentro entre la tradición judeocristiana y la Antigüedad grecorromana, amenazada por el avance de otra civilización no menos estimable —la que representaba el imperio otomano—, pero con la que en esa época no parecía posible entablar relaciones de buena vecindad. Carlos V estaba convencido de que la dignidad imperial le obligaba a ponerse a la cabeza de Europa para conjurar el peligro, pero los estados modernos —sobre todo Francia, pero también Inglaterra, Venecia, el papado e incluso España— sólo se preocupaban de sus intereses nacionales. Así pues, el soberano más cosmopolita de su tiempo acabó desanimándose y renunciando. Después de la dieta de Augsburgo (1552), prematuramente envejecido y enfermo, ya sólo pensaba en organizar su sucesión. El emperador sentía un especial interés por los Países Bajos, donde había nacido, y los separó de los otros dominios de los Habsburgo para dárselos en herencia a su hijo Felipe. La seguridad de estos territorios requería como mínimo la neutralidad de Inglaterra. La boda en 1554 del príncipe Felipe con María Tudor (hija de Enrique VIII y nieta de los Reyes Católicos) formaba parte de este plan, pero no dio los resultados esperados. Felipe, descontento por no tener heredero, se marchó de Inglaterra en 1555, y la muerte de María Tudor dio al traste definitivamente con los planes de Carlos V, lo cual tuvo graves consecuencias más adelante, cuando Felipe II hubo de hacer frente a la sublevación de los Países Bajos.

El 22 de octubre de 1555 Carlos V renunció en Bruselas al título de gran maestre del Toisón de Oro, símbolo de la caballería que había soñado con mantener y desarrollar. Tres días después, también en Bruselas, renunció a su título de duque de Borgoña, soberano de los Países Bajos. El emperador, vestido de negro, hizo su entrada apoyándose en el hombro del joven príncipe Guillermo de Orange, el mismo que pocos años después sería el más feroz adversario de su «señor natural», Felipe II. Sin ninguna pompa, el 16 de enero de 1556 Carlos V entregó a su hijo las coronas de Castilla, Aragón, Sicilia y las Indias (la de Nápoles ya se la había dado en 1554 con motivo de su boda con María Tudor).[28] La corte fue despedida. Para

---

28.   Antes de abdicar, Carlos V esperó a que muriera su madre, Juana la Loca (12 de abril de 1555). Ella seguía siendo la reina legítima de Castilla, y su desaparición puso fin a una situación jurídica complicada, ya que en teoría Carlos V gobernaba en nombre de su madre, o por lo menos juntamente con ella. Le habría resultado imposible renunciar, a favor de su hijo, a una corona que llevaba por delegación.

acompañar a Carlos V en su retiro se había preparado un séquito de 762 personas. Por razones económicas hubo que reducirlo a 150. Este hijo del norte eligió para retirarse una alejada región española, Extremadura. En el monasterio jerónimo de Yuste se prepararon para él unos aposentos bastante modestos. El emperador mataba el tiempo paseando a caballo, cultivando su jardín y sobre todo haciendo experimentos de relojería con el ingeniero italiano Turriano. Se había propuesto lograr que varios relojes dieran la hora a la vez, y comentaba que eso era más fácil que poner de acuerdo a los teólogos.

En Yuste Carlos V no se aisló del mundo exterior. Se mantuvo informado. Se enteró, con disgusto, de que Felipe II no había sabido aprovechar su victoria de San Quintín contra los franceses. Cuando supo que en España habían aparecido dos focos luteranos, en Valladolid y Sevilla, se alarmó y dio instrucciones para eliminarlos. Empezaba una nueva época. No era cuestión únicamente de hombres y generaciones, sino también, y sobre todo, un cambio de talante en toda Europa. Las persecuciones españolas coincidieron en Francia con el principio de las guerras de religión. Carlos V ya no era el hombre de la situación. Murió el 21 de septiembre de 1558 a las dos de la madrugada.

Capítulo III

FELIPE II (1556-1598)

EL REY PRUDENTE

«Felipe II era algo terrible» (Victor Hugo). Un halo de misterio rodea al sucesor de Carlos V. En el siglo XVI los protestantes le llamaban el «demonio del Mediodía», y le consideraban un fanático que se había propuesto perseguirles por toda Europa. Los románticos le presentaron como un monstruo frío, que estranguló con sus propias manos a su hijo don Carlos y se recluyó en un monasterio siniestro, rodeado de los cadáveres de su familia. Hasta los españoles dudan a veces en reivindicarlo. En 1918 Manuel Azaña, en El Escorial, delante del retrato que le hizo Pantoja, decía que este rey, que se nos presenta como el prototipo del español, era un puro alemán. Incluso su nombre no tenía nada de hispánico. Se lo pusieron en recuerdo de su abuelo Felipe el Hermoso, un flamenco. El duque de Alba —y con él muchos castellanos— hubiera preferido que le llamaran Fernando, como su bisabuelo el Rey Católico. ¿Quién era en realidad Felipe II?

Nacido en Valladolid en 1527, Felipe II sentía una profunda admiración por su padre, el emperador Carlos V, que había puesto especial cuidado en enseñarle el oficio de rey, primero con sus consejos personales, algunos de los cuales se pusieron por escrito,[1] y luego confiándole varias veces la responsabilidad del poder en su ausencia.[2] También le puso preceptores de renombre, como Juan Martínez Silíceo, profesor de la Universidad de Salamanca, un plebeyo al que Carlos V nombró arzobispo de Toledo, y dos de los más destacados humanistas españoles del momento, Honorato Juan y Juan Ginés de Sepúlveda, ayudados para las artes marciales y la vida mundana por dos aristócratas, un hijo del duque del Infantado y un comendador mayor de la orden de Santiago. Los primeros inculcaron al futuro rey la afición a la lectura, las matemáticas y las artes (sobre todo la arquitectura). Hicieron de Felipe II uno de los hombres más cultos de su época.[3] Los aristócratas no tuvieron

---

1. Se conservan varios de estos escritos, las instrucciones de 1539, 1543, 1548 y 1551. No existe la seguridad de que las de 1555 sean auténticas.

2. La primera vez fue en 1543. Felipe aún no había cumplido los 16 años.

3. Es conocida su pasión por las ciencias, y aún más por sus aplicaciones. Planeó hacer el Tajo navegable de Toledo a Lisboa. En 1566, para conocer mejor sus reinos, le encargó a Esquivel,

tanto éxito con él, pues no consiguieron transformarlo en caballero y hombre de guerra. Felipe II nunca se encontró a sus anchas en el campo de batalla. La única vez que participó en una acción de guerra —en San Quintín, al principio de su reinado—, el espectáculo de una ciudad saqueada y a merced de la soldadesca le disgustó profundamente, y no quiso repetir la experiencia. Al parecer, ni siquiera la caza le interesaba mucho. Se creía en la obligación de ir, pero ¿era realmente cazador? Veía cómo cazaban los demás... En este sentido, era completamente distinto de su padre. Felipe II siempre envidió secretamente a su hermanastro Juan de Austria, que había heredado algunos rasgos de Carlos V: la brillantez, la afición a las justas aristocráticas, a la caza y a la guerra.

Felipe II compensaba su falta de apostura con una aparente impasibilidad que le daba un aspecto grave y desconcertaba a los visitantes. Para animarles a hablar, el rey pronunciaba entonces una palabra que se hizo famosa: «Sosegaos». Cuando le anunciaron la victoria de Lepanto su rostro permaneció impertérrito, como si nada pudiera hacerle perder la serenidad. El rey se labró una personalidad de fachada, deliberadamente fría, destinada a marcar distancias con sus súbditos, una tendencia reforzada por el ceremonial borgoñón que Carlos V había impuesto en la corte. Todas las apariciones públicas del rey estaban sometidas a un ritual complicado que no dejaba el menor resquicio a la improvisación.[4] Pero esta imagen adusta es falsa. Se pueden discutir los gustos artísticos de Felipe II y la forma en que planeó y decoró el monasterio de El Escorial, pero no se puede negar que fuera una persona sensible. Las cartas que envió a sus hijas desde Lisboa muestran a un hombre muy distinto del retrato que hacen los cronistas: un padre solícito y bondadoso, que se informa de los progresos de sus hijos, se preocupa de la urbanización de Aranjuez, del estado de los jardines, de los pájaros que volarán en el parque al aproximarse la primavera...

¿Cómo conciliar este amor paterno con las circunstancias que rodearon la muerte del infante don Carlos? Nacido del primer matrimonio de Felipe II con María de Portugal,[5] don Carlos procedía de una familia en la que los matrimonios consanguíneos eran casi la norma, y en la que había varios enfermos mentales, entre ellos una reina de Castilla, Juana la Loca, su bisabuela. Según cuentan, era enfermizo, glotón, colérico, cruel.[6] Se enfrentó a su padre con creciente violencia. ¿Estaba celoso de él y enamorado de la reina Isabel de Valois, con la que había estado prometido antes

---

profesor de matemáticas de Alcalá, que hiciera una descripción geodésica y mapas de los accidentes geográficos (ríos, cursos de agua, relieve...) y la situación de las poblaciones. Esquivel puso manos a la obra. Para levantar los planos topográficos se hizo fabricar una serie de instrumentos que transportaba a lomos de mula. A esta afición de Felipe II por las estadísticas se debe la gran investigación de 1575, conocida con el nombre de relaciones topográficas: unos agentes recorrieron Castilla y en cada pueblo indagaron el número de habitantes y las actividades económicas (cultivos, manufacturas, ferias y mercados, etc.). Los documentos que se conservan son una fuente muy valiosa sobre la situación en la Castilla de la segunda mitad del siglo XVI.

4. Desde España este ceremonial pasó a la mayoría de las cortes europeas. Con demasiada frecuencia se olvida que la etiqueta introducida por Luis XIV en Versalles era de origen español.

5. Felipe II tuvo cuatro esposas: María de Portugal, prima hermana suya, María Tudor, nieta de los Reyes Católicos, Isabel de Valois y Ana de Austria, hija del emperador Maximiliano.

6. Amenazó con un puñal al cardenal Espinosa, presidente del Consejo de Castilla, por prohibir que un comediante actuara en su presencia. Otra vez obligó a un zapatero a comerse el cuero de un calzado que le hacía daño...

de que Felipe II decidiera casarse con ella? Esto probablemente es una leyenda. En cambio sabemos con certeza que se metió atolondradamente en política. Aspiraba a ser nombrado gobernador de los Países Bajos. Al enterarse de que el puesto había correspondido al duque de Alba, urdió un plan contra él. Pretendía acaudillar a la población oprimida, y le pidió a don Juan de Austria que le consiguiera un barco. Don Juan informó al rey. Don Carlos, furioso, trató de matarle. Después de este lance —pocos días antes de la Navidad de 1567— Felipe II mandó que encerraran a su hijo en el alcázar. En seguida informó a su tía Catalina de Portugal, diciéndole que había perdido la esperanza de que su hijo recobrara la razón, y que había preferido sacrificar a Dios su propia carne y su sangre, poniendo el servicio al Señor y el bien universal por encima de cualquier consideración. Según Felipe II, las razones que le habían movido a actuar así eran antiguas y nuevas, tan numerosas y graves que no las podía mencionar para no apenar a Catalina. Don Carlos murió seis meses después, el 26 de julio de 1568, en misteriosas circunstancias. El embajador de Francia mencionó una huelga de hambre seguida de atracones; según él, esa fue la causa de su muerte.[7] Más tarde Felipe II fue presentado como verdugo de su propio hijo. No hay nada que avale esta acusación. Desde luego, el rey, que tenía una idea tan elevada de sus responsabilidades, no soportaba la idea de que un demente le sucediera. La carta a Catalina de Portugal revela su desasosiego. El resto es pura fabulación.

Felipe II dejó un justificado recuerdo de hombre de despacho. Se pasaba horas y horas leyendo y anotando las comunicaciones y los informes de sus ministros y corrigiendo la redacción de sus decretos cuando le parecía defectuosa desde el punto de vista jurídico. Se tomaba mucho tiempo para reflexionar sobre cualquier problema, con el consiguiente retraso de la solución. Los aristócratas le tachaban de ser un hombre de expedientes, incapaz de tomar una decisión rápida.[8] Esta incapacidad para reaccionar con soltura, ¿denotaba debilidad de carácter? Así lo creía el doctor Marañón, para quien Felipe II fue un ser débil dotado de un poder inmenso. Además de un burócrata, el rey era tan sedentario como viajero había sido su padre. Los únicos desplazamientos que hizo fuera de la península datan de antes de su coronación. En octubre de 1548 hizo un recorrido que le llevó a Génova, Milán, el Tirol, Munich, Heidelberg, Bruselas y, por último, Inglaterra. Pese a sus esfuerzos, no consiguió caer bien en los lugares que visitó. Los flamencos y los alemanes le irritaban. Se sentía incómodo rodeado de gente cuya lengua no entendía —Felipe II sólo hablaba castellano— y cuyas costumbres consideraba extrañas y toscas. Por ejemplo, no le gustaba la cerveza, y no soportaba la embriaguez de sus compañeros de viaje.

---

7. «La causa de su muerte procede de que a menudo permanecía tres o cuatro días sin comer, y luego comía hasta más no poder, y siempre bebía agua con nieve [hielo] en gran abundancia, acostándose desnudo sobre las baldosas ... Y como último exceso, permaneció siete u ocho días comiendo únicamente ciruelas crudas, y bebiendo agua con nieve, lo que le dejó en un estado tan débil que cuando quiso comer, no pudo.»

8. El cronista anónimo de la casa de Mondéjar atribuye a estas vacilaciones el cariz dramático que tomó la sublevación de los moriscos de Granada en 1569: «Con semejante lentitud y difidencia se desatendió siempre en todo el gobierno de Phelipe segundo a las mayores urgencias, empleando el tiempo que debiera lograrse en prevenir los peligros para evitarlos con providencia en consultas prolixas y en informes inútiles, no creyendo nunca a quien los prevenía, aumentando los gastos después la morosidad de sus resoluciones». Un embajador de Venecia se hizo eco de parecidas críticas en los años cincuenta del siglo XVI: «Los españoles dicen que el rey piensa mientras la reina de Inglaterra actúa».

Después de su coronación no volvió a salir de la península, y en seguida su horizonte se limitó al estrecho perímetro comprendido entre Segovia y Aranjuez, Madrid y El Escorial.[9]

No es extraño, pues, que Felipe II renunciara pronto a la corte itinerante de sus antecesores. Deseaba tener una capital fija para instalar en ella su burocracia. Estaba en el orden de las cosas. La política, al ganar en complejidad, requería una centralización. El rey podía haber establecido la capital en Toledo o Valladolid, pero se decidió por Madrid, que no era un pueblucho insignificante, como se ha dicho a veces —tenía representación en las Cortes—, pero sí una modesta villa comparada con las ciudades anteriores.[10] No sabemos por qué el rey descartó Valladolid; en el caso de Toledo, la razón pudo ser que la ciudad era sede de un arzobispado, el más importante de España, y eso podía crearle problemas al poder civil. En 1559, a raíz de un incidente que enfrentó al ayuntamiento con el vicario general, el arzobispo prohibió los oficios religiosos durante ocho días. El corregidor se vio obligado a disculparse públicamente. Lo más probable es que Felipe II no quisiera exponerse a esta clase de humillaciones. El 8 de mayo de 1561 tomó la decisión de instalar la corte en Madrid.[11] En realidad, no era mala idea, ya que Madrid se encuentra en el centro de la península. Desde allí se podía llegar a los lugares más importantes de los reinos de España, tanto a los puertos y ciudades comerciales del norte como a Andalucía, Aragón, Cataluña, Valencia y Portugal que, veinte años después, también se incorporaría a los dominios de Felipe II.

En esa misma época el rey decidió construir un monasterio en honor a san Lorenzo, dado que la victoria de San Quintín (1557) había ocurrido un 10 de agosto, día de este mártir. El rey escogió personalmente el emplazamiento, en la vertiente sur de la sierra de Guadarrama, en un lugar llamado El Escorial. El monasterio fue la gran obra de Felipe II, que siguió de cerca su construcción y se preocupó de su acondicionamiento y decoración hasta en los menores detalles. Las obras comenzaron en 1563 y terminaron en 1584. El primer arquitecto, Juan Bautista de Toledo, había trabajado en San Pedro de Roma a las órdenes de Miguel Ángel, y el proyecto primitivo reproducía el de la basílica romana.[12] Después de su muerte, en 1567, Juan de Herrera tomó el relevo. Había estudiado en Flandes e Italia. Estas influencias clásicas y grecorromanas caracterizan la arquitectura del monasterio, en particular la importancia de la simetría, en un esfuerzo por adaptar el conjunto al destino de la obra y lograr una coherencia interna. Es una muestra de la sensibilidad estética del rey, de su admiración por la arquitectura clásica y el desprecio de la «barbarie»

---

9. Su hijo don Carlos se burló de la aversión que tenía Felipe II a los viajes. En 1566-1567 escribió un libro titulado *Los grandes y admirables viajes del rey Felipe*. En la primera página aparece la mención: «De Madrid al Pardo, del Pardo al Escorial, del Escorial a Aranjuez, de Aranjuez a Segovia, de Segovia a Madrid». Las demás páginas están en blanco. Este incidente enturbió aún más las relaciones entre padre e hijo.

10. En 1560 Madrid tenía menos de 10.000 habitantes, tres veces menos que Valladolid y cinco menos que Toledo. Una vez convertida en capital, su población aumentó rápidamente: cerca de 30.000 habitantes en 1565, y más de 75.000 a fines del siglo XVI.

11. A partir de esta fecha se acostumbra a considerar que Madrid era la capital de España. Pero la consagración oficial fue mucho más tardía, pues data de la Segunda República y la Constitución de 1931: «La capital de la república se establece en Madrid».

12. Los Inválidos de París, construido un año después que el monasterio de El Escorial, tiene el mismo trazado.

medieval inculcado por sus preceptores humanistas, de su deseo de llegar a una síntesis armoniosa entre la Antigüedad pagana y la Antigüedad cristiana. A menudo se ha criticado —sobre todo en Francia— la tristeza del monasterio de El Escorial. El refinamiento, en este caso, consiste en buscar el placer estético en la falta de ornamentación, para dar la sensación de lo grandioso. La calidad de los materiales (piedra, madera, bronce dorado) compensa la sobriedad de un edificio destinado a albergar a los frailes jerónimos, un panteón real, una biblioteca, un museo, unos gabinetes científicos y una cartoteca. Porque el monasterio estaba concebido como un monumento en el que España reunía todo lo que contaba más para ella: el culto religioso, por supuesto, la exaltación de la fe, pero también la ciencia y la cultura. Poseía colecciones de obras de arte, de plantas, de instrumentos científicos, libros. Se prestó especial atención a la biblioteca. En 1576 Felipe II le cedió cerca de 5.000 volúmenes (códices e impresos). Eran libros propiedad del rey, colecciones privadas adquiridas por el estado, o también obras y manuscritos (griegos, latinos, árabes…) comprados sobre todo en los Países Bajos, Francia e Italia, para enriquecer los fondos del monasterio. La sala de lectura fue decorada con frescos y retratos de hombres ilustres: Sócrates, Platón, Séneca y Plinio al lado de los Padres de la Iglesia y los contemporáneos (Nebrija, Luis Vives, Hernán Cortés…).[13] Nada más lejos del «pudridero» al que a veces se ha querido reducir el monasterio de El Escorial.

LA PREPONDERANCIA ESPAÑOLA

Con Felipe II España afirmó su voluntad de imponer su hegemonía a Europa. A Carlos V le reprochaban su aspiración a la monarquía universal, o dicho de otro modo, su política imperialista. Esta tendencia se acentuó en Felipe II, que ya no podía invocar la dignidad imperial, como su padre, para justificar su pretensión de intervenir en toda Europa. ¿A santo de qué se erigía el rey de España en paladín del catolicismo? Hasta los propios españoles acabaron haciéndose esa pregunta. En los otros países se acusó inmediatamente a España de tener planes imperialistas so pretexto de defender la fe católica, pretensión que la Santa Sede fue la primera en denunciar. El advenimiento de Felipe II fue apenas posterior al de Paulo IV, un papa que había tachado a Carlos V de hereje, acusándole de favorecer el protestantismo para doblegar al papado y hacerse dueño del mundo. Felipe II heredó este conflicto. En el fondo Paulo IV expresaba el sentimiento de muchos italianos, indignados al ver su país, foco de la civilización romana, sometido a un pueblo bárbaro, étnica y culturalmente mestizo por su larga convivencia con semitas, árabes y judíos. Fue el primer aspecto de la leyenda negra antihispánica: las dudas acerca de la pureza de la fe de los españoles. ¿Cómo osaban proclamarse adalides del catolicismo? En 1556 estuvo a punto de estallar una guerra entre España y Roma. Los teólogos consultados por Felipe II la consideraban legítima, porque no sería declarada al pastor de la Iglesia universal, sino a un soberano temporal, cuyos actos constituían una amenaza.
En efecto, no es fácil distinguir entre los intereses materiales y la ideología. Entre la Inglaterra de Isabel y la España de Felipe II había un enfrentamiento total en materia religiosa, pero no podemos olvidar que las dos potencias competían por

---

13. En el incendio de 1671 desaparecieron algunos manuscritos valiosos, antigüedades y aparatos científicos, y la mayoría de los retratos de hombres ilustres quedaron dañados.

el comercio con América. La observación también es válida para los Países Bajos, que anhelaban la independencia y la libertad religiosa, pero también la expansión colonial. Al fin y al cabo, la situación recuerda a los conflictos del siglo XX, en la época de la guerra fría, cuando los Estados Unidos de América y la Unión de Repúblicas Socialistas Soviéticas se acusaban mutuamente de poner la ideología al servicio de sus ambiciones nacionales. En la segunda mitad del siglo XVI la política exterior tuvo un carácter de guerra total.

En la España de Felipe II no estaban en juego únicamente los intereses nacionales, sino también los de la casa de Austria. En 1551 se había planeado un complicado sistema: el imperio sería atribuido a Fernando, hermano de Carlos V, quien haría elegir al futuro Felipe II rey de romanos. A su vez Felipe II haría lo mismo en favor de Maximiliano, hijo de Fernando. No hubo nada de eso, pues el acta de abdicación de 1556 separó el imperio de los otros dominios de Carlos V y se lo adjudicó a Fernando. A Felipe II le hubiera gustado conservar el imperio, o por lo menos Milán. Detrás de este conflicto entre primos se vislumbran disputas personales, pero sobre todo rivalidades nacionales, de alemanes contra españoles. Felipe II se resignó. A pesar de su decepción, no negó su ayuda a la otra rama de los Habsburgo. Hubo una intensa solidaridad entre los miembros de la casa de Austria, y España fue el sostén más activo de esta política.

Si España pudo desempeñar dicho papel era porque disponía de medios para ello. La producción de plata en las Indias aumentó prodigiosamente en la segunda mitad del siglo XVI, y permitió costear las intervenciones de España en Europa. Porque los mercenarios exigían ser pagados en moneda de buena ley. Merced a los asientos firmados con los bancos, se transferían a Italia, Alemania y los Países Bajos las cantidades requeridas para pagar a las tropas. Esto supuso un excelente negocio para las grandes casas mercantiles, pero el comercio se resintió; su volumen disminuyó, mientras que las finanzas prosperaron. Cuando los tesoros de las Indias tardaban en llegar el rey recurría a los contribuyentes españoles. A la larga la afluencia de metales preciosos y los impuestos resultaron insuficientes. Al final del reinado, en 1596, España se declaró en suspensión de pagos. Poco después firmó la paz de Vervins. Era el reconocimiento del fracaso de una ambiciosa política que, como en tiempos de Carlos V, se había propuesto dos metas: la guerra contra los turcos y la lucha contra el protestantismo.

LEPANTO

Felipe II emprendió la última cruzada de la cristiandad contra los turcos. Primero combatió a sus aliados, los corsarios berberiscos. Desde el Sahel tunecino uno de ellos, Dragut, realizaba constantes incursiones en Nápoles, la isla de Elba, Córcega... La expedición a Trípoli (1560) y Djerba se propuso destruir esta base, pero fue un fracaso. Los españoles dejaron en el lugar 10.000 prisioneros y perdieron 27 galeras. Diez años después los turcos lanzaron una ofensiva, ocuparon Chipre (julio de 1570) y luego atacaron todas las fuerzas navales y posesiones de Venecia. Los venecianos, que llevaban treinta años tratando de mantenerse neutrales entre España y el imperio otomano, pidieron ayuda a Felipe II, pero éste, al principio, no estuvo muy dispuesto a prestársela. España se hallaba entonces enzarzada en la guerra de los Países Bajos y la sublevación de los moriscos de Granada. No obstante, varios meses después se formó una alianza. Se reunió una escuadra al mando de don Juan de Austria, hermanastro de Felipe II, y el 7 de octubre de 1571 esta escuadra aniquiló la flota turca frente a Lepanto. No fue una victoria tan decisiva como se ha llegado a decir, pero sirvió para detener el avance turco. En agosto de 1580 el imperio otomano firmó un acuerdo con España. Fue el fin de una guerra casi secular, y un hito que pronosticaba el profundo cambio del siglo XVII. El Mediterráneo dejó de ser el centro del mundo europeo; la atención de las grandes potencias se dirigió, cada vez más, hacia el Atlántico. Ya en 1562 el emperador Fernando había firmado la paz con Solimán, y este acuerdo fue renovado en 1573 y 1576. Felipe II desaconsejó al rey Sebastián de Portugal que se lanzara a la aventura marroquí, donde hallaría la muerte. En el terreno diplomático, la derrota portuguesa de Alcazarquivir (1578) tuvo un significado bien distinto de la victoria de Lepanto. Consagró un reparto del mundo mediterráneo en zonas de influencia. Aunque no cesó la guerra de corso, los otomanos renunciaron a atacar directamente a España e Italia. Los españoles, por su parte, dejaron a los turcos las manos libres en los Balcanes y el norte de África. Marruecos conservó su independencia.

LA REBELIÓN DE LOS PAÍSES BAJOS

El principal problema del reinado fue la guerra de los Países Bajos. Con este nombre se conocía un conjunto de territorios más o menos autónomos (el condado de Holanda, el ducado de Güeldres, el obispado de Utrecht, el señorío de Frisia, etc.) que Felipe el Bueno había incorporado al ducado de Borgoña en 1428. Con sus tres millones de habitantes, la región debía su prosperidad a su situación de encrucijada en dos rutas comerciales, la que iba del Atlántico al Báltico, y la que unía Venecia e Italia con Inglaterra y el mar del Norte. Las actividades principales eran la pesca, el comercio y la industria textil. La lana, importada de Inglaterra y, sobre todo, de España, se trabajaba en las pañerías de Nimega, Leiden, Ypres y Gante. Brujas y Amberes eran centros muy dinámicos. En la primera mitad del siglo XVI Flandes era un modelo de desarrollo económico. Causaba admiración el modo en que allí se había tratado de eliminar la mendicidad, reorganizando la beneficencia y abriendo talleres para los desempleados. La vida cultural era muy activa. La Universidad de Lovaina, fundada en 1425, tenía una influencia que iba mucho más allá de los límites territoriales de los Países Bajos. En el siglo XV el movimiento de los Hermanos de la vida común, que se propuso renovar en profundidad la vida religiosa y la espiritualidad antes de la Reforma luterana, había partido de Flandes. En el siglo XVI Erasmo de Rotterdam, el príncipe de los humanistas, descollaba como pensador y maestro de gran parte de las elites de Europa. En cuanto a los artistas flamencos, a partir de Van Eyck se habían convertido en modelos.

Carlos V no se olvidó de defender los intereses de su tierra natal. Como no podía residir allí permanentemente, confió el gobierno a su tía, Margarita de Austria, y posteriormente a su hermana, María de Hungría. Las dos fueron hábiles políticas y lograron mantener la cohesión del territorio, creando nuevas instituciones como el Consejo de Estado, el Consejo Secreto y el Consejo de Hacienda. Bajo la dirección de María de Hungría, Flandes contribuyó sin demasiadas reservas a sufragar los gastos comunes del imperio. Sólo la ciudad pañera de Gante, descontenta con los excesivos impuestos que gravaban la actividad de manufactureros y artesanos, se rebeló en 1538. En febrero de 1540 Carlos V restableció el orden con un ejército de 5.000 lansquenetes, y aprovechó la ocasión para suprimir todos los privilegios. Fue la primera señal de un malestar difuso. Sin embargo, en Flandes veían a Carlos V como un paisano, su «señor natural», y era respetado y admirado. Resulta muy significativo al respecto el gran aprecio que le tenía el emperador al joven conde de Nassau, Guillermo, príncipe de Orange (1533-1584), educado en la corte de María de Hungría y caballero del Toisón de Oro. ¿Quién hubiera dicho entonces que este joven cortesano iba a convertirse en uno de los más feroces adversarios de Felipe II?

Separado del imperio en 1556, Flandes fue atribuido a Felipe II, el cual, antes de regresar a España, había nombrado para administrarlo a Margarita de Parma, hija natural de Carlos V, asistida por un Consejo que estaba dominado por la fuerte personalidad de Granvela, natural del Franco Condado. Este hecho alarmó a la aristocracia local, mayoritaria en el Consejo de Estado, que temía la centralización y una excesiva influencia de España. También estaba descontenta con la reforma eclesiástica de 1561 que había creado 14 nuevos obispados, todos ellos provistos por el poder real y no por los cabildos diocesanos. Por último, temía la implantación de una Inquisición a la española. Al parecer, su objetivo era volver a un tipo de gobierno como el que había a comienzos de siglo, cuando los estatúderes eran más o menos autónomos en las provincias. El Consejo de Estado reclamó una mayor participación en todos los asuntos y la partida de Granvela, por considerarlo el hombre de confianza del rey y el instrumento del centralismo. En 1564 Felipe II atendió esta petición y se desprendió de Granvela, pero no quiso ceder al resto de las reivindicaciones, como la de libertad de culto. Fue entonces cuando el rey envió unas célebres instrucciones a su embajador en Roma: «Podréis certificar a Su Santidad que antes de sufrir la menor quiebra del mundo en lo de la religión y servicio de Dios, perderé todos mis estados y cien vidas que tuviere, porque yo no pienso ni quiero ser señor de herejes». ¿Era esto lo que de verdad pensaba? Al mismo tiempo Felipe II consultó a los teólogos, que le aconsejaron moderación, pues una guerra sería perjudicial para los intereses de la Iglesia, y afirmaron que el rey, en conciencia, podía autorizar la libertad de culto en las ciudades flamencas. De hecho, el conde de Egmont, que estuvo con Felipe II en Madrid entre enero y marzo de 1565, se marchó convencido de que era posible un arreglo. Seis meses después (17 y 20 de octubre de 1565) las «cartas del bosque de Segovia» dieron al traste con sus esperanzas, ya que Felipe II se mostraba intransigente. Si se trataba de un malentendido, un viaje del rey a los Países Bajos podía haberlo disipado. Carlos V no habría dudado en desplazarse. Felipe II consideró la posibilidad, pero acabó renunciando. Entonces los nobles holandeses pasaron a la oposición (abril de 1566). Con la intención de ganar tiempo, porque los turcos habían reanudado su ofensiva en el Mediterráneo, Felipe II le pidió a su hermana que moderara su actitud con los herejes. Demasiado tarde. En agosto de 1566 los calvinistas organizaron manifestaciones iconoclastas y saquearon las iglesias de Tournai, Valenciennes, Amberes, etc. En noviembre Felipe II reaccionó enviando un ejército al mando del duque de Alba. Había empezado la guerra de los Países Bajos.

El conflicto tenía sobre todo carácter político: la aspiración a una mayor autonomía y un brote de nacionalismo. La cuestión religiosa desempeñaba un papel secundario. Contra el rey se formó una coalición heteróclita. Los feudales, muchos de los cuales eran católicos, querían conservar sus privilegios; los comerciantes pretendían impulsar el comercio con los países vecinos, ya fueran católicos o protestantes; los calvinistas defendían la libertad de culto; la población quería conservar las costumbres y leyes locales, que los gobernantes anteriores habían respetado escrupulosamente; por último, Flandes, rodeado de países protestantes, deseaba vivir en paz con sus vecinos.[14] Hasta su muerte en 1584, Guillermo de Orange fue el aglutinador de todos esos descontentos y anhelos. Se dio cuenta de que los autonomistas flamencos podían sacar partido de la situación internacional si lograban el apoyo de los adversarios del rey de España. La mayoría de ellos eran protestantes, por lo que Guillermo de Orange dio al conflicto un cariz ideológico. Para justificar la rebelión de una nación contra su «señor natural», el 13 de diciembre de 1580 pronunció ante los estados generales de los Países Bajos un discurso que al año siguiente fue publicado con el título de *Apología contra la proscripción de Felipe II* y tuvo una amplia difusión en Europa. Es el primer ejemplo de guerra psicológica de la Edad Moderna. Guillermo de Orange lanza tres acusaciones contra España y su rey, en las que se va a basar durante siglos la leyenda negra antihispánica:

1) Felipe II es un tirano perverso. Ha asesinado a su hijo don Carlos y envenenado a su mujer Isabel de Valois, ha vivido en concubinato con su hermana Juana, ha contraído un matrimonio incestuoso con María de Portugal, estando ya casado en secreto con una dama de la aristocracia, Isabel Osorio.

2) Es un fanático que emplea contra los disidentes religiosos unos procedimientos tanto más odiosos cuanto que España es el país menos católico de Europa.[15]

3) Por último, España es culpable de crímenes abominables al ser causante de la muerte de más de veinte millones de personas en América.

Estas acusaciones no eran nuevas, llevaban ya tiempo circulando por Europa. Al reunirlas, Guillermo de Orange les dio una repercusión que no habían tenido hasta entonces. Sus ecos llegan hasta hoy.[16] Fueron recogidas en infinidad de publicaciones

14.   Esta situación se analiza con lucidez en una memoria escrita hacia 1566 por un español que había estudiado en Lovaina, Fadrique Furió Ceriol, *Avisos acerca de los Estados bajos*, publicada por David Lagomarsino en el *Bulletin Hispanique*, LXXX, 1978, pp. 101-107.
15.   «La mayoría de los españoles, particularmente los que se consideran aristócratas, son de la raza de los moros y los judíos.»
16.   La acusación de semitismo lanzada contra los españoles a causa de su larga convivencia con los musulmanes y los judíos es un lugar común. La encontramos en los escritos de viajeros alemanes de finales del siglo XV; fue recogida por Lutero en sus *Charlas de sobremesa* (1537-1538) y en la *Cosmografía* de Sebastián Münzer (edición alemana de 1544), pero fue en Italia, sobre todo después del saco de Roma (1527), donde se formuló con más fuerza. El tema del fanatismo religioso fue desarrollado por un protestante español refugiado en Frankfurt, Reinaldo González Montes (o Montano), en un libro publicado en Heidelberg en 1567 *(Sanctae Inquisitionis hispanicae artes...)*, ilustrado con grabados que representaban escenas de tortura: mujeres desnudas delante de los inquisidores, etc. La obra tuvo una gran difusión gracias a las traducciones al alemán, francés, holandés e inglés, y también se publicaron ediciones abreviadas. Por último, la utilización con fines polémicos de las controversias sobre la conquista de América empezaron en 1565 con la *Historia del Mondo Nuovo* de Girolamo Benzoni (Venecia, 1565), inspirada en la crónica de López de Gómara. El libelo de Bartolomé de Las Casas sobre la destrucción de las Indias fue el que más dio que hablar. La primera traducción holandesa data de 1578, la primera traducción francesa de 1579. Esta última lleva un título significativo: *Tyrannies et cruautés des Espagnols perpetrées ès Indes occidentales, qu'on dit le Nouveau Monde, brièvement décrites par l'évêque don frère Barthélemy de Las Casas ou Casaus de l'ordre de saint Dominique, traduites par Jacques de Miggrode pour servir d'exemple et d'avertissement aux XVII provinces du pays bas* (Amberes, 1579). Cada vez que Las Casas emplea la palabra cristianos para designar a los conquistadores, el traductor escribe españoles. Se hicieron otras traducciones al inglés, al alemán, al latín y al italiano, y numerosas reedi-

escritas en todas las lenguas, algunas de ellas ilustradas con grabados de Théodore de Bry en los que se podían ver las atrocidades cometidas por los españoles. El asunto había tomado trazas de guerra de religión. Parecía imposible llegar a un compromiso. El duque de Alba trató de amedrentar al adversario con una represión que causó indignación e incrementó las adhesiones al bando rebelde. Sus métodos atroces —creación del tribunal de los Tumultos, ejecuciones como las de los condes de Egmont y Horn— le permitieron restablecer el orden, por lo menos en una parte del país, pero la sublevación se organizó en otros lugares y se avivó debido a que Felipe II, siempre necesitado de dinero, ordenó que los propios Países Bajos aportaran los subsidios necesarios para el mantenimiento del orden. El aumento de la carga fiscal afectó seriamente al comercio local, y no hizo sino avivar el descontento. Los mendigos del mar organizaron actos de piratería contra los navíos españoles. El 1 de abril de 1572 tomaron el puerto de Brielle, en Zelanda, con lo que Guillermo de Orange dispuso de una cabeza de puente.

En 1573 Luis de Requesens sustituyó al duque de Alba. Los mendigos del mar cosecharon nuevos éxitos en el norte del país y en el litoral. Requesens planeó destruir los diques para inundar el territorio enemigo. Felipe II lo descartó con argumentos dignos de ser citados: inundar Holanda era fácil, pero las consecuencias serían irremediables y afectarían a unos súbditos que estaban bajo la autoridad del rey, por más que sus crímenes fueran notorios y merecieran ser castigados. El dinero acabó agotándose. España estaba en bancarrota. En el ejército cundieron las deserciones. En 1576 unas tropas se amotinaron y saquearon Amberes. Requesens murió ese mismo año, dejando el país en la anarquía. Felipe II parecía desanimado. Envió a Flandes a Juan de Austria, que firmó un armisticio provisional y aceptó casi todas las peticiones de los rebeldes. Fue el edicto perpetuo de febrero de 1577, pero el rey rechazó sus términos y lo hizo revocar en septiembre. La guerra se reanudó, esta vez con las tropas españolas al mando de Alejandro Farnesio, quien se esforzó por ganarse a los católicos, numerosos en el sur del país: fue la llamada unión de Arras (6 de enero de 1579), que tuvo su réplica, tres semanas después, en la unión de Utrecht. De este modo se perfiló una solución de la que hemos tenido varios ejemplos en el siglo XX: la división del país en dos zonas. Al final del reinado de Felipe II las siete provincias del norte —las Provincias Unidas— se declararon independientes. Felipe II lo reconoció implícitamente al separar los Países Bajos de la corona para atribuírselos a su hija, Isabel Clara, casada con el archiduque Alberto de Austria (1597). La revuelta, nacida en el sur, acabó triunfando en el norte. España no había logrado sofocarla. ¿Era esa realmente su intención? El historiador Parker se plantea la pregunta. Cree observar que Flandes casi siempre había estado relegado en la política internacional de España. Felipe II sólo se empleó a fondo en las escasas ocasiones en que los conflictos con otras potencias, Francia o los turcos, se lo permitieron. En 1580 retiró tropas de los Países Bajos para llevarlas a Portugal, objetivo prioritario. El presupuesto dedicado a la guerra de Flandes en 1590-1591 fue, al parecer, cuatro veces inferior que el destinado a las operaciones contra Francia.[17]

---

ciones. La traducción alemana de 1597 está ilustrada con grabados del holandés Théodore de Bry, que ya habían aparecido en la versión en latín incorporada a las *Collectiones peregrinationum in Indiam* (Frankfurt, 1590).

17. Menos de un millón de florines para los Países Bajos, tres millones para Francia.

Todo esto explicaría el fracaso de España. No parecen unos argumentos decisivos. Es verdad que Felipe II estaba ocupado en varios frentes a la vez y que se dedicaba sobre todo a lo que le parecía más urgente, pero Flandes le costó muy caro a España, que nunca se resignó a perderlo. La prueba es que el conflicto se prolongó hasta mucho después de la muerte de Felipe II.

FELIPE II, REY DE PORTUGAL

Isabel y Fernando habían sentado las bases de una unión dinástica con Portugal, pero su política matrimonial no dio resultado hasta mucho después —demasiado tarde—. Su hija mayor Isabel se casó en 1490 con el heredero del trono portugués. Pronto enviudó, y volvió a casarse en 1495, esta vez con el rey Manuel. En 1497 tuvieron un hijo, Miguel, que fue reconocido heredero de las tres coronas (Castilla, Aragón y Portugal), pero el príncipe sólo vivió dos años. Más de tres cuartos de siglo después una serie de circunstancias hizo realidad la unión dinástica.

En 1578, en contra de la opinión de sus consejeros y de Felipe II, el rey Sebastián de Portugal, de espíritu caballeresco y exaltado, se obstinó en conquistar Marruecos. Desembarcó en África y sufrió una derrota humillante en Alcazarquivir (4 de agosto de 1578). Su cadáver fue recogido del campo de batalla y llevado a Ceuta, lo que no impidió que se corriera el rumor de que Sebastián estaba vivo y su vuelta era inminente.[18] Como el rey no tenía descendientes le sucedió su tío, el viejo cardenal-infante Enrique, pero ya se sabía que el trono de Portugal quedaría pronto vacante y surgieron las candidaturas. Tres eran las principales: la de la duquesa Catalina de Braganza, la de Antonio, prior de Crato, y la de Felipe II. Este último era el que parecía tener más posibilidades, pues no en vano era nieto en línea directa (por vía materna) del rey Manuel, a su vez hijo de una infanta española. Pero de poco valen los argumentos jurídicos cuando están en juego los sentimientos patrióticos. Con la excepción del alto clero y parte de la nobleza, la mayoría del pueblo portugués rechazó al monarca español. Felipe II insistió, haciendo valer su derecho, y a la muerte del cardenal-infante, el 31 de enero de 1580, decidió retar al destino. El ejército del duque de Alba cruzó la frontera, mientras una flota bloqueaba la costa. Los partidarios del prior de Crato fueron derrotados en unas semanas, y la duquesa de Braganza renunció. Felipe II salió vencedor. Las Cortes portuguesas, reunidas en Tomar, le reconocieron en abril de 1581, y el 27 de julio el rey hizo su entrada solemne en Lisboa. Felipe II se quedó en Portugal hasta febrero de 1583. Antes de regresar al monasterio de El Escorial entregó el poder, en calidad de virrey, a su sobrino el cardenal archiduque Alberto de Austria, asistido por consejeros portugueses. Se habían respetado las formas. No era una anexión, pues Portugal conservaba su autonomía y sus instituciones, pero su suerte quedó unida a la de la monarquía católica. Esta situación, que no fue aceptada por muchos portugueses, reforzó el poder de Felipe II, cuya autoridad se extendió no sólo a toda la península ibérica, sino también al imperio colonial portugués de América, África y Asia.

---

18. En 1595 Felipe II mandó condenar a muerte a un impostor, «el pastelero de Madrigal», que se hacía pasar por Sebastián.

LA ARMADA INVENCIBLE

Las relaciones entre Felipe II e Inglaterra se deterioraron a causa de la guerra de los Países Bajos.

Al principio, durante un corto período (1554-1555), los reinos de España e Inglaterra estuvieron unidos. Felipe II era entonces esposo de María Tudor y, por lo tanto, rey consorte de Inglaterra. Tenía la esperanza de restaurar el catolicismo en este país, pero evitando todo lo que pudiera recordar al fanatismo.[19] En parte era este el motivo por el que Carlos V, al abdicar, le había dejado Flandes a su hijo: unas buenas relaciones con Inglaterra podrían garantizar la seguridad de los Países Bajos. Tras la muerte de María Tudor, Felipe pensó en casarse con Isabel, cuya hostilidad subestimaba, mientras exageraba las amenazas que procedían de la Francia de los Valois. Tardaría un cuarto de siglo en darse cuenta de que Inglaterra representaba un peligro real.

En efecto, Isabel simpatizaba activamente con los mendigos del mar. No se opuso a España por cuestiones religiosas, sino políticas. Lo que estaba en juego era el dominio del mar. Inglaterra tenía que romper el monopolio español sobre el comercio con las Indias, y cualquier ocasión era buena para lograrlo. Cuando los galeones que llevaban la soldada de las tropas del duque de Alba se refugiaron en Plymouth y Southampton para librarse de los piratas, el gobierno inglés secuestró la carga. Los corsarios ingleses (John Hawkins, Francis Drake, etc.) atacaron los navíos españoles cerca de las costas de Galicia y en el Caribe. En la primavera de 1587 Drake entró en el puerto de Cádiz, hundió dieciocho navíos, se llevó otros seis y a la vuelta saqueó la costa del Algarve.

En 1585 Inglaterra concertó una alianza con los rebeldes flamencos y decidió prestarles ayuda material y económica. Felipe II tuvo que hacer frente a la situación. Para acabar con la rebelión en los Países Bajos debía enfrentarse a Inglaterra. En marzo de 1586 aprobó el proyecto de invasión de Inglaterra que le presentó el marqués de Santa Cruz, don Álvaro de Bazán. El plan preveía la utilización de importantes medios: una armada de 65 navíos —en su mayoría buques mercantes requisados y armados con cañones—, con 11.000 hombres de tripulación y 19.000 soldados. La operación debía desarrollarse en dos fases. Una vez concentrada la flota en España, se dirigiría a los Países Bajos, donde recogería a parte de las tropas de Farnesio, que posteriormente desembarcarían en territorio inglés. El marqués de Santa Cruz murió en febrero de 1588. Felipe II nombró en su lugar al duque de Medinasidonia, Alonso Pérez de Guzmán, que no tenía ninguna experiencia naval.[20] La Armada zarpó de La Coruña el 20 de julio. El duque no quiso atacar la flota inglesa mientras permaneciera fondeada en Plymouth. Comprobó que era imposible encontrar un puerto para embarcar las tropas, porque los mendigos del mar bloqueaban el litoral. El 9 de agosto decidió renunciar a la invasión. En vez de dar media vuelta, la Armada puso rumbo al norte para llegar a España rodeando las islas Británicas, pasando entre las Orcadas y las Shetland. Este plan se llevó a cabo con grandes pérdidas. Los espa-

---

19.   En 1555, durante la estancia de Felipe II en Inglaterra, su confesor Alfonso de Castro se opuso a que los herejes fueran condenados a muerte y ejecutados.
20.   Después del desastre fue acusado de incompetencia, cobardía, avaricia y crueldad.

ñoles contaban con atacar al enemigo al abordaje, haciendo uso de sus arcabuces y mosquetes, pero los ingleses rehuyeron el combate de cerca. Disparaban desde lejos con sus cañones, ya que su artillería era más potente y sus naves más maniobrables.[21] Lo que quedaba de la Armada —dieciséis barcos— llegó a Santander el 22 de septiembre de 1588. La operación fue un fracaso, pero no tuvo unas consecuencias tan dramáticas como se ha afirmado. España conservó el dominio de los mares, y pudo proteger eficazmente los galeones de las Indias cuando navegaban en convoy. Los ingleses tuvieron que conformarse, como antes de 1588, con atacar por sorpresa los barcos aislados y los puertos. No obstante, la derrota de la Armada fue un duro golpe para el prestigio de España y demostró que, pese a los importantes medios de que disponía, Felipe II no era invulnerable.

FRANCIA Y ESPAÑA

La guerra de Flandes también aumentó la tensión entre Francia y España durante la segunda mitad del siglo XVI. Felipe II no había sabido o querido explotar la batalla de San Quintín (1557).[22] El tratado de Cateau-Cambrésis (1559) puso fin a la rivalidad entre ambas potencias en Italia y consagró la influencia española. Varios años después el matrimonio de Felipe II con Isabel de Valois, hija de Enrique II, se interpretó en España como el punto de partida de una distensión duradera entre los dos países. La joven reina fue acogida con entusiasmo. En el arco de triunfo erigido en Madrid se pusieron los retratos de los soberanos, con sendos letreros, a derecha e izquierda, que decían: «Venga y sea muy bien venida la que la paz vino a dar» y «Venga y sea muy bien llegada la que del mundo destierra con su venida la guerra».

La situación interna de Francia dio al traste con estas esperanzas. El responsable fue Felipe II, pues en vez de mantenerse estrictamente neutral, respondió a la petición de ayuda de los católicos, enfrentados a los calvinistas, que eran numerosos entre los allegados de Carlos IX. Se preparó una reunión de jefes de estado, pero, para no despertar las sospechas de los protestantes, se decidió que de momento sólo participaran las reinas Catalina de Médicis e Isabel de Valois. Si las cosas tomaban buen cariz Felipe II se dirigiría a la frontera, Catalina de Médicis iría a su encuentro y se llegaría a un acuerdo. El encuentro debía celebrarse en Bayona. El 12 de junio de 1565, en Hernani, Isabel de Valois se entrevistó con su hermano, el futuro Enrique III. Catalina de Médicis y Carlos IX esperaron a Isabel en Behobia, adonde llegó el 14. El 20 de junio se entablaron las conversaciones en Bayona entre Catalina de Médicis e Isabel de Valois, acompañada del duque de Alba. Desde el principio Isabel apoyó por completo el punto de vista de España, lo que dio lugar a este intercambio de réplicas entre madre e hija: «¡Muy española venís!». «Sí lo estoy, porque tengo la razón para ello; pero soy la misma hija vuestra que cuando me enviasteis a España.» Catalina no quería un enfrentamiento con España por temor a una guerra, pero tampoco adquirió un compromiso concreto. Se limitó a

---

21.　«Hazían lo que querían», anota un oficial español el 20 de agosto.
22.　Al conocer la noticia en su retiro de Yuste, Carlos V le preguntó al mensajero si Felipe II había aprovechado la ocasión para marchar sobre París. Cuando le dijeron que no, «dijo que en su época, y después de tamaña victoria, no se habría detenido en mitad de un camino tan despejado, sino que se habría apresurado; y fue tal su disgusto que no quiso ver el parte que traía el correo» (Brantôme).

prometer que no alentaría la confrontación entre católicos y protestantes, y que combatiría la herejía.

La reunión de Bayona no dio ningún resultado. Con la muerte de Isabel de Valois (1568) cesaron los contactos personales entre Felipe II y Francia. España ya no tuvo escrúpulos a la hora de intervenir en los asuntos internos del país vecino. Apoyó a la Liga, mantuvo espías, pagó a algunos nobles (los duques de Guisa y Mayenne, la casa de Lorena...). Por temor a que el trono cayera en manos de un protestante (el rey de Navarra), el duque de Guisa quiso excluir a los Borbones de la sucesión. Felipe II le ofreció 50.000 escudos a condición de que Cambrai volviera a España y Francia diera garantías para Flandes. En diciembre de 1584 doce mil soldados españoles se acantonaron en París.

El asesinato de Enrique III (1589) hizo albergar esperanzas al futuro Enrique IV de ocupar el trono de Francia. Más que nunca Felipe II se esforzó por favorecer a la Liga y presentó la candidatura de su hija, Isabel, nieta de Enrique II, a la corona francesa. Algunos miembros de la liga estaban dispuestos a aceptar esta decisión, y el partido español contó con seguidores en varias regiones. En Bretaña el duque de Mercœur, el gobernador, tuvo una actitud ambigua. Un cuerpo expedicionario español desembarcó en Saint-Nazaire en octubre de 1590. En Nantes, donde había una colonia española numerosa e influyente,[23] gran parte de la población estaba adherida a la causa de la infanta Isabel. Se organizaron suscripciones en su apoyo, y el municipio mantuvo una correspondencia con Felipe II. Estas intervenciones provocaron reacciones de la opinión pública francesa. En 1593 el Parlamento de París recordó que las leyes fundamentales del reino, y en concreto la ley sálica, prohibían que la corona pasara a una mujer, extranjera por añadidura. La conversión de Enrique IV hizo el resto. El tratado de Vervins (1598) puso fin a la guerra, pero Francia y España siguieron manteniendo una actitud mutuamente hostil, sin que hubiera perspectivas de entendimiento.[24]

Sería un error reducir el conflicto a sus aspectos religiosos. Como en tiempo de Carlos V, Francia desconfiaba de España, cuyos territorios la rodeaban por todas partes. Denunció su tendencia hegemónica y trató de debilitarla aliándose con sus adversarios, ya fueran turcos, protestantes o flamencos. Por su parte, Felipe II no estaba guiado únicamente por la fe. Tanto en Francia como en los Países Bajos, en el Mediterráneo o en el Atlántico, trató de mantener unas posiciones que consideraba indispensables para la prosperidad y el prestigio de España. En este sentido, la causa del catolicismo le pareció un buen argumento diplomático.

Los asuntos internos

En el interior de los reinos de la península Felipe II se atuvo a los principios establecidos por los Reyes Católicos y respetados por su padre: dejó amplia autonomía a los concejos y a los señores para la administración de sus dominios, a condición de

---

23.   Conviene resaltar, no obstante, que, salvo algunas excepciones, las grandes familias españolas establecidas en Nantes fueron más precavidas, y se pusieron de parte de Enrique IV.

24.   Sobre los sentimientos de Enrique IV se podría citar esta carta del rey a su amante la marquesa de Verneuil, en 1608: «Esta mañana, en misa, encontré unas oraciones en español en poder de nuestro hijo; me dijo que vos se las habíais dado. No quiero que sepa ni siquiera que hay una España».

que no se metieran en política. De todos modos, su política exterior exigía grandes sacrificios y dio lugar a movimientos de oposición en el país. También, de manera indirecta, fue la causa del tenebroso asunto de Antonio Pérez, que desencadenó una grave crisis en Aragón.

La oposición en Castilla

En Castilla se esperaba mucho del nuevo rey. En vida del emperador se había formado una facción de amigos del príncipe heredero, como Ruy Gómez da Silva, y altos funcionarios, como los secretarios Gonzalo Pérez y Eraso, deseosos de romper con la política imperial encarnada por el duque de Alba y Granvela. Andando el tiempo estas divisiones se acentuaron. Sería exagerado hablar de partidos, y más aún de un partido de la paz opuesto a otro de la guerra. Más bien se trataba de dos tendencias, una más sensible a los asuntos estrictamente nacionales y la otra favorable a una política de prestigio que exigía la intervención de España en cualquier lugar para defender su hegemonía en Europa. Los primeros esperaban que, una vez libre del peso del imperio, el rey diera preferencia a los problemas de España. El propio Felipe II se daba cuenta de que había que aflojar la presión fiscal en Castilla. En 1545, cuando ejercía la regencia, le advirtió a su padre que el pueblo llano, sobre el que recaía el peso de los impuestos, estaba reducido a una miseria tal que muchos no tenían nada que ponerse encima. Cuando ejerció personalmente el poder se encontró con una situación económica desastrosa, sin dinero en las arcas del estado para pagar a los acreedores. Fue la crisis más grave del siglo. Las medidas de 1557 no constituyeron una bancarrota propiamente dicha. Más bien se trataba de consolidar la deuda flotante, cambiando los empréstitos anteriores, portadores de elevados intereses (12 o 13 por 100), por juros (títulos de renta) al 7 por 100, que los acreedores podían negociar,[25] pero el crédito del estado se resintió. La banca Fugger se apartó de España y dejó el campo libre a los genoveses. Los ingresos fiscales estaban empeñados de antemano, y hubo que conseguir otros nuevos, vendiendo hidalguías, oficios municipales, señoríos… De este modo se pudo aguantar hasta el tratado de Cateau-Cambrésis. Pronto se vio que la paz sólo era provisional. La solidaridad con la casa de Austria, la rebelión de Flandes y una política exterior ambiciosa obligaron a mantener e incrementar la presión fiscal. Después de las esperanzas que había hecho concebir el cambio de reinado, la desilusión fue amarga. En 1575 España se halló de nuevo en suspensión de pagos, y los banqueros no quisieron dar más anticipos. De nuevo Felipe II salió del paso con recursos extremos.

España contaba con los metales preciosos procedentes de las Indias, pero estos tesoros resultaron insuficientes. Una cifra resume el esfuerzo que debía realizar España: en 1598 el presupuesto dedicado a los gastos corrientes (administración interior y Casa del rey) fue de 800.000 ducados, mientras que los gastos de guerra ascendieron a cinco millones y medio, 3.600.000 para Flandes. No es extraño, pues, que en 1596 hubiera bancarrota.

Así pues, los tesoros de América no evitaron que Felipe II tuviera que subir los impuestos. Pero para ello tuvo que obtener la aprobación de las Cortes de Castilla.

---

25.   No desaprovecharon la posibilidad. Fue entonces cuando la producción disminuyó en beneficio de la especulación, y España se convirtió en un país de rentistas.

En los estados de la corona de Aragón, protegidos por sus fueros, poco poblados y desarrollados, el rey se limitó durante mucho tiempo a pedir los recursos estrictamente necesarios para el funcionamiento de las instituciones locales. En cambio de los reinos de Castilla se esperaba mucho más, porque eran más ricos. Fue entonces cuando intervinieron las Cortes, no tan dóciles como se creía, según demuestran estudios recientes. No aceptaron sin rechistar los impuestos que les pedían, y como eran las encargadas de controlar su recaudación, aprovecharon para reforzar el poder de las oligarquías urbanas. En efecto, no debemos confundirnos: las Cortes no representaban al reino en general, sino a las oligarquías urbanas. Lo que éstas querían era aumentar sus privilegios, no intervenir en el terreno político. Por eso su oposición nunca llegó a la ruptura con el rey. Por su parte, Felipe II no quería tener un conflicto con las ciudades, de modo que se mostró conciliador para obtener los ingresos fiscales necesarios, incluso cuando sus órdenes eran claramente incumplidas. Fue lo que sucedió con el mandato de los procuradores. El rey prefería que dicho mandato no tuviera ninguna limitación, pues contaba con persuadir a los procuradores recalcitrantes mediante recompensas o presiones. Las ciudades, por el contrario, se negaron a dar plenos poderes a los procuradores. Toda concesión debía obtener la aprobación previa de los mandantes, que exigían compensaciones.

El asunto de los «millones» da una idea de esta evolución. Se conocían con este nombre los recargos sobre los precios de la carne, el aceite, el vinagre y el vino,[26] cuya creación solicitó Felipe II en 1588, tras el fracaso de la Armada Invencible. Esperaba recaudar dos millones de ducados anuales. Era un impuesto universal que debían pagar tanto los pecheros como los eclesiásticos y otros privilegiados (en teoría, al menos). En realidad, afectó sobre todo a las clases populares, pues gravaba artículos que los ricos no tenían que comprar, ya que consumían el aceite de sus olivares, el vino de sus viñas y la carne de sus rebaños.[27] Los procuradores, a cambio, obtuvieron que su recaudación y utilización quedaran sometidas al control de las ciudades representadas en las Cortes. Los millones crearon así una relación nueva entre la corona y las Cortes. La importancia y los privilegios de las oligarquías urbanas aumentaron de forma considerable, ya que los procuradores se limitaron a dar una opinión consultiva sobre la renovación de los millones, y el voto decisivo correspondió a los concejos.

Las Cortes no se quedaron ahí. Algunos procuradores aprovecharon la ocasión para denunciar con firmeza la política internacional, en particular la guerra de Flandes y la defensa del catolicismo en Europa. Por ejemplo, sostenían que la causa y la defensa del catolicismo concernía a toda la cristiandad, y no había razón para que los reinos de Castilla corrieran con todos los gastos. En 1593 el tono se hizo más incisivo. El procurador de Burgos, Jerónimo de Salamanca, pidió que se firmara la paz y que España se limitara a defender sus fronteras, el reino de Nápoles y la ruta del Atlántico y las Indias, es decir, que renunciara a la política imperial. Otro procurador fue más claro aún, y reclamó la repatriación de las tropas que combatían en los Países Bajos y Francia; los que no quisieran profesar la verdadera fe ya recibirían su

---

26. Poco después se añadió la sal.

27. Un contemporáneo lo señala con amargura: «Si se ha cobrado la sisa sin ruido es porque no ha tocado a los ricos, que son los que hablan y son oídos en las repúblicas, y la suavidad que le hallan es que es sangre de pobres, y como éstos tienen tan pocos que vuelvan por ellos, hacen de su agravio suavidad y de su injusticia justificación».

merecido castigo: «Si se quieren perder, que se pierdan». Estas intervenciones demuestran que la política imperialista de España fue una imposición de la dinastía. Salvo contadas ocasiones —Lepanto, por ejemplo—, casi nunca suscitó el entusiasmo popular. Una vez más se aprecia la lucidez de los comuneros de 1520, quienes supieron ver que España saldría perdiendo si hacía suya la política de Carlos V.

El caso Antonio Pérez y las alteraciones de Aragón

El caso Antonio Pérez tiene todos los ingredientes de una novela negra: espionaje, sexo —a causa del turbio papel desempeñado por la princesa de Éboli— y crimen. La política mezclada con intrigas palaciegas y tráfico de influencias. Altos funcionarios y matones. Un crimen libertino convertido en asunto de estado. La Inquisición interviene, Aragón se subleva… Esta historia sigue siendo un misterio, porque sus protagonistas se cuidaron de destruir los documentos que podían comprometerles, pero lo que sabemos arroja una luz inesperada sobre ciertos aspectos del reinado de Felipe II.

Al principio todo se fraguó en torno a la personalidad de don Juan de Austria. Felipe II, respetando la voluntad de su padre, había tratado con mucha consideración al hijo natural de Carlos V, aunque no le apreciaba. Probablemente estaba celoso de su apostura y su éxito con las damas. Don Juan había sofocado la rebelión de los moriscos de Granada en 1570. Había estado al mando de la escuadra aliada en Lepanto, en 1571. También había sido el encargado de dirigir la lucha contra los rebeldes flamencos. Don Juan no podía quejarse, pues su hermanastro le trataba con respeto y le encomendaba importantes empresas. Pese a todo, no estaba satisfecho. Felipe II siempre le negó la condición de infante y el título de alteza real, una herida en su amor propio que no se cerró nunca. Don Juan era ambicioso, y le hubiera gustado reinar. Entre la muerte de don Carlos (1568) y el nacimiento del futuro Felipe III (1578), Felipe II no tuvo heredero directo. Algunos pensaron entonces que don Juan podría sucederle, pero la idea no parecía muy viable. Después de la victoria de Lepanto y la expedición a Túnez (octubre de 1573), don Juan aspiraba a ser rey de Túnez. Así se lo hizo saber al papa Gregorio XIII, que no quiso desanimarle pero le sugirió otra cosa: ¿por qué no se casaba con María Estuardo después de liberarla y reinaba con ella en Escocia e Inglaterra? La idea gustó a don Juan, y cuando tomó el mando en Flandes creyó que estaba en el buen camino, y que desde Flandes invadiría Inglaterra. Pero Felipe II no quiso ni oír hablar del asunto. No estaba dispuesto a poner ni un soldado para que don Juan de Austria realizara sus proyectos. El héroe se cansó de esperar, se sintió abandonado y despreciado. Después de renunciar a su plan inglés mantuvo contactos personales con los Guisa para interesarlos por la causa de España. Pretendía solucionar a su manera el problema de Flandes.

Fue entonces cuando intervino Juan de Escobedo, secretario de don Juan. Escobedo debía su fortuna al príncipe de Éboli, Ruy Gómez da Silva,[28] amigo de infan-

---

28. Ruy Gómez da Silva (1516-1573), miembro de la pequeña nobleza portuguesa, acompañó a la infanta Isabel cuando ésta fue a Castilla para casarse con Carlos V. Paje del príncipe heredero, Ruy Gómez se ganó su amistad pese a la diferencia de edad (era diez años mayor que él). Una vez coronado, Felipe II le hizo su consejero y le colmó de favores: le nombró duque de Éboli y duque de Pastrana, le casó con Ana de Mendoza…

cia de Felipe II. El príncipe se lo presentó a Antonio Pérez,[29] secretario del rey, quien le hizo entrar al servicio de don Juan (1575). Entre los dos hombres se trabaron entonces unas relaciones turbias en las que estuvieron mezclados la política y el dinero. Al parecer, Antonio Pérez y la viuda del príncipe de Éboli, Ana de Mendoza,[30] se dedicaron al tráfico de influencias y mantuvieron contactos con los flamencos. Probablemente no fueron amantes, pero sí cómplices. Escobedo lo sabía, y eso le costó la vida, ya que estaba al corriente de las intrigas y malversaciones de la pareja. Antonio Pérez convenció a Felipe II de que Escobedo era el instrumento ciego de don Juan, el hombre que alentaba sus ambiciones y le arrastraba a maniobras contrarias a la seguridad del estado. Había que acabar con él. Felipe II le dio carta blanca. La noche del 31 de marzo de 1578 dos sicarios asesinaron a Escobedo en una calle de Madrid.

El rumor público señaló en seguida a Antonio Pérez como instigador del crimen. La viuda de Escobedo le denunció, y la justicia abrió una investigación. Felipe II empezó a inquietarse por lo que podrían revelar Antonio Pérez y la princesa de Éboli. En julio de 1579 les mandó prender por alta traición, acusados de revelar secretos de estado y estar en contacto con los rebeldes flamencos. La princesa, debido a su rango, recibió un tratamiento de favor, y fue desterrada en Pastrana. Antonio Pérez se esperaba lo peor. Para atenuar los cargos que pesaban sobre él dio a entender que al organizar el asesinato de Escobedo se había limitado a obedecer al rey. Esta actitud le convirtió en un testigo peligroso. Pérez lo sabía, y trató de huir. Un primer intento en enero de 1585 fracasó. El segundo, mejor planeado, dio resultado. En 15 de abril de 1590 Antonio Pérez llegó a Aragón y se acogió al fuero especial que amparaba a los naturales del reino de Aragón, como él. En espera de que su caso fuera examinado, quedó bajo la protección del justicia, un magistrado encargado precisamente de velar por el cumplimiento de los fueros.[31]

29. Antonio Pérez (1540-1611), protegido del príncipe de Éboli, había sucedido a su padre Gonzalo como secretario real. Supo ganarse la confianza de Felipe II, que le nombró secretario de estado para los asuntos de Flandes e Italia. Gracias a estas funciones Antonio Pérez pudo hacer una rápida fortuna y reunir una rica colección de cuadros y obras de arte. En Madrid, Pérez llevaba una vida ostentosa. Tenía fama de generoso con los poderosos y caritativo con los pobres. Supo hacerse popular. Cuando huyó de España, Pérez pasó unos meses en Pau, luego viajó a Inglaterra, donde vivió de 1593 a 1595, y acabó instalándose en París, donde murió. Durante esos años de exilio Pérez no dejó de conspirar contra Felipe II y su sucesor, y escribió numerosos panfletos que fueron a engrosar la propaganda antiespañola.

30. Ana de Mendoza (1540-1591) pertenecía a uno de los principales linajes de España. Felipe II la casó con su amigo y confidente Ruy Gómez da Silva. Fue después de enviudar (1573) cuando la princesa empezó a dar que hablar. Primero tuvo el capricho de entrar en el convento de carmelitas que ella misma había fundado en Pastrana, pero no tardó en hacerse indeseable, y santa Teresa se quejó al rey, quien le ordenó a la princesa que saliera del convento y se ocupara de sus diez hijos. Entonces la princesa se introdujo de lleno en la vida y las intrigas de la corte. De gran belleza, pese a ser tuerta —aparece siempre retratada con un parche negro en el ojo—, se le atribuyeron muchas aventuras. Se rumoreaba que, simultánea o sucesivamente, había sido amante de Felipe II y Antonio Pérez, aunque probablemente sea un bulo. Lo que parece seguro son sus turbios negocios con Antonio Pérez, del que era cómplice.

31. La institución data de 1265. Al principio el justicia se encargaba de intervenir en los litigios entre los nobles o entre éstos y el rey. Poco a poco el cargo fue ganando atribuciones, y acabó siendo juez de contrafueros. En principio el justicia era nombrado por el rey, pero entre 1439 y 1591 el cargo no salió nunca de la familia Lanuza. El justicia estaba auxiliado por cinco lugartenientes,

Felipe II reclamó en vano la extradición de Antonio Pérez. He aquí un claro ejemplo de las limitaciones del absolutismo y el centralismo real en el siglo XVI: el rey no podía conseguir que le entregaran a un individuo acusado de alta traición y lesa majestad, debido a que la legislación de Castilla no se aplicaba en Aragón. Felipe II trató de salvar esta dificultad haciendo que interviniera la Inquisición, la cual sí tenía jurisdicción sobre todo el territorio y no reconocía los fueros.[32] En Aragón la Inquisición nunca había sido popular. Cuando quiso apresar a Antonio Pérez una manifestación callejera se lo impidió (24 de mayo de 1591). Seis meses después, el 24 septiembre, la Inquisición hizo otro intento, tras asegurarse la aprobación del justicia, Juan de Lanuza. Éste —un joven sin experiencia que había tomado posesión de su cargo dos días antes— constató que la petición era fundada, dado que los fueros no valían ante el Santo Oficio. Esta decisión provocó un motín. Antonio Pérez aprovechó para huir al extranjero.

El caso Antonio Pérez se había convertido en un pulso entre el monarca y sus súbditos aragoneses. Felipe II no podía tolerar la afrenta que acababa de sufrir, ni el ataque al prestigio y el poder de la Inquisición. Decidió jugar fuerte y envió el ejército a Aragón. Esta vez actuó al margen de la legalidad y desoyendo todos los consejos. Según los fueros, en el reino de Aragón no podía acantonarse ningún ejército extranjero, ¡y para Aragón, Castilla era un país extranjero! Se alzaron voces para recomendar a Felipe II que renunciara a su expedición y convocara Cortes. El rey se mantuvo en sus trece. Los órganos del reino —encabezados por el justicia Lanuza— se resignaron a declarar, el 31 de octubre, que la entrada del ejército sería contraria a los fueros. Hicieron un llamamiento a la población para que se opusiera, y en la ciudad de Zaragoza estalló la sublevación, dirigida por los que se proclamaban «caballeros de la libertad». Los llamamientos a la solidaridad de los otros reinos de la corona de Aragón (Cataluña y Valencia) apenas tuvieron eco. Los aragoneses sólo disponían de 2.000 soldados mal pertrechados, poco disciplinados, sin experiencia militar, frente a un ejército real de 12.000 hombres. No hubo combates, se produjo una desbandada general. El 12 de noviembre el ejército real ocupó Zaragoza. Lanuza había salido de la ciudad para organizar la resistencia, dando a entender que la lucha continuaba. Como sus llamamientos no tuvieron respuesta alguna, a fines de noviembre regresó tranquilamente a su casa, como si no hubiera pasado nada. Felipe II estaba dispuesto a perdonarle con dos condiciones: que confesara haber actuado bajo presión —lo que no era del todo incierto—, y que reconociera que el rey no había cometido desafuero —nótese el legalismo y juridicismo de Felipe II—. Lanuza se negó a hacerlo, por lo que fue detenido el 19 de diciembre de 1591, condenado a muerte y decapitado al día siguiente. Esta ejecución le convirtió en un héroe nacional, el mártir de las libertades aragonesas contra una monarquía opresora y tiránica. Las cosas no eran tan sencillas. Lanuza, en principio, fue víctima de su ingenuidad y falta de experiencia. Fue manejado por un grupo de hidalgos pobres que lograron alzar a parte de los notables y de la población contra los órganos representativos del reino —la Diputación, la Audiencia, el tribunal del justicia—, proclives a obedecer

---

nombrados por el rey de una lista de dieciséis, sorteados por las Cortes. Cf. Encarna Jarque Martínez, *Juan de Lanuza, Justicia de Aragón*, Zaragoza, 1991.

32. La acusación formal contra Antonio Pérez para poder recurrir a la Inquisición fue la de relacionarse con herejes.

al rey, mientras que la alta nobleza permanecía a la expectativa. En contra de lo que afirma la leyenda, las Cortes de Tarazona (1592) no abolieron los fueros de Aragón. Felipe II se limitó a suprimir los aspectos más anacrónicos de la legislación.[33]

CRECE EL DESCONTENTO

El 25 de mayo de 1590 la Inquisición de Toledo prendió a una muchacha de veinte años, Lucrecia de León, acusada de difundir supuestas revelaciones sobre el destino de España.[34] La investigación reveló que desde hacía dos años y medio Lucrecia había tenido más de cuatrocientos sueños cuya transcripción figuraba en el sumario. Lo que habría podido pasar por una superchería inofensiva, producto de una mente perturbada, fue tomando el cariz de un plan de subversión política. En efecto, alrededor de Lucrecia se había formado una cofradía para la restauración de España, movimiento milenarista y grupo de oposición a la vez. La cofradía consideraba que Felipe II iba a causar la perdición de España; se esperaba una invasión extranjera —de franceses, ingleses y turcos, apoyados por los moriscos— que pondría fin a la tiranía de los Austrias; había que prepararse para liberar la península de sus nuevos opresores; bajo la dirección de un nuevo David, Miguel Piedrola, España alcanzaría la independencia y realizaría grandes empresas, en especial la conquista de Jerusalén, preludio del advenimiento de una edad de oro.

Desde el siglo XV se habían propagado en España las corrientes milenaristas, al calor de un clima religioso en el que proliferaban santos, charlatanes, místicos e iluminados de toda laya. Había, sobre todo, muchas mujeres —beatas— que pretendían haber recibido revelaciones divinas. La Inquisición se encargaba de poner orden. En general, se mostraba indulgente con lo que consideraba casos de debilidad mental. Esta clase de delirios casi siempre tomaban la forma de una religiosidad enfermiza, pero a veces hacían incursiones en la política, como en el caso de sor María de la Visitación, priora de un convento de dominicas de Lisboa. Desde 1575 sus éxtasis, visiones y llagas[35] llamaron la atención sobre su persona. Tras la incorporación de Portugal a España estas revelaciones tomaron otro sesgo. Sor María se arrogó la misión de defender los derechos de la familia de Braganza, pisoteados por Felipe II. Se presentaba como la encarnación de la patria portuguesa, y sus llagas representaban los sufrimientos del pueblo portugués bajo el yugo de España. Las autoridades de Lisboa empezaron a alarmarse. Se descubrió que la religiosa se provocaba a sí misma las llagas, y que, con un juego de velas y espejos, era capaz de rodearse de una aureola que los visitantes crédulos tomaban por una señal de los cielos. En 1588 la Inquisición la declaró culpable de superchería y la desterró a Brasil.

En la misma época, en España, un vendedor ambulante que había sido soldado, Miguel Piedrola, ofreció sus servicios a Felipe II. Aseguraba que estaba inspirado

---

33. Esta es la interpretación más reciente, defendida por E. Jarque Martínez, *op. cit.* Ya la había expuesto en el siglo XIX el marqués de Pidal (*Historia de las alteraciones de Aragón durante el reinado de Felipe II*, 1862-1863), que quiso refutar «uno de los errores más acreditados y trascendentales en la historia interior de nuestra patria [aquel que hace referencia a la imagen de Felipe II como] destructor de los fueros de Aragón».

34. Cf. Richard Kagan, *Los sueños de Lucrecia de León. Política y profecía en la España del siglo XVI*, Madrid, 1991.

35. Tenía cinco heridas en forma de cruz en un costado, que a veces sangraban.

por Dios para dar consejos al rey, en particular el de liberar a Antonio Pérez... Según decía, era inminente otra «destrucción» de España comparable a la de 711, pero a esta catástrofe le seguiría una reconquista cuyo inspirador sería Piedrola, y que llevaría a la fundación de una nueva España regida por una monarquía con poderes limitados. Era tal el ascendiente de Piedrola, que las Cortes pensaron nombrarle profeta nacional de España por los servicios que podía prestar al país.[36] La Inquisición cortó bruscamente la carrera del profeta y le condenó a dos años de cárcel y destierro de la corte.

Fue entonces cuando entró en escena Lucrecia de León. El espíritu divino le hablaba en unos sueños nocturnos interpretados por unos interesados oyentes. Por las mañanas le hacían unas preguntas que traían a colación ciertas cuestiones: «¿Con qué has soñado? ¿Se trataba de la pérdida de España?». A continuación los sueños se transcribían y difundían. La manipulación era evidente. Lucrecia predijo la inminente destrucción de España, porque Dios quería castigar los pecados de Felipe II y sus errores políticos. El rey había causado la muerte de su hijo, el príncipe don Carlos, y de sus cuatro esposas María Manuela, María Tudor, Isabel de Valois y Ana de Austria.[37] Había insultado a san Lorenzo al construir en El Escorial el monasterio a él dedicado, pagado con «la sangre de los pobres». A estas críticas de orden personal se añadían acusaciones políticas: Felipe II se había rodeado de colaboradores mediocres y corruptos (el inquisidor general Quiroga, el marqués de Santa Cruz, Alejandro Farnesio...), había nombrado obispos incompetentes, había abrumado al pueblo con impuestos, había expulsado a los campesinos de sus tierras, etc. No es extraño que para la Inquisición todo esto fuera algo más serio que las fantasías de una pobre muchacha. Lucrecia no era una falsa profetisa, sino la portavoz de un grupo de oposición.[38]

Este caso es significativo. La oposición, al no poder expresarse libremente so pena de severas sanciones,[39] tuvo que andarse con rodeos. A su modo, Lucrecia de León y sus inspiradores eran el reflejo de un creciente descontento contra Felipe II y contra una política ruinosa que sumía al país en la miseria. Antonio Domínguez Ortiz ha encontrado un documento de 1596 en el que se describe con tintas muy oscuras la situación del campo a finales del reinado. La mayoría de los campesinos no tenían ropa ni calzado y se morían de hambre. Muchos de ellos habían tenido que malvender sus mulas y bueyes, otros se habían marchado de la aldea, abandonando a sus mujeres e hijos, para ir a pedir limosna a la ciudad. Las casas se derrumbaban, los campos estaban yermos, se había perdido el interés por la ganadería, los productos de consumo corriente estaban carísimos...[40] Estas frases recuerdan a las que se han cita-

---

36. La cuestión se debatió en las Cortes de 1587. Se nombró una comisión, de la que formaba parte el inquisidor general Quiroga, el confesor del rey y el capellán mayor.

37. No podemos pasar por alto las coincidencias con las acusaciones vertidas diez años antes por Guillermo de Orange en su *Apología*.

38. En 1595 Lucrecia fue condenada a cien latigazos y dos años de reclusión en un convento.

39. En 1592 se requisaron en Ávila unos escritos subversivos. Uno de sus presuntos autores, que pertenecía a la nobleza de la ciudad, fue condenado a muerte y ejecutado. Otros fueron enviados a la cárcel o a galeras.

40. Antonio Domínguez Ortiz, «Un testimonio de protesta social a fines del reinado de Felipe II», en *Homenaje a Pedro Sainz Rodríguez*, t. III: *Estudios históricos*, Madrid, 1986. Las Cortes de 1592-1598 se hicieron eco de esta situación: los campesinos eran mucho menos numerosos que antaño, dos terceras partes de las tierras de labor estaban en barbecho...

do antes, escritas por el príncipe heredero en 1545. Felipe II no lo hizo mejor que su padre. A su muerte, en 1598, el reino era sin duda mucho más pobre que al principio del reinado.

EL BANDOLERISMO EN LA CORONA DE ARAGÓN

El absolutismo y el autoritarismo de los Austrias tenían sus límites, las concesiones que un estado naciente debía hacer a los poderes locales. La Iglesia, los señores y los concejos administraban directamente gran parte del territorio, bajo el control de agentes de la corona que se ocupaban sobre todo de evitar intrusiones en el dominio público. En Castilla, donde el peso de la fiscalidad real era más fuerte, la derrota de los comuneros había servido de lección. Durante mucho tiempo no existió oposición organizada, y las oligarquías municipales aprovecharon la negociación sobre los millones para consolidar y aumentar sus privilegios. En la corona de Aragón, de la que no se esperaba obtener unos ingresos importantes, los fueros eran una limitación jurídica a la intervención del monarca. El poder efectivo lo ejercía la nobleza local. En el siglo XIX se inventó una leyenda acerca de los fueros. En realidad, estas «libertades» tradicionales consagraban la supervivencia de un régimen señorial especialmente opresor. Los nobles tenían derecho de vida y muerte sobre sus campesinos, y todavía en el siglo XVII se conocen casos de ejecuciones capitales ordenadas por tribunales señoriales. El desarrollo del bandolerismo en las regiones mediterráneas se debe situar en este contexto. Podemos verlo como una forma de oposición política y social a un estado que carecía de medios administrativos y militares para reprimirlo con eficacia.

El fenómeno tenía causas generales: el marasmo de los países de la corona de Aragón desde mediados del siglo XV les mantenía en una economía cerrada, sin intercambios significativos con el exterior. Debido a su alejamiento de los centros de decisión, el estado y sus agentes aparecían como fuerzas extranjeras y hostiles. La alta nobleza tenía a sus espaldas una larga tradición de indisciplina y se creía protegida por los fueros, al igual que la pequeña nobleza, propensa a ver en el estado la causa de su postración y marginación. La existencia de un régimen señorial arcaico favorecía un sistema de relaciones personales muy jerarquizadas: los débiles buscaban la protección de un poderoso o un «padrino», que se sentía en la obligación de defender a su clientela. Los campesinos muchas veces apoyaban a los bandoleros contra los soldados encargados de perseguirles. Estos últimos eran más temidos que los primeros, pues representaban unas nociones extranjeras: el estado, Castilla, confundidas con la misma hostilidad. No estamos muy lejos de la mafia.

Los primeros casos conocidos datan de los años treinta del siglo XVI en los Pirineos centrales (comarcas de Ribagorza y Somontano). Los caminos que llevaban de Zaragoza a Lérida o a Francia no eran seguros. En Cataluña, un bandolero, Antonio Roca, se hizo célebre y hasta popular con sus hazañas entre 1544 y 1546, fecha de su ejecución.[41] Durante el reinado de Felipe II el bandolerismo se extendió. En Cataluña su recrudecimiento fue importante a partir de 1568, cuando la rebelión de los Países Bajos y la actividad de los mendigos del mar amenazaban la seguridad de

---

41. En 1544 se imprimieron en Barcelona unas coplas populares en su honor. Cincuenta años después Lope de Vega le dedicó una obra de teatro, *Antonio Roca*.

los convoyes marítimos a través del Atlántico. Los transportes de plata se desviaron por otra ruta que pasaba por Barcelona y Génova. Entre Madrid y Barcelona y, sobre todo, entre Lérida y Tárrega, el paisaje era propicio a las emboscadas, y los salteadores lo aprovecharon. Había bandas de cientos de personas, como las de Lupercio de Latras, Juan Barber o Miñón en Aragón, o la de Tomás de Banyuls en Cataluña. En otros casos los señores tenían milicias privadas —en las que a veces alistaban a sus súbditos moriscos— para mantener el orden en sus territorios, dar rienda suelta a sus pasiones particulares o enfrentarse a las facciones rivales. Hacia 1580 los nobles aprovecharon la sublevación de los súbditos del condado de Ribagorza para combatir entre ellos. En Levante la inseguridad era mayor debido a las incursiones de los corsarios berberiscos, a las que respondían corsarios cristianos que zarpaban de los puertos de Palma, Valencia y Almería. Cientos de forajidos se alistaron en bandas de todo tipo. Con ello lograban impunidad para sus delitos y prestigio entre las poblaciones rurales.

El estado no permaneció inactivo. En 1577 fue ejecutado Juan de Cardona, almirante de Aragón y marqués de Guadalest, que había mandado raptar a dos monjas de un convento de Valencia. En 1583 unas bandas rivales se enfrentaron a arcabuzazos en pleno centro de Valencia. El almirante de Aragón resultó muerto, el virrey mandó detener y torturar a los nobles sospechosos. Los culpables fueron ejecutados. Casos como este desencadenaron protestas inmediatas, y se acusó al virrey de quebrantar los fueros del reino. Se planteó un dilema, ya que tomar en consideración los escrúpulos jurídicos de los nobles y las autoridades locales significaba resignarse a la impotencia. Cada vez que los virreyes querían luchar con eficacia contra el bandolerismo se exponían a cometer contrafueros, de los que debían responder en la siguiente sesión de las Cortes. Algunos virreyes no vacilaron y desataron la represión sin parar en legalismos. Fue así como Juan Llorens de Villarasa (1563-1567) desarmó a los moriscos de Valencia, pese a las protestas de la aristocracia. También en Valencia, durante su extenso mandato (1581-1594), el conde de Aytona obtuvo importantes resultados. Ratificó la prohibición de llevar armas de fuego y amenazó a los contraventores con la pena capital. A pesar de todo el bandolerismo siguió asolando la corona de Aragón, convertido en un mal endémico. Se podría interpretar como una expresión de arcaísmo: la marginación de unos territorios que no se habían integrado económicamente en los centros vitales del reino, y la inadecuación de las instituciones —fueros— a las necesidades del estado moderno. Las alteraciones de Aragón, en 1591, y la rebelión de Cataluña a mediados del siglo XVII ilustran esta situación.

EL FIN DEL REINADO

El año 1568 fue crucial en el reinado de Felipe II. Ese año se tomaron las medidas que varios meses después provocaron la sublevación de los moriscos de Granada; también fue el año de la ejecución de los condes de Egmont y Horn, que hizo inevitable la guerra de Flandes. En su vida personal, el monarca, que había enviudado dos veces, perdió a su tercera esposa, Isabel de Valois, y la muerte del príncipe Carlos le dejó sin heredero. Por último, ese año sufrió el primer ataque de gota. Después de 1568 Felipe cosechó varios éxitos: la victoria de Lepanto, la sucesión de Portugal, la construcción del monasterio de El Escorial, pero sobre todo fracasos, ya que no pudo someter a los rebeldes flamencos ni doblegar la resistencia de Inglaterra y

Francia. Su salud empeoró. Desde hacía tiempo padecía artritis, lo que le causaba dolores en los pies. Con la edad aumentaron sus achaques. En sus últimos años apenas podía caminar, ni siquiera con un bastón. Luego aparecieron síntomas de hidropesía: el vientre, los muslos y las piernas se le hinchaban y le aparecían puntos de supuración en los miembros. Apenas podía saciar la sed. Su último viaje a El Escorial fue una prueba dolorosa. Le habían preparado una litera en la que podía viajar acostado. Para evitar sacudidas en los pasos accidentados, la escolta tuvo que dar muchos rodeos, y el trayecto duró seis días... Las siete semanas de agonía en el monasterio fueron espantosas. El mal olor que se desprendía de su lecho era insoportable, él era el único que no lo notaba.[42] Después de una confesión general de tres días, Felipe II expiró el 13 de septiembre de 1598, a las cinco de la madrugada.

---

42.   Según Antonio Pérez, Felipe II no olía nada, era incapaz de distinguir los olores.

Capítulo IV

LOS ÚLTIMOS AUSTRIAS (1598-1700)

Tras la muerte de Felipe II España entró en un largo período turbulento del que no salió hasta comienzos del siglo XVIII, con el advenimiento de los Borbones. Unos monarcas insustanciales que vivían por encima de sus medios, unas arcas vacías, una nación que se extenuaba tratando de mantener su rango de gran potencia, mendigos y vagos por miles, esa es la imagen más frecuente de la península durante los reinados de Felipe III, Felipe IV y Carlos II. En otros capítulos de este libro se examina la situación de la economía y la sociedad, así como la evolución de las instituciones.[1] En el terreno político hay tres rasgos que caracterizan el siglo XVII español:

1) la presencia de validos, que ejercían el poder efectivo en nombre del rey;
2) el esfuerzo desmesurado por conservar la preponderancia de España en Europa;
3) el fin de este poderío durante la segunda mitad del siglo.

EL GOBIERNO DE LOS VALIDOS

La aparición de los impropiamente llamados validos se puede interpretar como un intento de la alta nobleza por recuperar las riendas de los asuntos políticos. Hasta la muerte de Felipe II la nobleza se mantuvo en segundo término. El monarca confiaba a algunos de sus miembros misiones diplomáticas y comandancias militares, pero evitaba asociarles a las responsabilidades políticas. Con la llegada de Felipe III las cosas cambiaron, y el valido se interpuso entre el soberano y los secretarios del rey, que ejecutaban sus órdenes. Esta novedad respondía a una necesidad interna. Las tareas cada vez más complejas requerían la presencia al lado del rey de un primer ministro, encargado de poner en práctica las grandes orientaciones políticas. La personalidad de los monarcas propició esta evolución. En el siglo XVII los soberanos se ocuparon menos de los negocios de estado que los Reyes Católicos, Carlos V o Felipe II. Felipe III (1598-1621) carecía de dotes de gobernante y designios originales. La política apenas le interesaba. Felipe IV (1621-1665) tenía una personalidad mucho más fuerte.[2] Sucedió a su padre a los dieciséis años. Inteligente

---

1. Cf. *infra*, pp. 226 ss.
2. Cf. R. A. Stradling, *Felipe IV y el gobierno de España, 1621-1665*, Madrid, 1989.

y culto, era capaz de tomar decisiones sobre los asuntos de gobierno, aunque le faltaba voluntad para dirigirlos y constancia en las ideas. Sería un error verle únicamente como un mecenas apasionado por todas las formas de expresión cultural (poesía, teatro, música, arquitectura, pintura, etc.), o como un mujeriego. A Felipe IV le gustaban las artes y las mujeres, lo que hacía que descuidara a menudo sus deberes de estado. Él se daba cuenta, y sufría con ello. En 1644, a la muerte de su primera esposa, Isabel de Borbón, hija de Enrique IV, hizo este comentario que revela su sensibilidad: «He perdido mujer, consejera y compañera y pues no he muerto de dolor debo ser de bronce». Desde el año anterior se carteaba con una monja de Ágreda, sor María de Jesús, con la que se explayaba contándole sus problemas políticos y sus inquietudes personales, su temor de no estar a la altura de su tarea. Dicho esto, da la impresión de que Felipe IV siempre fue superado por los acontecimientos, y de que las tribulaciones del reinado se debieron a la fatalidad, más que a su debilidad de carácter. En cuanto al desdichado Carlos II (1665-1700), se trataba de un ser enfermizo al que tuvieron que amamantar durante cuatro años. Catorce nodrizas se sucedieron para darle el pecho. A los cuatro años aún no andaba, y a los nueve no sabía leer ni escribir. El menor esfuerzo le dejaba agotado y le hacía caer en una abulia que parecía habitual en él. Este enfermo fue el encargado de dirigir España después de las grandes derrotas militares y diplomáticas, y de solucionar el problema de su propia sucesión.

En estas condiciones los validos tuvieron las manos libres. El primero de ellos, Francisco Gómez de Sandoval y Rojas, duque de Lerma, tenía 25 años más que Felipe III. Cuando éste aún no era príncipe heredero, el duque ya pertenecía al círculo de sus íntimos, en su calidad de camarero mayor. Se impuso con facilidad desde el principio del reinado. Vanidoso, astuto, codicioso, no parece que tuviera un verdadero programa de acción política. La única decisión importante que asumió fue la firma de la tregua con los holandeses (1609), seguida inmediatamente de la expulsión de los moriscos. Aún hoy los historiadores se preguntan acerca de las razones que impulsaron al duque a tomar esta última decisión. Lerma, que no era muy trabajador, delegaba a menudo en sus subordinados, entre los que destacaba Rodrigo Calderón, valido del valido. De este modo había creado una trama de amistades interesadas y repartía las prebendas. La corrupción se extendió sin freno durante los veinte años que estuvo en el poder. Hacia 1616 este sistema de gobierno empezó a resquebrajarse. Más que diferentes tendencias, lo que había eran rivalidades dentro del linaje. Los hijos del duque de Lerma —el duque de Uceda y el conde de Saldaña— se enfrentaron a su padre. En octubre de 1618 Lerma fue destituido. El duque de Uceda ocupó su lugar como valido y mandó detener a Rodrigo Calderón, el símbolo más visible de un régimen corrupto.

El nuevo amo del palacio planeaba profundas reformas, pero la muerte del rey en 1621 no le dio tiempo a aplicarlas. Había llegado la hora de Olivares. Gaspar de Guzmán (1587-1645) había nacido en Roma, donde su padre era embajador. Como segundón estaba destinado a la carrera eclesiástica, y estudió derecho en la Universidad de Salamanca. La muerte accidental de sus hermanos mayores le hizo heredar el mayorazgo y en 1607, a la muerte de su padre, se convirtió en el tercer conde de Olivares. Esto cambió su destino. A partir de entonces buscó su oportunidad en la corte, a pesar de que el duque de Lerma desconfiaba de su ambición. La suerte le sonrió en 1615. Ese año el futuro Felipe IV se casó con una princesa francesa, Isabel de Borbón, hija de Enrique IV, y decidieron constituirle una casa. Olivares fue nombrado gentilhombre de cámara del príncipe heredero. En julio de 1617 su tío, Baltasar de Zúñiga, ingresó en el Consejo de Estado, valiéndose de su dilatada experiencia en los asuntos europeos adquirida en las embajadas de Bruselas, París y Praga. Dos años después el mismo Zúñiga fue nombrado para dirigir la educación del príncipe heredero. El sobrino sacó provecho de estos ascensos. Olivares estaba bien situado para hacer una carrera brillante, y decidido a salvar todos los obstáculos. Cuando el duque de Uceda acudió a ponerse a las órdenes del nuevo rey, a la muerte de Felipe III, fue tratado con aspereza, y en el pasillo Olivares se dio el gusto de poner las cosas en su sitio: «Ahora todo es mío». De hecho, Olivares ejerció un poder casi absoluto durante más de veinte años. Los Guzmán eran una de las familias españolas de más abolengo, pero no de las más ricas. Nunca habían podido acceder a la grandeza, por ejemplo. Este honor estaba reservado al tercer conde de Olivares. Pocos días después de su coronación, ante la corte reunida, Felipe IV pronunció la fórmula ritual: «Conde de Olivares, cubríos».[3] Fue el primero de una larga serie de títulos. Entre ellos cabe destacar uno: en enero de 1625 Olivares fue nombrado duque de San Lúcar. A partir de esta fecha se le empezó a llamar conde-duque.[4] La biografía de Elliott ha renovado nuestro conocimiento del personaje. Ya no cabe duda de que Olivares era un verdadero hombre de estado, el digno rival de Richelieu, que fue para él un temible adversario. Inteligente, muy culto y bibliófilo,[5] buen católico e incluso devoto,[6] pero sin compartir los prejuicios antisemitas de muchos de sus contemporáneos, el conde-duque era capaz de hacer planes audaces e innovadores. Muy celoso de su autoridad, buscó el apoyo de los escritores[7] y siempre quiso dar a entender que se limitaba a ejecutar los pensamientos del rey, a quien, sin embargo, recordaba constantemente sus deberes. En 1621 Olivares no recibió ningún nombramiento. Oficialmente, el nuevo privado era su tío, Baltasar de Zúñiga, pero todos sabían que el dueño de la situación era Olivares. En 1622, a la muerte de su tío, ingresó en el Consejo de Estado y empezó a ejercer el poder efectivo. Pasó a ser el valido oficial, término que él rechazaba, prefiriendo el de ministro o, más exac-

---

3.   Los grandes de España tenían el privilegio de permanecer cubiertos en presencia del rey.

4.   Conde de Olivares y duque de San Lúcar.

5.   Olivares poseía una de las mejores bibliotecas privadas de Europa, con 2.700 volúmenes impresos y 1.400 manuscritos. Incluía obras de los autores de la Antigüedad, crónicas, tratados de derecho y teología, las obras de Maquiavelo, Guicciardini, Erasmo, Melanchthon, Calvino (pero no de Lutero), comentarios de los rabinos sobre el Antiguo Testamento, e incluso el Corán. Algunas de estas obras estaban en el Índice, y el conde-duque había conseguido licencia para poseerlas y leerlas. En esta biblioteca no escaseaban los libros franceses, entre los que destacaban las obras de Commines, Froissart, Joinville, Jean Bodin… En cambio, no había textos propiamente literarios. Por ejemplo, no estaba el *Quijote*.

6.   A Olivares le afectó mucho la muerte de su hija en 1626. A partir de esta fecha prestó mucha más atención a sus deberes religiosos. Confesaba y comulgaba con frecuencia, a veces a diario, y tenía especial devoción por algunos santos, como santa Teresa de Jesús, de la que poseía una reliquia (el corazón incrustado de diamantes). Cabe destacar que en la España del siglo XVII el culto a santa Teresa tenía un significado especial. La proclamación de esta santa de Ávila, canonizada en 1622, como patrona de España al mismo nivel que Santiago, tuvo muchos oponentes. Uno de ellos fue Quevedo. ¿Antifeminismo? ¿Antiintelectualismo? ¿O ambas cosas a la vez?

7.   Algunos se dejaron seducir. En 1636 el marqués de Bolonia, Virgilio Malvezzi, pasó a ser el panegirista oficial de Olivares. Quevedo estuvo tentado de hacer lo mismo, pero no era lo bastante servil. No tardó en convertirse en uno de los adversarios más encarnizados del conde-duque, y lo pagó caro.

tamente, primer ministro, después de definir cuidadosamente sus funciones (aunque nunca llevó este título). El conde-duque se empeñó en que España conservara su rango de primera potencia europea. Para ello era indispensable reorganizar el sistema de gobierno, modernizar las instituciones, la economía y la sociedad. Por desgracia para él y para España, Olivares llegó demasiado tarde. La Francia de Richelieu era una nación en expansión, la España de Olivares un país agotado por un siglo de esfuerzos. El fracaso del conde-duque se explica, en parte, por esta herencia.

Una semana después del cambio de reinado el embajador en Venecia se enteró por Zúñiga de que el nuevo poder se había propuesto que España volviera al lugar que ocupaba en tiempos de Felipe II, y quería poner coto a los numerosos abusos cometidos por el anterior gobierno. La consigna era clara: enderezar una situación que se había deteriorado. Olivares pretendía recuperar la iniciativa en Europa, lo cual implicaba restablecer el orden en todos los ámbitos. Inspirándose en algunas ideas de los arbitristas,[8] pensaba actuar en tres direcciones: moralizar la sociedad, modernizar la economía y sanear el fisco.

En cuanto se hizo cargo de los asuntos de estado, el conde-duque tomó varias iniciativas destinadas a convencer de que estaba decidido a luchar contra la corrupción. En abril de 1621 mandó prender al antiguo valido, el duque de Uceda, acusado de malversación, y al duque de Osuna, virrey de Nápoles, a quien pidió cuentas de su gestión. Los bienes del duque de Lerma fueron confiscados. En 21 de septiembre de 1621 Rodrigo Calderón, culpable de enriquecimiento gracias al favor del duque de Lerma, subió al cadalso en Madrid. Su valiente actitud en ese trance le granjeó la simpatía del pueblo, lo cual atenuó en cierto modo la ejemplaridad del castigo. Olivares quiso evitar que esas prácticas se repitieran. El 14 de enero de 1622 un decreto obligó a que todos los que habían ejercido funciones públicas desde 1592 proporcionaran un inventario de su fortuna en un plazo de diez días. Todos los agentes del rey tuvieron que declarar el estado de su patrimonio al comienzo y al término de su función.[9] La medida era espectacular, pero pronto cayó en desuso.

Otros proyectos tuvieron una fortuna parecida. El 8 de abril de 1621 Olivares creó una Junta de Reformación para velar por la moralidad de la vida pública. Decepcionado por el escaso celo de sus miembros, el conde-duque en persona se puso al frente de una junta ampliada (la Junta grande de Reformación) de la que formaban parte los presidentes de los consejos del reino. Esta vez las iniciativas fueron numerosas, y desembocaron en los artículos de reforma de febrero de 1622. Para luchar contra el descenso de la población se aconsejó prohibir la emigración, incluso a las Indias, favorecer la inmigración y premiar a las familias numerosas. Para reducir el consumo se promulgaron unas leyes suntuarias. A los nobles les aconsejaron que se marcharan de la corte y se instalaran en sus dominios para explotarlos. Otras medidas tendían a moralizar la sociedad: cierre de burdeles y tea-

---

8. Sobre los arbitristas cf. *infra*, pp. 263 ss. Olivares tenía en su biblioteca varios tratados de arbitristas: el *Memorial* de González de Cellorigo, el de Damián de Olivares y el de Jerónimo de Ceballos.

9. En 16:5 un moralista, Juan de Santa María, había preconizado una medida de este tipo: «La experiencia enseña que entran con poco y salen con mucho». El decreto de 1622 llegó a aplicarse, aunque por poco tiempo. José Francisco de la Peña ha encontrado en los archivos de Indias de Sevilla cinco grandes carpetas con declaraciones de patrimonio... que nadie había abierto antes que él. Cf. J. F. de la Peña, *Oligarquía y propiedad en Nueva España. 1550-1624*, México, 1983.

tros, censura de novelas... La mayoría de estas recomendaciones quedaron sin efecto, en particular la de suprimir las dos terceras partes de los alguaciles y agentes del fisco. Para ello habría que indemnizar a los despedidos, y el tesoro real no estaba para esas bromas.

Otra de las preocupaciones de Olivares fue la reforma de la enseñanza. El comité de 1622 sugirió cerrar numerosas escuelas de gramática[10] que ya no respondían a las necesidades del país. Convencido de que los nobles ya no desempeñaban el papel que les correspondía, el conde-duque decidió mejorar la preparación de las minorías dirigentes. Con este fin se creó el Colegio Real de Madrid (1629), confiado a los jesuitas. También en este caso los resultados se hicieron esperar. En 1634 el colegio sólo contaba con unos sesenta alumnos, la mayoría de cuna poco ilustre. Olivares no se desanimó. En 1632 ideó un nuevo proyecto, la creación de varios centros (dos en Madrid y uno en las seis principales ciudades de la península) en los que se enseñara a los jóvenes nobles el oficio de las armas y el arte de gobernar. Y es que una de las obsesiones del conde-duque era la idea de que en España faltaban elites bien formadas.[11] Estas escuelas de administración acabaron cerrando por falta de medios económicos.

Olivares no tuvo más fortuna en sus intentos de modernizar y nacionalizar la economía. Para impulsar la producción, en 1622 hizo suya la propuesta ya antigua —realizada en 1576— del flamenco Oudegherste, recogida y desarrollada en 1600 por el arbitrista Valle de la Cerda: crear unas cajas municipales de depósitos (erarios), nutridas con impuestos del 5 por 100 sobre los patrimonios superiores a 2.000 ducados, que tendrían el monopolio del crédito en España, conformándose con un interés reducido (el 3 por 100). De hecho, se trataba de crear un banco nacional a la manera del que funcionaba en Holanda. La oposición del patriciado urbano, que gozaba de exenciones fiscales y hacía recaer la carga de los impuestos sobre los demás, dio al traste con el proyecto. Impresionado por el dinamismo y la eficacia de los holandeses, que habían logrado convertir su pequeño país en una de las principales potencias comerciales de Europa, Olivares quería «transformar a los españoles en mercaderes», otorgando títulos de nobleza a los que se dedicaran al comercio y animándoles a crear compañías comerciales. Para que la idea prosperase tenían que cambiar las mentalidades. En efecto, los españoles, como muchos europeos de su tiempo, estaban convencidos de que la nobleza consagraba el éxito social. El servicio al rey y la renta les parecía el camino más seguro para conseguirlo. La bancarrota de 1627 acabó convenciendo al conde-duque de que a España le interesaba prescindir de los banqueros extranjeros, en su mayoría genoveses. Pensó que podrían ser reemplazados con ventaja por los portugueses, súbditos del rey, que desde hacía tiempo mantenían relaciones de negocios con las comunidades judías de Amsterdam y el norte de Europa. El hecho de que muchos de esos banqueros portugueses fueran marranos no suponía un obstáculo para Olivares, que no tenía prejuicios antisemitas.[12] Trató con ellos en varias ocasiones y les confió grandes contratos para obtener adelantos y transferencias de fondos al extranjero. Este intento también tropezó con fuertes

10. Escuelas en las que se enseñaba latín.
11. «Cabezas, señor, que esto es lo que no hay», le escribe Olivares al cardenal-infante Fernando de Austria, que acababa de cosechar una victoria contra los holandeses en Nördlingen (carta del 25 de mayo de 1636).
12. La pureza de sangre le parecía injusta, impía y contraria al derecho divino y al derecho natural. De hecho, animó a los marranos para que se afincaran en España.

resistencias mentales. Algunos —en especial el confesor del rey— temían la posible recuperación del marranismo que podría acarrear esta política.[13] En este sentido, los genoveses, buenos católicos, parecían más seguros. Además, su experiencia les convertía en intermediarios obligados. Olivares no logró acabar con una hegemonía que se remontaba a los primeros años del reinado de Felipe II. Estos repetidos fracasos demuestran que cuando se quiere modernizar un país no es fácil repetir los logros extranjeros. Convencido de que la España del siglo XVII estaba subdesarrollada, el conde-duque intentó importar unas instituciones y aplicar unos métodos que habían dado excelente resultado en Holanda. Pero no lo consiguió.

La última faceta del reformismo de Olivares concernía a la Hacienda. Se propuso un doble objetivo. Por un lado, aumentar el rendimiento del impuesto y, por otro, repartir la carga entre todos los reinos de la monarquía. Para lograr lo primero el plan consistía en sustituir los millones, muy impopulares, por un impuesto único. Primero se pensó en gravar la harina, pero Olivares optó por la sal, cuya fiscalidad creció de forma considerable entre 1628 y 1640.[14] En este terreno, el estado era productor —tenía el monopolio de la sal— y distribuidor. Al mismo tiempo, el conde-duque quería evitar que Castilla soportara casi todo el esfuerzo bélico de la monarquía. Los territorios asociados —Aragón, Cataluña, Valencia y Portugal— se escudaban en su estatuto de autonomía para no contribuir a los gastos comunes. La situación no había pasado inadvertida a los ministros de Felipe III, pero ninguno de ellos se había atrevido a cambiarla. Olivares osó tomar una iniciativa al respecto. Fue el proyecto de la Unión de Armas de 1626, que tan mala acogida tuvo en Cataluña. El fortalecimiento de la fiscalidad y la Unión de Armas fueron dos de las causas de la crisis de 1640, la más grave que hubo en España desde los disturbios de 1520 al principio del reinado de Carlos V. En Bilbao, Cataluña, Portugal, Nápoles, Sicilia, Milán, etc., por doquier se produjeron desórdenes. No fue una situación exclusiva de España. A mediados del siglo XVII otros soberanos tuvieron que hacer frente a revueltas nobiliarias o sublevaciones populares causadas por las subidas de los impuestos. Pero en España la crisis tuvo un cariz mucho más dramático, ya que se saldó con la separación definitiva de Portugal y temporal de Cataluña.

Tres factores contribuyeron al fracaso de las reformas de Olivares: la situación económica, el egoísmo de las oligarquías y los métodos autoritarios del conde-duque.

Hacia 1620-1625 ya era demasiado tarde para lograr que España fuera un país moderno y unificado. En el siglo XVI, en período de expansión y prosperidad, sin duda habría resultado más fácil hacer un reparto más justo del impuesto y una recaudación más eficaz. Por las mismas razones, es posible que los territorios asociados

---

13. Efectivamente, durante todo el período la Inquisición aumentó su rigor contra los judaizantes de origen portugués. Entre 1625 y 1640 el tribunal de Córdoba juzgó a 230. En 1629, por ejemplo, se acusó a unos judíos portugueses de golpear y quemar un crucifijo. Seis de ellos fueron condenados a muerte en un auto de fe presidido por el rey, y ejecutados. En 1633 aparecieron en las calles de Madrid unos carteles en portugués que proclamaban la superioridad del judaísmo sobre el cristianismo.

14. Otro de los fines buscados era presionar a Holanda, que importaba sal de España. «A Olivares le hubiera gustado hacer de Bruselas un enorme depósito de sal, puerto franco y centro de distribución a los países ribereños del mar Báltico y Holanda.» El plan fracasó: «se volvió entonces a la autorización, muy limitada, que tenían los comerciantes holandeses para abastecerse en Portugal y la Andalucía atlántica» (J. F. Schaub, *Recherches sur l'histoire de l'État dans le monde ibérique*, París, 1993, pp. 23 ss.).

hubieran aceptado con menos reticencias una participación más equitativa en los gastos comunes. En el siglo XVII Castilla, el sostén más firme de la monarquía, estaba agotada por las continuas guerras, y el dinero fácil de antaño había originado unas costumbres de las que costaba desprenderse.

Si nos centramos en Castilla, cabe insistir en el papel negativo desempeñado por las oligarquías urbanas. El mal venía de lejos. Desde comienzos del siglo XVI las Cortes, cuyo acuerdo era indispensable para recaudar impuestos directos, estaban formadas por aristócratas, que por su propia condición no pagaban impuestos. Se las arreglaban para que esta carga recayera sobre los pecheros. La creación del impuesto llamado de millones, durante el reinado de Felipe II, les dio la oportunidad de intervenir en la política fiscal de la corona. Felipe III tuvo que hacer nuevas concesiones que, pese a las apariencias, no beneficiaron a las Cortes como institución representativa, sino a las oligarquías urbanas. La corona se acostumbró a negociar directamente con los concejos. En vez de lograr una fiscalidad más justa, se acentuaron las desigualdades con el aumento de los impuestos indirectos existentes o la creación de otros nuevos.[15] A partir de 1667, al término de esta evolución, ya no se convocaron Cortes, decisión que, más que una victoria de la corona sobre la representación nacional, fue una victoria de las oligarquías sobre las Cortes: a estas oligarquías ya no les hacía falta la mediación de las Cortes para defender sus intereses ante el rey, y reforzaron sus poderes y privilegios. Por ejemplo, continuó el proceso de enajenación de los bienes comunales, iniciado en el siglo XVI, y el alistamiento de tropas a menudo fue confiado a particulares. De 1580 a 1640, a causa de sus dificultades económicas, el estado perdió terreno y transfirió a los concejos parte de sus competencias, sobre todo —aunque no exclusivamente— en materia de impuestos. Fue esta una de las grandes debilidades de la Castilla del siglo XVII. En un momento en que en Francia se consolidaba el poder real, España se descentralizó un poco más. En realidad, la corona ya no tenía modo de imponer su autoridad, pues dependía demasiado de las oligarquías urbanas, que no pensaban renunciar a ninguno de sus privilegios.

Para vencer esas resistencias hacía falta autoridad. A Olivares no le faltaba, pero sus métodos desagradaban a sus interlocutores. Convencido de tener siempre la razón, no le gustaba que le contradijeran, y le irritaba tener que perder el tiempo convenciendo a los demás. Quería fortalecer en todos los ámbitos las prerrogativas de la corona, y no veía con buenos ojos el creciente poder de la Iglesia[16] y la influencia excesiva de los nobles, a quienes despreciaba (ellos le odiaban). Se podía haber apoyado en los reformadores que tenían puestas sus esperanzas en el cambio de reinado. En las Cortes de 1621 un grupo de procuradores, encabezados por el representante de Granada, Lisón y Biedma, defendieron algunos de los temas preferidos de los arbitristas: atajar la caída demográfica, reformar la fiscalidad, reducir los gastos públicos y los bienes de manos muertas… Este programa podría ser aceptado por Olivares, pero lo que quería Lisón era que las Cortes participaran en la reforma.

---

15.   En 1631 se decidió recaudar la mitad de la renta de todos los oficios y empleos el año de su adjudicación. Este impuesto, conocido como *media annata*, se extendió en 1635 a las rentas sobre el estado (juros). Se crearon los cientos, recargos sobre las alcabalas (impuestos sobre las transacciones). Durante todo el siglo XVII la mitad del producto fiscal de Castilla lo representaban tres impuestos: las alcabalas, los cientos y los millones, que eran indirectos.

16.   «Lleva camino de ser dueña de todo», exclamó un día.

Él y sus amigos preconizaban una vuelta a la política interrumpida por Carlos V, a una España independiente —es decir, libre de obligaciones imperiales en Europa— y a un reparto de responsabilidades políticas entre el rey y el reino, representado por las Cortes. En eso diferían de Olivares. Para él, España debía conservar su rango en Europa, y el rey no tenía que gobernar con las Cortes. Olivares procuraba impedir cualquier brote de oposición organizada. Ante todo, «no permitir de ninguna manera cabezas nobles, mayores ni medianas, que se hagan populares». De hecho, el conde-duque nunca logró que las Cortes colaboraran de un modo franco y leal. Cuando no estaba seguro de salir ganando procuraba evitar los pulsos con ellas. He aquí otra diferencia con Richelieu: Olivares era tan autoritario como su rival, pero carecía de medios para vencer las resistencias.

ESPAÑA EN GUERRA

Si Olivares quería restablecer la autoridad del estado y el poderío de la nación, era con un fin determinado: que España conservara lo que entonces se llamaba su «reputación», y hoy llamaríamos su rango y preponderancia en Europa. Las reformas fiscales y económicas estaban dirigidas al mantenimiento de la política exterior española. Ésta tenía dos pilares: la solidaridad con los Habsburgo de Austria y la defensa del catolicismo.

El segundo aspecto tan sólo era una justificación ideológica del primero. Para los dirigentes de España, los protestantes hacían peligrar las posiciones de los Habsburgo, tanto en Flandes como en Europa central. Era un modo de que España tuviera buena conciencia: la Providencia le había encomendado una misión, la herejía era una causa de guerra justa.[17] Richelieu observaba con acierto: «La prudencia de los reyes católicos [los reyes de España] había sido tal hasta entonces que siempre habían ocultado sus intereses más injustos con un especioso pretexto de piedad y religión».[18]

No obstante, la defensa de la fe católica podía adaptarse a consideraciones pragmáticas. Aunque Olivares proclamara en 1631 que todo debía ser sacrificado a la causa de la religión,[19] no tuvo escrúpulos a la hora de ayudar a Rohan y a los hugonotes de Languedoc con tal de debilitar a Francia. Así lo hizo en 1625, tras la derrota de los ingleses en La Rochela, y luego en 1629. En ambas ocasiones el conde-duque se

17.   La idea aparece en el jesuita Mariana (*De Rege*, 1599), y es recogida y desarrollada por el franciscano Juan de Salazar en 1619. Resulta más curioso volverla a encontrar en los escritos del italiano Campanella.

18.   *Mémoires du cardinal Richelieu*, t. I, Librairie Renouard, París, 1907, p. 19. Lo mismo pensaba Francis Bacon: «Los otros príncipes católicos se limitan a mantener su religión en sus estados y no se entrometen para influir en los súbditos de otros príncipes. Los españoles, por el contrario, desde la época de Carlos V y de la Liga de Francia hasta ahora con los asuntos de Inglaterra, se han dedicado a firmar acuerdos con los estados extranjeros y se han declarado protectores generales del partido de los católicos en todo el mundo, como si la corona de España quisiera imponer por las armas la ley del papa, tal como hacen los otomanos con la ley de Mahoma» (*Consideraciones políticas para emprender la guerra contra España*, 1624).

19.   «Tener por el primer negocio de todos y anteponer a la defensa de los propios estados y de todas las materias de estado juntas el mantenimiento, conservación y aumento de la religión católica.»

las arregló para que los teólogos justificaran esta insólita alianza: al tratarse de una guerra justa, un príncipe católico podía apoyarse en los herejes. En este mismo sentido cabe destacar el interés de Olivares por concertar una alianza defensiva con Carlos I de Inglaterra, así como su proyecto de formar una coalición en torno a los Habsburgo, a la que serían invitados todos los príncipes alemanes, cualquiera que fuera su religión.

No cabe pensar, pues, que la defensa del catolicismo fuera la razón última de la política exterior de España. Lo más prioritario era la solidaridad con los Habsburgo de Austria. Los reyes de España consideraron un deber acudir en su ayuda cada vez que se encontraron en apuros. Las dos casas —la de Madrid y la de Viena— deben permanecer unidas pase lo que pase, se recuerda en 1630. La diplomacia llegó a ser un asunto de familia. No nos cansaremos de repetirlo: desde la subida al trono de Carlos V, la política exterior de España se ajustó a los intereses de la dinastía reinante, intereses que no se pueden confundir con los de España como nación; a menudo, incluso, eran contradictorios. Esta política implicaba: la intervención en los Países Bajos para salvar, al menos en parte, la herencia de Carlos V; el apoyo a la rama vienesa de los Habsburgo; y el control de las comunicaciones terrestres entre las partes del imperio, es decir, Milán y los puertos de los Alpes.

La guerra de Flandes

Felipe II había cedido los Países Bajos a su hija Isabel Clara Eugenia, esposa del archiduque Alberto de Austria. Si la pareja no tenía descendencia los territorios se incorporarían de nuevo a la monarquía española. Era una forma de salir con elegancia del avispero flamenco. Flandes ya no estaba sometido oficialmente a la tutela de España, y debía basarse en sus propios recursos para mantener su independencia y solucionar sus asuntos internos. No obstante, llegado el caso y en virtud de la solidaridad imperial, tenía asegurada la ayuda de España. Este país, en paz con Francia desde 1598 y con Inglaterra desde 1604, se empleó a fondo para combatir a los rebeldes calvinistas. El nuevo capitán general, el genovés Ambrosio de Spínola, tomó Ostende en 1604 y parecía capaz de alzarse con la victoria, pero faltaba dinero para mantener un ejército de 70.000 hombres.[20] En el invierno de 1606 hubo amotinamientos de tropas, y en 1607 España hizo bancarrota. Los rebeldes, por su parte, perdieron terreno. Ambas partes estaban interesadas en que cesara la contienda. En 1609 el duque de Lerma dio su aprobación a una tregua de doce años. Las provincias del norte aprovecharon para reforzar sus posiciones en unas condiciones muy favorables para ellas, ya que el puerto de Amberes —situado en la zona sometida a los archiduques— permaneció bloqueado, mientras el de Amsterdam prosperaba. Los holandeses desarrollaron su flota comercial, considerada como la mejor del mundo. Se convirtieron en el primer socio comercial de España, donde compraban sal, aceite, vino y frutos secos, y vendían el trigo de los países bálticos, cobre y material naval. Debido a este comercio cada vez entró más dinero español en Flandes, que lo invirtió en nuevas empresas y mejoró su posición con respecto a Inglaterra y la Hansa. Los holandeses también fueron muy activos en el comercio colonial. Se habían comprometido a respetar el monopolio de España en América. De hecho,

---

20. El ejército de Flandes costaba tres millones de ducados anuales.

aunque en 1609 habían reducido sus actividades en el Caribe, las reanudaron en 1615. Se estaba fraguando el proyecto de una Compañía de las Indias Occidentales, creada oficialmente en 1621. En cambio los holandeses fueron mucho menos dinámicos en Extremo Oriente. En 1619 la Compañía de las Indias Orientales instaló su base principal en Batavia. Los portugueses estaban a punto de perder el control del tráfico de las especias.

La tregua proporcionó una independencia de hecho a las provincias protestantes de los Países Bajos y les dio la oportunidad de convertirse en una potencia económica rival de España. Dicha tregua terminaba en 1621. ¿Era conveniente renovarla? En España muchos la consideraban humillante y perjudicial a los intereses de la monarquía, y deseaban la reanudación de la contienda. De modo que se pusieron duras condiciones para que siguiera la paz. Ante todo, España exigió a los holandeses que garantizaran la libertad de culto a la minoría católica. No está claro que esta cláusula fuera la más importante para España, pero no podía dejar de incluirla. Además, existía la convicción de que la libertad religiosa provocaría una inestabilidad en el interior, lo cual sería un obstáculo para Holanda en el exterior. Las exigencias españolas eran más duras en el terreno económico. Incluían la reapertura del tráfico en las bocas del Escalda para que Amberes volviera a ser una gran plaza comercial. También concernían al monopolio colonial de los españoles y los portugueses: los holandeses debían retirarse de las Indias orientales y occidentales. La España de 1621 ya no trataba de reconquistar los territorios perdidos, sino de frenar la expansión económica y colonial de Holanda.[21] Este país no podía aceptar las condiciones que pretendían imponerle, y las rechazó.

La decisión de reanudar los combates se tomó antes de que Olivares tomara las riendas del estado, pero él la asumió totalmente. Su plan consistía en destruir la causa del poderío de Holanda, su comercio. Las principales medidas tomadas entonces estuvieron dirigidas a este fin. Para empezar, los bienes de los holandeses fueron embargados en Nápoles, Sicilia, Cerdeña y el Milanesado. Después se reforzó la vigilancia en el Estrecho de Gibraltar, para cerrarles el paso al Mediterráneo. Se organizó el bloqueo de Portugal, para impedir que los holandeses vendieran trigo en este país y compraran azúcar, productos coloniales y la sal de Setúbal, necesaria para la conservación de los arenques. En el mar del Norte la flota española confiscó las mercancías holandesas (incluso cuando eran transportadas por barcos neutrales), bloqueó los puertos y atacó las pesquerías de arenques. Olivares pensaba que la única guerra eficaz era la económica. Apenas daba importancia a los combates terrestres y a las ciudades que las tropas españolas fueron ocupando, una tras otra, después de largos asedios: «Poco fruto y mucho coste». El asedio y la toma de Breda (1625), exaltados por Velázquez en su cuadro del Prado *Las lanzas*, fueron una iniciativa de Spínola poco apreciada en España. Por lo general, en tierra, Olivares preconizó mantenerse a la defensiva, porque esperaba alzarse con la victoria en el mar.

Lo que consiguió esta política fue arruinar el comercio de Holanda con la península ibérica, pero a la postre fue un arma de doble filo, ya que sus efectos se sintieron también en la península, que no pudo recibir mercancías del norte de Europa ni venderlas en esta zona. Además los holandeses reaccionaron reforzando su flota y haciendo que sus navíos navegaran en convoyes, bien protegidos y armados. Pronto pasaron a la ofensiva en las colonias. La Compañía de las Indias Occidentales, en

---

21. Cf. José Alcalá Zamora, *España, Flandes y el mar del Norte*, Barcelona, 1975.

particular, intensificó sus acciones contra Brasil. Entre 1623 y 1626 se apoderó de 120 barcos y 60.000 cajas de azúcar, la tercera parte del comercio portugués. En 1629 el corsario Piet Heyn consiguió apoderarse de la flota que transportaba los tesoros de las Indias a Sevilla. Era la primera vez que sucedía una catástrofe de tal envergadura. La Compañía tomó Bahía en 1624,[22] Olinda y Recife en 1630. Todo el noreste de Brasil estaba amenazado. Ante estas derrotas se alzaron voces en España y Portugal pidiendo un cambio de política. En 1624 el cardenal Zapata protestó ante el Consejo de Estado: «Se pierde España sin ganar nada en Flandes». En 1629 se planteó la posibilidad de firmar otra tregua. Olivares no se oponía, quería negociar, pero desde una posición de fuerza, por lo que pidió que se hicieran nuevos esfuerzos. En 1634 el cardenal-infante Fernando de Austria, hermano del rey, tomó el mando de un ejército de 26.000 hombres, que a su paso por Alemania derrotó a los suecos y los protestantes en Nördlingen, y luego invadió el territorio holandés en 1635. En 1639 España volvió a tomar la iniciativa en el mar. Intentó liberar Pernambuco y, sobre todo, destruir la flota holandesa en el canal de la Mancha, pero fue en vano. Los españoles sufrieron una severa derrota (batalla de las Dunas). Bien es verdad que, desde 1635, España estaba otra vez en guerra con Francia.

Richelieu y Olivares

Desde que Carlos V accediera al imperio, España no tuvo enemigo más encarnizado que Francia. Durante cerca de dos siglos las dos potencias se enzarzaron en una serie de contiendas, interrumpidas por armisticios más o menos prolongados, porque de vez en cuando había que tomar aliento. El motivo es bien conocido. La solidaridad de los Habsburgo inquietaba a Francia, rodeada por todas partes de territorios hostiles. Los reyes de Francia trataron de romper el cerco aliándose con los enemigos de los Habsburgo. La lucha contra la casa de Austria fue una constante de la diplomacia francesa.

A comienzos del siglo XVII las relaciones francoespañolas pasaban por un período tranquilo. Tras la muerte de Enrique IV incluso se produjo un acercamiento de María de Médicis a España. Al igual que en otras circunstancias parecidas, se creyó que un matrimonio crearía vínculos afectivos entre los dos países. Luis XIII casó con la infanta española Ana de Austria, mientras que la hermana del rey de Francia contraía matrimonio con el futuro Felipe IV. En 1617 un español desterrado, el doctor Carlos García, publicó en París una obra de título evocador, *La oposición y conjunción de los grandes luminares de la tierra*, seguida de otro opúsculo, *Antipatía de los franceses y españoles*. Son las reflexiones lúcidas de un hombre que expresa las esperanzas de la colonia española en París en un momento en que parece que las relaciones políticas van a mejorar, pero Carlos García no ignora los obstáculos que dificultan una distensión duradera. España seducía e inquietaba a los franceses. Nunca como en tiempo de Luis XIII estuvo España tan presente en Francia. Los franceses aprendían español como hoy aprenden inglés,[23] leían y traducían los grandes autores

---

22.   Aunque al año siguiente tuvo que evacuarla.
23.   Precisamente Carlos García era uno de los muchos profesores de español que había en Francia. Inventó un método rápido para aprender español, publicado con seguridad en 1616, y puede que en 1615.

de la literatura española, empezando por el *Quijote*, admiraban el teatro español y encargaban en Madrid guantes, perfumes y artículos de lujo. Al mismo tiempo se reían de las bravatas de los españoles, de su altanería y su hipocresía.

De los dos sentimientos —la admiración por la civilización española y el miedo al imperialismo—, casi siempre prevaleció el segundo. Se impusieron las consideraciones políticas, y en 1621 la diplomacia francesa volvió a tener una actitud hostil con la casa de Austria. Esta evolución se acentuó a partir de 1624, cuando Richelieu entró en el Consejo. En 1618 estalló un conflicto entre calvinistas y católicos en Bohemia. Los primeros, temiendo por su libertad de culto, se negaron a reconocer al nuevo rey, el emperador Fernando, y se dieron otro. Fernando se dispuso a reconquistar su reino e imponer el catolicismo como única religión autorizada. Dinamarca y Suecia, potencias protestantes, tomaron partido por los rebeldes checos. España se solidarizó con el emperador. Spínola aprovechó esta ocasión para ocupar el Palatinado, y así las vías de comunicación entre Italia y Flandes quedaron en poder de España. El conflicto local amenazó con extenderse a toda Europa.

Durante diez años Francia titubeó: ¿debía ayudar a España a restablecer el catolicismo en toda Alemania, o poner coto a la ambición de los Habsburgo? Richelieu era partidario de la segunda opción. Apoyó discretamente a los adversarios de los Habsburgo, pero sin comprometerse claramente. La guerra de Mantua (1628-1631) enfrentó directamente a las dos potencias. España debía impedir que el candidato francés accediera al ducado de Mantua. El conflicto no se generalizó, pero Richelieu movió sus peones en Lorena. España reaccionó por miedo a que se cortaran las comunicaciones entre el Franco Condado y Flandes. En 1635 Francia declaró la guerra a España para impedir que los Habsburgo lograran una victoria demasiado rotunda en Alemania. La contienda estuvo precedida por la publicación de un manifiesto en el que se hacía un repaso de todos los agravios infligidos por España a Francia. Para justificar la alianza con los herejes, el manifiesto denunciaba la política imperialista de España desde principios del siglo XVI so capa de proteger el catolicismo, y los métodos utilizados para conquistar América. Los intelectuales españoles —en especial Quevedo y Saavedra Fajardo— rechazaron con indignación estas alegaciones.

La guerra vino a continuación de esta campaña propagandística. Al principio la superioridad de España parecía evidente. Sus tropas hundieron el frente de Picardía y aplastaron el ejército francés en Corbie (1636). París estaba en peligro. En 1638 el almirante Alonso Enríquez venció a la flota francesa en el Atlántico y levantó el bloqueo de Fuenterrabía.[24] Después de estas primeras derrotas Francia se rehizo. El vuelco de la guerra se sitúa el 19 de mayo de 1643, fecha en que el duque de Enghien derrotó a «la temible infantería del ejército de España» (Bossuet) en Rocroi, simbólica en más de un sentido. Ante todo fue la victoria de un joven general de 22 años sobre el viejo conde de Fuentes. El comentario de Olivares lo dice todo: «no hay cabezas». Tras la muerte del cardenal-infante, Fernando de Austria, no había en el bando español militares experimentados. Rocroi también supuso el fin de un mito: desde hacía 150 años los tercios españoles tenían fama de ser invencibles. Formados en dos o tres líneas de cuadros, configuraban un bloque contra el que se estrellaban los ataques enemigos. En Rocroi los mosquetes y los cañones vencieron

---

24. Para recompensarle, el conde-duque le dio un oficio de regidor en cada una de las ciudades representadas en las Cortes.

a las picas, el poder de fuego acabó con los grandes batallones. Las cargas de caballería ligera hicieron el resto. La caballería y la artillería, «armas ricas, armas de ricos» (Pierre Chaunu), reflejan la nueva relación entre una España agotada y una Francia dinámica.

La derrota diplomática

Al conocerse la derrota de Rocroi el conde-duque fue destituido. Felipe IV seguía confiando en él, pero una reacción nobiliaria exigió su relevo. Olivares murió dos años después, en 1645. Le sucedió su sobrino, Luis de Haro. En 1659 recibió el título de primer ministro que el conde-duque tan bien había definido pero nunca había adoptado. A él le correspondió sacar consecuencias de la política aplicada desde 1621. Un nuevo desastre militar en Lens (1647) le convenció de que España ya no podía batirse en todos los frentes. Hasta 1640 la guerra no había llegado a la península. Pero este año los franceses amenazaron el País Vasco y el Rosellón, al tiempo que Portugal y Cataluña se sublevaban. España se resignó a admitir su derrota en Europa. Los tratados de Westfalia (1648) marcaron el fin de una época. El 15 de mayo, en Münster, España reconoció la independencia de Holanda y su derecho a cerrar las bocas del Escalda. Eso suponía la ruina de Amberes y el triunfo de Amsterdam como plaza comercial. Seis meses después el imperio, los príncipes alemanes, Francia y Suecia firmaron la paz en Osnabrück. El tratado reconoció las libertades germánicas, es decir, la independencia de los príncipes y las ciudades soberanas de Alemania. El imperio pasó a ser una confederación de estados. Así se vino abajo el sueño de Carlos V —rehacer la unidad religiosa de Europa—, proyecto que la casa de Austria quiso realizar con la ayuda de España. La cristiandad había muerto y surgía una nueva Europa. España perdió su supremacía en beneficio de las nuevas potencias: Francia, Holanda e Inglaterra. ¿Revancha del norte contra el sur? ¿Victoria de la Reforma sobre el catolicismo? No sólo los países católicos pasaron a segundo plano; también el imperio turco entró en una suerte de letargo. Como escribía Lavisse a principios de siglo, «Toda fuerza se agota. La facultad de conducir la historia no es una propiedad perpetua. Europa, que la heredó de Asia hace tres mil años, quizá no la conserve para siempre». Estamos ante una versión secularizada —pero no menos enigmática— de la profecía del libro de Daniel, de la cual, hasta Bossuet, se hizo una interpretación providencialista. El imperio del mundo, que al principio había pertenecido a los asirios, pasó luego a los persas, más tarde a los macedonios y, por último, a los romanos, desplazamientos sucesivos que recuerdan el avance del sol de este a oeste. Esta interpretación fue la que dio origen a la conocida frase de que en el imperio español no se ponía el sol. La Providencia había reservado a España un destino privilegiado: situada en el extremo occidental del antiguo mundo, España debía heredar el imperio universal y conservarlo para siempre, ya que más allá de las costas de la península no había nada. A comienzos del siglo XVII Campanella recogió y actualizó el mito de la sucesión de los imperios, afirmando que España había recibido la misión de hacer que el catolicismo triunfara en el mundo.

Desde fines del siglo XV la experiencia había puesto a prueba las teorías inspiradas en la profecía de Daniel, que hasta entonces parecían confirmadas por los hechos. Durante milenios el foco de la civilización se había situado a orillas del Mediterráneo.

Allí nacieron todas las grandes civilizaciones: fenicios, egipcios, griegos, romanos y árabes, que sucesivamente dejaron su huella en la historia. Los grandes descubrimientos produjeron cambios significativos en las corrientes económicas, que se desplazaron de Venecia a Lisboa, y luego a Amberes y Amsterdam. El Atlántico suplantó al Mediterráneo. Después de la batalla de Lepanto (1571) el destino político de las naciones europeas se representó en otros escenarios. Italia siguió ocupando un lugar destacado, pero la atención ya no se centraba en el sur y Nápoles, sino en Milán, nudo de comunicaciones entre España y el norte de Europa. El sentido de la evolución ya no era discutible, el foco de la civilización se había desplazado al norte. En el siglo XVIII fue allí donde se elaboraron los valores de la Europa moderna: el capitalismo, la ciencia, la técnica, la tolerancia, el progreso, que entonces eran ajenos al sur de Europa. Durante mucho tiempo esto se consideró una prueba de la superioridad del protestantismo sobre el catolicismo, del mundo anglosajón sobre el mundo latino. Sin duda, las cosas son más complicadas. Desconocemos la razón de estos desplazamientos, pero en el aspecto diplomático los tratados de Westfalia fueron el hito más significativo.

En Osnabrück los Habsburgo de Austria renunciaron a un gran principio, la solidaridad entre todas las ramas de los Habsburgo, ya que firmaron una paz por separado. España no quiso sumarse, porque aún esperaba conservar la unidad política de la península ibérica reconquistando Cataluña y Portugal. Lo logró en el primer caso, no sin concesiones. Por el tratado de los Pirineos (1659) tuvo que ceder a Inglaterra la ciudad de Dunkerque y Jamaica, y a Francia el Artois, el Rosellón y la Cerdaña. No así en el segundo, ya que en 1668 tuvo que reconocer la independencia de Portugal.

EL FIN DE LA DINASTÍA

El reinado de Carlos II, considerado como uno de los períodos más oscuros de la historia de España, no despertó el interés de los historiadores. Hasta hace poco se pensaba que España había tocado el fondo del abismo, y las últimas décadas del siglo XVII apenas llamaban la atención. Eran la confirmación de la decadencia, un tiempo muerto antes de la recuperación emprendida por los Borbones, como si el cambio de dinastía bastara por sí solo para explicar el auge del siglo XVIII. Estos juicios parecen sumarios e injustos. Los trabajos recientes —aún demasiado escasos— dedicados al reinado de Carlos II ponen de manifiesto que a partir de 1680 España empezó a cambiar en varios aspectos esenciales, como la Hacienda pública, la economía, la política exterior e incluso el movimiento de las ideas. Los universitarios siguieron fieles a la escolástica, pero hubo laicos —entre ellos muchos aristócratas— interesados por las novedades científicas y filosóficas procedentes del extranjero. En los salones de Madrid y Valencia se hablaba de Descartes y se comentaban los últimos descubrimientos y los últimos libros publicados. Las transformaciones del siglo XVIII no se entienden sin los esfuerzos de renovación en profundidad que se realizaron a fines del siglo anterior.

Ciertamente el último de los Austrias inspira conmiseración. En el museo del Prado se puede ver el retrato que le hizo el pintor oficial Carreño. El artista no pudo ocultar los rasgos degenerados, la falta de expresión y la fragilidad de ese adolescente en el marco aplastante del alcázar de Madrid. Carlos II tenía cuatro años en 1665, cuando sucedió a su padre. Su madre, Mariana, gobernó en su nombre como regente, con la asistencia de un comité en el que estaban representados todos los territorios de la monarquía. El jesuita austríaco Nithard, confesor de la reina, fue el verdadero amo de la situación, pero los nobles, que se habían resignado a someterse a la autoridad de unos validos salidos de sus filas, se negaron a inclinarse ante un plebeyo que además era extranjero. Juan José de Austria se creía un segundo Juan de Austria porque era hijo natural de Felipe IV y de una actriz de teatro, y porque su padre le había otorgado la dignidad de príncipe de su sangre. Fue él quien encabezó la oposición a Nithard. En el invierno de 1668-1669 marchó sobre Madrid desde Cataluña. A su paso fue aclamado como salvador de la patria. Nithard prefirió huir el 25 de febrero de 1669, pero la regente tomó precauciones, reforzó la guardia de palacio y ofreció a Juan José —que aceptó— el cargo de virrey de Aragón, para mantenerlo alejado de Madrid. Entonces Mariana eligió como favorito a un personaje que parece sacado de una novela picaresca, Fernando de Valenzuela, hijo de un capitán, nacido en Nápoles en 1636. Este antiguo paje del virrey de Sicilia se había casado en 1661 con una dama de honor de la reina. Cuando tenía 33 años Mariana le encomendó las más altas responsabilidades con el título de primer ministro, y le hizo grande de España. Valenzuela creyó que se iba a hacer popular ofreciendo al pueblo de Madrid pan barato y corridas de toros. Los nobles que habían rechazado a Nithard tampoco aceptaron a este advenedizo. Una vez más se unieron alrededor de Juan José, firmaron un manifiesto a su favor y le animaron a que tomara el poder. Juan José partió de Aragón en enero de 1677 y avanzó triunfalmente sobre la capital al frente de un ejército de 15.000 hombres; le acompañaban dieciocho grandes de España. Fue el primer pronunciamiento de la historia de España, una maniobra de intimidación destinada a imponer un cambio de política sin llegar a las armas, con la simple amenaza de usar la fuerza. Valenzuela tuvo que huir a Filipinas y Juan José se mantuvo en el poder hasta su muerte (1679), contra la voluntad de la reina madre y del rey, que llegó a la mayoría legal en 1675.

La experiencia de los años 1665-1677 demostró que no se podía hacer nada sin la aprobación de la nobleza. El rey aprendió la lección, y a partir de entonces los primeros ministros fueron aristócratas. Entre ellos destacaron el duque de Medinaceli (1680-1685) y el conde de Oropesa (1685-1691, y posteriormente 1698-1699), que tomaron medidas para sanear la Hacienda y buscaron nuevas orientaciones en política exterior.

Acerca de lo primero, las decisiones de 1680 y 1686 son dos ejemplos de una política acertada de deflación. El número de monedas de vellón en circulación era tan elevado que acabaron perdiendo todo su valor, con las consecuencias habituales en estos casos: la mala moneda expulsó a la buena, y las monedas de plata desaparecieron. En 1680 el gobierno devaluó a la mitad las monedas de vellón. La decisión ocasionó de inmediato un profundo marasmo, quiebras y la ruina de muchas familias. Los precios se hundieron y escaseó la moneda fraccionaria. Luego la situación se estabilizó y poco a poco fue mejorando. Seis años después, en 1686, las monedas de plata fueron devaluadas en un 20 por 100, y se acuñaron nuevas monedas de ocho reales. También entonces el choque fue duro, pero la operación se saldó con éxito. Después de un siglo de inflación la moneda recuperó un valor estable. La Hacienda pública se saneó, los impuestos bajaron cerca del 15 por 100, los títulos de deuda pública se redujeron a la mitad y el interés bajó un 4 por 100. La vida económica se reactivó sobre unas bases más sólidas, y pronto se apreciaron mejoras sustanciales.

En política exterior el reinado de Carlos II inició una paradójica inversión de alianzas. La Holanda independiente dejó de ser una enemiga, y se puso al lado de España para contrarrestar el expansionismo de la Francia de Luis XIV y el imperialismo colonial de Inglaterra. Por otro lado España ya no pudo contar, como antaño, con la solidaridad de Austria. Después del tratado de los Pirineos (1659), que le permitió conservar la mayor parte de Cataluña, España intentó recuperar Portugal, apoyado por Inglaterra. Pero los holandeses no habían renunciado a instalarse en Brasil, lo cual les enfrentaba a Portugal y a sus aliados ingleses. España no obtuvo ningún provecho de esta alianza objetiva con Holanda, y Portugal siguió siendo independiente (tratado de Madrid, 1668).

En 1667 Luis XIV se empeñó en reclamar la posesión de varios territorios de los Países Bajos españoles en nombre de su mujer María Teresa. Quería extender sus fronteras hacia el norte y el noreste para reforzar la seguridad de Francia. Su ejército invadió los Países Bajos y el Franco Condado. Holanda se alarmó, ya que los Países Bajos españoles eran para ella un territorio tapón que le protegía de un vecino peligroso. De modo que Holanda se acercó a España, mientras que el emperador se inclinó más bien por Francia. En mayo de 1668 Luis XIV devolvió a España el Franco Condado, pero se quedó con Charleroi, Mons, Lille y Douai. En 1672 declaró la guerra a Holanda, que inmediatamente fue apoyada por España. La paz de Nimega (1678) atribuyó definitivamente el Franco Condado a Francia, así como Cambrai, Valenciennes y la mitad de la isla de Santo Domingo. La contienda se reanudó en 1683, y posteriormente en 1690, siempre a propósito de los Países Bajos españoles, un territorio del que España, en realidad, se quería desprender; tenía planeado cambiarlo por el Rosellón. Pero Holanda consiguió que se mantuviera firme, por miedo a que Francia extendiera hasta allí su dominio. En este contexto se sitúa el problema de la sucesión al trono de España.

Carlos II se casó dos veces. En 1679 con María Luisa de Orleans, que murió en 1689 sin darle ningún hijo. El partido austríaco intrigó para que se volviera a casar con Mariana de Neoburgo, hija del elector palatino y hermana de la emperatriz. El rey se sometió a sesiones de exorcismo que algunos le recomendaron como un medio para aplacar la furia divina y tener descendencia. Pero fue en vano. El trono de España quedó vacante. Se presentaron tres candidatos:

— El príncipe José Fernando, hijo del elector de Baviera y bisnieto de Felipe IV, contaba con el apoyo del conde de Oropesa, primer ministro. No estaba mal visto por los ingleses y los holandeses.

— El archiduque Carlos de Austria, segundo hijo del emperador, era el preferido de la reina madre y, por supuesto, de Austria.

— Felipe de Anjou, nieto de Luis XIV, contaba con el apoyo de Francia, pero sus títulos eran discutibles, porque la infanta María Teresa (hija de Felipe IV), para poder casarse con el rey de Francia, había renunciado a sus derechos a la corona de España.

En octubre de 1698 las potencias interesadas llegaron a un acuerdo: la sucesión de España se repartiría entre los tres candidatos. España y sus colonias le corresponderían a José Fernando, el Milanesado al archiduque de Austria, y los Países Bajos, Nápoles y Sicilia al duque de Anjou. Este acuerdo tenía que permanecer secreto, pero llegó a oídos de Carlos II. Herido en su orgullo, nombró al bávaro heredero de todas sus posesiones. La muerte de José Fernando en febrero de 1699 volvió a plantear el problema. Entonces Luis XIV y Guillermo III de Orange concertaron otro acuerdo: el archiduque de Austria heredaría España y las colonias, el duque de Anjou los Países Bajos, Nápoles, Sicilia y Lorena, y el duque de Lorena recibiría el Milanesado a cambio. Faltaba la aprobación de Carlos II. El Consejo de Estado no quiso saber nada del asunto, pues no aprobaba el desmembramiento de la monarquía. El Consejo se pronunció a favor del Borbón por patriotismo, ya que sólo Luis XIV parecía capaz de defender con las armas la unidad de la monarquía. El 2 de octubre de 1700 Carlos II hizo testamento en este sentido. El orden de sucesión era el siguiente: 1) Felipe de Anjou; 2) el duque de Berry, su hermano; 3) el archiduque Carlos de Austria; 4) el duque de Saboya. Por un avatar asombroso Francia daría un rey a un país del que había sido enemiga durante siglos. ¿Cómo encajarían su exclusión los Habsburgo, que reinaban en España desde Carlos V? ¿Aceptarían las demás naciones una solución que convertía a Francia en una potencia hegemónica? Estas eran las preguntas que todos se hacían al morir Carlos II, el 1 de noviembre de 1700.

Capítulo V

LA MONARQUÍA HISPÁNICA

Desde la coronación de los Reyes Católicos hasta la muerte del último Habsburgo de España, en Europa existió una potencia original. Se llamaba España para simplificar, pero tenía ramificaciones en Italia, el norte de Europa y el mundo entero, aunque su base principal se situaba en la península ibérica, concretamente en Castilla. Desde sus dominios castellanos los Reyes Católicos organizaron su política exterior, y los Habsburgo trataron de dominar Europa. De Castilla —y las Indias, que le pertenecían— obtenían la mayor parte de sus ingresos, y Castilla impuso sus valores al conjunto.

Desde el principio de la reconquista los soberanos cristianos de León y después de Castilla aspiraron a recuperar la unidad de España. Como los otros estados surgidos de la reconquista no quisieron reconocer la supremacía de uno de ellos, se procuró llegar a este resultado mediante alianzas dinásticas. En 1580, cuando Felipe II subió al trono de Portugal, la meta parecía alcanzada. Toda la península ibérica estaba sometida a la autoridad de un soberano. Pero ¿estaba también unificada? En absoluto. En 1479, a la muerte de Juan II, su hijo Fernando, ya asociado al gobierno de Castilla desde 1474, heredó la corona de Aragón. El cronista Pulgar recuerda el problema que se planteó entonces: ¿debían adoptar Isabel y Fernando el título de reyes de España, puesto que su autoridad se extendía a la mayor parte de la península? Algunos miembros del Consejo eran de este parecer —lástima, Pulgar no recoge sus argumentos—. Al final se decidió no cambiar nada. Fernando e Isabel no serían reyes de España, sino reyes de Castilla y Aragón, señores de Vizcaya, condes de Barcelona, etc. Fue así como se formó un estado plurinacional del que apenas existen ejemplos en Europa, salvo Austria-Hungría entre 1867 y 1918: un cuerpo político que reunía pueblos y lenguas, distintas tradiciones e historias, que tenían autonomía administrativa e incluso su propia economía y aduanas,[1] y únicamente cedían a la potencia central, encarnada por la dinastía reinante, los intereses comunes a todos los grupos: la diplomacia y la defensa. La monarquía así entendida incluía las coronas de Castilla y Aragón, Portugal entre 1580 y 1640, los Países Bajos, el Franco Condado, el reino de Nápoles, el ducado de Milán y los territorios de ultramar. El único vínculo que mantenía la unidad de este conjunto era la persona del rey. En todas

---

1. Durante todo el período de los Austrias se instalaron puestos aduaneros entre Castilla y Aragón.

partes se aplicaba el principio enunciado por el jurisconsulto Juan de Solórzano Pereira: cada territorio de los que formaban la monarquía debía ser gobernado como si el rey, que reinaba en todos, lo fuera solamente de él. La unidad no implicaba uniformidad. La monarquía hispánica reunía unos territorios que habían sido independientes en una construcción política que les aseguraba una amplia autonomía. Eso la distinguía de Francia, y es el fundamento histórico de la España contemporánea, definida por la constitución de 1978 como un estado de autonomías. En la época de los Austrias existía una gradación: reino, corona y monarquía. Se llamaba corona a la unión de varios «reinos y señoríos». La corona de Castilla, por ejemplo, comprendía los antiguos reinos de Toledo, Granada, León, Murcia, Galicia, Navarra, etc., además de las provincias vascas y los virreinatos de las Indias. La corona de Aragón estaba formada por dos reinos (Aragón propiamente dicho y Valencia) y los condados catalanes. Varias coronas formaban la monarquía. Como escribió Quevedo a comienzos del siglo XVII, hablando con propiedad España estaba formada por tres coronas: Castilla, Aragón y Portugal.

Se planteaba un problema de derecho: ¿cómo había que llamar al jefe de este estado plurinacional? Hablar de rey de España era impropio, ya que no había reino de España. Además, dicho estado comprendía territorios situados fuera de la península ibérica. Durante el reinado de Carlos V se decía «el emperador», lo cual evitaba cualquier equívoco. A partir de Felipe II las cosas se complicaron. El monarca recuperó el título que el papa Alejandro VI había dado a Fernando e Isabel en 1494: Reyes Católicos. En aquella ocasión se trataba de honrar a los soberanos por la toma de Granada, y al mismo tiempo de situarlos en un plano de igualdad con los reyes de Francia, que llevaban el título de Reyes Cristianísimos. Felipe II, al adoptar el título de Rey Católico, evitaba cometer un error de derecho y herir la susceptibilidad nacional de sus súbditos, aunque en la práctica se acababa hablando de rey de España. Lo mismo hicieron los sucesores de Felipe II. Se llamaron Reyes Católicos, y el conjunto de los territorios sobre los que reinaron recibió el nombre de monarquía católica, una convención que no debemos tomar al pie de la letra, ya que la expresión no prejuzgaba el carácter religioso de la política. En el lenguaje común no había tantos escrúpulos. Pronto se dio en llamar España a la monarquía doble Castilla-Aragón, por contraste con Portugal, y la emancipación de este territorio a mediados del siglo XVII no hizo sino reforzar este uso y generalizarlo.

LA CORONA DE CASTILLA

El grado de integración de la corona de Castilla era mayor que en los otros territorios. Con algunas salvedades (las provincias vascas y Navarra), la lengua, el derecho y las Cortes eran los mismos en toda la corona de Castilla, y se llegó muy lejos en la aplicación de métodos racionales de administración y gestión. Pero no debemos confundir integración con centralización. La corona de Castilla comprendía, a su vez, tres conjuntos territoriales distintos:

— los dominios «castellanos» propiamente dichos, es decir, los antiguos reinos históricos (León, Castilla) y los anexionados durante la reconquista (Toledo, Sevilla, Murcia, Granada...), además de las provincias vascas;
— el reino de Navarra;
— los virreinatos de Nueva España y Perú, y los demás territorios de ultramar.

Hay un documento de interés excepcional que permite orientarse en esta estructura. Se trata del *Gran Memorial* escrito en 1624 por el conde-duque de Olivares, un interesante informe sobre la administración de los reinos de la monarquía a principios del reinado de Felipe IV.[2]

Navarra

La zona de Navarra situada al sur de los Pirineos se incorporó a la corona de Castilla en 1515 (Cortes de Burgos) con la promesa de que sus fueros e instituciones serían respetados. El soberano estaba representado en el territorio por un virrey, generalmente un noble castellano, que presidía el Consejo de Navarra, órgano supremo de gobierno y tribunal de justicia, formado por un regente y seis consejeros, en su mayoría navarros, pero el conde-duque observa que nada se opone a que también sean nombrados castellanos. Olivares añade una observación interesante: el Consejo de Castilla, por supuesto, no tiene autoridad sobre Navarra, pero sí la tiene la Cámara de Castilla, emanación del anterior. Lo cual le permite al soberano intervenir directamente en los asuntos de Navarra. Para respetar las formas, estas intervenciones no se hacían por provisión sellada (decreto), sino por cédula real, un texto firmado personalmente por el rey. Navarra poseía una Cámara de Comptos que conocía de los negocios de la real Hacienda. Las Cortes de Navarra siguieron desempeñando su papel. Recibían juramento de fidelidad de los soberanos, y eran consultadas en materia legislativa. Navarra, que se unió en seguida a los Borbones durante la guerra de sucesión española de comienzos del siglo XVIII, conservó este régimen de autonomía hasta 1841.

Las tres provincias vascas

Aunque eran muy parecidas entre sí, cada una tenía un régimen administrativo y fiscal distinto. Las Juntas generales hacían las veces de las Cortes. En Álava eran elegidas por los distritos rurales, y en Vizcaya y Guipúzcoa por las ciudades más importantes y los distritos rurales.

Álava era la provincia que gozaba de más autonomía. El poder ejecutivo lo ejercía un diputado general, propuesto por la Junta para tres años. El diputado representaba a la Junta entre sesiones.

En las otras dos provincias el rey nombraba un corregidor. En el señorío de Vizcaya el corregidor contaba con la asistencia de dos diputados de la Junta. Los tres formaban la Diputación o comisión permanente de la Junta, que se reunía cada dos años, en el mes de julio, bajo el árbol de Guernica. Los casos judiciales concernientes a la jurisdicción de Vizcaya dependían en última instancia de un juez especial con sede en la Chancillería de Valladolid. La nota dominante en Vizcaya era el contraste entre Bilbao, sede del ejecutivo y ciudad principal, y el resto del señorío.

---

2.   El texto fue publicado por John H. Elliott y José F. de la Peña en *Memoriales y cartas del conde-duque de Olivares*, t. I, Alfaguara, Madrid, 1978, pp. 49-100.

En la provincia de Guipúzcoa existía un régimen parecido: corregidor nombrado por el rey, Juntas generales formadas por representantes de las ciudades, con predominio de San Sebastián, y Diputación formada por los representantes de San Sebastián, Tolosa, Azpeitia y Azcoitia.

Había otros tres territorios con un estatuto especial: Granada, Galicia y Asturias.

Granada

En el antiguo reino de Granada, debido a la presencia de una importante comunidad musulmana, había dos autoridades, instaladas en pie de igualdad. Sus competencias en teoría eran distintas, pero en la práctica resultaban difíciles de delimitar: la autoridad militar, representada por el capitán general de la Alhambra, y lo que podríamos llamar el poder civil, representado por la Chancillería. Al principio ambas autoridades actuaron de común acuerdo. Luego las cosas se torcieron. En 1535 Carlos V renovó casi por completo los miembros de la Chancillería. A partir de entonces las relaciones entre los dos poderes se hicieron cada vez más tensas. Cada uno trataba de prevalecer sobre el otro y de tener la última palabra en todos los asuntos. Esta falta de entendimiento dio unos resultados desastrosos. La Chancillería acusó al capitán general de complacencia con los moriscos, y el capitán general reprochó a los letrados de la Chancillería su incompetencia y sus torpezas. Felipe II zanjó la cuestión a favor de la Chancillería. Tras la insurrección de los moriscos en 1569 el capitán general sólo conservó sus atribuciones estrictamente militares, y el reino de Granada volvió a la jurisdicción ordinaria.

Desde 1492 Granada tuvo representación en Cortes. No sucedió lo mismo con Galicia, que no obtuvo representación hasta 1623. Asturias, por su parte, nunca estuvo representada.

Galicia

En este territorio no ejercía la autoridad real un corregidor, sino un gobernador. Esta peculiaridad se debía a los disturbios que habían agitado Galicia durante muchos años, hasta comienzos del reinado de los Reyes Católicos. Para acabar de restablecer el orden, el representante del estado debía contar con poderes excepcionales; de ahí que fuera un gobernador. Otra peculiaridad de Galicia era la Real Audiencia, organismo judicial y político, y por este motivo presidida por el gobernador. Por último, para compensar la falta de representación en las Cortes, Galicia tenía unas Juntas que se siguieron reuniendo durante el siglo XVII, aunque a partir de 1623 obtuvo el privilegio de representación en las Cortes.

Asturias

Algo parecido ocurría en el principado de Asturias. El territorio tampoco tenía representación en Cortes, pero gozaba de un estatuto especial en virtud de las ordenanzas de 1659. Treinta y un concejos nombraban delegados a una Junta general que se reunía cada tres años, el 1 de mayo, para una sesión de dos meses, presidida por el corregidor. Entre sesiones seis delegados formaban la Diputación, encargada de despachar los asuntos corrientes.

Castilla propiamente dicha

El resto de los dominios peninsulares de la corona de Castilla tenían instituciones comunes. En ellos la centralización era mayor, pero ni mucho menos total. Sería un error pensar que el poder real administraba directamente todo el territorio. La regla era más bien la administración delegada, en la que podemos distinguir dos niveles.

El primero era el dominio señorial en sentido amplio, es decir, los territorios en los que el soberano delegaba su autoridad en señores laicos o eclesiásticos. Por ejemplo, el arzobispo de Toledo estaba a la cabeza de un territorio inmenso en el que tenía poderes judiciales, administrativos y económicos. Nombraba a jueces, notarios y otros funcionarios, y supervisaba la administración municipal. Los señores hacían lo mismo dentro de los límites de su jurisdicción. En total, la mitad del territorio nacional, tal vez más, quedaba fuera del control directo del soberano y del poder real. Por supuesto, las leyes del reino se aplicaban por doquier, y las personas que vivían en los dominios de un señor siempre podían apelar a la justicia real si una decisión judicial les parecía arbitraria o inicua, pero, excepto en casos de abuso manifiesto, los señores ejercían por delegación amplios poderes administrativos.

El segundo sector comprendía los territorios que no dependían de un señor. En este caso el vocabulario puede resultar engañoso. Se hablaba de realengos (señoríos reales), pero los concejos gozaban de amplia autonomía y ejercían su autoridad no sólo en las ciudades, sino también en sus territorios, que a veces formaban provincias muy extensas. La ciudad capital (Valladolid, Segovia, etc.) se comportaba como un auténtico señor colectivo con el territorio que la rodeaba, que formaba una dependencia de la ciudad, su alfoz o su tierra.

Tanto si el estatuto del concejo era de señorío como de realengo, siempre estaba formado por dos elementos:

— un ejecutivo (la justicia) y los alcaldes, a los que a veces se sumaba un representante de la autoridad de tutela, el alcalde mayor;

— un cuerpo de regidores o veinticuatros, en número variable: 14 en León, 16 en Burgos, 24 en Salamanca y Segovia, 36 en Murcia… El reparto de los cargos de regidor estaba regulado de forma estricta. En Segovia, por ejemplo, dos linajes se repartían los regimientos desde el siglo XIV. La Junta de linajes no tenía existencia legal pero, junto con el regimiento oficial, ejercía una autoridad moral indiscutible, pues agrupaba a las principales familias que formaban el patriciado urbano. En Valladolid, Toledo, Soria y las demás grandes ciudades del reino la situación era similar.

Para compensar el carácter excesivamente aristocrático de este sistema se permitió que en las reuniones de los regidores participaran también unos representantes de la población, aunque sin voz deliberativa. En las aldeas la voz de los pecheros era el procurador general, en las villas más grandes los jurados. A la postre también ellos acabaron perpetuándose y dando un carácter hereditario al cargo. Los jurados eran de rango inferior a los regidores en poder, autoridad y prestigio. Por ejemplo, durante el reinado de Felipe IV el Consejo de Castilla autorizó a los veinticuatros a tener carroza con dos caballos, pero les negó este privilegio a los jurados, por ser de calidad inferior que los veinticuatros.

Teóricamente tanto los regidores como los jurados eran nombrados por el rey. En realidad, los cargos se transmitían de padres a hijos, se cambiaban y se vendían. Las regidurías no eran muy remunerativas en sí mismas (varios miles de maravedíes anuales), pero sus titulares obtenían ventajas indirectas muy jugosas, por no hablar del prestigio que daba el cargo. Disponían casi a su antojo de los terrenos comunales (praderas, bosques), explotaban a los abastecedores como otros exprimían a los indios,[3] fijaban los precios de los artículos de primera necesidad, decidían las adjudicaciones, repartían entre los habitantes el importe de los impuestos, etc.

La autonomía de los concejos de realengo era menor que la de los dominios señoriales, ya que en ellos el poder real estaba representado por uno de sus oficiales, el corregidor, con atribuciones y competencias más amplias. En efecto, el corregidor recibía una importante delegación de poderes en su circunscripción, que sobrepasaba con creces el término municipal de la ciudad donde residía. Presidía la junta municipal o regimiento, con poder para influir en sus deliberaciones. Esta prerrogativa era crucial a la hora de nombrar procuradores a Cortes y de hacer la lista de demandas que éstos debían presentar. Si surgían desacuerdos con la política de la corona, el corregidor procuraba acallarlos o por lo menos que se expresaran en términos moderados. Estaba facultado para ejecutar las decisiones de estado. Sus atribuciones judiciales eran muy amplias, pues desempeñaba a la vez los papeles de policía, juez instructor, acusador y juez, excepto en Sevilla, donde el asistente (equivalente al corregidor) al parecer no ejercía el poder judicial, que correspondía a una audiencia presidida por un regente y formada por ocho magistrados. Según Olivares esta dualidad, debida a razones históricas, tenía sus inconvenientes. Al igual que en Granada antes de 1568, los dos poderes se consideraban rivales, y a menudo la audiencia se dedicaba a llevar la contraria al asistente. Debido a sus atribuciones, el corregidor era uno de los más eficaces instrumentos de la corona. Olivares consideraba que los corregimientos eran la escuela primaria del poder, en la que se podía poner a prueba a los oficiales de la administración antes de ascenderles a puestos más importantes como las audiencias, las chancillerías o los consejos.

En efecto, los corregidores y las audiencias formaban lo que el conde-duque de Olivares llamaba las justicias menores, por contraste con las chancillerías de Valladolid y Granada, tribunales de apelación formados por un presidente y dieciséis oidores repartidos en salas, con el Tajo como demarcación entre las dos jurisdicciones. Estas magistraturas locales o regionales se completaban con órganos centrales que se reunían en la corte, ante el soberano.

El gobierno propiamente dicho tenía un carácter colegiado. Los asuntos políticos se repartían entre una serie de consejos —en el siglo XVII había trece—, unos temáticos (Consejo de Estado, de Guerra, de Hacienda, de la Inquisición, de Órdenes, de Cruzada) y otros territoriales (Consejo real de Castilla, Cámara de Castilla, Consejo de Indias, de Aragón, de Italia, de Portugal, de Flandes). Estos consejos se fueron creando a medida que surgía la necesidad de reunir a las personas más adecuadas para reflexionar sobre los problemas planteados, pero los solapamientos eran frecuentes, y las mismas personas eran miembros de varios consejos a la vez, aunque esta polisinodia mantenía cierta coherencia.

3.   La expresión es de Castillo de Bobadilla (1597).

El Consejo de Castilla era el más antiguo y prestigioso de todos. Su presidente también lo era de las Cortes y del Consejo de Órdenes. Estaba considerado como el primer personaje del reino, justo por debajo del rey. Ser miembro del Consejo de Castilla significaba tener el rango de las personalidades más distinguidas del reino. Para los oficiales superiores del estado, aquellos que hoy llamaríamos altos funcionarios, era la coronación de su carrera.

El Consejo de Castilla tenía dos clases de competencias.

Por un lado, velar por la buena administración del reino y ocuparse de la política interior; según Felipe II este era su principal cometido. Por otro lado, administraba justicia a modo de tribunal supremo, ya que era la más alta instancia judicial del reino.

En el siglo XVI la Cámara de Castilla se separó del Consejo para evitar que el exceso de tareas burocráticas perjudicaran su labor. En 1588 Felipe II estableció sus atribuciones y funcionamiento. La Cámara se ocupaba de todo lo concerniente al patronato real y a los nombramientos. También se ocupaba de cualquier asunto relacionado con el patronato eclesiástico en los territorios castellanos, el reino de Navarra y las Canarias. Examinaba las candidaturas a los puestos vacantes en los consejos, las chancillerías y las audiencias, y en todos los cargos de justicia o administración. Deliberaba acerca de lo que era prerrogativa real: concesión de títulos de nobleza, autorización para fundar mayorazgos o enajenar bienes de mayorazgos, facultad de legitimar los hijos naturales, licencias de exportación, autorizaciones para ceder o cambiar empleos públicos, gracias reales y toda clase de privilegios que dependían de la voluntad del monarca, como las naturalizaciones, las amnistías, los indultos, etc.

El Consejo de Estado, fundado en 1526, era el único que no tenía presidente, porque se reunía en presencia del soberano. Sus atribuciones no estaban bien definidas. Ante él se invocaban los asuntos concernientes a la dirección general de la monarquía, y en especial a la política exterior, pero no sólo eso.

El Consejo de Guerra, estrechamente relacionado con el de Estado, ponía en práctica sus decisiones. Por esta razón sus sesiones se celebraban en los mismos locales, y lo formaban las mismas personas, por lo que cabe preguntarse si la distinción entre ambos organismos era una mera diferencia en el orden del día de sus trabajos.

Los demás consejos tenían atribuciones técnicas precisas, que se desprenden claramente de sus respectivos nombres. Las ordenanzas del Prado (20 de noviembre de 1593) definen la función del Consejo de Hacienda en relación con la Contaduría mayor de Hacienda. Lo formaban dos miembros del Consejo de Castilla y dos contadores. El presidente del Consejo de Hacienda también presidía las dos contadurías mayores, de Hacienda y de Cuentas.

La profusión de consejos no entrañaba necesariamente eficacia. Casi nos atreveríamos a decir que todo lo contrario. El sistema acabó siendo enormemente complejo. Cualquier asunto se sometía a un minucioso examen del consejo competente, y en su caso era remitido a otro consejo para recabar información complementaria o para que dictaminara antes de la decisión definitiva. La polisinodia, sin duda, enriqueció los fondos del archivo de Simancas, creado precisamente en el siglo XVI, para deleite de los historiadores, pero no está claro que este cúmulo de dictámenes, informes y propuestas aceleraran los procedimientos y facilitaran las decisiones. Más bien podemos suponer lo contrario: la burocracia castellana de la época se caracterizaba por su complejidad y lentitud.

Para remediar esta situación, en el siglo XVII se crearon unas comisiones restringidas encargadas de examinar cuestiones técnicas, las juntas especializadas, que se multiplicaron durante el gobierno de Olivares. Una de las primeras medidas decididas por la nueva administración fue crear una Junta de reformación, cuya misión era reflexionar sobre el modo de reformar la moral pública. Luego se crearon juntas para casi todos los asuntos de actualidad: Junta del Almirantazgo, para asegurar la defensa de las costas y luchar contra la piratería, Junta de Armadas, para tomar medidas urgentes que un examen ante los consejos habría retrasado indefinidamente, Junta de Población, para aplicar una política natalista, Junta de Minas, con representantes de los reinos asociados (Castilla, Aragón, Portugal, Italia…), Junta de la Sal, con la misión de sustituir el impuesto de los millones por una contribución sobre la sal, etc. Hubo incluso una Junta de Competencias, formada por representantes de los distintos consejos y encargada de zanjar los conflictos de competencias entre ellos, y una Junta de Ejecución, especie de ejecutivo superior, formada también por miembros de los consejos, y que por eso mismo se consideraba por encima de ellos. Fue peor el remedio que la enfermedad. Las juntas y los consejos rivalizaban, aunque a menudo encontramos a los mismos hombres en ambos organismos.

Esta complejidad y lentitud burocrática estaban compensadas, en gran medida, por la libertad e iniciativa de que gozaba un reducido grupo de personas que no ocupaban posiciones ostensibles, pero aun así ejercían las más altas responsabilidades del estado: los secretarios. Este modesto título camuflaba en realidad una función crucial, la de intermediario entre el rey y los consejos. En efecto, cada consejo poseía su secretario. Era él quien preparaba el orden del día, redactaba las actas de las sesiones y transmitía las órdenes del rey, con el que despachaba todos los días, por lo que conocía sus deseos y a veces inspiraba sus decisiones. El secretario del Consejo de Estado se encontraba en el corazón del aparato político del reino. Abría personalmente los despachos y documentos confidenciales, se reunía con el rey, transmitía al Consejo, por orden suya, sólo una parte de los expedientes, y se quedaba con el resto para resolverlos conforme a las directrices que recibía personalmente del monarca. El secretario no era un simple ejecutor. El rey despachaba con él las cuestiones más delicadas y dejaba para el Consejo los asuntos corrientes. En 1593 el embajador de la república de Venecia, Tomás Contarini, escribió: «Todo el peso del gobierno … descansa únicamente sobre tres personas: el rey, don Juan Idiáquez y don Cristoval Moura[4] … Al Consejo de Estado y los otros consejos de Su Majestad no les hacen partícipes de los asuntos importantes que sobrevienen a diario, sólo les dan a conocer cosas de interés secundario».

Tanto si estaban adscritos a un determinado consejo como afectos al servicio personal del soberano, los secretarios eran colaboradores inestimables, desde luego, pero siempre subalternos. Ni su linaje ni su título oficial les otorgaba la autoridad necesaria para imponerse a los consejos y a los otros engranajes de la administración. El rey era el único rector de la máquina gubernamental, y él solo asumía la responsabilidad política de todas las decisiones. Los Reyes Católicos, Carlos V y Felipe II no estimaron conveniente delegar ninguna de sus prerrogativas reales. Si consiguieron dominar todos los problemas que se les planteaban, fue a costa de un enorme

---

4. Idiáquez y Moura eran los secretarios del Consejo de Estado.

esfuerzo de atención y un gran tesón. Sus sucesores, Felipe III, Felipe IV y Carlos II, más el primero y el tercero que el segundo, dedicaron menos tiempo a los asuntos de estado. Hacía falta coordinar la política gubernamental al más alto nivel. Fue entonces cuando, tras la muerte de Felipe II, intervinieron los privados o validos. Sería un error considerarlos únicamente como unos ambiciosos que se aprovecharon de la debilidad de los reyes para trepar hasta la cima. Sin duda la personalidad de los monarcas favoreció su ascensión, pero no podemos quedarnos en el aspecto anecdótico. En realidad, para seguir funcionando, la polisinodia necesitaba un primer ministro, intermediario entre el monarca y los consejos, que gozara de la confianza del primero y tuviera autoridad sobre los segundos. Este papel no podía desempeñarlo un simple secretario, tenía que ser un miembro de la aristocracia. En este sentido, el valido aparece como el remate de una evolución política que hace necesarias su presencia y su función.

Estos validos del siglo XVII no eran más que primeros ministros. Como el primero de la serie, el duque de Lerma. Desde el principio habló en nombre del rey, y recibió delegación de su firma para actuar en todas las circunstancias como jefe del gobierno. El propio Felipe III nos lo hace saber cuando confirma *a posteriori*, en 1612, una práctica que, según sus propias palabras, se remonta al principio del reinado: «Os mando que cumpláis todo lo que el duque os dixere u ordenare ... que aunque esto se ha entendido así desde que yo subcedí en estos reynos, os lo he querido encargar y mandar agora».

El valido se hizo cargo de las atribuciones que habían tenido antes que él los secretarios: despachaba directamente con el rey los asuntos pendientes, transmitía las órdenes del monarca a los consejos y a la administración, y velaba por su cumplimiento. Pero el valido ejercía estas atribuciones con una autoridad superior a la de los secretarios. No sólo gozaba de la confianza del soberano, sino que además su alta cuna le permitía mantener con él una relación a la que ningún secretario pudo aspirar. El valido era el jefe del ejecutivo, intervenía directamente en los asuntos políticos sin necesidad de presentarse constantemente como portavoz del monarca. Podía tomar decisiones. Esta situación tenía sus ventajas para el rey, pues le permitía mantenerse a distancia sin estar directa y personalmente implicado en todas las decisiones. Si la política aplicada suscitaba una oposición demasiado enérgica, si resultaba demasiado impopular, el rey siempre podía hacer recaer la responsabilidad en el valido y sustituirle por otro. No hay nada nuevo bajo el sol: el valido de la monarquía española del siglo XVII desempeñaba el mismo papel de «fusible» que los primeros ministros de la V República francesa. La destitución de un primer ministro permitía al jefe del estado mantener intacta su autoridad y recuperar la iniciativa descargando en otro la responsabilidad de un fracaso. Se producía así una disociación en la cima del estado entre el monarca, que seguía siendo la fuente suprema del poder (pero estaba protegido al intervenir con menos frecuencia y, sobre todo, menos directamente en la vida política), y el valido, que asumía el ejercicio cotidiano del poder y padecía, llegado el caso, su impopularidad.

Durante el reinado de Felipe IV sólo Olivares se dio cuenta del alcance que tenía la función del valido. Con su habitual lucidez, su capacidad de análisis y sus cualidades de expresión, la definió perfectamente, aunque rechazaba el término por impropio, pues prefería el de ministro. La función del primer ministro —decía Olivares— es presentar al soberano opciones concretas, y facilitar su decisión mostrándole los pros y los contras de cada una de ellas. Corresponde al soberano deter-

minar, con arreglo a estas indicaciones, la política que se debe aplicar. Una vez tomada la decisión, el primer ministro es el encargado de ejecutarla. De ello rendirá cuentas
al soberano, pero ahorrándole detalles secundarios que no tiene por qué conocer. La
diferencia entre esta idea y esta práctica con las concepciones anteriores es evidente.
Los Reyes Católicos, Carlos V y Felipe II se apoyaron en colaboradores competentes,
entregados y eficaces, pero como no tenían primeros ministros, todos los detalles de
la vida política llegaban hasta ellos. Olivares no pretendía invadir las competencias
del soberano —siempre le recordó a Felipe IV los deberes de su cargo y le invitó a
que asumiera plenamente sus responsabilidades—, sino librarle de tareas impropias e
indignas de un jefe de estado, para que pudiera dedicarse por completo a definir las
grandes orientaciones, dejando que su primer ministro las ejecutara.

Así concebía Olivares sus funciones. Su sobrino, don Luis de Haro, recibió
en 1659 el título de «Primer y principal ministro». Estaba en la línea de lo propuesto
por Olivares, pero la formulación aún era imperfecta. Los validos de Carlos II —don
Juan José de Austria, el duque de Medinaceli y el conde de Oropesa— no adoptaron ningún título, pero solían presidir el Consejo de Castilla, lo cual reforzaba su
posición. Sólo Valenzuela fue nombrado oficialmente primer ministro de Carlos II.
Fue la consagración tardía de una evolución que desde hacía tiempo tendía a distinguir, en la cima del estado, al soberano, encarnación del principio monárquico
y vínculo entre los pueblos que formaban la monarquía, del gobierno, encargado de
la dirección efectiva del país.

Los validos tenían otra peculiaridad: salvo raras excepciones pertenecían a la
alta nobleza, y no por casualidad. Tomás y Valiente señala que la nobleza castellana
generalmente no se opuso a los validos, excepto en dos casos. No aceptó al padre
Nithard ni a Valenzuela, es decir, a dos validos que no eran miembros de la nobleza.
Su ascenso al puesto de primer ministro les pareció una provocación. En cambio,
cuando el valido era noble, lo que se discutía era la elección de la persona y su comportamiento político, no el hecho de confiar la responsabilidad de los asuntos de
estado a un primer ministro. Para los nobles, en realidad, la institución del valido
suponía un avance con respecto a la situación anterior, cuando unos personajes de
segunda fila, los secretarios, ocupaban puestos clave y despachaban con el rey, aunque sólo fueran subalternos. Los validos tenían autoridad sobre los consejos y la
administración, y a los nobles les costaba más aceptar que los plebeyos accedieran
a esas altas funciones. El valido brindó a la nobleza castellana la posibilidad de
recuperar, en la cúspide del estado, una influencia y un lugar que había perdido
en la época de los Reyes Católicos. En este sentido, la institución del valido daba
satisfacción al amor propio herido y constituía una revancha. El valido sustituyó al
secretario, pero en un nivel de responsabilidad infinitamente superior. Por eso debía
pertenecer a la alta nobleza. Para calibrar la importancia del cambio basta con remitirse a la observación del embajador veneciano Tomás Contarini antes citada, pero
completa: «Todo el peso del gobierno ... descansa únicamente sobre tres personas:
el rey, don Juan Idiáquez y don Cristóval Moura. Estos dos ministros son de linaje
mediocre, ya que Su Majestad no ha recurrido a ningún miembro de la grandeza
porque desconfía de ellos y no quiere reforzar su autoridad». Opinión confirmada
dos años después, en 1595, por otro embajador de Venecia, Francisco Vendramino:
«Su Majestad emplea poco a los miembros de la grandeza, no acostumbra a darles
cargos, y además éstos son de escasa importancia y en países alejados». El juicio
resulta exagerado, pues un alto mando militar o un puesto de virrey no se podían

considerar cargos de escasa importancia. Bien es verdad que a veces el que los ejercía debía gastar más de lo que ganaba, lo cual no disgustaría a Felipe II, pero Vendramino no se engaña sobre el fondo de la cuestión: el rey no era partidario de que la alta aristocracia desempeñara las responsabilidades efectivas del poder. Las instrucciones secretas de Carlos V a su hijo, fechadas el 6 de mayo de 1543, cuando le encomendó la tarea de gobernar España en su ausencia, son explícitas: «En el gobierno del reino no debe entrar ningún Grande».

El emperador se atuvo a la regla establecida por los Reyes Católicos. No obstante, en una ocasión promovió a miembros de la grandeza a las más altas responsabilidades: por ejemplo, la designación del condestable y el almirante de Castilla como asociados del cardenal-regente durante la guerra de las Comunidades. No pudo felicitarse de ello, ya que los dos aristócratas fueron incapaces de ponerse de acuerdo sobre la actitud a seguir frente a la rebelión. A partir de entonces Carlos V fue mucho más precavido, lo que no pasó inadvertido a un sagaz observador como Martín de Salinas, representante personal del rey Fernando de Hungría en la corte española. Una carta fechada el 11 de marzo de 1527 confirma la vuelta a la tradición: «En la verdad los abuelos de Vuestra Alteza de continuo procuraron en tales materias [las cuestiones políticas] no fuesen participantes los Grandes de España».

La historia política de Castilla en el siglo XV, hasta la coronación de Isabel, había estado marcada por el enfrentamiento entre los linajes nobiliarios y el poder real. La preocupación constante de los Reyes Católicos fue colocar la institución monárquica por encima de las facciones, para que ninguna de ellas adquiriese demasiada importancia en el estado. El hecho de confiar responsabilidades políticas a un Grande podía disgustar a los demás. La prudencia aconsejaba mantener a la nobleza apartada de las funciones políticas. Fue este el sentido de las medidas tomadas en 1480 para reorganizar el Consejo Real. Se suponía que los grandes eran miembros de pleno derecho del Consejo, por lo que no se les convocaba... Y como no se les podía exigir una dedicación plena, los asuntos eran tratados por un pequeño grupo de titulares, en su mayoría letrados, es decir, graduados universitarios de clase media. De este modo la alta nobleza fue apartada de los asuntos de estado.

En la descripción que hace el conde-duque de Olivares en 1624 del gobierno de España queda reflejada esta situación. Olivares distingue dos clases de oficiales de la administración: «de toga o de capa y espada», es decir, letrados y caballeros. Desde el reinado de los Reyes Católicos —prosigue— los segundos habían sido apartados del Consejo de Estado, a la sazón formado por un presidente y dieciséis letrados, hombres de condición media, que no eran de extracción alta ni baja, no perjudicaban a nadie y hacían profesión de ciencia. En realidad, el conde-duque repite casi literalmente un famoso pasaje de la *Guerra de Granada* en el que, cincuenta años antes, Diego Hurtado de Mendoza, con falsa objetividad, describe el ascenso social de los letrados salidos de las clases medias del país y recuerda algunas de sus cualidades y su indubable conocimiento del derecho para denunciar mejor su incompetencia en el gobierno de los hombres: «ambiciosos de oficios ajenos y profesión que no es suya, especialmente la militar ... amigos en particular de traer por todo como superiores su autoridad y apurarla a veces hasta grandes inconvenientes». Porque hay cosas que no se aprenden en la universidad y que los letrados, a pesar de sus títulos, no entenderán nunca: el arte de mandar y calibrar las situaciones. Ha sido un error, da a entender Mendoza, optar sistemáticamente por los letrados frente a los hombres de capa y espada para ejercer responsabilidades políticas. Los primeros trabajan con expedientes, mientras que los segundos, más cerca de la realidad, suelen tener en cuenta las circunstancias y se adaptan mejor a las situaciones concretas. Mendoza concluye que por oír demasiado a los letrados y demasiado poco a los caballeros se creó una situación que provocó la sublevación de los moriscos de Granada. ¿Las armas contra las letras? No es sólo una controversia literaria. Antes de convertirse en un tópico y un pretexto para debates académicos, está presente en la historia social de la España moderna. Se trata de saber a quién hay que acudir para la administración del estado: ¿a los que tienen títulos o a los hombres con carácter? ¿A los letrados o a los caballeros? ¿A los civiles o a los militares?

Desde la coronación de los Reyes Católicos, los letrados no dejaron de apuntarse tantos. Los encontramos en todos los niveles, en todos los puestos importantes, donde suplantan a los aristócratas. Gracias a sus estudios, unos jóvenes de extracción media podían acceder a cargos importantes en la administración y lograr un ascenso social a veces inesperado. Este expansionismo se basaba en la idea de que el poder implicaba un saber, el adquirido en las universidades, y sobre todo en las facultades de derecho y los colegios mayores. Es el punto de vista que desarrolla Castillo de Bobadilla en la *Política para corregidores* (1597): las letras —es decir, los conocimientos y la formación universitaria— deben prevalecer sobre las armas, porque el ejercicio de las responsabilidades administrativas requiere unas competencias técnicas que sólo poseen los letrados. Siempre se podría objetar: ¿seguro que el saber libresco proporciona una pericia especial a los que lo poseen? Un viejo debate que siempre está de actualidad. ¿Están más cualificados los universitarios para ocupar los puestos de responsabilidad en el estado? Y en general, ¿la universidad da una buena preparación para la vida activa?

En la España del siglo XVI, todos los que veían con preocupación el ascenso de los letrados tenían serias dudas al respecto, incluso tratándose de carreras jurídicas. En las facultades se aprendía el derecho romano, pero los magistrados tenían que aplicar el derecho nacional. En general, los adversarios de los letrados les cedían de buena gana la magistratura, pero discutían su aptitud para los puestos de mando. Ya hemos visto la reacción de Mendoza. Más adelante, otros se hicieron eco de estas críticas. Los puestos de autoridad requerían carácter, juicio, capacidad para tomar decisiones rápidas, y esas cosas no se aprendían en los libros ni en los colegios. Al contrario, su propia formación les hacía sopesar interminablemente el pro y el contra, complicar innecesariamente las cosas para acabar decidiendo tarde —demasiado tarde, a veces— y mal. No estaban bien preparados, por ejemplo, para ocuparse de cuestiones económicas. Fuera del ámbito estrictamente jurídico era preferible recurrir a hombres expertos y sagaces, aunque no tuvieran títulos universitarios, que a letrados cargados de diplomas. Probablemente tenía razón Carande cuando hablaba de la incompetencia de los letrados de Carlos V en materia económica, pero ¿acaso los caballeros estaban más al corriente de las realidades económicas? Es bastante dudoso. Los teólogos escolásticos de Sevilla que observaban y analizaban el movimiento de los precios y los cambios son una demostración de que la ciencia universitaria más tradicional podía adaptarse a las circunstancias y a la actualidad más inmediata.

Probablemente se ha exagerado —en el siglo XVI desde luego, pero también en nuestros días— el abismo que separa la formación inicial de las exigencias de la profesión. El futuro magistrado, al salir de la universidad, apenas conocía otra cosa que el derecho romano y el derecho canónico, pero sus estudios le facilitaban el aprendizaje del derecho nacional, y le proporcionaban nociones teóricas, instrumentos de análisis y temas de reflexión que podían servirle en todas las circunstancias. Según Castillo de Bobadilla, los estudios daban a los futuros magistrados y administradores una formación jurídica que les permitía enfrentarse sin demasiadas dificultades a los problemas técnicos y prácticos, una cultura jurídica y una cultura general, una visión de conjunto, un método, una manera de enfocar las cosas. El poder implica saber. Bien es cierto, añade Bobadilla, que muchos nobles rechazaban ser dirigidos por villanos, por muy letrados que fuesen. Según la mentalidad de la época, sólo la nobleza confería la autoridad necesaria para mandar, de modo que lo ideal sería asociar la nobleza y los estudios, lograr que los letrados fueran nobles o los nobles se hicieran letrados. Eso fue precisamente lo que ocurrió en la España de los siglos XVI y XVII, descrito por J. M. Pelorson como un fenómeno de doble aristocratización: «Ascenso en la jerarquía nobiliaria interna de familias con una tradición de servicios administrativos, conversión creciente a las letras de capas cada vez más altas de la nobleza».[5] A una corriente que creía en el valor ennoblecedor de los estudios se oponía cada vez más otra corriente que invertía los datos del problema: «Si las letras son nobles, hay que reservar las carreras jurídicas a personas nobles». Conviene reservar los cargos a nobles, pero que sean nobles letrados.

Y en efecto, a partir del reinado de Felipe II cada vez fueron más numerosos los nobles que enviaron a sus hijos a la universidad y a los colegios mayores, hasta el punto de que estos últimos se desviaron de su vocación original —facilitar los estudios a becarios de origen modesto— y acabaron siendo cotos vedados de la aristocracia. En el siglo XVII el fenómeno de doble aristocratización llegó a la perfección. La tesis de Janine Fayard sobre el Consejo de Castilla aporta la prueba: todos los que lo componían eran letrados, y también nobles.[6] ¿Era la mejor solución? No parece que Olivares fuera de este parecer. El conde-duque estuvo obsesionado toda su vida por la necesidad de formar unas minorías competentes que, a su entender, hacían una falta enorme. A tal fin creó en varias ciudades de España unas academias donde estaba previsto que los jóvenes aristócratas recibieran formación militar y formación en las técnicas administrativas. La experiencia no salió adelante por falta de recursos, pero la idea revela una preocupación: reclutar a los oficiales de la administración entre las clases altas, pero también prepararlos para desempeñar su función. Eran las escuelas de administración que Olivares pensaba poner en marcha para formar a los funcionarios, unas escuelas que responderían al ideal de Castillo de Bobadilla: reconciliar las armas y las letras, aliar la nobleza y la eficacia, hacer que los nobles fueran letrados.

La evolución desde la época de los Reyes Católicos no deja lugar a dudas. Asistimos a una victoria de los letrados, pero conviene aclarar, primero, que la victoria fue ambigua, ya que hubo letrados que se hicieron nobles y nobles que se hicieron letrados, y además que no fue una victoria total. La monarquía desconfiaba de los grandes, pero solía reclutar a sus agentes entre los hombres de capa y espada, los caballeros y los hidalgos, es decir, los que ocupaban los escalones inferiores en la jerarquía nobiliaria, inmediatamente por debajo de los títulos (duques, condes, marqueses, etc.). Sucedía así sobre todo con los corregidores, en su mayoría

---

5. J. M. Pelorson, *Les «Letrados» juristes castillans sous Philippe II*, Poitiers, 1980.
6. Janine Fayard, *Les membres du Conseil de Castille à l'époque moderne (1621-1746)*, Ginebra-París, 1979.

de capa y espada. Por eso solían tener letrados como adjuntos, para contar con la asistencia de expertos en derecho. Sabemos también que para el conde-duque los corregimientos eran viveros donde el estado podía buscar agentes que habían dado prueba de sus aptitudes. No hubo, pues, un afán deliberado y sistemático de apartar a los nobles de los puestos administrativos.

En los niveles superiores de la administración la situación era más compleja. Los letrados tenían reservados los puestos de las audiencias y chancillerías, y a partir de ahí podían ser ascendidos a la cima del estado, los consejos. Siempre fueron mayoritarios en el Consejo de Castilla. De sus trece presidentes que se sucedieron de 1561 a 1623, diez fueron letrados (cuatro de ellos antiguos alumnos de colegios mayores), y sólo tres de capa y espada. Pero andando el tiempo cada vez hubo más letrados ennoblecidos y nobles.

En los demás consejos la situación era más variada. El Consejo de Hacienda tenía nueve miembros, todos ellos de capa y espada. En 1623 casi todos los miembros del Consejo de Estado pertenecían a la alta nobleza. En la misma época casi todas las presidencias estaban ocupadas por miembros de la alta nobleza, salvo en el Consejo de Castilla, el de Órdenes y el de la Inquisición, cuyas presidencias solían estar ocupadas por obispos. Siempre hubo una clara tendencia a confiar cargos elevados a los prelados. El conde-duque justificaba esta política razonando que un obispo, al no tener cargas familiares, estaba más disponible y podía ser más imparcial. Pero, por otra parte, se preguntaba si era una función apropiada para un obispo, ya que al nombrarle presidente de un consejo se le alejaba de su diócesis y se le obligaba a gastar unas cantidades, para mantener su rango en la corte, que estarían mejor empleadas en socorrer a su grey. Bien es cierto que, en este sentido, ya existía una tradición desde el tiempo de los Reyes Católicos, que habían encontrado colaboradores eficaces y serviciales en el alto clero.

¿Cuántos eran estos agentes del estado? Henry Kamen cita un informe del embajador de Venecia, de 1686, que habla de 40.000 personas empleadas en la administración de Hacienda, y otro informe del representante del emperador, de 1687, que menciona 50.000 sólo en los consejos. La segunda cifra, sin duda, es exagerada; no olvidemos que, entre otras cosas, los mismos individuos a menudo pertenecían a varios consejos a la vez. En total, los miembros titulares y el personal subalterno de los consejos apenas pasarían del centenar al principio del reinado de Felipe IV. Si sumamos a los funcionarios de justicia de la corte, las audiencias y las chancillerías (¿varios cientos?), los corregidores y sus adjuntos (seguramente menos de 200), los empleados de las distintas administraciones y en particular de la de Hacienda, los escribanos y auxiliares de todo tipo, las cifras totales son moderadas: ¿10.000, 20.000? Desde luego, no era el personal civil de la corona de Castilla el que más gravaba la Hacienda de la monarquía.

Estos oficiales tenían remuneraciones bastante mediocres, lo cual no les impedía amasar respetables fortunas, pues se aprovechaban de sus funciones para enriquecerse. Recibían sobresueldos por servicios prestados a la corona en forma de gratificaciones diversas, pero, por lo general, se dedicaban al tráfico de influencias propiamente dicho. Cobraban por acelerar un procedimiento o la tramitación de un expediente, por intervenir en el momento oportuno ante el servicio competente para recomendar los buenos negocios que ellos mismos no podían hacer en razón de su cargo, o las sinecuras interesantes que estuvieran disponibles... Podemos hablar de venalidad, e incluso de corrupción. Los soberanos estaban al corriente, pero hacían la vista gorda. De creer al embajador de Venecia, Felipe II no era muy generoso con sus servidores: «Da poco, reparte pocas mercedes, acostumbra a decir que sus ministros ya se hacen a sí mismos bastantes regalos y gratificaciones, pues todos los que tienen alguna intervención en los caudales públicos se enriquecen». Lo mismo que Carlos V antes que él, y que los Reyes Católicos, Felipe II cerraba los ojos a las prácticas fraudulentas. No le parecía escandaloso que sus oficiales aceptaran dádivas ni que en ocasiones malversaran los caudales públicos, pues formaba parte de las costumbres y compensaba unos emolumentos oficiales que, en general, eran bastante bajos. Sólo a comienzos del reinado de Felipe IV Olivares hizo un intento de poner orden, obligando a los oficiales de la corona a declarar su patrimonio al entrar y salir de sus funciones. La medida sólo se aplicó parcialmente, y no dio mucho resultado.

La administración de la corona de Castilla, cuyo funcionamiento y composición se acaba de definir, arranca en los años ochenta del siglo XV, una vez consolidado definitivamente el poder de los Reyes Católicos. Desde el principio se caracterizó por unos rasgos que encontramos a lo largo de todo el período moderno hasta finales del siglo XVII, y a veces hasta más tarde: la supremacía de la institución monárquica, que podía delegar poderes importantes en señores laicos o eclesiásticos y en los municipios de realengo, pero siempre conservaba el control general del conjunto gracias a los tribunales de justicia y los consejos; la exclusión de las grandes familias nobiliarias del gobierno, procurando que el personal político y administrativo perteneciera a las clases medias (clero, hidalgos y caballeros, letrados); y, por último, la colocación de universitarios en los puestos más destacados de la administración.

Todas estas características parecen inspiradas en un principio básico, que nunca se formuló claramente, pero se aplicó en otros ámbitos distintos del administrativo: reservar las funciones propiamente políticas al poder real y, por consiguiente, reducir los problemas políticos sometidos a la consideración de los consejos a meros problemas técnicos. Este es el significado de la exclusión de los nobles del Consejo de Castilla en 1480, y de la preponderancia de los letrados. El consejo no fue un verdadero órgano deliberativo donde se elaborara la política de la monarquía, sino un simple gabinete de estudio donde los profesionales del derecho y la administración examinaban las implicaciones técnicas de las medidas planteadas y decididas por el poder real. Desde la subida al trono de los Reyes Católicos esta tendencia a la despolitización se aplicó no sólo a la función de los consejos, sino también a la de las Cortes y, en la base, a la instalación en las ciudades de unos corregidores cuyo cometido consistía en hacer que los concejos se ciñeran al examen de cuestiones técnicas (obras públicas, mercados locales, urbanismo, pesas y medidas, etc.), impidiendo que dieran un cariz político a sus deliberaciones. De ahí las críticas de Diego Hurtado de Mendoza a la función de los letrados en el estado. Mendoza lamenta la decisión de abordar todos los problemas del estado con una perspectiva meramente técnica y administrativa, eludiendo su dimensión política; los letrados no deberían reemplazar a los hombres de acción, a los políticos.

Las Cortes se consideraban representantes del reino. Pero su función se reducía al voto de los servicios (impuestos directos). Al no estar concernidos los nobles y los eclesiásticos, estos dos estamentos privilegiados apenas participaban en sus deliberaciones, salvo en las ocasiones señaladas, como cuando se prestaba juramento al heredero de la corona. Por lo tanto, en las Cortes sólo había representantes del tercer estado, pero aun así se trataba de una representación muy reducida, en primer lugar porque sólo una minoría de las ciudades tenían representación en Cortes, y además porque se elegían procuradores que no fueran incómodos para el poder real. Tener voz y voto en las Cortes no era un derecho, sino un privilegio celosamente defendido, que al principio del reinado de los Reyes Católicos sólo poseían 17 ciudades: Burgos, Soria, Segovia, Ávila, Valladolid, León, Salamanca, Zamora, Toro, Toledo, Cuenca, Guadalajara, Madrid, Sevilla, Córdoba, Jaén y Murcia. En 1492 Granada se sumó a la lista. Cada una de estas ciudades pretendía representar la zona de la que, en cierto modo, era la capital. Por ejemplo, Salamanca pretendía hablar en nombre de Ciudad Rodrigo, y Zamora en el de toda Galicia (pero Santiago hubiera preferido tener voz propia, sin intermediarios). Las 18 ciudades elegidas siempre se opusieron de forma unánime a esta reivindicación y a cualquier intento de ampliar el privilegio de tener representación en las Cortes.

Cada ciudad enviaba dos procuradores. También en este nivel había privilegios. Aunque el modo de designación variaba, en general, el colegio electoral era muy reducido, y los elegibles casi siempre pertenecían al patriciado urbano, es decir, a grupos asimilados a la nobleza. No dejaba de ser paradójico que el impuesto lo votaran unos procuradores que no eran contribuyentes. Por lo tanto, los procuradores tampoco eran representantes de la ciudad que les nombraba.

Durante mucho tiempo se dijo que la derrota de las Comunidades consagró definitivamente la decadencia de las Cortes, que a partir de 1522 se vieron reducidas a acatar las órdenes del rey. Los trabajos recientes obligan a revisar la cuestión. Las Cortes no fueron tan dóciles como se creía. Con Felipe II, en particular, las discusiones tomaron un cariz más serio. El cambio de actitud se sitúa hacia el final del reinado, tras la derrota de la Armada Invencible (1588). El rey, para seguir costeando su política exterior, decidió crear un nuevo impuesto indirecto sobre el consumo con un importe de ocho millones de ducados (de ahí el nombre por el que fue conocido: los millones). Las Cortes acabaron aceptando, pero a cambio de importantes concesiones: las ciudades representadas en las Cortes controlarían la recaudación y la utilización de los millones. En esta ocasión las Cortes obtuvieron el derecho a fiscalizar la administración y la política general del reino. Este logro fue explotado durante los dos reinados siguientes. En 1602 se formó la comisión de millones, formada por cuatro procuradores. En 1611 pasó a ser permanente, con un secretariado y medios administrativos. En 1609 la comisión reforzó su posición, y desplazó al Consejo de Hacienda como única gestora del producto de los millones. Fue una victoria en toda regla, habida cuenta de que los millones cada vez tuvieron más importancia entre los recursos fiscales de la corona.

Gracias a esta prerrogativa creció el interés por tener representación en Cortes. Los procuradores recibían fuertes remuneraciones en cada reunión, y las ciudades privilegiadas tenían autonomía casi total a la hora de establecer la base del impuesto y percibirlo. En 1623 Galicia compró por un precio elevado la representación en las Cortes, una representación rotatoria compartida entre siete ciudades. En 1650 fue el rey, siempre necesitado de dinero, quien «tuvo a bien» conceder este privilegio a cinco nuevas ciudades. Las Cortes protestaron con vehemencia. Finalmente, obtuvieron la codiciada representación Palencia y Extremadura (privilegio compartido por turno, como en Galicia, entre las ciudades que se habían propuesto para comprarlo). Fue así como al final del reinado de Felipe IV el número de ciudades se amplió a 21.

En agosto de 1665 el rey convocó una asamblea de Cortes, invitándolas a reunirse el 15 de octubre para prestar juramento al heredero del trono. Pero Felipe IV murió el 17 de septiembre. La reina madre Mariana, encargada de la regencia, consideró que la reunión carecía de sentido. Las Cortes de Castilla no volvieron a reunirse nunca. A partir de entonces la renovación de los impuestos se hizo por un acuerdo directo entre la corona y cada una de las ciudades representadas en las Cortes. ¿Cómo hay que interpretar este hecho? ¿Como una victoria del absolutismo sobre lo que quedaba del sistema representativo? ¿Como prueba de la decadencia definitiva de una institución que no había sabido defender sus prerrogativas? Lo que se ha dicho antes sobre el papel de las Cortes desde los últimos años del siglo XVI invita a la prudencia. I. A. A. Thompson ha abordado la cuestión a la luz de documentos inéditos o mal interpretados. Su tesis es que si las Cortes no se reunieron nunca durante el reinado de Carlos II, fue porque los gobiernos de la época, demasiado débiles, no quisieron correr riesgos. Las últimas Cortes, las de 1660-1664, se habían mostrado muy díscolas. La sesión se había prolongado mucho más de lo previsto, y las Cortes no se habían plegado a todas las demandas del rey. Es lógico que la regente Mariana prefiriera evitar una nueva reunión a las pocas semanas de la muerte de Felipe IV.

La anulación de 1665 fue algo circunstancial. Fue en 1667 cuando la corona decidió prescindir definitivamente de las Cortes. La Cámara de Castilla, consultada, manifestó una opinión totalmente contraria a la convocatoria de nuevas reuniones, aduciendo dos clases de argumentos: en primer lugar los gastos considerables que acarreaba cada reunión —remuneración de los procuradores, gratificaciones diversas, etc.—; además, y sobre todo, la cámara temía que las Cortes tomaran como pretexto la minoridad del rey (Carlos II tenía cinco años) para exigir una participación en el gobierno. Thompson señala que la decisión de 1667 no afectó únicamente a Castilla, ya que en todas las instituciones representativas de los territorios de la corona se tomaron medidas de aplazamiento similares. Se trataba, pues, de una política concertada que, lejos de significar un avance del absolutismo —la decisión de no volver a consultar a las instancias representativas—, ponía de manifiesto la debilidad del poder real. La corona ya no se sentía capaz de imponerse a las Cortes, en el caso de que éstas le llevaran la contraria.

América

A mediados del siglo XVI se creó en el imperio colonial español una organización política y administrativa que se mantuvo casi sin cambios hasta el XVIII. Los territorios conquistados en el Nuevo Mundo dependían de dos administraciones, unas locales y otras instaladas en la península.

En la base, en las ciudades fundadas por los conquistadores, encontramos los municipios, llamados cabildos. Era el terreno reservado a la aristocracia criolla, que tenía amplios poderes. Los cabildos eran capaces de obstaculizar las decisiones del poder real o de sus representantes. En general recurrían a maniobras dilatorias. Cuando una medida no era de su agrado, objetaban que el rey había sido mal informado y pedían su anulación. Mientras esperaban la respuesta se negaban a aplicarla, según la fórmula tan española de «se acata pero no se cumple». La corona no tardó en enviar oficiales con distintos títulos: gobernadores, alcaldes mayores, corregidores… para que aplicaran las leyes. Se crearon unas circunscripciones administrativas y judiciales llamadas audiencias. La primera se instaló en Santo Domingo en 1511. Luego se crearon otras en México, Guatemala, Guadalajara, Panamá, Lima, Bogotá...

Los territorios de los indios dependían o bien de la administración civil, o bien del clero. Al mando de los primeros había corregidores, teóricamente encargados de proteger a los indios, evangelizarlos y recaudar los tributos pagados a la corona. En realidad, los corregidores se comportaban como déspotas locales. Con el pretexto de mejorar las condiciones de trabajo y de vida de sus administrados, les obligaban a comprar utensilios, vestidos y productos, algunos de ellos completamente inútiles, por los que cobraban una comisión. Los corregidores recurrían con frecuencia a los caciques, descendientes de los antiguos señores del país, para mantener el orden, organizar las prestaciones personales y la percepción de impuestos. El sistema se prestaba a toda clase de abusos. Otro grupo de indios, muy numeroso, quedó bajo la tutela de las órdenes religiosas, sobre todo dominicos, franciscanos y jesuitas. Los primeros misioneros llegaron en 1523, llenos de entusiasmo. Estaban convencidos de que en el Nuevo Mundo iba a nacer una nueva cristiandad, más pura que la de Europa, al estar formada por almas inocentes e ingenuas. Estos misioneros aprendieron las lenguas locales y se informaron de la historia, la religión y las costumbres de los indios. Se preocuparon de conservar lo que les parecía sano, rechazando lo que consideraban pagano. Pronto comprendieron que el principal obstáculo para la evangelización eran los propios españoles. ¿Cómo podían los indios considerar hermanos de religión a esos hombres llenos de vicios que les robaban sus bienes, les explotaban, abusaban de sus mujeres e hijas y llevaban una vida tan poco acorde con el mensaje evangélico? Por este motivo se formaron reservas —las reducciones—, en las que los blancos tenían prohibida la entrada, mientras que los indios, reunidos en aldeas, quedaban sometidos a la tutela paternal de los frailes. Estas buenas intenciones desembocaron a veces en una explotación que no por clerical era menos odiosa que la de los laicos.

Por último, los virreyes representaban al soberano en los dos territorios más importantes, Nueva España —México— y Perú. El primer virrey de México fue nombrado en 1529, y el de Lima en 1543.

En la metrópoli el Consejo de Indias, creado en 1524, dirigía toda la política colonial. Su cometido era triple: reunir toda la información sobre las Indias, administrar los territorios y controlar la forma en que eran ejecutadas sus órdenes. Para ello disponía de dos instrumentos relativamente eficaces, las visitas y las residencias. Los visitadores viajaban de incógnito, y sólo se daban a conocer al llegar a su destino, pero entonces asumían plenos poderes. Las residencias daban lugar a verdaderos juicios. Todos los oficiales de la administración —virreyes o corregidores—, al cesar en sus cargos, debían responder de su gestión. Sus administrados, criollos o indios, podían exponer sus quejas contra ellos si se consideraban víctimas de abusos. Al término del juicio el oficial podía ser condenado a reparar los agravios cometidos.

Esta organización merece algunas consideraciones. En primer lugar llama la atención el encuadramiento administrativo y militar de los territorios. Los puntos estratégicos de las comunicaciones marítimas —La Habana, el istmo de Panamá, Cartagena de Indias, El Callao, etc.— estaban defendidos por fortalezas y guarniciones. Pero se trataba de prevenirse ante los ataques procedentes del exterior. Las autoridades españolas dedicaron efectivos muy escasos a mantener el orden interior, lo cual no les impidió conservar su dominio sin oposición por parte de los indios o los criollos —a excepción de la sublevación de los colonos del Perú en 1543.

El secreto de este éxito quizá haya que buscarlo en el carácter del vínculo entre las Indias y la metrópoli. ¿Las Indias eran colonias, o más bien reinos asociados, como Navarra o Nápoles en Europa? En 1567, en Perú, se aplicó el principio de «cada reino para sí». Las rentas de Perú se debían emplear preferentemente en Perú, y sólo lo sobrante, de haberlo, se enviaba a España. La verdad es que en tiempo de los Austrias la cuestión no se llegó a regular. Los soberanos velaban por el monopolio comercial de España, y en lo restante se limitaban a esbozar algunos principios generales en materia de administración pública, dejando libertad casi total a los criollos para gobernarse a sí mismos. Dadas las distancias, tampoco podían hacerlo de otro modo. Una carta tardaba de cuatro a cinco meses en llegar de México, y de seis a siete desde Perú. Desde que las autoridades coloniales planteaban un problema al Consejo de Indias hasta que recibían las instrucciones correspondientes pasaban cerca de dos años. Mientras tanto la situación había cambiado. En la práctica, la administración local debía resolver por sí sola los asuntos, con una autonomía de hecho. Cuando, en la segunda mitad del siglo XVIII, los Borbones quisieron recuperar el control, tropezaron con la resistencia de los criollos.

En efecto, desde el siglo XVI hubo un conflicto virtual entre los criollos y los oficiales del rey, tanto los locales como los dependientes del Consejo de Indias. Entre unos y otros había mucha colaboración e incluso complicidad, pero también rivalidad. Los descendientes de los conquistadores consideraban que esos territorios, conquistados por sus padres sin la ayuda del rey, les pertenecían. Por eso les parecían intolerables las intromisiones y los controles de los oficiales reales, y les acusaban de reducirles a la miseria al impedir que explotaran a su manera las Indias y a los indios. Ya se estaba incubando el complejo criollo de frustración que tuvo tan graves consecuencias a fines del siglo XVIII.

LA CORONA DE ARAGÓN

La corona de Aragón formaba el segundo gran conjunto territorial de la monarquía hispánica. A sus dos componentes primitivos —Aragón y Cataluña— se sumaron Valencia, Baleares, Cerdeña, Sicilia y el reino de Nápoles.

El Consejo de Aragón, que data de 1494, era la única institución común. Luego Felipe II creó el Consejo de Italia, con lo que separó de hecho Nápoles y Sicilia del resto de la corona. El Consejo de Aragón, formado por un presidente que llevaba el título de vicecanciller, seis regentes (dos por Aragón, dos por Cataluña y otros dos por Valencia), un tesorero general y un protonotario, se ocupaba en principio de los asuntos comunes de la corona de Aragón. En realidad, sus poderes fueron muy limitados. Ni tan sólo era un tribunal superior de justicia, pues Aragón y Cataluña se negaron a que se pudiera apelar ante él. Los componentes de la corona de Aragón recelaban de los regentes y les consideraban representantes del poder real, capaces de recortar su autonomía y extender el autoritarismo. En cambio, vistos desde Castilla, los regentes parecían demasiado sensibles a los intereses locales, aunque fueran nombrados por el rey.

Los territorios de la corona de Aragón no sólo defendían su autonomía frente a la corona de Castilla, sino también frente a los otros componentes. Por ejemplo, los valencianos no querían ser confundidos con los catalanes. Los lazos entre ellos eran muy flojos. Nunca hicieron frente común ante el soberano. La guerra civil de las

Germanías de Valencia (1519-1522) tuvo escasa repercusión en Cataluña. En 1591, cuando Aragón acusó a Castilla de atentar contra sus libertades tradicionales, no fue apoyado por Cataluña ni por Valencia; y en 1640 los catalanes se quedaron solos en su lucha contra Felipe IV.

A falta de instituciones comunes, los territorios de la corona de Aragón tenían unas características que los distinguían de los castellanos. En todos ellos la autoridad real quedaba limitada por reglas constitucionales y usos tradicionales, a menudo obligatorios. Es el llamado pactismo: el soberano estaba obligado a respetar todas las reglas. Según la fórmula de Elliott, los Austrias fueron reyes absolutos de Castilla y monarcas constitucionales de Aragón. En todas partes encontramos instituciones de este tipo, virreyes que se presentaban en Cataluña y Valencia como simples portavoces (*portantveu*) del rey, audiencias o tribunales supremos de justicia, y Cortes (excepto en Mallorca) con representación de los tres «brazos»: nobleza,[7] clero y municipios.

En principio las Cortes sólo podían reunirse en presencia del soberano. Los Austrias, para evitar desplazamientos, solían convocar simultáneamente las tres asambleas —que deliberaban por separado— en la ciudad aragonesa de Monzón. Las Cortes tenían tres funciones, votar o enmendar las leyes (fueros en Aragón, constituciones en Cataluña), controlar los actos administrativos y votar los impuestos.

La constitución catalana llamada *Poc valdria*, promulgada en 1481, puede servir de modelo para el conjunto de la corona de Aragón. Un texto de 1622 resume su espíritu diciendo que en Cataluña el poder supremo y la autoridad sobre la provincia no depende sólo de Su Majestad, sino de Su Majestad y de los tres brazos de la provincia, que tienen el poder supremo de hacer y deshacer las leyes y alterar la organización y la administración de la provincia. La fuente del derecho son las leyes elaboradas por «el rey y la tierra», las leyes votadas en Cortes. A diferencia de las Cortes de Castilla, las de la corona de Aragón tenían poder legislativo. Además, antes de votar los impuestos había que debatir los demás puntos del orden del día. El rey debía explicar la conducta de sus oficiales, acusados con frecuencia de quebrantar los fueros. Esto explica la tendencia a convocar Cortes muy de tarde en tarde, cuando no había más remedio. Entre las sesiones una emanación de las Cortes, la Diputación, formada por un diputado y un oidor de cada brazo,[8] se encargaba de recaudar los impuestos y administrar la hacienda del territorio: derechos de aduana, tasas e impuestos indirectos. En la práctica era una emanación de las oligarquías locales.

Los municipios elegían libremente a sus dirigentes con un complicado sistema (insaculación), mezcla de sorteo y cooptación. Los nombres de los candidatos a cargos municipales se metían en bolsas, y se sorteaba la cantidad necesaria. Estos cargos eran anuales, a diferencia de lo que ocurría en Castilla, donde los regidores eran sus propietarios, de modo que el poder estaba monopolizado por los «ciudadanos honrados» (notables). Con pocas variantes, encontramos por doquier fórmulas parecidas. La ciudad de Zaragoza estaba regida por un gran consejo y un consistorio restringido de cinco jurados. Lo mismo sucedía en Barcelona y Valencia: un gran consejo (Consejo

---

7. En Aragón el brazo militar (la nobleza) estaba desdoblado.
8. Esta delegación permanente de las Cortes se llamó en Valencia y Cataluña Diputació del general o Generalitat. De ahí procede el término que designa actualmente al gobierno autónomo de Cataluña y Valencia. Fernando el Católico impuso el sistema de sortear los nombres de sus miembros, lo cual permitía cierto control de las candidaturas.

de Ciento) y un consejo restringido de cinco o seis miembros de la pequeña nobleza o de la burguesía de los ciudadanos honrados. Como las ciudades recaudaban sus propios impuestos, a menudo tenían ingresos superiores a los del rey. En el siglo XVII la corona pretendió exigir a las ciudades catalanas un quinto de sus recaudaciones anuales, pero la oposición de Barcelona dio al traste con el proyecto.

En los territorios de la corona de Aragón la nobleza ocupó un lugar más importante que en Castilla. El régimen señorial se ejerció casi sin límites. Muchos señores conservaron el derecho de vida y muerte sobre sus campesinos, y en pleno siglo XVII los señores catalanes aún pronunciaban condenas de muerte. Cabe preguntarse, pues, sobre el contenido real de las «libertades» aragonesas de las que tan orgullosos estaban los románticos. Lejos de proteger a los individuos, ¿acaso no eran más bien unos vestigios arcaicos al servicio de los poderosos, unos obstáculos para cualquier evolución y progreso? La cuestión se plantea al ver las dificultades con que tropezaron los virreyes para luchar contra un azote crónico de los países de la corona de Aragón durante la mayor parte del reinado de los Austrias: el bandolerismo. Las bandas de forajidos asolaban los campos, y a menudo estaban protegidos por los señores o eran reclutados por ellos. En varias ocasiones, para reprimir sus fechorías, los virreyes no dudaron en infringir los fueros, lo cual provocó inmediatamente la queja de los representantes del pueblo.[9]

Las instituciones de la corona de Aragón debían garantizar, en principio, los intereses recíprocos de las dos partes, el soberano y sus súbditos. Pero, en realidad, el soberano tenía un margen de maniobra muy estrecho. Para empezar, no disponía de fuerzas militares, excepto algunas tropas que montaban guardia en las fronteras. Los súbditos de la corona de Aragón sólo podían ser movilizados si el territorio nacional era invadido, pero entonces debía estar presente el rey en persona. El soberano no podía contar con los recursos del patrimonio real, muy reducido,[10] y debía remitirse a las Cortes, que además de votar los impuestos, los percibían y administraban por mediación de la Diputación. Ésta podía obstruir el funcionamiento de los poderes públicos si no colaboraba con ellos. Pero las diputaciones estaban en manos de una oligarquía que defendía obstinadamente sus privilegios. Las exigencias de un estado moderno chocaban con la legalidad constitucional de los países de la corona de Aragón.

En la corona de Aragón había cuatro grandes componentes: Aragón propiamente dicho, Valencia, Cataluña y Mallorca.

Los aragoneses exigían que el representante del rey en Zaragoza fuera natural del país, y la regla se cumplió en el siglo XVI, pero después de los graves sucesos del caso Antonio Pérez la corona designó casi sistemáticamente a castellanos.

La institución más característica era la del justicia mayor. Se remonta a fines del siglo XIII, y al principio designaba, como su nombre indica, al magistrado encargado de juzgar los litigios entre nobles y entre éstos y el rey. Poco a poco sus atribuciones se fueron ampliando. El justicia se convirtió en el intérprete de los fueros; velaba por que éstos fueran respetados y denunciaba los ataques a la autonomía aragonesa. En esta tarea el justicia era asistido por cinco lugartenientes, magistrados designados por

---

9. En el siglo XVII, según Lope de Vega, Cataluña se caracterizaba por dos rasgos: el bandolerismo y una justicia ciega y represiva.

10. En Cataluña las rentas de la corona representaban menos de la mitad de la recaudación anual de la ciudad de Barcelona, y la cuarta parte de los recursos cobrados por la Diputación.

el rey de una lista de 16 nombres sorteados por las Cortes. El justicia también era designado por el rey, y de 1439 a 1591 el cargo no salió de la familia de los Lanuza. La inexperiencia del último Lanuza, en 1591, le costó la vida. A partir de las Cortes de Tarazona (1592), reunidas después del caso de Antonio Pérez, el rey se hizo con el control de la institución del justicia mayor y reorganizó el funcionamiento de las Cortes, pero, contrariamente a la leyenda difundida por la historiografía liberal, Felipe II no suprimió los fueros, sino que se limitó a reformar los más arcaicos.

Cataluña constaba de dos partes, el principado de Cataluña propiamente dicho y, hasta el tratado de los Pirineos (1659), los condados del Rosellón y la Cerdaña, que tenían sus respectivos gobernadores generales. Era un territorio más bien reducido cuya población, en 1553, apenas pasaba de 100.000 habitantes. La ciudad más importante era Barcelona, con 30.000 o 40.000 habitantes. Le seguían de lejos en tamaño Perpiñán (menos de 9.000), Gerona (6.000) y Lérida (6.000). Desde 1512 el virrey también era capitán general. Este cargo, cada vez con más atribuciones, le permitía sobrepasar los límites impuestos por el sistema constitucional catalán. Para los asuntos judiciales contaba con la asistencia de los doctores del Consell reial, la Audiencia. El territorio estaba dividido en 17 distritos o veguerías, a su vez divididas en bailías.

En el reino de Valencia el virrey debía ser oriundo de la corona de Aragón. Los Austrias no respetaron mucho esta regla. De 1523 a 1536 el puesto fue ocupado por Germana de Foix, viuda de Fernando el Católico, y posteriormente, hasta 1550, por el tercer marido de Germana, Fernando de Aragón, duque de Calabria. La mayoría de las veces los virreyes fueron castellanos. El reino constaba de dos circunscripciones dirigidas por administradores o *portantveus*. La primera, con capital en Valencia, comprendía la parte norte del territorio, hasta Jijona. A su vez estaba dividida en dos lugartenencias generales (Castellón y Játiva). La capital de la segunda circunscripción era Orihuela. Existía la misma división para las cuestiones fiscales y la gestión del patrimonio real, con las dos bailías de Valencia y Orihuela. Como el reino de Aragón, Valencia tuvo desde el siglo XIII un justicia criminal, pero con características distintas. Para empezar, la competencia de este juez se limitaba a los asuntos judiciales, y no era intérprete de las «libertades» del reino, lo cual limitaba su prestigio y autoridad. Además, un tribunal de la ciudad de Valencia era el que proponía los tres nombres entre los cuales el rey designaba al titular del cargo.

La crisis de 1640

En el conjunto territorial formado por la monarquía hispánica, Castilla destacó claramente desde el principio. Esta preeminencia se debía, en primer lugar, a su peso específico en la monarquía. Castilla era el territorio más poblado y rico, y durante mucho tiempo —hasta los años veinte del siglo XVII— el más dinámico. Fueron ejércitos castellanos los que conquistaron el reino de Nápoles, aunque Fernando prefirió unirlo a la corona de Aragón. Cuando Carlos V, antes de salir de España en mayo de 1520, declaró en las Cortes de La Coruña que pensaba hacer de Castilla la base del imperio, no lo hizo por halagar a los castellanos, sino porque sólo Castilla era capaz de proporcionarle los medios necesarios para aplicar su política. De sobra lo sabían los comuneros, y por eso se negaron a que su país fuera el abastecedor de

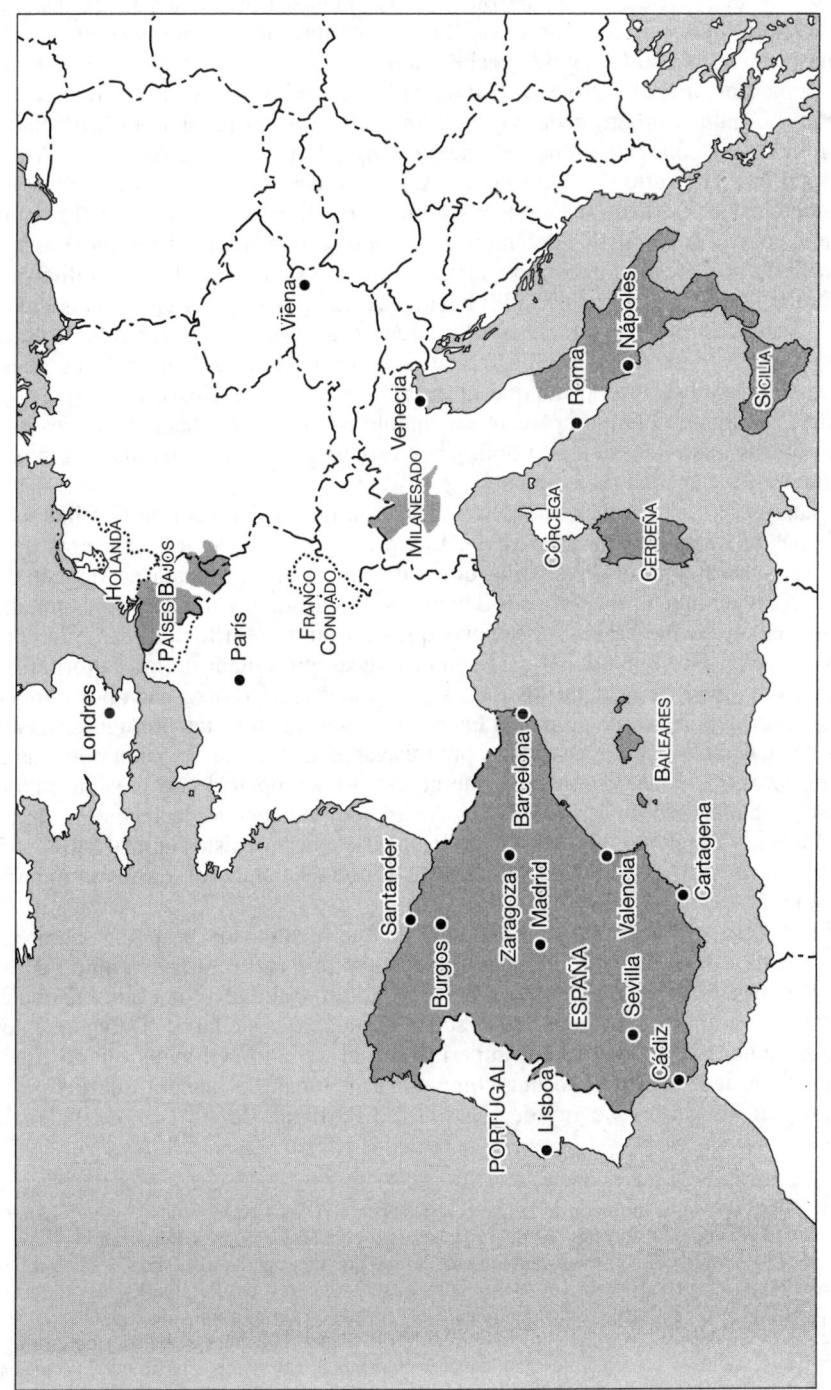

Mapa 7. La monarquía hispánica a finales del siglo XVII.

tropas y recursos fiscales. Su derrota dejó las manos libres a los reyes. Durante el reinado de Felipe II se reforzó esta función rectora de Castilla, siempre por las mismas razones: Castilla seguía encabezando la monarquía en desarrollo económico y población. En el siglo XVI, y todavía a principios del XVII, la situación de Aragón y Cataluña no era nada boyante. Valencia también pasaba por dificultades. Este reino había conocido un período de prosperidad de 1480 a 1520, cuando Valencia era el primer puerto de la corona de Aragón, mucho más activo que Barcelona. El comercio y la industria (pañerías y sederías) eran florecientes, y en 1501 se abrió una universidad municipal. Fue entonces cuando se construyeron los monumentos que todavía hoy atestiguan esta pujanza: la lonja, el palacio de la Generalitat, etc. La ciudad llegó a tener unos 75.000 habitantes. La crisis de las Germanías (1519-1522), provocada por tensiones sociales, frenó este proceso. La agricultura prevaleció sobre el comercio y la industria, y la nobleza rural suplantó a la burguesía mercantil y manufacturera, aunque el puerto de Alicante relevó, en parte, al de Valencia. Al mismo tiempo apareció el bandolerismo. Los piratas berberiscos multiplicaron sus incursiones en el litoral, y por si fuera poco había una masa de moriscos que no se acababan de asimilar.

Estas fueron las razones que determinaron la preponderancia de Castilla sobre los demás territorios de la monarquía. Los primeros Austrias tomaron nota de la situación y se apoyaron en Castilla que, además, tenía la ventaja de oponer una resistencia legal mucho menor a sus demandas de subsidios y tropas. Nunca trataron de someter por la fuerza las resistencias que encontraron en los países de la corona de Aragón. Ni siquiera Felipe II, tantas veces presentado como autoritario y centralizador, dejó de respetar los fueros.[11] El poder real no hizo nada por imponer el uso del castellano en el siglo XVI. Fueron las minorías selectas portuguesas, catalanas y valencianas las que adoptaron progresivamente el castellano como lengua de cultura, un movimiento espontáneo que no estuvo acompañado de presión política alguna. Durante todo el período de los Austrias el catalán fue la lengua de la administración y el pueblo. La mayoría de los panfletos catalanistas entre 1640 y 1652 estaban escritos en castellano; bien es verdad que se trataba de darles la máxima difusión.[12]

En el siglo XVII Olivares se dio cuenta de que la situación no podía seguir así, pues Castilla estaba agotada. Por consiguiente, se propuso reforzar la unión de los territorios peninsulares mediante un derecho, una fiscalidad y una administración comunes. Esta unificación la concebía según el modelo castellano. ¿Debemos interpretarlo como una expresión del imperialismo castellano? Olivares quería fundir los reinos de la monarquía en una comunidad nacional, de manera que Felipe IV fuera rey de España, y no rey de Castilla, de Portugal, de Aragón, de Valencia,

---

11.   Los escrúpulos jurídicos de Felipe II le llevaban a veces a corregir de su puño y letra los errores cometidos por sus secretarios. En 1581, estando en Lisboa, le presentaron un borrador de documento, y el rey rectificó: «No está bien esta cédula que dice: de aquí [Lisboa] a Madrid y de allí a Barcelona, y no ha de dezir sino: desde la raya entre estos reynos [Portugal] y los de Castilla hasta Madrid y desde allí hasta la raya entre aquellos reynos de Castilla y los de Aragón».

12.   Como anécdota recordaremos lo que le dijo Richelieu al primer embajador del Portugal independiente, Melo. El cardenal, que hablaba perfectamente el castellano, sugirió que la conversación se desarrollara en esta lengua. Melo objetó que era la lengua del enemigo, y Richelieu replicó: «No importa, las lenguas no luchan entre sí».

conde de Barcelona, etc. La idea no era nueva. En 1598 el jurista Álamos de Barrientos hizo unas recomendaciones similares: convendría fomentar los matrimonios mixtos entre castellanos y no castellanos, hacer que los funcionarios no ejercieran en su país de origen y organizar visitas frecuentes del rey a todas las regiones. De este modo se tendría un reino formado por varias provincias, pero unificado: el rey sería el rey de todos y del conjunto. Olivares matizó esta idea y propuso conservar los reinos, si se quería, pero unificando la legislación: «multa regna sed una lex».

Pero Olivares llegó demasiado tarde. Los Reyes Católicos podían haber realizado la unidad nacional sometiendo a sus súbditos de la corona de Aragón.[13] ¿Acaso no había logrado Fernando vencer todas las resistencias cuando impuso la Inquisición a pesar de los fueros? En esas condiciones la corona de Aragón se habría podido sumar a las campañas del imperio y a la explotación del Nuevo Mundo. Pero ni los Reyes Católicos ni los tres primeros Austrias siguieron este camino. Se adaptaron a una situación que, a fin de cuentas, no les preocupaba mucho. Es verdad que la corona de Aragón contribuía poco a los gastos comunes, pero el estado de su economía no le habría permitido mayores esfuerzos, mientras que Castilla, en plena expansión, no planteaba ningún problema.

Durante el reinado de Felipe IV todo esto cambió. Para llevar a cabo una política de prestigio en Europa el rey ya no podía contar únicamente con los recursos allegados por una Castilla exangüe y arruinada. Fue entonces cuando se dirigió a los territorios asociados para recordarles tardíamente que formaban parte de la monarquía y tenían que compartir sus gastos. Como es lógico, dichos territorios desconfiaron, pues temían que Castilla les arrastrara en su naufragio.[14] A esto hay que añadir antiguos resentimientos contra una Castilla dominadora desde hacía mucho tiempo, contra un sistema de gobierno en el que los súbditos no castellanos eran muy poco numerosos, contra un soberano que visitaba sus territorios periféricos muy de tarde en tarde, y siempre para exigirles más contribuciones. La persona del rey se había vuelto lejana, y aunque la lealtad hacia él seguía siendo fuerte, el apego al país natal, a sus costumbres y sus leyes era aún más fuerte. Estamos en presencia de un sentimiento nacional en proceso de formación. Los territorios de la corona de Aragón temían perder su identidad si se fundían en una España que sólo les ofrecía compartir sacrificios. Este sentimiento dio lugar a sendos proyectos de secesión en Portugal y Cataluña.

En 1625 Olivares expuso el proyecto conocido con el nombre de Unión de Armas. En Flandes se habían reanudado las hostilidades, había estallado la guerra de los Treinta Años, y España, por solidaridad con los Habsburgo de Austria, no podía quedarse al margen. Estaba en juego su prestigio internacional: España debía mantener su rango en Europa. Para «aliviar»[15] a Castilla, Olivares pidió a los territorios de la monarquía que participaran en los gastos comunes. A cada uno se le pidió que proporcionara y costeara un contingente militar prorrateado entre su pobla-

---

13.   Según Guicciardini, Isabel la Católica solía decir que Aragón no les pertenecía y debían conquistarlo. Evidentemente se refería a las instituciones aragonesas, menos dóciles que las castellanas.

14.   Por ejemplo, el vellón de Castilla no tenía curso legal en la corona de Aragón, donde se temía que Castilla exportara su inflación si se llevaban a cabo los proyectos de Olivares.

15.   Esa fue la palabra empleada por Felipe IV en su discurso a las Cortes catalanas en 1626.

ción: Cataluña 16.000 soldados, Aragón 10.000, Valencia 6.000, Castilla y las Indias 44.000, Portugal 16.000, Nápoles 16.000, Sicilia 6.000, Milán 8.000, Flandes 12.000 y Baleares y Canarias 6.000. En total se esperaba alistar y equipar así un ejército de 144.000 hombres. Las Cortes de 1626 se hicieron cargo del proyecto. Las de Valencia y Aragón acabaron cediendo, aunque después de una reducción importante de la contribución pedida.[16] Pero en Cataluña Olivares tropezó con dificultades más serias, y tuvo que resignarse a suspender las Cortes.

El proyecto partía de la base de que Cataluña tenía abundancia de hombres y dinero. Sin embargo, la situación real era más compleja. Ciertamente, la curva demográfica había vuelto a subir en el siglo XVII, debido a dos fenómenos: las mortíferas epidemias que asolaron España desde 1599 afectaron poco a Cataluña, y se produjo una gran afluencia de emigrantes franceses. Comparada con Castilla, parecía un país próspero y poblado. En 1630 se le atribuyó un millón de habitantes, cuando sólo tenía 400.000. La Generalitat y el Consell de Cent consideraron que la cifra era demasiado elevada, pero no les creyeron, y su negativa se atribuyó a mala fe y a que no querían participar en el esfuerzo colectivo. El juridicismo de las autoridades catalanas exasperó al gobierno. En 1632 Felipe IV y Olivares viajaron a Barcelona para asistir a la reapertura de las Cortes, pero no lograron convencer a sus interlocutores. No faltaron recomendaciones de recurrir a la fuerza para vencer la oposición,[17] pero Olivares las desatendió.

La guerra con Francia, en 1635, provocó nuevas tensiones. Fuenterrabía y Salses, en el Rosellón, estaban amenazadas. Para organizar la defensa, el gobierno volvió a pedir la colaboración de Cataluña, que en febrero de 1638 ofreció 10.000 libras. A Olivares esta suma le pareció irrisoria, pues seguía pensando que Cataluña era rica. Esta vez el malentendido fue más grave. Olivares creyó que los catalanes ponían poco empeño en defender su propio territorio, el Rosellón. Los catalanes, por su parte, tuvieron la impresión de que su participación —muy efectiva— no era apreciada en su justo valor. No querían romper con Madrid, pero estaban convencidos de que Olivares era enemigo suyo. En julio de 1638, durante la renovación de la Generalitat, el sorteo designó a Pau Claris, canónigo de Urgell, y a Francesc de Tamarit, ambos hostiles a Castilla. La Diputación elevó una viva protesta por la prohibición de comerciar con Francia a causa del estado de guerra, en perjuicio de los intereses catalanes. Una vez más parecía que Cataluña se desinteresaba de los problemas comunes, o por lo menos eso pensaba Olivares.

Fue así como estalló la sublevación de 1640, debida a la conjunción de dos movimientos paralelos: la rebelión urbana de la oligarquía barcelonesa, apoyada por los juristas vinculados a ella, y la exasperación de los campesinos contra el ejército. En efecto, desde 1634 se producía un constante paso de tropas por Cataluña, que se quedaban temporadas más o menos largas antes de embarcar rumbo a Italia. En 1635 la guerra con Francia intensificó estos movimientos, dirigidos esta vez hacia el Rosellón. El alojamiento de las tropas era una verdadera catástrofe para los pueblos: exacciones, pillajes y violaciones, como supo dramatizar Calderón en *El alcalde de Zalamea*. Se produjeron graves incidentes. En julio de 1638 la tropa saqueó la aldea de Palafrugell; en mayo de 1640 la población de Santa Coloma

---

16.   Valencia consiguió que su contingente se redujera de 6.000 soldados a 1.000.
17.   Tal fue el parecer expresado en una junta de 1634: de producirse una grave crisis de extrema necesidad, no había que detenerse ante los fueros o las leyes.

de Farners mató a un oficial real encargado de proporcionar alojamiento a las tropas. La sublevación se extendió por la zona de Gerona, y luego por toda la Cataluña rural. El 22 de mayo de 1640 los rebeldes entraron en Barcelona, pero se retiraron sin liberar al diputado Tamarit, encarcelado desde marzo a causa de su posición hostil a Olivares. Quince días después, durante el *Corpus de sang* (7 de junio), los segadores que habían acudido para participar en la procesión tradicional organizada con motivo de la cosecha se adueñaron de Barcelona y asesinaron al virrey. Fue el comienzo de la guerra de los segadores, cuyo canto (*Els Segadors*) es todavía hoy el himno nacional de los catalanes. Los campesinos, aunque eran sensibles a la campaña anticastellana —para ellos el soldado, el funcionario o el agente del fisco eran castellanos, es decir, extranjeros—, tenían sus propias reclamaciones. Su rebelión era el estallido de antiguos resentimientos contra los señores y el régimen señorial. Su grito de guerra era *Visca la terra!* Se llamaban a sí mismos el ejército de Cristo, que iba a acabar con todas las injusticias.

La administración real se vino abajo. Los notables de la Generalitat hicieron lo posible por tomar las riendas del movimiento popular y dominarlo. Sólo lo consiguieron en parte. En vez de aliarse con ellos, Olivares los consideró unos traidores y decidió reprimir la sedición por la fuerza. La Generalitat se encontró entre la espada y la pared: debía organizar la resistencia contra el ejército real y, al mismo tiempo, restablecer el orden, porque el movimiento campesino empezaba a tomar el cariz de una revolución social. Incapaz de dominar la situación, la Generalitat buscó ayuda en Francia y le ofreció a Luis XIII el título de conde de Barcelona a condición de respetar la autonomía del principado (enero de 1641). Para no caer en manos de Castilla, Cataluña se entregó a Francia. Unos virreyes franceses sustituyeron a los virreyes castellanos, pero con la diferencia de que los primeros tenían un ejército a su disposición, lo cual no había ocurrido nunca con los segundos. Castilla tardó trece años en reconquistar Cataluña. En octubre de 1652 el Consell de Cent se sometió a Felipe IV. Al año siguiente el resto de Cataluña se reintegró a la monarquía hispánica.

La sublevación de los catalanes fue un estímulo para los portugueses que, en el otro extremo de la península, también querían separarse de Castilla. Felipe II se había mostrado respetuoso con las instituciones portuguesas. Durante el reinado de Felipe III las cosas cambiaron. El duque de Lerma no tuvo los mismos escrúpulos. Pero la situación se agravó sobre todo con Felipe IV. La unión con Castilla nunca fue aceptada del todo, pero hoy varios historiadores portugueses reconocen que con los Austrias Portugal conservó su autonomía. Olivares no puso en cuestión esta autonomía, y se limitó a proponer reformas en las aduanas, el régimen tributario y el nombramiento de los jueces. Con ello se enfrentó a intereses particulares y se ganó primero la desconfianza y después la hostilidad de juristas, eclesiásticos y aristócratas. En otoño de 1637 estalló un motín en Évora para protestar contra el aumento de los impuestos sobre la sal. Este producto tenía mucha demanda, pues se usaba para la alimentación humana y del ganado, para conservar el pescado y la carne, y para varias industrias, como las tenerías. Para Portugal la sal también era una moneda de cambio en el comercio internacional, que le permitía compensar su déficit de cereales. Los portugueses temían que Olivares estableciera el monopolio del estado sobre la sal. El motín de Évora, que fue sofocado fácilmente, expresaba un profundo malestar. Los jesuitas apoyaron resueltamente las demandas de los amotinados, lo que da una idea de la amplitud del descontento contenido. A todo esto se sumó la situación internacional, caracterizada por la vuelta a las hostilidades en Flandes. En Asia y en Brasil los establecimientos portugueses fueron atacados por los holandeses, poniendo en peligro el imperio colonial. Ante esta amenaza, los comerciantes eran partidarios de separarse de España, para salvar todo lo que fuera posible. En Évora, en 1637, el pueblo se había rebelado sin la nobleza. En diciembre de 1640 los nobles dieron un golpe de estado sin el pueblo. Una conspiración llevó al duque de Braganza al poder. Fue proclamado rey con el nombre de Juan IV. Más que una sublevación fue un golpe de estado, aprovechando la situación creada por los catalanes, pero dio resultado. Juan IV firmó una tregua con los holandeses y obtuvo el apoyo de Inglaterra y Francia. Obligado a combatir en dos frentes, Olivares dio prioridad a la lucha en Cataluña, que había que conquistar a cualquier precio. Portugal aprovechó para organizarse. En 1668 España reconoció su independencia.

No nos extenderemos sobre la conspiración del marqués de Ayamonte y el duque de Medinasidonia en 1641. ¿Pretendían crear un estado independiente en Andalucía? En absoluto. En 1648 la conspiración del duque de Híjar parecía más seria. Este gran señor, al parecer, tenía la intención de proclamarse rey de un Aragón independiente, pero su iniciativa no tuvo arraigo ni apoyo entre la población. En general, Aragón y Valencia no se solidarizaron con Cataluña. Lo cual no impidió que el año 1640, «el más nefasto que ha conocido la monarquía», como reconoció Olivares, España estuviera a punto de estallar. El edificio construido por los Reyes Católicos y los primeros Austrias se tambaleaba. Portugal se separó de la monarquía, que logró conservar Cataluña, pero una Cataluña sin el Rosellón ni la Cerdaña, que en virtud del tratado de los Pirineos (1659) pasaron definitivamente a Francia. En la segunda mitad del siglo XVII los sucesores de Olivares habían aprendido la lección, y se limitaron a mantener el *statu quo*, olvidándose de los proyectos de integración. La monarquía hispánica siguió siendo una confederación en la que se confirmó o reforzó la autonomía de los territorios asociados. Fue el llamado neoforalismo, la vuelta al respeto estricto de los fueros.

¿Crisis de España o crisis general de las sociedades europeas? A mediados del siglo XVII todas las grandes naciones pasaban por dificultades semejantes: baste citar la revolución inglesa o los disturbios de la Fronda en Francia. Estas crisis ponen en evidencia la debilidad de las monarquías occidentales, los defectos en las estructuras de poder. En torno a 1650 el mundo cambió. La revolución científica y el fortalecimiento del estado alteraron profundamente la situación. Superada la crisis, algunas naciones —Francia, Inglaterra— abordaron con dinamismo la nueva época; otras surgieron entonces, como Holanda; y otras, como España, entraron en decadencia.

LA IDEOLOGÍA DEL ESTADO

La monarquía católica creada por los Reyes Católicos ¿se puede considerar un modelo de absolutismo? Si el absolutismo, según la fórmula de Roland Mousnier, es «un poder legítimo encarnado en una persona, la ley viviente», la España de los Reyes Católicos y los Austrias sí que era un estado absoluto. El soberano concentraba la mayor parte del poder, y en teoría ninguna institución podía limitar sus atribuciones.

Esta situación, que sorprendía a algunos ideólogos, correspondía a una evolución iniciada bastante tiempo atrás. A partir de 1450 las ambiciones de la aristocracia, el desarrollo de las actividades económicas y las nuevas fuerzas sociales generaron antagonismos que durante el reinado de los Reyes Católicos tuvieron una solución pragmática: la constitución de un poder real fuerte, de un estado dotado de instrumentos eficaces. Dicho estado tendía a concentrar todos los poderes y se presentaba como la única fuerza política organizada, pero al mismo tiempo se advierte una persistencia e incluso un fortalecimiento de las teorías escolásticas que se proponían mantener y garantizar los derechos de la comunidad. Este contraste entre una práctica absolutista y unas doctrinas populistas constantemente reafirmadas es una de las originalidades de la España moderna.

Se enfrentaban dos concepciones del estado. Según la primera, más conforme a las teorías medievales, el estado es una comunidad perfecta orientada a un fin, el bien común, que es su razón de ser. La segunda también afirma que el estado es una sociedad perfecta, pero nada debe limitar su poder. La primera recuerda que toda sociedad se basa en un pacto implícito entre gobernantes y gobernados, lo cual conlleva unas obligaciones recíprocas de carácter contractual. Por lo tanto, para garantizar el bien común, unas buenas instituciones son preferibles a un buen rey. La segunda concepción preconiza más bien una «monarquía paternal», cuando no paternalista, que vela por la felicidad de sus súbditos. Éstos deben confiar en la sabiduría del príncipe, al que por consiguiente hay que preparar bien para el desempeño de su misión, poniéndole en guardia contra los aduladores y los malos consejeros. Sin ser abandonada nunca, la primera concepción fue perdiendo terreno ante la segunda. En realidad, ambas tenían en cuenta una evolución política que parecía irreversible, el fortalecimiento del poder real, y se proponían lo mismo: poner límites al arbitrio real, bien mediante la reafirmación de teorías antiguas, bien apelando a consideraciones morales, sin que ninguno de estos esfuerzos diera resultados prácticos.

En el origen de las teorías escolásticas heredadas de santo Tomás de Aquino y actualizadas en el siglo XVI por el dominico Francisco de Vitoria (1483-1546) y el jesuita Francisco Suárez (1548-1617) está la idea de la comunidad política como cuerpo orgánico. La sociedad es como un organismo vivo cuya cabeza es el príncipe y cuyos miembros son los súbditos. Esta idea lleva a otra, la de la dualidad rey-reino. En efecto, en la España de los siglos XVI y XVII «reino» podía tener dos significados: el territorio sobre el que se ejercía la autoridad del rey, y también la representación política de ese territorio, las Cortes. El problema consistía en saber cuál de los dos términos prevalecía sobre el otro. Lo natural era dar más importancia a la cabeza, es decir, al rey. Tal fue la postura de Domingo de Soto, tomada de Aristóteles: el rey es superior al cuerpo social. Esto nos lleva a la monarquía autoritaria, cuando no absolutista.

También se puede considerar que los dos términos (rey, reino) forman parte de una realidad superior que los engloba y sobrepasa, la comunidad. Entonces lo que prevalece es la comunidad, depositaria de la soberanía. Según Azpilcueta el reino no pertenece al rey, sino a la comunidad. La soberanía, por derecho natural, pertenece a la comunidad, y no al rey, por lo que la comunidad no podía renunciar a ella. A fines del siglo XVI Mariana expuso esta teoría: la comunidad siempre es superior al rey, que no puede hacer leyes sin su consentimiento. El rey sólo conserva una preeminencia sobre la sociedad (*maior singulis, universis minor*) y una superioridad en ciertos ámbitos reservados como la guerra, la diplomacia y la justicia.

Fue esta la teoría que se enseñó comúnmente en las universidades españolas. Tenía varios principios básicos sobre el origen, la naturaleza y las condiciones del ejercicio de la soberanía política.

Según Vitoria, la autoridad política tiene una causa final: asegurar la protección de los individuos y el bien común; una causa eficiente: Dios, origen de toda autoridad, idea esencial en virtud de la cual Vitoria plantea la existencia de un derecho natural que no está basado en las decisiones arbitrarias y revocables de los hombres, sino en los decretos de la Providencia, derecho inherente a la naturaleza del hombre como criatura de Dios y conforme a la ley divina. La sociedad política no sería una institución de origen humano, sino un elemento natural. Por fin, la causa material es el estado, instrumento de la comunidad.

Los autores escolásticos extrajeron tres consecuencias de estos principios.

En primer lugar, los reyes no obtienen su poder de los hombres, sino de Dios por mediación de la comunidad, que les delega su ejercicio, tal como se resume en la fórmula: «Omnis potestas a Deo per populum». En definitiva, la comunidad es lo que hace a los reyes. En su *Defensio fidei* (1614) Suárez desarrolla ampliamente este punto: «Nullus principatus politicus est immediate a Deo». El poder, entregado directamente por Dios, reside en la comunidad, que lo conserva por derecho natural. La soberanía pertenece, pues, a toda la comunidad, no a un individuo en particular. Por naturaleza nadie está llamado a reinar. Lo que hace a los reyes es o bien la voluntad de los hombres o bien la violencia, cuando uno de ellos se apodera del poder por la fuerza. La autoridad monárquica, por decirlo a la manera de Pascal, no es una dignidad natural, sino una dignidad creada. La comunidad se forma por libre asociación de las personas que la componen con vistas a realizar el bien común, es decir, un contrato explícito o tácito en virtud del cual los súbditos aceptan confiar a uno de ellos la tarea de gobernar y el ejercicio de la autoridad. Se puede decir que Dios delega la autoridad al pueblo y que éste, a su vez, designa al príncipe, que será su depositario.

El legislador forma parte de la comunidad, no está por encima de las leyes. Dios delega al pueblo el poder de hacer las leyes, pero por encima del legislador está la ley, que halla su fundamento en Dios. El estado es una institución de derecho natural, no humano, lo cual distingue esta teoría de la de la soberanía popular. De lo que se deduce que la ley, para ser legítima, requiere el consentimiento del pueblo, sin el cual carece de valor. No es preciso que este consentimiento se exprese de forma explícita; la falta de oposición o desavenencia equivale a consentimiento.

Por último, para que una ley sea justa no basta con que haya sido promulgada por una autoridad legítima, también debe ir dirigida al bien común. La soberanía tiene sus límites, y si el rey actúa contra el bien común se convierte en un tirano, y su poder deja de ser legítimo. La noción de tiranía tiene una larga tradición en el derecho español. El viejo código de las *Partidas* llama tirano al rey que incumple su deber de justicia. Es algo un poco vago. En este terreno los escolásticos españoles se atienen a la definición de santo Tomás de Aquino: es legítimo el poder del príncipe que actúa con vistas al bien común, y tiránico el poder puesto al servicio de los intereses privados del soberano.

¿Existe el derecho a oponerse a la tiranía y derribar al tirano? En teoría, el conjunto del pueblo o sus representantes cualificados pueden constatar la situación y proclamar la destitución del tirano. Como el príncipe recibe el poder del pueblo, éste puede deponerle. La mayoría de los teólogos son muy precavidos antes de justificar un derecho de insurrección, pero los jesuitas, y en particular Mariana (*De Rege*), van más lejos. Mariana empieza sugiriendo unas reglas precisas para impedir que un poder degenere en tiranía: jamás debe perder de vista lo que es el consentimiento, al menos tácito, del pueblo que legitima la autoridad. La mejor manera de evitar los abusos es limitar por ley el poder del soberano. Por ejemplo, Mariana duda de que el rey pueda crear impuestos sin el consentimiento del pueblo (en España, de las Cortes). Mariana es también uno de los escasos teólogos que aborda las implicaciones concretas de los principios generales que expone. En Francia e Inglaterra tuvo fama de peligroso revolucionario a causa de su apología del tiranicidio. En su opinión, el tirano es ilegítimo por definición, y está permitido e incluso es recomendable amonestarle. Si pese a esas advertencias persiste en su error, el bien común puede exigir, en ciertas circunstancias, que sea depuesto por la fuerza e incluso ejecutado.

Los principios que acabamos de resumir chocaban con las ideas y las prácticas de la época. A mediados del siglo xv el rey Juan II consideraba que estaba desempeñando una función encomendada por Dios. Los Reyes Católicos hicieron especial hincapié en este aspecto: los reyes son los vicarios de Dios, se dijo en las Cortes de Madrigal (1476). Maravall ha estudiado la evolución de la fórmula «majestad», en principio reservada a la divinidad, que desde finales de la Edad Media fue suplantando poco a poco a la de «alteza» para designar a los soberanos españoles. Se impuso definitivamente a partir del reinado de Carlos V. A diferencia de lo que ocurría en Francia, la monarquía española no poseía ninguna característica generadora de lo sagrado. No había coronación solemne ni poder taumatúrgico. Cuando Carlos V introdujo en España el ceremonial borgoñón, dio un fuerte impulso a la sacralización del rey. Se trataba de convertir al rey en una persona sagrada, distinta del común de los mortales, una especie de dios viviente.

Este proceso era paralelo al que pretendía otorgar un poder absoluto al soberano. Al principio la soberanía se expresaba como una reivindicación de autonomía con respecto a otros poderes, concretamente al poder imperial. El soberano era el príncipe que no reconocía ninguna autoridad superior a él en el orden temporal. En el siglo xv se completó esta interpretación con la tendencia a rechazar cualquier limitación al poder del soberano en el territorio sometido a su jurisdicción. Este es el significado de la expresión «poderío real absoluto» que aparece cada vez con más frecuencia en los textos oficiales. Por mucho que Diego de Covarrubias recordara en el siglo xvi que la noción del poder absoluto era odiosa y debería ser rechazada, el absolutismo siguió progresando, y tuvo sus apologistas fuera de los medios escolásticos.

Si las teorías escolásticas sobre el poder tuvieron tan escasa influencia real sobre la evolución política de España, fue quizá porque en dos ocasiones sirvieron para justificar una rebelión armada contra el soberano: durante el episodio de las Comunidades y durante la insurrección de los colonos del Perú.

En las Cortes de Ocaña (1469) se pudo escuchar una solemne declaración de principios. Un procurador, dirigiéndose al rey, resumió el espíritu que inspiraba la filosofía del contrato: Vos sois nuestro mandatario y vuestros súbditos os pagan para desempeñar una función. En 1474 los Reyes Católicos pusieron las cosas en su sitio, y durante cincuenta años nadie intentó aplicar esta teoría. Las cosas cambiaron a la muerte de Fernando el Católico (1516). Las primeras Cortes reunidas por Carlos V (Valladolid, 1518) volvieron a exponer el mismo principio de 1469. En realidad, el rey era un mercenario pagado por la nación, el funcionario más insigne, pero nada más que eso, un funcionario al servicio del reino. Se palpaba ya la rebelión de los comuneros, que estalló en junio de 1520. Los ideólogos del movimiento eran dominicos y franciscanos, universitarios, letrados, todos ellos imbuidos de las doctrinas escolásticas sobre el poder. No es extraño, pues, ver a los predicadores convertidos en propagandistas de la revolución, recordándole al pueblo que era el único depositario de la soberanía: el pueblo hace reyes, y puede deponerlos. Al aceptar la dignidad imperial, Carlos V había puesto los intereses de la dinastía por delante de los de la nación, y con ello había dejado de ser un soberano legítimo, convirtiéndose en un tirano en el sentido preciso que tiene este término en la filosofía política escolástica. Por lo tanto, la insurrección estaba justificada.

Los miembros de la junta de Tordesillas, encargados de aplicar la política de los comuneros, elaboraron lo que podríamos llamar un proyecto de constitución, basado en una nueva definición de las relaciones entre el rey y el reino. Para los comuneros el reino representado en las Cortes era superior al rey. En caso de conflicto con el rey, las Cortes debían tener la última palabra, porque representaban a toda la comunidad. Por supuesto, esa vindicación y esa impugnación de la supremacía real no podían agradar a Carlos V. La derrota de los comuneros despejó el camino al poder real. Después de 1521 los términos «comunidades» y «comuneros» tuvieron un sentido peyorativo y fueron sinónimos de subversión y anarquía. Las ideas de los comuneros se hicieron sospechosas; aunque se siguieran enseñando en las universidades, se convirtieron en letra muerta, simple evocación teórica y abstracta que nunca se llevó a la práctica en el terreno político.

¿Letra muerta? No para todos. En 1542, cediendo a la campaña emprendida por Las Casas con el apoyo de los dominicos contra los métodos de la colonización española en América, Carlos V promulgó una nueva legislación para las Indias. El punto fundamental concernía a la encomienda, trabajo forzoso de los indios que Las Casas siempre denunció como un esclavismo disfrazado. En las Leyes de 1542 se suprimió la encomienda. Recién conocida la noticia, los colonos del Perú montaron en cólera y se opusieron violentamente. La autoridad del virrey Blasco Núñez Vela quedó en entredicho. Gonzalo Pizarro aprovechó para asumir plenos poderes de 1544 a 1548, y durante varios años Perú se mantuvo en estado de secesión. Para que las aguas volvieran a su cauce Carlos V tuvo que ceder y restablecer la encomienda.

Lo curioso es que los rebeldes del Perú justificaron su actitud invocando los principios escolásticos: los súbditos, en nombre del bien común, tenían derecho a oponerse al soberano que se excediera en sus poderes, e incluso a alzarse en armas contra él en una situación extrema. Hubo letrados, frailes y eclesiásticos que salieron resueltamente en defensa de Pizarro, aduciendo la vieja fórmula: «Quod omnes tangit ab omnibus debet approbari». Carlos V no tenía derecho a legislar sobre un aspecto de tal calibre sin consultar previamente a los principales interesados. El consentimiento del pueblo, explícito o tácito, era la única fuente de legitimidad. Los colonos del Perú no habían sido oídos ni consultados, lo cual restaba legitimidad a las Leyes de 1542.

En su argumentación los colonos del Perú se olvidaron de una cosa: que los indios también formaban parte de la comunidad, y debían ser oídos y consultados. En este asunto el poder absoluto de Carlos V legislaba teniendo en cuenta el bien común de todas las partes, mientras que Gonzalo Pizarro defendía los intereses particulares de una minoría de privilegiados. Sea como fuere, la rebelión de Pizarro, veinticinco años después de la revolución de las Comunidades de Castilla, demuestra el arraigo de unas doctrinas que parecían superadas por la evolución de las mentalidades y las costumbres. El episodio contribuyó a invalidar un poco más unos principios que se seguían enseñando en las universidades, pero cada vez se aplicaban menos. La evolución de las Cortes de Castilla de 1480 a 1700 contradice la filosofía política que profesaban y enseñaban la mayoría de los autores escolásticos de la época, aunque conviene puntualizar la visión tradicional de unas Cortes reducidas a la docilidad.

Curiosamente, los contemporáneos, con escasas excepciones (Mariana, por ejemplo), no destacaron esta contradicción entre los principios generales proclamados y desarrollados en la doctrina y el ejercicio real del poder. Los mismos que en 1667 decidieron no volver a convocar Cortes, trataron de justificar la medida. No se creaban nuevos impuestos sin consentimiento, puesto que sólo se trataba de prorrogar los que ya habían sido votados. Una argucia significativa: cada vez se alejaban más de los principios, pero simulando respetarlos.

Generalmente, los teóricos se salían por la tangente: el rey legislaba y gobernaba solo, pero tras haber consultado a los consejos. Reaparece así la antigua noción del rey con sus consejos. La teoría del pacto no excluía, pues, un absolutismo de hecho. La decisión, cuando se planteaba un problema de gobierno, correspondía al rey en última instancia. A fin de cuentas hay que admitir que las doctrinas escolásticas de las que tan orgullosos están los españoles apenas tuvieron una incidencia concreta. «La influencia de esta doctrina fue escasísima en la realidad, si bien pudo operar como un lejano contrapunto ideológico», escribe Maravall, quien observa muy acertadamente que el absolutismo no es tanto una teoría cuanto una práctica, la falta de instituciones capaces de contrarrestar el poder real y de limitarlo. Quizá por eso después de Suárez ya no se escribieron grandes tratados de filosofía política. En el siglo XVII floreció una literatura política de inspiración moral: había que preparar al príncipe para su misión, inculcarle los principios morales que debían guiarle en el ejercicio de sus responsabilidades, hacer que se inspirara en las santas escrituras para las reglas de una política cristiana... En otras palabras, era un intento de reemplazar las instituciones adecuadas por buenos sentimientos, con una actitud claramente paternalista.

La filosofía política de los escolásticos se siguió enseñando en unas universidades cada vez más anquilosadas. Merecía algo mejor que esta enseñanza rutinaria, y, en realidad, tuvo una proyección inesperada fuera de España. En efecto, no es difícil seguirle el rastro en los autores protestantes que dieron origen al derecho natural. Althusius (1557-1638), Grocio (1583-1645) y Pufendorf (1632-1694) habían leído a Vitoria y Suárez, a los que citan en ocasiones. Decir, como el primero, que la soberanía pertenece a la comunidad y no a su jefe, y que el rey debe someterse a la ley; afirmar, como el segundo, que los hombres deciden de común acuerdo, por un pacto libremente consentido, entregar el poder supremo a uno de ellos, significa repetir, a veces literalmente, las ideas escolásticas ampliamente desarrolladas por los españoles del siglo XVI. Literalmente, sí, pero la inspiración ya no era la misma. En el norte de Europa la ciencia política adquirió un carácter laico y se alejó de su base teológica. La soberanía ya no se fundamentaba en Dios, sino en el acuerdo de las voluntades humanas. El derecho natural que triunfó en el siglo XVIII olvidó sus lejanas raíces escolásticas y españolas. El pacto se convirtió en contrato social. El mundo había cambiado.

POLÍTICA Y RELIGIÓN

La idea está muy extendida: la España moderna es un ejemplo de estado que se encomienda a sí mismo una misión espiritual, que se considera obligado a mantener la unidad de la cristiandad en el exterior y la ortodoxia en el interior de sus fronteras. En suma, estaríamos en presencia de un imperio al servicio de la Contrarreforma, un poder entregado a la causa de la religión.

Es verdad que España practicó una suerte de nacionalismo religioso, mezcla de intransigencia, intolerancia e imperialismo puro y simple. Pero esta orientación general no se manifestó siempre con la misma fuerza de 1516 a 1700, cuando los Habsburgo reinaban en España y parte de Europa. Podemos distinguir, a grandes rasgos, dos períodos: uno que se extiende hasta 1580, durante el cual se procuró no confundir del todo la esfera de lo temporal con la de lo espiritual, y el siguiente, durante el cual prevaleció la tendencia opuesta. El punto de inflexión sería la guerra de Flandes. Felipe II, para aplastar a unos rebeldes que también eran herejes, se vio obligado a librar combate en toda Europa contra los protestantes, acusados de amenazar los intereses de España y dividir la cristiandad. No obstante, en cada uno de estos períodos hubo distintas posiciones, e incluso dentro de España se expresaron opiniones discrepantes de la tendencia general.

Los tomistas consideraban que el príncipe no debía inmiscuirse en los debates religiosos. Fue la posición defendida por Francisco de Vitoria, con su distinción entre los dos órdenes, el natural y el sobrenatural, cada uno autónomo en su ámbito. La gracia no suprime la naturaleza, lo espiritual no debe interferir con lo temporal, excepto en algunos terrenos mixtos y con ciertas precauciones. Un poco después Suárez llevó el razonamiento algo más lejos: la función del estado es garantizar la paz civil y formar ciudadanos, no hombres virtuosos. Hay que reconocer, sin embargo, que estos principios contradecían una mentalidad y una corriente de opinión favorables, en España, a la intervención activa del poder civil en los asuntos religiosos. A partir de los Reyes Católicos el estado español se empleó a fondo en la defensa de la ortodoxia religiosa dentro de sus fronteras. La originalidad de la Inquisición española consistía en que confiaba al poder civil la represión de la herejía. Este traspaso de competencias tuvo consecuencias importantes, ya que introdujo una confusión entre la esfera de lo político y la de lo religioso. Para ser buen español no bastaba con respetar las leyes del reino, también había que profesar la religión católica, y el estado era el encargado de reprimir las desviaciones de la ortodoxia. No conviene subestimar la importancia de un mesianismo profundamente arraigado y que cobró nuevos bríos a fines del siglo XV. Después de la victoria definitiva sobre el islam, jalonada por la toma de Granada en 1492, muchos pensaron que el pueblo español había sido elegido por Dios para alguna misión especial. Los Reyes Católicos, el cardenal Cisneros y Carlos V se beneficiaron sucesivamente de estas tendencias mesiánicas.

Así pues, en la España del siglo XVI, se dieron las condiciones para que surgiera y se desarrollara lo que se ha dado en llamar la tentación teocrática. Se esperaba del poder político la realización efectiva del reino de Dios. El estado se arrogó la misión de asegurar el triunfo de la virtud, la fe y la religión, utilizando para ello los medios que proporciona el poder político, incluyendo, si era necesario, la coacción. Nos hallamos en el mundo evocado por Dostoievski en la leyenda del Gran Inquisidor: la meta era lograr la felicidad del pueblo y la salvación eterna de las almas por medios políticos.

Estas tendencias siempre tuvieron detractores en España. En 1583 fray Luis de León publicó la más bella y enérgica refutación de este mesianismo. Dios acabaría venciendo a las fuerzas del mal, pero esta promesa no debía ser entendida en un sentido material. Sería un grave error representar el triunfo de los justos como una dominación política o una victoria militar. El éxito de las armas, la coacción que ejerce un pueblo sobre otro, no son signos, pruebas de que Dios ha elegido un bando. De ser así, Ciro, Nabucodonosor o Artajerjes fueron poco menos que mesías, lo mismo que César, el gran Pompeyo o Alejandro. Dios se refería a otra clase de triunfos y liberaciones cuando les prometió a los hombres que les enviaría el Mesías. El reino de Dios no se puede instaurar por la fuerza bruta, sino por las victorias del espíritu, logradas con medios propios del espíritu.

Pese a todas estas advertencias el providencialismo ganó terreno en los últimos años del siglo XVI. Mariana fue el primero en exponer claramente su recelo ante las naciones protestantes. Según él, la herejía es causa de guerra justa, porque divide a las naciones y a los pueblos. La disputa sobre el maquiavelismo enfrentó todavía más a España con Europa. En menos de cincuenta años las posiciones cambiaron completamente. En 1550 Carlos V concedió un privilegio real a una traducción de los *Discursos* de Maquiavelo sobre la primera década de Tito Livio, y le recomendó su lectura a Felipe II, por considerarla muy provechosa. Todavía en 1584-1585 el duque de Sessa insistió ante el Consejo de la Inquisición para que se tradujera *El príncipe*, declarándose dispuesto a pagar los gastos de impresión. Pero por entonces la batalla estaba ya perdida, pues el año anterior los *Discursos* habían entrado en el Índice. La refutación del maquiavelismo, considerado como una forma sutil de herejía, estaba a la orden del día. El título del libro publicado en 1595 por el jesuita Rivadeneyra no necesita comentarios: *Tratado de la religión y virtudes que debe tener el Príncipe cristiano para gobernar y conservar sus Estados. Contra lo que Nicolás de Maquiavelo y los políticos de este tiempo enseñan.* Rivadeneyra opone a la razón de estado, que hace del estado una religión, otra razón de estado que hace de la religión un estado. En contra de Maquiavelo y sus seguidores, los pensadores españoles se niegan a considerar la política como una técnica cuyos fines serían ajenos a la moral y la religión. Para ellos la moral no se reduce a la moral individual, también debe presidir la actividad política. Para la mayoría de los autores del siglo XVII que se interesaron por las cuestiones políticas, el rey de España era el príncipe cristiano por excelencia. Su conducta debía estar inspirada en las máximas de la moral cristiana más rigurosa. En este sentido, era el defensor natural del catolicismo, el adversario de la herejía, el protector de la Iglesia.

En el extranjero estos planteamientos causaban indignación. Las cosas, en realidad, no eran tan sencillas. En otro capítulo hemos visto que la política exterior de los Austrias no podía reducirse a sus aspectos ideológicos, pues también intervenían otras consideraciones, como la solidaridad con la casa de Austria y el afán de que España conservara su rango de potencia hegemónica. Pero siempre persistió una ambigüedad que alimentó la idea de una España defensora del catolicismo.

Capítulo VI

ECONOMÍA Y SOCIEDAD
EN LA ESPAÑA IMPERIAL

Durante cerca de 150 años, de comienzos del siglo XVI a mediados del XVII, la monarquía hispánica se impuso como primera potencia de Europa. Debía su poderío a la extensión de sus dominios y a las rentas que obtenía de un imperio colonial inmenso. Su pujanza era impresionante, pero más aparente que real. Descansaba en un núcleo duro, Castilla, es decir, en una base territorial estrecha. El dinamismo de la sociedad y la economía castellana y los tesoros de las Indias proporcionaron a los primeros Austrias los medios para llevar adelante su política. Si este dinamismo decaía o la plata de América llegaba en menor cantidad, todo el imperio se tambaleaba, porque los recursos de Castilla eran limitados y las minas del Nuevo Mundo no eran inagotables.

La Hacienda de la monarquía

La Hacienda de la monarquía hispánica tenía dos rasgos característicos:
— la desigualdad en el reparto del impuesto. Castilla soportaba casi todo el peso de la política imperial, y los demás territorios contribuían poco a los gastos comunes. Dentro de la corona del Castilla también había desigualdades entre regiones y clases sociales; [1]
— la falta de una verdadera política financiera, que generaba un déficit crónico.
Los gastos corrientes comprendían cuatro grandes partidas: la corte, los oficiales del estado, la defensa y el servicio de la deuda.
En la primera rúbrica se incluían los gastos de la casa del rey, de la reina, del príncipe heredero y de los infantes, además de las residencias reales (alcázares de Madrid, Toledo y Sevilla, palacios del Pardo, de La Granja, de Aranjuez, del Buen Retiro...), etc. Con la introducción del ceremonial borgoñón se crearon muchos empleos reservados a miembros de la nobleza (mayordomos, chambelanes, escude-

---

1. Las tres provincias vascas no estaban sujetas a los millones, los empleados de la casa de la moneda de Segovia estaban exentos de impuestos, etc.

ros, etc.), por no hablar del personal subalterno y de servicio. Los gastos de la corte también incluían las pensiones, gratificaciones y limosnas, las embajadas permanentes o extraordinarias, el correo, etc. Este capítulo aumentó sin cesar a lo largo del período.[2]

Los oficiales del estado no suponían un gasto importante. Lo que hoy llamaríamos función pública se reducía a los miembros de los consejos, los secretarios reales, los oficiales de justicia, los representantes de la corona en las provincias (en especial corregidores)...

Los gastos generados por la defensa del reino también eran relativamente modestos. La monarquía mantenía pocas tropas permanentes, y aún menos fuerzas de policía. Las fortalezas de la península, el norte de África y las Indias, y las galeras, daban lugar a los gastos más importantes, pero no suponían una carga aplastante.

En cambio el servicio de la deuda pública aumentó constantemente. En el momento de la abdicación de Carlos V se calculaba en cinco millones y medio de maravedíes,[3] tanto como el producto del impuesto directo.

Si los gastos ordinarios no parecen excesivos, los extraordinarios fueron desorbitados, ya desde la coronación de Carlos V, cuando hubo que pagar la elección imperial. Luego vinieron los viajes del emperador y, sobre todo, las guerras incesantes. La preparación de la Armada Invencible en 1588 costó más de diez millones de ducados. Eran gastos que no admitían aplazamientos. Cuando los mercenarios no cobraban su soldada se amotinaban, como en los célebres ejemplos del saco de Roma en 1527 y el de Amberes en 1576... No sólo había que reunir los fondos necesarios, sino también llevarlos al teatro de operaciones. Para ello el soberano recurría a los banqueros, concertando con ellos los asientos de los que hablaremos más adelante. Conviene destacar que la conquista de América no le costó ni un maravedí a la corona, pues fue sufragada por los conquistadores, verdaderos empresarios guerreros.

Para cubrir estos gastos, la monarquía disponía de recaudaciones ordinarias y extraordinarias. Las primeras eran de cuatro tipos: el impuesto directo, la fiscalidad indirecta, las rentas propias de la corona y la aportación del clero.

El impuesto directo —servicio— lo votaban las Cortes. Sólo concernía a los pecheros, y proporcionaba cantidades bastante reducidas (400.000 ducados durante el reinado de Carlos V).

La fiscalidad indirecta era más rentable, pues gravaba a todos, tanto pecheros como privilegiados. Durante mucho tiempo la corona obtuvo sus principales ingresos de las alcabalas, tasas sobre las transacciones al tipo teórico del 10 por 100 (en realidad muy inferior, pues llegó a bajar al 2 o 3 por 100). Para cobrarlas había dos posibilidades. La primera consistía en pedir a particulares que adelantaran las cantidades correspondientes. Después ellos se encargaban de recaudarlas, añadiendo elevados gastos. Este sistema, llamado arrendamiento, se consideraba inicuo, y se acusaba a los recaudadores de exprimir al pueblo. En 1536 Carlos V adoptó otro sistema, el encabezamiento. El estado y las Cortes concertaban una cantidad global, equivalente al importe total estimado de las alcabalas. Esta cantidad se repartía entre los concejos,

2. Por poner algunos ejemplos, citaremos los 50.000 ducados entregados por Felipe III a su ministro el duque de Lerma cuando éste le anunció que la flota de las Indias había llegado a buen puerto, los suntuosos regalos a los procuradores de las Cortes en recompensa por su docilidad, y las pensiones a favor de los nobles.

3. Sobre el sistema monetario español, cf. *infra*, nota 20.

a prorrata entre su población. Luego los concejos tenían libertad total para resarcirse, tomándolo de sus arcas, creando impuestos locales, etc. El sistema parece sencillo, pero, en realidad, era tan injusto como el primero, pues gravaba más a los pobres que a los ricos. Para el estado tenía el inconveniente de que la cantidad global se revisaba cada cuatro o cinco años, y dada la fuerte inflación el encabezamiento siempre iba por detrás de los precios reales, con grave quebranto para la Hacienda pública. Felipe II lo sabía, pero no se atrevió a acabar con esta práctica. Al contrario, la agravó creando un nuevo impuesto indirecto, los millones, que afectaban a todas las clases sociales en forma de tasas sobre los artículos de consumo corriente (carne, vino, aceite...).

Los recursos propios de la corona procedían de las salinas, las minas —las de mercurio de Almadén proporcionaban fuertes ingresos—, las órdenes militares —el rey era al gran maestre de todas las órdenes—, las aduanas, los peajes y tasas sobre la trashumancia, etc.

Por último, el estado podía contar con las aportaciones del clero. Al principio cobraba unos subsidios concedidos de un modo más o menos espontáneo; posteriormente, a partir de 1567, el excusado, décima parte de la renta de la propiedad más rica de cada parroquia. El estado también recaudaba un porcentaje (dos novenos) de los diezmos del clero, llamado tercias reales. Por último, cada tres años cobraba la bula de la Cruzada, unas indulgencias compradas por los fieles para costear la cruzada contra el infiel. Durante la guerra de Granada los Reyes Católicos alegaron que estaban dirigiendo una cruzada en su propio territorio, y Roma les autorizó a quedarse con el dinero de las indulgencias. Los Austrias mantuvieron esta práctica.

Los ingresos ordinarios eran insuficientes. En 1534 ascendían a poco más de 400.000 ducados, para un presupuesto de un millón. Además, como la economía de Castilla incumplía la regla de no afectar los ingresos, el producto de un impuesto, en una ciudad cualquiera, servía para pagar las anualidades del juro. Eran los «situados», es decir, unos recursos afectados que ya en 1494 representaban la tercera parte de los ingresos fiscales, proporción que fue en aumento hasta llegar al 50 o 60 por 100 a finales de siglo. El estado no podía contar con las rentas ordinarias, pues se gastaban antes incluso de ser recaudadas.[4] Debía recurrir permanentemente a otras fuentes de financiación, que se pueden resumir en estas tres: la plata de América, los expedientes y el empréstito.

El quinto de las rentas coloniales —quinto real— pertenecía a la corona. La flota de las Indias lo llevaba a Sevilla, dos veces al año, en forma de lingotes. Hacia 1550 los «tesoros americanos» equivalían a 200.000 o 300.000 ducados anuales; a fines de siglo ascendían a dos millones. A pesar de su volumen, no eran el recurso principal. Las alcabalas aportaban más, por lo menos durante el reinado de Carlos V, pero los «tesoros americanos» eran el único ingreso de dinero líquido, mientras que los impuestos se podían recaudar en especie.

Las dificultades concretas se solventaban mediante recursos extremos. Consistían, sobre todo, en vender los bienes de la corona y los privilegios de nobleza.

Por último estaba el recurso al empréstito, que podía ser de dos formas: 1) emisión de títulos de deuda pública (juros) para los particulares; 2) la deuda flotante o

---

4. Un caso extremo es el de Murcia en 1595: de los 12.890.500 maravedíes producidos por las alcabalas, 12.257.229 eran de los situados. Cf. F. Chacón, *Murcia en la centuria del quinientos*, Murcia, 1979, pp. 227-228.

préstamos a corto plazo de los banqueros: los asientos. Los juros tenían un interés comprendido entre el 7 y el 10 por 100. Eran una inversión segura, por lo que tuvieron éxito de público. El asiento era un contrato entre la corona y un banquero. Éste se comprometía a proporcionar al soberano una cantidad pagadera en el extranjero, en moneda local. La corona reembolsaba el crédito más los intereses en España y en moneda española. Como garantía presentaba unos ingresos fiscales determinados —los situados— y los metales preciosos de América. En los tiempos difíciles, cuando el quinto real no bastaba para hacer frente a los créditos, el rey no dudaba en tomar el dinero destinado a los particulares, entregándoles a cambio títulos de renta. Fue así como parte de los tesoros americanos fueron a parar al extranjero, ya que los asientos concernían sobre todo a banqueros, primero alemanes y luego genoveses. Carlos V recurrió sobre todo a banqueros alemanes como los Fugger y los Welser. A partir del reinado de Felipe II los genoveses tomaron el relevo.

El endeudamiento acabó adquiriendo unas dimensiones desmesuradas. Durante su reinado Carlos V tomó prestados 28 millones de ducados. Debido a los intereses y los gastos anejos, tuvo que reembolsar 38. Al final del reinado de Felipe II los ingresos de la monarquía ascendían a 10 millones de ducados, y el total de los empréstitos a 68 millones. Se contrataba un empréstito para reembolsar otro, se anticipaba sobre las recaudaciones futuras y los metales preciosos de América, de modo que en varias ocasiones el estado se encontró en suspensión de pagos. Dos de estas bancarrotas, la de 1575 y la de 1596, fueron muy sonadas. En ambas ocasiones Felipe II salió del paso convirtiendo la deuda flotante en deuda consolidada (al no poder reembolsar a los banqueros el rey les entregó juros). Los banqueros no perdieron nada, pues colocaron los juros, lo cual contribuyó a hacer de España un país de rentistas.

En un siglo el producto fiscal de Castilla se multiplicó por nueve, pero al mismo tiempo la población aumentó y los precios se multiplicaron por cuatro. Por otra parte, unos impuestos que no existían en 1494 (el quinto real y los derechos de aduana recaudados en Sevilla sobre el comercio con las Indias) se desarrollaron mucho a partir de esta fecha. Podemos sacar dos conclusiones: por un lado, la presión fiscal bajó, por lo menos hasta 1575, y, por otro, el aumento del producto fiscal indica que durante este período Castilla se enriqueció. Fue después de 1575 cuando la fiscalidad se volvió agresiva, coincidiendo con un cambio de la coyuntura económica.

LA EXPANSIÓN CASTELLANA

Una de las características de la monarquía hispánica fue el desarrollo desigual de sus reinos. El dinamismo de Castilla durante los reinados de los Reyes Católicos y los primeros Austrias contrasta con el estancamiento de la corona de Aragón. La superioridad del centro sobre la periferia queda patente en tres ámbitos, el demográfico, el económico y el de los valores sociales e ideológicos, que se tienden a atribuir al conjunto, cuando en realidad sólo eran representativos de Castilla.

La población

La primera ventaja importante de Castilla eran los hombres. De mediados del siglo XV a finales del XVI una tasa de fecundidad inusitadamente alta permitió compensar la fuerte mortalidad infantil y las pérdidas causadas por las hambrunas y las pestes, y el resultado fue un crecimiento demográfico continuo. En esta época la población de los países de la corona de Castilla era más de las tres cuartas partes de la población española total. A lo largo del siglo XVI pasó de cuatro millones y medio de habitantes a seis millones y medio. Todas las regiones experimentaron este crecimiento, pero fue más acusado en la zona central —comarcas de Valladolid, Palencia, Segovia, Ávila, Toledo— y Andalucía, y en las ciudades que en el campo.[5]

Las epidemias de 1596 y, sobre todo, las de 1599-1600, invirtieron esta tendencia. España perdió el 15 por 100 de su población. En el siglo XVI ya se habían declarado mortíferas epidemias, pero seguidas de una recuperación demográfica. En el XVII no sucedió lo mismo, y la peste se instaló de forma duradera. La de 1599-1600 asoló sobre todo la meseta noroeste, Castilla la Nueva y el valle del Guadalquivir. La de 1647-1654 devastó Cataluña, Aragón, la comarca de Valencia y otra vez Andalucía. Los últimos embates afectaron sucesivamente al reino de Murcia (1678-1682) y las dos Castillas (1683-1685). En todos los casos las víctimas se contaron por cientos de miles. La mayoría de las ciudades de Castilla perdieron más de la mitad de sus habitantes. Segovia, que tenía 22.700 en 1591, se quedó con 10.000 en 1660 y 9.000 en 1693. Toledo tenía unos 50.000 habitantes en 1597, cifra que bajó a 25.000 a fines del siglo XVII. Sevilla, cuya población ya había sido diezmada en 1597, perdió la mitad en 1649 y se quedó en 60.000 habitantes. El marasmo de la economía acentuó los efectos de las epidemias. Tal como observaron los arbitristas, atribuir el descenso demográfico al excesivo número de eclesiásticos y monjas era tomar el efecto por la causa. Si hubo tantos hombres y mujeres dispuestos a tomar los hábitos y a permanecer solteros, fue a causa de la crisis, ya que los tiempos eran difíciles, el trabajo escaseaba y había que pensárselo mucho antes de fundar un hogar y cargarse de hijos.

El desarrollo económico

El índice de prosperidad siguió de cerca al demográfico. La derrama del impuesto de los millones pone en evidencia tres zonas:
— una zona rica que incluía toda Andalucía;
— una zona pobre, el norte;
— y una zona de prosperidad intermedia, que correspondía al centro de la península.

Hasta el último tercio del siglo XVI hubo dos sectores en constante progreso: las actividades primarias (agricultura y ganadería) y las manufacturas. Ambas dieron un fuerte impulso al comercio internacional de Castilla.

Para alimentar al excedente de población se amplió la superficie sembrada. Tierra de Campos, La Mancha y Andalucía eran los graneros de Castilla. Los cereales tro-

---

5.   En 1530 la población urbana representaba el 5 por 100 de la población total, y a final de siglo el 9 por 100. En 1530 había quince poblaciones de más de 10.000 habitantes, y en 1591 veinticinco. Entre 1530 y 1594 Burgos pasó de 1.500 hogares a 2.665, Valladolid de 6.750 a 8.112, Salamanca de 2.459 a 4.953, Ávila de 1.523 a 2.286, Segovia de 2.850 a 5.548 y Toledo de 5.989 a 10.933. Para obtener el número de habitantes se multiplica el de hogares por 4,5 o 5. En 1560 Madrid tenía menos de 9.000 habitantes; cinco años después, cuando pasó a ser la capital del reino, alcanzó los 30.000, y más de 75.000 a finales de siglo, una cifra sólo superada por la de Sevilla.

pezaron con tres clases de obstáculos. El primero fue la ley de los rendimientos decrecientes: una vez cultivadas las tierras buenas, las roturaciones cada vez fueron menos rentables. El segundo obstáculo fue la competencia de los cultivos especulativos, más remunerativos que el trigo, como el olivo y la vid. Esta última gozó de una situación muy favorable, porque el precio del vino aumentó mucho a lo largo del siglo. Los agricultores se animaron a plantar viñas, un fenómeno que se observa en La Rioja, la comarca de Valladolid, La Mancha y Andalucía. El último obstáculo fue la enajenación de los baldíos y los privilegios de los ganaderos agrupados en la Mesta. Los baldíos —bienes comunales— se encontraban teóricamente a disposición de los habitantes, a título precario y por turnos, pero las oligarquías municipales se las arreglaron para favorecer a sus parientes, allegados y clientes, cuando no los vendieron[6] para desarrollar los cultivos especulativos, sobre todo la vid. Por último, la Mesta se opuso con toda la fuerza de su organización a que se labraran los pastizales. Los numerosos procesos dan fe del enconamiento de los conflictos que surgieron en torno a este problema. En 1526 la Mesta alcanzó su nivel más alto, con cerca de tres millones y medio de ovejas.[7] Los Reyes Católicos confirmaron sus privilegios en 1492 y 1511. Desde 1500 estuvo presidida por un miembro del Consejo Real, lo cual reforzó su autoridad y prestigio. Entre las actividades del sector primario cabe destacar la importancia de la pesca. En Andalucía tuvo un gran auge la pesca del atún. Desde el siglo XIV esta pesca fue casi un monopolio de los duques de Medinasidonia, que vendían sus productos en todos los puertos del Mediterráneo y en Italia.

Se suele admitir que el aumento de bienes de manos muertas en poder de nobles y eclesiásticos fue nefasto para la producción agrícola. Probablemente se ha exagerado la incompetencia y negligencia de los administradores de dichos bienes. El régimen señorial no era necesariamente incompatible con el desarrollo económico. Acabamos de citar el ejemplo de las pesquerías de los duques de Medinasidonia. Podríamos mencionar también el dinamismo y el espíritu emprendedor de los señores de Pastrana, que hicieron un gran esfuerzo por modernizar sus explotaciones e introducir nuevos métodos de administración. En cuanto al clero, los curas y frailes solían estar muy por encima de la media de los terratenientes en lo concerniente a la explotación de sus tierras y rebaños. Sabían vender o alquilar al mejor precio sus cereales, su lana y sus pastos. Todo indica que la Iglesia se interesaba vivamente por la administración de la economía.

Una cosa es segura: los precios agrícolas no dejaron de subir —más deprisa que los de las manufacturas— hasta 1575. Conocemos los dos motivos principales, el mercado americano —del que hablaremos más adelante— y la reglamentación de los cambios, que prohibía exportar al extranjero el dinero en moneda y los metales preciosos. Los comerciantes y especuladores extranjeros se veían obligados a gastar sobre el terreno sus capitales disponibles y sus beneficios. Por lo tanto, compraban grandes cantidades de materias primas y productos alimentarios, para exportarlos y revenderlos con beneficio en el extranjero. Es lógico que esta fuerte demanda hiciera subir los precios e impulsara las inversiones en la agricultura y la ganadería. En 1566 Felipe II, para contentar a sus acreedores, abrió una brecha en la legislación y autorizó, con ciertas condiciones, las exportaciones de dinero en metálico (licencias de sacas). Los beneficiados fueron los banqueros genoveses, que se apartaron del

---

6. Con la aprobación del rey, que daba las autorizaciones necesarias a cambio de dinero.
7. A partir de 1558 esta cifra ya no superó los dos millones.

comercio para dedicarse a la especulación con los empréstitos de estado y el crédito a particulares. Las consecuencias no se hicieron esperar, en forma de quiebras
—numerosas en Burgos y Sevilla—, mientras los precios agrícolas se hundían. La
bancarrota de 1575 no arregló nada. La actividad económica no recuperaría nunca su
nivel anterior. Sucedió, en particular, con las ferias de Medina del Campo, sobre
todo después de la segunda bancarrota de 1596.

Durante todo el siglo XVI la manufactura experimentó un continuo desarrollo. En
casi todas las localidades se trabajaba el cuero y el hierro, pero algunas ciudades se
hicieron famosas por la calidad de sus productos: los cueros de Córdoba, las armas
de Toledo, los guantes de Ocaña y Ciudad Real... Merecen una mención especial los
oficios artísticos como la orfebrería, el grabado o el bordado. El textil fue la actividad principal, con dos producciones importantes, la seda y la lana. El reino de Granada y Levante (Murcia y Valencia) eran las regiones productoras de seda bruta. La
industria de transformación se concentraba en varias ciudades como Córdoba y,
sobre todo, Toledo, con sus terciopelos, tafetanes y damascos. En Toledo también se
trabajaba la lana, y a partir del siglo XV la ciudad se especializó en la fabricación de
paños de lujo. La industria de la lana era la actividad principal de las ciudades
medianas de Castilla: Ávila, Zamora, Soria, Cuenca, etc. Segovia fue un centro precoz de esta industria, y sus paños eran de los más preciados. La organización era
similar a un desarrollo de tipo capitalista, con formas de producción centralizadas y
técnicas de crédito modernas (obligaciones y letras de cambio). Los artesanos a
domicilio trabajaban por cuenta de un reducido número de empresarios —los «hace-
dores de paños»—, que les proporcionaban la materia prima y comercializaban los
productos. La producción fue en aumento a lo largo del siglo, y en 1580 llegó a un
nivel comparable al de los centros italianos contemporáneos.[8]

La lana, el vino, el aceite, el hierro y los productos manufacturados generaban un
intenso comercio con el extranjero. España exportaba sobre todo —pero no exclusivamente— materias primas, y compraba trigo y productos manufacturados. Hasta
que, debido a la guerra de Flandes, Felipe II embargó los barcos holandeses atraca-
dos en los puertos de la península ibérica (primero en 1585 y luego en 1595), una
parte de este comercio se hizo por mediación de los holandeses, que transportaban
trigo, maderas y material naval, y de vuelta cargaban los productos coloniales y la
sal, indispensable para conservar los arenques. De todos modos, tampoco hay que
subestimar la flota mercante española. Durante el reinado de Felipe II fue la segunda de Europa. Si le añadimos a partir de 1580 la flota portuguesa, igualaba o superaba a la holandesa, doblaba a la alemana y triplicaba a la inglesa y la francesa. Los
Reyes Católicos elevaron Medina del Campo a la categoría de capital comercial y
financiera de la monarquía. Sus dos ferias anuales marcaron el ritmo de la vida económica del país hasta finales del siglo XVI. Hubo dos polos que destacaron claramente, Burgos-Bilbao y el complejo sevillano. El primero se dirigía hacia el norte de
Europa y el segundo hacia Italia, y luego hacia América.

La vocación comercial de Burgos se confirmó en los siglos XV y XVI, tras la
creación del consulado en 1494, seguido del de Bilbao, en 1511. A partir de entonces, gracias a la cooperación entre los armadores vascos y los comerciantes burgaleses, Castilla dominó los negocios del norte de Europa. Las compañías que se espe-

8.   José I. Fortea Pérez, «Les villes de Castille sous l'Ancien Régime», *Revue d'Histoire
Moderne et Contemporaine*, 1994.

cializaron en el gran comercio eran de tipo familiar. Los parientes se asociaban para armar barcos y comerciar. Fue así como surgieron las dinastías mercantiles de los Maluenda, los Miranda, los Salamanca, los Quintanadueñas y los Bernuy, que dejaron el sur —Castilla la Nueva y Andalucía— para los genoveses, y se reservaron Castilla la Vieja y el Cantábrico. Tenían corresponsales en Brujas, Amberes, Ruán, Nantes... En la lista de los burgaleses habría que incluir también a Simón Ruiz (1526-1597), que era de Medina del Campo. Ruiz tenía agentes en todo el mundo, y en seguida se dio cuenta de la importancia del mercado americano. A su hermano Andrés lo instaló como corresponsal en Nantes, una antigua plaza fuerte del comercio español. Los castellanos tenían allí un cónsul y una cámara de comercio activa (demasiado, a juicio de los franceses, para quienes los españoles se conducían como en tierra conquistada). En esta ciudad los españoles compraban trigo, telas, vino y pescado, y vendían lana, paños finos y hierro.

Los Países Bajos eran otro emporio del comercio burgalés. Desde 1428 los españoles gozaban de una posición privilegiada en Amberes y Brujas, donde tenían cónsules y una cámara de comercio. En 1541 Brujas pasó a ser el centro de abastecimiento de las lanas de España para el conjunto de los Países Bajos. La edad de oro del comercio de Burgos se sitúa entre 1425 y 1550, con exportación de lana e importación de telas. Podría parecer un caso típico de subdesarrollo, de no ser por un detalle: los textiles representaban el 66 por 100 del flete de vuelta, pero sólo la quinta parte eran paños de lana. Las principales importaciones (43 por 100) eran telas de lino. La lana de Castilla servía para fabricar paños que los Países Bajos vendían sobre todo en las ciudades de la Hansa. Este tráfico empezó a decaer hacia 1550, antes, por tanto, de la rebelión de Flandes. La Hansa compró menos textiles flamencos, y el algodón y el lino se pusieron de moda. La guerra de Flandes acentuó este declive. En el canal de la Mancha los piratas y corsarios asaltaban los navíos españoles, que tenían que navegar en convoyes y dar grandes rodeos. Brujas cedió la primacía a Amberes. En 1574 los mendigos del mar tomaron Middelburg y se apoderaron de los 147 barcos españoles que se disponían a desembarcar su cargamento de lana. La tercera parte de estos barcos pertenecían a burgaleses. Los armadores y aseguradores se arruinaron. A partir de esta fecha dio comienzo la decadencia de Burgos.

En la misma época —en 1570— se produjo otro hecho que confirma la decadencia del comercio burgalés: la quiebra de los Bernuy. Esta familia había fundado una compañía que no tenía nada que envidiar a las empresas italianas y alemanas de la época por el volumen de negocio, las técnicas empleadas, la estructura del capital, etc. La compañía tenía su sede central en Burgos, una filial en Tolosa y sucursales en Amberes, Londres, Ruán, Nantes, Burdeos, Lisboa, Lyon, Sevilla... Se encargaba de comercializar diversas mercancías. Además especulaba, invertía en la tierra, prestaba dinero a los reyes y a los particulares, y se ocupaba de seguros marítimos. Pero sobre todo se había especializado en el comercio del pastel, producto indispensable para la industria textil de la época. Desde finales del siglo XV los Bernuy dominaron el mercado del pastel en toda Europa, desde la producción —en el Lauragais, de ahí la importancia de la filial tolosana, y las Azores— hasta la distribución, pasando por el transporte. Los Bernuy poseían su propia flota mercante, y suministraban el producto a los centros textiles de Castilla y Europa. La competencia del añil americano, que daba resultados idénticos al pastel pero era de mejor calidad, más barato y fácil de transportar, dio al traste con este imperio comercial. Los Bernuy no pudieron resistir, y el mercado se hundió.

El complejo portuario de Sevilla —con sus antepuertos de Sanlúcar de Barrameda y Cádiz— era visitado desde el siglo XIII por los mercaderes genoveses interesados en el comercio del aceite. Poco a poco los genoveses convirtieron Sevilla en una etapa entre Italia y el norte de Europa, dejando el comercio en África y el Atlántico sur a los andaluces, que operaban a partir de Sevilla y los pequeños puertos de La Niebla, Palos y Huelva. Traficaban con la pesca, el oro de Sudán y los esclavos, en competencia con los portugueses. Mucho antes del descubrimiento de América el litoral andaluz fue un próspero foco comercial, la salida al mar de un país interior rico en trigo, aceite y vino. Los italianos no invirtieron demasiado en las expediciones a América. Prefirieron siempre el negocio con Canarias, después con el Caribe y, por último, con las Indias, asociados con los sevillanos. La explotación de los recursos del Nuevo Mundo dio una prosperidad inesperada a la zona de Sevilla.

La corona no tardó en aplicar el doble principio que presidió sus relaciones con las Indias: el monopolio y la prioridad dada al subsuelo y a las minas.

El monopolio

Las Indias se incorporaron a la corona de Castilla, de modo que los extranjeros quedaron excluidos, sin poder emigrar ni comerciar con ellas. Extranjeros eran también los súbditos de la corona de Aragón (aragoneses, catalanes y valencianos). En este caso habría que hablar de imposibilidad material, más que de discriminación propiamente dicha. El marasmo de la corona de Aragón no le habría permitido participar en la explotación colonial. El derecho se limitó a tomar acta de una situación de hecho. La prueba es que en el siglo XVIII, cuando cambió la situación, los catalanes fueron autorizados sin problemas a comerciar con América.

La corona reservó a la baja Andalucía el monopolio de las relaciones con las Indias. En 1503, para asegurar el respeto de este monopolio, se fundó en Sevilla una institución compleja, la Casa de Contratación. Era una cámara de comercio destinada a suministrar al Nuevo Mundo los artículos necesarios y almacenar los productos que llegaban de allí. También era una aduana, un depósito de mercancías confiscadas, un arsenal, un almacén militar, una oficina de emigración, una escuela de cartografía y navegación, un tribunal que entendía en pleitos relacionados con las Leyes de Indias, etc. Su finalidad era garantizar el monopolio colonial y la seguridad de los convoyes de la ruta de América (carrera de Indias). La corona, que no quiso subvenir a los gastos de las expediciones coloniales, tampoco quiso hacerse cargo de la protección del comercio. Proporcionaba los navíos de escolta, pero su mantenimiento correspondía a los comerciantes, que pagaban para ello un impuesto especial sobre las mercancías transportadas, la avería. Las ordenanzas de 1543 regularon el tráfico. Para comerciar con las Indias se requerían ciertas condiciones. Había que registrar las mercancías en la Casa de Contratación, poseer un capital no inferior a 300.000 maravedíes, y aportar la probanza de limpieza de sangre, es decir, de que no se tenía antepasados judíos ni musulmanes. Sólo podían cruzar el Atlántico los barcos de más de cien toneladas, que debían navegar en convoyes de diez buques como mínimo, escoltados por navíos de guerra. Se organizaban dos salidas anuales, en marzo y septiembre. Llegados a La Habana, los barcos se dispersaban en todas direcciones: Veracruz, Cartagena de Indias y Nombre de Dios (más tarde Portobelo). Desde este último puerto las mercancías se transportaban a través de la selva tropical hasta Panamá, en la costa del Pacífico, donde de nuevo eran embarcadas rumbo a El Callao, en Perú. De vuelta, los «tesoros americanos» seguían el mismo itinerario en sentido inverso y se concentraban en La Habana para viajar hasta Sevilla. El monopolio permaneció en vigor hasta la segunda mitad del siglo XVIII.[9]

Los «tesoros americanos»

Las Capitulaciones de Santa Fe (1492) no dejan lugar a dudas sobre lo que se esperaba de la expedición de Colón: era una cuestión de «rescate», es decir, de tráfico. Más adelante la mentalidad siguió siendo la misma. Los descubridores y los conquistadores pensaban en las especias, las perlas y los metales preciosos. Buscaron el beneficio inmediato, del que había que descontar siempre la quinta parte para la corona. Al principio se dedicaron al saqueo y la extorsión de las joyas y los tesoros (recordemos la profanación de las sepulturas y el rescate de Atahualpa). Luego buscaron las perlas y las pepitas de oro que arrastraban los ríos. Por último dedicaron sus esfuerzos a las minas de oro y plata. México y Perú, como productores de estos metales, ocuparon en seguida un lugar destacado en el imperio, y fueron los dos primeros virreinatos. Los demás territorios pasaron a un segundo plano. En 1542 se descubrió un yacimiento de plata en Potosí, Perú. El cerro, a 4.830 m de altitud, dominaba un altiplano yermo y helado, la puna. Mil metros por debajo se construyeron rápidamente unas instalaciones precarias, en la creencia de que los filones se agotarían pronto. No fue así, y en pocos años Potosí se convirtió en la ciudad más poblada de América. A principios del siglo XVII tenía 150.000 habitantes, más que Londres, París, Roma y Sevilla. El clima era tan riguroso que no se veía ningún insecto. Durante mucho tiempo ningún hijo de españoles nacido en la ciudad logró sobrevivir, pues todos morían de frío a poco de nacer. Había que llevar hasta allí todo lo necesario, madera, hierro, utensilios, comida, ropa, etc. Pero en Potosí se podía encontrar de todo: tiendas, garitos, burdeles, teatros… De Europa se traían las telas, el vino y los artículos de lujo. En 1555 el procedimiento primitivo de explotación —fundición del mineral de plata— fue sustituido por la técnica de la amalgama con azogue, que aumentaba el rendimiento. Primero se usó el de Almadén, hasta que se descubrió mercurio en los Andes a 4.700 metros de altitud, en Huancavelica.

La explotación de las minas del Nuevo Mundo planteaba tres problemas: la financiación, la técnica y la mano de obra. En Perú casi todos los mineros eran aventureros sin capital que pedían prestado a los mercaderes de Lima el dinero necesario para pagar el material, los salarios y los demás gastos. Como no tenían medios para invertir, trabajaban con métodos arcaicos. Nunca trataron de aportar innovaciones técnicas, y procuraron reducir en lo posible los gastos. La riqueza de los yacimientos garantizaba una producción abundante, a costa de un enorme derroche. La plata, en forma de lingotes, se transportaba a los almacenes del rey y luego se llevaba a la costa para

---

9. Este sistema no acabó con el contrabando ni con el fraude. Parte del comercio con Perú se desviaba a Buenos Aires a través de los Andes. Se cambiaban esclavos negros, hierro y especias por plata. Por otro lado, se calcula que en Veracruz de la mitad a las tres cuartas partes de las mercancías se declaraban por debajo de su valor o no eran declaradas. En Sevilla los funcionarios de la Casa de Contratación se dejaban sobornar, y las cantidades de oro y plata desembarcadas eran muy superiores a las que figuraban en los registros.

ser embarcada rumbo a Sevilla, vía Panamá. En todas las etapas el fraude era considerable. Se calcula que igualaba, como mínimo, las cantidades declaradas.

Para la mano de obra se recurrió al trabajo forzoso de los indios, pues los esclavos negros eran caros y se adaptaban mal al clima. En Zacatecas (México), en 1570, encontramos una fuerte proporción de trabajadores blancos: 300 españoles frente a 500 esclavos, indios en su mayoría, y muchos mestizos libres, atraídos por unos salarios relativamente altos. En Perú, al principio, la explotación se hacía en régimen de encomienda, con el trabajo forzoso de los indios durante períodos más o menos prolongados, a veces de tres años. Acudían con mujeres e hijos y el utillaje necesario (picos, barras, llamas para transportar el mineral...). Para los empresarios era la solución ideal. El indio cobraba un salario escaso y tenía derecho a vender el sobrante del metal extraído, con lo que le daba para vivir. El rendimiento era elevado gracias a la abundancia de mano de obra. En 1572, cuando se generalizó el procedimiento de extracción de la plata por amalgama con azogue, al virrey Francisco de Toledo se le ocurrió poner en vigor una institución que databa del tiempo de los incas, la mita. Consistía en alistar trabajadores por turno y repartirlos entre los empresarios españoles. Los indios, acompañados de sus familias y sus llamas, llegaban de toda la región del lago Titicaca. Debían pasar un año en la mina. El virrey Toledo tomó una serie de medidas para evitar los abusos. Sus ordenanzas fijaron un salario mínimo, regularon la jornada de trabajo,[10] dispusieron la creación de hospitales... pero a pesar de estas ordenanzas, el trabajo en la mina era terriblemente cruento. Muchos indios murieron de pulmonía al quedar expuestos al viento helado de la cima cuando subían de las profundidades de la mina, donde la temperatura era elevada. La mita de Huancavelica era aún más temible que la de Potosí. Pocos indios regresaron de ella. A pesar de las protestas de los moralistas y de algunos teólogos, la mita se mantuvo hasta el siglo XVIII. Para mitigar un poco sus efectos se permitió que los indios celebraran sus fiestas tradicionales. Quizá por ello no hubo ninguna rebelión indígena en toda la historia de Potosí, la mayor concentración de indios del Perú colonial. Bien es verdad que los españoles siempre pudieron contar con la complicidad de los caciques locales, encargados de elegir a los mitayos y hacer que se respetara la organización de la mita.

Como se gastaba poco en modernizar y mantener las minas y la mano de obra era muy barata, los metales preciosos de América tenían un precio más bajo que los extraídos en Europa, a pesar del derroche y los gastos de transporte. Desde comienzos del siglo XVI se desembarcaron en Sevilla cantidades crecientes de oro y, sobre todo, de plata.[11] Hamilton y Pierre Chaunu calcularon el volumen de esas remesas, a partir de los registros de la Casa de Contratación. Las cifras oficiales son muy inferiores a las reales, porque el contrabando y el fraude no han dejado un rastro documental. ¿Dio lugar este tráfico a la «revolución de los precios» que se produjo entonces en Europa, partiendo de España? Eso pensaba Hamilton y, mucho antes que él, el español Tomás de Mercado y el francés Jean Bodin. Más o menos en la misma época, en 1567-1568, estos dos observadores establecieron una relación entre «la abundancia de oro y plata» y el «encarecimiento»: es la teoría cuantitativa de la moneda. La situación económica era boyante y favorable a España. Los descubridores, conquistadores, colonos y funcionarios compraban de todo: vino, aceite, harina,

---

10. Los indios trabajaban una semana de cada tres. Del sábado por la noche al lunes por la mañana podían trabajar por su cuenta.
11. «En el siglo XVI, el oro de América es la plata del Perú» (Marie Helmer).

efectos navales, armas, herramientas, telas... Los terratenientes, empresarios y comerciantes salían ganando. Cuando no se encontraban ciertos productos de España, o cuando las cantidades no permitían hacer frente a la demanda, se importaban para volver a exportarlas. No significa esto que España dependiera del extranjero para el abastecimiento del mercado americano. Todavía no. Es verdad que en 1516 los proyectistas sugirieron a Cisneros que limitara la exportación de lana para que pudiera desarrollarse la industria nacional. En 1558 el *Memorial* de Luis Ortiz recogió este argumento y lo amplió a toda la producción. España exportaba materias primas e importaba productos elaborados, con lo que se estaba encaminando al subdesarrollo. Hasta el último tercio del siglo XVI estos temores no estuvieron justificados. Al contrario, todo parece indicar que durante la mayor parte del siglo España se enriqueció. Las Indias crearon una demanda que impulsó la agricultura, la artesanía y el comercio. España participó plenamente de los beneficios, no fue un mero intermediario entre el resto de Europa y América.

¿Qué ocurría con los «tesoros americanos» cuando llegaban a Sevilla? Hay que distinguir entre los que pertenecían a la corona y los que eran propiedad de particulares. La primera porción incluía la quinta parte de los beneficios coloniales, el quinto real. La segunda porción de la plata de América —la que pertenecía a los particulares— constaba, a su vez, de dos elementos. Una parte era el contravalor de las mercancías exportadas. Los comerciantes españoles volvían a invertir sus beneficios en empresas, pero en una proporción que fue disminuyendo a lo largo del siglo. Es el fenómeno de las «segundas generaciones» observado por Lapeyre en la familia de Simón Ruiz. Las primeras generaciones creaban la riqueza y las segundas la dilapidaban comprando tierras, señoríos y rentas. Aspiraban a la nobleza (volveremos sobre este asunto). Otra parte consistía en transferencias realizadas por conquistadores y colonos. Eran los beneficios coloniales, generalmente destinados a gastos suntuarios. De este modo, cierta cantidad de plata, que debió de ser muy elevada, se atesoró en forma de palacios, objetos de arte, vajillas,[12] ornamentos religiosos, fundaciones piadosas (hospitales, iglesias, monasterios...). ¿Qué quedó, por ejemplo, de la enorme fortuna de los Pizarro, amasada con el rescate de Atahualpa? Un palacio en Trujillo, un título nobiliario —el marquesado de la Conquista— y un señorío, todo ello riqueza improductiva, sin incidencia en la vida económica.

EL REPLIEGUE

Durante la mayor parte del siglo XVI España pasó por un largo período de prosperidad. ¿En qué momento se produjo el cambio en la situación económica? «Fecha difícil de fijar —escribe Pierre Vilar—; mientras sus ventas a las Indias equilibraron en cantidad y superaron en valor a sus exportaciones al extranjero, [España] pudo enriquecerse. Cuando el alza de los precios internos perjudicó definitivamente a la producción española, cuando, año tras año, hubo que importar más y dar más dinero por la misma mercancía comprada, España se dio cuenta de que era las Indias del extranjero.»[13]

---

12. La vajilla de plata del marqués de Mondéjar, en 1580, pesaba unas dos toneladas.
13. Pierre Vilar, «Les Primitifs espagnols de la pensée économique», en *Mélanges offerts à Marcel Bataillon par les hispanistes français*, t. LXIV bis, 1962, *Bulletin Hispanique*, pp. 272-273.

A partir de 1575-1580 la situación dio un vuelco, a causa de una serie de factores. Unos se debían a la situación en la península ibérica, los otros a la evolución producida en América. Entre los primeros destacan dos fenómenos, la quiebra de la economía y el descenso de la población.

El mercado americano seguía ejerciendo una fuerte presión sobre la demanda, pero los precios españoles eran los más altos de Europa. La curva de los salarios fue paralela a la de los precios, mientras en otras partes aumentaba la separación entre ambas. Según Hamilton, esta sería la explicación de la peculiaridad española. En otros países la gran diferencia entre los precios y los salarios permitió acumular beneficios, que se invirtieron en nuevas empresas comerciales o manufactureras. Hubo acumulación de capitales y desarrollo del capitalismo. En España no se produjo nada parecido. Las curvas de los salarios y de los precios se mantuvieron paralelas, los beneficios fueron menores, y también lo fue la acumulación de capital. Por este motivo España no entró en la era capitalista.[14] Sea o no cierta esta hipótesis, el caso es que las mercancías extranjeras, cada vez más competitivas, invadieron el mercado español y el americano pese a las medidas que se tomaron para mantener el monopolio comercial. Cuando los comerciantes extranjeros no podían obtener exenciones, burlaban la ley utilizando intermediarios y testaferros.

Hubo una apreciable regresión en tres sectores esenciales de la actividad económica: el comercio internacional, el textil y la producción agraria. Las exportaciones de lana alcanzaron un volumen máximo en la década de 1560, y a partir de entonces disminuyeron. Las cifras más bajas corresponden a los años 1664-1670. En Burgos la tendencia se invirtió a partir de 1548-1549. En el siglo XVII la ciudad ya había perdido todo su dinamismo y se había convertido en una población de segundo orden. La coyuntura internacional —guerras con Francia y rebelión de Flandes— no lo explica todo. Habría que tener en cuenta también la aparición de nuevas modas en el vestir[15] y nuevas técnicas comerciales, con las que los comerciantes castellanos estaban poco familiarizados: compañías formadas por un número mayor de socios, mientras que los españoles preferían las asociaciones más reducidas, de carácter familiar.

El textil era la principal actividad industrial de España. En el siglo XVII decayó en casi todas partes. Las manufacturas laneras de Castilla quebraron, excepto en Segovia, donde se fabricaban artículos caros pero de buena calidad. Las sederías, tanto de Toledo como de Levante (Valencia y Murcia), tuvieron muchas dificultades. Más que la expulsión de los moriscos del reino de Valencia en 1609, la causa de esta crisis fue el hundimiento de la demanda. El declive afectó a la mayoría de las ciudades. El fenómeno fue más acusado en Castilla. Todavía hoy el viajero que visita Burgos, Palencia, Zamora, Ávila o Cuenca queda impresionado por la cantidad de palacios y mansiones particulares construidos en tiempos de prosperidad, es decir, a fines del siglo XV y en el XVI. En el siglo XVII no se construyó nada duradero por falta de

---

14.   La tesis de Hamilton, expuesta en un artículo de 1929, inspiró en parte las teorías de Keynes. Pierre Vilar cree que es una conclusión apresurada; cf. *Une histoire en construction,* París, 1982, p. 130. Sobre la rápida subida de los salarios españoles a fines del siglo XVI, cf. Pierre Vilar, «Un hortelano castellano, que cobraba 3.470 maravedíes en 1599, pasó a ganar 9.000 en 1603. El "salario real" del trabajador español, de 1601 a 1610, dio un salto único en su historia» (*Le temps du Quichotte,* citado en *Une histoire en construction,* p. 235).

15.   El algodón y el lino cada vez competían más con la lana.

medios. Medina del Campo, la que durante mucho tiempo fuera capital financiera de España, pasó a ser una población rural. Las funciones específicamente urbanas decayeron en todas partes salvo en Madrid, Valladolid, Toledo y las grandes ciudades de Andalucía, a causa de la importancia del sector terciario, pero estas excepciones confirman la regla. En Castilla las funciones administrativas fueron el último refugio de un mundo urbano en decadencia.

Tampoco el campo se libró del marasmo. En el último tercio del siglo XVI la producción disminuyó, y en el XVII la situación se hizo preocupante. Entre 1565-1590 y 1700 las cosechas de trigo en el arzobispado de Toledo quedaron reducidas a la mitad. En la comarca de Segovia y Tierra de Campos el descenso fue del mismo orden: del 35 al 45 por 100 entre 1580 y 1640. También decayó la ganadería, a pesar de sus poderosos protectores de la Mesta. Los contemporáneos pudieron apreciar la magnitud del retroceso: se abandonaron muchas explotaciones, se dejaron tierras en barbecho, los pueblos se quedaron desiertos. Todo esto se debía a que la agricultura ya no era rentable. Los campesinos renunciaban a labrar la tierra porque ya no podían utilizar los bienes comunales, enajenados en beneficio de las oligarquías municipales, porque les embargaban las tierras cuando no podían pagar sus deudas. La creciente presión fiscal y el alistamiento de soldados [16] se sumaron a estas dificultades. Aun bajando los arriendos era difícil encontrar labradores dispuestos a quedarse en el campo y explotar la tierra.[17]

La evolución de la situación en América agravó las dificultades de la península. En el siglo XVII los tesoros de América fueron menos abundantes por dos motivos: el descenso de la producción de metales preciosos, y el hecho de que las Indias eran cada vez menos dependientes de Europa. En 1615 y 1616 se produjo una caída apreciable de las importaciones de plata. En vez de los dos millones de ducados esperados, se redujo a la mitad. La tendencia a la baja se afianzó en los años posteriores debido a un descenso de la producción, consecuencia de la fuerte disminución de la población india [18] sin que ninguna innovación técnica compensara la escasez de mano de obra. Hacia 1640 la decadencia de las minas de Zacatecas, en México, era evidente. A este primer motivo hay que añadir un segundo: los lingotes que llegaban a Sevilla eran la contrapartida de lo que América compraba a Europa. Pero un siglo después del descubrimiento América importaba mucho menos de Europa, pues sus manufacturas y su agricultura ya empezaban a suministrar productos de consumo corriente. En las Indias se fabricaba quincalla y telas baratas, se cultivaban cereales e incluso la vid y el olivo. Para cubrir las necesidades de la mina se desarrollaron los cultivos de huerta en las grandes explotaciones agrícolas —haciendas— y ganaderas —estancias—. Fue así como la mina impulsó directamente la agricultura y la

---

16. Entre 1636 y 1642, por ejemplo, en las aldeas de los alrededores de Ocaña, todos los años fueron movilizados unos sesenta hombres. A causa de estos reclutamientos forzosos no quedó nadie para labrar y cuidar el ganado, y los campos se despoblaron. Cf. Jerónimo López-Salazar Pérez, *Estructuras agrarias y sociedad rural en la Mancha (s. XVI-XVII)*, Ciudad Real, 1986, pp. 86-87.

17. Véase el ejemplo de la abadía de Párraces, en la provincia de Segovia. Para no verse obligada a dejar las tierras sin cultivar renunció a reclamar los arriendos atrasados y bajó el tipo. A pesar de estas ventajas, muchas tierras se quedaron sin arrendador (documento posterior a 1621, citado por Antonio García Sanz, *Desarrollo y crisis*, Madrid, 1986, pp. 305-306).

18. En México las epidemias de 1545-1546 y de 1576-1579 causaron miles de víctimas.

ganadería, y también la apertura de vías de comunicación entre el interior y la costa, contribuyendo a transformar el país.[19] Se multiplicaron los intercambios entre los territorios del imperio. América se bastó cada vez más a sí misma y dependió menos de Europa, que se encontró con que llegaban menos metales preciosos. Según Pierre Chaunu, esta nueva situación y la tendencia al consumo de productos propios fueron las verdaderas razones de la depresión económica española del siglo XVII.

Al mismo tiempo el estado siguió gastando más de lo que ingresaba para sufragar su política exterior y mantener una corte fastuosa. Se calcula que en 1621, antes de la reanudación de los combates en Flandes y las grandes batallas de la guerra de los Treinta Años, la defensa del imperio se comía el 65 por 100 del presupuesto. La corte tuvo que ingeniárselas para hacer frente al déficit galopante. Por un lado, vendió cargos públicos, señoríos y privilegios de representación en las Cortes. Y, sobre todo, recurrió de manera sistemática a la inflación, emitiendo cantidades crecientes de moneda de vellón. Estas monedas recibieron un valor nominal superior a su valor real, y se declararon de curso obligatorio. Si con eso no bastaba, se devaluaban aumentando el valor nominal. Las primeras emisiones utilizaron una aleación de plata y cobre. A partir de 1599 ya sólo se acuñaron monedas de cobre. Durante los reinados de Felipe III y Felipe IV se sucedieron las acuñaciones y devaluaciones. Pierre Vilar estima que hacia 1640 el 92 por 100 de la moneda que circulaba en Castilla era de vellón, y esta proporción subió al 95 por 100 en 1660-1680. De este modo se creó una doble circulación monetaria. Las monedas de oro y plata servían para los intercambios con el extranjero, y las de vellón para el comercio interior, con los inconvenientes de rigor: los precios subieron y se necesitaban muchas monedas para hacer la compra.[20] En 1680 se decidió por fin retirar el vellón de la circulación. De este modo se pudo frenar la inflación, pero ya había arruinado a muchos castellanos. Si el siglo XVI había sido para España la edad de la plata (más que del oro), el XVII fue la edad del cobre y de la calderilla.

¿DECADENCIA DE ESPAÑA O HUNDIMIENTO DE CASTILLA?

En 1600 la palabra y la idea de decadencia —«declinación»— aparecen en los escritos de González de Cellorigo, uno de los primeros pensadores que reflexionaron sobre el destino de su país. Es algo más que un lugar común, inspirado en el ejemplo del imperio romano. Como todos los organismos vivos, los imperios nacen, se desarrollan y mueren. Cellorigo analiza la situación de España y la considera muy grave. Otros creen en el castigo divino y afirman que Dios ha abandonado a Espa-

---

19. Cf. François Chevalier, *La formation des grands domaines cu Mexique*, París, 1952.
20. Cada territorio de la monarquía tenía su propio sistema monetario. El fenómeno que se acaba de resumir sólo concernía a la corona de Castilla. Aquí las monedas de cuenta eran el maravedí, el ducado (375 maravedíes) y el peso (450 maravedíes). Las monedas reales eran de oro (escudo), plata (real) o vellón. El escudo, creado en 1537 con un valor de 350 maravedíes, pasó a 400 en 1566, a 440 en 1609 y a 550 en 1643. El doblón (dos escudos), creado en 1566, valía 800 maravedíes. El real de plata, equivalente a 34 maravedíes hasta 1566, pasó a 272 en 1566 y a 340 en 1642. También se le llamó duro, y luego piastra. Con 23,36 g de plata fina, la piastra sirvió de modelo al dólar. La blanca de vellón valía medio maravedí. En 1537 fue sustituida por el cuartillo (8,5 maravedíes), el cuarto (4 maravedíes) y el ochavo (2 maravedíes), y a partir de 1599 por el nuevo cuartillo de 4 maravedíes.

ña por culpa de sus pecados. Es el sentimiento expresado por Felipe IV en 1643 en una carta a su confidente sor María, religiosa de Ágreda: «Esto nace de tener enojado a Nuestro Señor». Hasta hace poco los historiadores compartían el parecer de los contemporáneos, y creían en la decadencia de la España del siglo XVII.

Hay un contraste demasiado grande entre la realidad diaria y las ambiciones proclamadas desde la cúspide del estado. No se comprendía cómo España estaba sumida en el marasmo con todas las riquezas que llegaban del Nuevo Mundo. Para todos era evidente que la plata de las Indias, recién desembarcada en Sevilla, iba a parar al extranjero, pero no se entendía el mecanismo de estas exportaciones. Los banqueros prestaban al estado las cantidades que necesitaba; más tarde, éste se las reembolsaba —incrementadas con un elevado interés— gracias a los ingresos fiscales esperados y a los tesoros de América. Eso no era nuevo. En tiempos de Carlos V y Felipe II ocurría lo mismo. Pero en el siglo XVII se decía que estos banqueros explotaban a España lo mismo que ésta explotaba a las Indias.

Junto a la cabecera de la España enferma se agolpaba un enjambre de médicos bienintencionados. Eran los arbitristas.[21] En general tuvieron mala prensa. La literatura los ridiculizó o vilipendió. Cervantes crea el tipo con el pobre hombre del *Coloquio de los perros* (1613), que muere en el hospital creyendo que tiene soluciones geniales para salvar España, pero nadie le hace caso. Quevedo es aún más severo. Según él, Judas fue el primer arbitrista, que sólo pensaba en el interés inmediato. El arbitrista es presentado como un loco, un fracasado o un soñador alejado de la realidad. Esta sátira feroz es la caricatura de personajes complejos, que no siempre merecen esta reputación de falsarios y maniáticos. Hoy día a algunos de ellos se les considera economistas. Analizaron con lucidez los males que padecía España, describieron el estado de su agricultura, su industria y su comercio, y propusieron soluciones que no eran en absoluto necedades ni quimeras.[22] Casi todos los arbitristas partieron de constataciones objetivas: la deuda pública recargaba el presupuesto, el endeudamiento de los particulares creaba una multitud de parásitos, la competencia extranjera arruinaba el artesanado y las manufacturas, los campesinos, cargados de impuestos y deudas, abandonaban sus tierras, la producción agraria y la ganadería estaban en decadencia, había desempleo y las ciudades se llenaban de ociosos. De acuerdo en los diagnósticos, la mayoría de los arbitristas también lo estaban en las soluciones, con algunos matices. Recomendaban reducir los gastos públicos, sanear la fiscalidad, hacerla más equitativa, y relanzar la producción. Convencidos de que la demografía era la base de toda economía, propusieron medidas a favor de las familias numerosas.[23] Querían reducir la cantidad de clérigos y estudiantes,[24] y rehabilitar la agricultura, sin descartar los repartos de tierras. Por ejemplo, Pedro de Valencia

21. Sobre los arbitristas cf. Jean Vilar, *Literatura y economía. La figura del arbitrista en el siglo de oro*, Madrid, 1973.

22. A finales del siglo XIX la política de obras públicas preconizada por Joaquín Costa tropezó con el mismo escepticismo. Sin embargo, llamaba la atención sobre las dificultades reales de España y proponía soluciones que se aplicaron cincuenta años después, como los embalses para tener reservas de agua y regar.

23. Por ejemplo, eximiendo del impuesto a los padres que hubieran criado siete hijos varones. La medida se aplicó a favor de los llamados hidalgos de bragueta.

24. Había demasiadas universidades y estudiantes de letras y derecho. Era preciso hacer una selección para ingresar en las universidades (Pedro de Valencia) y desarrollar la enseñanza técnica (Fernández de Navarrete).

considera que el estado tiene el deber de intervenir para luchar contra las desigualdades. Según él, la propiedad no es sagrada, y todo el mundo debería tener una parcela que le diera para vivir. Caja de Leruela, agente de la Mesta, escribe en 1631 lamentándose de que la ganadería está en decadencia porque en el pasado se ha roturado en exceso y los suelos están agotados, la viña ha acabado con el buey, reemplazado por la mula, los pastizales son menos numerosos y la ganadería lo acusa, hay menos ovejas y, por lo :anto, menos carne, menos lana y menos trabajo para los artesanos.

Retroceso demográfico, recesión e inflación son los hechos que explicarían el repliegue de España en el siglo XVII, su hundimiento en 1640 y la doble derrota que supusieron, en el terreno militar, la batalla de Rocroi (1643), y en el diplomático los tratados de Westfalia (1648). Sin embargo, ¿se puede hablar de decadencia? Esta noción, que durante tanto tiempo ha gozado del favor de los historiadores, ha sido cuestionada recientemente. Algunos la rechazan y afirman que no se puede hablar de decadencia, sino de vuelta a la normalidad tras la expansión experimentada por España en el siglo XVI; hasta los años ochenta del siglo la península había gozado de una situación excepcionalmente favorable gracias a la llegada masiva de metales preciosos americanos. Como ejemplo se cita que España fue capaz de librar guerras incesantes durante todo el siglo XVII, algo que no parece muy propio de un país agotado.

Esta tesis no es convincente. Los signos negativos son demasiado numerosos y coincidentes para que se pueda negar la realidad del fenómeno. Hoy se tiende a relativizar y a tener en cuenta dos series de argumentos complementarios, unos de orden cronológico y los otros de orden regional. Se trataría de un repliegue temporal, que no afectó por igual a todos los territorios de la península. Fue patente entre 1640 y 1680, pero antes de fin de siglo se inició una recuperación: los nacimientos volvieron a superar a los fallecimientos, la inflación se detuvo y la producción recuperó su ritmo ascendente. No fue una recuperación uniforme, y se notó en unas regiones más que en otras. La población se repartió de otra manera. Los focos de atracción ya no fueron las mesetas interiores, sino las zonas periféricas. Las dos Castillas, León y Extremadura perdieron habitantes, mientras que Galicia, Asturias, el País Vasco, Cataluña, Levante y Andalucía los ganaron. Lo mismo se puede decir de la economía. Con la excepción, si acaso, de Segovia, cuyas telas seguían cotizándose, las ciudades de Castilla no salieron de la postración en la que se habían sumido a fines del siglo XVI. Habían perdido el dinamismo y eran como pueblos grandes. Castilla dejó de fabricar bienes manufacturados para convertirse en una región exclusivamente agrícola.[25] En Tierra de Campos la producción agrícola se recuperó lentamente durante la segunda mitad del siglo, y a partir de 1633 también la ganadería, pero en detrimento de la trashumancia. En las provincias del litoral cantábrico se desarrolló el cultivo de maíz, que sirvió para alimentar a una población de nuevo en aumento. En 1660 el maíz representaba dos tercios de la producción agraria de Galicia, y en el País Vasco se observa el mismo fenómeno. Según Pierre Vilar la llamada decadencia fue

---

25. Cf. las observaciones de Alexandre de Laborde, que visitó España a fines del siglo XVIII: «Castilla la Vieja fue la provincia de España con más manufacturas … Hoy es la provincia con menos manufacturas. Son escasas, y casi todas poco importantes … Esta provincia ya no es el almacén de las producciones nacionales que España envía al exterior, ni de las mercancías que recibe de los países extranjeros».

ese tiempo muerto, entre 1640 y 1680, durante el cual Castilla perdió los fundamentos materiales de su superioridad (la población, las manufacturas, el gran comercio internacional), cuando las regiones periféricas (País Vasco, Cataluña, zona de Cádiz) aún no habían desarrollado todas sus capacidades. Los historiadores, obsesionados por la situación de Castilla, han llegado a pensar que toda España se hundió con ella. Pero lo más adecuado sería hablar del ocaso de Castilla, y no de la decadencia de España. Este país no fue el único que pasó por dificultades, pues en toda Europa se produjo una coyuntura desfavorable, con epidemias, hambres, manipulaciones monetarias, recursos extremos para remediar el déficit de las haciendas públicas, disturbios políticos… Baste recordar la revolución de Inglaterra, o la Fronda. La situación en España fue un aspecto más de una evolución que afectó a toda Europa. Aunque también es verdad que la caída de España fue más espectacular, porque el siglo XVI había sido para ella un período de singular prosperidad.

LA SOCIEDAD ESPAÑOLA DEL SIGLO DE ORO

Resulta tentador hacer responsables a las mentalidades de la decadencia de España, y afirmar que la intolerancia con los judíos dejó al país sin dirigentes económicos, el culto al honor y el desprecio del trabajo manual arruinaron la nación y la llenaron de mendigos… Eso sería olvidar que las mentalidades evolucionan. Uno no nace rentista, sino que se hace, y si muchos castellanos prefirieron la seguridad al riesgo fue porque con ello salían ganando. Por otro lado, la España de los Austrias fue mucho más dinámica de lo que se cree. Hasta 1575-1580 se enriqueció. El anquilosamiento vino después, pero mientras tanto se habían adquirido malas costumbres. Después de 1575 el dinero fácil —el de América— siguió afluyendo, y sirvió para mantener el lujo en el consumo. Los que tenían responsabilidades —nobles, clérigos, burgueses y campesinos enriquecidos— se habían aficionado a especular, y hacían préstamos al estado —siempre en déficit— y a los particulares. En la España del siglo XVI los préstamos estaban a la orden del día, ya fuera para comprar una vivienda o modernizar una explotación, para comprar un cargo público o para casar a una hija. Los préstamos hipotecarios —censos— eran un buen negocio tanto para los prestatarios, cuando se trataba de inversiones productivas, como para los prestadores. Los tipos de interés pasaban del 10 por 100. Con el cambio de coyuntura algunos siguieron endeudándose, pero esta vez para conservar su tren de vida o reembolsar préstamos anteriores. Cuando no podían pagar las anualidades, los acreedores les embargaban los bienes que habían dado en prenda. Los arrendadores, por su parte, tuvieron que hacer frente a una bajada de los tipos de interés. En el siglo XVII cayeron al 5 por 100, a veces el 4, pero la costumbre de vivir de las rentas estaba muy arraigada, y no se plantearon ponerse a trabajar. Es lo que denuncia Cellorigo en 1600: nos hallamos en un mundo ficticio, las rentas se basan en una producción que no para de bajar, los acreedores embargan los bienes de los malos pagadores, pero no están dispuestos a explotarlos ellos mismos y no encuentran arrendatarios, el número de activos disminuye. Así se formó un bloque parasitario que cada vez tuvo más peso en la sociedad castellana. Estaba formado por una parte de la nobleza terrateniente, burgueses de segunda generación que habían renunciado a la «mercadería» para invertir en la tierra y vivir de las rentas, y un sector terciario (sirvientes de las grandes casas, soldados, clérigos, miembros de profesiones liberales, etc.)

en el que Cellorigo, a comienzos del siglo XVII, vio la causa de la decadencia. Esta evolución es lo que conviene describir con toda su complejidad, en vez de atenernos desde el principio a categorías estáticas.

La nobleza

En la nobleza española había tres niveles: grandes y nobles titulados, caballeros e hidalgos.

Los grandes y los nobles titulados formaban un grupo minoritario cerrado. Eran todos los que tenían el título de duque, conde y marqués. En Castilla, en 1520, eran 35, mientras que a finales del siglo XVII había unos 300. Algunos de ellos —una veintena a principios del siglo XVI, más del doble en el XVII— recibieron además la dignidad de grande de España, con el privilegio de permanecer cubiertos delante del rey. Todos ellos poseían enormes dominios, generalmente formados por mayorazgos y, por lo tanto, inalienables, que se transmitían íntegramente a los herederos. Sus rentas procedían de tierras, rebaños e inversiones bancarias, comerciales o manufactureras (porque los nobles, contrariamente a una extendida creencia, no se desinteresaban en absoluto de las actividades económicas). En la España de los primeros Austrias el honor y el beneficio no estuvieron reñidos, sino todo lo contrario. Luego la inflación empezó a mermar las rentas. En el siglo XVII la mayoría de los nobles titulados estaban endeudados y vivían de las pensiones que les pagaba el rey. La paradoja de la nobleza castellana de entonces era que, siendo rica en tierras, era pobre en rentas. Como no estaba dispuesta a moderar su tren de vida, contaba con el rey para enjugar sus deudas de vez en cuando, lo que le llevaba a acaparar sinecuras y oficios y mendigar pensiones y gratificaciones. Tal como observó en 1686 Foscarini, embajador de Venecia, Carlos V y Felipe II habían llevado a los grandes a la corte para que gastaran su fortuna, y esos mismos grandes estaban arruinando a los que les habían arruinado.

Los caballeros eran el segundo escalón de la jerarquía nobiliaria. En ellos se distinguían por lo menos tres categorías:

— los miembros de órdenes militares. El hábito de caballero era muy codiciado, pues aunque era meramente honorífico podía dar acceso a una encomienda lucrativa, ya que se trataba de un dominio señorial:

— la mayoría de los miembros de la oligarquía urbana;

— los titulares de un dominio señorial. El estado, para aumentar sus ingresos, ponía a la venta de vez en cuando bienes del patrimonio real, con jurisdicción sobre sus habitantes. Los compradores obtenían al mismo tiempo el rango de caballeros.

Los hidalgos, por último, son difíciles de definir. A este grado pertenecían no sólo los pequeños nobles, sino también todos los que estaban exentos de pagar impuestos, y los que disfrutaron de este privilegio fueron cada vez más numerosos: el 10 por 100 de la población de Castilla en 1591, con un reparto muy desigual por regiones. En Asturias, Santander y las provincias vascas tres cuartas partes de los habitantes eran hidalgos. Esta proporción disminuía al descender hacia el sur: la mitad de la población de Burgos y Valladolid, la cuarta parte de la de Segovia y Toledo, mientras que en Extremadura y Andalucía eran menos del 10 por 100. ¿Qué interpretación se puede dar a estas diferencias en la composición de la nobleza? Un estudio de estratificación social debe tener en cuenta tres factores: el estatuto jurídico (es decir, los privilegios reconocidos a un grupo), la situación económica (naturaleza y nivel de los recursos) y el prestigio. Eran necesarios los tres elementos, no bastaba con uno o dos de ellos. Su asociación era lo que permitía definir la pertenencia a la nobleza. El noble debía disfrutar de un estatuto privilegiado, disponer de cierto nivel de fortuna y pertenecer a la minoría selecta. En realidad, el privilegio no era más que la consagración jurídica de los otros dos elementos. La sociedad atribuía a ciertos individuos un estatuto particular porque ejercían una influencia, a su vez unida a la riqueza.

De los tres grupos que formaban la nobleza en España —nobles titulados, caballeros e hidalgos—, sólo el primero respondía a estos criterios, combinando armoniosamente privilegio, riqueza e influencia, pero no eran más de dos o tres docenas de familias. Entre los otros dos grupos no había una distinción tan clara. Los nobles titulados, los caballeros y los hidalgos sólo tenían una cosa en común, la exención del impuesto, llamada privilegio de hidalguía. En este sentido, en la España del siglo XVI, las cosas estaban claras: el hidalgo era la antítesis del pechero (contribuyente).[26] Así lo proclamó con energía el duque de Nájera en las Cortes de Toledo (1538-1539). La nobleza se negó a participar en el esfuerzo fiscal pedido por Carlos V. Era una cuestión de principios. Todos los súbditos debían servir al rey, pero unos, los hidalgos, pagaban con su persona, y los demás, los pecheros, en metálico. Abolir esta diferencia equivaldría a cambiar las bases de la sociedad, a crear una sociedad sin privilegios.

En el siglo XVI el privilegio fiscal no estaba reservado a una casta cerrada, sino que se concedía con largueza a todos los que se distinguían de una u otra forma, a los que habían prestado o podían prestar servicios eminentes a la sociedad. Por ejemplo, los que obtenían el título de doctor en una de las tres grandes universidades del reino (Salamanca, Valladolid y Alcalá de Henares) eran hidalgos y no pagaban el impuesto directo. Por su prestigio, la nobleza aparecía como un signo de éxito social, y todos los que podían aspiraban a formar parte de ella, en especial los burgueses y los juristas. Muchos lo conseguían, porque en el siglo XVI la nobleza aún no era una casta cerrada y existía movilidad social. En este sentido, España no era una excepción en Europa, y en Francia la situación era muy parecida. Un texto contemporáneo resulta esclarecedor al respecto: «La república hace también hidalgos, porque en saliendo un hombre valeroso, de grande virtud y rico, no le osa empadronar, pareçiéndole que es desacato y que merece por su persona vivir en libertad y no igualarle con la gente plebeya; esta estimación passando a los hijos y nietos se va haziendo nobleza».[27] Destacaremos dos aspectos interesantes.

En primer lugar, hay un afán por separar a una minoría social formada por lo que hoy llamaríamos las fuerzas vivas de la nación. La riqueza podía llevar a la hidalguía, al igual que el saber y el mérito, pero con eso no bastaba. También era necesaria la consideración social, y había profesiones que no gozaban de ella. Según Domínguez Ortiz, la venta de hidalguías por parte de los primeros Austrias tuvo escaso éxito porque se pensaba que la nobleza no se podía comprar como una mer-

26.   Este sentido de hidalguía como exención de impuestos queda patente con la categoría de los «hidalgos de bragueta», creada en el siglo XVII para fomentar las familias numerosas. Quedaron exentos del impuesto (y recibieron el tratamiento de hidalgos) los padres de familia que hubieran criado por lo menos siete hijos varones.

27.   *Floreto de anécdotas y noticias diversas...*, ed. de F. J. Sánchez Cantón, Madrid, 1948 (Memorial histórico español, t. XLVIII), pp. 357-358.

cancía ordinaria. Los oficios viles, el trabajo manual e incluso ciertas formas de comercio eran incompatibles con una vida noble, y era preferible renunciar a ellos después de hacer fortuna. Fue lo que hicieron muchos mercaderes, aunque algunos fueron nobles sin dejar de ser mercaderes. En Burgos y Sevilla se dieron bastantes casos de grandes comerciantes que fueron, al mismo tiempo, caballeros. Pero, en general, el aspirante a la nobleza solía renunciar a las actividades remuneradoras para vivir de las rentas. Veamos un ejemplo de este proceso, bastante frecuente: en 1485 el abuelo de santa Teresa fue condenado por la Inquisición de Toledo. Se marchó de la ciudad, se afincó en Ávila, compró tierras, vivió de las rentas y pasó por hidalgo. Unos veinte años después, en 1523, la Chancillería de Valladolid no tuvo inconveniente en reconocer esta calidad a su hijo, pese a un expediente que no dejaba lugar a dudas sobre el origen judío del interesado ni la forma en que había adquirido su fortuna. En este caso vemos que el reconocimiento social precedió a la consagración jurídica.

En segundo lugar, la exención fiscal así adquirida era un punto de partida. Marcaba el inicio de una asimilación a la nobleza que sólo se completaba al cabo de dos o tres generaciones. De ahí la diferencia entre hidalgos de privilegio e hidalgos de linaje. Sólo los segundos disfrutaban del prestigio de la verdadera nobleza, pero los primeros iban camino de adquirirlo, pues a la larga la hidalguía de privilegio se transformaba en hidalguía de linaje. En realidad, esta última era una nobleza de privilegio cuyo linaje se remontaba tan atrás que se había perdido la memoria del acto fundador.[28] Así se llegó a las tres clases de hidalgos que hubo en el siglo XVI:

— Los hidalgos de solar conocido (titulares de un señorío). Era la categoría más prestigiosa. En este caso la hidalguía quedaba probada por los derechos que poseía el titular sobre unas tierras.

— Los hidalgos notorios, que llevaban apellido ilustre o eran tenidos tradicionalmente por tales. La posesión ininterrumpida del privilegio equivalía al título.

— Los hidalgos de ejecutoria: eran los que habían acreditado con probanzas ante la Chancillería de Valladolid que siempre habían vivido como nobles. Una vez obtenida la ejecutoria, la sentencia era inapelable.

A diferencia de lo que ocurrió en la Edad Media, en el siglo XVI los caballeros tuvieron más prestigio que los hidalgos, los cuales ocuparon el último escalón en la jerarquía nobiliaria. El hidalgo aspiraba a ser caballero, y el caballero a un título de conde o duque. La fortuna era determinante para pasar de un grado a otro. El ejemplo de Cobos, secretario de Carlos V, es revelador. Este hidalgo modesto amasó una fortuna colosal gracias a su función en la administración de hacienda. En 1519 fue ordenado caballero de la orden de Santiago. Dos años después fue nombrado comendador. En 1537 compró la villa de Sabiote, en Andalucía, y se convirtió en su señor. Cobos no recibió nunca un título de nobleza, pero en 1540 su hija casó con el duque de Sessa y accedió a lo más alto de la jerarquía nobiliaria.

En el siglo XVI la hidalguía se devaluó mucho, probablemente debido a la gran cantidad de hidalgos, que se contaban por miles, mientras la inflación mermaba continuamente sus rentas. A causa de este lento empobrecimiento los hidalgos tuvieron

---

28. En Francia la situación era similar. Los motores del ascenso social eran el comercio y los negocios, por lo general después de una etapa intermedia, el ejercicio de la profesión de jurista. A veces hacían falta dos, tres o cuatro generaciones. Cf. Roland Mousnier, *Les Institutions de la France sous la monarchie absolue*, París, 1980.

fama de parásitos. Se aferraban a sus privilegios, pero habían perdido su prestigio. El estatuto jurídico ya no les garantizaba la pertenencia a la nobleza. Por debajo de una renta mínima no podían conservar su rango. Algunos confesores dispensaban de ir a la misa dominical a los nobles arruinados, pues de lo contrario deberían mostrarse en público con una indumentaria impropia de su estado. Ser noble y tener ilustres antepasados está muy bien, observa el médico Huarte de San Juan, pero con ello no basta. También se necesita fortuna, porque la nobleza es como el cero en aritmética: cuando va solo carece de valor, pero detrás de otra cifra tiene un efecto multiplicador. Aunque la nobleza y la riqueza fueran dos cosas legalmente distintas, de hecho cada vez resultó más difícil conservar la hidalguía sin ser ricos. En este caso, lo más sensato era renunciar a ella, situación que Cervantes menciona con simpatía. En cambio, el hidalgo arruinado que se obstinaba en mantener su rango sin tener medios para ello era un personaje ridículo.

Con los Austrias la nobleza mantuvo su lugar preeminente en el estado y la sociedad. Conservó poderes administrativos y jurisdiccionales en sus dominios, donde nombraba a los magistrados municipales y hacía justicia, aunque se podían apelar las sentencias ante los tribunales del rey. Los que estaban sometidos a esta autoridad la consideraron a menudo arbitraria y abusiva. Los campesinos no querían cambiar de estatuto cuando la corona vendía parte del realengo para transformarlo en feudos. Esta reticencia a veces dio lugar a rebeliones antiseñoriales, sobre todo en la corona de Aragón, donde, a diferencia de lo que ocurría en Castilla, la autoridad real dejaba muchas prerrogativas a los barones. En el siglo XVII la nobleza se cerró en defensa de unos privilegios fiscales que se habían vuelto anacrónicos, ya que los nobles rechazaban la contrapartida que los justificaba, el servicio militar. Cada vez se alistaban menos nobles en el ejército, mientras que para los villanos el impuesto de sangre se sumó a las demás contribuciones. En 1631 el rey decidió recaudar un impuesto especial, las «lanzas», entre los nobles titulados, para compensar la falta de servicio militar por su parte.

El clero

El clero, segundo de los estamentos privilegiados, era al menos tan diverso como la nobleza. Seculares, regulares, prelados, canónigos, párrocos, capellanes, etc., formaban un conjunto muy heterogéneo. Todos gozaban del fuero eclesiástico, una serie de privilegios envidiables como la exención de ciertos impuestos y el derecho a ser juzgados con arreglo a jurisdicciones especiales, mucho menos severas que la justicia real, incluso para los delitos comunes. Para disfrutar de estas ventajas no hacía falta la ordenación sacerdotal, bastaba con la tonsura. Por ejemplo, el conde-duque de Olivares era canónigo de Sevilla. Había «clérigos» carniceros, mercaderes, notarios... A mediados del siglo XVII algunos comerciantes de Sevilla se hacían tonsurar para no pagar determinados impuestos o librarse de las consecuencias de una quiebra. La crisis llevó a muchos hombres y mujeres a entrar en las órdenes.[29] Esto sucedió sobre todo (aunque no sólo) con las hijas de la nobleza, cuando por falta de

---

29. Un manual de confesores recomendaba interrogar a los penitentes eclesiásticos acerca de los motivos que les habían impulsado a hacerse sacerdotes. Si sólo era para no pasar hambre, habían cometido un pecado mortal.

dote no podían hacer una boda conforme a su rango, pero eran demasiado orgullo-sas para resignarse a un mal casamiento. Para remediarse, según decía santa Teresa, lo único que les quedaba era el convento, pero no había muchas plazas. En Madrid, en 1674, había sesenta aspirantes en lista de espera. Todo esto explica que la pobla-ción eclesiástica aumentara entre finales del siglo XVI y los años cincuenta del siguiente, es decir, en lo más agudo de la crisis, sin que se crearan nuevas congre-gaciones.[30] Los miembros de las órdenes mendicantes, y en especial los francisca-nos, se multiplicaron por dos pese a las recomendaciones de las Cortes, que duran-te la votación del impuesto de millones habían recibido la promesa de que no se crearían más conventos en Castilla. Se calcula que de finales del siglo XVI a finales del XVII los clérigos pasaron de 100.000 a 150.000, cerca del 5 por 100 de la pobla-ción de España. Es mucho, pero menos de lo que se ha dicho.

Más que su cantidad, es su distribución en el territorio lo que llama la atención. Los clérigos preferían instalarse en las ciudades, donde había más recursos, y aban-donaban el campo. Muchas parroquias rurales permanecían largas temporadas sin sacerdote, y en otras sólo se decía misa una o dos veces al mes. Esta situación obliga a revisar los tópicos sobre el catolicismo español. La mayor parte del territorio estaba poco o nada evangelizado. En cambio los clérigos pululaban en las ciudades, inclu-yendo las que habían perdido gran parte de sus habitantes. En 1650 Medina del Cam-po, con sólo 600 hogares, tenía 10 parroquias y 17 conventos. En Salamanca había 34 parroquias, 36 conventos de frailes y 18 de monjas. En Toledo 39 conventos, en Alcalá 27, en Segovia 24, en Valladolid 46... Madrid y Sevilla llevaban la delantera, la primera con 69 conventos (en 1567 sólo 45), y la segunda con 63 (38 en 1581).

La Iglesia española era rica. Poseía unos dominios en plena propiedad, y en otros tenía la jurisdicción civil y cobraba los derechos correspondientes.[31] Acumula-ba tesoros y obras de arte, y sacaba rentas de los diezmos, las casas alquiladas[32] y las inversiones, como prestar dinero al estado y a los particulares. Esta riqueza fue en aumento debido a las donaciones, a pesar de las protestas de las Cortes, alarma-das por la proliferación de bienes raíces, pero estaba repartida de forma desigual. Algunas abadías grandes (Las Huelgas, Guadalupe, El Escorial y el Paular en Casti-lla, Poblet, Montserrat y Santes Creus en Cataluña) prosperaban, mientras que otros conventos estaban al borde de la ruina. Lo mismo sucedía con los obispados. El más pujante, con diferencia, era Toledo, seguido a distancia por Sevilla, Zaragoza y Cuen-ca. En último lugar estaban Almería, Mondoñedo y Elna, y en una situación interme-dia Plasencia, Santiago,[33] Sigüenza, Valencia, Burgos y Córdoba. Felipe II trató de corregir estas anomalías creando varios obispados en Aragón y el de Valladolid. Fue la única revisión del mapa eclesiástico que hicieron los Austrias. La inmensa dióce-sis de Toledo permaneció intacta hasta el fin del Antiguo Régimen.

Hay que decir que la Iglesia de España, a diferencia de la nobleza, participaba en los gastos comunes. Los soberanos nunca osaron cobrarle impuestos, pero se las

---

30.   Los jesuitas aparecieron a mediados del siglo XVI. Hacia 1600 su número se estabilizó en torno al millar, cifra que aumentó más adelante.

31.   El abad de Poblet era el personaje más importante de Cataluña después del duque de Car-dona.

32.   El clero de Salamanca poseía 400 casas.

33.   Este arzobispado, de singular opulencia en medio de una Galicia miserable, obtenía las dos terceras partes de sus ingresos del voto de Santiago, que cobraba en el resto de España.

arreglaron para obtener el mismo resultado haciendo que los papas les otorgaran varios privilegios fiscales: los subsidios, la cruzada, las tercias reales, el excusado,[34] las donaciones más o menos forzosas y los expolios.[35] Si la Iglesia española se resignó a renunciar a parte de sus ingresos para dárselos a la corona, fue porque dependía del estado. Los Reyes Católicos habían conseguido que los papas se pusieran de acuerdo con ellos para crear obispos. Durante el reinado de Carlos V esta prerrogativa quedó consagrada por ley. En virtud del patronato que les fue otorgado, los reyes de España designaban a los obispos, que se convirtieron en colaboradores del poder. El alto clero proporcionó al estado algunos de los sus más altos funcionarios, y generalmente los consejos del reino estaban presididos por prelados. Durante el reinado de Felipe II, Juan de Ribera fue arzobispo y virrey de Valencia. En Cataluña se crearon casi sistemáticamente obispos castellanos, a falta de catalanes adecuados para desempeñar la función, pero también porque se pensaba que los castellanos secundarían mejor las posiciones de Madrid. Se consideraba que la formación intelectual de los obispos era superior a la media, y eran menos propensos que los grandes, por ejemplo, a favorecer sus intereses familiares. Esta imbricación del poder civil y el eclesiástico es una de las características de España, y dejó su huella en la sociedad y en la mentalidad de los poderes públicos. Éstos se acostumbraron a intervenir en los asuntos espirituales, y la Iglesia a estar involucrada en las decisiones políticas. La Inquisición, tribunal eclesiástico nombrado por el rey, es el mejor ejemplo de esta situación. El control del poder sobre las órdenes religiosas era menor, lo que explica la libertad de tono de ciertos predicadores, que no dudaban en criticar, a veces severamente, las decisiones políticas.

Para que un clérigo fuera elegido obispo debía cumplir cuatro requisitos: ser de nacionalidad española, de buena moralidad, de clase media y graduado universitario. Pero las excepciones a la tercera condición fueron cada vez más numerosas. Por ejemplo, los ricos canónigos de Toledo, de familias ilustres, no querían tener arzobispos plebeyos, por muchos que fueran sus méritos. Cuando Carlos V les impuso a Juan Martínez Silíceo, doctor de París, profesor de la Universidad de Salamanca y preceptor del príncipe heredero, ellos sólo tuvieron en cuenta que el nuevo arzobispo era hijo de campesinos, y le hicieron el vacío.[36] Más adelante las cosas cambiaron, y la mayoría de los obispos fueron segundones de la alta nobleza o bastardos a los que había que colocar. El duque de Lerma logró el arzobispado de Toledo para su tío Fernando de Sandoval y Rojas, cuyo sucesor fue el cardenal-infante Fernando, hermano de Felipe IV. En 1603, en Zaragoza, Lerma colocó a otro tío suyo, Tomás de Borja, virrey de Aragón. En general el alto clero así reclutado estuvo a la altura de las circunstancias y se tomó en serio sus responsabilidades pastorales, incluida la residencia en la diócesis, excepto cuando los prelados desempeñaban cargos políticos.

34.   El estado se quedaba con los diezmos del cosechero más rico de cada parroquia.
35.   A la muerte de un obispo su fortuna personal se repartía entre el papado y la corona.
36.   Un soneto anónimo, escrito en italiano, le llama asno: «Hor fatto ha Carlo vna gran marauiglia / de le solite sue e la maggiore / de tutte quante ha fatto il gran signore / depoi che hauia lasciato la Castiglia. / Nel Taglio do regnar vuolse il Padiglia / (che Dio le dia mal anno al confessore) / vn Silice ha preposto per pastore / a vn asino d'aluarda dando siglia. / Hor si vn maestro si barbaro e pedante / ha venuto tanto alto essiendo vn mul / perch il figliuol de Carlo fe ignorante / perche no spreai tu vil forfante / diuentar con suo aiuto vn Pappa hijiulo [∞] / che pur sei pietia et hai lettere tante».

No se puede decir lo mismo del bajo clero. Por lo general, los párrocos eran nombrados por los obispos, pero a menudo lo hacían corporaciones o particulares en virtud de un derecho de patronato o de presentación. Así se hacía en el País Vasco,[37] Galicia, Aragón... En estos casos, los patronos cobraban los diezmos y al párroco sólo le dejaban un reducido salario. Muchas veces ni siquiera se preocupaban de reparar las iglesias. Las parroquias urbanas atraían a los mejores candidatos al sacerdocio. Para ocupar el puesto de cura de pueblo cualquiera valía, con tal de que supiera leer y escribir. Los futuros sacerdotes debían aprender los rudimentos del catecismo (número y valor de los sacramentos, por ejemplo). Para el examen se aprendían de memoria unas fórmulas que luego olvidaban con rapidez, ¡este era todo su bagaje para dedicarse a la instrucción religiosa del pueblo! En la época de los Austrias se avanzó muy poco al respecto. Las recomendaciones del concilio de Trento sobre la necesidad de preparar adecuadamente a los futuros sacerdotes en seminarios diocesanos cayeron en saco roto. Para crear estos seminarios había que echar mano de las rentas episcopales, y los canónigos no estaban por la labor. Mal pagado, casi analfabeto, este proletariado eclesiástico no se tomaba muy en serio sus deberes —decían una misa y cobraban dos— y llevaba una vida poco edificante. Los frailes y curas se mostraban públicamente con sus concubinas y sus hijos, que a veces hacían de monaguillos. A fines del siglo XVI la residencia del deán de Coria se había convertido en un garito y una casa de citas a la que acudían miembros del clero y la burguesía local... Esta situación explica el anticlericalismo que aparece en textos literarios y documentos contemporáneos.

Los burgueses

Dígase lo que se diga, la Castilla de los Austrias tuvo sus burgueses, acaudalados y dinámicos, y no todos eran de origen judío.[38] Estos burgueses, que se dedicaron más al comercio que a la industria, tenían un solo afán: dejar de serlo e incorporarse a la aristocracia. Pero esto no era exclusivo de España, pues encontramos la misma tendencia, con distintos grados, en toda Europa. Cuando alcanzaba cierto nivel, la fortuna daba prestigio. Los moralistas no se cansaban de repetirlo: el pequeño tendero, ávido de ganancias, ejerce un oficio vil, pero el gran comerciante es útil a la república y su función nada tiene de infamante. Los mercaderes de Burgos, Medina del Campo o Sevilla, a la vez importadores y exportadores, que también especulaban con los cambios y hacían las veces de banqueros, eran personajes ilustres, lo mismo que los fabricantes de Segovia. Todos ellos gozaban de la mayor consideración. Su ambición era recibir una consagración social y hacerse nobles, aunque para ello tuvieran que renunciar al comercio que, como ocurría en Francia en la misma época, era una etapa intermedia en el proceso de ennoblecimiento. Muchos lo lograron. Es de ver el orgullo de los mercaderes de Sevilla, leemos en un tratado

---

37.   En el País Vasco y Cataluña tenían preferencia los candidatos que hablaran la lengua del pueblo, euskera o catalán.

38.   Henri Lapeyre se planteó la cuestión acerca de los Ruiz de Medina del Campo, sometidos a una larga probanza de pureza de sangre entre 1569 y 1581. Todo parece indicar que los Ruiz eran cristianos desde hacía varias generaciones. No se puede decir lo mismo de los Bernuy, pues un personaje con este apellido aparece en un auto de fe de finales del siglo XV.

de mediados del siglo XVI. Cuando hacen fortuna sólo piensan en comprar oficios, mandar y ser los primeros en todo. Se visten de forma lujosa y adquieren costumbres refinadas en el comer y en los placeres. La observación es interesante, pues confirma el deseo de integrarse en la aristocracia, y también una mentalidad totalmente opuesta al puritanismo burgués. Ganar dinero, sí, pero para gastarlo y disfrutar de él, no para invertirlo en nuevas operaciones y hacerlo fructificar. Henri Lapeyre ha estudiado el caso de los Ruiz. Las dos primeras generaciones hicieron fortuna con el comercio, y sus hijos entraron en la magistratura, el clero o la nobleza. Mi hijo no quiere ser mercader —le escribe Andrés Ruiz a su hermano Simón en 1572—, pretende ser caballero. Los Bernuy no se quedaron a la zaga. En 1546 Diego compró un señorío por 20 millones de maravedíes, fundó un hospital en Burgos, como hizo Simón Ruiz poco después en Medina del Campo, y se retiró de los negocios. En Sevilla los Corzo y los Mañara se condujeron igual y compraron tierras, rentas, oficios y casas para vivir de las rentas como grandes señores. Como escribió Cervantes, los burgueses contaban con sus hijos para disfrutar de la autoridad y el prestigio que hubieran deseado para ellos. Así se explica la «traición» de la burguesía castellana. Al principio sintió fascinación por el mundo señorial y aristocrático. Luego, a finales del siglo XVI, la proliferación de quiebras generó otros comportamientos. El espíritu emprendedor fue eclipsado por la aparente seguridad de la renta.

Los excluidos

El desarrollo del gran comercio y la industria, unido a la explotación de las riquezas del Nuevo Mundo, produjeron una expansión económica que se moderó a partir de los años 1575-1580. La recesión se instaló en ciudades y campos. Este cambio económico, y la fiscalidad cada vez más exigente que gravaba a los campesinos, empeoraron las condiciones de vida de gran parte de la población. A principios de siglo los campesinos acudían a las ciudades para dedicarse al servicio doméstico o la manufactura. A finales de siglo prosiguió el éxodo rural, pero por otras razones. Los pequeños agricultores, desposeídos por no poder pagar las anualidades de sus deudas, se incorporaron a las filas de los desempleados. Esta situación reforzó una de las características de España. Ya en el siglo XVI era un país de salarios altos, y la tendencia se acentuó en el XVII, con una mano de obra más cara y exigente, y por tanto más escasa. Los extranjeros —y algunos historiadores actuales— tachaban a los españoles de perezosos. Su orgullo les hacía valorar la hidalguía y despreciar el trabajo manual y las actividades productivas. Otros autores van más lejos, y sostienen que los españoles se apartaron de ciertas profesiones como el comercio y la manufactura para no ser confundidos con los judíos. Estas explicaciones soslayan lo esencial, que los españoles, acostumbrados a cobrar salarios altos, no estaban dispuestos a aceptar cualquier trabajo. Si un empleo les parecía degradante y poco remunerativo, antes que trabajar en esas condiciones preferían vivir al día o de la caridad pública.

La reorganización de la beneficencia fue un fenómeno europeo. En todas partes hubo un intento de reducir el número de mendigos y emplear esta mano de obra potencial en algo productivo. Se planteó que fuera la colectividad, y no los particulares ni las instituciones religiosas, la que se hiciera cargo de la caridad, sometiera a sus beneficiarios a un control para eliminar a los falsos mendigos y a los extranjeros y obligara a los pobres a trabajar. En todos los países encontramos las mismas motivaciones, expuestas por Luis Vives en un opúsculo de 1525 inspirado en el ejemplo de Ypres: asegurar el orden social y la higiene pública, amenazados por los mendigos, a los que la gente veía como criminales en potencia, malos cristianos, que a menudo tenían llagas desagradables y transmitían enfermedades.

España no quedó al margen de este movimiento. Desde 1518 las Cortes de Castilla alertaron a los poderes públicos, haciendo ver que no escaseaba el trabajo sino los trabajadores. Las mismas Cortes se quejaron de los mendigos que atestaban las ciudades, sólo querían trabajar con salarios elevados, y de lo contrario preferían vivir de la caridad pública. Otros optaban por la mendicidad por no perder su libertad sometiéndose al trabajo asalariado. La moral cristiana, que obligaba a los ricos a cubrir las necesidades de los pobres, ¿no estaría alentando la ociosidad y manteniendo la inseguridad? Los empresarios, en vez de dar limosnas, preferían pagar salarios razonables. En 1540 el Consejo Real abordó el problema, y planteó la necesidad de una gran reforma de la beneficencia. Se basaba en regular la mendicidad, reservándola a los verdaderos necesitados (inválidos, enfermos, ancianos sin recursos…). Los concejos debían confeccionar una lista de indigentes. El párroco o un funcionario municipal les entregaría una autorización para mendigar, después de asegurarse de que se habían confesado. Esta autorización sólo sería válida para el lugar de residencia, y las autoridades religiosas y civiles debían evitar la presencia de mendigos en las calles, concentrando el socorro y los cuidados en los hospitales. Este proyecto desató una famosa polémica entre el benedictino Juan de Robles, favorable a la reforma, y el dominico Domingo de Soto, más bien contrario. En realidad, la reforma sólo se aplicaría en varias ciudades, las más desfavorecidas. No hay noticias de proyectos de este tipo para Segovia, Cuenca o Toledo. En ellas, por el contrario, los textos contemporáneos evocan el ruido de los telares y la actividad de una población afanada en hilar y tejer. La geografía de las reformas arroja luz sobre su significado. En algunas regiones el problema no se planteó, porque en ellas había pleno empleo. En otras hacían falta obreros pero no se encontraban, bien porque exigían un salario demasiado alto, bien porque rechazaban los trabajos duros y preferían otras dedicaciones más descansadas, en los servicios, por ejemplo. Se sugirió actuar con dureza contra ellos y regular el socorro, reservándolo a los que de verdad lo necesitaran, de modo que los demás se vieran obligados a trabajar para no morir de hambre. Por último, había regiones con paro crónico, donde la gente estaba sumida en una miseria extrema. Aunque quisieran trabajar no podían, ¿acaso merecían que se les tratara como a delincuentes? Las obras de caridad fundadas en esta época trataron de subvenir a las necesidades reales.

¿Debemos atribuir el fracaso de la reforma a resistencias mentales? Es lo que a veces se ha afirmado: la batalla por la reorganización de la beneficencia estaba perdida de antemano, porque una minoría de espíritus ilustrados no podían nada frente a unas elites sociales y religiosas retrógradas. Pero no podemos razonar como si se tratara de un simple debate de ideas y obviar el papel de las estructuras y condiciones económicas del momento. La pujanza de Castilla estuvo acompañada de un fuerte incremento de precios y salarios. Los empresarios que no estaban dispuestos a pagar salarios altos fueron los que plantearon la necesidad de reformar la beneficencia para obligar a los pobres a trabajar con un coste inferior. A partir de 1575-1580 la situación cambió y la crisis se extendió a todo el país. A comienzos de siglo se decía que no faltaba trabajo, sino trabajadores. Pero luego escasearon los empleos, y los parados cada vez fueron más numerosos. En primer lugar mencionaremos al grupo más «selecto»: hidalgos arruinados por la inflación, comerciantes y artesanos en quiebra, licenciados y universitarios que no encontraban un empleo acorde con su nivel de instrucción... Rechazaban la posibilidad de trabajar con sus manos, pero tampoco querían mendigar. Eran los «pobres vergonzantes». Los moralistas recomendaban socorrerlos discretamente. En segundo lugar estaban los que rechazaban trabajos degradantes o demasiado duros. En el siglo XVII se vio que había un número excesivo de frailes y monjas, funcionarios y estudiantes. ¿Qué hacer con todos esos bachilleres y licenciados? Sería mejor enseñarles un oficio y ponerles a trabajar. No debemos buscar explicaciones psicológicas a esta situación (una supuesta arrogancia de los españoles que les llevaba a mendigar antes que ponerse a trabajar, o los prejuicios contra algunos oficios que se consideraban propios de judíos). En realidad, el marasmo del siglo XVII se entiende mejor si tenemos en cuenta las costumbres adquiridas en el siglo anterior, cuando la plata de América creaba la ilusión de que se podía vivir fácilmente comprando en el extranjero.[39]

Dado que los españoles no querían trabajar, hubo que recurrir a la mano de obra extranjera, atraída por los altos salarios pagados en la península. Los trabajadores emigrantes eran sobre todo franceses del Macizo central y el suroeste. Procedían de Rouergue, Auvernia, Gévaudan y Gascuña, leemos en el Diario de Barthélemy Joly (1603-1604). Su presencia está atestiguada a mediados del siglo XVI en la provincia de Zaragoza. Un poco después Jean Bodin destacó la importancia de este movimiento migratorio, que se amplió a comienzos del siglo XVII.[40] En 1611 la palabra «gabacho» entró en el primer diccionario de la lengua española, de Covarrubias, para designar a esta clase de emigrantes.[41] Algunos iban de ciudad en ciudad como vendedores ambulantes de alfileres, peines, rosarios... Otros eran panaderos, caldereros o merceros. A veces se trataba de una emigración estacional durante el tiempo que duraba la siega o la vendimia, o un poco más en el caso de los chiquichaques de Forez, que a veces partían en septiembre y no volvían hasta julio. También podía ser definitiva. Un informe del embajador de Francia fechado el 20 de agosto de 1626 da la cifra de «200.000 franceses, por lo menos, casi todos de baja y servil condición y sin embargo tan necesarios que si España se viera privada de ellos sus dificultades serían notables». En Aragón los franceses tomaban propiedades en arriendo o trabajaban de jornaleros agrícolas, mientras que las mujeres lo hacían en el servicio doméstico. A veces la presencia de estos inmigrantes provocaba brotes de xenofobia, y se les solía hacer responsables de la inseguridad de las grandes ciudades. Cualquiera diría que todo el hampa de Europa se ha dado cita en Castilla, dice Navarrete, quien, sin embargo, reconoce que muchos de estos extranjeros son insustituibles, pues hacen los trabajos que rechazan los españoles. Una reacción análoga alentaba la hos-

39. «El exceso de criados y oficios improductivos se debía al enriquecimiento previo de España gracias a la explotación de las Indias» (Pierre Vilar, *Or et monnaie dans l'histoire. 1450-1920*, París, 1974, p. 199).
40. Cf. Asensio Gutiérrez, *La France et les Français dans la littérature espagnole (1598-1665)*, Publications de l'Université de Saint-Étienne, 1997.
41. Según Covarrubias la palabra procedía de la provincia de Narbona: «Gavachos. Ay unos pueblos en Francia, que confinan con la provincia de Narbona ... Esta tierra deve ser mísera, porque muchos destos gavachos se vienen a España y se ocupan en servicios baxos y serviles y se afrentan quando los llaman gavachos. Con todo esso buelven a su tierra con muchos dineros y para ellos son buenas Indias los reynos de España».

tilidad contra los moriscos y los gitanos, emigrantes en su tierra. A los primeros les acusaban de prestarse a cualquier trabajo, de ser avariciosos y reproducirse en exceso. Los segundos tenían fama de marginados, de parásitos y a veces de criminales. Se consideraba que tanto ellos como los extranjeros eran difíciles de asimilar. Estas reacciones denotan los temores de una sociedad que se sentía amenazada y tendía a descargar en los extranjeros la responsabilidad de sus propios problemas.

Hay que mencionar, por último, una categoría popularizada por la literatura: los que optaban deliberadamente por marginarse y situarse en los bajos fondos de la sociedad. Esta categoría comprendía el hampa propiamente dicha —truhanes, prostitutas, soldados desertores, timadores de toda laya—, pero también esos hijos de buena familia que son los protagonistas de algunas novelas de Cervantes. Se concentraban en ciertos lugares como la plaza de Zocodover de Toledo, las almadrabas de Andalucía y, sobre todo, Sevilla, «esas mecas de la picaresca» en palabras de Jean Vilar, que no eran precisamente —conviene señalarlo— lugares de subempleo, sino al contrario.[42] ¿Qué les llevaba hasta allí? El afán de lucro, por supuesto, pero también el deseo de riesgo y aventura. A lo que se puede añadir la desmoralización de una sociedad en la que se rendía culto al dinero. La ostentación de la riqueza despertaba la codicia de los marginados. Fue la época de la novela picaresca. La literatura no se puede considerar un documento de historia social, pero algunas obras tienen el mérito de dar un testimonio de su tiempo. Nada nos impide ver en el *Quijote* (1605-1614) un eco de las preocupaciones del momento: en un mundo cruel que parecía haber perdido el sentido de la grandeza y la generosidad, algunas lides parecían causas perdidas. ¿De qué servía luchar contra molinos de viento?[43] A su manera, la novela picaresca expresa la zozobra de una sociedad desmoralizada en la que todo se vende y todo se compra. El pícaro también quería disfrutar de la vida y acceder a los bienes de consumo que se exhibían en las ciudades. Robaba y estafaba sin escrúpulos, porque estaba convencido de que todos hacían lo mismo. La fortuna, bien o mal adquirida, lo borraba todo, y convertía a un bribón en un hombre respetable.[44]

Todos estos desclasados acabaron formando una masa inquietante y peligrosa. En 1599 el doctor Pérez de Herrera volvió a proponer que se proporcionara a los empresarios una mano de obra barata. Pero tomó el efecto por la causa. Según él, no se encontraban obreros porque había demasiados mendigos. Esa era la cuestión: ¿la ociosidad era la causa o el efecto del subdesarrollo? Ambas cosas a la vez, seguramente, pero empezó siendo el efecto. La creciente competencia extranjera causó la decadencia de las manufacturas españolas. Después de las manufacturas, las explotaciones agrícolas cerraron una tras otra. Pese a la oferta de trabajo —una oferta real durante gran parte del siglo XVI—, pese a los salarios altos, los españoles despreciaron el trabajo y dejaron para otros las tareas más duras. En la España del siglo XVI el trabajo manual era como una maldición. Sólo se resignaron a él los que no tuvieron más remedio, los moriscos y los trabajadores inmigrantes, porque en España ganaban más que en su tierra. Los demás preferían vivir de limosnas. La mendicidad, si se mantenía dentro de ciertos límites, podía ser fácilmente absorbi-

---

42. Jean Vilar, «Le picarisme espagnol», en *Les marginaux et les exclus dans l'histoire*, París, UGE, 1979, p. 30.
43. Cf. las reflexiones de Pierre Vilar, «Le Temps du Quichotte», artículo recogido en *Une Histoire en construction*, París, 1982.
44. Cf. José Antonio Maravall, *La literatura picaresca desde la historia social*, Madrid, 1986.

da. Pero cuando los vagabundos y mendigos fueron demasiado numerosos y visibles la situación empezó a ser alarmante. El cambio de dimensión del fenómeno también cambió su naturaleza. Para resolverlo ya no bastaba con las iniciativas individuales y la caridad tradicional, debían intervenir los poderes públicos. La mendicidad se convirtió en un asunto de estado. Las mentalidades también cambiaron. Creció el interés por las cuestiones de seguridad e higiene, y la repugnancia ante esas llagas horribles y esos niños tullidos con los que los mendigos trataban de despertar la compasión de los viandantes, ante la suciedad y el hedor que desprendían esos cuerpos cubiertos de harapos y mugre entre los que había que abrirse paso en las calles o a la puerta de las iglesias. Por último, había que tranquilizar las conciencias: cuando unos servicios competentes se encargaran de proporcionar trabajo a los mendigos sanos y válidos, cuando unos establecimientos especializados acogieran, alimentaran y cuidaran a los inválidos y ancianos sin recursos, entonces la buena gente podría dormir tranquila. Los mendigos, vagabundos y extranjeros pedigüeños serían sospechosos, y ya se ocuparía de ellos la policía.

Estos proyectos, como es lógico, generaron polémica, como el mencionado debate entre Soto y Robles de 1545. No fue un enfrentamiento entre un dominico retrógrado y un benedictino progresista, sino entre dos maneras de abordar el problema. Una de ellas estaba ansiosa por obtener resultados, pero no mediante la represión, sino de la prevención. Las medidas propuestas favorecerían a los pobres de verdad, mientras que los falsos mendigos serían tratados como lo que eran, unos delincuentes y una amenaza para el orden público. Soto, por su parte, no se oponía sistemáticamente a la reforma. Le preocupaba la tendencia a marginar a una parte de la población y, sobre todo, el odio a los pobres. ¿Por qué ese ensañamiento con los pobres —se preguntaba—, como si fueran los únicos que cometían delitos? Con los poderosos no se tomaban tantas precauciones. Bastante desgracia tenían los pobres con serlo, para añadir la humillación de los controles de policía. Soto pedía más solidaridad. Reclamaba el derecho del hombre, cualquiera que fuera su condición, a desplazarse libremente y elegir su modo de vida. Contra una reglamentación represiva, el dominico apelaba a los principios de la moral cristiana, que no se debían sacrificar en pro de unas medidas de dudosa eficacia. La sociedad, incapaz de resolver el problema de la desigualdad de condiciones, no debía rechazar a sus miembros más desamparados. Por eso Soto amplió el debate y le dio una dimensión universal. ¿De qué se trata? De acabar con el paro y luchar contra la inseguridad, reducir los socorros concedidos a los pobres e incitarles a trabajar, expulsar a los extranjeros en situación irregular... ¡Uno cree leer la prensa actual!

La expulsión de los moriscos

Los moriscos eran los descendientes de los musulmanes de España convertidos forzosamente al catolicismo. Su situación recuerda a la de los judíos. La España del siglo XVI no quería ser una sociedad pluricultural, y exigía que las comunidades minoritarias se asimilaran y abrazaran el catolicismo. Ahí termina la analogía con los judíos, cuya expulsión fue precoz y cuyos descendientes, una vez convertidos, fueron perseguidos por la Inquisición. Con los moriscos España no supo a qué atenerse durante mucho tiempo, y la Inquisición fue menos severa. La razón era que los moriscos, sometidos a una explotación de tipo colonial, vivían al margen de la sociedad cristiana, en vez de estar mezclados en ella como los judíos. No eran una amenaza para la pureza doctrinal del catolicismo, pues lo desconocían. Más que un problema religioso planteaban un problema social.

Los acuerdos de 1491 garantizaron a los musulmanes la libertad de culto en el antiguo emirato de Granada. Los Reyes Católicos esperaban que acabarían por convertirse sin necesidad de obligarles, pues contaban con el apostolado del primer arzobispo, fray Hernando de Talavera, partidario de no precipitarse y utilizar métodos pacíficos. ¿Se vio después que las conversiones eran demasiado lentas e insuficientes? El caso es que en 1499 Cisneros recibió el encargo de acelerar el movimiento. Los musulmanes se sintieron engañados y se sublevaron, lo que dio un pretexto a los soberanos para declarar nulos los acuerdos de 1491. En 1502 todos los musulmanes de la corona de Castilla se vieron obligados a convertirse. En Valencia la rebelión de las Germanías precipitó el cambio de estatuto. Los señores recurrieron a sus siervos musulmanes para combatir a los rebeldes, y éstos bautizaron a los moriscos a la fuerza. En 1526 esta conversión se declaró definitiva, y la medida se hizo extensiva a todos los territorios de la corona de Aragón. A partir de esta fecha oficialmente ya no hubo musulmanes en España. Pero la realidad era bien distinta, y nadie se llamaba a engaño. Los moriscos siguieron siendo lo que siempre habían sido: musulmanes. Sus jefes religiosos les aconsejaron que fueran prudentes, no se convirtieran en mártires y permanecieran fieles al islam en su fe interior. Los soberanos, por su parte, sabían que los nuevos conversos nunca serían cristianos, pero esperaban que sus hijos y nietos lo llegaran a ser. En 1526 se convocó una reunión en Granada para analizar la situación. Para facilitar la asimilación de los moriscos era conveniente que renunciaran a sus fiestas, a sus vestidos tradicionales y a la lengua árabe. Se decidió fomentar los matrimonios mixtos con cristianos viejos, pero no se tomó ninguna medida coercitiva. La Inquisición, que se instaló en Granada en 1526, recibió la consigna de mostrarse benévola. De hecho, entre 1529 y 1568 los gobernadores militares de la Alhambra mandaron ejecutar a más moriscos por bandolerismo que la Inquisición por herejía. Lo mismo sucedió en Valencia: en 1524 una circular del inquisidor general recomendó no perseguir a los moriscos a menos que las manifestaciones de herejía fueran demasiado escandalosas.

El problema de los moriscos no se planteó con la misma intensidad en todas partes. Todo dependía de su densidad en la población, a su vez supeditada a las vicisitudes de la reconquista. En el norte, en el centro e incluso en Andalucía —fuera del reino de Granada—, los moriscos eran poco numerosos y estaban desperdigados en pequeñas comunidades urbanas, donde se iban asimilando poco a poco. Ningún signo exterior les distinguía de los cristianos viejos. Trabajaban de hortelanos, artesanos, buhoneros o arrieros. Los moriscos se concentraban sobre todo en tres zonas: Aragón, Valencia y Granada. En las dos primeras, de antigua reconquista, llevaban una vida precaria, sin jefes que les pudieran guiar y aconsejar. Pero en Granada, donde la reconquista era reciente, los moriscos habían conservado a sus dirigentes religiosos y sociales, y gracias a la agricultura y la industria de la seda vivían con cierta holgura. En todas partes servían a unos señores que les explotaban duramente, pero les protegían de las intrigas de la administración, pues constituían una mano de obra laboriosa, dócil y eficaz. A estos señores les daba igual que sus siervos fueran musulmanes o cristianos. No tenían escrúpulos a la hora de hacerles trabajar los domingos. Basta con que vayan a misa de vez en cuando, y no todos a la vez —declara uno de estos señores en 1528—. El almirante de Aragón, Sancho de Cardona, fue condenado por construir una mezquita para sus vasallos... En estas condiciones se comprende que el islam sobreviviera en la España del siglo XVI. La práctica, por supuesto, quedó reducida a algunas expresiones sencillas, como abstenerse de comer carne y beber vino, recitar las oraciones coránicas, observar el ayuno del Ramadán y celebrar las grandes fiestas religiosas. A veces los moriscos circuncidaban a los niños,[45] y pese a la vigilancia de la Inquisición seguían circulando libros árabes. Los moriscos, oficialmente cristianos, siguieron siendo musulmanes.[46]

En realidad, no se hicieron muchos esfuerzos por evangelizarlos. En Granada, después de que el apostolado de fray Hernando de Talavera quedara interrumpido por la intervención de Cisneros y la sublevación de 1501, los moriscos quedaron a su suerte. En 1559 el arzobispo Pedro Guerrero confió a los jesuitas la dirección de una escuela elemental en el barrio moro del Albaicín. Allí enseñaban a los niños a leer, escribir y rezar, para luego enviar a los más estudiosos a colegios. En 1568 estudiaban en la escuela 300 alumnos, pero sólo la tercera parte eran moriscos. Los padres retiraban a sus hijos en cuanto tenían edad de trabajar, ocho o nueve años. Juan de Albotodo, jesuita de origen morisco, se dedicó a la evangelización de sus hermanos. Otros jesuitas se esforzaron por predicar en árabe, pero no tardaron en desanimarse ante la pasividad de su auditorio. Los jesuitas también tomaron iniciativas evangelizadoras en las otras zonas de moriscos, Aragón y Valencia. En este último territorio cabe destacar los esfuerzos del duque de Gandía, Francisco Borja, que abrió un colegio para jóvenes moriscos. En 1546, cuando el duque se hizo jesuita, cedió el centro a la Compañía de Jesús, pero los resultados fueron decepcionantes: en 1554-1555 las doce plazas reservadas a moriscos quedaron vacantes. Santo Tomás de Villanueva, arzobispo de Valencia de 1544 a 1555, menos ambicioso, sugirió que se obligara a los moriscos a adoptar las prácticas exteriores del cristianismo. El resto —la fe— vendría después. Era una anticipación de la fórmula de Pascal: «Embruteceos». Su sucesor, Juan de Ribera, fue más exigente. Sentía horror por todo lo árabe, que para él era sinónimo de herejía. Prohibió a su clero aprender árabe, pero muchos moriscos no sabían español. A todo esto hay que añadir que en los territorios donde vivían los moriscos las parroquias estaba aún más abandonadas que en las zonas rurales cristianas. Los párrocos eran escasos, a menudo incultos, las iglesias estaban mal conservadas, etc. A veces se ha dicho que la España de los Austrias no hizo casi nada por evangelizar y asimilar a los moriscos, pero la verdad es que los cristianos viejos que vivían en el campo también estaban abandonados a su suerte. La mayoría carecía de instrucción religiosa, lo cual no era inconveniente para que se les considerara buenos cristianos. Los moriscos, en cambio, se distinguían claramente del resto de la población por su lengua, por la indumentaria y los afeites[47] de sus mujeres, por sus costumbres cotidia-

---

45.   Parece que la Inquisición no consideraba delito la circuncisión. En cualquier caso, no era motivo para detener a nadie.

46.   Un investigador de Granada halló una carta de un párroco en la que alardeaba de la devoción de sus fieles moriscos, que pasaban mucho tiempo rezando en una capilla ante una estatua de la Virgen. Recientemente, en unos trabajos de restauración, se ha descubierto en el fondo de esta capilla el mihrab de la antigua mezquita. Los fieles rezaban en esa dirección.

47.   Por ejemplo, el uso de la alheña era mal visto por los detractores de los moriscos. Los hombres, en cambio, vestían igual que los cristianos viejos. En 1567 unos piratas berberiscos desembarcaron en la costa de Tarragona y capturaron a un grupo de moriscos confundiéndolos con cristianos, hasta que comprobaron que estaban circuncisos.

nas,[48] por sus prácticas alimentarias —cocinaban con aceite y no con tocino—, etc. Para los cristianos viejos todo esto era propio de la religión musulmana, se trataba de manifestaciones de mahometismo. Lo que separaba a los cristianos viejos de los moriscos no era tanto la religión como la civilización y el modo de vida.

En 1566 el Consejo de Castilla desempolvó unas medidas que hasta entonces no se habían aplicado para obligar a los moriscos a asimilarse: prohibición de hablar árabe, celebrar sus fiestas tradicionales, utilizar los baños públicos y llevar sus vestidos, incluyendo el velo de las mujeres. El marqués de Mondéjar, virrey de Granada, no fue consultado, y con el apoyo del duque de Alba presentó sus objeciones, pero no fue escuchado. Felipe II le retiró su confianza y dio plenos poderes al presidente de la Chancillería de Granada. El caso de Granada pertenece a la larga historia de relaciones conflictivas entre los nobles y los altos funcionarios, entre el poder militar y el poder civil, entre las armas y las letras. Los moriscos eligieron a un representante para que negociara con las autoridades. Francisco Núñez Muley argumentó que el modo de vestir no tenía nada que ver con la religión, pues cada región española tenía su traje tradicional. ¿Por qué no se consideraba que el de los moriscos era típico de la provincia de Granada? En Oriente los coptos vestían a su manera y hablaban y escribían en árabe, lo que no les impedía ser cristianos. Acerca de las fiestas tradicionales, su razonamiento fue similar: cada provincia tenía las suyas.[49] Felipe II no atendió a razones y dio orden de que se aplicaran sin demora las decisiones tomadas. El momento no podía ser más inoportuno. Desde hacía varios años las autoridades les estaban haciendo la vida imposible a los moriscos. La justicia se dedicó a perseguir a pequeños delincuentes que se creían amnistiados, por lo que se echaron al monte y se unieron a las bandas de forajidos. A los campesinos les exigieron los títulos de propiedad de las tierras que explotaban. Muchos no los tenían y fueron expropiados. Aumentó la presión social sobre los productores de seda, precisamente cuando estaba bajando el precio de la seda... Así las cosas, los moriscos recibieron las decisiones del Consejo de Castilla como vejaciones suplementarias. El día de Navidad de 1568 unos agitadores trataron de sublevar a los moriscos del barrio granadino del Albaicín. El marqués de Mondéjar pudo dominar la situación, pero la rebelión se extendió a las zonas rurales y a las Alpujarras. Se atribuyó a los rebeldes la intención de restaurar el antiguo reino musulmán de Granada y llamar a los turcos en su ayuda. En realidad, lo que empezó entonces, más que una guerra de religión, fue una guerra civil,[50] con toda su atrocidad: saqueos, matanzas, represalias... Haciendo caso omiso de las advertencias del marqués de Mondéjar, que sugirió amnistiar a los menos comprometidos para ganarse a la mayoría de la población, Felipe II envió a don Juan de Austria con orden de reprimir la sublevación por todos los medios. Al cabo de tres años de combates el ejército logró reducir a los últimos grupos de rebeldes. Para evitar futuras insurrecciones y facilitar la asimilación Felipe II mandó desterrar a los moriscos y diseminarlos por toda Castilla.

48.   «Lavábanse aunque fuera en diziembre», señala un cronista con reprobación.
49.   Uno de los jefes de la insurrección esgrimió los mismos argumentos. En la cristiandad se hablaban lenguas distintas y la manera de vestir variaba según los países y los oficios. Alemanes, franceses, griegos, frailes, laicos, jóvenes, viejos... todos vestían de distinta manera sin dejar de ser cristianos. Sólo a los moriscos se les negaba el derecho a distinguirse. Los cristianos les trataban como a moros y les despreciaban, los moros les consideraban cristianos y desconfiaban de ellos.
50.   La frase es del cronista Diego Hurtado de Mendoza, pariente del marqués de Mondéjar, que defiende su postura frente al poder civil: «Guerra de españoles contra españoles».

Estos moriscos generalmente fueron bien acogidos por las autoridades locales y los propietarios, satisfechos de que labraran las tierras baldías. El punto de vista de la masa de los cristianos viejos era diferente. Para ellos, los moriscos eran competidores en el mercado de trabajo, gente dispuesta a todo que hacía bajar los arriendos y los salarios, y además eran malos cristianos... La dispersión no sirvió para mejorar la situación de los moriscos, que siguieron marginados de la comunidad cristiana. Les veían como extranjeros, porque muchos de ellos no hablaban español y la mayoría seguían viviendo como antes.[51] El problema sólo se había aplazado. En los años ochenta se difundió la idea de los moriscos como enemigo interior, dispuestos a aliarse con el enemigo exterior, los turcos o los protestantes de Béarn. La inquietud fue mayor en el reino de Valencia a causa de la gran concentración de moriscos. La división entre cristianos viejos y moriscos se fue haciendo cada vez más profunda. Los segundos fueron desarmados en 1563 pese a las reticencias de la aristocracia, que a veces los utilizaba como hombres de armas, pero persistía el temor a una insurrección general. ¿Cómo solucionar el problema? Hubo propuestas a cuál más extravagante: castrar a los moriscos, desterrarlos a Terranova...

La idea de una expulsión se fue abriendo paso. En Lisboa, en 1581-1582, el Consejo preparó un decreto en este sentido. Felipe II, al que se ha acusado de fanatismo, no quiso firmarlo. Fue Felipe III quien tomó la decisión, aconsejado por el duque de Lerma, que, sin embargo, era portavoz de la nobleza valenciana, contraria a la medida que iba en detrimento de sus intereses. En 1602 el Consejo de Estado dio el visto bueno, pero los teólogos pusieron objeciones, ya que teóricamente los moriscos eran cristianos, y expulsarlos suponía obligarles a la apostasía. Había que obtener el acuerdo del papa, pero Clemente VIII, y luego Paulo V, no se dejaron convencer, pues no creían que los moriscos fueran un peligro para España. Sugirieron, por el contrario, que se les tratara con misericordia, dado que eran neófitos. La Inquisición también era contraria a la expulsión, no así el arzobispo de Valencia, Juan de Ribera, el cual insistía en que no había que hablar de moriscos sino de auténticos moros. Lerma estaba decidido a zanjar la polémica. La tregua que España había firmado con los rebeldes holandeses le dio un respiro y le permitió pasar a la acción. El decreto de expulsión se firmó el 9 de abril de 1609, pero la decisión no se hizo pública hasta el 20 de agosto, y se esperó al 9 de septiembre para informar al papa. En previsión de resistencias, tanto por parte de los moriscos como de los señores, llegaron 3.000 soldados de Italia, y varias unidades de caballería vigilaron las fronteras del reino de Valencia. A diferencia de lo ocurrido con los judíos en 1492, los moriscos recibieron autorización para llevarse consigo todos los bienes que pudieran transportar.[52] El resto fue entregado a sus señores a modo de indemnización. En efecto, los señores resultaron directamente perjudicados por la expulsión de una mano de obra laboriosa y competente. Además, muchos de ellos se habían endeudado

51.   Hubo sus excepciones, como en Orihuela, donde en 1597 el concejo observa que los moriscos de Granada se han adaptado bien, hablan la lengua del país, visten como todo el mundo, van a misa los domingos y se llevan bien con los cristianos viejos. Lo mismo sucedió en el reino de Murcia, concretamente en el valle de Ricote.

52.   Unos pocos —el 6 por 100— fueron autorizados a quedarse para enseñar a los futuros inmigrantes el cultivo de la caña de azúcar, el funcionamiento de los molinos y las acequias, el cultivo del arroz... El duque de Gandía no tuvo inconveniente en dejarles que practicaran su religión, pero la derogación fue revocada en diciembre de 1609.

dejando en prenda las cosechas que producían sus siervos. Para paliar las consecuencias de este brusca disminución de las rentas, en 1614 se subió el tipo de interés
al 5 por 100 con efecto retroactivo a partir de 1609, lo que equivalía a transferir las
pérdidas de la nobleza a los acreedores, que eran burgueses.

La expulsión de los moriscos no causó ninguna catástrofe económica, como se
ha dicho a veces. Después de 1609 los precios agrícolas permanecieron estables, y
también los salarios. Bien es verdad que el reino de Valencia tardó más de cien años
en alcanzar el mismo nivel de población. Pocos inmigrantes se prestaron a rellenar
el vacío dejado por los moriscos que, contrariamente a lo que se ha dicho, trabajaban sobre todo tierras áridas, de secano. Además, los señores pretendieron imponer
a los recién llegados unas condiciones similares a las de la situación anterior. La
expulsión produjo cambios en la agricultura. El cultivo de caña de azúcar desapareció casi por completo y el de arroz disminuyó. En cambio la morera, la viña y el trigo se extendieron. En Valencia la recuperación fue patente en la segunda mitad del
siglo XVII, con tendencia al alza.

Como en el caso de los judíos, el número de moriscos expulsados es difícil de
calcular con precisión. Las estimaciones más serias hablan de 300.000 personas,
menos del 5 por 100 de la población total española. Los territorios más afectados
fueron Valencia, con 120.000 expulsados como mínimo, y Aragón, con algo menos
de 60.000. Algunos se dirigieron a Francia, donde no fueron bien recibidos.[53] Cuarenta mil se marcharon a Marruecos, donde tampoco recibieron una buena acogida,
pues les consideraban cristianos.[54] Los más afortunados —¿50.000, 80.000?— fueron los valencianos, que se instalaron en Túnez.

Los historiadores aún se preguntan por las razones que tuvo el duque de Lerma
para expulsar a los moriscos. La única explicación posible es que trató de desviar la
atención de los males que padecía España. Los moriscos, blanco del odio de clase y
de raza, fueron sacrificados a los prejuicios populares, como si su expulsión sirviera para mitigar los efectos de la peste, el subdesarrollo, el parasitismo y la pobreza.
No habían transcurrido muchos años cuando en España se alzaron voces lamentando
una decisión que calificaron de inicua. Uno de los mejores testimonios en este sentido es el de un autor que se considera, erróneamente, portavoz de la España intransigente, Calderón de la Barca. En una obra que trata de la rebelión de 1568, *El Tuzaní
de la Alpujarra* (1633), el dramaturgo denuncia la crueldad y el ensañamiento de
los cristianos, sobre los que hace recaer la responsabilidad de la rebelión, debido a
su arrogancia y sus constantes provocaciones.

53.   Los únicos moriscos que no fueron expulsados del territorio español fueron los de Canarias, con el argumento de que no tenían nada que ver con los de la península, pues eran «bárbaros»
del Atlas, beréberes islamizados tardíamente que se habían asimilado por completo.

54.   Los moriscos de Hornachos, en Extremadura, exasperados por la actitud de los marroquíes, formaron una república independiente. Fueron los corsarios de Salé, que en 1631 y 1637 ofrecieron sus servicios a Felipe IV. Le propusieron entregar la plaza a cambio de que les autorizara a
volver a España como cristianos.

Capítulo VII

LA ESPAÑA INQUISITORIAL

Todavía hoy España pasa por ser un país en el que la fe católica ha arraigado con fuerza, comparado con los de su alrededor. Hay quien habla de intolerancia y fanatismo, mientras que para otros España se identificó con el catolicismo y rechazó como cuerpos extraños a todos los que se apartaran de la verdadera fe. Tanto los que lo aprueban como los que lo lamentan, están de acuerdo en afirmar que España es la nación católica por excelencia. La prueba es que con la Inquisición creó un instrumento de temible eficacia para garantizar la pureza de la fe y aterrorizar a los descarriados.

¿Y si fuera al revés? ¿Y si España hubiera sido menos católica que otros países? ¿Y si se tratara de obligar a los españoles a ser buenos cristianos porque, dejados a su ser, habrían sido más propensos que otros a apartarse del dogma tradicional? Estas preguntas, que pueden parecerle paradójicas al hombre del siglo XX, no lo eran para los europeos del siglo XVI. Durante más de 700 años la península ibérica había permanecido al margen de la cristiandad; en ella los musulmanes y judíos habían podido practicar sus religiones más o menos libremente, y en el siglo XVI aún eran numerosos los descendientes de unos y otros. Estas circunstancias tuvieron que dejar su huella. En Italia consideraban a los españoles sospechosos en materia religiosa, les acusaban de no creer demasiado en el dogma de la Santísima Trinidad, algo común a todos los semitas.[1] Para Erasmo España era un país infestado de musulmanes y judíos, y este juicio todavía ocupa un lugar destacado en la *Apología* de Guillermo de Orange (1580). También cabe mencionar que en la España de la época moderna persistían las tendencias materialistas, raras o inexistentes en otros países. En su libro sobre Rabelais, Lucien Febvre trata de demostrar que el descreimiento no formaba parte del bagaje mental del hombre del siglo XVI. Entonces era impensable que alguien fuera materialista o ateo. Sin embargo, España aporta pruebas en contra. La Inquisición persiguió con frecuencia a individuos acusados de manifestar que el hombre, como todos los seres vivos, nace, crece y vuelve a la tierra, y des-

---

1. *Peccadiglio di Spagna* llamaban en la Italia del XVI a las reservas sobre la Trinidad. Recordemos que Miguel Servet, un español que se pasó a la Reforma, fue quemado en Ginebra en 1553 precisamente a causa de su posición antitrinitaria. Seguramente la Inquisición española habría hecho lo mismo con él.

pués de la muerte no hay nada (u opiniones parecidas). Tales afirmaciones sólo eran posibles en un país donde la coexistencia de tres religiones había acabado sembrando en ciertos espíritus una tendencia al escepticismo, la idea de que todas las religiones venían a ser lo mismo, el librepensamiento, la convicción de que no había trascendencia, ni vida sobrenatural, ni religión, y la razón era la única guía del hombre. Estas ideas se propagaron en medios judíos de la península ibérica, que se debatían entre sus creencias originales y el cristianismo que les obligaban a profesar. El resultado fue un alejamiento de las religiones en general. En estos ambientes se concibió una obra como *La Celestina* (1499), tan poco edificante para el lector. Se desarrolla en una atmósfera que no tiene nada de católica, con unos personajes carentes de sentido del pecado, que en ningún momento piensan en casarse, porque el matrimonio es un sacramento y las enseñanzas de la Iglesia les dejan indiferentes. No por ello debemos pensar que es una obra impregnada de judaísmo, aunque su autor fuera un converso. La verdad es que estamos en presencia de una obra «arreligiosa», ajena a toda forma de trascendencia, que preconiza una religión y una moral puramente naturales. Ciento cincuenta años después Spinoza —miembro de una familia de judíos portugueses— dio forma filosófica a estas tendencias.[2]

En estas condiciones no debe extrañar que el estado interviniera en un ámbito que no era el suyo, con el fin de imponer una creencia que juzgaba necesaria para la cohesión social. Desde la época de los visigodos la Iglesia y el estado habían estado imbricados. Esta colaboración prosiguió en la Edad Media, dado que la reconquista también fue un combate contra los infieles. Cobró su forma definitiva a partir de los Reyes Católicos. Los soberanos no se contentaron con nombrar obispos y dar responsabilidades políticas a algunos de ellos. También lograron que el papa les delegara la misión de defender la ortodoxia en sus reinos. Esta misión recayó en el tribunal de la Inquisición, jurisdicción eclesiástica nombrada y dirigida por el estado para luchar contra la herejía. Estamos ante lo que se ha llamado «tentación teocrática»,[3] una confusión de géneros y funciones que atribuía a la autoridad política la realización del reino de Dios en el mundo. No sólo debía garantizar a los hombres el bien común, también velaba por su salvación, aun en contra de su voluntad.

LA INQUISICIÓN

La Inquisición se creó para combatir la herejía de los judaizantes. Sin dejar de perseguir a los judíos, extendió su campo de acción a los protestantes, las sectas, los brujos y, en general, a todos los que se apartaran de la ortodoxia, definida de un modo muy estricto. También se encargó de reprimir los actos que implicaran un desconocimiento del dogma, como la blasfemia, la bigamia, la solicitación,[4] la fornicación,[5] la pederastia... Aunque estos delitos se castigaban con penas leves: rezar

2. Cf. Yirmiyahu Yovel, *Spinoza and other heretics*, Princeton University Press, Princeton, 1989.

3. La expresión es de Jacques Maritain en *Humanisme intégral*, París, 1936, pp. 115-117.

4. Así se calificaba la conducta de los sacerdotes que abusaban de sus penitentes.

5. Sólo cuando los culpables no eran conscientes de haber pecado. En la España moderna fueron muchos los sancionados por ir con prostitutas: creían que no pecaban porque pagaban lo convenido. Lo mismo sucedía con el concubinato. Sólo se abría un procedimiento si los concubinarios pretendían que no vivían en pecado mortal.

varias oraciones, pagar multas, o como mucho unos azotes, unos días de cárcel, destierro... En general, la Inquisición se ciñó a su misión principal y no se dedicó a imponer un orden moral, ya que lo suyo era mantener la pureza de la fe. No le interesaba lo que se hiciera, sino lo que se pensara.

Desde hace unos treinta años se ha escrito mucho sobre la Inquisición, en un intento de superar polémicas anteriores y hacer un estudio objetivo de la institución y su funcionamiento. La intención es loable. Unas veces la responsabilidad de la Inquisición queda atenuada. A fin de cuentas en los siglos XVI y XVII no había libertad de pensamiento en ninguna parte, y todos los estados practicaban la intolerancia. ¿No habría que hacer justicia a España reconociendo que no tuvo la exclusiva de la intolerancia? Esto nos lleva a perder de vista la peculiaridad de la Inquisición española. Por poner un ejemplo: ¿cuántas fueron las víctimas de la Inquisición durante su larga historia? Llorente, un clérigo partidario de José Bonaparte, publicó en 1814 los primeros datos. Aunque contrario a la Inquisición, Llorente había sido funcionario del Santo Oficio y tenía acceso a sus archivos. Cita 340.592 condenas, repartidas así: 31.912 quemados efectivamente, 17.659 quemados en efigie y 291.021 condenados a penas menores.

Todos los historiadores coinciden en considerar estas cifras exageradas. Llorente aplicó un método discutible. Como no disponía de series continuas, partió del número de condenas conocidas para hallar la media anual y extrapolar el resultado a los años para los que carecía de datos. Suponía, pues, que la actividad del tribunal había sido la misma durante un período largo, pero la realidad es otra. La Inquisición fue muy severa en el período de su implantación, entre 1480 y 1495. Entonces hubo muchas condenas a muerte. En los años siguientes las ejecuciones disminuyeron. Hubo un recrudecimiento a fines del siglo XVI, con un ritmo de 200 condenas anuales. Le siguió un período de escasa actividad, hasta mediados del siglo XVII. En el XVIII el tribunal pronunció muy pocas condenas. Así pues, en la historia de la Inquisición se distinguen tres períodos de actividad intensa, marcados por numerosas condenas a muerte: el período de implantación, que se centró en los judaizantes españoles, y los de finales del siglo XVI y mediados del XVII, cuyas víctimas fueron los judaizantes portugueses, primero los que pasaron a España cuando Felipe II subió al trono de Portugal, y luego los que se creyeron a salvo de persecuciones durante el gobierno de Olivares, poco favorable a la Inquisición. Tras la caída del conde-duque en 1643, el Santo Oficio aprovechó para volver a las andadas. Los cálculos no son nada fáciles, ya que han desaparecido muchos archivos. Los que se conservan contienen pocos datos sobre el período anterior a 1550, es decir, la época más sanguinaria de la Inquisición. A partir de 1550 existen referencias seguras, pues la Suprema pidió un informe anual a todos los tribunales y dispuso que se hicieran relaciones de causas, que permiten hacerse una idea concreta de la actitud de los tribunales. Según recientes estudios, entre mediados del siglo XVI y finales del XVII fueron juzgadas —no necesariamente condenadas— 50.000 personas. Si extrapolamos, resultan 125.000 causas en toda la historia de la Inquisición, es decir, la tercera parte de las cifras dadas por Llorente. Las condenas a muerte seguidas de ejecución fueron el 1 por 100 de este total.

Parece, pues, que la Inquisición causó menos víctimas de las que se creía. ¿Es motivo suficiente para restar importancia a la institución, comparada, por ejemplo, con las matanzas de San Bartolomé o las víctimas de las guerras de religión en el resto de Europa? Aunque admitamos —y probablemente sea cierto— que la Inquisición españo'a fue menos mortífera de lo que se ha dicho, sigue sin tener parangón en Europa. En este sentido Marcel Bataillon puso las cosas en su sitio, al recordar que las comparaciones con otras formas de intolerancia no son convincentes. Estallidos de intolerancia los hubo en todas partes, pero en España se trató de una intolerancia organizada y burocratizada: «La represión española no se distingue tanto por su crueldad cuanto por el poder del aparato burocrático, policial y judicial de que dispone. Su organización centralizada cubre toda la península con una tupida red, y también posee antenas en el extranjero».[6]

`   A los inquisidores se les ha dado fama de fanáticos, pero no siempre lo fueron. Por lo menos, la mayoría de los del siglo XVI eran hombres como los demás, a menudo con una cultura superior. Lo comprobamos sobre todo con los que estaban en el vértice de la jerarquía, los grandes inquisidores. No saldremos en defensa del primero de ellos, Torquemada, responsable de las grandes persecuciones de los años 1480-1495. Sus sucesores fueron más moderados, y algunos incluso destacaron por su alteza de miras. Baste recordar al cardenal Cisneros, fundador de la Universidad de Alcalá, que gustaba de rodearse de humanistas y debatir con ellos, y quiso invitar a Erasmo; Alonso Manrique (1522-1539), gran señor liberal, protector de los humanistas y erasmistas; el cardenal Quiroga, inquisidor general a partir de 1573, que acabó con la persecución contra fray Luis de León... Fernando de Valdés (1547-1573) fue un personaje más controvertido, si bien es cierto que su mandato coincidió con el viraje de 1558-1559, que supuso un claro endurecimiento ideológico. No obstante, cabe preguntarse si el cargo de inquisidor general era un ascenso o, más bien, una jubilación anticipada, como ocurrió con Tavera (1539-1546) y Valdés, que cuando fueron nombrados eran miembros del Consejo de Castilla. En su caso no se puede hablar de ascenso sino de degradación, ya que el Consejo de Castilla era la más alta instancia de la administración.

En la Inquisición el verdadero poder residía en los tribunales regionales. En estos niveles tampoco encontramos, generalmente, fanáticos o verdugos sanguinarios, sino honrados funcionarios con estudios superiores —más derecho que teología—, no siempre dominicos, ni siquiera frailes, pues muchos pertenecían al clero secular. Eran poco numerosos. Cada distrito solía tener tres inquisidores, dos escribanos, un alguacil encargado de las detenciones, un contable, un administrador de bienes confiscados y un médico para vigilar las sesiones de tortura. Al principio se remuneraba a este personal con los bienes confiscados a los condenados. Luego, al disminuir la frecuencia de las grandes persecuciones, se recurrió a las multas, pero también resultaron insuficientes. Hubo que buscar otras fuentes de ingresos. En su testamento de 1554, Carlos V recomendó que en cada diócesis se reservaran a los inquisidores unas canonjías y prebendas que les aseguraran unos ingresos regulares. Se tomó esta decisión, de acuerdo con el papa.[7] A pesar de estas medidas, la Inquisición nunca fue un buen negocio desde el punto de vista económico. Sólo resultó rentable al principio, cuando se dedicó a reprimir a los judaizantes. La historia del Santo Oficio se podría escribir a partir de sus dificultades financieras. En 1503 una disminución de los ingresos obligó a concentrar los tribunales para reducir los gastos de funcionamiento. El tribunal de Jerez se incorporó al de Sevilla, y los de

---

6. *Erasmo y España.*
7. El problema no quedó del todo resuelto, porque las prebendas se sacaban de los diezmos, es decir, dependían de las fluctuaciones de las cosechas, de modo que las crisis agrarias repercutieron en el funcionamiento de la Inquisición.

Sigüenza y Calahorra al de Cuenca. Se suprimieron los tribunales de León, Burgos, Salamanca, Ávila y Segovia, y se creó el enorme distrito de Valladolid. En 1507 sólo había siete tribunales, en lugar de los 16 que funcionaban en 1495. A partir de 1530 la Inquisición se dedicó a perseguir a los blasfemos, fornicadores y bígamos para aumentar la recaudación.

Además del personal titular había que contar con los familiares del Santo Oficio. Era una suerte de policía suplementaria, formada por agentes seculares. Al principio se reclutaban entre los tenderos y artesanos. Los hidalgos irrumpieron a fines del siglo XVI, y en seguida sustituyeron a las otras categorías. El cargo era codiciado, porque tenía ventajas nada despreciables: estaba exento de ciertos impuestos y, sobre todo, de la jurisdicción ordinaria, incluso para los delitos de derecho común, lo que proporcionaba cierta impunidad. Algunos familiares se aprovecharon y se convirtieron en tiranuelos locales, intocables o casi.

Pero lo verdaderamente temible no fueron los hombres, sino la institución en sí. Para desempeñar su tarea la Inquisición, más que con la red de tribunales locales y su personal —poco numeroso en total—, contaba con la colaboración de las masas. Los edictos de fe que se leían periódicamente en las iglesias daban una lista de los comportamientos y palabras que permitían conocer a un judaizante, un musulmán, un luterano, un descreído... Se recordaba a los fieles la obligación de denunciar cualquier actitud sospechosa, por nimia que fuera. Ya se encargarían los inquisidores de decidir si había materia para intervenir. No es difícil imaginar los resultados de este llamamiento a la delación. Cualquiera que tuviera una conducta singular podía ser denunciado.[8] También se aprovechaba para perjudicar a los enemigos o a los que molestaban. No es de extrañar que las minorías intelectuales fueran el blanco principal y las víctimas más numerosas de los tribunales de la Inquisición. El Santo Oficio, pese a los inquisidores generales, las rodeó de un clima de sospecha y favoreció el desarrollo del conformismo. Los predicadores ya no se atrevieron a predicar sobre ciertos asuntos,[9] los pensadores dudaron a la hora de expresar oralmente, y menos aún por escrito, unas ideas que, interpretadas por gente simple e ignorante podían acarrearles problemas, llevarles a la cárcel y someterles a un proceso humillante, aunque al final quedara patente su inocencia y buena fe. En este sentido sí podemos afirmar que la Inquisición frenó el progreso científico. Sus dirigentes no eran oscurantistas, entre ellos hubo algunos científicos, pero la institución en sí misma puso trabas a la investigación y disuadió a los innovadores de abordar cuestiones delicadas.[10] Para ahorrarse inconvenientes lo más prudente era no escribir

8.   La bajeza no era exclusiva del pueblo. A fray Luis de León le denunciaron sus propios colegas de la Universidad de Salamanca, que no le perdonaban su talento. En realidad, fray Luis no fue una víctima de la Inquisición. Al contrario, el Santo Oficio fue el que le rehabilitó y exigió que fuera repuesto en su cátedra (aunque eso sí, después de cuatro años de prisión).

9.   Como revela esta carta anónima a Carlos V hallada en la catedral de Toledo una mañana de noviembre de 1538: «Los predicadores no osan predicar y ya que predican no se osan meter en cosas sutiles porque en la boca de dos necios está su vida y su honra».

10.   Las más afectadas fueron las que hoy llamamos ciencias humanas, más que las exactas. Cf. una carta del helenista Pedro Juan Núñez al historiador Zurita, en 1556: «Querrían que nadie se aficionase a estas letras humanas por los peligros, como ellos pretenden, que en ellas hay de que, así como enmienda el humanista un lugar de Cicerón, así enmendará uno de la Escritura, y diciendo mal de los comentadores de Aristóteles, que hará lo mismo de los doctores de la Iglesia. Estas y otras semejantes necedades me tienen desatinado, que me quitan muchas veces las ganas de pasar adelante».

libros, no poseerlos y hacerse el tonto.[11] Al prevenir a los fieles contra ciertas lecturas peligrosas, la Inquisición acabó sembrando la desconfianza hacia todo tipo de lecturas.[12] ¡El analfabetismo como profilaxis de la herejía!

La Inquisición no se limitaba a condenar a los heterodoxos, también les exigía que se declarasen culpables. Un proceso solía desarrollarse en seis audiencias. Hasta la cuarta no se formulaba la acusación concreta. Era entonces cuando se permitía que el acusado tomara un abogado, cuyo cometido no era defenderle, sino ayudarle a confesar y descargar así su conciencia. No bastaba con las confesiones. Lo que se esperaba del acusado era que estuviera convencido de su culpabilidad y del daño que había causado a los cristianos. Tal era el sentido de la ceremonia solemne del auto de fe, durante la cual el condenado confesaba públicamente sus errores delante del pueblo reunido y en presencia de las autoridades civiles y religiosas. Aunque la sentencia pronunciada fuera benigna, ningún acusado se libraba de ese trance. ¡Cuál no sería la humillación de Vergara, canónigo de Toledo y helenista de talento, corresponsal de Erasmo y Vives, cuando tuvo que comparecer ante un populacho hostil que le acusaba de «luterano», enemigo de la fe y traidor a su país! Estas ceremonias servían para azuzar al pueblo contra las minorías selectas y convencerle del poderío de la Inquisición, una institución que no se detenía ante nadie, ni siquiera ante los notables, sobre todo si esos notables tenían bibliotecas, escribían libros y viajaban al extranjero.

¡Si al menos la Inquisición se hubiera limitado a sancionar a los herejes declarados! Mas por lo general no fue así. Muchas veces sólo tenía acusaciones leves a las que agarrarse: una ligera sospecha de herejía (de levi), imprudencias de lenguaje o expresión, frases que, sacadas de contexto, podían escandalizar a los necios, poco duchos en las sutilezas de la discusión intelectual. En este sentido, el caso Carranza es ejemplar. Carranza era un personaje influyente. Maestro de teología, famoso predicador, fue amigo personal de Felipe II y Carlos V, a quien asistió en Yuste durante su agonía. En 1555 fue nombrado arzobispo de Toledo y primado de España. En agosto de 1588 la Inquisición le metió en la cárcel. ¿Su crimen? Ese año publicó en Amberes un *Catecismo* que sólo leyeron unas cuantas personas. El autor envió una veintena de ejemplares a sus amigos teólogos, prelados y grandes. La obra era lo que el título daba a entender: una exposición del dogma católico para sacerdotes con responsabilidades pastorales y fieles cultos deseosos de profundizar en su fe. Los inquisidores consideraron inoportuno llevar las discusiones teológicas a la plaza pública, en un libro escrito en lengua vernácula. ¿Era prudente iniciar a un público profano en las sutilezas de la oración y la contemplación? La Inquisición encargó a unos teólogos que examinaran ciertos pasajes «in rigore ut jacent», es decir, sacándolos de contexto. El procedimiento era muy tortuoso. Allí donde Carranza hablaba de la fe, se deducía que prestaba poca atención a las obras, comportándose objetivamente como un luterano… y así sucesivamente. Los examinadores acabaron encontrando en el libro lo contrario de lo que pretendía exponer su autor. Se consideró una circunstancia agravante el hecho de que Carranza hubiera viajado a Italia,

---

11.   El poeta Góngora, canónigo de Córdoba, hizo esta reflexión: «He tenido por mejor ser condenado por liviano que por hereje».

12.   Como denunció Alonso de Cabrera, uno de los predicadores más famosos del reinado de Felipe II. Por miedo a ser acusados de herejía, muchos preferían no aprender a leer. En 1605 la Inquisición pidió a los libreros que anotaran los nombres de los que les compraban libros.

Alemania, Flandes e Inglaterra, donde había polemizado con los protestantes[13] e, involuntariamente, había sido contaminado por ellos.[14] Era así como fabricaba herejes la Inquisición en la España del siglo XVI. Salta a la vista el parecido con los procesos de Moscú: las confesiones arrancadas al acusado, la sesión pública en la que se reconocía culpable, la noción de complicidad objetiva con los enemigos de la Iglesia (o de la clase obrera). En los años veinte de este siglo hubo liberales españoles, como Fernando de los Ríos, que compararon la Inquisición con la GPU. Según ellos la España del siglo XVI era un estado-iglesia, lo mismo que la Unión Soviética, heredera del cesaropapismo bizantino, un estado-partido. Una observación interesante. En ambos casos nos hallamos ante el totalitarismo.

LA LIMPIEZA DE SANGRE[15]

Las grandes persecuciones de fines del siglo XV asestaron un duro golpe a los judaizantes. Sin que llegaran a desaparecer del todo, los marranos,[16] cada vez menos numerosos, se vieron obligados a llevar una vida clandestina, limitándose a algunas prácticas (oraciones, la santificación del sábado y las grandes fiestas), a escondidas y tomando infinitas precauciones para no despertar sospechas entre sus vecinos.[17] En los procesos inquisitoriales del siglo XVI todavía se encuentran persecuciones y condenas a judaizantes, pero cada vez son menos frecuentes. Las cosas cambiaron a finales del siglo XVI y durante el XVII. Tras la unión de las coronas de Castilla y Portugal, muchos judíos de origen español que se habían refugiado en Portugal —donde la Inquisición se había implantado más tarde y era menos activa— regresaron a su patria, en compañía de judíos portugueses. El movimiento se intensificó durante el gobierno del conde-duque de Olivares (1621-1643), quien trató de atraerles debido a la relación que tenían algunos de ellos con sus correligionarios holandeses. Los marranos se confiaron demasiado y cometieron imprudencias, lo que provocó un recrudecimiento de la represión. Se reanudaron los autos de fe, pero las condenas a muerte fueron mucho menos numerosas que a fines del siglo XV.

Entre las comunidades marranas de los territorios hispánicos hubo una que logró sobrevivir hasta fines del siglo XVII, la de los chuetas[18] de Mallorca. Todos los judíos de Mallorca se habían convertido supuestamente en 1435, mucho antes de que se creara la Inquisición. Durante dos siglos llevaron una doble vida. Públicamente hacían profesión de catolicismo, asistían a los oficios y recibían los sacramentos. Pero en sus casas y a escondidas procuraban observar lo esencial del judaísmo, absteniéndose de comer carne de cerdo y guardando el sábado y las fiestas de Purim y

13. También mandó a la hoguera a alguno de ellos, como el anglicano Cranmer, en 1556.
14. Al final el papa logró que Carranza fuera juzgado en Roma, donde le absolvieron de la mayoría de los cargos. El veredicto se limitó a mencionar las imprudencias de lenguaje. Carranza ya no volvió a España. Murió en Roma en 1575.
15. En otro capítulo (*supra*, pp. 277 ss.) se aborda la situación de los moriscos, que plantearon un problema más social que religioso.
16. Los conversos que seguían practicando el judaísmo en secreto.
17. En un libelo antisemita de 1679 se reproduce esta conversación entre un confesor y un niño: «¿Cómo te llamas?». «En casa me llaman Abraham, en la calle Francisco.»
18. Se desconoce el origen y el sentido de esta palabra, que aparece por primera vez en 1688 en un documento inquisitorial para designar a los judaizantes de Palma.

Yom Kipur sin llamar la atención; por supuesto, no se les ocurría circuncidar a sus hijos. Los chuetas —que eran orfebres, tenderos, comerciantes, etc.— tomaban muchas precauciones, en particular la de casarse entre sí. Los cristianos viejos sospechaban algo, y también los inquisidores, pero hacían la vista gorda, seguramente porque no pensaban que el marranismo de los chuetas llegaba tan lejos. En 1672 la Suprema llamó al orden al tribunal de Palma por su escasa actividad. Entonces los inquisidores locales iniciaron una investigación rutinaria que les permitió prender a unos cuantos judaizantes. Éstos confesaron los hechos más innegables y anodinos, los atribuyeron a la ignorancia, invocaron su buena fe y prometieron enmendarse. La Inquisición creyó en su sinceridad. En ninguno de los cinco autos de fe de 1679 se pronunciaron sentencias de muerte. Los chuetas salvaron la vida, pero las confiscaciones y multas les arruinaron. Entre ellos cundió la alarma, ya que nuevas indagaciones serían fatales para ellos, pues entonces se les consideraría relapsos. Algunos prefirieron huir a Niza, Livorno o Alejandría. Otros, cansados de tanto disimulo, decidieron vivir como personas normales, sin tener que esconderse, para lo cual debían convertirse en cristianos sinceros. Uno de ellos dio el paso y se casó con una cristiana. Todos sus amigos le hicieron el vacío, considerándole un renegado. Un día ya no pudo más, fue a ver a un jesuita y le contó todo lo que sucedía en los hogares de los chuetas. Gracias a estas informaciones la Inquisición desató nuevas persecuciones. Entre 1688 y 1691 el Santo Oficio efectuó 150 detenciones. En 1691 hubo 37 condenas a muerte.[19]

El criptojudaísmo de los marranos era un fenómeno residual. La mayoría de los conversos acabaron asimilándose y convirtiéndose sinceramente al cristianismo. En el siglo XVII Spinoza destacó la perfecta asimilación de los judíos españoles, a diferencia de los portugueses. Pero los conversos tuvieron dificultades para integrarse en el resto de la población. Durante siglos fueron víctimas de un prejuicio tenaz, la limpieza de sangre.

Por limpieza de sangre se entendía la constante ortodoxia católica de una familia. Tener antepasados herejes era una deshonra. En la España del siglo XVI la frontera religiosa pasaba entre dos clases de fieles: los que habían nacido en el seno de una familia cristiana vieja y los demás, descendientes de conversos, judíos o musulmanes. El derecho canónico disponía medidas de exclusión de los herejes. Los condenados por la Inquisición, sus hijos y nietos por línea masculina, y sólo sus hijos por línea femenina, quedaban inhabilitados para ejercer cargos públicos y ciertas profesiones, pero podían librarse de esta prohibición pagando una multa más o menos elevada al tesoro real. La limpieza de sangre iba más lejos, pues implicaba a todos los judíos conversos y sus descendientes, tanto si habían sido condenados por herejía como si no, y la discriminación no se detenía en los hijos y nietos, sino que afectaba a todas las generaciones. Concretamente, la probanza de limpieza de sangre se incluía en los estatutos de muchas cofradías, asociaciones, órdenes religiosas, órdenes militares, cabildos diocesanos... El postulante debía someterse a una investigación previa para demostrar que ninguno de sus ascendientes, sin límite de tiempo, pertenecía a esa «raza» marcada por la infamia.

---

19.   Las desdichas de los chuetas no pararon ahí. Fueron víctimas de una serie de discriminaciones que sólo han cesado en fechas recientes. En 1955 el obispo Enciso Viana suprimió la distinción entre «chuetas» y «puros» en el clero de Mallorca. Cf. Ángela Selke, *Los chuetas y la Inquisición*, Madrid, 1972.

Leyendo ciertos ensayos tenemos la impresión de que en la España del siglo XVI reinaba un clima agobiante que impedía a los cristianos nuevos acceder a las profesiones, cargos y honores más codiciados. Pero basta con hacer un rápido repaso de la literatura y la historia de la época para tropezar continuamente con hombres o mujeres de origen judío, como sabemos hoy; sus contemporáneos también lo sabían, o al menos lo sospechaban. Se hace necesario, pues, marcar etapas cronológicas, ya que el prejuicio no tuvo la misma fuerza a lo largo de todo el período. Se fue intensificando, pero no lo hizo de una forma tan sistemática como se suele creer.

Conviene hacer una primera observación: los estatutos de limpieza de sangre nunca tuvieron fuerza legal. Se promulgaron a iniciativa de grupos religiosos o sociales, con la aprobación de la corona, pero sin que ésta tratara de imponer nada. Además, ningún soberano, de los Reyes Católicos a Carlos II, prescindió de los servicios de los conversos. La única institución vinculada al estado que habría podido mostrar algún interés por esta discriminación, la Inquisición, tampoco hizo mucho hincapié al respecto. Se atuvo a lo que disponía el derecho canónico sobre los condenados y sus descendientes directos. Sólo ella estaba facultada para decir exactamente si los ascendientes de los cristianos nuevos habían sido herejes, pero siempre se mostró contraria a abrir sus archivos. Por eso las indagaciones previas eran tan poco objetivas: los únicos que sabían algo, los inquisidores, callaban. Había que remitirse a lo que era del dominio público y a los rumores, por lo general, malévolos.

Los estatutos de limpieza de sangre no estuvieron tan generalizados como se ha llegado a decir. Los hallamos en la mayoría de los colegios mayores, las órdenes militares y las órdenes religiosas,[20] y muchos cabildos diocesanos, concretamente en Toledo, donde el estatuto impuesto por al arzobispo Silíceo en 1547 desató una viva polémica. Sabemos que fueron muchos los cabildos que rechazaron esta clase de discriminación. Domínguez Ortiz considera que sólo la tercera parte de los cabildos de España se dotaron de estatutos.

Por otra parte, aunque hubiera estatutos, no siempre se aplicaban. Hacia 1580 el padre Sigüenza se jacta de que los jerónimos no hacen ninguna discriminación y no rechazan a nadie por su origen, ya sea judío, moro, árabe, pagano o turco. Sin embargo, la orden de los jerónimos poseía un estatuto desde 1486... ¿Cómo iba a ignorarlo el padre Sigüenza, que era el historiador de la orden? Seguramente optó por destacar el poco caso que hacían del estatuto. Vemos, pues, que una cosa era la teoría y otra la práctica. Incluso cuando se aplicaba formalmente el estatuto, la indagación previa no se hacía con excesiva diligencia. La indagación, conviene recordarlo, no la hacían magistrados, sino particulares nombrados por el organismo en cuestión y pagados por los postulantes. Por lo general, se basaba en el testimonio de personas cuidadosamente elegidas, a veces sobornadas. Había agencias especializadas en esta clase de investigaciones, que cobraban por hacer todas las gestiones: tramitar los expedientes, establecer una genealogía a la medida, hallar los testigos necesarios, etc. Todo esto era de sobra conocido, y los organismos que pedían el estatuto no podían llamarse a engaño. Hacían la vista gorda, excepto cuando la trampa era muy grande. De todos modos, siempre se corría el riesgo de un testimonio inesperado o malévolo. Muchos teólogos denunciaron desde el primer momento la discriminación de los conversos. Andando el tiempo esta corriente hostil fue cobran-

---

20. Los jesuitas se resistieron durante mucho tiempo, pero al final tuvieron que ceder.

do fuerza. A las críticas de orden teológico —no se podían hacer distinciones entre bautizados— se añadían las observaciones de sentido común: ¿de verdad se creía que al cabo de tres, cuatro o cinco generaciones los descendientes de los conversos del siglo XV aún conservaban restos de judaísmo? Basándose en consideraciones de este tipo, desde 1580 hasta la caída del conde-duque de Olivares en 1643, las altas autoridades del estado, sin atreverse a suprimir los estatutos (el prejuicio estaba demasiado arraigado como para suprimirlo de un plumazo), trataron de limitar sus abusos y sus efectos, y prohibieron que la investigación genealógica fuera más allá de la tercera generación, es decir, unos cien años. Hubo en este sentido dos intervenciones destacadas, la del presidente del Consejo de Castilla, Diego de Covarrubias, y la del inquisidor general Quiroga. Felipe II, poco dado a las innovaciones en este campo, parecía dispuesto a seguir sus recomendaciones, pero murió en 1598 sin tomar una decisión. Fue en este período cuando se publicó (en 1583) el tratado *De los nombres de Cristo* de fray Luis de León, que era cristiano nuevo. El libro contiene páginas de gran calidad literaria y hace una crítica feroz de los estatutos de limpieza de sangre. La mayoría de los comentaristas se asombran de lo que a su entender era una audacia increíble, pero olvidan un detalle: el tratado está dedicado a Pedro de Portocarrero, amigo personal de fray Luis, miembro del Consejo de Castilla y del Consejo de la Inquisición, futuro inquisidor general (de 1596 a 1599) y contrario a los estatutos. Fray Luis no necesitaba convencerle. Puede que incluso hubiera una connivencia, al menos tácita, entre los dos hombres. Portocarrero, por los cargos oficiales que desempeñaba, no podía pronunciarse abiertamente, mientras que fray Luis era libre de expresar lo que otros pensaban en privado. El pasaje del tratado *De los nombres de Cristo* contra la limpieza de sangre formaría parte de la campaña contra los estatutos promovida por las altas autoridades del estado.

La ofensiva contra los estatutos aprovechó el cambio de reinado para precisar sus planteamientos. El documento más importante es un memorial escrito en 1599 por un dominico, Agustín Salucio. Recogiendo los argumentos invocados hasta entonces contra la limpieza de sangre, Salucio habla de la necesidad de moderar las indagaciones genealógicas, que no deberían remontarse más de cien años. Parece claro que no se trata de una iniciativa individual, pues Salucio contaba con apoyos y protección; su texto fue defendido por los arzobispos de Toledo, Burgos y Valencia, y, sobre todo, por el duque de Lerma, todopoderoso ministro de Felipe III. El duque pidió un informe sobre este memorial a Niño de Guevara, el inquisidor general. Este informe, publicado por Révah,[21] es favorable a una moderación de los estatutos. Basándose en su experiencia como embajador ante la Santa Sede, Guevara añade que la limpieza de sangre es perjudicial para el prestigio de España. En todas las naciones de la cristiandad hay fieles de origen judío, pero se cuidan mucho de llamar la atención al respecto. El celo excesivo de España se vuelve contra ella, ya que ese afán de tomar medidas discriminatorias hace pensar que es un país infestado de judaísmo. Las Cortes, reunidas en 1600, solicitaron que se siguieran las recomendaciones de Salucio y se reformaran los estatutos. Las cosas quedaron ahí, pero los reformistas no cejaron. Aprovechando la renovación del impuesto de millones, las Cortes exigieron que en las probanzas de limpieza de sangre no se tuvieran

---

21.   I. S. Révah, «La controverse sur les statuts de pureté de sang. Un document inédit: "Relación y consulta del cardenal Guevara sobre el negocio de fray Agustín Saluzio" (Madrid, 13 août 1600)», *Bulletin Hispanique*, LXXIII, 1974, p. 269.

en cuenta testimonios anónimos o manifiestamente dictados por el afán de perjudicar. Según afirmaban, resultaba terrible que el honor de una familia dependiera de la declaración de tres o cuatro testigos que habían oído que Fulano, antepasado de un abuelo o una abuela, era sospechoso de tener origen judío. Y añadían que en España, para que alguien fuera considerado noble o de sangre pura, o bien no tenía enemigos, o bien disponía de dinero suficiente para comprar a falsos testigos, o bien era de un origen tan oscuro que nadie lo conocía: los perfectos desconocidos pasaban siempre por cristianos viejos.

Hubo que esperar al reinado de Felipe IV, con la llegada al poder del conde-duque de Olivares, para que estas demandas fueran atendidas. En una pragmática de 1623 se regularon las reglas de probanza. A partir de entonces se limitarían a tres testimonios favorables en una de las cuatro líneas de antepasados directos para acreditar la limpieza de sangre de un postulante, y para demostrar lo contrario habría que aportar pruebas indiscutibles, ya no bastaría con los rumores. Eso era, precisamente, lo que pedían los adversarios de los estatutos. Por desgracia para ellos, el texto nunca se llegó a aplicar. En los años posteriores siguieron publicándose escritos reformadores, a menudo firmados por inquisidores o teólogos eminentes, que no se hartaban de decir que los estatutos ya no tenían sentido y daban lugar a situaciones absurdas, ridículas o inadmisibles. Pero fue inútil, ya que la limpieza de sangre siguió siendo necesaria para acceder a muchas distinciones.[22]

En realidad, la limpieza de sangre no era un concepto religioso, sino una noción sociológica. La discriminación casi nunca concernía a actividades profesionales que requerían una especial pericia. Por eso, con pocas excepciones, los soberanos, las administraciones, las universidades, los gremios y las órdenes religiosas, con estatuto y todo, no se echaron atrás a la hora de reclutar cristianos nuevos o requerir sus servicios. No se puede decir lo mismo de los cargos honoríficos que conferían prestigio social a sus titulares, incluso cuando no llevaban aparejadas ventajas económicas o materiales. En estos casos, la limpieza de sangre era un filtro más para eliminar a una parte de los cada vez más numerosos aspirantes a honores y prestigio social. El ejemplo más significativo es el de las órdenes militares. El sueño de muchos hidalgos era ser caballeros de Santiago. Para ello alegaban los servicios prestados al estado por ellos o por sus parientes, pero la competencia era muy fuerte. La probanza de limpieza de sangre permitía eliminar a algunos candidatos y reservar las distinciones honoríficas a una minoría de privilegiados.

Este punto de vista nos ayudará a entender la polémica generada en torno al estatuto de pureza de sangre más famoso de todos, el que impuso el cardenal Silíceo en la catedral de Toledo en 1547. Detrás de la controversia había una suerte de lucha de clases entre nobles y villanos. Ser canónigo de Toledo proporcionaba un enorme prestigio social, así como lucrativas prebendas. Desde hacía mucho tiempo el cabildo de Toledo era un coto cerrado de la aristocracia. Las familias nobles procuraban colocar en él a los segundones, sobrinos, primos, clientes... Si el arzobispo y los canónigos pertenecían a la misma clase social, no había problema, pero si el primado de España era un villano las cosas se complicaban. Fue lo que ocurrió en 1547. Para los aristocráticos canónigos el nuevo arzobispo, Silíceo, por muchos diplomas y méritos que tuviera, no era más que un hijo de campesinos. Hasta su

---

22. No se abolió oficialmente hasta 1865. En pleno siglo XIX la Universidad de Huesca seguía exigiendo probanzas de limpieza de sangre para conceder becas de estudio.

nombre recordaba el terruño.[23] Le hicieron el vacío, y Silíceo, molesto, replicó de un modo fulminante: exigir la limpieza de sangre a todos los que aspirasen a ascender en la jerarquía eclesiástica de Toledo. Por supuesto, la polémica generada apenas abordó este aspecto, pero los resultados fueron elocuentes: la probanza de limpieza de sangre eliminó a muchos vástagos nobles en beneficio de los villanos con méritos, pero de origen oscuro.

En efecto, ¿a quién perjudicaba la limpieza de sangre? Sobre todo a la nobleza, a la pequeña más que a la alta, mejor relacionada, pues pocos osarían discutir el árbol genealógico de una gran familia, aunque supieran que entre los antepasados del postulante había judíos.[24] Los hidalgos, en cambio, eran más vulnerables. La limpieza de sangre era un arma en manos de la masa de los cristianos viejos, un arma muy temible, dado que no hacía falta aportar pruebas para desacreditar a un aspirante, pues bastaba con una simple insinuación. Era la revancha de los villanos, la nobleza de los que no tenían otra. Los partidarios de la limpieza de sangre decían que un título de nobleza siempre se podía comprar, pero comprarse antepasados era más difícil. La elite social tradicional se vio desamparada ante esta amenaza insidiosa. ¿Qué hacer para defenderse de los rumores? Por eso nadie se atrevió a pedir abiertamente la supresión de los estatutos. La minoría intelectual y los dirigentes del país fueron incapaces de cambiar las cosas. La limpieza de sangre siguió en vigor porque contaba con dos clases de partidarios:

1) En la cima del estado, los que salían ganando con la selección. No debemos olvidar que la mayoría de los miembros de los consejos de la monarquía eran antiguos alumnos de los colegios mayores, los primeros establecimientos que exigieron la limpieza de sangre. Los que habían logrado pasar ese filtro no quisieron facilitar las cosas a los demás. No hicieron nada por abolir los estatutos, y su resistencia pasiva fue eficaz, pues las cosas siguieron igual.

2) A favor de la limpieza de sangre se pronunciaron los aspirantes de origen modesto que esperaban eliminar competidores, así como la masa del pueblo cristiano, que no esperaba nada, pero disfrutaba viendo la humillación de los poderosos. En la España autoritaria de los Austrias la opinión pública era poderosa. Millones de campesinos y miles de menestrales compartieron la exaltación de la limpieza de sangre, sentimiento demagógico que aspiraba a una nivelación por abajo. La Inquisición aprovechó estos sentimientos igualitarios del pueblo cristiano viejo para incitarle a denunciar las palabras, las actitudes y los comportamientos de los inconformistas. Los dirigentes creyeron que podrían dirigir y encauzar la intolerancia, pero, en realidad, no la controlaban en absoluto. La moraleja es que la intolerancia no se puede manipular, una vez inculcada se extiende rápidamente a todo el cuerpo social y entonces es demasiado tarde para salvar al organismo de la gangrena.

Sea cual fuere la importancia de esta obsesión colectiva por la limpieza de sangre, sería excesivo considerarla un motor esencial de la España de los Austrias, y

---

23.   Martínez Guijarro. Por eso quiso darle otro aire latinizándolo y haciéndose llamar Silíceo.

24.   Aunque conocemos una excepción. En 1562 un miembro de la alta nobleza, Rodrigo de Mendoza, emparentado con los condes de Chinchón, no pudo tomar el hábito de la orden de Alcántara debido a su origen. Su tío el arzobispo de Burgos, Francisco de Mendoza y Bobadilla, escribió y divulgó un libelo, el *Tizón de la nobleza*, en el que trataba de demostrar que pocas familias nobles eran irreprochables desde el punto de vista de la limpieza de sangre. El asunto causó un gran revuelo. El *Libro verde* contenía alegaciones similares sobre la nobleza aragonesa.

menos aún la explicación de su decadencia. Muchos grandes literatos españoles eran conversos. ¿Significa esto que sólo los conversos poseían originalidad y talento? Si no conociéramos su origen, nos sería difícil descubrir en ellos rasgos originales. Luis Vives, fray Luis de León, santa Teresa y otros fueron, ante todo, españoles de su tiempo y cristianos, y accidentalmente conversos. Se podría objetar que Vives, cuyos padres ardieron en la hoguera de la Inquisición, prefirió exiliarse en los Países Bajos, pero ¿huía únicamente de la Inquisición? Fuera de España nada le impedía abrazar el judaísmo, pero no lo hizo, lo que indica que se sentía a gusto en el cristianismo. Muchos otros conversos se quedaron en España, pese a la Inquisición y la limpieza de sangre.

ESPAÑA Y LA REVOLUCIÓN RELIGIOSA DEL SIGLO XVI

España no permaneció al margen del gran movimiento de renovación que recorrió Europa desde el fin de la Edad Media. También aquí eran muchos los que aspiraban a una vida religiosa más auténtica. La fe que les inculcaban solía limitarse a unos dogmas en los que había que creer y unas prácticas rutinarias, y ellos querían una religión vivida y sentida con una fe profunda. En el ambiente espiritual, de contornos imprecisos, se perfilaban varias direcciones aún confusas: la libertad de pensamiento, la inclinación a la vida interior y la oración mental, y el descrédito de las formas exteriores del culto (oración en voz alta, ceremonias, devociones comunes…) y de las prácticas ascéticas. Lo novedoso era que no sólo los frailes compartían estas aspiraciones. Parte del pueblo cristiano las hizo suyas, y se planteó la necesidad de practicar una religión vivida con más intensidad. El movimiento se extendió en el siglo XVI, primero con una proliferación de sectas y experiencias, algunas de las cuales se acercaban al protestantismo. Posteriormente, después del hito de los años 1558-1559, tomó forma de escuelas que conciliaban el corazón y la razón, el ansia de afectividad y el rigor intelectual.

Franciscanismo, iluminismo y recogimiento

Los accesos de misticismo, surgidos sobre un fondo de herencia medieval, unas veces adoptaron formas compatibles con la ortodoxia católica tradicional, y otras se desarrollaron al margen de la Iglesia y dieron origen a sectas. En la España del siglo XVI la inclinación a la vida interior tomó varias direcciones. Algunas de estas fórmulas no suponían ninguna ruptura entre las instituciones eclesiales, el dogma y sus aspectos exteriores, por un lado, y la llamada a la interioridad, por otro. Era la tendencia que proponía el recogimiento, tal como se expresa, por ejemplo, en el *Tercer abecedario espiritual* (1527) de Francisco de Osuna. En él se sugiere una técnica espiritual que prepare el alma para su unión con Dios. Esta técnica consiste en hacer el vacío en uno mismo, apartar todo lo que parezca accesorio (criaturas, imágenes, ideas), «no pensar nada», es decir, despojarse de todo lo que no es esencial, para ponerse en contacto íntimamente con Dios, no ya a través de conceptos o imágenes, sino efectiva y en cierto modo experimentalmente.

Este método, que fue bien acogido entre los franciscanos, no implicaba ninguna ruptura con la ortodoxia católica y la religión tradicional. Otra cosa era el iluminismo, la tendencia de los que se abandonaban a la inspiración divina sin control, interpretando libremente los textos evangélicos. La espiritualidad franciscana, al propagarse por ambientes ajenos a la disciplina monástica, se diluyó en corrientes descontroladas. Los laicos, hombres y mujeres, buscaron su propia concepción de la vida religiosa, interpretaron a su manera sus lecturas y acabaron formando sectas (conventículos) afines o rivales. Los alumbrados pretendían que sólo les movía el amor a Dios y que su inspiración les venía directamente de él; no tenían voluntad propia, Dios dictaba su conducta, por lo que no podían pecar. Rechazaban la autoridad de la Iglesia, su jerarquía, sus dogmas y las formas de piedad tradicional: prácticas religiosas (devociones, obras de misericordia y de caridad), sacramentos... La Inquisición persiguió enérgicamente estas tendencias a partir de 1525.

El franciscanismo y el iluminismo tenían aspectos comunes, como el rechazo a las sutilezas escolásticas, la preferencia por ciertas obras de espiritualidad, la costumbre de la oración mental y algunas técnicas de contemplación. Parece razonable considerar el iluminismo como una forma descarriada de franciscanismo, que probablemente fue el tronco común de la espiritualidad española del siglo XVI, con su versión ortodoxa —la escuela del recogimiento— y las desviaciones heterodoxas —los conventículos de alumbrados—. Este «bullicio místico» precedió y acompañó al erasmismo, a veces le prestó fórmulas pero, lejos de confundirse con él, lo desbordó por todas partes.

El erasmismo español

El gran libro que Marcel Bataillon publicó con el título de *Erasmo y España* en 1937 renovó profundamente nuestros conocimientos sobre el siglo XVI español. En un terreno abonado por el cardenal Cisneros (1437-1517), quien puso la autoridad que le conferían sus funciones (confesor de Isabel la Católica, arzobispo de Toledo, inquisidor general, regente del reino de Castilla en dos ocasiones) al servicio de la reforma del clero y de la espiritualidad, el evangelismo de Erasmo tuvo una acogida favorable. Su fama de humanista se extendió por las universidades, pero fueron sobre todo sus ideas sobre la espiritualidad las que llamaron la atención de la minoría intelectual. Estas ideas sedujeron por su tono mesurado, alejado por igual de la intransigencia de Roma y los excesos de Lutero. Frente a Roma, Erasmo sostenía la necesidad de una reforma urgente de la Iglesia y de la religión, a la que había que expurgar de sus aspectos dogmáticos y formalistas, como el exceso de especulaciones teológicas y una práctica rutinaria rayana en la superstición. Erasmo proponía una vuelta al Evangelio, a una religión y un culto interior. Frente a Lutero, Erasmo salía en defensa del libre albedrío y trataba de conservar la unidad del mundo cristiano, amenazado por todos los dogmatismos. Para él lo ideal sería una conciliación irénica sin vencedores ni vencidos que hiciera posible la necesaria reforma de la Iglesia y evitara el cisma.

En 1525 se tradujo al español el *Enchiridion* o manual de cristianismo en espíritu. La obra desató el entusiasmo de un sector intelectual, pero también provocó reacciones contrarias en el clero regular, alarmado por sus audacias. El autor trataba sin contemplaciones a las instituciones y las doctrinas, y ponía en entredicho el estatuto de las órdenes religiosas. Pero Erasmo, súbdito flamenco de Carlos V, contaba con admiradores fervientes e incondicionales en la corte, como el gran canciller Gattinara y sobre todo su secretario, Alfonso de Valdés. El inquisidor general

Alonso Manrique, arzobispo de Sevilla, otro partidario de Erasmo, maniobró para salir al paso de cualquier ataque malévolo, y en la primavera de 1527 reunió en Valladolid una comisión de teólogos y representantes de las órdenes religiosas, que debían decidir si las obras de Erasmo representaban un peligro para la fe. La comisión se separó sin adoptar una posición clara. A falta de una aprobación formal, Erasmo obtuvo una carta oficial del emperador, en la que éste respondía de su ortodoxia. A partir de entonces, entre 1527 y 1532, proliferaron las traducciones de sus obras. Marcel Bataillon habla de una verdadera «invasión erasmista». La influencia creciente de Erasmo parecía indicar que España le iba a adoptar como maestro y guía. Pero sus adversarios no bajaron la guardia. Algunos erasmistas se mezclaron con las sectas iluministas, y dieron un pretexto a la Inquisición para intervenir. A partir de 1532, y sobre todo de 1559, el erasmismo español tuvo dificultades para expresarse abiertamente. A pesar de su existencia furtiva dejó una huella profunda en la literatura espiritual y profana del siglo de oro español.

Estas son las líneas maestras de la tesis formulada en 1937 en un libro que sigue siendo la obra de referencia sobre el asunto, aunque las investigaciones posteriores hagan necesarias algunas rectificaciones. El propio Marcel Bataillon ha reconocido honradamente lo fundado de algunas de las objeciones que le han hecho. Hoy se tiende a considerar que el erasmismo contribuyó a orientar las inquietudes espirituales en España, pero no las originó y, sobre todo, distó mucho de ser la única respuesta, ni siquiera la respuesta mayoritaria, a dichas inquietudes. El rechazo a la escolástica y a una teología libresca llena de fórmulas abstractas, y la aspiración a una vida religiosa más intensa, basada en la lectura y la meditación sobre la Biblia y otras obras espirituales, son muy anteriores al siglo XVI. Se extendió el anhelo de llegar a Dios por una senda más afectiva que intelectual, y estas aspiraciones a menudo estuvieron acompañadas de tendencias mesiánicas, proféticas o milenaristas, muy acusadas entre los franciscanos y que no debemos atribuir en exclusiva a los conversos. El éxito de la observancia —es decir, la vuelta estricta a la regla primitiva— entre los franciscanos y los dominicos revela la amplitud del movimiento impulsado por Cisneros, incluyendo sus manifestaciones más equívocas. Bajo su dirección se tradujeron a lengua vulgar muchas obras espirituales, haciéndolas accesibles no sólo a los frailes y las monjas, sino también a los laicos. Esta corriente a favor de la vida interior fue recogida, a su modo, por el erasmismo, mas era anterior a él y al principio no le debía nada. Tampoco debemos atribuir esta tendencia a los conversos, desarraigados del judaísmo que de este modo habrían tratado de romper amarras con el formalismo y el ritualismo de su religión. Fue un movimiento mucho más amplio, en el que se pueden apreciar incluso influencias claramente luteranas.

El protestantismo español

Se suele considerar que España fue un país refractario a todo lo que acabó siendo el protestantismo en su versión luterana o calvinista. Pero es un error. Por supuesto, sería inútil buscar en la península ibérica unos focos de reformas tan activos como los de Alemania o incluso los de Francia, pero todo induce a pensar que existían tendencias similares. Ya el 12 de abril de 1521 las autoridades se dispusieron a abortar un intento de introducir clandestinamente en España traducciones de Lutero. En 1524 un barco que se dirigía a Valencia fue obligado a fondear en San

Sebastián. En la bodega se descubrieron unos toneles atestados de libros luteranos, que fueron quemados. Al año siguiente unos navíos venecianos intentaron desembarcar la misma clase de literatura en las costas del reino de Granada. Son dos intentos conocidos y fallidos, ¿cuántos otros desconocemos, por haber logrado su objetivo? No es extraño que Juan de Valdés, en su *Diálogo sobre la doctrina cristiana* (1529) pueda parafrasear e incluso reproducir pasajes enteros de Lutero. El primer luterano español notorio fue Francisco de Encinas (1518-1552). Estudió en Lovaina y luego en Wittenberg, y se sintió atraído por Melanchthon. Escribió una *Breve y compendiosa institución de la religión cristiana*, publicada en Amberes (1540) con seudónimo. En realidad, era una traducción del catecismo de Calvino y del *Tratado de la libertad cristiana* de Lutero. En 1542 se descubrió un intento de introducir en España 300 o 400 ejemplares de esta obra. Encinas también hizo la primera traducción íntegra del Nuevo Testamento al español. Fue uno de los pocos españoles que se adhirieron a la Confesión de Augsburgo.

Encinas se expatrió, pero en España circulaban ideas que rozaban los límites de la ortodoxia católica. Destaca en particular el caso de Sevilla, donde el arzobispo Manrique —no olvidemos que era el inquisidor general— acogió con agrado todas las formas de espiritualidad renovada. Manrique protegió a predicadores de éxito, como el doctor Gil o Constantino Ponce de la Fuente. En esa época pasaban por ser humanistas cristianos. El primero solía fustigar desde el púlpito las prácticas religiosas de las multitudes y las instituciones eclesiásticas. Criticaba ciertas formas de ascetismo, y animaba a encomendarse en todo a Jesucristo. En sus planteamientos no había nada que fuese claramente luterano, pero sí un tono que puso en guardia a la Inquisición. El doctor Gil fue detenido en 1549. En 1552 compareció en un auto de fe, pero sólo fue condenado a una penitencia leve. Murió en 1555. Aunque este asunto no acarreó consecuencias graves, alarmó a algunos amigos suyos de Sevilla, lectores de Lutero y Melanchthon, como se supo después. En 1555 algunos de ellos, como Casiodoro de Reina, Cipriano de Valera y Antonio del Corro, huyeron a Ginebra. Una vez a salvo se quitaron la máscara y se proclamaron decididamente protestantes.[25]

El viraje de 1558-1559

Hasta entonces la Inquisición sólo había tropezado con sectas iluministas, seudomísticos y erasmistas, y no con auténticos luteranos —por lo menos así lo creía—, lo cual explica la moderación de sus condenas. En 1558 la situación cambió bruscamente. Aquel año se descubrieron sucesivamente varios focos de heterodoxia en

25.   El más conocido de estos protestantes españoles es Casiodoro de Reina. Cuando se marchó de Sevilla se estableció en Ginebra, pero el sistema que reinaba allí le pareció demasiado rígido. No tardó en marcharse a Londres, donde le acusaron de llevar una vida licenciosa (al parecer era homosexual) y de profesar ideas heréticas. Reina optó por volver a marcharse. Deambuló por Amberes, Frankfurt, Estrasburgo y Basilea, siempre acogido por compatriotas partidarios de la Reforma. Es autor de una famosa traducción española de la Biblia, y también de unos escritos doctrinales en latín en los que resalta la importancia de la Biblia y de la justificación por la fe; prefiere soslayar algunos puntos controvertidos, como la Última Cena. Reina pretendía condenar el pecado, no al pecador. Lamentaba la intolerancia de Calvino en el caso de Servet, y cada vez que en Ginebra pasaba por delante del lugar donde habían quemado a su compatriota se le saltaban las lágrimas. Cf. Arthur Gordon Kinder, *Casiodoro de Reina, Spanish Reformer of the Sixteenth Century*, Londres, 1975.

dos de las principales ciudades españolas, Valladolid y Sevilla. En ambos casos eran grupos que captaban a sus adeptos en medios sociales próximos a la minoría dirigente. Ya no se trataba de pobres incultos o de unos cuantos intelectuales, sino de miembros de la burguesía, un obispo (Cazalla), curas y monjas cuyas ideas iban mucho más allá del erasmismo. Las primeras informaciones hablaron de miles de herejes, cifra que meses después quedó reducida a varios cientos. Se hicieron detenciones en serie. En Castilla cundió la histeria. Hubo que proteger a los detenidos para evitar que fueran linchados por el populacho. Desde el púlpito, el arzobispo Carranza trató en vano de aplacar los ánimos y reaccionar contra la tendencia a la confusión. El hecho de que los luteranos afirmaran algo no era motivo para sostener lo contrario. Por miedo a ser acusados de luteranos, muchos dejaron de tratar los temas que desarrollaba Lutero. Pero ya era demasiado tarde. El propio Carranza fue apresado varios días después de ese sermón. En su retiro de Yuste, Carlos V quedó aterrado al oír las noticias, y apremió a la regente, su hija Juana —Felipe II todavía estaba en Flandes— para que actuara con el máximo rigor. Los detenidos no debían ser tratados como herejes, sino como rebeldes que atentaban contra la seguridad del estado. La confusión entre política y religión era completa: un luterano sólo podía ser un mal español. El primer auto de fe se celebró el 21 de mayo de 1558 en Valladolid. Quince condenados ardieron en la hoguera. En octubre se celebró el segundo, esta vez en presencia de Felipe II, con más penas de muerte. La represión también fue muy severa en Sevilla.[26] Hubo autos de fe en 1559, 1560 y 1562, todos ellos con condenas a muerte. Se volvieron a abrir expedientes que se habían archivado. Se reanudó el proceso contra el doctor Gil, muerto en 1555, y en 1562 sus restos fueron exhumados para quemarlos en la hoguera. Su amigo Constantino de la Fuente, otro célebre predicador, fue apresado. Murió en la cárcel en 1560, antes de ser juzgado.[27] Ese mismo año fue condenado a arder en la hoguera en efigie. En 1937 Marcel Bataillon dudaba del luteranismo de los condenados de Valladolid y Sevilla. Creía que más bien eran adeptos al cristianismo interior, erasmistas. Recientemente J. I. Tellechea es más afirmativo. Según él, se trataba de auténticas manifestaciones de protestantismo, si bien limitadas a unos pocos individuos y a algunas ciudades. Después de 1560 se conocen aún varios intentos de introducir propaganda, sobre todo calvinista, en España. Los libros, enviados desde Amberes o Lyon, llegaban por tierra y por mar. También hubo condenas a muerte por luteranismo, pero pocas. Solía tratarse de extranjeros, comerciantes o marinos. La Inquisición mantuvo una actitud prudente, temerosa de represalias. La Suprema dio garantías al embajador de Inglaterra de que sería indulgente si sus súbditos se abstenían de hacer proselitismo. En 1597 se confirmó esta actitud por decreto: nadie molestaría a los mercaderes de la Hansa que hicieran escala en puertos españoles si no provocaban ningún escándalo. Poco después esta garantía se extendió a los holandeses.

¿Cuál es la explicación del escaso eco que tuvo en España el protestantismo, en el sentido estricto del término? Desde luego, la Inquisición no. La represión nunca impide que se desarrolle una ideología cuando esta tiene raíces profundas. Hay que buscar otras razones. España estaba alejada del epicentro de la revolución religiosa.

---

26.   Un tío del dramaturgo Lope de Vega, Miguel de Carpio, hizo gala de una severidad aterradora. Entonces en Sevilla se decía: «quemar como Carpio» para referirse a alguien muy intransigente.

27.   Es posible que se suicidara.

Las reformas introducidas en la disciplina eclesiástica y en las órdenes religiosas durante los primeros años del siglo XVI, aunque limitadas, sirvieron para corregir ciertos abusos. Además, en la península ibérica las inquietudes religiosas discurrían por cauces originales. La tentación más fuerte no fue el luteranismo o el calvinismo, sino el iluminismo. Los inquisidores lo sabían. El Índice de 1559 se centra en el iluminismo más que en el luteranismo.

España no fue la primera nación que publicó un Índice de libros prohibidos. Ya lo había hecho la Sorbona en 1544, seguida de la Universidad de Lovaina en 1546, la república de Venecia en 1549 y Roma en 1551. El primer índice español, de 1551, no era más que una repetición argumentada del de Lovaina. El segundo, de 1554, únicamente concernía a las ediciones de la Biblia. El índice publicado en 1559 por el inquisidor general Valdés ya es otra cosa. En él aparecen 700 títulos, que incluyen libros de Erasmo, traducciones de la Biblia, catecismos (entre ellos el de Carranza), obras literarias (como *El lazarillo de Tormes*) y numerosas obras de espiritualidad, entre ellas los tratados de fray Luis de Granada.[28] Se centra en la espiritualidad que dejaba un amplio margen a la inspiración libre de los fieles, la interioridad y las efusiones del corazón, y se brindaba indistintamente a las minorías selectas y a la masa. ¿Es correcto poner al alcance de todos unas prácticas como la oración mental o la meditación? Este es el reproche que le hacen a fray Luis de Granada, y con él a todos los espirituales: plantear que todos pueden acceder a la contemplación y a la perfección, propagar en el pueblo cristiano y en lengua vulgar unas nociones que deberían estar reservadas a un reducido grupo de creyentes. La prudencia recomienda, por el contrario, que sólo una minoría se encamine por esta difícil senda, pues sólo ellos tendrán el valor de llegar al final y serán capaces de discernir y evitar las desviaciones. Por otro lado, algunos espirituales no ocultaban su desprecio por la oración en voz alta, las prácticas sensibleras, las devociones populares y, en general, el formalismo religioso. Esta actitud podía perturbar a las almas simples.

El Índice de 1559 cambió profundamente la situación en España. Entre 1556 y 1559 el ambiente se enturbió. Esta evolución no tuvo nada que ver con el cambio de reinado y el relevo de generaciones. Hemos visto la reacción del emperador al saber que se había descubierto un foco protestante en Valladolid. Los autos de fe de 1559 no fueron los primeros actos de gobierno de Felipe II, sino los últimos de Carlos V, pese a su fama de más «liberal» que su hijo. No era España la única que estaba cambiando; en toda Europa soplaban nuevos aires. Terminado el concilio de Trento surgieron dos ortodoxias rivales. Pronto estallarían en Francia las guerras de religión, y Flandes se rebelaría. Llegaba una nueva época, unos «tiempos recios».[29] Todo parece indicar que la Iglesia española —o al menos los que hablaban en su nombre— impulsó las formas más populares de piedad, como las representaciones de la vida y la pasión de Cristo, las ceremonias religiosas espectaculares... en detrimento de la vida interior.[30]

---

28.   Fray Luis de Granada tuvo que corregir a fondo sus libros para poder reeditarlos. Con esta nueva redacción tuvieron una amplia difusión en Europa. Incluso se hizo una traducción al japonés, en Nagasaki, en 1590.

29.   La expresión es de santa Teresa.

30.   No nos vamos a extender sobre la orden de regresar que dio Felipe II en julio de 1559 a los estudiantes españoles de Lovaina y otras universidades extranjeras. Se ha hablado de «cordón sanitario». Es una exageración, pues sólo fue una disposición temporal, revocada poco después.

Misticismo y quietismo

Sin embargo, fue en la segunda mitad del siglo XVI cuando España produjo a dos de los místicos más ilustres de todos los tiempos, santa Teresa de Jesús y san Juan de la Cruz. Hoy les llamamos místicos, pero en su época se hablaba de contemplativos o espirituales. El adjetivo «místico» tenía entonces el sentido de «oculto». Así hay que entender lo que entonces se empezó a llamar teología mística. Los místicos pretendían poseer un conocimiento experimental de las cosas de Dios. Gracias a la contemplación, podían ver a Dios cara a cara. Este privilegio les distinguía de la inmensa mayoría de los creyentes, que debían esperar a la resurrección y a la vida eterna para llegar a la beatitud. Esa era toda la diferencia. Los místicos no tenían acceso a verdades que estarían vedadas a la masa de los fieles. El éxtasis les permitía conocer directamente, de un modo experimental, lo que de ordinario es artículo de fe. No se sentían obligados a menospreciar las formas tradicionales y corrientes de piedad y devoción como la misa, la Eucaristía, los sacramentos... Santa Teresa se encontraba a gusto en las ceremonias del culto, que excitan los sentidos para conmover el alma. La experiencia mística, individual por naturaleza, no apartaba a los que pasaban por ella del conjunto de los fieles. Según santa Teresa, el alma es como un castillo de diamante o de cristal puro; la oración abre su puerta para acceder a sus estancias, semejantes a las moradas del cielo, que corresponden a los grados de la vida contemplativa. En la última morada se celebra la unión espiritual, y el alma se funde con Dios. San Juan de la Cruz se expresa en poesía, confiando sus estados de ánimo al lirismo. Después escribe los comentarios en prosa: la noche, en la que el alma purifica su memoria, su voluntad y su entendimiento; la llama, que al consumirse elimina las impurezas del alma; el monte que hay que subir para llegar al final de este itinerario, el matrimonio espiritual. Esa es la esencia del misticismo. Lo demás, los arrebatos, las revelaciones, los estados sicosomáticos que acompañan al éxtasis, son aspectos accesorios, de los que desconfiaban los grandes místicos españoles. Su experiencia estaba por encima de la naturaleza y la razón, no al lado de ellas. San Juan de la Cruz aborrecía lo irracional.

La diferencia entre santa Teresa y san Juan de la Cruz y los alumbrados es que para ellos la contemplación no es una iniciación a una vida religiosa, vedada a la mayoría de los creyentes, ni una técnica de perfección, ni tampoco una efusión sentimental.

Los tratados de espiritualidad suelen distinguir tres etapas: el período de ascesis o preparación, el período contemplativo y el período de unión con Dios. Para los grandes místicos el paso de una a otra no es una suerte de avance lineal, en el que el acceso al grado superior hace inútiles los esfuerzos del grado anterior. Cada momento es la síntesis de los anteriores, y entre ellos hay una relación dialéctica. La renunciación, que es la nota dominante del primer paso, supone ya cierto grado de contemplación y un principio de unión. La contemplación se caracteriza por la luz que viene de Dios, pero esta luz, además de iluminar el alma, la purifica y la transforma en Dios. Por último, en la unión, el amor divino purifica e ilumina.

El misticismo no era una simple técnica de perfección, tal como habían planteado ciertos adeptos del recogimiento, que tendían a exagerar la importancia de «no pensar nada» (rechazo del conocimiento discursivo), como si el método fuera infalible. Creían que bastaba con hacer el vacío interior para que el alma se uniera con Dios en contemplación. Pero condición no es lo mismo que causa, o dicho de otra forma, la noche del alma no es sólo una condición, es sobre todo un efecto que produce Dios al darse.

Por último, el misticismo de santa Teresa y san Juan de la Cruz, lejos de repudiar la ciencia de los doctores, es un esfuerzo para ponerla al servicio de la experiencia. No se trata de refugiarse en un ensueño afectivo, sino, por el contrario, someter a la crítica de la razón las aprehensiones obtenidas durante el éxtasis. La contemplación no es algo sentimental, sino un esfuerzo por purificar el pensamiento de todo lo que no sea Dios. Santa Teresa resume en una frase este esfuerzo de inteligencia:

> Una merced es dar el Señor la merced, y otra es entender qué merced es y qué gracia; otra es saber decirla y dar a entender cómo es. Y aunque no parece es menester más de la primera para no andar el alma confusa y medrosa y ir con más ánimo por el camino del Señor, llevando debajo de los pies todas las cosas del mundo, es gran provecho entenderlo y merced; que por cada una es razón alabe mucho a el Señor quien la tiene, y quien no, porque la dio Su Magestad a alguno de los que viven, para que nos aprovechase a nosotros.

Aquí la santa distingue tres cosas:
— la capacidad de experimentar sentimientos y emociones: la sensibilidad;
— la capacidad de discernir y analizar lo que se experimenta: la lucidez;
— la capacidad de expresar adecuadamente estas emociones y estos análisis.
Todo esto debe estar unido. No debemos dejarnos llevar por el sentimiento, es preciso disipar la confusión de la sensibilidad para ver claro en nuestro interior, y al mismo tiempo ser capaces de exponer lo que sentimos.

La Inquisición no halló nada reprensible en las obras de santa Teresa y san Juan de la Cruz.[31] Pero tuvo una actitud muy vigilante con los alumbrados, y esta desconfianza contribuyó a dar al catolicismo español esa exuberancia en los aspectos exteriores del culto que lo caracterizó a partir de entonces. La espiritualidad que se apartaba de los caminos tradicionales era sospechosa. Lejos quedaban la riqueza y las búsquedas de la primera mitad del siglo XVI. El iluminismo propiamente dicho no desapareció, pero degeneró hacia formas descarriadas en las que sería inútil buscar el impulso de una espiritualidad religiosa.[32] Hay que esperar a la segunda mitad del siglo XVII para que el iluminismo —llamado entonces quietismo— recupere, con Molinos, una calidad comparable a la de sus primeras manifestaciones, en la época en que aún no se habían trazado unas fronteras claras entre la ortodoxia y la heterodoxia.[33]

---

31.   Hubo por lo menos dos denuncias contra santa Teresa, pero ninguna prosperó. San Juan de la Cruz pasó una temporada en la cárcel, pero fue por intrigas de los frailes, no por la Inquisición.

32.   En Extremadura y Andalucía proliferaron sectas que, so pretexto de libertad «espiritual», autorizaban toda clase de excesos libidinosos. Sus sacerdotes se acostaban con las devotas y las religiosas. Los castigos de la Inquisición consistieron en azotes y reclusión temporal en una cárcel o un convento. No se pronunció ninguna pena de muerte.

33.   Publicada en 1675, la *Guía espiritual* de Molinos alcanzó un éxito inusitado en toda Europa. Fue traducida al italiano, al francés, al alemán, al inglés, al holandés… hasta que Roma la condenó en 1687. Coincidió con el desarrollo en Francia de la polémica sobre el quietismo, que enfrentó a Fénelon con Bossuet.

LA INQUISICIÓN Y LAS BRUJAS[34]

Hubo un terreno, al menos, en el que la Inquisición se mostró inusitadamente indulgente: el de la brujería. En España no hubo nada parecido a la fobia persecutoria que recorrió Europa durante los siglos XVI y XVII y se saldó con la muerte en la hoguera de cientos, quizá miles, de pobres mujeres. Lo que sorprende, en este caso, es la moderación. Se restó importancia a la gravedad de los hechos, y apenas hubo condenas a muerte. La mayoría de las veces las condenas fueron leves, y hubo bastantes sobreseimientos. La Inquisición tuvo piedad de las brujas, no se encarnizó con ellas, y las trató como a víctimas, más que como a criminales.

En España, al igual que en el resto de Europa, habían proliferado los curanderos, charlatanes y echadores de suertes. En el tratado de Pedro Ciruelo, publicado en 1530 y varias veces reeditado,[35] se citan toda clase de supersticiones populares. En la mayoría de los casos el autor trata de dar explicaciones naturales a las historias extraordinarias que se cuentan. No obstante, admite que algunas prácticas tienen origen sobrenatural y suponen un pacto con el diablo. Pero recomienda a los jueces que sean indulgentes con las supersticiones del pueblo. Esa fue la actitud que prevaleció.

Según Julio Caro Baroja, conviene distinguir entre la hechicera y la bruja. La primera se encontraba en ambientes urbanos de Castilla y Andalucía. Fue la que sirvió de modelo a la Celestina literaria. Era experta en el arte de predecir el futuro y curar ciertas enfermedades. Conocía los secretos para triunfar en el juego y en el amor; preparaba perfumes y venenos, provocaba abortos y, llegado el caso, hacía de alcahueta. La bruja, en cambio, vivía en zonas rurales de Galicia, el País Vasco, Navarra y los valles de los Pirineos. A algunas especialidades de la hechicera añadía un aspecto demoníaco que la hacía temible. La gente le atribuía toda clase de maleficios: desapariciones de niños, epidemias del ganado... Casi siempre se la relacionaba con el diablo, al que rendía culto en aquelarres nocturnos.

En España la represión de la brujería, al principio, estuvo a cargo de la justicia ordinaria. Fue el consejo de Navarra quien investigó en los primeros meses de 1525 los hechos ocurridos en la zona de Roncesvalles. Se acusó a las brujas de provocar la muerte de niños, envenenar a las personas con un «brebaje verde» hecho con sapos y corazones de niño, y untarse una pomada por ciertas partes de su cuerpo para ir a los aquelarres, durante los cuales se apareaban con un gato negro. El juez instructor ordenó diez detenciones. Para identificar a las brujas recurrió a una «experta», que examinaba el ojo izquierdo de las sospechosas, pues se afirmaba que era allí donde el diablo dejaba su marca.

Al parecer, este episodio no se saldó con condenas a muerte, pero de todos modos tuvo una influencia decisiva en el modo de abordar los asuntos de brujería. En efecto, en mayo de 1525 se produjeron roces entre el consejo de Navarra y los inquisidores locales. Estos últimos pretendían ser los únicos competentes en la materia, pues se trataba de un culto al demonio, de recurrir a su intervención. No eran

---

34. La brujería era un fenómeno sobre todo femenino: «Por cada brujo, diez mil brujas» (Michelet), pero a veces la practicaban hombres; como el joven labrador de Antequera juzgado en 1572, al que la gente acudía para encontrar los objetos perdidos y para que arreglara matrimonios.

35. *Reprobación de las supersticiones y hechicerías.*

meras alteraciones del orden público, también la fe estaba implicada. Y en España la encargada de defender la fe era la Inquisición, no la justicia ordinaria. Dos miembros del consejo de Navarra fueron llamados a la corte. A finales de año el inquisidor general Manrique presidió una comisión mixta destinada a resolver la conducta a seguir en los asuntos de brujería. Entre los puntos del orden del día había tres que planteaban cuestiones de fondo:

— ¿los aquelarres se celebraban de verdad, o eran imaginaciones de los que confesaban haber participado en ellos?

— ¿qué sanción había que imponer a los brujos?

— ¿quién era competente, la jurisdicción ordinaria o la Inquisición?

La primera decisión que se tomó fue declarar incompetente al consejo de Navarra, pero persistió la duda sobre su alcance. ¿Era una medida circunstancial que sólo afectaba a la situación creada en Navarra, o una decisión de carácter general que a partir de entonces reservaba a la Inquisición una competencia exclusiva para esta clase de delitos? Sea como fuere, la Inquisición siempre reclamó para sí los casos de brujería, aunque hubo variaciones al respecto.[36] A medida que se hizo cargo de estos casos, fue definiendo la conducta a seguir en ellos. Su posición se puede resumir en una frase: los inquisidores no creen en la brujería; y su actitud se basaba en este principio: la brujería es debida a la ignorancia. Cuanto menos se hablara de ella mejor. Las brujas eran pobres mujeres que merecían compasión —o medicinas—, más que reprobación.

La comisión de 1525 no se puso de acuerdo sobre la realidad del aquelarre. Algunos de sus miembros creían en su existencia, otros no. Después las cosas se precipitaron. Ya en el siglo xv Lope de Barrientos, obispo de Cuenca, consideraba que el aquelarre era el producto de una imaginación malsana, y para demostrarlo apelaba al sentido común: los cuerpos tienen tres dimensiones, y para pasar de un lugar a otro necesitan el espacio necesario. ¿Cómo hacían las brujas para salir de una casa, como afirmaban, por una grieta, un agujero en la pared o una chimenea? Los inquisidores españoles adoptaron este punto de vista. Esas historias de aquelarres sólo existían en la imaginación de personas trastornadas o que habían tomado sustancias alucinógenas. Lo cual llevaba a la cuestión de la pomada que se untaban las brujas y les daba, según ellas, poderes extraordinarios. La Inquisición recomendó que se interrogara a las acusadas con precisión: ¿qué pomada era esa? ¿Quién la preparaba, y con qué? A ser posible había que tomar una muestra de la pomada y hacerla examinar por médicos y farmacéuticos. En efecto, dichas sustancias sumían a quienes las absorbían en un sueño profundo, lleno de pesadillas o sensaciones deliciosas.[37] Se siguió el criterio expuesto por el inquisidor Martín de Castañega en 1527, de que sólo se considerarían extraordinarios los hechos para los que no se hallara ninguna explicación natural.[38]

En 1537 la Suprema dio instrucciones precisas a los tribunales regionales. Antes de abrir diligencias por brujería convenía asegurarse de los hechos: ¿había desapari-

---

36. En general, la situación se puede resumir así: a partir de 1530, en los territorios de la corona de Castilla, la Inquisición fue la única competente en los casos de brujería. En los territorios de la corona de Aragón la situación no estuvo tan definida, y tan pronto se encargaba la jurisdicción ordinaria como la Inquisición, aunque la tendencia era dejarlo en manos de esta última.

37. Una pomada hecha con mandrágora, beleño y belladona producía alucinaciones, como pudo comprobar el doctor Laguna en Metz con una pareja de ancianos acusados de brujería.

38. *Tratado de las supersticiones*, libro impreso en Logroño, una provincia donde abundaban las brujas.

ciones o muertes de niños?, ¿destrucción de cosechas? En tal caso, comprobar si esos niños habían muerto por enfermedad u otras causas. Había que desconfiar de las denuncias vagas, y no se tendrían en cuenta las confesiones de las presuntas culpables, ya que era fácil arrancar cualquier declaración a una pobre mujer.[39] Se evitaría encarcelar a los simples.[40] Si pese a todas estas precauciones el tribunal consideraba oportuno abrir diligencias, debía proceder con la máxima indulgencia.[41] Si los hechos parecían merecedores de pena de muerte, debía enviar el expediente a la Suprema, que tendría la última palabra, aun cuando el parecer de los inquisidores locales sobre la sentencia fuera unánime. Ante la comisión de 1525 Valdés destacó el hecho de que los casos de brujería se daban con especial frecuencia en las montañas de Navarra, cuyos habitantes carecían de instrucción religiosa. En vez de prender a pobres desgraciados, lo que había que hacer era elevar el nivel de la población enviando misioneros que hablaran euskera, la lengua del país. En 1561 el mismo Valdés, nombrado inquisidor general, estableció las normas a aplicar en caso de brujería.

Estas recomendaciones estaban llenas de cordura y sentido común, lo cual explica que España no se sumara a la caza de brujas que se desató en el resto de Europa. En Castilla la Nueva, en la jurisdicción de las inquisiciones de Cuenca y Toledo, apenas se aplicó la tortura a las brujas. y en los 307 procesos conocidos de brujería no se pronunció ninguna sentencia de muerte. En Galicia, durante el período comprendido entre 1560 y 1700, los casos de brujería fueron 140, de los 2.203 que pasaron por el tribunal de Santiago. En todos, excepto dos, la sanción fue una simple abjuración. En el distrito de la Inquisición de Córdoba 79 personas fueron detenidas por este delito, 5 hombres y 74 mujeres. Las mujeres, en general, eran jóvenes. Ejercían la magia entre los 25 y los 35 años de edad. Las acusaron de favorecer amores legítimos o ilegítimos, sanar a los enfermos y encontrar cosas o personas desaparecidas. Entre ellas se encontraba Leonor Rodríguez, la famosa Camacha de Montilla mencionada por Cervantes en el *Coloquio de los perros*: a sus cuarenta años, en el momento de los hechos, fue acusada de hacer un pacto con el demonio y de «atar y desatar corazones». Pese a la acusación de satanismo, en el auto de fe del 8 de diciembre de 1572 fue condenada a penas menores: abjuración, doscientos azotes, una fuerte multa —cobraba caro sus servicios— y diez años de destierro.

El proceso de Logroño (1609-1610) contrasta por la severidad de las penas. Seis de los 29 acusados ardieron en la hoguera, otros seis murieron en la cárcel y 17 fueron absueltos. El veredicto se puede considerar clemente comparado con los cientos de ejecuciones que se produjeron en la misma época al otro lado de los Pirineos. En España, sin embargo, fue un escándalo. Dos de los tres inquisidores locales creían en los fenómenos de brujería, a pesar del escepticismo de la Suprema. Ésta le pidió al tercero, Salazar y Frías, un informe completo sobre el caso. Salazar tuvo así la oportunidad de abordar globalmente la cuestión de la brujería, haciendo una historia del problema. Sus conclusiones fueron las que cabía esperar: los fenómenos de

---

39. En 1549 un inquisidor de Valladolid, en viaje de inspección por Cataluña, observó que su colega de Barcelona «atemorizaba las presas ... y que particularmente les mostraba lo que habían de decir».

40. «Pues a vos y los consejeros y médicos parece que esta mujer no tiene juicio natural, debéisla soltar con fianzas» (carta de la Suprema a los inquisidores de Barcelona, 11 de julio de 1537).

41. «Teniendo consideración a la dificultad que tiene esta materia, inclinados por la causa siempre más a misericordia que a rigor» (carta de la Suprema, 27 de marzo de 1539).

brujería no tenían la menor consistencia, eran habladurías inverosímiles y ridículas. Salazar terminaba observando que en cuanto se empezó a hablar de brujería en los libros y los sermones se dispararon las denuncias.[42] Por lo tanto, lo adecuado era no darles publicidad, y así la brujería desaparecería cuando se dejara de hablar de ella. Lo mismo pensaba san Francisco de Borja de las herejías en general: había que evitar denunciarlas desde el púlpito, para no dar ideas a los simples, que de este modo se enteraban de lo que debían ignorar. «Es mejor no hablar de ello.»

El contraste entre España y el resto de Europa en el tratamiento de la brujería intriga a los historiadores. ¿Se trata de un contraste entre el mundo católico, más indulgente con las supersticiones populares, y el mundo protestante, riguroso en su lucha contra el paganismo y el satanismo? H. R. Trevor-Roper prefiere hablar de presión social y fobias colectivas. La sociedad busca víctimas propiciatorias para las grandes desgracias: guerras, pestes, hambrunas... En España les tocó a los judíos, lo que permite felicitar a la Inquisición por su moderación con las brujas. En Alemania sucedió al revés. En ambos casos se persiguió a los inconformistas.[43] Esta explicación no es muy convincente, pues nada impedía a la Inquisición perseguir a los judaizantes y también a las brujas. En nuestra opinión, la peculiaridad del caso español obedece a otras razones. Dado que la brujería se consideraba una forma de herejía, la Inquisición se vio en la obligación de investigarla, pues había recibido la misión de defender la fe en España. La jurisdicción ordinaria, atenta a toda alteración del orden público, se plegaba fácilmente a la presión social que acusaba a las brujas de criminales y secuaces de Satanás. En cambio la Inquisición sólo estaba interesada en investigar los delitos contra la fe. La superstición no le preocupaba tanto como el protestantismo. Además, la Inquisición se tomaba el tiempo necesario para examinar a fondo las causas sometidas a su juicio. Recababa opiniones autorizadas de juristas y teólogos competentes, y no solía precipitarse. Sólo se pronunciaba tras una reflexión larga y madurada. Ante los testimonios frágiles, las acusaciones inconsistentes y las habladurías se mostraba indulgente. La brujería no merecía que se le prestase tanta atención.

42. El hecho fue confirmado en 1611 por el obispo de Pamplona, al que la Suprema había pedido su parecer: «Siempre e tenido por cierto que en este negocio ay grande fraude y engaño»; los inquisidores de Logroño habían querido imitar lo que se hacía en Francia: «Lo más dél, aunque aya algo, es ficción y ylusión mucho dello y levantamiento nazido de muchachos y de gente ignorante que an hablado en estas materias y deprendido términos dellas por lo que an oydo y de la comunicación que an tenido de lo que, como e dicho, pasó en Francia».

43. H. R. Trevor-Roper, «L'épidémie de sorcellerie en Europe aux XVIᵉ et XVIIᵉ siècles», en *De la Réforme aux Lumières*, París, 1972, pp. 133-236.

Tercera parte

ESPAÑA Y EUROPA
(1700-1996)

Desde el advenimiento de los Reyes Católicos hasta la muerte del último Austria España fue una potencia hegemónica en Europa. Durante el reinado de Felipe II, esa preponderancia era indiscutible, puesto que este soberano reinó en la totalidad de la península ibérica, en los Países Bajos, en el Franco Condado, en Milán y en Nápoles, y tuvo como aliados a los Habsburgo de Austria, titulares del Sacro Imperio. El conde-duque de Olivares se encomendó la misión de conservar la posición de España. Sin embargo, las derrotas militares y diplomáticas de mediados del siglo XVII redujeron aquellas pretensiones a la nada. La guerra de Sucesión de España y los tratados de Utrecht (1713) confirmaron su decadencia. España perdió todas sus posesiones extrapeninsulares, y aunque es cierto que conservó un imperio colonial inmenso, el más rico de la época, no por ello dejó de tener el sentimiento de haberse convertido en una nación de segundo orden y el pesar aumentó cuando, a principios del siglo XIX, tuvo que renunciar a casi todos sus territorios de América.

Desde principios del siglo XVIII España sintió un complejo de frustración frente a Europa. Apenas participó de las conquistas que marcaron la llegada del mundo moderno: la revolución científica, el progreso técnico, la industrialización, la secularización del pensamiento… Sufrió por verse menospreciada, condenada, incluso explotada por el extranjero. Para salir de aquella situación humillante, buscó una serie de soluciones que suscitaron otros tantos debates. Para recuperar su posición en Europa y convertirse en una nación moderna, ¿tenía España que tomar modelo del extranjero y renunciar a una parte de su patrimonio cultural, renegando de todo lo que se había realizado desde la llegada de Carlos V a la península? No resulta excesivo caracterizar el período comprendido entre el siglo XVIII y el advenimiento de Juan Carlos como el período en que España realizó un esfuerzo por recuperarse de su retraso con respecto a Europa y al mundo moderno. Y no ocurrió sin desgarros. A ojos de los tradicionalistas, la Ilustración fue un intento de importar a España instituciones, métodos e ideas que eran extraños a su carácter. El combate tomó una nueva forma a partir de 1808, cuando España rehusó ser un anejo del imperio francés al tiempo que deseaba deshacerse de sus arcaísmos. Carlistas y liberales, primero, conservadores y reformistas, después, se enfrentaron entre sí hasta que, en 1939, el general Franco pretendió enlazar con las virtudes de la raza, encarnadas, según él, por los Reyes Católicos y por Felipe II. La muerte del dictador coincidió con las transformaciones económicas y sociales que permitieron a España situarse en condiciones de igualdad con la mayor parte de las potencias europeas.

Cerca de tres siglos de antagonismos, ideológicos o sangrientos, dejaron su huella. Sin embargo, ¿puede hablarse de dos Españas irreductibles entre sí? La idea fue lanzada, en el siglo XIX, por el portugués Fidelino de Figueiredo y fue retomada, en nuestros días, por el gran historiador Menéndez Pidal. A pesar de esta opinión autorizada, la tesis de las dos Españas no resulta convincente. La intransigencia no es exclusiva de ningún país. En Francia, por ejemplo, aún en 1989 continuaban divididas las opiniones acerca de la interpretación de la Revolución. Se han vivido guerras civiles sangrientas —la Comuna de París— y dramas nacionales, el último de los cuales —la actitud de los franceses entre 1940 y 1944— está lejos de apaciguarse completamente. España no constituye pues una excepción. Como tantos otros países, se ha dividido y se ha desgarrado en los caminos que ha seguido para asegurar su unidad, su prosperidad y su grandeza, sin que ello autorice a hablar de bloques irreconciliables.[1]

---

1. Cf. la posición comedida y matizada de Antonio Domínguez Ortiz, «Reflexiones sobre las dos Españas», en *Hechos y figuras del siglo XVIII español*, Siglo XXI, Madrid, 1973, pp. 247-268.

Capítulo I

EL SIGLO DE LAS LUCES (1700-1788)

Raramente los siglos coinciden exactamente con sus límites cronológicos. En España, el siglo XVIII comienza hacia 1680 con la recuperación de la economía, el restablecimiento del orden en las finanzas públicas y el interés que los *novatores* manifestaron por la evolución de las ideas, desde Galileo hasta Newton. Podríamos cerrarlo con la muerte de Carlos III, en 1788, pero la verdadera ruptura se sitúa un poco más tarde, con los primeros ecos de la Revolución francesa y sobre todo con la ejecución de Luis XVI; vemos entonces a los reformadores asustarse de su anterior osadía y adoptar una actitud mucho más prudente. Tres soberanos ocuparon el trono durante este período: Felipe V (1700-1746), Fernando VI (1746-1759) y Carlos III (1759-1788).[1] En general, estos reyes fueron más bien mediocres, incluso Carlos III, que está considerado como un gran reformista. Felipe V no tenía la personalidad de su abuelo Luis XIV; dividido entre una sensualidad enfermiza y una devoción escrupulosa, iba del lecho conyugal al confesionario, según palabras de Domínguez Ortiz, lo que le dejaba poco tiempo para dedicarse a los asuntos de estado. Carlos IV ha quedado marcado por el retrato que Goya hizo del rey y su familia; de hecho, no fue peor que sus predecesores. Estos reyes fueron más respetados que amados por sus súbditos. Su mérito consistió en aportar una visión nueva a la situación del país y en llamar al poder a los hombres que consideraban capaces de llevar a término las necesarias reformas.

Tenemos tendencia a exagerar el aspecto innovador de los Borbones y la influencia de las ideas francesas. En realidad, España había comenzado a cambiar en los veinte últimos años del siglo XVII. Fue entonces cuando se dibujaron los grandes rasgos del período siguiente: la reforma monetaria que daría al país una moneda estable durante más de cien años y una redistribución de la riqueza nacional caracterizada por la anulación del centro y la expansión de las regiones periféricas. En el ámbito político, los primeros Borbones aprovecharon las circunstancias para realizar en parte el sueño de Olivares: unificar una España en adelante reducida a sus posesiones peninsulares y a su imperio colonial. A partir del siglo XVIII se puede hablar realmente de España y ya no de una yuxtaposición de reinos. A todos los niveles se

---

1. Podemos dejar de lado el brevísimo reinado de Luis I, en 1724, que sólo duró algunos meses.

observa una mayor homogeneidad y hasta el sentimiento de pertenecer a una comunidad nacional, sentimiento perfectamente compatible con un fuerte patriotismo regional. Dicho esto, los reyes apenas modificaron el sistema fiscal, que continuó siendo profundamente injusto, ni la estructura de la sociedad. La nobleza conservó sus privilegios y el clero también, salvo que ahora dependía aún más del estado; la burguesía dinámica y emprendedora tenía dificultades para afirmarse.

Más que de ruptura con el pasado, habría que hablar de continuidad con la tradición nacional, y eso es especialmente claro en el ámbito de la cultura. Hubo pocos enciclopedistas y filósofos al estilo francés en España. La Ilustración no se apartó de la religión tradicional ni de la ortodoxia católica, sólo pretendía depurar la religión de sus elementos adulterados, como las supersticiones o las manifestaciones excesivas del culto, y contaba con el clero para elevar el nivel cultural, la moral y el bienestar de la población. Conscientes· de la decadencia de España, los reformistas se esforzaron por superar el retraso de su país con relación al resto de Europa. Para ello, adoptaron una actitud pragmática que trataba de sustituir la continuidad tradicional por un orden racional: la noción de progreso reemplazó a la de providencia. El poder real presidía desde arriba la regeneración, actitud que se acompañaba de una especie de impaciencia ante la lentitud y las resistencias y que dio lugar a una incomprensión recíproca entre el pueblo y las elites ilustradas. Pero esa voluntad reformista dio resultados. En el último tercio del siglo XVIII, la recuperación se manifestaba por doquier. La Revolución francesa de 1789 provocó en España reacciones contrapuestas: entusiasmo en algunos, inquietud en la mayoría. Algunos reformadores se asustaron ante la osadía de la nación vecina, temieron el contagio revolucionario y adoptaron una actitud defensiva, casi retrógrada. Las guerras de la Revolución y del Imperio interrumpieron un lento proceso de renovación y situaron a España ante difíciles alternativas.

LA GUERRA DE SUCESIÓN

El testamento de Carlos II no suscitó en un principio ninguna oposición; todos los soberanos —a excepción del emperador— reconocieron al duque de Anjou como rey de España y, en abril de 1701, Felipe V hizo su entrada en Madrid, pero las torpezas de Luis XIV hicieron cambiar la situación. En febrero de 1701 dio a entender que su nieto podría, en determinadas circunstancias, conservar sus derechos sobre la corona de Francia; con ello se retractaba de las garantías dadas de que Francia y España no se reunirían jamás bajo la autoridad de un único rey. Al mismo tiempo, actuando en nombre de Felipe V, Luis XIV ocupó los Países Bajos. Estas declaraciones y estas acciones aparecieron como otras tantas provocaciones. Las Provincias Unidas e Inglaterra se acercaron entonces al emperador y se comprometieron a otorgar la sucesión de España a su segundo hijo, el archiduque Carlos de Austria. En septiembre de 1701 se formó una coalición entre Inglaterra, las Provincias Unidas, el imperio y Dinamarca, que, en junio de 1702, declaró la guerra a Francia y a España. Portugal se unió a ella en mayo de 1703. El conflicto dinástico en torno a la sucesión de España desembocó así en una guerra internacional y, en el interior de la península, en una guerra civil entre los partidarios de cada uno de los pretendientes.

En la península, los aliados comenzaron cosechando éxitos. Los ingleses se apoderaron de Gibraltar (1704) y de Barcelona (1705). Cataluña, Valencia y Aragón se aliaron al archiduque, que entró en Madrid en julio de 1706, pero el pueblo castellano se levantó en favor de Felipe V y, al mes siguiente, éste pudo regresar a la capital. Se organizó la contraofensiva que permitió a los franco-españoles derrotar a sus adversarios en Almansa, no lejos de Valencia, en abril de 1707. Extraña batalla: un inglés naturalizado francés, el duque de Berwick, mandaba el ejército «español», mientras que las tropas aliadas estaban a las órdenes de lord Galloway, un francés al servicio de Inglaterra... En realidad, la partida se jugó en Flandes y en el Rin. Tras algunos éxitos iniciales, los franceses retrocedieron en todos los frentes. En 1708 perdieron Lille y vieron el territorio de Francia invadido. Para empeorar las cosas, Francia fue asolada por terribles hambrunas a partir de 1709. Desanimado, Luis XIV estaba a punto de abandonar el combate, pero sus adversarios le pusieron condiciones inaceptables: le exigieron que cediera Alsacia, Estrasburgo y Lille, y que el ejército francés expulsara de España a Felipe V. El rey puso al país por testigo de unas exigencias «contrarias por igual a la justicia y al honor del nombre francés» y prefirió declarar la guerra a sus enemigos antes que a sus hijos. Las hostilidades se reanudaron. Esta vez, los franco-españoles llevaron las de ganar. En España, Vendôme consiguió la victoria en Villaviciosa (1711); en el norte, en septiembre de 1712, Villars detuvo a los imperiales en Denain.

Desde el punto de vista militar, Felipe V ganó la partida. En el terreno diplomático, la muerte de José I, en abril de 1713, tuvo como consecuencia que su hijo y heredero, el archiduque Carlos, se convirtiera en nuevo emperador. Si éste llegaba a ser además rey de España, se volvería a la misma situación de 1519, cuando Carlos V, que ya reinaba en España, recibió la dignidad imperial. Esta perspectiva inquietaba a los aliados. Inglaterra y Holanda cambiaron de partido: se resignaron a reconocer a Felipe V como rey de España a condición de que renunciara definitivamente a sus derechos sobre la corona de Francia. Con esta base se firmó el tratado de Utrecht, en abril de 1713. Inglaterra fue la gran beneficiaria. Conservó Gibraltar y la isla de Menorca, ocupada durante la guerra, y obtuvo cláusulas especialmente ventajosas en el ámbito económico: el monopolio de la trata de negros en América y el derecho a enviar a las Indias todos los años un barco mercante de quinientas toneladas. Este navío, llamado de permiso, abrió una brecha en el monopolio comercial de España con su imperio colonial. A los principales interesados, Felipe V y el archiduque de Austria, convertido en emperador, no les convenía el tratado de Utrecht. Un acuerdo posterior, firmado en 1714, resolvió su litigio. España cedió al Imperio todas sus posesiones exteriores a la península ibérica: los Países Bajos españoles, Nápoles, el Milanesado y Cerdeña.

En cuanto a las repercusiones interiores de la guerra de Sucesión, de forma general, destaca, por un lado, que los privilegiados y los que les estaban sujetos tomaron opciones contrarias y, por otro lado, que los territorios de la corona de Aragón se alinearon más bien en el partido del archiduque, mientras los de la corona de Castilla lo hicieron en el partido de Felipe V. La invasión extranjera fue lo que desencadenó la guerra civil. A los castellanos les molestó la entrada de los portugueses en Madrid y la presencia de protestantes en las tropas aliadas. A principios del verano de 1706, cuando el archiduque lanzó su ofensiva contra el centro de la península, se organizó una especie de guerrilla *avant la lettre* que amenazó con cortar sus líneas de comunicación, por lo que se vio obligado a evacuar Madrid. La misma reacción se produjo en 1710. Los partidarios del archiduque ocuparon de nuevo Madrid y fueron expulsados por un levantamiento del pueblo castellano, cuya actitud contrasta con la hostilidad o la indiferencia de la alta nobleza. En efecto, sin duda por miedo a perder su influencia, los grandes muy pronto tomaron distancias respecto de los Borbones. El último almirante de Castilla, los duques de Arcos, de Medinaceli, de Béjar, de Nájera, los condes de Cifuentes, de Lemos, de Fuensalida, el marqués de Santa Cruz y otros no mostraban todavía ningún entusiasmo por la causa de Felipe V. La clerecía estaba dividida. En general, los jesuitas fueron favorables a Felipe V y las órdenes mendicantes, al archiduque, al menos en la corona de Aragón. En Castilla, el clero secular estaba a favor de los Borbones; en la corona de Aragón, en contra; en Tarazona y en Murcia, batallones de mandados por canónigos, dispararon contra los franceses. Después de la guerra, algunos eclesiásticos partidarios del archiduque se fueron de España; Carlos, convertido en emperador, les recompensó su dedicación con prebendas en Viena y en las nuevas posesiones italianas de los Habsburgo.

En la corona de Aragón, sucedió lo contrario: las capas populares tomaron partido contra los Borbones. Probablemente haya que tener en cuenta la estructura social de aquellos territorios donde el régimen señorial era mucho más duro que en Castilla. En Valencia, ya en 1693, se había asistido a rebeliones de campesinos que se negaban a pagar sus impuestos. La guerra civil tomó, en Valencia, el cariz de una revuelta antiseñorial: los campesinos asaltaron los dominios de los nobles. Aliándose con el archiduque, trataban de escapar de la opresión señorial. Habían alimentado la falsa esperanza —señala un contemporáneo— de que iban a ser liberados de los tributos que los aplastaban. Felipe V no los desanimó y les prometió vagamente revisar su situación tras la victoria.

Para explicar el rechazo de la corona de Aragón a someterse a los Borbones, resulta tentador evocar el miedo de aquellos territorios a perder un estatuto de autonomía al que estaban muy apegados. Desde este punto de vista, Carlos de Austria, que era un Habsburgo, parecía ofrecer garantías: el último rey de España, Carlos II, había respetado escrupulosamente los fueros y, en Cataluña, se guardaba un mal recuerdo del paso de las tropas francesas en la década de 1650 y del tratado de los Pirineos que había dado a Francia el Rosellón y la Cerdaña. Los franceses no eran demasiado populares; se los veía como comerciantes e inmigrantes, es decir, como rivales acusados de hacer subir los precios y bajar los salarios. Esos sentimientos, más que la cuestión de la autonomía, eran los que primaban, al menos al inicio de la guerra civil. En ningún momento se puso de manifiesto la voluntad de aprovechar las circunstancias para separarse de Castilla. Aragoneses, catalanes y valencianos lucharon por el régimen futuro de toda España, no por la suerte de sus patrias respectivas. La defensa de los fueros sólo apareció más tarde, tras la batalla de Almansa (1707), cuando Felipe V declaró la abolición del estatuto de autonomía del reino de Valencia. Este precedente inquietó a los demás integrantes de la corona de Aragón y los fortaleció en su actitud, pero no creó la oposición a los Borbones; ésta ya existía. Siguiendo los consejos de Luis XIV, Felipe V se había esforzado en evitar herir la susceptibilidad de sus nuevos súbditos. Desde su advenimiento, visitó Barcelona y reunió las Cortes de Cataluña, reanudando así una tradición interrumpida desde 1632. En esta ocasión, confirmó los privilegios del Principado y juró solemnemente respetarlos. No había ninguna razón para dudar de sus intenciones: después de todo, no había tocado los fueros del País Vasco ni de Navarra, regiones que se habían adherido a él desde el principio y le habían permanecido fieles. La abolición del estatuto de autonomía de Valencia, y después el de los demás territorios de la corona de Aragón, debe interpretarse como una sanción contra los súbditos rebeldes más que como la aplicación de un centralismo doctrinal. La resistencia de los catalanes tenía, pues, causas complejas. Fue más fuerte en Barcelona que en el resto del Principado, más en las clases medias que en la nobleza. También hay consideraciones sociales en la base de las tomas de posición política: el temor de Barcelona a perder su supremacía sobre el resto de Cataluña, y el miedo de las clases medias ante la competencia francesa. La ciudad de Barcelona prolongó su resistencia a los Borbones después de la paz de Utrecht. Cuando el duque de Berwick asedió Barcelona, fueron las milicias urbanas, organizadas por los gremios de artesanos, las que tomaron en su mano la defensa de la ciudad. Así, vemos a compañías de orfebres, de panaderos o de fabricantes de espadas situarse en los distintos puntos estratégicos; había también dos compañías de estudiantes, mandadas respectivamente por un profesor de derecho y un profesor de filosofía. El asalto final tuvo lugar el 11 de septiembre de 1714. Barcelona capituló el 15. Al año siguiente, Aragón y Cataluña perdieron sus fueros.

LOS REINADOS DE FELIPE V (1700-1746) Y DE FERNANDO VI (1746-1759)

Los dos primeros Borbones de España se parecen en un punto: los dos tenían problemas psíquicos. A su muerte, estaban al borde de la locura. Felipe V nunca aceptó las cláusulas del tratado de Utrecht que le habían obligado a renunciar a sus derechos sobre la corona de Francia. Eso explica su abdicación en enero de 1724 en beneficio de su hijo Luis. El rey recordó entonces «las miserias de la vida» y su intención de retirarse a La Granja con su segunda mujer, Isabel Farnesio —con quien se casó en 1714—, para «meditar sobre el otro mundo». En realidad, la enfermedad del joven Luis XV le hacía abrigar esperanzas de que pronto podría ocupar el trono de Francia. En La Granja, los dos esposos no preparaban únicamente su salvación eterna, se ocupaban sobre todo en hacer sus maletas en vistas a una próxima salida hacia París... Sin embargo, no fue Luis XV quien murió, sino Luis I, el nuevo rey de España, ¡y Felipe V se felicitó de volver a ocupar el trono! Fernando VI fue pues, de hecho, el tercer Borbón de España. Nacido del primer matrimonio de Felipe V con María Luisa Gabriela de Saboya, desde su advenimiento obligó a su madrastra, la entrometida Isabel Farnesio, a dejar la corona y a instalarse en La Granja. Se dice que redujo la influencia de que disfrutaban los franceses desde la llegada de la nueva dinastía, pero, en realidad, muchos franceses que habían acompañado a Felipe V y habían servido en el ejército o en la administración dejaron España al finalizar la guerra de Sucesión y tras la llegada de Isabel Farnesio. Los italianos eran menos numerosos, pero su influencia fue sin duda mayor que la de los franceses.[2] Los dos primeros Borbones se esforzaron en reorganizar las instituciones. Su tarea fue extraordinariamente facilitada por la coyuntura favorable que comenzó a finales del siglo XVII.

---

2.   Habría que destacar también la presencia de otros inmigrados en la administración española del siglo XVIII: flamencos oriundos de los antiguos Países Bajos españoles, o irlandeses que dejaron su país en 1688 tras el advenimiento de la dinastía de los Orange, uno de los cuales, Jacques-François Fitz-James Stuart, segundo hijo del mariscal de Berwick, obtuvo el título de duque de Liria y grande de España en 1707.

La recuperación de España

A mediados del siglo XVII España conoció una de las situaciones más críticas de su historia. La recuperación fue notoria a partir de 1680 y continuó a lo largo del siglo XVIII, a pesar de las guerras cuyos efectos fueron casi nulos en la economía general.[3] Hubo aún malas cosechas, crisis de subsistencias y hambrunas, pero no más epidemias devastadoras como las que se habían registrado con anterioridad. Las minas de México reanudaron una producción sostenida y la plata fluía de nuevo. La moneda alcanzó una notable estabilidad.[4] Los precios subieron con regularidad y se mantuvieron por encima de los salarios; la distancia entre las dos curvas era importante, lo que aseguraba a las empresas unos beneficios crecientes. A esta causa atribuye Hamilton la expansión de España en el siglo XVIII, una expansión que no era uniforme; fue más sostenida en algunas regiones, menos en otras. En el siglo XVIII, se produjo una inversión «que hace que la zona de atracción demográfica y de actividad productiva se desplace del centro a la periferia» (Pierre Vilar); cambio fundamental para explicar las diferencias entre la España contemporánea y la del siglo de oro.

La demografía ilustra muy bien esa evolución general.[5] La población de España pasó entonces de siete a once millones de habitantes. El movimiento afectó a todas las regiones, pero mucho más a las de la periferia. Galicia, Asturias, el País Vasco y la Andalucía atlántica progresaron notablemente, y Cataluña, aún más. El antiguo reino de Valencia fue la región con un crecimiento más fuerte; crecimiento tanto más espectacular cuanto que apenas se debió a la inmigración. La actividad creció a la par que el movimiento de la población. La red urbana de las dos Castillas se hundió; León, Burgos, Ávila no eran más que grandes burgos donde vivían eclesiásticos, rentistas (burócratas, nobles, propietarios) y pequeños comerciantes que empleaban a una numerosa y mal pagada servidumbre. En Toledo, muchos palacios y mansiones señoriales se deterioraron; ya no se tenían medios para mantenerlos y no se podían alquilar, puesto que la oferta era superior a la demanda. Hasta Sevilla estaba por debajo de la media nacional. Madrid constituía la sola excepción por ser la capital del reino: tenía 140.000 habitantes en 1700 y 180.000 en 1800. En el mismo momento, el litoral andaluz y el murciano crecían debido al dinamismo de sus puertos (Cádiz, Málaga, Cartagena). La progresión de Cádiz fue una de las más rápidas: 7.000 habitantes en 1600, 41.000 en 1700, 71.000 en 1786. No fue una

---

3. Eso es lo que se infiere del movimiento de los precios y los salarios entre 1651 y 1800; cf. E. J. Hamilton, *War and Prices in Spain*, 1947.

4. En el siglo XVIII, España puso en marcha una doble circulación monetaria. La unidad de cuenta era el real. Para las transacciones internacionales se reservaban las grandes monedas de plata de ocho reales, llamadas pesos duros o piastras; a partir de ese modelo se acuñó el dólar. Para las transacciones interiores, se utilizaban monedas más pequeñas, parecidas a las pesetas acuñadas en Barcelona desde 1674. Su contenido en plata (alrededor de cinco gramos) se aproxima al de la libra francesa (después al del franco germinal). En el siglo XIX la peseta será definitivamente la unidad monetaria de España.

5. Varios censos permiten medir esa evolución. Los más fiables son el del marqués de la Ensenada, realizado entre 1752 y 1756, que afecta únicamente a la corona de Castilla (y aún, puesto que ni el País Vasco ni Navarra ni las Canarias fueron tenidos en cuenta) y el de Floridablanca (1787).

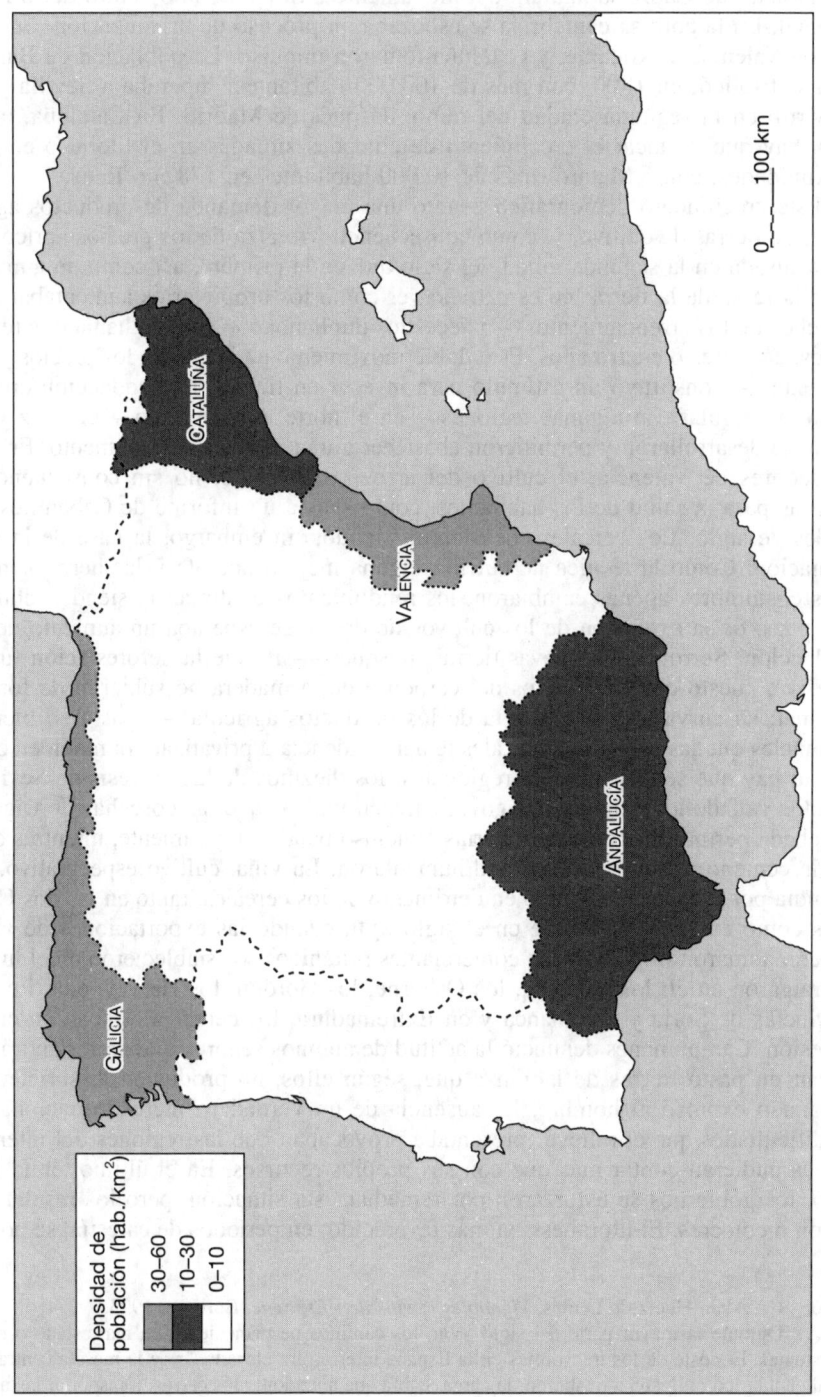

MAPA 8. Densidad de población en España según el censo de 1787.

casualidad que Cádiz suplantara definitivamente a Sevilla como centro del tráfico colonial. En la cornisa cantábrica se esbozaba un proceso de urbanización. Levante, con Valencia y Alicante, y Cataluña tomaron impulso. La población de Barcelona se triplicó; en 1800, con más de 100.000 habitantes, superaba a Sevilla y se convirtió en la segunda ciudad del reino, después de Madrid. En Cataluña, también, hay que destacar el crecimiento de ciudades situadas en el litoral o en sus proximidades, como Mataró (más de 10.000 habitantes en 1787) o Reus.

Este crecimiento demográfico generó una mayor demanda de productos agrarios y de tierras de cultivo, y, como consecuencia, un alza de los precios agrícolas, más acusada en la segunda mitad del siglo que en la primera, así como un aumento de la renta de la tierra: no es extraño ver cómo los propietarios aumentaban los derechos de los arrendamientos —a veces los duplicaban— cuando había que renovarlos, cada tres o cuatro años. Este doble movimiento alcista —de los precios y de las rentas— constituyó un estímulo para invertir en tierras. La producción creció de forma regular. En algunas regiones —en el norte, por ejemplo— el maíz y la patata se desarrollaron y permitieron abastecer a una población en aumento. En los alrededores de Valencia, el cultivo del arroz se extendió, no sin consecuencias nefastas para la salud de los habitantes, como señala un informe de Cabanilles de finales de siglo. Los cereales continuaron siendo, sin embargo, la base de la alimentación. Como la técnica no sufrió ninguna mejora notable y las herramientas y las costumbres apenas cambiaron, los rendimientos continuaron siendo débiles. Era, pues, de la extensión de los cultivos de donde se esperaba un aumento de la producción. Se roturaron nuevas tierras: bosques —sin que la deforestación fuera excesiva, puesto que los precios del carbón y de la madera no subieron de forma anormal; su curva es paralela a la de los productos agrícolas—, pastos o bienes comunales que las oligarquías locales tenían tendencia a privatizar. También en este ámbito hay que señalar matices regionales: los diezmos de las diócesis de Sevilla, Toledo, Valladolid, Zamora y Segovia parecen indicar que las cosechas de trigo y de cebada permanecieron estacionarias e incluso bajaron ligeramente, mientras que las de centeno y, sobre todo, la vid aumentaron. La viña, cultivo especulativo, se extendía por doquier, a menudo en detrimento de los cereales, tanto en las dos Castillas como en Andalucía. Fue en el siglo XVIII cuando las exportaciones de vino de Jerez tomaron impulso y los comerciantes británicos se establecieron en el lugar y arraigaron en él: los Domecq, los Osborne, los Gordon, los Harvey, etc.[6] En las provincias de Soria y Salamanca y en Extremadura, los cereales estaban en clara regresión. Campomanes denunció la actitud de algunos señores que preferían transformar en pasto tierras de labranza que, según ellos, no producían lo suficiente; el ganado expulsó al hombre. La ausencia de un verdadero mercado nacional y las dificultades que el relieve[7] presentaba provocaban que las regiones del interior apenas pudieran contar más que con sus propios recursos. En el último tercio del siglo, los gobiernos se esforzaron por remediar esta situación, pero los resultados fueron mediocres. El litoral estaba más favorecido; en períodos de carestía, se podía

---

6.   Cf. Alain Huetz de Lemps, *Vignobles et vins de l'Espagne*, Burdeos, 1993.

7.   Durante la mayor parte del siglo XVIII, los caminos permanecieron en mal estado o eran inexistentes. El coste de los transportes en la España interior era elevado. Ir de la meseta central al litoral cantábrico obligaba a trasbordar la carga: había que abandonar los carros, transportar las mercancías a lomos de mulo para atravesar la sierra, y después retomar los carros.

hacer llegar trigo del extranjero, de Francia, de Inglaterra, del Báltico y ¡hasta de Filadelfia!

El crecimiento se manifestó también en la industria y en las manufacturas, pero fue desigual según los ramos y las regiones. A principios del siglo, bajo la influencia de las teorías mercantilistas, tal como las expuso Uztáriz, se hicieron esfuerzos por utilizar las materias primas —lana, hierro, potasa...— para crear una industria nacional y equilibrar la balanza comercial. El estado se convirtió a menudo en empresario, directa o indirectamente, aportando los capitales necesarios. Estas tendencias colbertistas inspiraron la creación de manufacturas reales: las pañerías de Segovia y, sobre todo, las de Guadalajara, que empleaban a más de mil obreros a mediados de siglo y a casi cuatro mil a finales; las fábricas de algodón de Ávila; la cristalería de La Granja; las porcelanas del Retiro (Madrid)... La mayor parte de estas empresas fueron, sin embargo, deficitarias. Los primeros altos hornos aparecieron en el norte, en Liérganes y La Cavada; fabricaban cañones para la marina. Patiño y el marqués de la Ensenada crearon los arsenales de Ferrol, Cartagena, Cádiz y La Habana. Se reorganizaron las minas de Almadén para que pudieran proporcionar mercurio destinado a incrementar la producción de plata en México, gracias al procedimiento de la amalgama. Entre las industrias tradicionales, destaca un aumento del textil, débil para la seda, rápido para el algodón, mediano para la lana, vacilante para el lino. Afectó a todas las regiones de España, pero en proporciones variables. En Granada, los fabricantes sederos no eran más que artesanos acomodados. En Galicia, especialmente en Mondoñedo, el lino dio lugar a una pequeña industria rural —la única— que trabajaba para la exportación. En Castilla, el trabajo de la lana decayó casi por doquier, excepto en Segovia donde se dio una tendencia a la concentración, pero donde la producción estaba encorsetada por una reglamentación minuciosa que frenaba las iniciativas. Aparecieron nuevos centros en La Rioja (en Ezcarray) o en Santo Domingo de la Calzada. Sin embargo, la mayor parte de la lana de Castilla continuaba exportándose. Las cifras que conocemos de la actividad del puerto de Bilbao entre 1733 y 1793 no dejan lugar a dudas y esto no puede sorprendernos cuando sabemos que en Segovia, por ejemplo, muchos fabricantes eran al mismo tiempo ganaderos; la lana que se trabajaba en el lugar representaba menos del 15 por 100 de la que se exportaba. En general, la ganadería trashumante no perdió importancia. A mediados de siglo, la Mesta reunía alrededor de tres millones de ovejas; los rebaños del monasterio de Guadalupe, por ejemplo, nunca habían sido tan prósperos.

Esa limitada actividad artesanal e industrial en la España interior se explica en parte por la estrechez del mercado, a su vez ligada al débil poder adquisitivo de la población. La necesidad de asegurar el abastecimiento de la capital dio lugar a la constitución de compañías como la de los Cinco Grandes Gremios de Madrid.[8] Esta compañía obtenía grandes beneficios de los contratos establecidos con el estado y el ayuntamiento. Se encargaba de percibir los impuestos locales; se ocupaba de los asuntos industriales y comerciales, incluido el tráfico colonial; funcionaba como un banco puesto que recibía depósitos de particulares y prestaba dinero, especialmente al estado. En toda Castilla, el comercio estaba poco desarrollado. A veces, como en Segovia, el clero arrendaba a particulares la percepción de los diezmos, lo que rever-

---

8. La Compañía agrupaba los gremios de la pañería, la joyería, la sedería, la lencería y la mercería.

tía en un fortalecimiento de la pequeña burguesía local, pero, con mayor frecuencia, el clero y los grandes propietarios vendían por sí mismos sus cosechas, sin intermediarios. Faltos de excedentes, los campesinos no tenían medios para comprar vestidos o productos manufacturados. En Asturias, aún en 1757, se practicaba frecuentemente el trueque en los mercados. Los escasos comerciantes trabajaban para una clientela acomodada, pero muy restringida. Como destacaba un observador en 1808, eran pocos los que podían comprar productos de lujo; no se vendía mucho y, por lo tanto, se ganaba poco... Los verdaderos comerciantes eran raros en Castilla.

La situación era distinta en la España periférica. Las Canarias sacaban partido a la vez de su posición geográfica —escala en la ruta de las Indias— y de los recursos locales —la exportación de vino—. Se desarrolló una burguesía mercantil en los puertos del litoral cantábrico: Bilbao, Santander, La Coruña, Vigo. Lo mismo ocurrió en Alicante y en Valencia donde los grandes capitales se invertían más en el comercio que en las sederías, a pesar de ser éstas las más importantes de España. El desarrollo fue aún superior en Cádiz, donde, hasta 1778 e incluso más allá, se concentró la mayor parte del tráfico con América; había, en aquella ciudad, cerca de quinientos grandes comerciantes, compañías de seguros, corredores... Los extranjeros eran numerosos; muchos fijaron allí su residencia. En su conjunto, sin embargo, los burgueses de Cádiz eran más bien conservadores; invertían poco en la región. En 1785 un contemporáneo les hizo un reproche: ¿por qué no instalaban allí talleres para hilar el algodón importado de América en lugar de reexpedirlo en su totalidad hacia Cataluña? Los burgueses de Cádiz tenían poca inclinación por la empresa; preferían el modo de vida aristocrático. En Barcelona, por el contrario, estamos en presencia de una burguesía dinámica. El crecimiento de Cataluña tuvo lugar entre 1730 y 1760; fue debido al alza de los precios agrícolas, gracias a cultivos remuneradores como el vino y el aguardiente, en un momento en que el excedente demográfico permitió mantener los salarios a un nivel estable. Aquí, los beneficios se invirtieron en la agricultura, en el comercio y en la industria. Desde mediados de siglo, Barcelona se afirmó como una gran ciudad, dotada, desde 1752, de alumbrado público; el puerto estaba en plena actividad. Se explotaban los mercados tradicionales (el traspaís catalán y el Mediterráneo) y se miraba hacia la España interior, en espera de la apertura del mercado americano, bajo Carlos III, y de la creación de una industria textil a partir del algodón importado.

A pesar del aumento de la población, y, en consecuencia del número de contribuyentes, de la producción y de los intercambios, el presupuesto del estado continuaba siendo constantemente deficitario. Un informe oficial de 1737 evaluaba los ingresos recibidos en 21 millones de reales y los gastos previstos en 34,5 millones, de los cuales más de 20 millones correspondían a gastos militares. Para equilibrar la diferencia, se recurrió a los asientos, como en el pasado, y se contaba con la reanudación de las importaciones de plata del Nuevo Mundo. El fisco no sufrió ninguna modificación importante con respecto a la situación anterior. Descansaba, esencialmente, en los impuestos indirectos que gravaban el consumo y las transacciones comerciales: alcabalas, millones, etc., es decir, que pesaba más sobre los pobres que sobre los ricos. A ese producto se añadían los derechos de aduana, los «servicios» extraordinarios y las contribuciones de la Iglesia. La única reforma, en la primera mitad de siglo, se refiere al modo de recaudar el impuesto. En lugar de confiar su adjudicación a particulares, el estado encargó a sus representantes que lo percibieran directamente, pero los municipios —o sea, las oligarquías locales— conservaron muy a menudo el control de las operaciones. Se aprovechaban de ello para transformar en impuestos sobre el consumo los escasos intentos de crear una tributación directa; de este modo, los privilegiados se las arreglaban para contribuir en menos de lo que debían. Es lo que ocurrió en 1741 cuando el estado creó un «servicio» extraordinario, una especie de impuesto del 10 por 100 sobre los ingresos, del que estaban exentos los eclesiásticos, los médicos, los abogados y los comerciantes extranjeros; los ayuntamientos se las arreglaron para desplazar la carga sobre el conjunto de los contribuyentes. Bajo Fernando VI, el marqués de la Ensenada proyectó una gran reforma: la creación de un impuesto único, proporcional a la fortuna de cada uno, que reemplazara la tributación indirecta. Establecer la base imponible de este impuesto suponía disponer de una estimación precisa de la fortuna de todos los individuos. Eso fue lo que se le pidió al vasto informe, conocido precisamente con el nombre de catastro del marqués de la Ensenada, que aporta una multitud de datos sobre la situación de las ciudades y de los campos de Castilla a mediados de siglo. Tras la destitución del marqués, el asunto se dejó de lado; la reforma se aplazó.

La sociedad española del siglo XVIII estaba aún dominada por los estamentos privilegiados: nobleza y clero. La burguesía propiamente dicha era minoritaria. La masa de la población estaba compuesta por campesinos cuya situación variaba de una región a otra. En Galicia, en Asturias y en el País Vasco, había muchos pequeños y medianos propietarios y también arrendatarios, pero pocos jornaleros y campesinos sin tierra. Los arrendatarios catalanes obtuvieron, a finales del siglo XV, censos enfitéuticos que los convirtieron, en realidad, en propietarios puesto que tenían la garantía de que no serían desalojados de las tierras. En Valencia, en la meseta norte y en Navarra, propietarios y arrendatarios eran también mayoritarios. En Andalucía occidental (Sevilla y Córdoba), por el contrario, las tres cuartas partes del campesinado eran jornaleros que llevaban una existencia precaria y los arrendatarios eran dos veces más numerosos que los propietarios. En la Andalucía oriental, en Murcia, en Extremadura y en Castilla la Nueva, la proporción de jornaleros variaba entre la mitad y los dos tercios de la población campesina, el resto se repartía a partes iguales entre pequeños propietarios y arrendatarios.

La nobleza continuaba siendo el estamento más poderoso y el más prestigioso. Los Borbones crearon muchos títulos, ya fuera para procurarse dinero, ya para recompensar servicios,[9] pero el número de grandes aumentó poco: eran 119 en 1787 contra 113 en 1707. En general, la tierra pertenecía a la nobleza y la mayor parte del territorio estaba bajo la administración de señores laicos o eclesiásticos; sólo las grandes ciudades, con raras excepciones, dependían del dominio real. Había tres situaciones posibles:

— el señor poseía la tierra, pero no la jurisdicción: no tenía derecho a ejercer la justicia ni a designar a los magistrados locales;

— el señor tenía la jurisdicción sobre un territorio, pero no la propiedad de la tierra;

9.   Para recompensar la dedicación de dos de sus ministros, Carlos III creó los condados de Campomanes y de Floridablanca; el primero era un modesto hidalgo y el segundo, hijo de notario. A algunos títulos no les faltaba pintoresquismo: en 1759, el comandante del barco que tuvo el honor de conducir al rey Carlos III de Nápoles a España recibió el título de ¡marqués del Real Transporte!

— el señor poseía a la vez la tierra y la jurisdicción; era el caso más frecuente. La nobleza detentaba así la mitad de la riqueza de la tierra de Asturias, León y Extremadura y los dos tercios de la de La Mancha y de Andalucía occidental. Bajo Carlos III, la corona rescató de algunos señores los impuestos (alcabalas) cuyo cobro se habían atribuido en el pasado. También reintegró al dominio real algunos territorios, pero sus iniciativas suscitaron protestas y no fueron muy numerosas. Los derechos señoriales propiamente dichos representan poco. Los monopolios (molinos, hornos, prensas, posadas) eran muy criticados. En cambio, los señores no parecían reivindicar la exclusividad de los derechos de caza y pesca: no se hizo mención de ellos en las Cortes de Cádiz, a principios del siglo XIX, cuando se evocaron los perjuicios del régimen señorial. Por último, después de 1717, el rey retiró a los señores el derecho de ejercer la justicia criminal. A pesar de estas limitaciones,[10] el régimen señorial era cada vez más impopular, pero eso se debía a que los campesinos no distinguían entre derechos señoriales y renta de la tierra. No era al señor a quien aquéllos odiaban, sino al propietario deseoso de sacar el máximo provecho, ya fuera transformando en pastos los terrenos que producían poco, ya fuera aumentando la renta de la tierra. En efecto, no todos los nobles, se desinteresaron de sus dominios; algunos tomaron medidas, a menudo exitosas, para hacerlos producir más y para modernizar su gestión, como lo demuestran, por ejemplo, los estudios realizados sobre la casa del Infantado. En este caso concreto, los señores dieron pruebas de dinamismo e introdujeron mejoras técnicas susceptibles de aumentar los rendimientos.[11] Testimonios contemporáneos dan cuenta de la popularidad del conde de Aranda o del marqués de Santa Cruz, los cuales velaron por el bienestar de aquellos que les estaban sujetos. Se trababa, sin embargo, de excepciones.

El segundo estamento privilegiado, el clero, poseía alrededor del 15 por 100 del territorio y recibía el 25 por 100 de los ingresos agrícolas, esencialmente en forma de diezmos que representaban más de la mitad de todos los ingresos agrícolas del reino. La diferencia entre el montante de las posesiones y el de los ingresos permite suponer, o bien que los dominios del clero eran mejor explotados que los demás, o bien que poseían las tierras más fértiles. Las dos hipótesis no se excluyen, pero la segunda parece la más probable. La distribución de esta riqueza apenas cambió en el siglo XVIII. El arzobispado de Toledo continuó siendo el mayor beneficio de España con unos ingresos anuales de tres millones de reales; en la parte inferior de la escala, los obispados de Barbastro, Tudela o Tuy tenían que contentarse con menos de cien mil reales. Contrariamente a una idea muy extendida, los efectivos del clero no eran excesivamente elevados. El censo de 1797 da cuenta de 182.778 clérigos, pero esta cifra incluye a los simples tonsurados, a los sacristanes y a otros auxiliares. La población eclesiástica real no sobrepasaba las 150.000 personas,[12] o sea, menos del 15 por 100 de la población total de España; su número incluso descendió ligeramente entre el comienzo y el final del siglo. Se cuenta, como promedio, un sacerdote por cada cien habitantes. Un análisis más exacto revela importantes dis-

---

10. No asistimos, en España, a una reacción señorial tan acusada como en Francia. En el siglo XVIII, no se creó ningún señorío nuevo, lo que rompió con la práctica de los Habsburgo.

11. Cf. Adolfo Carrasco Martínez, *El régimen señorial en la Castilla moderna: las tierras de la Casa del Infantado en los siglos XVII y XVIII*, Ed. de la Universidad Complutense, Madrid, 1991.

12. Aproximadamente la mitad de esos efectivos corresponden al clero secular; el resto comprende a monjes y religiosos, siendo los primeros dos veces más numerosos que los segundos.

paridades regionales: un sacerdote por cada 153 habitantes en Álava, uno por cada 170 en León, uno por cada 268 en Toro, uno por cada 403 en Cataluña, pero uno por cada 1.115 en Córdoba, uno por cada 1.332 en Sevilla, uno por cada 1.721 en Murcia... Su fuerte concentración urbana es lo que ha podido dar la impresión de un clero pletórico. Ya fueran seculares o regulares, los clérigos preferían instalarse en las ciudades; sin embargo, la España del siglo XVIII era predominantemente rural. A finales de siglo, casi tres mil parroquias rurales no tenían párroco, especialmente en Galicia y Extremadura. Hay que renunciar a la idea de una España profundamente impregnada de los valores del catolicismo. El padre Pedro Calatayud, jesuita que recorrió España a partir de 1718, anotó en su diario que provincias enteras, Andalucía en particular, estaban profundamente impregnadas de paganismo: subsistían antiguos cultos agrarios, no se distinguía entre lo sagrado y lo profano, los curas no ponían mucho celo en instruir a sus fieles, etc. En efecto, muchos campesinos tenían muy pocas ocasiones de escuchar a un sacerdote hablarles de las verdades del dogma. El cuidado de las almas era desatendido, tanto más cuanto que el nivel cultural del bajo clero y hasta de los frailes no era muy elevado,[13] muchos de ellos no tenían ninguna curiosidad intelectual, ninguna inclinación por la espiritualidad.

Pocos prelados habían salido de la nobleza, pero en general, estaban bien preparados para su misión.[14] Numerosos curas llevaban una existencia precaria, puesto que sus obispos y los canónigos se reservaban la mayor parte de los diezmos. Los monasterios se preocupaban sobre todo de explotar y aumentar sus dominios comprando tierras y despojando a los pequeños propietarios y arrendatarios, reducidos a la condición de jornaleros. Se esforzaban también en hacer valer sus derechos señoriales por todos los medios. Se conocen las relaciones tensas que mantenía el monasterio de Poblet, en Cataluña, con los pueblos y los campesinos de su entorno. No era extraño ver a hermanos legos proceder a expediciones de castigo, pistola en mano. En el interior del monasterio, distintas facciones se disputaban el poder y llegaban a las manos cuando se trataba de elegir a un nuevo abad. Hubo que prohibir a los frailes asistir a las corridas, frecuentar los teatros, pasar la noche en casa de personas de «mala reputación»...

Esta situación alimentaba en el pueblo un anticlericalismo difuso. Reforzaba también las tendencias regalistas de los gobernantes, molestos por la acumulación de bienes de manos muertas, por la ignorancia de los clérigos y por el excesivo número de frailes, considerados como parásitos y como freno al progreso. Estas tendencias inspiraron las reformas emprendidas durante el reinado de Carlos III, pero el terreno había sido preparado en la primera mitad del siglo, tras negociar con Roma. La guerra de Sucesión abrió la crisis. Habiendo reconocido el papa al archiduque como rey de España, Felipe V rompió las relaciones diplomáticas con el Vaticano, cerró el tribunal de la nunciatura y destituyó a varios obispos, especialmente en Cataluña. Un primer concordato, firmado en 1737, permitió regularizar aquel contencioso y otras cuestiones: los límites del derecho de asilo en las iglesias, la tributación del clero, etc. Pero el rey de España quería mucho más: el patronato universal, es decir, la prerrogativa de designar a todos los beneficios eclesiásticos del reino.

---

13.   Había, a buen seguro, excepciones. El agustino Enrique Flórez es autor de una compilación erudita, *España Sagrada*, que aún hoy se consulta con provecho.

14.   Los abusos fueron raros. Uno de los más llamativos fue la designación, en 1742, de Luis de Borbón, hijo de Felipe V, para el arzobispado de Sevilla; Luis tenía 18 años.

Lo obtuvo por el concordato de 1753, gracias a una fuerte compensación económica y a algunas concesiones: el papa conservaba cincuenta y dos beneficios que podía proveer a su voluntad; respecto a los demás, comprendidos los obispados, la corona recibió el derecho de presentación, es decir, de nombramiento, de hecho. Era la trasposición en España del régimen que ya estaba en vigor en las Indias. El clero secular fue desde entonces designado por el rey que dispuso así de una autoridad mayor sobre la Iglesia.

La reorganización del estado

El largo reinado de Felipe V (1700-1746) se divide en dos partes de duración desigual; curiosamente, cada una de ellas está caracterizada por la fuerte personalidad de una mujer. Durante la primera parte, el objetivo consistió en consolidar un trono contestado a la vez por oposiciones interiores y por una coalición internacional. Algunas de la reformas emprendidas por entonces se encaminaron a proporcionar al nuevo rey los medios para ganar la guerra en todos los frentes: político, militar y diplomático. Felipe V encontró en la princesa de los Ursinos, más que a una colaboradora, a una mujer dotada de una gran inteligencia política, capaz de imponerse incluso frente a Luis XIV.[15] Fue ella quien hizo nombrar y apoyó a algunos ministros de la época: los franceses Orry y Amelot y los españoles Macanaz y Campillo, que restablecieron las finanzas y la administración. El tratado de Utrecht, que puso fin a la guerra de Sucesión, dejó a Felipe V insatisfecho: le costaba mucho renunciar a sus derechos sobre la corona de Francia y aceptó mal que España perdiera sus territorios en Italia. Su segunda esposa, Isabel Farnesio, italiana de Parma, participaba de este punto de vista y tomó parte activa en la dirección de los asuntos. Antes de entrar en Madrid, ordenó a la princesa de los Ursinos que dejara inmediatamente el país. Isabel se convirtió entonces en la primera colaboradora del rey. Apoyó a Alberoni, al principio un simple representante diplomático del duque de Parma, que ocupó el poder entre 1715 y 1719. Alberoni ha sido presentado como «un intrigante prodigioso», un hombre que, si hubiera tenido el sentido de lo posible, habría podido ser el Mazarino de Felipe V. Tras la destitución de Alberoni, destacan dos españoles: primero, Patiño, a quien Felipe V apenas apreciaba pero le reconocía el mérito, que entre 1733 y 1736 fue un verdadero primer ministro; después, el marqués de la Ensenada que, de 1743 a 1754, gobernó con inteligencia y sabiduría, ocupándose de todo: finanzas, legislación, obras públicas, asuntos marítimos…

Se atribuyen a veces a la influencia francesa los principios generales que guiaron a los Borbones cuando procedieron a la reorganización del aparato del estado: absolutismo y centralización. Habría que matizar esta afirmación. Desde los Reyes Católicos, España era una monarquía autoritaria; la corona tendió a concentrar todos los poderes y, si no llegó a suprimir o a limitar la autonomía de algunos territorios,

---

15.   Mariana de la Trémoïlle conocía bien España: su primer marido, el príncipe de Chalais, había vivido en la corte de Felipe IV. En 1675 se casó con el príncipe Orsini o de los Ursinos. Viuda por segunda vez, se instaló en Roma, donde llevó una brillante vida de salón y puso sus dotes para la intriga al servicio de la diplomacia francesa. Fue recompensada por ello en 1702, cuando fue nombrada primera dama de la reina María Luisa. Su influencia en la política española no cesó de afirmarse desde entonces.

fue porque no lo pudo imponer, habida cuenta de las circunstancias. Desde este punto de vista, el cambio de coyuntura proporcionado por la guerra de Sucesión facilitó las cosas. La oposición de algunas elites y de algunas regiones proporcionó el pretexto a los Borbones para renovar los métodos de gobierno y la organización del territorio.

Eso es especialmente cierto en lo que atañe a la más espectacular de las decisiones tomadas por el primer Borbón: la abolición del régimen de autonomía de los reinos de la corona de Aragón. La decisión no tuvo que ver con una política deliberada de centralización; se trataba más bien de una serie de medidas circunstanciales contra unos territorios que se habían aliado con el archiduque de Austria durante la guerra de Sucesión. La prueba es que las provincias vascas y Navarra, leales a la causa de los Borbones, conservaron sus estatutos. No es difícil, por otra parte, señalar las fuentes españolas de estas decisiones. Desde 1625 el conde-duque de Olivares alentó a Felipe IV para que fuera rey de España, es decir, para que no se contentara con ser rey de Portugal, Castilla, Aragón, Valencia, conde de Barcelona, etc., sino que equiparara los reinos de que se componía España al modelo castellano, borrando todas las particularidades que los distinguían entre sí. Para justificar esta medida, Olivares señaló que los sistemas jurídicos no permanecían fijos para siempre; tenían que evolucionar con el tiempo. El decreto de 29 de junio de 1707 que abolió los fueros de Valencia retomó aquellos argumentos casi al pie de la letra: considerando que una de las principales prerrogativas de la soberanía era promulgar y abrogar leyes, las cuales podían cambiar al mismo tiempo que las circunstancias y las costumbres, Felipe V decidió aunar todos los reinos de España bajo el régimen jurídico de Castilla. No hubo medidas generales, válidas para el conjunto de la corona de Aragón, sino decisiones particulares para cada uno de los territorios afectados. La primera, el decreto de 29 de junio de 1707, siguió inmediatamente a la batalla de Almansa que marcó la derrota de los rebeldes valencianos. El decreto se presentó como una sanción política. Puso fin al régimen de autonomía, a los fueros e incluso al derecho civil del reino de Valencia. En el mismo año 1707, otro decreto abolió los fueros de Aragón, pero se esperó a la victoria de Villaviciosa (diciembre de 1710) para completar el dispositivo en abril de 1711. A diferencia de lo que se había acordado para Valencia, Aragón conservó su derecho civil. Por último, en octubre y noviembre de 1715, tras la victoria sobre la rebelión catalana, se suprimió el régimen particular de Cataluña y de Baleares; como en Aragón, no se tocó el derecho civil. Los territorios de la corona de Aragón, perdieron así su especificidad. Sus Cortes desaparecieron. Los virreyes fueron reemplazados por los capitanes generales que recibieron nuevos poderes y presidieron de derecho las audiencias, instituciones originales que tenían más atribuciones que las cortes de justicia, puesto que en principio estaban asociadas a la administración de los territorios. De hecho, el capitán general concentraba la mayor parte del poder. Era la victoria de los militares sobre los civiles. Los antiguos municipios dieron lugar a organismos nuevos, concebidos a partir del modelo castellano, con la diferencia de que los regidores eran nombrados por el rey y no podían transmitir el cargo a sus hijos. El sistema tributario también cambió. Que los catalanes contribuyeran fue uno de los objetivos del conde-duque de Olivares. Felipe V no perdió la oportunidad, pero, por consejo del ministro Macanaz, evitó introducir en Valencia los numerosos impuestos indirectos vigentes en Castilla; éstos fueron reemplazados por una tasa única que era el equivalente —éste fue el nombre que recibió esa nueva contribución—. Se procedió

de la misma forma en Aragón y en Cataluña. Por último, se suprimieron las aduanas entre Castilla y la antigua corona de Aragón.

¿Puede decirse que España quedó desde entonces unificada? El proceso había
comenzado, pero estaba lejos de haber concluido. Desde luego, los representantes
de Aragón, de Valencia y de Cataluña ocuparon entonces sus escaños al lado de los
de Castilla en las Cortes generales, llamadas Cortes de Castilla y de Aragón, pero
Navarra conservaba sus Cortes, su virrey y sus instituciones, y las provincias vascas, sus asambleas representativas. Entre los dos últimos territorios y el resto de
España subsistían los puestos de aduana. La frontera aduanera seguía, en términos
generales, el curso del Ebro, de forma que el País Vasco aparecía como una especie
de zona franca. No sin razón, a partir del siglo XVIII, se contraponen las provincias
exentas, es decir, el País Vasco y Navarra, a las demás, teóricamente sometidas a un
propio régimen jurídico, político y aduanero. El mismo lenguaje diplomático muestra incertidumbres. En 1701 Felipe V fue nombrado rey de España; en los tratados
de 1713, que establecieron el nuevo orden europeo, fue designado como el Rey
Católico, ora de las Españas, ora de España, aunque, desde este punto de vista, la
duda tuvo una corta duración: a partir del siglo XVIII, no se habló más que del rey
de España.

La unificación hizo progresos, pero no se completó. Los primeros Borbones se
guardaron mucho de tocar, especialmente, las lenguas regionales. El catalán continuó siendo la lengua oficial de la Audiencia de Barcelona, aunque, en la vida cotidiana, el castellano fuera cada vez más utilizado como lengua de la elite y de la
cultura. Pero eso no era nuevo; el movimiento comenzó a partir del siglo XVI y no
se debió a ninguna voluntad política. En 1780 unas instrucciones gubernamentales
recomendaron generalizar el uso del castellano, pero ningún texto prohibió formalmente las lenguas regionales. La abolición de los regímenes autónomos fue una sanción política contra los territorios rebeldes. En buena lógica, ello habría tenido que
suscitar el rencor y el dolor de los interesados. No sucedió así. Las regiones afectadas se fijaron principalmente en los aspectos positivos de las medidas de centralización. Ya nada se oponía a que catalanes, aragoneses o valencianos ocuparan
empleos públicos fuera de su país de origen. Sin duda, la guerra de Sucesión dejó
secuelas; durante muchos años, se evitó nombrar en las audiencias a hombres que se
hubiesen destacado por su hostilidad a la causa de los Borbones, pero, en su conjunto, la integración resultó más bien un éxito. La supresión de las aduanas interiores, por ejemplo, permitió a Cataluña, que comenzaba entonces su expansión económica, vender sus productos al resto de España. Rápidamente, las desconfianzas
recíprocas se esfumaron. Madrid estaba orgulloso de los éxitos catalanes y en Barcelona se observaba el desarrollo de un real patriotismo español que se afirmó como
tal en la crisis de 1808; en vano trató Napoleón de explotar las tendencias separatistas de Cataluña. Los progresos realizados en toda España, aunque desigualmente
repartidos, facilitaron la integración. «Lo que incorpora, orgánicamente, Cataluña a
España a lo largo del siglo XVIII —escribe Pierre Vilar—, es la prosperidad burguesa
y la aceptación por parte de Madrid de las aspiraciones económicas de la periferia.»
Incluso el cierre de las cinco universidades catalanas (Lérida, Barcelona, Gerona,
Tarragona y Vic), decidida por Felipe V, y la creación de una universidad única en
la pequeña ciudad de Cervera, la *fidelísima*, para premiarla por haber sido una de las
pocas que sostuvieron la causa de los Borbones, suscitaron menos rencores de lo
que se hubiera podido creer. La nueva universidad afirmó rápidamente su indepen-

dencia frente al poder. En 1749 se le concedió el privilegio exclusivo de editar los libros escolares y los catecismos para toda Cataluña, ya fueran redactados en castellano o, con mayor frecuencia, en catalán. Un decreto de 1768 ordenó publicar solamente en castellano con el fin de acelerar la integración lingüística. La universidad no hizo caso y continuó publicando en catalán. Más aún: según el padre Batllori, las investigaciones eruditas realizadas por los jesuitas de Cervera, interesándose por el pasado de Cataluña, prepararon la renovación catalanista del siglo XIX.

El advenimiento de los Borbones está caracterizado por el refuerzo del absolutismo real y la puesta en marcha de una administración más eficaz. Desde hacía tiempo, la teoría política según la cual el gobierno se definía por la dualidad entre el rey y el reino representado por las Cortes no era más que una ficción; las Cortes no se reunieron ninguna vez durante el reinado de Carlos II. Los Borbones no suprimieron la institución, pero le retiraron todas las prerrogativas. Las Cortes sólo se convocaron —raramente— para ceremonias protocolarias, por ejemplo para reconocer al heredero al trono y saludar al nuevo soberano en los cambios de reinado. Ya no se les consultaban las leyes que debían promulgarse ni los impuestos que debían recaudarse. El método era característico de los Borbones. Felipe V no introdujo ningún cambio aparente en las estructuras del estado; conservó las antiguas instituciones, pero las vació de todo contenido. Así, los consejos permanecieron, pero pasaron a un segundo plano y fueron reducidos al papel de simples organismos técnicos, salvo el Consejo de Castilla que vio crecer su importancia y sus competencias. En efecto, en el Consejo de Castilla se elaboraron las decisiones más importantes para la vida política del país. Al margen de los consejos, la Secretaría del Despacho se convirtió en el órgano esencial del gobierno. Pronto constó de cinco direcciones principales que comenzaron a llamarse ministerios: Guerra y Marina, Indias, Estado y Asuntos Extranjeros, Asuntos eclesiásticos y Justicia y Hacienda. Como la alta nobleza había tenido una actitud equívoca u hostil durante la guerra de Sucesión, fue apartada de los organismos de poder. Un personal político nuevo, reclutado entre nobles de segunda fila o en las clases medias, ocupó su lugar en la alta administración. Esa nueva burocracia fue la encargada de ejecutar las decisiones del poder.

En esta reorganización de las estructuras administrativas, la institución de los intendentes tuvo un lugar determinante. No fue una creación de los Borbones; funcionarios del mismo tipo aparecieron hacia 1650 en la España de los Austrias, pero fue a mediados del siglo XVIII cuando sus funciones se generalizaron y se precisaron. Desde 1711, se nombraron intendentes en algunas ciudades junto a los corregidores. En 1718 un decreto de Patiño definió sus funciones con más exactitud, pero el texto fundamental data de 1749, en tiempos del ministerio del marqués de la Ensenada. Los corregidores se limitaron a ejercer las tareas administrativas mientras que los intendentes recibían competencias más claramente políticas: eran los representantes del poder central, encargados de aplicar las decisiones tomadas en Madrid y de controlar su ejecución. Se contaba con ellos, especialmente, para todo lo relativo a la justicia, a la administración general, al fisco y a los problemas militares. A diferencia de sus homólogos franceses, los intendentes españoles raramente salieron de la nobleza de toga; la mayoría eran militares. Se avanzó en una nueva división administrativa. A excepción de Navarra y del País Vasco, el territorio estaba dividido en diez capitanías generales: Málaga, Sevilla, Tenerife, Badajoz, Zamora, La Coruña, Asturias, Zaragoza, Barcelona, Valencia y Palma. En 1785 se llegó a una división en provincias e intendencias; división poco racional, por otro lado, ya que las provincias —subdivididas a su vez en distritos (partidos) y municipios— tenían una importancia desigual.

El ejército cobró cada vez más relevancia en las preocupaciones del gobierno. Se trataba de conservar para España su posición de gran potencia europea y de dotarla de los medios para intervenir eficazmente en todos los teatros de operaciones. En lugar de los mercenarios de antaño, se creó un ejército permanente y nacional, inspirado en los modelos francés y prusiano.[16] Los tercios se convirtieron en regimientos. Para las funciones de mando de este nuevo ejército, se contó con nobles que recibieron una formación especial en las academias militares —la de Segovia desempeñó, a partir del reinado de Carlos III, un papel de primera magnitud en cuanto a la artillería. La jerarquía iba desde los generales (o brigadieres) hasta los sargentos, pasando por los coroneles o jefes de batallón, los sargentos mayores (encargados sobre todo de cuestiones de intendencia), los tenientes coroneles, los capitanes, los tenientes, los alféreces, los cadetes y los ayudantes. Los métodos de reclutamiento también fueron profundamente modificados. Desde los primeros años del reinado de Felipe V, se acordó recurrir a reclutamientos sobre la base de un soldado por cada cien habitantes. La organización definitiva data de 1770 con la instauración de una especie de servicio militar obligatorio de cinco años al cual estaban sujetos, en principio, todos los españoles de edades comprendidas entre los diecisiete años y los treinta y seis años escogidos por sorteo: un recluta por cada cinco habitantes (quintas), pero se previeron numerosas excepciones: individuos con cargas familiares (hijos de viudas o hijos únicos de padres pobres) y miembros de algunas profesiones. Cuando los efectivos se revelaban insuficientes, se completaban con alistamientos voluntarios y con reclutamientos forzosos entre los vagabundos. Este sistema trajo consigo numerosas injusticias; puede que este sea uno de los orígenes lejanos del antimilitarismo en la España contemporánea.

Potencia mediterránea y atlántica, España tenía que modernizar y fortalecer su marina para garantizar la seguridad de sus comunicaciones y hacer respetar el monopolio comercial con sus colonias de América. En 1717 la creación de una especie de escuela naval en Cádiz (Academia de Guardias Marinas) fue una primera señal en este sentido. Hombres como Jorge Juan o Antonio Ulloa, a un tiempo oficiales y eruditos, dan prueba de la calidad de los navegantes en el siglo XVIII. Las grandes reformas datan del reinado de Fernando VI. Fueron obra del marqués de la Ensenada que ocupó el cargo de ministro de la Marina entre 1743 y 1754 y que actuó en dos direcciones complementarias: el reclutamiento de las tripulaciones y el armamento. Se institucionalizó y se reglamentó la Matrícula de Mar. Se construyeron y se desarrollaron modernos arsenales en la península (Cádiz, Ferrol, Cartagena) y en las Indias (La Habana). El número de barcos aumentó con regularidad. Primero eran buques pesadamente armados, por tanto, lentos; hacia 1754, se orientaron hacia la construcción de barcos menos gigantescos y más rápidos, pero los ingenieros españoles no llegaron nunca a darles una rapidez comparable a la de los navíos ingleses. A pesar de las guerras, el esfuerzo continuó hasta finales del siglo.[17]

16. Cf. Juan Marchena, *Oficiales y soldados en el ejército de América*, Sevilla, 1983.

17. En el siglo XVIII, los buques de muchas nacionalidades arbolaban la bandera blanca, característica de la dinastía de los Borbones. Para evitar toda confusión, la marina española escogió, en 1785, una bandera propia, roja y amarilla; estos colores se convertirán más tarde en los de la bandera nacional de España.

La política exterior

Se acusa a menudo a Isabel Farnesio, segunda mujer de Felipe V, de haber comprometido a España en una serie de guerras con el único propósito de dar tronos a sus hijos, Carlos y Felipe. Éstos, en efecto, no tenían teóricamente ninguna esperanza de reinar en España, puesto que Felipe V ya tenía dos hijos de su primer matrimonio, Luis y Fernando.[18] La política exterior de España, en la primera mitad del siglo, no habría tenido, pues, como objetivo principal las preocupaciones nacionales, sino los intereses familiares de la reina. Este reproche no tiene fundamento. Sin duda, Isabel Farnesio trataba de colocar a sus hijos, pero esta ambición de madre no era incompatible con las miras políticas de Felipe V. Éste, reaccionando como rey de España más que como Borbón, no se resignó a aceptar las cláusulas del tratado de Utrecht que habían expulsado a España de unos territorios —Milán y sobre todo Nápoles— en los que ésta había establecido su autoridad desde hacía siglos. Además, Felipe V guardaba rencor a Inglaterra porque se había apoderado de Gibraltar y por haberse librado a una guerra económica en América al desarrollar el contrabando en detrimento de los intereses españoles. Estas son las consideraciones que explican la política exterior de España y sus aparentes fluctuaciones. España aprovechó todas las oportunidades para tratar de revisar el tratado de Utrecht, a menudo a pesar de la oposición de Francia, lo que demuestra claramente que no había todavía una total solidaridad entre los Borbones. Aquella diplomacia se inscribía en la tradición española, dirigida a la vez hacia el Mediterráneo y hacia el Atlántico.

A pesar de los cambios tácticos impuestos por las circunstancias, es fácil descubrir el hilo conductor: se trataba de obtener la restitución de Gibraltar, retomar posiciones en Italia y defender el imperio. Así, en 1715-1716, con el fin de tener las manos libres en Italia, Alberoni trató de conseguir el apoyo o la neutralidad de Inglaterra, pero ésta no se decidía a romper con Francia y con Austria. No por ello dejó España de pasar a la acción en 1717-1718. En plena paz, sus tropas conquistaron sucesivamente Cerdeña y Sicilia, territorios que tuvo que evacuar ante la hostilidad de las principales potencias, y especialmente, de Francia y de Inglaterra que le declararon la guerra. Los franceses invadieron el País Vasco; los ingleses hundieron la flota española en Palermo y ocuparon Pontevedra y Vigo. Este fracaso le costó a Alberoni su puesto y llevó a Felipe V y a Isabel Farnesio a explorar otras vías: ¿por qué no entenderse directamente con el emperador Carlos VI? Fue entonces cuando intervino un aventurero de altos vuelos, el barón de Ripperdá, un holandés convertido al catolicismo que se vanagloriaba de tener amistades en la corte de Viena. Se le confió una misión secreta: ofrecer a la Compañía de Ostende la libertad de comerciar con América, lo cual proporcionaba un mercado lucrativo a los industriales flamencos, súbditos del emperador. A cambio, Carlos VI podría casar a su hija mayor con el infante Carlos, quien a su vez podría acariciar la esperanza de acceder un día al imperio. La oposición de Francia y de Inglaterra, las dudas del emperador y las incoherencias de Ripperdá condenaron estos proyectos al fracaso, pero el asunto dio al menos un resultado: España y Austria hicieron las paces en 1725. El emperador

---

18. De hecho, las circunstancias permitieron que Carlos se convirtiera en rey de España en 1759.

reconoció a Felipe V como rey de España y de las Indias —a lo que se había opuesto hasta entonces. Por su parte, Felipe V confirmó la renuncia a sus derechos sobre
la corona de Francia y se comprometió a no poner más en cuestión las cesiones
territoriales en favor de Austria impuestas por el tratado de Utrecht. En contrapartida, Carlos VI aceptó que el infante Carlos pudiese pretender los ducados de Parma y de Toscana. Francia e Inglaterra también negociaron con España (tratado de
Sevilla, 1729): recibieron confirmación de las concesiones comerciales anteriores y
dieron su aprobación a que los infantes de España pudiesen heredar tronos en Italia.
Así, en 1731, el futuro Carlos III se convirtió en duque de Parma y en heredero del
gran ducado de Toscana.

España mantenía entonces buenas relaciones con Francia, que prometió apoyar-
la en sus reivindicaciones sobre Gibraltar. Este fue el objetivo del tratado de El
Escorial (1733), el primero de los pactos de familia entre los Borbones que garantizó para España los territorios que ya poseía y los que pudiese adquirir en Italia. Felipe V se alineó, pues, junto a Luis XV en la guerra de sucesión de Polonia y se benefició de ello en 1734, cuando conquistó a los austríacos Nápoles y posteriormente
Sicilia. El infante Carlos fue coronado en Sicilia y ratificado en el trono al año
siguiente, cuando renunció a Parma para convertirse en rey de las Dos Sicilias.

Siempre en alianza con Francia, España intervino en la guerra de sucesión de
Austria. Por el segundo pacto de familia (tratado de Fontainebleau, 1743), Luis XV
se comprometió a apoyar las pretensiones del segundo hijo de Isabel Farnesio, el
infante Felipe, sobre el Milanesado y los ducados de Parma y de Toscana. La paz de
Aquisgrán (1748) ratificó esta situación, salvo en lo relativo a Milán. España obtuvo en Italia casi todo lo que pedía; los infantes Farnesio reinaban en Parma, la Toscana, Nápoles y Sicilia. Es cierto que España se comprometió a no incorporar nunca
aquellos territorios a la corona. Si uno de sus soberanos llegaba a ser rey de España, debía renunciar inmediatamente a su título en Italia. Eso sucedió en 1759, cuando Carlos III fue llamado a suceder a su hermanastro Fernando VI; entonces dejó
de reinar en Nápoles. Hecha esta salvedad, el tratado de Aquisgrán anuló el de
Utrecht, al menos en lo relativo a Italia. Desde este punto de vista, Felipe V, que
murió en 1746, consiguió una victoria póstuma. Su hijo y sucesor, Fernando VI,
se dio por satisfecho. No emprendió ninguna guerra más. Bajo su reinado, España se
dedicó enteramente a reponer sus fuerzas en el interior y en América.

EL REINADO DE CARLOS III (1759-1788)

En nuestros días, el reinado de Carlos III se beneficia de un prejuicio positivo
por parte de historiadores de todas las tendencias. Las condenas de no hace mucho
contra un rey y unos ministros que habrían importado del extranjero y especialmente de Francia ideas, instituciones y costumbres incompatibles con el carácter nacional ya no tienen actualidad, como tampoco la tiene el severo juicio de Ortega y
Gasset sobre la debilidad —o aun la inexistencia— de la Ilustración en España.
Todo el mundo está de acuerdo ahora en reconocer la importancia del movimiento
reformista de la segunda mitad del siglo XVIII y en señalar su deuda respecto de
corrientes de pensamiento propias de España. El esfuerzo de renovación fue, en
efecto, muy anterior al advenimiento de Carlos III e incluso a la entronización de la
dinastía de los Borbones y prosiguió después de su reinado en una coyuntura mucho

más difícil, por cierto. La personalidad del soberano es en parte responsable de esta apreciación positiva del reinado. Carlos III no fue un genio político, pero, cuando se lo compara con su padre y con su hermanastro, que le precedieron en el ejercicio del poder, y con su hijo, que le sucedió, no podemos más que quedar impresionados por su sentido de la mesura y de la responsabilidad. Al lado de aquellos monarcas, Carlos III no tiene ningún problema en aparecer como un soberano ejemplar. Llevaba una vida ordenada. Viudo desde 1760, decidió no volverse a casar; no se le conocen ni amantes ni aventuras pasajeras. Era piadoso y hasta devoto; descendía de su carroza y se arrodillaba cuando veía a un sacerdote llevar el viático a un moribundo. La vida de la corte le aburría, así como la música, el teatro y la literatura. Su única pasión era la caza, a la cual dedicaba varias horas diarias, pero eso no le impedía seguir de cerca los asuntos políticos. Muy consciente de sus obligaciones, no lo era menos de sus prerrogativas. Era el tipo de monarca absoluto que no toleraba ningún ataque a su autoridad ni a la majestad de sus funciones. Se le atribuye esta frase que lo dice todo: criticar los actos del gobierno, aun cuando sean discutibles, ¡es un delito!

Los ministros ilustrados

Cuando Carlos III subió al trono, tenía ya una larga experiencia como rey. Reinaba en las Dos Sicilias desde 1735 y, en Nápoles, tuvo ocasión de reflexionar acerca de los problemas que planteaba la adaptación de un país a las realidades del mundo moderno. En España encontró una situación análoga. Se trataba de volver a convertir su reino en una gran nación, continuando la obra de sus predecesores. Como no le gustaba mucho cambiar sus hábitos, Carlos III se apoyó primero en unos hombres que había conocido en Italia y que disfrutaban de toda su confianza: Grimaldi y el marqués de Esquilache. Éste acumuló los ministerios de Hacienda y de la Guerra. Era competente, pero autoritario; además, llevaba una vida de derroche. Por estas razones, y porque era extranjero, Esquilache pronto se hizo impopular. Tras los motines de 1766 dirigidos contra él, Carlos III se vio obligado a destituirlo, pero lo mantuvo en su estima. A partir de aquella fecha, el gobierno estuvo dirigido por españoles. Tres hombres encarnan el movimiento reformista: el conde de Aranda, Campomanes y Floridablanca. A pesar de sus diferencias, los tres eran muy representativos de su tiempo y se beneficiaron de un prejuicio positivo en la Europa ilustrada y, en particular, por parte de los filósofos franceses, lo que produjo malentendidos puesto que ninguno de ellos fue, propiamente dicho, un enciclopedista. Durante mucho tiempo, se ha visto en el conde de Aranda a un volteriano, a un masón y al artífice de la expulsión de los jesuitas. Nada es más falso: Aranda no fue un impío ni un discípulo de los enciclopedistas franceses, aún menos un masón. Viajó mucho: a Italia —estudió en el Colegio Español de Bolonia—, a Prusia, donde conoció a Federico II, a Francia, donde fue embajador y donde tuvo ocasión de entablar relaciones con los medios más diversos. Esta experiencia hizo de él un hombre abierto a las realidades de Europa, apto para percibir el retraso de su país y preocupado por modernizarlo. Aranda fue, ante todo, un aristócrata y un militar, lo que lo opone a los otros dos ministros reformistas, Floridablanca y Campomanes, los dos de cuna más modesta y universitarios de formación. El primero comenzó su carrera como miembro del Consejo de Castilla y después como fiscal del mismo.

Desde 1777 hasta 1792 ejerció casi sin interrupción el poder supremo. El segundo fue un erudito conocido por sus dotes de historiador; durante mucho tiempo presidió la Real Academia de la Historia. Puso la erudición al servicio de la política remontándose a los orígenes de muchas instituciones para demostrar que ya no respondían a las razones que las habían hecho nacer y que se habían convertido en un freno para el progreso.

Detrás de estos tres hombres se agrupaban los partidarios de las reformas. Si bien todos estaban de acuerdo en la necesidad de aportar cambios, estaban muy divididos en cuanto a los medios para llevarlos a cabo. En líneas generales, el partido aragonés se oponía a los «golillas». El primero fue bautizado así porque su jefe, el conde de Aranda, era aragonés, pero no era nada regionalista ni siquiera regional. Bajo esta etiqueta se agrupaban los aristócratas a quienes preocupaba el aumento de poder de los juristas y de los funcionarios. El debate no era nuevo, pero, en el siglo XVIII, subió de tono. Los miembros del partido aragonés eran mayoritariamente militares y la corbata formaba parte de su vestimenta habitual. Por eso se designó a sus rivales con el término de «golillas», porque eran casi los únicos que vestían aquella especie de cuello almidonado que Felipe IV había recomendado para reemplazar las costosas gorgueras de los hidalgos. En resumen, por una parte, estaban los civiles, por otra, los militares. El gran adversario de Aranda, Floridablanca, fue uno de los primeros en avanzar la idea de que los militares debían someterse al poder civil.

En el grupo de los juristas, otra rivalidad oponía a los antiguos miembros de los colegios mayores y a los diplomados ordinarios —a los que se denominaba «manteístas».[19] Desde el siglo XVI, los primeros formaban una casta que se reservaba los puestos más importantes en la universidad, en la magistratura y en lo que llamaríamos la alta función pública. Carlos III se inclinó más bien por los golillas y, en cuanto a los manteístas, dejó que Campomanes realizara lo que parecía imposible. El ministro puso fin al monopolio de los colegios mayores sobre los grandes cuerpos del estado, pero trató con tino a los militares, y este equilibrio sutil constituye una prueba más de la inteligencia política del monarca que no rechazó ninguna colaboración.

Fueren quienes fueren, los ministros de Carlos III presentan dos características comunes: pretendieron mantener el control del movimiento reformista y muy raramente llevaron sus principios hasta el fin. El primer aspecto coincide con las líneas generales de lo que llamamos el despotismo ilustrado: se quería reformar la sociedad, la economía, incluso las costumbres, pero la iniciativa del cambio debía permanecer en manos de las autoridades. Era desde arriba desde donde se procuraron impulsar y, llegado el caso, imponer las reformas; los cuerpos intermedios se limitaban a ponerlas en práctica. Eso es lo que demuestra la historia de las sociedades económicas de amigos del país. La primera —una iniciativa privada— nació en 1764 en el País Vasco; cierto número de notables —los hidalgos de Azcoitia— preocupados por volver productivos los recursos locales, fundaron un grupo de estudio que se interesó por las ciencias aplicadas (náutica, mineralogía...), por las mejoras técnicas que se podían aplicar a la agricultura, a la industria, al comercio, a la vida cotidiana, etc. Campomanes rápidamente comprendió que se podía sacar partido de iniciativas de este tipo, si se extendían al conjunto del reino. Con su impulso y bajo su patrocinio, las sociedades se multiplicaron. Los representantes del poder central

---

19. En el siglo XVIII se les llamaba manteístas porque en la universidad llevaban una capa larga o «manteo», cuando el signo distintivo de los colegios mayores era la muceta o «beca».

—intendentes y corregidores— fueron invitados a fundar sociedades por doquier y a procurar que los notables —clérigos, nobles, comerciantes...— se inscribieran en ellas. Allí se estudiaban los medios para proscribir la rutina y para difundir las «luces» entre el pueblo mediante la creación de escuelas, talleres, hospicios, mediante la mejora de los cultivos, de la industria, de los caminos, de la higiene, de la salubridad pública, etc. Campomanes les proporcionó incluso una especie de guía práctica con su *Discurso sobre el fomento de la industria popular*, que tuvo una tirada de 30.000 ejemplares. Los resultados, según Domínguez Ortiz, fueron más bien decepcionantes: muchos discursos teóricos, memorias, proyectos, pero pocas realizaciones prácticas: las técnicas agrarias, en especial, continuaron siendo arcaicas, a pesar de todos los estudios y las discusiones de las sociedades económicas. Es curioso constatar que en las regiones sin sociedades económicas (Bilbao, Cataluña, Cádiz) es donde los progresos fueron más espectaculares; sin duda, no tenían ninguna necesidad de aquellos estímulos. Podemos pues preguntarnos sobre la eficacia de aquellos grupos de reflexión de los que se ha exagerado la importancia evocando la influencia del enciclopedismo francés. Su acción no es desdeñable en la medida en que sensibilizaron a las elites locales acerca de algunos problemas, pero sus realizaciones fueron muy modestas.

Por último, los ministros de Carlos III no llevaron nunca sus proyectos de reforma hasta el final; se quedaron siempre a medio camino. Corrigieron abusos e introdujeron innovaciones en la mayor parte de las instituciones del Antiguo Régimen, pero mantuvieron las instituciones. A principios del siglo XIX, la Inquisición todavía existía, al igual que la Mesta, los gremios, los mayorazgos... El movimiento de renovación fue suficientemente claro para enojar a los conservadores, pero no fue suficientemente osado para el agrado de los reformistas más ambiciosos que deseaban cambios más significativos en las estructuras económicas y sociales. Y es que, teniendo en cuenta la situación de España, el progreso, tal como lo concebían los ministros ilustrados, tenía que ser el resultado de un paciente esfuerzo pedagógico. Es eso lo que Jovellanos, uno de los hombres más representativos de la España de la Ilustración, explica muy bien en una carta al cónsul británico de La Coruña en 1794: «Es, pues, imposible, acometer esta empresa sino lenta y por decirlo así oblicuamente». Como Campomanes y como Floridablanca, Jovellanos era un hombre del *juste milieu*. Se comprende que esta clase de hombres se vieran enfrentados a dolorosas alternativas en 1789 y más aún en 1808, cuando las ideas de la Revolución francesa penetraron en España.

El movimiento reformista

En España como en el resto de Europa en la segunda mitad del siglo, los teóricos que se interesaban por los fenómenos económicos y los gobernantes que deseaban desarrollar la prosperidad de su país se dirigían hacia un liberalismo cada vez más consolidado. La reglamentación era considerada como un freno al progreso. Para asegurar la riqueza pública, se creía más eficaz introducir una flexibilidad mayor y contar con el libre juego de las fuerzas naturales: *laissez faire, laissez passer*. En el ámbito industrial, se pensaba que los gremios, con sus normas minuciosas, favorecían el mantenimiento del *statu quo* y alentaban la rutina en detrimento de las innovaciones que podían aportar las iniciativas privadas. La atención se centró sobre todo en la agricultura, en donde se veía la fuente de toda riqueza; también en este sector se condenaban los métodos y las estructuras del pasado —la tasación, las medidas tomadas por los ayuntamientos para asegurar el abastecimiento de las ciudades, los peajes, etc. Estas nuevas orientaciones eran en gran parte deudoras de la influencia de los fisiócratas franceses, aunque no hay que subestimar la influencia del pensamiento inglés. Hacia finales de siglo, Adam Smith parece que tuvo muchos lectores en España. Fueron sus teorías las que inspiraron la actuación de los ministros ilustrados y, sobre todo, la de Campomanes, que se impuso dos objetivos complementarios: aumentar la producción y el comercio, y poner en cultivo nuevas tierras mediante la distribución de lotes a los campesinos más desfavorecidos.

Desde principios de siglo, la producción agrícola creció con regularidad y los precios también. Esa coyuntura favorable benefició a los grandes propietarios, nobles y eclesiásticos, que disponían de las nueve décimas partes de la producción. En períodos de abundancia, cuando los precios tenían tendencia a bajar, almacenaban los cereales y esperan un nuevo incremento de los precios para ponerlos en circulación. Los pequeños labriegos, en cambio, casi siempre salían perdiendo. Para ellos, no había ni buenos ni malos años. Si la cosecha era excedentaria, los precios bajaban y se veían obligados a vender para pagar las rentas y los impuestos; cuando era deficitaria, también tenían que vender para vivir y pagar rentas e impuestos, además del grano para la siembra siguiente. Lo mismo le sucedía al consumidor: casi siempre pagaba los cereales a un precio alto, en los malos años porque la cosecha era insuficiente, en los buenos porque los acaparadores almacenaban el grano para venderlo más adelante y más caro. Los pósitos cuya creación fue estimulada desde 1751, estaban destinados a regularizar los movimientos, pero su eficacia real fue dudosa, al igual que la tasación autoritaria. De hecho, el mercado de los cereales estaba dominado por los grandes propietarios; muchos nobles percibían sus rentas en especie y los eclesiásticos también, además de los diezmos. El papel de los intermediarios era, por así decirlo, inexistente. Sólo las regiones costeras tenían la posibilidad de importar trigo del extranjero a precios razonables en caso de carestía. A consecuencia del relieve y de los gastos de transporte, los cereales del interior alcanzaban precios prohibitivos.

Esa situación se agravó a principios del reinado. Desde 1759, una serie de malas cosechas provocaron un alza súbita de los precios del trigo, que se duplicaron entre 1761 y 1765. Este fue el momento que escogió Campomanes para decretar, en 1765, la supresión de la tasación y la libre circulación de los cereales y del vino. Se esperaba de ello una disminución de los precios y un abastecimiento más satisfactorio, al dirigir las regiones excedentarias sus superávits hacia las demás. Sucedió todo lo contrario. Los especuladores almacenaron el grano para hacer subir todavía más los precios. La carestía hizo su aparición y el descontento aumentó. Se responsabilizó de la crisis al gobierno y, en especial, a los ministros italianos. Una medida que no tenía nada que ver con el problema de los cereales se sumó a los motivos de exasperación. Desde hacía varios años, por recomendación del arquitecto Sabatini, se realizaron esfuerzos por mejorar la higiene pública y la seguridad de Madrid: se pavimentaron las calles, se prohibió en ellas la circulación de cerdos y otros animales domésticos, se obligó a los propietarios a instalar fosas sépticas en las casas, se organizó la recogida de basuras domésticas y se comenzó a instalar el alumbrado público. Repetidas veces, en el pasado, los facinerosos habían conseguido escapar a la justicia escondiendo su cara bajo un sombrero de amplias alas y una capa larga. Para acabar con esos hábitos que garantizaban el anonimato, una pragmática del 10 de marzo de 1766 exigió a los madrileños que desde entonces llevaran un tricornio y una capa corta o una levita.

La medida fue muy mal acogida. El domingo de Ramos, 23 de marzo de 1766, una multitud heteróclita saqueó la residencia del marqués de Esquilache y destruyó la mayor parte de las farolas instaladas en la vía pública.[20] Una manifestación se desarrolló, al día siguiente ante el palacio real; fue duramente reprimida por la guardia valona y murieron cuarenta manifestantes. La muchedumbre exigió que el rey saliera al balcón y le arrancaron algunas concesiones: la destitución de Esquilache, la disolución de la guardia valona, la bajada de los precios, la abrogación del decreto de las capas... El rey cedió en todas las reivindicaciones, después de lo cual salió hacia Aranjuez. Esta salida precipitada del soberano humillado y aterrorizado tenía todo el aspecto de una huida. Así fue interpretado en la capital, donde se temía una reacción violenta de las autoridades. Se reanudaron las manifestaciones y Carlos III tuvo que confirmar las concesiones que había hecho. Apaciguado en Madrid, el motín se extendió al País Vasco, Zaragoza, Murcia, Salamanca, La Coruña, Palencia... En todas partes se protestaba por el alza de los precios; se denunciaba a los usureros, a los especuladores y a veces a las autoridades locales, acusadas de hacer causa común con los acaparadores. Salvo en Madrid, Zaragoza y Guipúzcoa, las manifestaciones no causaron víctimas. La calma volvió rápidamente, pero el conde de Aranda, nombrado presidente del Consejo de Castilla, no aceptó el golpe que se había asestado a la autoridad del estado. Sugirió al rey, que tenía las mismas intenciones, que se retractase de las concesiones hechas bajo coacción, excepto la destitución de Esquilache.

Los historiadores no están de acuerdo en el modo de interpretar los motines de 1766. ¿Explosión de xenofobia provocada por unas medidas que ofendieron al pueblo apegado a sus tradiciones o contrarrevolución aristocrática y clerical? ¿Movimiento espontáneo o complot? Los que creen en una conspiración denuncian el papel de algunos eclesiásticos, especialmente los jesuitas, y de una parte de la nobleza. Es probable que en los medios nobiliarios y eclesiásticos se criticara el espíritu de las reformas en curso y algunos debieron regocijarse de las desgracias de Esquilache, pero ¿suscitaron ellos los motines? No hay pruebas. Pierre Vilar vio en los acontecimientos de 1766 al tipo característico de revuelta de Antiguo Régimen; se trataría del equivalente español de la guerra de las harinas, ocurrida en Francia, con diez años de adelanto: una crisis de subsistencias provoca una revuelta popular espontánea a la que se le añade la protesta antirreformista de los aristócratas. Tendríamos así la conjunción del pueblo llano —contra la carestía— y de la aristocracia —contra la reforma—, el bajo clero haría de enlace entre ellos. Pierre Vilar explica así los aspectos, en apariencia contradictorios, de un movimiento a la vez arcaico y moderno, conservador y revolucionario. Desde 1766 se dio en Madrid una situación que recuerda la de París de julio de 1789: la muchedumbre que exige la presencia del rey en el balcón real y la capitulación del monarca. La diferencia es que en España, la ausencia de una burguesía fuerte y coherente impidió a la Revolución llegar hasta el

---

20. No se trata únicamente de actos de vandalismo. La instalación de las farolas, como las demás medidas de higiene pública, corrían a cargo de los contribuyentes; los impuestos locales habían subido mucho, lo que agravó la situación de las familias más desposeídas de la población.

fin. El talento político de Aranda salvó a la monarquía al sugerir al soberano que se tranquilizara y se retractara de las concesiones. Esta interpretación está hoy en discusión. Se alude con mayor entusiasmo a la idea de una conspiración por parte de los privilegiados, cuyos intereses estaban amenazados por la libertad de circulación del grano y que, en general, eran hostiles al espíritu de las reformas. Desde hacía meses, una propaganda clandestina e insidiosa se esforzaba por crear las condiciones para una reacción conservadora. Las revueltas habrían sido mucho menos espontáneas de lo que se creía, en particular en la capital, como iba a demostrarlo el informe confiado a Campomanes.

Si las revueltas de 1766 tenían como fin confesado o inconsciente detener el movimiento reformista, no fracasaron completamente, al menos incitaron a los ministros —todos españoles, en adelante— a reflexionar más sobre las medidas a tomar.

La primera medida —que siguió de cerca a los acontecimientos de la primavera, puesto que data del 26 de junio de 1766— se refería al funcionamiento de los municipios. Éstos habían demostrado que eran incapaces de asegurar el abastecimiento de las ciudades en condiciones satisfactorias y el gobierno responsabilizó de ello a las oligarquías locales. Según Aranda, la violencia institucional ejercida por los privilegiados había justificado la reacción popular: «En general, los alborotos populares que tomaron la forma de motines no son más que intentos de oponerse a situaciones injustificadas y a excesos de poder por parte de los gobernantes: el pueblo considera que tiene tanto derecho a liberarse como lo tienen los particulares a crear cargas; en realidad, en este tipo de asuntos, podría muy bien ser que la causa fuera más criminal que el efecto». Se decidió que en los consejos municipales, al lado de los regidores tradicionales, propietarios de cargos que se transmitían de padres a hijos y que ejercían el poder sin ningún control, ocuparan puestos unos representantes designados por la población sin distinción de estamentos: dos o cuatro diputados del común —según la importancia de la ciudad— y un síndico. La elección se hacía en dos etapas: el conjunto de los contribuyentes elegía por sufragio universal a unos comisarios que, a su vez, designaban a los diputados y al síndico. El papel de los diputados se limitaba a los problemas relacionados con el abastecimiento de la población; el síndico, por su lado, podía intervenir en todas las cuestiones, pero no tenía voto. La reforma se encaminaba a poner fin al poder discrecional y a los abusos de los regidores asociando, en las deliberaciones, a unos representantes cualificados de la población. Este tímido avance democrático fue acogido con escepticismo y hostilidad. La mayor parte de las veces los privilegiados rechazaron participar en las elecciones, y, como consecuencia, los nuevos diputados perdieron en representatividad y en autoridad. Algunos de ellos trataron incluso de convertir su cargo en vitalicio y hereditario, es decir, de asimilarse a la oligarquía local. Este fracaso es característico de la época. Los gobernantes ilustrados raramente llegaron hasta el fondo en las reformas emprendidas. Les parecía necesario introducir un contrapeso al poder excesivo de los concejos municipales, pero temían enfrentarse a los privilegiados. Actuando de este modo no contentaron a nadie, ni a los privilegiados, heridos por lo que les parecía una intromisión en su monopolio y una ofensa a su prestigio, ni a los verdaderos reformistas que hubieran deseado unos cambios más significativos. Lo que ocurre es que los ministros de Carlos III eran unos reformistas, no unos revolucionarios. Deseaban modernizar España, acabar con los privilegios anacrónicos e introducir un mayor bienestar, pero sin poner en tela de juicio el orden social establecido. La idea de una nobleza hereditaria no les molestaba, a condición de que esta nobleza fuera consciente de sus responsabilidades y desempeñara su papel: tenía que constituir la elite de la nación y ser un ejemplo de civismo y de patriotismo. Lo que criticaban los reformistas no era, pues, a la nobleza como cuerpo social, sino a los nobles indignos que no justificaban sus privilegios con su dedicación al bien público y una vida ejemplar. Entendida de este modo, una nobleza hereditaria les parecía indispensable, y los ministros ilustrados estaban incluso dispuestos a integrar en ella a las fuerzas vivas de la nación, a aquellos que, por su actividad y su dinamismo, contribuían a la prosperidad del país. Este fue el objetivo que se propuso el decreto de marzo de 1783: permitió ennoblecer a las familias que, a lo largo de tres generaciones, hubieren dirigido una empresa industrial o comercial de utilidad pública.[21] Esta posición no era siempre fácil de mantener. A finales de siglo, se adivinan los aprietos de Jovellanos que, por ejemplo, reconocía, en relación al mayorazgo, que «apenas había una institución más repugnante a los principios de una sabia y justa legislación», pero no por ello dejó de creer que era indispensable para perpetuar la nobleza.[22]

Este rechazo a destruir las resistencias y esta preocupación por respetar el *statu quo* explican la timidez y el fracaso a medias de las reformas emprendidas en el ámbito de la agricultura. Los ministros de Carlos III estaban convencidos de que la ganadería extensiva constituía un obstáculo para el progreso de la agricultura; eran hostiles a la Mesta. Desde los Reyes Católicos, fue siempre un miembro del Consejo de Castilla quien presidió este organismo. En otoño de 1779 Campomanes fue nombrado para ocupar aquel cargo y se aprovechó de él para suprimir algunos de los privilegios de los que disfrutaba la Mesta desde hacía siglos, pero no llegó a abolir la institución. Los propios ministros deseaban mejorar la situación de numerosos campesinos sin tierra en el sur de España, donde zonas inmensas estaban dedicadas a la ganadería o bien abandonadas; el progreso económico y las preocupaciones sociales parecían exigir una reforma agraria. Estos eran los objetivos que se perseguían con los ambiciosos proyectos de colonización interior de Andalucía y Extremadura. La idea fue esbozada por el marqués de la Ensenada, pero las realizaciones datan del reinado de Carlos III. Una circunstancia fortuita puso las cosas en marcha. En 1767 un aventurero bávaro, el coronel Gaspard de Thurriegel, propuso a España reclutar a seis mil colonos alemanes y flamencos, todos católicos, y enviarlos a América. Campomanes recogió la sugerencia, pero cambió el destino de los futuros colonos: no era en América donde iba a instalarlos, sino en la alta Andalucía. Se esperaba que se resolvieran así dos problemas a un tiempo: por un lado, mejorar la situación de los campos de Andalucía, región de grandes propiedades donde la tierra estaba mal repartida, los rendimientos eran muy bajos y miles de jornaleros vivían en la miseria; por otro lado, garantizar la seguridad de la ruta del sur a su paso por Sierra Morena, donde bandas armadas atacaban con regularidad a los convoyes de viajeros.

21. En este mismo sentido, cf. la opinión de la Sociedad Económica de Segovia: «La nobleza ... es un cuerpo respetable ... por lo mismo debe considerarse como un premio a que de justicia son acreedores los que promueven sin cesar el bien público».
22. Codificada por una ley de 1505, la institución del mayorazgo permitía a un particular reservar a uno de sus herederos una parte del patrimonio familiar. Una vez constituido, aquel patrimonio era inalienable: los descendientes tenían siempre la posibilidad de añadir nuevos bienes, pero no el derecho a disminuirlo en nada. En 1789 un decreto de Floridablanca prohibió constituir mayorazgos por un valor inferior a 3.000 ducados.

Campomanes redactó los estatutos de los asentamientos que se iban a fundar: se otorgaría a cada familia de colonos cincuenta fanegas —alrededor de treinta y tres hectáreas—, instrumentos de trabajo y el ganado necesario; los pastos comunales estarían prohibidos; los campesinos tendrían derecho a cercar sus propiedades, y las ovejas de la Mesta no podrían pacer en ellas ni transitarlas. Se favorecería el hábitat disperso con algunos grandes pueblos, núcleos de colonización, que elegirían por sí mismos a sus concejos municipales; habría una parroquia por cada cuatro o cinco asentamientos y una escuela por cada parroquia, pero no conventos ni frailes. El proyecto era una especie de utopía de la Ilustración. Pretendía crear un modelo de desarrollo económico y social que pudiera servir de ejemplo a las regiones vecinas. Campomanes confió su realización a un joven criollo peruano, Pablo de Olavide, a quien nombró asistente —es decir, corregidor— de Sevilla e intendente de los nuevos asentamientos de Sierra Morena. Olavide aceptó esta misión con entusiasmo. Para dirigir mejor la operación, entre 1769 y 1773 se instaló en la Peñuela, pueblo que, con el nombre de La Carolina, se convirtió en la cabeza del territorio. Llegaron los primeros colonos, la mayor parte provenientes de Suabia, de Alsacia y del cantón suizo de Uri; muchos tuvieron dificultades para adaptarse al clima, murieron o se marcharon. Fueron reemplazados por catalanes y valencianos. En 1776 los nuevos asentamientos contaban ya con 13.000 habitantes agrupados en una quincena de pueblos prósperos: Santa Elena, Las Navas de Tolosa, Guarromán, La Carlota, La Luisiana… además de La Carolina, convertida en una pequeña y alegre ciudad. En la misma época, nuevos asentamientos cubrían una zona de unos cien kilómetros de largo y unos veinte de ancho. Olavide incentivó el cultivo de cereales y de olivos; el regadío permitió desarrollar las legumbres y las praderas artificiales. No se olvidó del artesanado. Olavide instaló telares para tejer la lana, fábricas de paños de algodón, talleres de teñido y de alfarería, jabonerías… El éxito alentó a Olavide que planeaba colonizar la llanura entre Écija y Córdoba; soñaba con hacer navegable el Guadalquivir para asegurar la comercialización de los productos. La reforma, sin embargo, despertó envidias y suscitó críticas por parte de los grandes propietarios locales y de los ayuntamientos que tuvieron que renunciar a una parte de los bienes comunales. Las objeciones más insidiosas provinieron de los medios monásticos, excluidos de los nuevos asentamientos. Como buen representante de la Ilustración, Olavide quería una religión depurada, sin manifestaciones de ostentación próximas a la superstición. Unos capuchinos alemanes se inquietaron ante este estado de ánimo y lo denunciaron a la Inquisición, que lo arrestó.

Los mismos propósitos inspiraron los proyectos de reforma agraria en Extremadura. Se trataba también de una región de grandes propiedades donde las zonas destinadas al pasto trashumante ocupaban vastas extensiones. Campomanes quiso aumentar la producción mediante la roturación de nuevas tierras y proporcionar medios de existencia a los que estaban desprovistos de ellos. En efecto, en Extremadura, más del 49 por 100 de la población activa estaba formada por jornaleros cuyos salarios permanecían estancados en un nivel muy bajo. La idea del ministro era otorgar a cada familia un lote con arrendamientos de larga duración que les permitieran vivir decentemente. Las leyes de 1770 y de 1778 distinguían dos posibilidades: los campesinos propietarios de uno, dos o tres pares de bueyes recibirían ocho fanegas por pareja;[23] los jornaleros que no poseían nada recibirían tres fanegas;

---

23.   La fanega representa algo menos de sesenta y cinco áreas.

unos y otros tenían que pagar un módico derecho. No se quería disgustar a nadie; se hizo un esfuerzo por conciliar los intereses de los agricultores y los de los ganaderos, los de los propietarios y los de los arrendatarios o de los jornaleros. Por eso, se decidió repartir únicamente las tierras que formaban parte de los bienes comunales. Los concejos municipales —por consiguiente, las oligarquías locales— fueron los encargados de llevar a cabo la reforma. Ahora bien, los regidores no tenían interés en que se constituyeran nuevas explotaciones en detrimento de unos pastos lucrativos, de los que a menudo se habían reservado el uso. Por eso sabotearon la reforma. En algunas localidades, el reparto de los comunales acabó por arrebatar a los más desposeídos los escasos derechos de que disfrutaban, en particular, el derecho de pasto de algunas cabezas de ganado. Por el contrario, los notables se aprovecharon de ello para redondear sus dominios, lo que produjo un aumento aún mayor de los derechos de los arrendamientos. Así pues, la reforma no alcanzó sus objetivos porque sus iniciadores no quisieron desafiar los intereses en juego.

La reforma agraria de la que tanto se esperaba —la modernización de la agricultura y la mejora de la suerte de los campesinos sin tierra— se detuvo así a medio camino. Los ministros de Carlos III estaban convencidos de que la reforma era necesaria, pero no osaron enfrentarse abiertamente a los privilegiados, ¿no eran ellos mismos aristócratas? Además, los reformistas no se ponían de acuerdo entre sí. Olavide, que estudió de cerca la situación de los campos de Andalucía, era más bien un dirigista. Como Campomanes, consideraba que el estado tenía un papel que desempeñar tanto en la dirección de la economía como en otros ámbitos. El informe sobre la ley agraria que Jovellanos presentó en 1795 tiene un tono muy distinto, un espíritu mucho más liberal. Jovellanos rechazaba cualquier intervención del estado; pensaba que las iniciativas individuales eran más eficaces que las medidas tomadas desde arriba. El debate se reanudó en el siglo XIX en condiciones muy distintas. La reforma agraria, abortada en el siglo XVIII, no dejó de mantener un clima de tensión hasta la guerra civil de 1936.

El estado intervino también en el sector de la industria y del comercio. Procuró mejorar las comunicaciones interiores por medio de una política de grandes obras, las más importantes de las cuales fueron la finalización del canal imperial de Aragón y la construcción de una red de carreteras destinada a comunicar Madrid con las principales ciudades de España. Programa ambicioso que sólo en parte fue realizado: a finales del siglo, se contaba únicamente con dos mil kilómetros de carreteras. Se hicieron grandes esfuerzos en favor de las manufacturas reales: espejos, porcelanas, tapicerías... Desde el punto de vista técnico, el éxito fue incuestionable. Según Bourgoing, que recorrió España a finales del siglo, los tapices de la manufactura de Madrid-Guadalajara eran de los mejores del mundo. La fábrica contaba con 650 telares y empleaba a más de 2.000 obreros, además de las 15.000 hilanderas que trabajaban para ella en La Mancha. En el aspecto financiero, no obstante, los resultados fueron malos; las manufacturas fueron constantemente deficitarias y sólo pudieron mantenerse gracias a los capitales del estado. Para incentivar la industria nacional, Campomanes practicó una política aduanera selectiva que tasaba los productos que podían ser competitivos (las telas, los tejidos de algodón, las sedas, los productos de lujo...). A pesar de estas medidas, la balanza comercial fue siempre negativa; España exportaba lana, vino, mineral de hierro, fibras vegetales (seda, esparto) e importaba, sobre todo, tejidos y cereales. Es cierto que la gran preocupación del reino era, en aquel momento, el comercio con América del cual hablaremos más adelante. Incluso el Banco de San Carlos, creado por Cabarrús en 1782, estaba, de hecho, bajo la protección del estado: el banco se ocupaba del abastecimiento del ejército y de la marina y realizaba los pagos del estado en el extranjero. Una de sus funciones consistía en asegurar la amortización de los vales reales, títulos de renta sobre el estado que proporcionaban un interés del 4 por 100 al tiempo que eran papel moneda. Entre 1780 y 1788, el total de vales emitidos representaba un valor de más de cinco millones de reales. Sólo Cataluña manifestaba, en el siglo XVIII, un dinamismo que lo debía casi todo a la iniciativa privada. El alza continua de los precios coincidió con un fuerte crecimiento demográfico, lo que permitió mantener los salarios a un nivel estable, y, por lo tanto, obtener unos beneficios que fueron invertidos en la agricultura —sobre todo la viña—, en el comercio y en la industria del algodón, que presentaba la ventaja de escapar a la reglamentación minuciosa de los gremios puesto que se trataba de un sector de actividad nuevo. Los trabajos de Pierre Vilar aclaran las condiciones y la cronología del crecimiento catalán. Tras una fase de recuperación y otra de estabilidad que duró hasta 1755, los progresos fueron espectaculares entre 1756 y 1772-1775. Siguió una crisis pasajera, y posteriormente, a partir de 1785, un nuevo salto que se prolongó hasta la guerra de 1796.

Porque tenían la preocupación de modernizar España y de convertirla en un país próspero y laborioso, los reformistas se indignaban ante la masa de indigentes, de vagabundos y de marginales que atestaban las ciudades. Como en el siglo XVI, se quería utilizar aquella mano de obra potencial; era lo que se denominaba la «caridad discreta». Era necesario socorrer a los pobres, no distribuyéndoles limosnas, sino dándoles trabajo y pagándoles un salario. Como en el siglo XVI, se tropezó con la dificultad de crear trabajo. En efecto, un buen número de errabundos eran parados que huían de los campos superpoblados de Galicia o de Andalucía. Las autoridades se mostraron benevolentes para con los llamados «pobres de solemnidad»,[24] pequeños propietarios, pequeños artesanos o nobles arruinados. Estas personas suscribían ante notario una declaración de indigencia que les procuraba pequeñas ventajas: no estaban obligados a pagar impuestos; tenían prioridad en el momento de la distribución de ayudas, etc. Los demás —la inmensa mayoría— eran asimilados a delincuentes en potencia. De vez en cuando, se organizaban redadas entre ellos con el fin de obtener reclutas para el ejército y mano de obra para las obras públicas. De este modo se procedió tras los motines de 1766 en Madrid, o cuando se quiso arreglar la explanada del Prado. En general, los textos recomendaban combatir la mendicidad e internar a los vagabundos en hospicios. Algunos prelados tomaron iniciativas en este sentido. Es el caso, por ejemplo, del cardenal Lorenzana, arzobispo de Toledo, que, en 1774, pidió al arquitecto Ventura Rodríguez que restaurara el alcázar, abandonado desde hacía mucho tiempo, con el fin de instalar allí una fábrica; así, setecientos pobres encontraron trabajo en aquella manufactura textil. Lo mismo sucedió en León un poco más tarde, en 1786. Esta vez, fue el estado quien decidió construir una «casa de misericordia» para reducir la mendicidad e impulsar la industria; se abrieron en ella talleres para trabajar la lana y el lino. El obispo Cuadrillero sostuvo con convicción el proyecto que no dejaba de tener cierta ambigüedad: el hospicio prescindió progresivamente de los adultos que exigían salarios normales y pre-

---

24.   Según el diccionario de la Academia Española publicado en el siglo XVIII, se les llamaba así porque tenían la costumbre de asistir a las ceremonias religiosas de alguna importancia.

firió emplear a niños, a partir de los seis años, que se contentaban con lo que se les daba. De nuevo nos encontramos con el debate que, en el siglo XVI y casi en los mismos términos, había opuesto a Soto y a Robles a propósito de la beneficencia. «Al pobre le basta ser pobre sin hacerle más miserable con el encierro», comentaba el sucesor de Cuadrillero al arzobispado de León. Más que las mentalidades, eran las estructuras las que obstaculizaban el desarrollo. La sociedad no estaba en condiciones de dar trabajo a los parados ni de pagarles decentemente; ante esta situación, muchos preferían pedir limosna y disfrutar de libertad de movimiento antes que cobrar salarios de miseria y permanecer encerrados en hospicios.

De todos los grupos considerados peligrosos, el de los gitanos era objeto de una vigilancia especial. Hasta el siglo XVIII, todos los intentos por sedentarizarlos y asimilarlos fracasaron. En 1748 el marqués de la Ensenada los consideraba malhechores; por consiguiente, decidió condenarlos a presidio y a galeras. Veinte años más tarde, Campomanes retomó la cuestión. Él también veía en los gitanos a «una congregación de personas de todos los sexos que viven vagamente con violación de todos los preceptos y que se mantienen del robo, la rapiña y el engaño». Campomanes propuso asentar a los ancianos en algunas ciudades y enviar al resto a América: podrían pescar a orillas del Orinoco... Los gitanos no fueron integrados en la sociedad española hasta 1785, merced a una pragmática inspirada por Floridablanca. Se declaró solemnemente que no pertenecían a una «raza infecta» y que tenían los mismos derechos que el resto de los españoles, pero, en contrapartida, se les exigió que se asimilaran. La medida parece haber tenido su eficacia, puesto que, a finales de siglo, más de 9.000 gitanos sobre los 10.000 con que contaba España se habían sedentarizado.

A pesar de numerosos éxitos parciales, los ministros de Carlos III no consiguieron convertir España en una nación próspera. Las crisis de subsistencias que la sacudieron a principios del siglo XIX demuestran que quedaba mucho por hacer para racionalizar el comercio de cereales y mejorar los intercambios interiores. Dos ingleses, Swinburne y Townsend publicaron, en 1791, el relato de su viaje por España. En él hablan de la pobreza de las ciudades y de la gente, de la mendicidad que se exhibía en la mayor parte de las ciudades de la meseta, pero que no existía en Guadalajara ni en la periferia (en Barcelona, Alicante, Cádiz). Observan que los españoles no eran más ineptos que otros pueblos para el trabajo; lo que faltaba —añaden— era la incitación al trabajo; denuncian la existencia de dominios demasiado grandes cuyos propietarios no residían en ellos y de los cuales no procuraban aumentar los rendimientos; una reforma agraria era lo único que podía modificar aquel estado de cosas. Los ministros de Carlos III eran muy conscientes de ello, pero no osaron ir al fondo en su análisis.

La Iglesia, la religión y el estado

En España, la Ilustración no entabló un combate contra la religión; no se encuentra, allí, nada equivalente a las campañas de los enciclopedistas y de los filósofos franceses. Lo que se propusieron los reformistas, fue, por un lado, promover una religión ilustrada y, por otro lado, poner al clero al servicio del estado y hacerle participar en la modernización del país. Si bien el segundo objetivo se limitaba a proseguir una larga tradición, el primero se enfrentaba a costumbres profundamente arraigadas. Desde este punto de vista, la obra de los reformistas del siglo XVIII pudo aparecer como una ruptura con el pasado; molestó a muchos españoles y los solivianto contra una elite que parecía separada del pueblo.

Los reformistas no comprendían la religión popular. No veían en ella más que ignorancia, superstición y fanatismo. Nada tenía gracia a sus ojos, ni las procesiones de Semana Santa, con sus cortejos de flagelantes, ni las representaciones alegóricas del Corpus en honor al Santísimo Sacramento —aquellos autos sacramentales cuyo espíritu tan bien supo captar Calderón de la Barca—, ni las peregrinaciones [25] ni los festejos y los banquetes organizados por las cofradías en los cuales no veían más que gastos inútiles...

Los ministros contaban con el clero para dirigir a la masa del pueblo español hacia una religión depurada de sus elementos supersticiosos, pero era necesario que el propio clero estuviera a la altura de su misión. Por regla general, los obispos nombrados a propuesta del rey resultaron satisfactorios. Con raras excepciones, aceptaron de buen grado secundar los esfuerzos del gobierno para transformar el país, a menudo a costa de sus propios ingresos. Hay algunos ejemplos significativos como el del cardenal Lorenzana, arzobispo de Toledo, que trató de fomentar las sederías y que envió a sus párrocos una pastoral sobre cómo modernizar la agricultura y mejorar así la condición de los campesinos; el de Molina Lario, obispo de Málaga, que gastó diez millones de reales para construir un acueducto; el de Bertrán, obispo de Salamanca, el de Climent, obispo de Barcelona...

Muchos párrocos, en cambio, eran casi iletrados y algunos llevaban una vida poco edificante; la escasez de sus ingresos apenas les incitaba a enmendarse y a mostrarse dignos de su misión. Las reformas acordadas en 1768, en aplicación del concordato de 1753, se encaminaban a remediar esta situación. Un gran número de parroquias —quizá la mayoría— no tenían titulares, eran atendidas por vicarios que podían ser destituidos en cualquier momento. La ordenanza de 1768 redujo el número de beneficios con el fin de asegurar a los párrocos unos ingresos decentes y obligó a los sacerdotes desde entonces titulares de su puesto, a residir en su parroquia. Se acabó con las situaciones ambiguas, con la de aquellos que habían recibido la tonsura o las órdenes menores, pero que se beneficiaban de los privilegios ligados al estamento eclesiástico. La ordenanza de 1768 se ocupó de la formación del clero; su artículo 22 habla de la indispensable «ilustración clerical» y obligaba a los obispos que no lo habían hecho aún, a abrir un seminario en su diócesis. Estas instituciones fueron puestas bajo la tutela de la Cámara de Castilla; su patrimonio estaba constituido por una parte de los bienes de los jesuitas expulsados. Se prohibió a los monjes enseñar en ellos. Al principio, el director era nombrado por el rey a partir de una lista de tres candidatos confeccionada por el obispo; en 1779 se confió la designación a los obispos. La ordenanza entraba en el detalle de las materias que en ellos se debían enseñar. La formación de los futuros sacerdotes comprendía, principalmente, los estudios bíblicos y patrísticos y la historia de la Iglesia, pero también las ciencias exactas y naturales. En teología, se basaban en san Agustín y en santo

---

25.   A las peregrinaciones tradicionales se les añadieron otras a finales del siglo XVIII; la más importante fue la de la Virgen del Pilar, en Zaragoza. En la antigua corona de Aragón, hasta aquel momento, Montserrat eclipsaba a Zaragoza; su Virgen estaba en trance de convertirse en la patrona de España. Fue entonces cuando se inventaron méritos superiores para la Virgen del Pilar: se le había aparecido al apóstol Santiago cuando realizaba un viaje a Zaragoza.

Tomás de Aquino, y se excluía cualquier otra teoría, como el probabilismo de los jesuitas, por ejemplo; la ordenanza recomendaba reducir a sanas proporciones las «sutilezas escolásticas»: los hombres de la Ilustración desconfiaban de las abstracciones de la metafísica... Otra medida destinada a elevar la calidad del clero era la provisión por concurso de los beneficios curados. Aquellos concursos, ¿tenían que estar abiertos a todos los candidatos o reservados a los naturales de la diócesis en cuestión? El concordato no lo precisaba. En 1799 la Cámara de Castilla dejó que los ordinarios organizaran los concursos como les pareciera, pero recomendó convocar concursos abiertos únicamente a los candidatos originarios de las diócesis que también los organizaran abiertos. La diócesis de Toledo fue puesta como ejemplo a seguir. Los candidatos eran examinados por un jurado de ocho miembros, nombrado por el arzobispo y presidido por el vicario general que votaba solamente en caso de empate de votos. Los candidatos (contrincantes) estaban repartidos en grupos de dos (trincas). Las pruebas —todas orales— eran cinco: teología, discusión de la lección del contrincante, exposición de la propia posición en réplica a las objeciones del oponente, segunda discusión, teología moral o pastoral. A los candidatos que ya eran párrocos se les asignaba un punto suplementario por cada año de servicio; a los que eran originarios de la diócesis de Toledo se les otorgaba un punto más cuando estaban empatados con candidatos del exterior. Por cada puesto vacante, el jurado confeccionaba una lista con tres nombres (terna). El arzobispo no tenía obligación de respetar la clasificación del jurado; de hecho, raramente lo hizo. La Cámara de Castilla, nombraba en última instancia. Los efectos de esta reforma eran notorios hacia finales de siglo, puesto que casi todos los párrocos procedían del seminario; en teoría, habían recibido una sólida formación intelectual y moral.

La reorganización del bajo clero es sólo un aspecto de la política eclesiástica de los Borbones. A decir verdad, se limitaron a reanudar con mayor determinación una larga tradición. Desde los Reyes Católicos, los monarcas no dejaron de intervenir en los asuntos eclesiásticos ni de intentar hacer prevalecer su autoridad en materia de disciplina, en contra de los obispos y en contra del papa, cuando fue preciso. Lo que llamamos regalismo es un rasgo general del despotismo ilustrado que no fue ajeno a los Austrias, pero tomó mucha mayor amplitud en la segunda mitad del siglo XVIII. La erudición fue llamada en apoyo [26] de las tesis regalistas que aparecieron entonces vinculadas al jansenismo entendido en su sentido más amplio, es decir, no como una doctrina teológica, sino como una aspiración a un mayor rigor moral frente al laxismo atribuido a los jesuitas. El regalismo implicaba, sobre todo, una sumisión de la Iglesia al estado. El concordato de 1753, fue el resultado de más de dos siglos de esfuerzos por otorgar a la corona la dirección efectiva de la Iglesia de España. Desde 1762, no pudo publicarse y aún menos aplicarse ningún documento pontificio sin el acuerdo previo del gobierno que examinaba principalmente que el texto no contuviera ninguna disposición contraria a las prerrogativas reales. Los obispos habían adquirido la costumbre de reunirse periódicamente; muy a menudo, estas reuniones tenían por objeto resolver cuestiones administrativas, por ejemplo, la parte que le correspondía a cada diócesis en el pago de los subsidios eclesiásticos.

26. A un equipo de eruditos, dirigido por el jesuita Andrés Marcos Burriel, le fue encomendada, a expensas del estado, una vasta investigación en los archivos diocesanos y nacionales para encontrar todos los documentos susceptibles de apoyar la tesis del patronato universal de los reyes sobre la Iglesia de España.

Por miedo a que los obispos abordaran otros problemas, Carlos III prefirió prohibir aquellas asambleas. Incluso Campomanes, teórico del regalismo, llegó a indicar con anticipación a los sínodos provinciales las decisiones que debían tomar en materia pastoral. El obispo de Teruel tuvo el mal gusto de ironizar: ¿si todo estaba decidido con antelación en Madrid, para qué reunir sínodos e invocar al Espíritu Santo? Campomanes no estaba para bromas: «Impugnar la regalía que compete a Su Majestad para indicar su real voluntad a los sínodos es pretensión inaudita que no debe sólo desestimarse sino corregirse con alguna grave demostración». Nombrados por el rey, los obispos y, en menor grado, los párrocos estaban considerados como funcionarios de autoridad. Se esperaba de ellos que compartieran los puntos de vista del gobierno y que colaboraran leal y eficazmente en la política reformista.

A los reformistas no les gustaba mucho el clero regular, sobre el cual no tenían ninguna autoridad. Lo veían sometido a una potencia extranjera. La Compañía de Jesús sobre todo suscitaba su desconfianza debido al voto de obediencia ciega al papa. Los reformistas tenían tendencia a exagerar su influencia en el estado —el confesor del rey a menudo fue un jesuita—, en la sociedad —debido a su lugar en la enseñanza— y en América —las misiones de Paraguay, por ejemplo, constituían un territorio inmenso en el cual los jesuitas ejercían una autoridad que se creía incompatible con la del rey. Consideraciones análogas ya habían conducido a Choiseul a obtener de Luis XV, en 1764, la disolución de la Compañía de Jesús, pero los jesuitas franceses habían sido autorizados a quedarse en el reino a título privado. En 1767 España fue más lejos. El motín del año anterior contra Esquilache proporcionó el pretexto. Durante mucho tiempo, el asunto pareció misterioso. Se atribuía la expulsión de los jesuitas a poderes ocultos —la masonería— y al conde de Aranda, considerado como un masón y un volteriano. El decreto de Carlos III se limitó a recordar en términos vagos las «gravísimas causas» que le habían inducido a decidir la expulsión, así como «el respeto a la corona» y «razones urgentes, justas y necesarias» que el rey quería mantener secretas. Pero como los historiadores no daban con los documentos originales, se concluyó que habían sido voluntariamente destruidos por los autores del complot. La realidad es más prosaica: Aranda, que, por otra parte, no era ni masón ni volteriano, no tuvo nada que ver con la expulsión cuyo verdadero inspirador fue Campomanes. Éste conservó en su poder los documentos originales que, tras su muerte, permanecieron en los archivos de sus herederos donde recientemente fueron hallados, y publicados.[27] Al término de una investigación ordenada por Campomanes en el mayor de los secretos, el gobierno se convenció de que los jesuitas tuvieron una gran responsabilidad en todas las manifestaciones organizadas de 1766; del Colegio Imperial de Madrid habría salido toda la agitación. Dos jesuitas —entre ellos el confesor de la reina madre Isabel Farnesio— habrían preparado la manifestación con un determinado número de cómplices en el curso de reuniones secretas que habrían tenido lugar en el Pardo. Su fin habría sido provocar un cambio de gobierno, quizás incluso la abdicación de Carlos III. Se les reprochaba también a los jesuitas haber difundido bajo mano un sinfín de folletos, de libelos y de panfletos hostiles a la autoridad, de haber así provocado y alentado

---

27. Campomanes, *Dictamen fiscal de expulsión de los jesuitas de España (1766-1767)*, edición, introducción y notas de J. Cejudo y Teófanes Egido, Fundación Universitaria Española, Madrid, 1977, y Teófanes Egido e Isidoro Pinedo, *Las causas «gravísimas» y secretas de la expulsión de los jesuitas por Carlos III*, Fundación Universitaria Española, Madrid, 1994.

la subversión; el recuerdo de las tesis sostenidas por algunos jesuitas —Suárez, Mariana— sobre el derecho de los pueblos a oponerse al poder tiránico —lo que los hombres de la Ilustración designaban con el nombre de doctrinas regicidas y «sanguinarias»— probablemente contribuyó a soliviantar a los reformistas contra el conjunto de la Compañía. Es seguro que el movimiento reformista indispuso a muchos miembros de la elite social del país así como a una parte del clero, preocupado por ver desarrollarse las tendencias regalistas. Que algunos jesuitas hubieran procurado explotar esos sentimientos para recuperar una influencia que se les escapaba, no es nada inverosímil. Carlos III, en cualquier caso, profundamente enojado por los motines de Madrid, se dejó convencer. Los jesuitas perdieron entonces a algunos de sus amigos más poderosos: el marqués de la Ensenada, que habría podido salir beneficiado de un cambio de política, fue destinado a residir en Medina del Campo; Isabel Farnesio murió en julio de 1766. Tres hombres provocaron la decisión de expulsar a los jesuitas: Roda, secretario de Estado y de Gracia y Justicia, el padre Osma, confesor del rey, y Campomanes. El más vehemente fue el primero: «No basta con extinguir los jesuitas, es necesario extinguir el jesuitismo». Campomanes proporcionó las justificaciones políticas: reconocer o prohibir a una comunidad o un cuerpo en el estado emanaba de las prerrogativas de la corona y dependía totalmente de la soberanía del rey. En 1767, los 2.641 jesuitas de España y los 2.630 que residían en América fueron expulsados; se les otorgó una renta vitalicia de cien pesos anuales y sus bienes fueron confiscados en beneficio del estado.[28] No se detuvieron ahí sus sinsabores. José Moñino, embajador en el Vaticano y futuro conde de Floridablanca, obtuvo del papa, en 1772, la disolución de la Compañía de Jesús. En España, la medida no suscitó protestas. Cuarenta y dos obispos la aprobaron públicamente; es cierto que no podían hacer otra cosa… En su conjunto, las demás órdenes religiosas no se disgustaron por ver a sus rivales marcharse; sabemos, por ejemplo, que los dominicos de Plasencia festejaron el acontecimiento ¡con un suntuoso banquete!

De todas las instituciones del Antiguo Régimen, la Inquisición es la que más dañaba el prestigio de España en el extranjero; era el símbolo de la intolerancia y del fanatismo. En efecto, la pureza de sangre, continuó siendo exigida a los candidatos a algunas dignidades, aunque no fuera más que una formalidad. En la primera mitad de siglo, el Santo Oficio no disminuyó su actividad. Entre 1720 y 1740, se dieron algunos cientos de procesos y varias condenas a muerte dictadas contra judaizantes. Los registros de circuncisiones llevados por los rabinos de Burdeos continuaron dejando constancia, entre 1706 y 1742, de conversos españoles y portugueses que huían de la península ibérica para escapar a eventuales persecuciones. Más adelante, los procesos se hicieron más raros, así como las condenas. No se celebraron más grandes autos de fe como los de otros tiempos; la Inquisición se contentaba con pronunciar las sentencias en el curso de ceremonias privadas, como si quisiera alejarlas de toda publicidad. Por eso, el proceso de Olavide, durante el reinado de Carlos III, cogió a todo el mundo desprevenido. Pablo de Olavide era un criollo peruano que parece que tuvo problemas en Lima donde se le acusó de malversaciones. En 1750,

---

28. Los jesuitas se encaminaron primeramente a Roma, pero el papa Clemente XIII se negó a acogerlos. Se dirigieron entonces hacia Córcega donde, tras dos meses de vagabundeo y de negociaciones con la república de Génova, pudieron por fin desembarcar. Hasta 1768 no recibieron la autorización para instalarse en Italia.

cuando tenía veinticinco años, dejó su país para viajar a Francia y a Italia; tuvo el privilegio de ser huésped de Voltaire en Ferney durante una semana. En 1765 Olavide se instaló en España. Impregnado de la cultura francesa, gran lector, curioso por todas las novedades, se ganó pronto la confianza de los ministros reformistas que, en 1767, lo nombraron corregidor de Sevilla. En este destino, desarrolló una gran actividad: se le debe, sobre todo, un audaz programa de reforma universitaria; en su salón se reunían numerosas personalidades locales; puso su rica biblioteca a disposición de sus amigos; Jovellanos, a la sazón joven magistrado, sacó un gran provecho de sus contactos con un espíritu tan abierto. Como se ha dicho, se le encargó que pusiera en marcha la repoblación de Sierra Morena, aprobada por el gobierno. Tomó su misión muy seriamente y obtuvo unos resultados rápidos y alentadores. El éxito y sus altos apoyos lo volvieron imprudente. Se permitió hacer unas declaraciones sarcásticas sobre las devociones populares, a las que calificaba de supersticiones; prohibió que se enterraran los muertos en las iglesias y que se vendieran indulgencias —la Bula de la Cruzada era una institución muy antigua en España—; criticaba las limosnas y pensaba que para aliviar la miseria, era mejor crear puestos de trabajo; se burlaba de los frailes a quienes trataba de ignorantes. Éstos —especialmente los capuchinos— no se lo perdonaron y lo denunciaron a la Inquisición. Según ellos, Olavide era un impío que poseía libros prohibidos y cuadros lascivos y que no observaba los ayunos obligatorios. Además, era un incrédulo, ¡adepto al sistema de Copérnico! Lo más sorprendente, es que estas acusaciones fueron tomadas en serio. La Inquisición lo detuvo en 1776, instruyó su proceso y lo condenó, en 1778, a ocho años de reclusión en un convento.[29] El asunto tuvo repercusión en Europa; en él se vio la prueba de que, decididamente, España tenía muchas dificultades para convertirse en una nación civilizada.

No hay que exagerar el alcance del proceso de Olavide. Verosímilmente, para la Inquisición, se trataba de demostrar que era todavía poderosa; incluso se ha formulado la hipótesis de que aquel proceso fue una provocación, un desafío lanzado al inquisidor general, Felipe Bertrán, conocido por su espíritu abierto y su apego a la Ilustración. No pudiendo tomarla con los propios ministros, situados demasiado arriba, los inquisidores, a quienes preocupaban las nuevas tendencias, habrían optado por dar ejemplo lanzándose sobre un funcionario de segunda fila.

Hay que reconocer que los reformistas tuvieron una actitud ambigua con respecto a la Inquisición. No les gustaba, pero pensaban que la podían utilizar... Carlos III la detestaba tanto como detestaba a los jesuitas, y por las mismas razones: tenía demasiado poder y podía utilizarlo contra el estado, pero se adaptó a aquella situación. Sus ministros, Campomanes y Floridablanca, sobre todo, tenían la misma opinión; veían en el Santo Oficio al órgano más fanático del estado, enfeudado a los jesuitas; se había extralimitado en sus atribuciones al prohibir los libros favorables al regalismo. Y, sin embargo, aquellos ministros no soñaban con suprimir la Inquisición. Ésta continuó siendo un instrumento del poder, puesto que era el rey quien nombraba a su presidente. De hecho, en 1764, Bertrán, obispo de Salamanca, fue nombrado inquisidor general. Se contaba con él y con la Inquisición para que contribuyera, junto a los obispos, a extirpar la superstición y, lo por tanto, ¡al progreso

---

29.   Olavide se fugó pronto y fue a Francia, donde asistió a la Revolución. Detenido por los *montagnards*, fue liberado después del 9 termidor y volvió a España, donde murió en 1803, tras publicar una retractación de sus errores, *El Evangelio en triunfo*.

de la Ilustración! Se contentaron entonces con limitar las competencias de la Inquisición, por ejemplo, retirándole, en 1770, los casos de bigamia, en adelante confiados a la justicia ordinaria, pero se mantuvo en reserva a la institución. Floridablanca le encomendó, durante el reinado de Carlos IV, la lucha contra la penetración de las ideas revolucionarias en España. Se trata, una vez más de una de aquellas semimedidas de las cuales los reformadores fueron maestros.[30]

El pacto de familia

La política exterior de los Borbones tenía coherencia. Felipe V se esforzó por devolver a España su posición en Europa anulando las cláusulas del tratado de Utrecht que la excluían de Italia. Sólo lo consiguió parcialmente. Logró crear en las Dos Sicilias un estado satélite en donde reinó el futuro Carlos III, pero no pudo obtener el mismo resultado en Milán. En su defecto, el tratado de Aquisgrán (1748) le permitió instalar en Parma a otro infante, Felipe. Aquél era también un estado satélite, pero menos importante de lo que hubiera querido. Fernando VI se mantuvo al margen de los conflictos europeos. Con Carlos III, España volvió a tomar la iniciativa. Una idea sencilla guiaba entonces a la diplomacia española. Inglaterra era su principal enemigo: ocupaba Gibraltar y Menorca y amenazaba los intereses de España en América. Se imponía una alianza con Francia, también preocupada por las ambiciones de Inglaterra. Desde su llegada a España, en 1759, Carlos III manifestó su preocupación por la anexión de Quebec por parte de Inglaterra; aquella conquista alteraba el equilibrio en el Nuevo Mundo. La alianza con Francia, el tercer pacto de familia concertado en 1761, no sólo afianzaba la solidaridad dinástica entre los Borbones, respondía también a los intereses de las dos potencias. España se alineó, pues, junto a Francia contra Inglaterra en la guerra denominada de los Siete Años, pero intervino en ella con unos objetivos propios. La suerte de las armas no le fue favorable. La Habana y Manila fueron ocupadas. Estas dos ciudades le fueron devueltas cuando se firmó el tratado de París (1763), pero, a cambio, España tuvo que entregar Florida a los ingleses y la colonia de Sacramento, en el Río de la Plata, a los portugueses. Si bien es cierto que, en compensación Francia, le cedió la Luisiana.

España, siempre junto a Francia, tomó la revancha quince años más tarde, con motivo de la guerra de la Independencia de las colonias inglesas de América del Norte. En Europa, las potencias aliadas tuvieron que renunciar a invadir Inglaterra y fracasaron también en Gibraltar, pero Menorca fue reconquistada en 1782. En América, España proporcionó ayuda financiera a los insurgentes y, desde las bases de la Luisiana, atacó a los ingleses en Florida. Obligó así a Inglaterra a mantener un ejército en el sur y, como dominaba la línea del Mississippi impidió que los ingleses pudieran rodear por el oeste a las tropas de Washington. La paz de Versalles (1783) ratificó las conquistas territoriales: España conservó Menorca y recuperó Florida. A corto plazo, fue un éxito; a largo plazo su éxito fue menor. Ayudando a los co-

---

30. Jovellanos lo confesará más tarde (¿en 1794?) al cónsul británico en La Coruña: no se podía atacar de frente a la Inquisición, había que actuar por etapas, retirarle determinados asuntos —la censura de libros, por ejemplo— para confiárselos al Consejo de Castilla o a los obispos, oponer una autoridad a otra. «Dirá Vd que estos remedios son lentos. Así es, pero no hay otros.»

lonos a rebelarse contra su metrópoli, España creó una situación que terminó por volverse en contra suya. Inmediatamente después de la firma del tratado de Versalles, el conde de Aranda, perspicaz, se inquietó por las ambiciones de los nuevos Estados Unidos, aquella potencia por entonces diminuta que no tardaría en hacerse enorme y que no dejaría de intentar extenderse hacia el golfo de México en detrimento de España. Aquellas visiones premonitorias se confirmaron en el siglo XIX. Los Estados Unidos tuvieron frente a España una actitud muy distinta de la que adoptaron con respecto a Francia. No le agradecieron la ayuda que les había prestado entre 1779 y 1783 y no hicieron nada —más bien lo contrario— para apoyar a España contra la revuelta de sus propias colonias.

LAS PROVINCIAS DE ULTRAMAR

En la segunda mitad del siglo XVIII, se comenzó a hablar de las provincias de ultramar para designar lo que hasta entonces se llamaban las Indias. Este cambio de vocabulario refleja un punto de vista nuevo sobre unos territorios que se tendían a asimilar cada vez más a colonias destinadas a fortalecer el poder y la riqueza de la metrópoli, a proporcionarle productos complementarios y a servir como mercado para su actividad económica. Hay que situar la política americana de los Borbones en esta perspectiva: voluntad de sacar partido, no sólo del subsuelo, sino también de la agricultura y de la ganadería; preocupación por desarrollar el comercio y hacer respetar el monopolio de España y, por último, esfuerzos por reforzar la organización administrativa de América. Algunos historiadores han hablado de una segunda conquista de las Indias. El término es tal vez excesivo, pero pone de manifiesto la amplitud de las reformas que se intentaron introducir en el último tercio del siglo XVIII. Esas reformas provocaron a menudo reacciones violentas en aquella sociedad colonial compleja, dividida en clases y castas antagónicas, y suscitaron un profundo malestar en los criollos que tomaron entonces conciencia de su identidad.

Un nuevo impulso de las Indias

En el siglo XVIII los metales preciosos continuaban siendo la principal riqueza que España obtenía de su imperio en América. Se observa una reactivación significativa de la actividad minera con el descubrimiento de nuevos yacimientos, al tiempo que algunos productos tropicales —el azúcar, el cacao, el tabaco— eran cada vez más demandados en el mercado europeo. Como contaba sobre todo con sus minas, España los había ignorado hasta aquel momento, pero entonces comenzó a desarrollar su producción y su comercialización.

Se siguieron explotando las minas de oro situadas en Nueva Granada —la actual Colombia— Antioquia, Popayán, Chocó... pero los yacimientos se agotaban y la mano de obra escaseaba. La competencia del oro brasileño, a partir de 1720, aceleró la decadencia de aquellas explotaciones. Con respecto a la plata, Perú y México continuaron siendo los grandes centros de producción; el segundo más que el primero. En efecto, Potosí, en Perú, no volvió nunca más a las cifras alcanzadas a finales del siglo XVI. La producción, que era de cuarenta toneladas anuales en 1595, cayó a seis toneladas en el siglo XVIII. De las cinco mil bocas de minas que horadaban la montaña, apenas quedaba un centenar en funcionamiento y proporcionaban un mineral de baja calidad. Hasta finales del siglo XVIII no se preocuparon de remediar la situación. Se pensó en recurrir a la experiencia de mineralogistas e ingenieros alemanes, pero era demasiado tarde para subsanar las negligencias del pasado. El sueco Nordenflycht, llamado en 1789, se quedó estupefacto ante lo que descubrió: despilfarro, empirismo, rutina, ausencia de planificación, ausencia de máquinas, ausencia de bombas de agua, ausencia de aireación... Hizo construir con gran gasto unas máquinas que nadie fue capaz de poner en funcionamiento. En todas partes chocaba con el escepticismo de los propietarios: siendo el trabajo de los indios más barato que una máquina, ¿qué interés podían tener en producir más y en ahorrar mercurio? Eso significaría pagar más tasas y más impuestos... La misión de Nordenflycht corrió la misma suerte que algunas formas de asistencia técnica en países subdesarrollados en nuestros días: seguros de su preparación, ajenos a la mentalidad de la gente que les rodea, los expertos no pueden convencer a aquellos que quieren dirigir hacia el progreso.

México, en cambio, estaba en plena expansión. Más que nunca era la joya del imperio. De México provenían los dos tercios de la plata americana, y la mitad de aquella producción la proporcionaban los distritos de Guanajuato, Zacatecas y Catorce, todos ellos situados al noroeste de la capital. El distrito de Guanajuato por sí solo aseguraba la cuarta parte de la producción total. El yacimiento fue descubierto en 1766. Desde 1771 la mina trabajaba a pleno rendimiento y procuraba a su propietario unos beneficios considerables.

Aparte de las minas, hasta el siglo XVIII, sólo hubo en América dos tipos de actividad importantes: los grandes dominios —haciendas— y las manufacturas. Los primeros, dedicados a la horticultura y a la ganadería, servían, en primer lugar, para alimentar a los obreros; sólo los excedentes se comercializaban. La industria manufacturera abastecía al mercado interior de todo lo necesario; sus clientes eran los indios, los mestizos y los blancos humildes, puesto que los criollos ricos, más exigentes, preferían comprar productos importados de Europa. El textil ocupa un lugar aparte. En la región del Cuzco, se distinguen los talleres de pequeñas dimensiones —«chorrillos»— cuyo utillaje era rudimentario, y los «obrajes», empresas más importantes que disponían de varios telares y de al menos un batán y que empleaban a decenas, incluso centenares, de obreros. La mayor parte de aquellos obrajes pertenecían a españoles, a veces a nobles, a altos funcionarios o incluso a conventos. En el siglo XVIII la industria textil decayó. En Quito, en torno a 1770, nueve obrajes de los once que existían cerraron; lo mismo sucedió con las fábricas de sombreros —sólo quedaban cuatro sobre treinta y ocho—, con las fábricas de tejas —de nueve, quedaban tres— con la alfarería... Encontramos situaciones análogas en la región de los Andes y en México. En todas partes se aducían las mismas causas para explicar la decadencia: el coste de los suministros, del utillaje, de la mano de obra y de los transportes eran demasiado elevados. Los clientes preferían comprar productos importados, más baratos y a menudo introducidos de contrabando. Se llegó a la paradoja que puso de relieve un canónigo de Michoacán: las minas de plata —principal riqueza del territorio— hacían subir los precios, arruinaban las fábricas locales y generaban el paro y la miseria de la mayoría.

Otras dos formas de explotación tomaron impulso en el siglo XVIII: la estancia y la plantación. La estancia se dirigía más bien hacia el mercado interior (ganado, principalmente); encontró en las llanuras de Venezuela —los llanos— y en la pampa argentina terrenos especialmente favorables para los miles de caballos y de ganado vacuno que vivía allí en estado salvaje. El personal necesario era poco abundante; esencialmente, estaba formado por peones, blancos humildes o mestizos. La plantación, en cambio, trabajaba para la exportación e implicaba la utilización de una mano de obra abundante y barata, es decir, esclavos negros. Tres cultivos se impusieron en las plantaciones: el azúcar, el cacao y el tabaco.

De todas las posesiones españolas, sólo las Canarias y, en menor medida, Santo Domingo se habían especializado en la caña de azúcar, hasta que la competencia de Brasil arruinó las plantaciones. El papel de Brasil declinó en el siglo XVII, cuando los ingleses, los franceses y los holandeses se instalaron en algunas islas de las Antillas abandonadas por España para desarrollar allí el cultivo de la caña.[31] Sólo después de 1762 las islas caribeñas que continuaban siendo españolas —Cuba y Puerto Rico— entraron en escena. El despegue fue extremadamente rápido, ya que, en 1788-1789, las dos islas representaban el 40 por 100 del tráfico entre América y España. Las plantaciones de caña en el continente eran menos importantes, aunque las había en México, en Venezuela y en la región del Cuzco. La dificultad de procurarse esclavos —su elevado coste desalentaba a los propietarios— explica, en parte, la debilidad de la producción de azúcar que se consumía en el lugar o se vendía en los territorios vecinos, pero no dio lugar a exportaciones significativas.

Desde finales del siglo XVII, el cacao se implantó en Venezuela. Este fue el cultivo dominante hasta las primeras décadas del siglo XIX, pero disminuyó por la falta de mano de obra. Los esclavos negros se encarecieron. Los propietarios preferían reclutar peones, indios o mestizos, a los que no pagaban en especies, sino en tierras: les cedían el usufructo de una parcela, el *conuco*. Era una forma de sujetarlos al lugar. La producción venezolana de cacao primero se dirigía a México por Veracruz, después, a partir de 1730, se encaminaba a Europa. El contrabando era importante. Para combatirlo y para reservar a la metrópoli los beneficios de aquel tráfico, España creó una compañía de comercio en régimen de monopolio, la Compañía de Guipúzcoa, de la que hablaremos más adelante. En el último tercio del siglo XVIII, el cacao de Guayaquil comenzó a competir con el de Venezuela en el mercado mexicano; era más barato y estaba menos expuesto a los ataques de los ingleses, ya que tomaba la ruta del Pacífico. La región de Guayaquil conoció entonces un gran desarrollo.

El tabaco era cultivado, vendido y consumido libremente en muchas regiones de América en el siglo XVII. En Cuba, un decreto de 1614 preveía que sólo los excedentes de la producción serían exportados a Sevilla.[32] Los éxitos obtenidos por los ingleses con el tabaco de Virginia y de Maryland permitieron al gobierno español tomar conciencia del interés de aquel producto. En 1717 la corona estableció el monopolio del tabaco en Cuba. El cultivo continuaba siendo libre, pero el estado se

---

31.   Excepto de Cuba, escala en la ruta de las Indias, y de Puerto Rico, España se interesó poco por las Antillas en el siglo XVII. Algunas islas se convirtieron entonces en guaridas para los bucaneros, los filibusteros y los piratas de todas las nacionalidades. En 1655 Inglaterra ocupó Jamaica. Por la misma época, Holanda hizo otro tanto en Curaçao y en Aruba; Francia, ya instalada en la Martinica y en Guadalupe, obtuvo en 1697 la mitad de Santo Domingo.

32.   Cf. la tesis inédita de Yves Aguila, *Monopoles d'État et changements sociaux en Nouvelle Espagne (1765-1810)*, Burdeos, 1985, y Guillermo Céspedes del Castillo, *El tabaco de Nueva España*, Madrid, 1992.

reservaba la exclusividad en su compra y en su comercialización, aunque eran particulares los encargados de la producción. Éstos se comprometían a proporcionar al estado todos los años, a un precio determinado, cierta cantidad destinada a la fábrica de Sevilla, hasta que en 1761 se creó la Real Fábrica de La Habana; entonces, la corona se hizo cargo directamente de la elaboración del producto. Más que Cuba, donde la caña de azúcar dominaba, fue Nueva España la que se especializó en el tabaco, convertido en un artículo muy ampliamente consumido. El tabaco en polvo parece que era privativo de la elite, los puros y los cigarrillos, en cambio, estaban más difundidos: en México, incluso las mujeres y los niños los fumaban. Al principio, el cultivo, la fabricación y la comercialización eran totalmente libres. El estado estableció allí su monopolio en 1765, a pesar de las protestas y las manifestaciones de los pequeños plantadores. Su cultivo quedaba limitado a determinadas zonas, el estado establecía cuotas de producción y sus representantes velaban para que se respetara la reglamentación. Se distinguen los cosecheros, o grandes empresarios, y los pegujaleros que dependían en parte de los primeros. En México se abrió una manufactura en 1769. De los cuatrocientos obreros de que disponía en sus inicios, pasó a casi cinco mil tres años más tarde y a seis mil quinientos en 1793; el máximo se alcanzó en 1797 con algo más de siete mil empleados. Desde el principio, la manufactura de México tenía características de una fábrica moderna. Los obreros organizaron una sociedad de socorro mutuo, la Concordia, que proporcionaba a sus miembros subsidios en caso de enfermedad y de muerte y pensiones en caso de invalidez, también les concedía préstamos sin interés. Los obreros se declararon en huelga en varias ocasiones, la primera, en 1780, contra una modificación de las normas de fabricación; en 1782, para protestar contra el paro técnico; en 1794, para oponerse a la prolongación de la jornada laboral... Muy pronto, el monopolio del tabaco se reveló lucrativo para el estado. En los últimos años del siglo XVIII, rendía más que los impuestos sobre el oro y la plata. A finales de siglo, el desarrollo de este sector de actividad bajo el control del estado provocó malestar en la sociedad mexicana. Muchos blancos pobres que vivían del cultivo y la venta del tabaco perdieron su empleo y expresaron su desespero, «como si un equilibrio, frágil, sin duda, pero real, hubiera sido destruido para la simple satisfacción de los intereses financieros de la corona» (Yves Aguila). Como veremos más adelante, este fue uno de los efectos perversos de las reformas emprendidas durante el reinado de Carlos III, las cuales contribuyeron a crear un estado de ánimo hostil respecto a la metrópoli, a la que se acusaba de sacrificar los intereses locales con el fin de aumentar los ingresos fiscales. Se observan reacciones análogas, en el mismo momento, en Venezuela, en Nueva Granada y en Perú, cuando la administración colonial pretendió, en virtud del monopolio, limitar las zonas de cultivo de tabaco y prohibir su libre comercialización.

El impulso económico se acompañó de una expansión territorial considerable; se calcula que entre 1740 y 1790 la superficie controlada por España en América se duplicó hasta alcanzar ochenta millones de kilómetros cuadrados. Se trataba o bien de territorios nuevos que fueron integrados al imperio, o bien de zonas hasta entonces abandonadas porque apenas interesaban a los colonos, atraídos por las minas, y que ahora se revelaban ricas en recursos agrícolas. Entre los de la primera categoría, destaca el impulso prodigioso del norte de México. Los misioneros, primero jesuitas, y más tarde, tras su expulsión, franciscanos, abrieron el camino. Los primeros españoles habían llegado a California a mediados del siglo XVI, pero, en seguida la colonización de México empleó todas las energías. La marcha hacia el norte se reanudó en la segunda mitad del siglo XVIII a partir de las misiones de Sonora, Arizona y de la baja California. El padre Junípero Serra llegó a San Diego en 1769; San Francisco fue fundada en 1776. En total fueron veintiuna las misiones que se crearon en la costa de California entre 1769 y 1823 y que atrajeron inmediatamente a los colonos. Algunas de aquellas modestas construcciones han sido restauradas y se pueden visitar hoy en día; dan testimonio del esfuerzo de cristianización llevado a cabo por los franciscanos españoles en aquella época. Sin embargo, nos equivocaríamos si asociáramos demasiado estrechamente evangelización y colonización. Los tiempos habían cambiado; el poder civil se preocupaba poco de lo que pensaban los frailes. Cuando el virrey de México redactó, en 1786, unas instrucciones para la pacificación de la frontera norte, sólo hizo escasas y vagas alusiones a la cooperación de los misioneros; contaba con las armas para garantizar la seguridad de la frontera, gracias a una serie de fortines, desde Sonora a Texas.[33] El enemigo, en aquella zona, eran los apaches, guerreros temibles que sabían manejar el arco y que, afortunadamente, tenían pocos caballos y armas de fuego. El virrey recomendó emplear todos los medios para acabar con ellos: había que someterlos o exterminarlos. Mientras no se alcanzara este resultado, las poblaciones del interior vivirían en la inquietud. Desde que en 1731 una quincena de familias canarias fundaron Béjar —que se convertiría más tarde en El Álamo, después en San Antonio—, los españoles habían tomado posiciones en Texas. Tuvieron que ceder Florida a los ingleses, pero en 1762, Luis XV cedió la Luisiana a Carlos III.[34] Dejando de lado Florida, un inmenso territorio —desde el Mississippi hasta las Rocosas y, más allá, hasta el Pacífico— pasó a ser dominado por España a finales del siglo XVIII.

En el resto de América, los progresos fueron menos espectaculares. Se intensificó la densidad del poblamiento y de la colonización con la explotación de nuevos cultivos. La creación de dos nuevos virreinatos, el de Nueva Granada —que comprendía los territorios actualmente ocupados por Ecuador, Colombia y Venezuela—[35] y, en 1776, el del Río de la Plata respondía a la necesidad de tener en cuenta las relaciones que se establecieron por entonces en el interior del antiguo virreinato del Perú. Desde el siglo XVI, Buenos Aires ocupaba una posición marginal en el imperio; el puerto y la región se aprovecharon de ello para desviar una parte del tráfico. Mientras los comerciantes de Lima estaban obligados a comprar sus mercancías en la feria de Portobelo y a dirigirlas, por tierra o por mar, a El Callao, los de Buenos Aires, burlando la ley, vendían en Perú esclavos, especias y otras mercancías de origen inglés o portugués... En efecto, los ingleses y los portugueses fueron los beneficiarios de aquel tráfico ilegal; utilizaban para este fin la colonia de Sacramento que los portugueses habían instalado, en 1680, en la orilla izquierda del Río de la Plata. Para enfrentarse a esta situación, los españoles fundaron Montevideo en 1726, pero eso no fue suficiente para detener la expansión portuguesa a partir del cercano Bra-

33.   Cf. Luis Navarro García, *Don José de Gálvez y la Comandancia general de las provincias internas del norte de Nueva España*, Sevilla, 1964, y, del mismo autor, «El Ilustrado y el bárbaro», *Temas Americanistas*, n.º 6 (Sevilla, 1986).

34.   En marzo de 1800, España restituyó la Luisiana a Francia y, en abril de 1803, Napoleón la vendió a los Estados Unidos.

35.   El virreinato de Nueva Granada fue creado por primera vez en 1717, suprimido inmediatamente después y restablecido, esta vez definitivamente, en 1739.

sil. El contencioso no se resolvió hasta 1750 con el tratado de Madrid. España obtuvo la *Banda oriental*, es decir, lo que más tarde sería Uruguay, y por lo tanto, la navegación por el Plata y cedió a Portugal una parte de Paraguay. En 1763 Portugal trató de invadir de nuevo Sacramento, pero fue en vano. En 1777 la frontera quedó establecida definitivamente en Río Grande del sur. La competencia entre Lima y Buenos Aires y entre españoles y portugueses está, pues, en el origen del virreinato de la Plata. Aquella nueva división administrativa rompió, en favor de Buenos Aires, la unidad geográfica, histórica y económica de los Andes, ya que se le incorporó Potosí con el fin de cubrir el acceso a las minas de Perú por el este y desalentar el contrabando. Esa promoción aseguró el impulso del puerto de Buenos Aires.

De forma más general, el tratado de 1750 permitió a España y a Portugal resolver el conjunto de contenciosos que les oponía en América y en el Extremo Oriente. En esta última zona, Portugal renunció a los derechos que pretendía ostentar en las Filipinas en virtud del tratado de Tordesillas (1494). Al norte de Brasil, obtuvo las dos orillas del Amazonas, desde la confluencia con el Yapura hasta el Atlántico. El tratado marcó así un cambio significativo. Las dos potencias se pusieron de acuerdo para abandonar la línea de demarcación establecida en Tordesillas; ya no eran los meridianos los que señalaban la separación entre los dos imperios, sino unas fronteras naturales. Se decidió entonces priorizar la línea de división de las aguas: las cuencas fluviales del Río de la Plata, del Orinoco y del Amazonas. Fue esta una de las razones que impulsaron a España a financiar, en el último tercio del siglo XVIII, algunas expediciones científicas. La misión Iturriaga-Löfling (1754-1761) se encargó de estudiar la cuenca del Orinoco; el naturalista Félix de Azara (1781-1800) se encargó de precisar la frontera entre Brasil, por un lado, y Paraguay, Uruguay y Argentina, por otro. No se trata de menospreciar el interés intrínseco de muchas expediciones científicas del siglo XVIII, sino de poner de relieve también las preocupaciones políticas de sus contratantes.

La nueva política colonial

La política colonial de los Borbones tras el tratado de Utrecht se fundamentó en dos objetivos complementarios. Se trataba de defender el imperio ante cualquier agresión y de hacer respetar el monopolio comercial de España, en contra de las ambiciones de las grandes potencias —sobre todo Inglaterra, accesoriamente Holanda. A la primera preocupación responde el despliegue de unos medios militares eficaces; a la segunda, las reformas para desarrollar la economía de los territorios americanos y obtener de ellos recursos crecientes. Hacia 1750 fue acordada una primera serie de reformas y entre 1765 y 1785 se aplicaron las medidas más radicales. La oposición violenta con que toparon obligó a retirar algunas de ellas, pero no se modificó la orientación general de las mismas.

Habida cuenta de la inmensidad de las fronteras que había que vigilar, no se podían establecer guarniciones en todas partes; España no habría podido financiar ese esfuerzo. Por eso se decidió priorizar las zonas especialmente amenazadas: el mar del Caribe, con las plazas fuertes de La Habana y de Cartagena de Indias; Acapulco, cabeza de línea del tráfico entre México y Filipinas; el litoral de Guayaquil y El Callao, en el Pacífico sur y, por último, el complejo Montevideo-Buenos Aires. Para asegurar la defensa de aquellos sectores, España emprendió la construcción o la reparación de fortificaciones y puso a punto también un ejército dotado de los equipamientos necesarios: hospitales militares, material, medios de transporte, intendencia, servicios auxiliares (administración, cuerpo de ingenieros, etc.)...[36] El ejército estaba compuesto por dos elementos de importancia desigual: el ejército propiamente dicho y las milicias. El primero apenas sobrepasaba los veinte o treinta mil hombres. Estaba formado por dos categorías distintas: los regimientos permanentes (dotación) y tropas de apoyo que procedían de España (refuerzo). El mando estaba asegurado bien por nobles españoles, bien por criollos ricos. En general, los oficiales hacían carrera en el lugar; raramente cambiaban de destino. La proporción de oficiales originarios de la península no dejó de decrecer en favor de los criollos.[37] A finales del siglo, éstos representaban el 60 por 100 del total de oficiales, lo que tuvo consecuencias importantes: cuando comenzaron los movimientos de independencia, en 1810, el ejército de las Indias estaba mayoritariamente al mando de criollos. Se observa también la presencia de oficiales extranjeros (entre el 2 y el 3,5 por 100 sobre el total), franceses y, sobre todo, irlandeses; a algunos de ellos —O'Reilly, O'Higgins...— los encontraremos durante las guerras de independencia luchando contra la metrópoli. Las milicias completaban aquel dispositivo. Eran una especie de ejército de reserva más bien heterogéneo que contaba con alrededor de doscientos mil hombres en 1780. Encontramos en ellas elementos compuestos por distintas categorías sociales y raciales; había regimientos de nobles, de españoles, de blancos, de comerciantes, de oscuros (pardos), de mestizos, de *todos los colores*, de morenos, de cuarterones... Ni los soldados ni los oficiales de las milicias recibían ningún sueldo, salvo en caso de movilización, pero los oficiales disfrutaban de los privilegios ligados al estatuto militar. Para muchos criollos, constituía una promoción y un medio de obtener más prestigio e influencia; cuando se trataba de ricos propietarios de plantaciones o de negociantes respetables, instalados por añadidura en puestos de mando en la administración municipal de su ciudad, el hecho de ser también coroneles del rey les confería aún más autoridad, aunque fuera discutible el valor de aquellos mandos. Destaquemos, por último, que los impuestos locales eran los que financiaban al ejército regular. Las reformas militares de los Borbones tuvieron, así, consecuencias imprevistas: en caso de tensiones internas, la metrópoli apenas podría contar con un ejército que los criollos financiaban y en el cual eran mayoría.

Este dispositivo militar era indispensable en razón de las numerosas guerras en las que España se involucró en el siglo XVIII y también debido a la amenaza en el Caribe de los corsarios, siempre dispuestos a atacar los barcos mercantes y los que transportaban metales preciosos. No menos temible era la guerra económica desarrollada por todos los que trataban de escapar al monopolio comercial de España. En el tratado de Utrecht, Inglaterra obtuvo la exclusividad en el tráfico de esclavos (derecho de asiento) y el derecho a enviar todos los años a América un buque de quinientas toneladas (el navío de permiso) cargado de mercancías. Junto a este tráfico legal, ingleses y holandeses se entregaban desde la segunda mitad del siglo XVII, a un contrabando intenso —al que los autores de la época denominaban el intérlope— para introducir en América cantidades crecientes de mercancías que intercambiaban por productos tropicales y metales preciosos. La geografía les facilitaba las

---

36.   Cf. Juan Marchena, *op. cit.*

37.   El 62,9 por 100 eran peninsulares en 1740 y el 36,4 por 100 en 1800, mientras que en el mismo período, el porcentaje de criollos pasó del 34,6 al 60 por 100.

cosas. Los barcos de los contrabandistas fondeaban a lo largo de las costas y pequeñas embarcaciones desembarcaban su carga en playas desiertas o bien en zonas alejadas tierra adentro ya que, gracias a su poco calado, remontaban los ríos —el Orinoco, por ejemplo. Funcionarios corruptos eran a menudo sus cómplices.[38] La proporción del intérlope no dejó de aumentar en el siglo XVIII. Los ingresos fiscales de España se resintieron de ello, así como la economía de sus posesiones en América. Las mercancías introducidas de contrabando —harina y sobre todo tejidos y otros productos manufacturados— eran mucho más baratas que las que podía ofrecer el comercio legal y la industria local. Esta competencia asestó duros golpes a los productores. Si creemos los informes oficiales, Nueva Granada estaba en pleno marasmo en la primera mitad del siglo XVIII y la situación se deterioró aún más hacia 1776, cuando la crisis golpeó a casi todos los sectores: el textil, la ganadería, la agricultura, etc.; el comercio entre Guayaquil y Lima casi desapareció, y el que se operaba entre Quito y Lima no se comportó mejor.

Aun teniendo en cuenta la exageración propia de este tipo de informes, es cierto que el intérlope representó una falta de ganancias para la metrópoli y un freno para el desarrollo de las colonias. Como reacción, el gobierno de Felipe V proyectó, primeramente, crear compañías monopolistas siguiendo el modelo holandés e inglés. La más importante fue la Compañía Guipuzcoana de Caracas que, en 1728, recibió de Patiño la misión de comercializar con el cacao de Venezuela y de vigilar el litoral para eliminar el contrabando. A su retorno de América, los barcos tenían que atracar en Cádiz para pagar los derechos correspondientes, después iban a descargar su cargamento en algún puerto del País Vasco —Pasajes o San Sebastián. El éxito fue incuestionable. Hasta entonces, la llegada de un navío español a Venezuela era un acontecimiento rarísimo. Gracias a la compañía —y para mayor beneficio de sus accionistas—, los intercambios entre la metrópoli y Venezuela se volvieron regulares y fructíferos, y no sólo desde un punto de vista estrictamente económico: se ha hablado —con un poco de exageración, sin duda— de los barcos de la Ilustración que transportaban, al mismo tiempo que los productos, los libros, las noticias y las ideas de la Europa culta. Los empleados de la compañía se mostraron mucho más eficaces que la administración colonial, aunque no llegaran a eliminar completamente el intérlope. En Venezuela, el monopolio chocó con las costumbres y los intereses de aquellos plantadores o comerciantes que se habían adaptado al contrabando y sacaban provecho de él. Se acusaba —¡ya!— a los españoles de la metrópoli de explotar a los criollos. En 1751 estalló una revuelta, tras la cual se asoció a los venezolanos al tráfico permitiéndoseles comprar acciones de la compañía cuyo privilegio no se cuestionó hasta 1780.

En 1738 se abrió una nueva etapa. España renunció a que buques de la carrera de Indias navegaran según la costumbre tradicional de los convoyes. El tráfico con América se volvió entonces más flexible, con la única salvedad de que los barcos tenían que pasar por Cádiz, tanto a la ida como a la vuelta. El éxito fue relativo: entre 1739 y 1754, cuarenta y siete navíos, de media, franquearon el Atlántico todos los años, en lugar de los treinta que lo hicieron entre 1717 y 1738. Sin embargo, estas sólo fueron medidas parciales en espera de las reformas que se prepararon en

---

38. Juan Marchena (*op. cit.*, p. 14) cita el intempestivo exceso de celo del gobernador militar de Cartagena de Indias: hundió un barco que se dedicaba al contrabando; mala suerte, ¡el barco pertenecía al obispo!

el entorno del marqués de la Ensenada. En la base de estos proyectos se halla la constatación de un estado de cosas: el contraste entre la prosperidad de las pequeñas colonias extranjeras de las Antillas y el marasmo o el débil rendimiento de las inmensas posesiones de España. Francia, por ejemplo, sacaba todos los años de Santo Domingo cuarenta millones de pesos, es decir, cuatro veces más de lo que aportaba América entera a España. Era, pues, urgente concebir otra política para que la metrópoli sacara provecho de sus colonias. La solución pasó por la intervención del estado y por la reorganización de la administración y de la economía: era conveniente desarrollar la producción interesándose no sólo por las riquezas mineras, sino, al contrario, dando prioridad a los productos susceptibles de ser exportados (tabaco, cochinilla, azúcar, cacao, índigo, café, algodón, lino, cáñamo...); parecía deseable también disminuir los impuestos directos y aumentar la tributación indirecta y relanzar el consumo para aumentar los ingresos del estado; era necesario, por último, revisar el conjunto del comercio entre la metrópoli y las colonias, puesto que asegurarse la exclusividad en los intercambios era mucho más rentable que conquistar territorios. Estas fueron las ideas esenciales del *Nuevo sistema de gobierno económico para América* atribuido a José de Campillo, ministro de Felipe V.[39] Mucho más ambiciosas fueron las medidas de los ministros de Carlos III, veinte años más tarde: primero el libre comercio, acordado en 1765, después, a partir de 1776, las medidas radicales tomadas bajo el impulso de José de Gálvez.

Lo que llamamos libre comercio no puso fin al monopolio de España; la medida se dirigía, al contrario, a hacerlo más eficaz suprimiendo las disposiciones que ya no se podían justificar: Cádiz y la baja Andalucía en general y la Meseta no eran ya los elementos dinámicos de la economía española. En adelante, las islas del Caribe —Cuba, Puerto Rico, la parte española de Santo Domingo, Margarita, Trinidad— fueron autorizadas a comerciar entre sí y con nueve puertos de la península: Cádiz, Sevilla, Málaga, Alicante, Cartagena, Barcelona, Santander, La Coruña y Gijón. Este régimen se extendió en seguida a otras regiones y a otros puertos, especialmente los del litoral pacífico y del Río de la Plata. México y Venezuela no se integraron en el sistema hasta 1789. Estas medidas pusieron fin al monopolio de Cádiz y consagraron el lugar que ya ocupaban en aquel momento las provincias periféricas de España, como el litoral cantábrico y Cataluña. Ésta, en particular, aprovechó la oportunidad para desarrollar su propio dinamismo. Únicamente las provincias vascas permanecieron excluidas del comercio con América debido a su régimen aduanero específico; en efecto, los puestos de aduana no estaban instalados en la frontera francesa, sino en el Ebro, lo que impedía un control eficaz del comercio exclusivo.[40] Esta

39. El memorial es anterior a 1743, fecha de la muerte de Campillo y no fue publicada hasta 1789, al mismo tiempo que el *Proyecto económico* de Bernardo Ward, irlandés al servicio de Fernando VI que data de 1762. Se tienen hoy serias dudas acerca de la paternidad real de estos dos textos; Cf. la discusión entablada por Luis García Navarro en *Temas Americanistas* (Sevilla), 1833, n.° 2, pp. 22-29. El mismo autor ha vuelto recientemente sobre esta cuestión: Campillo no pudo ser el autor del memorial que se le atribuye («El falso Campillo y el reformismo borbónico», *Temas Americanistas* [Sevilla], n.° 12, 1995).

40. El gobierno propuso a los vascos que pudieran beneficiarse del libre comercio con la condición de que hicieran coincidir la frontera aduanera con la frontera política. Los comerciantes estaban dispuestos a aceptarlo, pero todos los demás sectores sociales hicieron bloque común y prefirieron conservar unos privilegios que les permitían, por ejemplo, comprar libremente trigo en Francia.

decisión aclara el sentido de las medidas de 1765: la libertad de comercio proclamada entonces sólo concernía a la metrópoli, más preocupada que nunca por mantener íntegramente el monopolio del tráfico colonial.

Fue también en 1765 cuando llegó a México José de Gálvez, visitador general de Nueva España. El gobierno de Carlos III le confió la misión de examinar la gestión del virrey, que era sospechoso de negligencia. Duro y autoritario, Gálvez tenía el sentido de la responsabilidad. La situación de Nueva España le pareció catastrófica; la administración local no sentía ninguna preocupación por los intereses del estado y el daño era profundo, procedía de la mala organización y del desorden que reinaba en las finanzas. Por esta razón Gálvez pidió plenos poderes y los obtuvo. Todo lo relativo a las finanzas escapó desde entonces a la autoridad del virrey y pasó a depender sólo de él. Gálvez se propuso poner en pie intendencias como las que habían dado prueba de su eficacia en España. Tenía a todo el mundo en contra suya: los funcionarios del virreinato, la Audiencia, la cámara de cuentas, la casa de la moneda, el clero... Sin embargo, puso fin a todas las oposiciones, cuando fue preciso mandando a la metrópoli a los funcionarios refractarios a sus planes, e impuso sus reformas: el monopolio del estado sobre el tabaco, el aguardiente, los naipes y el papel sellado; modernizó y aumentó la tributación; desarrolló la industria y el comercio. Durante su mandato se decidió la expulsión de los jesuitas y Gálvez aplicó la medida sin miramientos. En algunos años, México experimentó una transformación espectacular. Gálvez volvió a la metrópoli en 1771 para hacerse cargo de la dirección general de los asuntos coloniales con el título de ministro universal de Indias, que conservó hasta 1787. En este puesto, utilizó la lección de la experiencia mexicana y elaboró un programa ambicioso de reformas para ser aplicadas en todo el imperio. Los principios de base son sencillos: el estado se hizo cargo directamente de algunos sectores de la actividad sin arrendarlos ni subcontratarlos; nombró para los puestos más importantes a hombres competentes, dinámicos y afectos al servicio público; exigió que las leyes y los reglamentos se aplicasen sin discusión. Gálvez estaba convencido de que no se podía esperar nada de la administración tradicional representada por los virreyes y los corregidores, funcionarios demasiado preocupados por conservar el *statu quo*, demasiado solidarios con las elites criollas, demasiado interesados también cuando no pura y simplemente corruptos, incapaces de abandonar la rutina y la negligencia. Los encargados de llevar a cabo las reformas fueron hombres nuevos que recibieron plenos poderes con títulos diversos: inspectores (visitadores) o intendentes que tenían autoridad sobre toda la administración colonial, incluidos los virreyes y las audiencias. Gálvez encomendó a este tipo de funcionarios la misión de sacar los territorios de ultramar de su letargia y de comprometerlos en el camino del desarrollo; se trataba de acabar con el intérlope, de hacer fructificar aquellas tierras desarrollando la producción, de abrir nuevas vías de comunicación para facilitar los intercambios y de aumentar los ingresos del estado. Había que actuar de forma que las colonias fueran al fin rentables.

Las primeras medidas se establecieron en 1776. Aquel año se creó el virreinato de la Plata y en las audiencias se nombraron regentes cuyos poderes eran superiores a los de los virreyes. Al año siguiente se puso en pie la primera intendencia, en Caracas. Venezuela, que hasta entonces dependía teóricamente de Nueva Granada, se convirtió en un territorio autónomo, una capitanía general. Inmediatamente se crearon otras intendencias en todos los sectores del imperio, salvo en Filipinas y en Nueva Granada. Aún en 1777, Gálvez encargó a tres magistrados dotados de plenos poderes que restablecieran el orden en los Andes, en Lima, en Quito y en Santa Fe de Bogotá. Por todas partes, este tipo de comisionados, insensibles a las presiones y a las recomendaciones, combatieron la rutina y el fraude; exigieron el pago regular de los impuestos y crearon otros nuevos;[41] censaron la población; desarrollaron la actividad económica y la instrucción pública; restablecieron la autoridad del estado; redujeron el número y la influencia de los criollos en la administración; fustigaron la negligencia y la incompetencia de los funcionarios tradicionales, corregidores y gobernadores, de quienes denunciaron la codicia y la corrupción.[42] «La tarea es inmensa», escribió en 1780 el visitador de Perú, Areche; se trataba de acabar con unas prácticas que se remontaban al siglo XVI.

Las revueltas de América

El plan Gálvez, aplicado sin concierto ni consideración, suscitó protestas en todas las capas de la sociedad colonial y provocó revueltas en varias regiones. En torno a 1780, una especie de seísmo sacudió los Andes desde el alto Perú hasta Venezuela.[43] Dos movimientos merecen la atención: la rebelión de Túpac Amaru, en Perú y la de la localidad del Socorro, al norte de Bogotá. Aunque contemporáneas, ponen de relieve dos lógicas distintas. La primera expresa la exasperación de los indígenas, sometidos desde hacía siglos a una dura y larga explotación; la segunda da testimonio de la inquietud de los criollos ante las decisiones de la metrópoli.

La de Túpac Amaru fue la más importante de las rebeliones indígenas a las que España tuvo que hacer frente desde el siglo XVI. Se inscribe en una larga serie de manifestaciones que, en general, estaban poco organizadas y fueron rápidamente sofocadas. La revuelta de Túpac Amaru[44] afectó a dos regiones —el alto y el bajo Perú— artificialmente separadas, desde el punto de vista administrativo, por la creación, en 1776, del virreinato de la Plata. La revuelta tuvo dos fases. La primera, dirigida por Túpac Amaru, se desarrolló en la región del Cuzco y afectó sobre todo a los indígenas de lengua quechua. Tras la desaparición de Túpac Amaru, Julián Apasa —que se hizo llamar Túpac Katari— tomó el relevo y extendió el movimiento a las provincias de lengua aymará, al este del lago Titicaca. Los dos

---

41.   Los reformistas hacían una distinción entre las actividades útiles para el desarrollo (industria, agricultura, ganadería, comercio), a las que tasaron moderadamente, y los «vicios» (tabaco, naipes, alcohol), gravados con cargas mucho más pesadas. El alcoholismo hacía estragos en México («se recoge a los borrachos con carretas», escribió Humboldt a finales de siglo). Gálvez estableció, pues, pesadas cargas sobre el «pulque» (jugo de pita que se deja fermentar) y sobre el «chinquirito» —aguardiente de caña. En 1765 las tasas sobre el pulque y el chinquirito juntas sobrepasaban el millón de pesos (Y. Aguila, *op. cit.*, p. 141).

42.   No tenían ningún sentido del interés general; sólo pensaban en su beneficio personal, se escribió a propósito de los corregidores de Perú; eran unos desalmados que no tenían otro objetivo que despojar a sus administrados y enriquecerse rápidamente, señalaba el intendente de Venezuela en 1782.

43.   La América española no fue la única afectada. Además del movimiento de las trece colonias inglesas que finalizaría con la formación de los Estados Unidos de América del Norte, en la misma época se produjo en Brasil, en Minas Gerais, la revuelta de los *inconfidentes* dirigida por Tiradentes.

44.   Este es el nombre que se dio a sí mismo su iniciador que pretendía descender de los antiguos incas y quería reconstruir su imperio.

protagonistas sucesivos estaban al frente de empresas de transporte, lo que les dio la oportunidad de desplazarse por aquella zona de los Andes y de captar la creciente hostilidad de la población contra las exacciones de los corregidores, especialmente contra la práctica de las ventas forzadas. Con la complicidad de algunos jefes —los *curacas*— los corregidores obligaban a los indígenas a comprar todo tipo de mercancías de las que éstos no siempre tenían necesidad y que aquéllos vendían por su cuenta a precios exorbitantes. La creación del virreinato de la Plata, al romper la unidad natural de la región, provocó un desequilibrio en las corrientes de intercambio tradicionales, lo que acentuó el marasmo endémico. Por último, el aumento de los impuestos —la alcabala pasó del 4 al 6 por 100— no hizo más que agravar las cosas. Miles de indios se levantaron a la llamada de Túpac Amaru que procuró tranquilizar a los criollos mostrándoles que también ellos tenían razones para quejarse de la administración colonial. Túpac Amaru fue detenido y ejecutado el 18 de mayo de 1781.[45] Túpac Katari continuó la lucha que, entonces, tomó un carácter claramente racista. Ya no eran sólo los funcionarios coloniales y sus cómplices los que estaban amenazados, sino los criollos y, en general, los europeos; Túpac Katari se esforzó por incorporar a su causa a los negros y a los mulatos. La Paz fue sitiada en dos ocasiones, del 14 de marzo al 31 de julio de 1781 y, después, del 5 de agosto al 15 de octubre del mismo año. El ejército acabó derrotando una rebelión que dejó miles de muertos,[46] víctimas de los combates, pero también del frío, del hambre y de la peste.[47]

La revuelta de los comuneros del Socorro, en 1781, con sus ramificaciones en la región de Mérida, presenta características distintas. De principio a fin fue dirigida por criollos, aunque, hacia el final, se intentara convencer a los negros y a los indígenas para que se unieran al movimiento. En una coyuntura difícil —malas cosechas, hambruna en 1776, crisis en la industria y el pequeño comercio—, las reformas fiscales llevaron a los blancos pobres a la desesperación. Algunos sacaban escasos beneficios del cultivo y la venta del tabaco; en virtud del monopolio del estado que se acababa de instaurar, los representantes de la administración arrancaron las plantas y encarcelaron a los infractores. Las alcabalas aumentaron; los reajustes fiscales se hicieron más frecuentes. Grandes y pequeños plantadores se sentían igualmente amenazados. La revuelta se desarrolló en tres etapas. Del 16 de marzo al 16 de abril de 1781 un tumulto popular reunió a centenares de personas de baja extracción que improvisaron un ejército y marcharon sobre Bogotá, la capital, defendida por algunos soldados solamente. El virrey prefirió abandonar la ciudad y se instaló en la costa, en Cartagena. Desde el 18 de abril hasta el 7 de junio, los notables, que no querían llevar las cosas demasiado lejos, canalizaron las protestas y elaboraron una lista de reivindicaciones; gracias a la mediación del arzobispo, la Audiencia, que representaba a la autoridad real, les concedió lo esencial. Los elementos populares se sintieron traicionados y endurecieron su posición. Los notables se aliaron enton-

---

45. Fue descuartizado como lo había sido Damien, autor del atentado contra Luis XV, en 1757. La semejanza no es fortuita: se encontró un relato detallado de la ejecución de Damiens entre los papeles del magistrado que pronunció la pena de muerte contra Túpac Amaru.

46. Se ha hablado de cien mil muertos entre los indios y de diez mil entre los españoles; estas cifras son claramente exageradas.

47. Cf. Boleslao Lewin, *La rebelión de Túpac Amaru y los orígenes de la emancipación americana*, Buenos Aires, 1957, y John Fisher, «La rebelión de Túpac Amaru», en *Anuario de Estudios Americanos*, XXVIII, 1971.

ces a la administración colonial y se volvieron contra la plebe. La revuelta fue aplastada el 13 de octubre de 1781.[48]

Si la de Túpac Amaru fue la más grave de la rebeliones indígenas, la del Socorro fue la más seria de las protestas de los criollos contra la metrópoli. Sucedió al levantamiento de Juan Francisco de León contra la Compañía Guipuzcoana de Caracas, en la Venezuela de 1765, y al de los barrios populares de Quito en 1765, contra los monopolios y las alcabalas. Se puede relacionar con estos movimientos populares el tumulto de los mestizos de Cochabamba en 1729-1730, la conspiración de un criollo de Oruro (1739) que reclamaba la restauración del imperio inca, los levantamientos de Puebla, en México (1765), los de los mulatos de Guayaquil en 1778, y aún muchos otros, insuficientemente estudiados, que dan testimonio del malestar de la sociedad colonial en el siglo XVIII. Algunos historiadores no dudan en remontarse hasta los disturbios que agitaron Paraguay entre 1717 y 1735. Estos últimos parecían tener, sin embargo, una naturaleza distinta. Fueron más bien episodios de la lucha que oponía a los jesuitas y a los criollos por el control económico del territorio. Los criollos de Asunción, en efecto, querían extender sus dominios y utilizar, sin pagar demasiado, la mano de obra indígena. Se enfrentaban a los jesuitas que mandaban en tanto que dueños de las reducciones. El reto fue el mate, aquella especie de té que se vendía tan bien en toda la región, hasta la Plata. Las autoridades coloniales —los gobernantes de Asunción y de Buenos Aires, el virrey y la Audiencia de Lima— dieron la impresión de que tomaban partido por los jesuitas, lo que provocó reacciones violentas por parte del municipio criollo. Éste justificó su rebelión invocando las teorías políticas tomistas: el soberano debe tener en cuenta el bien común de los súbditos —en este caso los intereses de los colonos criollos que los representantes del rey sacrificaban a los jesuitas. Estas ideas, que los predicadores franciscanos desarrollaban desde el púlpito, recuerdan a las que inspiraron la revolución de Castilla a principios del reinado de Carlos V y a la revuelta de los conquistadores de Perú contra las Leyes Nuevas de 1542 sobre la abolición de la encomienda y del trabajo forzado. Es significativo que los rebeldes de Paraguay —como, en 1780, los del Socorro— se designaran a sí mismos comuneros; éste es el nombre que se habían dado los revolucionarios castellanos en 1520. A pesar de estas analogías formales, la revuelta de Paraguay fue esencialmente un enfrentamiento entre jesuitas y colonos por el dominio de los indígenas, que constituían, para los primeros, no sólo una mano de obra dócil, sino también una fuerza de apoyo: el ejército que acabó con los rebeldes, en 1735, estaba formado por numerosos indígenas reclutados en las reducciones.

¿Podemos ver en esta larga serie de disturbios a otros tantos movimientos precursores de la independencia? A la luz de los acontecimientos de 1810, resulta tentador buscar en lo que precedió la causa de lo que siguió, pero esta interpretación sería aventurada. Por más que escrutemos estos episodios, leamos y releamos los escritos de quienes fueron sus protagonistas y los informes de aquellos que tuvieron que buscar y juzgar a los responsables, es difícil encontrar en ellos intenciones secesionistas. Estos movimientos dan cuenta de un incuestionable deseo de autonomía —que no es lo mismo que separatismo— por parte de unos grupos sociales que se preocupaban al ver sus intereses ignorados o sacrificados por una administración

---

48. Cf. John Leddy Phelan, *The people and the king. The comunero revolution in Colombia. 1781*, The University of Wisconsin Press, Madison, 1978.

colonial lejana y por unos funcionarios demasiado celosos de su deber. Cometeríamos un error si viésemos en la oposición entre aquellos a quienes entonces se llamaba los españoles de América y los españoles de Europa una peculiaridad del siglo XVIII. Ese antagonismo es tan antiguo como la conquista; comenzó cuando los conquistadores y los primeros colonos se instalaron en América. Éstos y sus descendientes creían tener derechos sobre los territorios que habían conquistado y las intervenciones de la corona les parecieron siempre discutibles, ya se tratase de limitar los abusos de que eran víctimas los indígenas —Leyes Nuevas de 1542 sobre las encomiendas y el trabajo forzado— o de modificar unilateralmente las reglas del comercio y el régimen fiscal, como ocurrió en el siglo XVIII. El estatuto jurídico de los territorios americanos siempre fue ambiguo. Desde el principio, las Indias fueron administradas por un Consejo análogo en su composición y sus atribuciones a los demás organismos que formaban el gobierno de los Austrias: Consejos de Aragón, de Flandes, de Italia, de Portugal... Se nombraron virreyes en México y en Lima. Tenemos la tentación de ver en estas instituciones semejanzas, al menos formales, con las que ya existían en la península: en Navarra, en Barcelona, en Zaragoza, en Valencia, el soberano también estaba representado por virreyes y aquellos territorios disfrutaron hasta el advenimiento de los Borbones de una amplia autonomía interna.

Con los Borbones la situación pareció cambiar. Sin decirlo nunca claramente, los Borbones modificaron las relaciones que se habían establecido entre la corona y los territorios americanos. Para mejorar el rendimiento económico del imperio, introdujeron reformas, se esforzaron por controlar el comercio eliminando el contrabando e instalaron, junto a los funcionarios tradicionales, a unos representantes del poder más competentes y más eficaces, animados por un espíritu nuevo. La centralización progresó: las Indias se transformaron poco a poco en colonias y esta evolución no dejó indiferentes a los criollos. Aunque ellos no comprendieran todas las implicaciones, sentían confusamente que aquella transformación iba en su detrimento. Eso fue lo que puso de manifiesto la revuelta de los comuneros del Socorro en 1780: los criollos comprendieron que estaban en una etapa en el camino de la centralización y de la asimilación de los territorios americanos a colonias destinadas a enriquecer a la metrópoli conforme con la fórmula del comercio exclusivo que ya era la norma en los imperios coloniales francés e inglés. La corona estaba modificando la norma no escrita —la constitución, si se puede aventurar este anacronismo— que regía las relaciones entre España y las Indias; los criollos lo habían entendido y trataban de oponerse a ello.[49] No estamos lejos de la actitud que, en el mismo momento, condujo a las trece colonias inglesas de América del Norte a la secesión: ningún impuesto sin consentimiento previo, pero el contexto no era el mismo en la América española, debido a la composición de la sociedad colonial, con sus masas de indios, de mestizos y de negros. Allí, no se proponía aún la secesión; se trataba solamente de conservar lo que quedaba de su autonomía. En resumen, tenían la mirada puesta en el pasado más que en el futuro. No fueron los criollos sino los funcionarios españoles quienes pensaron entonces en abandonar las Indias en nombre de un liberalismo económico que era deudor de las teorías inglesas. Las colonias costaban más de lo que reportaban; sería mejor no conservar en América más que algunas bases fáciles de defender y transformar los demás territorios en reinos inde-

---

49.   Esta es la tesis que desarrolla John Leddy Phelan, *op. cit.*

pendientes donde se instalaría a miembros de la familia real.[50] Estos planes dan prueba de la lucidez y la inteligencia política de algunos ministros españoles a finales del siglo XVIII. ¿Tenían los criollos interés en la secesión? En el Socorro, los hemos visto buscando una salida honorable a partir del momento en que los indios y los negros trataron de incorporarse al movimiento con sus propias reivindicaciones; la revuelta de Túpac Amaru, con los miles de indios que sitiaron La Paz, amenazaba directamente todo el poder blanco en aquella parte de los Andes. Fueran cuales fueran sus quejas contra la metrópoli, los criollos todavía no podían subsistir sin ella.

Sin embargo, tampoco podríamos reducir los movimientos de 1780 a simples revueltas antifiscales. Esos movimientos ponen de manifiesto un antagonismo creciente entre criollos y metropolitanos. En el siglo XIX, veremos a los dirigentes de las naciones nacidas de la independencia responsabilizar a España de todas sus desgracias: explotada por una potencia retrógrada, oscurantista y fanática, América habría sufrido desde el comienzo una desventaja considerable hasta poder emprender la vía del progreso y del desarrollo. Muchos historiadores han retomado este esquema explicativo. Tendríamos, por un lado, a una elite criolla dinámica, abierta e ilustrada, por otro, una metrópoli decadente y tradicionalista. Las cosas no son tan simples. A finales del siglo XVIII, en su conjunto, la metrópoli era progresista; las elites criollas, salvo algunas excepciones, reaccionarias. El movimiento de la Ilustración en América, que ha merecido justamente la atención de los historiadores, lo demuestra. Muchas iniciativas y manifestaciones intelectuales en América son presentadas como osadías que se atribuyen a los criollos, cuando, en realidad, fueron alentadas, cuando no impuestas, desde la metrópoli. Hemos mencionado más arriba el papel de la Compañía de Caracas —los barcos de la Ilustración— en la apertura de Venezuela a las ideas llegadas de Europa. En el último tercio del siglo XVIII, este movimiento se amplificó. Libros de los que se tenía tendencia a pensar que eran subversivos —las obras de los enciclopedistas franceses, por ejemplo— llegaron a América, a veces de contrabando, pero a menudo de la forma más normal del mundo, gracias a las dispensas que la Inquisición local otorgó generosamente.[51] En 1789 Díaz de Gamarra, obispo de Quito, poseía libros de Voltaire, con la aprobación de la Inquisición. En el inventario de la biblioteca del obispo de Puebla, en 1789, figuraban, junto a la *Enciclopedia*, el teatro y el *Diccionario filosófico* de Voltaire, las *Cartas escritas desde la montaña* de Rousseau, los *Incas* de Marmontel, libros de Helvétius y del abate Raynal, traducciones francesas de Pope y de las *Noches* de Young, etc. Los eclesiásticos no eran los únicos en beneficiarse de aquellas dispensas. No hay que exagerar la influencia de esa literatura: la posesión de un libro no implica necesariamente que se haya leído, aún menos que se adopten sus ideas. En muchos

---

50. Este proyecto de Commonwealth *avant la lettre* data de 1783 y se atribuye al conde de Aranda. Éste no escondía su inquietud a propósito de los jóvenes Estados Unidos de América del Norte: aquella república federal era aún muy diminuta pero pronto se convertiría en un coloso que trataría de extenderse hacia Florida y México. Frente a aquel peligro, España tendría dificultades en defender unos territorios tan lejanos; de ahí surgió la idea de crear tres reinos independientes que concertarían con España una alianza perpetua y unos tratados de comercio preferente. El rey de España se atribuiría el título de emperador del nuevo conjunto político.

51. Los ejemplos son demasiado numerosos para que podamos hablar de excepciones. John Tate Lanning (*Latin America and the Enlightenment*, 1942) ha demostrado que el inquisidor de El Callao coleccionaba personalmente aquel tipo de obras y las ponía a disposición de sus amigos.

casos, la curiosidad intelectual debió prevalecer sobre cualquier otra consideración. Por otro lado, en América como en España, y más aún que en España, lo que se entendía por Ilustración, sólo tenía una relación lejana con el movimiento enciclopedista francés. Se trataba, no de «aplastar lo infame», sino de elevar el nivel cultural de la población permaneciendo fieles, en lo esencial, al catolicismo tradicional, al que sólo se procuró adaptar a las exigencias del mundo moderno: menos metafísica y más física. La obra del padre Feijoo, divulgador de talento, parece haber sido mucho más leída y meditada que la de Rousseau.

El movimiento de la Ilustración llegó a América a través de España, gracias a aquellos funcionarios tan criticados a quienes Gálvez encargó, a partir de 1765, modernizar las colonias. La mayor parte de ellos eran hombres bien preparados para su misión y estaban animados por un espíritu nuevo. Llegaron a hacer fructificar el territorio, a sacarlo de su letargo y a conducirlo por la vía del progreso. Los obispos nombrados por España tenían los mismos propósitos. Bajo el impulso de unos y otros, se fundaron sociedades patrióticas de acuerdo con el modelo de las que funcionaban ya en la metrópoli con el fin de desarrollar la instrucción pública, la agricultura y el comercio; se abrieron bibliotecas públicas a partir de las confiscadas a la Compañía de Jesús; se crearon imprentas allí donde aún no había y se alentó la publicación de periódicos y de revistas para difundir las Luces; el virrey Ezpeleta (1789-1797) inauguró un teatro en Bogotá, el Coliseo, donde se organizaban conciertos;[52] se subvencionaron expediciones a Perú, a Nueva Granada y a México para enriquecer los conocimientos de geografía, fauna y flora de aquellos lugares.[53] En la línea de los trabajos desarrollados en el siglo XVI por los primeros misioneros, se exploraron los bosques, se anotó todo lo que merecía ser anotado y se redactaron verdaderos tratados de geografía, de etnografía y de historia natural; se estudiaron las lenguas regionales, se compusieron gramáticas y diccionarios... En todas estas empresas, el punto de vista utilitario prevalecía sobre cualquier otra consideración; se tenía menos interés por la ciencia que por sus aplicaciones, por la técnica y por el *savoir faire*. Como en España, se quería enseñar a los labradores cómo mejorar los cultivos y la ganadería; se procuraron abrir talleres para hilar la lana y el algodón y dar trabajo a los ociosos, eliminando la mendicidad. El obispo de Quito, José Pérez Calama, dio consejos sobre cómo cocer el pan y para que se instalaran letrinas en todas las casas;[54] las paperas hacían estragos en el valle del Magdalena y se observó que a los indígenas no les afectaban: ¿era debido a su estilo de vida? Se ofreció un premio al autor de la mejor memoria sobre el tema.

La enseñanza, en todos los niveles, mereció la atención de las autoridades. Importaba enseñar a leer a los niños, incluso a los pobres, y darles un oficio. Se alentó la alfabetización y la creación de escuelas elementales. Se preocuparon también de formar a maestros cualificados, lo que planteaba el problema de la enseñanza superior, aún más urgente tras la expulsión de los jesuitas. Por doquier, se

---

52. Dos naturalistas alemanes que habían visitado Venezuela entre 1786 y 1789, de vuelta a España enviaron a Caracas instrumentos musicales y partituras de Pleyel, Mozart y Haydn.

53. La expedición botánica a Nueva Granada (1783-1816) fue una iniciativa de Caballero y Góngora, arzobispo y virrey, que confió su dirección a José Celestino Mutis, uno de los más eminentes sabios del país.

54. En 1790 puso en circulación una disertación sobre el tema: «Sobre la gran utilidad y la oportunidad de instalar letrinas en todas las casas».

hizo un esfuerzo por reducir el peso de las disciplinas tradicionales —teología, metafísica, derecho romano...—[55] y por introducir materias nuevas —matemáticas, física, ciencias naturales, jurisprudencia...—. El objetivo era dar prioridad a los estudios susceptibles de asegurar salidas a los estudiantes. Caballero, arzobispo y virrey de Bogotá, resumió el espíritu de las reformas en curso: se trataba de formar a hombres que supieran manejar la regla de cálculo y el compás y no de disertar sobre el ente de razón y la sustancia. En Bogotá se quiso crear una universidad pública, pero los dominicos se opusieron a ello: pretendían ejercer un derecho de vigilancia —cuando no un monopolio— sobre la enseñanza y su contenido. El sistema de Aristóteles era unánimemente condenado; le reprochaban que embrutecía a los alumnos desarrollando su afición por las abstracciones y el verbalismo —la disputa de los universales, el ente de razón, el silogismo...— y de ser ajeno al movimiento científico del siglo. Permanecieron fieles al tomismo, pero integraron las aportaciones de Descartes, Bacon, Gassendi, Newton, incluso de Condillac. Se adoptó una filosofía ecléctica —este es el nombre que se dio a sí misma— de la cual Díaz de Gamarra fue el introductor en México y que cada cual defendía como podía, apoyándose en santo Tomás o en los autores modernos.[56] La Inquisición no parecía alterarse ante aquellas innovaciones. En Bogotá, Mutis enseñó desde 1773 el sistema de Copérnico; fue denunciado al Santo Oficio, tras lo cual se le ofreció que pudiera explicarse ante un numeroso público, ¡en la capilla del Colegio del Rosario! No fue un caso aislado. Humboldt destacó, a finales de siglo, los progresos realizados en el Nuevo Mundo en el curso de los años precedentes y esbozó el mapa cultural de la América española: «Me ha parecido que hay una tendencia marcada por el estudio profundo de las ciencias en México y en Santa Fe de Bogotá, más afición por las letras y todo lo que puede deleitar a una imaginación ardiente y cambiante en Quito y en Lima, más inteligencia en las relaciones políticas de las naciones, visiones más amplias sobre el estado de las colonias y de las metrópolis en La Habana y en Caracas».

El balance del reformismo en América es positivo en su conjunto, tanto desde el punto de vista económico como en lo que atañe al estado de la cultura. Las revueltas de 1780 llevaron a España a proceder con menos prisas y más moderación. Se mantuvieron los intendentes, pero se los situó bajo la autoridad de unos virreyes que eran escogidos en función de su lealtad a la corona y de sus convicciones reformistas. Revillagigedo, en México, y Caballero y Góngora, en Nueva Granada, son muy representativos de esa voluntad de continuar por la senda de las reformas con los ajustes que impusieron las circunstancias. Se hicieron algunas concesiones a los criollos, pero se mantuvieron firmes en lo esencial: gestión directa de los monopolios, desarrollo económico y lucha contra el intérlope. Los resultados fueron más que alentadores. Los ingresos que España extrajo de Nueva Granada, en 1772, se elevaron a 950.000 pesos; y llegaron a casi 2,5 millones a finales del período colo-

---

55.   ¿Qué nos importa el derecho de los antiguos romanos?, exclamaba el obispo de Quito, Pérez Calama; es más útil conocer la legislación de España y de las Indias. Un sacerdote mexicano llevó esa preocupación utilitaria hasta la caricatura: para el común de los mortales, escribió, la manera de cocer una hogaza de pan o de preparar una lechuga es mucho más importante ¡que todas las ediciones que se podrían hacer de Virgilio, de Horacio y otros poetas delicados!

56.   Las obras de Juan Benito Díaz de Gamarra (*Elementos de filosofía moderna* —1774—, *Errores del entendimiento humano*, etc.) fueron reeditadas en México en 1947 con una introducción de José Gaos que destaca el interés y la importancia de las mismas.

nial.[57] La media anual de las exportaciones totales hacia España se situó entonces en los 34 millones de pesos; más de la mitad provenían de México y de Cuba y consistían en metales preciosos y productos coloniales. En 1788 Floridablanca estimaba que el comercio de España con América se había triplicado desde principios de siglo.[58] Es cierto que aquella expansión benefició sobre todo a España. Se esperaba cada vez más que las colonias fueran complementarias y no competidoras de la metrópoli. Las autoridades no lo escondían;[59] alentaban el cultivo de productos tropicales (cacao, café, tabaco, algodón, azúcar...) que se expedían a España desde donde se redistribuían al resto de Europa; en cuanto a los artículos manufacturados, las colonias se tenían que aprovisionar en España.

Tal era la lógica del pacto colonial que España intentó hacer respetar con una eficacia creciente. Los criollos lo sabían y se lamentaban de ello. Este constituía el mar de fondo de las revueltas de 1780. Sus iniciadores tenían tendencia a repudiar en bloque todo lo que proviniera de España: los impuestos, pero también la reforma universitaria, porque priorizaba las ciencias por encima de la teología tradicional,[60] la impiedad y la inmoralidad, etc. El autoritarismo del poder provocó un conflicto como respuesta. Contra una modernización forzada, los criollos reafirmaron su apego a la tradición incluso en sus aspectos más anacrónicos. Lo que se ha llamado la disputa por el Nuevo Mundo contribuyó a aumentar el malentendido no sólo entre España y sus colonias, sino entre la Europa de la Ilustración y América. En el último tercio del siglo XVIII, cierto número de obras parecían poner en duda las posibilidades naturales del continente americano y las capacidades intelectuales de sus habitantes. Aquel continente estaría especialmente desfavorecido por la naturaleza; todo en él sería debilitante y empujaría a la degeneración de los seres vivos, incluidos los hombres que lo habitaban. Éstos se caracterizarían por la indolencia, que los hacía ineptos para elevarse a las más altas concepciones intelectuales y culturales. Buffon había dado la señal al escribir, por ejemplo, que los animales del Nuevo Mundo eran más pequeños que los del Antiguo y que en América la naturaleza era menos activa. Cornelius de Pauw,[61] el abate Raynal[62] y William Robertson[63] sistematizaron estas opiniones contra las cuales reaccionaron enérgicamente los ameri-

57.   John Leddy Phelan, *op. cit.*

58.   Guillermo Céspedes del Castillo, comunicación al Coloquio Internacional *Carlos III y su siglo* [1988], Universidad Complutense, Madrid, 1990, t. I, p. 399.

59.   Las tasas sobre el aguardiente producido en México tienen buenos rendimientos, pero no deben entorpecer las importaciones provenientes de Andalucía, se observaba en 1784. La observación valía para todos los ramos de la actividad: creemos talleres para dar trabajo a los parados, pero cuidemos también de garantizar los intereses de los manufactureros españoles. En 1792 el virrey Revillagigedo expresó este punto de vista sin remilgos: «No hay que desatender el hecho de que Nueva España es una colonia que debería depender de la Madre Patria España» (citado por Magnus Mörner, «La reorganización imperial de Hispanoamérica (1760-1810)», en *Iberomanskt* [Estocolmo], IV, 1969).

60.   Antaño, se lee en un panfleto difundido en Nueva Granada en 1781, España enviaba a las Indias misioneros encargados de predicar el Evangelio; hoy, envía a geómetras, sin embargo, ¡no es trazando círculos sobre una pizarra como se refutarán las herejías! (Cf. Joseph Pérez, *Los movimientos precursores de la emancipación en Hispanoamérica*, Madrid, 1977, pp. 131-134)

61.   *Recherches philosophiques sur les Americains*, Berlín, 1768-1769.

62.   *Histoire philosophique et politique des établissements et du commerce des Européens dans les deux Indes* (1770).

63.   *History of America*, Londres, 1777.

canos: creían ver en ellas un intento por denigrar y rebajar a su patria. En sus *Notas sobre Virginia* (1785), Thomas Jefferson replicó a aquellos detractores y trató de mostrar que, al contrario, el continente americano era mucho más rico y favorecido en todos los aspectos que el antiguo. En esta defensa de América, se habían adelantado algunos de los jesuitas expulsados en 1767, especialmente el padre Clavijero.[64] Santa Cruz y Espejo, José Francisco de Caldas y otros censuraron aquel desafío que la Europa de la Ilustración lanzó al Nuevo Mundo. Más allá del amor propio herido, se aprecia, en algunas de esas apologías, un esfuerzo por interpretar el pasado colonial e incluso por reivindicar la aportación de los primeros habitantes; contra la metrópoli, los criollos fueron también invitados a recoger la herencia de los indios vencidos. Haber llevado a los criollos a tomar conciencia de sus peculiaridades fue una de las consecuencias inesperadas de la Ilustración.

La sociedad colonial

En el siglo XVIII, la población de la América española, que no había dejado de disminuir desde la conquista, se recuperó para situarse en torno a los 17 millones de habitantes. El aumento demográfico —unos 7 millones desde principios hasta finales del siglo— se explica a la vez por una tasa elevada de natalidad y por la emigración. A pesar de las carestías, de las hambrunas y de las epidemias,[65] el saldo entre nacimientos y defunciones se mantuvo constantemente positivo en todas las capas de la población. Canarios y peninsulares emigraron a América con más entusiasmo que anteriormente, atraídos por el desarrollo de la economía y de los intercambios, pero su número no parece significativo; apenas habrían sobrepasado los 6.000 en total. En cambio, los esclavos negros afluyeron. La trata proporcionó cerca de 600.000 a lo largo del siglo, sin contar con los que fueron introducidos de contrabando.

La población estaba muy desigualmente repartida. Muchos espacios estaban casi desiertos o muy débilmente habitados. En cambio, algunas regiones conocieron un rápido desarrollo. Es el caso del Río de la Plata y de Venezuela, en especial. Sólo podemos conceder una confianza relativa a los numerosos censos efectuados en el siglo XVIII, debido a la vez a las dificultades materiales de la tarea —en las montañas, muchos indígenas no debieron de ser censados— y a la tendencia de los habitantes a infravalorar las cifras, puesto que los derechos de bautismo eran elevados; también los indígenas dudaban en declarar a sus hijos. México, con casi 7 millones de habitantes, aventajaba a todos los demás territorios. Detrás y a distancia se situaban el virreinato de la Plata, con un poco más de 2 millones de habitantes, América central (1,5 millones), Perú (menos de 1,5 millones), Nueva Granada (1,3 millones), Chile (un poco menos de un millón), Venezuela y las Antillas, que estaban más o menos igualadas (de 800 a 850.000 habitantes) y, por último, la presidencia de

---

64. *Historia antigua de Méjico* (1780-1781).
65. En 1779 se comenzó a vacunar a la población contra la viruela, pero la fiebre amarilla, aparecida en el continente americano a mediados del siglo XVII, causó numerosas víctimas. A diferencia de lo que sucedió en el momento del choque microbiano coetáneo a la conquista, esta vez fueron los españoles los más afectados. En efecto, parece que los indios, los negros y los mestizos se salvaron relativamente de aquella nueva enfermedad.

MAPA 9.   El Nuevo Mundo en 1785.

Quito (500.000). Españoles y criollos ricos se instalaron preferentemente en las ciudades, algunas de las cuales conocieron entonces un desarrollo espectacular. Con casi 120.000 habitantes en 1790, México era la mayor aglomeración de toda América. En la misma época, La Habana, Lima, Cuzco y Santiago de Chile tenían alrededor de 50.000 habitantes cada una. Buenos Aires, Caracas, Quito, Bogotá y La Paz no sobrepasaban los 30.000.

Aquella población era de lo más diverso. Estaba formada por numerosas categorías raciales y sociales: funcionarios, eclesiásticos y comerciantes españoles que efectuaban una estancia más o menos larga en América, criollos nacidos en el territorio, indios, negros —esclavos o libertos— y todos los matices de mestizaje que se puedan imaginar.[66] En el siglo XVIII el número de mestizos se multiplicó por cinco; ellos solos representaban la cuarta parte de la población total. Esos mestizos constituían a veces los elementos de la clase media, pero, con mayor frecuencia, formaban un proletariado urbano sin ingresos regulares. Se creían superiores a los negros y a los indios al tiempo que eran víctimas del desprecio y de los prejuicios de los criollos. En efecto, el prestigio de los blancos era tal que la sociedad colonial se definía con relación a ellos: cuanta más sangre europea tenían, más consideración recibían; las diferencias de fortuna eran importantes, pero iban detrás en la escala de valores. Por eso, más que de clases sociales se tiende a hablar de castas que se vigilan entre sí y se envidian.

Los indios representaban casi la mitad del conjunto de la población, el 46 por 100. Las mayores densidades se hallaban en México, en América central y en los Andes. En el siglo XVIII, eran numerosos los que habían dejado sus tribus y trabajaban como peones en las minas y en las explotaciones agrícolas. Sin embargo, la mayor parte vivían agrupados en los distritos que les estaban reservados, sometidos a unos caciques que actuaban de intermediarios con la administración colonial, representada por los corregidores. Desde el siglo XVI, España promulgó una legislación destinada a proteger a los indios de los abusos y las usurpaciones de los colonos. En cada Audiencia, un magistrado especial, el protector de los indios, se encargaba de velar por la aplicación de aquellas leyes. La realidad era muy distinta. Los indios continuaron siendo explotados de varias maneras, por medio del tributo que debían al rey y que podían pagar en especies, por medio de las tasas que imponían los curas con ocasión de bautismos, bodas, entierros o para reparar la iglesia y, por último, por medio de exacciones de todo tipo. Dos de esas exacciones eran especialmente onerosas y odiosas: los repartimientos y el trabajo forzado. Los repartimientos no eran más que ventas forzadas. Al principio, se trataba de paliar las insuficiencias del comercio local ofreciendo a los indios artículos de primera necesidad. Los corregidores, encargados de esa misión, vieron en ello la posibilidad de completar sus emolumentos y de enriquecerse con poco esfuerzo obligando a los indios a comprar a precios altos artículos totalmente inútiles: anteojos, medias de seda, estampas...; se sabe incluso de un corregidor que, hacia 1770, pretendía vender a los indios libros

66. Propiamente dicho, los mestizos eran hijos de padre —mucho más raramente de madre— blanco y de madre indígena; los mulatos eran hijos de la unión entre blancos y negros; los cuarterones, de blancos y de mulatos o de blancos y de mestizos; los zambos, de negros y de mulatos o de negros y de indios, etc. Hay que destacar también los eufemismos como «pardos», «morenos» que expresan a un tiempo la dificultad de establecer una clasificación rigurosa y la preocupación por acercarse todo lo posible al ideal blanco.

como ¡la *Introducción a la vida devota* de san Francisco de Sales, la *Ciropedia* de Jenofonte o las obras completas de Feijoo! Esas ventas forzadas fueron en parte responsables de la exasperación que llevó a los indios del alto Perú a seguir a Túpac Amaru en su rebelión. Por lo demás, después de esta revuelta, los intendentes prohibieron definitivamente aquella práctica en 1784.

En teoría, en el siglo XVIII, tras la abolición de la encomienda, el trabajo forzado y las prestaciones personales dejaron de tener existencia legal; los indios fueron en adelante libres de ser contratados en las minas, en las fábricas o en las plantaciones a cambio de un salario negociado con los patronos. De hecho, con la complicidad de los caciques, de los corregidores y de los magistrados, el trabajo forzado prosiguió. Una de las formas encubiertas más eficaces fue la que los propietarios de las minas de México desarrollaron: abrieron, en los lugares de trabajo, unos almacenes donde los obreros podían comprar todo lo que necesitaban para sí mismos y para sus familias (manteca, maíz, aguardiente, etc.). Los precios eran mucho más elevados que en las ciudades más próximas, pero los patronos se las arreglaron para eliminar toda competencia; incitaban al consumo concediendo anticipos sobre los salarios. Para pagar sus deudas, los indios se veían obligados a trabajar más tiempo de lo previsto en el contrato. Hacia finales de siglo, los virreyes se esforzaron por reaccionar contra aquellas prácticas: recordaron que los indios debían recibir sus salarios con regularidad y en especie, no en provisiones ni en vales para los almacenes; los patronos no debían adelantar más de dos tercios del salario... A falta de control y de sanciones, estas disposiciones fueron muy a menudo papel mojado.[67]

Allí donde los cultivos especulativos (cacao, café, caña de azúcar...) se desarrollaron, como en el caso de Nueva Granada o en Venezuela, los colonos procuraron extender sus explotaciones expulsando a los indios de sus tierras (resguardos). El resguardo era una forma de tenencia que garantizaba a los indios una seguridad relativa al cubrir las necesidades más elementales. En la región de Zipaquira, las salinas les procuraban unos ingresos que les permitían pagar el tributo. La corona era, en teoría, propietaria de los resguardos; los indios sólo poseían el usufructo de los mismos. Criollos y mestizos presionaron a la administración, los primeros para aumentar sus propiedades, los segundos para adquirir tierras de las que estaban privados. Presionaron a los representantes del rey para obtener nuevos terrenos argumentando la disminución del número de indios y el interés que tenía extender los cultivos. En 1776, el magistrado Moreno y Escandón, aunque protector de los indios, se dejó convencer: proyectó reagrupar a los indios dispersos con el fin de liberar tierras que pudieran ser vendidas a los criollos y a los mestizos, a pesar de las reticencias de otros representantes de la autoridad colonial, poco dispuestos a ceder en todas las exigencias de los blancos.

A lo largo del siglo XVIII, la situación de los indios parece haberse vuelto más precaria. Eso permite comprender el número y la violencia de las reacciones, la más significativa de las cuales fue la revuelta de Túpac Amaru de 1780, dirigida contra el poder blanco en general, pero más especialmente contra los criollos. En efecto, eran los criollos, más que los españoles llegados de la metrópoli, los que dominaban

---

67. Cf. Ruggiero Romano, «Trabajo compulsivo y trabajo libre en Nueva España», en *El trabajo en la historia*, Universidad de Salamanca, 1996.

la vida económica y social de América. Criollos y funcionarios tenían muy mala opinión de los indios. Estamos lejos de las ilusiones que se hicieron algunos religiosos inmediatamente después de la conquista y del mito del buen salvaje. La misma palabra *salvaje* perdió entonces su sentido original —hombre que vive en los bosques— para tomar un significado peyorativo: los salvajes eran vistos entonces como seres refractarios a la vida en sociedad e incapaces de adaptarse a la civilización. Era necesario un milagro del Todopoderoso para transformar a los indios en cristianos y en súbditos de la corona, exclamaba en 1786 el virrey de México, Bernardo de Gálvez. Los representantes criollos de la Ilustración no decían nada distinto. Uno de los más eminentes, Caldas, calificaba a los indios de estúpidos, bárbaros y seres feroces que no sabían más que cazar y pescar; no conocían otra ley que la de la costumbre; su única virtud era ignorar algunos de los vicios que padecían los pueblos civilizados; su misma existencia era una amenaza permanente. Este estado de ánimo no predisponía a los criollos a ver en los indios a unos compatriotas.

Los negros constituían el segundo gran componente de la población americana. La trata provocó la llegada de un número creciente para servir de mano de obra en las plantaciones de cacao, café y caña de azúcar de las Antillas, Nueva Granada y Venezuela. En 1792 constituían más de la mitad de la población de Cuba. La ocupación de la isla por los ingleses en 1761, aunque limitada en el tiempo, fue decisiva: en once meses, entraron tantos esclavos negros como en los quince años precedentes. Encontramos también esclavos en las ciudades, en el servicio doméstico de los criollos ricos y de los eclesiásticos. En 1789 España promulgó un código negro que, según Victor Schoelcher, era el mejor de todos los que existían entonces. En él el esclavo es definido no como un mueble, sino como miembro de una clase particular del género humano. De ello se derivaba una mayor solicitud por parte del legislador: el trabajo debe adaptarse a la edad, al vigor y al sexo de los esclavos. Se evitará confiar algunas tareas pesadas a los hombres de más de sesenta años y de menos de diecisiete; en las plantaciones se reservará una cabaña especial para servir de enfermería en caso de enfermedad o accidente, etc. Por más que estas disposiciones intentaran suavizar el trato reservado a los esclavos, no pueden hacer olvidar la dureza de la condición servil. En los últimos años del siglo, fueron numerosos los esclavos que escaparon a los bosques, donde se organizaron en bandas, constituyendo una amenaza permanente para los plantadores y para la sociedad colonial en su conjunto.

Los blancos ocupaban la cúspide de la pirámide social. Salvo en el virreinato de la Plata, en todas partes eran muy minoritarios. Dos categorías se opusieron entre sí cada vez más: los criollos y los peninsulares, algunos de los cuales terminaron estableciéndose definitivamente en América, aunque la mayoría volvieron a España después de algunos años. El término «criollo» apareció a finales del siglo XVI para designar a los blancos nacidos y criados en las Indias, pero tenía entonces un sentido peyorativo: los criollos eran asimilados a los mestizos y a los mulatos; tan pronto se les acusaba de formar una plebe miserable, capaz de todo,[68] tan pronto se conside-

---

68. El término apareció en 1563 en una carta de Marroquín, obispo de Guatemala, a Felipe II. Está documentado en Perú en 1567, y los jesuitas, que se instalaron allí en 1568, lo emplearon corrientemente desde 1571 (Bernard Lavallé, «La aparición de la palabra criollo...», en *Kuntur*, Lima, julio-agosto de 1986, pp. 20 ss.).

raba que el hecho de haber nacido en América los situaba en posición de inferioridad física y moral en relación con los españoles de la península. Por entonces, los criollos reprochaban sobre todo a los españoles que quisieran privarlos de los beneficios de la conquista. Es cierto que no todos los conquistadores habían hecho fortuna. Muchos de ellos, así como sus descendientes, llevaban una existencia precaria de la que hacían responsables a los españoles de la península. Con el tiempo, aquel resentimiento se exacerbó. En 1667 encontramos la primera relación en forma de agravios que los criollos alimentaban contra España.[69] En 1707-1708 un viajero francés puso de relieve la «antipatía mortal» entre los dos grupos.[70] En la segunda mitad del siglo XVIII, el antagonismo estalló con toda claridad.

Los criollos reprochaban a España que los excluyera de las funciones más prestigiosas y más lucrativas. En la Iglesia, en la administración y en el ejército, los puestos de responsabilidad eran sistemáticamente otorgados a los peninsulares; los criollos querían que al menos la mitad de aquellos empleos les fueran reservados.[71] De hecho, desde el principio, la corona siempre desconfió de la oligarquía criolla que poseía territorios inmensos y que disponía de poderes muy amplios en los municipios (cabildos). Para reequilibrar la situación e impedir que los indios escaparan a todo control, nombró en los puestos clave a hombres de su confianza —casi siempre peninsulares— que tenían la misión de hacer prevalecer sus prerrogativas y la autoridad del estado. A pesar de esas precauciones, prelados, virreyes, corregidores y magistrados a menudo acabaron por alinearse junto a los criollos en los asuntos de alguna importancia; cerraban diligentemente los ojos, por ejemplo, cada vez que estos últimos violaban las leyes destinadas a asegurar a los indios un mínimo de garantías. Entre unos y otros se habían creado lazos de solidaridad, de interés —casi de complicidad— y de parentesco. La reinstauración del control emprendida por los Borbones y su enérgica puesta en práctica en la segunda mitad del siglo XVIII fue tanto más duramente sentida. El gobierno tenía la impresión de que los criollos se oponían a unas reformas que se consideraban necesarias; los criollos acusaban a España de ignorar sus intereses legítimos, de oprimirlos y de despreciarlos.

La situación variaba según los sectores. La Iglesia siempre tuvo una influencia de primera magnitud en América. A las órdenes religiosas se les confió la evangelización de la población: franciscanos, dominicos, jesuitas —hasta 1767—, mercedarios, agustinos estaban muy implantados no solamente en las misiones propiamente dichas, sino también en las ciudades. En los siglos XVII y XVIII continuaron llegando misioneros de Europa —mayoritariamente de España— pero muchos criollos también entraron en las órdenes y eso planteaba problemas cuando se trataba de elegir a los superiores. Los frailes criollos aceptaban mal que los «extranjeros» fueran preferidos; pedían que la mitad de aquellas funciones les fueran reservadas, pero la corona no tenía ningún medio de influir en sus elecciones. En efecto, las órdenes religiosas no dependían del estado, y eso planteaba otros problemas. Por ejemplo, en sus reducciones de Paraguay, los jesuitas no admitían más autoridad que la pro-

---

69. Pedro de Bolívar y de la Redonda, *Memorial... en favor de los españoles que en ellas [las Indias] nacen...*

70. Jean-Paul Duviols, *Ibérica* (Universidad de París IV), n.º 3, 1994, pp. 45 ss.

71. Una memoria del municipio de México (1771) va más lejos: pide que los criollos sean de oficio preferidos a los peninsulares en todos los cargos públicos.

pia, lo cual no fue ajeno al conflicto que desembocó en la disolución de la Compañía en 1767.

En cuanto al clero secular, la situación era distinta. En virtud del patronato universal sobre la Iglesia de las Indias que el papado le concedió desde el principio, la corona nombraba sin interferencias a los beneficiados eclesiásticos. La Iglesia de América no tenía, como la de España, un pasado medieval que le hubiera permitido acumular riquezas inmuebles y donaciones: los diezmos eran allí menos importantes y se recaudaban con dificultad. A pesar de ello, los nueve arzobispados[72] y las treinta y cuatro diócesis de América disponían de ingresos sustanciales[73] y disfrutaban de prestigio, de autoridad moral y de una influencia social considerables. La tendencia al regalismo, latente desde siempre y más acentuada con los Borbones, llevó a la corona a afirmar la subordinación del poder eclesiástico al poder civil: el clero debía colaborar con el gobierno para introducir más progreso y más ilustración en América. Se esperaba de él que apoyara las iniciativas del gobierno; era importante, pues, escoger bien a los titulares de los principales beneficios. Los criterios de selección dieron los siguientes resultados en la segunda mitad del siglo XVIII: el 56,8 por 100 de los obispos eran peninsulares y el 43,1 por 100 criollos; en cambio, los dos tercios de los deanes, en las catedrales, eran criollos. Por otro lado, las tres cuartas partes de los obispos americanos procedían del clero secular; el 72 por 100 poseía un doctorado —en teología principalmente— obtenido ya fuera en una universidad española (el 46 por 100) o en una universidad americana (el 53 por 100).[74] Los españoles eran, pues, más numerosos que los criollos en la jerarquía eclesiástica, pero el desequilibrio no es nada sorprendente; se explica fácilmente por la preocupación que tenía la corona de contar con obispos leales y bien preparados para su misión apostólica y política.

En la alta administración, los virreyes y los intendentes eran casi siempre españoles, pero por debajo de ellos había muchos criollos. En 1778, por ejemplo, de entre los nueve oidores de la Audiencia de Lima, ocho eran criollos, cinco de los cuales habían nacido en la misma ciudad. Gálvez creía que aquella situación era anormal y peligrosa: los magistrados no podían ser juez y parte. Para contrarrestar la influencia que los criollos tenían en la sociedad colonial, era necesario nombrar en América a unos magistrados que fueran ajenos al territorio. Este era el punto esencial. Aun admitiendo que el número de españoles en los puestos de responsabilidad fuera más elevado que el de los criollos, no hay que olvidar que, en su conjunto, América estaba más bien infraadministrada. Hemos visto que el reclutamiento de las milicias locales había modificado en profundidad la composición del ejército de las Indias; éste, a finales del siglo XVIII, estaba mayoritariamente formado por criollos, y la observación vale tanto para la tropa como para los mandos. Si añadimos a ello que todos los municipios estaban ocupados por una oligarquía de criollos, nos sorprenderá que España haya podido mantener su autoridad en América durante un período tan largo con unos medios tan reducidos. La oligarquía criolla, una

---

72. Santo Domingo, México, Lima, Bogotá, Charcas, Guatemala, Santiago de Cuba, Quito y Caracas.

73. La mitra más rica era la de Cuzco (400.000 pesos en 1791), seguida de las de Lima y Michoacán.

74. Paulino Castañeda. «La hiérarchie ecclésiastique dans l'Amérique des Lumières», en *L'Amérique espagnole à l'époque des Lumières*, CNRS, París, 1987, pp. 79-100.

minoría de grandes propietarios y de grandes exportadores,[75] se sentía amenazada en su influencia social por el fortalecimiento del poder real.

Esta oligarquía estaba animada por un espíritu de casta que la empujaba a defender en cualquier momento su poder y sus privilegios, incluidos los más anacrónicos. Cada vez que los funcionarios españoles se esforzaban por introducir más movilidad en aquella sociedad bloqueada, la oligarquía ponía el grito en el cielo: se la quería vejar, rebajar, humillar. Algunos ejemplos de entre otros muchos permitirán valorar la apertura de espíritu de los criollos y de los españoles, respectivamente. En 1764 Sebastián Miranda —el padre de Francisco Miranda—, un canario desde hacía poco establecido en Venezuela, fue nombrado capitán de la milicia. Los criollos nobles se escandalizaron: cómo aquel negociante, aquel nuevo rico, osaba pasearse vestido con el mismo uniforme que llevaban «hombres superiores a él en calidad y pureza de sangre»? A pesar del apoyo de las autoridades españolas, Miranda prefirió renunciar al mando. En 1792 los abogados de Caracas decidieron agruparse formando un colegio; para ser miembro del mismo, había que ser «cristianos viejos, limpios de toda mala raza, negros, mulatos u otras semejantes, y sin nota alguna de moros, judíos ni de recién convertidos a nuestra santa fe católica». Esta vez, fueron los funcionarios españoles los atónitos: ¡se creían que habían vuelto al siglo XVI! En 1796 un decreto autorizó a los mestizos ricos, mediante el pago de fianzas, a ejercer algunas funciones o a obtener dignidades que, hasta aquel momento, les estaban prohibidas; era una forma de luchar contra la discriminación racial y de procurarse, al mismo tiempo, unos ingresos fiscales... Los cabildos de Caracas y de Maracaibo dirigieron al rey una indignada protesta contra los funcionarios españoles por «la abierta protección que escandalosamente prestan a los mulatos y pardos y toda gente vil para menoscabar la estimación de las familias antiguas, distinguidas y honradas».

La oligarquía criolla —una pequeña minoría— se aferraba a unos privilegios heredados del pasado. ¿Qué tenía ella en común con los miles de blancos pobres sin tierras, llenos de deudas, que llevaban una existencia de lo más precario? Aquellos blancos pobres, sin embargo, eran demasiado orgullosos para trabajar; miraban por encima del hombro a los mestizos, mulatos, negros, indios... Cada una de estas categorías se creía amenazada por las demás. Fue eso lo que dio fuerza al poder colonial. España era la única que tenía posibilidades de garantizar el orden y la seguridad. La oligarquía criolla lo sabía, fueran cuales fueran sus quejas contra la madre patria. Por eso ni se les ocurrió seguir el ejemplo de los colonos ingleses de América del Norte. Era demasiado pronto para soñar con separarse de la metrópoli, para ello fueron necesarias unas circunstancias excepcionales, la crisis abierta por la invasión napoleónica en España.

DE LA ILUSTRACIÓN AL ROMANTICISMO

Junto a otros, hemos definido el período que cubre el reinado de los tres primeros Borbones como el siglo de las Luces por analogía con las transformaciones que experimentó entonces la mayor parte de Europa. La comparación está justificada.

---

75. En Venezuela, esta oligarquía representaba 658 familias, 4.048 individuos, o sea el 0,5 por 100 de la población (John Lynch, *Las revoluciones hispanoamericanas*, Barcelona, 1980, pp. 214-215).

Como hemos tratado de demostrar, España no se mantuvo al margen de la evolución que se produjo en aquella época en la economía, en la política, en la vida cultural del mundo occidental. También ella se adaptó a los tiempos modernos, pero lo hizo a su ritmo y de acuerdo con unas formas que le eran propias. Nos quedan tres preguntas por responder: ¿Qué sentido darle a la Ilustración en la España del siglo XVIII? ¿Cómo fueron acogidos los cambios que introdujeron los reformistas? ¿Qué imagen dio España de sí misma al resto de Europa?

La ambigüedad de la Ilustración

La crítica, según Kant, es lo propio de un entendimiento que ha alcanzado su madurez: «Nuestro siglo es el verdadero siglo de la crítica a la cual todo debe someterse. La religión por su santidad y la legislación por su majestad pretenden en vano sustraerse a ella. De ese modo, no hacen más que levantar en su contra legítimas sospechas y ya no pueden aspirar a aquel sincero aprecio que la razón sólo concede a lo que puede resistir un libre y público examen». Conocemos la inspiración de la *Aufklärung* que el mismo Kant definió como el estado de un espíritu que se emancipa de toda tutela, que ya no se deja embaucar y que no habla sin ton ni son. Desde este punto de vista, los españoles ilustrados del siglo XVIII no fueron tan lejos como los filósofos franceses; no pusieron en tela de juicio ni el poder absoluto ni la religión. Los historiadores salen del atolladero hablando de «Ilustración católica». Los reformistas denunciaron las supersticiones, las devociones populares, las formas ostentosas de piedad, la ignorancia y el parasitismo de los frailes, pero su crítica se detuvo a las puertas de lo sagrado; entre ellos no encontramos a ateos ni a librepensadores. Los ilustrados españoles eran anticlericales, pero no antirreligiosos. Lo que deseaban era una religión depurada de los elementos más discutibles, una religión como la que Erasmo recomendaba. Se situaron en una línea que echó profundas raíces en España, desde los discípulos de Erasmo y los humanistas del siglo XVI hasta Unamuno y los krausistas de los siglos XIX y XX. Estamos ante una nueva forma de puritanismo —en la España del siglo XVIII se hablaba de jansenismo, lo que, en sentido estricto, no es exacto—, atento a la inspiración religiosa más profunda, pero que se sentía incómodo ante ciertas manifestaciones exteriores del culto, ante la pompa de las ceremonias y ante el triunfalismo de la Iglesia. En religión como en todo lo demás, los reformistas españoles se sentían hombres del «justo medio». La expresión es de Cadalso, autor de las *Cartas marruecas* que son deudoras de las *Cartas persas* de Montesquieu. Cadalso añadió que una actitud así no era nada cómoda, puesto que uno se convertía en sospechoso a ojos de los extremistas de ambos bandos (lo que, tanto en la España de su tiempo como en la del siglo XIX, quedó perfectamente demostrado).

Los ilustrados aprendieron la lección del benedictino Feijoo (1676-1764), divulgador de talento que dedicó su vida a combatir las supersticiones y los prejuicios y a dar a conocer en España los últimos desarrollos de la ciencia moderna, sin dejar de profesar un vínculo sincero al catolicismo. Feijoo fue muy leído en España y en la América española. Campomanes alentó la publicación en 1765 de sus obras completas en catorce volúmenes *in quarto*. Interrogándose acerca de las causas del retraso científico de España, Feijoo señaló el prejuicio contra lo que era nuevo y contra lo que venía del extranjero, especialmente contra la filosofía moderna, una filosofía erróneamente reducida al cartesianismo o, más exactamente, a una caricatura del cartesianismo. El prejuicio con respecto a Descartes permitió condenar en bloque a toda la ciencia moderna. Feijoo no era un admirador incondicional de Descartes, pero le hizo justicia: «Aunque, en algunos puntos, Descartes haya razonado mal, ha enseñado a innumerables filósofos a discurrir correctamente. Este es el mérito de las grandes obras: la verdad del conjunto prevalece sobre la inexactitud de los detalles; detenerse en los detalles olvidando el conjunto es cometer un error de juicio». Descartes no fue ni el fundador ni el único representante del mecanicismo, pero fue quien lo impuso entre el público culto. Su filosofía se convirtió en una especie de referente común frente al cual en adelante todo el mundo debía tomar posición, aunque no se estuviera de acuerdo con ella. Y Feijoo continúa: el mecanicismo tal como lo expone Descartes se ha revelado fecundo desde el punto de vista científico. No se trata de adherirse a una teoría metafísica, sino a un método que ha demostrado su valor: «Sólo se quiere que no cierren los ojos a la física experimental, aquella que prescindiendo de todo sistema por los efectos sensibles investiga las causas y, cuando es incapaz de encontrarlas, se contenta con el conocimiento experimental de los efectos». Este método no implicaba que se adoptara la teoría cartesiana en su conjunto. En resumen, Feijoo estableció una distinción entre método y teoría. En efecto, se puede entender todo sistema filosófico desde dos puntos de vista distintos: como doctrina o como método. Feijoo dio a entender que el mecanicismo, como doctrina filosófica, era discutible, pero el método mecanicista era el método mismo del pensamiento científico, superior al aristotelismo. Los escolásticos podían aprovecharse de él sin renunciar por ello a la escolástica. Esta distinción permitió a los reformistas conciliar la fidelidad a la Iglesia católica con la voluntad de no separarse del movimiento científico contemporáneo; la crítica se detuvo ante el trono y el altar.

En el siglo XIX y en la primera mitad del XX, una corriente de pensamiento acusó a los ilustrados de haber querido importar del extranjero —y especialmente de Francia— unas instituciones, unas ideas y un estado de ánimo que eran contrarios al carácter de España y a sus tradiciones. El reproche no se apoya en ningún dato objetivo. Al contrario, los reformistas profesaron una profunda admiración por el pasado de su país y por su patrimonio histórico, literario y artístico. Reeditaron a los grandes escritores; tenían el sentimiento de enlazar con la obra de los humanistas y contribuyeron mucho a crear la noción de siglo de oro. Volvemos a encontrar aquí a Feijoo cuando denunció el recurso perverso al concepto de tradición. «Los contrarios de las novedades, observa Feijoo, invocan a Aristóteles contra Descartes»; pretenden mantenerse en la tradición, pero olvidan que en su tiempo el propio Aristóteles rompió con una tradición, la de los atomistas. Ser tradicionalista, repudiar por principio toda innovación es condenarse al estancamiento. Feijoo inicia aquí una discusión que Unamuno retomará a propósito de la noción de casticismo, expresión que Marcel Bataillon tradujo como la esencia de España. «Los valores castellanos —escribió Unamuno— han acabado por convertirse en valores representativos de toda España, pero eso no significa que estos valores sean eternos.» Retener de España sólo la definición histórica que le fue propia en los siglos XVI y XVII equivale a petrificarla impidiéndole evolucionar. El prejuicio del casticismo encerraba a España en unas estructuras caducas. Los que hacían profesión de defender la tradición, en realidad, se apoyaban solamente en una parte de la tradición; pretendían detener a España en un cierto estadio de su evolución y confundían la sustancia de España con uno de sus avatares históricos.

La Ilustración y el pueblo

Los ilustrados quisieron sacar a España de su estancamiento y convertirla en una nación moderna, próspera y digna de su pasado. Actuaron sin precaución, persuadidos de que la voluntad del poder bastaría para imponer los cambios deseados. Despreciaron a la muchedumbre, grosera e ignorante; se esforzaron sinceramente por asegurar el bienestar y la felicidad del pueblo, pero sin el pueblo, y si era preciso, en contra del pueblo. Unas medidas autoritarias y torpes produjeron una ruptura entre una parte de la elite y el pueblo. La querella del teatro ilustra la dimensión del malentendido. Los reformistas otorgaban mucho interés al teatro; creían en sus virtudes pedagógicas y veían en él un medio para elevar el nivel cultural de la nación. Sus propósitos eran explícitos. El teatro tiene una gran utilidad social, escribió Campomanes en 1766; bajo el pretexto de divertir, permitía al gobierno inculcar en los espectadores, a través de los actores, lecciones de virtud y de civismo. Jovellanos publicó en 1790 una *Memoria sobre los espectáculos y las diversiones públicas* que exponía ampliamente este punto de vista, con algunas salvedades significativas:

— el teatro tiene una función pedagógica; debe inspirar respeto hacia el Ser supremo y la religión, amor a la patria y al soberano, respeto por las jerarquías sociales, fidelidad conyugal, etc.;

— el teatro, sin embargo, debe reservarse a la clase rica y acomodada de la población; por eso se hará pagar cara la entrada. ¿Alejará eso al pueblo del teatro? Tanto mejor: para los pobres que viven de su trabajo, el tiempo es dinero, y el teatro más casto y el más depurado representa para ellos una diversión inútil. «He dicho que el pueblo no tiene necesidad de espectáculos y añado que, para ellos, los espectáculos son peligrosos.»

No puede sorprender a nadie que este estado de ánimo provocara reacciones. En efecto, desde principios del siglo XVII, el teatro, en España y más especialmente en Madrid, era una diversión popular. Eso lo distingue del teatro clásico francés de la misma época, que se dirigía a un público culto y refinado. Los dramaturgos españoles hicieron poco caso de las reglas y de las unidades de acción, tiempo y lugar. Sacrificaban el análisis psicológico en favor de la intriga que debía mantener al espectador interesado hasta el desenlace; multiplicaban las intrigas; les gustaban los efectos escénicos y la tramoya. Este tipo de teatro —que autores como Lope de Vega, Calderón y otros ilustran— horripilaba a los reformistas que lo encontraban de mal gusto y sin interés desde el punto de vista social. Querían sustituirlo por un teatro más acorde a las reglas y más pedagógico. En ello se emplearon, por ejemplo, Moratín con obras como *El viejo y la niña, El sí de las niñas...* o incluso Jovellanos, autor de una comedia lacrimógena, *El delincuente honrado*, que puso en escena el conflicto entre la ley que prohibía el duelo y la moral social que exigía del noble que vengara su honor ultrajado. Desgraciadamente, este tipo de teatro dejó indiferente al gran público que prefería las obras espectaculares o las zarzuelas. En 1765 el gobierno decidió intervenir. Un decreto prohibió los autos sacramentales, aquellas obras sobre el Santísimo Sacramento que se representaban con ocasión de la fiesta del Corpus. Más allá de los autos, el objetivo era el teatro popular. René Andioc ha aclarado el sentido de aquella querella: «La estética propiamente dicha ocupaba un lugar mucho menor que la moral social en los argumentos que se opusieron a los partidarios del teatro "antiguo", y eso bastará para demostrar que la querella estética era sólo uno de los aspectos de un conflicto ideológico más general. Lo que se reprochaba a aquel teatro era ante todo que reflejaba y como consecuencia reafirmaba una ética que a primera vista aparecía como la negación del conjunto de valores predicados por la elite "ilustrada"».[76]

Una parte de las elites sociales se separó de los ministros ilustrados. La amplitud de las reformas planteadas y los métodos utilizados para ponerlas en práctica chocaron con muchas de las situaciones dadas. Lo hemos visto con motivo del motín contra Esquilache cuando se operó la conjunción entre la oposición política y el descontento popular. No deja de ser significativo que el pretexto lo proporcionara un desafortunado decreto que prohibía el uso de la capa y del sombrero de amplias alas, que eran considerados como parte de una costumbre muy española.[77] En los años que siguieron, vemos desarrollarse una tendencia que Ortega y Gasset definió como plebeya.[78] Normalmente, el pueblo se esfuerza por imitar a la aristocracia, sin embargo, en la España del siglo XVIII, por una sorprendente subversión de los valores, un sector de las clases dirigentes se entusiasmó con las costumbres populares. El fenómeno se presenta bajo tres aspectos: los majos, los toros y el espejismo andaluz.

El término «majo» apareció a principios del siglo XVIII. Lo encontramos en el Diccionario de la Academia Española, cuya primera edición es de 1732, con esta definición: individuo que se da aires de bellaco; se aplica generalmente a los que viven en los arrabales de Madrid. El término es incuestionablemente peyorativo; designa a los «golfos» de los suburbios. Esos eran los personajes que medio siglo después algunos aristócratas tomaron como modelo. Aquellos aristócratas adoptaron su aspecto, su vocabulario, su pronunciación, su atavío —una profusión de bordados y de colores—, sus actitudes; era una forma de encanallarse y de distinguirse de los elegantes, vestidos a la moda extranjera,[79] y de todos los que parecían avergonzarse de sus compatriotas, es decir, de los reformistas. «El majismo apareció en última instancia como una forma larvada y alienada de oposición al centralismo y al autoritarismo borbónicos, como la expresión estética, si se quiere, de un tradicionalismo sin valor e impotente», dice René Andioc[80] que prosigue: «Si a algunos elementos de la alta aristocracia les gustaba frecuentar e imitar a la plebe de los suburbios, no era en virtud de no se sabe qué sentimiento democrático ... era esencialmente porque encontraban en el comportamiento majo un poco de aquella afirmación de sí mismos o de aquella negación de la ley común que eran antaño e incluso hasta no hacía mucho atributo de los privilegiados, antes de que el absolutismo los pusiera aparentemente en cuestión».[81]

---

76. René Andioc, *Sur la querelle du théâtre au temps de Leandro Fernández de Moratín*, Burdeos, 1970, p. 143.

77. Ya con Felipe V, el uso del traje tradicional adquirió, en algunos medios, un sentido político. Era una forma de manifestar la oposición a la dinastía francesa y, en 1722, un ministro avispado, Macanaz, puso en guardia al gobierno: los pueblos tienen tendencia a creer que sus costumbres en el vestir son superiores a las del extranjero. En este aspecto, no se debe imponer nada por la fuerza.

78. Cf. José Ortega y Gasset, *Papeles sobre Velázquez y Goya*, Madrid, 1950.

79. Se llamaba entonces «violetos» —la violeta de Toulouse era el perfume de moda— a los esnobs que presumían de ir bien vestidos y acababan volviéndose ridículos.

80. *Op. cit.*, p. 177.

81. *Ibid.*

Fue en la misma época cuando la corrida dejó de ser una diversión aristocrática para convertirse en lo que aún es hoy: un espectáculo rigurosamente codificado con sus tercios, picadores a caballo, banderilleros y matador, todo realizado por profesionales cuyas hazañas les proporcionaban notoriedad y que se repartían el favor del público: Pepe Hillo, Pedro Romero o Costillares causaban entusiasmo. Los reformistas se escandalizaban ante aquellos combates de bestiario, indignos de un pueblo civilizado. ¿Por qué aberración, se preguntaba Jovellanos, se ha llegado a hacer de la corrida la diversión por excelencia del pueblo español? El traje de los toreros atraía la mirada por sus colores llamativos y sus bordados; no sin razón se le llama traje de luces. Recuerda al de los majos, lo que contribuyó a ponerlo otra vez de moda, como lo atestigua un decreto de 1784 que denunciaba la tendencia que tenían determinadas personas de calidad a disfrazarse, tanto de día como de noche, de un modo indigno de su estado; llevaban pesadas capas y vestidos multicolores, sobrecargados de bordados ridículos. Este atavío, añade el decreto, sólo lo utilizaban hasta entonces los gitanos, los contrabandistas, los toreros y los carniceros. ¡Era a aquellas gentes a quienes querían parecerse unos hombres cuya cuna y cuya fortuna deberían llevarlos a una mayor moderación!

La alusión a los gitanos y a los contrabandistas remite a Andalucía, tierra predilecta de la corrida y de los toreros; en Ronda y en Sevilla se edificaron las primeras plazas de toros de España. Así se encuentran reunidos, a finales del siglo XVIII, todos los ingredientes de aquella España de pandereta que, antes de ruborizar de vergüenza a Antonio Machado y a los hombres de la generación de 1898, había sembrado la consternación en la elite ilustrada del siglo XVIII. La corrida, los gitanos, el flamenco, una Andalucía adulterada, el Madrid de los suburbios que adoraba las zarzuelas, las tonadillas y las fiestas, esta fue la España que descubrió Goya cuando llegó a Madrid en 1775, el año en que comenzó la carrera de uno de los más famosos toreros de todos los tiempos, Pedro Romero. Aquella España de la tauromaquia, de los majos y de las diversiones populares que el artista plasmó en sus cartones, sus grabados y sus cuadros es también la España que puso en escena, en el mismo momento, Ramón de la Cruz, autor de sainetes que evocan, no sin malicia, la vida cotidiana con sus defectos y sus aspectos pintorescos o grotescos, el majo que representa al fanfarrón, el petimetre que imita la moda extranjera. Una España que es la antítesis de aquella con la que soñaban los ministros de Carlos III.

Hacia la España romántica

En otro registro, los últimos años del siglo XVIII vieron cómo se esbozaba un cambio en la imagen de España en Europa.[82] España era mal conocida en el exterior. En sus *Consideraciones sobre las riquezas de España*, compuestas entre 1722 y 1728, Montesquieu se muestra severo con ella y no obstante parecía relativamente bien informado. Había leído a algunos autores españoles, y no a los menores: al historiador Mariana, al filósofo Vives, a Cervantes, a Gracián… Montesquieu era una excepción. En general, los franceses o bien se interesaban poco por España, o bien la juzgaban a partir de criterios estéticos o filosóficos exclusivos y también de prejuicios

82. Sobre lo que sigue, cf. François Lopez, *Juan Pablo Forner et la crise de la conscience espagnole au XVIIIᵉ siècle*, Burdeos, 1976.

que eran deudores de la leyenda negra. En el mejor de los casos, se veía en España a la nación que había cortado el paso a los árabes, salvado a la cristiandad en Lepanto y descubierto un mundo nuevo donde se extendió nuestra civilización, pero, lo más frecuente, era pensar que se había apartado de la evolución general de Europa y que había caído en el fanatismo del oscurantismo. En 1774 se fundó una revista, *L'Espagne Littéraire*, con el propósito de dar a conocer a los franceses las producciones de España, un país «quizá menos conocido incluso por sus vecinos que el interior de la China». Se percibe un cambio en el último tercio de siglo, cuando los ministros ilustrados de Carlos III pasaron —erróneamente— por adeptos a la *filosofía* de la *Enciclopedia*: Campomanes, Floridablanca y, sobre todo, el conde de Aranda fueron un poco precipitadamente asimilados a impíos, enciclopedistas, enemigos de la Inquisición y de los jesuitas. Lo que ocurrió con la *Enciclopedia metódica* es ilustrativo.

La *Enciclopedia* era una empresa demasiado comprometida para ser bien recibida en España; su tono polémico y militante, así como las referencias anticlericales y antirreligiosas chocaban mucho a los lectores de la península. La casa Panckoucke tuvo la idea de publicar una obra con un espíritu totalmente diferente: la *Enciclopedia metódica* sería menos comprometida que su antecesora, lo que, según sus promotores, le tenía que asegurar una buena difusión en España y en sus posesiones en América. Los inicios fueron prometedores; el primer suscriptor fue, ni más ni menos, el inquisidor general. Con un padrinazgo tal, el éxito parecía garantizado, y los primeros volúmenes fueron bien acogidos. Las cosas se echaron a perder con el tercero, dedicado a la geografía moderna. No sabemos por qué, los editores confiaron la redacción del artículo sobre España a un oscuro plumífero, Masson de Morvilliers, a quien no se le ocurrió nada mejor que salpicar su exposición sobre la geografía y la economía con observaciones sobre el gobierno, la Inquisición, las corridas, el desarrollo de las artes, las letras y las ciencias. España —«un pueblo de pigmeos»— era objeto de juicios sumarios: «Es, quizá, la nación más ignorante de Europa»; «¡Las artes, las ciencias, el comercio se han apagado en ella!». Sobre todo una frase llamó la atención: «¿Qué le debemos a España? Y desde hace dos siglos, desde hace cuatro, desde hace diez, ¿qué ha hecho España por Europa?». Fue un gran escándalo. El 24 de noviembre de 1783 la *Enciclopedia metódica* fue denunciada a la Inquisición y sus volúmenes, confiscados. El embajador de España en París, el conde de Aranda, elevó una protesta al gobierno francés, el cual suspendió inmediatamente la publicación. Para Panckoucke fue la ruina; afortunadamente, la medida fue revocada, pero las ventas en el mundo ibérico quedaron definitivamente comprometidas. El gobierno español, en la persona de Floridablanca —¡otro adepto a la Ilustración!— no quiso quedarse ahí. Encargó al abad Cabanilles, residente en París, que replicara con un libelo que se publicó con cargo a la embajada de España en París.

Las cosas no se detuvieron ahí. La Academia Española convocó un concurso para 1785 con el siguiente tema: apología o defensa de la nación, ciñéndose únicamente al progreso de las ciencias y de las artes, ya que en este ámbito algunos autores extranjeros se han ensañado en oscurecer su gloria. Forner redactó en algunos meses una memoria sobre el tema. Un español exiliado en la corte de Prusia, el abad Denina, compuso un texto titulado *Respuesta a la pregunta: ¿qué le debemos a España?* Floridablanca decidió imprimir el discurso de Denina al mismo tiempo que la *Apología* de Forner. El artículo de Masson de Morvilliers desencadenó un problema

de estado y puso en cuestión la imagen que la España ilustrada había comenzado a
dar de sí misma en Francia. España, sin embargo, no estaba sola en aquel combate.
Es significativo que la memoria de Denina fuera leída ante la Academia de Berlín
en 1786. En Alemania se estaban produciendo cambios. Se comenzaba a discutir la
pretensión de Francia de marcar la pauta en materia de gusto literario y la tutela que
ésta se arrogaba en Europa, que exaltó todavía en 1783 el *Discours sur l'universa-
lité de la langue française* de Rivarol. Muchos, en Europa, se inquietaron por lo que
hoy llamaríamos el imperialismo cultural francés. Espíritus elevados se negaron a
admitir que el clasicismo francés tuviera un valor universal y debiera ser el único
modelo. Sugerían que cada nación poseía su carácter propio y que sus producciones
literarias eran dignas de interés, aun cuando no respetaran la regla de las tres unidades. Fue aquí donde España fue llamada en su apoyo. En la *Dramaturgia de Ham-
burgo*, Lessing, en apoyo de su tesis contra la hegemonía cultural de Francia, llamó
la atención sobre el teatro español y tomó algunos ejemplos de la obra de Lope de
Vega. Herder iba en la misma dirección. Rehabilitó las literaturas española y portuguesa, injustamente despreciadas, según él, porque no se ajustaban a los criterios
estéticos franceses. Tradujo y adaptó los romances sobre el Cid y los moros y algunos poemas de Góngora; mostró interés por Cervantes. En Alemania, gracias a
Herder, se produjo un vuelco en la interpretación de España. A la imagen negra trans-
mitida por las Luces (los frailes, la Inquisición, el fanatismo...) se le comenzaba a
oponer otra visión: la España cristiana, menos intransigente de lo que se había dicho,
abierta, por ejemplo, a las influencias árabes. Era ya la España romántica lo que se
esbozaba a finales del siglo XVIII, en vísperas de la Revolución francesa.

Capítulo II

EL FIN DEL ANTIGUO RÉGIMEN (1788-1833)

Cuando comenzó la Revolución francesa, en España reinaba un soberano apocado, Carlos IV (1788-1808), que confió el poder a un joven ambicioso protegido por la reina. No es que Godoy no tuviera méritos, pero no tenía la talla suficiente para medirse con la Convención y aún menos con Napoleón. La guerra de la Independencia (1808-1813) arruinó el país. Hubiera podido ser la ocasión para renovar las estructuras políticas. Sin embargo, Fernando VII, hijo, rival y sucesor de Carlos IV, se esforzó, al contrario, por frenar o retrasar cualquier evolución política. América aprovechó la ocasión para emanciparse de una metrópoli incapaz de dirigir el curso de los acontecimientos.

España y la Revolución francesa

Siguiendo los consejos de su padre, Carlos IV conservó a Floridablanca como principal ministro. De esta forma confirmaba la voluntad de continuar la política reformista del reinado precedente. Las Cortes, que fueron convocadas en septiembre de 1789 para reconocer al heredero del trono, el futuro Fernando VII, oyeron un comunicado de Campomanes sobre la reforma agraria, tras lo cual fueron interrumpidas con el pretexto de que una sesión prolongada ¡comportaría unos gastos excesivos! En realidad, Floridablanca, que recibió con serenidad las primeras manifestaciones parisienses, estaba preocupado por el cariz que tomaban los acontecimientos en Francia. Su inquietud se convirtió muy pronto en pánico. Al dejar el poder en febrero de 1792 declaró: «Vivimos al lado de una hoguera que lo puede incendiar todo, destruir la religión y la autoridad soberana del rey, así como la existencia misma de la monarquía y de las clases que la componen». Para evitar el contagio, estableció una especie de cordón sanitario en las fronteras. Se prohibió hablar de lo que pasaba en Francia. Si se ceñían a la prensa autorizada, sometida a una censura minuciosa, los españoles no se habían enterado de la toma de la Bastilla... Se cerró un club en Cádiz frecuentado por hombres de negocios franceses que mostraban demasiado entusiasmo ante las noticias de París. Se censó a los extranjeros, sobre todo a los franceses, algunos de los cuales fueron expulsados. Se vigilaba a los viajeros y a los emigrantes que comenzaron a llegar desde el verano de 1789.

Por último, se encargó a la Inquisición que combatiera la propaganda subversiva que penetraba bajo formas, cuando menos, variadas y pintorescas: libros, folletos, periódicos introducidos de contrabando (por ejemplo, en los cajones de los secreteres) relojes, tabaqueras, gorros frigios o chalecos adornados con inscripciones (*Liberté et égalite*), etc.

¿Estaban justificadas estas medidas de precaución, a veces, ridículas? No lo parece. Las noticias de Francia eran comentadas con atención, pero no suscitaron al principio ningún entusiasmo particular. Fue después de 1792 cuando las cosas empeoraron. La Constitución Civil del Clero, el Terror, el arresto, proceso y ejecución de Luis XVI sumieron a los reformistas en el desconcierto. Un hombre como Jovellanos, que había acogido con interés la Constitución de 1791, estaba horrorizado; la máxima «Los hombres nacen libres e iguales en derechos» le parecía ahora un sofisma peligroso. Muchos pensaban como él. Fueron raros los españoles que se entusiasmaron con las ideas de la Revolución. Cuando el abate Grégoire se dirigió al inquisidor general para reclamar la supresión del Santo Oficio y para hacer apología de la Revolución, su diatriba provocó un rechazo general. En España, la situación no se prestaba mucho a una revolución como la que se desarrollaba en Francia. Desde el punto de vista ideológico, los reformistas españoles permanecían alejados de los filósofos franceses. Es cierto que autores como Manuel de Aguirre, Valentín de Foronda o León de Arroyal criticaban el absolutismo y abogaban por un régimen en el cual los poderes se equilibraran, pero esas ideas eran minoritarias. Desde el punto de vista político, el poder real parecía mucho más fuerte en España que en Francia; en España, movimientos como la Fronda del Parlamento y de los notables o las reticencias del clero ante el esfuerzo fiscal eran impensables. Mientras que en Francia, los Estados Generales se negaban a obedecer las órdenes del rey, en España nadie protestó cuando se rogó a los diputados de las Cortes que permanecieran en sus casas. Desde el punto de vista social, por último, la burguesía española era demasiado débil, demasiado dispersa y demasiado poco segura de sí misma para encabezar una oposición resuelta a cambiar las relaciones sociales existentes.

Las relaciones entre España y la Francia revolucionaria se volvieron tensas. Un incidente aumentó la desconfianza de Floridablanca. En 1789, en la bahía de Nootka, al norte de California, unos buques españoles se incautaron de dos barcos mercantes ingleses que se disponían a establecer allí una factoría. Aunque el conflicto fue en seguida resuelto por el virrey de México, no por ello dejó Floridablanca de pedir a Inglaterra el reconocimiento oficial de los derechos de España sobre Nootka. Inglaterra exigió excusas por la forma en que fueron tratados sus súbditos. El conflicto subió de tono. La guerra amenazaba con estallar. Floridablanca se volvió entonces hacia Francia para que apoyara a España en virtud del pacto de familia. Este paso proporcionó la ocasión a la Asamblea Nacional para definir su posición en materia de relaciones diplomáticas; aceptó prorrogar la alianza con España con la condición de que Francia sólo reconocería los tratados firmados entre naciones, no los concertados entre reyes. A fin de cuentas, España e Inglaterra encontraron un acuerdo satisfactorio para las dos partes, pero Floridablanca guardó rencor contra el gobierno revolucionario.

Por su parte, Carlos IV estaba preocupado por la suerte de Luis XVI que en octubre de 1789 le había escrito diciéndole que ya no tenía libertad de movimientos, y persuadió a Floridablanca a mantener una actitud de firmeza. Se tomaron nuevas medidas contra los extranjeros y contra la propaganda revolucionaria. Se presionó a Francia para que suavizara la suerte de Luis XVI. Se avanzaba hacia la ruptura. Fue entonces —febrero de 1792— cuando Carlos IV, convencido de que Floridablanca ya no era el hombre adecuado para la situación, llamó a su antiguo adversario, el conde de Aranda. El aristócrata aragonés, que llevaba años esperando aquel momento, no estaba menos decidido que Floridablanca o oponerse a la Revolución, pero quería actuar a su modo, sin provocaciones inútiles. Su llegada a los asuntos de estado distendió el ambiente; Condorcet le mandó una carta de felicitación; el control de las fronteras se alivió; las relaciones diplomáticas se volvieron menos difíciles. Sin embargo, el arresto de Luis XVI creó una situación nueva. A finales del mes de agosto, parecía que Aranda consideraba inevitable la guerra, pero la noticia de Valmy le hizo dudar. Propuso a Bourgoing, representante de la Convención, que declarara la neutralidad de España, pero se negó a reconocer a la República francesa. Aranda estaba aislado en aquel momento. La Convención desconfiaba de él; los emigrantes franceses, el embajador de Rusia, el nuncio apostólico y todos los reaccionarios de España presionaban al rey. Obsesionado con la idea de salvar a Luis XVI, Carlos IV cedió. El 15 de noviembre de 1792 destituyó a Aranda.

Las dos corrientes entre las cuales se repartían los reformistas —los juristas o golillas, representados por Floridablanca, y el partido aragonés, dirigido por Aranda, que deseaba fortalecer el papel de la nobleza— habían fracasado. En busca de un hombre nuevo que no estuviera ligado a ninguna tendencia, Carlos IV recurrió a Godoy. Ese hombre sólo tenía veinticinco años pero gozaba de los favores de la reina María Luisa que lo conoció hacia 1786, cuando servía en la guardia real, e inmediatamente fue presa de pasión por él. Lo mas extraordinario es que el rey también estaba fascinado por Godoy, hasta el punto de sentir por él el mismo afecto que por sus propios hijos. ¡Extraña situación triangular que se prolongó hasta 1808! Godoy hizo una carrera extraordinariamente rápida; en menos de dos años, aquel simple soldado se convirtió en duque de Alcudia y grande de España. Era ambicioso; le faltaba experiencia, pero tenía ideas. Era un reformista penetrado por el espíritu de las Luces. Tenía interés por la modernización de España que pasaba, en su opinión, por el desarrollo de la economía y de la instrucción pública. Carlos IV esperaba de él que triunfara allí donde Aranda había fracasado. Godoy conocía la debilidad militar de España y quería evitar el conflicto. Eso fue lo que Bourgoing confirmó a la Convención: ni Godoy ni la reina estaban a favor de la guerra. Para salvar al rey de Francia, el ministro trató de corromper a los diputados franceses influyentes y de negociar: a cambio de la vida de Luis XVI, España estaba dispuesta a reconocer la República y a ofrecer su mediación en Europa. El 28 de diciembre de 1792, ante la Convención, Lebrun, ministro de Asuntos Exteriores, dio lectura a aquellas propuestas que fueron muy mal acogidas: la mayoría vio en ellas una injerencia inadmisible en un asunto que sólo concernía a Francia. Las gestiones se efectuaron, sin duda, demasiado tarde. Un mes antes, Brissot, que dirigía el comité diplomático, creía que la guerra contra España era inevitable.[1] La ejecución de Luis XVI, apenas conocida, provocó una gran emoción. En Madrid, en Málaga, en Sevilla, por todas partes, muchedumbres numerosas asistieron a las ceremonias fúnebres que se orga-

---

1. «Sostengo que nuestra libertad nunca permanecerá tranquila mientras quede un Borbón en el trono. Nada de paz con los Borbones y, desde luego, hay que tomar en consideración una expedición a España.»

nizaron. Ni Carlos IV ni Godoy pensaban ya en negociar; se rogó a Bourgoing que abandonara el país. Sin embargo, no fue España la que inició las hostilidades. El 7 de marzo de 1793, la Convención le declaró la guerra: «Llevemos la libertad y la igualdad a España con nuestras victorias y diremos entonces con toda razón: ya no hay Pirineos» (Barère). A finales de mes, España rompió una larga tradición diplomática y se alió con Inglaterra, su antigua enemiga.

En Francia, los manuales de historia dedican apenas algunas líneas a lo que los catalanes, por ejemplo, llaman la Gran Guerra (la *Guerra Gran*). Sin embargo, a este episodio no le falta interés. A una escala más reducida, se encuentran en él al menos dos de los elementos que caracterizaron la resistencia a la invasión napoleónica entre 1808 y 1813: la guerrilla y la mezcla de patriotismo y de apego a la religión que animó a las masas combatientes. Los *miquelets* de Cataluña y los *cazadores* del País Vasco prefiguraban entonces a los francotiradores que, a partir de 1808 hostigaron la retaguardia del enemigo. En 1793 al igual que en 1808, las autoridades invitaron a la población a defender la religión, el rey y la patria contra unos invasores sin rey y sin Dios. No deberíamos subestimar las repercusiones que tuvo en el ánimo de una mayoría de españoles la evocación de las matanzas de septiembre, la muerte de Luis XVI y de María Antonieta, la persecución del clero, el Terror... Innumerables sermones y pastorales no cesaban de relatar y comentar aquellos acontecimientos insistiendo en los aspectos más trágicos. Los grandes, los prelados, los gremios contribuyeron al esfuerzo de guerra. Se presentaron voluntarios, aunque no fueran tan numerosos como decía la propaganda y aunque las deserciones no fueran raras. En vano los franceses trataron de atizar los particularismos recordando a los catalanes que un Borbón, Felipe V, abolió sus fueros y exhortando a los vascos a defender su autonomía amenazada.[2] En realidad, los vascos y los revolucionarios franceses no hablaban la misma lengua. Los primeros, en su mayoría, estaban ligados a teorías tradicionales; no daban el mismo sentido que los franceses a términos como constitución, libertad, derechos...[3]

En 1793 la Convención cometió un error de juicio —Napoleón hizo lo mismo en 1808—: se imaginaron que España estaba impaciente por sacudirse el yugo de un poder tiránico, retrógrado y fanático. Confiando en los numerosos tumultos que provocaron la carestía y el alza de los precios, así como en la impopularidad de Godoy, estaban convencidos de que una invasión comportaría la caída de la monarquía y el establecimiento de un régimen aliado. Exiliados españoles —el más conocido de los cuales es el joven abate Marchena— llegaron a Francia en 1792 para abrazar la causa de la Revolución. Instalados en los departamentos fronterizos, muchos de ellos colaboraron con los comités que, en Bayona, en Barèges, en Mont-Louis o en Perpiñán, pasaban material propagandístico a través de los Pirineos: periódicos, folletos, traducciones de textos y de proclamas revolucionarias. Condorcet escribió un *Aviso a los españoles* para exhortarles a seguir el ejemplo de Francia, pero la traducción estaba tan mal hecha que el mensaje resultaba incomprensible; se tuvo que reha-

---

2. No estaba amenazada realmente, pero es cierto que, a petición del gobierno, el futuro historiador de la Inquisición, Llorente, comenzó por entonces a escribir una memoria para demostrar que las provincias vascas no habían sido jamás repúblicas libres e independientes, sino que siempre estuvieron bajo la tutela de Castilla.

3. Cf. José María Portillo Valdés, *Studia historica. Historia Moderna* (Universidad de Salamanca), XII, 1994.

cer... En Cataluña se difundió la Declaración de los Derechos del Hombre y los discursos de Robespierre traducidos al catalán y, para no herir los sentimientos religiosos del pueblo, se invocó la autoridad de «el buen señor sin calzones [*sans-culotte*] Jesucristo». ¿Tuvo esa propaganda alguna eficacia? Lo podemos poner en duda cuando vemos que los españoles reaccionaron no sólo contra los invasores, sino también contra los residentes franceses; los eclesiásticos emigrados no se salvaron de esta xenofobia.[4] En Guipúzcoa, grupos de vascos plantaron árboles de la libertad, profanaron iglesias y celebraron reuniones tumultuosas en los cafés de San Sebastián. He ahí en qué parecían resumirse las aspiraciones revolucionarias. Una Junta planeó vagamente constituir una república que sería asociada a Francia. Se quiso hacer lo mismo en Cataluña. Sin embargo, a los que hablaban de anexionarse Cataluña, Couthon les respondió:

> Nos parece más acorde con nuestros intereses y nuestros principios intentar convertir Cataluña en una pequeña república independiente que, bajo la protección de Francia, servirá de barrera allí donde terminan los Pirineos. Este sistema halagará sin duda a los catalanes que lo adoptarán más gustosos aún que su unión a Francia. En las montañas se deben llevar nuestros límites hasta los extremos y, como consecuencia, establecerse de manera estable en toda la Cerdaña, tomar el Valle de Arán, en una palabra, todo lo que está al otro lado de los montes ... Pero Cataluña, convertida en departamento francés, sería tan difícil de conservar como lo es hoy el antiguo Rosellón.

La alusión al Rosellón es interesante: la Revolución que se esforzó por desterrar a los *patois* de Francia no tenía interés en anexionarse una población que sería difícilmente asimilable debido a su lengua.

Exceptuando una operación combinada de las flotas inglesa y española en Toulon toda la guerra se desarrolló en la frontera norte de España. Tuvo dos fases. En un primer momento, el ejército español, aunque mal equipado, cosechó éxitos y ocupó el Rosellón. Aranda, fiándose poco de la capacidad bélica de su país, sugirió que se negociara a partir de aquellas posiciones favorables. Godoy se negó a ello. En 1794 los franceses contraatacaron por doquier. En el oeste, San Sebastián capituló sin luchar; la mayor parte del País Vasco fue ocupado y Navarra y Castilla estaban amenazadas. En el este, Cataluña fue invadida. Godoy se resignó a entablar negociaciones sin consultar a los ingleses, a pesar de ser sus aliados. La paz se firmó en Basilea, el 22 de julio de 1795. Francia obtuvo la parte española de Santo Domingo; como contrapartida, renunció a todas las conquistas del sur de los Pirineos. España no salió muy mal parada, pero tampoco salió triunfante. Godoy, sin embargo, obtuvo la gloria y los beneficios: se le atribuyó el título de ¡príncipe de la Paz!

En Basilea, el Directorio se mostró relativamente generoso porque necesitaba la marina española, que era la tercera del mundo. Se volvió a la tradicional alianza de

---

4. Muchos curas y religiosos —entre siete y ocho mil, al menos— se dirigieron a España tras la Constitución Civil del Clero. El cardenal Lorenzana, arzobispo de Toledo, se encargó de distribuirlos en distintas diócesis. En diciembre de 1793, el capitán general de Valencia decidió expulsar a los franceses instalados en su circunscripción, incluidos los eclesiásticos. El arzobispo protestó y fue obligado a dimitir unos meses más tarde. En este asunto, el pueblo se puso del lado del capitán general y alzó sus gritos airados contra el arzobispo y los franceses. Ya en marzo de 1793, también en Valencia, un tumulto fue seguido por el saqueo de casas pertenecientes a comerciantes franceses.

Francia y España contra Inglaterra. Este es el sentido del tratado de San Ildefonso (1796), pero, a diferencia de lo que ocurrió durante el reinado de los Borbones, España ya no combatió más por sus propios objetivos; se convirtió en un auxiliar de Francia que le obligó a entrar en guerra al año siguiente. En Europa, los ingleses infligieron a la marina española una severa derrota en el cabo de San Vicente (14 de febrero de 1797); en América, ocuparon la isla de Trinidad, situada delante de la desembocadura del Orinoco, y, por lo tanto, excelente base para el contrabando. La situación interna no era mejor. Desde 1792 las malas cosechas se sucedieron provocando carestías, alzas en los precios y movimientos sociales. El estado de las finanzas públicas se agravó. En 1781, con el fin de reunir los fondos necesarios para la guerra contra Inglaterra, el estado se había endeudado considerablemente al emitir vales que, como los anteriores, eran a la vez papel moneda y bonos del tesoro. Tenían un interés del 4 por 100 y eran reembolsables en veinte años. La depreciación de los vales fue tanto más rápida cuanto que se produjeron nuevas emisiones en 1782, 1785 y 1788. Se volvieron a emitir vales en 1794 y aún en 1799. La inflación se reactivó. Para rellenar las arcas del estado, se recurrió a los habituales expedientes y a una medida de muy distinta índole: la venta de una parte de los bienes del clero, los que no concernían a la cura de almas, es decir, inmuebles y tierras pertenecientes a hospicios, ermitas, cofradías y otras obras pías. Entre 1788 y 1808, alrededor de una sexta parte de los bienes del clero fue puesta a la venta de este modo, con el acuerdo del papado y a pesar de las protestas de muchos obispos. Los compradores podían pagar con vales que eran aceptados por su valor nominal. Algunos pequeños labradores se aprovecharon de ello para redondear sus posesiones, pero los principales beneficiarios fueron los grandes propietarios. Así pues, la medida no resolvió la cuestión agraria; incluso la agravó. También tuvo consecuencias políticas. El clero tenía el sentimiento de haber sido expoliado y responsabilizó de ello a Godoy, cuya impopularidad no dejaba de aumentar. Un sector de la nobleza no le perdonó su rápido ascenso, su altanería y su autoritarismo —lo que llamaban el despotismo ministerial. La elite ilustrada se sentía decepcionada cuando no perseguida; el caso más significativo es el de Jovellanos, magistrado íntegro y respetado que, tras un breve paso por el ministerio, cayó en desgracia y fue desterrado en provincias. Las capas populares manifestaron una hostilidad sin atenuantes contra el *choricero*; es así como se llamaba al favorito aludiendo a su tierra natal, Extremadura, productora de chorizos. La corte no pudo ignorar el aumento y la violencia del descontento. Sacrificó a Godoy, que dejó el gobierno pero conservó todos los honores y los emolumentos acumulados a lo largo de los últimos años.

NAPOLEÓN Y ESPAÑA

Aunque oficialmente se le hubiese apartado del poder, Godoy conservaba la confianza del rey que no hacía nada sin consultarle. El favorito continuó dirigiendo la política de España. Sus numerosos oponentes depositaron sus esperanzas en el príncipe heredero, el futuro Fernando VII. Estas intrigas debilitaron a España, incapaz de definir una posición clara frente a una Francia que, bajo la dirección de Bonaparte, primer cónsul y después emperador, parecía estar en condiciones de imponer su ley en Europa. Hasta 1808 España aceptó desempeñar el papel poco glorioso de auxiliar de Francia; se limitó a ejecutar los planes concebidos en París para destruir el poder de Inglaterra. Este es el sentido del segundo tratado de San Ildefonso (1 de octubre de 1800) por el cual España devolvió la Luisiana a Francia,[5] puso su marina a disposición de Bonaparte y se comprometió a participar en una expedición destinada a intimidar a Portugal que, desde hacía un siglo, había convertido su alianza con Inglaterra en un dogma de su política exterior. Godoy fue nombrado general en jefe del ejército que atravesó la frontera portuguesa en febrero de 1801. La guerra de las Naranjas[6] apenas duró cuatro meses. España conservó la plaza de Olivenza y se contentó con vagas promesas por parte de Portugal de cerrar sus puertos al comercio inglés. Napoleón esperaba más que una semivictoria. Concibió como consecuencia resentimiento y desprecio por sus «aliados». Su mal humor se manifestó un poco más tarde. Cuando Napoleón firmó con Inglaterra en Amiens (25 de marzo de 1802) una paz que entonces se creía definitiva, decidió por sí solo el intercambio de Menorca —de la cual los ingleses se habían apropiado nuevamente— por la isla de Trinidad.

Resuelto a humillar a Inglaterra, Napoleón concibió sucesivamente dos planes: invadir su territorio y arruinar su comercio. Estos proyectos están en el origen de la intervención francesa en España. Para desembarcar en las islas británicas era indispensable desviar a la marina inglesa lejos de las costas del canal de la Mancha. Las escuadras francesa y española se dirigieron hacia las Antillas; el almirante Nelson hizo otro tanto, pero después, adivinando la maniobra, hizo marcha atrás y se replegó en Gibraltar en el momento en que, por su parte, los buques aliados volvían a sus bases en Europa. Villeneuve, que mandaba la escuadra del Mediterráneo hizo escala en Vigo y después en Cádiz donde fue bloqueado por Nelson. Napoleón dio a Villeneuve la orden de salir. A pesar de las reticencias de los marinos españoles, aquél obedeció y se enfrentó a los barcos ingleses en Trafalgar, no lejos de Cádiz (octubre de 1805). Fue un desastre. Muchos buques fueron hundidos o gravemente dañados; algunos oficiales valerosos murieron en el combate; España perdió gran parte de aquella marina a la que había dedicado tantos esfuerzos desde la época del marqués de la Ensenada. La comunicación con América quedó comprometida en lo sucesivo y ello tuvo consecuencias catastróficas algunos años más tarde, cuando hubo que hacer frente a los movimientos secesionistas.

Godoy se dio cuenta de que Napoleón les tenía, a él y a España, en poca estima. Procuró acercarse a Prusia y a Rusia. Con el fin de preparar a los españoles para una inversión de alianzas, lanzó una proclama sorprendente (6 de octubre de 1806), una llamada a las armas contra un enemigo que no se nombraba pero no era difícil identificar. El momento fue mal escogido. Ocho días después, Napoleón resultó victorioso en Jena, y Godoy ¡se apresuró a felicitarle! Para hacer olvidar su desafortunada iniciativa, el favorito salió al paso de los deseos del emperador. Éste, ante la imposibilidad de invadir Inglaterra, quiso socavar su poder en la base impidiéndole vender sus productos en Europa. Godoy aceptó participar en una nueva expedición para forzar a Portugal a aplicar el bloqueo continental. Estuvo tanto más dispuesto cuanto que Napoleón le dio a entender que sacaría de ello algún provecho personal. En efecto, en octubre de 1807, el emperador declaró a la casa de Braganza despoja-

---

5. Despreciando lo que había sido estipulado, Napoleón se apresuró a vender la Luisiana a los Estados Unidos sin consultar a España.

6. Se llama así debido a las ramas de naranjo que los soldados ofrecieron a la reina María Luisa con ocasión de un desfile de la victoria en Badajoz.

da de sus derechos; Portugal iba a ser desmembrado: el norte para la reina de Etruria cuyo estado debía transformarse en un departamento francés;[7] la zona entre el Duero y el Tajo quedaría en reserva y el sur sería atribuido a Godoy que tomaría el título de príncipe de los Algarves. En aplicación del tratado de Fontainebleau (22 de octubre de 1807), tropas francesas al mando de Junot atravesaron España y el 30 de noviembre llegaban a Lisboa. Otras tropas francesas tomaron posiciones en las plazas del norte de España y se encaminaron hacia Andalucía; en principio, estaban destinadas a prevenir cualquier ataque inglés a Cádiz. Inquieto por esos movimientos, Godoy se convenció de que el emperador pensaba en ocupar toda España. Sugirió a la familia real que abandonara la capital y fuera a Sevilla a fin de que, llegado el caso, pudiera embarcarse hacia América como acababa de hacerlo la familia real portuguesa.

Carlos IV siguió sus consejos, pero no pudo ir más allá de Aranjuez. En efecto, desde hacía varios meses, el descontento aumentaba contra Godoy a quien se responsabilizaba de todas las desgracias y a quien se le atribuía una ambición desmesurada. En enero de 1807, había recibido nuevos honores; Carlos IV creó para él el título de gran almirante de España y de las Indias y le dio el tratamiento de alteza serenísima que lo asimilaba a un miembro de la familia real. ¿Estaba pensando Godoy en apartar al príncipe Fernando de la sucesión al trono y en convertirse en rey de España después de Carlos IV? Estos rumores empujaron a sus adversarios a agruparse en torno al príncipe heredero. En octubre de 1807 fue descubierto un primer complot. El rey en persona registró los apartamentos de su hijo en El Escorial y encontró documentos comprometedores: Fernando se había puesto en contacto con Napoleón para interesarle por su suerte y para ponerse a su disposición; incluso llegó a solicitar el honor de volverse a casar con una princesa de la familia Bonaparte. Fernando lo confesó todo y pidió públicamente perdón a su padre. Los conjurados fueron juzgados y absueltos por falta de pruebas: Napoleón exigió que su nombre no fuera mencionado en el proceso. A los ojos de muchos españoles, Fernando apareció como una víctima de las maniobras de Godoy. La opinión acerca de la corte nunca había caído tan bajo. En sus *Recuerdos*, Alcalá Galiano explica con estos términos el estado de ánimo:

> Veíase el gobierno en general aborrecido y despreciado. Lo mereció sin duda, pero tal vez excedía lo sentido a lo merecido. No alcanzaba el odio al rey, pero sí el desprecio, haciéndole favor la voz popular en cuanto a las intenciones que le suponía, pero teniendo en poco su carácter. El aborrecimiento a la reina llegaba a un extremo increíble, sólo igualado por el que se dedicaba al príncipe de la Paz, reputado con bastante pero no completa razón el verdadero monarca.

El complot que había fracasado en El Escorial tuvo éxito en Aranjuez. El 17 de marzo de 1808, la revuelta alcanzó aquella pequeña ciudad adonde acababa de llegar la corte. En vano al día siguiente Carlos IV sacrificó a Godoy y lo destituyó de todos sus títulos; la muchedumbre no se dio por satisfecha. Preguntados los oficiales de la guardia, respondieron que el príncipe de Asturias —es decir, el príncipe heredero— era el único que estaba en condiciones de restablecer la calma, lo cual

---

7. En 1801 la Toscana había sido erigida en reino de Etruria a beneficio de un yerno de Carlos IV, Luis de Borbón. Éste murió dos años más tarde y su viuda, que ejercía la regencia, no tuvo demasiados problemas en apoyar la causa de Napoleón.

equivalía a reconocer la responsabilidad de Fernando en el complot. El 19, Godoy, que se había escondido, se rindió. Salvó su cabeza gracias a la intervención de Fernando que prometió que el favorito sería juzgado y castigado como procedía. Carlos IV abdicó aquella misma tarde en favor de su hijo.

La Constitución de Bayona

Al conocer lo que había sucedido en Aranjuez, Murat se dirigió apresuradamente hacia Madrid, adonde llegó el 23 de marzo, un día antes que Fernando VII. Éste recibió una acogida entusiasta por parte de la población de la capital, pero extraordinariamente reservada por la de los franceses, que se negaron a reconocerlo como rey. En efecto, desde el 21 de marzo Carlos IV se había retractado de su abdicación y se había vuelto hacia Napoleón para que ejerciese de juez en el litigio que lo enfrentaba a su hijo. Para entonces el emperador probablemente ya había decidido la suerte de España; pensaba en convertirla en un reino para uno de sus hermanos. Ocultando sus intenciones, mezclando promesas vagas e intimidaciones, Napoleón se las arregló para que la familia real fuera a Bayona. El primero en llegar fue Fernando, el 20 de abril; esperaba aún convencer al emperador y que éste reconociera su título de rey. El 26, se le añadió Godoy, a quien los franceses habían sacado de la prisión a petición de Carlos IV. Éste y la reina María Luisa llegaron el 30. Cuando todos estaban reunidos, se desarrollaron unas escenas lamentables en presencia de Napoleón. El padre y el hijo se intercambiaron insultos. Primeramente Napoleón exigió que Fernando renunciara al trono de España. Después, tuvo lugar la segunda abdicación de Carlos IV, esta vez en favor de Napoleón, que se encargó de dar a España un príncipe que garantizara la integridad y la independencia del reino y que se comprometiera a declarar el catolicismo como la religión del estado. En contrapartida, Carlos IV recibió como residencia los palacios de Compiègne y de Chambord, así como una pensión anual de treinta millones de reales; se mencionó explícitamente que Godoy podía beneficiarse de aquel «asilo». En cuanto a Fernando VII, fue elevado a la dignidad de príncipe imperial con una renta de un millón de francos y se le dio Valençay como residencia.

Todo fue dirimido entre el 5 y el 10 de mayo. Sólo faltaba designar a un rey —finalmente fue José Bonaparte— y otorgar una constitución a España. El 24 de mayo, la *Gaceta de Madrid* anunció la convocatoria de una asamblea nacional compuesta por 150 diputados —50 eclesiásticos, 51 aristócratas y 49 miembros del tercer estado. Habida cuenta de las circunstancias, solamente 65 estuvieron presentes en la sesión de apertura el 15 de junio, y 91 asistieron a la clausura el 7 de julio. La asamblea apenas tenía poder para modificar los textos que le fueron sometidos. La Constitución de Bayona, aunque se tratara de una carta otorgada, contenía disposiciones que rompían con el pasado, algunas de las cuales reaparecieron en la Constitución liberal de Cádiz: el catolicismo era definido como la religión del rey y de la nación; junto a un Consejo de Estado y a un Senado nombrados por el rey, se preveía una cámara —para la cual se conservó el nombre tradicional de Cortes— sin poder legislativo; los privilegios fueron abolidos y las libertades individuales garantizadas, incluida la libertad de prensa; la tortura fue suprimida. Esta Constitución nunca llegó a ser aplicada. En el momento en que fue promulgada, el levantamiento popular impuso otras prioridades.

El 2 de mayo de 1808

En la reunión familiar de Bayona sólo faltaba el infante Francisco de Paula, que a la sazón tenía trece años, cuya llegada deseaba Carlos IV. Tenía que dejar Madrid el 2 de mayo y para impedir esta partida la muchedumbre se manifestó aquel día en los accesos al palacio real. Murat dio orden a la tropa de atacar, lo que desencadenó el levantamiento. Durante todo el día la batalla causó estragos en las calles de la capital, en los alrededores de la Puerta del Sol. Primero se combatía con trabucos, cuchillos y bastones... contra los mamelucos. El ejército español recibió la orden de no moverse de los cuarteles, pero algunos oficiales —Daoíz, Velarde y otros— se unieron a los insurgentes y les distribuyeron armas. Se asistió entonces a una especie de guerrilla urbana con grupos móviles de unos cincuenta hombres que hostigaban al adversario. El parque de artillería resistió durante tres horas los ataques de los franceses. Por la tarde, la insurrección fue aplastada. En la mañana del 3 de mayo, Murat mandó fusilar a algunas decenas de sublevados.

El levantamiento del 2 de mayo plantea un problema a los historiadores. Unos ven en él la insurrección espontánea de un pueblo que combatía por su rey y su fe. Para otros, se trata de un movimiento patriótico y revolucionario que tomó un cariz antifrancés, porque Murat, al negarse a reconocer a Fernando VII, dio la impresión de defender el régimen que se creía derrotado desde el 19 de marzo. Las dos interpretaciones no se excluyen. A la revuelta de un pueblo sometido desde hacía semanas a las vejaciones de las tropas extranjeras respondió la exasperación de unos grupos sociales que, por distintas razones, querían acabar con el despotismo de Godoy: intelectuales preocupados por la reacción que siguió a la Revolución francesa y que interrumpió el movimiento reformista,[8] eclesiásticos descontentos por la venta de bienes del clero, nobles apartados del poder y molestos por la rápida ascensión de un advenedizo, militares humillados por las derrotas, comerciantes arruinados por el bloqueo y por la interrupción del comercio americano, campesinos afectados por la carestía y por el alza de los precios, todos ellos escandalizados por el indigno comportamiento de Carlos IV y de María Luisa. Muchos esperaban que todo fuera a cambiar con el advenimiento de Fernando VII. La emboscada de Bayona les hizo temer una vuelta atrás. El levantamiento del 2 de mayo fue un intento de reanudar el movimiento. No todos los insurgentes compartían los mismos sentimientos. Había entre ellos nostálgicos del orden tradicional, pero también hombres que pensaban en renovar el país. Para éstos, el 2 de mayo era el punto de partida; los liberales convirtieron más tarde esta fecha en fiesta nacional.[9] Por el contrario, sus adversarios, empezando por el Fernando VII de 1814, consideraban aquel día como un acontecimiento revolucionario, es decir, como un atentado al orden social y como el comienzo de un trastorno político. El 2 de mayo, el niño Alcalá Galiano —hijo de uno de los oficiales muertos en Trafalgar—, oyendo el tumulto y los disparos, preguntó qué pasaba y su madre le respondió: «Ya ha empezado».

Se abrió entonces un período de anarquía que duró varios meses. Ya no se sabía dónde estaba el poder. Antes de partir hacia Bayona, Fernando VII había encargado

---

8. Meléndez Valdés recibió con alegría la caída de Carlos IV y el advenimiento de Fernando VII: Cf. Georges Demerson, *Don Juan Meléndez Valdés et son temps (1754-1817)*, París, 1962.
9. Decreto de abril de 1820, tras la revolución liberal de Riego.

a una Junta de Gobierno que dirigiera el país en su ausencia. Los funcionarios que la constituían no sabían muy bien a quién obedecer: ¿a Fernando VII que les había pedido que se adhirieran a Napoleón? ¿A Carlos IV o a Murat? Al tomar acta de las abdicaciones de Bayona, el 4 de junio, la Junta pidió a los españoles que se inclinaran ante Napoleón, pero ¿quién le escuchaba? Los miembros del Consejo de Castilla se dispersaron. Cada ciudad y cada provincia reaccionó a su modo, sin coordinarse con las demás. Tras el 2 de mayo, el alcalde de Móstoles, cerca de Madrid, declaró la guerra a Francia: «La patria está en peligro. Madrid se está muriendo víctima de la perfidia de los franceses. ¡Españoles! ¡Acudid en defensa de la patria!».[10] En todas partes donde fue posible —es decir, en las ciudades que no estaban ocupadas por las tropas francesas—, se constituyeron Juntas municipales o provinciales que tan pronto colaboraban con las autoridades locales, tan pronto las sustituían. Asturias dio la señal tras las manifestaciones de Gijón (5 de mayo) y de Oviedo (9 de mayo). Dos semanas más tarde —este intervalo permite suponer que estamos en presencia de un movimiento orquestado—, Juntas análogas se constituyeron en Valencia (25 de mayo), en Zaragoza (26 de mayo), en Santander y en Sevilla (27 de mayo), en Córdoba, Jaén y Granada (28 de mayo), en Cádiz (29 de mayo), en Badajoz y en La Coruña (30 de mayo), en León y en Zamora (1 y 2 de junio), etc. Con raras excepciones, todo ocurrió sin ningún incidente grave y sin derramamiento de sangre. En todas partes los notables fueron llevados al poder: aristócratas en Asturias y en Sevilla; obispos en Santiago de Compostela y en Santander; militares en Galicia, en Granada, en Cartagena y en Zaragoza... Ésta constituye una primera indicación del sentido de un movimiento que, hasta ahí, no tenía nada de revolucionario. En Murcia, la Junta fue presidida por Floridablanca, aquel antiguo ministro de Carlos III que se volvió reaccionario tras la toma de la Bastilla. Precisamente a petición de esta última Junta el 25 de septiembre de 1808 se formó en Aranjuez una Junta Central compuesta por 24 y más tarde por 34 representantes de las Juntas locales, sobre la base de dos delegados por Junta. La Junta Central estaba formada por varios antiguos ministros —entre ellos Floridablanca, que la presidía, y Jovellanos—, cinco grandes de España, tres marqueses, cuatro condes, dos generales y sólo dos representantes de lo que podríamos llamar el tercer estado. El secretario general era el poeta Quintana, que redactó la mayor parte de las proclamas. La Junta Central se preocupó de coordinar la acción de todos los que se negaban a reconocer «al rey intruso» —así era como se designaba a José Bonaparte— y de establecer progresivamente su autoridad en el país. Era lo que Quintana llamaría más tarde «organizar la anarquía».[11]

En junio de 1808, los españoles que aceptaron la situación creada en Bayona no se tomaron las Juntas en serio y esperaban asentar rápidamente su autoridad en el conjunto del país. José Bonaparte terminó accediendo a las peticiones de su hermano.

---

10. A título de curiosidad, el ayuntamiento de Móstoles no puso fin oficialmente al estado de guerra contra Francia hasta 1989...

11. En sus *Cartas* al hispanista lord Holland: «Vos sabéis, milord, el método que tenemos en España para hacer las revoluciones. Luego que el punto central del gobierno falta en su ejercicio o deja de existir, cada provincia toma el partido de formarse una junta que reasume el poder político, civil y militar de su distrito ... entra después la comunicación entre unas y otras [juntas] para concertar las medidas de interés general; hecho esto, el estado, que al parecer estaba disuelto, anda y obra sin tropiezo y sin desorden».

El 7 de julio, en Bayona, formó un gobierno en el que participaban personalidades conocidas y respetadas: Urquijo, Cabarrús, el antiguo embajador Fernán Núñez... Ofreció el ministerio del Interior a Jovellanos, que lo rechazó. José emprendió el viaje el 9 de julio. A pesar de las ceremonias oficiales que se organizaron en su honor, no dejó de advertir la frialdad del recibimiento que la población le dedicó. El 20 llegó a Madrid y se instaló en el palacio real. El 25 tuvo lugar la proclamación solemne del nuevo rey, pero la situación militar no le dejó mucho tiempo para organizar nada.

En su conjunto, el ejército español se negó a ponerse bajo las órdenes del «rey intruso». A lo largo del verano de 1808, el ejército hizo fracasar los planes de Napoleón. Se pensaba, sin embargo, que no iba a resistir mucho tiempo frente a las aguerridas tropas que el emperador había mandado a la península y que no había dejado de reforzar desde octubre de 1807. Mal equipado, el ejército estaba, además, muy disperso y sin un mando unificado; obedecía a las Juntas provinciales que no siempre se ponían de acuerdo. En Galicia, el general Blake disponía de 15.000 soldados; en el centro, Cuesta tenía menos de 10.000. Sólo el ejército de Andalucía, mandado por Castaños, parecía capaz de hacer frente al enemigo con sus 25.000 soldados, sus 2.000 jinetes y sus cañones. Los cuerpos de Blake y de Cuesta se reunieron pero fueron derrotados el 12 de julio por Bessières, encargado de ocupar la zona de Valladolid. En otras partes las cosas no se presentaron tan bien. En el este, Moncey tuvo que renunciar a tomar Valencia; Lefebvre fue parado ante Zaragoza y Duhesme delante de Gerona (20-24 de julio). Quedaba el general Dupont que, con un ejército de 20.000 hombres, había recibido la misión de desbloquear las naves y los marinos franceses supervivientes de Trafalgar, amenazados de ser cercados en Cádiz. El 7 de junio entró en Córdoba, pero el 19, dándose cuenta de que Castaños dominaba Andalucía, prefirió atrincherarse en Andújar en espera de refuerzos. Permaneció allí más de un mes. Amenazado por Castaños, Dupont comenzó entonces a retroceder hacia el desfiladero de Despeñaperros, en el corazón de Sierra Morena, que domina la carretera de Madrid. Fue detenido en Bailén por unos contingentes enemigos que le obligaron a librar una batalla en malas condiciones; fatigados, agotados por el calor y la sed, los franceses sufrieron importantes pérdidas. Para evitar una matanza, Dupont capituló; los 20.000 soldados de su ejército fueron hechos prisioneros.

Al conocer la noticia, José Bonaparte abandonó precipitadamente Madrid el 30 de julio, ¡diez días después de haber llegado! Los franceses se atrincheraron en el Ebro. El 12 de agosto, Lefebvre levantó el sitio de Zaragoza. La situación no era mucho mejor en Portugal. En mayo las Juntas de Asturias y Galicia, actuando por iniciativa propia, habían enviado a unos comisionados a Inglaterra para solicitar ayuda financiera y militar. Inglaterra puso entonces fin al estado de guerra contra España y, a mediados de julio, mandó a un cuerpo expedicionario bajo las órdenes de Wellesley, futuro duque de Wellington, que desembarcó en La Coruña y avanzó sobre Oporto, donde fue recibido como libertador y después sobre Coimbra y Lisboa. Wellesley obligó al mariscal Junot a capitular en Cintra (30 de agosto de 1808).

Los guerrilleros y la «Grande Armée»

Por primera vez, los ejércitos de Napoleón fueron puestos en jaque. El emperador decidió tomar por sí mismo el mando de una expedición destinada a reconquistar España y a volver a instalar en su trono a José Bonaparte. Recurrió a las unidades de la *Grande Armée*, tropas que se habían distinguido en Austerlitz y en Jena, con generales de elite: Soult, Victor, Ney, Masséna... La acción fue cuidadosamente preparada, salvo en un punto: la intendencia. Napoleón partía de la idea de que la guerra tenía que nutrirse con la guerra: el ejército tenía que vivir de los recursos del territorio, lo que no siempre era posible en España a causa de las guerrillas. El 5 de noviembre de 1808, Napoleón estaba en Vitoria, el 11 en Burgos, después de que Soult derrotara a un cuerpo de ejército español. Marchó sobre la capital, pero su infantería se atascó en el paso de Somosierra, en plena montaña. En siete minutos, jinetes polacos atravesaron al galope los dos mil quinientos metros de terreno escarpado que los separaban de la cumbre del paso y cayeron sobre la artillería enemiga. Sorprendidos por este audaz ataque, los españoles abandonaron sus posiciones y Napoleón se precipitó por la brecha (el 30 de noviembre de 1808). El 2 de diciembre, llegó a las puertas de Madrid y al día siguiente lo ocupó. La Junta Central huyó precipitadamente hacia Sevilla. José Bonaparte tomó otra vez posesión del palacio real. El 17 de enero de 1808 Napoleón regresó a Francia, dejando a sus mariscales la tarea de terminar la reconquista.

Soult derrotó con bastante rapidez a las tropas españolas del noroeste. El 20 de enero de 1809, entró en La Coruña e invadió Portugal hasta Oporto, mientras que Victor avanzó por el valle del Tajo, pero Wellesley y el cuerpo expedicionario inglés impidieron a los dos ejércitos reunirse; los franceses no pudieron tomar Lisboa. Las plazas del norte y del este de España cayeron una tras otra, pero a costa de graves pérdidas por parte de los dos adversarios. El segundo sitio de Zaragoza comenzó el 29 de diciembre de 1808. Varios asaltos fueron rechazados. Cuando los franceses pudieron por fin entrar en la ciudad, tuvieron que tomar las casas una por una. El agotamiento, el hambre y la epidemia obligaron al general Palafox, defensor de la plaza, a capitular el 20 de febrero de 1809. El sitio de Gerona no fue más fácil, duró de marzo a diciembre de 1809. En el centro, Soult derrotó a los españoles en Uclés (13 de enero de 1809), lo que permitió a su ejército adentrarse hacia el sur, ocupando sucesivamente La Mancha y el valle del Guadalquivir. En 1810 toda Andalucía excepto Cádiz estaba bajo la autoridad de los franceses. En 1811 Napoleón disponía en España de más de 360.000 hombres, pero esos efectivos estaban dispersos por toda la península y, sobre todo, no estaban bajo un mando único. José Bonaparte no tenía la autoridad suficiente para imponerse a unos mariscales que rivalizaban entre sí y a quienes repugnaban las acciones coordinadas. Esa división y esa desunión facilitaron la contraofensiva del ejército español, reorganizado y apoyado por guerrilleros cada vez más numerosos y eficaces y por el cuerpo expedicionario inglés.

La guerrilla había comenzado de un modo espontáneo y esporádico tras el 2 de mayo de 1808 con iniciativas individuales animadas por el deseo de vengar las exacciones del ejército francés: las requisas, la matanza de una familia, algunas ejecuciones sumarias, el pillaje y el incendio de una ciudad, etc. Muy pronto los jefes se destacaron del resto y organizaron partidas. Se les designaba tan pronto por el nombre —Merino, Espoz y Mina—, tan pronto por unos motes que recordaban su origen social, su indumentaria o su carácter: el *Estudiante*, el *Capuchino*, el *Chaleco*, el *Caracol*, el *Empecinado*. Algunas de estas bandas que, al principio sólo contaban con algunos individuos, terminaron pareciendo verdaderos ejércitos. En 1813 Espoz y Mina —promovido a general— tenía bajo sus órdenes a nueve regimientos de infantería y dos de caballería. El armamento y el equipamiento también mejoraron;

a las armas blancas y a los trabucos de los primeros meses se les añadieron pronto los fusiles tomados al enemigo o proporcionados por los ingleses. Todas les regiones estaban afectadas por el fenómeno de la guerrilla, pero algunas eran consideradas peligrosas para los franceses. El cura Merino se desplazaba entre Burgos y Valladolid; el campesino Espoz y Mina era dueño de Navarra —los franceses hablaban de él como del rey de Navarra—; el antiguo zapatero Juan Martín, el Empecinado, que había hecho la guerra del Rosellón en 1794-1795, operaba entre Soria, Burgos y Segovia. La movilidad proporcionaba la fuerza y la eficacia de los guerrilleros que interceptaban las comunicaciones y los movimientos del enemigo, destruían sus depósitos de víveres, atacaban sus retaguardias y los destacamentos aislados. La táctica era sencilla: nunca un ataque frontal, caían por sorpresa sobre el enemigo, le causaban todas las pérdidas posibles y se replegaban para reaparecer un poco más lejos algunos días más tarde. Buenos conocedores del terreno, los guerrilleros eran inalcanzables. En vano los franceses trataban de perseguirlos o de aislarlos; las represalias contra los pueblos que les prestaban asistencia no hacían más que exasperar los ánimos y aumentar el número y el prestigio de los guerrilleros, que disfrutaban a menudo de complicidades locales, pero también llegaban a exasperar a la población con sus exigencias y su comportamiento. Junto a los guerrilleros animados por un espíritu patriótico había también en las partidas malhechores y desertores que se comportaban más como bandoleros que como combatientes. En su serie sobre *Los desastres de la guerra*, Goya evocó con realismo las desgracias de los campos de España, oprimidos alternativamente por los franceses, los ingleses y los guerrilleros; todos se comportaban con igual ferocidad con respecto a los civiles. La guerrilla dio a la expedición de España su carácter de lucha despiadada, hecha de brutalidad y de crueldad. La Junta Central captó pronto el interés que tenían aquellos combatientes sin uniforme. En diciembre de 1808 elaboró una especie de reglamento de los guerrilleros. En abril de 1809 promulgó un edicto regulador de las fuerzas de tierra que dio existencia legal a los guerrilleros y se esforzó por coordinar sus acciones y por someterlas a un mando. Cuando llegó la paz, muchos de esos guerrilleros tuvieron dificultades para reanudar una actividad normal. Estaban disponibles para cualquier aventura, conspiración, golpe de mano y para las guerras civiles que enfrentaron, hasta la década de 1850 y más allá, a los carlistas y los liberales. Esos héroes acabaron por aparecer a ojos de los notables como unos promotores de disturbios. En palabras del novelista Pérez Galdós, la guerrilla fue, en la España de la primera mitad del siglo xix, la gran academia del desorden.

La guerrilla contribuyó a desorganizar el dispositivo militar de los franceses, pero, por sí sola, habría sido incapaz de acabar con las tropas aguerridas y bien mandadas por oficiales que habían dado prueba de su valor en todos los campos de batalla de Europa. Los golpes decisivos fueron asestados por el ejército regular español y por sus aliados ingleses. Desde el 4 de junio de 1808, Inglaterra se comprometió a proporcionar a las Juntas regionales subsidios y consejeros militares y a mandar un cuerpo expedicionario a España. La alianza con la Junta Central fue firmada en enero de 1809. En dos veces, el cuerpo expedicionario inglés desembarcó a 20.000 hombres primero y a 13.000 más tarde. A su manera, los contingentes ingleses eran también inalcanzables. En efecto, la enorme fachada marítima de la península ibérica facilitaba las operaciones puntuales a partir de un puerto; así, atraían unidades francesas a las cuales libraban combate, pero evitaban adentrarse demasiado en tierra para no arriesgarse a verse separados de su retaguardia.

Se zafaban de toda batalla campal cuando el resultado parecía incierto para replegarse en las bases flotantes y desembarcar en otro punto del litoral. Esta táctica, junto a la potencia de fuego de los ingleses, desconcertaba a los mariscales franceses, obligados a correr de un lugar a otro a costa de marchas agotadoras, sometidos a los hostigamientos de los guerrilleros. El enemigo se zafaba sin cesar, impidiendo a los franceses una victoria decisiva. En 1812 Wellesley, convertido en duque de Wellington, creyó llegado el momento de pasar a la contraofensiva. Los cinco cuerpos del ejército que Napoleón mantenía en España estaban dispersos; entre sus jefes no existía ninguna coordinación ni ningún plan de conjunto. Wellington sacó partido de esta situación. En enero de 1812, desde Portugal, atacó Extremadura. El 18 tomó Ciudad Rodrigo y obligó al general Marmont a replegarse en Salamanca. Tres meses más tarde, Wellington se apoderó de Badajoz. El 17 de junio entró en Salamanca y, cerca de allí, en el lugar llamado Arapiles, aplastó a los franceses el 22 de julio. La carretera de Madrid quedó abierta. Wellington llegó a la ciudad el 11 de agosto, pero, prudente, prefirió no alejarse de sus bases y regresó a Portugal. Eso era actuar acertadamente. Soult, que se sentía amenazado en Andalucía, levantó el sitio de Cádiz, fue a Valencia por la costa y, desde allí, marchó sobre Madrid y lo volvió a tomar en enero de 1813. La popularidad de Wellington era inmensa en España. En marzo de 1811, la regencia se había negado a designarlo comandante militar de Asturias y Galicia; eso habría significado alienar una parte de la soberanía nacional.[12] Tras la victoria de Arapiles, las Cortes de Cádiz perdieron sus escrúpulos nacionalistas; el 22 de septiembre de 1812, Wellington fue nombrado generalísimo de las tropas españolas y reanudó la ofensiva en mayo de 1813. Los franceses evacuaron de nuevo Madrid, esta vez definitivamente. El 21 de junio, el ejército imperial fue derrotado en Vitoria. A finales del mismo mes, atravesó los Pirineos. Prosiguiendo su avance, Wellington invadió el territorio francés en noviembre de 1813. En diciembre, sin siquiera informar a José, Napoleón firmó el tratado de Valençay por el cual Fernando VII recuperó el trono de España. En abril de 1814 negoció con Wellington la evacuación de las últimas plazas que sus ejércitos ocupaban aún en Cataluña.

Afrancesados, absolutistas y liberales

A partir del 2 de mayo de 1808 los españoles se dividieron. Sólo una minoría aceptó el gobierno de José Bonaparte. La mayoría rechazó al «rey intruso» y combatió contra el invasor francés, pero los que se le oponían no se entendían entre sí. Unos pedían el retorno del rey legítimo, Fernando VII, con todas sus prerrogativas; otros deseaban aprovechar la ocasión para dotar a España de una constitución moderna que limitara el absolutismo. ¿Cómo se produjo la división entre afrancesados, legitimistas y liberales?

La opción espontánea y casi instintiva de los absolutistas se explica fácilmente. Para ellos, España era un estado patrimonial, un agregado del cual la monarquía constituía el vínculo. Desde su punto de vista, la defensa de España se confundía con la del soberano legítimo, propietario de su reino, como se decía en el siglo XVI,

---

12. «Es preferible perecer con honra a sucumbir a una dominación extranjera», comentó la regencia.

y esa España sólo podía ser católica en el sentido más tradicional del término: la religión ilustrada de los ministros de Carlos III les ofendía casi tanto como la impiedad de los filósofos franceses. Una parte importante de las clases dirigentes no tenía una idea política distinta. La inmensa mayoría del pueblo —la masa absolutista, como dice Miguel Artola— compartía esa idea de forma confusa. El 2 de mayo y en los meses que le siguieron se fue repitiendo «¡Viva el rey Fernando, la patria y la religión!», señala Alcalá Galiano y añade esta observación: la segunda palabra —patria— era algo nuevo para los españoles. En efecto, el concepto de nación pertenecía al vocabulario y a la ideología de los jacobinos.[13] Esta noción era sospechosa a ojos de los absolutistas que preferían la idea de patria porque evocaba la tierra de los antepasados, una herencia cultural, una tradición en la cual se incluían los otros dos términos: la dinastía legítima y el catolicismo.

Fernando VII era presentado como una víctima y un prisionero de los franceses. Los absolutistas tomaron las armas por los golpes asestados a la familia real y a la religión. Napoleón fue mal informado sobre España. La conocía solamente por lo que habían escrito Montesquieu, Voltaire, el abate Raynal y los enciclopedistas. La veía como un pueblo oprimido por los señores feudales, dominado por un clero oscurantista y fanático, sometido a unos gobiernos y a unos soberanos despreciables, aquellos que, en Bayona, se habían humillado vergonzosamente ante él. Napoleón creía que llegaría a España como un libertador; pensaba sinceramente en regenerar el país, rescatarlo de su letargo y darle unas instituciones modernas. Su proclamación en Bayona el 25 de mayo de 1808 fue explícita:

> ¡Españoles! Tras una larga agonía vuestra nación perecía. He visto vuestros males y voy a remediarlos … Quiero obtener títulos eternos por el amor y el reconocimiento de vuestra prosperidad. Vuestra monarquía es vieja; mi misión es rejuvenecerla. Mejoraré vuestras instituciones y os haré disfrutar de las beneficios de una reforma sin daños, sin desórdenes, sin convulsión … Españoles, acordaos de quiénes fueron vuestros padres, mirad en qué os habéis convertido. La culpa no es vuestra, sino de la mala administración que os ha gobernado. Tened plena esperanza y confianza en las circunstancias actuales ya que quiero que cuando vuestros descendientes se acuerden de mí digan: «fue el regenerador de nuestra patria».

La Constitución de Bayona no tenía otro fin y, más aún, los decretos firmados el 2 de diciembre de 1808 en Chamartín antes de entrar en Madrid. De un solo golpe, Napoleón abolió el Antiguo Régimen, suprimió los derechos feudales, la justicia señorial, las aduanas interiores y la Inquisición; cerró dos tercios de los conventos y provocó la reacción de aquel pueblo al cual quería liberar de sus cadenas. Como los ayatolás que, en 1979, expulsaron al sha porque quería modernizar Irán con métodos autoritarios, centenares de frailes se levantaron en la España de 1808 para rechazar las reformas impuestas por el extranjero que creían contrarias a la religión y al carácter nacional. Expulsados de sus conventos por las medidas de Napoleón y de José Bonaparte, se dispersaron por todas partes; algunos se hicieron guerrilleros pero todos predicaban contra los franceses y sus cómplices que eran presentados como unas gentes sin Dios que perseguían a la Iglesia, cometían sacrilegios y se mofaban

---

13. Pierre Vilar, *Hidalgos, amotinados y guerrilleros. Pueblo y poderes en la historia de España*, Barcelona, 1982, p. 236.

de las tradiciones más sagradas. Invitaban a la población —que contaba con un 90 por 100 de analfabetos— a combatir en nombre del Sagrado Corazón y de la Virgen del Pilar de Zaragoza; alimentaban el odio al extranjero, doblemente culpable, por invasor y por destructor de los valores tradicionales, este segundo aspecto predominando sobre el primero. Los catecismos impresos y distribuidos durante la guerra de la Independencia contenían frases como estas:

«¿Qué son los franceses?»

«Antiguos cristianos convertidos en herejes...»

«¿Es pecado matar a un francés?»

«No, padre. Se realiza un acto meritorio liberando la patria de estos violentos opresores.»

El patriotismo no era el principal motivo que empujó a los absolutistas a levantarse contra Napoleón. La prueba es que unos diez años más tarde, en 1823, estos mismos absolutistas no dudaron en reclamar una nueva intervención francesa, esta vez para derribar al régimen liberal instaurado tras el restablecimiento de las instituciones constitucionales en 1820. En 1823, al igual que en 1808, su objetivo era el mismo: se trataba de devolver al soberano sus prerrogativas y oponerse a cualquier cambio en las estructuras políticas, sociales e ideológicas. Antes que patriotas, eran reaccionarios. Eran los herederos espirituales de los que en el siglo XVIII no cesaron de combatir las nuevas ideas introducidas en España, según ellos, por los admiradores de la cultura francesa. En esta invasión intelectual ya denunciaban una traición, un atentado contra los valores tradicionales de España. Tampoco se sorprendieron al constatar que en 1808 algunos reformistas se alinearan junto a los franceses y se convirtieran en afrancesados en el sentido preciso que este término tomó a partir de 1808: partidarios de José Bonaparte. Lo que les sorprendió, por el contrario, y lo que sorprendió más tarde a Menéndez Pelayo que vio en ello una inconsecuencia, fue que todos los intelectuales formados en la misma escuela no hubieran tomado una misma opción: ¿por qué algunos se alinearon detrás de José Bonaparte y otros —los que se llamaron liberales— decidieron combatir a la vez contra el invasor y a favor de unas reformas en las estructuras que pretendían destruir el Antiguo Régimen?

A decir verdad, la mayor parte de los españoles apenas tuvo tiempo para reflexionar acerca de qué convenía hacer; sufrió los acontecimientos, obedeciendo, según las circunstancias, a los generales franceses, a los funcionarios de José Bonaparte, a los representantes de las Juntas, a los guerrilleros... Algunos no tuvieron escrúpulos en sacar partido de la situación y enriquecerse convirtiéndose en proveedores de armas y de víveres para unos y otros. Sólo una minoría de notables y de intelectuales se planteó preguntas. No hay que excluir el papel del azar en tal o tal situación individual; algunos se encontraban en una zona ocupada por las tropas francesas, se adhirieron al nuevo régimen y dudaron después en cambiar de bando.[14] Los hombres no siempre toman decisiones tras una reflexión lúcida y serena; el oportunismo o el interés pueden guiar su elección, pero esta explicación no es suficiente para dar cuenta de la amplitud del fenómeno. Para aquellos a quienes sus funciones y su cultura habían sensibilizado con respecto a los problemas de su tiempo y de su país, las convicciones políticas tuvieron su importancia. La opción por el régimen josefino no era la simple consecuencia de una adhesión a las ideas venidas

---

14. Para lo que sigue, cf. Lucien Dupuis, «À propos d'afrancesamiento», *Caravelle*, 1, 1963.

de Francia. La corriente reformista se nutría de una tradición nacional que tuvo representantes ilustres en el siglo XVI. En cuanto a las influencias extranjeras, no se reducían a las fuentes francesas; los autores ingleses tuvieron cada vez más lectores en la España del siglo XVIII. Por otra parte, las ideas francesas no formaban un todo homogéneo y no determinaban necesariamente el comportamiento político: se podía estar entusiasmado por la lectura de los filósofos sin creerse por ello obligado a adherirse a los principios de la Revolución francesa ni aprobar todas sus realizaciones. Se podía también admirar la Revolución y ser contrario al Imperio, si se consideraba, por ejemplo, que Napoleón pervirtió en beneficio propio —o sea, traicionó— las ideas de 1789. La historiografía tradicionalista española establecía hasta hace poco una diferencia puramente formal entre los afrancesados y los liberales de Cádiz: los primeros eran moderados, contrarios al desorden y al tumulto; los segundos eran más vehementes. No se trataba sólo de una cuestión de temperamento. Los liberales veían en el hundimiento de los Borbones en 1808 la ocasión para que el pueblo recuperara la soberanía nacional que la dinastía reinante había abandonado. A los ojos de los partidarios del rey José por el contrario, las Juntas provinciales que se formaron tras el 2 de mayo adolecían de un defecto de origen. Salidas de los disturbios, eran el fruto de la anarquía y del desorden y a los josefinos no les gustaba el populacho; querían las reformas, pero a condición de que fueran llevadas a cabo dentro del orden y por el poder legal. He ahí la razón por la cual tantos representantes del despotismo ilustrado se reunieron junto a José Bonaparte. La violencia revolucionaria de Francia —el Terror, el proceso y la ejecución de Luis XVI— los horrorizó. Napoleón representaba a sus ojos al hombre que puso fin a los excesos de la Revolución, que reinstauró el orden, que se reconcilió con la Iglesia conservando al mismo tiempo las grandes conquistas de 1789: la abolición de los privilegios, los derechos del hombre, el código civil... No fueron raros en España los que antes del 2 de mayo admiraban al legislador y brillante general que por añadidura pasaba por protector de España. Incluso algunos miembros del clero fueron seducidos por él; el inquisidor general fue uno de ellos al igual que Llorente, secretario general de la Inquisición que, desde que participó en la reunión de Bayona, no ocultaba su entusiasmo. El régimen de José Bonaparte le parecía una ocasión única para introducir los cambios sociales, políticos y religiosos que España necesitaba y que los Borbones habían sido incapaces de realizar. Los afrancesados daban importancia a los aspectos legales, pero no eran legitimistas como los absolutistas. No sentían ningún aprecio por los Borbones que se habían deshonrado al convertir a Godoy en el dueño de España; se daban cuenta también de que aquellos Borbones habían renunciado a sus derechos en favor de Napoleón y le habían cedido el poder en Bayona. ¿Por qué tenían que ser más realistas que el rey? Tenían a su favor el derecho —los acuerdos de Bayona— y el prestigio de Napoleón. El régimen josefino se correspondía perfectamente con su ideal político: representaba la legalidad, el orden, la autoridad, la seguridad de que las reformas necesarias serían introducidas juiciosamente. Los afrancesados sentían respeto por José Bonaparte, que les parecía sinceramente deseoso de regenerar España. De hecho, José I se tomó su papel muy seriamente; tuvo el cuidado de atraer a las elites y al pueblo con prudentes medidas y con unas reformas encaminadas a modernizar el país sin herir los sentimientos religiosos de los españoles. La supresión de los antiguos consejos, de la grandeza, de las órdenes militares, de los cargos de regidores que se transmitían de padres a hijos, así como la simplificación del sistema fiscal, el impulso dado a la actividad económica, el desarrollo de la instrucción pública mediante la creación de colegios y escuelas técnicas, las mejoras y el embellecimiento de numerosas ciudades —especialmente Madrid—, todas estas iniciativas, secundadas por unos ministros íntegros y competentes, dan testimonio de su voluntad de servir al reino que su hermano le entregó, y los historiadores de hoy le hacen justicia gustosos. Desgraciadamente, José no siempre hizo lo que quiso. Los generales franceses no estaban bajo sus órdenes; actuaban en función de los imperativos militares que imponía la dirección de la guerra; las confiscaciones, las destrucciones de edificios considerados objetivos militares —o susceptibles de serlo—, las represalias, las ejecuciones sumarias, etc., no eran el tipo de acciones que ayudaran a hacer popular al régimen josefino, aunque esas exacciones no le fueran imputables y él las condenara a menudo. El pillaje de los museos nacionales y de los archivos parecía obedecer a un plan de conjunto.[15] Por su parte, el emperador actuó y legisló sin informar a su hermano y sin consideración hacia su autoridad. De este modo se firmaron los decretos de Chamartín, el 2 de diciembre de 1808. Napoleón quiso despejar el terreno y suprimió el Antiguo Régimen antes incluso de que su hermano hubiera recobrado el trono. José se tomó a mal este asunto; estaba ofendido por la arrogancia con la cual se trataba a su gobierno; renunció a la corona, pero el emperador le obligó a recuperarla. El enfrentamiento fue más grave aún en 1810, cuando Napoleón planeaba anexionarse los territorios situados al norte del Ebro y nombró a unos gobernadores militares para administrar Cataluña, Aragón, Navarra y Vizcaya. José protestó contra este atentado a la integridad del reino, pero fue en vano.

Eso da cuenta de la ambigüedad del régimen josefino. Representaba sin duda alguna un avance hacia la modernización de España, pero fue impuesto por un ejército de ocupación que tenía otras preocupaciones. Se comprenden las dudas y el desasosiego de muchos españoles: ¿tenían que pagar este precio por la modernización de su país? Los afrancesados estaban atrapados entre dos fuegos. Se parecen a sus contemporáneos franceses, los ideólogos (Destutt de Tracy, Volney, Cabanis, Daunou...) que, partidarios de las reformas pero asustados por los excesos del Terror, depositaron sus esperanzas en Napoleón Bonaparte hasta que éste les decepcionó. Como ellos, los afrancesados fueron acusados por los reaccionarios de haber ido demasiado lejos, mientras que los liberales les reprocharon que se hubieran opuesto a la corriente revolucionaria; atrajeron el odio de sus compatriotas porque aceptaban el régimen josefino y el de los militares franceses porque se oponían al pillaje y a las exacciones. Muchos españoles les reprochaban que les hubieran traicionado y que hubieran colaborado con el invasor. El término «colaboración» tomó en Francia a partir de 1940 una connotación peyorativa; emplearla para designar la situación de España en 1808 sería incurrir en un anacronismo además de una injusticia. Al igual que los españoles que después de 1789 habían emigrado y se habían puesto al servicio de la Revolución francesa, los afrancesados eran unos patriotas. Sufrían al ver su país sometido al despotismo y al oscurantismo. Rechazaban la

---

15. Un ejemplo entre otros lo proporciona un tal Frédéric Quilliet, aficionado al arte y marchante de cuadros. Viajó a España antes de 1808 y se convirtió en amigo de Godoy. Regresó a España en agosto de 1809 con el título de comisario de bellas artes encargado de organizar el futuro museo de pintura de Madrid. Este personaje fue responsable del pillaje sistemático de El Escorial por cuenta de los franceses: hizo desarmar cuidadosamente los cuadros, los bronces, las lámparas; localizó los manuscritos y libros más preciosos, etc.

España oficial, la de Godoy y de la Inquisición; soñaban con otro destino para su patria; querían cambiar las estructuras, las instituciones y las mentalidades. Su error fue creer que la regeneración de España podía realizarse bajo la protección de un ejército extranjero que hacía muy poco caso de la independencia nacional. Manuel Azaña expresó muy bien el drama y el error de los afrancesados:

> Entre un gran comercio, o una mejor administración y la independencia, nos parece a todos preferible esta última. Nosotros los españoles hicimos una experiencia así en 1808. ¿Qué duda cabe que el gobierno de José Bonaparte era más humano, más tolerante, más entendido en administración que el de Fernando? Pero la nación ... rechazó a José porque los probables beneficios de su administración no eran equiparables al supremo bien de la dignidad y de la independencia de España.[16]

Queda un tercer grupo, los hombres que rechazaron el régimen josefino y la ocupación francesa, pero no por las mismas razones que los absolutistas. No se tardó mucho en denominarles liberales. La palabra apareció por primera vez en Cádiz en 1811 con el sentido que le damos hoy, para designar no una doctrina económica —laissez faire, laissez passer— ni aun un partido político concreto, sino una actitud: la adhesión a las libertades públicas como antídoto del despotismo. Desde España el adjetivo «liberal» y el sustantivo «liberalismo» viajaron a Europa y enriquecieron el vocabulario de la ciencia política, como otros nacidos en la misma época o un poco más tarde: «camarilla», «pronunciamiento»... A grandes rasgos, los liberales representaban el partido del cambio contra los conservadores; la izquierda contra la derecha. En España, en 1808, combatieron a la vez contra los franceses y contra el Antiguo Régimen; eso es lo que los distingue de los afrancesados y de los absolutistas. El poeta Quintana portavoz de la Junta Central, se explicó claramente al respecto: no se trataba solamente de expulsar al invasor, sino también de asentar sobre bases sólidas «el bien general de la nación» elaborando una constitución para «reformar los abusos introducidos en la monarquía», los «vicios enormes e inveterados de una administración corrompida». Al igual que los afrancesados, los liberales eran herederos espirituales de la Ilustración, pero, para ellos, Napoleón había desviado la Revolución de su curso puesto que puso fin a la libertad para establecer su dictadura. He ahí lo que La Forest, embajador de Napoleón, opinaba de Quintana en octubre de 1810: un hombre conocido por su petulancia y sus ideas republicanas, gran admirador de la Convención, más reservado para con el Directorio, francamente hostil a Francia desde el 18 Brumario. Con otras palabras, lo que Quintana y, con él, los liberales admiraban no era a Francia, eran los ideales que ésta encarnó con la Revolución y que Napoleón había traicionado. En 1808 volvieron contra Francia la idea de nación, de origen francés: para ellos, al igual que para los jacobinos, la nación no se confundía con la dinastía reinante; designaba una comunidad independiente de toda dinastía. En última instancia, poco importaba la forma del régimen —república o monarquía—, lo importante era el contenido: la soberanía residía en la nación. Era también eso lo que los distinguía de los afrancesados, apegados a la forma monárquica del régimen porque veían en él un seguro contra las aventuras revolucionarias, contra los excesos y contra los alborotos del populacho, sin que esa adhesión racional implicara la fidelidad a una dinastía particular.

---

16. Manuel Azaña, «Los motivos de la germanofilia», texto de 1917 publicado en *Obras Completas*, t. I, pp. 151-152.

La división de las elites españolas en 1808 no se debe al azar; obedece a una lógica. La opción de los absolutistas se explica por su fidelidad incondicional a las formas de vida tradicionales. Los hijos espirituales de la *Aufklärung* obedecían a otros motivos. Lo que los separaba era, primeramente una diferencia de temperamento: se era revolucionario o reformista. También era una cuestión de doctrina: se estaba a favor o en contra de la soberanía nacional. Era, por último, un problema generacional: los ancianos se sentían más cómodos con José Bonaparte que les recordaba a Carlos III —reformas prudentes y progresivas, concedidas desde arriba, en la legalidad y el orden—; los jóvenes se entusiasmaron con la Revolución francesa; los tumultos no les daban miedo. Es cierto que este esquema de explicación no aclara todas las situaciones individuales, pero permite comprender la evolución general. Se explica fácilmente la actitud de Floridablanca: desde 1789 sentía horror por todo lo que provenía de Francia; no es, pues, sorprendente verlo ocupar un puesto en la Junta Central donde los absolutistas eran mayoría. El caso de Jovellanos es más complejo. Su temperamento político lo hubiera tenido que llevar a ser josefino, como su discípulo y amigo Meléndez Valdés: gusto por el orden, sentido del matiz, moderación, preocupación por aplicar con prudencia las etapas... Jovellanos, sin embargo, rechazó la proposición de José Bonaparte cuando quiso confiarle el ministerio de la Gobernación; su repugnancia a aceptar la dominación extranjera pudo más. Participó en la Junta Central y más tarde en las Cortes de Cádiz donde quedó completamente aislado. Se oponía a los liberales en tres puntos esenciales.

Estaba en contra del principio de la soberanía nacional; para él, la soberanía residía en el rey. Aunque no tuviera ninguna razón para sostener la causa de los Borbones que lo habían perseguido y encarcelado, Jovellanos era sensible a la legitimidad que ellos representaban y eso lo acercaba a los absolutistas: estaba muy apegado a las formas heredadas del pasado, las reformas tenían que hundir sus raíces en la tradición y no debían romper con ella. Desde este punto de vista, era resueltamente antiliberal.

Estaba en contra de la igualdad de derechos; continuaba convencido de la legitimidad y de la necesidad de la nobleza.

Desconfiaba de la opinión pública y quería limitar la libertad de prensa.

La Constitución de Cádiz

La Junta Central se reunió primeramente en Aranjuez y después en Sevilla; cuando la *Grande Armée* invadió Andalucía, se replegó en Cádiz y, por último, en la isla de León. Floridablanca la presidió hasta su muerte en diciembre de 1808. Emanación de las Juntas provinciales que se formaron tras las manifestaciones de mayo, estaba integrada en su mayoría por notables poco dados a las innovaciones. Recordemos, desde este punto de vista, dos medidas significativas: la decisión de suspender la venta de bienes del clero y la de autorizar la vuelta de los jesuitas a España a título individual. Eso no era ni siquiera conservadurismo; era una regresión.

La Junta se disolvió en enero de 1810 tras haber nombrado un Consejo de Regencia encargado de organizar una reunión de las Cortes. En principio, estas Cortes tendrían que haber sido convocadas de acuerdo con la antigua fórmula, por estamentos (nobleza, clero, representantes de las ciudades). No sabemos muy bien por qué, la regencia no tuvo en cuenta ese voto. Ideó un sistema complicado de elección a tres niveles sobre la base de un diputado por cada cincuenta mil habitantes. Para las circunscripciones donde la situación militar impidió que la elección se desarrollase con normalidad y también para los territorios americanos, se decidió, mientras se esperaba la llegada de los diputados reglamentariamente elegidos, designar a unos suplentes escogidos entre los naturales de aquellas circunscripciones residentes en Cádiz. Se trataba a menudo de comerciantes burgueses, más sensibles a las ideas nuevas que los notables tradicionales. La corriente partidaria de las reformas estructurales salió reforzada de ello. Los eclesiásticos —un centenar— constituían la tercera parte de la asamblea; en su mayoría procedían de las capas medias del clero —canónigos, doctores— y eran más bien favorables a las reformas, también ellos. Por último, la fuerza de la corriente liberal en las Cortes era debida a la personalidad de sus representantes. El conde de Toreno, Argüelles, Quintana y otros eran oradores de talento que sabían hacerse escuchar. Ellos inauguraron brillantemente la historia del parlamentarismo en España y le imprimieron un carácter que conservó hasta el siglo XX: la elocuencia primaba por encima del rigor en la argumentación; por eso los letrados eran más numerosos que los técnicos y los hombres de experiencia. En las Cortes, la influencia de los liberales se alternaba con la de los servicios administrativos de las Cortes; el bibliotecario B. J. Gallardo —uno de los maestros de la bibliografía española— puso su erudición al servicio de las ideas avanzadas proporcionando a los diputados las referencias y los precedentes históricos que podían serles de utilidad. Una última circunstancia contribuyó a dar a la corriente liberal un peso que no tenía en la realidad: el ambiente de Cádiz, ciudad que, gracias a su puerto y a su comercio internacional, estaba abierta al mundo exterior. La burguesía estaba muy representada en ella y era muy activa —hecho excepcional en la España de aquel tiempo—; las noticias de Europa llegaban allí rápidamente y eran comentadas en los cafés, en los círculos y en los periódicos que se imprimían libremente. Si las Cortes se hubiesen celebrado en otra ciudad de España habrían estado sometidas a presiones ideológicas de muy distinto cariz, lo cual no habría dejado de influir en sus deliberaciones. En la sesión de apertura, el 24 de octubre de 1810, se produjo un incidente significativo. El presidente del Consejo de Regencia, Pedro Quevedo, obispo de Orense, se negó a prestar juramento a unas Cortes que se habían proclamado depositarias de la soberanía nacional; él no reconocía más soberanía que la de Fernando VII. Fue la primera de una larga serie de divergencias entre la mayoría de las Cortes y la regencia sobre el papel que correspondía a cada una de las instituciones. Tenemos otro ejemplo cuando los diputados decidieron suprimir la Inquisición. Las Cortes pidieron que el decreto fuera leído en todas las iglesias durante tres domingos consecutivos; el clero se negó a ello y la regencia se abstuvo de tomar partido. Las Cortes suprimieron el régimen señorial, los bienes comunales, los gremios y todo lo que representaba al Antiguo Régimen.

La Constitución elaborada en Cádiz se inspiraba en la ideología liberal, a pesar del artículo 12 sobre la religión de la nación española «La religión … es y será perpetuamente la católica, apostólica y romana y la única verdadera. La nación la protege con sabias leyes y prohíbe el ejercicio de todas las demás». La nación se definía como el conjunto de los españoles de los dos hemisferios, sin distinción de clases ni de estamentos. La Constitución afirmaba el principio de la soberanía nacional que se situaba por encima del rey. En contra de Jovellanos que preconizaba un sistema a la inglesa con una cámara alta que contrapesara la cámara baja, la Constitución preveía un régimen de asamblea, con una cámara única que compartía con el rey el poder legislativo; esta cámara —para la cual se conservó el nombre tradicional de Cortes— era elegida por sufragio censitario a tres niveles (por parroquia, por distrito y por provincia). La Constitución preveía la creación de la milicia: una fuerza militar nacional permanente cuyos mandos ya no serían obligatoriamente nobles.

Algunos se inquietaron por estas instituciones que recordaban las de la Francia revolucionaria. Los liberales respondieron invocando las tradiciones «democráticas» de España, asfixiadas por los Austrias —¡una dinastía extranjera!— que, tras haber aplastado a los comuneros en Villalar (1521), establecieron un régimen tiránico y quitaron a las Cortes toda representatividad y toda intervención en los asuntos políticos. Obsesionados con las imágenes y las grandes ideas de la Revolución francesa, los liberales españoles que se negaron a capitular ante Napoleón proyectaban en el pasado sus preocupaciones. Impresionados por algunas analogías formales, creyeron reconocer en los comuneros a unos precursores y en la revolución abortada de 1520-1521 la prefiguración del combate que estaban librando en favor de la libertad. Para Quintana, Martínez de la Rosa y otros era reconfortante descubrir a «egregios antepasados» en la propia patria. A través de los siglos, creían enlazar con unas teorías políticas proscritas durante mucho tiempo. Gracias a un anacronismo y por medio del deslizamiento sutil de su patriotismo exaltado, se libraron en parte de su deuda con respecto a las ideas francesas y reanudaron el curso de la historia española interrumpido en 1521. La teoría de las Cortes que elaboró por entonces Martínez Marina iba en la misma dirección: en el ámbito de la libertad política y del sistema representativo, España no tenía nada que envidiar a las demás naciones de Europa. Se asistió así, en el Cádiz de la década de 1810, a un espectáculo paradójico: ¡los absolutistas invocaban la libertad defendiendo su territorio contra los soldados de Napoleón y los liberales invocaban la tradición para destruir el Antiguo Régimen! La Constitución de Cádiz estaba llamada a convertirse en referencia obligada de los liberales españoles del siglo XIX, con toda la ideología que se desprende de ella: fidelidad al ideal de la Revolución francesa corregido por la adhesión con un pasado anterior al advenimiento de los Austrias e idealizado; soberanía nacional, horror al despotismo…

La Constitución fue aprobada el 11 de marzo de 1812 y promulgada el 19, fiesta de San José; por eso sus adeptos la llamaban familiarmente la Pepa. Los diputados se disolvieron dieciocho meses más tarde, el 14 de septiembre de 1813, y se dieron cita en Madrid para el 15 de enero siguiente. Durante este intervalo, Napoleón devolvió su corona a Fernando VII, con lo que se creó una situación totalmente nueva.

EL REINADO DE FERNANDO VII (1814-1833)

La España que Fernando VII encontró en 1814 apenas se parecía a la que dejó seis años antes en circunstancias poco gloriosas. Era un país al cual la guerra había arruinado y separado de sus territorios americanos. La sociedad y el estado de ánimo público habían cambiado profundamente. Los mandos del ejército no eran ya como los de otros tiempos salidos exclusivamente de los medios aristocráticos; muchos provenían de las clases medias o de los antiguos guerrilleros y no querían volver a sus ocupaciones. Los hombres que habían participado en las Juntas o en las Cortes se habían aficionado a los debates políticos y a la libertad de expresión, ¿aceptarían retirarse sin protestar?

España en 1814

La guerra de la Independencia fue una catástrofe. En 1808, a pesar de las deficiencias, España era un país lleno de promesas; en 1814, se había convertido en un campo de ruinas. Los beligerantes a menudo practicaron la táctica de tierra quemada, tanto los guerrilleros y los ingleses como los franceses.[17] La ganadería (ovejas, bovinos, caballos) sufrió unas pérdidas terribles y no recuperó jamás la importancia que había tenido con anterioridad a 1808. Casi todos los puentes sobre el Tajo y el Ebro habían sido destruidos; el puente de Mérida, sobre el Guadiana, seguía todavía derruido en 1835. El comercio y la industria estaban paralizados. He aquí el caso de Cataluña estudiado por Pierre Vilar. Entre 1807 y 1815, el tráfico, reducido a las operaciones clandestinas de quienes trataban de burlar el bloqueo, cayó casi a cero y sólo se recuperó a partir de 1830. En el resto de España, la recuperación fue mucho más tardía. Circunstancia agravante, el fin de la guerra de la Independencia coincidió con el principio de una depresión europea. La coyuntura había sido favorable a España en el siglo XVIII; en 1814, iba en contra de la reconstrucción. La tendencia a la baja de los precios acarreaba el marasmo de los negocios, el desempleo y el estancamiento.

La situación financiera no era mejor. En primer lugar estaba la herencia del pasado: los vales emitidos bajo Carlos III y Carlos IV que no habían dejado de depreciarse. La guerra no arregló nada. Cada Junta, cada ciudad incluso, emitió sus monedas o sus billetes, sin hablar de las monedas inglesas o francesas introducidas por los contendientes. Privado de las remesas de plata de América, el estado no consiguió restablecer una situación saneada. Aunque Fernando VII se negaba a una devaluación, tuvo que resignarse a ella por la presión de los liberales, de nuevo en el poder en 1820, pero, tras su eliminación, la medida fue retirada. Las monedas españolas huían; hacia 1830, la mitad de las monedas en circulación eran napoleones. Fernando VII halló la solución pidiendo empréstitos en el extranjero; en 1834, España estaba terriblemente endeudada con Inglaterra y con Francia. Estas operaciones de crédito gravaron el presupuesto del estado, pero enriquecieron a los intermediarios. De esta época data la fortuna de Alejandro Aguado, antiguo afrancesado a quien Fernando VII confió la misión de negociar los préstamos en la plaza de París. Aguado se convirtió pronto en uno de los más grandes banqueros de su tiempo; inspiró parcialmente al personaje de Nucingen de las novelas de Balzac.[18]

La guerra se cobró miles de víctimas, quizá quinientas mil, pero, en este terreno, la recuperación fue más rápida. La demografía española del siglo XIX era aún una demografía antigua, con una tasa elevada de nacimientos, una fuerte mortalidad y una esperanza de vida más corta que la del resto de Europa, a pesar de la vacuna

---

17. El novelista Pérez Galdós insinuó que los ingleses habían destruido deliberadamente las fábricas textiles para eliminar eventuales competidores.
18. Naturalizado francés en 1828, Aguado compró al año siguiente el hotel de Augny, actual ayuntamiento del distrito IX de París.

antivariólica en principio obligatoria desde 1814. La población aumentó más que los recursos. España no podía alimentarla ni proporcionarle trabajo. Sólo la mitad de sus doce millones de habitantes tenía un trabajo permanente, casi siempre en la agricultura, aunque menos de la tercera parte del suelo era productivo. Las grandes propiedades aristocráticas o eclesiásticas y los bienes de manos muertas constituían un obstáculo para la extensión y la intensificación de los cultivos. Abundaban los campesinos sin tierra y sin trabajo, así como los parados y los vagabundos, algunas zonas estaban infestadas de bandoleros que atacaban a los viajeros.[19]

En el ámbito internacional, la situación no era brillante. La emancipación de los territorios americanos, que comenzó en 1810 y terminó hacia 1825, asestó un golpe grave al poderío de España. Antes incluso de que este proceso finalizara, sufrió España una dolorosa humillación: aunque había participado en la lucha contra la Francia napoleónica, se vio excluida del orden europeo que se construyó en 1815, mientras que la Francia vencida se asoció a él en 1818. España esperaba el apoyo de la Santa Alianza para restablecer su autoridad en América, pero Inglaterra se opuso a ello. Separada de sus colonias, dominada financieramente por el extranjero, en 1814 España no era más que una nación de segundo orden. En el siglo XVIII era considerada a ojos de los enciclopedistas como el país del oscurantismo y de la intolerancia; en el siglo XIX, muchos extranjeros la veían como una tierra cruel y bárbara. Se había exaltado el heroísmo de sus combatientes del 2 de mayo y de Bailén, de los defensores de Zaragoza y de los guerrilleros que habían puesto en jaque a Napoleón. Después de 1815, apenas quedó nada más que la ferocidad de los combates y el celo de los frailes que invitaban a los fieles a ver en todo francés a un secuaz de Satanás. Los relatos de los antiguos combatientes alimentaban esa imagen, que las guerras carlistas reforzaron, de una España fanática y cruel. Los románticos franceses contribuyeron a su modo a falsear la visión. Para ellos España era a la vez la antesala de Oriente y un país donde el pintoresquismo de la Edad Media se mantuvo por más tiempo que en otras partes. Chateaubriand la atravesó en 1807 al volver de Jerusalén. La Alhambra le había impresionado profundamente y la lectura de las *Guerras civiles de Granada* de Pérez de Hita, obra antigua traducida en 1809, le proporcionó los temas de su novela *Las aventuras del último Abencerraje*, cuyos héroes, moros y cristianos, comulgaban en el culto del honor. El hispanismo de Victor Hugo era más complejo. Su padre, general del Imperio, lo llevó consigo a Madrid en 1811 y esta estancia le dejó la afición por las costumbres y la literatura españolas, por el romancero en especial, que inspiró no pocas de sus composiciones de *Las orientales* y de *La leyenda de los siglos*. Un poco más tarde, Mérimée se aplicó a poner de relieve el individualismo y el orgullo de una nación satisfecha de su pasado, la violencia del instinto, el sentido del honor, el aprecio por la libertad y la independencia, sin que esa España le hiciera olvidar la otra, la de los frailes, mendigos y salteadores de caminos. *Carmen* simbolizaba esa España romántica, para gran irritación de los españoles cultos, una España más africana que europea adonde se acudía en busca de lo exótico, de emociones fuertes, de lo pintoresco. Nada más instructivo a ese respecto que los relatos de viajeros franceses por España, incluidos los más grandes: Custine, Teófilo Gautier, Alejandro Dumas. Mencionan

---

19. Hacia 1820, un tal don Jaime, «el rey de la Sierra», robaba a los viajeros en la provincia de Murcia; no era un caso aislado.

rápidamente Castilla la Vieja, miserable pero aún familiar gracias a sus monumentos que les recuerdan el arte románico y las catedrales góticas. Sentían escalofríos al atravesar el desfiladero de Pancorbo: temían a los bandoleros, pero se sentían decepcionados si no los veían. El choque se producía en Toledo con los primeros testimonios de la arquitectura mudéjar; se sentían ya en Oriente, pero eso no era nada al lado de lo que esperaba a nuestros viajeros en el desfiladero de Despeñaperros, en plena Sierra Morena infestada de bandoleros. Penetraban entonces en lo que para ellos era verdaderamente España, Andalucía, con su perfume a azahar, sus monumentos, las callejas de sus ciudades, la altivez de los hombres, la belleza salvaje de las mujeres... España seducía a los románticos por su anacronismo, pero desconcertaba a los espíritus ilustrados que se negaban a ver en ella a un país civilizado. Habrá que esperar hasta los primeros años del siglo XX para que los escritores y artistas franceses, sin renunciar a la fascinación de Andalucía, descubran otro aspecto de España, el de los hidalgos, los místicos y El Greco.

Desde el punto de vista político y social, las fuerzas conservadoras —la nobleza y el clero, que, por sí solas, detentaban la mayor parte de la riqueza agraria del país— recuperaron su posición ventajosa. La alta nobleza —los duques de Alba, de Osuna, del Infantado, de Medinaceli, etc.— apoyaban con todas sus fuerzas una política reaccionaria en todos los ámbitos. El clero se aferraba a las estructuras del pasado y hacía campaña en contra de las nuevas ideas, a las que se acusaba de pervertir la España tradicional, monárquica y católica. La derrota de Napoleón bajo el peso de una coalición que preconizaba el retorno al principio de legitimidad —Prusia, Austria y Rusia no tardaron en formar lo que se denominó la Santa Alianza— hizo renacer la esperanza de los absolutistas españoles. Éstos, que no habían podido impedir que se votara en Cádiz una Constitución liberal, ahora levantaban la cabeza. En las primeras semanas de 1814, antes incluso del retorno de Fernando VII a España, le invitaron a que no tuviera en cuenta la obra de las Cortes y a restablecer el Antiguo Régimen. Es el texto conocido como el Manifiesto de los Persas en razón de la primera frase del documento: «Era costumbre de los antiguos persas pasar cinco días en anarquía después del fallecimiento de su rey, a fin de que la experiencia de los asesinatos, robos y otras desgracias les obligase a ser más fieles a su soberano». La alusión a la situación española era diáfana; había llegado el momento de cerrar el paréntesis abierto en 1808. «La monarquía absoluta —continúa el Manifiesto— es obra de la razón y de la inteligencia y obedece a la ley de Dios». Los persas sugirieron a Fernando VII que convocara unas nuevas Cortes, de acuerdo con la tradición, es decir, por estamentos y que gobernara con ellas después de exigir cuentas a quienes dispusieron de fondos públicos durante la guerra. Este documento constituye la carta de los reaccionarios españoles de la primera mitad del siglo XIX, fuera cual fuera el nombre que se les diera: absolutistas, apostólicos, carlistas o aun serviles (porque se vanagloriaban de obedecer incondicionalmente al rey).

La coyuntura no favorecía al movimiento reformista, que salió debilitado y dividido de la crisis de los años 1808-1814. Los afrancesados, desacreditados, se exiliaron o se escondieron. Los liberales se reclutaban en el seno de la burguesía que, en España, era minoritaria; realmente sólo existía en algunas ciudades de la periferia —en Barcelona, en Cádiz. Esos liberales apenas podían contar con el pueblo, sometido a la influencia de los estamentos privilegiados. Este pueblo, cuyo heroísmo y sacrificios habían exaltado antes, les parecía ahora versátil y peligroso:

desconfiaban de él y lo despreciaban. Quintana tuvo palabras muy duras para el populacho: «Todos los pueblos son ignorantes y están llenos de prejuicios y desgraciadamente el pueblo español lo es tanto o más que todos los demás pueblos de Europa».

En un país como la España de 1814 donde la opinión pública era inexistente, donde no había partidos políticos ni libertad de asociación ni prensa libre, el ejército era, junto con el clero, la única fuerza social organizada. Este ejército se había transformado profundamente. Sus mandos ya no eran exclusivamente nobles, como en otros tiempos, ahora muchos oficiales tenían un origen modesto. El ejército constituía para ellos un medio de promoción social. Los que pertenecían a cuerpos técnicos —marina o artillería— tenían una formación profesional y eran más competentes. En contacto con el extranjero cuando combatieron junto a los ingleses o cuando permanecieron cautivos en Francia, estos oficiales tuvieron ocasión de adquirir una cultura y una conciencia política de la que carecían la mayor parte de sus compatriotas. Algunos eran masones. No hay que exagerar la importancia de la masonería en la España del siglo XIX, pero tampoco hay que subestimarla. La masonería permitió a los oficiales que estaban afiliados a ella reunirse con hombres procedentes de otros medios sociales: burgueses, negociantes, intelectuales... En fin, en la medida en que, para dar a España unas instituciones modernas, habían contribuido a la liberación del territorio, se habían asociado a los esfuerzos de la Junta Central y después a los de las Cortes de Cádiz, muchos militares se indignaron por las primeras acciones de Fernando VII y por la reacción que acompañó su retorno. En Toulouse, Wellington tuvo muchas dificultades para contener la cólera de los oficiales españoles cuando supieron que la Constitución de Cádiz acababa de ser abolida. Frente a los señores apegados a los privilegios de otros tiempos, los oficiales formaban una especie de clase media instruida, honesta, preocupada por modernizar el país y también capaz de proporcionar a la nación los cuadros de los que carecía o de apoyar a los que existían pero que la oligarquía nobiliaria y clerical mantenían apartados de los asuntos de estado. Por eso una parte de esos oficiales tuvo la tentación de desempeñar un papel político.

Esa intervención de los militares en la vida política tomó la forma de pronunciamientos.[20] El término y el concepto a menudo no se han comprendido bien. Un pronunciamiento no es un *putsch*; es incluso lo contrario. Cuando los partidos y los políticos no sabían qué camino debían seguir, cuando ningún grupo era lo suficientemente fuerte para imponer su punto de vista, el ejército intervenía, «se pronunciaba» a favor de tal o cual orientación. No empleaba la violencia; ejercía un chantaje a la violencia. Los generales Riego, Espartero, O'Donnell, Narváez, Prim, protagonistas de la vida política en la primera mitad del siglo XIX, reaccionaron ante todo como hombres políticos, como jefes de partido; lo que les interesaba era hacer triunfar una causa, no dar el poder al ejército. Esos militares no eran militaristas. Todo cambió a finales del siglo XIX. El ejército tuvo desde entonces cada vez más tendencia a reaccionar como tal y a sustituir el poder civil. La dictadura de Primo de Rivera en 1923, la de Franco a partir de 1936, fueron golpes de estado, *putschs*; ya no fueron pronunciamientos. Contrariamente a una idea extendida, en España el

---

20. Cf. Carlos Seco Serrano, *Militarismo y civilismo en la España contemporánea*, Madrid, 1984.

militarismo se desarrolló tardíamente. Añadamos que la mayor parte de los pronunciamientos del siglo XIX tenían como fin restablecer las libertades públicas, no suprimirlas; eran ante todo favorables al liberalismo.

El restablecimiento del Antiguo Régimen

Era «el Deseado». Miles de hombres habían muerto por devolverle el trono. Se esperaba con impaciencia su regreso. ¿Cuál iba a ser la actitud de Fernando VII en el momento en que el régimen napoleónico se hundía tanto en España como en Francia?

En noviembre de 1813, el emperador valoró la situación. Los aliados estaban a punto de invadir el territorio francés. Para rechazar aquella ofensiva, necesitaba todas sus fuerzas, especialmente las que aún estaban movilizadas en España o las que luchaban contra los angloespañoles en el suroeste de Francia. Ofreció a Fernando VII, desterrado en Valençay, la devolución del trono a cambio de la amnistía para los afrancesados y la ruptura con Inglaterra. Fernando aceptó firmar el tratado de Valençay (11 de diciembre de 1813), pero deseaba obtener el acuerdo de la regencia. Ésta se instaló en Madrid en enero de 1814, se negó a romper con los ingleses y se atuvo a una deliberación de las Cortes de enero de 1811: ninguna de las actas firmadas por el rey durante su cautiverio sería válida; antes de recuperar sus derechos, el rey tenía que jurar que aplicaría lealmente la Constitución de 1812. Napoleón se inquietó, pero ya no era dueño de la situación —la campaña de Francia acababa de comenzar. Soltó a su prisionero (7 de febrero de 1814). Fernando VII informó a la regencia de que se disponía a volver a España; respecto a la política que pensaba seguir, se contentó con una frase vaga: todo tendría su aprobación si se revelaba conforme a sus reales intenciones... El 22 de marzo, Fernando llegó a la frontera catalana. Al día siguiente estaba en Gerona, después, rechazando el itinerario previsto por las Cortes, evitó pasar por Barcelona con el pretexto de que algunas guarniciones francesas permanecían aún en la ciudad; en realidad, temía encontrar allí a grupos partidarios del régimen constitucional. Decidió entonces ir a Zaragoza y desde allí, a Valencia, adonde llegó el 16 de abril. En todas partes la población le dedicó una acogida entusiasta. A su paso, la multitud gritaba: «¡Viva el rey!», pero también: «¡Abajo las Cortes y la Constitución! ¡Viva el rey absoluto!». Acudió a Valencia para reunirse con él una delegación de grandes de España que, con algunas excepciones, le pusieron en guardia contra las Cortes; Elío, capitán general de la región, hizo jurar a sus soldados que apoyaría al soberano y todos sus derechos. El cardenal Luis de Borbón, presidente del Consejo de Regencia, no tenía la fuerza moral necesaria para oponerse a la corriente que empujaba a Fernando VII a la intransigencia. Las noticias que llegaban de Francia no podían más que alentarle: Luis XVIII hizo su entrada en París el 3 de mayo.

Mientras que en Madrid los diputados de las Cortes, ciegos o inconscientes, preparaban en sus mínimos detalles la ceremonia en el curso de la cual el rey iba a prestar juramento a la Constitución, en Valencia, Fernando VII firmaba una serie de decretos, fechados el 4 de mayo pero mantenidos en secreto, que condenaban todo lo que se había hecho desde 1808: la Constitución fue anulada. Dos de los tres regentes (Císcar y Agar) y treinta personalidades conocidas por sus ideas liberales[21] fueron denunciadas como «hombres amantes de novedades, imitadores fieles de la Revolución francesa», culpables de haber sustituido la soberanía del rey por la de la nación, de haber cerrado conventos y abolido el régimen señorial, en pocas palabras, de haber «perseguido al clero y a la nobleza». Después de haber tomado la precaución de enviar regimientos afectos a la capital y sus alrededores, el 5 de mayo Fernando VII emprendió una marcha triunfal hacia Madrid. El golpe de estado que restableció el Antiguo Régimen tuvo lugar en la noche del 10 al 11 de mayo. Los arrestos comenzaron; los liberales que pudieron se exiliaron. El 11 de mayo, un número especial de la *Gaceta de Madrid* publicó los decretos del 4. El mismo día, el conde de Montijo organizó una manifestación que recorrió las calles de la capital gritando «¡Viva la religión! ¡Abajo las Cortes! ¡Viva Fernando VII! ¡Viva la Inquisición!». La sala de sesiones de las Cortes fue asaltada y saqueada. El día siguiente, el Manifiesto de los Persas fue impreso con cargo al estado, precedido de una declaración real: este documento muestra «los vicios y nulidades de la llamada Constitución política, formada en las Cortes tituladas generales y extraordinarias de la nación».

La represión comenzó en seguida. Se instruyó un proceso a los jefes liberales por atentado a la autoridad del soberano. El rey opinaba que los tribunales no iban suficientemente deprisa; en diciembre de 1815, decidió por sí mismo las sanciones que se debían infligir a los «culpables». Una gestión del gobierno inglés le disuadió de llegar hasta la pena de muerte. En su defecto, las penas fueron desde el arresto domiciliario hasta la deportación en los presidios de África pasando por la reclusión en algún convento o prisión. Otros perdieron los cargos que ocupaban. Es el caso, en particular, de algunos militares a quienes se les reprochó su adhesión —real o supuesta— a la causa del liberalismo, por haberse destacado durante la guerra de la Independencia: Espoz y Mina, Porlier, Lacy y Vidal cayeron en desgracia. Violando el tratado de Valençay, los afrancesados que no huyeron fueron, ellos también, encarcelados. Se encargó a hombres afectos al absolutismo que velaran por el mantenimiento del orden en los puntos más sensibles (Madrid, Sevilla…) Nadie osó protestar contra una represión que golpeaba indistintamente a afrancesados y a liberales. Al mismo tiempo, los obispos reclamaron y obtuvieron, entre otros, el restablecimiento de la Inquisición y el retorno de los jesuitas, cuya presencia se creía indispensable para la seguridad del trono y del altar.

Fernando VII puso a punto nuevos organismos de gobierno. Los antiguos Consejos, que habían dado prueba de su ineficacia, resucitaron. Los ministros fueron escogidos en función de sus opiniones reaccionarias. Con mucha frecuencia fueron simples ejecutores. La realidad del poder pertenecía a lo que llamamos *petit comité* o pequeña cámara —«camarilla»—, un grupo restringido de allegados al rey; eran ellos quienes tomaban las decisiones importantes. Formaban parte de ella el canónigo Escoiquiz, antiguo cómplice de Fernando VII desde 1807, el duque de San Carlos, uno de los conjurados del 19 de marzo de 1808, el duque de Alagón, reputado por sus hazañas amorosas, el nuncio del papa e incluso el barón Tatitschef, encargado de los asuntos del zar, que dirigía de hecho la diplomacia española y se las arregló para que España comprara buques de guerra de los que Rusia quería deshacerse… Ver-

---

21. En la lista figuraban los poetas Quintana y Martínez de la Rosa, el bibliófilo Gallardo, el actor Isidoro Máiquez.

dadero gobierno paralelo y oculto, la camarilla no formaba un bloque homogéneo ni coherente. Los que fueron admitidos en ella se vigilaban, se detestaban, se denunciaban entre sí. En cuanto dejaron de complacer, se les expulsó cuando no se les encarceló. Las intrigas competían con la inmoralidad. El único ministro competente de ese período fue Martín de Garay, un «liberal» a quien se hizo volver del exilio porque se le necesitaba para enderezar la Hacienda, pero la camarilla obtuvo su destitución en septiembre de 1818, cuando se estaba esforzando por equilibrar los ingresos y los gastos y cuando tenía el acuerdo del rey para que el clero pagara impuestos y para reducir a la mitad el número de oficiales del Estado Mayor. La camarilla caracteriza los métodos de gobierno de Fernando VII. Aquello no era ni siquiera el absolutismo que deseaban los persas; claro que éstos habían recomendado una monarquía de derecho divino, pero en la que el rey fuera aconsejado por las Cortes, como antiguamente. En su lugar, había un régimen de poder personal en el que nada limitaba la prerrogativa del soberano.

Cualquier forma de oposición legal era imposible, el período 1814-1820 vio como se multiplicaban los complots y los golpes de mano que intentaban oficiales descontentos. En septiembre de 1814, fue Espoz y Mina, el antiguo guerrillero de Navarra, quien trató de tomar la fortaleza de Pamplona. Tras el fracaso, se refugió en Francia donde Luis XVIII tuvo el detalle de otorgarle una pensión «en consideración a los servicios prestados a la Corona de los Borbones». Un año después, Juan Díaz Porlier, antiguo combatiente en Trafalgar, héroe de la guerra de la Independencia, intentó sublevar a Galicia; formó una Junta y marchó desde La Coruña a Santiago de Compostela. Traicionado, fue apresado, condenado a muerte y ahorcado. En 1816, en Madrid, la conspiración del Triángulo —cada conjurado sólo se comunicaba con otros dos— encargó a un comandante que asesinara al «tirano» cuando iba a visitar a su amante, Pepa la Malagueña. En 1817, Lacy, libertador de Cataluña y destituido al regreso de Fernando VII, conspiró con militares y comerciantes de Barcelona; el capitán general Castaños —el vencedor en Bailén— lo arrestó, lo condenó a muerte y lo hizo ejecutar. En Valencia, en 1819, el coronel Vidal proyectó devolver el trono de España, mediando las garantías constitucionales, a los «reyes padres» (Carlos IV y María Luisa) que no habían renunciado a sus derechos y afirmaban que su abdicación había sido arrancada por la fuerza... y que ¡se habían quedado con las joyas de la corona y se negaban a devolverlas!

El trienio constitucional (1820-1823)

Los movimientos abortados del período 1814-1820 presentan características comunes: a excepción de la conspiración del Triángulo que se proponía asesinar al rey, no ponían en tela de juicio a la monarquía; pretendían restablecer la Constitución y limitar los poderes del rey, no expulsarlo. No tenían nada que ver con levantamientos populares, sino con conspiraciones en las cuales estaban implicados militares. Se trata, por último, de movimientos procedentes de las regiones periféricas.

El pronunciamiento de Riego, en 1820, se benefició de unas circunstancias más favorables. Primeramente estaba el ambiente propio de Cádiz. Se sentía allí nostalgia por el período heroico de 1808 a 1813. Los medios de negocios estaban inquietos por el cariz que tomaban los acontecimientos en América; la ruina del comercio era una catástrofe para la región; se reprochaba al gobierno que dejara pudrir la situación. Mucha gente conspiraba: militares, intelectuales como Alcalá Galiano, hombres de negocios como Álvarez Mendizábal... Los conjurados mantenían relación con comerciantes argentinos que les proporcionaban dinero, con los carbonarios italianos refugiados en Barcelona, con los exiliados políticos de París y de Londres, especialmente con Flórez Estrada que gozaba de una gran reputación como economista. En Cádiz y en su región se agrupaban tropas que se disponían a ser mandadas a América. Sus oficiales estaban lejos de creer en una reconquista por la fuerza. Estaban mal pagados y recibían su soldada con mucho retraso. Al restablecerse las pruebas de nobleza para acceder a los mandos del ejército, Fernando VII se enajenó a unos hombres que tenían en su mayoría un origen modesto. Medios burgueses y militares se pusieron de acuerdo para tratar de modificar la política del gobierno. El 1 de enero de 1820, el coronel Riego «se pronunció» en favor de la Constitución de Cádiz. Al principio el movimiento ganó poco terreno, pero otras tropas, también dispuestas para embarcarse hacia América, se levantaron en el norte, en Ferrol, La Coruña y Vigo (febrero de 1820). El 5 de marzo Zaragoza se unió al movimiento; el 10 le tocó el turno a Barcelona; el 11 Pamplona recibió triunfalmente a Espoz y Mina, el hijo de la región que regresó de Francia al conocer los acontecimientos. El pronunciamiento tuvo éxito. Ante la amenaza de un levantamiento general, Fernando VII cedió. El 7 de marzo, juró que gobernaría conforme a la Constitución de Cádiz. El 12 de marzo, confirmó su viraje en una proclama al país donde se puede leer esta frase sorprendente: «Marchemos francamente, y yo el primero, por la senda constitucional».

El 9 de marzo de 1820, el rey nombró una Junta consultiva que presidía el cardenal Luis de Borbón. Este sobrino de Carlos III compartía algunas ideas de los liberales; había presidido el Consejo de Regencia en el último período de la guerra de la Independencia. Desde 1814 había caído en semidesgracia. La Junta restableció la libertad de prensa, exigió a los funcionarios que prestaran juramento de fidelidad a la Constitución, renovó los consejos municipales... Los afrancesados y los liberales fueron autorizados a volver. El primer ministerio liberal estaba dominado por la personalidad de Argüelles. En 1808 la Junta de Asturias lo había mandado a Inglaterra para negociar una ayuda financiera y militar; él lo aprovechó para estudiar las instituciones de aquel país. Como consecuencia de todo ello, Argüelles fue uno de los oradores más escuchados en las Cortes de Cádiz. En 1814 fue encarcelado en Ceuta y después sometido a arresto domiciliario en Mallorca. Este antiguo deportado no tenía nada de revolucionario. Las Cortes que se reunieron el 9 de julio contaban con una mayoría de liberales. Se retractaron de la política reaccionaria seguida desde 1814: suprimieron de nuevo la Inquisición, restablecieron la libertad de prensa y la libertad de asociación, votaron un plan de instrucción pública, reorganizaron la administración municipal y provincial, tomaron medidas contra los bienes de manos muertas y crearon una milicia nacional. Al mismo tiempo, el gobierno procuró reorganizar la economía; reajustó la deuda pública con la esperanza de controlar la inflación; se comprometió a respetar las deudas del Antiguo Régimen y pidió a su vez créditos en las plazas de Londres y París, política que tuvo la consecuencia de interesar a los medios financieros extranjeros en la recuperación económica de España e incluso en la estabilidad del régimen constitucional. Fernando VII aceptó todas las medidas tomadas. Dudó solamente ante la ley que resolvió que se cerraran los conventos que contaran con menos de veinticuatro religiosos y que confiscó sus bienes en beneficio de la nación; terminó por sancionarla después de que se le mostrara que con su actitud corría el riesgo de provocar movimientos populares.

El gobierno tuvo que luchar contra una parte de su mayoría que le reprochaba que no iba lo suficientemente lejos en el camino de las reformas. En efecto, los vencedores de 1820, no formaban un grupo homogéneo. A los desacuerdos de 1808, que persistían —afrancesados y liberales— se les añadían nuevas divisiones. Los constituyentes de Cádiz —se les llamaba «doceañistas», los veteranos del año 12— ahora en el poder, eran considerados atrasados por la joven generación de liberales, de ideas más avanzadas; ministros de una revolución que se hizo sin ellos, fueron arrojados a la derecha y pasaron por conservadores. Para tranquilizar a los moderados, el gobierno disolvió el ejército de Andalucía, lo que provocó la protesta de los diputados radicales. Madrid dio una acogida triunfal a Riego el 29 de agosto de 1820; manifestaciones tumultuosas se desarrollaron en la capital en honor a los héroes de Cádiz. El gobierno, receloso, exilió a Riego en Oviedo y más tarde lo nombró capitán general de Zaragoza. Los doceañistas se irritaron al ver cómo se elogiaba a los militares, restauradores de la Constitución. Argüelles lo confesó más tarde en sus memorias, publicadas en 1864: «Las Cortes no podían oír sin escándalo que el restablecimiento de la Constitución en 1820 no tuviese más origen que una insurrección militar».

Fernando VII volvió a tomar la iniciativa el primero de marzo de 1821, con motivo de la apertura de la segunda sesión de las Cortes. Leyó el discurso del trono que le había preparado el gobierno, después, para sorpresa general, añadió un párrafo de su cosecha en el cual la emprendía con los ministros: «No se me ocultan ideas de algunos mal intencionados que procuran seducir a los incautos persuadiéndoles que mi corazón abriga miras opuestas al sistema que nos rige, y su fin no es otro que el de inspirar una desconfianza de mis puras intenciones y recto proceder. He jurado la Constitución y he procurado observarla en cuanto ha estado de mi parte y ¡ojalá que todos hicieran lo mismo!». Al día siguiente, el rey formó un nuevo gobierno de la misma tendencia que el anterior, pero con nuevos ministros. Este gabinete, que estuvo en funciones hasta diciembre de 1821, tuvo una vida difícil, atrapado entre el rey y las Cortes, que aceptaron mal la destitución de Argüelles.

El asunto Vinuesa ensanchó el foso entre moderados y exaltados. Antiguo párroco en la provincia de Guadalajara convertido en capellán del rey, Vinuesa tenía tras de sí un largo pasado de reaccionario y de conspirador. Fue arrestado en enero de 1821. Se le acusó de ser el alma de un complot encaminado a restablecer el absolutismo y fue condenado a diez años de prisión. Ese veredicto escandalizó a los que habrían deseado un castigo ejemplar para desanimar otras intentonas del mismo género. El 4 de mayo de 1821, en Madrid, un centenar de manifestantes tomaron al asalto la prisión en la que estaba encarcelado Vinuesa y lo asesinaron a martillazos. Este linchamiento ofendió a los moderados en el poder que denunciaron las artimañas de grupos irresponsables. Los exaltados, por lo contrario, calificaron de patriotas a los asesinos de Vinuesa. Este hecho aumentó la desconfianza de los exaltados. Preocupado por no dejarse desbordar por la calle, el gobierno destituyó al que se había convertido en el ídolo de los agitadores, Riego. Una gran manifestación de protesta se organizó en Madrid, en el curso de la cual se paseó por las calles el retrato del general. El conde de Toreno y Martínez de la Rosa limitaron entonces la libertad de prensa, lo que provocó nuevas manifestaciones (enero-febrero de 1822). El poder central y sus representantes tuvieron cada vez más dificultades en hacerse respetar y obedecer en las ciudades importantes. En medio de este ambiente tenso tuvieron lugar las elecciones para renovar las Cortes, que dieron la victoria a los exaltados.

Riego, elegido diputado por Galicia, fue elevado a la presidencia. Encargado de formar el nuevo gobierno, Martínez de la Rosa, otro moderado, proyectó reformar la Constitución creando una cámara alta para limitar el margen de maniobra de los exaltados. Tras las trifulcas que, en julio, opusieron a la guardia real y la milicia nacional, Fernando VII se resignó a dar el poder a los exaltados. Los gobiernos que se sucedieron a partir del mes de agosto de 1822 pertenecieron todos a esta misma tendencia. Fueron ellos los que tuvieron que hacer frente a la ofensiva diplomática y después militar de la Santa Alianza con el fin de restablecer el absolutismo en España.

El régimen constitucional de 1820 chocó desde el principio con la oposición de los notables tradicionales que contaban con el apoyo del rey. Tuvo que hacer frente también a las presiones de los grupos situados a su izquierda que decían expresar la decepción, el descontento y la impaciencia de los ambientes populares. La revolución española de 1820 formaba parte de una ola liberal que también llegó a Portugal, Italia y Alemania; por todas partes se apreciaba el cansancio por los excesos del absolutismo. En 1819, un diplomático, José Joaquín de Mora, trató de obtener apoyos en Europa para la causa de España en América; constató que ninguna corte estaba dispuesta a ayudar a Fernando VII, a quien se juzgaba severamente. De vuelta a Madrid, sugirió al rey que cambiara a algunos de sus ministros, proclamara una amnistía, volviera a llamar a algunos de los afrancesados que pudieran ser unos gobernantes presentables y estableciera un régimen constitucional a la francesa. En un primer momento Fernando VII se hizo el sordo; seis meses más tarde cedió ante el pronunciamiento y restableció la Constitución. Eso prueba que no era tan tonto como se decía, puesto que tuvo en cuenta la relación de fuerzas. Su actitud entre 1820 y 1823 confirma esa apreciación: Fernando VII animó a los absolutistas y se opuso constantemente a los liberales, pero evitó romper con ellos, cedió siempre hasta que la relación de fuerzas le fue nuevamente favorable, en 1823. En efecto, la Constitución le otorgaba unos poderes restringidos pero reales: continuaba siendo la autoridad suprema y disponía de prerrogativas importantes como la sanción de las leyes. En relación con la situación anterior, es cierto que Fernando VII se sentía humillado; tenía que compartir el poder con las Cortes, someterse a su control y a su crítica. Descontento con esta situación, apareció como el jefe natural de los que querían volver al orden antiguo. Efectivamente, Fernando VII se negó a mantenerse en su papel constitucional, ejercer el papel de árbitro por encima de los partidos; se convirtió en jefe de partido, y la camarilla no dejó de intrigar. Excelente maniobrero, Fernando VII jugó con las divisiones entre los liberales al tiempo que alentaba a los absolutistas.

Los estamentos privilegiados —la nobleza y el clero— se sentían amenazados por las medidas sobre los bienes de manos muertas y por la supresión de los derechos señoriales. El anticlericalismo de los liberales arrojó a la oposición al conjunto del clero; sin embargo, algunos sacerdotes, algunos canónigos y algunos monjes incluso hubieran podido adherirse al régimen, pero los liberales no hicieron demasiados esfuerzos por brindarles su apoyo. Al contrario, parece que apenas se esforzaron en oponerse al aumento del anticlericalismo popular que comenzó a adquirir formas violentas. En marzo de 1820 la muchedumbre invadió las cárceles de la Inquisición en Madrid y en Barcelona para liberar a los que estaban encerrados en ellas. En el campo, el odio al clero era tan fuerte como en las ciudades. En noviembre de 1822 el monasterio de Poblet fue saqueado al igual que una cartuja cercana a Sevilla. En el mismo año, un franciscano fue atacado en Aragón y ahogado en el Ebro. Cada vez con mayor frecuencia resonaba el grito «¡Mueran los frailes!». El clero atribuyó la responsabilidad de estos hechos y de aquel ambiente a los liberales a quienes trataba de desacreditar asimilándolos a los jacobinos y a los republicanos franceses. Se comprometió a fondo en el combate contra el régimen. En las provincias del norte —Galicia, Burgos, La Rioja, Soria, Cataluña...—, se constituyeron partidas que se proponían abiertamente restablecer el absolutismo por la fuerza; se les llamó entonces los apostólicos. Antiguos guerrilleros, como el cura Merino, intervinieron otra vez en las luchas. Pronto se formó en la Seo de Urgel un gobierno faccioso que tomó el nombre de Regencia Suprema de España durante el cautiverio de Fernando VII. A su frente se encontraban nobles y el obispo de Málaga. Estas eran las primeras manifestaciones de lo que sería el carlismo diez años más tarde; en ellas se evocaba ya la trilogía: Dios, patria y rey.

Frente a esta amenaza, el gobierno sólo podía contar con sus propias fuerzas. En efecto, el régimen no era popular. Los liberales moderados que estaban en el poder desconfiaban del pueblo al que calificaban de populacho y de chusma. Estaban obsesionados por la preocupación de mantener el orden, de «emparejar orden y libertad», decía Martínez de la Rosa. Este fue el papel que se reservó a la milicia nacional, creada por el decreto de 24 de abril de 1820: los que la formaban tenían que pagarse su uniforme; los oficiales, los sargentos y los cabos eran elegidos por la tropa, pero los oficiales eran los únicos que designaban a los miembros del Estado Mayor entre los mandos retirados del ejército y de la marina. La milicia era un instrumento de clase en manos de los propietarios. En general, la burguesía liberal, minoritaria, no tenía nada de revolucionaria; era más bien conservadora y los acontecimientos de 1820 reforzaron esta tendencia. La situación social era alarmante. El alza de los precios de los productos de primera necesidad —el pan— tornaba aún más precaria la condición de los pobres; muchos no tenían más remedio que mendigar. El pueblo atribuía la carestía al régimen que volvió a la libertad de los precios, se lee en un diario del 9 de mayo de 1820. No siempre fueron los frailes quienes empujaron a los campesinos y a los habitantes de las ciudades a la revuelta, sino la impaciencia ante una situación de crisis y el contraste entre los bellos discursos liberales, llenos de ideas generosas, y la realidad cotidiana. Los hombres que detentaban el poder temían los excesos del populacho; esta es, quizá, la razón por la cual reaccionaron tan suavemente ante las provocaciones de Fernando VII: el poder real representaba, a pesar de todo, una garantía contra el desorden.

El restablecimiento de la libertad de asociación permitió la creación de numerosas sociedades patrióticas, especie de clubes revolucionarios en los que se distinguían varias tendencias y que se inspiraban en ilustres precedentes: las Sociedades de Amigos del País de la época de las Luces, los clubes de la Revolución francesa, los clubes ingleses... Una de las primeras, la Sociedad Patriótica de Amigos de la Libertad, celebraba sus sesiones en una sala del café Lorencini, en la Puerta del Sol. Fue allí donde la tarde del 7 de marzo, al saberse que Fernando VII había prestado juramento a la Constitución, Evaristo San Miguel se subió a una mesa y entonó por primera vez el himno de Riego, aquel canto que es algo así como el equivalente a la Marsellesa y que hasta 1936 fue el canto revolucionario por excelencia, el himno oficial de la República española, la referencia obligada, junto con la Constitución de Cádiz, de toda sensibilidad de izquierdas. En el Lorencini surgieron también otras canciones subversivas, la más célebre de las cuales es el *Trágala*, llamada así por sus primeras palabras: «Obligaremos a los absolutistas a tragar la Constitución». Los Amigos de la Libertad profesaban un anticlericalismo virulento; aparte de esto, eran más bien moderados y sensibles al peligro de la contrarrevolución. Otras sociedades se reunían en el café de San Sebastián o en la Fontana de Oro para escuchar los discursos de sus jefes de fila, el más conocido de los cuales era Alcalá Galiano. Esos clubes contribuyeron a fomentar la discusión política. Debatían todos los problemas; ponían peticiones en circulación; mandaban delegaciones a las Cortes; se reunían en ellos periodistas, escritores, abogados, políticos, pero también pequeños comerciantes, artesanos... Los había en más de cincuenta ciudades, todos se comunicaban entre sí y tenían mucho éxito; los actores de Madrid se lamentaban incluso de su competencia: el público abandonaba los teatros para ir a los clubes a escuchar a los oradores y cantar el *Trágala*. Esta agitación impacientaba al gobierno. El 21 de octubre de 1820, una ley suspendió provisionalmente el derecho de reunión. Las sociedades tuvieron que cerrar sus puertas; de hecho, sobrevivieron bajo la forma de reuniones informales (tertulias).

Las sociedades secretas prolongaban la acción de los periódicos y los clubes. En cabeza aparece la masonería, que reunía a militares, intelectuales, comerciantes, artesanos... La masonería era mucho más moderada de lo que se ha dicho. Los antiguos afrancesados eran numerosos en el Gran Oriente; fueron, como hemos visto, hombres de orden. Sin embargo, se acusó a una rama de la masonería de haber fundado la Sociedad del Anillo de Oro a fin de luchar con mayor eficacia contra las tendencias radicales; Martínez de la Rosa, Quintana, Argüelles, el conde de Toreno habrían formado parte de ella, pero eran doceañistas inquietos por el extremismo de las nuevas generaciones. Fueron ellos quienes, para resistir a las presiones que sufrían los diputados, proyectaron la creación de una cámara alta. Decepcionados por las tendencias moderadas del Gran Oriente, algunos masones fundaron en febrero de 1821 una sociedad rival, los Comuneros, cuyo nombre recuerda a los ilustres antepasados de 1520, decapitados en Villalar. Riego era su héroe y su jefe.

El trienio constitucional fracasó debido, en parte, a la división de los liberales y, en parte, a la capacidad de intriga de Fernando VII. Divididos entre la preocupación por dar a España instituciones modernas y el miedo a las revueltas populares, los liberales fueron incapaces de oponer a Fernando VII una política coherente. La Constitución de 1812 presuponía que las dos partes en presencia —el rey y la representación nacional— estuviesen de acuerdo en respetar lealmente los términos del contrato; no preveía nada en caso de conflicto. Los liberales en el poder captaron bien el problema. Las maniobras del rey les irritaron y les indignaron, pero no se atrevieron a romper con él. Rechazaron la acusación de jacobinismo esgrimida en su contra por los absolutistas. Pensaron en reformar la Constitución, no para introducir un verdadero régimen parlamentario, sino, al contrario, para reducir los poderes de las Cortes creando un Senado conservador. Fue eso lo que propuso Martínez de la Rosa, el único liberal que cayó en gracia a Fernando VII, reveló Quintana. La observación es interesante; demuestra que el rey había entendido el sentido de la operación: se trataba de limitar las iniciativas parlamentarias, no las prerrogativas reales. En efecto, Fernando VII actuó siempre con gran habilidad. Aprovechó todas las posibilidades que le brindaba la Constitución y abusó de ellas: la persona del rey era inviolable y sagrada; el rey sancionaba las leyes y nombraba a los ministros... Por merecida que sea la condena moral de un rey pérfido, perjuro y simulador, no podemos negarle una eficacia política real. Cuando sintió que el régimen constitucional estaba en su momento más bajo, acudió al extranjero para asestarle el golpe de gracia.

Los Cien mil hijos de san Luis

El 2 de diciembre de 1821, Fernando VII escribió que el régimen constitucional le quitaba la libertad y recurrió a las potencias de la Santa Alianza. A principios del año siguiente, se dirigió más especialmente a Francia. El gobierno de Luis XVIII se comprometió a proteger al rey, pero con la advertencia de que no era cuestión de restablecer el absolutismo. De hecho, Francia temía el contagio revolucionario. Con el pretexto de una epidemia de fiebre amarilla, instaló un cordón sanitario en la frontera de los Pirineos; poco a poco, aquellas tropas se fueron reforzando y acabaron por convertirse en un ejército de observación (octubre de 1822). Los acontecimientos de julio de 1822 —incidentes entre la guardia real y la milicia, formación de un gobierno exaltado— precipitaron la intervención. El ministro francés de Asuntos Exteriores, Montmorency mandó armas y dinero a los absolutistas. La Cuádruple Alianza había previsto la celebración de congresos para resolver las cuestiones que por su naturaleza pusieran en cuestión los tratados de 1815. El zar empujó a Francia a intervenir, pero Inglaterra estaba en contra porque consideraba que desde 1808 ejercía una especie de protectorado sobre España. El primer ministro francés, Villèle tampoco era partidario de la intervención porque temía por los intereses financieros de los franceses. Cuando el congreso de Verona se reunió, el 20 de octubre de 1822, Villèle dio a los representantes franceses la orden de preservar la libertad de acción de Francia; no era conveniente que ésta apareciera como representante de la Santa Alianza. Obtuvo la dimisión de Montmorency, pero fue para nombrar en su lugar a Chateaubriand que hizo de la guerra contra España una cuestión personal —«Mi guerra de España, el gran acontecimiento político de mi vida», escribió en sus *Memorias de ultratumba*. Seducido por una política que devolviera el prestigio a Francia, Chateaubriand impulsó la intervención. Rusia, Austria y Prusia llamaron a sus embajadores en Madrid y mandaron una nota diplomática para exigir la abrogación de la Constitución, la libertad del rey y la represión de la anarquía. Esa nota fue acogida con indignación por el gobierno y las Cortes que vieron en ella una intromisión inadmisible en los asuntos internos del país. Por el contrario, los apostólicos la aplaudieron. Los herederos de los que en 1808 habían fustigado con tanto ardor la invasión napoleónica llamaban ahora al ejército francés por voluntad propia. A pesar de las reservas de Inglaterra, se preparó la expedición.

El 27 de enero de 1823, al abrir la sesión de las Cámaras, Luis XVIII anunció oficialmente la decisión francesa con una declaración grandilocuente y un tanto ridícula: «Cien mil franceses, mandados por un príncipe de mi familia, por aquel que mi corazón se complace en llamar mi hijo (el duque de Angulema, su sobrino) están preparados para marchar, invocando al Dios de san Luis, para mantener en el trono de España a un nieto de Enrique IV, preservar aquel bello reino de la ruina y reconciliarlo con Francia». La expedición a España no siempre fue el paseo que evocan los manuales. Es cierto que el duque de Angulema, que cruzó el Bidasoa el 7 de abril y tuvo la precaución de rodearse de algunos generales y mariscales del Imperio —Oudinot, Molitor, Moncey...—, avanzó rápidamente hacia el norte y fue acogido en el País Vasco y en Navarra por campesinos que gritaban: «¡Mueran los constitucionales!». El 9 de abril estaba en Burgos y el 23, en Madrid. De igual modo, Molitor no encontró ninguna resistencia en Aragón y entró en Zaragoza el 26 de abril. En otras partes las cosas no fueron tan fáciles. La Coruña no fue ocupada hasta el 28 de agosto. En Cataluña, Espoz y Mina resistía; tras la caída de Lérida (29 de octubre), se parapetó en Barcelona y no la abandonó hasta mediados de noviembre. Molitor no tomó Alicante hasta el 12 de noviembre. En Andalucía se jugaba, como siempre, la suerte del régimen constitucional. Desde el 20 de marzo, la corte y las Cortes se replegaron en Sevilla. Tras la caída de Córdoba, las Cortes decidieron continuar la resistencia en Cádiz, como en tiempos de la guerra de la Independencia. Fernando se negó a seguirlas. Preocupadas por respetar las formas legales, las Cortes adoptaron el 11 de junio una resolución de Alcalá Galiano: «No queriendo S. M. ponerse a salvo y pareciendo más bien a primera vista que S. M. quiere ser presa de los enemigos de la patria, S. M. no puede estar en el pleno uso de su razón; está en un estado de delirio». El caso estaba previsto en la Constitución. Se constituyó una regencia provisional hasta el 15 de junio, ¡el tiempo necesario para llevar al rey a Cádiz! Cien mil franceses pusieron sitio a aquella ciudad el 24 de junio. No fue hasta dos meses más tarde, el 31 de agosto, que se apoderaron de la primera defensa, el fuerte del Trocadero. La población estaba dispuesta a continuar luchando, no aceptó rendirse hasta que el 30 de septiembre obtuvo la promesa del rey de una amnistía total. Al día siguiente, con el acuerdo de las Cortes, Fernando VII fue al encuentro del duque de Angulema. Apenas dejó la ciudad anuló todas las medidas tomadas por el gobierno y las Cortes desde el 7 de marzo de 1820... pero ¡ratificó las decisiones de las Juntas absolutistas! Mientras tanto, Riego fue derrotado en Jaén el 13 de septiembre y hecho prisionero. En febrero de 1824, como consecuencia de un acuerdo con España, Francia se comprometió a mantener un cuerpo de ocupación de cuarenta y cinco mil hombres que permaneció en España hasta septiembre de 1828, acantonado en las ciudades de Cádiz, Burgos, San Sebastián, Vitoria y Gerona.

La década ominosa (1824-1833)

Lo que los historiadores españoles llaman la década ominosa es uno de los períodos más sombríos de la historia de España. También marcó una transición. Comenzó con una represión terrible —que continuó hasta 1833— y terminó con la instauración de un gobierno resignado a las reformas. Una vez más, Fernando VII se mostró capaz de adaptarse a las circunstancias cuando se vio obligado a ello.

En octubre de 1823 los liberales que pudieron se exiliaron, mayoritariamente en Londres, donde se reagruparon y se esforzaron por vivir a la española, incluso tenían serenos, aquellos vigilantes que en España disponían de las llaves de todas las casas de una calle y ¡abrían la puerta a los noctámbulos! Tras la revolución de julio, algunos se instalaron en Francia, donde el gobierno de Luis Felipe les otorgó ayudas en función de su situación social: había una tarifa para los ministros, los diputados y los generales, otra para los oficiales superiores y así sucesivamente. Muchos dejaron España con la complicidad de los militares franceses, a quienes repugnaba librarlos a una represión feroz. Císcar, que formó parte del Consejo de Regencia en 1812 y otra vez en junio de 1823, fue condenado a muerte el 4 de octubre de 1823. Confiando en la promesa hecha tres días antes por Fernando VII de amnistiar a todos los que habían ejercido funciones públicas bajo el régimen constitucional, pretendía defender sus derechos y justificarse ante los tribunales. El conde de Bourmont, general en jefe de las tropas francesas, le salvó la vida: simuló arrestarlo, dio la orden de embarcarlo en un buque de guerra francés fondeado en la bahía de Cádiz y después lo transfirió a una corbeta inglesa que lo llevó a Gibraltar, donde murió. A los exiliados de 1823 se les unieron en seguida intelectuales que no soportaban vivir en la España asfixiante de Fernando VII. Descubrieron en Inglaterra una sensibilidad literaria nueva, las novelas de Walter Scott, la poesía de Wordsworth, Coleridge y de Byron... Fueron ellos —Martínez de la Rosa, el duque de Rivas, Espronceda— quienes, cuando pudieron regresar a España, tras la muerte de Fernando VII, introdujeron el romanticismo en el país.

En España, el avance de las tropas francesas se acompañó de venganzas y ejecuciones sumarias perpetradas por los apostólicos contra los funcionarios y los simpatizantes del régimen liberal. El Consejo de Regencia faccioso, apenas instalado en Madrid, decidió, el 23 de junio, condenar a muerte a todos los diputados liberales. Por más que el duque de Angulema, contrariado, recordara que cualquier arresto tenía que recibir la aprobación previa de las autoridades militares francesas, no por ello disminuyó la tarea de los «voluntarios reales». La «liberación» de Fernando VII no arregló nada. El 4 de octubre un decreto puso fuera de la ley a todos los que habían ocupado algún cargo durante el trienio —fueron casi cien mil. La víctima más ilustre fue Riego, a quien los franceses cometieron el error de entregar a los españoles. Condenado a muerte, fue ahorcado el 7 de noviembre de 1823 en Madrid, en presencia de una multitud rencorosa en la cual debieron de participar muchos de los que tres años antes lo habían aclamado. Más odiosa aún fue la suerte reservada al antiguo guerrillero Juan Martín el Empecinado. En 1820 los liberales lo nombraron capitán general de Zamora. En 1823 Juan Martín emigró a Portugal, posteriormente, algunas semanas más tarde, obtuvo autorización para regresar: tenía que ser desterrado a una pequeña ciudad. Apenas atravesó la frontera fue arrestado; estuvo encarcelado durante dos años y, en los días de mercado, se lo exhibía en público encerrado en una jaula, como una fiera. Cuando se decidió al fin llevarlo al cadalso el 19 de agosto de 1823, el Empecinado rompió las ataduras y los verdugos tuvieron que matarlo a golpes de bayoneta.

Con el fin de descargar a los tribunales ordinarios, que estaban desbordados, se crearon unas comisiones militares. Las potencias extranjeras se inquietaron; Luis XVIII pidió a Fernando VII más moderación. El rey siguió aquellos consejos a su modo. El 1 de mayo de 1824, decretó una amnistía de la cual se excluían tantas personas que parecía más bien una lista de proscripción. Unas «juntas de purificación» estaban encargadas de purgar la administración, las universidades, el ejército... Se consideraba un delito merecedor de la pena de muerte el hecho de haber sido masón o comunero, o aún haber gritado «¡Viva la Constitución!», la embriaguez no era una circunstancia atenuante (decreto de 9 de octubre de 1824). Los escasos intentos de sublevación fueron reprimidos con el rigor más extremo. En 1831 el general Torrijos, que intentó desembarcar cerca de Málaga, fue fusilado. Aquel mismo año, una joven de Granada, Mariana Pineda, de veintisiete años de edad, fue acusada de haber mantenido contactos con un grupo de liberales exiliados en Gibraltar y también de haber bordado en una bandera las palabras: «Ley, libertad, igualdad»; fue condenada a muerte y ejecutada «en razón de su adhesión exaltada al sistema constitucional revolucionario»...

La brutal y sangrienta represión dirigida por Fernando VII terminó por hacer olvidar la evolución que se había iniciado en 1823. El absolutismo tuvo que tener en cuenta la realidad. España se encontraba en una situación financiera crítica. Ya no podía contar con el tesoro americano ni con los productos coloniales que servían de contrapartida a su comercio exterior. El 27 de noviembre de 1823, Fernando VII se volvió hacia la Santa Alianza: tras haberle ayudado a recuperar sus prerrogativas en la península, ¿por qué no intervenía para permitirle recobrar sus derechos legítimos en América? Inglaterra no quiso ni oír hablar del tema y, en diciembre, el presidente de los Estados Unidos, Monroe, hizo público lo que se llamó más tarde con exageración su «doctrina»: América para los americanos; cualquier intervención contra un gobierno que hubiera alcanzado su independencia sería vista como una manifestación de enemistad hacia los Estados Unidos. Un año más tarde, el 9 de diciembre de 1824, la derrota de Ayacucho puso fin a la dominación española en el continente americano. Reducida a sus recursos exclusivamente, España tuvo muchas dificultades para reembolsar una deuda externa que la expedición de los Cien mil hijos de san Luis no hizo más que engrosar. Cuando Fernando VII proyectó no respetar las deudas del trienio, Villèle lo llamó al orden: España tiene que pagar. Más que nunca, el país tenía necesidad de empréstitos y de proveedores de fondos que estaban en el extranjero y también en Cataluña, lo cual era nuevo: efectivamente, una parte de los capitales repatriados de América se acumularon en Cataluña, donde fueron invertidos en el comercio y la industria. Ciertamente los financieros y los hombres de negocios no eran liberales a la manera de los hombres de 1820, pero no por ello estaban dispuestos a sostener un gobierno que parecía erigir la reacción en dogma político. Apuntaba por entonces un acercamiento entre el ministro de Hacienda, Ballesteros, y el banquero catalán Gaspar de Remisa, uno de los menos reaccionarios entre los partidarios de Fernando VII y uno de los más moderados entre los liberales. A partir de 1823, elementos «burgueses» lentamente depositaron su confianza en el poder de Madrid; entre aquéllos y el rey se concluyó un acuerdo tácito: los primeros sostendrían al segundo con la condición de que atenuara su absolutismo; eso era lo que algunos llamaban «la libertad bien entendida». El terreno había sido abonado desde 1825 por el ministro Cea Bermúdez, quizá con la ayuda de antiguos afrancesados que presentaban una doble ventaja: eran hombres de orden, respetuosos con la autoridad, y a la vez hombres experimentados, que tenían una formación sólida y un buen conocimiento de los problemas políticos.

Los apostólicos no se equivocaron. En noviembre de 1826, el Manifiesto de la Federación de Realistas Puros denunció con palabras especialmente duras la arbitrariedad del poder desde 1823, el doble juego del rey, el régimen policíaco y la inmoralidad: «Fernando VII no es un hombre, es un monstruo de crueldad, es el más innoble de todos los seres, un cobarde … es una calamidad para nuestra desventurada patria». La acusación se comprende: los absolutistas no eran partidarios del despotismo; eran contrarios a la soberanía nacional, pero deseaban también un retorno a las instituciones tradicionales, especialmente a las Cortes del Antiguo Régimen, lo que Fernando VII jamás quiso aceptar. La ideología del carlismo aparecía ya con su componente esencial: el rechazo a adaptarse a las ideas modernas. En 1827 volvieron a la carga con un tono más moderado: «Hay en España un partido que trabaja con tesón y destreza para el establecimiento de un gobierno representativo con cámaras y a su frente se hallan los masones afrancesados que sostuvieron la causa de Napoleón. Este partido ha dirigido y dirige sus operaciones sobre dos bases principales, a saber: la de formar en Europa una opinión favorable a sus intentos y la de hacer ver a V. M. que no hay otro camino para la seguridad del trono y conservación de vuestra augusta dinastía que el de conformarse con dichas alteraciones». De las palabras, los apostólicos pasaron a la acción. En agosto de 1827, la revuelta de los Agraviados (*Malcontents*) en Cataluña consagró la ruptura entre Fernando VII y los apostólicos; los insurgentes pretendían luchar por la religión, «contra los fanáticos, políticos y carbonarios», contra las maquinaciones que preparaban la ruina del país; querían «arrollar y exterminar a cuantos masones, carbonarios y comuneros y demás nombres inventados por los maquiavelistas». Esa revuelta precipitó la evolución: Fernando VII rompió definitivamente con los apostólicos y se acercó a los antiguos afrancesados, a los liberales moderados —algunos de los cuales fueron autorizados a volver del exilio—, a los banqueros e industriales del algodón de Barcelona, a algunos medios financieros de Cádiz...

Los apostólicos depositaron entonces sus esperanzas en don Carlos, hermano del rey, a quien tenía que suceder puesto que éste no tenía hijos. Ahora bien, en 1829, Fernando VII, viudo por tercera vez, se casó con su sobrina, la napolitana María Cristina. El acontecimiento desconcertó a los ultras y alegró a los liberales. El 10 de octubre siguiente, la reina dio a luz una hija. Para los apostólicos era una catástrofe, para los liberales, una bendición: intereses políticos a largo plazo, intereses familiares y dinásticos a corto, acercaron a los liberales a María Cristina. Esa solidaridad jugó a fondo en septiembre de 1832, cuando Fernando VII cayó enfermo. El primero de octubre, los moderados obtuvieron de María Cristina la formación de un gobierno de transición, presidido por Cea Bermúdez, que proclamó la amnistía, reorganizó el alto mando militar y aceptó que se abrieran de nuevo las universidades. Cuando Fernando VII murió, unos meses más tarde, los liberales moderados disponían de los principales centros de decisión y de poder; los apostólicos se hallaban en la peor de las situaciones para unos legitimistas: la de facciosos, fuera de la ley.

LA EMANCIPACIÓN DE LA AMÉRICA ESPAÑOLA

Entre 1810 y 1825 los inmensos territorios de España en América se separaron de ella. Descartemos inmediatamente una falsa analogía: la emancipación de la América española no es un fenómeno de descolonización, estaríamos tentados a decir que fue lo contrario. Lo que entonces se rompió fueron los lazos con la metrópoli, pero las estructuras económicas y las relaciones sociales continuaron siendo las mismas. La oligarquía criolla continuó dominando a las masas de indios, de negros y de mestizos; la explotación de éstos en beneficio de aquéllos incluso se reforzó al romper con la metrópoli. Al mismo tiempo que los funcionarios españoles desapareció todo lo que aún podía limitar el poder de los criollos, como la legislación tendente a proteger a los indios que, aunque no siempre se hubiese aplicado —a decir verdad, a menudo no se aplicó—, tenía el mérito de existir como referencia moral e ideal a alcanzar. La oligarquía criolla, que disponía ya de la hegemonía económica y la influencia social, obtuvo entonces el poder político. A partir de 1825, las poblaciones dominadas ya no tuvieron ninguna garantía; en adelante, los criollos hicieron la ley. El movimiento de emancipación se desarrolló en dos etapas, 1810-1814 y 1817-1825, separadas por un período en el cual España estuvo a punto de reconquistar el terreno perdido con anterioridad.

Las explicaciones tradicionales

Durante mucho tiempo se ha propuesto una interpretación coherente de la independencia de la América española que se puede reducir a tres puntos:

— las causas generales: los abusos del régimen colonial (el monopolio comercial de España, la discriminación que habrían sufrido los criollos en los nombramientos para los empleos públicos y los beneficios eclesiásticos, etc.);

— las influencias: en lo esencial, las de la filosofía de las Luces y de los enciclopedistas franceses;

— los ejemplos del extranjero: la independencia de los Estados Unidos de América del Norte y la Revolución francesa de 1789.

Esta interpretación, que hasta no hace mucho se encontraba aún en la mayor parte de los manuales,[22] no resiste el examen.[23] La forjó la primera generación de políticos de las jóvenes naciones inmediatamente después de su emancipación. He ahí lo que escribió el argentino Sarmiento a mediados del siglo XIX: «Es inútil detenerse en el carácter, el objetivo y los fines de la revolución de la independencia. En toda América eran los mismos, tenían una fuente idéntica, a saber: el movimiento de las ideas europeas». Para Sarmiento al igual que para otros representantes de los nuevos estados, resultaba tentador —y fácil— responsabilizar a España del marasmo en que se hallaban aquellos estados: América había tenido la desgracia de sufrir el yugo de una nación retrógrada y oscurantista y eso explicaría su retraso; un retraso que trataba de superar adhiriéndose al movimiento de las ideas nacido de la Revolución norteamericana y de la Revolución francesa. Tras la independencia, las nuevas clases dirigentes —las mismas que constituían la antigua oligarquía criolla— buscaban una legitimidad que les permitiera asentar su poder; para eso sirvieron los grandes principios de 1789 y el vocabulario de la Revolución francesa.

Hemos visto en el capítulo anterior lo que era el complejo criollo de frustración y lo que fue la Ilustración en América. A finales del siglo XVIII, los criollos participaban ampliamente de los beneficios del comercio colonial. Si tenían un sentimiento de inferioridad con respecto a los peninsulares, era porque ellos mismos situaban la pertenencia a la raza blanca en la cúspide de la escala de valores y porque, desde este punto de vista, siempre estarían en situación de inferioridad con respecto a

---

22. Cf., por ejemplo lo que escribió V. L. Tapié en su *Histoire de l'Amérique latine au XIX siècle* (Aubier-Montaigne, París, 1945): «La América latina desempeñó el último papel en el drama mundial en el cambio entre el siglo XVIII y el XIX. Si los historiadores ampliaran un poco su visión demasiado estrechamente europea, aquellos acontecimientos constituirían a sus ojos una especie de tríptico: primeramente, la Revolución de América del Norte, liberando las colonias inglesas para convertirlas en Estados Unidos, después la Revolución francesa se extendió a todo el continente europeo, a través de las vicisitudes de las guerras del Imperio, por último, mientras que Europa parecía haber recibido del Congreso de Viena un nuevo equilibrio, la Revolución de América Latina, consecuencia de las dos primeras, que transformó en estados independientes las antiguas colonias de España y de Portugal. En el origen de esas tres revoluciones, actuó la misma influencia espiritual: la filosofía del siglo XVIII francés, socavando los antiguos regímenes autoritarios, monárquicos y teocráticos y proclamando la libertad del ciudadano» (p. 25).

23. Cf. Pierre Chaunu, «Interprétation de l'indépendance de l'Amérique latine», *Travaux de l'Institut d'études latino-américaines de l'université de Strasbourg* (TILAS), III, 1963, pp. 5-23.

España: [24] «De ahí la tentación de liberar la pirámide social de una cúspide molesta y de ahí también la tentación por parte de los criollos, portadores de valores blancos aproximativos, de quedarse solos en la cúspide de una sociedad que ellos convirtieron en opresiva en su exclusivo beneficio» (Pierre Chaunu). En cuanto a la influencia de la Ilustración en América, se ejerció sobre todo a través de España y de aquellos funcionarios a quienes los criollos tanto detestaban. ¿Fue esa influencia tan profunda como se ha dicho? Podemos ponerlo en duda. Fue con posterioridad que algunos teóricos de la independencia americana reivindicaron a Rousseau como uno de sus inspiradores. ¿Lo habían leído seriamente antes de 1810? ¿Se habían inspirado realmente en él? Nos planteamos la pregunta cuando vemos a Mariano Moreno, por ejemplo, uno de los ideólogos de la independencia argentina y traductor del *Contrato social* (Buenos Aires, 1811), confesar ingenuamente en el prefacio que había censurado algunos pasajes: «Como el autor tuvo la desgracia de delirar en materias religiosas, suprimo el capítulo y principales pasajes donde ha tratado de ellas». Por otro lado, estas precauciones no impidieron al cabildo —independentista— de Buenos Aires considerar el libro no sólo inútil, sino hasta pernicioso para la juventud. Esa reacción es instructiva del impacto real de la Ilustración en la América española. Sólo una minoría de criollos cultos eran capaces de apreciar unas ideas tan opuestas a la organización social de aquellos territorios.

Queda el ejemplo de las dos revoluciones, la norteamericana de 1776 y la francesa de 1789. La distancia cronológica que las separa de los primeros movimientos de emancipación de la América española —más de treinta años la primera, unos veinte la segunda— basta para demostrar que la influencia —si es que la hubo— necesitó mucho tiempo para que se ejerciera.

El eco de la Revolución francesa en la América española

La independencia de la América española fue posible gracias a la situación que se creó en la propia España a consecuencia de la crisis revolucionaria francesa. Las noticias de Francia fueron acogidas en la América española con una mezcla de entusiasmo —en una minoría muy reducida— y de espanto —en la mayoría. Entre las reacciones del primer tipo, destacan dos ejemplos tomados en el corazón del imperio, en Quito. Santa Cruz y Espejo, uno de los pocos indios que cursó estudios superiores —era médico y hombre de letras—, fundó una especie de club, la Escuela de la Concordia, donde se comentaban libros y folletos revolucionarios introducidos de contrabando; bosquejó proyectos de emancipación de América y fue encarcelado en 1795. Su joven compatriota Antonio Nariño, que era criollo, no tuvo mejor suerte con su traducción de la *Declaración de los Derechos del Hombre*. Por aquella misma época, la influencia francesa fue más evidente en la conspiración de Gual y de España, en Caracas. No se trataba de criollos, sino de españoles que se proclamaban republicanos —por eso las autoridades españolas los exiliaron en Venezuela— y que reunieron a su alrededor a pequeños comerciantes, artesanos y militares. También ellos eran partidarios del ideal revolucionario y de la emancipación. Su traducción de

---

24.   «Fuere cual fuere su arrogancia, la más pura familia criolla era, cuando menos, un poco menos blanca que el más humilde de los gachupines [peninsulares] venido del corazón de Galicia» (P. Chaunu, art. citado, p. 16)

la *Declaración de los Derechos del Hombre* fue precedida de un «*Discurso prelimi-nar a los americanos*» de inspiración republicana: atacaba a los reyes, tratados de déspotas; hablaba de «restituir al pueblo su soberanía» y de redactar una Constitución que garantizara «la igualdad entre los ciudadanos y el ejercicio de la libertad natural»; planteaba incluso recurrir a la violencia —eco del Terror— para eliminar a «todas aquellas personas reconocidas por enemigos del nuevo sistema». El «Discurso» se termina con una llamada a los americanos de todas las condiciones, profesiones, colo-res, edades y sexos: «La patria, después de trescientos años de la más inhumana esclavitud, pide a voces un gobierno libre ... ¡Viva el pueblo soberano y muera el despotismo!».

Fuera cual fuera su interés, estas manifestaciones sólo incumbían a una minoría. En su conjunto, los criollos adoptaron una posición tan virulenta con respecto a la Revolución francesa como la de Floridablanca en la península. En 1793 la *Gaceta de Lima* denunciaba a «los demócratas locos furiosos que están tiranizando y arruinan-do a Francia». El *Mercurio de Perú*, tras haber criticado la actitud de la Convención con respecto a Luis XVI, multiplicó los artículos contra la impiedad, la irreligión, el ateísmo de los revolucionarios franceses, contra sus máximas perniciosas, en espe-cial la idea de igualdad, tan contraria a la voluntad divina y a los planes de la Provi-dencia. En México, mentes hasta entonces ilustradas y progresistas se transformaron ante el espectro de la Revolución francesa. El obispo de Valladolid de Michoacán, que hasta aquel momento era conocido como un reformista, publicó en 1793 una pas-toral que es una retractación: «La perniciosa máxima de Descartes de que el filósofo no sólo debe creer sino pensar autorizó las herejías y abrió la puerta al ateísmo, deís-mo, materialismo»; todo eso desembocó en la Revolución que se propuso destruir el catolicismo, el sacerdocio y el poder civil. También en México, el dominico Servan-do Teresa de Mier, uno de los ideólogos del movimiento emancipador, se escandali-zó por la noción de igualdad que preconizaban los jacobinos; no podía haber igual-dad entre los hombres.

Todas esas reacciones tenían un denominador común, el miedo a la Revolu-ción,[25] y es comprensible. Las máximas revolucionarias —libertad, igualdad, dere-chos del hombre— y sus consecuencias prácticas —abolición de los privilegios y de la esclavitud— no podían más que molestar a los criollos. Socavaban los fun-damentos de la sociedad colonial que, aún más que la sociedad española, se susten-taba en la desigualdad. A los criollos no les gustaba la idea del suicidio; había que combatir una ideología tan peligrosa. Desde este punto de vista, los acontecimien-tos de Santo Domingo abrieron los ojos a aquellos que aún dudaban. Ver como Toussaint Louverture proclamaba la abolición de la esclavitud y fundaba una Repú-blica de negros libres suscitó reacciones de espanto. Muchos colonos, aterrorizados, huyeron a Venezuela; el relato de los horrores de los que fueron testigo asustaba a los que los escuchaban. La expresión «la ley de los franceses» tomó entonces, en el Caribe, un significado muy concreto: era sinónimo de subversión social. Era aque-lla «ley de los franceses» la que invocaron en 1795 los negros sublevados en Coro, en la costa de Venezuela: abolición de la esclavitud y de los impuestos abusivos, exterminio de la «nobleza blanca». En aquel mismo año, se produjo otra insurrec-

25. Este es el título de un libro de Miquel Izard sobre esa cuestión, *El miedo a la revolución*, Madrid, 1979.

ción en Cuba, que siguió el ejemplo de Haití. Esas dos rebeliones fueron sofocadas con rigor, pero hicieron mella en los criollos que, desde entonces sólo tenían una obsesión: evitar el contagio de las ideas revolucionarias francesas y mantener el orden social.

No nos sorprenderá, pues, que los criollos de Venezuela acogieran tan mal la iniciativa de Miranda, el Precursor, cuando desembarcó en Coro en 1808 con la ayuda de los ingleses para poner en marcha el movimiento emancipador. ¿Quién era Miranda a ojos de los criollos? El hijo de un inmigrante canario, un rico comerciante, es cierto, pero también un plebeyo. Y lo que es más, había participado en la Revolución francesa; fue uno de los compañeros de armas de Dumouriez. Poco importaba que hubiese sido un girondino y que, por ese motivo, hubiese sido encarcelado por los *Montagnards*, que estuvieron a punto de mandarlo a la guillotina; poco importaba que Miranda, retractado de sus ilusiones, impresionado por el horror del Terror y por las matanzas de Santo Domingo, detestara entonces todo lo que se asemejara al jacobinismo,[26] que se hubiese convertido al modelo político de los Estados Unidos y que se hubiese vuelto un conservador. La oligarquía de Caracas no quiso saber nada de esta evolución; sólo se fijó en una cosa: Mirada era un revolucionario. Su presencia en Venezuela sólo podía perturbar el orden público y sembrar la simiente de la anarquía. Miranda no encontró ningún apoyo y volvió con los ingleses.

Las Juntas americanas

La situación de España en 1808 precipitó el proceso que desembocó en la independencia, sin que se hubiera planteado en principio tal perspectiva. La cronología de los acontecimientos es instructiva. De 1795 a 1808 los territorios americanos fueron abandonados a su suerte. Las guerras en Europa y en los mares tornaron difíciles las relaciones con España. En 1797 la metrópoli renunció, de hecho, al monopolio colonial y autorizó a los territorios americanos a comerciar directamente con los países neutrales. Las derrotas navales de cabo San Vicente (1797) y de Trafalgar (1805), al debilitar la marina española, hicieron aún más precarias las comunicaciones con América, que estaba cada vez más aislada con respecto a la península. Y, sin embargo, los territorios americanos no aprovecharon la ocasión para romper con la metrópoli; le siguieron siendo fieles a pesar de la propaganda francesa e inglesa que les animaba a actuar en aquel sentido.

Seguían siéndole fieles en 1808 cuando llegaron de Europa noticias inquietantes: la entronización de José Bonaparte como rey de España y la ocupación de la casi totalidad de la península por los ejércitos de Napoleón. ¿Qué hicieron entonces los criollos? Pregonaron con fuerza su adhesión al rey legítimo, Fernando VII. Al igual que en España, formaron Juntas «conservadoras de los derechos de Fernando VII» —es el título que se dio a sí misma la de Caracas, en agosto de 1808. Se propusieron defender al rey legítimo contra la perfidia de Napoleón y a la religión católica que era amenazada por los franceses, puesto que, para los criollos, Bonaparte era el continuador de la Revolución francesa y compartía con ella el ideal igualitario. La

---

26.   «Dios nos libre de los principios jacobinos como de la peste», escribió el 8 de diciembre de 1798 a su agente en Trinidad.

Junta Soberana de Quito, que se constituyó el 10 de agosto de 1809, expresaba esas intenciones en un tono grandilocuente: «La sacrosanta ley de Jesucristo y el imperio de Fernando VII perseguido y desterrado de la península han fijado su augusta mansión en Quito. Bajo el ecuador han erigido un baluarte inexpugnable contra las infernales empresas de la opresión y la herejía ... ¡Viva nuestro rey legítimo y señor natural don Fernando VII!». Lejos de definirse a favor de los principios de 1789, las Juntas americanas sólo pensaban en combatirlos. Nadie soñaba por entonces con la independencia. Los criollos tenían miedo a perder su posición dominante en la sociedad colonial. Estaban obsesionados por mantener el orden. Temían que los indios, los negros y los mestizos se aprovecharan de la crisis de autoridad abierta por la invasión napoleónica para rebelarse. Los criollos no estaban seguros de las autoridades coloniales, que eran solicitadas a la vez por los emisarios de José Bonaparte y por los de la Junta de Cádiz. En efecto, no olvidemos que bajo el reinado de Carlos III, aquellas autoridades trataron de introducir en América unas reformas que levantaron en su contra a la sociedad colonial; se les acusaba de querer arruinar el orden tradicional. En 1808-1809 esa desconfianza dio lugar a actitudes variadas. Para evitar que se produjera un vacío de poder tomaron la situación en sus manos a través de unas Juntas creadas a iniciativa suya y que ellos dirigían. No se puede explicar de otro modo el florecimiento de aquellas Juntas que aparecieron un poco por doquier, casi al mismo tiempo y con los mismos objetivos. No hubo un plan de conjunto pero sí hubo, sin embargo, la misma reacción defensiva: tomar localmente el poder para garantizar el orden social, pero ese poder no se concebía todavía independiente de España. Tan pronto las Juntas estaban compuestas por autoridades coloniales, tan pronto entraban en conflicto con ellas. En ambos casos, para los criollos, se trataba de mantener el control de la situación. Lo que sucedió en México es instructivo. El virrey Iturrigaray estaba considerado como un amigo de Godoy. El 15 de septiembre de 1808, los peninsulares (magistrados de la Audiencia, comerciantes del consulado...) lo acusaron de traición, lo destituyeron y lo expidieron a España. Los criollos, que parecían apoyar al virrey, se irritaron y destituyeron al sucesor nombrado por la Junta de Cádiz. Estas disensiones tuvieron consecuencias.

Las Juntas americanas no tuvieron ninguna dificultad en reconocer a la Junta Central de Cádiz, que coordinaba la resistencia a los afrancesados y a los franceses. Todo cambió en 1810 como consecuencia de dos series de acontecimientos: por un lado, las victorias francesas en España; por otro, la constitución, en la península, de un Consejo de Regencia y la reunión de las Cortes en Cádiz.

A principios de 1810 llegaron a América noticias alarmantes; todo el mundo estaba convencido de que los franceses habían ganado la partida, de que la península estaba definitivamente perdida, de que iba a someterse a una dominación extranjera y a sumergirse en la anarquía y de que la religión estaba en peligro al igual que el trono. Para evitar que América, a su vez, fuera amenazada, los criollos decidieron tomar los asuntos en sus manos. Ante la idea de que José Bonaparte, con todo lo que representaba —la abolición de los privilegios, el código civil, el anticlericalismo— pudiera gobernar en España y en las Indias, los criollos sintieron pánico. El vacío de poder en la cúspide les empujó a asumir por sí mismos la responsabilidad de mantener el orden. Que algunos trataron de aprovecharse de la crisis para crear un orden nuevo, inspirado en las ideas de 1789 no ofrece dudas, pero la tendencia general empujó a lo contrario: el movimiento fue —escribió uno de sus protagonistas en Buenos Aires—, «no para sublevarnos contra las autoridades legítimamente constituidas, sino para suplir la falta de las que, acéfala la nación, habían caducado de hecho y de derecho ... No para introducir la anarquía, sino preservarnos de ella y no ser arrastrados al abismo de males en que se hallaba sumida España».

En Caracas, el cabildo destituyó al capitán general Emparán, que ocupaba el puesto desde mayo de 1809, porque sospechaba que era un bonapartista, y que, por lo tanto, profesaba ideas subversivas. A partir del 19 de abril de 1810, Caracas estuvo virtualmente independiente. Buenos Aires vivía en la inquietud desde que en junio de 1806 un cuerpo expedicionario inglés atacó la ciudad. El virrey se refugió en el interior del país y un oficial de marina francés al servicio de España, Jacques Liniers, tomó el mando de una tropa de voluntarios criollos, organizó la resistencia y derrotó a los agresores el 12 de agosto de 1806. Al año siguiente, nueva ofensiva británica, esta vez contra Montevideo, que fue ocupada, y nuevo desfallecimiento del virrey. Constatando su incompetencia, la Audiencia lo destituyó y nombró a Liniers capitán general. En 1810 los criollos de Buenos Aires temían el retorno violento de los ingleses. Temían sobre todo verse abandonados por España, ahora que José Bonaparte parecía haber ganado definitivamente la partida: ¿No corrían el riesgo de que se les impusiera un nuevo régimen? ¿Tendrían que ceder la Plata a otra potencia? Efectivamente, los criollos constataban que desde 1795 España había renunciado, voluntariamente o no, al norte de Florida, a la mitad de Santo Domingo que todavía ocupaba, a la Luisiana, a la isla de Trinidad... Esta serie de abandonos daba la impresión de que la metrópoli no concedía mucho valor a los territorios de ultramar. En estas condiciones, el 25 de mayo de 1810 el cabildo de Buenos Aires decidió asumir la autoridad suprema en nombre de Fernando VII. Se trataba de evitar que España llegara a un acuerdo con Napoleón y comprara su tranquilidad a cambio de Argentina «para preservarnos de que los españoles, apurados por Napoleón negociasen con él su bienestar a costa nuestra, haciéndonos pavo de la boda», dijo más tarde uno de los regidores.

En México, el cura de Dolores, Hidalgo, encabezó un movimiento que se preocupó esencialmente por la suerte de los desheredados en una región afectada por la pobreza, el paro y el hambre. Pronto hordas de indios fueron a la guerra contra los ricos y los poderosos bajo la bandera de la Virgen de Guadalupe, patrona de Nueva España, y pregonando con fuerza su adhesión a la religión y a Fernando VII. Hidalgo llegó incluso a abolir la esclavitud en la región que dominó. Criollos y peninsulares olvidaron entonces las disputas que los habían dividido entre 1808 y 1809. Formaron un frente común que acabó con la revuelta. Hidalgo fue fusilado. Otro párroco rural, Morelos, continuó el combate encabezando un pequeño grupo que consiguió mantenerse hasta 1814. También él fue encarcelado y ejecutado. Estas dos experiencias sirvieron de lección a los criollos. En adelante, se guardaron mucho de llevar a término cualquier iniciativa que pudiera dar pie a nuevas aventuras. México no se movió más y constituyó una isla de conservadurismo. Como señalaba en 1810 el obispo de Michoacán, cualquier atentado al orden público, viniese de donde viniese, habría acarreado inmediatamente una anarquía espantosa. También en los Andes, criollos y peninsulares estaban condenados a entenderse. Unos y otros estaban traumatizados por los acontecimientos dramáticos de 1780-1781, cuando los indios de Túpac Amaru se lanzaron al asalto de las ciudades. En 1809 los virreyes de Lima y de Bogotá, actuando coordinadamente, cortaron en seco las veleidades de constituir Juntas de gobierno en La Paz, Quito y, más tarde (en 1814), en Cuzco. Lo que caracterizaba la actitud de los criollos en toda América era la preocupación de que se hiciera algo que pudiera poner en peligro un orden social que les satisfacía. Allí donde se sintieron suficientemente fuertes para actuar solos —es el caso de Venezuela y Argentina—, expulsaron a las autoridades coloniales; por el contrario, colaboraron con ellas, allí donde la masa de la población india les preocupaba, como en los Andes y en México. No se trataba todavía de la independencia y aún menos de aplicar los grandes principios de 1789.

Las primeras manifestaciones de secesión aparecieron en la primavera de 1810, cuando la Junta Central de Cádiz se disolvió y devolvió sus poderes al Consejo de Regencia. Las Juntas americanas habían aceptado reconocer a aquélla, que, en realidad, no era más que un organismo de coordinación; se ofendieron por no haber sido consultadas acerca de la formación de la regencia que consideraban ilegítima y a la que le negaron el derecho de hablar en nombre de América. A partir de ese momento se desarrolló una distinción sutil entre el titular de la monarquía —Fernando VII, cuyos derechos respetaban— y sus estados patrimoniales, formados por España propiamente dicha y los territorios americanos. De acuerdo con esta distinción, los territorios americanos no eran colonias de España sino que se situaban en pie de igualdad con respecto a ella, únicamente la persona del rey garantizaba la unidad de los dos grupos. Si el rey desaparecía o, lo que era lo mismo, estaba incapacitado para ejercer sus funciones, cada uno de los grupos recobraba su autonomía y la libre disposición de sí mismo; ninguno de ellos tenía derecho a imponer su voluntad al otro. El 3 de mayo de 1810, el *Mercurio venezolano* resumía así esa posición: la Junta de Caracas no tiene que inclinarse ante la regencia de España que reivindica una soberanía que no le han delegado ni la monarquía ni la comunidad de los españoles de los dos hemisferios. En otras palabras, se quería obedecer a Fernando VII, pero no a una regencia que decía actuar en su nombre. Las torpezas de la regencia y más tarde las de las Cortes de Cádiz, que trataron de imponer su autoridad, llevaron aquellas disensiones hacia la ruptura. Desde 1810, muchos territorios americanos se consideraban desligados de cualquier obligación con respecto a España. Las circunstancias, más que una voluntad deliberada, les empujó a romper con España; eso es lo que se lee en la declaración de independencia de Caracas en 1811: «La necesidad nos ha obligado a ir más allá de lo que nos propusimos, impelidos por la conducta hostil y desnaturalizada de los gobiernos de España».

En la primavera de 1810 muchos en América estaban convencidos de que España estaba definitivamente perdida. Cada territorio no podía contar más que consigo mismo. Siempre obsesionados por la preocupación de mantener su posición dominante y por no dejar que se crease un vacío de poder, la oligarquía criolla, allí donde se creía suficientemente fuerte para ello, decidió asumir por sí misma la soberanía caída en abandono. El liberal Blanco que publicó en Cádiz una revista mensual, *El Español*, analizó con lucidez este razonamiento:

> Ausente y cautivo el rey, como lo ha sido en España, el pueblo reasume sus derechos y puede confiarlos a quien mejor le parezca. Mas ¿tiene el pueblo de España derecho alguno sobre el de América? ¿Es acaso soberano de aquellos dominios de la Corona española para conferir a nadie la facultad de gobernarlos? ¿No será una verdad eterna que si durante el cautiverio de Fernando VII han entrado los pueblos de España en el uso de la soberanía respecto de sí mismos, igual uso respecto de aquellas regiones deben tener los pueblos de América?

¿En qué principios se basaba la oligarquía criolla cuando decidió tomar por sí misma el poder? No en la soberanía nacional, grata a los revolucionarios franceses, sino en una doctrina tradicional donde las haya, la teoría escolástica: la soberanía residía en el pueblo que la delegaba en el príncipe; si el príncipe faltaba, retornaba al pueblo. El inspirador de los criollos de 1810 no era Rousseau sino Suárez, aun cuando más tarde se juegue con las analogías del vocabulario y se finja creer que el contrato tácito de Suárez es lo mismo que el contrato social de Rousseau. Es cierto que Suárez nunca fue citado en las proclamas de la época; los historiadores han deducido de ello que su influencia fue mucho menor que la de Rousseau. No nos retractamos de lo que hemos dicho a propósito de la Ilustración en América: era mucho más respetuosa que en Francia con el pensamiento tradicional. No ignoramos tampoco las enseñanzas de los jesuitas hasta su expulsión en 1767. Si Carlos III y sus ministros pusieron tanto empeño en prohibir las «teorías sanguinarias» —es decir, las de Mariana y Suárez a las que se acusaba de justificar el regicidio en algunos casos extremos, prohibición que lamentaban aún algunos americanos en vísperas de la independencia—[27] fue porque la doctrina escolástica sobre el origen y las condiciones para el ejercicio del poder político seducían a muchos espíritus a finales de siglo XVIII. No es verosímil que entre 1789 y 1810, en un contexto político, social e ideológico violentamente contrario a las ideas que encarnaba la Revolución francesa, aquella doctrina hubiera sido suplantada bruscamente por la teoría de Rousseau. No es difícil reconocer la inspiración escolástica de las declaraciones de independencia de Buenos Aires (agosto de 1810) y de Caracas (julio de 1811). El secretario de la Junta de Buenos Aires, Mariano Moreno, justificaba así su posición: a partir del momento en que, a traición, Napoleón arrancó España a Fernando VII, «el más amado de sus monarcas», el reino se volvió acéfalo, perdió el principio del cual emanaba la soberanía; a partir de aquel momento, los pueblos recobraban todas sus prerrogativas, la soberanía les era devuelta y podían disponer de ella como les placiera. Uno de los dirigentes de la Junta avanzó un programa más prosaico: «¿Por ventura este inmenso territorio, sus millones de habitantes deben reconocer la soberanía de los comerciantes de Cádiz y los pescadores de la isla de León?». Esta frase sugiere que los intereses económicos estaban también en juego. No se pensaba de distinta forma en Caracas: «Desde el instante que Fernando VII fue preso en Bayona por el emperador de la Francia y renunciaron él y su padre la corona de España, quedaron rotos los lazos que ligaban todos los pueblos de la monarquía a formar un sólo Estado y soberanía». Bogotá hizo la secesión en virtud de los mismos principios (julio de 1810). Por el contrario, México, América central, los Andes y Chile se mantuvieron fieles a la vez a Fernando VII y a la regencia de Cádiz.

Coherentes con estas posiciones, Buenos Aires, Caracas y Bogotá rechazaron toda representación en las Cortes de Cádiz convocadas por la regencia. En otras

27. En 1767, en 1771 y aún en 1794, unos decretos retomaron la prohibición de enseñar la doctrina escolástica sobre el regicidio, el tiranicidio, el derecho natural, el derecho de gentes, etc. El 29 de febrero de 1792 llamaron la atención de Floridablanca acerca del libro *Dei diritti dell'uomo* que se acababa de publicar en Roma: desde Mariana, los jesuitas apadrinaban el regicidio basándose en la teoría de la soberanía del pueblo. En 1809, Camilo Torres, uno de los ideólogos de la emancipación, incluía esta prohición de las teorías escolásticas entre los numerosos atentados perpetrados por la España metropolitana contra el desarrollo de América: «No ha muchos años que ha visto este reino [Nueva Granada], con asombro de la razón, suprimirse las cátedras de derecho natural y de gentes porque su estudio se creyó perjudicial».

partes, las circunstancias hicieron más difíciles la elección y el envío de los diputados.[28] En principio, esos diputados eran nombrados por los concejos municipales de las cabezas de partido de cada provincia, es decir, por los criollos. Algunos de ellos necesitaban mucho tiempo para llegar a España. Mientras se esperaba su llegada, la regencia decidió que participaran en las Cortes unos suplentes escogidos entre los hispanoamericanos presentes en Cádiz: veintinueve suplentes fueron nombrados por un cuerpo electoral de ¡ciento setenta y siete personas! Eran casi tan numerosos como los treinta y seis diputados reglamentariamente escogidos. ¿Había que admitir en las Cortes a representantes de los territorios que habían emprendido la secesión? Las Cortes decretaron que sí; proceder de otro modo hubiera significado aceptar los hechos consumados. La participación de los americanos en las Cortes de Cádiz era cuantitativamente importante, pero no era ni representativa ni homogénea. Frente a los peninsulares, los americanos eran solidarios entre sí en unas pocas cuestiones de tipo general; en cuanto al resto, sus posiciones variaban mucho. Hicieron que sus colegas peninsulares admitieran que los territorios de América nunca habían sido colonias. Por esta razón, la Constitución de 1812 definía la nación española como el conjunto de españoles de los dos hemisferios. Conseguido este punto, las divergencias comenzaron. Para los liberales, partidarios de un estado unitario y centralizado, la igualdad así definida implicaba unas leyes y unas formas de gobierno idénticas en España y en América, y ello era contestado por los americanos que invocaban la especificidad del Nuevo Mundo. Otro punto contestado: la Constitución preveía que las provincias —tanto las americanas como las demás— eligieran a un número de diputados proporcional a su población. Los criollos pidieron que se tuviera en cuenta a los indios y a las castas —mestizos—,[29] pero eso hubiera significado otorgar a América una representación superior a la de España. Se llegó a un compromiso: se tendría en cuenta a los indios pero no a los mestizos.

La guerra civil

A decir verdad, aquellas discusiones fueron ociosas puesto que la Constitución no fue aplicada y la situación en América no se prestaba a un tratamiento jurídico. A partir de 1810, no se desarrolló una guerra de independencia —americanos contra españoles—, sino una guerra civil entre ibéricos —americanos y españoles mezclados— bajo la mirada de las poblaciones dominadas —indios, negros y mestizos— que en un primer momento se mantuvieron neutrales —las luchas en curso no les atañían—, y que más tarde comprendieron que podían sacar partido de aquellos enfrentamientos; a la guerra civil se le añadió entonces una lucha de clases y una guerra de razas.

Las Juntas independentistas, que entonces se llamaron gobiernos, primero tenían que vencer la resistencia de los representantes de las autoridades de la península.

---

28. Para lo que sigue, cf. Marie-Laure Rieu-Millan, *Los diputados americanos en las Cortes de Cádiz*, Madrid, 1990.

29. Eso no significa que los indios y mestizos fueran electores y elegibles; se trataba sólo de calcular el número de diputados a que cada provincia tenía derecho. Por lo demás, las elecciones se efectuaban de acuerdo con un tipo de sufragio indirecto en tres fases que hacía poco probable la elección de indios o de mestizos.

Eso no era lo más difícil. Si los independentistas no hubiesen tenido otro adversario, habrían ganado el litigio en algunos días. España apenas podía oponerles su autoridad moral puesto que disponía de muy pocas tropas en América. Las reformas del siglo XVIII habían cambiado profundamente la composición del ejército en las Indias. La mayor parte de los oficiales y de los soldados eran criollos. De los 35.000 hombres estacionados en América en 1810, los peninsulares eran apenas 5.500.[30] La observación vale también para los combatientes voluntarios; en los ejércitos leales, los españoles siempre fueron una minoría, lo cual preocupó mucho a Bolívar. Se enfrentaron dos bandos, pero no estaban en uno los americanos y en el otro los españoles. Si bien todos los españoles eran leales, los criollos estaban divididos; los había entre los patriotas y también entre los leales. Unos eran partidarios de la independencia; los demás, contrarios a ella. Otra discrepancia oponía, en el primer grupo, a los que deseaban dar al nuevo estado una forma centralizada y los que rechazaban la hegemonía de la ciudad capital y preferían una estructura federal.

Los patriotas no tuvieron dificultades en imponerse en Buenos Aires en 1810, pero toparon con muchas resistencias cuando trataron de reconstruir en beneficio propio la unidad del antiguo virreinato. Ni Paraguay ni Uruguay aceptaron la hegemonía de Buenos Aires, como tampoco la aceptó el traspaís, la pampa. Por los mismos años 1810 se configuró la oposición que dominó la vida política de Argentina hasta mediados del siglo XIX: centralistas contra federales, si se quiere, o, más exactamente, el puerto contra la pampa, los burgueses de Buenos Aires, comerciantes partidarios del librecambio, contra los gauchos del interior. Sarmiento lo llamó el combate de la civilización contra la barbarie, del poder civil contra los caudillos.

En Venezuela, fue la oligarquía criolla de Caracas la que tomó la iniciativa de proclamar la independencia. Bolívar era uno de sus miembros; poseía miles de hectáreas y de esclavos. Además, gozaba del prestigio de hombre culto que había viajado a Estados Unidos, España, Italia y Francia —donde asistió a la coronación de Napoleón. Se impuso rápidamente como el jefe del movimiento independentista. La primera República de Venezuela —en realidad, reducida solamente a la ciudad de Caracas— no duró mucho. Tenía en su contra a la mayoría de los criollos, espontáneamente adheridos al orden tradicional: eran monárquicos y católicos, y la república les daba miedo, temían sobre todo que cualquier iniciativa de las elites de Caracas fuera una señal para la revuelta social. Su percepción era certera. El conjunto del país se levantó contra la arrogancia de los notables de la capital: negros, mestizos, blancos pobres... que no eran especialmente monárquicos ni partidarios de España, pero que temían aún más el dominio criollo. Algunos miembros de las capas medias habían deseado ocupar cargos públicos; las autoridades coloniales estaban de acuerdo, pero la oligarquía se opuso a ello; exigieron a los candidatos las pruebas de limpieza de sangre... Muchos de los que fueron despreciados de este modo, se acordaban de ello en 1810 y se alinearon en el bando realista no por amor a España, sino por odio a la nobleza de Caracas. Los esclavos no habían olvidado que los criollos en 1789 —¡el año de la Declaración de los Derechos del Hombre!— impidieron que España promulgara un código negro que contenía disposiciones que

---

30.   Juan Marchena, *op. cit.*, p. 305.

les favorecían. Según los criollos, las reformas previstas iban a arruinar la agricultura y a impulsar a los negros a seguir su inclinación natural: la holgazanería. El obispo de Caracas no se olvidó de recordárselo; pidió al clero de las zonas de plantaciones que mostraran a los negros que la dominación de los españoles era infinitamente más suave que la de los grandes propietarios criollos. Los negros se sublevaron y se enrolaron en el ejército realista del general Monteverde. Bolívar estaba horrorizado por los crímenes de «esta gente inhumana y feroz, cebándose en la sangre y bienes de los patriotas», que mataban, robaban, violaban y saqueaban. La primera República venezolana se hundió el 25 de julio de 1812 cuando el ejército de Monteverde —menos de trescientos soldados...— entró en Caracas. Bolívar huyó a Curaçao y desde allí desembarcó en Cartagena para reconquistar el territorio perdido. Para romper las resistencias, lanzó el decreto de guerra a muerte (1813): «Españoles y canarios, contad con la muerte, aun siendo indiferentes, si no obráis activamente en obsequio de la libertad de la América». Al ejecutar a los traidores e imponer contribuciones a las ciudades y pueblos considerados hostiles, Bolívar proporcionó a la guerra civil una brutalidad que se correspondió con una violencia equivalente en el bando contrario. La intervención de los llaneros decidió la suerte de los combates.

En las llanuras interiores de Venezuela —los llanos—, los criollos se esforzaban desde hacía tiempo por defender sus propiedades contra los ladrones de ganado, mestizos que se desplazaban de un lugar a otro, cogían caballos cuando los necesitaban sin preguntar quiénes eran sus dueños, asaltaban a los viajeros... Para esos llaneros la independencia era una catástrofe. No porque fueran realistas ni partidarios de la soberanía de España —eso no les importaba—, sino porque por instinto veían en los criollos al enemigo de clase que quería castigarlos, impedirles ir y venir, reducirlos a la condición de proletarios. Al saber que los criollos habían tomado el poder en Caracas, no dudaron. De entre ellos, Boves, un aventurero asturiano, reclutó al grueso de su ejército de realistas que marchó en combate al grito de «¡Viva el rey! ¡Mueran los blancos!». La entrada de estas tropas en Caracas en 1814 se acompañó del pillaje y las matanzas que dejaron un recuerdo horrible en los supervivientes. Tres siglos de civilización y de progreso fueron reducidos a la nada en un solo día por los llaneros, decía Bolívar indignado. «Cuando después de los estragos de 1814 —informa un cronista— se tropezaba con algún paisano desorejado, cojo, bizco o tuerto se decía: "Éste fue de los que dejó Boves".»

Escenas similares se desarrollaron en Nueva Granada. También allí la guerra civil encubría dos divisiones de fondo: centralistas y federales, ricos y pobres, mucho más significativas que la oposición entre patriotas y realistas. Realistas, lo eran todos, en teoría. En 1811 el preámbulo de la Constitución de Cundinamarca —es el nombre que se dio la Nueva Granada independiente— empezaba con estas palabras: «Don Fernando VII, por la gracia de Dios y por la voluntad y consentimiento del pueblo ... rey de los cundinamarqueses». A la capital del antiguo virreinato se le oponía la provincia: «Nosotros los representantes del pueblo de Cartagena de Indias ... declaramos solemnemente a la faz de todo el mundo que la provincia de Cartagena de Indias es desde hoy de hecho y por derecho Estado libre, soberano e independiente». Contra los criollos independentistas se levantaron otros criollos que no lo eran, españoles, mestizos e indios. Al igual que en Venezuela, la masa sabía bien quién los explotaba: los criollos. Los indios en particular veían en el rey a un protector lejano, un recurso contra los abusos de los hacenderos en busca de mano de obra barata.[31] Los criollos independentistas precipitaron el proceso que temía Camilo Torres en 1809: la guerra civil y el enfrentamiento entre las provincias.

La independencia

En 1815 sólo Argentina había culminado la secesión y podía considerarse definitivamente perdida para España. En los demás sitios, los independentistas fueron derrotados o aislados. Con la vuelta de la paz, España pudo enviar de nuevo tropas a América. El ejército del general Morillo desembarcó en Venezuela en abril de 1815. Era la expedición militar más considerable de todas las que España había mandado a América en tres siglos de colonización: 10.000 soldados embarcados en 42 buques mercantes escoltados por 5 navíos de guerra. Bolívar abandonó la lucha y se refugió en Jamaica. El retorno de Fernando VII al trono dio paso a todas las esperanzas. En los dos bandos se combatía en su nombre. Su cautiverio —se había olvidado que abdicó— y su infortunio le valían la simpatía de los súbditos americanos. Ahora bien, Fernando VII malgastó aquellas bazas en algunos meses. Cometió el error de alinearse en un bando contra el otro y de declarar traidores y rebeldes a los independentistas. En lugar de proclamar una amnistía general e invitar a los pueblos de América a reconciliarse entre sí y con España, desató la represión: se confiscaron los bienes de los «rebeldes», se purgó la administración... Los militares que abusaban de su victoria, ganaron por la mano a los civiles que estaban al corriente de las realidades locales y que habían conseguido salvar lo esencial desde 1808. En lugar de una política generosa, los militares ejercieron una represión que se asemejaba mucho a un terror blanco. En resumen, en América, Fernando VII puso en práctica la misma política reaccionaria que en España; pretendía volver a la situación de 1808 como si nada hubiera pasado mientras tanto. En América, esta actitud arrojó a la oposición a los tibios y a los indecisos, a todos los que habían tenido un comportamiento vacilante; transformó en enemigos de España a unos hombres que quizá se habrían contentado con reorganizar las relaciones entre la metrópoli y los territorios de América.

El talento político de Bolívar consistió en comprender el provecho que podía sacar de aquella intransigencia. Volvió a salir en campaña y, esta vez, trató con tino a las masas. No se trataba de enajenárselas de nuevo. Proclamó la igualdad de derechos; abolió la trata de negros; dio a entender que la patria recompensaría a sus servidores... Es lo que el historiador venezolano Germán Carrera Damas denomina «el cambio controlado»;[32] creeríamos oír a los héroes de *El gatopardo* de Lampedusa: es necesario que todo cambie para que todo siga igual... Los resultados fueron los que Bolívar esperaba. Los criollos conservaron la dirección de las operaciones militares

31. Cf. Javier Ocampo, *El proceso ideológico de la emancipación en Colombia*, Bogotá, 1975. En *Defensa de la hispanidad* (1934), Maeztu relata esta anécdota a propósito de Bolivia a principios del siglo XX: el cacique indio que guiaba a un viajero español por el país no dejaba de hablarle del rey de Castilla; el viajero se sorprendió: ¡pero si un presidente de la República gobernaba en Bolivia! Sí —respondió el cacique— pero fue nombrado por el rey; si no fuera así, ¿cree usted que yo me sometería a un mestizo? Hemos oído una historia análoga a propósito de un viaje del rey Juan Carlos a América Latina.

32. Germán Carrera Damas, *Venezuela. Proyecto nacional y poder social*, Barcelona, 1986.

y de los asuntos políticos, pero los mestizos y los negros se enrolaron en el ejército atraídos por aquellas promesas y por la esperanza de una promoción social; los llaneros, sobre todo, aquellos jinetes temibles, estaban ahora en su bando, bajo la dirección de Páez. Bolívar recibió por fin refuerzos de Europa, mercenarios ingleses e irlandeses que formaron una legión británica. Bolívar atravesó los Andes y ocupó Bogotá en agosto de 1819.

El pronunciamiento de Riego en 1820 precipitó la descomposición del imperio en dos sentidos: desde el punto de vista militar, el ejército que se disponía a embarcar se quedó en la metrópoli, no llegó a América ningún refuerzo más; desde el punto de vista político, los liberales del trienio no consiguieron adoptar una posición coherente. Algunos preveían reconocer una autonomía para los territorios americanos plena de precauciones y de garantías: se constituiría una especie de asociación de naciones ibéricas en cuya cabeza se situaría el rey de España con el título de protector. La mayoría de las Cortes lo rechazó: ¡esta fórmula era contraria a la Constitución!

Además, la política liberal del trienio asustaba a los conservadores. Al saber que las Cortes habían declarado la libertad de prensa, se preparaban para poner a la venta los bienes del clero, habían abolido la Inquisición y los privilegios del clero y del ejército, los mexicanos, que habían celebrado con entusiasmo el retorno de Fernando VII y el restablecimiento del absolutismo en España, dieron marcha atrás y rompieron los lazos con la península; no querían aquella España. Iturbide se erigió en representante de la mayoría de sus compatriotas. No era un plebeyo ni un cura como los insurgentes de 1810, Hidalgo y Morelos, sino un militar. Reunió a su alrededor a las grandes fuerzas de los comerciantes, la jerarquía eclesiástica y el ejército, una coalición que excluía de la vida política al 90 por 100 de la población mexicana. Hizo una única concesión al populismo: adoptó la bandera tricolor imaginada por Morelos, el águila posada en un nopal. En 1821 Iturbide hizo que se adoptara un plan que transformó México en un estado conservador en el cual los derechos de la Iglesia, del ejército y de los propietarios estaban garantizados; el catolicismo se convirtió en la religión del estado; criollos y peninsulares eran iguales ante la ley. Teóricamente, Fernando VII continuaba siendo el rey, pero esa ficción desapareció en 1822 cuando Iturbide se proclamó emperador, lo que suscitó oposiciones: fue fusilado en 1824, pero México continuó independiente. Guatemala siguió el ejemplo de México. En septiembre de 1821 se declaró independiente «para no depender del gobierno de la península».

En México y en Guatemala, en 1820, la rebelión fue contra la España liberal. En el resto de la América española fueron los errores y las incoherencias de la metrópoli a partir de 1814 lo que condujo a la desintegración del imperio. En Venezuela, tras vanas negociaciones con los representantes de España, Bolívar reanudó el combate; salió vencedor de la batalla de Carabobo (junio de 1821). Nombrado presidente de la República, partió para reconquistar Nueva Granada. En julio de 1822 entró en Quito donde se había impuesto hasta entonces una curiosa República, presidida por un obispo y dirigida por frailes.[33] Un poco más tarde, en Guayaquil, le esperaban las tropas

33. Cf. Marie-Danielle Démélas y Yves Saint-Geours, *Jerusalén y Babilonia. Religión y política en el Ecuador. 1780-1880*, Quito, 1988. El preámbulo de la Constitución de Quito (1812) comenzaba con estas palabras: «En el nombre de Dios todopoderoso trino y uno … La religión cató-

del argentino San Martín que salió de Cuyo, al otro lado de los Andes, e invadió Chile. Este territorio constituye un buen ejemplo de los errores políticos de Fernando VII. En mayo de 1814 se había concluido un acuerdo entre la administración colonial y los autonomistas que aceptaron reconocer la autoridad de la regencia de España y mandar representantes a las Cortes. Por orden de Fernando VII, el virrey de Perú denunció este acuerdo, ocupó Santiago y persiguió a los autonomistas. Sintiéndose amenazados, miles de chilenos huyeron hacia Argentina. Convertidos en independentistas, se alinearon junto a los argentinos. De Chile, San Martín se dirigió en barcos ingleses a las costas de Perú antes de retirarse ante Bolívar, a quien dejó la gloria de terminar la lucha por la independencia. Juntos, argentinos y venezolanos iban a «liberar» a Perú que se obstinaba en no comprender cuál era su interés. Allí, en el corazón de los Andes, el virrey Abascal actuó con una gran inteligencia política. Supo cultivar la desconfianza de Lima con respecto a Buenos Aires. Bajo su dirección, la burocracia y los notables de Lima volvieron a hacerse con el control del alto Perú, durante mucho tiempo disputado a Buenos Aires. Se le reconocía a Abascal haber restaurado la grandeza de Perú y haber construido un islote de orden y de estabilidad. Para la mayoría de peruanos, los argentinos y los chilenos de San Martín, al igual que los venezolanos y los neogranadinos de Bolívar eran unos invasores a quienes se disponían a rechazar. La batalla de Ayacucho (diciembre de 1824), perdida por los peruanos, fue la última de todas las que se libraron en América desde 1810. Marcó el fin del proceso de desintegración del imperio americano. No es inútil observar que, de los 12.600 soldados del ejército «español» derrotado por el mariscal Sucre, solamente seiscientos eran españoles; los demás eran mestizos o indios quechuas y aymaras.

La América española tras la independencia

En 1823, bajo la presión de Inglaterra y de los Estados Unidos, la Santa Alianza negó todo apoyo a Fernando VII en la lucha que lo oponía a sus súbditos americanos. España se resignó a perder el inmenso imperio del que no conservó más que algunos fragmentos: Cuba, Puerto Rico, Filipinas... Lo que sucedió en América después de 1825 ya no forma parte de la historia de España, pero este importante acontecimiento exige algunos comentarios.

En un libro publicado en 1802 —*Las tres edades de las colonias*— el abate de Pradt presentaba los tres siglos que habían seguido a la conquista de América como un período de dominación colonial y de maduración que estaba a punto de terminar; llegado a la mayoría de edad, al continente americano no le quedaba más que emanciparse. Ya nadie cree hoy que la América española llegara a la independencia al término de un proceso natural de ese tipo. Esta era ya la opinión de Bolívar. Reflexionando en 1815, en su exilio de Jamaica tras el fracaso de la primera República venezolana, el Libertador admitió: «La América no estaba preparada para desprenderse de la metrópoli»; sus habitantes no tenían ninguna preparación teórica ni ninguna

---

lica como la han profesado nuestros padres y como la profesa y enseña la Santa Iglesia Católica, apostólica y romana, será la única religión del estado de Quito y de cada uno de sus habitantes, sin tolerarse otra ni permitirse la vecindad del que no profese la fe católica romana».

experiencia; de un día para otro, tuvieron que improvisar legisladores, magistrados, contables públicos, diplomáticos, generales para formar los cuadros sin los cuales un estado no puede funcionar. La situación de la América española en 1815 recuerda la del mundo romano tras el hundimiento del imperio: era un caos en el cual cada grupo y cada etnia se organizaba como podía. La independencia era prematura —prosigue Bolívar— pero era una meta que había que alcanzar.

La confesión es reveladora. A diferencia de lo que ocurrió en las trece colonias inglesas en 1776, los pueblos de la América española en 1810 no tenían el sentimiento de formar una comunidad solidaria; estaban divididos en grupos sociales y étnicos heterogéneos, yuxtapuestos y rivales: «No somos ni indios ni europeos, sino una especie media entre los legítimos propietarios del país y los usurpadores españoles» (Bolívar, 1815). La autoridad de España era lo único que garantizaba la unidad del conjunto; cuando esta autoridad desapareció, no quedó más que la religión y la lengua para asegurar la cohesión del cuerpo social en un continente inmenso. En la América de 1810, había pueblos separados unos de otros, pero no naciones en el sentido que se comenzaba a dar a este término en Europa. Allí, la nación no tenía que defenderse contra un enemigo exterior; tenía que inventarse. El pueblo era un conglomerado de criollos, indios negros, mestizos y de todas las categorías intermedias. La nación no podía ser una abstracción pura; necesitaba ser comprendida y vivida por los que la constituían; tenía que encarnarse en una lengua, un territorio, unas creencias, unas costumbres, unos intereses. En América, esa comunidad natural era la ciudad, la provincia donde se había nacido y donde se vivía. Esta es la razón por la cual la tendencia a la fragmentación se impuso por doquier de un modo espontáneo. Sólo el talento político de hombres como Bolívar vio los inconvenientes y los peligros de esa situación. Para resistir a España y para arrancarle la independencia, era necesario constituir unidades viables, es decir, suficientemente grandes para que dispusieran de recursos importantes en hombres y en riquezas naturales. La guerra impuso, pues, un aparato militar coherente y poderoso, dicho de otro modo, un estado. En general, las naciones que ya existen aspiran a convertirse —o a volverse a convertir— en estados soberanos; en la América española de 1810, se comenzó por construir estados con su gobierno, sus instituciones, sus ejércitos, sus cuerpos de funcionarios, etc., y a partir de esos estados se hicieron esfuerzos para crear naciones.

Para la población, esos estados no eran más que abstracciones. A un tiempo contra España y contra el pueblo tuvieron que luchar los libertadores para alumbrar unas naciones que estaban aún en fase de proyecto, ya que el pueblo no estaba maduro para hacer suyos aquellos puntos de vista. Era incapaz de distinguir dónde estaba su interés y se alió con los que se oponían a él: «Nuestros débiles conciudadanos tendrán que enrobustecer su espíritu mucho antes que logren digerir el saludable nutritivo de la libertad».[34] Los libertadores tuvieron que forzar al pueblo a ser libre: «Estoy penetrado hasta adentro de mis huesos que solamente un hábil despotismo puede regir a la América».[35] Esa empresa dejó centenares de miles de víctimas: 250.000 en Venezuela, según la estimación de Bolívar,[36] más de 130.000, según los historiadores

34. Bolívar, Discurso de Angostura, 1819.
35. Bolívar, Carta a Santander, 8 de julio de 1826.
36. Carta desde Jamaica (1815).

contemporáneos,[37] es decir, la cuarta parte de la población total del territorio. Causó destrucciones, arruinó al país y acarreó una regresión económica y cultural que tomó las proporciones de un cataclismo: «Nosotros dimos a la independencia de América —escribió a principios del siglo XX el pensador venezolano Laureano Vallenilla Lanz— todo lo que tuvimos de grande: la flor de nuestra sociedad sucumbió bajo la cuchilla de la barbarie y de la clase alta y noble que produjo a Simón Bolívar no quedaban después de Carabobo sino unos despojos vivientes que vagaban dispersos por las Antillas». Bolívar lo confesó en privado: «Hemos perdido todo nuestro tiempo y hemos dañado nuestra obra; hemos acumulado desacierto sobre desacierto y hemos empeorado la condición del pueblo que deplorará eternamente nuestra experiencia».[38] Para hacer olvidar este fracaso y para disimular esa frustración, el estado se encomendó la tarea de inventar a la vez el pasado y el futuro de la nación. Con una audacia inaudita, los descendientes de los conquistadores y de los que habían vencido, expoliado y explotado a los habitantes originarios de América, reivindicaron el pasado precolombino del continente y devolvieron a los españoles de la metrópoli las acusaciones de Las Casas contra la conquista y la opresión colonial. Eso respecto del pasado. En lo que se refiere al futuro, la nueva clase dirigente nacida de la independencia confiscó en beneficio propio la idea de nación: ella era la nación. Cualquier puesta en cuestión de su papel y cualquier intento de limitar su hegemonía eran asimilados a actividades antinacionales. No hay que olvidar el sentido de los acontecimientos que se produjeron en la América española entre 1810 y 1825: una independencia sin descolonización, un fortalecimiento de los lazos de dependencia. Para obtener la adhesión de las masas, los criollos no pudieron hacer más que invocar a su vez los grandes principios de 1789: libertad, igualdad, derechos del hombre, pero esos principios se adaptaron muy bien a unas situaciones que de hecho reproducían las relaciones de dominio económico sobre las poblaciones explotadas. La clase dominante era la única que podía hablar en nombre de la nación puesto que ella —y sólo ella— había creado la nación. Así se halló justificación y legitimación para la tutela de las capas populares, aquellas masas incultas que no habían entendido la grandeza del sacrificio que se les pedía y que habían tomado las armas en favor de la causa de España y del régimen colonial. La guerra de independencia fue, de este modo, presentada como una epopeya fundadora y sus héroes —los libertadores— fueron objeto de un verdadero culto; contestar su acción o minimizarla equivalía a hacerse culpable de sacrilegio.[39]

En 1825 el imperio español se desmembró en unos veinte estados celosos de su independencia. La mayor parte de las veces, las nuevas naciones se constituyeron a partir de las audiencias de la época colonial, lo que demuestra el acierto del antiguo poder colonial: había sabido distinguir las grandes unidades naturales de aquellos territorios y darles una organización económica y administrativa que subsistió después de la independencia. Así, lo que se había formado no eran naciones, sino regiones que acabaron por segregar patriotismos locales. Esos particularismos, tanto como las vicisitudes de las guerras por la independencia, fueron los que en 1826, cuando se celebró el Congreso de Panamá, impidieron la formación de una gran confederación. Demasiadas cuestiones oponían entre sí a los jóvenes estados, por no

---

37. John Lynch.
38. Carta a J. A. Páez, 12 de abril de 1828.
39. Cf. los estudios del historiador venezolano Germán Carrera Damas.

hablar de la hostilidad de los Estados Unidos de América del Norte que preferían vérselas con varias naciones a una comunidad que pudiera representar una fuerza de equilibrio en el Nuevo Mundo. A falta de una gran confederación, Bolívar deseaba una reorganización regional. El proyecto de un estado colombiano respondía a esta preocupación. El nombre de Colombia apareció por primera vez en 1801 en los planes que Miranda elaboró en Londres para separar de España sus posesiones americanas. El término se aplicó entonces al conjunto de la América española que Miranda planeaba transformar en un imperio federal gobernado por dos incas. La capital sería una nueva ciudad situada en el istmo de Panamá y se le daría el nombre de Colombo, en homenaje a Cristóbal Colón. Al desembarcar en las costas de Venezuela, en agosto de 1806, Miranda, que pretendía actuar en calidad de jefe del «ejército colombiano», lanzó una proclama a los habitantes del «continente americano-colombiano». Bolívar retomó la expresión en 1815 en un sentido más restringido. En su exilio de Jamaica, el Libertador meditó sobre sus primeros fracasos. Estaba convencido de que América terminaría por obtener su independencia y presentía que se dividiría en diecisiete naciones. Una de ellas estaría formada por Nueva Granada y Venezuela, y se llamaría Colombia. Ese deseo se hizo realidad en 1819, en el Congreso de Angostura. La República de Colombia, proclamada aquel año, estaba formada por tres departamentos: Venezuela, Cundinamarca —es decir, Nueva Granada— y la antigua Audiencia de Quito. A partir de 1819 Santa Fe de Bogotá, sede del virreinato de Nueva Granada, se convirtió en Bogotá *tout court*. Demasiadas cuestiones, sin embargo, oponían a su componentes: los neogranadinos no soportaron estar dirigidos por venezolanos y viceversa. Además, aquéllos, más tradicionalistas, desconfiaban de éstos, a los que consideraban liberales y anticlericales. La Gran Colombia se dislocó en 1831 para dar lugar a tres estados que existen todavía: Venezuela, Ecuador y el antiguo departamento de Cundinamarca que mantuvo para sí el nombre de Colombia.

Todos los estados salidos del antiguo imperio español tomaron la forma de república, lo que puede sorprender en unos territorios tan profundamente marcados por la influencia de España y en los cuales la monarquía había terminado por revestir un carácter sagrado. Aquí podemos evocar el precedente de los Estados Unidos de América del Norte. El prestigio de la gran potencia del Nuevo Mundo acabó con la sacralización de la idea de monarquía y tornó aceptable y respetable el régimen republicano.

Por doquier también, aquellas repúblicas adoptaron una estructura federal, a pesar de que Bolívar había deseado estados centralizados. Era difícil que sucediera de otro modo tras las guerras civiles que habían favorecido la emergencia de una multiplicidad de poderes locales rivales. En el interior de los grandes conjuntos que eran Nueva Granada o Argentina, la geografía, el clima, la dificultad de las comunicaciones acentuaban las tendencias centrífugas y la fragmentación. El federalismo era la solución ideal para tratar con acierto las susceptibilidades regionales conservando, en la cúspide, un poder fuerte. Ahí, una vez más, el ejemplo de los Estados Unidos de América del Norte fue determinante. En general, además, el modelo norteamericano se adecuaba perfectamente con la situación de los antiguos territorios españoles; permitía conciliar una forma republicana con unas estructuras económicas y sociales conservadoras, en especial la esclavitud.

Aquellos regímenes, por último, tomaron en todas partes un aspecto autoritario. Adoptaron la República, pero procuraron también precaverse contra las masas populares, evitando los excesos que habrían podido poner en cuestión el orden social. Se trataba de alejar el espectro del jacobinismo y de poner límites a la impaciencia de las masas. A cualquier precio quería Bolívar proteger a las nuevas instituciones de la democracia, susceptible de provocar desórdenes. Ciertamente, de derecho, todos los hombres eran iguales; de hecho, las cosas eran más complejas. Las masas analfabetas no estaban aún maduras para la democracia; representaban un peligro. En la *Carta desde Jamaica* (1815) Bolívar recomendaba confiar la dirección de los asuntos públicos a «gobiernos paternales». Con este espíritu se redactó la Constitución de 1819, con su distinción entre ciudadanos pasivos y activos, sus dos cámaras, una asamblea elegida por sufragio censitario y un senado hereditario destinado a contener las «oleadas populares». En el mismo orden de cosas, está claro que algunos de los héroes de la independencia —San Martín, Bolívar, Iturbide, especialmente— tenían en mente el ejemplo de Napoleón, el hombre que supo poner fin a los excesos revolucionarios. Al igual que Napoleón, Bolívar despreciaba profundamente a los demagogos y a los ideólogos; el régimen que construyó en la última etapa de la guerra de independencia de Venezuela pretendía, al igual que el imperio napoleónico, crear un orden nuevo, un poder fuerte, capaz de canalizar la revolución, de controlarla, de encerrarla en unos límites estrechos. Fue eso lo que a principios del siglo XX el positivista venezolano Laureano Vallenilla Lanz denominó «cesarismo democrático», una forma de gobierno autoritaria que pretendía apoyarse en las masas y hablar en su nombre.[40] En los nuevos estados, marcados por el hundimiento de los cuadros tradicionales, arruinados y trastornados por las guerras de independencia, sólo los militares estaban en condiciones de mantener sometidas a las masas, a costa de concesiones formales. El populismo del siglo XIX, con su cortejo de caudillos y de dictadores, podría muy bien ser la forma latinoamericana de bonapartismo y, en calidad de tal, una secuela del período revolucionario.

---

40.   Por la misma época, los discípulos de Charles Maurras reivindicaban a Bolívar: fue un positivista *avant la lettre*. Cf. Marius André, *La fin de l'empire espagnol d'Amérique*, obra publicada en París en 1922 con un prefacio de Charles Maurras y dedicado a Simón Bolívar, «soldado de la libertad, primer positivista americano, víctima de la barbarie democrática»…

Capítulo III

LA VICTORIA DEL LIBERALISMO (1833-1874)

La historia de España entre la muerte de Fernando VII y el advenimiento de Alfonso XII da al observador poco atento una impresión de caos. Es un período de inestabilidad política, que empezó con una larga regencia (1833-1843), seguida del reinado personal de Isabel II (1843-1868), que hubo de abandonar el trono por una revolución que no llegó a institucionalizarse; la monarquía constitucional que entonces se intentó no tuvo demasiado éxito, como tampoco lo tuvo la República. Después de seis años de experiencias diversas, los militares creyeron devolver la calma imponiendo el retorno del hijo de Isabel. Esas vicisitudes estuvieron acompañadas de enfrentamientos y disturbios —siete años de guerra civil, revueltas, levantamientos, movimientos sociales— y de una serie de constituciones rechazadas casi al mismo tiempo de haber sido promulgadas. Esa agitación no debería ocultar ni la magnitud, ni la importancia de los cambios que se produjeron entonces. Entre 1833 y 1874 se diseñaron las grandes líneas de lo que sería España hasta la mitad del siguiente siglo. El desarrollo de la economía, lento y desigual, sólo concernió a una parte del país: en provincias enteras, las estructuras agrarias no diferían apenas de las de antes. El Antiguo Régimen conservó sus antiguas nostalgias no sólo entre los sectores aristocráticos y la Iglesia, sino también entre las clases populares, decepcionadas o indignadas por el liberalismo triunfante. Se perfilaron dos Españas opuestas en todo: en la economía, la sociología y en la ideología. La ausencia de una clase media suficientemente numerosa y estructurada contribuyó a exacerbar los conflictos; esa situación no desaparecería hasta la década de 1960. Estas características no eran tan distintas de las que se daban en otros países de Europa, como Francia e Italia, enfrentados, a su vez, a la necesidad de adaptarse al mundo moderno. El arcaísmo de la economía, toda una sucesión de constituciones y de regímenes políticos, los conflictos entre los partidos del orden y los progresistas, y los enfrentamientos ideológicos que los inspiraron y acompañaron no son exclusivos de la España del siglo XIX. Tampoco será difícil señalar las repercusiones que la coyuntura internacional tuvo sobre los acontecimientos de la península. La revolución de julio de 1830 incidió sobre la evolución de la monarquía española y la condujo hacia una forma constitucional; el período de relativa prosperidad de la «década moderada» (1843-1854) hace pensar en lo que será la expansión de Francia bajo el reinado de Luis Felipe y el Segundo Imperio; la crisis de los años 1868-1874 coincide —¿será casualidad?— con la Comuna de París y los comienzos de la Internacional socialista. Por fin, el retorno de los Borbones, en 1875, tuvo que ver con la malograda restauración en Francia. Estas correspondencias no son fortuitas, sino que confirman la idea de que España no vivía de un modo distinto al de Francia, por ejemplo: tenía las mismas dificultades; sólo las modalidades y las soluciones que se apuntaron para resolverlas se presentaron de una manera específica.

LOS PROBLEMAS

Entre 1833 y 1874 —e incluso después de esta última fecha—, en España sobresalían tres problemas de fondo: una situación económica y social precaria; la dificultad de encontrar una fórmula política satisfactoria, y la exacerbación de los conflictos ideológicos.

Economía y sociedad

En el curso de un siglo, la población de España se multiplicó por dos: de 11 millones de habitantes en 1808, pasó a 18,5 millones en 1900. Este crecimiento era más el resultado de una fuerte natalidad que de la prolongación de la esperanza de vida, que se mantenía inferior a la media europea. Esto planteó un grave problema: ¿cómo podría España alimentar a esa población y proporcionarle trabajo? Hasta la segunda mitad del siglo, la emigración no se reveló como una solución parcial, ya que, efectivamente, la estructura de la economía no era la adecuada para un desarrollo satisfactorio.

Esto fue válido sobre todo para la agricultura, que continuaba siendo la actividad mayoritaria. Dos zonas se contraponen: la de la España húmeda y la de la España seca. La primera comprendía las regiones septentrionales —Galicia, País Vasco y Cataluña—, donde las abundantes lluvias permitían los policultivos. En esas regiones la tierra estaba dividida en pequeñas explotaciones —a veces demasiado exiguas—, pertenecientes a los campesinos que las cultivaban, o trabajadas por aparceros. En Galicia predominaba la pequeña propiedad. Cada familia poseía una o dos vacas que utilizaba como animales de tiro y que daban también un poco de leche; cada familia cultivaba su centeno o su maíz, cocía su pan, y a veces hasta tejía su propia ropa. Se producía lo necesario para vivir, y no para vender; cuando se necesitaba dinero para pagar los impuestos o para las compras indispensables, se vendía un ternero o bien se iba a trabajar durante algún tiempo a la ciudad. Como último recurso, se acudía a los prestamistas, quienes establecían unas tasas de interés que podían llegar hasta el 60 o el 70 por 100. También se podían encontrar pequeñas propiedades familiares en el País Vasco, Navarra y Cataluña, pero en esas zonas eran generalmente más prósperas; para quienes no eran propietarios, los arrendamientos tenían una duración indeterminada, lo que excluía el riesgo de evicción.

En la España seca, se deben considerar por separado las zonas que podían irrigarse —especialmente, las huertas de Valencia y Murcia—: en ellas los campesinos no vivían mal del todo. Pero la producción llegó pronto al límite. Se podía plantear la cuestión de roturar nuevas tierras, y así se hizo: en la primera mitad del siglo, el espacio casi se duplicó, pero esta solución se enfrentaba a la ley de los rendimientos decrecientes. ¿El regadío? Para eso hacía falta capital. España no lo tenía, o, más exactamente, quienes lo tenían preferían utilizarlo para especulaciones financieras. La situación de los campesinos variaba según las regiones. La Meseta central, entre León, Valladolid y Burgos, desde siempre había sido tierra de trigo; en ella se podían encontrar propiedades de mediano tamaño. A partir de Salamanca y al sur del Tajo empezaban las grandes propiedades… En ellas se practicaba un cultivo extensivo del trigo, de la vid, del olivo, pero muchas tierras se mantenían baldías, o bien servían de cotos de caza, cuando no se destinaban a la crianza de toros de lidia. En Extremadura y Andalucía, los propietarios practicaban el absentismo: sólo se acercaban a sus tierras para las cacerías; los administradores eran quienes se encargaban de su administración y aprovechamiento. Allí, centenares de miles de trabajadores agrícolas —las tres cuartas partes de la población— vivían en la miseria; se les contrataba para una jornada, para un mes, para una estación, y pocas veces de un modo más duradero: el resto del tiempo —es decir, cien o ciento cincuenta días al año— permanecían en un paro forzoso.

Los reformistas del siglo XVIII se echaron atrás ante una reforma agraria que hubiera dañado los intereses de la aristocracia. En el siglo XIX, ni siquiera se intentó abordar la cuestión. No era el objetivo de las medidas tendentes a suprimir los bienes de manos muertas —la desamortización— destinadas más bien a liberar de deudas al estado. La operación se hizo en dos tiempos: en 1836 y 1855. La primera desamortización concernió a los bienes del clero, y fue promovida por Mendizábal, un antiguo liberal de 1820 que había emigrado a Inglaterra, en donde hizo fortuna, y en donde adquirió la fama de ser un especialista en cuestiones financieras. En octubre de 1835, convertido en jefe del gobierno, decidió suprimir la mayoría de monasterios; sólo permitió algunas excepciones con los que eran monumentos históricos —como El Escorial—, o que pertenecían al patrimonio artístico de España, como Poblet.[1] Los decretos de febrero y marzo de 1836 pusieron en venta al mejor postor los bienes de las comunidades suprimidas, a pesar de la oposición de Flórez Estrada, el único diputado que pidió que el estado siguiera siendo el propietario de los bienes confiscados y se contentara con ceder el usufructo a particulares en un régimen de arrendamientos enfitéuticos. Los compradores podían pagar mediante títulos de la deuda pública, y muy pocos pequeños campesinos pudieron pujar por ellos. Además, en muchos casos las autoridades rehusaron dividir los lotes en parcelas, lo que excluía de oficio a los pequeños campesinos. Los beneficiarios de la operación fueron, o bien los miembros de las clases medias —los burgueses que vivían en la población vecina—, o bien los grandes propietarios, que de este modo tuvieron la oportunidad de aumentar sus propiedades.

La ley Madoz de 1855, sobre la venta de bienes comunales, había estado precedida de una consulta. De los 2.000 municipios que respondieron sólo 20 se mostra-

---

1. Esta decisión y las medidas parciales que la precedieron durante el trienio liberal provocaron el abandono y la ruina de una parte del patrimonio español. En 1821 un hombre de negocios valenciano compró por 1.000 pesetas el monasterio de Yuste, donde había muerto Carlos V; tenía la idea de utilizar el estanque para ahogar allí a los gusanos de seda y los patios para secar la seda. Más tarde, propuso a Napoleón III que le comprara el monasterio, pero el marqués de Mirabel, escandalizado, le entregó 100.000 pesetas para impedir la transacción. En 1846 un comprador adquirió la joya de la antigua Universidad de Alcalá de Henares, suprimida en 1836: quería instalar un criadero de gusanos de seda en el colegio de San Ildefonso…

ron favorables a la medida, pero las Cortes hicieron caso omiso y votaron la ley por una gran mayoría: 159 votos contra 13. Uno de los pocos que se opusieron fue un diputado de Extremadura, quien dijo:

> Mi pobre voz ... será la voz que clama en el desierto. Alguien había de sufrir las consecuencias de la revolución de julio; alguien había de ser sacrificado por las circunstancias en que se encuentra el estado, y este sacrificio, por lo visto, toca a Extremadura ... He recibido representaciones de ciento veinte pueblos que se oponen a la venta de propios ... Un pueblo me escribe: «aquí horroriza sólo la idea de que se vendan los bienes de propios ... y nos veremos todos los vecinos obligados a emigrar a otros países y marcharnos donde nos den pan».

La historia le dio la razón a ese lúcido diputado. Durante un siglo, Extremadura sería una tierra de emigración para unos hombres reducidos a la miseria. La venta de los bienes comunales aprovechó a quienes ya eran propietarios; pero los campesinos sin tierras no ganaron nada con ella; al contrario, la transformación de las tierras de los municipios en propiedades privadas les hizo perder las pocas ventajas de que gozaban: el derecho de que en ellas pastaran algunas cabezas de ganado, el de recoger leña para calentarse... En pocos años, el legislador hizo desaparecer costumbres, algunas de las cuales se remontaban a la Edad Media, que permitían que los campesinos sin tierras pudieran sobrevivir. Las leyes de 1836 y 1855 podían haber servido para crear una clase de pequeños campesinos, como en Francia, o para constituir grandes propiedades bien explotadas, como en Inglaterra o en Prusia. Las superficies cultivables aumentaron todo lo que permitió la pobreza del suelo, pero, por falta de capital, no se intentó introducir las innovaciones técnicas —riego, abonos, etc.— para lograr una agricultura intensiva. Como no faltaba la mano de obra, los propietarios pudieron reducir los salarios al mínimo, para así seguir percibiendo beneficios sustanciales y dejar una gran parte de sus tierras en baldío o como cotos de caza. Concebidas bajo una perspectiva estrictamente contable —reducir la deuda pública, procurar recursos al estado—, las leyes de 1836 y 1855 tuvieron también un alcance político: sellaron la alianza entre la vieja aristocracia terrateniente y la burguesía liberal a expensas de la Iglesia; también sirvieron para consolidar el régimen: los beneficiarios no demostraron demasiado interés en dar marcha atrás.

Lejos de resolver el problema agrario, esas leyes lo empeoraron, al reducir a numerosos campesinos a la desesperación, poniéndolos en manos de una clase de nuevos ricos que a menudo se comportaban como los antiguos señores feudales. En esas tierras miserables, empezó a aparecer un personaje que tendría cada vez más importancia en la vida local: el cacique. Intermediario entre los lejanos poderes públicos y una masa de analfabetos, el cacique ejercía un poder tiránico. Podía exigir servicios, y también podía aplastar sin piedad a quienes se le resistían, tanto a los adversarios como a los cabecillas y los disidentes. Del cacique local a menudo dependía el empleo temporal, lo que daba un auténtico poder de vida o muerte. La superpoblación, la miseria y la mala alimentación mantenían un malestar endémico que, de vez en cuando, estallaba en violentas sublevaciones duramente reprimidas: las revueltas de 1857 en la zona de Sevilla, en donde se comenzó por prender fuego a los archivos notariales y por atacar a los cuarteles de la guardia civil; la insurrección de Loja, en 1861, en la que 10.000 campesinos en armas se enfrentaron a las tropas...

Las leyes de Mendizábal y Madoz tuvieron otra consecuencia: enfrentaron a la masa del pueblo español con las nuevas elites sociales; en lo sucesivo, la vieja aristocracia y la burguesía se confundirían. Muchos campesinos habían puesto sus esperanzas en el liberalismo de las Cortes de Cádiz y de 1820; con el final del régimen señorial, esperaban que su condición mejorara. Las leyes de desamortización les parecieron frustrantes; pensaban que los habían engañado, o, lo que era peor, que los habían despojado de algo a lo que creían tener derecho: la tierra. Decepcionados, convertidos en proletarios y explotados, apartados de la vida política por el censo electoral, los campesinos españoles —y, con ellos, mucha gente menuda de las ciudades— se apartaron de los liberales y del liberalismo; unos se vieron empujados hacia el carlismo —en las provincias del norte: País Vasco, Navarra, Aragón, Cataluña—; otros, hacia las ideas republicanas —en Levante y en el sur—, ideas que para ellos representaban algo más que una forma de régimen: la esperanza de una mayor justicia social; hubo también quienes abrazaron el nihilismo, y a continuación el anarquismo, o emprendieron cualesquiera otras formas de acción directa y violenta que la mayoría de las veces se manifestaron mediante la ocupación de las tierras, lo que resultaba muy significativo: intentaban recuperar por la fuerza aquello que creían que se les había expoliado.

Para todos ellos, el liberalismo se convirtió en sinónimo de opresión y de política de clase. A la violencia institucional se respondió con violencia popular, lo que Unamuno, a finales del siglo, llamaría el reflejo de Caín, el cainismo —los odios de clase que durarían hasta la guerra civil de 1936, e incluso hasta después de ésta, y que atentaban contra el orden establecido y sus representantes: el burgués, el cura y el guardia civil.

En efecto, en 1844 se creó la guardia civil, expresamente concebida como un medio de proteger a las personas y los bienes en las zonas rurales. Desde un principio, la guardia civil tuvo un carácter de claro instrumento al servicio de la oligarquía terrateniente, que sólo desaparecería con la muerte de Franco. El rechazo que las clases dirigentes manifestaron ante cualquier intento de reforma agraria acarrearía unas muy graves consecuencias. Esto es lo que, sin duda, distingue a España de Francia: la ausencia de pequeños campesinos.

La parte más numerosa de la población se sentía excluida de la comunidad nacional, y eso habría de durar hasta la década de 1960. La violencia en los períodos de tensión —tanto la que ejercen las masas como la de las fuerzas del orden— no se explica de otro modo. Esta violencia no está inscrita en el temperamento del pueblo español, sino que es el resultado de las estructuras agrarias y de la insensibilidad de los propietarios frente a la miseria de la mayoría.

¿Habría podido la industria compensar las carencias de la agricultura y dar trabajo a los millones de campesinos sin tierras, y, por lo tanto, mejorar su bienestar y su nivel de vida? En este punto conviene hablar en condicional del pasado. En efecto, la industrialización en España se fue haciendo lentamente y sólo se concentró en ciertas regiones. ¿Cómo explicar el retraso de la economía española?[2] Se pueden

2. Albert Broder, uno de los que, en Francia, conocen mejor la historia económica de la España contemporánea, discute el empleo de las palabras *retraso* o *fracaso*, que implican una comparación con otros países o con un desarrollo ideal: ¿retraso respecto de qué? Se puede pensar en Inglaterra, pero Inglaterra hizo su revolución industrial antes que los otros países, lo que durante mucho tiempo le permitió no tener unos serios competidores, y, por lo tanto, conservar su ventaja. Valdría más hablar de condiciones específicas de la situación española.

englobar en dos grupos las respuestas que comúnmente se dan a este interrogante. Para unos —los más numerosos—, el obstáculo decisivo lo constituyó la ausencia de un mercado nacional: los españoles, en su mayoría campesinos, producían y consumían poco porque no tenían medios; su bajo poder adquisitivo les prohibía gastar en lo que no era rigurosamente indispensable: la comida y la vivienda. Otros, sin negar el papel de las estructuras agrarias, atribuyen las lagunas de la industrialización a los hombres que prefirieron invertir su capital en la especulación bursátil antes que en la creación de industrias: se decantaron por el beneficio a corto plazo y no se interesaron por las actividades económicas. Es cierto que en España han sido raros los empresarios dinámicos. Pero ¿hay que buscar la razón de ello en las mentalidades, en un estado de ánimo que se remontaría lejos, al pasado, a los prejuicios que ya entonces condujeron a la España del siglo XVI a perseguir a los judíos y a desentenderse de las actividades económicas?

No parece satisfactorio dar una explicación a esto mediante la psicología colectiva. Albert Broder —cuyo estudio global sobre esta cuestión estamos esperando— hace intervenir otros factores. Ya en el siglo XVI, servir al rey confería más prestigio que el comercio, y constituía, con creces, un medio para enriquecerse rápidamente. En el siglo XIX, las cosas no habían cambiado mucho: los letrados de antaño se habían convertido en abogados —las tres cuartas partes de los estudiantes españoles estaban matriculados en las facultades de derecho— que se dedicaban a la política o que entraban a formar parte de los altos cargos de la función pública, actividades más prestigiosas pero menos remunerativas —aunque también menos arriesgadas— que el comercio y la industria. Desde este punto de vista, ¿constituye España una excepción en Europa? Nos podríamos hacer esta pregunta al constatar que, en Francia, también los mejores estudiantes se han orientado más hacia la función pública que hacia el sector privado.[3]

Albert Broder insiste también en la idea de que, en el desarrollo de la economía, la iniciativa privada no es la única responsable: el estado desempeña un papel nada despreciable. Ahora bien, en el siglo XIX el estado español no tenía dinero. La independencia del imperio lo había privado de los metales preciosos que sacaba de América y que le servían para equilibrar su balanza de pagos. Las exportaciones distaban mucho de poder compensar esta falta de ganancias: la lana había dejado de ocupar —como sucedía antaño— un puesto importante en el comercio exterior; el vino se enfrentaba a la competencia del oporto, que gozaba del favor de los ingleses; los minerales —cobre, plomo— aún no interesaban a los compradores extranjeros: sería en la segunda mitad del siglo, con el progreso de la química industrial y de la electricidad, cuando alcanzarían valor. Finalmente, las guerras del período de 1792-1813 —prolongadas entre 1833 y 1840 por la guerra civil carlista— aumentaron considerablemente el volumen de la deuda pública; a los funcionarios y militares se les pagaba con retraso. En cuanto al capital privado, una gran parte de éste se dedicó a la compra de los bienes del clero y de los bienes comunales en 1836 y en 1855. Para financiar su industrialización, España no tenía otra solución que la de apelar a los capitales extranjeros, que, a partir de mediados de siglo, se invirtieron en sectores enfocados a la exportación (las minas). He ahí una de las características de la España contemporánea: su dependencia respecto del extranjero.

---

3.   Aún hoy en día, l'École Polytechnique aporta más altos funcionarios que ingenieros o empresarios.

En la primera mitad del siglo XIX, el hecho diferencial lo constituyó el despegue de la industria textil en Cataluña. En menos de cuarenta años, entre 1815 y 1855, la industria algodonera local, hasta entonces rudimentaria, se convirtió en una de las más importantes de Europa. En el origen de esta transformación, no se encontraban los pequeños artesanos, que seguían entregados a sus prácticas rutinarias, sino una minoría de grandes comerciantes y de técnicos, muy al tanto de lo que se hacía en el extranjero, especialmente en Inglaterra. Fueron ellos quienes, en un primer momento, introdujeron la máquina de vapor.

La fábrica Bonaplata, fundada en 1832, tenía un nombre significativo: El Vapor; esta empresa utilizaba máquinas automáticas del tipo *self-acting* —que los españoles tradujeron como selfactinas— y empleaba de 600 a 700 obreros. Otros fabricantes siguieron este ejemplo entre 1836 y 1840. En la misma época, las importaciones de algodón se duplicaron. Hacia 1860, se hablaba de que había 100.000 obreros empleados en la industria algodonera catalana, una cifra quizá exagerada. La expansión se hizo más lenta a partir de 1860: la guerra de Secesión norteamericana hizo subir los precios del algodón, y, en la misma época, los capitales comenzaron a invertirse preferentemente en el ferrocarril, sector que ofrecía más garantías, ya que gozaba de la protección del estado. La gran burguesía industrial catalana comprendió en seguida que era necesario despejar de obstáculos políticos al desarrollo. Era la misma burguesía que, a partir de 1827, había logrado doblegar el absolutismo de Fernando VII. Quince años después, dio su apoyo a Espartero y a los progresistas. Con ella se produjo la unión entre el desarrollo industrial y el liberalismo político. Habrá que esperar a 1854-1855 y al desarrollo de los movimientos sociales para ver cómo esos burgueses se replegarán en posiciones conservadoras, y empezarán a establecer una distinción entre la libertad política y la libertad económica. Entonces contribuirán a derrocar a Espartero, quien, para contentar a Inglaterra, se disponía a establecer el librecambismo. En efecto, los catalanes querían controlar el mercado español: reclamaron medidas proteccionistas del estado y se salieron con la suya; ningún gobierno osó oponerse a sus reivindicaciones.

La implantación de la industria pesada fue un poco más tardía. Los primeros altos hornos hicieron su aparición a mediados de siglo en los alrededores de Bilbao, en Baracaldo, y en Asturias. Se trataba de vender a Inglaterra lingotes de hierro, ya que apenas había demanda por parte del mercado nacional en este sector. Lo paradójico fue que Inglaterra compró hierro a los siderúrgicos de Bilbao y les vendió carbón mientras la vecina Asturias lo producía. Este es un signo más de la dependencia de España y de la incoherencia de su modernización. También fue a mediados de siglo cuando se desarrolló la actividad de las minas: en Almadén, de mercurio; en Linares, de plomo, y, en Riotinto, de cobre. El capital extranjero empezó a interesarse por ese sector. En 1853 los belgas crearon la Compañía Asturiana de Minas. Dos años después, en 1855, una ley animó al capital extranjero a invertir en la construcción de ferrocarriles: el estado garantizaba los intereses, otorgaba subvenciones a fondo perdido y concedía los permisos necesarios para importar, sin pagar derechos de aduana, el material; sin embargo, por malas razones estratégicas, se decidió que la separación entre las vías fuera de 1,67 m, es decir, más ancha que en el resto de Europa. Franceses, belgas e ingleses se dejaron tentar por la creación de una red que no parecía obedecer a ninguna lógica económica: la cornisa cantábrica quedó olvidada, a pesar de que hubiera resultado útil una línea que uniera la cuenca asturiana y el centro siderúrgico de Bilbao. En cambio, se puso en servicio

446 ESPAÑA Y EUROPA

la línea Madrid-Alicante antes de crear la de Madrid-Irún; el resultado fue que, hasta la inauguración de este último enlace, en 1864, para ir de Madrid a París salía más barato pasar por Alicante y Marsella; ¡el trayecto de Madrid a la frontera francesa se hacía en diligencia! No faltaron enfrentamientos y resistencias en el proceso de la instauración de la mecanización. En Asturias y Vizcaya, muchos obreros conservaban vínculos con el medio rural del que procedían, y algunas veces no bajaban a la mina para poder ayudar a sus parientes y participar en las labores del campo: esta actividad mixta servía para atenuar la tensión social. En Cataluña, la situación era distinta. Allí se trabajaba según unos métodos que exigían que los obreros tuvieran una jornada laboral muy prolongada, que podía llegar a ser de hasta quince o dieciséis horas; los niños menores de diez años también estaban sometidos a un régimen similar. Como en Francia, los obreros empezaron por destruir las máquinas —las de la fábrica Bonaplata, en 1835—, ya que las hacían responsables del desempleo existente, al ser la causa de que muchos artesanos independientes hubieran desaparecido, y de que hubiera unas condiciones de trabajo especialmente duras a cambio de unos salarios insuficientes. Se organizaron sociedades de socorro mutuo y de resistencia: la Unión de Clases, las Tres Clases del Vapor, que luchaban para conseguir salarios más altos y la reducción de la jornada de trabajo, y se convocaron huelgas que a veces desembocaron en cierre patronal. También se obtuvieron resultados: en 1854 la semana de trabajo se redujo de 72 a 69 horas. La agitación volvió a surgir al año siguiente con consignas como: «¡Viva la libertad!», «¡Viva la libre asociación!» u «¡Orden pan y trabajo!». Es decir, se reivindicaban al mismo tiempo mejores condiciones de trabajo, la libertad de asociación y la libertad a secas. Sería entre estos sectores obreros donde la Asociación Internacional de Trabajadores reclutaría, a partir de 1869, a sus primeros afiliados.

Los cambios en la estructura económica de los años 1830-1870 definieron el mapa de la España contemporánea. A las regiones en vías de industrialización, situadas todas en la periferia, se opusieron las del centro y el sur de la península, zonas de agricultura extensiva y de grandes propiedades en las que las técnicas seguían siendo arcaicas. La industria pesada estaba en una situación de dependencia respecto del capital extranjero. De las leyes de desamortización nació la nueva clase dirigente, ese «bloque de poder», según la expresión de Manuel Tuñón de Lara, en el que se habían fundido la antigua aristocracia y la alta burguesía; los aristócratas entraron a formar parte de los consejos de administración de las sociedades anónimas, y a los políticos, militares y burgueses dedicados a los negocios se les recompensó con títulos de nobleza;[4] unos y otros se enriquecieron gracias a la especu-

4. José de Salamanca podría constituir el símbolo de esta ennoblecida burguesía empresarial. Oriundo de Málaga, Salamanca debutó en política como diputado en 1836. Tenía entonces veinticinco años. Muy pronto demostró interés por los asuntos financieros. El gobierno lo envió a Londres para negociar una conversión de títulos, y después le encargó la recaudación de los impuestos sobre la sal. Ello le supuso unos sustanciosos beneficios que aumentó aún más jugando a la Bolsa. En ella obtuvo unas ganancias fabulosas, que luego perdió. Volvió a rehacer su fortuna gracias al ferrocarril —obtuvo la concesión de la línea Madrid-Aranjuez—. En 1866 recibió el título de conde de los Llanos y el de marqués de Salamanca. Especuló con terrenos sin edificar en Madrid: en el barrio que lleva su nombre. Entonces comenzaron sus sinsabores. Cuando murió, en 1883, estaba completamente arruinado.

lación bursátil y al ferrocarril. La masa del pueblo español estaba proletarizada y marginada. Entre los dos grupos, las clases medias eran demasiado poco numerosas para poder desempeñar un papel de equilibrio.

La vida política

Desde el punto de vista político, tres eran los rasgos que caracterizaban a España entre 1833 y 1874: sus dificultades para crear unas instituciones estables; su sometimiento a la constante intervención de los militares, y su paso a potencia de segunda fila.

Bien mirado, la historia política de España no es más compleja que la de Francia en la misma época. En este país, las constituciones se sucedieron hasta que se encontró una fórmula que satisficiera al mayor número posible de personas. Por una coincidencia que acaso no fuera fortuita, en los dos países se llegó a esta solución de compromiso en el mismo año: en 1875, después de casi un siglo de enfrentamientos, revoluciones y guerras civiles. En España, a partir de 1833 el conjunto de las fuerzas políticas —a excepción de los absolutistas, de los que hablaremos más adelante— llegaron a un acuerdo sobre un cierto número de puntos: la necesidad de liquidar el Antiguo Régimen mediante la supresión del régimen señorial y la desaparición de los bienes de manos muertas; la libertad de prensa; el tipo de régimen —monarquía constitucional—, y el modo de escrutinio —el sufragio censitario—. Las discusiones se centraron en los modos de aplicar estos principios generales.

La cuestión del modo de escrutinio prevaleció sobre todas las demás. La vida pública sólo concernía a aquellos que tenían algún interés en ella; dicho de otro modo: a quienes tenían algo que perder, los propietarios, los «capacitados» (Donoso Cortés habló de la soberanía de la inteligencia). Para ser elector y elegible, era necesario disponer de una fortuna y unas rentas relativamente altas. Ello supuso que más del 95 por 100 de la población se viera excluida del debate político. La Constitución de 1837 —más «avanzada»— otorgó el derecho al voto a 635.000 electores. La de 1845 —más conservadora— restringió el número de electores a 99.000, cifra que volvió a subir a 164.000 en 1864. El sufragio universal no se estableció hasta la revolución de 1868, y ello durante un corto período de tiempo. Una consecuencia que vino a empeorar el sistema de sufragio censitario fue la de que los electores estaban dispensados del servicio militar. Ello ocasionó que se crearan dos categorías de ciudadanos: una elite rica y una masa no sólo privada de sus derechos cívicos, sino también forzada a pagar el impuesto de la sangre.

En cuanto al régimen, la discusión se centró sobre el modo de asegurar un equilibrio entre el poder ejecutivo y la representación nacional. Surgieron dos fórmulas opuestas: la de la soberanía compartida, que abogaba, de hecho, por otorgar un papel preeminente al soberano y la de la soberanía nacional, que incidía en la preponderancia de la asamblea. Precisamente en torno a esta cuestión se organizó el debate político. A un lado, estaban los progresistas, próximos a las clases medias y declarados anticlericales, que deseaban rebajar el censo electoral y, al mismo tiempo, otorgar más poder a la representación nacional. Exaltaban dos mitos: el de la Constitución de 1812 y el del pueblo; ahora bien, muchos de ellos dudaban de las virtudes de dicha Constitución y, más aún, de que el pueblo fuera capaz de ejercer su soberanía. Del otro lado, se encontraban los moderados, que aceptaban el nuevo orden —la monarquía constitucional, la venta de los bienes del clero y de los comunales—, pero que no querían ir más allá de esto; defendían los valores tradicionales —especialmente a la Iglesia y la religión—, y desconfiaban de las ideas revolucionarias o de las sencillamente avanzadas, y por este motivo hubieran querido aumentar el censo electoral e intensificar las prerrogativas del soberano. Los moderados defendían el principio de una cámara alta destinada a servir de contrapeso a la asamblea, ya que opinaban que esta última era más sensible frente a los cambios de la opinión pública. Era una derecha conservadora. Se trataba de tendencias generales y de sensibilidades políticas más que de partidos organizados. Ya que, en estos grupos no escaseaban las divergencias internas, en el seno de cada campo, ni las querellas personales. Para acabar de perfilar mejor la situación, añadiremos que los progresistas contaban sobre todo con el apoyo de Inglaterra, mientras que los moderados se inspiraban en el modelo francés.

Estos dos grupos políticos presentaban un rasgo particular: ambos contaban más con el ejército que con las elecciones para imponer su punto de vista. Si desde 1840 no se hacía nada sin los militares, con mucho menos motivo se iba a intentar algo contra ellos. Era, en parte, el resultado de la guerra carlista, que se acabó ese mismo año: el ejército, que había acabado con los facciosos, se creía con derecho a intervenir en el debate político. También, y sobre todo, era la consecuencia de una situación, ya que, al no haber ni partidos estructurados, ni una opinión pública informada, ni un electorado de masas, el ejército aparecía como la única fuerza social organizada. Sin embargo, no debemos incurrir en un contrasentido acerca de esta participación de los militares en la vida política. Un pronunciamiento no tiene como objetivo el otorgar el poder al ejército, sino el de dirigir en uno u otro sentido la orientación del régimen. Los militares expresaban unas ideas políticas determinadas, y no el punto de vista del ejército. Por otro lado, había generales en los dos campos, tanto en el de los progresistas como en el de los moderados, y unos y otros eran igualmente representativos de las grandes tendencias del liberalismo español de la época.

Espartero (1793-1879) y Prim (1814-1870) fueron los portavoces preferidos de los progresistas. El primero era hijo de un carretero de La Mancha, quien lo hizo ingresar en el seminario de Almagro. En 1808 Espartero se alistó en el ejército, y allí hizo carrera. De 1815 a 1824 luchó en América contra el movimiento independentista. Posteriormente, sus adversarios le reprocharían los reveses de este período: tanto a él como a sus amigos políticos los tratarían de *ayacuchos* —nombre de la última batalla —perdida— de las guerras de independencia, a pesar de que Espartero no había participado en ella. La guerra contra los carlistas hizo de él un general popular, sobre todo después de la victoria que consiguió en 1839 y que le valió el título de duque de la Victoria. A partir de entonces, Espartero se convirtió en uno de los líderes del bando progresista. Prim, en cambio, era un militar de carrera e hijo de militar, a quien la política le apasionaba tanto como el ejercicio de las armas, o aún más. En 1841 se hizo elegir diputado por Tarragona. Se desvinculó de Espartero, entró en la oposición y se vio obligado a exiliarse. Volvió al servicio en el ejército, e intervino en la guerra de África, de 1859 a 1860, y en la expedición a México. A su regreso a España, empezó a mostrar cada vez más hostilidad hacia la monarquía reinante. En 1864, en Covadonga, lugar en el que la tradición cuenta que se inició la reconquista contra los musulmanes, pronunció un discurso del que merece la pena destacar una frase especialmente: «Puesto que está prohibido hablar de los vivos, hablaré de los muertos. ¡Brindo por Pelayo [el héroe de Covadonga] y por el general Riego!». Prim fue uno de los artífices de la revolución de septiembre de 1868.

En cambio, O'Donnell (1809-1867) y Narváez (1800-1868) eran generales del grupo de los moderados, aunque el primero intentara crear un partido de gobierno, la Unión Liberal, en el que estarían aglutinados elementos de los dos bandos. Narváez, quien recibió el apodo del Espadón de Loja, su pueblo natal, siempre se significó como el más firme defensor del trono y de las prerrogativas reales y dominó la vida política entre 1844 y 1868. Fue él quien dotó al estado liberal de estructuras, algunas de las cuales durarían hasta principios del siglo xx.

Tanto en su vertiente progresista como en su vertiente moderada, el liberalismo supuso el que en las más altas instancias del estado existiera un poder moderador, en torno al que la nación pudiera aglutinarse, que ejerciera una función de arbitraje por encima de los partidos. España no tuvo suerte con sus monarcas: no sólo ninguno de ellos logró despertar una verdadera admiración hacia su persona, sino que ni siquiera fue capaz de inspirar respeto. Carlos IV carecía de dignidad, y Fernando VII se convirtió en un maestro del doble juego que acabó decepcionando hasta a sus más fieles partidarios. Apenas tres meses después de su muerte, su viuda, María Cristina, quien ostentaba la regencia del reino, se enamoró de un guardia de corps, de veinticinco años de edad, y se casó con él. El asunto jamás fue hecho público oficialmente, ya que ello hubiera supuesto que la reina madre se viera incapacitada para ejercer la regencia, pero era un secreto a voces: el marido no se separaba nunca de la reina, a la que él llamaba el ama. Todo ello no contribuía en absoluto a acrecentar el prestigio de la institución monárquica. Su hija, Isabel II, fue declarada mayor de edad a los trece años por razones de estado. A los dieciséis años, la casaron contra su voluntad con un primo suyo, diez años mayor que ella, el cual no demostraba unas especiales inclinaciones hacia el sexo débil. Pocos días después de celebrarse el matrimonio, la pareja se separó: el rey consorte se instaló en el Pardo, y la reina se quedó en el palacio real; la desavenencia duró casi un año. Isabel II se «divertía» como buenamente podía. Se le atribuyen numerosos amantes, entre ellos Serrano, «el general bonito». En esa época, se tomaban decisiones muy importantes durante ceremonias mundanas; por ejemplo, con ocasión de un baile celebrado en la corte. En 1856 O'Donnell comprendió que había dejado de ser el jefe del gobierno al ver a la reina bailando el rigodón con Narváez, quien, efectivamente, pasó a ostentar el poder en ese momento. ¿Cómo puede causar asombro el hecho de que tantos españoles acabaran por apartarse de una monarquía que daba semejante imagen de sí misma? Aunque el descrédito en que había caído la monarquía no sea la única explicación del aumento de las tendencias republicanas, evidentemente, sí contribuyó a alentarlas.

Incluso el aislamiento de España en el plano internacional, contribuyó a desprestigiar la monarquía, aunque la responsabilidad de los soberanos no se cuestionaba en este aspecto. Después de perder su imperio colonial, España dejó de pertenecer al grupo de las grandes potencias, lo que no sólo tuvo consecuencias en las relaciones internacionales, sino también en los asuntos interiores. Lo que sucedía en España dependía, en parte, de la coyuntura europea. A la muerte de Fernando VII, la ruptura con el absolutismo fue bien acogida en Inglaterra y en Francia, países que se felicitaron al ver que en la península ibérica se implantaban regímenes liberales. En efecto, al mismo tiempo, en Portugal los absolutistas partidarios de don Miguel intentaban imponerlo como rey en contra de doña María, hija del emperador de Brasil, don Pedro. En abril de 1834 se formó la Cuádruple Alianza entre Inglaterra, Francia, España y Portugal. Se trataba de oponer a una Europa central y oriental —Austria, Prusia y Rusia—, aún vinculada a los principios de la Santa Alianza de 1815, un bloque occidental que se caracterizaba por la forma parlamentaria del régimen. Más allá de este objetivo general, Inglaterra y Francia eran rivales: a la primera le hubiera gustado mucho ejercer sobre España una tutela análoga a la que ya ejercía en Portugal; Francia, por su parte, deseaba lo mismo.

Las dos potencias no se andaban con chiquitas a la hora de intervenir abiertamente en la vida política de su aliada, por medio de presiones diversas y mediante el apoyo que cada una de ellas daba a tal o cual grupo, o a tal o cual jefe de partido. En 1844 esta rivalidad desembocó en un conflicto diplomático con motivo de las «bodas españolas». Los ingleses querían que la reina Isabel II tomara por esposo a Leopoldo de Sajonia-Coburgo, y los franceses apostaban por el duque de Montpensier, hijo de Luis Felipe. En 1846 los franceses obtuvieron una victoria a medias: Isabel II se casó con su primo, el duque de Cádiz, Francisco de Asís, y el duque de Montpensier con la hermana de la reina, la infanta Luisa Fernanda; los dos enlaces se celebraron el mismo día. Inglaterra se sintió despechada, pero el asunto no tuvo consecuencias. España, sin embargo, sacó de ello una conclusión: para escapar a la suerte de Portugal,[5] a partir de entonces se guardaría mucho de suscribir alianzas que pudieran involucrarla en conflictos internacionales en los que Francia e Inglaterra se encontraran en campos opuestos. Cada vez que las dos potencias estaban de acuerdo, España se adhería a ellas; en caso contrario, se mantenía neutral. Fuera cual fuera el régimen o el gobierno del momento, esta regla habría de regir la política internacional española hasta 1936.[6]

Esto explica la razón de por qué España se mantuvo apartada de los asuntos europeos. Se contentó con secundar algunas operaciones destinadas a afirmar su presencia en diversos puntos del mundo, en general al lado de Francia, pero sin involucrarse nunca a fondo. Así, un contingente español participó en una expedición destinada a vengar la matanza de misioneros europeos en Cochinchina; Francia aprovechó la ocasión para instalarse de un modo duradero en Saigón... e invitó a España a que buscara compensaciones en otra parte (1857-1863).

5.   En Portugal, se era sensible a esta dependencia respecto de Inglaterra. Precisamente para escapar de ella en 1851 José Félix Henriques Nogueira sugirió una unión de España y Portugal en el seno de una federación ibérica, en la que cada uno de sus componentes conservaría sus tradiciones y su legislación en la espera de que con el tiempo naciera una unidad más profunda. En suma, se trataba de volver al período de 1580-1640, en el que los dos países habían estado bajo la autoridad de un mismo soberano. Este proyecto, contemporáneo de los movimientos de las nacionalidades en Italia y Alemania, sería retomado después de la revolución de septiembre de 1868, que expulsó a Isabel II de España. Algunos pensaron entonces en ofrecer el trono de España a Fernando, padre del rey de Portugal, Luis I; de este modo se llegaría a una unión ibérica por medio de una dinastía portuguesa, que era juzgada más liberal que la española. Pero el asunto no tuvo más consecuencias.

6.   Véase el discurso del republicano Castelar en noviembre de 1868: «Hoy, nuestra política extranjera debe ser política de neutralidad, política de apartamiento de todas las luchas europeas ... Nuestro ministerio en la política europea debe reducirse ... a proclamar como de mutuo deber para todos ese principio de no intervención». Bajo la Restauración, Cánovas del Castillo actuará del mismo modo: sobre todo nada de alianzas; la independencia de España está suficientemente garantizada por el *statu quo* y la neutralidad.

Hacia la misma época, España se asoció con Francia e Inglaterra para exigir que el gobierno de Juárez reconociera la deuda exterior de México. Prim, que mandaba el cuerpo expedicionario español, rehusó ir más allá de esta misión y ayudar a Napoleón III a hacer de Maximiliano el emperador de México. Después de la paz de Basilea (1795), la parte española de la isla de Santo Domingo fue cedida a Francia, que supo imponer allí su autoridad. En 1844 este territorio se sublevó contra la República de Haití y pidió a España —que aceptó— que volviera a tomar posesión de él. Cuando un poco después se hizo patente una cierta oposición local, España no insistió y se fue de Santo Domingo (1863). Como consecuencia de un largo desacuerdo, España envió al Pacífico algunos buques de guerra para presionar a Perú, y cuando este país declaró la guerra (en enero de 1866), y Chile se alió con él, los navíos españoles se encontraron en dificultades: no podían hacer escala en ningún puerto; después de una audaz incursión a El Callao, se retiraron de Perú.

La expedición a Marruecos, en 1859-1860, tuvo un alcance completamente distinto, en la medida en que evidenció el interés que sentía España por la zona situada frente al Estrecho de Gibraltar, y anunció otra intervención más ambiciosa que se produciría cincuenta años después. Como consecuencia de incidentes locales en torno a las bases de Ceuta y Melilla, España decidió exigir reparaciones al gobierno jerifiano e hizo desembarcar a una tropa de 40.000 soldados, comandados por el general O'Donnell y por Prim. La ciudad de Tetuán fue ocupada en febrero de 1860, y luego evacuada, dos meses más tarde, a la firma de la paz. Fue «una guerra grande y una paz chica». Esta guerra tuvo unas fuertes repercusiones en la opinión pública, como lo atestiguan los cuadros de Fortuny y el relato de Alarcón, que sería un gran éxito editorial. Pero quizá lo más importante no fuera eso. En efecto, la operación tendría unas consecuencias inesperadas a largo plazo. Las tropas que el 6 de febrero de 1860 entraron en la villa de Tetuán se sorprendieron al oír que una parte de la población los aclamaba con gritos de «¡Bienvenidos! ¡Viva la reina de España!», dichos en español. Eran los descendientes de los judíos expulsados en 1492, que recibían a los españoles como a sus libertadores. Así, por casualidad, España descubrió la existencia de aquellos sefardíes, que, después de más de trescientos años de exilio forzado, habían conservado el apego por su patria de origen y el uso de su lengua. Este incidente constituyó el origen de la atención que un cierto número de españoles habrían de dedicar en seguida a los sefardíes del imperio otomano.

Liberalismo y contrarrevolución

Los progresistas y los moderados se entendían en lo esencial: en un nuevo orden político y social nacido de la disolución del Antiguo Régimen. Frente a ellos, se alineaban todos aquellos que veían en estas transformaciones una peligrosa concesión a los principios de la Revolución francesa, y más aún, al racionalismo de la Ilustración. Condenaban todo cuanto era moderno como contrario al orden querido por Dios y consagrado por la tradición histórica. También se pueden encontrar bastantes ejemplos de este talante en Francia —en los legitimistas—, o en Portugal —en las filas de los miguelistas—. En España, esta tendencia se plasmó en el carlismo —que tomó su nombre del príncipe don Carlos, hermano de Fernando VII, en quien se encarnó hacia 1830.

Viudo por tercera vez en mayo de 1829, Fernando VII, que no había podido tener hijos, se volvió a casar casi en seguida con la napolitana María Cristina, la cual, el 10 de octubre de 1830, dio a luz una hija, Isabel. Por una pragmática sanción promulgada un poco después, el rey modificó el orden de sucesión al trono: su hija reinaría después de él. ¿Tenía Fernando VII derecho a obrar de este modo? El primer soberano de la dinastía de los Borbones, Felipe V, había roto la costumbre española que permitía que la hija de un rey pudiera sucederle en ausencia de un heredero varón, ya que introdujo en España la ley sálica que excluía esta posibilidad. En 1789, Carlos IV, con el consentimiento de las Cortes, volvió al derecho tradicional, pero omitió promulgar la pragmática correspondiente. Esta era la circunstancia que constituía el fundamento jurídico del carlismo. A la muerte de Fernando VII, cuando su viuda proclamó a Isabel como princesa de Asturias y asumió la regencia a la espera de que ésta alcanzara la mayoría de edad legal para reinar, quienes se opusieron a ello protestaron contra lo que consideraban un abuso de autoridad. Para ellos, la ley sálica seguía vigente en España: a falta de heredero varón, la corona le correspondía al hermano mayor del difunto rey, es decir, a don Carlos.

Así pues, en sentido propio, los carlistas son los partidarios de don Carlos, pero, en realidad, se trata de un asunto mucho más complejo. A pesar de su fama de absolutista, Fernando VII había evolucionado en los últimos años de su vida: empezó a mostrar una cierta flexibilidad que hizo que el régimen fuera menos odioso y menos tiránico. Este giro lo convirtió en sospechoso a ojos de los sectores reaccionarios, los mismos que, en 1822, en pleno período liberal, habían constituido en la Seo de Urgel una «regencia suprema de España durante la cautividad de Fernando VII», destinada a preparar el retorno al absolutismo. El restablecimiento de todos sus derechos a Fernando VII, en 1823, no los satisfizo por completo. Se daban cuenta de que Fernando VII buscaba una fórmula de compromiso entre los absolutistas más moderados y los liberales menos progresistas. En noviembre de 1826, expresaron su inquietud por medio del «Manifiesto de la Federación de los Realistas Puros» —o sea, de los ultrarrealistas—. Al año siguiente, con la «Revuelta de los Agraviados», en Cataluña, se materializó la ruptura entre Fernando VII y los que se hacían llamar «los apostólicos», quienes creían defender la religión contra los masones y contra todos aquellos que, según ellos, trabajaban por destruir el país. Los apostólicos depositaron sus esperanzas en el hermano y heredero del rey, es decir, en don Carlos. El nuevo matrimonio de Fernando VII, el nacimiento de su hija y la pragmática sanción arruinaron estos proyectos.

Así pues, la disputa dinástica encubría un conflicto político, ya que era cualquier cosa menos una cuestión de derecho. El debate se centraba en la orientación que se debía dar a España: ¿debía ésta mantenerse fiel a la monarquía tradicional y al Antiguo Régimen o bien podía avanzar con su tiempo, adaptarse a las circunstancias y aceptar una evolución hacia el liberalismo? El espíritu del carlismo era anterior a don Carlos. Era la prosecución del combate librado por los serviles y los persas[7] en la época de las Cortes de Cádiz, y después por los apostólicos. Las reclamaciones eran distintas, pero la línea política seguía siendo la misma. En sentido estricto, el carlismo era un movimiento reaccionario: se empeñaba en ir a contracorriente de la evolución que parecía imponerse en España y en otros lugares; en él se agrupaban todos aquellos que se escandalizaban por los ataques contra las prerrogativas

---

7.   Los carlistas de 1833 apelaron explícitamente al Manifiesto de los persas de 1814.

reales y la religión católica, así como las concesiones a la ideología de su tiempo. Así pues, sus orígenes históricos no se deben situar en 1833, sino en 1808, cuando se hundió el antiguo sistema político y aparecieron los primeros proyectos de reforma.

Al ser en esencia un movimiento reaccionario, el carlismo se oponía a los cambios que se habían producido tanto en las ideas como en las costumbres, a partir de 1789. Su lema resumía su ideología: «Dios, patria, rey». El carlismo proclamaba su adhesión al catolicismo tradicional y ultramontano, en la línea de lo que más tarde sería el integrismo. Para él, la religión constituía la garantía de un orden político y social, que se basaba más en las ideas de jerarquía, deberes y responsabilidades que en las de los derechos. En la vertiente política, este movimiento abogaba por una monarquía fuerte, cuya autoridad procedía de su legitimidad y arraigo en una larga tradición. El carlismo era absolutista, pero los teóricos destacan el hecho de que el régimen que quería imponer no era despótico en absoluto: el rey estaba obligado a respetar las leyes fundamentales, a pedir asesoramiento, gobernando con Cortes de tipo corporativista,[8] y a velar por el bien común. El rey debe ostentar la autoridad suprema, ser verdaderamente un rey y no un figurón. Los carlistas rechazaban todo cuanto se parecía a la monarquía constitucional y al régimen parlamentario. El mundo moderno, como el que empezó a perfilarse a partir del siglo XIX, tendía a secularizar tanto la vida pública como la privada, favorecía el individualismo, la eficacia, el progreso y la técnica, y se esforzaba por introducir más racionalidad en la economía y la administración, reforzando la intervención del estado y el centralismo. Esta evolución sembró el desconcierto y la inquietud en los medios tradicionales y provocó la resistencia de los grupos sociales que se sentían amenazados: en primer término, la nobleza y el clero, pero con matices, ya que los privilegiados se sentían vinculados con el orden social.

Ahora bien, a partir de 1833, dicho orden parecía estar garantizado por el gobierno. Por prudencia y por interés, los privilegiados se mostraron predispuestos si no a confiar en los nuevos dirigentes, sí al menos a no enfrentarse a ellos. Muy pocos fueron los grandes apellidos de la aristocracia que abiertamente se pusieron de parte del pretendiente carlista. En cambio, los hidalgos constituyeron los cuadros naturales del ejército de los facciosos y de la administración en los territorios «liberados». Lo mismo sucedió entre el clero. En 1833 muy pocos prelados rehusaron aprobar la pragmática sanción que otorgaba la corona a Isabel II; el primado de España, Inguanzo, se contaba entre estos últimos. Contra otros, que proclamaron más abiertamente su simpatía hacia el carlismo, el gobierno adoptaría una serie de medidas, entre ellas la de la expulsión. Este fue el caso de Félix Herrero y Valverde, obispo de Orihuela, quien, en 1835, se fue a un reducto carlista antes de buscar refugio, primero en Francia y más tarde en Roma; Herrero no regresaría a su diócesis hasta 1847. Y el arzobispo de Zaragoza, Bernardo Francés Caballero, que fue expulsado en 1835, moriría en el exilio en Burdeos. Salvo estas excepciones, en el alto clero se aceptaron los hechos consumados, aunque se mirara con simpatía la causa carlista. El propio papa Gregorio XVI albergaba sus dudas. Su corazón

---

8. El teórico carlista A. Aparisi y Guijarro sugirió la formación de unas Cortes compuestas por 300 diputados: 100 elegidos por los cabezas de familia; 100 por los propietarios, comerciantes e industriales, y 100 designados por el rey entre los representantes del clero y las universidades. Los intereses de los pobres estarían defendidos por el clero.

estaba con los carlistas, pero no quiso pronunciarse abiertamente sobre la cuestión, lo que se tradujo en una falta de apoyo a los liberales.[9] En los restantes sectores del clero, especialmente dentro de las órdenes religiosas, había menos escrúpulos: se apoyó al carlismo, y hasta algunas veces sus propios miembros encabezaron partidas.

Sin embargo, se incurriría en un error si sólo se considerara el carlismo como una rebelión de las elites tradicionales, ya que también constituyó un movimiento de masas capaz de captar para su provecho el desconcierto de una parte de las clases populares, especialmente entre los pequeños campesinos y entre los pobres en vías de proletarización. En todas partes, las transformaciones económicas y sociales ligadas a la modernización iban acompañadas de disturbios que provocaban la inquietud y la desesperación entre quienes eran sus víctimas. Las medidas que tomaron los liberales españoles en el poder no fueron una excepción. A partir de 1835, la venta de los bienes de la Iglesia y la de los comunales beneficiaría esencialmente a los ricos, que se enriquecerían aún más, mientras que los pobres se verían reducidos a la miseria. A finales de siglo, Joaquín Costa lamentaría —aunque ya era demasiado tarde— que los liberales, por un excesivo dogmatismo, hubieran sacrificado instituciones comunales eficaces que constituían una garantía para los más desfavorecidos. El egoísmo y la insensibilidad de quienes todo lo tenían exasperaban a las capas populares, que sólo veían en el estado y sus representantes a enemigos que deseaban su perdición, al reclamar sin cesar impuestos cada vez más altos y al exigir un servicio militar particularmente injusto, ya que tanto el sorteo como la posibilidad de hacerse reemplazar, mediante pago, estaban en contra de los más pobres.

Los dirigentes carlistas no tuvieron que esforzarse mucho para convencer a las capas populares de que ellos eran sus defensores naturales contra el centralismo y el individualismo de los liberales. Decían combatir a favor del mantenimiento de las estructuras tradicionales: los fueros, el derecho consuetudinario, y también los modos de vida, las formas religiosas y toda una herencia del pasado que no carecía de un cierto encanto anticuado y tranquilizador. Estos fueron los aspectos que autorizaron a Unamuno, en la época en que se confesaba marxista, para referirse a la vertiente anticapitalista del carlismo.[10] En este movimiento popular, Unamuno veía una especie de revuelta contra la opresión, que los socialistas hubieran debido entender y apoyar en vez de dejarla en manos de las elites más retrógradas del país. El liberal Martínez de la Rosa desde 1834 venía proclamando la demagogia de los carlistas: éstos empujaban a los proletarios a sublevarse contra los propietarios. Aún en 1975, se podía oír cómo el pretendiente, el príncipe Javier Hugo de Borbón-Parma, proclamaba su adhesión al socialismo autogestionario, que le parecía la forma moderna del carlismo: el carlismo «siempre ha representado a las fuerzas populares

---

9. El carlismo siempre tuvo un eco favorable en el Vaticano. Un siglo después, Pío XII mostraría una paternal solicitud hacia los requetés de Navarra, que contribuyeron a la victoria de Franco. No obstante, lo haría en audiencias privadas.

10. En su novela *Paz en la guerra* (1895), cuya acción transcurre durante el sitio de Bilbao por los carlistas en 1874, el personaje de Gambelu representa la rama popular del carlismo. Unamuno le hace decir: «Hoy se gobierna para los ricos a costa de los pobres, y hay que gobernar para los pobres a costa de los ricos». Es la transcripción casi literal de una frase del manifiesto carlista del 30 de junio de 1869: «El liberalismo gobierna para los ricos contra los pobres, cuando lo justo es hacer todo lo contrario».

contra un pretendido liberalismo, que no era más que un instrumento del naciente capitalismo y apoyado por el extranjero, que había implantado el sistema censitario y la desamortización, la privatización —si se quiere— no sólo de los bienes de la Iglesia, sino de las tierras comunales al servicio del desarrollo de la propiedad privada. Nosotros hemos querido proteger todo cuanto era comunal, común, colectivo. Las guerras carlistas son guerras de los campesinos».[11]

Las analogías con los legitimistas franceses del siglo XIX son numerosas y evidentes, pero a diferencia de estos últimos, los carlistas españoles han constituido hasta nuestros días una fuerza política con la que había que contar. A comienzos del siglo XX, Juan Vázquez de Mella retomaría y expondría con rigor y coherencia el conjunto de la teoría política del carlismo, que había de desempeñar un papel nada despreciable en el levantamiento de 1936 contra la República. A la trilogía clásica —Dios, patria, rey— pronto se añadiría la defensa de los fueros. Según Julio Aróstegui, este elemento sería accesorio: se trataba de tomar nota de la adhesión al carlismo de regiones tradicionalmente ligadas a los fueros y de tranquilizarlas acerca de las intenciones del pretendiente. Hay que decir que las reivindicaciones autonómicas cada vez han ido teniendo una mayor relevancia dentro del carlismo, y en éste se puede detectar una de las raíces del nacionalismo vasco contemporáneo.

Lo anteriormente expuesto aclara el marco geográfico del carlismo. Éste se desarrolló preferentemente en regiones de pequeñas y medianas propiedades, dotadas de estructuras sociales comunitarias heredadas del Antiguo Régimen y relativamente protegidas por instituciones de carácter autonómico. Es el caso de las tres provincias vascas (Guipúzcoa, Vizcaya y Álava) y de Navarra, que siempre han constituido los focos predilectos del carlismo. Precisamente en estas regiones, primero entre 1833 y 1839, y después entre 1872 y 1876, pudo instaurarse un pequeño estado carlista; sin embargo, hay que señalar que las principales poblaciones —especialmente, las capitales de provincia— quedaron fuera de su autoridad. No obstante, sería simplista establecer una oposición entre las ciudades liberales y el campo carlista. El desarrollo industrial de Bilbao se produjo a finales del siglo XIX; en los tiempos de las guerras carlistas, la capital de Vizcaya tenía menos de 30.000 habitantes y sólo un embrión del futuro proletariado industrial; sin embargo, Bilbao siempre se mostró refractaria al carlismo, cosa que éste no le perdonaría.[12] Fuera del País Vasco y de Navarra, el carlismo no se desarrolló apenas; sólo lo hizo, en unas proporciones más bien modestas, en algunas zonas de Aragón y en tierras del interior de Cataluña. En el resto de España, tuvo una presencia poco significativa.[13]

Las guerras carlistas presentan tres características generales. En primer lugar, la legalidad estaba en el lado de los liberales: los absolutistas eran considerados fac-

---

11. Entrevista en el *Nouvel Observateur*, de 3 de noviembre de 1975.

12. La ciudad fue asediada sin resultados en dos ocasiones por los carlistas: en 1835-1836 y en 1874. Durante la guerra civil de 1936-1939, los notables carlistas no ocultaron su alegría al enterarse de que los requetés habían ocupado Bilbao, por cuenta de los franquistas, en 1937: era la revancha de los fracasos del siglo anterior.

13. Una encuesta oficial realizada en 1874-1875 clasificaba las provincias de España en cuatro grupos en función de las sanciones impuestas después de la victoria sobre los carlistas (medidas de exilio, confiscaciones de bienes, etc.). En el primer grupo, figuraban las tres provincias vascas y Navarra; en el segundo, las provincias de Alicante, Barcelona, Córdoba, Granada, Guadalajara, Lugo, Sevilla, Toledo y Zaragoza; en el tercero, las de Castellón, Huesca, Logroño, Santander, Segovia, Soria, Teruel, Valladolid, Zamora y las Baleares, y, en el último, todas las restantes.

ciosos y rebeldes. Este punto es bastante importante. Los carlistas sólo podían contar con combatientes voluntarios, llegados de las regiones rurales del norte y dirigidos por hidalgos, frailes y curas. La marcha de la guerra se resintió. A los grupos de guerrilleros (partidas) les repugnaba someterse a un mando unificado: no obedecían más que a los jefes que habían designado y que no siempre se entendían entre sí. Fueran cuales fueran su valor y belicosidad, aquellos voluntarios no podían esperar vencer a un adversario que movilizaba contra ellos todos los recursos del estado: la administración, las finanzas y el ejército. El gobierno legal gozaba también de la simpatía de las potencias occidentales —Francia e Inglaterra—, que le prestaban una ayuda financiera y militar y autorizaban el reclutamiento, en su territorio, de combatientes voluntarios. Durante la primera guerra carlista, por ejemplo, cerca de 25.000 franceses, ingleses y portugueses acudieron en ayuda del gobierno legalmente constituido. Por su parte, los carlistas recibieron apoyo de las potencias de la Santa Alianza —Austria, Prusia y Rusia—, pero de un modo más distante. También recibieron el concurso de voluntarios extranjeros —especialmente, de los legitimistas franceses—, pero en menor proporción que sus adversarios. Así pues, la guerra civil en la península ibérica aparecía como un enfrentamiento entre dos ideologías políticas cuyo resultado interesaba a toda Europa. Este es un aspecto que estaba destinado a durar: la lucha de los liberales contra los carlistas, en el siglo XIX, prefiguró aquella otra que enfrentaría a los fascistas y a los demócratas entre 1936 y 1939; siempre destaca la participación más o menos directa —más o menos hipócrita— de las potencias extranjeras.

En segundo lugar, no hay un frente. Contra el ejército gubernamental, los facciosos utilizaban la técnica de guerrillas, cuya eficacia había quedado demostrada durante la guerra de la Independencia: primero, ataques por sorpresa sobre grupos aislados, y después, repliegue y dispersión en las montañas, en donde los carlistas, muy expertos en el conocimiento del país, tenían simpatizantes. Muchos de los jefes eran antiguos guerrilleros; el ejemplo más destacado es el de Zumalacárregui, veterano de la guerra de la Independencia, que retornó al servicio en favor del pretendiente carlista. Se libraron muy pocas batallas convencionales, a excepción de ciertas operaciones de prestigio como las de los dos sitios de Bilbao.

En fin, como en la época de la guerra de la Independencia, los combates a menudo tomaban el aspecto de luchas encarnizadas. No eran raros los actos de crueldad y de brutalidad, tanto en un bando como en el otro: demostraciones de fuerza, represalias terribles para impresionar o castigar a las poblaciones que habían cometido la culpa de dar refugio al adversario...[14] Estos actos contribuyeron a que en Europa se propagara la imagen de una España bárbara y cruel, romántica y valiente, en la que los instintos primitivos, y el gusto por la muerte y la sangre primaban sobre los sentimientos dignos de un país civilizado. La opinión internacional se pronunció. En 1835, durante la primera guerra carlista, la misión Elliott intentó hacer más humano el conflicto y poner fin a las atrocidades, pidiendo a los dos bandos que intercambiaran a sus prisioneros en vez de degollarlos. Se trataba también de un precedente de la violencia y de la crueldad de la guerra civil de 1936. En el siglo XX, el empleo de los medios mecánicos —aviones y carros de combate— dio a la lucha un carácter masivo y ciego cuya víctima fue la población civil. En el siglo XIX, se

---

14. En septiembre de 1837, el general liberal O'Donnell abrió fuego contra más de cien casas en el País Vasco, únicamente para amedrentar a la población.

combatía cuerpo a cuerpo, a veces con armas blancas: la muerte aún no era algo banal y anónimo. Todo esto contribuyó a suscitar la atención de ciertos hombres de letras, como Valle-Inclán, sensibles al romanticismo de las causas perdidas, y seducidos por el heroísmo, la abnegación y la pompa de aquellos aventureros dispuestos a todo por su ideal. Las guerras carlistas tuvieron unas consecuencias desastrosas para España. Provocaron nuevas destrucciones, que siguieron a las causadas por la guerra de la Independencia, y, por lo tanto, retrasaron la reconstrucción económica del país. Desde otro punto de vista, sirvieron —o volvieron a servir— para que ciertos generales —Espartero, O'Donnell...— se dieran el gusto de intervenir en los asuntos políticos. Desde esta perspectiva, las guerras carlistas contribuyeron a alterar el normal juego político.

Aunque evitó comprometerse oficialmente con el carlismo, la Iglesia española del siglo XIX era también una potencia ideológica, social y política vuelta más hacia el pasado que a las ideas y los éxitos del mundo moderno. En 1808 era rica y ejercía una gran influencia sobre la sociedad. La Iglesia salió bastante malparada de la guerra de la Independencia: muchos conventos fueron cerrados, y sus monjes se dispersaron. Al recuperar la actitud crítica de los reformistas del siglo XVIII, los liberales la tomaron con los regulares, pero también —lo que constituía una novedad— con el clero en general. En 1835 se cerraron nuevos conventos, y, en 1836, la ley Mendizábal suprimió los bienes de manos muertas. En 1837 se decretó la desaparición del diezmo. Privada de una parte de sus ingresos, la Iglesia de España atravesó en esa época un período difícil: las vocaciones sacerdotales disminuyeron, y los seminarios se cerraron. El clero no encontró quien le apoyara en el propio territorio español contra la política de los gobiernos liberales: los nobles y los burgueses estaban demasiado contentos ante la ocasión que se les ofrecía de adquirir a bajo precio inmuebles y propiedades. Rompiendo con la tradición del regalismo, en el clero muchos pusieron sus ojos en Roma: los escasos prelados herederos de los jansenistas del Siglo de las Luces fueron aislados y el papado pasó a ser una salida para los obispos y sacerdotes desorientados. Las tendencias ultramontanas se hicieron mayoritarias.

Roma respondió a esta llamada. Desde 1834, sus relaciones con Madrid eran malas, y no se había nombrado a ningún nuevo obispo. En 1841 Gregorio XVI denunció la expoliación de que había sido víctima la Iglesia española. Por su parte, los moderados intentaban intervenir en los asuntos de la Iglesia tanto por convicción como por interés: para ellos la religión constituía la mejor defensa del orden social y moral, ya que enseñaba a los pobres a resignarse a su suerte. Así pues, al clero se le dio carta blanca en materia de enseñanza, bien directamente —por medio de sus propios establecimientos—, o bien indirectamente —por medio del control que ejercía sobre el reclutamiento de los maestros y sobre la elección de los programas—.[15] Narváez devolvió a la Iglesia las propiedades que todavía no habían

---

15. El plan Calomarde, establecido en 1825, en pleno período absolutista, preveía que se creara una escuela elemental en todas las aglomeraciones de al menos 50 hogares; en estos centros se enseñaría el catecismo, lectura, escritura y cálculo. La ley Moyano (1857) fue más concreta: la escolaridad sería obligatoria para los niños de seis a nueve años, y se abrirían dos escuelas —una para los niños y otra para las niñas— para cada 500 habitantes; la enseñanza sería de pago, excepto para los pobres; los municipios eran los encargados de reclutar y remunerar a los maestros. A menudo, el clero presionaba a la municipalidad para que rechazara los créditos necesarios para la escuela pú-

sido vendidas. El concordato de 1851 selló la reconciliación entre el papado y el estado español. Pío IX tuvo que aceptar el hecho consumado: los bienes del clero que habían sido vendidos seguirían siendo de quienes los habían adquirido; como contrapartida, el estado tomó a su cargo el mantenimiento de las iglesias y el sueldo de los sacerdotes. En otro orden de cosas, el concordato de 1851 refrendó las disposiciones previstas en el de 1753 respecto del nombramiento de obispos: el estado conservaría lo esencial del patronato, aunque la palabra desapareciera de los textos.

La Iglesia empezó a reconstituir su patrimonio, y volvió a recuperar la influencia que había ejercido en la sociedad. En el entorno de la reina, dos personajes ejercieron una soterrada influencia para conseguir que las disposiciones constitucionales acabaran haciendo del catolicismo la religión del estado: el padre Claret, confesor de la reina, y sor Patrocinio, una religiosa pretendidamente favorecida por revelaciones divinas —en su costado, manos y pies aparecían los estigmas de la Pasión—. Condenada por impostora en 1836, en la época en que sus visiones favorecían más bien a los carlistas, consiguió, diez años después, ganarse la confianza de los soberanos y los animó a mostrarse intransigentes en materia religiosa. Los gobiernos moderados y la Iglesia se apoyaban mutuamente. El estado reprimía con rigor las religiones disidentes. Hacia 1860 un protestante fue condenado a ocho años de trabajos forzados por haber abierto un templo en Granada. En 1865 una circular de Alcalá Galiano, ministro de Fomento —que incluía también a la enseñanza—, prohibió que los profesores de universidad expresaran ideas contrarias al concordato y a la monarquía, bien fuera en las aulas o a título privado. La Iglesia se atrincheró dentro de posiciones conservadoras, e incluso reaccionarias, y se aferró a los signos exteriores que demostraban su fuerza: presencia del clero en las ceremonias oficiales y en los actos públicos, defensa de sus privilegios, presiones sobre las autoridades.

En las Cortes de Cádiz, empero, numerosos eclesiásticos intervenían en el debate político para expresar opiniones que no siempre iban a contracorriente de una evolución hacia el liberalismo. Fue entre 1820 y 1823 cuando el conjunto del clero se inclinó hacia el campo conservador y se convirtió en un adversario de cualquier forma de liberalismo. Esta evolución separó radicalmente a la Iglesia del pueblo. Para muchos españoles, la Iglesia pasó a ser una fuerza retrógrada, hostil a la libertad de pensamiento y de expresión, y a cualquier tipo de cuestionamiento del orden establecido. Este endurecimiento coincidió con un cambio de rumbo en las relaciones entre la ciudad y el campo. Hasta entonces, la Iglesia sobre todo se había implantado en el medio urbano: había menospreciado al campo. En la década de 1820 decidió reconquistar las zonas rurales —juzgadas menos contaminadas por las ideas modernas y más conservadoras, y, por lo tanto, más imbuidas de las formas tradicionales—. Este esfuerzo sólo tuvo éxito en las regiones de pequeñas y medianas propiedades: en el norte y el centro de la península; en los demás sitios, en las poblaciones y en el campo de Levante y Andalucía, a todos cuantos llevaban sotana se los consideraba enemigos de clase: los aliados naturales de los poderosos. Más

---

blica, y, al no tener otra elección, los padres enviaban a sus hijos a la privada. Igualmente, el clero intervenía en la elección de los maestros y controlaba las materias que se enseñaban. Se estima que en 1860 había poco más de 20.000 escuelas públicas, es decir, una para cada 840 habitantes, pero esto no es más que un promedio. En realidad, sólo un 30 por 100 de los niños y un 13 por 100 de las niñas estaban escolarizados. Estas cifras dan una idea de la tasa de analfabetismo existente.

que de anticlericalismo, hay que hablar de odio, de una hostilidad visceral que nunca dejaría de poner a los desheredados en contra del clero, y que, en los períodos de tensión, se manifestaría de un modo especialmente violento. En julio de 1834, en Madrid, en un momento en el que los precios subían rápidamente, y en el que se vivía en el temor de un ataque de los carlistas a la capital en plena epidemia de cólera, volvieron a resurgir los rumores que habían circulado en la Edad Media respecto de los judíos. Esta vez, se acusó a los jesuitas y a los frailes en general de envenenar las fuentes y de propagar la epidemia. Al grito de «¡Mueran los jesuitas!», se asaltaron y saquearon la iglesia de San Isidoro y el Colegio Imperial, que pertenecían a la Compañía de Jesús, y los conventos de franciscanos y dominicos. Murieron por lo menos 78 frailes. En las calles, la gente bailaba disfrazada con ropas robadas en los conventos. Escenas análogas se produjeron en Zaragoza, los días 5 y 6 de julio de 1835: varios eclesiásticos fueron asesinados, y tres conventos saqueados e incendiados. En los días siguientes, en Cataluña hubo revueltas del mismo tipo (en Poblet y en Barcelona), así como en el resto de España. Las manifestaciones anticlericales acompañaron a la revolución de septiembre de 1868, con asesinatos de sacerdotes, actos sacrílegos y profanaciones de imágenes religiosas. En Málaga, durante el verano de 1873, la municipalidad insurreccional decidió suprimir todos los conventos y convertir el palacio episcopal en casa del pueblo. Los incendios de conventos y los asesinatos de sacerdotes y frailes han jalonado la historia social de la España contemporánea hasta los trágicos acontecimientos de 1936-1937, punto culminante de todos esos odios feroces y ciegos.

Los partidos políticos de izquierdas no se solidarizaron con esos excesos, pero comenzaron a incluir en sus programas la laicidad de la enseñanza, la libertad de culto y la separación entre la Iglesia y el estado, según la fórmula proclamada por los constituyentes de 1869: una Iglesia libre en un estado libre. Por más que el clero presentara una petición que recogía tres millones de firmas, las Cortes votaron por amplia mayoría el principio de la libertad religiosa, pero introduciendo importantes matices que tenían en cuenta la situación española. «La nación se obliga a mantener el culto y los ministros de la religión católica. El ejercicio público o privado de cualquier otro culto queda garantizado a los extranjeros residentes en España sin más limitaciones que las reglas universales de la moral y del derecho. Si algunos españoles profesaran otra religión que la católica es aplicable a los mismos todo lo dispuesto en el párrafo anterior» (artículo 21 de la Constitución de 1869). Como se puede ver, el texto era muy moderado: el legislador se limita a autorizar que los extranjeros practiquen la religión por ellos elegida y a extender esta tolerancia a aquellos españoles que no fueran católicos —en la redacción del texto se sobrentiende que éstos serían muy pocos, como lo demuestra el uso del tiempo verbal empleado.

Tanto la Iglesia como sus partidarios opinaban que esta medida y otras que siguieron —en 1870 se produjo la secularización del estado civil y de los cementerios, se instituyó el matrimonio civil, etc.— respondían a unas campañas de descristianización absolutamente reprobables, y que deberían ser urgentemente rescindidas en cuanto las circunstancias políticas lo permitieran. El anticlericalismo empezó a formar parte de la historia de la España contemporánea, y sería utilizado tanto por los demagogos —que se valdrían de él para dirigir contra el clero las aspiraciones del pueblo en favor de una mayor justicia social—, como por los partidos conservadores —que lo utilizarían para hacerse con los votos de los electores católicos—.

Encerrada en una intransigencia de otra época, segura de sí misma, incapaz de adaptarse al mundo moderno, la Iglesia española no hará nada para calmar los ánimos; seguirá estando siempre, hasta la década de 1960, al lado de los propietarios, de la derecha conservadora y de las ideas reaccionarias.

La Iglesia no se mostró menos conservadora en el ámbito de las ideas. En una época en la que los progresos del conocimiento suscitaban entusiasmo y en la que la ciencia pasó a ser casi una religión en los medios intelectuales —el *Curso de filosofía positiva*, de Comte, vio la luz entre 1830 y 1842, y el *Porvenir de la ciencia*, de Renan, en 1848—, el Vaticano se obstinaba en rechazar todo compromiso con los principios del mundo moderno. En 1864 el *Syllabus* y la encíclica *Quanta cura* consagraron la ruptura. Por aquellos años, la formación intelectual del clero español, que era bastante deficiente, no lo preparaba suficientemente para afrontar la batalla ideológica con el racionalismo y el librepensamiento. Dos teólogos se destacaron del resto: Balmes y Donoso Cortés, pero los dos se mantuvieron esencialmente hostiles respecto del liberalismo.

El primero era un sacerdote catalán que comprendió la importancia que tenía el periodismo: por medio de sus artículos, intentó un acercamiento entre los carlistas y los partidarios de Isabel II, tanto desde el punto de vista político como desde el ideológico. Su libro más conocido, *El criterio*, estaba en la línea de la doctrina escolástica tradicional. Donoso Cortés era más un político que un filósofo. Tanto en sus artículos y discursos, como en su *Ensayo sobre el catolicismo, el liberalismo y el socialismo* (1851), también él adoptó una postura contraria al racionalismo moderno y a favor de la tradición española, católica y antiliberal.

El único español que intentó llevar a cabo una síntesis entre el catolicismo y las ideas modernas fue Fernando de Castro, cuya trayectoria nos recuerda la de Lamennais. Franciscano primero, y más tarde sacerdote secular, capellán de Isabel II y profesor de la Universidad de Madrid, Fernando de Castro en principio podría situarse en la línea del catolicismo liberal; hizo suya la fórmula: «Una Iglesia libre en un estado libre». Era un defensor de todas las libertades, especialmente de la política y de la de conciencia, así como de la autonomía de la razón. En 1864 la publicación del *Syllabus* lo obligó a elegir entre el catolicismo y el liberalismo, y optó por el segundo, evolucionando hacia un cristianismo racional, una religión natural, sin dogmas, sin misterios, sin revelaciones y sin milagros. La revolución de 1868 propició que fuera rector de la Universidad de Madrid. En 1870 rompió completamente con el catolicismo.

Dos años antes, Fernando de Castro se había solidarizado con aquellos a quienes se empezaba a conocer como krausistas y a quienes el gobierno acababa de expulsar de la universidad. La de esta corriente de pensamiento nacida en la mitad de siglo XIX es una historia muy curiosa: en pocos años, atrajo hacia sí a los mejores pensadores y ejerció una influencia intelectual y moral que iba más allá de los medios universitarios y que se prolongó hasta 1936, por lo menos, hasta el punto de que entre los krausistas se encontraban «los educadores de la España contemporánea»,[16] y entre los republicanos de 1931 los hijos espirituales de dos maestros de la escuela: Julián Sanz del Río y Francisco Giner de los Ríos.

---

16.   Este es el título de la tesis que hizo célebre a Pierre Jobit. Sobre el krausismo véase también M.ª Dolores Gómez Molleda, *Los reformadores de la España contemporánea*, Madrid, 1966, y J. López Morillas, *El krausismo español*, México, D.F., 1980².

Todo empezó de la manera más banal. Hacia 1840, el gobierno, en vista de que era necesario, inició la renovación de la enseñanza superior. En 1836 se cerró la vieja Universidad de Alcalá de Henares y se creó en Madrid una universidad de la que se quería hacer un modelo para toda España.[17] En 1843 Pedro Gómez de la Serna, ministro de Espartero, nombró a Julián Sanz del Río —un joven profesor de filosofía— titular de la cátedra de historia de la filosofía, pero le puso una condición: antes de tomar posesión debería completar su formación en Alemania. Sanz del Río emprendió el viaje. De camino, se detuvo algún tiempo en París y allí sufrió una fuerte decepción: emitió unos juicios muy severos sobre Victor Cousin, quien entonces era el filósofo de moda, sobre la filosofía que se enseñaba en Francia y sobre la cultura francesa en general, que, en su opinión, era mundana y superficial. En cambio, en Heidelberg, adonde el joven español llegó poco después, las cosas eran distintas. Allí se enseñaba el sistema filosófico de Krause (1781-1832), un epígono de Kant, el cual profesaba un idealismo teñido de pietismo. Sanz del Río se sintió inmediatamente atraído por sus ideas. Lo que le sedujo de Krause era la coherencia de un pensamiento que desembocaba en la vida: la ciencia, la ética y la política dependían de una visión global del mundo y de una filosofía racionalista. Sanz del Río salió de Alemania con una idea muy elevada de lo que debía de ser la universidad: independiente tanto de la Iglesia como del estado y preocupada tan sólo en impulsar el avance del conocimiento.

A su regreso, aún no se sentía preparado para enseñar, y pasó diez años dedicado al estudio, a la meditación y a madurar su pensamiento. En 1857 pronunció su lección inaugural, en la que explicó lo que sería su enseñanza: en ella se celebraría el culto del «ideal de la humanidad» y se expondría el racionalismo armónico de Krause. Tuvo un éxito inmediato. Los estudiantes, así como muchos oyentes libres, se apresuraron en asistir a sus clases. En todo ello había un poco de esnobismo: era de buen tono ir a escuchar al maestro...

Sin embargo, la doctrina de Sanz del Río, tal como la expuso en el *Ideal de la humanidad para la vida* (1860), no contenía nada especialmente atractivo. Al contrario, por su formulación abstracta y abstrusa, lo tenía todo para repeler al gran público —y hasta a un público especializado—,[18] tanto más cuanto que Sanz del Río no hizo nada para congraciarse con lectores y oyentes; él se expresaba y escribía tal como vivía: de un modo austero, desnudo, sin concesiones a la moda y a lo mundano. Fascinaba sin que se supiera muy bien el porqué; quizá su éxito proceda, sencillamente, de que no buscaba gustar, sino convencer por la sola fuerza del razonamiento. En una capital frívola en la que las frases grandilocuentes tenían carta de ideas, por fin surgía alguien que se tomaba las cosas en serio. Se admiraba el rigor de pensamiento, la coherencia del sistema y también la austeridad de costumbres de un hombre dedicado exclusivamente a su labor. Se formó un grupo de

17. Hasta 1960, la Universidad de Madrid sería la Universidad Central, es decir, la única que podía expedir los títulos de doctorado.

18. Encargado de informar sobre una obra póstuma de Sanz del Río, *Análisis del pensamiento racional*, uno de sus discípulos, Manuel de la Revilla, confesó, en 1877, que no la entendía: «No nos es posible emitir un juicio porque el señor Sanz del Río utilizaba un lenguaje especial, de tal modo que no podemos entender las teorías de este libro». También es verdad que en esa época Manuel de la Revilla había roto con el krausismo y que no dejaba escapar ninguna ocasión de meterse con sus antiguos camaradas.

discípulos, compuesto por jóvenes profesores de la Universidad de Madrid, entre los que se encontraba quien continuaría su obra y que haría del krausismo, en el último tercio del siglo XIX, el instrumento de la renovación de España: Francisco Giner de los Ríos.

En la España de 1860, el krausismo, filosofía racionalista e idealista, se enfrentaba a dos clases de adversarios: los escolásticos, es decir, los defensores del pensamiento católico tradicional y los positivistas, quienes pretendían enseñar la filosofía del futuro y querían acabar con la metafísica.

Los primeros eran los más temibles, ya que contaban con la Iglesia española y con la influencia que ésta ejercía en los centros de poder. Krause fue acusado de corromper a la juventud y de llenar la universidad de sus seguidores con el fin de pervertir a la elite intelectual y, de este modo, a toda la sociedad. El krausismo molestaba en la medida en que se presentaba como un sistema científico y como una ética: era, a la vez, una filosofía y un estilo de vida. La mayor parte de sus discípulos incidían sobre todo en el segundo aspecto. Rápidamente pasaron a formar un grupo de hombres —sus adversarios decían que una secta— que se distinguían por algunos rasgos característicos: el gusto por la investigación, el rigor intelectual, un deseo de armonizar las ideas y los actos, y, por último, una austeridad de costumbres rayana en el puritanismo. Según la opinión de sus adversarios, el krausismo era un peligro para la fe. Sin embargo, el krausismo no constituye en absoluto una teoría antirreligiosa; al contrario, esta escuela contempla especialmente la parte más esencial del fenómeno religioso: la búsqueda en el interior de cada uno. Sus adeptos profesaban una religión natural, sin trascendencia, sin dogmas ni misterios. En una época en la que la Iglesia de España parecía haber perdido el sentido de los valores espirituales, en la que medía la influencia que ejercía en el país por el puesto protocolario que ocupaba el clero en la vida pública, o en la que contaba con el brazo secular para obligar a los españoles a asistir a la misa de los domingos, a aprender el catecismo, a casarse y a recibir sepultura por la iglesia, en un momento, en suma, en el que, como diría Unamuno, esa Iglesia practicaba una especie de volterianismo a contrapelo, el krausismo se presentó como un brote de auténtica espiritualidad; atrajo hacia sí a quienes esperaban de la religión algo más que una serie de dogmas abstractos y de meras actitudes: una respuesta a sus interrogantes sobre la vida y la muerte, sobre el sentido de la existencia.[19]

A pesar de lo que sostenían sus adversarios, el krausismo en España no era una doctrina extranjera, sino que se inscribía en una tradición auténticamente española, siempre perseguida por la Iglesia oficial e institucional: la tradición de los erasmistas del siglo XVI y de los «jansenistas» del XVIII, una tradición que Unamuno llevará al siglo XX, una especie de religión laica o un puritanismo —primera forma que adoptó el protestantismo en España— con todas las tendencias que Menéndez Pelayo, algunos años más tarde, tacharía de heterodoxas y ajenas al espíritu nacional. Los krausistas siempre se mostraron respetuosos con la parte más auténtica de las creencias religiosas; no eran ni materialistas, ni cientifistas: el ateísmo militante y la

---

19. Juan Valera entendió bien este aspecto. Su novela *Pepita Jiménez* (1874) narra los amores de un seminarista y de una joven viuda. Al margen de la intriga, el libro es a la vez una defensa y una sátira del krausismo, entendido como una especie de misticismo que podía influir en las almas decepcionadas por una Iglesia oficial que parecía haber renunciado a toda búsqueda de lo absoluto, o, sencillamente, a cualquier clase de vida espiritual.

propaganda antirreligiosa de ciertos medios de izquierdas les horrorizaban. Eran anticlericales, pero no a la manera de los que quemaban conventos. Denunciaban la influencia de la Iglesia sobre el estado y la sociedad, el derecho que aquélla se atribuía para controlar la enseñanza, la prensa y la edición; la intolerancia que manifestaba respecto de todo dogma y de toda manifestación religiosa que no fuera el catolicismo romano en su fórmula más tradicional y más exclusiva. Todos estos factores fueron la causa de que tanto la jerarquía eclesiástica como los medios dirigentes de España sospecharan del krausismo.

Los llamados neocatólicos advirtieron en seguida el peligro. Francisco Navarro Villoslada, director de *El Pensamiento Español*, diario que expresaba su punto de vista, emprendió una campaña contra el krausismo y contra los profesores que seguían esta orientación. En 1865 el asunto subió de tono cuando Villoslada reclamó medidas más firmes: no bastaba con censurar y depurar los manuales de todo ataque contra la religión, sino que era necesario eliminar los «textos vivos», la palabra de los maestros, más perniciosa que sus escritos; había que expulsar a los krausistas de la universidad. Los moderados en el poder cedieron. El 22 de enero de 1867 el gobierno exigió que todos los profesores juraran fidelidad a la Iglesia y al trono. En nombre de la libertad de conciencia y de expresión, Sanz del Río y sus amigos se negaron a hacerlo: el 31 de mayo fueron expulsados de la universidad. El asunto tomó entonces un cariz político: pasó a ser un aspecto del enfrentamiento general entre los conservadores y sus adversarios.

La revolución de septiembre de 1868 hizo suyas algunas de las reivindicaciones de los krausistas: la libertad de enseñanza, la laicidad del estado, el matrimonio civil, la secularización de los cementerios... Los profesores krausistas recuperaron sus cátedras, y a Sanz del Río le ofrecieron el rectorado de la Universidad de Madrid, pero lo rehusó. Sin embargo, la lucha no había acabado: volvería a surgir con la misma virulencia en 1875, con la restauración de los Borbones.

ESPAÑA A LA BÚSQUEDA DE UN ESTATUTO POLÍTICO

Hemos intentado presentar los problemas de España entre 1833 y 1874: un desarrollo económico desigual, con una incipiente industrialización en las regiones periféricas, mientras que en el resto del país subsistían las estructuras arcaicas; la permanencia de un problema agrario explosivo, con millones de campesinos sin tierras; una vida política dominada por una reducida clase dirigente, formada a partir de la fusión de la antigua aristocracia terrateniente con una alta burguesía enriquecida gracias a los bienes de manos muertas y a especulaciones financieras; una opinión pública sin partidos organizados, que dejaba el campo libre a los militares, y, en fin, las divisiones ideológicas entre carlistas y liberales, tradicionalistas e innovadores. Desde la perspectiva de estos problemas de fondo, los sucesos resultan menos complicados de lo que sugeriría el aparente caos de las peripecias políticas y los continuos pronunciamientos: corresponden al difícil alumbramiento de una España nueva, que ya no es la del Antiguo Régimen y que está buscando una relativa estabilidad. Se pueden distinguir cuatro períodos: las regencias (1833-1843); la primera parte del reinado de Isabel II, la década moderada, como la llaman los historiadores españoles (1843-1854); la segunda parte del reinado de Isabel II (1854-1868), y, por último, la crisis abierta por la revolución de septiembre de 1868, que concluyó a finales de 1874 con la restauración de los Borbones, después del fracaso de una dinastía nueva y de una primera experiencia republicana.

Las regencias (1833-1843)

En el período que siguió a la muerte de Fernando VII, el 29 de septiembre de 1833, había dos cuestiones dominantes: la rebelión carlista y la forma del régimen; ambas estaban relacionadas entre sí, ya que, precisamente para preservar los derechos de su hija Isabel contra don Carlos, la regente María Cristina se acercó a los liberales.

Durante poco menos de tres meses, la regente abrigó la esperanza de llegar a un acuerdo con los partidarios de don Carlos. Esta fue la misión que confió a Cea Bermúdez, confirmado en sus funciones de jefe de gobierno, y este era el sentido del manifiesto que hizo público el día 4 de octubre: en él prometía defender la religión y las leyes fundamentales —esto último para tranquilizar a los absolutistas—, pero también poner en marcha reformas administrativas, «las únicas capaces de asegurar la prosperidad y la felicidad de los pueblos» —en un guiño a los liberales—. María Cristina no obtuvo el beneplácito ni de unos, ni de otros.

No obstante, merece la pena detenerse en los tres meses de gobierno de Cea Bermúdez, ya que él fue quien decidió emprender una reforma de envergadura, que todavía está vigente en la actualidad: la división de España en provincias. Mediante una simple circular en noviembre de 1833 se llevó a cabo una auténtica revolución: rompiendo con una tradición de varios siglos, con la que hasta los primeros Borbones habían transigido, España pasó a ser un estado centralizado dividido en 49 provincias de un tamaño más o menos equivalente. Estas provincias recibieron el nombre de su capital (Burgos, Salamanca, etc.), excepto en cuatro de ellas, que conservaron su antigua denominación: Navarra, Álava, Vizcaya y Guipúzcoa, cuyas capitales eran Pamplona, Vitoria, Bilbao y San Sebastián. El artífice de esta reforma, Javier de Burgos, era un humanista —había traducido en verso las *Odas* de Horacio—.[20] Se inspiró manifiestamente en los departamentos franceses, y las divisiones que trazó no eran tan marcadamente arbitrarias como se pretendía —la prueba está en que todavía se mantienen en la actualidad. Javier de Burgos no sólo tuvo en cuenta la historia y la geografía, sino que también adoptó unos criterios racionales: desde el punto más alejado de cada provincia se tenía que poder llegar a la capital en un día; las provincias tenían que tener una población que estuviera entre los 100.000 y los 400.000 habitantes, etc. A la cabeza de cada una de ellas, el poder central designaría a un representante, quien ostentaría el título de jefe político. Lo admirable de esta división es que desde 1833 nadie la haya cuestionado: ha permanecido invariable a despecho de todos los cambios políticos. En 1849 sencillamente se modificó un detalle: el jefe político pasaría a llamarse gobernador civil.

La creación de las provincias tuvo por consecuencia el refuerzo del papel de

---

20.   Javier de Burgos era ministro de Fomento, un departamento creado el 5 de noviembre de 1832 para «fortalecer la administración y el fomento general del reino». Entre las competencias de su titular estaban las obras públicas, la agricultura, el comercio, la industria y la instrucción pública.

las poblaciones que se eligieron como capitales, que pasaron a ser centros administrativos y, por lo tanto, un centro de atracción para funcionarios, magistrados, litigantes, comerciantes... Muchos de los que se encontraban sin recursos para vivir en un campo superpoblado emigraron a la ciudad, la mayor parte de las veces en calidad de domésticos: en 1860 había en España algo más de 800.000 criados. En algunas ciudades, se crearon manufacturas, talleres y comercios generadores de empleo. Todo esto provocó un aumento de la población urbana. En Barcelona se pasó de 80.000 habitantes en 1818, a 190.000 en 1860, y en Madrid se llegó a los casi 300.000 habitantes en 1851. En estas ciudades, lo mismo que en Sevilla, Valencia o Málaga, la municipalidad decidió iniciar obras para acondicionar y embellecer el espacio urbano, dejar libres las calles e instalar el alumbrado de gas; estas actividades también tenían la finalidad de combatir el desempleo. Precisamente en este contexto, en España nació una ciencia nueva, el urbanismo, cuyo pionero fue un ingeniero llamado Ildefonso Cerdá (1816-1876). Él fue quien creó la palabra y el concepto en su *Teoría general de la urbanización*, publicada en 1867; se trataba de basar en una teoría científica la construcción de un orden espacial adaptado a las necesidades de la civilización moderna y que comprendiera la higiene, el arte y la economía. Antes, Cerdà había presentado un plan de ensanche (*eixample*) de la ciudad de Barcelona, puesto en práctica a partir de 1860, con calles amplias y regulares, bordeadas de filas de plátanos y de casas particulares, como las que se pueden ver aún hoy en día.[21] Aunque el *Eixample* de Barcelona sea el más conocido, no es el único de los grandes ensanches concebidos en esa época: también convendría citar los que se llevaron a cabo en Madrid (1864), Bilbao (1876), Alicante (1888), León (1898)...[22]

Desde el punto de vista político, el hecho esencial de la regencia de María Cristina fue la implantación del liberalismo y de la monarquía constitucional, el debate sobre las respectivas atribuciones del soberano y de la representación nacional. Abandonada por la facción carlista, la regente no tuvo elección. El 15 de enero de 1834, confió el poder a Martínez de la Rosa. El jefe del nuevo gobierno era un antiguo constituyente de 1812, pero que se había vuelto muy moderado: se había convertido en un hombre de orden. El 10 de abril de 1834, mandó promulgar un Estatuto Real, inspirado en la Carta francesa de 1814: el rey gobernaría junto con las Cortes, a su vez compuestas por dos cámaras, para cuya denominación se recuperaron términos de la historia política de España: para la Cámara Baja, los procuradores —y no diputados—; para la Alta, los próceres —magnates—. Era un modo de demostrar que España no necesitaba seguir los ejemplos extranjeros: le bastaba buscar en su propia tradición. La Cámara Baja se elegía por sufragio censitario indirecto; en la Alta, se sentaban los grandes, los títulos de la nobleza, los arzobispos y

21. En 1863, la municipalidad de Barcelona encargó al historiador Víctor Balaguer la tarea de encontrar nombres para las calles del *Eixample*. El resultado es instructivo para comprender la memoria colectiva de los catalanes de aquella época. Balaguer mostró una preferencia por los nombres que simbolizaban la expansión de la corona de Aragón en la Edad Media (Valencia, Mallorca, Aragón, Nápoles, Sicilia, Cerdeña...), por las instituciones del Principado (Consell de Cent, Diputació, Corts...), y por los hombres ilustres. Véase Stéphane Michonneau, «Un lieu de mémoire barcelonais: le monument au docteur Robert», *Revue d'Histoire Moderne et Contemporaine*, 41-42, abril-junio de 1994.

22. Véase Laurent Coudroy de Lille, tesis inédita.

obispos, los terratenientes y los industriales que acreditaran unos ingresos superiores a 60.000 reales.

Martínez de la Rosa defraudó a aquellos que esperaban cambios más importantes: tenían la impresión de que todo seguía igual. Se prohibió a los periódicos que expresaran ideas «diametralmente opuestas a los principios conservadores enunciados en el Estatuto Real». En las ciudades, el descontento estuvo a punto de adquirir las dimensiones de un levantamiento: se crearon juntas insurreccionales y se produjeron manifestaciones anticlericales de una violencia jamás vista hasta entonces. Mendizábal, llamado al gobierno el 14 de septiembre de 1835, fue acogido con simpatía por la opinión liberal. Bajó el censo electoral, lo que permitía que en la vida política española participaran un mayor número de miembros de las clases medias, y puso a la venta los bienes del clero. No obstante, estas medidas no bastaron para tranquilizar a la oposición. Abandonado por un sector de sus antiguos compañeros, Mendizábal dimitió. Las revueltas se reanudaron, y, el 12 de agosto de 1836, los sargentos de La Granja se amotinaron y obligaron a la regente a reinstaurar la Constitución de 1812, referencia mítica para los liberales. Aunque se presente formalmente como una simple reforma de la de Cádiz, la Constitución que se adoptó en 1837 proponía, en realidad, un modelo totalmente distinto que volvería a aparecer en 1845, y después en 1876, y que se caracterizaba por la reafirmación del principio de la soberanía nacional, pero manteniendo una Cámara Alta destinada a servir de contrapeso a la representación electa.

La guerra carlista que empezó el 2 de octubre de 1833 constituyó el gran problema de la época, y de él dependería la suerte del régimen. Esta guerra se desarrolló en tres etapas. Durante la primera, los carlistas, dirigidos por el antiguo guerrillero Zumalacárregui, se aprovecharon del efecto sorpresa para tomar la iniciativa. En el norte, zona en la que se sentían más fuertes, intentaron obtener una victoria incontestable y conquistar una gran ciudad para hacer de ella su capital. Fue entonces cuando pusieron sitio a Bilbao. La muerte de Zumalacárregui, en junio de 1835, marcó el final de esta primera fase. La situación cambió en 1835. Inglaterra disuadió a Francia de intervenir directamente y ocupar el País Vasco y Navarra a petición del gobierno español, pero Mendizábal decidió movilizar a 100.000 hombres y los envió a combatir. Muchos de esos soldados partieron al frente con el corazón lleno de rabia, ya que habían sido llamados por causa de una ley de reclutamiento especialmente inicua: solamente los no electores debían hacer el servicio militar. Ahora bien, aunque el censo electoral se había ampliado, todavía seguían estando exentos los que tenían los medios para abonar —de una sola vez y al contado— una contribución de 4.000 reales destinada a financiar equipos y armamentos. Aunque estaban faltos de entusiasmo, esos soldados al menos representaban una fuerza de peso para los oficiales de carrera que los mandaban. A los guerrilleros se les combatió con ejércitos organizados. En vano los carlistas salieron de sus bastiones del norte e intentaron extender la guerra al resto de España, especialmente en las dos Castillas y Andalucía. A fines de 1836, el ejército gubernamental, bajo el mando del general Espartero, tomó la iniciativa, y obtuvo una victoria en Luchana y puso fin al sitio de Bilbao. Don Carlos se puso personalmente a la cabeza de sus tropas e intentó avanzar hacia Madrid. Espartero le cerró el paso y cortó sus contactos con Francia (mayo de 1837). La guerra entró entonces en su fase final. Los carlistas aún fueron capaces de obtener algunas victorias locales que desmoralizaron a sus adversarios, en particular en la región del Maestrazgo, en donde Cabrera pasó al ataque a comienzos de 1838. A su vez, Espartero tuvo que ordenar algunas ejecuciones para restablecer la disciplina en sus filas. De nuevo bajo control, sus tropas siguieron avanzando sin cesar. El gobierno de Madrid intentó entonces que se adhirieran los facciosos del norte. El general carlista Maroto comprendió que la guerra se había perdido, y entabló con Espartero unas negociaciones secretas que desembocarían, el 31 de agosto de 1839, en el abrazo de Vergara entre los dos adversarios. A cambio de unas vagas garantías acerca de los fueros[23] y de su integración en el ejército regular, los combatientes carlistas depusieron las armas. En los días siguientes, los ex oficiales carlistas dieron caza a los últimos guerrilleros en el norte. En Cataluña y en el Maestrazgo, todavía se combatiría encarnizadamente durante 1840. El gobierno promulgó una amnistía de la que quedaban excluidos los oficiales, los mandos civiles y los eclesiásticos. Entonces, centenares de carlistas se refugiaron en Francia, en donde Rémusat, ministro del Interior, les otorgó el derecho de asilo.

La guerra civil —la segunda guerra carlista— surgió de nuevo entre 1845 y 1849. El pretendiente había renunciado a sus derechos en favor de su hijo, el conde de Montemolín, que también se llamaba Carlos. En los medios carlistas, se esperaba vivamente el matrimonio entre este último e Isabel II, matrimonio que hubiera saldado las disputas dinásticas, pero el gobierno obligó a la reina a casarse con otro de sus primos, Francisco de Asís. Decepcionados, los carlistas, acaudillados por jefes prestigiosos como Cabrera o Tristany, retomaron las armas en Cataluña y Castilla primero, y después en Aragón, Navarra y Guipúzcoa; pero los combates no alcanzaron en ningún momento la envergadura que habían tenido entre 1834 y 1840.

El feliz desenlace de la guerra civil hizo del general Espartero, nombrado duque de la Victoria, el hombre más popular de España. Espartero se aficionó a la vida política, y aconsejó a la regente María Cristina que no promulgara una ley que otorgaba al poder central el derecho de designar a los alcaldes de las capitales de provincia, lo que inquietó a los progresistas. La regente no le hizo caso (14 de julio de 1840), y Espartero pasó entonces a encabezar la oposición. En Barcelona, los milicianos y los soldados se manifestaron a los gritos de «¡Muera María Cristina!». La milicia se levantó en Madrid y en casi todas las demás ciudades. Espartero fue aclamado cuando hizo su entrada en la capital. El 12 de octubre de 1840, María Cristina, desacreditada e incapaz de imponer su autoridad, prefirió renunciar: partió al exilio; seis meses después, las Cortes nombraron regente a Espartero.

La popularidad del nuevo jefe del estado duró poco: hasta sus amigos progresistas se desvincularon de él. En Barcelona, en noviembre de 1842, un movimiento de oposición logró aglutinar en su contra al pueblo llano —las primeras tendencias republicanas hicieron su aparición por aquel entonces— y a la burguesía industrial, que lo acusaba de ser favorable al librecambio para complacer a sus aliados ingleses. Espartero mandó disparar algunos cañonazos y todo volvió a la normalidad. Sin embargo, se estaba tramando un complot mucho más serio, animado desde el extranjero por el general Narváez, y, en el interior del país, por un recién llegado a la política: el general Prim. Narváez desembarcó en Valencia y avanzó hacia Madrid sin

23. Una ley de 16 de agosto de 1841 confirmó los fueros de Navarra «sin perjuicio de la unidad constitucional de la monarquía».

encontrar resistencia. El 30 de julio de 1843, Espartero huyó a Inglaterra en donde fue recibido con grandes honores. Partidario de la mano dura, su última idea antes de abandonar España fue la de hacer bombardear Sevilla...

La década moderada (1843-1854)

El período que se inició con la caída de Espartero estuvo dominado por la personalidad del general Narváez, que gobernó casi sin ningún tipo de control. Anticipándose algunos meses sobre la edad prevista por la Constitución, las Cortes declararon a Isabel II mayor de edad y apta para reinar. Tenía trece años. No sería ella, precisamente, quien pudiera oponerse a la voluntad de los moderados y de su jefe. En los diez años que siguieron se pudo contemplar el establecimiento de una nueva clase dirigente —conservadora y clerical— que impuso un estado de inspiración francesa, centralizado y unificado. Por otra parte, en todos los ámbitos se percibía una tendencia a imitar el modelo francés de desarrollo. Con ciertos matices, debidos a las deficiencias estructurales de la economía española, tanto en España como en Francia se podía observar una expansión de las elites sociales y políticas. La vieja nobleza terrateniente se alió con la alta burguesía —tanto en sentido propio como figurado, ya que la fusión tanto se vio facilitada por los enlaces matrimoniales como por la participación en los mismos consejos de administración.

Esta clase, compuesta por grandes propietarios, algunos pocos fabricantes y muchos barones de las finanzas, formaba el armazón del régimen con sus electores censitarios y sus diputados. Después de firmarse el concordato con el papado (1851), pasó a contar con el apoyo del clero: ya podía creerse todopoderosa. Como los orleanistas franceses, sus contemporáneos y sus modelos, los moderados españoles estaban obsesionados por el mundo de los negocios: podían hacer suya la fórmula de Guizot: «Enriqueceos...». Invirtieron en el ferrocarril y en inmobiliarias —Salamanca estuvo presente en el primer gobierno de Narváez— y jugaban a la Bolsa. Estaban obsesionados por el afán de defender la propiedad. Fueron estos moderados los que crearon la guardia civil, en 1844. Cuando, en 1848, Thiers publicó su tratado De la propriété, Narváez lo hizo traducir inmediatamente al español. En resumen, los moderados gobernaron de un modo autoritario.

A pesar de que la revolución de 1848 tuvo poco eco en España, sí alentó al régimen a endurecer un poco más los métodos de gobierno. Resulta significativo que por aquel entonces Prusia y Austria se decidieran a reconocer la monarquía de Isabel II, cosa que hasta la fecha se habían negado a hacer. Así pues, el régimen español ofrecía todas las garantías tanto desde el punto de vista social como desde el punto de vista político. Dos rasgos caracterizaban la obra de los moderados: la reforma de la Constitución y el centralismo.

Entre los conjurados que habían acabado con Espartero, unos —los llamados puritanos— deseaban conservar la Constitución de 1837, y otros hablaban de volver al Estatuto Real de 1834. No obstante, se eligió una tercera vía. Los moderados aparentaron modificar algunos puntos de la Constitución de 1837 para conciliar el orden y la libertad, y desde un punto de vista formal tenían razón: en el texto de 1845 se encontraban la mayoría de artículos que ya figuraban en la Constitución de 1837, pero las escasas modificaciones realizadas cambiaron completamente el espíritu de la ley: ya no se trataba de una cuestión de soberanía nacional, sino de una cuestión de soberanía compartida entre el soberano y las Cortes —las Cortes con el rey—; en adelante los senadores serían nombrados por el rey, el catolicismo apostólico y romano seguiría siendo «la religión de la nación española» y «El Estado se obligaría a mantener el culto y sus ministros». El censo se amplió. España se dividió en 349 circunscripciones electorales, una para cada 35.000 habitantes, y a las provincias con un resto de habitantes sin representación superior a 17.500 se les atribuyó una circunscripción y un diputado suplementarios. El sistema se acababa de «redondear» con el uso que se hacía de la candidatura oficial y con las manipulaciones electorales: para salir elegido no había que ganarse la confianza de los electores, sino la del ministro del Interior. Se empezaron a «fabricar» las mayorías (costumbre que está lejos de haber desaparecido).

En lo esencial, la reforma de la administración, con su corolario, y el fortalecimiento del poder central fueron obra de Bravo Murillo, quien también decidió la organización de las regiones militares, que, a grandes trazos, pasaron a coincidir con las antiguas divisiones históricas de España. A la cabeza de estas regiones, los capitanes generales gozaban de unas muy amplias atribuciones, las cuales, en período de tensiones, con motivo de la declaración del estado de guerra, les dotaban, por así decirlo, de plenos poderes.

Al mismo tiempo que la Constitución, se emprendió la reforma de la administración del estado desde una doble perspectiva: se procedió a uniformar los códigos jurídicos —Código penal de 1848 y Código civil de 1851— y a implantar el centralismo. Más que los Borbones, fueron los moderados los creadores de un estado español centralizado.[24] La reforma fiscal de 1845 simplificó el sistema de los impuestos existente y lo hizo más eficaz. En 1847 los dos grandes bancos —el Banco de Isabel II y el Banco de San Fernando— se fusionaron para formar el Nuevo Banco de San Fernando, primera denominación del que pasaría a ser, algunos años después, el Banco de España, cuyo gobernador era nombrado por el estado, y que, en 1851, obtendría el monopolio de la emisión de moneda.

No fueron sólo las instituciones políticas, administrativas y financieras las que, entre 1844 y 1854, intentaron convertir a España en un estado centralizado, sino que en la misma época se hicieron las primeras tentativas para constituir una historia nacional. El primer volumen de la Biblioteca de Autores Españoles —la BAE, bien conocida por todos los estudiantes de literatura española— apareció en 1843, y estaba dedicado a la novela cervantina. A continuación se incluyeron autores del siglo XVIII (Feijoo, Jovellanos, Moratín…), las obras de fray Luis de Granada, los cronistas de la Edad Media, los historiadores del siglo XVI, los cronistas de la conquista de las Indias, los poetas, etc. El único autor vivo editado en la prestigiosa colección fue Quintana, elección que, sin duda, nada debía al azar, sino que era un símbolo: con Quintana —constituyente de Cádiz y antiguo dirigente del trienio de 1820—, se honraba y se ponía como ejemplo a todo el liberalismo español.

Un poco más tarde, en 1850, apareció el primero de los treinta volúmenes de la *Historia general de España*, de Modesto Lafuente, quien constituye un poco el Lavisse español, pero con cincuenta años de adelanto. Esta iniciativa constituyó un

24. La evolución fue muy rápida. Todavía en 1834, en los documentos oficiales se tenían que hacer constar todos los títulos reales sin omitir ni uno solo: Isabel II, reina de Castilla, de León, de Aragón, de Dos Sicilias, etc. Veinte años más tarde, no se hablaría más que de la reina de España. Véase J. M.ª Jover, *Civilización española…*, p. 104, n.

indicativo de la ideología liberal, tal como se reconstituyó a mediados del siglo XIX. Se trataba, en principio, de luchar contra la imagen que de España daban los extranjeros. Desde el padre Mariana, que escribió a finales del siglo XVI, ningún español había escrito la historia de su país. Para conocer su pasado, los españoles debían recurrir a los autores extranjeros, quienes no siempre daban muestras de objetividad. Lafuente se propuso poner las cosas en su sitio, cada vez que fuera necesario. En lo esencial, las fuentes de esta historia las constituyeron las crónicas, y, de un modo más accesorio, ciertos documentos de archivo. Lafuente no era un historiador: era un político. En 1854, cuando tenía cuarenta y ocho años, se hizo elegir diputado progresista, y un poco después se alineó con la Unión Liberal de O'Donnell. Con su *Historia*, Lafuente pretendía ejercer su influencia sobre sus compatriotas y darles una conciencia nacional.

Más allá de las peripecias y de las variedades regionales, mostró la progresiva constitución de la nación en torno a dos grandes ejes: la independencia y la fe católica. Desde este punto de vista, resulta interesante destacar los períodos que Lafuente exaltaba y los que condenaba. Entre los primeros figuraban la resistencia que siempre habían opuesto los habitantes de la península ibérica a los invasores extranjeros (romanos, moros, franceses), y su vinculación con la libertad y la fe católica del país. En cambio, Lafuente fustigaba el despotismo, la intolerancia y el fanatismo. Así, en su *Historia* se hacía una apología de los visigodos —a quienes se debía al mismo tiempo la unidad nacional, la unidad religiosa y las primeras expresiones de una monarquía moderada (los concilios de Toledo)—, de la reconquista y de los Reyes Católicos —que la llevaron a su término al expulsar a los moros y los judíos—, de los comuneros de Castilla, de Felipe II y de la Contrarreforma —siempre por causa de la unidad religiosa—, de la Ilustración del siglo XVIII y de la guerra de la Independencia de 1808 a 1814. En cambio, Lafuente se mostraba severo respecto de todo aquello que había podido representar una amenaza para la unidad nacional y religiosa de España (moros, judíos y protestantes) y para las libertades (Carlos V, Fernando VII). Así se fueron forjando un espíritu nacional y una nación que encontraría, en pleno siglo XIX, su forma definitiva: una España unificada y centralizada, católica, una España eterna, idéntica a sí misma a través de la historia, celosa de su independencia y ligada a una fe que era parte integrante de su esencia. Esa España tenía sus propios héroes, y sus fechas y lugares simbólicos: Numancia, Sagunto, Pelayo en Covadonga, los mártires de la libertad —Padilla, Bravo y Maldonado, ejecutados en Villalar (en 1521)—, los guerrilleros del 2 de mayo, los vencedores de Bailén, los defensores de Zaragoza y de Gerona...

La España de Isabel II, centralista y parlamentaria, era, pues, el resultado de una larga historia nacional de la que los españoles podían sentirse orgullosos. La pintura histórica, que conoció un gran auge a mediados del siglo XIX, perpetuó este esfuerzo de construcción. Fue la época en que a los artistas se les encargaban cuadros de grandes dimensiones para los salones y palacios oficiales. La mayoría de las veces los temas tenían que ver con episodios de la historia nacional, precisamente con los mismos que Lafuente destacaba en sus libros. Eduardo Rosales (1836-1873), con *El testamento de Isabel la Católica*, y Antonio Gisbert (1834-1901), con su *Fusilamiento de Torrijos*, se contaban entre los más representativos de esa pintura que contribuyó a difundir en un amplio sector del público una cierta idea de España y de la unidad nacional.

No debería menospreciarse la importancia que tuvo esta construcción, que presentaba la ventaja de reconciliar a los españoles consigo mismos, mostrándoles que su nación nada tenía que envidiar a las más grandes. Sólo los carlistas —¿sería ello por casualidad?— se pudieron sentir excluidos de una historia que defendía la unidad católica, pero que, sin embargo, condenaba el fanatismo y la intolerancia. Hasta los krausistas se podían reconocer en esta definición ideal de España. Para convencerse de ello, bastará con que nos refiramos a un extraordinario documento, *Minuta de un testamento* (1876). En él, Gumersindo de Azcárate, krausista, explica cómo se hizo liberal, o más bien por qué lo fue desde siempre: «En primer lugar, porque esas eran las ideas de mi padre, por las que había sido perseguido; en segundo lugar, por instinto y por temperamento, el absolutismo me horrorizaba». Su padre le había dado a leer a los filósofos franceses del siglo XVIII; él mismo, de niño, vibraba de entusiasmo con el relato de los concilios de Toledo, del juramento de los reyes de Aragón, de la lucha de los comuneros de Castilla, y de todos aquellos episodios que narraban la batalla de la libertad contra el despotismo...

En los 30 volúmenes de Lafuente, varias veces reeditados, sería en donde la clase media española, hasta 1950 más o menos, aprendería la historia de España,[25] lo que traería algunas consecuencias. Concebida en una época en la que aún no existían las reivindicaciones regionalistas, esa *Historia general* da una definición unitaria de España; a decir verdad, más que una historia de España es una historia de Castilla, ya que deja más o menos de lado a la corona de Aragón, por ejemplo. A través de ella, los lectores de Lafuente tenían la impresión de que España se había forjado en torno a Castilla y a los valores castellanos. Cuando, a finales del siglo XIX, hicieron su aparición los movimientos nacionalistas, muchos españoles se sentirían inclinados a ver en ellos tendencias separatistas, destructoras de la unidad nacional. Nada les había preparado para comprender la originalidad y la riqueza de la historia pasada de Cataluña, por poner un ejemplo. Algunos historiadores, como Menéndez Pidal, mucho mejor preparado para hacer una obra científica, apenas contribuyeron a disipar este malentendido: también ellos escribieron la historia de España a partir de la de Castilla. La España contemporánea nunca estuvo a salvo de este error de perspectiva: aún hoy está sufriendo sus consecuencias.

Más allá de las crisis ministeriales y de los pronunciamientos, el liberalismo español dio muestras de una notable continuidad en su esfuerzo por dotar de coherencia a una España en vías de construcción; sin embargo, como apunta Tomás y Valiente, la España de los liberales era un concepto abstracto, jurídico y político, una nación compuesta de individuos, que no tenía en cuenta aquellas otras realidades que constituían los antiguos reinos y las antiguas provincias.[26] Esta fue la definición de la nación y de España que pronto otros españoles cuestionarían.

25. Esos 30 primeros volúmenes aparecieron entre 1850 y 1867, y llegaban hasta el final del reinado de Fernando VII. En 1887-1890, el novelista Juan Valera, en colaboración con Andrés Borrego y Antonio Pirala, plasmó los acontecimientos que se habían producido a partir de 1834. El conjunto de la obra sería constantemente reeditado durante el siglo XX.

26. Véase Francisco Tomás y Valiente, *A orillas del Estado*, Madrid, 1996, p. 94. Sobre el significado y el alcance de la *Historia* de Lafuente, véase J. M.ª Jover, *Civilización española*, pp. 255 ss.

El fin del reinado de Isabel II (1854-1868)

El mercantilismo de las clases dirigentes —se amasaron colosales fortunas jugando a la Bolsa y especulando con los ferrocarriles— disgustó a la pequeña burguesía. Los métodos autoritarios de Narváez y las intrigas de la corte suscitaban cada vez más una mayor oposición en el propio seno del Parlamento: un sector de los moderados se desvinculó del gobierno. El general O'Donnell se erigió en intérprete de este descontento y se «pronunció», el 30 de junio de 1854, a favor de un cambio de orientación. Su llamada fue bien acogida. Resulta significativo el hecho de que un hombre como Cánovas del Castillo —el futuro artífice de la restauración de los Borbones—, que no tenía nada de extremista, lanzara, el día 7 de julio, un manifiesto que incluía algunas de las reivindicaciones de los progresistas; a saber: la urgencia de revisar la ley electoral y de instituir un tribunal para los delitos de opinión, acabar con el exceso de centralismo e introducir más moralidad en la vida pública: «Nosotros queremos la conservación del trono, pero sin la camarilla que lo deshonra».

En las grandes ciudades —Madrid, Barcelona, Zaragoza—, se abucheaba a la reina y a los especuladores y se cantaba el himno de Riego; también se dio comienzo a la creación de juntas, como en 1808. Espartero —confinado en Logroño— reapareció, primero, en Zaragoza, y, después, en Madrid. Se olvidaron las condiciones en las que, diez años antes, se había visto obligado a dejar el poder, y volvió a significar una esperanza para los sectores situados a la izquierda de los moderados y para las clases medias. A finales del mes de julio de 1854, volvió a ser llamado de nuevo a escena, y, con él, los progresistas que habían de gobernar durante dos años: es lo que se llamaría el bienio progresista. Espartero creía enlazar de nuevo con la gran tradición liberal: volvió a poner en marcha la liquidación de los bienes de manos muertas (ley Madoz de 1855), lo que dio origen a conflictos con el Vaticano, y elaboró una nueva Constitución, que preveía la creación de un tribunal para los delitos de opinión, la organización de la milicia nacional, la elección de los alcaldes y, sobre todo, que reafirmaba el principio de la soberanía nacional: «Todos los poderes públicos emanan de la nación, en la que reside, esencialmente, la soberanía».

Sin embargo, la Constitución de 1856 nunca llegaría a entrar en vigor. El 15 de septiembre del mismo año un simple decreto restableció la de 1845. Inquietos ante el aumento de las reivindicaciones sociales en el mundo obrero y en el campo de Andalucía, y por la aparición de nuevas tendencias políticas situadas más a la izquierda —los demócratas, como Emilio Castelar, pedían la instauración del sufragio universal—, los moderados reaccionaron y decidieron librarse de Espartero. El 14 de julio de 1856, O'Donnell disolvió las Cortes y mandó desarmar a la milicia nacional. Como medida de resistencia ante este acto de fuerza, en las calles de Madrid se levantaron barricadas. El general Serrano hizo cargar a la tropa y mandó disparar algunos cañonazos contra el Congreso. También en Barcelona se reprimieron los actos de resistencia. El día 13 de octubre la reina volvió a llamar a Narváez.

Se había cerrado el paréntesis progresista. Los moderados volvieron, y, bajo su dirección, los negocios se reanudaron. Fue un período de expansión —de «vacas gordas», según la denominación de Gabriel Tortella—, que tenía mucho en común con lo que, en esa misma época, pasaba en la Francia del Segundo Imperio: expansión de los bancos y de los establecimientos de crédito, inauguración de nuevas líneas férreas, inversión del capital extranjero en las minas y en la industria pesada, especulación inmobiliaria —en cierto modo, los proyectos del marqués de Salamanca, en Madrid, eran una pálida imitación de los que llevaba a cabo el barón Haussmann en París... No obstante, hasta el matrimonio de Napoleón III, en 1853, con una joven y guapa española, Eugenia de Montijo, no se acabaría de intensificar la solidaridad entre las dinastías reinantes en París y Madrid y el paralelismo de los respectivos regímenes. Entre 1858 y 1863, el general O'Donnell intentó, por medio de la Unión Liberal, ampliar la base del régimen, vinculando al poder algunos elementos procedentes del progresismo, pero sólo lo logró de un modo imperfecto. Ya hacía algunos años que una nueva generación estaba entrando en la vida política. Hombres como Emilio Castelar o como Pi y Margall no dudaban en confesarse demócratas: la República no les daba miedo, y preconizaban el sufragio universal como el medio de poner fin a los abusos más indignantes y de apartar al personal político del momento. Los moderados, por su parte, no querían ceder y se esforzaban por volver al poder. En 1863 esto era un hecho. Sin embargo, los métodos de Narváez no consiguieron intimidar a los que se oponían. La propia monarquía se hundía en el descrédito. A comienzos de 1865 un incidente reveló hasta qué punto estaba amenazado el trono: para hacer frente a las dificultades financieras del tesoro público, la reina aceptó renunciar a una parte del patrimonio de la corona... a cambio de compensaciones. En la tribuna del Congreso, Narváez la felicitó calurosamente por ese gesto calificado de sublime. El periódico *La Democracia*, órgano de Castelar, lanzó una réplica en un artículo titulado «¿A quién pertenece el patrimonio real?». Castelar en persona volvió sobre el tema en los días que siguieron: la nación es la única propietaria por derecho de los bienes de la corona. Narváez exigió que se expulsara a Castelar de la universidad, y para no verse obligado a aplicar una decisión que le parecía injusta, el rector de la Universidad de Madrid dimitió. El 10 de abril de 1865, por la noche —«la noche de San Daniel»—, cuando los estudiantes se disponían a dar una serenata en honor al rector, la guardia civil quiso dispersarlos y cargó contra ellos, con el resultado de varias víctimas entre los estudiantes. Alcalá Galiano —el antiguo liberal de Cádiz y del trienio, de quien sus adversarios decían que se había convertido en un «camaleón político»—, en su calidad de ministro tutor de la universidad, fue quien se prestó para sancionar a Castelar. Al enterarse de lo que había pasado la noche del 10 de abril, sufrió un ataque y murió pocos instantes después.

La corte sacrificó a Narváez y creyó dar garantías a la oposición pidiendo a O'Donnell que formara un nuevo gobierno. Sin embargo, sólo con devolverle la cátedra a Castelar y hacer algunos gestos para desvincularse del pasado —como el de reconocer al reino de Italia— no se podía convencer a una opinión pública que era cada vez más hostil a los moderados y también a la reina. Para muchos, Prim se había convertido en un símbolo, en una esperanza de renovación; los estudiantes, el 10 de abril, habían aclamado su nombre al mismo tiempo que el de Castelar. Prim esperaba su momento, y confiaba en que los militares se pronunciarían en su favor. En enero de 1866 fracasó una tentativa en este sentido, y Prim se vio obligado a huir al extranjero. En junio, en Madrid, las cosas fueron más serias: los suboficiales de un cuartel de artillería —los sargentos de San Gil— dieron la señal; la población levantó barricadas. El general Serrano fue el encargado de reprimir la insurrección, y dio por cumplido su trabajo después de violentos combates en las calles, que causaron docenas de muertos y varios centenares de heridos. Después de la batalla, 66 sargentos fueron fusilados.

Este suceso acabó de aislar a la reina y a su gobierno. Dos meses más tarde, en agosto de 1866, los dirigentes progresistas y demócratas se encontraron en Bélgica para fijar una posición común. Se firmó el pacto de Ostende, en el que se disponía la marcha de Isabel II, el establecimiento de un gobierno provisional y la elección de una asamblea por sufragio universal. Pero faltaba por saber quién debería sustituir a Isabel II. Todos los conjurados eran monárquicos, y no querían la República porque con ese régimen se corría el riesgo de que se desencadenara un proceso revolucionario. Algunos de ellos eran favorables al duque de Montpensier, cuñado de Isabel II, pero, informado de ello, Napoleón III emitió su veto: no quería que un hijo de Luis Felipe ocupara el trono de España. Para salir de aquel callejón sin salida, Prim encontró una fórmula transitoria que contentaba a todo el mundo: lo esencial era echar a Isabel; después, ya se vería; la asamblea que se elegiría después de la victoria decidiría el futuro régimen de España. No había más que esperar el momento oportuno.

Narváez murió en abril de 1868, y, con él, Isabel II, perdía a su más firme defensor. Los conjurados esperaron al verano: entonces la reina estaría en San Sebastián, y no tendría más que pasar la frontera... Así sucedieron las cosas: en septiembre, Ruiz Zorrilla y Sagasta, dos de los jefes civiles de la conspiración, fueron a encontrarse con Prim en Londres; los tres se embarcaron para Gibraltar y de allí pasaron a Cádiz. La marina les era adicta: «¡Viva España con honor!», gritaban. La insurrección se extendió por todo el litoral mediterráneo: Almería, Málaga, Cartagena, etc., y en varias ciudades del interior, especialmente en las capitales. El general Pavía se enfrentó a las tropas rebeldes, mandadas por otro general, Serrano. El encuentro tuvo lugar el 28 de septiembre en el río Guadalquivir, en el puente de Alcolea, a algunos kilómetros de Córdoba; Serrano salió victorioso y prosiguió su camino hacia Madrid. Abandonada de todos, Isabel pasó desde San Sebastián a Biarritz, donde fue acogida generosamente por Napoleón III y por Eugenia de Montijo.

El período revolucionario (1868-1874)

De septiembre de 1868 a diciembre de 1874, se sucedieron un gobierno provisional, una monarquía constitucional, una república pretoriana, por no hablar de una guerra civil en la península, y, en ultramar, de la primera rebelión de Cuba. La situación en España fue indirectamente la causa de la guerra entre Francia y Prusia, guerra que provocó la caída del Imperio francés, la Comuna de París y la formación del Imperio alemán. Una vez más, se hace evidente la gran relación que existía entre la coyuntura española y la coyuntura europea.

Isabel II se había marchado en medio de la indiferencia general. Era tan impopular —ella y los grupos a los que había confiado el poder—, que nadie la echaba de menos. La gente estaba harta y asqueada de tanto mercantilismo, de tantas malversaciones y de tanta inmoralidad. Una nueva generación se estaba preparando para tomar el relevo: una generación de hombres formados en las ideas y los métodos del krausismo, y que inspiraban respeto por sus cualidades intelectuales y morales y por su sentido de la responsabilidad. Algunos de ellos, hasta hacía poco perseguidos, no tardarían en ser diputados y ministros, y harían oír su voz en los debates políticos. Todas las capas sociales aspiraban a que se produjera una renovación de las conductas políticas. Tanto la pequeña como la mediana burguesía se inclinaban a favor de la democracia y de una más amplia participación del pueblo en la vida pública: ambas eran francamente republicanas. Los obreros y los campesinos soñaban con un mundo de hermandad en el que ellos podrían vivir mejor y más dignamente. Se esperaba mucho de «la Gloriosa» revolución de septiembre —así se la llamaba coloquialmente—, la cual se había llevado a cabo casi sin violencia. Eran tiempos de utopías y de optimismo.

Durante tres meses coexistieron dos clases de poderes: las juntas, que florecieron aquí y allá y que eran más bien de tendencias republicanas, y el gobierno provisional del general Serrano, monárquico de corazón y de ideas. Este gobierno no tenía nada de revolucionario: su principal afán era mantener el orden público, y lo consiguió bastante bien. Antes de finales de octubre, convenció a las juntas para que se disolviesen; sin embargo, encontró una mayor resistencia cuando quiso desarmar a las milicias populares, las cuales habían pasado a llamarse Voluntarios de la Libertad; en Andalucía, el campesinado veía en ellas la garantía de que la revolución política acabaría suponiendo la redistribución de la tierra. Primera decepción: el gobierno les pidió que tuvieran paciencia; la reforma agraria no formaba parte de sus prioridades. Quizá fue esta orientación inicial la que decidió el curso de los acontecimientos posteriores.

Como había sucedido treinta años antes con los liberales, el objetivo de los ministros de septiembre de 1868 no era modificar las estructuras económicas y sociales en una España en la que el contraste entre los ricos y los pobres, entre los grandes propietarios y los trabajadores agrícolas, engendraba continuas tensiones. Al contrario, los ministros hicieron todo cuanto pudieron para tranquilizar a los propietarios. Las primeras medidas que se tomaron fueron de orden económico. Una de ellas jamás sería cuestionada: por un decreto del 19 de octubre de 1868 la peseta pasó a ser la unidad monetaria española. La revolución de septiembre permitió que los partidarios de la «escuela economista» ocuparan los puestos clave. Uno de ellos, Laureano Figuerola, fue ministro de Hacienda.[27] De hecho, se siguieron haciendo negocios y la economía se desarrolló con normalidad: al menos hasta 1872, la producción aumentó.

La elección de las Cortes constituyentes se produjo en enero de 1869, en escrutinio uninominal a una vuelta. Por primera vez, en España se votaba mediante sufragio universal: eran electores los ciudadanos de sexo masculino mayores de 25 años. Por lo que se puede saber, las irregularidades —electores que votaban dos veces, presiones por parte de las autoridades, etc.— no fueron muy numerosas. Zaragoza, Sevilla y las ciudades del litoral (Barcelona, Valencia, Málaga, Cádiz) dieron la mayoría a los republicanos, quienes de este modo obtuvieron 69 diputados, es decir, el 28 por 100 del total de escaños. Las fisuras políticas hicieron aún más hondas las desigualdades sociales: el este y el sur del país se oponían al norte y al centro.

Las Cortes se reunieron el 11 de febrero de 1869. Tenían la misión de proporcionarle a España una Constitución. El debate se centró principalmente en dos cuestiones: la forma del régimen y el estatuto de la religión. La mayoría fue favorable a una monarquía parlamentaria con dos Cámaras —un Congreso de los diputados y un Senado— elegidas por sufragio universal y con ministros responsables ante el Par-

27. Véase Antón Costas Comesaña, *Apogeo del liberalismo en «la Gloriosa»*, Madrid, 1988.

lamento: el principio de la soberanía nacional quedaba reafirmado. El problema religioso fue mucho más discutido, ya que, a pesar de que la Iglesia había llevado a cabo una gran campaña —una petición nacional recogía tres millones de firmas—, las Cortes proclamaron la libertad de culto y la secularización de la vida pública —estado civil, matrimonio, cementerios...—, pero se negaron a hacerse eco de los que deseaban la separación entre la Iglesia y el estado. El estado se comprometía a sostener el culto católico y a sus ministros. La Constitución, precedida de una larga y generosa declaración de los derechos del hombre, fue aprobada el 1 de junio de 1869, por 214 votos contra 55.

España pasaba a ser una monarquía constitucional. El 18 de junio, el general Serrano fue designado regente, y otro general, Prim, fue nombrado jefe de gobierno. La popularidad de Prim era grande, pero con el tiempo fue desvaneciéndose: las esperanzas suscitadas por la revolución de septiembre de 1868 dieron paso a la desilusión y al rencor. Grupos de republicanos conspiraron y se sublevaron en Aragón, en la región de Valencia y en Andalucía, zonas que se mostraron claramente como las más sensibles a las tesis revolucionarias, lo que no se debió a la casualidad, sino a que precisamente en ellas había más tensiones sociales. A fin de poder contar con los medios para reprimir los disturbios, Prim suspendió las garantías constitucionales (octubre de 1869), lo que provocó que los diputados republicanos protestaran indignados.

El gran problema del momento era encontrar un rey para España. Todo el mundo se puso de acuerdo en excluir al hijo mayor de Isabel II, el futuro Alfonso XII, que entonces tenía 11 años. Prim, que conservaba todavía toda su autoridad en las Cortes, no quería ni oír hablar de los Borbones: «¡Jamás, jamás, jamás!». El duque de Montpensier, Antonio María de Orleans, cuñado de Isabel II, no se hubiera negado a servir a su patria adoptiva y a ocupar el trono vacante, pero tenía en su contra a Napoleón III, que le reprochaba el hecho de ser el hijo del rey Luis Felipe. Además, por una mala disputa estaba enfrentado contra otro miembro de la familia real: el duque de Sevilla, Enrique María de Borbón. El asunto terminó en un duelo, y el duque de Montpensier mató a su adversario (marzo de 1870), pero perdió las posibilidades que le quedaban de obtener la corona.

Prim entró en negociaciones con el príncipe Leopoldo de Hohenzollern, primo del rey de Prusia, pero por una indiscreción se propagó la noticia, y en Francia se lo tomaron muy a mal. Gramont, ministro de Asuntos Exteriores, hizo una declaración muy firme ante el Cuerpo legislativo: el gobierno francés no aceptaría que una potencia extranjera colocara a uno de sus príncipes en el trono de Carlos V, alterara «el actual equilibrio de las fuerzas de Europa» y pusiera en peligro «los intereses y el honor de Francia»; no obstante, en vez de dirigirse a Madrid, París elevó sus protestas a Berlín. A pesar de que el príncipe de Hohenzollern ya había retirado su candidatura, Francia exigió más garantías: este incidente provocó la guerra entre Francia y Prusia. Prim entonces se volvió hacia Italia, en donde reinaba una monarquía constitucional del tipo de la que quería instalar en España. Fueron esas las circunstancias en las que el duque de Aosta, Amadeo de Saboya, hijo menor de Víctor Manuel, fue elegido rey de España por 191 votos contra 60 a favor de la República.

Amadeo I llegó a España a comienzos del mes de enero de 1871, justo a tiempo para asistir al entierro del general Prim, quien había sido víctima de un atentado, el 27 de diciembre. El nuevo rey se veía privado del hombre que lo había llevado al trono y que, por su prestigio y autoridad, era el más capacitado para guiar sus primeros pasos en un país del que lo ignoraba todo, empezando por la lengua. La aristocracia española lo rechazaba, y el pueblo no tenía ninguna razón para quererlo. Sin embargo, sus pocos partidarios lo estimaban, y hablaban de él como del «rey que no nos merecemos». En aquel invierno de 1870-1871, España estaba sumida en el caos. Hasta su muerte, Prim se había visto obligado a batirse en todos los frentes: contra los carlistas, que habían reemprendido la lucha en el norte de España; contra los Voluntarios de la Libertad, que, en Cataluña, en Aragón y en Andalucía, se negaban a entregar las armas, y contra los republicanos, por no mencionar a los que le acusaban de querer liquidar a Cuba a precio de saldo mediante un acuerdo con Estados Unidos. La desaparición de Prim constituyó una catástrofe, y ninguno de sus sucesores lograba infundir respeto. En los dos años que duró su reinado, Amadeo se vio obligado a formar seis gobiernos y a disolver por dos veces las Cortes. Muy celoso de sus deberes, cuando, en junio de 1872, el general Serrano —jefe de gobierno— le pidió que suspendiera las garantías constitucionales,[28] él se opuso. Seis meses después, reconociendo que no estaba en su mano el llevar la paz y la felicidad a sus súbditos, prefirió renunciar al trono.

Amadeo abdicó el 10 de febrero de 1873. Al día siguiente, el Congreso de los Diputados y el Senado —reunidos en asamblea nacional— proclamaron la República por una amplia mayoría: 256 votos contra 32. La mayoría de los parlamentarios se habían resignado a ello: después del fracaso de la monarquía constitucional, se habían dado cuenta de que la República era la única fórmula posible; sin embargo, la propia palabra «república» daba miedo: para muchos, era un sinónimo de subversión.

A causa de su progresiva instalación en el poder a partir de la muerte de Fernando VII, los liberales habían perdido lo que les dio prestigio mientras estaban en la oposición; se habían vuelto muy moderados. Las transformaciones de la sociedad en el transcurso de la década moderada (1843-1854) acentuaron esta evolución hacia la derecha. A los liberales se les veía como a unos hombres que se habían servido del pueblo para satisfacer sus ambiciones, y que después se habían vuelto en su contra: se habían aliado con la aristocracia y con la Iglesia; habían introducido la centralización y creado la guardia civil; se habían convertido en unos especuladores sin escrúpulos, sin moral y sin ideales, y se presentaban como los defensores del orden y la propiedad.

Un sector de las clases medias —pequeños comerciantes, artesanos, funcionarios, intelectuales...—, excluido de la vida política por el censo electoral, había depositado sus esperanzas en la República. Esperaban de ella más libertad y más igualdad. De los tiempos heroicos del liberalismo habían conservado el gusto por las conspiraciones y las sociedades secretas, y el romanticismo de la acción revolucionaria, a la manera de un Blanqui en Francia, o de un Garibaldi en Italia. Muchos proletarios de las ciudades se habían dejado convencer para aliarse con la pequeña burguesía republicana, la cual recuperaba algunas de sus reivindicaciones: el sufragio universal, la supresión del servicio militar y de las tasas al consumo —los consumos— y la aspiración por una mayor justicia social y unas mejores condiciones de vida. La creación de la Asociación Internacional de los Trabajadores vino a moderar este entusiasmo republicano. El movimiento obrero se dividió: los marxistas

---

28. Después de que los ministros votaran sucesivamente por la suspensión de las garantías, Amadeo tomó la palabra y, en su mal español, declaró: «Yo contrario».

estaban dispuestos a aliarse con los republicanos,[29] pero eran poco numerosos en España. La mayoría de las asociaciones obreras eran seguidoras de Bakunin y no se fiaban ni de la política, ni de los políticos, aunque éstos fueran republicanos. Esta era la tendencia que predominó en el Congreso de la Sección Española de la Internacional, celebrado en Barcelona (en junio de 1870): «La emancipación de los trabajadores ha de ser obra de los trabajadores mismos».

La mayoría de la gente no sabía nada de las discusiones internas y las vacilaciones del movimiento obrero: para el grueso de la opinión pública, república y socialismo marchaban a la par, y la primera conduciría necesariamente hacia el segundo. La situación de Francia servía para corroborar este análisis: algunos meses después de la proclamación de la República, en septiembre de 1870, se había llevado a cabo la implantación de la Comuna de París, hecho que había llenado de horror a las gentes de orden.[30] Ya en 1869, durante un debate constitucional, el diputado progresista Montero Ríos había alertado a sus colegas contra la República: solamente la monarquía podía garantizar la propiedad.

Así pues, a una parte de los republicanos les hubiera gustado dar un aire respetable a la república, tanto en España como cerca de la opinión internacional. Estos hombres estaban bastante cerca de las ideas de un Thiers, en Francia: instaurar una república conservadora que tranquilizara a los propietarios. Emilio Castelar era el más brillante defensor de esta línea de conducta, pero, a pesar de sus dotes de orador, no era demasiado comprendido. Las capas populares, el proletariado de las ciudades y del campo, no querían esa república conservadora. En marzo de 1873, los socialistas dejaron bien clara su postura: «queremos la república, pero no la república burguesa, no la república del capital, sino la república del trabajo». Para las clases populares, la república constituía una promesa de liberación: significaba libertad sindical, protección social, derechos de los trabajadores, la posesión de la tierra para quienes la trabajaban... Un adjetivo resumía estas aspiraciones: la república federal.

La de federación es una noción compleja que al mismo tiempo contempla las reivindicaciones políticas y las preocupaciones sociales. Pi y Margall era el líder de esta tendencia,[31] bastante cercana a las tesis de Proudhon: ni estado, ni leyes, sino una serie de contratos de asociación en los que cada grupo y cada individuo conservarían su libertad. Así pues, a partir de 1869, los comités republicanos de diversas regiones empezaron a suscribir una serie de acuerdos: entre los integrantes de la antigua corona de Aragón (pacto de Tortosa), entre andaluces, murcianos y extremeños (pacto de Córdoba), entre castellanos y leoneses (pacto de Valladolid), entre gallegos y asturianos (pacto de La Coruña), entre vascos y navarros (pacto de Eibar), hasta culminar en el pacto nacional de Madrid, que llevaría a la creación de la Federación de los Pueblos Ibéricos. Estos proyectos no tenían nada que ver con lo que serían, unos veinte años después, las tendencias regionalistas o nacionalistas: en 1870,

---

29. Esto era lo que pensaba Engels en 1872: en España, una república burguesa y tranquila prepararía el terreno para una revolución proletaria.

30. En las Cortes, el canónigo Manterola, el más brillante de los diputados carlistas, puso a sus colegas en el dilema de elegir entre «Don Carlos o el petróleo», en alusión a los comuneros que habían incendiado algunos edificios públicos de París.

31. Pi y Margall expuso el conjunto de sus teorías en un libro publicado en 1877, *Las nacionalidades*.

éstas todavía no existían en España. La idea federal, tal como la concebía Pi y Margall, no intentaba resolver un problema que aún no se había planteado, sino que sólo manifestaba —lo que no era poco— una falta de confianza hacia un estado centralizado, como el que habían instaurado los liberales y como el que los republicanos de 1873 pretendían, un estado que había decepcionado a muchos españoles, especialmente a los más desfavorecidos: los obreros de las fábricas y los campesinos sin tierras. Las primeras secciones de la Internacional en España apuntaron en el mismo sentido, ya que estaban fuertemente influidas por las tendencias próximas a Bakunin. Ahí empezaron a perfilarse los signos precursores del futuro movimiento anarquista español, con su componente federal, tal como figuraría en el propio nombre de una de sus organizaciones: la Federación Anarquista Ibérica (FAI).

Con motivo de las elecciones de mayo de 1873, Pi y Margall dirigió una recomendación a la administración para que ésta observara una estricta neutralidad y no ejerciera ningún tipo de presión, pero los conservadores —decididos por anticipado a despojar al nuevo régimen de cualquier clase de representatividad—, no presentaron ningún candidato. Los republicanos federalistas obtuvieron una amplia mayoría: 343 escaños de un total de 391. La oposición, al ver llegar a los nuevos diputados, diría irónicamente que eran como un vagón de tercera... ya que habían ganado con una abstención de un 60 por 100.

En estas condiciones tomó posesión un régimen que, comparado con los que le habían precedido y con el que le sustituiría, presentaba cuatro rasgos originales:[32]
— era una república y no una monarquía;
— el estado se declaraba neutro en materia de religión y se negaba a subvencionar el catolicismo: la Constitución que se elaboró, y que nunca llegó a aplicarse, preveía la separación entre la Iglesia y el estado;
— un estado unitario y centralista daba paso a otro descentralizado y de estructura federal;
— por último, a lo largo de su breve existencia, la República federal constituyó un paréntesis en la historia política de la España del siglo XIX: los militares pasaron a ocupar un segundo plano, y los intelectuales, como Pi y Margall, Castelar y Salmerón, se erigieron en protagonistas...

En el plano internacional, la República española se encontró aislada —sólo Suiza la reconoció—, desgarrada por divisiones internas —unitarios, federalistas intransigentes, federalistas moderados—, y amenazada por las diversas oposiciones: los monárquicos que empezaban a pensar en el príncipe Alfonso de Borbón, los carlistas que luchaban en su contra con las armas en el norte del país, y los proletarios que querían la revolución social. Desbordado por los suyos, Pi y Margall abandonó el poder el 18 de julio de 1873. Anticipándose a lo que hubiera sido la futura Federación Ibérica, un cierto número de ciudades —Cádiz, Sevilla, Córdoba, Granada, Málaga, Murcia, Alicante, Alcoy, Valencia, Castellón— proclamaron su autonomía y se constituyeron en pequeñas repúblicas, análogas a los cantones suizos. El sucesor de Pi, Salmerón, consideró que estas iniciativas constituían sendas rebeliones y encargó al ejército que restableciera la legalidad republicana en todos los lugares. Los generales Pavía y Martínez Campos —los mismos que pronto derrocarían a la república— pusieron manos a la obra. Málaga resistió hasta el 18 de septiem-

---

32. En este tema, seguimos a J. M.ª Jover Zamora, *Realidad y mito de la Primera República*, Madrid, 1991.

bre; Cartagena, hasta el 11 de enero de 1874. Los adversarios del régimen se servirían precisamente de este corto período para componer la imagen de una república consagrada a la anarquía y que autorizaba los peores atentados contra el orden público: propietarios expoliados por campesinos que se repartían las tierras, sacerdotes perseguidos, iglesias y conventos destruidos o transformados en casas del pueblo… Lo que por aquel entonces ocurría en el este y sur de España recordaba el «gran miedo» de Francia durante el verano de 1789.

El recuerdo amplificado de la revuelta de los cantones y de las iras campesinas serviría durante largo tiempo para desacreditar el nombre y la idea de república en el ánimo de los conservadores, y estaría presente, en 1931, cuando se proclamó la Segunda República.[33] No obstante, esos mismos conservadores silenciarían la violencia y la ferocidad demostradas por los carlistas, en la misma época, en las zonas que éstos dominaban: en el norte de España, desde Galicia a las montañas de Valencia.

En septiembre de 1873, Castelar sucedió a Salmerón en la jefatura del gobierno. Aterrado por los excesos de los republicanos meridionales, a partir del mes de julio empezó a denunciar al cantonalismo como «una amenaza insensata a la integridad de la patria, al porvenir de la libertad». Al ocupar el poder, anunció un giro hacia la derecha: «Lo que necesitamos es orden, autoridad y gobierno». Para restablecer la legalidad, dio vacaciones a las Cortes hasta el mes de enero. Cuando se reanudaron las sesiones el 2 de enero de 1874, Castelar fue rechazado por 120 votos contra 100. Los diputados siguieron reunidos para deliberar sobre la situación. Al alba, el general Pavía puso sitio al Congreso. A las 7.30 horas, un destacamento de la guardia civil penetró en el hemiciclo y dispersó a los diputados.

En la historia de la España contemporánea, esta demostración de fuerza —que tendría, el 23 de febrero de 1981, una pálida réplica en la intervención del teniente coronel Tejero en el Congreso de los Diputados—, marcó un momento crucial. Hasta entonces, los militares que estaban involucrados en la política habían actuado, en cierto modo, por delegación de los partidos, es decir, «se habían pronunciado» a favor de un determinado cambio político. Pero lo de Pavía fue otra cosa. El ejército decidió poner fin a lo que calificaba de desorden y sustituir a los políticos, a quienes juzgaba incapaces de hacer frente a la situación.[34] Empezaba una nueva etapa durante la cual el ejército tendería a considerarse como el garante de la unidad y del interés supremo de la nación, y, si fuera necesario, actuando contra la representación nacional.

La República siguió manteniéndose durante un tiempo, pero se trataba de una república pretoriana dirigida por un general: Serrano. El 8 de enero de 1874, mediante un decreto se disolvieron las Cortes. Se elegiría una nueva asamblea cuando «estando restablecido el orden público, el sufragio universal pueda expresarse libremente». Los conservadores y una parte del ejército preparaban el retorno de los Borbones, mientras que los carlistas intentaban imponer a su candidato por la fuerza. Es como si el general Serrano hubiera estado tentado de imitar al mariscal Mac-Mahon, el cual, en Francia, acababa de hacerse proclamar jefe de estado, a la espera de que los monárquicos, divididos entre orleanistas y legitimistas, se pusieran de acuerdo sobre

33. Véase J. M.ª Jover Zamora, *op. cit.*, quien destaca este revelador detalle: la edición de 1970 del «muy oficial» Diccionario de la Real Academia Española de la Lengua ofrece la siguiente definición de la palabra *república*: «lugar donde reina el desorden por exceso de libertades».
34. Véase Carlos Seco Serrano, *Militarismo y civilismo en la España contemporánea*, Madrid, 1984.

el nombre de un único candidato al trono. Sin embargo, la situación de España era muy diferente. La guerra civil causaba estragos en una gran parte del país. Para salir triunfador y aparecer como el salvador de España, Serrano no sólo debía acabar con los movimientos suscitados por los demócratas, sino también con la secesión carlista. La caída y el posterior exilio de Isabel II habían alentado las esperanzas de los carlistas de que podrían acceder al poder por la vía legal. Los partidarios de don Carlos habían hecho un gran esfuerzo propagandístico en este sentido y enviado a numerosos diputados a las Cortes. Pero todo había sido en vano, pues, aunque la España revolucionaria había restaurado la monarquía, se trataba de una monarquía constitucional en favor de Amadeo de Saboya. Reagrupados en esa época en torno a un tercer pretendiente, el hijo del conde de Montemolín, que también se llamaba Carlos, los carlistas decidieron pasar a la acción directa.

La coyuntura internacional parecía serles favorable: en Francia, una Asamblea Nacional, en la que los monárquicos eran mayoría, preparaba la fusión, la reconciliación de las dos ramas rivales: la legitimista y la orleanista. El conde de Chambord tenía muchas posibilidades de acceder al trono, y tanto él como sus fieles veían con simpatía la lucha de los carlistas en España, ya que se sentían muy cercanos a ellos desde el punto de vista político.[35] Tanto unos como otros tenían ideas parecidas sobre lo que debería de ser una monarquía popular. La carta-programa del pretendiente carlista trazaba los grandes rasgos de este tipo de monarquía: defensa del catolicismo, sin el cual no podría existir la unión nacional; un poder ejecutivo fuerte, encarnado por el soberano, asistido por las Cortes, integradas por los auténticos representantes del pueblo y no por profesionales de la política; descentralización; oponer «la libertad, que es hija del Evangelio» al «liberalismo, que es hijo de la protesta»; reducir el gasto del estado mediante la reducción del número de funcionarios; combatir «la libertad de comercio y proteger eficazmente la industria nacional … Evitar que la grandeza y la riqueza abusen de la pobreza y la humildad; mirar especialmente a los pequeños … procurar que no falte trabajo a los pobres…». Y el pretendiente concluía así: «Con la ayuda de Dios, el pueblo español y yo hemos de hacer cosas grandes». Nos recuerda al conde de Chambord cuando soñaba con el trono de Francia: «Cuando los franceses quieran, volveremos a reanudar juntos el gran movimiento de 1789…».

El 15 de abril de 1872, desde Ginebra, el pretendiente invitó a la insurrección, y hasta partió hacia España para reunirse con sus combatientes; pero el asunto no estaba bien preparado, y poco faltó para que le hicieran prisionero en mayo de 1872. En el País Vasco, Navarra, Aragón, Cataluña y Castilla se mantuvieron algunos grupos de partidarios suyos, dirigidos por jefes improvisados, aunque a veces temibles, como el cura Santa Cruz, los cuales volvieron a emplear los métodos de los guerrilleros de 1808 contra las fuerzas gubernamentales, con el mismo ardor y la misma ferocidad de antaño. Después de la abdicación de Amadeo de Saboya, los carlistas creyeron que había llegado el momento de forzar una decisión: se constituyó un ejército regular carlista que se sumó a las partidas de francotiradores. Este ejército estaba mandado por oficiales de carrera, cuyo miembro más conocido era el

---

35. De hecho, los carlistas encontraron en Francia, de 1872 a 1876, numerosos apoyos oficiosos, con la complicidad de las autoridades, las cuales cerraron los ojos respecto de los movimientos de tropas, de armas y de fondos en la frontera de los Pirineos. Pierre Benoît haría de ello el tema de una novela, *Por don Carlos*.

coronel Dorregaray. Don Carlos volvió a España. Se constituyó un embrión de estado carlista con sus ministros, Tribunal Supremo, Código penal, academias militares, universidad —en Oñate...—. La pequeña población de Estella, en Navarra, era la sede de aquella corte y de aquel gobierno faccioso, que, poco a poco, fue extendiendo su autoridad sobre el territorio comprendido entre el golfo de Gascuña y la frontera francesa, por un lado, y el Ebro, por el otro, a excepción, sin embargo, de las grandes aglomeraciones —Bilbao, Vitoria, San Sebastián, Pamplona—, que siempre escaparon a la influencia carlista. El episodio más famoso de esta tercera guerra fue, precisamente, el del sitio de Bilbao, que duró desde el 28 de diciembre de 1873 hasta el 2 de mayo de 1874, y que contó con la presencia de un testigo privilegiado: Unamuno, que entonces tenía unos diez años, y que de la experiencia sacaría el tema de su novela *Paz en la guerra*. Desde un punto de vista militar, la toma de Bilbao no ofrecía demasiado interés, pero tenía un valor simbólico: se trataba de castigar a una ciudad que había cometido el error de ser liberal en pleno feudo carlista.

Serrano no sería el Mac-Mahon español, sino que fueron sus compañeros de armas quienes impusieron el retorno de los Borbones. El 25 de junio de 1870, Isabel II se decidió a renunciar a sus derechos en favor de su hijo, el príncipe Alfonso. En agosto de 1873, Cánovas del Castillo, uno de los políticos más inteligentes de su época, había sido encargado de preparar la restauración. Cánovas se tomó su tiempo: estaba convencido de que todo el país, cansado del caos e inquieto por la guerra carlista y la insurrección de Cuba, aspiraba a la paz y al orden y de que aceptaría una monarquía parlamentaria presidida por un soberano respetado. Cánovas deseaba que las cosas ocurriesen pacíficamente y como resultado de un consenso. Pero el general Martínez Campos se le adelantó: el 29 de diciembre de 1874, en Sagunto, proclamó a Alfonso XII rey de España. Los republicanos ni siquiera intentaron ofrecer alguna clase de resistencia. Serrano partió para el exilio. El 31 de diciembre, Cánovas formó un gobierno que declaró asegurar la regencia, y el 14 de febrero de 1875, Alfonso XII hizo su entrada en Madrid.

La restauración de los Borbones puso fin a la secesión carlista. Para los notables, el nuevo régimen conservador, que venía a poner término a ocho años de experiencias revolucionarias, constituía una garantía de tranquilidad: abandonaron al pretendiente, quien, acosado por fuerzas superiores, se refugió en Francia en febrero de 1876.[36]

---

36. Después de 1876, el carlismo pasó a ser una más de las fuerzas de oposición, aunque capaz de movilizar a miles de votantes. En 1909 la legitimidad se encarnó en don Jaime, muerto en 1951, y luego en Alfonso Carlos, que «abdicó» en los años setenta. Muchos simpatizantes carlistas han renunciado a la lucha armada y se han integrado en partidos de la derecha clásica, excepto en Navarra, en donde la Comunión Tradicionalista —nombre que recibe este movimiento— aún conserva posiciones sólidas. Durante la Segunda República, a iniciativa de Manuel Fal Conde, los carlistas se reconstituyeron en grupos armados, los requetés, los cuales, gracias a Mussolini, en Italia se entrenarían en el manejo de las armas modernas: ametralladoras, fusiles ametralladores, granadas, etc. La Comunión participó en el levantamiento militar de 1936, pero, en 1937, se vio obligada a pasar a ser, al lado de la Falange, un mero componente del partido único: el del Movimiento nacional, cuya dirección, de oficio, pasó a ostentar Franco. Hacia finales del franquismo, el carlismo intentó hallar nuevas vías. En el congreso de 1970 se proclamó su vinculación con el socialismo autogestionario y con el sindicalismo: contaba con las masas para acabar con Franco. Por causa del complicado juego de los derechos de sucesión, actualmente un francés, el príncipe Javier de Borbón Parma, ha pasado a ser el nuevo portavoz de la tradición carlista, y el nuevo pretendiente dice ser ¡«económicamente marxista»!

Capítulo IV

LA RESTAURACIÓN (1875-1917)

Se conoce como Restauración el período de la historia de España que empezó con el advenimiento del hijo de Isabel II, Alfonso XII, en 1875. Los historiadores albergan dudas sobre la fecha que marca su final. ¿Hay que llegar hasta la proclamación de la Segunda República, en 1931, o bien pararse en 1923, en la dictadura del general Primo de Rivera, o incluso en 1902, cuando empezó el reinado personal de Alfonso XIII? Nosotros hemos elegido una fecha intermedia: la de 1917. En aquel año, el sistema político se reveló incapaz de hacer frente a los problemas que se venían acumulando desde comienzos de siglo, sin que nadie supiera por qué otro sistema reemplazarlo.

Una vez más, la evolución de España siguió el ritmo de la historia europea, y, precisamente, Francia fue el país con el que mostró una analogía más evidente. Como sucedió con la III República francesa, la Restauración española parecía haber encontrado una fórmula política estable; prácticamente, la Constitución de 1876 se mantuvo en vigor hasta 1931: jamás ninguna otra había durado tanto tiempo. Como Francia, España conoció tensiones sociales que alumbraron un movimiento obrero de masas y la organización de partidos que invocaban el socialismo, y también se vio desgarrada por los enfrentamientos que se produjeron a propósito de las relaciones entre la Iglesia y el estado. Pero ahí se acaba el parecido.

La España de la Restauración no poseía ya medios para emprender una política internacional ambiciosa: había perdido sus últimas colonias y encontró muchas dificultades cuando buscó una compensación —a fin de cuentas, modesta— en África del Norte. Su desarrollo económico dependía del extranjero, el problema agrario seguía relegando a la marginalidad a millones de campesinos, y, además, la unidad nacional se veía amenazada por el auge de los regionalismos. Potencia de segunda clase, tanto desde el punto de vista político como del económico, a la sazón en España se produjo una espectacular expansión literaria y cultural que nos recuerda a la del siglo de oro, entre 1580 y 1680. Se podría definir este período como una edad de plata de la cultura española.

La Restauración se dividió en tres etapas: el reinado de Alfonso XII (1875-1885); la regencia de la reina madre María Cristina (1855-1902), y, a partir de 1902, el reinado personal de Alfonso XIII.

Más significativos que estos cortes cronológicos fueron los problemas de fondo que tuvieron que afrontar los soberanos y los políticos que estaban en el poder: el funcionamiento y los vicios del régimen, los nacionalismos y la aparición de un movimiento obrero dividido entre socialistas y anarquistas; precisamente, porque ninguno de estos problemas fue solucionado, la Restauración ha dejado un muy mal recuerdo en España. Las fuertes personalidades que dominaban por aquel entonces la vida intelectual nos pintaron un cuadro completamente negativo de esa época. Los análisis de un Joaquín Costa y de un Giner de los Ríos se vieron confirmados por la obra de novelistas de talento —Pérez Galdós, Clarín—, por la de los autores de la llamada generación del 98 —Unamuno, Antonio Machado—, y por la de intelectuales como Ortega y Gasset y Manuel Azaña. Todos denunciaban la corrupción del sistema, la inmoralidad y el fariseísmo de las clases dirigentes, su mediocridad, frivolidad y vulgaridad, y su insensibilidad ante la miseria de la mayoría, y también el papel represor de la Iglesia y la arrogancia del ejército… Hicieron a la Restauración responsable del desastre de Cuba y del declive de España, convertida en una nación de analfabetos y mendigos, y al margen tanto del progreso técnico como del desarrollo cultural. Aquellos hombres hubieran querido regenerar a España y devolverle su dignidad y su grandeza. La mayoría tomaron a Europa como modelo, provocando con ello la reacción de los tradicionalistas para quienes España dejaría de ser ella misma si renunciaba a sus propios valores. Esa divergencia acerca de los objetivos dio paso a otra: la de qué medios se debían poner en práctica. Unos apostaban por la educación del pueblo y la democracia como el medio para sacar a España de su postración y encarrilarla por la vía del progreso, y otros sólo veían la solución en un poder fuerte, capaz de imponer desde arriba las reformas necesarias. Entre 1875 y 1919, estos debates adquirieron muchas veces un tono violento, y seguirían siendo una carga para la vida española hasta la muerte de Franco.

OLIGARQUÍA Y CACIQUISMO

Cánovas del Castillo fue el artífice de la restauración de los Borbones. Ese historiador, perfecto conocedor de la España de los Austrias, era consciente de la decadencia de su país y de la de las naciones latinas en general. Deseoso de que los militares volvieran a ocupar el lugar subordinado que les correspondía y de que el poder civil pasara a ocupar un puesto preeminente, Cánovas habría preferido que Alfonso XII hubiera sido llamado por una movilización de la opinión pública, en vez de ser impuesto por una parte del ejército. En su opinión, la proclamación del general Martínez Campos tuvo al menos el mérito de evitar que España corriera la misma suerte de Francia bajo la presidencia del mariscal Mac-Mahon y de que no se convirtiera, bajo la dirección del general Serrano, en una república conservadora capaz de agrupar a quienes estaban cansados de los desórdenes y de la inestabilidad de los últimos seis años.

La mayor parte del país acogió a Alfonso XII sin hostilidad, aunque sin entusiasmo. Las clases dirigentes lo aceptaron. Mediante su reconocimiento del nuevo régimen, el papa provocó la adhesión de numerosos católicos, pero no logró convencer a los legitimistas, los cuales siguieron batiéndose en favor de don Carlos. La adhesión del antiguo guerrillero Ramón Cabrera, quien seguía gozando de un gran prestigio entre las filas carlistas, constituyó un primer éxito. Contra los irreductibles,

Cánovas no encontró más solución que la de la fuerza. El ejército regular empezó liquidando los reductos que los facciosos mantenían en el centro del país, operación que finalizó en julio de 1875, y después pasó a centrar su acción en el norte. Aragón, Navarra y las provincias vascongadas fueron sucesivamente sometidas. San Sebastián, Estella —capital del pequeño estado carlista— y Vergara cayeron, y se levantó el sitio de Bilbao. El 21 de febrero de 1876, una ofensiva general acabó con las últimas resistencias. En marzo de 1876, Alfonso XII —quien, por esta causa, recibió el sobrenombre del Pacificador—, lanzó una llamada a la unión: después de todo, los vencedores eran hermanos de los vencidos...

Así pues, la Restauración se presentaba como una victoria del orden sobre la anarquía, de los conservadores sobre los extremistas de los dos bandos: los rojos y los reaccionarios. Cánovas llamó a la reconciliación a todos aquellos que querían la paz dentro del respeto a la propiedad y a la religión, y su objetivo era el de adaptar a España el modelo británico de monarquía parlamentaria, en la que el rey reina, pero no gobierna. El 20 de mayo de 1875 reunió a un grupo de antiguos senadores y diputados monárquicos para trazar las grandes líneas de la futura Constitución. El 31 de diciembre firmó el decreto que convocaba las Cortes constituyentes, que, excepcionalmente —«por esta vez»—, serían elegidas como las de 1872, es decir, mediante sufragio universal. Todo ello denotaba un gran deseo por respetar las formas; por lo demás, Cánovas encomendó a su ministro de la Gobernación la tarea de velar para que todo marchara como era debido... El resultado sobrepasó sus esperanzas: allí no hubo ni campaña electoral, ni debate, ni pugna política, sino que las elecciones se desarrollaron en medio de la indiferencia general, con unas tasas de abstención que alcanzaron el 88 por 100 en Barcelona y el 67 por 100 en Madrid. Esa asamblea sería la que adoptaría el proyecto de Constitución que se promulgaría el 2 de julio de 1876.

La Constitución de 1876 —que se mantendría en vigor hasta 1931— constituyó un compromiso entre la de 1845 y la de 1869. De la segunda, mantuvo el preámbulo relativo a los derechos y las libertades individuales, pero lo esencial lo extrajo de la primera, especialmente el principio de la soberanía compartida entre el rey y las Cortes. El rey fue designado jefe supremo de los ejércitos: en este punto, Cánovas quiso establecer una ruptura con la época precedente, en la que los militares intervenían constantemente en el debate político. Las Cortes estaban formadas por dos asambleas: el Congreso de los Diputados y el Senado. En este último se integraban los miembros de derecho: los hijos del rey y herederos del trono, los grandes de España, las altas jerarquías de la Iglesia, del ejército y de la administración; los miembros designados de por vida por el rey; los miembros elegidos por sufragio restringido e indirecto por las altas instancias del estado, y los contribuyentes más destacados. En las dos primeras categorías sólo podía haber 180 senadores como máximo y la tercera debía representar, al menos, la mitad del Senado.

La Constitución nada decía sobre el modo de escrutinio para elegir a los diputados. En un primer momento —ley de diciembre de 1878— se empleó el sufragio censitario, que reservaba los derechos cívicos a 850.000 electores, y, posteriormente —ley de 26 de junio de 1890 —el sufragio universal para los varones mayores de 25 años: a partir de ese momento, cinco millones de españoles pudieron votar.

Esa Constitución apenas se diferenciaba de la de Inglaterra —modelo de Cánovas del Castillo— o de la de la III República francesa: un jefe de estado, garante de la soberanía nacional, dos cámaras y un régimen parlamentario. Todo dependía del modo como fuera aplicada. En España, la naturaleza monárquica del régimen daba una gran libertad de maniobra al rey, no obstante, Alfonso XII no abusó de ella: se amoldó de buen grado a su papel constitucional. Con su muerte, el 25 de noviembre de 1885, se hubiera podido desencadenar una crisis, ya que, a la sazón, sólo tenía dos hijas: el futuro Alfonso XIII nacería el 17 de mayo de 1886.[1] Cánovas y Sagasta —los dos políticos más influyentes del momento— se pusieron de acuerdo mediante el pacto del Pardo para apoyar a la viuda del rey, María Cristina, quien, a su vez, se atuvo a su papel constitucional sin demostrar sus preferencias particulares. No obstante, las cosas cambiaron con Alfonso XIII, coronado rey el 17 de mayo de 1902, a la edad de 16 años.

A Alfonso XIII le apasionaba la política, y así lo hizo saber en el primer consejo de ministros que fue llamado a presidir: él no se conformaba con reinar, quería gobernar. Así pues, a partir de 1902, en la cúpula del estado existía una dualidad —el rey y el gobierno— que iba a ser origen de muchos malentendidos. El rey dejó de ser un árbitro por encima de los partidos y pasó a ser uno de los actores de la vida política: tomaba la iniciativa sin informar a sus ministros. Por este motivo, la crisis del sistema, de 1917 a 1931, sería también una crisis del régimen, y muchos considerarían que la monarquía constituía un obstáculo para el cambio.

Tal como lo concebía Cánovas, el régimen parlamentario postulaba la existencia de dos partidos: uno en el poder, y el otro en la oposición, pero con vocación de gobernar cuando fuera su turno. Esta alternancia marcó el ritmo de la vida política de la Restauración. Naturalmente, Cánovas fue quien inauguró el ciclo en 1875, rodeándose de los antiguos moderados comprometidos con la defensa de la propiedad y de la religión, así como con un estado unitario y centralizado, tal como el que se instauró a partir de 1834. Era el Partido Conservador. Resulta difícil dibujarlo mejor porque dicho partido no tenía ningún otro programa: sólo quería conservar las cosas tal como estaban en 1868. La oposición dinástica tardaría aún algunos años en constituirse. Hasta casi 1880 Sagasta no organizó el Partido Liberal con los antiguos progresistas, aquellos que habían elaborado la Constitución de 1869 y que habían sido desplazados hacia la derecha por las tendencias revolucionarias, la república y el cantonalismo. Sagasta acabó aceptando la monarquía de Alfonso XII y la Constitución de 1876. La diferencia respecto de los conservadores estaba en que los liberales aún conservaban algo del reformismo de antaño. En los períodos en que ocuparon el poder, propiciaron que se votara la libertad de prensa y la libertad de asociación (1887), la introducción del jurado popular en los tribunales (1888), el sufragio universal (1890)… José María Jover llama a esto los frutos tardíos de la revolución de septiembre de 1868. En el fondo, no había nada que separara realmente a los conservadores y a los liberales: unos y otros representaban la oligarquía en el poder, la cual, como Jano, tenía dos caras. Más bien eran diferentes en cuanto a los matices: los primeros tenían una sensibilidad bastante clerical y los segundos se manifestaban moderadamente anticlericales, es decir, los liberales deseaban atenerse al concordato de 1851 y limitar el papel de la Iglesia en la vida pública. El Partido Conservador necesitaba una falsa ventana para asegurar la simetría del edificio constitucional, y ese fue el papel que desempeñó el Partido Liberal. Ambos eran partidos

---

1.   Alfonso XII se casó dos veces: la primera, el 23 de enero de 1878, con su prima María de las Mercedes, hija del duque de Montpensier, la cual murió cinco meses después, y, la segunda, con la archiduquesa María Cristina de Austria, quien le dio tres hijos: María de las Mercedes —nacida en 1880—, María Teresa —nacida en 1882—, y, por último, el futuro Alfonso XIII.

centristas que buscaban crecer por su derecha o por su izquierda: los conservadores atrayendo a los carlistas menos reaccionarios, y los liberales agrupando a los republicanos más moderados, como Castelar. Ambos eran partidos de notables; no tenían militantes, sino comités locales que reproducían en la base las diferencias de sensibilidad que se podían observar en las altas esferas y que se pusieron de acuerdo en cuanto el orden social y político se vio amenazado. Los partidos antidinásticos, es decir, los carlistas y los republicanos, quedaron fuera del juego político.

El sistema que acabamos de describir no es más que una ficción: jamás funcionó. En la realidad, las cosas sucedieron de otro modo, y la alternancia no se produjo únicamente como el resultado de un cambio de mayoría, sino como el fruto de un acuerdo previo entre los partidos. Cuando el partido que gobernaba se sentía afectado por el desgaste del poder, o cuando tenía dificultades para imponer sus puntos de vista, cedía el turno al otro partido. Entonces se cambiaban los papeles, y la oposición pasaba a ocupar el poder con todo lo que ello suponía. Se designaba a los amigos políticos para ocupar los empleos públicos: los antiguos titulares que permanecían disponibles —los cesantes—, se tomaban las cosas con paciencia y esperaban a que se produjera la siguiente alternancia, y así sucesivamente. El rey nunca designó a un jefe de gobierno que ya dispusiera de una mayoría parlamentaria, sino que, al contrario, al tiempo que nombraba un nuevo jefe de gobierno, el soberano mandaba disolver las Cortes. El nuevo gabinete procedía entonces a convocar elecciones generales destinadas a proporcionarle la mayoría que necesitaba para gobernar. ¿Y cómo conseguir dicha mayoría? Pues de un modo muy sencillo. Había tres clases de circunscripciones electorales:

— aquellas en donde el poder central disponía de unos medios de presión bastante escasos, es decir, los feudos adictos a los notables, que podían prescindir del apoyo del gabinete y hasta salir elegidos a pesar de su oposición;

— aquellas en donde era difícil o casi imposible ejercer una manipulación electoral: por ejemplo, las circunscripciones de las grandes urbes —en las que los partidos ejercen una mayor vigilancia—, los electores son más concienciados y la opinión pública, representada por la prensa, más dada a denunciar las irregularidades;

— y, por último, las controladas por el poder central, que eran las más numerosas. En este punto intervenía el ministro de la Gobernación. La operación se efectuaba en dos tiempos: se empezaba estableciendo el encasillado de los escaños y de los candidatos elegibles, teniendo cuidado de reservar un número razonable de escaños para la futura oposición; el resto —la elección propiamente dicha—, no era más que una formalidad. No había campaña electoral, o, mejor dicho, la pugna tenía lugar cuando los partidos decidían que había llegado el momento de poner en práctica la alternancia. Entonces se procedía al regateo del número de escaños que pasarían a la oposición dinástica. En estas circunscripciones, el partido que organizaba las elecciones estaba seguro de ganarlas, ya que éstas se podían manipular de diversas maneras: se falsificaban las listas; algunos electores votaban dos veces, y a otros no se les permitía votar o se los presionaba; se cambiaba en el último momento la hora y el lugar del escrutinio; se rellenaban las urnas; se podía provocar un incidente en el momento de su comprobación y así transportarlas a un lugar seguro, etc. Todo ello no constituía ninguna novedad. Ya anteriormente Amadeo de Saboya había manifestado su deseo de que se dejara al pueblo votar en libertad, y el ministro de la Gobernación de la época se aprestó a tranquilizarle: las elecciones serían todo lo libres que podían ser unas elecciones en España...

La introducción del sufragio universal, en 1890, no cambió en nada esos hábitos. Durante un debate de las Cortes, Cánovas del Castillo dio a entender que dar el derecho de voto a una masa de analfabetos, de pobres y de indigentes equivaldría a introducir el comunismo y a acabar con el principio de propiedad, a menos que se manipularan las elecciones, cosa que sería indigna de un gran pueblo... Sin embargo, eso fue precisamente lo que se hizo.

Había un personaje que desempeñaba un papel crucial en esas manipulaciones: el cacique. Aunque el cacique no desempeñaba ninguna función oficial, gozaba de un inmenso poder. Nada se hacía sin su aprobación, y mucho menos en su contra. Si se producía un conflicto con el representante del poder central —el gobernador civil—, el cacique era quien tenía la última palabra; en efecto, era más fácil cambiar a un funcionario que a un cacique sólidamente implantado.

¿De dónde procedía el poder del cacique? A menudo, de su fortuna, o también de la influencia que le proporcionaba su profesión —médico, notario, cura... En las zonas rurales de Extremadura y Andalucía el cacique tenía casi un derecho de vida y muerte, ya que de él dependían los puestos de trabajo. También era necesaria su intervención para obtener un empleo, para la concesión de permisos —por ejemplo, para poder abrir un comercio—, para conseguir que un hijo quedara exento del servicio militar, para arreglar los problemas con la administración y para que a los enfermos se les dieran los cuidados apropiados. Si surgían dificultades, el cacique prestaba dinero, el suyo —aunque pocas veces—, o el del estado, y nunca daba muestras de tener prisa de que se lo devolvieran: su generosidad le valía la gratitud de los humildes, que no hacían nada sin consultarle y que, claro está, votaban siguiendo sus instrucciones. El papel del cacique no resultaba menos decisivo para mejorar las condiciones de vida en una comunidad pequeña, o cuando se trataba de abrir o reparar una carretera, un puente o un edificio público. Como estaba bien relacionado, y como conocía la ley y a quienes estaban encargados de aplicarla, el cacique aparecía como un intermediario benévolo entre un estado abstracto y lejano, las administraciones públicas, que se expresaban en una jerga incomprensible, y las poblaciones rurales, analfabetas, intimidadas y desorientadas. El cacique era el hombre que les explicaba las cosas a los campesinos, que les gestionaba sus asuntos, que interpretaba la ley. En resumen, ofrecía sus servicios a una clientela que quedaba en deuda con él. ¡Pero desgraciados aquellos que se le resistían, los rebeldes, los testarudos! A éstos, el cacique los abandonaba a su suerte en virtud del principio: para mis enemigos, la ley con todo su rigor; para mis amigos, las componendas...

¿Acaso la situación que someramente acabamos de describir era tan sólo propia de España? En absoluto: el cacique español se parece mucho al notable de la III República francesa. Como él, era un hombre que ponía su influencia, su competencia y su riqueza al servicio de la gente del campo, y que, a cambio, ejercía sobre ellos una considerable autoridad de hecho. Esta autoridad se manifestaba especialmente —aunque no exclusivamente— con ocasión de las elecciones, sobre todo cuando la modalidad de escrutinio se prestaba a ello, como en el caso del voto por distritos, aquellos charcos estancados, como decía en Francia Aristide Briand a principios del siglo XX. También se decía que el cacique controlaba las elecciones; y era verdad. Pero ¿qué significaba eso? Hasta comienzos del siglo XX, los republicanos, divididos, no representaban ninguna amenaza para el régimen; los socialistas eran poco influyentes en el medio rural; la mayoría de los electores no sentían ningún interés ni por la política, ni por las elecciones: no era asunto suyo, sino de los burgueses, pensaban los anarquistas. Las tasas de abstención dan testimonio de ese desapego. Como decía uno de los políticos de la época, Ossorio y Gallardo, los electores estaban «anestesiados». Con la introducción del voto obligatorio, en 1907, las cosas no cambiaron demasiado, y, por otro lado, la ley no se aplicó excepto en su artículo 29, que preveía: cuando el número de candidatos sea igual al número de escaños en juego, no habrá lugar a proceder a la elección; los candidatos serán declarados automáticamente elegidos. A partir de esa fecha, la campaña electoral cambió de sentido: ¡el objetivo ya no era el de convencer a los electores para que votaran, sino el de persuadir a los candidatos para que no se presentaran!

Tal era el sistema que fustigaba Joaquín Costa, en 1901, en su memoria de introducción a la encuesta realizada por el Ateneo de Madrid sobre el tema de «Oligarquía y caciquismo». Sea cual sea la forma del régimen político —escribía Costa— siempre gobiernan los mismos. Nada ha cambiado desde los inicios del siglo XIX: la revolución de 1868, en especial, expulsó a la reina, pero dejó que el cacique continuara en su sitio. Y la cosa tampoco ha cambiado a partir de 1875; es decir, España es, en principio, una monarquía constitucional, pero eso es sólo una apariencia. Se han superpuesto dos sistemas: el sistema legal y el sistema de siempre; sólo el segundo existe en realidad, y esta realidad es el caciquismo. Por medio del caciquismo la oligarquía puede mantenerse en el poder, sean cuales sean las circunstancias.

A partir de los trabajos de Manuel Tuñón de Lara, en la actualidad se entiende por oligarquía la alianza y la fusión entre la antigua aristocracia terrateniente y la alta burguesía industrial y financiera; esta noción tiene un significado sociológico. Joaquín Costa empleaba la palabra oligarquía en otro sentido: en el que utilizaba Aristóteles para designar una forma degenerada de la aristocracia como gobierno de los mejores. Las dos nociones no significan exactamente lo mismo. En la primera, el poder está confiscado por una clase o una amalgama de clases; y, en la segunda, por un grupo de individuos que sólo buscan su propio beneficio y que son incapaces de poner en práctica una política coherente. Así entendida, la oligarquía constituye una especie de feudalismo tanto más reprobable cuanto que no se presenta como tal: Joaquín Costa diría: «No es nuestra forma de gobierno un régimen parlamentario viciado por las corruptelas y abusos … sino al contrario un régimen oligárquico servido, que no moderado, por instituciones aparentemente parlamentarias». Ese sistema, según Costa, comprendía tres elementos de base: la oligarquía propiamente dicha, el cacique y el gobernador civil, que reforzaba el vínculo entre los dos primeros. Era un sistema que amordazaba al país y le impedía expresarse. El caciquismo y la libertad eran incompatibles, y el caciquismo mantenía a España en una situación anacrónica.

El cacique se presentaba al mismo tiempo como un notable y como un agente electoral. ¿Cómo librarse de él? Si se estimaba que el cacique era ante todo un notable, había que socavar su poder económico y social, es decir, emancipar al pueblo, darle los medios para sacudirse el yugo de los ricos y poderosos para que pudiera votar libremente. No obstante, para ello era necesario que el electorado sintiera la necesidad de votar, y en la España de la Restauración, esto no era tan evidente.

Antes de que se introdujera el sufragio universal, en 1890, el censo electoral reservaba los derechos cívicos para una minoría de privilegiados. El príncipe de

Hohenlohe, llegado para representar al emperador Guillermo I a los funerales de Alfonso XII, precisó:

Dijérase que todo se reduce aquí a satisfacer a los 100.000 españoles de las clases distinguidas, proporcionándoles destinos y haciéndoles ganar dinero. El pueblo parece indiferente. Esto prueba que el gobierno actual tiene las elecciones en sus manos y aún se cuida de que sean elegidos algunos miembros de la oposición. Todo ello constituye un sistema de explotación de lo más abyecto, una caricatura de constitucionalismo, frases y latrocinio.

Después de la introducción del sufragio universal, el proletariado de las ciudades y del campo seguía desconfiando de la política y de los políticos, y no creía que una papeleta de voto mejorara su suerte; evidentemente, no era el ánimo más apropiado para alentarle a votar.

Efectivamente, lo que caracterizaba al caciquismo electoral era que existía un acuerdo previo a las elecciones: la candidatura única; las campañas electorales carentes de pasión, y la existencia de una clientela en vez de partidos organizados. Examinado desde esta perspectiva, el caciquismo no debe entenderse como una corrupción de la democracia, sino como una etapa anterior a ésta. Así pues, el caciquismo no sería —como creía Costa— la causa del retraso de España desde un punto de vista económico, social y cultural, sino su consecuencia. De hecho, las cosas evolucionaron, y el caciquismo tendría un peso prácticamente nulo en las elecciones de 1931 que condujeron a la proclamación de la República. Era la primera vez que se votaba después de que Primo de Rivera suspendió la Constitución en 1923. Las elecciones de 1931 testimoniaron la magnitud de los cambios que se habían producido: el analfabetismo había descendido; se había progresado en urbanismo; los partidos y los sindicatos se habían organizado, agrupaban a miles de militantes y se habían convertido en organizaciones de masas. En esas condiciones, la influencia del caciquismo era mucho menor que antaño. A pesar de no haber desaparecido totalmente, a partir del momento en que los electores fueron conscientes de lo que estaba en juego y empezaron a movilizarse en torno a un programa y un partido, el papel de los caciques dejó de ser determinante.

El caciquismo suponía la pasividad y la indiferencia del cuerpo electoral, y únicamente una opinión pública sensibilizada con los problemas políticos por medio de la prensa y por los partidos modernos podía acabar con él. A comienzos del siglo XX, aparecieron los signos de dicha evolución, por lo que se tuvo que recurrir a métodos burdos para manipular las elecciones; es decir, a manipulaciones de las urnas y a la corrupción; el que un cacique pudiera ofrecer dinero a cambio de un voto favorable constituía una prueba de que el sistema estaba empezando a dejar de funcionar. Fue en 1901 cuando los intelectuales del Ateneo de Madrid empezaron a plantearse cuestiones y a debatir públicamente el tema de la oligarquía y el caciquismo. Las cosas estaban cambiando, y dos fenómenos —relacionados entre sí— contribuyeron a ello: por un lado, el desastre de Cuba y las dificultades que surgieron para establecerse en Marruecos; por el otro, la reestructuración de los partidos de la oposición.

Desde que en 1825 perdiera sus posesiones en el continente americano, a España sólo le quedaban algunas colonias dispersas por el mundo: en África, unas islas en el golfo de Guinea, de las que la más importante era la de Fernando Poo, y las plazas de soberanía —Ceuta y Melilla— en Marruecos; en Asia, las Filipinas, las

Carolinas y las Marianas; en el Caribe, Cuba y Puerto Rico. Y precisamente en Cuba empezaron las dificultades.

A mediados del siglo XIX, la isla contaba con aproximadamente un millón y medio de habitantes, de los que casi la mitad eran esclavos que trabajaban en las plantaciones. La estructura económica cubana estaba configurada en dos sectores: las grandes propiedades y el monocultivo de la caña de azúcar. En septiembre de 1868, los esclavos y los blancos pobres se sublevaron para reclamar la abolición de la esclavitud y un cierto grado de autonomía; un eslogan expresaba sus reivindicaciones: «¡Viva Cuba libre liberal y española!». Efectivamente, a partir de 1837, la isla había dejado de estar representada en las Cortes, ya que en la Constitución se establecía que en lo sucesivo las provincias de ultramar estarían sometidas a un régimen especial. Esto constituía un retroceso en relación con la Constitución de Cádiz, que consideraba como parte integrante de la nación «a los españoles de los dos hemisferios». La esclavitud fue abolida en 1870, pero, en lo demás, la incomprensión demostrada por los gobiernos que se sucedieron en la metrópoli entre 1868 y 1875 hizo que los rebeldes ambicionaran la independencia. Los conservadores no querían ni la abolición de la esclavitud —ya que ello significaría la ruina de Cuba y una violación del derecho de propiedad—, ni la autonomía, en la que veían un paso previo a la independencia y un atentado contra la unidad de la patria.

Después de la Restauración, Cánovas restableció la representación de Cuba en las Cortes y mandó a la isla a las exhaustas tropas que habían quedado disponibles después de la victoria sobre los carlistas. En noviembre de 1876, el general Martínez Campos desembarcó en Cuba con 25.000 hombres, y, al año siguiente, llegaron nuevos refuerzos. Martínez Campos se dio cuenta de que se trataba de un callejón sin salida y negoció con los rebeldes. Se firmó la llamada paz del Zanjón (1878), en la que se establecía una amnistía y la liberación de los esclavos, pero este compromiso —que seguía siendo ambiguo— no satisfizo a los coloniales. En 1881 José Martí fundó el Partido Revolucionario Cubano y volvió a iniciar el combate, esta vez por la independencia. En 1885 se pasó de la tradicional guerra de guerrillas a una insurrección mucho más seria. Para hacerle frente, España nombró sucesivamente tres comandantes en jefe, dotados de unos medios considerables: Martínez Campos, Weyler y Ramón Blanco. El primero sólo permaneció en Cuba algunos meses: los suficientes para darse cuenta de que cualquier solución militar era inviable. Casi 200.000 soldados se enviaron para acabar con los rebeldes. Mal equipados y peor alimentados, aquellos hombres tuvieron muchas dificultades para adaptarse al clima y a una guerrilla tenaz. Las pérdidas fueron enormes: 96.000 muertos, la mayoría víctimas de disentería, malaria y fiebre amarilla. El jefe del Partido Liberal, Sagasta, se inquietó: «Después de haber enviado a Cuba 200.000 soldados, después de haberse derramado tanta sangre, no mandamos más que en el terreno que ocupan nuestros soldados». Martínez Campos pidió que le relevaran del mando. Su sucesor, Weyler, creía impresionar al adversario utilizando métodos que suscitaron la reprobación de la opinión internacional: reagrupaba a las poblaciones campesinas para aislar a los combatientes y reducirlos. Pero todo fue en vano. Sagasta, que a la sazón ocupaba el poder, lo reemplazó por Blanco y empezó a preparar un estatuto de autonomía para Cuba y Puerto Rico, pero ya era demasiado tarde, sobre todo porque en Filipinas acababa de desencadenarse otra insurrección del mismo signo.

Cuba y Filipinas interesaban en grado sumo a los Estados Unidos, que se iban afirmando cada vez más como una de las grandes potencias mundiales. Hacía ya mucho tiempo —desde el descubrimiento del archipiélago, bajo el reinado de Felipe II— que los misioneros jesuitas habían hablado de la importancia estratégica de las Filipinas. Quien domine en las Filipinas —había escrito en su época uno de aquellos misioneros—, dominará en la zona norte del Pacífico; desde allí, se podrá controlar China, Japón y hasta América. En cuanto a Cuba, los Estados Unidos esperaban la menor ocasión para apoderarse de la isla. Como ya había presentido el conde de Aranda al día siguiente de la independencia de las 13 colonias inglesas, la nueva nación pronto intentó expandirse hacia el sur. En 1848 Estados Unidos se anexionó la mitad de México, y seguidamente empezó a poner sus miras en el Caribe, y especialmente en Cuba, en donde algunos estadounidenses tenían grandes intereses. En varias ocasiones —en 1848, 1851, 1856...—, los dirigentes norteamericanos intentaron comprar la isla, proposición que el gobierno español había rechazado indignadamente. La guerra de secesión obligó a Estados Unidos a desviar su atención de Cuba, pero no renunció a sus proyectos. Los separatistas encontraron apoyos en el continente, en donde los periódicos les eran favorables. La campaña de prensa contra las atrocidades cometidas por las tropas del general Weyler preparó a la opinión pública para una intervención directa. En abril de 1896, Estados Unidos se ofreció a España como mediador, pero ésta rechazó su sugerencia, así como una nueva oferta para comprar la isla.

A comienzos del año 1898, Estados Unidos llegaría más lejos en sus acciones: aprovechando un incidente —el ataque a un diario independentista—, decidió enviar un crucero, el *Maine*, al puerto de La Habana. El 15 de febrero, una explosión destruyó el buque. A pesar de que fue un accidente, Estados Unidos decidió sacar provecho del suceso. El día 23 de abril, exigió una compensación por los daños causados al *Maine*, y el compromiso, por parte de España, de renunciar a Cuba y repatriar sus tropas. Era un ultimátum: la guerra estallaría algunos días después.

Para enfrentarse con la marina norteamericana, dotada de los buques más modernos, España sólo disponía de unos viejos barcos y de unas tropas agotadas, pero los generales españoles sólo sentían desprecio hacia una nación que carecía de tradición militar. El discurso que el general Augustin pronunció en las Filipinas, el 23 de abril de 1898, atestiguaba ese estado de ánimo y ese mal conocimiento de la realidad: «La lucha será breve y decisiva ... España ... saldrá triunfante de esta nueva prueba, humillando y haciendo enmudecer a los aventureros de aquellos Estados que, sin cohesión y sin historia, sólo ofrecen a la humanidad traiciones vergonzosas ... Una escuadra, tripulada por gentes advenedizas, sin instrucción ni disciplina, se dispone a venir a este archipiélago». Esa escuadra, en efecto, se hizo a la mar en Hong Kong, y, el 1 de mayo, hundió la flota española de las Filipinas. Durante ese tiempo, otra escuadra norteamericana tomó posiciones delante de Santiago de Cuba. El almirante español Cervera, encerrado en el puerto, recibió la orden de romper el bloqueo; sus barcos fueron inmediatamente hundidos (3 de julio de 1898). A finales del mes de julio, los norteamericanos ocuparon Puerto Rico. España se resignó a negociar en las peores condiciones posibles y mediante el tratado de París, firmado el 10 de diciembre de 1898, cedió las Filipinas, la isla de Guam y Puerto Rico a Estados Unidos a cambio de una indemnización de 20 millones de dólares y reconoció la independencia de Cuba. Después del tratado, los territorios que no habían sido atribuidos expresamente a Estados Unidos (es decir, los tres archipiélagos del Pacífico, las Marianas [excepto Guam, que ya había sido cedida], las Carolinas y las Palaos) continuaron sublevándose contra la soberanía española. Alemania se interesó por ellos y España se los vendió por 20 millones de marcos, el 30 de febrero de 1899. Ya nada quedaba del inmenso imperio colonial de España.

En la historiografía española, 1898 es el año del «desastre» por excelencia. Los españoles tenían la sensación de haber sido humillados y engañados: unos políticos irresponsables habían llevado al país a una guerra perdida de antemano; una parte de la prensa les había ocultado la verdad y les había hecho concebir ilusiones acerca del final del conflicto. Volveremos a hablar de los debates que se suscitaron en esa época a propósito de España y de su lugar en el mundo. Por el momento, nos quedaremos con una de las consecuencias más inmediatas de aquel desastre: el auge del sentimiento antimilitarista.

Los orígenes del antimilitarismo eran lejanos, remontándose quizá a las reformas del siglo XVIII, cuando se decidió reclutar al ejército por sorteo —las quintas—. Las clases populares encontraban este sistema especialmente odioso e injusto. Mediante sorteo cada año se fijaba el contingente que era llamado a filas; sin embargo, cuando alguien sacaba un mal número, había posibilidades de poder quedar exento: o bien desembolsando una cantidad fija —que entre 1909 y 1914 estaba entre las 1.500 y las 2.000 pesetas—, o pagando a un sustituto, o bien haciéndose declarar inútil por razones de salud, como sucedía, por ejemplo, cuando alguien pesaba menos de 50 kilos. Algunos no tenían ningún reparo en recurrir a dietas de adelgazamiento para lograr un peso inferior al de la normativa: en 1912, un 27 por 100 de los llamados a filas fueron declarados inútiles.[2]

El principio del rescate suscitaba la indignación de aquellos que no poseían los medios de satisfacer la suma necesaria, o también de quienes se veían obligados a partir en el lugar de otros para atender a las necesidades de una familia sin recursos. Explotados, mantenidos alejados de la vida política durante mucho tiempo, los pobres eran los únicos a quienes les tocaba pagar el impuesto de la sangre. Durante todo el siglo XIX, la supresión de las quintas fue una de las reivindicaciones prioritarias del pueblo, pero ningún gobierno se había decidido a darle curso. Las operaciones llevadas a cabo en Cuba hicieron que aumentara la exasperación del pueblo. Los que los empujaban a la guerra, en nombre del patriotismo y del honor de la bandera, sabían que sus hijos no irían a combatir: sólo los más pobres morirían a miles en los campos de Cuba. Sin una auténtica instrucción militar y mal equipados, los reclutas tuvieron que enfrentarse a unos adversarios inasequibles al desaliento, y cuando caían heridos o se ponían enfermos, el ejército no podía curarlos, ya que carecía de un servicio sanitario eficaz. El desastre cubano hizo aún más fuerte el sentimiento antimilitarista de las clases populares, un sentimiento que se iba extendiendo cada vez más a las clases medias, sensibles a lo injusto de las quintas y escandalizadas por la jactancia de algunos oficiales, así como por el despilfarro que suponía un ejército mal preparado para su misión. Una parte importante del presupuesto militar quedaba absorbida por la remuneración de unos mandos pletóricos, en detrimento del armamento, del equipamiento y de los servicios anexos, es decir, de la intendencia y de los servicios sanitarios. Después de 1898, el ejército español contaba con 500 generales, 578 coroneles y 23.000 oficiales… En los años siguientes esas cifras cambiaron, pero continuó habiendo un desequilibrio entre el número de mandos y el de la tropa: en 1912, había 12.000 oficiales en activo para 100.000 soldados; en 1923, 25.000 oficiales para 200.000 hombres.

2. A partir de las leyes de 1911-1912, los reclutas debían medir al menos 1,50 m y pesar 48 kg; en 1913 se suprimió la norma relativa al peso, puesto que ya concernía a muy pocos.

Por su parte, muchos oficiales cuestionaban a los políticos: les acusaban de haber arrastrado al ejército a una aventura sin proporcionarle los medios para llevar a cabo lo que se le pedía. Se sentían traicionados por gobiernos incompetentes que no los defendían contra las campañas de la prensa de izquierdas. Ya en marzo de 1895, unos jóvenes oficiales habían tomado al asalto la redacción de dos diarios de Madrid, sin que el capitán general juzgara oportuno intervenir, lo que provocó la dimisión de Sagasta. A partir de 1898 se volvieron a producir otros incidentes de este tipo. El más grave de ellos fue el asalto, en Barcelona, de los locales del semanario satírico *Cu-Cut!*[3] El ejército cada vez tenía una mayor tendencia a replegarse en sí mismo, y las más altas autoridades del estado fomentaban esta disposición. El día de su proclamación, el 17 de mayo de 1902, Alfonso XIII, jefe supremo de los ejércitos según la Constitución, se dirigió a sus oficiales en estos términos: «Dichoso el soberano que ve en vosotros el apoyo más firme del orden social, el cimiento más seguro de la paz pública, el defensor más resuelto de las instituciones, la base más sólida del bienestar y de la felicidad de la patria».

Era como invitar al ejército a anteponer la defensa del régimen y el mantenimiento del orden a cualquier otra consideración, y también era confirmarlo en su creencia a tener derecho a ser tratado de un modo especial. Cada vez más frecuentemente, se confiaba al ejército las tareas de orden público, como, por ejemplo, la de acabar con las huelgas. Por medio de la ley de jurisdicciones especiales, en 1906 se concedió al ejército un privilegio exorbitante en caso de ataques contra la patria, el rey y el ejército serían sólo competentes los tribunales militares, y no las jurisdicciones ordinarias. Al antimilitarismo de un sector de la opinión pública se respondió con una reacción de casta: el ejército se consideraba el depositario del patriotismo y del honor nacional y también el garante del orden social; se apartaba del pueblo y de la nación, rompiendo con una tradición que se remontaba a la guerra de la Independencia. Durante casi todo el siglo XIX, los militares habían hecho causa común con la nación. Ya fueran liberales, progresistas o moderados, defendían las mismas ideas políticas que los civiles: no daban la impresión de formar un cuerpo al margen de la sociedad. El golpe de estado del general Pavía, en diciembre de 1874, constituyó algo poco habitual: por primera vez, el ejército despidió brutalmente a unos diputados incapaces —según él— de poner fin a los desórdenes. En esas condiciones, la política llevada a cabo en Marruecos por el gobierno sólo podía ahondar un poco más el abismo que había entre el ejército y la nación.

Tres elementos jugaron a favor del mantenimiento de una política activa en Marruecos: la tradición, la ambición de volver a hacer de España una potencia colonial y el afán de compensar la humillación de Cuba. No hace falta insistir sobre la tercera de estas motivaciones. En la conquista del Rif, el ejército vio una ocasión para recuperar parte de su prestigio, pero los gobiernos no decidieron intervenir en Marruecos sólo para contentar al ejército. Las pretensiones africanas de España eran anteriores a 1898, ya que se habían manifestado por primera vez en 1860, cuando España intentó extender su autoridad a partir de sus plazas de sobe-

---

3. Este semanario era declaradamente antimilitarista. Un dibujo había especialmente desatado la ira de los militares: en él se representaba a un oficial mirando a la gente que entraba a un restaurante para participar en el banquete de la victoria —un éxito electoral de los nacionalistas catalanes—. «¿Una victoria? —exclamó el oficial—. Entonces deben de ser civiles.»

ranía —los presidios— de Ceuta y Melilla. De este modo creía recuperar una tradición que se remontaba a los primeros tiempos del siglo XVI, cuando el rey de Aragón y el cardenal Cisneros anhelaron proseguir, al otro lado del Estrecho de Gibraltar, la lucha secular contra los musulmanes. Fue entonces, en 1509, cuando Orán se convirtió en una ciudad española, y así permanecería hasta el final del siglo XVIII. Durante los reinados de Carlos V y de Felipe II, España aún no había renunciado a África del Norte, pero otros asuntos solicitaban su atención —Europa, América—, y le impidieron involucrarse a fondo en ese empeño. Era esta tradición la que algunos querían recuperar a finales del siglo XIX. La pérdida del imperio americano constituía una incitación para volver a seguir una orientación geopolítica abandonada desde hacía mucho tiempo. Sin duda, el ensayo de Ángel Ganivet, *Idearium español*, publicado en 1897, no constituye la obra de un gran pensador, pero sí tiene un valor testimonial indudable. Ganivet escribió en Granada, una ciudad marcada por la cultura árabe, en donde, desde hacía unos años, se publicaba una revista *La Estrella de Occidente*, cuyos artículos estaban escritos en español y en árabe. El renacimiento del arabismo suscitó la atención sobre toda una etapa del pasado, y España no podía desinteresarse de Marruecos, ya que este país constituía su prolongación natural tanto desde el punto de vista de la geografía como desde el de la civilización: a un lado y a otro del Estrecho de Gibraltar, hubo un tiempo en el que los hombres compartieron una misma historia; nada se parece tanto a la Giralda de Sevilla como la torre Hassan de Rabat... En 1897 Ganivet recogió en su obra todos esos recuerdos —¿y, por qué no decirlo?, todas esas nostalgias—, al tiempo que sugería a España que volviera a posar su mirada en el sur.

De una naturaleza completamente distinta eran las preocupaciones de las sociedades geográficas que se fundaron, una en 1876, y la otra —la Sociedad Española de Africanistas y Colonialistas—, en 1883. Estas sociedades estaban integradas por estudiosos, interesados por las expediciones y exploraciones, y por hombres de negocios deseosos de explotar las riquezas del continente. No se esperó al fracaso de 1898 para recomendar una política activa en este ámbito. Joaquín Costa representaba con propiedad esta segunda corriente. Corrían los tiempos —Congreso de Berlín (1885)— en que las grandes potencias se repartieron el continente africano. Y aunque en ello nosotros veamos hoy un brote de imperialismo, en aquella época se creía que la expansión colonial tenía su parte noble y constituía un medio para llevar la civilización a pueblos a los que se juzgaba inferiores. Costa compartía ese punto de vista:[4] creía que España, si quería seguir siendo una gran nación, debía participar en la empresa de la colonización. Costa parecía estar bastante obsesionado por un dilema: una nación sólo puede ser dominada o dominadora, colonizada o

---

4. En el mismo sentido se pronunció Pío Baroja en un artículo publicado en *El Globo* del 31 de diciembre de 1902: «No debe existir a las puertas de España, a las puertas de Europa, un pueblo de salvajes gobernados despóticamente, entregados a la más abyecta condición. Los pueblos fuertes, los pueblos cultos, tienen no sólo el derecho, sino el deber de imponer un medio superior de vida a los pueblos inferiores. Respetemos —son muy respetables— las creencias religiosas de los mogrebíes; integremos en su derecho sus haciendas, hoy sujetas al robo y al pillaje; pero cuando la necesidad lo demanda, cuando la dignidad lo exige, debemos prestar a la civilización y al progreso nuestro tributo contribuyendo a la desaparición del actual estado político y social de Marruecos». ¡Parece un escrito de Jules Ferry!

colonizadora. Si España quería volver a ser una potencia de peso, tenía que mantener una política activa, especialmente en el terreno colonial, ya que, de otro modo, caería bajo la dependencia del extranjero: Inglaterra, por ejemplo, sólo estaba esperando el momento oportuno para dominar a la península ibérica. ¿Acaso el 4 de mayo de 1898, en un discurso del que la prensa reprodujo lo esencial, el primer ministro británico, lord Salisbury, no dividió a los pueblos del mundo en naciones llenas de vitalidad —*living nations*— y naciones moribundas —*dying nations*—, indicando que las primeras estaban llamadas a dominar a las segundas? El *Times* tuvo a bien precisar que esto no afectaba a España y que ese darwinismo político no tenía por qué inquietarla. A ello replicará Rafael Altamira: la potencia material no tenía por qué ser el único factor que permitiera medir el grado de civilización de un pueblo.[5] España tenía que elegir —insistía Costa—: o africanización o europeización; si quería librarse de la primera solución, si quería convertirse en una nación europea en todos los aspectos, debía extenderse en África. Este fue el sentido de la campaña que llevó a cabo Joaquín Costa por medio de conferencias, congresos, artículos en los periódicos, y todo ello sin ninguna ayuda oficial.

En efecto, ni los gobiernos, ni la opinión pública se interesaban por esos debates. España dejó pasar numerosas ocasiones. En 1880 se celebró en Madrid una conferencia internacional dedicada a Marruecos; sin embargo, España no sacó ningún provecho de ella. Serían las rivalidades entre las grandes potencias las que le permitirían participar en el botín colonial. Desde hacía varios años, Francia e Inglaterra llevaban a cabo en África una política ambiciosa: la primera intentaba establecer una conexión entre sus posesiones en África occidental y el mar Rojo —Djibouti—, y el objetivo de la segunda era crear un eje británico desde El Cairo hasta El Cabo. El desafío entre los dos imperialismos se produjo en Fachoda, en 1898. Francia cedió, y evacuó la ciudad. Entonces a Francia se le ocurrió prolongar hasta Marruecos el dominio que ya ejercía en Túnez y Argelia, y propuso a España participar en la operación: España ocuparía, en el sur, Río de Oro —con lo que España estaba de acuerdo porque ello le permitiría asegurar mejor la defensa de Canarias—, y, en el norte, se le concedería una vasta zona en la que estaba enclavado Fez; sin embargo, el gobierno de Silvela rechazó esta última proposición por miedo a desairar a Inglaterra. Francia e Inglaterra acabaron por ponerse de acuerdo en 1904: la segunda tendría las manos libres en Egipto, y la primera en Marruecos; pero Inglaterra seguiría ejerciendo su dominio sobre las dos puertas del Mediterráneo, Suez y Gibraltar. Precisamente para impedir que Francia pudiera instalarse enfrente de Gibraltar, las dos potencias decidieron atribuir a España una zona situada en las tierras interiores de Ceuta y Melilla, con la excepción de Tánger, que seguiría siendo una ciudad internacional.

---

5. «Lo que todavía se llama, aunque sólo a medias lo es, península ibérica, será península británica»; moral y psicológicamente, España estaba en un estadio de «africanización espiritual», previo a la dominación efectiva (Costa). Esta idea, relacionada con el tema de la decadencia de las naciones latinas, flotaba en el ambiente de la época. Véanse estas frases de Vacher de Lapouge, escritas en 1899: «España es hoy en día un cadáver, y ni el propio mar podrá quizá seguir defendiendo por mucho más tiempo su territorio contra las iniciativas de otros pueblos vigorosos y superpoblados. Su turno parece fijado después del de la China y del de Turquía: es un Marruecos de Europa que acabará siendo del más osado» (citado por J. M.ª Jover Zamora, en la introducción al volumen *La España de Alfonso XII*, en *Historia de España*, Espasa Calpe, Madrid, 1995, pp. L ss.).

A España no se la consultó, pero tomó lo que le daban y que era menos de lo que le había ofrecido Francia en 1902 (los acuerdos de Cartagena se firmaron en 1907). En 1912 estas disposiciones fueron confirmadas: Marruecos pasaba a ser un protectorado compartido —a partes especialmente desiguales— entre Francia y España. Esta última procedió en seguida a la ocupación de una serie de puntos para explotar las minas, para construir líneas férreas. En 1909 un incidente local, como tantos otros que se producían, degeneró en conflicto en el macizo del Gurugú, cerca de Melilla. Inquieto, el gobierno de Maura decidió llamar a los reservistas y enviarlos a Marruecos como refuerzo. Inmediatamente se suscitaron grandes protestas, ya que la guerra no era popular: el recuerdo de Cuba, aún reciente, pesaba mucho en las preocupaciones de muchos españoles. Se tenía miedo a una nueva aventura colonial, a las matanzas, a los sacrificios inútiles.[6] Los socialistas convocaron manifestaciones, y en Madrid y en Barcelona se amotinaron los soldados, negándose a embarcar. Los obreros iniciaron una huelga; en varias ciudades, se levantaron barricadas. La situación dio un giro violento en Barcelona, ya que ahí la revuelta se vio acompañada de una explosión de anticlericalismo: más de 80 establecimientos confesionales —iglesias, conventos, escuelas— fueron destruidos e incendiados. El ejército acabó con la sublevación, conocida como la Semana Trágica. Todo concluyó el día 31 de julio, pero la represión se prolongó durante varias semanas. La víctima más conocida de los sucesos de la Semana Trágica sería el anarquista catalán Francesc Ferrer i Guàrdia, quien probablemente nada tenía que ver con los acontecimientos, pero al que la burguesía catalana odiaba desde hacía tiempo, ya que lo consideraba el representante del anarquismo militante y de la subversión; por ello se quiso que su procesamiento, que se inició el 9 de octubre, fuera también el del movimiento revolucionario de julio.[7] Por toda Europa, en Madrid, Barcelona, París, Londres, Roma, etc., se convocaron manifestaciones y se pusieron en marcha peticiones de clemencia. Anatole France, Victor Basch, Lévy-Bruhl, Durkheim, Salomon Reinach, Painlevé, figuraban entre los firmantes. El gobierno presidido por Maura no quiso ceder. Condenado a muerte, Ferrer i Guàrdia sería ejecutado el 13 de octubre. La noticia hizo que nuevamente se suscitaran manifestaciones de protesta por toda Europa. Maura se vio obligado a abandonar el gobierno.

El desastre de 1898 hizo que una parte de la opinión pública —incluso aquellos que se mostraban indiferentes— cuestionara la política que se había seguido desde 1875. Las manifestaciones que precedieron y siguieron a la Semana Trágica de

---

6.   Los temores de Maura estaban justificados. A finales de julio de 1909, las tropas españolas sufrieron un duro ataque en el Barranco del Lobo: más de 2.000 soldados encontraron la muerte, y entre ellos, un general y dos tenientes coroneles.

7.   Militante anarquista y antiguo conspirador, Francesc Ferrer i Guàrdia se instaló en Barcelona a comienzos del siglo XX. Había heredado una fortuna de una rica simpatizante francesa, que puso al servicio de la causa revolucionaria. A partir de 1901 se consagró a la labor propagandística y financió la impresión de numerosos folletos y obras de divulgación destinados a dar a conocer el pensamiento científico moderno, el cual, según él, acababa definitivamente con la creencia en el más allá y con los fundamentos de la religión. Fundó una institución dedicada a la enseñanza: la Escuela Moderna. En ella los niños se educaban en el culto a la libertad, la igualdad y la ciencia, y también en el odio hacia el catolicismo. Ya en 1906, se intentó implicar a Ferrer en el atentado de Mateo Morral contra el rey y la reina, en Madrid; pero tuvieron que dejarlo en libertad por falta de pruebas.

Barcelona mostraron que la izquierda era capaz de aglutinar a las masas. Esos fueron los signos más visibles de una evolución, en la que se detectaba la reanudación del movimiento obrero —sobre el que volveremos más adelante— y el aumento de la corriente republicana. Los republicanos tardaron bastante en salir de su aislamiento. En España, el cantonalismo de 1873 tuvo unos efectos comparables a los de la Comuna de París en Francia, ya que no sólo provocó la reacción de los militares —el golpe de estado de Pavía y la dictadura del general Serrano, en 1874—, y preparó los ánimos para la restauración borbónica, sino que también desacreditó durante algún tiempo la propia idea de república, que muchas veces aparecía como sinónimo de anarquía. Entre los republicanos, se podía distinguir a los revolucionarios —los federalistas de Pi y Margall—, los nostálgicos de los pronunciamientos —Ruiz Zorrilla— y los partidarios de una acción legal —Salmerón—. Marginados por el sistema político de la Restauración, en el que sólo tenían cabida los partidos dinásticos, se habían quedado reducidos a pequeños grupos desconectados con la realidad; algunos, como Castelar, acabaron aliándose con el régimen e incorporándose al Partido Liberal. Las leyes sobre la libertad de prensa y sobre la libertad de asociación permitieron a la oposición manifestarse abiertamente; además, la introducción del sufragio universal devolvió a los republicanos la esperanza de reconquistar una parte del terreno perdido. De hecho, a pesar de sus divisiones, estaban realizando progresos en las grandes ciudades, en donde a los caciques les costaba trabajo manipular las elecciones; sin embargo, a menudo se trataba de un voto de protesta que no significaba forzosamente que la gente estuviera de acuerdo con las tesis republicanas. Por último, hay que añadir que las organizaciones obreras desconfiaban de los republicanos, a quienes tachaban de burgueses: los proletarios debían luchar para cambiar la sociedad, no la forma del régimen.

Sin embargo, hacia finales de siglo, los republicanos empezaron a atraer a muchos de aquellos que, en las clases medias y entre los ambientes intelectuales, se habían desvinculado de los partidos del gobierno, incapaces de acometer los problemas de fondo y de modernizar España. La monarquía se identificaba con un orden social y político corrompido e ineficaz, y, por lo tanto, la República volvía a presentarse como una promesa de renovación. Una unión republicana heterogénea se formó bajo la dirección de Salmerón: en sus filas se alineaban personalidades como Azcárate, Costa, Giner de los Ríos... En 1903 esta coalición logró colocar en las Cortes a 34 diputados, y obtuvo la mayoría en varias de las grandes urbes: Madrid, Barcelona, Valencia... Los debates que se suscitaron después de la derrota de 1898 y de la ley de 1906, que puso bajo la jurisdicción de los tribunales militares los delitos contra el ejército, contribuyeron a que los republicanos pasaran a ser los portavoces de una oposición firme y respetable. En 1907 el gran novelista Benito Pérez Galdós salió elegido diputado por Madrid. La Semana Trágica de Barcelona y la represión suscitada inquietaron a los socialistas, que cambiaron de táctica y aceptaron aliarse con los republicanos. En las elecciones generales de 1910, salieron elegidos 40 diputados del bloque formado por los socialistas y los republicanos; entre ellos, se encontraba Pablo Iglesias, fundador del Partido Socialista: era la primera vez que un socialista entraba en el Parlamento. No obstante, este avance de los republicanos tenía una explicación, ya que, en parte, se debía al éxito conseguido por el Partido Radical de Alejandro Lerroux, quien, en Barcelona y Valencia, había logrado aglutinar a millares de electores con ambiguas consignas. Su claro anticlericalismo y una fraseología extremista excitaban a las masas populares: «En los conventos se asesina; quemarlos es la única manera de evitar … el peligro … Quemar conventos es propio de tiempos de virilidad»… Aquel a quien se llamaba «emperador del Paralelo»[8] comenzaba así su carrera de demagogo. Todavía hoy cabe preguntarse sobre el secreto de semejante éxito. ¿Era Lerroux un provocador, pagado y sostenido por el gobierno para apartar a los obreros de la influencia de las ideas anarquistas y alejar a los pequeñoburgueses del movimiento nacionalista catalán…? No obstante, sí está claro que Lerroux influyó en una parte del electorado republicano. Los «jóvenes bárbaros» —la expresión es de Lerroux— quemaban iglesias y conventos, pero se guardaban muy bien de atacar los cuarteles, los bancos, las fábricas… Esos actos de violencia llenaban de horror a las clases medias y las disponían en contra de las ideas republicanas sin que se cuestionara el orden social.

A finales del siglo XIX, la opinión pública había evolucionado, pero también la clase política se había renovado. Cánovas del Castillo fue asesinado el 8 de agosto de 1897 y Sagasta murió en 1903. El sistema tenía muchas dificultades para mantenerse después de la desaparición de los dos hombres que lo habían concebido. Después de ellos, tanto en las filas de los conservadores como en las de los liberales hubo algunas grandes personalidades, pero ninguna se impuso de una manera indiscutible: Silvela, Antonio Maura, Eduardo Dato se sucedieron en la presidencia del Partido Conservador, y Segismundo Moret, Canalejas y el conde de Romanones dirigieron el Partido Liberal. No obstante, ni unos ni otros gozaron de una autoridad comparable a la de Cánovas y Sagasta. Las crisis ministeriales cada vez se hicieron más numerosas: entre 1902 y 1909, la duración media de un gobierno no sobrepasaba los cinco meses. Maura, enérgico y autoritario, intentó renovar el sistema reformando los ayuntamientos, pero fue un fracaso; él hubiera querido hacer una revolución desde arriba. Además, el modo como reprimió la Semana Trágica de Barcelona, en 1909, puso a todo el mundo en su contra: —¡Maura, no!—, se gritaba en las filas de la izquierda, los liberales se sumaron a este movimiento de rechazo, e, indignada por la ejecución de Ferrer i Guàrdia, la opinión internacional también intervino. Alfonso XIII se dio cuenta de todo ello y destituyó a Maura, ya que «no podía prevalecer contra media España y más de media Europa». La caída de Maura muestra cuán difícil resulta mantenerse en el poder cuando se tiene en contra a la opinión pública.

El liberal Canalejas llegó al gobierno en febrero de 1910. Canalejas estaba convencido de que las reformas eran necesarias y urgentes. A él se debió la introducción del descanso dominical y la disminución de la jornada laboral; también estaba en su ánimo el decretar el servicio militar obligatorio y suprimir la sustitución en metálico. Atacó a la Iglesia exigiéndole que se sometiera a las disposiciones del concordato: las congregaciones religiosas debían estar declaradas y su número limitado; y durante dos años quedaba prohibida toda instalación de nuevas congregaciones (por medio de la «ley del candado»). Canalejas fue asesinado en Madrid, el 12 de diciembre de 1912, antes de que hubiera podido desarrollar y aplicar su programa. La tentativa más original para renovar el sistema interno llegó de la mano de Melquíades Álvarez, quien en 1912 fundó el Partido Reformista. A pesar de ser republicano, Álvarez aceptó el régimen tal cual era, con la esperanza de modificar sus reglas de funcionamiento, introducir más moralidad en el juego político y resolver

---

8. El Paralelo es una de las grandes vías de Barcelona.

los problemas más urgentes. El nuevo partido sedujo a los intelectuales, pero no llegó a imponerse como fuerza política. En realidad, el sistema que se había establecido en 1876 se mantuvo después de que desaparecieran sus inventores, Cánovas y Sagasta, pero en 1917 saltó hecho pedazos: la oposición más seria que se llevó a cabo contra el Partido Liberal, entonces en el poder, no procedía de las filas conservadoras, sino de los regionalistas catalanes, es decir, de un movimiento político que fundamentalmente cuestionaba la propia estructura de España.

LA REGENERACIÓN DE ESPAÑA

En 1898 España se encontraba en una situación análoga a la de Francia en 1870, aunque, sin embargo, con la diferencia de que no sentía odio ni rencor respecto del vencedor, ni albergaba ningún deseo de venganza; en España no había nada que pudiera compararse al sentimiento de pesar que en Francia provocó la pérdida de las provincias de Alsacia y Lorena. Para la mayoría de españoles, Cuba sólo suscitaba recuerdos amargos: los de los miles de soldados muertos en combate o por enfermedad.[9] Otros temas eran los que preocupaban a la opinión pública. El desastre y la humillación de 1898 provocaron que los mejores de entre los españoles se interrogaran sobre el destino de su país: ¿cómo y por qué España había caído tan bajo? ¿Qué debía hacer para volver a ser una gran nación sin renunciar a ser ella misma? Estas eran las cuestiones que trataron los autores pertenecientes a la que se ha convenido en llamar la generación del 98, un grupo de jóvenes escritores unidos por una misma inquietud ante la decadencia de España, pero que eran muy diferentes entre sí y estaban lejos de formar una escuela o incluso una tendencia.

«Me duele España», escribiría Unamuno. Estos escritores tomaron dolorosamente conciencia de que vivían en un país decadente. La España de la Restauración les repugnaba por su frivolidad, su vulgaridad y su inmoralidad. Todo estaba adulterado, desde el engaño del turno democrático —la pseudoalternancia en el poder de los dos partidos dinásticos—, hasta la mediocridad del arte y de la literatura, pasando por el envilecimiento de las elites. Algunas de esas críticas no eran una novedad. La satirización por Antonio Machado de los hijos de papá —de la figura del señorito— recuerda la que hacían Cadalso o Jovellanos de la nobleza del siglo XVIII, o los ataques de Larra, en la década de 1830, contra los «calaveras». Los autores de 1898 estaban indignados por la imagen que la España oficial daba de sí misma: aferrada a las glorias del pasado, a un pintoresquismo de baja calidad —los toros, el flamenco—, pero resignada a la miseria, la corrupción y la decadencia.

Animados de un patriotismo contrario a la patriotería de los políticos, los hombres del 98 quisieron rehacer de un solo movimiento el cuerpo y el alma de España y, para ello, se dedicaron a descubrirla en su esencia más profunda, a ir hacia el interior —*Adentro*, se titulaba un ensayo de Unamuno—. La generación del 98 fue particularmente sensible a la historia, al contraste entre las glorias de antaño y las miserias del presente —la «Castilla miserable, ayer dominadora», de Antonio Machado—. La historia no fue más que un aspecto de ese redescubrimiento de los

9. Véase el prefacio de Santiago Alba a la traducción del libro de Edmond Desmoulins, *À quoi tient la superiorité des Anglo-Saxons?* (París, 1897), textos citados por J. M.ª Jover, *op. cit.*, p. LXV.

valores nacionales por parte de unos autores que, en su totalidad, eran amantes del análisis y la meditación. Unamuno fue quien más lejos llegó en su trabajo de volver a las raíces, en los cinco ensayos que publicó, en 1895, bajo el título de *En torno al casticismo*. Unamuno buscaba la esencia de España en Castilla, punto este que los autores de la generación de 1898 tenían en común. Para ellos, provincianos, Castilla constituía el crisol de España. Como reacción contra la moda de Andalucía, que se remontaba a finales de siglo XVIII, miraron hacia Castilla para buscar en ella lecciones de grandeza y motivos para seguir conservando la esperanza. Ensalzaron el austero paisaje de las altas mesetas castellanas, que parecen inclinar al alma a la contemplación mística y a lo absoluto. Este fue el sentido del segundo de los ensayos de Unamuno, del libro de Azorín, *Castilla*, y de la colección de poemas de Antonio Machado, *Campos de Castilla*. Los autores del 98 llevaron a cabo un examen sin concesiones a la complacencia, que no intentaba ocultar las taras y la pobreza de aquellas tierras, realzando el gran contraste entre la grandeza pasada y las tristes realidades del presente.

Los autores de la generación del 98 no fueron unos estetas, sino que «tenían en cuenta la verdad, y no la belleza» (Pedro Salinas), pero en su calidad de hombres de letras condenaron la producción artística de un siglo XIX que se acababa: la vulgaridad no sólo reinaba en la vida social, sino también en la literatura. Según ellos, la poesía estaba llena de prosaísmo, de sensiblería y grandilocuencia; la novela abusaba de los estudios de las costumbres y se había quedado anclada en el naturalismo; el teatro se reducía al melodrama. No obstante, estas generalizaciones son injustas. Lo que hay que destacar es su deseo de devolver a la literatura una dignidad que se había visto comprometida por los malos poetas de la Restauración, entre los que hubo unas pocas excepciones —Bécquer, por ejemplo—. Los autores del 98 eran menos sensibles a la belleza que a la verdad de los sentimientos y de las ideas. En la literatura, como en la vida, apreciaban la autenticidad y detestaban los oropeles. Figuran entre los mejores escritores de la literatura española, a la que contribuyeron a renovar, y fueron los primeros que formaron parte de la edad de plata de las letras españolas en el siglo XX. Su análisis de la realidad española constituye, quizá, la parte más caduca de su obra y presenta algunas lagunas sorprendentes. Los hombres del 98 basaron su reflexión en los valores castellanos: para ellos, España se había forjado en Castilla. Esta postura nos sorprende porque se produjo en un momento en el que los movimientos regionalistas cuestionaban el hecho de que Castilla pretendiera erigirse en portavoz del resto de España. La generación de 1898 no se dio cuenta de la evolución que se estaba produciendo: para ella, los valores castellanos y los valores españoles eran una misma cosa, hecho que empezaba a suscitar las protestas de muchos catalanes. Por otra parte, el amor que esos autores profesaron a un mítico pueblo español, les impidió ver la realidad del proletariado contemporáneo y el alcance de los cambios introducidos por la industrialización. En el fondo, seguían siendo unos hombres del siglo XIX. Esto era especialmente cierto en el caso de Unamuno, lo que explicaría algunas de sus paradójicas reacciones entre 1900 y 1936. Los autores de la generación del 98 soñaron con regenerar España: la palabra regeneración y la idea en ella contenida estaban muy de moda en la España de finales del siglo XIX y comienzos del XX.[10] De acuerdo con Manuel Tuñón

---

10. Pío Baroja ironizó sobre esta moda. En su novela *La busca*, aparece un zapatero cuyo lema era: «A la regeneración del calzado».

de Lara, conviene distinguir dos actitudes: en un principio había una aspiración general a transformar y modernizar España, pero la regeneración también indicaba una forma de acción más precisa, la que preconizaban ciertos grupos de la oposición y algunos intelectuales para actuar contra la crisis de España. Esta segunda actitud, que se declaraba técnica y apolítica, era la de Joaquín Costa, y aunque Costa no se contentaría con este programa de reformas, fue su representante más destacado.

A partir de su visita a la Exposición Universal de París, en 1867, Costa tomó conciencia del retraso de España. En todos los ámbitos, desde el punto de vista intelectual, económico, social, político y diplomático, España desempeñaba un pobre papel tanto en el mundo como en Europa. Desde 1814 su decadencia había sido imparable. La revolución de 1868 no cambió nada, y la restauración de los Borbones, en 1875, puso fin a las esperanzas de renovación: todo volvió a ser como antes. La pérdida de Cuba estaba inscrita dentro de ese proceso, y servía para recordarles a los españoles que su país no era más que una potencia de tercera clase: «No tenemos ejército, ni marina, ni escuelas, ni caminos, ni libertades, ni tribunales, ni comicios, ni higiene, ni policía más que de papel», decía Costa. Ni siquiera la pérdida de Cuba marcó el final de esa decadencia: lo único que podía esperar entonces España, convertida en la enferma de Europa, era caer bajo la dominación de una potencia extranjera.

Costa no sabía a qué atenerse, España parecía víctima de la fatalidad, desde el siglo XVI vivía al margen de Europa: «No he encontrado una sola zona, fuera del arte pictórico, que no acuse en nosotros una marcada inferioridad respecto de los demás pueblos europeos, cuando no una franca y radical incapacidad». A continuación Costa evocaba a las civilizaciones desaparecidas, China, la India, Persia, Egipto y el problema de la decadencia de los imperios. ¿A qué atribuir ese destino en el caso de España? ¿Por qué España no contó con un Sully, un Richelieu, un Mazarino, un Colbert o un Cromwell? ¿Habría que atribuirlo a una incapacidad congénita de los españoles? Costa rememoraba los trabajos de Ricardo Macías Picavea —El problema español—, quien acusaba a los habsburgos de haber contaminado a España con su teocracia, cesarismo y germanismo... Luego proseguía: no, la decadencia no era un sino, ninguna maldición pesaba sobre España. Ésta seguía siendo un gran país: tenía ideales, espiritualidad, nobleza, un papel que desempeñar en el mundo y en el desarrollo de la civilización; España tenía que reaccionar: «Como Fichte creía en la eternidad de la raza alemana, subyugada por Napoleón, creamos nosotros aún en la eternidad de la raza española». Pero ¿cómo hacerlo?

Se trataba de convertir a España en una nación moderna, poderosa y respetada, y, para ello, había que aprender de Europa. Así pues, contra la africanización, es decir, el subdesarrollo, la miseria, la dependencia, Costa abogaba por la europeización, o sea, por la modernización, el progreso y una política exterior dinámica. En cuanto al interior del país, ello se traducía en dar trabajo a los españoles y en mejorar su nivel de vida. Hasta la fecha, los progresos realizados sólo habían beneficiado a unos pocos privilegiados: ya era hora de pensar en la mayoría. España era un país agrícola: todo estaba basado en la agricultura. Cuando se producía una crisis en la industria catalana, era en gran parte a causa de la estrechez del mercado interior, y el único medio de evitarlo era aumentar el poder adquisitivo de los campesinos, es decir, la producción agrícola. Sin embargo, había que admitir la evidencia: España era un país pobre, casi la mitad de su suelo no era cultivable. Mejorar y aumentar la producción agrícola equivalía, pues, a luchar contra la sequedad del terreno. Esto era lo que Costa entendía por política hidráulica. Estableció la ecuación siguiente: política hidráulica = política agraria = política económica. Sugirió duplicar la producción gracias a la nacionalización del agua destinada al regadío y a una política de grandes obras: construcción de embalses y carreteras, fomento del crédito agrícola, reforma de la enseñanza... Por medio de la escuela España tenía que pasar del siglo XV al siglo XX: «Reorganizar y crear la escuela, entendiendo por esto implantar a todo gasto, cueste lo que cueste ... el vasto sistema de instituciones docentes que han hecho a Alemania y el Japón, que son la fuerza y el orgullo de los Estados Unidos, que han restaurado a Francia». Eso suponía un gran esfuerzo para la enseñanza primaria y para las escuelas técnicas, una reforma de la enseñanza universitaria, el desarrollo de la investigación científica, estancias en el extranjero para los investigadores, etc., es decir, lo que Costa resumía con la frase «Escuela y despensa».

Una España así regenerada, modernizada y transformada volvería a recuperar su rango en el mundo y sería de nuevo lo que jamás habría tenido que dejar de ser: una potencia mundial. Llevaría a cabo una diplomacia activa; volvería a ser una nación colonizadora. La realización de estos objetivos exigía una revisión de los hábitos políticos y una verdadera revolución. Se trataba, en principio, de apartar a aquellos que habían conducido a España al desastre, ya que se habían autodescalificado y, por lo tanto, debían dimitir. No había que volver a cometer el error de 1814, o sea, creer que se podía hacer otra política con los mismos hombres, sino que se tenía que seguir el ejemplo de Prusia después de Jena y el de Francia después de Sedan, es decir, «enviar a paseo a Napoleón III». No bastaba con cambiar a los hombres, también debían modificarse los métodos. ¡Basta de discursos, basta de retóricas, basta de hermosas y elevadas ensoñaciones sobre la grandeza de España y sus glorias nacionales, basta de hablar de Numancia, de Lepanto...! Había que abordar las cosas de frente: España había dejado de ser lo que antaño fue y el pasado estaba muerto. Eso era lo que significaba la expresión: «Doble llave al sepulcro del Cid para que no vuelva a cabalgar». Costa condenaba todo un siglo de profunda fraseología liberal, un siglo de vana política que escondía una ausencia de ideas bajo la pomposidad de las palabras. ¡Basta de discursos: había que actuar! ¡Basta de miras utópicas! Lo que hacía falta eran tareas que estuvieran al alcance de las posibilidades del país, con un programa mínimo: escuela para todos, justicia para todos, servicio militar para todos, asistencia para los pobres, caminos vecinales... Costa contaba con las clases medias para poder llevar a cabo ese escueto programa. Contaba con obtener el apoyo de las agrupaciones profesionales: la Cámara Agrícola del Alto Aragón, la Cámara de Comercio de Zaragoza... Esta campaña propició la celebración de la Asamblea Nacional de Productores, que se reunió en Zaragoza en febrero de 1899, y, más tarde, la formación de una Liga Nacional de Productores, y, en enero de 1900, la de la Unión Nacional. Al principio, este movimiento suscitó un gran entusiasmo en el país, pero luego su resonancia disminuyó: los hombres que lo habían impulsado —Santiago Alba, Paraíso— se volvieron a integrar en el sistema vigente. El propio Costa fue elegido diputado, en 1903, aunque por la Unión Republicana y no como miembro de la Unión Nacional, por lo que se negó a ocupar el escaño.

La regeneración, en el preciso sentido del término, duró menos de cuatro años: de 1899 a 1903; es decir, fracasó, pero ¿por qué lo hizo? Por un lado, porque Costa se negó a buscar apoyo en los partidos políticos y en los ideólogos: se dirigió a los electores, prescindiendo de los dirigentes habituales, pero la política es algo que no se puede improvisar, ya que supone una técnica, e ignorarla equivale a condenarse al fracaso. Por otro lado, proponía una serie de medidas, que, en su opinión, eran políticamente neutras; pero como más tarde apuntaría Azaña, ninguna política es neutra: ¿cómo financiar los programas? ¿De dónde sacar los fondos necesarios? ¿Quién decidiría cuáles poner en marcha? Todas estas cuestiones conducen inevitablemente a la política, y eso era lo que Costa quería evitar. Azaña también apuntó que, aun en el supuesto de que el programa mínimo de Costa fuera razonable, no era un programa capaz de entusiasmar a nadie, pues resultaba muy difícil movilizar a las masas con consignas como: «¡Los pantanos o la muerte!». Por último, cabe añadir que Joaquín Costa tenía mucha prisa por ver cómo se concretaban las reformas. Por ello, para vencer la resistencia y la inercia de los políticos del momento, propuso recurrir a una dictadura provisional, a un «cirujano de hierro». Quizá pensara en lo que Bismarck había llevado a cabo en Alemania mediante métodos autoritarios, o quizá concibiera otra solución: seguir el ejemplo de Japón, país que en menos de veinticinco años había logrado transformarse, aunque pagando el precio de una modernización forzada, inspirándose en las técnicas de Occidente. El ejemplo de Japón no pasó desapercibido en España.[11] Hombres como Santiago Ramón y Cajal o Giner de los Ríos estaban impresionados por los progresos que dicho país había llevado a cabo tan rápidamente.[12] No obstante, Unamuno se mostró mucho más reservado: «No espero nada de la japonización de España». Este autor, que había seguido con simpatía la campaña de Joaquín Costa a favor de una apertura de España a Europa, empezó a mostrarse crítico respecto del programa de regeneración. En 1911 daba la impresión de que quería dar la espalda a Europa; en su opinión, quizá España no estuviera dotada ni para la técnica, ni para la ciencia; a lo mejor, su genio la conducía a otros tipos de civilización: «¡Que inventen ellos!», decía, y añadía que los españoles tenían que contentarse con sacar partido de sus descubrimientos. Si se hubiera dado el caso, Unamuno hubiera preferido san Juan de la Cruz a Descartes.[13] La mayor parte de los intelectuales españoles des-

---

11.   Lo confirma una carta de Ortega, fechada el 27 de agosto de 1905: «No creo que haya caído entre piedras el ejemplo de Japón; el pueblo está enterado de lo que hay que hacer».

12.   Del primero, citaremos un extracto de su discurso de ingreso en la Academia de Ciencias, pronunciado el 5 de diciembre de 1897: «¿No vemos al Japón, pueblo de raza amarilla, pasar bruscamente desde las tinieblas de la Edad Media a los esplendores de la cultura y de la civilización occidental? Obra estupenda, que parece milagro, y representa simplemente un caso particular de sistemática, pero intensiva y extensiva inoculación de la ciencia europea. Por su parte, Giner de los Ríos, en 1907, consagró un artículo a la educación moral tal como se impartía en Japón (véanse *Obras Completas*, t. VII, pp. 281-304).

13.   Esto se debe a un arrebato que hay que situar en su contexto, es decir, en la campaña que se llevó a cabo contra España con ocasión del procesamiento de Ferrer i Guàrdia. Indignado por los ataques de algunos intelectuales extranjeros (Anatole France, Maeterlinck...), que habían denunciado la «barbarie española», en represalia Azorín publicó en *ABC*, el 12 de septiembre de 1909, un artículo titulado «Banda de histriones». Unamuno escribió a Azorín para felicitarle por ello y su carta apareció el 15 de septiembre «¡Bien! ¡Muy bien! Hora es de reaccionar. Son muchos aquí los papanatas que están bajo la fascinación de los pueblos europeos. Hora es ya de decir que en no pocas cosas valemos tanto como ellos y aún más ... Dicen que no tenemos espíritu científico. ¡Si tenemos otro! Inventen ellos y lo sabremos luego y lo aplicaremos». Unamuno ya había utilizado la expresión «¡que inventen ellos!» en 1906, tomando como ejemplo el caso de la electricidad, que tan bien alumbraba en España como en el país en donde se había descubierto. La volvió a emplear en febrero de 1911, en un artículo sobre Joaquín Costa, en el que hablaba de una especie de división del trabajo intelectual: Alemania había producido a Kant; España, a Cervantes; «harto hacemos con pro-

cartaban una modernización forzada al estilo de la de Japón. Costa —decía Ortega— había visto claro cuál era el objetivo: regenerar a España, y para lograrlo era necesaria su europeización. Es decir, España debía buscar la solución de sus problemas en Europa, y, por lo tanto, era necesario trabajar en la formación de las elites necesarias para cumplimentar esta tarea. Este era el objetivo de la Liga de Educación Política, fundada por el propio Ortega en 1913. Pero para europeizar a España no se podía contar únicamente con los políticos, por muy bien preparados que éstos estuvieran para llevar a cabo su misión, sino que también había que elevar el nivel cultural de la nación. Ya desde 1875, los krausistas de la segunda generación venían abogando por un cambio a través de la educación, a pesar de que encontraron una gran oposición en los medios conservadores, que les acusaban de renegar de los valores esenciales de España, entre los que el catolicismo ocupaba el primer lugar.

Una de las primeras medidas que se pusieron en práctica a partir de la restauración de los Borbones, en 1875, concernía a la universidad: una vez más, el gobierno exigió a los profesores que en sus cursos respetaran el régimen y el dogma católico. Algunos —que se contaban entre los más brillantes— se negaron a someterse a lo que consideraban un atentado contra la libertad de cátedra y la libertad de la ciencia, y fueron expulsados de la universidad. Uno de ellos, Francisco Giner de los Ríos, llegó a estar encarcelado durante algún tiempo. Cuando salió de la cárcel, tomó nota de las coacciones que se les habían querido imponer a los profesores y, para preservar su libertad, el 29 de octubre de 1876 fundó la Institución Libre de Enseñanza. Así empezó una de las tentativas más originales y más fecundas para reformar a España desde dentro mediante un paciente trabajo de educación. Desde su llegada a Madrid en 1863, Giner de los Ríos (1839-1915) se había sentido cautivado por las enseñanzas de Sanz del Río y por aquel rigor intelectual, que no excluía —sino que, al contrario, más bien postulaba— una atención a los problemas espirituales,[14] y que de la tolerancia religiosa hacía una virtud esencial. El *Syllabus* lo había alejado del catolicismo sin hacer de él un ateo, y aún menos un anticlerical. Para él, el respeto hacia las creencias religiosas estaba por encima de todo, es decir, el estado no tenía por qué imponer un dogma oficial: este era el motivo de que ni Giner ni sus amigos pudieran seguir en una universidad como la que habían concebido los ministros de la Restauración. El problema no era exclusivo de España, sino que poco a poco se fue suscitando en los mismos términos en Alemania —con el

---

curar enterarnos de lo suyo, que su ciencia y su metafísica fecundarán nuestra literatura, y ojalá nuestra literatura llegue a ser tal que fecunde su ciencia y su metafísica. Y he aquí el sentido de mi exclamación, algo paradójica —lo reconozco—: ¡que inventen ellos!».

14.   El poeta Antonio Machado fue un buen representante de la sensibilidad de los hombres de la Institución Libre de Enseñanza, laicos, pero atentos al fenómeno religioso en lo que tenía de más profundo. Machado se indignaba ante la actitud de aquellos «católicos volterianos» «que defienden una religión en la cual no creen, pretextando razones de utilidad política, social y hasta —¡aquí entra lo grotesco!— vital, como si desde el punto de vista pragmatista nuestro catolicismo, que es pura y simplemente *vaticanismo* y sacrificio de la vitalidad española a la momia romana, no fuese lo más indicado para arrojarse a la banasta de los trapos inservibles...». Afortunadamente, proseguía Machado, el verdadero sentimiento religioso aún no ha muerto en España: «De algo más que de ese *vaticanismo* de las clases altas y de esa superstición milagrosa del pueblo que llamamos catolicismo —ignoro por qué razón— somos todavía capaces» (Notas de 1913, a propósito del libro de Unamuno, *Contra esto y aquello*).

Kulturkampf—, y en Francia —con las leyes de Jules Ferry sobre la escuela pública—. Se trataba de asegurar la neutralidad de la enseñanza y de preservarla de la influencia —juzgada excesiva— de la Iglesia católica, pero, a diferencia de lo que sucedió en Francia, en España la iniciativa procedía del sector privado e iba contra la voluntad del estado. En España, enseñanza libre equivalía a enseñanza laica. El artículo 15 de los estatutos de la Institución Libre de Enseñanza era muy explícito al respecto: «La institución es completamente ajena a cualquier ánimo e interés de comunidad religiosa, de escuela filosófica o de partido político; en principio sólo postula la libertad y la inviolabilidad de la ciencia, y la independencia de ellas derivada en la investigación y en la exposición de los resultados, frente a cualquier otra autoridad que no sea la de la conciencia del profesorado, único responsable de su enseñanza».

Giner de los Ríos se reintegró a su cátedra en 1881, pero la Institución que había fundado continuó bajo la dirección de Manuel Bartolomé Cossío. La Institución Libre de Enseñanza fue una creación original tanto por el contenido de la enseñanza como por sus métodos pedagógicos. En su concepción, Giner se inspiró en las experiencias llevadas a cabo en el extranjero, especialmente en las escuelas británicas. La Institución pretendía formar unas cabezas «bien hechas» y no unas cabezas «bien llenas».[15] Así, introdujo en España la enseñanza mixta, la artística, la práctica de los deportes, las excursiones, las colonias de vacaciones… Antes de saber leer y escribir, los niños aprendían «a ver, a escuchar y a reflexionar». Se los llevaba a los grandes museos, en donde maestros especialmente eminentes —Manuel Bartolomé Cossío fue uno de los primeros en señalar la importancia de El Greco—[16] les comentaban las obras maestras; se organizaban para ellos visitas guiadas de monumentos; se les hacía descubrir los paisajes y el folclore de España; se les enseñaba la historia de las religiones y a respetar la fuerza del sentimiento religioso y la tolerancia. Sólo una elite pudo beneficiarse de esos método de enseñanza: la Institución jamás pasó de tener unos pocos centenares de alumnos, entre ellos, el poeta Antonio Machado, sin duda, el autor más representativo formado en sus aulas. No obstante, debido a la influencia del krausismo, los objetivos de la Institución eran mucho más ambiciosos que todos esos logros, puesto que proponía un modelo de hombre en el que confluyeran las mejores cualidades del espíritu: el rigor, la honestidad, la conciencia profesional, el respeto hacia el prójimo, la tolerancia… Los fundadores de la Segunda República española, que, o bien procedían de las filas de la Institución Libre de Enseñanza, o bien —y ello era lo más frecuente— se habían dejado conquistar por la nobleza de un ideal y por la influencia de los hombres que lo encarnaban, también harían gala de esas cualidades

---

15.   Giner de los Ríos desarrolló sus ideas en su crítica al proyecto de reforma de la enseñanza elaborado en 1899. En ella, Giner se lamentaba de que se atendiera únicamente a la enseñanza de las humanidades clásicas, basadas en el latín y en las matemáticas. En su opinión, se tenía que enseñar la historia de la civilización, en vez de hacer aprender de memoria listas de reyes y batallas, y lo que equivocadamente se conocía como «historia política». En el mismo sentido, Cossío, en 1904, hacía votos para que se enseñara la historia de modo que los alumnos pudieran entender que sus verdaderos protagonistas no eran los héroes, sino todo el pueblo. Giner denunció también las aulas abarrotadas —aquellas «hordas de oyentes»— y los métodos que utilizaban demasiado la memorización: decía que la escuela tenía que enseñar a los alumnos a reflexionar y despertar en ellos el gusto por el trabajo, incluyendo el del trabajo manual.

16.   El Greco fue expuesto en el Prado, por primera vez, en 1902; en 1908, apareció el libro que le dedicó Cossío, y en 1912 Maurice Barrès publicó el libro *Greco ou le secret de Tolède*.

y de ese estoicismo. En la España contemporánea, la influencia de la Institución se materializaría en un talante especial y en dos éxitos concretos: la renovación de los programas y de los métodos científicos, y la creación de un establecimiento singular, la Residencia de Estudiantes.

Los hombres de la Institución Libre de Enseñanza fueron quienes modernizaron la investigación científica en España. Para ello, en 1907, se creó la Junta para la Ampliación de Estudios, a partir de una idea de Giner de los Ríos: se trataba de impulsar, al abrigo de todo dogmatismo y de las trabas burocráticas, un centro de investigaciones en donde se cultivara la ciencia por la ciencia. La Junta envió a sus estudiantes y profesores a proseguir sus estudios en el extranjero, e invitó a España a especialistas para que dieran a conocer sus trabajos y sus métodos; asimismo, se encargó de alentar y financiar la investigación, creando laboratorios como el Instituto Nacional de las Ciencias o el Centro de Estudios Históricos, comparables a los seminarios de las universidades alemanas o a la École Pratique des Hautes Études en Francia. Desde su comienzo, la Junta reunió a las mentes más brillantes de la intelectualidad española: Ramón y Cajal —premio Nobel de medicina en 1906—, Joaquín Costa, Menéndez Pelayo, Rafael Altamira, Hinojosa, Menéndez Pidal, Américo Castro... La *Revista de Filología Española* comenzó a aparecer en 1914, y gracias a sus iniciativas, la España del siglo xx pudo enorgullecerse de contar con eruditos dignos de compararse con los mejores talentos de la época. Especialmente en los ámbitos de la historia y de la filología fue en donde se produjo una mayor eclosión, con maestros como Altamira, Menéndez Pidal, Sánchez Albornoz, Américo Castro...

También fue la Institución Libre de Enseñanza la impulsora de la Residencia de Estudiantes, que se inauguró el 1 de octubre de 1910, en unas instalaciones provisionales, para pasar más tarde a instalarse definitivamente en la colina de los chopos —la expresión es de Juan Ramón Jiménez—, lugar en que todavía se halla, pero con la diferencia de que en la actualidad está dentro del entramado urbano, mientras que en un principio estaba situada casi en los límites de la capital. Dirigida por un krausista, Alberto Jiménez Fraud, la Residencia asumió la tarea de formar a la elite intelectual y artística del país. Concebida sobre el modelo de los *colleges* ingleses, acogía a estudiantes de todas las disciplinas y les ofrecía un marco que propiciaba su desarrollo: instalaciones de una sobria elegancia, laboratorios,[17] una biblioteca, y una sala de reunión en donde se impartían conferencias y se daban recitales, se representaban obras teatrales, o se organizaban exposiciones... Algunos profesores se alojaban en la propia Residencia y ejercían de tutores de los estudiantes; asimismo, en ella se alojaban personalidades tanto españolas como extranjeras, lo que daba ocasión a que expusieran sus trabajos: Unamuno, Ortega, Marañón, Antonio Machado, Américo Castro, Ramón y Cajal, Manuel de Falla fueron huéspedes de la Residencia, así como Bergson, Einstein, Ravel, Le Corbusier, Paul Valéry, Max Jacob, Marie Curie... Federico García Lorca compuso en la Residencia su *Romancero gitano*, y allí entabló amistad con el también poeta Rafael Alberti, con el cineasta Luis Buñuel y con el pintor Salvador Dalí... Tanto en el ámbito del pensamiento, como en los de las letras y las artes, entre 1910 y 1936, la Residencia de Estudiantes constituyó

---

17. El doctor Negrín, que fue el último presidente del gobierno de la República, tenía en ella un laboratorio de fisiología.

un centro de creación y de divulgación de la cultura de una fecundidad raramente igualada.[18]

Independientemente de cuál fuera su tendencia, los españoles cultivados experimentaban, a mediados del siglo XIX, un sentimiento de inferioridad respecto de Europa. Unos habían llegado a la conclusión de que España no era apta para la filosofía, ni para la ciencia, y que su propia genialidad la llevaría a cultivar la imaginación, la pasión y el individualismo. Otros intentaban comprender por qué España se había separado de Europa en un determinado momento de su historia, y culpaban de ello a la Inquisición, a la intolerancia, a la Contrarreforma y al absolutismo de los Austrias. Para otros, por último, España no era la que se había separado de Europa, sino que era la Europa protestante la que se había equivocado de camino, arruinando con ello la unidad espiritual de la cristiandad y pasando a engrosar las filas del racionalismo y de la indiferencia religiosa; para estos últimos, España nunca dejaría de ser ella misma mientras reinara el catolicismo. La originalidad del krausismo no estribaba en el hecho de abogar a favor de un acercamiento entre España y Europa —los hombres de la Ilustración y los liberales no decían otra cosa—, sino en identificar a Europa con una visión racional del mundo y, conforme a esta idea, en desarrollar las tendencias racionalistas en España. Por este motivo, las primeras manifestaciones del krausismo —de antes de 1868— fueron causa de inquietud para los tradicionalistas. El problema volvió a rebrotar en 1876: los krausistas ya no eran los únicos que se oponían al poder absoluto de la Iglesia católica en la enseñanza, sino que empezaban a aparecer otras nuevas tendencias, como los neokantianos y los positivistas, que creían que el krausismo estaba desfasado y se mostraron mucho más virulentos en la lucha ideológica.

Precisamente en esa época se daría a conocer un joven prodigio, Marcelino Menéndez Pelayo —que, en 1876, tenía 20 años—, al erigirse en portavoz de los neocatólicos. Menéndez Pelayo intentó ganar notoriedad polemizando con Gumersindo de Azcárate, uno de los más brillantes representantes de la escuela krausista, pero Azcárate se negó a discutir con un novicio, por muy genial que éste fuera.[19] En lo que se ha venido a llamar la disputa de la ciencia española, Menéndez Pelayo tuvo como adversarios a hombres de mucho talento; de todo ello extraería material para dos libros, que le dieron a conocer como uno de los intelectuales más dotados de su tiempo, *La ciencia española* (1876) e *Historia de los heterodoxos españoles* (1880). Las tesis que desarrolla en estas obras serían durante años la referencia obligada del pensamiento conservador en España, y durante el régimen franquista recibirían su consagración oficial.[20] Una frase de Gumersindo de Azcárate resumía

18.   Expoliada por el régimen franquista, que veía en ella uno de los focos más importantes de subversión ideológica —¡en la misma época se tachaba a la Institución Libre de Enseñanza de ser una peligrosa sociedad secreta!—, la Residencia de Estudiantes ha vuelto a recuperar su autonomía y a reemprender las actividades después del restablecimiento de la democracia. Bajo la dirección de José García Velasco, vuelve a ser, como antaño, un núcleo dinámico de vida intelectual y artística.

19.   Cinco años después, Menéndez Pelayo necesitó de una dispensa para poder acceder a una plaza de profesor en la universidad. ¡Todavía no tenía 25 años! Algunos meses más tarde, fue elegido miembro de la Real Academia Española.

20.   A decir verdad, las tesis de Menéndez Pelayo eran menos originales de lo que se decía. El autor se limitó a retomar y desarrollar, con gran talento y apoyándose en su erudición, los argumentos con los que los autores reaccionarios, desde Joseph de Maistre y Bonald, se habían opuesto a la secularización del pensamiento, al cartesianismo, a la Ilustración y a la filosofía del progreso...

el meollo del debate: durante trescientos años, en España, el pensamiento se ha visto asfixiado. Menéndez Pelayo tomó estas palabras al pie de la letra: ¿cómo los krausistas y los positivistas podían ignorar el esplendor del siglo de oro? Por su odio al catolicismo, habían acabado negando las páginas más bellas de la historia de España y sus glorias artísticas. En realidad, los adversarios de Menéndez Pelayo jamás habían dicho semejante cosa, sino que únicamente se habían interrogado sobre las causas de la decadencia española en el siglo XVII, como también lo había hecho en el mismo momento Cánovas del Castillo, que era historiador antes que político,[21] cosa que no constituía un mal punto de partida. En efecto, fue en el siglo XVII, con el mecanicismo, cuando se produjo la revolución científica que daría paso al mundo moderno, pero España casi no participaría en esa aventura intelectual. Buscando las razones de ese aislamiento los krausistas y positivistas cuestionaron el despotismo político y la intolerancia religiosa, la segunda más que el primero, pero tuvieron cuidado de distinguir que en España se había producido un retraso mucho más manifiesto en el ámbito científico que en el literario. En España resultaba difícil encontrar sabios de la talla de un Galileo, un Descartes o un Newton. La intolerancia, encarnada por el poder teocrático y la Inquisición, impidió que la ciencia se pudiera desarrollar. A eso, Menéndez Pelayo replicó que lo que aquellos eminentes filósofos les reprochaban a los sabios españoles —que los había habido, y muy estimables— era su catolicismo y que escribieran en un régimen de unidad religiosa y monárquico: la Inquisición jamás había encausado a las ciencias que no afectaban al dogma; jamás había prohibido libros que resultaran útiles; jamás había perseguido a los sabios; negarse a admitir que el catolicismo era algo consustancial a España equivalía a excluirse de la comunidad nacional: los heterodoxos eran extranjeros en España.[22]

La disputa sobre el evolucionismo prolongó el debate y lo extendió a las relaciones entre la ciencia y la religión. La obra de Darwin había empezado a conocerse en España a partir de 1867.[23] El evolucionismo se fue afianzando como la filosofía natural del mundo moderno y del progreso. En los medios anticatólicos, se intentaba reforzar la idea de que ciencia y religión eran incompatibles. Sin embargo, los krausistas y los positivistas adoptaron posturas diferentes: los primeros estaban más bien en la línea de Spencer, quien no excluía un cierto espiritualismo, mientras que

---

21. A Cánovas se le debe, especialmente, un notable trabajo sobre los Austrias españoles, *Esbozo histórico de la Casa de Austria en España*.

22. En 1894 Menéndez Pelayo abordaría de nuevo esta cuestión con más serenidad. Sin citar a Marx, al que probablemente ignoraba, parecía estar de acuerdo con él sobre un punto: la humanidad sólo se plantea los problemas que puede resolver; la mala suerte había querido que el gran momento de la expansión científica en Europa hubiera coincidido con la decadencia económica española. Yendo aún más lejos, Menéndez Pelayo admitía que España, efectivamente, no había participado en la revolución científica y daba de ello una explicación que no carece de valor: en España, en los siglos XVI y XVII, se suscitó un gran interés hacia las aplicaciones prácticas de la ciencia, por lo que se descuidó la investigación básica.

23. Aquel año apareció en Barcelona una traducción abreviada de *El origen del hombre*; en 1877 se publicó *El origen de las especies*. La editorial Sempere, de Valencia, fundada con el apoyo del novelista Vicente Blasco Ibáñez, puso en marcha ediciones populares a buen precio. En el mismo sentido, es de destacar el entusiasmo con que los liberales recibieron, en 1876, la traducción del libro de J. W. Draper, *Historia de los conflictos entre la religión y la ciencia*; de él se hicieron también numerosas ediciones y cada ejemplar costaba una peseta.

los segundos, así como los republicanos, se entusiasmaron con los trabajos de Haeckel, abiertamente materialista. También el darwinismo, con su teoría sobre la lucha por la vida y de la selección natural, pasó a constituir una garantía para las teorías sociológicas favorables al capitalismo, al nacionalismo e incluso al racismo, lo que suscitó reacciones en medios de la izquierda.[24] Sin embargo, en general la obra de Darwin se interpretó como una confirmación de las tesis que existían sobre el retraso científico de España: dicho retraso se debía al hecho de haberse rechazado la Reforma protestante, a la Inquisición, «que había eliminado a numerosos hombres de ciencia» y a las congregaciones religiosas, que adoctrinaban a la juventud.[25] En 1877 la condesa de Pardo Bazán, novelista de talento, expresó el desconcierto de los católicos: en lo más profundo de su ser, muchos de éstos tenían miedo a que la evolución estuviera basada en la observación de los hechos, ya que ello llevaría a un conflicto entre la fe y la razón. No obstante, la Pardo Bazán se mostró más perspicaz que Menéndez Pelayo, al sugerir que el darwinismo no era sólo una teoría científica, sino que también constituía una metafísica que pretendía explicarlo todo. Esta distinción entre el evolucionismo como doctrina podía reducir el conflicto entre la ciencia y la religión, ya que permitía que los católicos aceptaran la evolución en tanto teoría científica y la rechazaran como sistema de explicación filosófica. Por la misma época, el ex krausista Manuel de la Revilla sugirió una especie de división de las tareas: la religión debería atenerse al ámbito de lo incognoscible y la ciencia al mundo de los fenómenos; pero el conflicto se produciría, igualmente, debido a que los teólogos quisieron manipular la biología, la geología, la física y la química, y la ciencia pretendió erigirse en metafísica. Estos debates, que tuvieron su equivalente en otros países europeos, en España adquirieron un matiz apasionado debido al lugar que ocupaba la Iglesia en el estado y en la sociedad. Cualquier cuestionamiento de los privilegios eclesiásticos, cualquier denuncia del clericalismo y cualquier crítica de las formas más anquilosadas del catolicismo español, aunque las críticas procedieran de personas impregnadas de la más auténtica religiosidad, suscitaban las reacciones indignadas de la Iglesia y de los medios conservadores. De este modo, se puede explicar la violencia de los ataques de que fue objeto un hombre como Benito Pérez Galdós, que nada tenía de impío, en su enfrentamiento no tanto contra el catolicismo, sino contra los neocatólicos, es decir, contra lo que podríamos llamar el partido clerical. Se trataba más bien de una cuestión política y no de un problema ideológico: la primera representación del drama de Benito Pérez Galdós, *Electra*, en Madrid, el 30 de enero de 1901, provocó un escándalo: en ella el autor ponía en escena a una joven perseguida por el fanatismo y el oscurantismo, y defendida por un personaje que representaba la tolerancia, la razón y el progreso; los neocatólicos opinaron que la obra constituía un ataque inadmisible contra la religión, y sus adversarios replicaron organizando violentas mani-

---

24. Véase la refutación del darwinismo social llevada a cabo por el anarquista Anselmo Lorenzo, en *Refutación de un sofisma* (1886): la selección natural no se puede aplicar a las sociedades humanas; en éstas, no son los individuos más fuertes y más inteligentes los que acceden al poder, a la riqueza y a la ciencia, sino los privilegiados por nacimiento y por la fortuna.
25. Palabras pronunciadas por el profesor Peregrín Casanova durante las ceremonias que se organizaron en Valencia, en febrero de 1909, para conmemorar el centenario del nacimiento de Darwin.

festaciones anticlericales por todo el país.[26] ¿Y qué decir del anticlericalismo vulgar, el que desarrollaba la prensa especializada, como el semanario *El Motín*? En ella se publicaban, en forma de folletín, novelas que describían la vida secreta de los conventos, los crímenes y las depravaciones de curas y monjas.[27] Lerroux, en Barcelona, y Blasco Ibáñez, en Valencia, alentaban al mismo tiempo el anticlericalismo y el sentimiento antirreligioso, lo que provocó la indignación de Unamuno; en Valencia, los republicanos intentaron arrancar del alma del pueblo cualquier creencia en el más allá: para eso sirvieron aquellas bibliotecas populares que difundían una pseudociencia compuesta de todos los detritus del enciclopedismo. Ese anticlericalismo grosero era la manifestación degradada de la condena que una parte de las elites volcó contra la Iglesia y contra el catolicismo. Su fuerza se mediría más tarde durante la Segunda República.

El conflicto del krausismo contribuyó a modificar los contactos intelectuales entre Francia y España, así como la imagen recíproca de ambas naciones. Desde el 2 de mayo de 1808, las ideas francesas eran sospechosas en España. Los medios conservadores tenían tendencia a juzgarlas como peligrosas *a priori*, y ello constituía un pretexto para condenar el liberalismo, la libertad de cultos y la libertad de pensamiento, como uno de tantos artículos importados contrarios a la tradición nacional. Esta fue la postura que adoptó Menéndez Pelayo en sus obras de juventud: en ellas culpaba a Francia de intentar acabar con el catolicismo y con el genio nacional de España; en su opinión, la influencia cultural de Francia pervertía los valores auténticamente españoles. No obstante, no deja de ser paradójico que, para combatir la influencia francesa, Menéndez Pelayo extrajera lo más esencial de su información de libros franceses...[28]

Este recelo hacia Francia venía a reforzar las tendencias que aparecieron en los últimos años del siglo XVIII. Como ya hemos visto, Lessing y Herder iniciaron una rehabilitación de la literatura española, que, según ellos, no merecía el menosprecio que le demostraban los admiradores del clasicismo francés. Las guerras napoleónicas contribuyeron a que se produjera el nacimiento de un sentimiento nacional tanto en Alemania como en España. El romanticismo compartía ese mismo talante: invitaba a los españoles a que se sacudieran la tutela cultural de Francia, aunque a menudo fueron los propios románticos franceses quien suministraron los principales argumentos para rechazar el clasicismo francés. El conocimiento de los libros alemanes llegó a España a través de las obras de madame de Staël, de Benjamin Constant, de Nodier, de Quinet... Efectivamente, en general, en España se leía muy poco alemán. La *Historia de Roma*, de Mommsen, se traduciría al español a partir de su

---

26. Un incidente acontecido unos meses antes contribuyó a envenenar la situación y a que la obra de Galdós cobrara una gran actualidad: la opinión pública se había sentido conmovida ante los problemas de una joven de la alta burguesía madrileña, a la que su confesor, un jesuita, había persuadido de entrar en un convento, con su dote, contra la voluntad de su familia.

27. Los títulos de esos folletines hablan por sí solos: *La lujuria en los conventos*, *El amor en el interior de los conventos*... En ellos se hablaba de pasadizos subterráneos que permitían pasar desde un convento masculino a otro femenino, etc.

28. En sus obras de madurez (por ejemplo, en *Historia de las ideas estéticas*), matizó esos juicios. Seguía detestando a Voltaire, aunque lo admiraba como escritor, pero le gustaba mucho André Chénier y sentía profunda admiración por los clásicos (Racine), por los enciclopedistas (especialmente por Diderot) y por los pensadores más recientes: Victor Cousin, Proudhon, Sainte-Beuve, Taine (en quien se inspiró bastante), e hizo justicia a los románticos franceses.

versión francesa. En 1814 un cónsul alemán en España, J. N. Böhl de Faber, tradujo las *Reflexiones de Schlegel sobre el teatro*, obra en la que se emitían juicios positivos sobre la comedia española del siglo de oro. Grimm, F. Diez y von Schack desarrollaron estos puntos de vista. Esta exaltación de España por parte de Alemania no fue algo inocente, sino que se inscribía en el contexto de la época, en el brote de los nacionalismos que suscitaron las guerras de Napoleón. Shakespeare y Calderón luchaban contra Racine mientras Wellington y los guerrilleros se batían contra Bonaparte. De este modo se puede entender mejor la corriente germanófila que se desarrollaría con el krausismo.

A la sazón, Alemania conocía un momento de extraordinaria influencia en toda Europa gracias al prestigio de sus filósofos, de sus historiadores y de sus eruditos. Este influjo se hizo aún más acusado después de la derrota de Francia en 1870. Parecía como si el mundo anglosajón marcara el compás en todos los ámbitos; Alemania fue la principal beneficiada de un apasionamiento que acabó irritando, en España, a un Menéndez Pelayo, el cual, sin embargo, se mostraba más que receloso respecto de Francia. Con un artículo de 1876, cuyo título resultaba muy significativo, «M. Masson redivivo», el más eminente de los intelectuales tradicionalistas empezó una campaña contra el cientificismo representado por la *Revista Contemporánea*, publicación destinada a dar a conocer en España el pensamiento alemán y en la que se podían leer regularmente artículos sobre Kant, Heine, Schopenhauer, ciencias naturales, historia, etc. A Menéndez Pelayo esta invasión de las ideas alemanas le parecía tan perniciosa como la de la ideología francesa de la Ilustración. Aún podemos añadir una nueva paradoja en todo este asunto: aunque los tradicionalistas españoles denunciaban la influencia deletérea del deísmo francés, a menudo ellos se nutrían de autores franceses o de expresión francesa, como Bonald, Joseph de Maistre, Taine... Por otro lado, en la reforma de los estudios teológicos que se llevó a cabo en 1845, la mayor parte de los manuales que se recomendaban eran franceses.

A pesar de que Francia siguió atrayendo la atención de las elites, su influencia dejó de ser exclusiva. Cada vez más, los españoles se empezaron a interesar por lo que se hacía en otros lugares, como en Inglaterra, por ejemplo, país cuyos métodos educativos a finales del siglo XIX inspiraron mucho más a los reformadores que los que estaba elaborando Félix Pécaut; asimismo, sería en Alemania en donde los futuros maestros de la universidad española —José Ortega y Gasset, Américo Castro...— completarían su formación gracias a las becas de estudios que pondría a su disposición la Junta para Ampliación de Estudios.

No obstante, la influencia alemana fue más aparente que real: los españoles sentían admiración por la ciencia y la técnica alemanas, pero tenían más afinidades con Francia, que, por su parte, comenzaba a interesarse por la nación vecina.

Esa evolución se debía en gran parte al desarrollo del hispanismo francés. La primera generación de hispanistas estuvo impregnada de romanticismo: Louis Viardot (1800-1883) constituyó su representante más genuino. En 1823 se enroló en la expedición de los Cien mil hijos de san Luis, aunque en la intendencia, ya que sus convicciones liberales le prohibían luchar directamente a favor del absolutismo... A su regreso a París, se alió con los liberales españoles en el exilio, y se casó con una española, la cantante Paulina García, hermana de la Malibran (María de la Felicidad García); publicó trabajos sobre la historia y la literatura españolas y una traducción del *Quijote*, que aún hoy en día goza del aprecio de los especialistas en el tema. De la misma generación fueron François Mignet (1796-1884), autor de una obra sobre Felipe II, en la que, pese a sus escrúpulos de historiador (había frecuentado los archivos de Simancas), no se desvinculó de los prejuicios heredados de la leyenda negra: para él, Felipe II seguía siendo un personaje odioso, fanático y cruel. A mediados de siglo, siguiendo el ejemplo de Alemania, Francia quiso profundizar en la erudición y renovó sus métodos de investigación, especialmente en los ámbitos de las ciencias históricas y la filología. En esta nueva vía se hicieron rápidos progresos. Alfred Morel-Fatio (1850-1924) fue el auténtico fundador del hispanismo francés. Antiguo alumno de la École des Chartes, a partir de 1885 impartió su enseñanza en el Collège de France, y luego en la École Pratique des Hautes Études, en donde formó a generaciones de estudiantes en los métodos y las técnicas de la filología aplicados al estudio de la literatura española. En esa misma época se crearon cátedras de español en las universidades francesas, en Toulouse (1896) y Burdeos (1898), respectivamente ocupadas por Ernest Mérimée, primo de Prosper, y por Georges Cirot. En 1899 se estableció una agregación de español, y también en el mismo año apareció el primer número del *Bulletin Hispanique*. Estas iniciativas se llevaron a cabo con segundas intenciones políticas. Desde 1890, los universitarios franceses venían protestando contra la discriminación de que eran víctimas las lenguas románicas en Francia, los futuros graduados sólo podían elegir entre el alemán y el inglés: «siempre es del norte, y sólo del norte, de donde nos llega la luz; el mundo civilizado acaba en los Alpes y África empieza en los Pirineos», se lamentaba Foulché-Delbosc. En el primer número del *Bulletin Hispanique*, el historiador Imbart de la Tour precisó los objetivos de dicha publicación: se trataba de llegar a «un acuerdo intelectual con España» y formar un bloque de países latinos frente al mundo anglosajón; Francia tenía que interesarse por los «pueblos que no han hecho del culto a la fuerza o al dinero su suprema religión». Imbart proseguía: «Este acuerdo intelectual entre España y nosotros se impone como el preludio del acuerdo comercial y político».

También había españoles que compartían estos desvelos. Unamuno clamaba contra la civilización técnica —¡la *Kultur*!— de los prusianos, que habían llevado la química a la droguería y la mecánica a la ingeniería: «la técnica puede producir estados fuertes, pero no crear pueblos libres y conscientes de su libertad». Rafael Altamira desarrolló un pensamiento parecido e insistió en la diferencia entre civilización y cultura: una nación puede estar muy dotada para la ciencia y la técnica, y, al mismo tiempo, volverse de espaldas a la civilización, que supone un progreso moral y sentimientos de humanidad. En el marco de estos condicionamientos, resulta más fácil de entender la división que se produjo, durante la guerra de 1914-1918, entre aliadófilos y germanófilos. Fuera cual fuera el prestigio que tenía Alemania entre las clases intelectuales, su victoria sería la de la «barbarie teutona» sobre la «civilización democrática».[29] Quedaba aún por combatir un prejuicio: según los conservadores españoles, la Francia en guerra era la misma que la de Voltaire y Renan, la de la separación entre la Iglesia y el estado, la del Folies-Bergère... precisamente para combatir esa imagen de una Francia antirreligiosa y frívola se envió a España una misión en 1916. Conducida por Bergson, en ella había representantes de la

---

29. Palabras de Araquistáin en la revista *España*, citadas por Antonio Elorza, *La razón y la sombra*, Barcelona, 1984, p. 92.

Academia francesa, de la Academia de Ciencias Morales y Políticas (Imbart de la Tour) y de la Academia de Bellas Artes (Charles-Marie Widor). Se trataba de mostrar que Francia y España coincidían en el culto a los valores espirituales y que, en el conflicto en curso, Francia defendía la civilización contra la barbarie, el derecho contra la fuerza, el espíritu contra la materia. Con ocasión de esta misión, se decidió fundar en Madrid un establecimiento parecido a las Escuelas francesas de Atenas y Roma. Ya desde 1909 existía una Escuela de Altos Estudios Hispánicos, pero era un instituto de la Universidad de Burdeos, y había sido creada a iniciativa del arqueólogo Pierre Paris. Se amplió también con una sección artística, que sería el equivalente de la Villa Médicis para formar un establecimiento original, la Casa de Velázquez, que, a diferencia de sus predecesoras, las Escuelas de Atenas y de Roma, no se centró en el estudio del pasado, sino que estaba enfocada al presente, es decir, a las «cuestiones obreras, económicas, reformas sociales», etc. (P. Paris).

VASCOS, CATALANES Y GALLEGOS

En Europa, entre 1850 y 1920, aparecieron dos tendencias contradictorias. Los reinos, principados y las ciudades de Alemania e Italia se constituyeron en estados unificados, mientras en la misma época los pueblos que formaban el imperio austro-húngaro aspiraban ser, o volver a ser, naciones independientes. Por un lado, se observa una tendencia hacia la unidad, y, por otro, un aumento de los separatismos. A finales del siglo XIX, la España de la Restauración estaba en el segundo grupo. Desde ese momento, los nacionalismos no dejarían de dividir a la opinión pública y a las fuerzas políticas, y, todavía hoy, el del nacionalismo es el problema más serio que tiene que afrontar la democracia española. ¿Cómo se explican esos movimientos a finales del siglo XIX?

En 1875 dicho problema aún no se había suscitado. Ciertamente, con el advenimiento de los Borbones España rompió con una tradición política. Felipe V llevó a cabo lo que ni los Reyes Católicos, ni los Austrias habían querido o podido hacer: fundir los territorios de la monarquía en un cuerpo homogéneo, y ese nuevo edificio —la Nueva Planta— no suscitó ninguna oposición. En el siglo XVIII, se podía hablar de un patriotismo español unitario cuya solidez se podría medir entre 1795 y 1814: la guerra de la Independencia constituyó una auténtica guerra nacional contra el invasor francés. Las Cortes de Cádiz eran unitarias: proclamaban la soberanía nacional sin distinguir entre las particularidades regionales. «Diputado destacado en las Cortes de 1812, la personalidad de Capmany expresaba muy bien la síntesis que, desde la pequeña patria hasta el gran Imperio español, definió la reacción nacional contra Napoleón, en los medios de la burguesía catalana de 1808» (Pierre Vilar).[30] El decreto de 30 de noviembre de 1833, que dividió a España en provincias, no provocó ninguna reacción. A pesar de que el carlismo se alimentaba de una ideología política radicalmente opuesta al liberalismo, la defensa de los fueros no parecía constituir una de sus reivindicaciones esenciales. Lo mismo se puede decir del federalismo de Pi y Margall, en 1873, ya que éste no sólo no alentaba al separatismo, sino que se avenía

---

30. En lo esencial, a partir de ahora seguiremos la tesis de Pierre Vilar en *Cataluña en la España moderna*. Salvo indicación en contra, las citas están extraídas de esta obra.

con una estructura que permitiera que Portugal se asociara con España en una unión ibérica todavía por definir. Tanto el carlismo como el federalismo republicano eran hostiles al centralismo, pero no cuestionaban la unidad nacional. La Constitución de 1876 restableció las ideas de los liberales: en ella se consagraba la unidad de España. Así pues, el particularismo de las Provincias Vascongadas y de Navarra ya no tenía razón de existir, y sólo subsistiría en forma de conciertos económicos cuyo principio se fijó en 1878: el estado fijaría el montante global de los impuestos que debían pagar las Provincias Vascongadas y Navarra, y éstas tendrían libertad para determinar los impuestos y también se encargarían de recaudarlos.

El fenómeno conocido como la *Renaixença* catalana se englobaba dentro de los límites de las corrientes que se manifestaron por toda Europa, en la estela del romanticismo: se trataba de hacer revivir las culturas regionales y de redescubrir el pasado, las tradiciones y el folclore de las provincias. En Cataluña estos esfuerzos tenían mucho éxito. El catalán —que nunca había dejado de hablarse y escribirse— corría el peligro de transformarse en un dialecto, y la *Renaixença* lo salvó de esa degradación. En 1833 Barcelona recuperó su universidad, que estaba cerrada desde el reinado de Felipe V. En el mismo año, Aribau compuso *Oda a la patria* catalana, a la que seguirían los versos —también en catalán— de Rubió y Ors, Verdaguer, Maragall... Por la misma época Bofarull y Mascaró, y Milá y Fontanals dieron a conocer la grandeza de la Cataluña medieval, y lo mismo puede decirse de los fondos del Archivo de la Corona de Aragón, inteligentemente explotados. Cataluña había descubierto su historia y su riqueza cultural, como lo atestigua, a partir de 1840, la publicación de la Biblioteca de Autores Catalanes, réplica de la Biblioteca de Autores Españoles en la que sólo figuraban los escritores de lengua castellana. Empezaron a aparecer periódicos en lengua catalana y a representarse obras de teatro en catalán. En 1859 el ayuntamiento de Barcelona impulsó los Juegos Florales, cuya finalidad era premiar las mejores poesías escritas en lengua catalana. Pero por sí solos estos acontecimientos no habrían bastado para que se generara un sentimiento nacional, como lo demuestra el ejemplo del Mediodía francés, en donde, en esa misma época, también se celebraron Juegos Florales, se crearon escuelas literarias, etc. En Cataluña, el esfuerzo cultural y lingüístico se conjugó con la frustración de los medios dirigentes de la región. Así se pasó del provincialismo al regionalismo, y, por último, al nacionalismo.

Para Pierre Vilar, las raíces del nacionalismo catalán se hallan en la estructura de la economía española del siglo XIX. Según este autor, el nacionalismo nacería como consecuencia del desarrollo desigual y de la localización geográfica de la industria española. Durante toda la primera mitad del siglo, la industria, en España, se reducía al sector textil, y, dentro de éste, al ramo del algodón. Ahora bien, el 90 por 100 de la maquinaria de la industria algodonera estaba concentrada en Cataluña. De hecho, la industria española era industria catalana. En un primer tiempo, los industriales catalanes se limitaron a solicitar del estado español medidas para la protección de sus productos. En ese estadio, todavía no se puede percibir que hubiera un sentimiento nacionalista. Según los catalanes, «la prosperidad catalana y la riqueza española forzosamente tienen que ir de la mano». Vilar resume su postura en la fórmula: «Para y por la industria, hay que construir la nación; pero la nación española».

Sin embargo, el problema radicaba en el hecho de que «los catalanes eran los únicos que reclamaban el proteccionismo». En ello intervenía el hecho diferencial, la desigualdad en el desarrollo de las diversas regiones de España. Los catalanes disponían de una burguesía industrial moderna, emprendedora y segura de sí misma, pero esta burguesía estaba aislada en España. «El Estado español, la política española, siguen dominados por clases cuyo origen, psicología, e intereses datan de antes de la revolución industrial.» El estado y la política estaban dirigidos por los representantes de la aristocracia terrateniente, de los militares y de los funcionarios, y por especuladores que practicaban un tipo de capitalismo meramente comercial o bancario; es decir, había clase media, pero no burguesía en el sentido moderno de la palabra. Al proteccionismo que reclamaban los catalanes se opusieron los comerciantes de Cádiz, los importadores de productos manufacturados y de artículos de lujo, los exportadores de lana, de minerales, de granos, interesados todos ellos en un librecambio como el que predicaba Inglaterra. Cuanto más tiempo pasaba más se acusaban las diferencias existentes entre Cataluña y el resto del país, y las propias reivindicaciones sociales salían perjudicadas por ello. «La propaganda proteccionista ha desviado hacia Madrid una parte de la desconfianza de los obreros, ha situado la responsabilidad de las crisis fuera de Cataluña.» Al no tener de su parte a los sucesivos gobiernos de Madrid, la burguesía catalana adoptó gustosamente un aspecto progresista y se constituyó en aglutinante de la región. El proteccionismo consiguió algunas victorias, pero se trataba de unos éxitos poco duraderos y parciales: había que luchar mucho para obtener un resultado bastante pobre. Además, para el resto de España dichos éxitos no eran tales, y tampoco lograban satisfacer a la burguesía catalana, que tenía otras ambiciones, las de llegar a ser:

> Una clase dirigente coherente, organizada ... que no se contentaba con logros a corto plazo. Que no sólo ambicionaba el Estado, sus medios, su continuidad, su seguridad, sino que también necesitaba sentirse, creerse la encarnación, la fuerza viva de todo el grupo. Deseaba aglutinar a su pueblo y apelar a los grandes intereses de la patria. No obstante, al adoptar ese papel, el grupo industrial catalán fracasó en España, pero logró triunfar en su región, cuyo tradicional individualismo procedía de su descontento. El capitalismo propició que entre el conjunto del país y las regiones industriales españolas se estableciera una especie de relación de país atrasado a país económicamente avanzado, de colonia a metrópoli, con todos los resentimientos que ello suponía. Sin embargo, en España los colonizados eran los más, y a ellos pertenecía el Estado. Evidentemente, ese estado de cosas no podía durar, por lo que se produjo la escisión.

Entre 1820 y 1885 los dirigentes de la industria catalana conquistaron el mercado nacional español. Aspiraban, sin conseguirlo, a ser la avanzadilla no sólo de un estado catalán, sino de toda la nación española. «España es la nación; Cataluña es la patria», decían los románticos; a finales de siglo, se llegaría casi a decir: Cataluña es la nación; España es el estado. «La hegemonía catalana en el Estado español» seguiría siendo el sueño de Cambó hacia 1910. Se pasó del concepto de patria chica a la idea de nación, y pronto dicha nación exigiría tener su propio estado.

El nacionalismo catalán se definió entre 1885 y 1917. El papel desempeñado por la burguesía industrial seguía siendo preponderante.

> De 1885 a 1916, una cierta clase dirigente estaba convencida de que, si su espíritu mercantil triunfaba, no era gracias al mercado español, sino a pesar de las absurdas disposiciones de la política económica española. Una burguesía que, como aspiraba al Estado, alentó en su región el sueño de volver a ser una nación.

Según Pierre Vilar, estos fueron los planteamientos que caracterizaron esta etapa. Seguimos citando a Pierre Vilar: «De 1855 a 1917, una determinada clase aspiraba a disponer de un Estado, y, viéndose rechazada en sus aspiraciones de dirigir el Estado español, se replegó ... exigiendo una organización regional políticamente autónoma». Así pues, se trataba de una burguesía frustrada, y precisamente sería esta burguesía la que llevaría la iniciativa durante todo ese período. Por otro lado, no fue por casualidad que el regionalismo catalán pasara a ser nacionalismo con ocasión del desastre colonial de Cuba: con Cuba, la industria catalana perdió uno de los últimos mercados protegidos que le quedaban fuera de la península.

En 1885 Valentí Almirall presentó al rey su *Memoria para la defensa de los intereses morales y materiales de Cataluña*. En ese mismo año, como hemos dicho antes, en Cataluña reinaba mucha inquietud a causa del acuerdo comercial con Inglaterra. Las empresas marginales tenían miedo de verse abocadas a la quiebra si, debido a la competencia inglesa, se veían obligadas a invertir para aumentar su producción. En 1888 grupos de catalanistas pidieron que se reinstaurara la situación anterior al advenimiento de los Borbones: la nación catalana —así se dijo— tenía que recuperar sus Cortes libres e independientes, que serían abiertas por el jefe del estado o por su representante. Cataluña tenía que disponer, como en el pasado, de autonomía interna, y el catalán tenía que volver a ser la lengua oficial del país; sin embargo, en estos postulados aún no había separatismo. El cambio de rumbo se podría situar en 1892, cuando Enric Prat de la Riba, quien ya había promovido algunas instituciones culturales, como el Centre Escolar Catalanista y el Institut d'Estudis Catalans, creó la Unió Catalanista. Bajo su impulso, se reunió, en Manresa, una asamblea que redactó el programa del catalanismo político: pedía la creación de una España federal en la que Cataluña fuera autónoma, en cuanto a su administración interna, con su propia moneda. Por último, en 1901, se creó la Lliga Regionalista, partido político al servicio del catalanismo, que disponía incluso de un órgano de prensa propia, *La Veu de Catalunya*, semanario fundado en 1891 y que pasó a ser diario en 1899. A partir de ahí, el catalanismo se desarrollaría en tres frentes: en el doctrinal, el político y el cultural.

Prat de la Riba expuso la teoría catalanista en su libro, *La nacionalitat catalana*, publicado en 1906. En su obra, señalaba el papel que habían desempeñado las desigualdades y las diferencias de las estructuras sociales en la formación de un sentimiento de frustración en el pueblo catalán. También describía las etapas del nacionalismo: la fase del provincialismo, el momento en que Cataluña empezó a salir de su letargo; el regionalismo, cuando se empeñó en restaurar su lengua, en mantener el derecho y en conservar la riqueza; finalmente, el nacionalismo. En el libro de Prat de la Riba no faltaba el anuncio de una etapa futura, la del imperialismo, con referencias a Theodore Roosevelt y a Joseph Chamberlain, en la que Cataluña cumpliría con su vocación de expandirse, especialmente en los lugares de habla catalana, como las Baleares y Valencia.

Si Prat de la Riba fue el teórico del catalanismo, Francesc Cambó constituyó su jefe. La Lliga Regionalista obtuvo sus primeros éxitos electorales en 1901, cuando Cambó entró a formar parte del Consell municipal de Barcelona. En 1904 sugirió a Maura, presidente del gobierno, una visita de Alfonso XIII a Cataluña. Dicha visita le dio ocasión de pronunciar, ante el rey, un discurso firme, pero respetuoso en la forma, en el que se exponían las reivindicaciones catalanas. Cambó se impuso como el jefe de la Lliga y fue elegido diputado en 1907. Maura intentó aproximarse a él, pero la Semana Trágica de Barcelona provocó la caída del gobierno y favoreció el ascenso de la oposición republicana. Cambó fracasó en su tentativa de ocupar la alcaldía de Barcelona, en la que se instaló el radical Alejandro Lerroux. Los catalanistas siguieron combatiendo. En 1913 lograron que se creara una especie de federación regional, la Mancomunitat —organismo común a las cuatro provincias catalanas (Barcelona, Tarragona, Lérida y Gerona)—, que aspiraba a imponer una política de progreso económico y cultural, según la fórmula de Josep Puig i Cadafalch: «Había dos soluciones; la solución rusa: todos pobres, y la solución norteamericana: todos ricos; y ésta es la que Cataluña debe tener en cuenta». En las Cortes Cambó se erigió en portavoz del catalanismo, esperando entrar a formar parte del gobierno de Madrid, pero los partidos tradicionales lo impidieron. Cambó no dudó en expresar su amargura: la Lliga, tanto vocacional como temperamentalmente, era un partido de gobierno, y la ceguera de la clase política y su incapacidad para modernizar España la condenaban a mantenerse en la oposición. Cambó se aprendió la lección: no se podía esperar nada del poder central; había que actuar en Cataluña. Ya que no había podido acceder al poder en Madrid, Cambó intentó hacerlo en Barcelona. Su desilusión confirmaba las tendencias nacionalistas.

A pesar de que la Lliga Regionalista fue la expresión política de la alta y mediana burguesía catalana, también atrajo a una parte del campesinado y de los medios católicos, muy vinculados a su patria de origen, y a su lengua y su cultura. A finales del siglo XIX, Josep Torras i Bages, obispo de Vic, publicó *La tradición catalana,* con el objetivo de dotar a las reivindicaciones nacionalistas de un contenido cristiano.[31] La torpeza del poder central y de la Iglesia española, que estaba muy vinculada con él, hirieron los sentimientos de los fieles y del bajo clero. Abusando de su título honorífico de primados de España,[32] los arzobispos de Toledo se inmiscuyeron en la administración de las diócesis vascas y catalanas, y se constituyeron en agentes del nacionalismo castellano. Por ejemplo, dichos arzobispos recomendaban que se enseñara el catecismo en castellano. De los 29 obispos que se nombraron en Cataluña entre 1900 y 1939, 18 no eran catalanes; a veces se designaba a obispos valencianos, que, aunque hablaban catalán, eran hostiles al separatismo. Como reacción se fundó una Lliga Espiritual de Nostra Senyora de Montserrat, cuyo nombre denotaba bien a las claras su objetivo: se trataba de llevar a cabo, en el plano religioso, una acción comparable con la que la Lliga realizaba en el plano político. El monasterio de Montserrat pasó a ser una de las sedes más emblemáticas del catalanismo.

Una de las tareas prioritarias que asumió la Mancomunitat fue la del desarrollo de las actividades culturales y lingüísticas. En 1912 Pompeu Fabra publicó una gramática que fijaba las normas ortográficas y la sintaxis del catalán, y en 1917 se editó

---

31.   Véase Carles Cardó, *El gran refús*, Barcelona, 1994, cuya tesis se puede resumir como sigue: el odio al catalanismo y el nacionalismo castellano apartaron a la Iglesia del pueblo catalán; la violencia anticlerical de 1936 y 1937 nunca habría llegado a ser tan grande si al clero catalán se le hubiera permitido obrar más libremente. El libro constituye un capítulo inédito de una obra sobre el nacionalismo catalán, *Historia espiritual de las Españas*, publicada en Suiza en 1945. Su autor fue un canónigo de Barcelona, discípulo de Jacques Maritain, exiliado después de la victoria de Franco. El autor había deseado que el capítulo VIII, «El gran refús», que hablaba de la responsabilidad de la Iglesia española, no se publicara hasta después de su muerte.

32.   Un título con el que los catalanes no estaban de acuerdo. Según algunos, el título de primado de España le correspondía al arzobispo de Tarragona y no al de Toledo.

su diccionario, cuyo objetivo era el mismo. En las escuelas primarias se realizaron grandes esfuerzos para la enseñanza del catalán y se pusieron en práctica los métodos pedagógicos más modernos, en particular el método Montessori. Se inauguraron bibliotecas públicas y se alentaron las actividades del Institut d'Estudis Catalans. Gracias a la generosidad de ciertos mecenas, la Fundació Bernat Metge puso a disposición del público, en lengua catalana, a los grandes clásicos de la literatura universal, incluyendo a los autores griegos y latinos. Se trataba de demostrar que el catalán era una lengua culta, apta para expresar todos los matices del pensamiento. Asimismo, se tradujo a Rilke, Gide, Ramuz, a los poetas ingleses... Todo ese impulso no tenía nada que ver con las tentativas que realizó Mistral, en Francia, para reavivar el provenzal: los catalanes no necesitaban resucitar su lengua, ni tampoco devolverle una dignidad que jamás había perdido; además, la elite nunca había dejado de hablar y escribir en catalán —Gaudí redactó en catalán los planos de la Sagrada Familia de Barcelona—. La literatura no era más que un aspecto de una vitalidad que se manifestaba en todos los ámbitos: en la arquitectura, con Gaudí, Domènech i Montaner, Josep Llimona; en la pintura, con Casas y Rusiñol; en la escultura, en las artes decorativas, etc. La Cataluña de finales del siglo XIX y principios del XX se interesaba por todo: por el impresionismo, por la música de Wagner, por el teatro de Ibsen, por la filosofía de Nietzsche...

Barcelona se convirtió en una gran ciudad cosmopolita, abierta a Europa, que atraía a los visitantes por la belleza de su urbanismo, la riqueza de sus museos, la animación de sus teatros y salas de concierto... En ella se respiraba un aire parecido al de París, Londres o Berlín. ¡Qué contraste con Madrid! En esta ciudad, hasta la última década del siglo XIX no se comenzaron a edificar, en los alrededores de la plaza de la Cibeles, inmuebles dignos de una capital: las sedes de los grandes bancos, un monumental edificio de Correos, hoteles de lujo —el Ritz, el Palace—, y una gran avenida, la Gran Vía...

No obstante, la capital de España pronto se vería superada por Barcelona, la cual, con más de un millón de habitantes, se convertiría en la primera ciudad española. Mientras que el modernismo y el cosmopolitismo se afianzaban en Barcelona, Madrid seguía fiel a formas artísticas que, a pesar de ser ciertamente originales y populares, se mantenían ancladas en la tradición nacional, como la zarzuela, que a la sazón conocía un momento de máximo esplendor. A comienzos del siglo XX, Madrid, a pesar de ser la capital y el centro de la vida política española, parecía una capital de provincias comparada con la exuberancia de Barcelona.[33] En este proceso, todos los elementos constitutivos del nacionalismo catalán se pusieron en marcha: Cataluña tomó conciencia de que constituía una comunidad distinta respecto del resto de España. Apenas un siglo antes, las glorias medievales estaban completamente olvidadas, y el catalán corría el riesgo de convertirse en un dialecto. El desarrollo desigual entre el centro y la periferia acabó engendrando una oposición basada en los intereses, y creando, en el seno del grupo catalán, una solidaridad real frente al estado español.

Se podría caer en la tentación de aplicar para el País Vasco las mismas observaciones que acabamos de emitir a propósito de Cataluña, si entre ambos las diferencias no fueran más importantes que las semejanzas. Empezaremos por estas últimas.

33. Véase el ensayo de Ortega y Gasset, *La redención de las provincias.*

En unos veinte años, a partir de 1880, Vizcaya se convirtió en la segunda región industrial de España: el desarrollo de los ferrocarriles en Europa comportó una creciente demanda de materias primas. El método Bessemer permitía abaratar los costes de fabricación del acero, siempre y cuando se dispusiera de minerales de hierro no fosforosos: las minas de Vizcaya poseían en abundancia dicho mineral, cuya calidad era, además, excelente. La explotación fue muy fácil: las minas estaban a cielo abierto y situadas en las proximidades del puerto de Bilbao. Así pues, Vizcaya tenía la fortuna al alcance de su mano. Los ingleses, que eran los principales compradores, suministraban la hulla; los altos hornos y las acerías se multiplicaron. Los bancos en seguida se sumaron al proceso: en esa época se crearon los grandes establecimientos de crédito de la España contemporánea, como el Banco de Bilbao, el Banco de Vizcaya... Bilbao, que ya contaba con una larga tradición de ciudad comercial y de centro exportador, aprovechó toda esa prosperidad que proporcionaban la industria siderúrgica y los astilleros navales. Su población creció a un ritmo de más del 3 por 100 anual: en 1920 llegó a contar con 50.000 habitantes. La burguesía bilbaína adoptó un modo de vida europeo —británico, para ser más exactos—: se vestían a la inglesa; fumaban en pipa; se cubrían con sombrero hongo y no salían nunca sin el paraguas bajo el brazo, y el fútbol empezó a hacer la competencia a la pelota vasca... ¿No sería el nacimiento del nacionalismo vasco, como en Cataluña, la reacción de una región económicamente desarrollada contra la hegemonía política del atrasado centro administrativo español? De hecho, el fundador del nacionalismo vasco, Sabino Arana, había vivido en Cataluña, por lo que tuvo ocasión de meditar acerca del ejemplo catalán antes de crear, en 1895, el Consejo Provincial de Vizcaya, esbozo del futuro Partido Nacionalista Vasco (PNV), aunque las semejanzas eran más formales que reales.

Más que del nacionalismo vasco, Arana fue el fundador del ideario *bizkaitarra*, que encontraría dificultades para implantarse en el resto de las Vascongadas y en Navarra. Las bases de este nacionalismo más revelaban un apego nostálgico por el pasado —la defensa de los fueros y de las tradiciones locales—, que unas perspectivas de futuro y una voluntad de modernización, progreso y de apertura hacia Europa. Arana pretendía crear un islote vasco al abrigo de la evolución del mundo. Era un nacionalismo que tenía muchos puntos en común con el carlismo, ya que hacía una exaltación del pasado y de la sociedad patriarcal vasca anterior a la industrialización y amenazada por ésta; asimismo, fomentaba la inquietud de las clases medias y de los campesinos hacia el auge y la organización de un proletariado de fuera de la provincia —los *maketos*, según Arana—, que manifestaba tendencias socialistas. El nacionalismo de Arana, en efecto, se mostraba abiertamente racista. Mientras los catalanes intentaban asimilar a los inmigrantes, y lo conseguirían con bastante facilidad, Arana los rechazaba: nunca serían vascos, porque, o se nacía vasco, o nunca se llegaría a serlo. Al lado del tratado de Prat de la Riba sobre la nacionalidad catalana, los textos de Sabino Arana manifestaban una pobreza de pensamiento y de inspiración alarmantes. En comparación con lo que en ese mismo momento estaba pasando en Cataluña, el nacionalismo vasco aparecía como un movimiento retrógrado y anclado en el pasado, y de naturaleza racista y clerical. Si bien el catalanismo también se apoyaba en el apego del pueblo hacia la religión y el clero locales, Prat de la Riba y Cambó siempre tuvieron mucho cuidado de no mezclar los temas: la Lliga Regionalista era un partido laico, mientras que el PNV seguiría siendo durante mucho tiempo un partido confesional —¿acaso ha dejado de serlo?—. Era una modalidad un tanto renovada del carlismo, una mezcla de ideas arcaicas, de clericalismo y de reivindicaciones de apariencia moderna: la restauración de una autonomía mítica. Hablando con propiedad, diremos que el PNV no tenía un programa concreto, exceptuando su reivindicación en favor de la independencia, sino que era un movimiento que tendía a identificarse con la sociedad vasca frente a todo lo que le era extraño, tanto para bien como para mal.[34] Vizcaya no podía apelar, como sí lo podía hacer Cataluña, a una cultura autóctona. La lengua vasca distaba mucho de tener la riqueza y la flexibilidad del catalán. Desde la Edad Media, las provincias vascas siempre habían estado unidas a Castilla, y no podían lamentarse, como Cataluña, de haber sido víctimas de ningún tipo de discriminación, ya que habían conservado sus fueros en el siglo XVIII, y, aunque los perdieran después de las guerras carlistas, al menos siguieron gozando de un régimen fiscal privilegiado —los conciertos económicos—. Más que de nacionalismo, en lo referente al País Vasco se podría hablar de un particularismo exacerbado, que, sin embargo, consiguió atraer a una parte de la población.

Al contrario de lo que sucedió en Cataluña y Vizcaya, Galicia permaneció al margen del proceso de industrialización: era una región pobre, con una población de campesinos y pescadores, a los que no llegaba a poder alimentar convenientemente. La emigración hacia las ciudades y al extranjero —Europa y América—, sólo representaba una solución parcial al problema. Aquellos que se quedaban en el país vivían en pequeñas propiedades arrendadas o subarrendadas. La influencia que ejercían la Iglesia y los monasterios era aplastante, y el caciquismo constituía una plaga endémica. Sin embargo, Galicia tenía su propia personalidad: suscitaba una especie de patriotismo local, y aquellos que se habían visto alejados de su país por la miseria soñaban con volver a él algún día, con o sin fortuna. También Galicia tuvo su *Rexurdimento*, cuyo punto de partida se podría situar en 1828, año en el que Nicomedes Pastor Díaz publicó su gran poema en gallego, *A Alborada*. Los historiadores y los folcloristas dieron a conocer los textos antiguos y las leyendas tradicionales, y a partir de 1861 La Coruña empezó a organizar Juegos Florales. La poetisa Rosalía de Castro devolvió al gallego una dignidad literaria perdida desde hacía mucho tiempo. En 1889 se constituyó un partido regionalista en torno a Manuel Murguía, y, algo después, en 1889, Alfredo Brañas, profesor de la Universidad de Santiago de Compostela, publicó *El regionalismo*, manifiesto con algunas influencias carlistas y en el que se expresaba el deseo de un estado gallego autónomo; no obstante, estas reivindicaciones no se concretarían hasta una veintena de años después.

Otros movimientos, como Solidaridad Gallega, Unión Campesina y Acción Gallega también se esforzaron en arrancar a la región de la mediocridad en que vegetaba y en mejorar la suerte de sus habitantes. En 1916 Antonio Villar Ponte fundó, en La Coruña, A Irmandade da Fala, cuyos miembros se comprometían a hablar en gallego entre ellos y a promover su lengua. Dos años después, en Lugo, una asamblea se puso como objetivo el conseguir una autonomía total para Galicia, definida como una nación que deseaba afirmar su personalidad en el conjunto español.

---

34. La bandera vasca —*ikurriña*— fue una creación de Sabino Arana: una cruz blanca —símbolo de la fe cristiana— sobre un fondo rojo, acompañada del roble de Guernica —en verde— y de la cruz de San Andrés —también en verde—, que conmemoraba la victoria de los vizcaínos sobre las tropas de León, en la Edad Media.

A comienzos del siglo XX, surgieron otros movimientos regionalistas de menor envergadura. En un antiguo territorio de la corona de Aragón, en Valencia, el doctor Barberá publicó, en 1909, un libro en forma de manifiesto, *Del regionalismo y de la cultura valenciana*, y en 1918, se constituyó la Unión Valencianista Regional. En Andalucía —región que no tenía ningún precedente histórico que invocar en apoyo de una reivindicación autonómica— se produjo un fenómeno análogo. En esa región, fueron precisamente las estructuras económicas y sociales las que estuvieron en el origen del movimiento en favor de la autonomía: los latifundios, las minas explotadas por el capital extranjero y el fracaso de una industrialización que habría podido dar trabajo y medios de vida a una tierra superpoblada permitieron que los proyectos de Blas Infante pudieran entenderse. Su *Teoría de Andalucía* (1915) sugería la creación de una región original en la que los pequeños propietarios pudieran hacer frente a los grandes y en donde los ayuntamientos autónomos estuvieran en condiciones de servir de contrapeso a los caciques. En Ronda (1918) y Córdoba (1919) se celebraron reuniones en este sentido... Se ambicionaba que España gozara de una estructura federal, en la que Andalucía —con su bandera blanca y verde— pudiera acceder a una autonomía relativa.

Así pues, los nacionalismos que vieron la luz a fines del siglo XIX tenían una naturaleza bien distinta. Parece difícil encontrar en ellos puntos comunes, exceptuando la aspiración general a la autonomía, incluso a la independencia. De todos estos movimientos, sólo el catalanismo podía apelar a unas raíces históricas incontestables: sólo Cataluña tuvo, en un pasado relativamente próximo, hasta los comienzos del siglo XVIII, un estatuto político que hacía de ella una nación asociada en la confederación española, tal como la concibieron los Reyes Católicos y los Habsburgo. Cuando quiso volver a recuperar dicho estatuto, lo hizo fundamentándose en unas bases económicas modernas, y en una lengua y una civilización propias y brillantes. Y ese no fue el caso ni de las Provincias Vascongadas, ni de Galicia, ya que siempre estuvieron integradas en el reino de Castilla, y aunque contaron con instituciones propias, éstas no les confirieron una clara personalidad jurídica. En estas regiones, la aspiración a la autonomía tenía bastante que ver con una reacción ante el centralismo castellano, como el que instauraron los liberales a mediados del siglo XIX. Como ya hemos visto antes, los gobiernos moderados alentaron la formación de una conciencia nacional, que la *Historia general de España* de Lafuente se encargó de hacer llegar al gran público. Sin embargo, aunque ese patriotismo español no excluyó deliberadamente las particularidades históricas de la corona de Aragón, de hecho, las subestimó o ignoró, en beneficio de una construcción de la nación en la que Castilla ocupaba el primer lugar. La generación del 98 acentuó esta tendencia, dando preferencia a Castilla y a los valores castellanos, sin agresividad respecto a los catalanes, como si ello fuera algo natural. Los grandes historiadores del siglo XX —Ramón Menéndez Pidal y Sánchez Albornoz, entre otros— dieron a ese nacionalismo español su configuración definitiva: la de un nacionalismo castellano. Esta evolución tendría graves consecuencias, ya que, por su causa, a finales del siglo XIX, una gran parte de las clases medias y casi todo el ejército se pondrían en contra de las reivindicaciones de vascos y catalanes, puesto que verían en ellas un atentado contra la unidad nacional.

ANARQUISTAS Y SOCIALISTAS

La época de la Restauración coincidió con una serie de transformaciones en la economía, que se podrían reagrupar en torno a dos características: la industrialización de ciertas regiones y el desarrollo de la producción agrícola. Las consecuencias de ello fueron de dos clases: una proletarización creciente de los trabajadores, sometidos a unas condiciones de vida extremadamente precarias, y la aparición de un movimiento obrero de masas, dividido en tendencias rivales: los anarquistas y los socialistas. A comienzos del siglo XX, de un total aproximado de unos veinte millones de habitantes, la población activa en España estaba en torno a los ocho millones, de los cuales había unos dos millones de obreros agrícolas y medio millón de empleados en la industria y los transportes, el resto pertenecía al sector servicios, en particular al del servicio doméstico. Estas cifras dan una idea de lo que era la economía española, en la que el sector agrario seguía siendo mayoritario.

La producción agrícola aumentó hacia finales del siglo XIX, como también lo hizo la productividad en términos absolutos, pero aún estaba lejos de alcanzar la media europea. Las naranjas, el aceite y el vino representaban una quinta parte de las exportaciones. El sector vinícola, en particular, tuvo un gran crecimiento y llegó a suponer casi dos millones de hectáreas cultivadas. En los años 1871-1880 España ocupaba el segundo lugar en el mundo, el primero era para Francia, en las exportaciones de vino. A partir de 1878 los viñedos franceses fueron atacados por la filoxera, y España, que ya exportaba mucho jerez a Gran Bretaña, empezó a exportar a Francia grandes cantidades de vino, de alta graduación alcohólica, que los franceses utilizaban para tratar sus caldos. Esta demanda supuso la prosperidad para La Mancha, que se convirtió en una de las grandes zonas productoras, la de La Rioja, en donde el marqués de Riscal desarrolló el método bordelés, mientras en Cataluña se comenzaron a elaborar los vinos espumosos —Codorníu, Freixenet—. A la sazón, España pasó a ocupar el primer puesto de la exportación mundial en el sector vinícola. Sin embargo, a finales de siglo esta expansión se frenó: Francia había reconstituido sus viñedos y empleaba los vinos de Argelia, mientras que las vides españolas sufrían a su vez el ataque de la filoxera.[35] Las exportaciones no volverían a recuperarse hasta que estallara la guerra de 1914. Una abundante mano de obra, empleada la mayor parte de las veces en trabajos de temporada y a la que se pagaban salarios irrisorios,[36] permitía que los propietarios se pudieran enriquecer sin invertir grandes sumas para mejorar y modernizar sus explotaciones. En Extremadura y Andalucía, las condiciones materiales de los campesinos eran de las más precarias: muchos se

---

35. La crisis de la filoxera está en el origen de la crisis de los *rabassaires* catalanes. En Cataluña, los contratos estipulaban que los arrendatarios no podían ser echados de las tierras que trabajaban mientras las vides estuvieran vivas (*rabassa morta*); al destruir las cepas, la filoxera creó una situación nueva, lo que fue causa de que a partir de 1890 se originaran numerosos conflictos sociales.

36. Los obreros agrícolas andaluces pedían salarios más altos, pero también exigían que se les pagara por hora y no por jornada. Esta práctica, corriente en tiempo de recolección, consistía en proponer una cantidad para segar una determinada superficie o para recoger una cierta cantidad de aceitunas. Los obreros veían en este sistema un modo para tener que trabajar más sin que se les aumentara el salario.

marcharon a trabajar al extranjero, a Francia, a África del Norte —sobre todo a Argelia, especialmente en la región de Orán— y a América. Entre 1892 y 1914 emigraron más de un millón de españoles.

Otros se fueron a las regiones industriales, a Madrid y a otras ciudades, con la esperanza de mejorar su situación y la de sus familias.[37] A esta afluencia de inmigrantes se debió el aumento de la población en ciertas ciudades y regiones. El fenómeno fue especialmente llamativo en Vizcaya, cuya población se duplicó en cuarenta años a partir de 1880, como consecuencia de una rápida industrialización. En 1900 Vizcaya era la provincia española con una mayor densidad de población: más del 80 por 100 de los mineros procedían de provincias vecinas —Álava, Navarra, La Rioja, Santander, Galicia, León, Burgos, Soria...—; había muy pocos vascos que trabajaran en las minas: la mayoría pertenecían al personal directivo o eran empleados.

La industrialización sólo implicaba a las regiones de la periferia española, destacándose tres polos: el del sector textil en los alrededores de Barcelona; la siderurgia y los astilleros en Bilbao y Vizcaya, y la minería del carbón en Oviedo y en Asturias. También eran importantes el sector minero —especialmente, la minería del cobre— en Andalucía, y algunas industrias de transformación en las grandes ciudades: Madrid, Valencia, Sevilla, Zaragoza, Málaga... No obstante, como la mayoría de las veces este crecimiento industrial se debía a una inversión del capital extranjero en suelo español, tanto la producción como los beneficios —que habían aumentado, especialmente en el sector minero— eran prácticamente exportados en su totalidad, y España casi no se benefició del desarrollo de su industria. Debido a que producía buques y material —fijo y rodante— para los ferrocarriles, la España de principios del siglo XX daba la impresión de ser un país industrializado; sin embargo, no era más que una apariencia, ya que todavía en 1913 lo esencial de su comercio exterior se limitaba a la exportación de productos del suelo y del subsuelo, y a la importación de bienes manufacturados. España seguía siendo una nación subdesarrollada y dependiente del extranjero.

Más quizá que en otros países de Europa, en España los trabajadores de las ciudades y del campo estaban sometidos a unas condiciones de vida particularmente duras, como lo atestiguan los resultados de los estudios y los informes de la Comisión Oficial de Reformas Sociales, creada en los últimos años del siglo XIX: largas jornadas de trabajo, en el campo o en talleres sin ninguna clase de instalaciones de seguridad y de higiene; salarios bajos, que no alcanzaban para comer lo suficiente, viviendas insalubres...[38] La consecuencia directa de esta situación era un índice de

---

37. Una pastoral del obispo de Ciudad Rodrigo, en 1911, ponía de manifiesto la miseria de aquellos campesinos: «¿Qué ha sido de los habitantes de estos pueblos? Han tenido que salir de sus viviendas, alejarse de los campos regados con el sudor de su frente y emigrar muchos de ellos, maldiciendo quizá en su interior a la patria que los vio nacer y no les facilita un pedazo de tierra para sustentarse; y eso que, al levantar sus ojos para despedirse de las llanuras de Castilla, han visto quizá terrenos incultos que les hubieran proporcionado pan y trabajo».

38. En Vizcaya, los mineros eran alojados en sórdidos barracones y casi se les obligaba a realizar sus compras en las cantinas patronales en donde pagaban los comestibles y otros productos de primera necesidad más caros que en otras partes. En Madrid, en el barrio del Pacífico, una asociación dedicada a las obras de caridad, la Constructora Benéfica, realizó en 1884 un cierto número de viviendas sociales, modestas, pero bien construidas, que los inquilinos podían comprar mediante créditos de un 6 por 100 de interés reembolsables en 20 años. Sin embargo, esta iniciativa constituyó una excepción: por regla general, los obreros vivían en tugurios. Hacia 1880, surgió la idea

mortalidad superior a la media europea. Para luchar contra todo esto se constituyó el movimiento obrero, que estuvo fuertemente marcado desde el principio por la influencia del anarquismo.

Con la revolución de septiembre de 1868 se crearon las condiciones favorables para que empezaran a surgir unos modos de acción auténticamente obreros. No obstante, el movimiento obrero, aún en embrión, todavía no tenía un carácter ideológico. La revolución permitió que algunos militantes entraran en contacto con sus camaradas extranjeros. En octubre de 1868, Bakunin envió a España a uno de sus discípulos, el italiano Giuseppe Fanelli. A pesar de no saber ni una palabra de español, Fanelli llevó a cabo una labor de propaganda considerable, y logró atraer a un núcleo de militantes, que, a partir de entonces, se consagraron al ideal libertario. Integrado por artesanos, tipógrafos y zapateros, aquel pequeño grupo se lanzó a la conquista del proletariado e pañol. El anarquismo creció en Cataluña y Andalucía a pesar de las dificultades y de las luchas por la influencia contra los marxistas. Desde el principio, quedó fijada la geografía del movimiento anarquista español, lo cual revelaba las condiciones sociológicas de la época: campesinos sin tierras en Andalucía, y un proletariado textil, explotado y mal pagado, en Barcelona. En el año de su constitución, la sección española de la Primera Internacional sostenía mayoritariamente las tesis de Bakunin. Cuando en 1872 se disolvió la Internacional, el movimiento obrero español envió una representación al congreso convocado por Bakunin, en Saint-Imier, y adoptó los principios que en él se proclamaron. En un plazo de cuatro años, el anarquismo se afianzó en España. El anarquismo se benefició del prestigio que, entre los medios obreros, le confirieron sucesos como los de la huelga revolucionaria de Alcoy, en 1873, en donde, durante algunos días, los obreros mantuvieron a raya a las fuerzas del orden y se adueñaron de la población. Era la primera vez que una cosa así sucedía en España, y tuvo el efecto de asustar no sólo a los aristócratas y burgueses, sino también a los republicanos.[39]

La Restauración de 1875 obligó a los militantes obreros a pasar a la clandestinidad: empezó una etapa difícil. La propaganda estaba prohibida; las organizaciones fueron disueltas; la prensa amordazada, y el peso de la represión cayó sobre los militantes. Lo que quedaba de la Federación Española de la Asociación Internacional de los Trabajadores no volvería a renacer hasta 1881, con el nombre de Federación de los Trabajadores de la Región Española; pero estaba desgarrada por conflictos internos. En 1888 se convertiría en la Organización Anarquista de la Región Española. Como en el resto de Europa, también en España, en un principio, la acción reivindicativa se inició adoptando medios violentos, pues, ¿qué otra forma había para protestar contra una situación degradante ya que los medios legales para hacerlo quedaban prohibidos? ¿Cómo persuadir a los obreros de que no estaban solos y

---

de que quizá fuera preferible construir viviendas asequibles para los trabajadores en los alrededores de la ciudad, que seguir permitiendo que se hacinaran en alojamientos viejos e insalubres. El urbanista Arturo Soria aprovechó la ocasión para exponer una idea original, que conoció un primer tiempo de ejecución en Madrid: la ciudad lineal, que se componía de una única calle, comunicada con la urbe por medio de tranvías, y que podía llegar a ser tan larga como fuera preciso, y en donde vivirían todo tipo de clases sociales, tanto ricos como pobres...

39. El futuro jefe del Partido Liberal de la Restauración, Sagasta, en la sesión de las Cortes del 14 de junio de 1871, se manifestó contra la Internacional diciendo que se trataba de una organización que intentaba destruir la propiedad, la familia, la sociedad y la patria.

de que no debían dejarse llevar por la desesperación? ¿Cómo conseguir que una sociedad hipócrita y egoísta reconociera sus propias taras y entendiera que estaba amenazada, a pesar de la fuerza del aparato represivo? A todas estas preguntas sólo se podía responder de un modo: con la propaganda de los hechos. Las bombas, las armas blancas y los revólveres pasarían a ser los medios de expresión de la protesta del mundo obrero contra su inhumana situación. Durante un congreso internacional celebrado en Londres el 14 de julio de 1881, se lanzaron las consignas: «¡Basta ya de buscar caminos tortuosos para llegar a nuestro objetivo! ¡Basta ya de suplicar allí en donde el obrero debe tomar lo que le pertenece por derecho! ¡Basta ya de prosternarse ante los ídolos del pasado!». El movimiento anarquista internacional consideraba que «había llegado la hora de pasar del período de afirmación al de la acción, y añadir a la propaganda verbal y escrita, cuya ineficacia había quedado demostrada, el hecho y la acción insurreccional»; la resolución votada indicaba los métodos que debían ponerse en práctica: «habiendo prestado servicios las ciencias técnicas y químicas a la causa revolucionaria y teniendo que volver a rendir otros aún mayores en el futuro, el congreso recomienda que las organizaciones y los individuos que forman parte de la Asociación Internacional de los Trabajadores concedan una gran importancia al estudio y a las aplicaciones de dichas ciencias, como un medio de defensa y de ataque».

En Francia, la bomba lanzada contra el edificio de la Asamblea Nacional, el asesinato de Sadi Carnot y las hazañas de la banda de Bonnot ilustraban esta nueva táctica revolucionaria, que el gobierno intentaba detener mediante «leyes infames». Asimismo, en España se sucedieron otros actos de análoga violencia según el ciclo atentado-represión-atentado. Al parecer, todo empezó en 1883 con el asunto de la Mano Negra, un episodio misterioso que, posiblemente, respondía a una provocación de la policía y que concluyó con centenares de arrestos y siete ejecuciones capitales.[40] Sin embargo, la insurrección que se produjo en Jerez de la Frontera en 1892 tuvo un alcance completamente distinto: más de 40.000 campesinos, armados con horcas se apoderaron de la población a los gritos de «¡Viva la anarquía!».[41] El 24 de septiembre de 1892, en Barcelona, Paulino Pallás lanzó una bomba contra el general Martínez Campos y erró el blanco: era la respuesta de los anarquistas a la represión de los sucesos de Jerez de la Frontera. Tres meses después, el 8 de noviembre, otro militante, Santiago Salvador, quiso vengar la ejecución de Pallás: lanzó una bomba en el interior del teatro del Liceo de Barcelona, causando una decena de muertos y numerosos heridos. También en Barcelona, en junio de 1896, se lanzó una bomba contra la procesión del Corpus, hecho que provocó el arresto del escritor Pere Corominas y su condena a ocho años de cárcel por complicidad. A esta serie de atentados cabría añadir el de 1906, en Madrid, cuando Mateo Morral lanzó una bomba sobre el cortejo real. Fue entonces cuando se intentó implicar por primera vez a Francesc Ferrer i Guàrdia, quien fue puesto en libertad por falta de prue-

---

40. En febrero de 1883, cerca de Jerez de la Frontera se descubrió el cadáver de un obrero agrícola. Su muerte parecía remontarse al mes de noviembre anterior. La policía relacionó este asesinato con otros cometidos en la misma región y en la misma época. También aportó documentación sobre una organización secreta, la Mano Negra, cuyo propósito sería el de eliminar a los traidores de la Internacional.

41. Vicente Blasco Ibáñez se inspiraría en este suceso para el argumento de su novela *La bodega*.

bas. Con ocasión de la Semana Trágica de 1909, la policía volvería a detener a Ferrer, que sería ejecutado en el mes de septiembre, a pesar de las protestas de la opinión internacional. A decir verdad, la Semana Trágica traspasó el marco de la «propaganda por la acción», ya que fue un suceso que no concernió solamente a los anarquistas. El asesinato de Canalejas, el 12 de noviembre de 1912, en la Puerta del Sol de Madrid, fue uno de los últimos atentados individuales de este período: Canalejas presidía el gobierno que había rechazado el indulto y la revisión del proceso de Francesc Ferrer i Guàrdia.

La propaganda por la acción no había logrado alcanzar sus objetivos. A finales del siglo XIX, en toda Europa, el movimiento obrero se orientó hacia otras formas de acción y otros métodos. En Francia, en esa época, Pelloutier, Griffuelhes y otros organizaron la CGT y prepararon la Carta de Amiens (1906), que proclamaba la independencia del sindicalismo y recomendaba la acción directa, es decir, sin la intervención de los partidos políticos y del estado. La huelga general parecía el arma suprema con la que se destruiría definitivamente el orden capitalista.

El anarcosindicalismo español estaba bastante influido por el ejemplo francés, incluso en su vocabulario: en esa época, al igual que en Francia, se adoptó el término *sindicato* para designar a las organizaciones de base. Los anarquistas se reagruparon: la organización Solidaridad Obrera, creada en Barcelona en 1907, se extendió a toda Cataluña, y en 1908 celebró su primer congreso. En 1910 se fundó la Confederación Nacional del Trabajo (CNT). Concebida como un organismo de lucha social, la CNT estaba integrada por asociaciones locales, que disponían de una amplia autonomía. Los afiliados a la CNT debían satisfacer unas cuotas muy bajas —y, a veces, ninguna cuota—, y en su seno los comités no percibían ningún tipo de retribución. Fue en esa época cuando se definió lo que constituiría el estilo de vida anarquista.

El militante anarquista se caracterizaba por su dedicación a la causa, por su exaltación, por su intransigencia… Persuadido de estar en posesión de la verdad, el anarquista soportaba mal las contradicciones, las esperas, los repliegues estratégicos. Autodidacta la mayor parte de las veces, el militante anarquista profesaba una moral personal austera, que casi rozaba el ascetismo. Estaba a favor del amor libre sin que ello implicara libertinaje, sino todo lo contrario: se mantenía fiel a su compañero o a su compañera. No hacía nada que pudiera representar un peligro para su salud, y aún menos si ello representaba gastar en cosas superfluas: no bebía, ni fumaba, tomaba poco —o no tomaba— café, y no frecuentaba los burdeles; era abiertamente vegetariano y naturista, y le gustaba la vida al aire libre. Convencidos de los beneficios de la instrucción, los anarquistas dedicaron muchos esfuerzos a combatir el analfabetismo de las masas; también sentían respeto por el arte y la cultura. Asimismo, frecuentaban las escuelas nocturnas y leían mucho; obras como *La conquista del pan*, de Kropotkin y *El dolor universal*, de Sebastián Faure, tuvieron un gran éxito en los medios anarquistas, como también lo tuvieron los manuales de divulgación histórica, de geografía o de botánica. Entre las lecturas preferidas de los anarquistas, cabe destacar también *Las ruinas o meditaciones sobre las revoluciones de los imperios*, de Volney, ya que la consideraban una obra anticlerical. Los anarquistas desconfiaban de todo lo burgués: por ese motivo, se movían siempre en sus propios círculos y creaban, al margen del estado, sus propias asociaciones, destinadas a suplir las carencias de la sociedad oficial en los medios populares. Esto era especialmente cierto en el campo de la enseñanza primaria, que en España estaba bastante descuidada: en este ámbito, los anarquistas crearon numerosos centros, en los que se impartía una enseñanza racionalista, y entre los que podríamos citar la Escuela Moderna, fundada por Ferrer i Guàrdia en Barcelona. Poco a poco el movimiento anarquista fue tendiendo a constituirse en una sociedad paralela que intentaba prefigurar la sociedad del futuro.

La otra rama del movimiento obrero español —aquella a la que los anarquistas calificaban de autoritaria, el socialismo de inspiración marxista— tuvo unos comienzos difíciles.[42] Se constituyó oficialmente en mayo de 1872, cuando algunos militantes —entre los que figuraba el joven tipógrafo Pablo Iglesias— se separaron de la corriente mayoritaria. Al principio, llevó también una vida clandestina, hasta que la legislación le permitió darse a conocer abiertamente. A comienzos del año 1879, Pablo Iglesias fundó el Partido Socialista Obrero Español (PSOE), siete años más tarde apareció el primer número del semanario *El Socialista* y en 1888 se creó la central sindical del partido, la Unión General de Trabajadores (UGT); sin embargo, hasta fines del siglo XIX, los grupos que se proclamaban partidarios del marxismo llevaron una existencia bastante anodina, ya que contaban con muy pocos afiliados, excepto en Madrid y Vizcaya.

Después del desastre de Cuba, la corriente socialista cobró fuerza, y, aunque apenas traspasaba los límites de Castilla, Vizcaya y Asturias, sus efectivos empezaron a crecer con regularidad. En 1909 la UGT contaba con unos 2.000 afiliados, cifra que se incrementaría hasta los 127.000 en 1912. Fieles a la teoría de Marx —la toma del poder político a través de la dictadura del proletariado—, los socialistas presentaron candidatos a las elecciones. En 1901 obtuvieron menos de 5.000 votos en Madrid; no obstante, en 1905, consiguieron que dos de sus camaradas, Pablo Iglesias y Largo Caballero, entraran a formar parte del consejo municipal de esta capital. En 1909, después de la Semana Trágica de Barcelona, los socialistas se sintieron lo bastante fuertes como para proponerles a los burgueses republicanos una alianza electoral sobre las bases de un programa mínimo. Como consecuencia de esta coyuntura, Pablo Iglesias fue elegido diputado.

El frente común con los republicanos marcó una evolución en la historia del PSOE. Hasta entonces, este último se había caracterizado por una obsesión: por el prurito de organización y por el obrerismo. Durante varios años, por ejemplo, los socialistas habían supeditado la convocatoria de una huelga a toda una serie de condiciones previas: había que contar con militantes bien formados y evitar las provocaciones; había que medir las posibilidades de éxito; era indispensable disponer de unas cajas de resistencia bien provistas para mantener a los huelguistas y a sus familias, etc. Como rara vez se daban todas estas condiciones a la vez, los socialistas solían dudar antes de pronunciar una consigna que convocara la huelga. Por otro lado, los primeros socialistas españoles estaban muy influidos por Jules Guesde, y, además, desconfiaban de todo cuanto pudiera apartar al movimiento obrero de sus objetivos, y se tomaban al pie de la letra la fórmula de Marx según la cual la emancipación de los trabajadores debía ser obra de los propios trabajadores. Todo esto tuvo como resultado que el PSOE reclutara a sus militantes más sólidos entre la aristocracia de la clase obrera y que no hiciera ningún esfuerzo —más bien los hizo en sentido contrario— para captar a los miembros de las clases medias.

---

42. En lo que sigue, utilizaremos la tesis (inédita) de Michel Ralle, *Los socialistas españoles (1870-1902)*.

En 1894, en las filas del PSOE sólo militaban dos intelectuales: Jaime Vera y Unamuno. Este último colaboraba regularmente en *La Lucha de Clases*, el órgano del partido en Bilbao.[43] Este obrerismo tendría consecuencias en la formación teórica de los militantes, puesto que en ella el PSOE sólo se atuvo a un marxismo elemental. En España se publicaron muy pocas ediciones del *Manifiesto comunista*, y habría que esperar hasta los primeros años del siglo XX para que se tradujera el primer tomo de *El capital* y para que se publicara una revista teórica, *Nueva Era*. Esa falta de interés por las discusiones teóricas procedía de una concepción estrecha, que postulaba que, como el proletariado estaba investido de una misión histórica, acentuando la contradicción que había entre los medios de producción y las fuerzas productivas, el tiempo trabajaría a su favor, por lo que su victoria sería ineluctable; así pues, era inútil que el proletariado perdiera el tiempo en disquisiciones teóricas.[44] A este proletariado sin formación cultural bastaba con educarlo e inculcarle las verdades elementales del socialismo científico. Hasta comienzos del siglo XX los socialistas no cambiarían de actitud, cuando intelectuales como Julián Besteiro, Manuel Núñez de Arenas y Luis Araquistáin se acercaron al PSOE. Algunos de esos intelectuales ambicionaban fundar una especie de sociedad fabiana destinada a sostener el partido desde el exterior. De esta voluntad nació, en enero de 1911, la Escuela Nueva, cuyo impulsor fue Manuel Núñez de Arenas, y que se concibió como un centro de estudios socialistas, próximo al partido, pero, sin embargo, independiente respecto de éste.

Pasando por alto algunas particularidades regionales (el País Valenciano, por ejemplo), y dejando de lado a Andalucía —zona en la que el problema agrario era más acusado y que estaba enteramente influida por el anarquismo—, a finales del siglo XIX, dentro del movimiento socialista, tres conjuntos principales y heterogéneos se destacaron del resto: Cataluña, Madrid y Bilbao.

Aunque Cataluña, según observación de Marx, era casi la única región española en la que, en 1872, había industria, obreros y una tradición militante, lo cierto era que no se había dejado influir por las ideas socialistas: se mantenía fiel al movimiento libertario y a los movimientos asociativos; entre estos últimos, hay que destacar la importancia que alcanzaron los llamados montepíos, asociaciones que, mediante una cotización mensual de una peseta, concedían a sus afiliados, durante un período de dos o tres meses, el equivalente de su salario en caso de accidente; siempre y cuando la baja no estuviera causada por el alcohol, las peleas o las enfermedades venéreas. Con el tiempo, esas sociedades contemplarían también la invalidez permanente como consecuencia de accidentes laborales. Celosas de su independencia —no aceptaban subvenciones ni de los patronos, ni de la Iglesia—, presentaban algunos rasgos en común con el movimiento anarquista: los comités permanentes no percibían remuneración alguna; cada afiliado se comprometía a llevar a cabo de buena fe las tareas que le fueran encomendadas por el comité... Las Tres Clases del Vapor iban en el mismo sentido: crearon sociedades de ayuda mutua, cooperativas y hasta escuelas, y llegado el caso se constituían en interlocutores de los poderes públicos. No obstante, los

---

43. Hasta 1924, Unamuno publicaría cada año, con ocasión del 1.º de mayo, un artículo en *El Socialista*, órgano central del partido.

44. Este fue el reproche que dirigió Unamuno al PSOE, es decir, que, como practicaba un socialismo estrecho, subestimaba la importancia de la religión, descuidaba el fenómeno de los nacionalismos y se desinteresaba de los problemas agrarios...

medios obreros catalanes poseían un rasgo fuertemente original: como, frecuentemente, los obreros eran catalanes, por su lengua, educación y costumbres se sentían próximos al resto de los catalanes, por lo que se mostraban sensibles a ciertas reivindicaciones patronales (como la del proteccionismo), y receptivos a las primeras manifestaciones del nacionalismo, para desesperación de los anarquistas que sólo creían en la patria universal de los trabajadores. Se trataba de un nacionalismo de izquierdas, cuyas consecuencias se manifestarían más adelante.

En Madrid, por lo general, había una clase trabajadora que se mantenía al margen de la industrialización moderna: tipógrafos, encuadernadores, albañiles, panaderos, zapateros, etc., y que se hallaba vinculada con una cierta «vulgata» marxista, que no parecía realizar grandes esfuerzos para analizar las especificidades de la situación española y que se atenía a la teoría: obrerismo, rechazo de la política, organización... Ante todo esto, no podemos menos de hacernos la siguiente pregunta: ¿por qué Madrid, donde no había obreros, se constituyó en la sede central de una organización obrera? ¿Podemos encontrar en esta situación una explicación a la poca fuerza que tuvo el socialismo español en sus comienzos?

El tercer polo se hallaba en la región de Bilbao. En aquella zona, existía una industria moderna (las minas de Somorrostro, astilleros, mecánica...), pero los obreros no tenían la misma tradición que poseían los catalanes y, sobre todo, no eran vascos, lo que explica la originalidad del socialismo vasco: su oposición al nacionalismo; la participación en la vida política (por ejemplo, en las elecciones municipales del 10 de mayo de 1891, las primeras que se celebraron con sufragio universal) y un mayor espíritu de apertura: en ellas se aceptó la presencia de los intelectuales (la de Unamuno, y más tarde la de Prieto y Zugazagoitia); el semanario *La Lucha de Clases* publicaba informaciones distintas a las referidas a la vida sindical, como folletines...

Andalucía, Cataluña, Madrid y el País Vasco seguirían siendo las regiones más sensibles a los movimientos sociales. Esta geografía obrera, que se diseñó en el último tercio del siglo XIX, se ampliaría, en las décadas siguientes con el surgimiento de nuevos polos: las regiones de Valencia y Asturias, en las que el socialismo era mayoritario, y Aragón, en donde la influencia del anarquismo catalán se dejó sentir a partir de los años 1917-1923.

En el siglo XX, en España el movimiento obrero tendió a dividirse en dos tendencias rivales, lo que constituía un rasgo que la diferenciaba del resto de Europa. Aunque ambas tendencias se reclamaban del socialismo, la primera hacía hincapié en libertad —por ello se denominaba libertaria—, mientras la segunda insistía en la necesidad de organizarse —sus adversarios la acusaban de ser autoritaria—. A diferencia de lo que sucedía en el resto de Europa, en España el socialismo libertario se presentó como un fenómeno de masas, capaz de reunir a cientos de miles de afiliados y simpatizantes, y arraigado en numerosas asociaciones tanto obreras y campesinas como culturales, económicas y recreativas. Sólo por el hecho de existir, el anarquismo encarnó la extrema izquierda y desplazó hacia su derecha a las otras fuerzas revolucionarias, comprendida la marxista. El anarquismo, que rechazaba cualquier conciliación —aunque ésta fuera provisional— con el enemigo de clase, hizo que fuera difícil —casi imposible— plantear una política revolucionaria a largo plazo, una política que supiera sortear las épocas de transición —etapas necesarias— y sacar beneficio de los éxitos tácticos, si bien con ello se produjo un hecho paradójico: en el seno de la sociedad española, el anarquismo constituyó un fermento revolucionario. Su vigor ideológico era un reproche permanente contra el reformismo de ciertos medios socialistas, amenazados por el peligro de aburguesamiento, los compromisos o la colaboración entre clases; debido a su intransigencia, el anarquismo no dejaba ninguna alternativa: o la revolución triunfaba, integralmente y al momento, o había fracasado. La guerra civil de 1936 ilustraría trágicamente esta paradoja.

Para intentar explicar la originalidad de España y la existencia de un movimiento libertario de masas, a veces se invoca el temperamento español —propenso al individualismo y a la exaltación—, o incluso se recurre a la historia, es decir, se apela al fatalismo, como el heredero lejano de la influencia musulmana en la península.[45] Sin embargo, intentar explicar este fenómeno por medio de la psicología no resulta convincente, y, por otra parte, las explicaciones psicológicas han sido desmentidas por los hechos. A la muerte de Franco, cuando se restablecieron las libertades públicas, se hizo patente que no quedaba gran cosa de la corriente libertaria, tan potente en otro tiempo y que se consolidó con motivo de la guerra civil. Esto demostraría que la fuerza del anarquismo se debió a una situación económica y social, que, al modificarse, le hizo perder su razón de ser. Esta coyuntura concreta fue la que hizo que millones de españoles fueran anarquistas hasta, al menos, 1940.

Andalucía y Cataluña constituyeron los bastiones del anarquismo libertario. En Andalucía, el problema agrario predominaba sobre todos los demás. En esa zona, los periódicos y los movimientos anarquistas llevaban unos nombres bien significativos: se llamaban *Tierra y Libertad*. Las masas campesinas albergaban el sentimiento de que habían sido expoliadas de lo que les pertenecía y que debía serles devuelto: la tierra, en otro tiempo de propiedad comunal o dominio jurisdiccional de los señores. En el siglo XIX, los liberales transformaron en propiedades privadas esas dos clases de tierras en beneficio de las grandes familias nobles o burguesas; la ley ratificó la existencia de grandes latifundios y redujo a la miseria a millones de campesinos. El libro de Joaquín Costa, *Colectivismo agrario en España,* intentaba demostrar que, a partir del siglo XVI, de Luis Vives a Flórez Estrada, en España se desarrolló una corriente de pensamiento que buscaba limitar la propiedad y ponerla al servicio del interés general.[46] Costa utilizó —equivocadamente— el termino colectivismo para designar esta corriente, que más bien tendía a buscar la intervención del estado y de la colectividad para intentar reducir las desigualdades y dotar a todos de los necesarios medios de subsistencia. Esta misma tendencia fue la que también inspiró a ciertos reformadores de la Ilustración, como Campomanes, Olavide... Según Costa, se abandonó a comienzos del siglo XIX, debido a la influencia del liberalismo y del racionalismo francés, que únicamente se regían por el derecho romano y por la sacralización del derecho de propiedad. El problema agrario y los grandes latifundios explicaron el porqué de la amargura de las masas andaluzas y su adhesión a las ideas revolucionarias, que daban una primordial

45. Esta es la hipótesis de uno de los mejores conocedores del anarquismo español, Juan Díaz del Moral, notario de Bujalance, en su libro, *Historia de las agitaciones campesinas andaluzas*, publicado en 1929, que sigue siendo uno de los más lúcidos análisis llevados a cabo sobre la cuestión agraria.

46. Esta obra de Costa —cuyas semejanzas con el populismo ruso señala Rafael Altamira— debía mucho al libro de Henry George, publicado en 1879, *Progreso y libertad*; a pesar de que esta obra se traduciría al español en 1893, Costa citó la edición francesa de 1886.

importancia a las reivindicaciones sobre la emancipación y el reparto de la tierra entre todos.

En Cataluña, durante mucho tiempo la industria se caracterizó por la dispersión de las unidades de producción: la concentración en grandes fábricas era algo excepcional. Abundaban los pequeños talleres, en los que había una estrecha relación entre los patronos y los obreros, lo que confería a los conflictos sociales un carácter de lucha individualizada. En ese medio, el anarquismo encontró un caldo de cultivo favorable para su expansión, y, además, también se vio favorecido por la inmigración de un cada vez mayor número de andaluces a los que la miseria empujaba a buscar trabajo en la industria. En Cataluña, a estos trabajadores durante mucho tiempo se les llamó «murcianos», incluso aunque fueran oriundos de provincias más meridionales. Estos obreros trajeron consigo la ideología anarquista en la que habían vivido en su tierra natal, y preferentemente se afiliaron a organizaciones libertarias. De este modo se iría construyendo poco a poco el bastión anarquista de Cataluña.

¿Estaban los anarquistas y los socialistas tan enfrentados entre sí como se ha dicho? Al menos en un punto perseguían un idéntico objetivo: acabar con la explotación capitalista. Ahora bien, los socialistas pensaban conseguirlo mediante la colectivización de los medios de producción, y los anarquistas se mostraban más dubitativos respecto a este punto. Teniendo en cuenta el interés que manifestaban con todo lo relacionado con las cuestiones agrarias, se diría que más bien se mostraban favorables al reparto de las tierras, aunque también parece que la idea de la colectivización arraigó bastante entre sus filas, como se demostraría durante la guerra civil española.

También compartían posiciones sobre otro punto: tanto los socialistas como los anarquistas denostaban a la Iglesia católica.[47] Esta actitud es fácil de entender, ya que, durante todo el siglo XIX, la Iglesia española siempre estuvo al lado de los propietarios, e hizo que su causa y la de la religión se identificaran con la de los medios reaccionarios —los carlistas— o conservadores. Por lo tanto, no era de extrañar que el movimiento obrero situara a la Iglesia en las filas de sus enemigos, dándole el mismo trato que a la guardia civil, puesto que esta última reprimía las huelgas, y la primera predicaba la resignación y la sumisión al orden establecido. En todo lo demás se pueden observar grandes diferencias entre marxistas y anarquistas. A pesar de su débil instrucción teórica, los primeros fueron lúcidos respecto del anticlericalismo pequeñoburgués, como el que practicaban, por ejemplo, los republicanos lerrouxistas a finales del siglo XIX. Pablo Iglesias observó que dicho anticlericalismo estaba enfocado contra los frailes y el clero regular, mientras que toleraba a los sacerdotes y al clero secular. Ello le parecía un contrasentido absurdo. La explicación a esta aparente contradicción residía en el hecho de que los republicanos esperaban influir en el clero secular cuando alcanzaran el poder, ya que, en virtud del concordato, el estado designaba a los obispos y remuneraba al clero, por lo que, por esa vía, el gobierno, independientemente de cuál fuera su matiz político, podría negociar y conseguir la adhesión de la Iglesia institucional, mientras que las órdenes religiosas escapaban a cualquier tipo de control. No obstante, Pablo Iglesias llegó aún más lejos en sus razonamientos, puesto que creía que el proletariado no debía

---

47.   Según Ramón Pérez de Ayala, en el partido socialista no se admitía ni a los católicos practicantes ni a los lacayos del capitalismo.

equivocarse acerca de cuál era su enemigo: el enemigo de la clase trabajadora no era ni el cura, ni el fraile, sino el patrono, y el obstáculo que había que derribar no era el del clericalismo, sino el del capitalismo. Este teórico del socialismo se había dado cuenta de que ciertos republicanos intentaban desviar a la clase obrera e implicarla en una guerra que no era la suya: «Excitar al proletariado a que dirija su actividad y su energía contra los clericales antes que contra los patronos es el error más grave de que pueden ser víctimas los que aspiran a terminar con la explotación humana». Sin embargo, los socialistas españoles distaron mucho de tener en cuenta esta advertencia de su líder en su política cotidiana, pero, al menos, esta declaración abría una perspectiva que contrastaba con el rechazo total manifestado por los anarquistas hacia la religión y sus ministros.

Efectivamente, los libertarios no tuvieron ningún escrúpulo en volver a poner en práctica todo el anticlericalismo pequeñoburgués. Ellos, que desconfiaban de la ciencia burguesa, aunque estuviera reivindicada por los marxistas, se sumaron sin reservas a la corriente materialista que se había desarrollado a partir de la Ilustración. Los anarquistas opinaban que las obras científicas de Darwin, Spencer, Haeckel, a cuyo conocimiento habían accedido a través de obras divulgativas muy sucintas, venían a confirmar una intuición fundamental: la religión sólo había servido para abusar del pueblo y someterlo, para mantenerlo en la ignorancia y en la miseria; el clero siempre había manipulado en su beneficio una parte del dolor de los hombres, y en esa manipulación expoliadora estaba el origen de las riquezas acumuladas en las iglesias y en los monasterios; los anarquistas creían que en los monumentos y tesoros de la Iglesia se encerraba la materialización de la secular explotación de los hombres; precisamente este fue el motivo de que, a pesar del gran respeto que manifestaban por el arte y la cultura, se incendiaran edificios religiosos en momentos de crisis: el fuego simbolizaba la purificación de las riquezas mal adquiridas. De este modo, el odio se dirigió contra los beneficiarios y los representantes de esa explotación secular: los curas y los frailes. Como ya hemos visto, los anarquistas se tomaban la moral en serio: profesaban una especie de puritanismo laico, y lo que les repugnaba y escandalizaba del clero era la contradicción entre el dogma y la práctica. La Iglesia predicaba la virtud y se mostraba indulgente con los vicios de los ricos. Recomendaba el amor al prójimo y la caridad, pero se callaba ante las injusticias y las expoliaciones de que eran víctimas los más desheredados; se había convertido en cómplice de ellas, y nunca tenía una sola palabra para condenar el lujo insolente de los poderosos y la relajación de las costumbres de las clases privilegiadas; sólo a los pobres les exigía que llevasen una vida conforme a los principios del Evangelio. Los anarquistas no querían tener nada que ver con aquella Iglesia y con aquel clero: su hipocresía les indignaba e hicieron lo posible para escapar —tanto ellos como sus hijos, a quienes no bautizaban— de su influencia.

Por último, nos quedan por comentar las relaciones con el estado. En este campo, más allá de la división del movimiento obrero entre anarquistas y socialistas, lo que llama la atención es la persistencia de una actitud que casi parecía un acto reflejo: la desconfianza instintiva respecto del poder, de la política y del estado. En 1872 el órgano del grupo antiautoritario, que a la sazón era minoritario, *La Emancipación*, dio sobre ello algunas consignas caricaturescas: había que permanecer entre obreros; había que intentar organizarse; no había que implicarse en la política, porque la política siempre había constituido una decepción en el pasado y era cosa de burgueses, ya que hasta los republicanos progresistas eran sospechosos, en tanto burgueses; la

política era burguesa porque la practicaban los burgueses... Resulta curioso ver
cómo dudaron los socialistas y su disposición a esperar el momento oportuno, mos-
trándose casi indiferentes ante los enfrentamientos que se produjeron en la sociedad
española entre 1868 y 1874. Sorprende el hecho de que, en 1873, *La Emancipación*
censurara a Engels cuando éste previno a sus camaradas españoles contra la tentación de dejar que la burguesía se hiciera con el monopolio de la acción política, y
cuando les recomendó que establecieran una alianza táctica con los republicanos:
«Algunos años de régimen republicano burgués y tranquilo prepararían en España el
campo para una revolución proletaria». Los españoles replicaron que ellos deseaban
la República, pero la suya, la del trabajo, y no la de los burgueses y el capital. Ni
antes ni después de que se estableciera el sufragio universal, las manipulaciones electorales convencieron a los obreros y a los campesinos de que no merecía la pena interesarse por la política; entre los medios obreros, prevalecía el sentimiento de que sólo
podían contar consigo mismos, y no tenían por qué esperar nada de un estado y de
unos políticos que, a pesar de haber solicitado su voto, una vez elegidos se dedicaban a sus carreras personales sin ocuparse de sus electores, o bien confesaban
su impotencia para cambiar las cosas. En consecuencia, ¿de qué serviría tener diputados socialistas en las Cortes? En su aversión hacia la política, los anarquistas llegaron aún más lejos, y resumieron dicha aversión con unas palabras muy sencillas:
no había que votar; no había que participar en elecciones que hacían concebir la falsa
idea de que la democracia podría aportar mejoras a la sociedad; la abstención era la
única actitud digna que podía tener un obrero.[48] No obstante, eso era la teoría, pero,
en la práctica, los anarquistas no siempre la aplicaron. En lo más profundo de su
ser, conservaban una inconfesada inclinación hacia el liberalismo y hacia aquellos
que lo personificaban en el siglo XX: los republicanos. Ello nos permite entender las
alternancias de la vida política en la España del siglo XX: en los momentos de máxima tensión, cuando lo que estaba en juego era muy importante, los anarquistas
renunciarían a abstenerse y votarían por los partidos de izquierda; sin embargo, después, decepcionados, volverían a caer en el apoliticismo.

Esa actitud implicaba mucho más que una mera desconfianza respecto de la política, sospechosa de ser intrínsecamente perversa y de devorar a quienes participaban en ella; era una actitud que se manifestaba en un sentimiento de repugnancia
ante la intervención del estado en el ámbito social. Acerca de este tema, hay un texto de *El Socialista*, fechado en 1891, que puede resultar revelador; en él se decía
que, aunque fuera inaceptable, el salario constituía un contrato directo entre el obrero
y el patrón, y el estado no debía inmiscuirse en ello; mientras no se hiciera la revolución, los trabajadores tendrían que conformarse con él, ya que no tenía que haber
intermediarios entre trabajadores y patronos. Paradójicamente, esta posición coinci-
día con la de los patronos: tampoco ellos deseaban que el estado interviniera regla-
mentando los salarios, la jornada laboral o las condiciones de trabajo. Por su parte,
el estado mostraba una actitud dubitativa: en 1883 se creó una comisión de reformas
sociales cuyo presidente, Segismundo Moret, solicitó al grupo socialista madrileño

---

48.   Véase el siguiente manifiesto de la casa del pueblo de Granada, que apareció en diciembre de 1902: «Nosotros, al revés de los demócratas al uso, creemos que la soberanía popular es un
mito ... El sufragio universal es embustero y es inmoral; embustero porque su misma existencia
encarna una ficción vergonzosa e inmoral porque lo es en sí todo aquello que para mantener su
razón de ser haya de asentarse sobre la base movediza de la mentira».

la elaboración de un informe sobre las necesidades de la clase obrera, informe de cuya redacción se encargaría Jaime Vera. Además, estaba el precedente creado en Bilbao, en 1890, por el capitán general Juan Loma, quien no sólo había reconocido la legitimidad de algunas de las reivindicaciones obreras —los mineros tenían que tener la libertad de comprar y vivir donde ellos quisieran, y los patronos no tenían por qué imponerles ni sus alojamientos, ni sus tiendas—, sino que también firmó el acuerdo entre mineros y patronos sobre la jornada laboral de diez horas —nueve en invierno y once en verano—, lo que dio lugar a que se produjera una escena poco común: los obreros aclamaron a la autoridad militar.

Las posturas de los anarquistas y socialistas estaban menos alejadas entre sí de lo que se ha creído; quizá el motivo de ello radique en el hecho de que sus análisis de la situación económica, política y social eran distintos, y en que no estaban de acuerdo sobre los medios que se debían poner en práctica. No obstante, esas diferencias no eran insuperables: en los momentos de crisis, los anarquistas y los socialistas se unirían en la misma batalla por la justicia y la libertad, excepción hecha de lo que sucedería en la primavera de 1937, en Barcelona, cuando los marxistas ortodoxos quisieron eliminar a los disidentes y a los libertarios; pero estos acontecimientos se producirían en un contexto muy distinto: el de la guerra civil y el estalinismo.

La Restauración demostró ser incapaz de resolver los problemas de la sociedad española, no supo integrar en la nación a millones de españoles, e instituyó una especie de caricatura de lo que tenía que ser un régimen democrático. Durante la Restauración, España perdió sus últimas colonias y en Marruecos se empeñó en una aventura militar más que discutible. Las tentativas que se hicieron para regenerar España fracasaron y aparecieron otros nuevos problemas: los regionalismos, que cuestionaban la unidad nacional y las tendencias revolucionarias que amenazaban la cohesión social del país. A pesar de la neutralidad de España, por causa de la guerra de 1914-1918, algunas de estas tensiones se exacerbarían, lo que daría lugar a una crisis que, empezando en 1917, acabaría en 1931 con la caída de la monarquía.

Capítulo V

LA ESPAÑA INVERTEBRADA (1917-1931)

«Bien o mal —escribió Ortega en 1917—, la España de la Restauración y de la Regencia tenía una estructura. La España del siglo XX es una España invertebrada.» España había cambiado a partir de 1876. Al problema agrario —siempre de actualidad— había que sumar el de las reivindicaciones de los obreros en las zonas industriales tradicionales —Cataluña—, o recientes —Vizcaya y Asturias—, apoyadas por las organizaciones sindicales de la clase trabajadora. La derrota de Cuba y las primeras tentativas para implantarse en Marruecos exasperaron el antimilitarismo del pueblo y crearon un malestar dentro del ejército, cada vez más escindido del pueblo y cada vez más dedicado a mantener el orden. Desde que comenzó el reinado de Alfonso XIII, en 1902, el régimen formado por Cánovas del Castillo había dejado de funcionar correctamente. Al lado de los partidos dinásticos —conservadores y liberales— cuya alternancia en el poder estaba destinada a marcar el ritmo de la vida política, otras fuerzas nuevas habían aparecido o se estaban desarrollando: los nacionalistas, que cuestionaban la unidad nacional, y los republicanos, que estaban en desacuerdo con la forma del régimen. Antonio Maura había intentado introducir algunos cambios que tuvieran en cuenta los que se habían producido a partir de 1876: sugirió acabar con el caciquismo y satisfacer algunas de las reivindicaciones autonomistas de los catalanes; sin embargo, la Semana Trágica de Barcelona interrumpió ese intento. José Canalejas, a su vez partidario de introducir reformas, había sido asesinado. Así pues, la España de Alfonso XIII debía enfrentarse a tres problemas:

— un problema social: relacionado con unas estructuras económicas que acrecentaban las desigualdades;

— un problema militar: a un ejército criticado, mal pagado y que no estaba preparado para cumplir con su misión se le pedía que ocupara la zona de influencia que le había sido otorgada a España en Marruecos;

— un problema político: ¿cómo hacer para restituir la moral en la vida política y al mismo tiempo adaptar las instituciones para convertir a España en una nación moderna y dinámica?

En 1917 España estuvo a punto de caer en el caos: los obreros, los campesinos, los militares y los parlamentarios se rebelaban, pero cada grupo miraba por sus propias reivindicaciones, sin preocuparse de los demás, y esta especie de corporativismo no dejaba que la oposición se aglutinara. En Marruecos se había producido

una catástrofe militar como consecuencia de una serie de operaciones mal dirigidas, y, al mismo tiempo, en el plano social la situación se degradaba cada vez más.
El régimen creyó que resolvería todas estas dificultades suspendiendo la Constitución e imponiendo una dictadura militar; pero esa solución sólo sirvió para retrasar
lo inevitable: en 1931, muchos opinaban que era la propia institución de la monarquía la que constituía un obstáculo para llevar a cabo los cambios que se necesitaban; y la derribaron.

LOS MOVIMIENTOS DE 1917

Desde 1815, España había evitado comprometerse con alianzas diplomáticas
que pudieran involucrarla en un conflicto internacional. En los últimos años del
siglo XIX, la situación de su economía y sus fuerzas armadas, así como la coyuntura europea, la animaron a no cambiar de actitud, aunque, por su posición geográfica, tuviera que mantener acuerdos de buena vecindad con Francia y cuidar sus relaciones con Inglaterra, que había ocupado Gibraltar y consideraba el Estrecho como
vital en sus comunicaciones con Suez y el imperio de las Indias. Cuando en 1914
estalló la primera guerra mundial, España se declaró neutral. No tenía más remedio, como se encargaría de recordarlo Eduardo Dato, a la sazón presidente del
gobierno: «Con sólo intentarla [la guerra] arruinaríamos a la nación, incendiaría-
mos la guerra civil … Si la de Marruecos está representando un gran esfuerzo y
no logra llegar al alma del pueblo, ¿cómo íbamos a emprender otra de mayores
riesgos y de gastos iniciales para nosotros fabulosos?». No obstante, la neutralidad no significa indiferencia, y la opinión pública española estuvo dividida durante
toda la contienda europea. *Grosso modo*, se podría decir que el centro y la izquierda, así como los intelectuales, eran aliadófilos, es decir, partidarios de Francia
e Inglaterra, y que la derecha se mostraba bastante favorable a los imperios centrales, o sea, era germanófila; pero en ningún momento se pensó en tomar parte
en la guerra.

Mientras tanto, la economía española se aprovechaba de la coyuntura de la neutralidad. Las grandes potencias que hasta ese momento exportaban bienes de consumo se vieron obligadas a importar toda clase de productos. La competencia extranjera desapareció momentáneamente y los productores españoles dejaron de tener
rivales en el mercado español. Como algunas importaciones empezaron a escasear,
se tuvieron que crear empresas sustitutivas (químicas, maquinaria, bienes de equipo).
Al mismo tiempo, en España se exportaba mucho más que antes de la guerra: no
sólo materias primas, sino también bienes en otro tiempo destinados al consumo
interior, como textiles, cuero, calzado, papel, productos alimenticios y hasta productos químicos, herramientas y determinados bienes de equipo. Además, como
consecuencia de este comercio y debido a la neutralidad del pabellón español, los
transportes marítimos conocieron un gran auge. Los beneficios de las compañías de
navegación se incrementaron considerablemente[1] (la gran fortuna del financiero Juan
March se gestaría en esta época).

Debido a su neutralidad, España se vio animada a modernizar su equipamiento

---

1. Tomando el año 1913 como base 100, estos beneficios alcanzarían un índice de 1.200 en
1915; 2.729 en 1916; 3.236 en 1917, y de 5.618 en 1918.

industrial. En ese tiempo, por ejemplo, en el textil catalán se pasó de un plano de una serie de pequeñas empresas a otro de grandes concentraciones, y también en ese tiempo se crearon y prosperaron las grandes compañías hidroeléctricas. Esa coyuntura favorable ocasionó una rápida subida de precios, que no se vio compensada con la que experimentaron los salarios.[2] Todos cuantos percibían unos ingresos fijos —obreros, funcionarios, rentistas— experimentaron un descenso en su nivel de vida que alcanzó unas proporciones alarmantes. Entre el 1 de enero de 1916 y el 31 de marzo de 1918, la miseria obligó a expatriarse a más de 200.000 españoles, en su mayoría valencianos y murcianos. Con el fin de la guerra, la ficticia prosperidad que se había generado empezó a declinar; sin embargo, la inflación subsistía, y por su causa la mayoría de la gente se vio condenada a soportar unas condiciones de vida cada vez más precarias. Por otra parte, algunas empresas, que habían aprovechado la anterior coyuntura para expandirse, se vieron afectadas por el desempleo. Por último, la llamada gripe española, que causó innumerables víctimas, contribuyó a empeorar más la situación. En 1919, en Madrid y en otras grandes capitales, el pueblo asaltó las panaderías y las tiendas de comestibles; la guardia civil reprimió brutalmente las manifestaciones.

Cuando se examina la situación española de aquel entonces, resulta fácil entender la gravedad de la crisis que estallaría en 1917. Dicha crisis presentaba tres aspectos sin relación aparente, pero cuya conjunción constituyó una amenaza para el régimen: la sublevación de los militares, la agitación social y la revuelta de ciertos parlamentarios. De estos tres aspectos, el segundo era el que parecía más amenazador, y relegaba a los otros dos a un segundo plano. Así pues, por miedo a que estallara una revolución social, el poder civil cedió a las presiones del ejército, y por esa misma razón los parlamentarios renunciaron a sus proyectos de reforma y a ejercer el derecho constitucional de control sobre los actos del poder ejecutivo. Desacreditados, los políticos no tuvieron más remedio que inclinarse, en 1923, ante un golpe de estado militar, contra el que la clase obrera, debilitada por los golpes recibidos, fue incapaz de oponerse.

El ejército y la nación

Como sucedía con otras muchas categorías sociales, los oficiales vieron cómo disminuía su poder adquisitivo a consecuencia de la subida de los precios. Por otro lado, entre ellos había rivalidades: los que servían en Marruecos podían beneficiarse de rápidos ascensos por méritos de guerra; este era el caso de los oficiales de infantería y caballería. En cambio, los que servían en artillería sólo ascendían por antigüedad y se veían reducidos a llevar una existencia mediocre en los cuarteles. Esta situación era causa de que se crearan tensiones entre los diferentes cuerpos. En mayo de 1917, algunos oficiales descontentos constituyeron comités —Juntas de Defensa— para llamar la atención de los poderes públicos sobre la situación del ejército y pedir que fueran tomadas en cuenta sus reivindicaciones. A decir verdad, dichos comités no eran más que sindicatos. El presidente del gobierno, Manuel García Prieto, así lo entendió, y, como no podía aceptar ese comportamiento de unos ofi-

---

2. En base 100 en 1913, los precios alcanzaron en 1920 un índice de 227,6 y los salarios uno de 179,3, mientras que el índice de los beneficios industriales se situó en 214.

ciales, mandó que se arrestara a los líderes. El 1 de junio, las Juntas lanzaron un ultimátum para exigir su liberación; ante esto, el gobierno cedió y presentó la dimisión. Sin embargo, el asunto no se acabó ahí, ya que los militares sugirieron que Antonio Maura, representante de la derecha liberal, pasara a encabezar un gobierno conservador; pero a Maura le repugnaba la idea de acceder al poder bajo la presión del ejército (20 de junio de 1917). Amparándose en el pretexto de que el rey era el jefe supremo del ejército, las Juntas negociaron directamente con éste sin utilizar ni la vía jerárquica, ni la del ministro correspondiente. En 1922 el gobierno acabó suprimiendo las Juntas después de acceder a algunas de sus reivindicaciones.

De este episodio, destaca especialmente el insólito papel que desempeñaron las Juntas y su insubordinación respecto del poder civil, ya que lo sucedido da cuenta de la particular importancia que tenía el ejército dentro de la nación. Por otro lado, si se invierte el argumento, se podría decir que los militares, como otros sectores del país, eran sensibles al malestar de la sociedad española y que estaban indignados ante la incapacidad demostrada por los partidos políticos para hallar unas soluciones adecuadas. A su modo, las Juntas de Defensa atestiguaron que las instituciones no funcionaban correctamente, y, además, revelaron que el ejército no constituía un bloque homogéneo. El descontento de los oficiales se debió a los privilegios de que se beneficiaban ciertos mandos, los que prestaban sus servicios en la guerra colonial, y fue el detonante para que salieran a la luz las divergencias internas del ejército. Los «africanos» nunca dejarían de oponerse a los demás oficiales, y, aunque les reprochaban que se mezclaran en política, ellos mismos también eran los primeros en presionar a los gobiernos y a los partidos. Más allá de esta división, había otra aún más significativa: la de la idea que tanto unos como otros tenían de lo que era el ejército. Para los africanos, el ejército estaba investido de una misión —la de la defensa de la patria, tanto en el exterior como en el interior—, lo que le confería un lugar muy especial en la nación con la que se identificaba abiertamente. En cambio, el resto de los oficiales consideraban que el ejército no podía permanecer indiferente a los problemas del conjunto de la nación, y eran sensibles al malestar de la sociedad y conscientes de que hacía falta introducir reformas. A su modo, las Juntas de Defensa de 1917 expresaron este tipo de preocupaciones, y su carácter político se debió a que los problemas que se habían planteado exigían soluciones políticas. Contrariamente a lo que se cree, el ejército, en la España del siglo XX, no ha constituido un bloque monolítico: no todo el ejército se ha comportado de un modo reaccionario. Tanto antes como después de 1931, había oficiales republicanos, y los seguiría habiendo en 1936; no está de más observar que el jefe del alzamiento militar, Franco, era el más representativo de los africanistas, de aquellos oficiales que habían ganado sus galones gracias a la guerra colonial y a los rápidos ascensos que habían sido denunciados por las Juntas de Defensa.

Precisamente, hacia 1920, los africanistas vieron reforzarse sus posiciones, ya que, el 31 de agosto de ese mismo año, Millán Astray fundó la Legión —el tercio de extranjeros—. En un principio, los «novios de la muerte» contaron sólo con tres batallones —banderas—, uno de los cuales estaba a las órdenes de Franco. Se trataba de ocupar la zona que le había sido otorgada a España en Marruecos. En 1918 el general Berenguer fue nombrado alto comisario de ese ejército; este general concibió una doble maniobra: la primera parte de su plan, en el oeste, triunfó plenamente; la segunda, en el este, concernía a las tierras del interior de Melilla. Allí, el general Fernández Silvestre, al encontrarse con Abd el-Krim, puso en marcha una operación que no estaba lo suficientemente preparada, sin haber asegurado previamente las líneas de comunicación. El 20 de julio de 1921 sus tropas fueron atacadas en Annual, y Silvestre dio la orden de evacuar la plaza. La retirada se transformó en desbandada: hostigados por los guerrilleros marroquíes, los soldados españoles y sus auxiliares indígenas fueron destrozados. Silvestre se suicidó. Durante las dos semanas siguientes, todos los fortines de la zona, privados de agua y de municiones, y sin medios de evacuar a los heridos, fueron cayendo uno detrás de otro, y sus defensores exterminados. La posición del monte Arruit, en la que quedaron encerrados 3.000 soldados, resistió desde el 29 de julio hasta el 9 de agosto. Ante todo esto, el alto mando reaccionó tarde y mal. Berenguer, que había llegado a Melilla con refuerzos —los mismos que antes le habían negado a Silvestre—, vaciló sobre la estrategia a seguir: poco faltó para que Melilla no fuera tomada...

La operación se saldó con un balance de más de 12.000 muertos e infinidad de heridos, así como con la pérdida de una gran parte del armamento y del material. En Madrid, el gabinete presentó su dimisión. El encargado de formar un nuevo gobierno, Antonio Maura, pidió al general Picasso que abriera una investigación sobre las causas de la catástrofe, pero el ministro de la Guerra solicitó que se limitara dicha investigación a los escalones subalternos del mando, sin intentar establecer las responsabilidades tanto de Berenguer como del estado mayor.

La «fronda» de los parlamentarios

Gracias a la neutralidad, una parte de la burguesía aumentó considerablemente sus beneficios, comerciando con los países beligerantes y especulando con productos de primera necesidad. En los medios políticos, algunos estaban escandalizados ante esas fortunas tan rápidamente edificadas: el ministro liberal Santiago Alba, por ejemplo, hubiera querido gravar de algún modo los beneficios extraordinarios, pero su proyecto no tuvo eco. Había otros que opinaban que se tendría que haber aprovechado la coyuntura favorable para modernizar el país, y para ello estaban dispuestos a introducir los cambios necesarios en el sistema político. Un buen representante de esa burguesía dinámica y reformadora fue el ingeniero vasco Urgoiti, que presidía una importante empresa papelera. En 1917 Urgoiti fundó un diario, *El Sol*, desde cuyas páginas Ortega y Gasset clamaba por una modernización de las estructuras políticas. También había otros, como los nacionalistas catalanes, que creían que había llegado el momento de forzar el destino, ya que la formación de las Juntas de Defensa había creado una situación favorable para instaurar un auténtico régimen parlamentario, e instituciones que permitieran a España convertirse en una nación moderna y a Cataluña y al País Vasco disponer de un estatuto de autonomía. El jefe de la Lliga Regionalista, Francesc Cambó, pertenecía a estos últimos. Con la aprobación del grupo reformista de Melquíades Álvarez, pidió que se celebrara un debate en el Parlamento sobre las modificaciones a que debía someterse la Constitución. Al principio, los parlamentarios catalanes se reunieron solos en Barcelona, el 5 de julio de 1917. Pedían que se convocaran Cortes constituyentes. La respuesta del gobierno de Dato se atuvo a argumentos estrictamente jurídicos: según la Constitución, sólo el rey podía realizar una convocatoria semejante. Asimismo, Dato intentó desacreditar a los catalanes, acusándolos de separatistas, lo que no era del todo exacto, ya que los parlamentarios se limitaban a pedir un arreglo de las estructuras nacionales que incluyera la posibilidad, para ciertas regiones, de acceder a un margen de autonomía. Cambó, entonces, invitó a los diputados y senadores de toda España a reunirse en Barcelona el 19 de julio. Si exceptuamos a los catalanes, únicamente respondieron favorablemente los socialistas y los republicanos. El abandono de los correligionarios de Maura fue especialmente destacable, ya que éste hubiera podido asegurar la conexión con las Juntas de Defensa, que confiaban en él, y darle un matiz de derechas a la operación, lo que hubiera supuesto unas mayores posibilidades de éxito. Dato envió refuerzos a Barcelona para impedir la reunión, pero no tuvo ocasión de utilizarlos, puesto que los parlamentarios se separaron después de que el gobernador civil de Barcelona diera la orden.

En el mes de agosto, las huelgas hicieron que se suscitaran otro tipo de preocupaciones. Tanto los parlamentarios como los militares temían que se produjera una revolución social, por lo que los enfrentamientos quedaron aplazados. Sin embargo, ello no logró ocultar el hecho de que Cambó había vacilado ante la manifestación de fuerza. En Cataluña, se suscitó una gran decepción, que se convertiría en cólera cuando se supo, en marzo de 1918, que el presidente de la Lliga figuraba en el gobierno de concentración que Antonio Maura acababa de formar a petición de Alfonso XIII: el soberano había amenazado con abdicar si los políticos no se ponían de acuerdo. Este episodio ilustra la insolvencia del régimen. La alternancia entre los dos grandes partidos de gobierno había dejado de funcionar. La irrupción de la Lliga Regionalista había falseado el juego político, y, a pesar de las manipulaciones electorales, ya no era posible conseguir mayorías estables. Entre 1917 y 1923 se sucedieron las crisis ministeriales, y no quedó más remedio que echar mano de gobiernos de concentración, que contaban con la participación de varios partidos, o de gobiernos de gestión, compuestos por incondicionales del rey; y todo ello mientras las Juntas de Defensa desafiaban al poder y los sindicatos obreros convocaban huelgas para protestar contra la carestía de la vida. Al caer al cabo de unos pocos meses el gabinete de Maura, Cambó volvió a la oposición y de nuevo emprendió la campaña en favor de la autonomía de Cataluña, esgrimiendo algunos de los argumentos del presidente Wilson sobre las nacionalidades oprimidas. Fue entonces cuando Niceto Alcalá Zamora interpeló al jefe de la Lliga, diciéndole que no se podía ser al mismo tiempo el Bolívar de Cataluña y el Bismarck de España, es decir, el fundador de una nueva nación y el salvador de un viejo país. Pero Cambó había optado por acercar sus posiciones a las del gobierno, y, con él, las de la burguesía catalana —cuyo portavoz era—, una burguesía que se inquietaba ante el aumento de las reivindicaciones sociales y de la violencia, y para la que la defensa del orden social era más prioritaria que la del nacionalismo; es decir, necesitaba demasiado al poder central y sus medios —el ejército y la policía— para acabar con los anarquistas.

Hasta entonces, la burguesía catalana había sido la más ardiente defensora de las reivindicaciones autonómicas. A su izquierda, la Lliga no encontró competidores. Sin embargo, entre 1917 y 1923, las cosas cambiaron: la traición de Cambó provocó que se creara una catalanismo popular y un nacionalismo de izquierdas. En 1919 Francesc Macià fundó la Federació Democràtica Nacionalista, que en 1922 se transformaría en el Estat Català; en 1920, Lluís Companys organizó la unión de *rabassaires* (integrada por aquellos viticultores amenazados de evicción por causa de la filoxera); por último, en 1922, los jóvenes se separaron de la Lliga para crear el partido de Acció Catalana. Este último grupo organizó, el 11 de septiembre de 1923, el día de la fiesta nacional catalana,[3] una concentración pública en contra de la guerra de Marruecos, durante la que se pudieron oír gritos como «¡Abajo Castilla! ¡Abajo España! ¡Abajo el rey!». Este aumento de la corriente izquierdista del catalanismo estuvo favorecido por la evolución que habían experimentado los socialistas respecto del nacionalismo. Ya en 1913, Andreu Nin se proclamaba socialista y nacionalista al mismo tiempo, y en 1918, el propio PSOE se mostró favorable a la creación de una confederación de los pueblos ibéricos, y, en consecuencia, a la autonomía de Cataluña, aunque sin llegar a reconocer explícitamente su derecho a la autodeterminación. Sin embargo, en 1921 se mostró reticente respecto del nacionalismo catalán, al que juzgaba demasiado de derechas, demasiado reaccionario, demasiado clerical; a dichas orientaciones oponía otra vez el internacionalismo proletario. Decepcionados, un cierto número de militantes dejaron el partido y fundaron, en 1923, la Unión Socialista de Cataluña. A pesar de estas reticencias, en los años veinte el catalanismo pasó a ser una fuerza de izquierdas.

Los movimientos sociales

Lo que contuvo a los militares y a los parlamentarios en 1917 no fue tanto la autoridad de los sucesivos gobiernos, a decir verdad, bastante débiles, como los movimientos sociales de aquel mismo año y de los siguientes. La protesta de los oficiales y la «fronda» de los parlamentarios probaban que la situación política se había degradado, pero la huelga general logró eclipsar a esos sucesos por las inquietudes que suscitó en los medios conservadores. Éstos temían —o fingían temer— que España estuviera amenazada por una revolución social: el eco de lo acontecido en Rusia reforzaba esta convicción, hasta el punto de que algunos han utilizado la expresión período bolchevique para definir a los años que van de 1917 a 1923.

Lo que acaso pudo justificar esos temores fue la demostración de fuerza de la que dieron muestras en esa época tanto el movimiento obrero como el campesino. La neutralidad permitió enriquecerse a una minoría, pero también empeoró las desigualdades sociales y las condiciones de vida de los pobres: la inflación de los precios no se vio compensada mediante una subida equivalente de los salarios reales. Los sindicatos, que denunciaban estas injusticias, vieron cómo se duplicaban sus efectivos en pocos años. La UGT pasó de tener menos de 100.000 afiliados en 1914, a 240.000 en 1917, y el PSOE pasó de 15.000 militantes a más de 50.000. Sin embargo, fueron los anarcosindicalistas quienes registraron un ascenso más espectacular: la CNT llegaría a tener más de 700.000 afiliados. En 1919 se calcula que en Barcelona la mitad de los trabajadores estaban sindicados y eran miembros de la CNT, y que, en Madrid, el 30 por 100 de los trabajadores estaban afiliados a la UGT. A pesar de esta competencia, entre las centrales sindicales no se produjeron luchas de influencia; al contrario, en julio de 1916, la UGT propuso a los dirigentes de la CNT —que aceptaron— suscribir un pacto para actuar contra la subida de los precios. En el otoño del mismo año, las dos organizaciones se reunieron, y juntas convocaron una huelga general de 24 horas para el 18 de diciembre de 1916. El 23 de marzo de 1917, constatando que el gobierno y el Parlamento no habían res-

---

3. La *Diada*, destinada a conmemorar el 11 de septiembre de 1714, fecha de la caída de Barcelona, suceso que puso fin a la autonomía del principado de Cataluña.

pondido a sus reivindicaciones, la UGT y la CNT decidieron comenzar una huelga general indefinida, pero sin fijar la fecha exacta. En julio, el movimiento de los ferroviarios de Valencia sorprendió a todo el mundo. El jefe del Partido Socialista, Pablo Iglesias, que apoyaba las iniciativas de Cambó y de los parlamentarios catalanes, puesto que creía que podían introducir reformas sociales democráticas, juzgó que la huelga era inoportuna. Algunos incluso se preguntaban si no estarían ante una provocación cuyo objetivo sería el de impedir las reformas de las instituciones, provocando una reacción de defensa social en los medios militares y conservadores. Los hechos sucedieron del modo siguiente: la Compañía de los Ferrocarriles del Norte rehusó hacer cualquier tipo de concesión; sin embargo, no se debe excluir la posibilidad de que fuera el propio gobierno el que la alentara a adoptar una postura tan intransigente, con la intención oculta de crear una animosidad entre el ejército y la burguesía contra los obreros. Colocados en una situación difícil, los socialistas no se decidieron a desvincularse de los ferroviarios, y, a pesar de la oposición de Pablo Iglesias, la UGT lanzó una convocatoria de huelga general ilimitada que debía empezar el 13 de agosto. Fiel a su apoliticismo, la CNT rehusó secundar dicha huelga porque el objetivo del movimiento era lograr que se formara un gobierno provisional y se procediera a elegir Cortes constituyentes; se trataba de cambiar el régimen, como también lo pedían Cambó y otros parlamentarios, aunque estos últimos se echaron atrás, ya que no deseaban ganar ayudados por el movimiento obrero; hasta los republicanos abandonaron el proyecto. En cuanto a Cambó, varios meses más tarde pasaría a formar parte de un gobierno de coalición. Los socialistas y sindicalistas de la UGT se quedaron solos; sin embargo, la huelga triunfó en Madrid, Barcelona, Bilbao, Zaragoza, Oviedo, y el gobierno decretó la ley marcial. El ejército intervino en Madrid, Barcelona y Asturias: los enfrentamientos entre huelguistas y militares costaron un centenar de muertos y más de dos mil detenciones. Los miembros del comité de huelga —entre los que figuraban Largo Caballero y Julián Besteiro— fueron juzgados en un consejo de guerra y condenados a cadena perpetua.[4] Indignados por el modo en que el gobierno reprimió un movimiento que, en su punto de partida, no tenía ninguna connotación violenta, los republicanos y los intelectuales —Cossío, Altamira, Américo Castro, Ortega, Unamuno, Machado— iniciaron una campaña para lograr la amnistía de los condenados.

En 1919 se produjeron de nuevo conflictos sociales, esta vez impulsados por los anarcosindicalistas y por la CNT, en las regiones en donde contaban con más simpatizantes, es decir, Andalucía y Cataluña. En la provincia de Córdoba, ocupada por el ejército, los obreros agrícolas exigían unos contratos de trabajo legales, aumento de salarios, disminución de la jornada y que se les pagara por horas y no a destajo... No obstante, fue en Barcelona en donde los hechos alcanzaron una mayor virulencia; allí, la huelga empezó en una compañía anglo-canadiense de electricidad, con lo que se paralizó rápidamente la actividad de la ciudad, que quedó sumida en la oscuridad: los tranvías dejaron de funcionar y la mayoría de las fábricas, al quedarse sin electricidad, se vieron obligadas a cerrar. El gobierno decretó la ley marcial, y el ejército pasó a hacerse cargo de la situación con plenos poderes: llegó incluso a expulsar al gobernador civil de la provincia, acto que provocó la dimisión del gobierno de Romanones. Tanto la CNT como la UGT denunciaron un pacto

---

4. En 1918 los cuatro miembros del comité de huelga serían elegidos diputados, lo que les permitiría salir de la cárcel.

entre la patronal y las autoridades y pidieron que se pusiera fin al estado de excepción; sin embargo, en vez de ceder, el gobierno de Dato acentuó las medidas represivas: hizo que se aplicara la llamada ley de fugas, que autorizaba a la policía a disparar sobre los militantes sindicalistas si éstos intentaban escapar al ser arrestados; fue una medida que dio lugar a innumerables abusos. Dato nombró un nuevo gobernador civil, el general Martínez Anido, que dio carta blanca a la policía para que acabara con la CNT.

Con el nombramiento del general Martínez Anido se abriría uno de los períodos más oscuros en la historia del movimiento obrero. Durante casi tres años, de 1920 a 1923, la ciudad de Barcelona estuvo dominada por el pistolerismo. Cada grupo tenía sus propios pistoleros: los patronos, los sindicatos amarillos, la policía y también los anarquistas; por lo que el terrorismo de unos provocaba la respuesta antiterrorista de otros. Los asesinatos se contaron por centenares. El arresto de los dirigentes de la CNT —entre ellos, Ángel Pestaña, que no era precisamente partidario de la violencia— permitió cualquier iniciativa por parte de los grupos anarquistas de autodefensa. En marzo de 1921, el presidente del gobierno, Eduardo Dato, murió a tiros. «Yo no disparé contra Dato —declararía su asesino—, sino contra el gobernante que autorizó la ley de fugas.» En 1922 hicieron su aparición Los solidarios —Ascaso, Durruti, García Oliver...—, el más conocido de los, grupos de acción anarquistas cuyo propósito era arremeter contra los responsables, y no contra los simples ejecutores de los atentados patronales y de la policía. Como represalia ante el asesinato de Salvador Seguí —uno de los dirigentes más moderados de la CNT—, cometido el 10 de marzo de 1923, Los solidarios atentaron contra el ex gobernador de Bilbao y el cardenal-arzobispo de Zaragoza.

El movimiento obrero español[5] manifestó una gran curiosidad, una evidente simpatía y depositó muchas esperanzas en la Revolución rusa nada más conocerla. El Segundo Congreso Nacional de la CNT, celebrado en diciembre de 1919, decidió adherirse provisionalmente a la Tercera Internacional, aunque sin renunciar al comunismo libertario y a la espera del informe que redactaran los delegados enviados a Moscú. En el seno de estos delegados había divisiones: Andreu Nin —el futuro dirigente trotskista del Partido Obrero de Unificación Marxista (el POUM) durante la guerra civil de 1936— estaba considerado como bolchevique, pero la mayoría de la CNT seguía a Ángel Pestaña y, en junio de 1921, rompió con los soviéticos, que acababan de aplastar la sublevación de los marineros de Cronstadt y al ejército negro del anarquista Makhno. Entre los socialistas, la actitud que se debía adoptar respecto de la Revolución rusa fue objeto de intensas discusiones. En abril de 1921, después de haber escuchado a Pablo Iglesias, Julián Besteiro y Fernando de los Ríos —que acababa de volver de Moscú—, los tres hostiles a adherirse a la III Internacional, el PSOE rechazó por 8.854 votos contra 6.094 las 21 condiciones de Lenin. Algunos de los disidentes fundaron entonces el Partido Comunista, que contaría con muy pocos afiliados. A diferencia de lo que estaba pasando en otros países de Europa occidental, y a pesar del entusiasmo inicial, la III Internacional no llegaría a implantarse en España.

---

5.   Juan Díaz del Moral cuenta que con ocasión de unas conferencias en Andalucía, los campesinos lo asaltaban con preguntas sobre Rusia; preguntas del tipo de ¿qué se cosecha allí? ¿Qué tipo de clima tienen? ¿A qué distancia está Rusia? (*Historia de las agitaciones campesinas andaluzas*).

LA DICTADURA

A comienzos de 1923, el gobierno se vio desbordado por la situación. Desde hacía unos años, Barcelona vivía en medio de un régimen de terror: ni la ley marcial, ni los plenos poderes otorgados a la policía habían conseguido devolver a la ciudad la calma y la seguridad. Los medios conservadores temían que los disturbios se extendieran al conjunto del país y que desembocaran en una revolución bolchevique, temor exagerado, sin duda, pero que contribuía a crear un clima de exasperación contra la clase política, considerada responsable del fracaso de las instituciones. Una gran parte de la opinión pública deseaba la paz y no ocultaba su desprecio hacia los hombres que estaban en el poder y hacia los partidos tradicionales. Por otra parte, los sucesos de Marruecos continuaban preocupando a los responsables civiles y militares. Después del desastre de Annual, la zona oriental del protectorado español seguía amenazada por los hombres de Abd el-Krim. El gobierno parecía inclinarse por una solución política, y, como estaba decidido a no dejar que los militares actuaran a su antojo, nombró un alto comisario civil. Esta aparente determinación provocó la ira de los africanistas, que ardían en ganas de batirse: querían vengar a sus camaradas y recuperar el terreno perdido. Millán Astray, fundador y jefe de la Legión extranjera, presentó su dimisión como muestra de protesta. Tanto entre la opinión pública como en las Cortes, había muchos que deseaban saber qué era lo que había pasado exactamente en Annual y delimitar las responsabilidades pertinentes. Las sesiones parlamentarias se terminaron en junio. Tenían que reanudarse en otoño y parecía inevitable que se suscitara un debate sobre el informe de la comisión de investigación que presidía el general Picasso. Sin embargo, con dicho informe se corría el riesgo de cuestionar al rey, quien presumiblemente habría alentado a Silvestre en su temeraria ofensiva, ya que, si se probaba que había existido un pacto entre la corte y algunos oficiales superiores, podría peligrar la estabilidad del trono.[6]

Sin embargo, las Cortes no se reunieron en la fecha prevista. Se sabía que, desde hacía algún tiempo, ciertos generales preparaban un alzamiento. Primo de Rivera se adelantó. Este general había llegado a Barcelona, en otoño de 1922, para hacerse cargo de la Capitanía General de la región. En Barcelona, estableció contactos con los medios económicos y con la Lliga Regionalista de Cambó, dándose cuenta de su exasperación ante la agitación social, la violencia, la incapacidad del Parlamento y de los partidos, las operaciones llevadas a cabo en Marruecos, que parecían mal coordinadas... Seguro de los apoyos que creía haber encontrado en Barcelona, el 12 de septiembre de 1923, Primo de Rivera dirigió un

> llamamiento al país y al ejército: Españoles, ha llegado para nosotros el momento ... de recoger las ansias, de atender el clamoroso requerimiento, de cuantos, amando a la patria, no ven para ella otra solución que libertarla de los profesionales de la política, de los hombres que por una o por otra razón nos ofrecen el cuadro de desdichas e inmoralidades que empezaron el año 98 y amenazan a España con un próximo fin

---

6. El asunto de Annual fue definitivamente enterrado el 4 de julio de 1924 gracias a la amnistía otorgada por el rey para todos los delitos políticos y militares. Unamuno —perseguido por un delito de opinión— habría podido beneficiarse de dicha amnistía en la misma medida que el general Berenguer, cuya responsabilidad en los acontecimientos de Marruecos era abrumadora.

trágico y deshonroso. La tupida red de la política de concupiscencias ha cogido en sus mallas, secuestrándola, hasta la voluntad real ... se avienen fáciles y contentos al turno y reparto y entre ellos mismos designan la sucesión ... No tenemos que justificar nuestro acto, que el pueblo sano demanda e impone. Asesinatos de prelados, ex gobernadores, agentes de la autoridad, patronos, capataces y obreros; audaces e impunes atracos; depreciación de la moneda; francachela de millones de gastos reservados; sospechosa política arancelaria ... rastreras intrigas políticas tomando por pretexto la tragedia de Marruecos; incertidumbre ante ese gravísimo problema nacional; indisciplina social, que hace el trabajo ineficaz y nulo, precaria y ruinosa la producción agrícola e industrial; impune propaganda comunista; impiedad e incultura; justicia influida por la política; descarada propaganda separatista ... Hombres rectos, sabios, laboriosos y probos que puedan constituir ministerio a nuestro amparo.

En esos momentos, Alfonso XIII estaba de vacaciones en San Sebastián, y se negó a convocar las Cortes. Además, aconsejó a Santiago Alba, que estaba cerca de él, que huyera al extranjero, ya que era el único ministro que había sido nominalmente señalado en el manifiesto de Primo de Rivera como el responsable de todos los vicios del sistema y se anunciaba su encausamiento. Así pues, el rey se inclinó ante los hechos consumados. El día 15, nombró a Primo de Rivera «presidente del Directorio militar encargado del gobierno». La Constitución fue suspendida, y se disolvieron el Congreso y el Senado, así como las diputaciones provinciales y los consejos municipales —viveros y frutos de la política partidista y del caciquismo, según el dictador—. Primo de Rivera sólo intentaba librar al país de los profesionales de la política, por lo que no suprimió los partidos políticos; es decir, tanto el PSOE como la Lliga Regionalista podían seguir existiendo abiertamente, pero los partidos tradicionales, al ser meros comités electorales, con la disolución del Congreso y del Senado perdieron su razón de ser. Los oficiales que, según el parecer de Primo de Rivera, tenían sentido de la disciplina y de la responsabilidad pasaron a ocuparse de los principales sectores de la administración. La mayoría de la opinión pública acogió el golpe de estado con resignación y hasta con un cierto alivio, ya que hacía mucho tiempo que se había hastiado de la incapacidad de los políticos y estaba harta de la inseguridad reinante. Los comunistas —que entonces eran sólo unos pocos— y los anarquistas de Madrid convocaron al pueblo a una huelga general, pero apenas encontraron eco. Ningún movimiento popular intentó oponerse al dictador, y tanto el PSOE como la UGT se limitaron a recomendar a sus trabajadores que se mantuvieran alertas y apartados de cualquier clase de aventura.

En España, cuando se habla de dictadura, siempre se piensa en la de Primo de Rivera, aunque el general hubiera recusado ese término.[7] Los precedentes de dictadura en España no eran demasiado numerosos, es decir, se puede citar a Narváez, en 1848, y a Serrano, en 1874, aunque en ambos casos se trataba de un poder autoritario ejercido por generales más que de auténticos regímenes militares. Antes del advenimiento de Franco, Primo de Rivera representó uno de los escasos ejemplos en los que el ejército tomó las riendas de los asuntos políticos; sin embargo, hay que descartar cualquier comparación con el régimen franquista: Primo de Rivera no tenía nada de dictador en el sentido que comúnmente se le da a esta palabra. El Directorio militar —así se autodenominó el nuevo gobierno— estaba integrado por nueve generales y un contraalmirante; todos los gobernadores civiles fueron reemplazados

7. «Yo no soy un dictador», declaró.

por oficiales. Pero, en realidad, las cosas eran más complejas, ya que Primo de Rivera ejercía el poder en solitario, y sólo él proponía al rey las decisiones que debían tomarse; así pues, el Directorio se limitaba a darle su opinión, lo que no era equivalente a la tarea ejercida por un consejo de ministros. Mediante un decreto de 21 de diciembre, se prohibió —prohibición que alcanzaba a los propios miembros del Directorio— que se estableciera un contacto direcʋo con el rey, es decir, antes se debía consultar con Primo de Rivera, en quien, por lo tanto, se concentraban todos los poderes. Aunque Primo había llegado donde estaba contando con el consentimiento del ejército, no es tan seguro que este último lo considerara su representante, ya que, entre los africanistas, por ejemplo, Primo de Rivera no gozaba de demasiadas simpatías, como lo demuestra que, durante un viaje de inspección por Marruecos, en julio de 1924, llegara a tener un altercado bastante airado con los oficiales de la Legión, en presencia de su jefe, Francisco Franco. Además, Primo de Rivera gobernaba de un modo que era más arbitrario que autoritario, y en sus intenciones no estaba la de crear un estado totalitario; este último rasgo lo diferenciaba del fascismo que, a la sazón, Mussolini estaba conformando en Italia.[8] Entre el régimen fascista y la dictadura española las analogías eran más formales que reales, a pesar de la frase que se atribuía a Alfonso XIII, el cual, en su visita a Roma, en noviembre de 1923, al señalar a Primo de Rivera, habría dicho: «Este es mi Mussolini». Y a pesar de que en abril de 1924 se creó un partido único, la Unión Patriótica, el asunto no pasaría de ser un esbozo. Aunque el régimen de Primo de Rivera presentaba puntos comunes con el fascismo italiano, también se inspiraba en ciertas corrientes del catolicismo social —las defendidas por Patrice de la Tour du Pin—, y, asimismo, recuperó algunos de los postulados del regeneracionismo español de finales del siglo XIX, los mismos que Joaquín Costa había intentado aplicar contra los partidos. Estos postulados pueden resumirse en tres puntos: la necesidad de un poder fuerte, una dictadura provisional, para quebrar la resistencia de los grupos de presión; la convicción de que la política todo lo desvirtúa: había que reducir los problemas políticos a problemas técnicos, es decir, neutralizarlos para resolverlos mejor; la voluntad de hacer que los poderes públicos desempeñaran un determinado papel en la economía, o sea, el estado debía actuar contra los intereses particulares.

Siguiendo estos principios, la dictadura emprendió una política de grandes obras, algunas de las cuales ya estaban incluidas en el programa de Costa: irrigación en la cuenca del Ebro, electrificación, ampliación de las líneas férreas y de la red de carreteras... Al conde de Guadalhorce y a Calvo Sotelo se les confió la labor de modernizar las estructuras económicas mediante una política proteccionista y la creación de monopolios estatales. Como producto de este enfoque de la economía cabe destacar la creación de la Compañía Telefónica Nacional de España, la de la Compañía Arrendataria del Monopolio de Petróleos, S. A. —CAMPSA—, y la del Patronato Nacional de Turismo, que emprendió la construcción, en las zonas turísticas, de hoteles de lujo destinados a acoger a una clientela acomodada tanto española como extranjera; algunas veces, se restauraron y acondicionaron monumentos históricos para ese fin, creándose los llamados paradores de turismo, de los que el primero se

---

8. Primo de Rivera se mostró bastante indulgente ante ciertas críticas. Un día, un vendedor de discos colocó su retrato al lado del último éxito de Carlos Gardel, *Esta noche me emborracho*; sin embargo, al vendedor sólo se le impuso una multa.

inauguró en Gredos, y el segundo en Mérida. Este impulso logró llevar a cabo algunos éxitos espectaculares para la época: las carreteras principales fueron pavimentadas y adaptadas para la circulación de automóviles; se empezó a electrificar la red ferroviaria; se amplió la red del servicio telefónico automático... Sin embargo, contrariamente a lo que creía el dictador —y, antes que él, Costa—, esas grandes obras no eran políticamente neutras, sino que tenían una contrapartida. En el caso que nos ocupa, el precio a pagar se presentó de dos formas: la deuda pública aumentó, y el capital extranjero vio reforzadas sus posiciones; en los trusts hidroeléctricos había en juego unos enormes intereses alemanes y norteamericanos, y sería una sociedad norteamericana —la ITT— la que obtendría la concesión del monopolio telefónico, etc. Como contrapartida, el nacionalismo económico y el afán de garantizar la independencia de España, especialmente en el ámbito de la defensa, inspiraron la creación de CAMPSA, a la que, en 1927, se le concedió el monopolio de importar, refinar y distribuir el petróleo; en este caso, las compañías extranjeras —especialmente la Shell y la Standard Oil—, que hasta la fecha habían ejercido un monopolio de hecho, vieron perjudicados sus intereses. Las consecuencias de todo esto se notarían hasta el final de la dictadura: subirían los precios de la electricidad y del teléfono, y aumentaría la inflación.

Para la mayoría de la opinión pública, Primo de Rivera era el hombre que había relanzado la economía y había logrado la paz social. Los atentados habían cesado. En 1924 el Directorio militar inició la construcción de viviendas de precio asequible, especialmente en Madrid, de las que se beneficiaron, sobre todo, los funcionarios y las clases medias, más que las clases trabajadoras, pero que no dejaban de ser un indicativo de las preocupaciones sociales del régimen, que pretendía solucionar los problemas de un modo práctico y concreto. Asimismo, el dictador intentó entablar unas relaciones de confianza con los sindicatos obreros, implicándolos en la resolución de los conflictos sociales, aunque imponiéndoles el arbitraje del estado. Desde los primeros meses, se hicieron gestos simbólicos que manifestaban este deseo de instaurar un clima nuevo: Primo de Rivera recibió al dirigente de la UGT en Asturias; el gobernador civil de Madrid fue a visitar la casa del pueblo... Los socialistas se mostraron sensibles a estas atenciones y a esta orientación, cuanto más porque Primo de Rivera no sólo se había comprometido a mantener los logros sociales, sino también a mejorar las condiciones de vida de los obreros. La UGT se convirtió en un interlocutor privilegiado del Directorio militar. La corriente reformista y pragmática, representada por Julián Besteiro y Largo Caballero, se impuso en el seno del sindicato. En septiembre de 1924, el dictador dio un paso adelante: decidió que entrara en el Consejo de Estado un representante de los trabajadores, de cuya designación se encargaría el presidente del Consejo Superior del Trabajo, pero que, de hecho, sería el que propusiera la UGT. Largo Caballero acepta formar parte del Consejo de Estado a pesar de la oposición de Fernando de los Ríos y de Indalecio Prieto. Entonces empieza una larga rivalidad entre Largo Caballero y Prieto, quienes ya no dejarían de enfrentarse en casi todos los problemas políticos. Sus relaciones empeoran todavía más en noviembre de 1926, cuando el ministro Aunós intentó establecer los sindicatos verticales, de tipo corporativo, e inspirados en el modelo mussoliniano. El objetivo de esta organización corporativa nacional era el de armonizar las relaciones sociales, estableciendo para ello un procedimiento de arbitraje sobre los contratos de trabajo, conflictos, indemnizaciones por despido, etc. Los comités paritarios constituían el mecanismo esencial de la organización. La UGT vio en todo ello la ocasión de aumentar su influencia entre la clase obrera y al mismo tiempo evitarle largas y costosas huelgas; de hecho, a pesar del aumento del desempleo, entre 1924 y 1930, el número de jornadas de huelga había disminuido. En 1932 la UGT haría incluso un balance bastante positivo de ese período: no sólo se le habían ahorrado a la clase obrera sacrificios inútiles, sino que también se habían mejorado sus condiciones laborales y se habían obtenido sustanciales indemnizaciones para los trabajadores despedidos. Paradójicamente, fueron los patronos y los sindicatos católicos los que mostraron una mayor reticencia respecto de los comités paritarios. Los primeros tenían miedo de encontrarse, después de que cayera la dictadura —lo que un día u otro habría de llegar—, en una posición de inferioridad frente a los representantes obreros y obligados a efectuar importantes concesiones. En cuanto a los sindicatos católicos —que habían cobrado un cierto auge a partir de 1920, especialmente en el sector agrícola, en Castilla—, éstos no estaban conformes con el modo de elección de los comités, ya que los representantes de los trabajadores eran elegidos por mayoría y no proporcionalmente, lo que daba ventaja a la UGT. La benevolente neutralidad de los socialistas respecto de la dictadura —sería inexacto decir que hubiera una verdadera colaboración— duraría hasta 1929 aproximadamente.

Miguel Primo de Rivera se mostraba mucho menos indulgente respecto del resto de los integrantes del movimiento obrero. A pesar de ser muy poco numerosos, los comunistas fueron severamente perseguidos, y cualquier clase de propaganda bolchevique —como se decía en la época— quedó rigurosamente prohibida. En cuanto a los anarcosindicalistas, a quienes Primo de Rivera asociaba con la oleada de terrorismo que había sacudido a Barcelona durante varios años, estaban estrechamente vigilados: sus sindicatos habían sido clausurados, sus publicaciones prohibidas, y algunos de sus dirigentes arrestados u obligados a huir al extranjero. Ante esa situación, los militantes estaban divididos. Sin renunciar a la acción directa —que excluía cualquier participación en los comités paritarios y cualquier idea de arbitraje—, había una tendencia que quería transformar a la CNT en una organización puramente económica y dejar a los afiliados en libertad de profesar la ideología que más les conviniera; es decir, ya no sería necesario que todos fueran libertarios, lo que, al fin y al cabo, significaba proclamar la independencia del sindicato respecto de los partidos. Los espontaneístas se oponían a esta corriente. Muchos de ellos vivieron —o vivían todavía— en el exilio, en donde se reunieron con otros anarquistas proscritos, especialmente con los portugueses. Con el pretexto de realizar actividades al aire libre —excursiones a la montaña, baños de mar, naturismo—, algunos de estos anarquistas clandestinos se encontraban periódicamente en playas o en lugares aislados. Entre baño y baño, realizaban ejercicios de gimnasia, se despotricaba contra el tabaco y el alcohol, pero también se intercambiaban periódicos y folletos, se conspiraba, y se entrenaban en el manejo del revólver y en la utilización de explosivos... Precisamente durante uno de esos encuentros, que tuvo lugar en julio de 1927, en una playa del litoral valenciano, se fundó la Federación Anarquista Ibérica —FAI—, que, como su nombre indica, aglutinaba, teóricamente, a anarquistas españoles y portugueses. Organización clandestina integrada por grupos autónomos de una docena de miembros, la FAI se propuso recuperar el control del movimiento anarquista y derrocar la dictadura aliándose con sus otros oponentes, especialmente con los nacionalistas catalanes.

En efecto, Primo de Rivera era un enemigo declarado del separatismo, al que reprimía con energía.[9] Fue entonces cuando el catalanismo de izquierdas se separó definitivamente de la Lliga de Cambó y de los medios conservadores. La Lliga venía manteniendo unas buenas relaciones con Primo de Rivera desde los tiempos en que éste fue capitán general de Cataluña, y, probablemente, no se esforzó en disuadirlo mientras preparaba el golpe de estado. Cambó se había visto demasiado relegado por los partidos dinásticos como para no desear verlos fuera del escenario político, y, además, compartía las preocupaciones de los industriales ante el clima de violencia que reinaba en Cataluña. Por otra parte, no se descarta que Primo de Rivera no hubiera efectuado alguna vaga promesa a favor de la autonomía de la región. Sin embargo, una vez en el poder, se mostró mucho más severo con los separatistas. Al principio, el partido de Cambó no se inquietó demasiado, ya que el dictador parecía reservar sus más duros golpes para los anarquistas y catalanistas de izquierdas; Cambó creía representar un autonomismo respetable al que el nuevo poder no osaría atacar, pero sus ilusiones se esfumarían muy pronto, ya que Primo de Rivera, bien por propia iniciativa, o bien para tranquilizar a los militares y a los partidarios de la unidad nacional, actuó, indistintamente, contra todos los separatismos, tanto los de izquierdas como los de derechas. Estos últimos, como el dictador había conseguido eliminar el terrorismo en Barcelona e implantado medidas proteccionistas a favor de la industria algodonera, en un principio se avinieron con la dictadura, y, cuando quisieron reaccionar, ya era demasiado tarde. Esta actitud de la Lliga dejó el campo libre a las otras tendencias del nacionalismo catalán: la patronal se vio desplazada por el movimiento obrero. ¿Y acaso era extraño? «La guardia civil, la policía y los militares eran casi todos castellanos, ellos personificaban a la vez, en la Cataluña de 1928, una opresión nacional y una opresión social» (Pierre Vilar). Así pues, cuando cayera la monarquía, en 1931, las masas de Barcelona gritarían: «Mori Cambó! Visca Macià!»; es decir, el catalanismo había dado un giro hacia la izquierda.

Una de las primeras preocupaciones del general Primo de Rivera fue la de solucionar el problema de Marruecos, después de la desastrosa retirada de Annual. En el manifiesto del 12 de septiembre de 1923 había prometido que los responsables serían castigados, pero el tema se mencionaba ambiguamente: sólo los políticos —Santiago Alba y, sin que se nombrara explícitamente, el jefe de gobierno, García Prieto— fueron expuestos a la reprobación pública. Al estar disueltas las Cortes, no se corría ningún peligro de que una comisión parlamentaria de investigación se apoderara del informe Picasso sobre las responsabilidades de Annual. No obstante, los generales Berenguer y Navarro, así como los oficiales subalternos, fueron obligados a comparecer ante el Consejo Supremo del Ejército en junio de 1924: Berenguer pasó a la reserva, y Navarro fue absuelto; los otros acusados fueron condenados a penas leves. Sin embargo, para los militares aún era demasiado. Primo de Rivera calmó su irritación decretando, quince días después, una amnistía para las condenas posteriores al mes de septiembre de 1923. Pero el problema marroquí distaba mucho de estar solucionado. A pesar de que Primo de Rivera estaba poco dispuesto a involucrarse más en lo que creía era una aventura, le resultaba muy difícil desvincularse del ejército. Los africanistas reaccionaron airadamente y exigieron que se pusiera fin

9. En marzo de 1924, varios escritores de lengua castellana —Gregorio Marañón, Menéndez Pidal, Ortega, Gómez de la Serna— firmaron una carta colectiva dirigida al dictador a favor del catalán cuyo uso se pretendía prohibir: «Las glorias de Cataluña son glorias españolas».

a las escaramuzas de Abd el-Krim en la zona oriental del protectorado español. El teniente coronel Francisco Franco se erigió en su portavoz en un artículo publicado por la *Revista de las Tropas Coloniales*, cuyo título daba una buena idea de su contenido: «Pasividad e inacción». Pero a pesar de todo, Primo de Rivera siguió dudando.

Una inspección realizada en la plaza le llenó de escepticismo sobre la capacidad del ejército español para pasar a la ofensiva contra Abd el-Krim. Fue entonces, en abril de 1925, cuando este último cometió el error de atacar la zona francesa de Marruecos, ocasión que aprovechó Primo de Rivera para convencer a Francia de emprender una acción conjunta. Gracias al apoyo de la marina francesa, un cuerpo expedicionario español desembarcó en la bahía de Alhucemas, en septiembre de 1925, y reconquistó el territorio que había sido abandonado en manos de los rebeldes del Rif, tres años antes. Con motivo de esta operación, Franco encontró la ocasión de destacarse en una zona que conocía bien; efectivamente, Franco era el prototipo del oficial africanista: desde su salida de la Academia Militar de Toledo, en 1912, había ingresado voluntariamente en las tropas de Marruecos, y allí pasaría más de diez años. En 1920 tomó el mando de la primera bandera de la Legión extranjera que acababa de fundar Millán Astray. Gracias a esa prolongada estancia y a su hoja de servicios en el ejército de África y en las guerras coloniales, Franco se había podido beneficiar de aquellos ascensos acelerados que, en 1917, habían sido denunciados por los oficiales de las Juntas de Defensa. En febrero de 1926, fue ascendido a general de brigada: tenía 33 años y era el general más joven de Europa. Dos años más tarde, sería nombrado director de la Academia General Militar de Zaragoza, destinada a reemplazar a las antiguas academias de Toledo (infantería), Segovia (artillería), Valladolid (caballería) y Guadalajara (cuerpo de ingenieros).

La única innovación que incorporó la dictadura en el campo de la diplomacia fue la concerniente a las relaciones con las repúblicas de América Latina —Primo de Rivera prefería hablar de naciones iberoamericanas—. La idea se remontaba a 1898. En esa época, ciertos sectores de la sociedad española sugirieron basarse en la comunidad de civilización y lengua entre la antigua metrópoli y los territorios americanos para devolver a España un papel dinámico en el mundo. En 1899 se instituyó la «fiesta de la Raza» para conmemorar la llegada de Cristóbal Colón a las Antillas, el 12 de octubre de 1492, y exaltar, inmediatamente tras el desastre de Cuba, los valores espirituales frente al materialismo encarnado por Estados Unidos.[10] Primo de Rivera recuperó esta orientación e intentó darle un contenido. A tal fin, creó, en el Ministerio de Exteriores, una oficina de relaciones culturales, y puso en marcha los institutos hispanoamericanos —uno de los primeros se instaló en Sevilla—; también apoyó otras manifestaciones, cuyo más espectacular ejemplo fue el vuelo del *Plus Ultra*, un hidroavión pilotado por cuatro aviadores —Ramón Franco (hermano del futuro caudillo), Ruiz de Alda, Manuel Durán y Pablo Rada—, que partió de Palos y llegó al Brasil, 19 días más tarde, después de haber hecho escala en Canarias. En 1929 se celebró en Sevilla una Exposición Iberoamericana, que respondía al mismo deseo de estrechar los lazos con las antiguas colonias de América.

10. A partir del restablecimiento de la democracia, la fiesta de la Hispanidad ha pasado a reemplazar a la de la Raza. Contrariamente a lo que podría sugerir una etimología aproximada, la primitiva denominación no tenía ninguna connotación racista. Por raza hay que entender un conjunto de rasgos culturales, un modo de vivir, de pensar y de sentir. Ortega emplea la palabra «raza» en este sentido, como un equivalente del carácter nacional.

LOS INTELECTUALES Y LA POLÍTICA

El golpe de estado de 1923 logró tranquilizar a la mayoría de la opinión pública, sedujo a los conservadores, hizo dudar a una parte del movimiento obrero, pero se tuvo que enfrentar con la oposición de los intelectuales.[11] Algunas semanas después de haber tomado el poder, Primo de Rivera, que, a pesar de que nunca se había tomado a los intelectuales en serio, sentía hacia ellos una cierta consideración, mandó al exilio al más ilustre de todos ellos, a Unamuno, cuyo retorno triunfal, en 1930, se produciría inmediatamente después de la caída del dictador.[12] Sería algo más que un símbolo. El caso de Unamuno constituye una demostración de la recíproca falta de entendimiento que había entre los militares y los intelectuales, cada vez más atentos a los problemas de la ciudadanía. En 1920, comentando los acontecimientos que se habían producido en España después de 1917, el filósofo Ortega y Gasset llegó a la conclusión de la desintegración de España y de lo urgente que era una recomposición de la misma: militares, obreros, nacionalistas, cada uno de estos grupos sólo pensaba en sus propios asuntos; nadie se preocupaba por el interés general; España era una nación invertebrada.[13] El propio Ortega, en 1930, acabó un artículo sobre la situación política con la célebre frase «Delenda est monarchia»: el régimen era incapaz de renovarse; por lo tanto, había que cambiarlo. Los intelectuales españoles desempeñarían un papel determinante en la proclamación de la República de 1931, y uno de ellos, Manuel Azaña, se impondría como el más apto para dirigir aquel cambio de orientación. Unamuno, Ortega y Azaña representaban tres actitudes distintas del intelectual frente al poder. No obstante, más allá de sus trayectorias personales, en el debate político intervino todo el conjunto de una categoría social con la autoridad moral que le confería su capacidad de análisis y su prestigio. En Francia también se produjo el mismo fenómeno. A pesar de que

---

11.   El término «intelectuales» se aplica, en este caso, a todos aquellos que mantenían alguna relación con la cultura, bien porque la crearan —científicos, artistas, filósofos, hombres de letras—, bien porque trabajaran en su difusión —profesores, periodistas—, o bien incluso porque estuviera integrada en su vida profesional —miembros de ciertas profesiones liberales.

12.   Ya en 1914, a Unamuno sus convicciones le habían supuesto problemas con el gobierno del conde de Romanones, que lo había expulsado del rectorado de la Universidad de Salamanca. En 1920-1921 sus colegas lo eligieron decano de la facultad de letras y vicerrector. El mismo año, fue condenado a seis años de prisión por injurias al rey, pero fue dejado en libertad provisional. Unamuno volvió a la carga en 1923: una revista de Buenos Aires publicó una carta privada en la que trataba a Alfonso XIII de «ganso azul» y de «botarate sin más seso que un grillo». En febrero de 1924, Primo de Rivera lo destituyó de nuevo y lo desterró a Canarias. Henri Dumay, director del *Quotidien*, diario parisino, organizó entonces una expedición rocambolesca: fletó una goleta, la *Aiglon*, que logró liberar a Unamuno. Éste se instaló en París durante algunos meses, y después fijó su residencia en Hendaya, frente a su tierra natal. A pesar de haber sido amnistiado, rehusó volver a España mientras el dictador estuviera en el poder. Este episodio vino a acrecentar el antimilitarismo de Unamuno, quien continuó tratando con sarcasmo al gobierno: «Los hombres del Directorio son los más torpes, los más incultos, los menos inteligentes de la milicia de España ... Odian la inteligencia»; «una generalidad en la boca de un general es el vacío elevado a la enésima potencia», etc.

13.   Los ensayos de Ortega publicados en 1920 con el título de *España invertebrada* empezaron a aparecer en forma de artículos en el diario *El Sol* el 7 de diciembre de 1917.

en España no había sucedido nada comparable con el caso Dreyfus,[14] no por ello la aportación de los intelectuales fue menos profunda, menos duradera y, finalmente, menos eficaz.[15] A partir de 1875, la disputa entre las dos Españas y la expansión del krausismo constituyeron un testimonio de que había una sensibilidad hacia los problemas que planteaba la adaptación de España al mundo moderno. Este interrogante se vio prolongado, alrededor de 1898, por medio de las reflexiones sobre la regeneración y las causas del desastre de Cuba. Aproximadamente hasta 1914, los intelectuales habían intentado incidir en los medios políticos, analizando la decadencia de España e insistiendo en la urgencia de modernizar sus estructuras y de devolverle el lugar que le correspondía en Europa y en el resto del mundo. Pero, a continuación, los problemas sociales pasaron a ocupar el primer plano. Ciertos intelectuales reivindicaron entonces una especie de privilegio con el fin de convertirse en los tutores del pueblo, mientras que otros se comprometieron con los partidos políticos o los sindicatos, bien afiliándose a ellos, bien apoyándolos desde fuera.

La polémica en torno a las dos Españas antagonistas nació a mediados del siglo XIX. Para los tradicionalistas, si España quería permanecer fiel a su misión histórica, debía identificarse con el catolicismo; para otros, en cambio, tenía que adoptar los valores del mundo moderno. El gran novelista Benito Pérez Galdós pertenecía a este último grupo. Él también consideraba que había dos Españas enfrentadas, al menos desde el comienzo del siglo XIX: una España progresista, comprometida con el desarrollo de la ciencia y del liberalismo, y una España rutinaria, intolerante y oscurantista. Procedente de la burguesía liberal, y afín a la ideología de las Cortes de 1812, Pérez Galdós se mostró desde muy pronto interesado por la política. Entre 1886 y 1890, fue diputado por Puerto Rico. Después, sus posiciones se acercaron a las de la oposición de izquierdas, y en 1907 se declaró republicano. En 1909 redactó una *Carta abierta a la nación española*, que constituía un manifiesto contra la política llevada a cabo en Marruecos. En 1910 los republicanos y los socialistas lo eligieron como su candidato común para las Cortes. Galdós denunció la injerencia de la Iglesia en los asuntos políticos, sin ser, no obstante, hostil a la religión; asimismo, creía que España sólo se podría transformar mediante la instrucción y la educación. Desde este punto de vista, tenía muchas afinidades con los hombres de la Institución Libre de Enseñanza, que se proponían —como ya hemos comentado en páginas anteriores— formar a los cuadros que necesitaría el país para modernizarse. Es decir, los maestros de la Institución no se dedicaron a la

14. Aunque la condena y ejecución de Ferrer i Guàrdia, en 1909, suscitó una gran conmoción en toda Europa, Ferrer no era Dreyfus; los intelectuales españoles estaban indignados, a pesar de que a algunos de ellos la personalidad y la obra de Ferrer no les gustara demasiado. Precisamente sería Unamuno quien proferiría unas duras manifestaciones acerca de Ferrer: «La obra de la Escuela Moderna de Francisco Ferrer Guardia me resultaba profundamente antipática, y no he cambiado de opinión ... Lo que me repugnaba, con toda la repugnancia de que era capaz, era la campaña de incultura y de barbarie de aquel frío energúmeno, de aquel fanático ignorante. Nunca he podido soportar el dogmatismo militante del ateísmo más inculto y más grosero».

15. Sobre este punto, nos inspiramos libremente en la tesis inédita de Paul Aubert, *Les intellectuels espagnols et la politique dans le premier tiers du xxème siècle*, que ofrece una nueva perspectiva sobre este tema.

política en el estricto sentido del término, sino que confiaron en la educación para cambiar las cosas en profundidad.[16]

Aquellos que, a finales del siglo XIX, en el área de influencia de Joaquín Costa, deseaban regenerar a España, se mostraron más impacientes. Creyeron que podían soslayar la política, que dividía al país, y emprender unas reformas técnicas que permitieran quemar etapas, pero la política los absorbió y los redujo a la impotencia; las nuevas generaciones aprenderían de este fracaso. A partir de entonces, cada vez serían más los intelectuales que se interesarían por la política, aunque algunas veces no se involucraran a fondo en ella. Y esta actitud fue especialmente clara respecto de la atención que algunos de ellos dedicaron al socialismo. En 1915, durante la celebración del X Congreso del PSOE, la participación de los intelectuales —Jaime Vera, Julián Besteiro, Manuel Núñez de Arenas— fue especialmente fructífera, y contribuyó a liberar al partido del obrerismo en que había estado inmerso hasta aquella fecha. En 1920 la proclama publicada en el semanario *España* confirmó esa evolución. En un artículo titulado «Los intelectuales españoles y el socialismo», se podía leer:

> La naturaleza de su trabajo le conduce [al intelectual], necesariamente, a pensar en un mundo mejor e inmediatamente a desearlo. El médico, que es testigo diario de una miseria infinita; el jurista, que conoce toda la criminal injusticia de los derechos vigentes; el maestro, que sabe cómo la cultura y la pobreza son casi incompatibles; el escritor y el artista, que sienten la amargura de ver prostituida su obra por la necesidad económica...

Hay un signo que nos permite apreciar el gran interés que los intelectuales mostraban hacia la política: el número y la calidad de sus publicaciones y la actividad de los clubes de los que formaban parte. Desde comienzos del siglo XX, la prensa había pasado a ser un sector en expansión,[17] a pesar de que las tiradas eran mediocres (apenas llegaban al 10 por 100 de las que se hacían en Francia en la misma época), de que había cinco diarios que tenían una tirada de poco más de 2.500 ejemplares y de que los periodistas profesionales estaban muy mal retribuidos.[18] Eran muchos intelectuales —incluso los más célebres— a quienes les gustaba escribir en los periódicos. Esta colaboración, además de constituir una ayuda adicional, les permitía expresar su opinión. Ortega era de éstos.[19] Comenzó escribiendo en el periódico de su padre, *El Imparcial*, hasta que los accionistas protestaron después de que se publicara un artículo suyo que los llenó de indignación: en dicho artículo Ortega pedía que se convocaran elecciones para Cortes constituyentes. Esto sucedía en el

16. «Vamos a redimir a la patria y devolverla a su destino», escribió Giner de los Ríos en 1880. Después de la guerra civil, Jiménez Fraud, director de la Residencia de Estudiantes, confesaría: «El propósito de la Residencia era formar una clase directora. Y fracasó en su intento».

17. Véase la tesis de Jean-Michel Desvois, *Presse et politique en Espagne (1898-1936)*, en la que, en el año 1900, se contabilizan 1.347 publicaciones periódicas (diarios, semanarios, revistas mensuales). De entre ellas, 525 trataban temas políticos y un centenar se ocupaba de cuestiones religiosas; las restantes eran de carácter científico, literario, artístico o profesional.

18. Para poder vivir, tenían que disponer de otros recursos, como, por ejemplo, obtener un empleo en un ministerio o en una administración. J. M. Desvois cita el caso de periodistas que trabajaban de basureros en el ayuntamiento de Madrid —¡es de suponer que no se les exigiría el trabajo por el que se les pagaba! En cierta ocasión, a uno de estos periodistas se le llegó a incluir en las listas de las nodrizas de la asistencia pública.

19. A decir verdad, procedía de una familia de magnates de la prensa. «Nací sobre una rotativa», decía en broma.

punto más álgido de la crisis de 1917. Urgoiti fundó entonces *El Sol*, portavoz de la fracción más dinámica de la burguesía vasca y también de los intelectuales. Este diario se distinguía por su tono —no se hacía ninguna concesión al sensacionalismo— y por la calidad de sus redactores.[20] Desde las páginas de *El Sol* Ortega trataría de influir sobre la vida política del país con un éxito desigual.

En los periódicos, se narraban los acontecimientos para un público amplio; en cambio, en las revistas los intelectuales podían escribir para sus colegas y para los lectores cultivados, exponiendo en sus artículos unas reflexiones más elaboradas. Dos revistas se destacaron del resto: *España* y *Revista de Occidente*. La primera empezó a aparecer semanalmente el 29 de enero de 1915, a iniciativa de Ortega y Gasset, el cual cedió poco tiempo después su dirección a Luis Araquistáin, primero, y después a Manuel Azaña.[21] En el equipo de redacción destacaban, especialmente, Ramón Pérez de Ayala, Eugenio d'Ors y Ramiro de Maeztu. También eran colaboradores habituales Fernando de los Ríos, Antonio Machado, Azaña, Manuel Bartolomé Cossío, Jacinto Benavente, Valle-Inclán y Unamuno. En sus últimos números, en julio-septiembre de 1923, apareció un completo estudio de Azaña sobre los recientes acontecimientos de Marruecos: el autor los situaba en una perspectiva histórica, remontándose hasta la rebelión de los moriscos, en el siglo XVI; en su opinión, los mismos errores habían producido unos efectos análogos; es decir, si los militares y los políticos conocieran mejor la historia de su país, no se habría llegado a aquella situación... *España* dejó de publicarse en 1924. Hacía un año que Ortega había sacado *Revista de Occidente*, que se presentaba como la revista de las elites: su propósito era el de tratar los problemas al más alto nivel, otorgándose más importancia a las propias ideas que a los hechos sociales. La *Revista* también establecía una división entre política y cultura, es decir, se negaba a ser una publicación con un contenido meramente político. Cuando Ortega quería expresar su opinión sobre el curso de los acontecimientos, se iba «al piso de abajo», como él decía; o sea, escribía en *El Sol*.

El compromiso político de los intelectuales también se expresaba a través de los manifiestos que publicaban con ocasión de algunos acontecimientos significativos o

---

20. El diario quería ser la voz de «la España que produce y trabaja, la que piensa y siente, la que tiene hambre de justicia, sed de cultura, derecho al bienestar ganado con los propios puños, de la España, en suma, que en sí misma y por sí misma ha de reconstituirse, despojándose de todos los oropeles de la España oficial y todos los guiñapos de la España de pandereta». Además de Ortega, que escribía en *El Sol* casi todos los días, la redacción estaba integrada por algunos de los más brillantes hombres de letras de la época: Salvador de Madariaga, Corpus Barga, Álvarez del Vayo, Federico de Onís... El diario se negó a publicar la lista de la lotería, y no incluía una crónica taurina. En cambio, publicaba páginas especializadas que versaban sobre: agricultura, el domingo; enseñanza, el lunes; biología y medicina, el martes; ciencias sociales y económicas, el miércoles; historia y geografía, el jueves; ingeniería y arquitectura, el viernes, y derecho y legislación, el sábado. A partir de 1920, el mismo grupo de prensa también pasó a editar un diario de la tarde, *La Voz*, del mismo talante que *El Sol*, pero destinado a un público más popular; se le conocía como el diario de los porteros.

21. *España, Semanario de la Vida Nacional* se vendió peor de lo que se había previsto. Al principio, su tirada fue de 50.000 ejemplares, pero rápidamente se vio obligada a reducirla a 18.000. Como todos sus colaboradores eran aliadófilos, a Araquistáin se le ocurrió, para intentar resolver los problemas financieros, recurrir a la embajada de Inglaterra, la cual les otorgó una subvención mensual, en la que colaboraban todas las embajadas de los países aliados. Fue entonces cuando Ortega se marchó para fundar su propia revista, *El Espectador*.

por medio de las asociaciones de que formaban parte. El Ateneo de Madrid fue una de sus tribunas favoritas. El Ateneo era una institución antigua, ya que había sido fundada en 1835, y algunos la comparaban con el Collège de France. De hecho, en su época, en el Ateneo se integraban algunas cátedras especializadas, y en él también se celebraban conferencias que se prolongaban por medio de discusiones informales, las tertulias. Al Ateneo se iba a leer los diarios y a trabajar en su biblioteca, que aún hoy en día es una de las más completas de Madrid. Cánovas del Castillo fue presidente del Ateneo entre 1868 y 1874, y, a partir de 1881, lo fue en ocasiones esporádicas. En 1884 el Ateneo se instaló en su ubicación actual, en la calle del Prado, y en ella reanudó sus actividades. Las cátedras desaparecieron y las conferencias y debates alcanzaron una mayor importancia. En ellas se trataban todos los temas, literatura, filosofía, problemas científicos, política... El Ateneo se convirtió en unos de los focos de la vida intelectual de Madrid. Un buen ejemplo de ello lo constituyó un estudio realizado a finales de siglo, sobre un tema candente —la oligarquía y el caciquismo—, en el que Joaquín Costa pudo desarrollar algunas de sus ideas sobre dicha cuestión y utilizarlo posteriormente como material de un libro. Durante el primer tercio del siglo XX, el papel del Ateneo adquirió mayor relevancia. Se convirtió en un club político, en «el vivero en donde se practicaba la selección de la clase política, en un segundo Parlamento, en el refugio de la oposición» (Paul Aubert). Gracias al Ateneo, Azaña, que sería su secretario a partir de 1913, se reveló no sólo como uno de los oradores más brillantes de su tiempo, sino también como un excelente especialista en algunas cuestiones y como un organizador de primera magnitud. El Ateneo permitió que los medios intelectuales se sensibilizaran con los problemas de la España contemporánea y que en él iniciaran su aprendizaje de la vida pública. Todas estas cosas Primo de Rivera las sabía perfectamente: una de sus primeras medidas fue la de clausurar el Ateneo, demostrando con ello lo poco que se fiaba de los intelectuales.

Oficialmente el Ateneo no era un círculo político. En cambio, la Liga de Educación Política asumió la tarea de preparar el camino a una España moderna. Fundada por Ortega en 1913, también pertenecieron a ella hombres como Manuel Azaña, Fernando de los Ríos, Salvador de Madariaga, Américo Castro... En su sede Ortega pronunció un gran discurso sobre la vieja y la nueva política: «Dos Españas, señores, están trabadas en una lucha incesante: una España muerta, hueca y carcomida, y una España nueva, afanosa, aspirante, que tiende hacia la vida». No resulta difícil encontrar en estas palabras de Ortega y en otras del mismo cariz, un eco de la distinción establecida por Maurras entre el país legal y el país real. Sin embargo, la dictadura puso punto final a aquellos debates y a aquellas ideas, cuyas implicaciones políticas eran evidentes; no obstante, después de la caída de Primo de Rivera, volverían a reiniciarse con un vigor renovado. En marzo de 1929, Ortega renunció a su cátedra para protestar contra la represión que atenazaba a los estudiantes y de nuevo volvió a pisar la arena política. A su regreso del exilio, Unamuno aglutinaba a las masas en las reuniones que convocaba en Madrid. La Agrupación al Servicio de la República, constituida el 10 de febrero de 1931 en torno a Ortega, Marañón y Pérez de Ayala, se pronunció a favor de un cambio de régimen. Nunca el prestigio de los intelectuales había sido tan grande como entonces. Algunas semanas después, un gran número de esos mismos intelectuales —«la masa encefálica», como diría irónicamente Prieto— entraría en el Parlamento, y uno de ellos, Manuel Azaña, se convertiría en su jefe natural y en el símbolo de la joven República española.

A pesar del interés que manifestaban hacia los problemas de la ciudadanía, los intelectuales españoles siempre mantuvieron con la política unas relaciones bastante ambiguas, ya que, efectivamente, la mayoría de ellos tuvo que vencer un sentimiento de rechazo que en los primeros años del siglo XX aún era muy notorio.[22] El fracaso de las tentativas regeneracionistas, las crisis de 1917 y sobre todo la dictadura de Primo de Rivera los obligaron a entrar en liza;[23] sin embargo, esa vinculación no se vio libre de malentendidos. Formados en los medios de la Institución Libre de Enseñanza, o influidos por ella, los intelectuales españoles plantearon el problema correctamente: la modernización de España requería que se instruyera al pueblo, que se redefiniera el papel de la influencia de la Iglesia, que se construyera un estado eficaz y que se integraran en la nación las clases que habían quedado excluidas, es decir, el proletariado de las ciudades y del campo, llevando a cabo las reformas apropiadas; no obstante, muchos intelectuales creyeron que su misión era la de hacer de guías de la nación y confiaron en las elites porque consideraban que el pueblo no estaba capacitado. Incluso algunos pensaron que estaban obligados a desempeñar un papel, pero sin mezclarse directamente en la política: bastaba con definir las grandes orientaciones, dejando que fueran los profesionales de la política quienes las pusieran en práctica, pero reservándose el derecho a protestar cuando estos últimos no seguían sus consejos. Pero también hubo otros que rechazaron esta concepción aristocrática, es decir, que aceptaron las reglas de la democracia moderna y se dedicaron a actuar codo con codo con el pueblo, sin creerse investidos de ninguna misión especial. De estas dos actitudes, la primera fue la que predominó hasta 1931, y sus más significativos representantes fueron Ortega y Unamuno; la segunda aparecería en el período siguiente, en la República, y estaría personificada en Manuel Azaña.

Unamuno empezó siendo miembro del partido socialista, de 1894 a 1897. En esa época, se decía marxista y se mostró atento a desvelar los intereses que se escon-

22. Esta era la actitud que denunció Clarín, en 1885, y Pérez Galdós, en 1910. Con motivo de una conferencia en el Ateneo, el primero declaró: «Existe hoy en Europa y sobre todo en las naciones más adelantadas una tendencia que yo considero, en parte, nociva: la tendencia de los espíritus superiores, o que se creen superiores (que no es lo mismo) a despreciar la política ... Parece como que hay esta tendencia a vivir en calidad de diletante en el mundo, dejando que los arduos asuntos los resuelvan los hombres de segundo orden». Pérez Galdós, después de haber sido elegido candidato común por los republicanos y los socialistas, fue aún más explícito: «Es muy cómodo decir: ¡la política, qué asco!, como pretexto para no intervenir en ella. Es como si una inundación invadiese los sótanos de una casa y los inquilinos del piso principal se subieran al tejado, diciendo: ¡Uf! ¿Qué agua tan sucia! ¡Yo no quiero mancharme sacándola! Y entre tanto el agua fuera reblandeciendo el solar y los cimientos ... Pues yo no he tenido inconveniente en bajar al barro sin miedo a que me manche. El absentismo político es la muerte de los pueblos».

23. El historiador Claudio Sánchez Albornoz constituyó un buen representante de esa evolución. La política siempre se la había interesado —su padre había sido diputado por Ávila—, aunque a distancia. Sin embargo, como escribiría más tarde, la dictadura lo movió a pasar a la acción, no sin una cierta ingenuidad: «Pronto me di cuenta de mi incapacidad para navegar entre las tormentas de las ambiciones, las flaquezas, los errores ... de las batallas diarias del vivir partidario». Mucho más tarde, hacia 1960, Sánchez Albornoz sería designado presidente de la República en el exilio, pero lo haría porque nadie deseaba serlo: había que dar testimonio; si realmente hubiera sido necesario gobernar, diría, habría cedido el puesto a los *políticos de verdad*.

dían, por ejemplo, detrás de la política aduanera del gobierno. Más allá de las disputas ideológicas, intentaba entender la auténtica naturaleza de los debates. Unamuno
—y en ello residió su originalidad en el seno del partido socialista— daba mucha
más importancia a los problemas agrarios; como Costa, condenaba la privatización
de los bienes municipales emprendida por los liberales del siglo XIX, lo que le hizo
juzgar al carlismo con ciertos matices, ya que en éste percibía un fondo de socialismo rural, que los reaccionarios y los clericales se habían encargado de desviar.
Unamuno era todavía socialista cuando se batió en contra de la guerra de Cuba
o contra el militarismo: «La guerra es un buen negocio para algunos», escribió.
Cuando publicó *En torno al casticismo*, en 1895, compartía las preocupaciones fundamentales de Joaquín Costa, es decir, trabajaba por una España regenerada y
moderna, abierta a los valores europeos: el progreso científico y técnico. Pero algunos años después, su modo de enfocar los problemas se modificó sensiblemente.
A pesar de haberse apartado de las creencias de la fe católica, Unamuno siguió
prestando mucha atención al fenómeno religioso en lo que éste tenía de más profundo: la inquietud del hombre ante la miseria de su condición y de su destino. La
política, pensaba, intentaba mejorar la suerte de los hombres, pero no ofrecía ninguna respuesta a las preguntas que aquellos mismos hombres se planteaban sobre el
sentido de la vida y sobre la muerte. En su opinión, había que distinguir entre dos planos. En el plano político, había que actuar para que las relaciones entre los hombres
fueran cada vez más fraternales y racionales, y esforzarse por acabar con las distintas clases de alienación. Sin embargo, existían algunos interrogantes para los que la
política no tenía ninguna respuesta: ¿cuál es el papel del hombre dentro del Univer-
so?, ¿de dónde viene?, ¿qué será de él después de la muerte? Estas preguntas tenían
que ver con la religión, en el sentido más amplio del término, es decir, una religión
que no tenía por qué estar forzosamente relacionada con la Iglesia u otro tipo de
institución. Al principio, Unamuno no encontraba ninguna contradicción entre el
mundo más humano, que había que construir, y la reflexión sobre el destino del
hombre; según él, el marxismo y la religión no eran incompatibles, ya que las dos
actitudes se situaban en distintos planos. Unamuno sólo les pedía a los socialistas
que respetaran la inquietud religiosa en cualquier ocasión, y por eso se mostró tan
severo hacia cierto anticlericalismo que, con el pretexto de denunciar los vicios del
clero, intentaba arrancar cualquier clase de sentimiento religioso del alma del pueblo. Poco a poco, Unamuno fue evolucionando, y pasó a dar una mayor importancia a las preocupaciones espirituales, para él irracionales, ya que no creía que a través de la razón se pudiera llegar a Dios. Acabó rompiendo con el marxismo, en el
que sólo veía una teoría que primaba excesivamente los factores económicos en
detrimento de los problemas espirituales. Fue en esa misma época, entre 1897 y
1905, cuando Unamuno empezó a esbozar la oposición que veía entre el liberalismo y la democracia, aunque no dirigió sus críticas contra el liberalismo formal
del siglo XIX, a pesar de que creía que había sido responsable de bastantes errores,
sino que se enfrentó al liberalismo que se decía marxista; sin embargo, la evolución
del mundo obrero, el crecimiento de las masas y su organización en partidos y sindicatos lo desconcertaron. Acabó creyendo que la democracia y el liberalismo eran
incompatibles. En su respuesta a la encuesta del Ateneo sobre la oligarquía y el caciquismo, en cierto modo, Unamuno acabó incluso disculpando al caciquismo: la sociedad española le parecía terriblemente retrasada, bárbara e inculta; ¿no sería, pues,
el caciquismo indispensable y necesario, al menos hasta cierto punto? Unamuno

cada vez estaba más convencido de que las elites debían tomar a su cargo el destino del pueblo e imponerle la cultura: «La minoría de europeos, nacidos y residentes en España, tenemos el deber y el derecho fraternales de imponernos a las tribus». Su distanciamiento respecto de las masas, que le parecían la personificación de la barbarie y la incultura, fue haciéndose cada vez mayor. En 1910 aceptó la democracia con resignación, como «un mal necesario», como se acepta el vivir con una enfermedad incurable.

El liberalismo y la democracia eran incompatibles. El liberalismo suponía una elección madurada, una entrega con condiciones y una cultura que resultaba inaccesible para la mayoría de la gente; en cambio, la democracia implicaba la aniquilación de la individualidad ante la masa y la colectividad. Y eso era lo que Unamuno se negaba a aceptar.

Una evolución parecida le condujo a pasar, entre 1890 y 1905, de las tesis internacionalistas a las nacionalistas. Rehabilitaba el nacionalismo y criticaba el internacionalismo, al que pasó a considerar utópico y sin unas raíces reales; en esa misma época, también opinaba que el regionalismo era peligroso, en la medida en que implicaba un repliegue en la región, y se mostró inflexible en lo concerniente al castellano, que, en su opinión, debía mantenerse como la lengua oficial de España.[24] Finalmente, Unamuno se volvió de espaldas a Europa; él, que en 1890 había gritado: ¡Abajo don Quijote!, en 1905 publicó una *Vida de don Quijote y Sancho*, que constituía una rehabilitación del espíritu quijotesco. Tendió a situar la fe, la religión, y los valores esenciales castellanos —los valores castizos— por encima de la razón, el progreso y la técnica. Fue en esa época cuando profirió su famosa exclamación: «¡Que inventen ellos!». Ideas que Unamuno desarrollaría después en su libro *Del sentimiento trágico de la vida*. A partir de 1920, Unamuno pasó a ocupar en España una posición marginal, a pesar de sus brillantes y destacadas intervenciones y sus vehementes declaraciones en contra de Primo de Rivera y a favor de la República; cada día que pasaba se sentía más extraño a los problemas de su tiempo. En el fondo, se quedó anclado en la España de finales del siglo XIX y se sentía nostálgico de aquel tiempo; a su temperamento liberal le costaba mucho adaptarse al mundo moderno, a la ascensión de las masas y a su influencia en la vida política. Después de la Revolución rusa, la dictadura del proletariado le parecería tan detestable como la de la plutocracia o, como él decía, la de la «bancocracia».

Más joven que Unamuno, José Ortega y Gasset (1883-1955) influyó profundamente sobre los intelectuales de su generación. En estas líneas, dejaremos a un lado su obra filosófica —que es inmensa— y nos centraremos en sus ideas políticas. Hijo del director de un importante diario, *El Imparcial*, Ortega pertenecía a la burguesía cultivada de Madrid. Educado en los jesuitas, completó sus estudios universitarios en Alemania, antes de ocupar la cátedra de metafísica en la Universidad de Madrid. Desde su juventud, manifestaría una gran pasión hacia la política y soñaría con intervenir algún día en la vida de su país. Se sirvió de los medios más diversos para hacerse oír: la cátedra, las conferencias, la prensa diaria —disponía en *El Sol* de una tribuna de primera—, las revistas —especialmente la *Revista de Occidente*—, los

---

24. Véanse los consejos que dio al escritor catalán Coraminas: «Insisto en que debe usted escribir en castellano, o mejor en español. ... Déjese de catalán. Es el mejor modo de servir el alma catalana que en sí lleva...». Y añadía: «A los vascos nos salva el que sea el vascuence incapaz de cultivo literario».

libros —estaba muy vinculado con la Editorial Espasa Calpe—. A diferencia de muchos de los hombres de letras que le precedieron, de los que fueron sus contemporáneos o incluso de los que llegarían después, Ortega era un hombre de su tiempo, es decir, pertenecía a una España que se alejaba del siglo XIX y que estaba dejando de ser mayoritariamente rural. En 1900, en Madrid el número de habitantes era de unos 500.000; en 1935, pasaba del millón. Barcelona progresaba en las mismas proporciones y, a partir de 1930, pasaría a ser la ciudad más grande de España, más incluso que la capital. El urbanismo y sus consecuencias —los rascacielos madrileños de la Gran Vía, y los inmuebles modernos en Barcelona, el automóvil, el teléfono, el cine, las grandes rotativas, el advenimiento de las masas, etc.— habían introducido un estilo de vida, de hábitos y costumbres que rompían con todo lo que pertenecía al siglo XIX.[25] Ortega se sentía cómodo en esa España, que ya no era la de Unamuno, y hubiera querido adaptar las instituciones a la nueva situación del país. Desde el punto de vista político, durante toda su vida Ortega se atuvo a dos ideas básicas: la de la nacionalización y la del liberalismo.

El tema de la nacionalización surgió por primera vez, en 1914, en la conferencia sobre «Vieja y nueva política», que pronunció bajo los auspicios de la Liga de Educación Política. Frente a una «España oficial», agonizante, Ortega proponía la alternativa de una «España vital», que no se reconocía en la primera. La nacionalización, tal como la concebía Ortega, consistía en devolver a la nación un poder que le había sido confiscado por la oligarquía, un poder que sólo estaba al servicio de los intereses de una clase: había que tender a la «nacionalización del ejército, nacionalización de la monarquía, nacionalización del obrero»; es decir, había que hacer comprender a la monarquía, al ejército y a la clase obrera que formaban parte de una comunidad superior, la nación, y que el interés de la nación no debía confundirse con el de los partidos o el de los clanes. Esto suponía previamente que la clase obrera, por ejemplo, no se sintiera excluida y que su nivel de vida aumentara, es decir, había que «multiplicar el número de hogares donde se llega a fin de mes sin deudas», ya que sin bienestar no se podían emprender reformas políticas. Una vez logrado, se podría conseguir que España se convirtiera en una nación moderna y digna de su pasado, implantando unas transformaciones radicales destinadas a eliminar la rutina, la corrupción, la palabrería y la ineficacia. Durante mucho tiempo, Ortega creyó que esa transformación podría realizarse sin necesidad de cambiar el régimen, en el marco de la monarquía parlamentaria; sin embargo, hacia 1930, se percató de que eso era imposible, y rompió con la monarquía y se decantó por la República. Para Ortega, la República significaba la ocasión de devolver el poder a la nación: «La República significa nada menos que la posibilidad de nacionalizar el poder público, de fundirlo con la nación, de que nuestro pueblo vague libremente a su destino, de dejarlo *fare da se*, que se organice a su gusto, que elija su camino sobre el área imprevisible del futuro, que viva a su modo y según su interna inspiración».

Así pues, la nacionalización no era más que la necesaria modernización del país; no obstante, Ortega sólo concebía esa modernización en el marco del liberalismo, es decir, en un régimen fundado, animado y dirigido por una elite ilustrada, encargada

---

25. Los temas y el marco de muchas de las obras que se escribieron entre 1890 y 1936 descubrían una España rural que cada vez se correspondía menos con la realidad cotidiana. Pensemos en las obras más conocidas de Federico García Lorca, *Yerma*, por ejemplo.

de gobernar a la masa del pueblo. Se trataba de conseguir que «la democracia y la competencia» marcharan a un mismo paso, de respetar la voluntad general sin dejarse arrastrar por ella: «política es la labor por la cual la parte más culta de la nación determina, concreta la incertidumbre del querer y pensar populares». Y en este punto aparece el tema de la necesidad de la existencia de las elites en la vida de los pueblos.

La crisis española de 1917, la revolución bolchevique y la huelga general de Córdoba, en 1919, suscitaron en Ortega el temor de que España se dejara tentar por ideologías de masas, ciegas e incompetentes. Este fue el tema de dos de sus obras *España invertebrada* y *La rebelión de las masas*, publicadas primero en forma de artículos: desde siempre España se había negado a dejarse guiar por sus elites, y ello era lo que le había impedido convertirse en una nación fuerte. En toda sociedad, es necesario llevar a cabo un reparto de las tareas: el papel de las elites era el de gobernar y dirigir, y el de las masas, el de obedecer; cuando las masas quieren gobernar en el lugar de las elites, cuando se niegan a reconocer la autoridad de las elites, la sociedad corre hacia el desastre. Por masas, Ortega entendía todo aquello que no formaba parte de la elite, es decir, no sólo la clase obrera, sino también la pequeña burguesía, las clases medias, etc., y de la clase obrera podían salir las elites de la sociedad del futuro. Precisamente por este motivo, en 1913, Ortega diría «yo soy socialista por amor a la aristocracia ... Aristocracia quiere decir estado social donde influyen decisivamente los mejores», palabras que no dejaban de ser paradójicas.[26] De hecho, Ortega soñaba con una burguesía dinámica, moderna y con ansias de eficacia, apta para transformar a España y ponerla al nivel de las demás naciones de Europa. El drama de Ortega, y de muchos de los que le siguieron, fue que esa burguesía que preconizaban era minoritaria y no pudo vencer la resistencia de una oligarquía que se aferraba a unos privilegios y unos hábitos políticos de otros tiempos. Con la llegada de la República, esta burguesía —sin dejar de ser minoritaria— asumiría las responsabilidades políticas, pero, en 1931, quizá ya sería demasiado tarde. Manuel Azaña, que representaba a este sector, no iba muy desencaminado cuando decía que España había pasado, sin transición, del Antiguo Régimen a la revolución social; es decir, tanto Ortega como Azaña querían una República parlamentaria y burguesa que hiciera funcionar correctamente las instituciones. Sin embargo, en 1931, las masas, las mismas que horrorizaban a Ortega, querían otra cosa.

¿Acaso Ortega se procuró los medios adecuados para obrar con eficacia? No es seguro. De 1914 a 1931, en la sociedad española Ortega ocupó un lugar que se podría comparar con el que en Francia ocuparía Raymond Aron durante la IV y la V Repúblicas. Los dos tenían una formación filosófica, influidos por los sociólogos alemanes, que continuamente reflexionaban sobre la política y la comentaban en sus artículos y en sus libros; pero ahí se acaban los parecidos. Raymond Aron nunca quiso ser un actor político, sino que se encontraba perfectamente en su papel de espectador comprometido. En cambio, Ortega nunca se resignó a «ver los toros desde la barrera», sino que quiso bajar al ruedo, porque se sentía obligado a ello: «La vida española nos obliga, queramos o no, a la acción política». Si no le hubiera sido posible acceder al poder, él se habría contentado con ser el consejero del príncipe, aquel que inspiraba las grandes decisiones sin ocuparse de los detalles de su puesta

---

26. Artículo publicado en *El Socialista*, el 1 de mayo de 1913.

en práctica. Sus ideas le llevaron a buscar el apoyo de una burguesía inteligente y moderna, minoritaria en España, y que, además, no aceptaba fácilmente dejarse guiar. Esto es lo que explica su relativo fracaso y también sus vacilaciones: unas veces insistía en la necesidad de comprometerse políticamente, y otras «se retiraba al Aventino» mientras denunciaba los vicios de la política.[27] Ortega veía en Mirabeau al político por excelencia, es decir, lo opuesto del intelectual: Mirabeau no pensaba; actuaba. El escritor Max Aub emitió el siguiente juicio acerca de los dos intelectuales cuya trayectoria acabamos de resumir: «El deseo mayor de Ortega, como lo fue de Unamuno, fue el del poder. Ahí nació el odio de ambos hacia Azaña, intelectual que lo tuvo».

LA CAÍDA DE LA MONARQUÍA

En septiembre de 1923, Primo de Rivera presentó el Directorio militar como un simple paréntesis de corta duración, destinado a eliminar cuanto obstaculizaba la renovación del país, empezando por los profesionales de la política: «El Directorio asumirá el Poder durante quince, veinte, treinta días, el plazo necesario para que el pueblo mismo nos facilite hombres públicos civiles, pero no pertenecientes a la clase política, capaces de gobernarlo».[28] Sin embargo, Primo de Rivera cometió el error de querer institucionalizar la dictadura. Por otra parte, el país agradecía que hubiera echado a los desacreditados parlamentarios, reinstaurado el orden público, garantizado la paz social, arreglado la situación en Marruecos y modernizado la economía. Además, el dictador, que no tenía nada de tirano, era un hombre popular. Tanto los conservadores como la Iglesia se mostraron bastante satisfechos, y, a excepción de los anarquistas, tampoco los sindicalistas estaban descontentos. Para que el éxito hubiera sido completo, a la dictadura sólo le faltó tratar a los trabajadores agrícolas con la misma comprensión demostrada respecto de los obreros industriales, tener en cuenta las aspiraciones autonómicas de ciertas regiones y dotar a España de las instituciones políticas dignas de un gran país. Sin embargo, pasados los primeros meses, algunos empezaron a quejarse. Los militares, a los que Primo de Rivera había colocado en todas las administraciones, no estaban preparados para la labor que se esperaba de ellos, por lo que había que reemplazarlos por funcionarios. El 3 de diciembre de 1925, Primo de Rivera dio un paso más: el Directorio militar se vio reemplazado por otro civil, cuyos miembros recibieron el título de ministros y pasaron a formar parte de un consejo de ministros presidido por el dictador. Casi todos ellos eran hombres jóvenes y nuevos en las lides políticas: José Calvo Sotelo, Eduardo Aunós, el conde de Guadalhorce, y fueron elegidos por su competencia. Más que políticos parecían tecnócratas, y fueron los impulsores de la mayor parte de las reformas que se introdujeron en la economía, de las que algunas resultaron ser unos éxitos irrefutables. Sin embargo, a pesar de estos aciertos, se

27. Esta fue la actitud que adoptó Ortega hacia 1929: los intelectuales no estaban hechos para la política. Como lo demuestra la misión que confió a la *Revista de Occidente*, fundada en 1923: «De espaldas a toda política, ya que la política no aspira nunca a entender las cosas, procurará esta revista ir presentando a sus lectores el panorama esencial de la vida europea y americana». ¿No sería que las uvas aún estaban demasiado verdes?
28. Declaración de Primo de Rivera al diario *El Sol*.

seguían criticando, cada vez más abiertamente, las carencias, los errores y los escándalos.[29]

Se dejaron oír las protestas de los nacionalistas por los ataques llevados a cabo contra las lenguas y las culturas regionales, y, además, Primo de Rivera se granjeó la enemistad de los estudiantes, que hasta esa época no habían sido demasiado numerosos y apenas se habían interesado por la política. Una muestra de las transformaciones que experimentó la sociedad española durante la dictadura fue la del aumento constante de efectivos en las universidades, entre 1921 y 1936. De esa época datan los primeros edificios de la ciudad universitaria de Madrid, al oeste de la capital, gracias a las iniciativas de Alfonso XIII y al apoyo de Primo de Rivera: edificios modernos, instalaciones deportivas, alojamientos para los estudiantes. Sin embargo, en las facultades la atmósfera había cambiado: los nuevos estudiantes eran mucho menos conformistas que sus antecesores. Ya en mayo de 1925, José María Sbert, presidente de la Asociación de Estudiantes de Agronomía, se vio implicado en el origen de un incidente: Primo de Rivera pensó, en un primer momento, en deportarlo a las islas Canarias, pero después cambió de opinión y se contentó con obligarle a residir en Cuenca. En enero de 1927 se creó la Federación Universitaria Española —FUE—, con una clara posición de izquierdas. En marzo de 1928, dicha organización convocó una huelga —la primera de ese tipo convocada en España— para protestar contra las medidas adoptadas contra el profesor Jiménez de Asúa, destituido por haber pronunciado una conferencia sobre el control de la natalidad. En marzo de 1929, se convocó otra huelga contra los proyectos del ministro Callejo, que quería autorizar a los jesuitas de Deusto y a los agustinos de El Escorial a expedir títulos que tendrían el mismo valor que los de la enseñanza pública. Los profesores —entre ellos Ortega— se solidarizaron con sus estudiantes, y la universidad se cerró; la FUE —cuyas tendencias republicanas eran cada vez más manifiestas— fue disuelta. Sin embargo, el gobierno tuvo que ceder: los decretos de Callejo fueron derogados.

Por último, también había impaciencia en la clase política, así como en una parte del ejército. Los artilleros protestaron contra un decreto de 1926 relativo a los ascensos por méritos. Los cabecillas de ese movimiento fueron cesados sin sueldo. Las cosas volvieron rápidamente a su cauce, pero el incidente vino a mostrar que el general Primo de Rivera no podía contar con la fidelidad del ejército. Otros militares adoptaron posiciones claramente políticas: en 1925 un grupo de oficiales, que contaban con el apoyo del anciano general Weyler —que entonces tenía ochenta y tres años—, estableció contacto con personas civiles para derrocar al dictador. La operación se había previsto para el día de San Juan (el 24 de junio) de 1926. Pero, debido a que estuvo mal preparada, fracasó, y algunos de los conspiradores fueron arrestados; entre ellos, el general Segundo García y Gregorio Marañón. En muchos medios, a Primo de Rivera se le reprochaba que se aferrara al poder; se tendía a olvidar lo malo del régimen parlamentario y se deseaba volver a una vida política normal. El dictador, que seguía manteniéndose hostil a los políticos, creyó que podría superar las dificultades creando una asamblea consultiva. Así pues, se dirigió al pueblo para conseguir que aprobara dicha propuesta mediante un curioso plebiscito: los que estuvieran de acuerdo estaban invitados a manifestarlo del 10 al 13 de

---

29. Por ejemplo, la concesión al multimillonario Juan March del monopolio de tabacos en Ceuta y Melilla.

diciembre de 1926, depositando su firma en pliegos colocados en los ayuntamientos. En septiembre de 1927, se trazaron los perfiles de dicha asamblea: la integrarían entre 325 y 375 representantes de ambos sexos; cada provincia nombraría a tres representantes: uno por la provincia propiamente dicha, otro por los ayuntamientos, y un tercero propuesto por el partido oficial, la Unión Patriótica. La asamblea se vería completada por representantes del mundo de la cultura, de los empresarios, de los trabajadores, y de otras actividades de la vida nacional, que serían designados por el gobierno. Esta vez, los socialistas se negaron a secundar la propuesta, ya que empezaban a mostrar una estrategia de oposición al régimen. Primo de Rivera no hizo caso. Se encargó a la asamblea consultiva la preparación de una Constitución que excluiría cualquier retorno al régimen parlamentario. El anteproyecto de 1929 preveía la creación de dos organismos: un Consejo del Reino, que comprendería a miembros vitalicios y miembros elegidos, y una cámara única, la mitad de cuyos miembros serían elegidos por sufragio universal, mientras que la otra mitad serían designados por el rey y por las asociaciones profesionales.

No obstante, nadie estaba realmente satisfecho con este anteproyecto, ni el propio dictador, que consideraba que el Consejo del Reino y el rey disponían de demasiados poderes. En cuanto a los partidos políticos, esas instituciones corporativistas les hacían añorar al antiguo Parlamento, cuyos defectos habían olvidado. El 26 de enero de 1930, Primo de Rivera pilló a todo el mundo desprevenido, y dio a conocer sus intenciones a través de la prensa: en 1923 había tomado el poder con la aquiescencia de los militares; por tanto, tenía que consultar con los jefes del ejército para saber si seguía gozando de su confianza; en caso contrario, presentaría su dimisión. Alfonso XIII se molestó por este modo de proceder, que demostraba que el general contaba muy poco con él. Los militares hicieron llegar su respuesta: nadie apoyaba al dictador. Fiel a su promesa, éste presentó la dimisión el 28 de enero de 1930.[30]

Alfonso XIII encargó a otro general, Berenguer, que liquidara la dictadura: se disolvió la Asamblea Consultiva; se decretó una amnistía general; se dispuso que se reinstaurara la Constitución tal como había funcionado hasta 1923. Sin embargo, ese fue «el error de Berenguer»:[31] creer que se podía cerrar el paréntesis abierto por el golpe de estado, y volver a empezar como antes; y, para colmo, bajo la presidencia de un general que —con razón o sin ella— pasaba por ser el responsable del desastre de Annual. Desde 1923, la situación había evolucionado. En todos los sectores eran muchos los que habían tomado conciencia de los vicios del sistema: no se quería volver al pasado, sino que se deseaban cambios mucho más importantes que algunas reformas anodinas. Una idea se abrió paso: la de que la monarquía se había comprometido demasiado con la dictadura. En vez de manifestarse como un poder moderador, por encima de los partidos y garantizando la unidad nacional, la monarquía se había identificado con un sistema de gobierno impopular; es decir, se la empezó a considerar como un obstáculo para la vía de la renovación. En ese momento, muchos depositaron sus esperanzas en un régimen que habría de inaugurar

---

30.   Primo de Rivera se retiró a París, donde murió tres meses más tarde, el día 16 de marzo. Su entierro, en Madrid, fue seguido por una numerosa multitud, que de este modo manifestaba por última vez su simpatía hacia el dictador.

31.   Ese era el título que dio Ortega a su famoso artículo de *El Sol*, del 14 de noviembre de 1930, que terminaba con la frase: «delenda est monarchia».

una nueva era: la república no les daba miedo; por el contrario, les atraía. A los intelectuales, que la preconizaban desde hacía algunos años, se sumaron diversos políticos que hasta la fecha se habían mostrado más que reticentes. En febrero de 1930, Miguel Maura, hijo del que fuera uno de los jefes más influyentes de la derecha antes de 1923, se declaró republicano. El 13 de abril, Niceto Alcalá Zamora —que no tenía nada de revolucionario— anunció también su adhesión a una república conservadora, la única capaz —según él— de crear las condiciones favorables para una España moderna. El 4 de mayo, otro líder conservador, Ossorio y Gallardo, pidió al rey que abdicara. En agosto de 1930, un pequeño grupo se reunió en San Sebastián para preparar el cambio de régimen: estaba integrado por republicanos de todas las tendencias, y contaba con la adhesión de los nacionalistas catalanes, de la UGT y del partido socialista; hasta los anarcosindicalistas de la CNT se avinieron a entenderse con los republicanos. A fin de presionar al gobierno, el grupo de San Sebastián contaba con los militares, pero la guarnición de Jaca se sublevó el 12 de diciembre, antes de lo previsto: los capitanes Fermín Galán y García Hernández fueron detenidos y fusilados. El 19 de diciembre estalló una huelga general de protesta.

En enero de 1931, Ortega y los demás intelectuales publicaron un nuevo manifiesto a favor de la República. Berenguer creyó desarmar la campaña de la oposición anunciando elecciones legislativas. Tanto los socialistas como los republicanos manifestaron que no tomarían parte en dichas elecciones. Aislado, Berenguer presentó la dimisión el 14 de febrero de 1931. Alfonso XIII formó un nuevo gobierno, presidido por el almirante Aznar, quien intentaba eludir los obstáculos haciendo caso de una sugerencia del conde de Romanones: para suavizar el debate, ¿por qué no empezar renovando los ayuntamientos? Este tipo de escrutinio, en principio, parecía presentar menores riesgos políticos, ya que no tenía por qué movilizar demasiado a los partidos. Eso es lo que creían; pero se equivocaron, porque no contaron con la determinación de sus oponentes y con la impaciencia de la opinión pública. Por otra parte, el gobierno empeoró la situación intentando manipular al cuerpo electoral, recurriendo para ello a los caciques de antaño. Fue un cálculo erróneo, ya que, con ello, en los medios rurales se identificó la causa de la monarquía con la de los caciques, los mismos que, desde hacía más de treinta años, simbolizaban todos los vicios que se reprochaba al sistema de la Restauración. Más que nunca, los republicanos se revelaron como los únicos capaces de moralizar la vida pública. A pesar de que la campaña para las elecciones municipales del 12 de abril de 1931 se desarrolló sin incidentes, todos eran conscientes de lo que estaba en juego. Más allá de los consejos municipales, era la propia forma del régimen lo que se cuestionaba. Hubo una media de abstención de un 33 por 100, que llegó al 50 por 100 en ciertas provincias de Andalucía, en Galicia y en Guadalajara. Sin embargo, en las ciudades los sufragios emitidos alcanzaron el 90 por 100 de los inscritos, mientras que en las elecciones anteriores esta cifra no había excedido apenas el 40 por 100. En la tarde del 12 de abril, los republicanos obtuvieron la mayoría en 41 de las 50 capitales de provincia, pero sería inexacto oponer los resultados de los medios rurales a los de las ciudades. Como ha observado Tusell, no se podría afirmar que el campo se manifestó en favor de la monarquía, ya que, como siempre, se votó siguiendo las indicaciones de los caciques. En cambio, donde la opinión pública pudo manifestarse libremente —es decir, en las ciudades—, se votó en contra de la monarquía. Azaña lo reconocería un tiempo después, en 1939: «En abril de 1931 la inmensa mayoría era antimonárquica. La explosión del sufragio universal en esa fecha, más que un voto totalmente republicano, era un voto contra el rey y los dictadores». Para los electores más conscientes, aspirar a la democracia pasaba por la instauración de la república: la monarquía había perdido todo su prestigio y todo su crédito. Y así lo entendió Alfonso XIII, quien rehusó recurrir a la fuerza, como le sugerían algunos ministros. Por otra parte, el general Sanjurjo, director de la guardia civil, informó a los altos responsables que él no respondía de sus tropas en el caso de una manifestación contra el rey. Esta declaración despejó las últimas vacilaciones. El 14 de abril, obreros, empleados y estudiantes abandonaron sus ocupaciones: todo el mundo se echó a la calle esperando la proclamación de la República. Alcalá Zamora exigió al conde de Romanones que Alfonso XIII abandonara España «antes de la puesta del sol». No obstante, los dirigentes republicanos seguían dudando; Sanjurjo les dijo que a qué esperaban: ya no había gobierno, ya no había autoridad, y la policía necesitaba saber a quién debía obedecer. Entonces, los miembros del grupo de San Sebastián se dirigieron a la sede del Ministerio de la Gobernación, situada en la Puerta del Sol, ocupada por una muchedumbre que los aclamó. No sin cierto temor, franquearon el umbral: eran las ocho de la tarde; después de dudar durante algunos segundos, el oficial de guardia ordenó presentar armas al gobierno de la República. Aquella misma noche, Alfonso XIII partió hacia el exilio: se fue de España, pero no abdicó; conservaba la esperanza de volver contando con el apoyo de los partidarios que aún creía tener.

Capítulo VI

LA SEGUNDA REPÚBLICA (1931-1936)

La República llegó en un ambiente de euforia. En el gobierno provisional estaban representadas casi todas las tendencias, de la izquierda a la derecha. Había tres socialistas —Fernando de los Ríos en Justicia, Prieto en Hacienda y Largo Caballero en Trabajo—, dos radicales —Lerroux, ministro de Estado,[1] y Martínez Barrio de Comunicaciones—, dos radicalsocialistas —Álvaro de Albornoz en Fomento y Marcelino Domingo en Instrucción Pública—, un miembro del grupo Acción Republicana —Azaña, ministro de la Guerra— y, por último, dos representantes de los regionalismos, el catalán Nicolau d'Olwer de Economía y el gallego Casares Quiroga de Marina. La orientación, sin ser revolucionaria, era claramente izquierdista. Todos los ministros estaban decididos a aplicar un programa mínimo sobre el que se habían puesto de acuerdo con el pacto de San Sebastián. Sabían que empezaba una nueva era.[2] El problema era no defraudar las esperanzas de los españoles, que lo esperaban todo de la República. «La dictadura había gobernado, no transformado» (Pierre Vilar). La República quería transformar, pero ¿sabría gobernar?, ¿podría hacerlo? Primo de Rivera se había beneficiado de una etapa de prosperidad que se había dejado sentir tanto en España como en el resto de Europa. No en vano su caída coincidió con los primeros efectos de la crisis de 1929: la bajada de la peseta y el paro que sucedió a las grandes obras emprendidas con motivo de la Exposición Universal de Barcelona y la Exposición Iberoamericana de Sevilla. La República debía afrontar una difícil situación económica. La producción minera y siderúrgica había bajado, las exportaciones de cítricos, vino y aceite estaban por los suelos. En 1935 el monto del comercio exterior era de menos de 600 millones de pesetas-oro, mientras que en 1928 pasaba de 2.000 millones. Podemos imaginar las consecuencias sobre el empleo. Las fábricas trabajaban a ritmo lento, y los obreros más afortunados no lo hacían más de

---

1. En España no hubo ministro de Asuntos Exteriores hasta 1936. El encargado era el ministro de Estado.
2. Algunos no dudaron en remontarse en el tiempo para hablar de la singularidad del acontecimiento. En 15 de abril de 1931 Luis Araquistáin publicó un artículo titulado: «Un gran ciclo histórico: 1521-1931». Según él, la historia de España reanudaba su curso normal después de cuatro siglos... 1521 fue el año en que las tropas de Carlos V aplastaron a los Comuneros de Castilla.

tres o cuatro días por semana. En la agricultura las cosas estaban aún peor. A pesar del progreso de la actividad industrial,[3] en 1931 el sector agrícola todavía empleaba al 45,5 por 100 de la población activa. Había muchas tierras incultas y los jornaleros eran despedidos o sólo trabajaban un mes al año. De los 600.000 parados totales, 400.000 eran campesinos. Por si fuera poco, la emigración había dejado de ser una solución para la mano de obra sobrante. Todos los años más de un millón de españoles emigraban para buscar en el extranjero el trabajo que no encontraban en su país. América y los países desarrollados de Europa, también afectados por la recesión, se cerraron, y muchos de los que habían partido volvieron a España, donde se sumaron a las filas de los parados. Esta situación explica la impaciencia de las masas y la determinación de las organizaciones sindicales, así como el endurecimiento de los partidos de derechas, presionados por sus afiliados y electores.

En España, como en otros países de Europa, la crisis tuvo repercusiones políticas, sociales e ideológicas. También aquí se planteó la conveniencia de dar más iniciativa al estado para dominar los mecanismos económicos, y se debatió sobre las respectivas ventajas de la propiedad privada y la colectivización de los medios de producción. También se dijo que el sistema parlamentario y la democracia eran incapaces de enfrentarse a los problemas, y se preconizó un poder fuerte, una dictadura más autoritaria que la de Primo de Rivera. En España las fuerzas de izquierda tuvieron los mismos reflejos que en otras partes: oponer una alianza antifascista a la ascensión del totalitarismo. Hallamos analogías hasta en las fechas, pues la Falange española y las Croix de feu francesas aparecieron casi al mismo tiempo. El giro a la derecha de 1934 en España fue contemporáneo de la manifestación del 6 de febrero en París, y en ambos países unas coaliciones electorales tipo Frente Popular trataron de cerrar el paso a un régimen autoritario. Por lo tanto, sería un error aislar la historia de la República española de la evolución general en Europa. Lo específico de España fue, en primer lugar, la instauración tardía de la democracia, con un arraigo insuficiente para resistir la presión de los partidarios del Antiguo Régimen; en segundo lugar, la existencia de aspiraciones regionalistas, que algunos vieron como una amenaza para la unidad de la nación; y, por último, la presencia de una masa de proletarios desposeídos de todo, la gravedad de la cuestión agraria y la negativa de los propietarios a cualquier tipo de reforma, por moderada y dilatada en el tiempo que fuera. La conjunción de los problemas generales y las cuestiones específicas acabaron creando una situación explosiva que dio paso a una guerra civil. De 1931 a 1933, gracias a la alianza entre republicanos de izquierda y socialistas, se pudo votar una Constitución democrática y laica, dar satisfacción a las reivindicaciones regionalistas y adoptar una tímida reforma agraria. Pero los sindicalistas se impacientaron, y las oposiciones se organizaron. Las elecciones generales de 1933 dieron la victoria a una mayoría parlamentaria dispuesta a anular las reformas anteriores. Para cerrar el paso a lo que consideraban un avance hacia el fascismo, los socialistas y sindicalistas trataron de provocar una revolución. La represión posterior movió a republicanos y socialistas a unirse otra vez para pedir una amnistía y preparar su vuelta al poder. Lo consiguieron en febrero de 1936. Derrotada por el sufragio universal, la derecha autoritaria no vio más salida que la sublevación armada.

---

3. El sector industrial, que daba empleo al 15,8 por 100 de la población activa en 1910, representaba el 21,9 por 100 de dicha población en 1920 y el 26,5 por 100 en 1931.

La izquierda en el poder (1931-1933)

La República sólo podía mantenerse si disponía de una base social y una legitimidad democrática. Estas dos condiciones implicaban la alianza de republicanos y socialistas. Un decreto de 10 de mayo dispuso el modo de escrutinio que permaneció en vigor hasta 1936 y dio ventaja a las coaliciones electorales. Las listas que obtuvieran mayoría absoluta recibían el 80 por 100 de los escaños, y el resto de los escaños se repartían proporcionalmente entre todas las listas. Con este modo de escrutinio se beneficiaba a la mayoría sin eliminar a las minorías.[4] Las elecciones generales celebradas el 28 de junio estuvieron marcadas por una participación del 70 por 100, excepto en las regiones de fuerte implantación anarquista —Cádiz, Sevilla y Barcelona— donde las abstenciones fueron mucho más numerosas. De un censo de 4.385.155 votantes, los partidos de derechas obtuvieron 657.872 votos, los de centro 1.665.692 y los de izquierdas 2.881.056. En virtud del sistema electoral, el reparto de los escaños dio una clara ventaja a la izquierda, que había presentado en casi todos los lugares listas comunes —republicanos de izquierda y socialistas—.[5] Los socialistas encabezaban holgadamente la lista con 116 diputados, seguidos de los radical-socialistas (53 diputados), la izquierda catalana (36) y Acción Republicana, el partido de Azaña (26). El Partido Comunista sólo obtuvo un diputado. En total, la coalición de izquierdas logró 279 escaños, frente a los 119 del centro[6] y los escasos 41 de la derecha.[7] Fueron elegidos más de un centenar de docentes y periodistas, entre los que cabe citar a Manuel Azaña, Julián Besteiro, Manuel B. Cossío, José Giral, Salvador de Madariaga, Gregorio Marañón, Ortega y Gasset, Pérez de Ayala, Fernando de los Ríos, Claudio Sánchez Albornoz, Unamuno, Luis de Zulueta...[8] El nuevo régimen estaba dominado por los intelectuales, que eran diputados, embajadores[9] y altos funcionarios. Reunidas el 14 de julio —¡todo un símbolo!—, las Cortes dieron la presidencia a Julián Besteiro, socialista moderado. El 28 confirmaron en sus funciones, con un voto de confianza, al gobierno provisional, y al día siguiente designaron por representación proporcional el comité encargado de preparar la Constitución, presidido por un socialista, Jiménez de Asúa. Los miembros del gobierno, impacientes por dotar a España de unas instituciones y estructuras modernas comparables a las de los grandes países democráticos, emprendieron en varios meses audaces reformas sobre las grandes cuestiones que desde el siglo XIX se consideraban vitales para la nación: la enseñanza, el ejército y las relaciones entre la Iglesia y el estado. Hallaron una solución aceptable para el problema del regionalismo catalán, pero fueron incapaces de colmar las aspiraciones de los obreros,

---

4. Por otro lado el decreto bajó la mayoría de edad para votar de 25 a 23 años, y declaró a las mujeres elegibles, aunque todavía no fueran electoras.

5. Los socialistas aceptaron reservar algunos escaños a personalidades independientes como Unamuno, Ortega o Pérez de Ayala.

6. Los radicales de Lerroux consiguieron 90 diputados, y la derecha liberal de Maura y Alcalá Zamora 22.

7. 26 agrarios, 14 nacionalistas vascos y un solo monárquico declarado, el conde de Romanones.

8. Valle-Inclán fue derrotado en Galicia.

9. Pérez de Ayala en Londres, Álvarez del Vayo en Ciudad de México, Américo Castro en Berlín, Madariaga en la Sociedad de Naciones...

que reclamaban trabajo, mejores condiciones de vida y, en el caso de los campesinos, tierra para cultivar. Estos asuntos suscitaron vivos debates y cuestionaron los privilegios de grupos sociales como el clero, los militares y los grandes terratenientes. La derecha liberal no tardó en salirse del gobierno. Éste, reducido a la alianza de republicanos de izquierda y socialistas, disfrutaba de mayoría en las Cortes, pero tuvo que enfrentarse a conspiraciones y movimientos sociales que acabaron minando su autoridad y su legitimidad.

La República de los trabajadores

Los republicanos españoles admiraban la Constitución de Weimar. Desde antes de la proclamación de la República el modelo alemán les parecía la solución ideal, una vez adaptada a la situación de su país. Lo mismo que la de Weimar, la Constitución española de 1931 es de inspiración liberal. Pretende ser social y unitaria, pero dejando a las regiones la posibilidad de evolucionar hacia la autonomía —volveremos sobre este punto—. En el artículo primero se dice que «España es una república democrática de trabajadores de toda clase, que se organiza en régimen de libertad y de justicia». La fórmula es vaga, y parece una concesión a los socialistas, que quizá habrían deseado más concreción, como por ejemplo la creación de consejos económicos o consejos de obreros como los previstos por la Constitución de Weimar. En España la creación de esta clase de órganos se dejó para el ámbito de la ley. El texto constitucional no iba precedido de ningún preámbulo ni declaración de principios. Los redactores lo decidieron a propósito. En vez de redactar una declaración que podría considerarse una simple «declamación» (Jiménez de Asúa), prefirieron incluir en la Constitución las garantías contra los abusos de poder.

El Parlamento se redujo a una cámara. Los constituyentes temían que un senado pudiera obstaculizar las reformas y frenar la buena marcha del trabajo legislativo si había conflictos entre él y la cámara de diputados. Jiménez de Asúa citó el argumento de Sieyès: si las dos cámaras están de acuerdo, y ambas representan la voluntad popular, sobra una; si una se enfrenta a la otra, ya no representa la voluntad general, algo que es característico del poder legislativo.

En cuanto a las relaciones entre los poderes públicos, se adoptó el régimen parlamentario: el gobierno era responsable ante la asamblea, pero los poderes del presidente de la República eran superiores a los que la Constitución de 1875 otorgaba al presidente francés. Elegido por la asamblea, el presidente tenía derecho de veto. Para soslayarlo se necesitaba una mayoría de dos tercios. El presidente nombraba al jefe del gobierno, no podía disolver la asamblea más de dos veces durante su mandato, y la segunda vez las Cortes podían destituirle si consideraban que había abusado de este poder. Los constituyentes prefirieron el equilibrio a la separación de poderes:

> Hoy el poder reside en el pueblo, encarna en el Estado y se ejerce por sus órganos; no hay necesidad de hacer esa división, sino de afirmar más bien la seguridad y la permanencia de la labor de cada uno (Jiménez de Asúa).

Para garantizar el estado de derecho, la Constitución creó un Tribunal Supremo, cuyos miembros eran elegidos por representantes del Parlamento y la magistratura. Por último, un Tribunal de Garantías Constitucionales podía apelar al presidente de la

República en el caso de que una ley no le pareciera conforme a la Constitución. Entonces el presidente podía pedir al Parlamento una segunda deliberación y, de persistir el desacuerdo, recurrir a un referéndum.

La Constitución disponía la doble nacionalidad para los naturales de Portugal y los países de América latina —incluido Brasil—, a reserva de reciprocidad. Esta disposición no recibió ninguna objeción. Como tampoco el artículo 34, que concedía derecho de voto a las mujeres.[10] La izquierda no era, ni mucho menos, unánime al respecto, pues temía que las mujeres se dejaran influir por los curas y su voto diera un vuelco a la mayoría parlamentaria, sobre todo teniendo en cuenta que eran más numerosas que los hombres.[11] La derecha aceptó a regañadientes que las mujeres pudieran ser elegidas por los hombres —como disponía el decreto de 1931 sobre el modo de escrutinio—, pero no que fueran electoras. Paradójicamente fue una mujer y diputada, Victoria Kent, la que recomendó a la izquierda que no diera el voto a las mujeres, pues le parecía peligroso. Decía que era demasiado pronto y había que esperar, por lo menos, ocho años.[12] Hubo otra enmienda en el mismo sentido. Sugería que el voto de las mujeres no fuera una disposición constitucional, sino de una ley ordinaria. De este modo se podría dar marcha atrás si se veía que las mujeres votaban con los curas y la reacción. Un diputado pretendió que se retirara el voto a las mujeres casadas, las monjas y las prostitutas, ¡con el pretexto de que para votar había que ser libres! El escrutinio tuvo lugar el 1 de octubre. Por 160 votos contra 120 los constituyentes decidieron dar derecho de voto a las mujeres. Los socialistas acabaron poniéndose de acuerdo, no sin reticencias en algunos casos,[13] los nacionalistas vascos también. La derecha se dividió. Una parte de los agrarios siguió a Gil Robles y votó a favor, al igual que Alcalá Zamora. Sólo los radicales y los radical-socialistas votaron en contra. De esta forma las españolas accedieron a la igualdad cívica con los hombres, más de diez años antes que las francesas.[14]

La Constitución fue aprobada el 9 de diciembre de 1931 por gran mayoría: 368 diputados, de 439, votaron a favor, y sólo la extrema derecha votó en contra.

10. En su tesis —inédita— sobre la prensa femenina en España durante el primer tercio del siglo XX, Danielle Bussy-Genevois aclara todos los aspectos y las segundas intenciones de este debate. Ya en 1908 el senador Alcalá Galiano había sugerido conceder el voto a las mujeres sin que le hicieran caso. En 1919 un diputado conservador propuso declarar a las mujeres electoras, pero no elegibles. En el decreto de mayo de 1931 sobre el modo de escrutinio se adoptó la posición contraria: las mujeres eran elegibles pero no electoras.

11. Según el censo de 1930 había 12.094.093 mujeres y 11.547.465 hombres. En 1932 había 6.716.557 electoras y 6.236.868 electores.

12. Una parte de la prensa femenina no le perdonó esta traición, pero otra parte estuvo de acuerdo con ella. Ya en 1919-1920 la feminista Margarita Nelken había exclamado: «¡Dios quiera que no votemos en mucho tiempo!». En 1931 mantuvo esa opinión. No debemos excluir un antifeminismo latente, aunque no saliera a la luz en los debates. Como señala Danielle Bussy-Genevois: «En la España de 1931 es frecuente ver a un hombre de mentalidad avanzada casado con una mujer retrógrada y, como él se desinteresa de la casa para dedicarse al ágora, deja en manos de su mujer la educación de los hijos, deformados por los colegios religiosos; y los políticos republicanos con frecuencia tienen esposa e hijos reaccionarios».

13. Después de la votación Julián Besteiro llamó por teléfono a Victoria Kent: «Hemos hecho una tontería».

14. En España la idea se estaba abriendo camino desde hacía tiempo. Un decreto de 14 de enero de 1931 —tres meses antes de la proclamación de la República— había feminizado los nombres de varias funciones o profesiones: jefa, profesora, catedrática, doctora, etc.

Pese a sus reservas sobre la política religiosa —ya lo veremos más adelante—, la derecha liberal y los nacionalistas vascos se sumaron al texto definitivo. Al día siguiente, por unanimidad, Niceto Alcalá Zamora fue elegido presidente de la República.

La enseñanza y la cultura

Los intelectuales habían hecho campaña a favor de la República. El éxito del 14 de abril de 1931 se debía, en parte, a ellos. Algunos participaron en el gobierno provisional, y en las Cortes eran numerosos. Uno de ellos encarna las esperanzas —y el fracaso— de la Segunda República española: Manuel Azaña. Fue la revelación del año 1931. Con su inteligencia y sus dotes oratorias no tardó en descollar entre los que llegaban entonces al poder. Después de escucharle en el Parlamento, un perro viejo como Lerroux admiró sus cualidades: «¿De modo que se tenía usted eso guardado?». En sus adversarios este carisma se trocaba en un profundo odio.[15] Azaña se definía a sí mismo como «un intelectual, un liberal y un burgués». Nacido en Alcalá de Henares en 1880, pertenecía a una vieja familia de la burguesía castellana, de tradición liberal. Después de estudiar en el colegio de los agustinos de El Escorial, hizo la carrera de derecho y se doctoró con una tesis sobre la responsabilidad de las multitudes (ya se interesaba por el papel de las masas). En 1911, becado por la Junta de Ampliación de Estudios, marchó a Francia. Se suponía que debía dedicarse a investigar sobre el derecho civil francés en la Edad Media, en la École des Chartes y la École Pratique des Hautes Études, pero dedicó la mayor parte del tiempo a informarse sobre las costumbres y las instituciones francesas, por las que sentía una gran admiración. Fue entonces cuando se hizo francófilo, posición que mantuvo toda su vida. Su anhelo era transformar España según el modelo de la Francia republicana: régimen parlamentario, separación entre Iglesia y estado, y ejército nacional basado en el servicio militar obligatorio. De vuelta a España encontró un empleo en la Dirección de registro y notariado, pero sus inclinaciones le llevaron al campo de la literatura y el debate de ideas. Entre 1913 y 1919 fue secretario del Ateneo madrileño, para cuya presidencia fue elegido en 1930. En 1920 fundó una revista literaria, *La pluma*. En 1923 y 1924 dirigió la revista *España*. Publicó ensayos —entre los que destaca una crítica penetrante de la obra de Juan Valera, por la que recibió el premio nacional de literatura en 1926— y un libro de recuerdos de infancia y adolescencia, *El jardín de los frailes*, una de las obras maestras de la literatura española del siglo XX. Estos escritos dan una idea del lugar que habría podido ocupar Azaña en las letras españolas de no haberse dejado seducir por la política a partir de 1930.

Como muchos intelectuales de su tiempo, Azaña se interesó por la política. En 1915 lo encontramos al lado de Ortega en la Liga de Educación Política. A partir de entonces estuvo en todas las batallas y firmó todos los manifiestos. En 1924

---

15. Un odio del que nos da idea esta alocución radiofónica del general Mola, el 15 de agosto de 1936, al comienzo de la guerra civil: «Yo, cuando al hablarse de este hombre oigo pedir su cabeza, me parece injusto: Azaña debe ser recluido, simplemente recluido, para que escogidos frenópatas estudien en él un "caso", quizá el más interesante, de degeneración mental, ocurrido desde el hombre primitivo a nuestros días».

tomaron cuerpo sus convicciones republicanas. Con José Giral fundó Acción Republicana, que nunca llegó a ser un gran movimiento político (y quizá fuera una suerte, pues este grupúsculo no inquietaba a los partidos con numerosos cuadros y militantes). Azaña intervino activamente en los acontecimientos que determinaron la caída de la monarquía. Fue, en particular, uno de los oradores más escuchados en el gran mitin de Madrid del 28 de septiembre de 1930, ocasión en la que se pronunció a favor de una «República burguesa y parlamentaria». Fue un firme candidato al gobierno provisional, en el que ocupó la cartera de Guerra, que conservó en octubre cuando fue nombrado jefe del gobierno. Su papel fue determinante en todos los debates de este período. En 1933, cuando la derecha llegó al poder, Azaña encabezó la oposición. Entonces disfrutaba de una popularidad enorme, y miles de personas acudían a escucharle en los mítines para defender la unidad de la izquierda frente a la coalición de derechas. Tras la victoria del Frente Popular nadie le discutió el cargo de jefe del gobierno, al que renunció el 10 de mayo de 1936 para desempeñar el de presidente de la República.

Manuel Azaña es el ejemplo perfecto de intelectual en el poder. A diferencia de Ortega no se contentó con tratar de influir en los destinos del país. Se empleó a fondo en la lucha política, y no tardó en acceder a las más altas responsabilidades. Es inevitable la comparación con Léon Blum. Resulta curioso comprobar que en la misma época hubo en Francia y España sendos gobiernos de Frente Popular dirigidos por intelectuales. ¿Cómo entendía Azaña la acción política? Para empezar, creía que un intelectual no está más facultado que cualquier otro para gobernar: «No basta una eminencia o una distinción merecida y brillante en cualquier aplicación del espíritu para que ésta se transporte con equivalencia de valores al campo político». Dicho de otra forma, un intelectual no tiene que ser necesariamente un buen político, pues la política requiere aptitudes especiales. De todos modos —prosigue Azaña— no debemos caer en el extremo opuesto y pensar que la política está reservada a profesionales y técnicos. Azaña desconfiaba tanto de la fraseología hueca de ciertos ideólogos como de los expertos. A los primeros les reprochaba su desconocimiento de los problemas concretos, y a los segundos su excesiva especialización, que tal vez les capacite para tareas ejecutivas, pero no directivas. El político debe ser capaz de arrostrar todos los problemas, para lo que se requieren ideas generales, aunque no vagas, y al mismo tiempo un conocimiento profundo de algunas cuestiones que se le puedan presentar. Él mismo aplicó este criterio especializándose en asuntos militares. Fruto de su estancia en París fue la obra *Estudios sobre la política francesa contemporánea*, del que sólo se publicó un primer volumen en 1919. Trata de la política militar. Los volúmenes segundo y tercero deberían tratar, respectivamente, de las relaciones entre la Iglesia y el estado, y de las cuestiones electorales. De modo que en 1931, cuando Azaña asumió el cargo de ministro de la Guerra, fue porque creía tener un buen conocimiento teórico en este campo. En una palabra, Azaña creía que el intelectual no estaba más capacitado que cualquier otro para ser un político, pero tampoco debía reclamar para sí el puesto de consejero del príncipe, sin llegar a comprometerse y ensuciarse las manos. Cuando un intelectual se decidía a hacer política debía hacerlo sin reservas y sin creerse investido de una misión especial. Esta era una diferencia con Ortega y Gasset.

Otra diferencia consistía en los métodos. Sin renunciar a su liberalismo, Azaña se adaptó a la situación de España y el mundo. Aprendió la lección de la crisis de 1917. Aquel año las masas habían irrumpido en la vida política, y a partir de entonces era

574 ESPAÑA Y EUROPA

preciso contar con ellas. Si los liberales querían ser eficaces debían apoyarse en las masas, teniendo en cuenta sus aspiraciones y reclamaciones. Azaña sabía bien que a veces las muchedumbres ejercen una presión a la que hay que resistirse, pero no por ello dejan de ser la fuente de la legitimidad democrática, y las que deciden en última instancia:

> La política hay que hacerla para las muchedumbres para darles una organización interna, que no consiste, ni mucho menos, en encuadrarlas en unas formaciones, ni en ponerlas bajo la disciplina de los comités, sino, además, en suscitar o descubrir en todos el pensamiento común, en saber qué es lo que queremos hacer todos juntos y en poner en común los medios de lograr lo que queremos.

Para Azaña lo más difícil era conciliar liberalismo y democracia, libertad y autoridad, y crear un estado fuerte y eficaz que, además, disfrutara de la confianza de las masas.

Para ello había que aceptar el papel cada vez más activo de las organizaciones de masas, y hacer las reformas indispensables a su debido tiempo. Azaña no era, ni mucho menos, un revolucionario, y por eso creía que la mejor forma de conjurar la revolución era hacer a tiempo las reformas necesarias.[16] Se encontró en una posición ambigua: debía contar con las masas, pero sin convertirse en su instrumento. Esto le llevó a batirse en dos frentes. Defendió las instituciones republicanas frente a los partidarios del Antiguo Régimen, para quienes Azaña iba demasiado lejos, pero también lo hizo frente a los revolucionarios, impacientes porque no iba lo bastante lejos. El resultado fue que se ganó el odio de la derecha y la desconfianza de la extrema izquierda. En 1936 volvió a encontrarse ante el mismo dilema, pero en circunstancias más dramáticas. Azaña, que le tenía horror a la violencia, se vio desbordado por la situación revolucionaria provocada por el alzamiento de los militares, lo que explica su alejamiento de la actividad política de 1936 a 1939. Azaña fracasó en su intento de reformar España para evitarle los horrores de una revolución. No pudo impedir la guerra civil. Con él terminó una época de la historia de España durante la cual los intelectuales empezaron planteando las cuestiones vitales, para acabar encargando a uno de ellos su resolución.

En 1931 la mayoría de los intelectuales de la generación de Azaña eran miembros del Partido Socialista o Acción Republicana, y tenían una actitud militante. Los otros —Unamuno, Ortega, Marañón, Pérez de Ayala— se alejaron de la política. Les disgustaba tener que plegarse a la disciplina de un partido, y el cariz que tomaron los acontecimientos les decepcionó.[17] Intervinieron poco en las Cortes, sólo con motivo de los grandes debates.[18] El pequeño grupo Al Servicio de la República formado por ellos se disolvió el 29 de octubre de 1932. Otros intelectuales más jóvenes tomaron el relevo. Evolucionaron en distintas direcciones, lo mismo que en Francia. Algunos se sintieron atraídos por las doctrinas totalitarias que denunciaban el régimen parlamentario y la democracia, exaltaban la nación y propugnaban la

---

16. Por aquel entonces la gente de derechas no entendía este lenguaje. Resulta curioso que hoy el actual presidente del Gobierno y del Partido Popular, José María Aznar, reivindique el pensamiento de Azaña.

17. «¡No es esto, no es esto!», escribió Ortega en la prensa el 9 de septiembre de 1931.

18. No todos. Marañón nunca tomó la palabra en las Cortes. Sus adversarios le gastaron la broma de regalarle un volumen con todas las páginas en blanco, en cuya cubierta se leía: *Gregorio Marañón, Discursos parlamentarios*.

instauración de un poder fuerte. Otros, más numerosos, se comprometieron resueltamente con la izquierda, se afiliaron a organizaciones próximas al Partido Comunista y tomaron parte en la lucha contra el fascismo. En 1933 José Bergamín fundó la revista *Cruz y Raya*, que recuerda a la de Emmanuel Mounier, *Esprit*. En ella escribieron los católicos que no compartían las posiciones reaccionarias de la Iglesia española.

Consecuentes consigo mismos, los intelectuales en el poder dedicaron mucha atención a los problemas de la enseñanza. Desde el siglo XIX los reformadores estaban convencidos de que la modernización de España pasaba por la educación. No había lugar para el progreso en un país que en 1877 tenía la proporción más alta de Europa de analfabetos, el 75 por 100, lo que le situaba a la altura de Portugal y Rusia. Impulsado por los krausistas y la Institución Libre de Enseñanza, el esfuerzo se centró primero en la formación de minorías selectas, y, por lo tanto, en la enseñanza superior y la investigación, con unos resultados admirables. Entre 1930 y 1936 la universidad española fue, sin duda, una de las mejores del mundo. La facultad de letras de Madrid contaba con maestros de una talla excepcional: los historiadores y filólogos Menéndez Pidal, Sánchez Albornoz y Américo Castro, los filósofos Ortega, Gaos y Zubiri, los arabistas Gómez Moreno y Asín Palacios... Sus ayudantes se llamaban Pedro Salinas, Montesinos, Lafuente Ferrari... La República fue pródiga en atenciones con los universitarios. Siguiendo la misma línea que a principios de siglo había llevado a crear la Junta de Ampliación de Estudios, en 1932 inauguró la Universidad Internacional de Santander. Buen ejemplo de apertura, con la diferencia de que en este caso era España la que invitaba a los extranjeros para que asistieran a las lecciones de sus profesores y dialogaran con ellos. Marcel Bataillon, Jacques Maritain y Huizinga, entre otros, fueron los invitados de verano de la institución, animada por un dinámico secretario general, Pedro Salinas, que también era un gran poeta. Gracias a él los cursos de verano de Santander alcanzaron una calidad científica, una dimensión internacional y un prestigio intelectual extraordinarios. Tuvieron que pasar cuarenta años para que la universidad española recuperara un nivel comparable al de antes de la guerra civil.

La enseñanza primaria estaba mucho más atrasada. En 1900 se había creado un Ministerio de Instrucción Pública autónomo —hasta entonces la educación dependía del Ministerio de Fomento—. Uno de los primeros titulares de esta cartera, el conde de Romanones, preparó en 1901 una ley que ponía a cargo del estado dos tercios de los maestros, mientras que el otro tercio, como hasta entonces, seguía siendo competencia de los ayuntamientos y las familias. Esta medida permitió mejorar la situación, pero el esfuerzo no fue persistente. Faltaban escuelas y maestros, que estaban mal pagados. En 1930 más de un millón de niños estaban sin escolarizar, y el índice de analfabetismo todavía era del 44 por 100. Una de las primeras decisiones tomadas por el gobierno provisional, el 23 de junio de 1931, afectó a la enseñanza. De una sentada se crearon 7.000 puestos de maestro, y su paga aumentó entre un 20 y un 40 por 100. El presupuesto dedicado a la remuneración del personal pasó de menos de 5 millones a más de 38 millones. En 1932 y 1933 se construyeron unas 7.000 escuelas, casi tantas como en los treinta años anteriores. La formación de los maestros requería tiempo, y los republicanos estaban impacientes. Para ir más deprisa, un decreto de 29 de mayo de 1931 creó las misiones pedagógicas, dirigidas por Manuel B. Cossío. Eran equipos de profesores y estudiantes que viajaban a los rincones más apartados de España para llevar hasta allí la cultura. Las misiones llegaban con el material adecuado: proyectores, aparatos de radio, instrumentos musicales, libros, fotos, reproducciones de cuadros… Durante una semana daban conferencias y lecciones, comentaban documentos e intentaban que los campesinos analfabetos tuvieran acceso a las formas más elaboradas de cultura, con resultados desiguales. De todos modos la iniciativa respondía a la idea de que la cultura no debía ser algo exclusivo de unas minorías, y ocupaba el primer lugar en el orden de las prioridades. Estas ideas también movieron a Federico García Lorca a fundar, con la ayuda de los poderes públicos, la compañía teatral universitaria más conocida por el nombre de *La barraca*. Entre el verano de 1932 y abril de 1936 la compañía organizó 22 giras en zonas rurales. Representaba casi siempre obras del teatro clásico español (Lope de Vega, Calderón, Cervantes), con escasas incursiones en el teatro contemporáneo, como la puesta en escena del poema de Antonio Machado *La tierra de Alvargonzález*. Estas iniciativas populistas merecen algo más que la sonrisa escéptica o el sarcasmo de sus detractores. Los novelistas, autores dramáticos, poetas y cineastas descubrieron, a menudo con incredulidad, la miseria material y moral de sus compatriotas. Muchas obras realizadas en este período llevan su marca.[19]

La República, en materia de instrucción pública, volcó sus esfuerzos en combatir el analfabetismo mediante la escolarización de los niños. Pero no por ello descuidó la enseñanza secundaria. El número de institutos del estado se multiplicó por dos, pero en este terreno topó con la Iglesia católica. La política religiosa del gobierno y de la mayoría que le apoyaba tenía un claro objetivo: arrebatar a las órdenes religiosas la formación de la juventud. Pero la Iglesia no iba a renunciar a la posición dominante que había tenido siempre en este sector sin dar batalla.

La Iglesia y el estado

Se cuenta que el 15 de abril de 1931 un ayuntamiento de Asturias envió un telegrama al gobernador civil de la provincia: «Proclamada la República, ¿qué hacemos con el cura?». Probablemente es una anécdota inventada, pero describe muy bien la mentalidad del momento. Para muchos españoles, los republicanos eran unos descreídos y unos enemigos de la religión. El ministro Fernando de los Ríos, que no era nada sectario, no ocultaba sus sentimientos. Para él, como para una parte de la burguesía progresista y la clase obrera, que tantos anatemas y vejaciones habían tenido que aguantar por oponerse a la hegemonía de la Iglesia y el clero, había llegado la hora de la revancha: «Llegamos a esta hora … nosotros, los heterodoxos españoles … somos los hijos de los erasmistas, somos los hijos espirituales de aquellos cuya conciencia disidente individual fue estrangulada durante siglos».[20] La jerarquía católica había mantenido una actitud neutral durante la campaña electoral para las elecciones

---

19. Algunos tendieron a cargar las tintas. Fue lo que hizo Luis Buñuel en la película *Tierra sin pan*, rodada en 1932 tras la emoción causada por la lectura de la tesis de Maurice Legendre sobre las Hurdes. La película disgustó al doctor Marañón, presidente del patronato de las Hurdes, y se prohibió su proyección en España. En 1966 se encontraron parte de los descartes —*rushes*— no utilizados en el montaje; revelan que Buñuel exageró deliberadamente las cosas, mostrando sólo las escenas más duras.

20. Discurso reproducido en el diario *El Sol* del 9 de octubre de 1931.

del 12 de abril, y probablemente muchos católicos habían votado a los republicanos. Algunos incluso eran miembros del gobierno provisional y del grupo de Azaña.
Acción Republicana, pero esos neófitos, esos recién llegados, no formaban parte de
la familia e inspiraban desconfianza. Oigamos lo que dice uno de ellos, Sánchez
Albornoz, que desempeñó cargos importantes en el nuevo régimen:

> Los viejos republicanos eran masones[21] y rabiosamente anticlericales y no supie-
> ron librarse del peso muerto de su devoción a la Primera República. Consideraban al
> régimen como su propiedad privada y nos miraban con recelo a los neorrepublicanos
> que estábamos libres de sus prejuicios, de sus filias y sus fobias.

Por su parte, la Iglesia española estaba en guardia y también recelaba del gobierno provisional, a pesar de que los republicanos habían tomado la precaución de dar
la presidencia a un católico, Alcalá Zamora. Desde el concordato de 1851 la Iglesia
había unido su suerte a la de las clases conservadoras, gracias a lo cual había podido rehacer su patrimonio. En 1931 poseía inmuebles, fincas rurales y valores mobi-
liarios. Si impulsó la formación de sindicatos católicos, especialmente activos y bien
implantados en los campos de Castilla, fue para contrarrestar la influencia de los
marxistas y los anarquistas, que les acusaban (muchas veces con razón) de ser amarillos y esquiroles. La Iglesia sólo invocaba la doctrina social de los papas para justificar el orden establecido. En sus numerosos colegios estudiaban los hijos de las
clases acomodadas, y se formaban las elites sociales del país.[22] Por último, la Iglesia
se oponía tajantemente a cualquier reforma laica del estado. No quería ni oír hablar
de libertad de culto. Rechazaba de plano todo lo que pusiera en cuestión el dogma
católico y la autoridad y el prestigio del clero.

En 1931 los hombres que dirigían la Iglesia no eran proclives a las componendas, y los republicanos vencedores tampoco estaban dispuestos a hacer concesiones.
Azaña representaba el laicismo militante y agresivo. La intransigencia no era menor
en la jerarquía eclesiástica. La Iglesia española estaba dirigida por tres personalidades: los cardenales Segura, Vidal i Barraquer y Gomá. El primero, arzobispo de
Toledo y primado de España, no tardó en publicar una carta pastoral furibunda contra la República. El segundo era arzobispo de Tarragona. Más diplomático, el 27 de
abril envió una carta al ministro de Justicia, Fernando de los Ríos, que era una invitación discreta al diálogo. Segura, que por su toma de posición se había hecho insoportable, se exilió y acabó renunciando a su sede, pero le sustituyó como primado de
España el cardenal Gomá, casi tan intransigente como él.[23] Así las cosas, el conflic-

---

21. Se ha exagerado mucho la importancia numérica y la influencia de la masonería durante
la Segunda República. En 1925 el Gran Oriente no tenía más de 2.000 a 3.000 miembros en toda
España. En 1934 eran unos 4.500, pertenecientes a la pequeña y mediana burguesía liberal, bastante moderada en política. José Giral, Álvaro de Albornoz, Fernando de los Ríos y Martínez Barrio
eran masones. Azaña se adhirió en 1932, pero no parece que fuera un adepto muy ferviente. En las
Cortes de 1931 había 151 diputados que pasaban por masones. Más de la mitad de ellos —87— se
abstuvieron en la votación del artículo 26 de la Constitución sobre las relaciones entre la Iglesia y
el estado, al encontrarlo demasiado sectario. La masonería endureció sus posiciones en 1934. Fue
entonces cuando se salió Martínez Barrio, que era el gran maestre.

22. Lo cual podía volverse contra la Iglesia, pues los colegios religiosos también fueron viveros de anticlericalismo. Pérez de Ayala y Azaña son dos buenos ejemplos.

23. Y además anticatalán. Gomá, por ejemplo, estaba en contra de la Juventud Obrera Católica de Cataluña porque no hacía política y sus miembros hablaban catalán.

to era inevitable. Ni los republicanos ni la Iglesia hicieron el menor intento de llegar a acuerdos. Se podría haber buscado una fórmula de compromiso con negociaciones bilaterales entre el gobierno y el Vaticano. Los republicanos disponían para ello de medios de presión, los que les daba el concordato, pero optaron por echarle un pulso a la Iglesia. Como tenían el poder y pronto tendrían la mayoría en las Cortes, contaron con la Constitución y la ley para modificar unilateralmente las relaciones entre la Iglesia y el estado, así como el problema de las órdenes religiosas. El Vaticano, por su parte, tampoco buscó un verdadero diálogo. Rechazó el nombramiento de Luis de Zulueta como embajador, con lo que renunció a un interlocutor sagaz y moderado. Zulueta no era nada sectario, y las cuestiones espirituales no le dejaban indiferente. Un acuerdo diplomático habría evitado muchos dramas. Pero estaba claro que ninguna de las dos partes lo deseaba.

En mayo de 1931 dos sucesos confirmaron los temores del clero. El día 6 un decreto dispuso que la enseñanza del catecismo en los colegios fuera facultativa. En 11 se desataron las primeras violencias anticlericales desde la proclamación de la República, en unas circunstancias que aún hoy no se han aclarado. El día anterior, en el centro de Madrid, se había producido un altercado enfrente de la redacción del *ABC* entre manifestantes monárquicos y contramanifestantes republicanos, con el resultado de dos muertos y numerosos heridos. Como represalia,[24] el día 11 unos grupos incontrolados incendiaron metódicamente una decena de conventos. En otras ciudades de provincia se perpetraron actos criminales del mismo cariz. Lo que más sorprendió a los católicos —y a los que no lo eran— fue la pasividad de la policía que, probablemente siguiendo órdenes, no intervino. El gobierno, incluyendo el ministro de la Gobernación Miguel Maura, que era católico, cerró los ojos.[25] ¿Temía desairar a la extrema izquierda? Resulta inexplicable esta actitud en unos responsables que en las semanas siguientes no dudaron en aplicar la máxima severidad con los militantes anarquistas. El episodio de los conventos quemados tuvo graves consecuencias. Perturbó las conciencias y puso fin a la serenidad e incluso al júbilo con que se había recibido al nuevo régimen. También pesó sobre el debate constitucional, que empezó después de la elección de las Cortes. El artículo 3 del proyecto constitucional no suscitó ninguna objeción: «El Estado español no tiene religión oficial». No ocurrió lo mismo cuando se abordaron los artículos que preveían la desaparición en dos años del presupuesto para cultos, pero fue el artículo 26 el que encendió los ánimos. El proyecto de la comisión proponía prohibir que las órdenes abrieran centros de enseñanza —con esto ya bastaba para causar un gran revuelo— y, además, declarar ilegales las que exigieran a sus miembros lealtad a una potencia extranjera. Se hizo pensando en los jesuitas, pero a fin de cuentas los republicanos podían remitirse a una tradición que se remontaba al reinado de Carlos III, cuando la monarquía fue implacable con la Compañía de Jesús. Lo que desató la polémica fue la enmienda presentada por socialistas y radicales pidiendo la prohibición de todas las órdenes sin distinción. Eso era ir demasiado lejos. Azaña se dio cuenta, y con uno de sus mejores alardes de elocuencia logró convencer a los socialistas para

---

24.   Es lo que sugiere el diario *El Socialista* del 12 de mayo: «Esa es la respuesta de la demagogia popular a la demagogia derechista». Adviértase que el órgano del Partido Socialista no aprueba la violencia anticlerical, pero la comprende...

25.   «Todos los conventos de España no valen la vida de un republicano», se cuenta que dijo Azaña.

que retiraran la enmienda. El artículo 26 fue aprobado en su redacción inicial por 178 votos contra 59, pero la cosa no quedó ahí. Los dos ministros católicos, Alcalá Zamora y Miguel Maura, salieron del gobierno, al estar en desacuerdo con un texto que negaba a las órdenes religiosas el derecho a enseñar. De este modo se rompió la unidad lograda en abril a favor de la República. El régimen perdió el aval de la derecha conservadora. En el gobierno sólo quedaron representantes de la izquierda y el centro. La mayoría de los diputados de derechas dejaron de asistir a las sesiones de las Cortes.[26] Azaña sustituyó a Alcalá Zamora como jefe del gobierno (14 de octubre de 1931). En su intervención pronunció unas palabras que le valdrían constantes reproches: «España ha dejado de ser católica». En sí misma la frase no tenía nada de extraordinario. No significaba, como fingen creer sus detractores, que una mayoría parlamentaria tiene derecho a suprimir el catolicismo de un plumazo. Desde una perspectiva política Azaña se limitó a constatar la situación constitucional: el estado ya no reconocía el catolicismo como religión oficial, ni tampoco como religión de la mayoría de los españoles. La frase también expresaba una realidad social, que muchos españoles ya no profesaban el catolicismo y el país había evolucionado desde el siglo XVI, de modo que ya no era posible mantener en los textos una ficción alejada de la realidad. Ese era el fondo del debate. Los católicos no se resignaron a ver consagrada en el derecho una evolución que les causaba una enorme inquietud. En este terreno, Azaña no pensaba tanto en el precedente de la Primera República española cuanto en el ejemplo de la Tercera República francesa: separación entre Iglesia y estado, y laicismo en la enseñanza. No ignoraba que en Francia estas disposiciones habían provocado disturbios, pero creía que los católicos españoles acabarían aceptando la situación, lo mismo que los franceses. Para eso hacía falta tiempo, un tiempo que aplacara las pasiones. Y España no dispuso de ese tiempo.

Votada la Constitución, llegó el momento de las medidas legislativas y reglamentarias para poner en marcha el estado laico. Se retiraron los crucifijos de los edificios públicos, se suprimieron las capellanías militares, se reguló el matrimonio civil, se concedió el derecho al divorcio por consentimiento mutuo o a petición justificada de uno de los esposos. Por último, la ley de 17 de mayo de 1933 declaró de propiedad pública las iglesias y otros edificios de culto. Esta ley era una de las consecuencias de la prohibición de ejercer la enseñanza hecha a las órdenes religiosas. Esta última medida planteó un problema inmediato. Las órdenes escolarizaban a 350.000 niños, de modo que para sustituirlas había que crear por lo menos 6.000 centros escolares. ¿Tendría recursos el estado para hacerlo?

La reacción de los círculos católicos no se hizo esperar. El 1 de enero de 1932 el episcopado expresó serias reservas sobre la Constitución. Recomendó a los creyentes que enviaran a sus hijos a los colegios religiosos. La prensa católica no se quedó a la zaga. Lanzó una campaña contra la retirada de crucifijos de los edificios públicos, e invitó a los católicos a llevar uno encima, bien visible. Denunció la mezcla de sexos en las escuelas públicas, el matrimonio civil, el divorcio... Luego entró en liza el Vaticano. El 13 de mayo de 1933 Pío XI habló del «triángulo de fuego» del ateísmo militante: Rusia, México y España. La encíclica *Dilectissima nobis* (3 de junio de 1933) pidió a los católicos que se unieran en defensa de la fe. Era una clara invitación a hacer campaña por una política distinta. La oposición no dejó

---

26. De los 24 diputados de las provincias vascas y Navarra, 15 se negaron a votar la Constitución debido a sus disposiciones anticlericales.

pasar la oportunidad. Ya tenía un pretexto para luchar contra el régimen. La defensa del catolicismo fue, durante mucho tiempo, uno de los argumentos esgrimidos por las derechas para oponerse a la labor de los republicanos.

El ejército y la República

El hecho de que en julio de 1936 unos generales se sublevaran contra la República ha dado pie para afirmar que el ejército, en conjunto, estaba en contra del régimen. No es cierto. Muchos oficiales habían conspirado contra la monarquía al lado de otros grupos de oposición, entre ellos los republicanos. Es verdad que las medidas tomadas por el gobierno provisional sembraron un profundo malestar entre ciertos militares. La sorpresa llegó con el nombramiento de un civil para el ministerio de la Guerra, y qué civil, nada menos que Manuel Azaña, un hombre de letras, un intelectual. En realidad, como ya hemos visto, Azaña sentía un interés especial por las cuestiones militares desde su estancia en París, antes de 1920. Lo que vio en un país como Francia, recién salido de la guerra, le pareció ejemplar: la nación en armas, un ejército moderno, bien pertrechado, consagrado por completo a su misión —la defensa del país contra la agresión extranjera— y no a tareas de mantenimiento del orden, un alistamiento que mediante el reemplazo anual proporcionaba los efectivos necesarios en tiempo de paz y la formación de reservas en caso de guerra y, por último, el servicio militar obligatorio como medio para integrar a los ciudadanos en la nación. Puede que Azaña idealizara el modelo francés, pero estaba convencido de que se podía adaptar a la situación de España que, fiel a una política exterior de neutralidad, no tenía que plantearse intervenciones fuera de sus fronteras. Ni las milicias populares propugnadas por los socialistas, ni el ejército profesional, grato a la derecha, le parecían la solución al problema español.

En 1931 el ejército español estaba pletórico y, al mismo tiempo, era inoperante. Tenía unos 200 generales en activo y 17.000 oficiales para unos efectivos de poco más de 100.000 hombres. La armada estaba bastante bien provista, pero la artillería carecía de material moderno, y la aviación tenía un centenar de aparatos de reconocimiento, no siempre en buen estado, y sólo unos pocos aviones de caza. Cuando llegó al ministerio, Azaña se propuso reducir el ejército a unas proporciones más razonables, reagrupar las tropas para hacerlas más operativas y modernizar el material y el armamento. Era una política ambiciosa, que requería tiempo y dinero. El hombre de letras no dispuso de ninguna de las dos cosas. El texto decisivo se publicó tan sólo diez días después de la proclamación de la República. Fue el decreto de 25 de abril, sobre pase al retiro de los oficiales. Azaña sabía que muchos oficiales tenían escrúpulos de servir al nuevo régimen, pues se consideraban vinculados por su juramento de lealtad al rey, jefe de las fuerzas armadas. Azaña les ofreció el retiro con toda la paga. Los que se quedaran debían comprometerse a ser leales a la República. Sorprende tamaña ingenuidad en un hombre acostumbrado a la reflexión y el análisis. Unos 10.000 oficiales pidieron beneficiarse de las disposiciones del decreto. No todos eran peligrosos para el régimen, y muchos de los que se quedaron, en cambio, no tardaron en conspirar. En las semanas siguientes Azaña anuló todos los ascensos por méritos de guerra decididos durante la dictadura. Franco resultó afectado por este decreto. Las divisiones se redujeron de 18 a 8. El rango de capitán general —los capitanes generales solían considerarse superiores a los gobernadores civiles— fue eliminado, y la Academia Militar de Zaragoza clausurada, por considerarla poco eficaz. Franco, su director, fue destinado a La Coruña. Estas medidas, explotadas por la oposición, pusieron a una parte del ejército contra la República y contra Azaña. En líneas generales, la artillería y las armas técnicas se mostraron bastante satisfechas. En cambio, los africanistas y la infantería encajaron muy mal la reducción de efectivos y la política militar del gobierno, y guardaron rencor a su responsable, Azaña.

El problema regional

El pacto de San Sebastián, que condujo a la formación del gobierno provisional, había previsto atender las reivindicaciones regionalistas, pero sin entrar en detalles ni fijar calendario. En Cataluña, Esquerra Republicana, dirigida por Macià, puso a todo el mundo ante un hecho consumado: el 15 de abril de 1931 proclamó la república catalana. En el gobierno provisional cundió la alarma por la decisión unilateral, tomada sin previo aviso. Su jefe, Alcalá Zamora, se dirigió inmediatamente a Barcelona, donde tuvo una acogida entusiasta, y Macià se mostró dispuesto a recoger velas. A la espera de que fuera votada la Constitución, se recuperó el antiguo término de Generalitat, que en la época de los Austrias designaba las instituciones autónomas de Cataluña. Tenía sus ventajas, porque no resultaba tan fuerte como «estado catalán», se remitía a una tradición histórica, la de una España pluralista pero unificada en la cumbre, y daba tiempo para que se encontrara una fórmula aceptada por todos.

Sobre el asunto de los regionalismos los republicanos no eran unánimes. Los de derechas defendían la unidad de la nación. En el centro izquierda, Azaña tenía mentalidad jacobina. Pero unos y otros estaban dispuestos a hacer concesiones. Los socialistas y los anarquistas, en principio, eran federalistas, pero desconfiaban de los nacionalismos, que podían dividir al proletariado. El 19 de abril de 1931 el órgano de la CNT, *Solidaridad Obrera*, advertía a los catalanes: «La existencia de la república catalana es un peligro para la subsistencia de la república española». El 23 de abril la CNT amenazó con organizar una huelga general si se producían intentos separatistas en Cataluña, el País Vasco y Galicia. Los anarquistas no temían la destrucción del estado español —pues era conforme a su ideología—, sino la aparición de un estado catalán. Para muchos observadores, la marcha atrás de Macià se debió a esta posición adoptada por los anarquistas. Los socialistas también eran reticentes. «Nosotros vamos a la federación europea. Ellos van a la balcanización de España. Y eso no hemos de permitirlo.» En diciembre de 1931 la Juventud Socialista de Barcelona, al tiempo que defendía el principio de autonomía regional, exigió que el estado central siguiera controlando la enseñanza, una enseñanza en español:

> La Juventud Socialista de Barcelona está dispuesta a todo para impedir el triunfo del separatismo reaccionario que pretende aislar Cataluña del resto del mundo ... En las escuelas, en los institutos, en las normales y en la universidad del Estado no debe usarse otro idioma que el español.

La Generalitat podía abrir, si quería, sus propias escuelas e incluso una universidad catalana. Las reservas no se referían al principio de autonomía, sino al modo de aplicarlo. Los socialistas lo defendieron, pero por conveniencia. Prieto fue muy claro al respecto:

> Nos tragaremos el Estatuto como un mal menor … Si dejamos que las derechas se apoderen de las dos regiones más ricas de España por el camino de las autonomías, los disgustos vendrán más tarde.

El aprieto de los constituyentes —deseosos de contentar a la izquierda catalana sin soliviantar a otros sectores de la opinión pública partidarios de la unidad nacional— se refleja en la redacción del artículo 3 de la Constitución: «La república constituye un Estado integral, compatible con la autonomía de los municipios y de las regiones». ¿Qué se entendía por «Estado integral»? Evidentemente, se trataba de soslayar la palabra federal, pues el recuerdo de la malograda República federal de 1873 estaba en la mente de todos. Al presentar el proyecto de Constitución, Jiménez de Asúa dijo con mucha habilidad:

> No hablamos de un Estado federal porque federar es reunir. Se han federado aquellos Estados que vivieron dispersos y quisieron reunirse en colectividad … Estado integral en el que son compatibles, junto a la gran España, las regiones y haciendo posible, en ese sistema integral, que cada una de las regiones reciba la autonomía que merece por su grado de cultura y progreso.

No es que fuera un argumento de una claridad meridiana, pero dio satisfacción a casi todos.

Quedaba pasar de los principios a los hechos. La reflexión un tanto cínica de Prieto, antes citada, tiene el mérito de la franqueza: los socialistas —numerosos en las Cortes— se resignaron al regionalismo cuando su tendencia era de izquierdas, pero desconfiaron del regionalismo de derechas. Así se explica el distinto tratamiento que aplicaron en las Cortes al País Vasco y Cataluña. Sin renunciar formalmente a la ideología ambigua de Sabino Arana, el Partido Nacionalista Vasco (PNV), dirigido por José Antonio Aguirre, había evolucionado hacia la democracia cristiana. Se había abierto a los problemas del mundo moderno, pero su inspiración seguía siendo profundamente cristiana, y eso le hacía sospechoso para la izquierda anticlerical. Los diputados nacionalistas vascos no votaron la Constitución, precisamente a causa de sus disposiciones anticlericales. El proyecto de estatuto elaborado por Aguirre en junio de 1931 y aprobado por una junta de alcaldes vascos y navarros, incluía unas disposiciones inquietantes para la izquierda: facultaba al futuro gobierno vasco para definir sus relaciones con la Iglesia. Prieto tradujo: ¡se estaba intentando crear un Gibraltar vaticanista en el norte! La izquierda, mayoritaria en las Cortes de 1931, no se dio ninguna prisa en reconocer la autonomía del País Vasco. Los vascos tampoco tuvieron más éxito en las Cortes de 1933, mayoritariamente de derechas. Su proyecto de estatuto, sometido a referéndum en las provincias vascas, sólo obtuvo un 46 por 100 de votos afirmativos en Álava. La izquierda —minoritaria— pidió que se convocara otra consulta. En abril de 1934 la derecha —mayoritaria— decidió aplazar *sine die* el examen del proyecto. Con ese voto se enajenó a los nacionalistas vascos. Éstos sólo pudieron contar con la izquierda, y en julio de 1936 se aliaron con el gobierno del Frente Popular, oponiéndose a la sublevación militar.

En Cataluña las cosas tenían un cariz muy distinto. La Generalitat preparó un proyecto de estatuto y lo sometió a referéndum de los catalanes el 2 de agosto de 1931. La participación fue elevada, del 75 por 100. El 90 por 100 de los votantes aprobaron el texto. El debate en las Cortes se celebró en mayo de 1932. La derecha, pero también personalidades independientes como Unamuno y Ortega, temían el desmembramiento del estado. Después de una serie de enmiendas para conjurar esta posibilidad, el Estatuto de Cataluña fue aprobado por amplia mayoría: 314 votos afirmativos frente a 24 negativos. Unamuno y Ortega votaron a favor. Cataluña pasó a ser una región autónoma —no un estado— en el seno del estado español. La Generalitat constaba de un Parlamento, un presidente y un consejo ejecutivo. El catalán adquirió el rango de lengua cooficial, en igualdad con el castellano, pero sólo la segunda podía ser utilizada en las relaciones exteriores. Cataluña no recuperó del todo la autonomía de que gozaba antes de 1714, pero sus principales reivindicaciones quedaron satisfechas.

Los problemas sociales

La proclamación de la República creó unas enormes expectativas en las clases populares, que no sólo esperaban de ella las libertades políticas y los derechos cívicos, sino también una mejora rápida, casi inmediata, de su condición. La afiliación a las dos grandes centrales sindicales —la CNT y la UGT— aumentó de forma considerable, con el consiguiente aumento de la fuerza del movimiento obrero. Sin estar aún plenamente desarrollada, la España de 1931 había hecho grandes progresos. Ya no era un país agrario. La industria seguía concentrada en Asturias, Guipúzcoa y Cataluña, pero se había extendido a muchas otras ciudades de la periferia o el interior como Zaragoza, Valencia, Málaga, Sevilla y también Madrid. Los obreros y artesanos, golpeados por la crisis y el paro, contaban con el gobierno provisional —cuyo ministro de Trabajo era un socialista, Largo Caballero— para solucionar sus dificultades. La situación en el campo era aún más preocupante. En Andalucía, Extremadura, en las provincias de Salamanca y Toledo, había millones de campesinos sin tierra que generalmente sólo trabajaban una parte del año por salarios de miseria. El gobierno conocía estos problemas y se propuso acabar con las injusticias y elevar el nivel de vida del pueblo español. Al mismo tiempo debía hacer frente a dificultades económicas —la crisis, la fuga de capitales…— y no quería asustar con medidas demasiado audaces a la parte de la burguesía que confiaba en él. Los tres socialistas que participaban en el gobierno lo comprendían. Eran reformistas más que revolucionarios, como la mayoría del PSOE en ese momento. Para ellos la república burguesa, con sus libertades formales, debía ser el paso previo a la instauración del socialismo. Había que consolidarla antes de pensar en superarla. ¿Entenderían las masas este lenguaje?

Las primeras medidas del ministro de Trabajo tuvieron bastante buena acogida. El decreto de 28 de abril de 1931 reguló el empleo en el campo. Los propietarios debían contratar trabajadores locales, antes de recurrir a los de fuera del pueblo; las tierras baldías podían pasar a disposición de comunidades campesinas; se prohibía despojar de sus tierras a los colonos; los jornaleros cobrarían un salario mínimo, y la jornada no debía pasar de ocho horas. El decreto de 7 de mayo instituyó los jurados mixtos para fijar los salarios y las condiciones de trabajo. Por último, el gobierno anunció su intención de emprender una reforma agraria.

Fieles a su apoliticismo, los anarquistas no participaron en la contienda electoral —ni en abril, para las municipales, ni en julio, para las legislativas—. No prestaron atención a la futura Constitución, interesados como estaban únicamente en la revolución. Pronto pudieron comprobar que el cambio de régimen había dejado intacta la estructura económica y social del país. Las comisiones paritarias no les convencían, debido a la presencia de representantes de los poderes públicos, contraria a la teoría de la acción directa: los salarios y las condiciones de trabajo se debían negociar directamente y sin intermediarios entre obreros y patronos. A diferencia de la UGT, un sindicato bien estructurado, la CNT no tenía cuadros permanentes —burócratas alejados de las masas, según ellos— ni comités capaces de hacer respetar una línea de conducta y una disciplina. Los que pensaban que la República suponía un avance tuvieron muchas dificultades para hacerse oír por los demás, la gran mayoría, que no atendían a razones de táctica y se limitaban a una actitud meramente reivindicativa. En julio estallaron las primeras huelgas en Barcelona y Sevilla. Se produjeron violentos enfrentamientos con las fuerzas del orden. El gobierno decretó la ley marcial. Hubo muertos y detenidos. Fue la ruptura con el gobierno, pero los anarquistas no se pusieron de acuerdo sobre la actitud a mantener. Una parte de los militantes —los «Treinta»— reconocieron que los representantes de la burguesía habían escamoteado la revolución; para salvarla, la CNT debía apoyarse en un poderoso movimiento de masas. Otros —la FAI, organización semiclandestina— hicieron hincapié en el papel de las minorías activas. Esta rivalidad en el seno del movimiento libertario fue constante a partir de entonces, y se reprodujo con más virulencia durante la guerra civil.

La situación se deterioró rápidamente. Las huelgas se extendieron. No todas estaban convocadas por los anarquistas, pues los sindicalistas de la UGT también debían dar salida a la exasperación de sus afiliados. El gobierno no quería dar una impresión de debilidad frente a las demandas obreras, para no perder el apoyo de su ala derecha y las clases medias. La ley de defensa de la República, aprobada el 21 de octubre de 1931, permitía detener y deportar a los autores de actos delictivos, sobre todo a los que declarasen huelgas quebrantando las reglas vigentes: aviso previo de ocho días y arbitraje obligatorio. Esta firmeza no evitó la combatividad, sobre todo en las zonas rurales. En la provincia de Badajoz se declaró una huelga de jornaleros. Los huelguistas mataron a varios guardias civiles, y los compañeros de los asesinados tomaron represalias en el pueblo de Castilblanco. A primeros de enero de 1932 hubo siete manifestantes muertos en Arnedo. El 21 de enero los anarquistas provocaron una insurrección en la cuenca minera del alto Llobregat, y un centenar de militantes de la CNT fueron deportados. Las huelgas y ocupaciones de tierras fueron cada vez más numerosas, en un ambiente de violencia creciente. Lo peor sucedió en enero de 1933. Instigados por la FAI, los anarquistas desataron una insurrección que fue desaprobada por la CNT el 9 de enero: «Esa no es nuestra revolución», pero ya era demasiado tarde. En Barcelona fueron asaltados la jefatura de policía y varios cuarteles. En algunos pueblos de Valencia se proclamó el comunismo libertario —se suprimió el dinero, sustituyéndolo por bonos, etc.—. Los incidentes más grave e produjeron en la provincia de Cádiz, en la aldea de Casas Viejas, donde los campesinos se sublevaron y mataron a los cuatro guardias civiles que les hicieron frente. Llegaron refuerzos policiales. El motín podía darse por fracasado, excepto en una casa donde se había atrincherado un viejo militante apodado «Seisdedos» con sus hijos, sus nietos y dos amigos. Los guardias de asalto del capitán Rojas incendiaron la casa, ametrallaron a los ocupantes que intentaron huir y ejecutaron sumariamente a una decena de braceros (12 de enero de 1933).

En cuanto se conoció la noticia causó una gran conmoción. En las Cortes, los mismos diputados de derechas que desde 1931 exigían que los levantamientos campesinos fueran reprimidos a sangre y fuego, interpelaron al gobierno, viendo una oportunidad servida en bandeja para atacar a los republicanos de izquierdas. Azaña, cogido por sorpresa y mal informado, improvisó una torpe excusa, aludiendo a una conspiración internacional similar a la de la Mano Negra de finales del siglo XIX. Habló de una marcha de braceros a Jerez, que no se había producido, y terminó su discurso con unas frases que no parecían salidas de la boca de un republicano de izquierdas: «No hubo más remedio que acabarlo. ¿De qué manera? De la única manera posible ... En Casas Viejas no ha ocurrido, que sepamos, más de lo que tenía que ocurrir». Nueva interpelación varios días después. Esta vez Azaña se había informado, y anunció que el asunto estaba en manos de la justicia: «Claridad absoluta, justicia seca, y caiga quien caiga». El Parlamento dio un voto de confianza al gobierno, pero también decidió formar una comisión de investigación. Cinco oficiales de la guardia de asalto acusaron al director general de seguridad de ordenar que no hubiera heridos ni prisioneros. El malestar se extendió a todos los componentes de la mayoría. El 2 de marzo se presentó otra moción de censura, que volvió a ser rechazada. El 7 Azaña reconoció públicamente que en Casas Viejas había habido ejecuciones sumarias. La comisión de investigación liberó al gobierno de toda responsabilidad y acusó al director general de seguridad y al capitán Rojas, que fueron procesados. El primero fue absuelto y el segundo condenado a 21 años de cárcel. Fue liberado por los franquistas en julio de 1936. El episodio de Casas Viejas debilitó al gobierno. Los socialistas siguieron apoyando a Azaña, pero de mala gana. Parte de ellos empezaron a distanciarse del gobierno y a adoptar posiciones cada vez más duras. Jiménez de Asúa, miembro de la comisión de investigación, planteó la cuestión de fondo: «¿Cómo es posible que el Gobierno desconociese lo que tantas autoridades, tantos políticos, tantos periodistas, conocieron en realidad desde el primer momento?». El diputado, aun admitiendo la ignorancia, se resistía a liberar a los ministros de responsabilidad política, toda vez que el gobierno no disponía de la información necesaria ni tenía autoridad suficiente sobre la administración y la policía. Por último, el escándalo de Casas Viejas acabó de convencer a los anarquistas de que nada cabía esperar de la República burguesa.

Casas Viejas fue un trágico testimonio del desencanto de las clases populares, y en especial del pequeño campesinado. La sublevación y las matanzas —tanto las perpetradas por los campesinos como por los guardias de asalto— se produjeron tres meses después de la aprobación de una reforma agraria que decepcionó a sus supuestos beneficiarios. Durante cerca de un año —de julio de 1931 a mayo de 1932— el asunto se debatió en una comisión. El debate parlamentario duró hasta septiembre de 1932. Esta lentitud en el examen de un proyecto que se consideraba prioritario da una idea de la resistencia de los terratenientes a perder sus privilegios. No es difícil imaginar la indignación de los campesinos sin tierra durante esos dieciocho meses de discusiones, y las dificultades de los sindicalistas y los socialistas para convencer a sus compañeros de que tuvieran paciencia, y para explicarles que las cosas se debían hacer sin salirse de la legalidad y el orden. Conforme avanzaban los debates el gobierno hizo dos concesiones a los centristas: renunció a fijar un contingente anual para la entrega de tierras a los que no tenían, y renunció a la idea de un impuesto especial sobre las grandes rentas territoriales. La derecha y el centro protestaron contra cualquier ataque al derecho de propiedad, que para ellos formaba parte del orden natural de las cosas. Los partidarios de la reforma también estaban divididos. Azaña y sus amigos querían crear una clase de pequeños propietarios —seguían pensando en el modelo francés—, los socialistas hablaban de colectivizar, y los anarquistas deseaban un reparto de tierras. La reforma que se acabó votando se fijó tres objetivos: acabar con las fincas demasiado grandes, de miles de hectáreas, sancionar el absentismo de los propietarios obligándoles a cultivar sus tierras bajo la amenaza de expropiación, y proporcionar a los campesinos unos medios de subsistencia, aumentando con ello el número de consumidores, lo que daría un impulso a la industria.[27]

Estos principios explican el campo de aplicación de la ley. Se hizo pensando en Andalucía, Extremadura, La Mancha y las provincias de Toledo y Salamanca, es decir, las zonas latifundistas. Afectaba a las fincas que durante el Antiguo Régimen habían sido señoríos jurisdiccionales de la nobleza, y a comienzos del siglo XIX se habían transformado abusivamente en propiedades privadas, así como a las que se habían explotado durante más de doce años por una renta fija y, por último, a las que superaban cierta superficie, calculada con criterios de rentabilidad económica y utilidad social. Un mes antes de la votación de la ley, el 10 de agosto de 1932, se produjo la sublevación del general Sanjurjo. Azaña aprovechó la ocasión para expropiar sin indemnización 80.000 hectáreas pertenecientes a 27 grandes de España, sospechosos de estar implicados en la conspiración. El marqués de Comillas, por ejemplo, perdió la mitad de sus bienes, el duque de Medinaceli la tercera parte... Para las otras grandes fincas la ley creaba un Instituto de Reforma Agraria, encargado de hacer el inventario de las tierras a expropiar, recabar los fondos necesarios para las indemnizaciones, etc. Era un procedimiento largo y complejo. Para calmar la impaciencia de los campesinos, el 1 de noviembre de 1932 Azaña autorizó a los de Extremadura a ocupar durante un año las tierras sin cultivar. Se trataba de socorrer a un grupo social desfavorecido, los yunteros, que tenían animales de tiro y aperos de labranza, pero carecían de tierras. Más de 30.000 campesinos recibieron unas 100.000 hectáreas. Pagarían caro este regalo. Cuando Franco ocupó Extremadura en el verano de 1936, en su rápido avance hacia Madrid, desató en esta región una represión terrible.[28]

La reforma se puso en marcha con una lentitud desesperante. Al cabo de dos años poco más de 12.000 familias se habían instalado en 100.000 hectáreas. La ley se votó el 9 de septiembre de 1932. Los sucesos de Casas Viejas se produjeron el 11 de enero de 1933. No es exagerado pensar que la suerte de la República burgue-

---

27. Es lo que explica Pascual Carrión en una conferencia pronunciada en el Ateneo en 1932: la reforma permitirá mejorar poco a poco la agricultura. Una clase media de campesinos acomodados contribuirá a relanzar la industria, el comercio y toda la actividad económica.

28. En *Campo abierto* Max Aub relata esta anécdota: a primeros de noviembre de 1936 dos intelectuales que paseaban por las calles de Madrid fueron abordados por un hombre de tez curtida. «—Con el perdón. ¿Dónde reparten los fusiles? —¿A qué organización perteneces? —A denguna. —¿A qué partido? —A denguno. —¿Qué eres? —Labrador. Rectificó: campesino. Le indicaron cómo podía llegar a la Casa del Pueblo. Dio las gracias y ya se iba cuando Cuartero inquirió: —Oiga, compañero, ¿por qué quiere un fusil? —El hombre le miró. A la luz de la cerilla que encendía Cuartero para prender un cigarro se le vieron claros sus cincuenta años y los ojos azules. —Pa defender mi tierra. —¿Se la quitaron? —¿A mí? No tenía. Me la dieron.»

sa se jugó con esta reforma tardía, que respondía de forma muy incompleta a las expectativas de las masas. La verdad es que al gobierno se le pedía mucho, que en pocos meses acabara con una situación que se venía arrastrando desde hacía un siglo, por lo menos. En 1939, al hacer balance de sus dos años en el gobierno, entre 1931 y 1933, Azaña explicaba así el fracaso de la República:

> La clase media, en que el republicanismo liberal reclutaba los más de sus adeptos, también se dividía en bandos, por dos motivos: el religioso y el social. Muchos veían con horror todo intento de laicismo del Estado. A otros, cualquier concesión a las reivindicaciones del proletariado les infundía miedo, como un comienzo de revolución. En realidad, esta discordia interna de la clase media y, en general, de la burguesía, es el origen de la guerra civil.

En efecto, la legislación religiosa y la reforma agraria propiciaron la unión de la oposición.

LA DERECHA EN EL PODER (1933-1935)

El éxito de los republicanos en las elecciones municipales del 12 de abril de 1931 dejó atónitos a los conservadores. Pocos se atrevieron entonces a defender públicamente el Antiguo Régimen. Un solo monárquico declarado fue elegido para las Cortes constituyentes. El gobierno de unión republicana, formado el 14 de abril y confirmado por el nuevo Parlamento, tenía una indiscutible autoridad moral. Contaba con el apoyo de un Partido Socialista poderoso, flanqueado por una central sindical, la UGT, que le garantizaba la simpatía de un sector de la clase obrera (al menos lo hizo durante un tiempo), y le permitía contrarrestar la intransigencia previsible de los anarquistas y la CNT. La derecha tradicional, dividida, desacreditada por su incapacidad para resolver los problemas reales cuando estaba en el poder y por su inhibición durante la dictadura de Primo de Rivera, tenía escasa representación parlamentaria, y no estaba organizada en todo el país. Estas circunstancias dejaron a los republicanos las manos libres para llevar a cabo, en el marco de la ley, las transformaciones que la izquierda y la fracción más dinámica de la burguesía llevaban treinta años esperando. Pero no contaban con las resistencias mentales, la inercia sociológica y la impaciencia de las masas. En el verano de 1931 el gobierno tuvo que luchar en dos frentes. Por un lado, reprimió las huelgas y los motines anarquistas con una dureza que parecía más propia de los conservadores, sembrando el desconcierto entre la clase obrera y los campesinos sin tierra. Por otro, su política religiosa arrojó a la oposición a la mayoría de los católicos, y la posibilidad de una reforma agraria espantó a los grandes terratenientes. Por último, la situación económica —crisis, fuga de capitales, paro— y el avance de los totalitarismos en Europa entorpecían el proyecto de Azaña, que consistía en crear una España moderna, democrática, laica y capaz de integrar a las masas obreras y campesinas, evitando así el peligro de una revolución social. La oposición de derechas se fue organizando poco a poco, mientras aparecían grupos totalitarios. La izquierda perdió las elecciones de 1933. Al mismo tiempo una parte de los socialistas se radicalizó y exigió algo más que reformas parciales. Esta fracción, al creerse amenazada, pasó a la acción violenta en octubre de 1934, e intentó provocar la revolución.

La recomposición de las fuerzas políticas

En diciembre de 1931, una vez votada la Constitución y elegido Alcalá Zamora como presidente de la República, Azaña volvió a sus funciones de jefe de un gobierno remodelado. Lerroux ya no formaba parte de él. Era un oportunista, pero arrastraba a una parte de las clases medias, caracterizadas tanto por su anticlericalismo como por su antisocialismo. Esta defección, que siguió a las de los ministros de centro derecha —Alcalá Zamora y Maura— en octubre, fue un contratiempo, pero al menos sirvió para aclarar la situación y dar más solidez al gobierno, dominado por los socialistas y republicanos progresistas, con la participación de los radical-socialistas. La orientación global era de centro izquierda, a imagen de su jefe.

En todo el país la oposición se estaba recuperando, algo mucho más inquietante para la mayoría parlamentaria. El 16 de abril de 1931 Ángel Herrera, presidente de Acción Católica y director de un periódico importante, *El Debate*, había sugerido formar un gran partido —Acción Nacional— cuyas metas fueran la defensa de la religión, la familia, el orden, el trabajo y la propiedad. Por el momento la iniciativa de Herrera había tenido escaso eco, a pesar del apoyo del episcopado. Una circular confidencial del primado de España, monseñor Segura, fechada el 4 de mayo de 1931, afirma seguir instrucciones de la Santa Sede al recomendar a los obispos que trabajen por la unión de todos los católicos. El objetivo era enviar a las Cortes constituyentes un número suficiente de diputados para defender con eficacia «los derechos de la Iglesia y el orden social». Segura ponía como ejemplo a seguir la unión de los católicos de Baviera tras la revolución de noviembre de 1918. Aconsejó no hacer ninguna referencia a la forma de estado —república o monarquía—. La coalición que le parecía más adecuada para desempeñar esta función era Acción Nacional, «que es preciso apoyar decididamente».

Su llamamiento fue desoído. Los católicos se lanzaron a la contienda electoral en orden disperso. Los agrarios —nombre que adoptaron los miembros de Acción Nacional— sólo obtuvieron 26 escaños. En 1931 y 1932 los círculos conservadores intensificaron sus ataques al gobierno, obstinándose en llamarlo socialista, pese a que el PSOE sólo tenía tres de los doce ministros. La confederación patronal española criticó la actividad de los jurados mixtos, a pesar de que estaban destinados a mitigar los conflictos sociales.[29] La Unión Económica, fundada en noviembre de 1931, agrupaba a la mayoría de las organizaciones patronales representativas de los sectores industrial, agrícola y bancario, pero con fuerte predominio de los círculos agrarios. En una declaración suya del 12 de diciembre de 1931 se afirma que la producción agrícola es la base de la riqueza nacional, y se pide con insistencia que se dé prioridad al mantenimiento del orden social y a la lucha contra la reforma agraria. Los monárquicos no habían perdido la esperanza de derribar el régimen. Pensaban en una conspiración al estilo tradicional que contara con el apoyo de varios militares. El general Sanjurjo parecía el más indicado para ello. En 1931 dirigía la guardia civil, y su actitud el 14 de abril facilitó la instauración de la República. Luego Sanjurjo se pasó a la oposición. El estatuto de autonomía de Cataluña le parecía

---

29. En 1932 los jurados mixtos resolvieron unos 20.000 arbitrajes, la cuarta parte de ellos favorables a los patronos, y más de 25.000 decisiones de conciliación.

el primer paso hacia la desintegración de España. Le animaron para que encabezara una sublevación destinada a salvar la unidad de España y traer de nuevo al rey. Pero estuvo mal organizada. El 10 de agosto de 1932 el levantamiento fracasó en Madrid. Sanjurjo tuvo más éxito en Sevilla, pero la UGT y la CNT declararon la huelga general. La guarnición no quiso abrir fuego contra las tropas enviadas por el gobierno desde Córdoba. Sanjurjo renunció. Huyó durante la noche, fue apresado antes de llegar a la frontera portuguesa, juzgado y condenado a muerte el 24 de agosto. El gobierno conmutó su pena por la de cadena perpetua.[30]

El fracaso de Sanjurjo hizo que la oposición se planteara llegar al poder por otros medios más eficaces. Acción Popular —nuevo nombre de Acción Nacional—[31] era el grupo mejor organizado desde que un joven abogado de gran talento, Gil Robles, ocupara su presidencia en noviembre de 1931. La asamblea general de Madrid, en octubre de 1932, pretendía representar a más de 600.000 afiliados. En ella se enfrentaron dos tendencias. Una de ellas, defendida por Sainz Rodríguez, quería que el movimiento proclamara abiertamente su intención de restaurar la monarquía. La otra —la de Gil Robles— prefería no pronunciarse sobre la forma del régimen, y atenerse a unas reivindicaciones concretas que pudieran atraer al mayor número posible de oponentes. En enero de 1933 la tendencia de Gil Robles salió vencedora. Acción Popular se declaró dispuesta a actuar en el marco del régimen establecido, lo que le valió la ruptura con los monárquicos. En marzo el partido decidió fundirse en un conjunto más amplio, que pretendía agrupar a toda la oposición de derechas, la Confederación Española de Derechas Autónomas (CEDA). Su principal objetivo era la defensa del catolicismo contra la orientación anticlerical de la mayoría en el poder. La CEDA invocaba la doctrina social de la Iglesia. Su base estaba formada por la Asociación Católica Nacional de Propagandistas, los sindicatos católicos y la Confederación Católica Agraria. Las dos últimas organizaciones estaban bien implantadas en las zonas rurales de Castilla. De esta forma se formó un gran partido católico, algo que no había ocurrido nunca en España, y ese partido era la derecha. La CEDA partía del principio de que un católico debía ser de derechas. Esta confusión no hizo más que exacerbar el anticlericalismo de la izquierda, pero a la CEDA le permitió atraerse a los descontentos: católicos heridos en sus convicciones, y todos los que temían por la unidad de la nación —a causa de las autonomías regionales—, los que no querían una reforma agraria ni jurados mixtos, los que se indignaban ante la combatividad de los sindicatos, la proliferación de huelgas, las ocupaciones de tierras y el desorden... El programa de la CEDA recogía las aspiraciones de los conservadores. Se proponía combatir la reforma agraria, crear aranceles para proteger los intereses de los cerealistas... Hacía especial hincapié en la defensa de la civilización cristiana, lo cual implicaba revisar la Constitución, derogar las leyes laicas (matrimonio civil, divorcio) y medidas destinadas a fomentar las familias numerosas, la mujer en el hogar, la educación cristiana, etc. En una palabra, la CEDA se proponía la vuelta a una sociedad rural y tradicional, en la que el clero recuperara su autoridad perdida. Amplió su influencia gracias a numerosas asociaciones paralelas de jóvenes, mujeres y obreros. Logró aglutinar a la mayoría de las

---

30. Sanjurjo fue amnistiado en 1934, cuando la derecha recuperó el poder. Entonces se exilió en Portugal. Los conjurados de 1936 contaron con él para encabezar el alzamiento.

31. Cambió de nombre en abril de 1931, cuando un decreto reservó el uso del adjetivo «nacional» a los organismos oficiales.

fuerzas católicas y de derechas. Quedaban fuera la Lliga de Cambó, el Partido Nacionalista Vasco, los republicanos conservadores de Alcalá Zamora y Miguel Maura, y los carlistas. Era la coalición electoral española más fuerte que se había formado en mucho tiempo. En aquel año de 1933 las ideologías totalitarias avanzaron en toda Europa. En Alemania, Hitler fue encargado de formar gobierno el 30 de enero, y el 24 de marzo asumió plenos poderes. Fue el fin de la República de Weimar, modelo de la República española. ¿Tentaba el nazismo a los españoles? El juicio de Gil Robles —que en septiembre de 1933 asistió al congreso del partido nacionalsocialista en Nuremberg— era ambiguo:

> En el fascismo encontraba elementos que se podrían aprovechar, por ejemplo la exaltación del patriotismo, el antimarxismo, el rechazo de la democracia liberal y parlamentaria.

Más adelante confesaría que para ellos la democracia no era un fin sino un medio. La izquierda ha acusado a la CEDA de ser un partido fascista. En esa época era un adjetivo utilizado profusamente contra los adversarios de la izquierda, sin entrar en muchos detalles. Fascista era todo grupo que pretendiera limitar la actividad de los sindicatos, regular el derecho de huelga e instaurar un ejecutivo fuerte.[32] La CEDA tenía esas características. No se pronunciaba sobre la forma de régimen, republicano o monárquico. Con ello ganaba adeptos entre las derechas, que se asustaban al oír hablar de República, pero inquietaba a las izquierdas, que daban un sentido preciso a la República. Para un hombre como Azaña la República no era sólo una forma de régimen, sino también un contenido: libertades formales, régimen parlamentario, separación entre la Iglesia y el estado y posibilidad de reformas sociales. En la visión de Azaña y sus seguidores 1931 era algo parecido a lo que representaba 1789 en Francia, el nacimiento de un orden nuevo, un cambio irreversible. Los que evitaban declararse republicanos eran sospechosos de reaccionarios en sentido estricto, gente que quería volver atrás. Otros, a la izquierda de Azaña, los llamaban fascistas, según el vocabulario de la época y tomando ejemplo en Italia, Alemania y Austria. Por estas razones, y a causa de su ambigüedad, la CEDA alarmaba a los republicanos. Desde luego no se podía comparar con el partido de Mussolini, y menos aún con el partido nazi. Su programa tenía más afinidades con el régimen que pretendía establecer en Austria el canciller Dollfuss, un poder fuerte apoyado en los conservadores, la Iglesia católica y las zonas rurales, con la diferencia de que en España las masas campesinas eran anarquistas, y los agrarios eran defensores de los latifundios y adversarios de la reforma agraria. Gil Robles siempre negó ser fascista. Otros, en España, no lo ocultaron.

Antes de la proclamación de la República, en marzo de 1931, Ramiro Ledesma había publicado un manifiesto y una revista de inspiración claramente fascista, *La conquista del estado*. En junio del mismo año Onésimo Redondo, que había sido profesor en Alemania y había difundido *Mein Kampf*, fundó un grupo para defender la unidad de España. Las dos organizaciones se unieron en octubre de 1931, y de esa

---

32. La derecha también caricaturizaba a sus adversarios, tachándolos indistintamente de bolcheviques y rojos.

unión nacieron las Juntas de Ofensiva Nacional Sindicalista (JONS), que reclutaron sus miembros entre los estudiantes, los obreros jóvenes y los campesinos. No cabe duda de que ya antes de la llegada de Hitler al poder el nazismo tenía sus partidarios en España.[33] Pero los españoles tentados por la ideología totalitaria se sentían más atraídos, en general, por el fascismo italiano. José Antonio Primo de Rivera —hijo del dictador— era uno de ellos, y visitó a Mussolini. En 16 de marzo de 1933 publicó el primer (y único) número de un periódico titulado, precisamente, *El Fascio*. Aspiraba a ser el fundador del fascismo español, y para ello creó la Falange el 29 de octubre de 1933, que seis meses después se fusionó con las JONS. La Falange rechazaba los partidos políticos, que se desentendían del interés nacional, el régimen parlamentario, el sufragio universal,[34] la democracia, la lucha de clases... Se declaró contraria tanto al materialismo marxista como al materialismo capitalista. Propugnaba un régimen autoritario basado en los principios de jerarquía y obediencia a un jefe —José Antonio empleaba la palabra caudillo, que tanto éxito tuvo varios años después—. La Falange justificaba el uso de la violencia cuando estuviera al servicio de la razón y la justicia. Era lo que José Antonio llamaba «la dialéctica de los puños y las pistolas». El movimiento adoptó varios símbolos: el yugo y las flechas, emblemas de los Reyes Católicos, recordaban la época en que España era un estado unificado en el interior y respetado en Europa, un estado que edificaría un imperio en América. ¡El imperio! La palabra aparece en la mayoría de los discursos y textos de la Falange. Expresaba la nostalgia de un pasado idealizado. Según la Falange, España debía recuperar el lugar que le correspondía entre las grandes potencias, era el eje espiritual del mundo hispánico. José Antonio impuso a sus militantes la camisa azul, color proletario, para recordar a todos que la Falange se proponía hacer una verdadera revolución social. Estos militantes, que recibían una formación paramilitar, desfilaban por la calle saludando brazo en alto a su jefe, al estilo fascista. José Antonio buscó avales intelectuales. Ciertas ideas y parte del vocabulario de la Falange estaban tomados de Unamuno y Ortega.[35] Los temas desa-

---

33.   Danielle Bussy-Genevois cita un artículo de mayo de 1932 del periódico *Aspiraciones*, dirigido a un público femenino: «Aprendamos ... el ejemplo ... actual de Alemania con el triunfo rotundo de los nacional-socialistas. Atenuando un poco los principios de Hitler, bien podríamos aprovecharnos de sus enseñanzas contra las doctrinas liberal-democráticas». La misma publicación ya hace mención de la conspiración judeomasónica, y expresa el temor de que los judíos, expulsados de Alemania, se refugien en España. Sorprende la falta de lucidez de Ortega ante el fenómeno nazi. El filósofo viajó a Alemania en el invierno de 1934. Llevaba 25 años sin volver allí. La presencia de nazis por las calles le pareció anecdótica, y definió el propio nazismo como «un gigantesco ensayo, hecho a fondo, para movilizar toda una nación en un cierto sentido ... una experiencia de laboratorio», pero sin definirse sobre el fondo del asunto.

34.   «El mejor destino que puede tener una urna electoral es ser rota», escribió José Antonio.

35.   Cuando estaba haciendo campaña en Salamanca José Antonio fue a ver a Unamuno, quien aceptó acompañarle a un mitin. La deuda de la Falange con Ortega es mucho mayor. Ortega, que en seguida guardó las distancias con el gobierno de Azaña, veía con buenos ojos la fundación de un partido nacional, una especie de tercera vía entre el comunismo y el fascismo, dos ideologías que detestaba por igual. El profesor García Valdecasas que, como Ortega, pertenecía al grupo parlamentario Agrupación al Servicio de la República, recogió la idea, y en 1932 lanzó un manifiesto en este sentido. El partido se llamaría Frente Español. La cosa quedó ahí, pero varios de los temas mencionados en el manifiesto del Frente Español se encuentran poco después en los textos de la Falange Española, un movimiento con las mismas iniciales. Expresiones como «la nación como unidad de destino», que aparece en casi todos los escritos falangistas, proceden directamente de

rrollados por la Falange fueron acogidos con interés por círculos de la derecha, que hallaban en ellos resonancias más viriles que los de la CEDA, más tradicionalistas. Muchos jóvenes, decepcionados por los partidos republicanos e inquietos ante la degradación de la situación, les veían con simpatía. De este modo, en 1932 y 1933, se creó un clima favorable a unas formas de pensamiento y acción cercanas al fascismo, o resueltamente fascistas.

En 1933, paralelamente a las tendencias extremistas de derechas, se produjo un fuerte giro a la izquierda. Los dos fenómenos se reforzaron mutuamente. La derecha y la extrema derecha agitaban el fantasma de la revolución social y el marxismo. En la izquierda crecía la oposición al avance del fascismo. En realidad, lo que los conservadores denunciaban con el nombre de comunismo no tenía nada que ver con el Partido Comunista propiamente dicho. Éste apenas tuvo influencia hasta 1936. Recordemos que en las elecciones legislativas de 1931 no había logrado enviar ni un solo diputado a las Cortes. Durante estos años el Partido Comunista Español creció, pero en ningún momento estuvo en condiciones de influir en el movimiento social y las luchas políticas. Los 800 afiliados de abril de 1931 pasaron a 12.000 en marzo de 1932, y a 20.000 en abril de 1933, la mayoría en Sevilla y Bilbao. La tirada del órgano del partido, *Mundo Obrero*, diario a partir de noviembre de 1931, era de apenas 20.000 ejemplares. El sindicato comunista, la Confederación General del Trabajo Unitaria (CGTU) declaraba 200.000 afiliados. Era bastante, pero mucho menos que el millón de trabajadores afiliados a la UGT socialista y del millón doscientos mil anarcosindicalistas de la CNT. La línea política impuesta por el Komintern —clase contra clase— aisló a los comunistas españoles del resto de las fuerzas de izquierda. Cuando el general Sanjurjo se sublevó en agosto de 1932, el PCE dio a sus militantes de Sevilla la consigna de defender la República. Fue desaprobado por el Komintern, que aprovechó la ocasión para renovar a sus dirigentes. José Díaz pasó a ser el nuevo secretario general, y Dolores Ibárruri —la Pasionaria— entró en el comité ejecutivo. Para los comunistas «el gobierno republicano-socialista es el centro organizador y director de la contrarrevolución» (resolución de febrero de 1933). Hasta marzo de 1933 el PCE no empezó a plantearse la formación de un frente antifascista, proponiendo una alianza a los otros integrantes del movimiento obrero, pero sobre la base de reivindicaciones como el reparto inmediato de tierras o la disolución de la guardia civil. Al mismo tiempo siguió llamando socialfascistas a los dirigentes socialistas. De 1931 a 1933 los comunistas españoles compensaron su debilidad numérica con un gran activismo. Este hostigamiento acabó haciendo mella en el PSOE, y creó mala conciencia en su ala izquierda.

Desde su fundación, el PSOE se había caracterizado siempre por la prudencia y la moderación de sus posiciones políticas. No era un partido extremista. Durante la dictadura de Primo de Rivera llegó a dar la impresión de que colaboraba con el régimen puesto que, junto con la UGT, aceptó sentar a sus miembros en los organismos

---

Ortega, que la empleó por primera vez el 25 de septiembre de 1931, en un discurso en las Cortes para conjurar la posibilidad de una república federal. Ortega la volvió a utilizar en mayo de 1932 al criticar el proyecto de estatuto de Cataluña. Pese a estas analogías formales, Ortega ratificó en junio de 1933 su adhesión a la democracia liberal y rechazó cualquier concesión al fascismo, lo que enojó a los falangistas y les puso en su contra. Cf. Antonio Elorza, *La razón y la sombra,* Barcelona, 1984, pp. 208 ss.

paritarios destinados a solucionar ciertos conflictos sociales. En 1931 era el aval izquierdista del gobierno provisional de la República. Su grupo parlamentario era el más numeroso en las Cortes constituyentes. El PSOE confirmó su participación en el gobierno, a sabiendas de que no podría aplicar un programa verdaderamente socialista. Largo Caballero, ministro de Trabajo, procuró que se votaran leyes favorables a la clase obrera, pero lo hizo sin poner en cuestión los equilibrios financieros impuestos por la situación económica. Otro socialista, Prieto, ocupó la cartera de Hacienda y Obras Públicas y administró su departamento según las reglas del capitalismo. Esta posición era muy incómoda para un partido que se proponía transformar la sociedad. Cada vez le resultaba más difícil contener la impaciencia de sus militantes, que por otro lado debían contar con la presencia de un poderoso movimiento anarcosindicalista, libre de compromisos con el gobierno. En el congreso de octubre de 1932 se planteó la siguiente cuestión: ¿Debía el PSOE seguir apoyando un gobierno burgués? ¿Podía seguir participando en él? Gracias a la habilidad de Prieto, cuatro quintas partes de los delegados votaron por mantener a los ministros socialistas. El congreso dejó en manos del comité ejecutivo y el grupo parlamentario la facultad de decidir si había que reconsiderar esa posición, de acuerdo con la evolución general. Largo Caballero fue elegido presidente del partido, con algunos votos más que Besteiro. Un resultado muy revelador, ya que Besteiro representaba la tendencia moderada y reformista del partido, mientras que Largo Caballero tenía la confianza del ala izquierda. En el congreso de la UGT, celebrado el mismo año, la relación de fuerzas no fue la misma. Los moderados quedaron en clara mayoría. En 1932 se creó una situación inédita: por primera vez la dirección del partido y la del sindicato no estaban totalmente de acuerdo sobre la táctica a seguir.

Los militantes socialistas estaban indignados por la incapacidad del gobierno para dar soluciones a la crisis y al paro, por la lentitud de la reforma agraria y por la aparición de grupos declaradamente fascistas o que no ocultaban su intención de paralizar o anular las reformas emprendidas. La alianza con los republicanos progresistas estaba resultando decepcionante. La forma en que la policía reprimía los movimientos sociales, y la justificación hecha por Azaña de los sucesos de Casas Viejas, enrarecía aún más el ambiente. Los jóvenes socialistas eran especialmente receptivos a este malestar. Precisamente en un mitin de los jóvenes socialistas, celebrado en julio de 1933, Largo Caballero esbozó un cambio. En el congreso del PSOE de este año se perfilaron tres posiciones distintas. Besteiro mantuvo sus conocidos planteamientos: la revolución burguesa era un paso previo a cualquier avance social, había que consolidar la democracia liberal antes de pensar en el socialismo, el PSOE debía contribuir a esa evolución manteniendo la alianza con los republicanos progresistas. Prieto pensaba que en la España de 1933 la relación de fuerzas no era favorable al proyecto socialista. Si el PSOE dejaba de apoyar al gobierno, la República estaría en peligro, y habría un retroceso. De todos modos Prieto no estaba dispuesto a encerrarse en posturas juridicistas y legalistas. No excluía el recurso a la violencia si las circunstancias lo requerían y si la democracia estaba amenazada, pero rechazaba la idea de un frente obrero, probablemente por miedo a que los socialistas se vieran desbordados por los anarquistas. Por último, Largo Caballero, con el apoyo de algunos intelectuales (Araquistáin, Álvarez del Vayo…), adoptó un tono francamente agresivo: «Hemos cancelado nuestros compromisos con los republicanos … Hemos de luchar hasta convertir el régimen actual en una república socialista»; la lucha de clases se había agudizado y la cuestión era: dictadura del proletariado o dictadura burguesa. La situación exigía formar un frente común de toda la clase obrera.[36]

El anarcosindicalismo era el tercer componente del movimiento obrero y, con diferencia, el más numeroso. En 1931 la CNT salía de un período de clandestinidad de más de diez años. Primo de Rivera le había asestado duros golpes, pero reaparecía a la luz del día con un enorme dinamismo. Los anarquistas, en principio, no hacían política, y la forma del régimen les tenía sin cuidado. Pero ellos también se dejaron arrastrar por la euforia del 14 de abril de 1931. Sabían que la República era mejor que la dictadura, y muchos de ellos votaron en junio, contribuyendo a enviar a las Cortes una mayoría de izquierdas. Por mucho que proclamaran que no se podía esperar nada del nuevo régimen y que las masas sólo podían contar consigo mismas, tampoco iban a desperdiciar una situación que, a fin de cuentas, les era más propicia que la anterior. Surgieron dos tendencias. Unos, seguidores de Peiró, defendían la tesis de un sindicalismo constructivo, que tuviera en cuenta la relación de fuerzas y preparara el futuro, la sociedad sin clases del mañana, aprendiendo a administrar la economía, lo que suponía recurrir a la ayuda de expertos. Otros, los de la FAI, rechazaban cualquier compromiso con el capitalismo y confiaban en las minorías activistas. Los anarquistas no aprobaron la creación de los jurados mixtos —mayo de 1931—, pues les parecía que eso era volver a una práctica de la dictadura que ya habían denunciado. La forma en que el gobierno reprimió las huelgas a partir de julio precipitó la ruptura. Los anarquistas se consideraron en el punto de mira de la ley de defensa de la República (21 de octubre de 1931). Los años 1932-1933 estuvieron marcados por un agravamiento de los conflictos sociales, numerosas huelgas y motines limitados en el tiempo y el espacio que pusieron en evidencia el grado de división de la izquierda. Azaña no quería dar la impresión de que el gobierno era blando, y estaba resuelto a mantener el orden frente a todos los que le hostigaban a derecha e izquierda. Los anarquistas lo veían de otra forma: Azaña se había vendido a los capitalistas, se mostraba más severo con los obreros que con los explotadores, y encubría los procedimientos expeditivos y criminales de los guardias civiles y guardias de asalto, como demostraba el episodio de Casas Viejas. El ala más dura de la CNT ganó peso, y la FAI aumentó su influencia. La combatividad de los campesinos impresionaba a los más moderados. Se extendió la convicción de que la salvación vendría de las masas rurales, más explotadas y menos dispuestas a seguir las consignas de prudencia de los aparatos sindicales urbanos y los burócratas de la UGT y el PSOE. En Cataluña —región donde los anarquistas siempre habían tenido gran influencia— fue donde se produjo un giro más evidente hacia posiciones revolucionarias. Allí el PSOE tenía pocos afiliados —poco más de un millar en abril de 1932—, frente al Bloque Obrero y Campesino creado por Maurín, embrión del POUM (Partido Obrero de Unificación Marxista) que, a diferencia de los socialistas, buscaba aliarse con los anarquistas.

En el verano de 1933 el clima político y social se degradó. Tanto la izquierda como la derecha se inclinaron cada vez más por la violencia para resolver los problemas. Esta situación explica la caída de Azaña y el cambio de mayoría.

---

36.   Más tarde Largo Caballero explicó su giro a la izquierda de 1933 como un intento de salvar el partido. Fue lo que le llevó a encabezar el movimiento de radicalización, «para evitar que [las masas] se entregaran al comunismo como se entregaron las Juventudes Socialistas».

La victoria de las derechas

En junio de 1933 Azaña, que se batía en dos frentes, fue atacado desde todas partes. Las derechas le acusaron de ser prisionero de los socialistas, y le pidieron que gobernara sin ellos. También se lo pidió Ortega el 8 de junio: había que «nacionalizar la República», es decir, formar un gobierno sin los socialistas. Pero Azaña no quería romper con los socialistas. Su análisis le llevó a pensar que su apoyo era indispensable para consolidar las instituciones y la democracia liberal. ¿Acaso podía prescindir de ellos sin condenarse a ser rehén de un centro izquierda de convicciones inciertas? Los radicales de Lerroux siempre habían sido unos oportunistas. El partido radical-socialista —Álvaro de Albornoz, Marcelino Domingo— contaba con hombres más respetables, pero era un partido de notables, como el radical y como el partido de Azaña, Acción Republicana. Estas formaciones estaban bien representadas en el Parlamento, pero tenían una débil base en el país. Los socialistas eran los únicos que contaban con numerosos diputados y una masa de militantes y simpatizantes. Los cuales, como hemos visto, estaban cada vez menos dispuestos a sostener un gobierno que les había decepcionado. A esta situación general se sumó el desgaste del poder, reflejado en los resultados de las elecciones parciales de abril de 1933. Sólo afectaron a 2.500 pequeños ayuntamientos, todos ellos de Castilla, Navarra y el País Vasco, es decir, zonas donde el predominio de la derecha se daba por descontado. La CEDA, los radicales, los nacionalistas vascos y los carlistas cosecharon una victoria fácil. No fue ninguna sorpresa, pero la prensa de la oposición explotó los resultados y concluyó que las elecciones habían desautorizado la política del gobierno. Azaña no podía resistir por mucho tiempo a todos estos ataques.

En junio hubo un primer toque de atención. El ministro de Hacienda, Carner, cayó gravemente enfermo (murió un año después). Azaña propuso al presidente de la República que le relevara. Alcalá Zamora aprovechó la ocasión para comunicarle al jefe del gobierno que quizá ya no tenía la autoridad necesaria. Juzgó conveniente consultar a los presidentes de los grupos, lo que equivalía a abrir una crisis ministerial. Prieto, Marcelino Domingo y Besteiro rehusaron uno tras otro formar gobierno. El presidente de la República se resignó a llamar de nuevo a Azaña, que nunca le perdonaría la afrenta. Todos estaban convencidos que el nuevo gobierno no iba a durar mucho. Tenía los mismos ministros que el anterior, con la excepción, por supuesto, de Carner. Lluís Companys, presidente del Parlamento de Cataluña, entró en el gabinete del 12 de junio. Tres meses después, el 3 de septiembre, las elecciones para designar a los miembros del Tribunal de Garantías Constitucionales fueron un revés para la mayoría gubernamental, que sólo obtuvo cinco puestos, frente a trece de los distintos grupos de la oposición. Esta vez las cosas se ponían feas para Azaña. Lerroux subió a la tribuna del Parlamento y le acusó de ejercer un poder dictatorial. Azaña planteó la cuestión de confianza. El Parlamento se la dio, pero con abstenciones y ausencias significativas. El presidente de la República se lo hizo notar. Azaña dimitió. Lerroux, que esperaba este momento desde 1931, fue nombrado jefe de un gobierno en el que ya no había socialistas. Casi todos los ministros eran miembros del Partido Radical. Sánchez Albornoz —Acción Republicana— fue nombrado ministro de Estado. Por primera vez jóvenes socialistas y comunistas se manifestaron juntos por las calles de Madrid. Lerroux no era muy popular. Azaña lo sabía, y vio la posibilidad de contraatacar. Una vez más su elocuencia le sacó del apuro. El discurso que pronunció el 2 de octubre convenció a los diputados. Lerroux sólo obtuvo 91 votos, y 187 diputados no votaron la moción de confianza. Alcalá Zamora llamó a Martínez Barrio, también radical pero mucho más apreciado que Lerroux, y le encargó la formación de un gobierno de transición que organizara elecciones legislativas.

La campaña electoral se desarrolló en medio de una fuerte tensión. Largo Caballero adoptó un tono amenazador con la derecha: «Vamos legalmente hacia la evolución de la sociedad, pero si no queréis, haremos la revolución violentamente». Calvo Sotelo, monárquico, antiguo ministro de Primo de Rivera, no era más tranquilizador: «Tengo por evidente que este parlamento será el último del sufragio universal por luengos años». La CEDA declaró que quería acabar con la «tiranía de los rojos», e incluyó en su programa la revisión de la Constitución y de la legislación laica y «socializante», la defensa de los intereses económicos, en especial los agrícolas, que debía ser prioritaria como base de la riqueza nacional, y la amnistía para los conspiradores de 1932. El Partido Nacionalista Vasco hizo un llamamiento a los católicos para luchar contra el comunismo: «Frente a Moscú ... queremos a Roma». En algunos periódicos se hablaba de librar a España de judíos y masones, y de la «democracia abyecta». Era un vocabulario de guerra civil. Las elecciones se celebraron el 19 de noviembre. La participación fue del 67,46 por 100, pero los anarquistas habían recomendado no votar, lo que se tradujo en unos índices elevados de abstención en las regiones donde estaban bien implantados.[37] La derecha obtuvo 3.365.000 votos, el centro (radicales, republicanos de la tendencia de Maura y Alcalá Zamora) 2.051.000, y la izquierda 3.118.000.[38] El sistema de escrutinio, que favorecía a las listas más votadas, amplificó el éxito de la derecha. Con 115 diputados, la CEDA pasó a ser el primer partido, seguida de los radicales (102 diputados). En total la derecha obtuvo 204 escaños, y el centro (en el que se incluían los radicales de Lerroux) 168. La izquierda se quedó con 94 diputados, de ellos 58 socialistas, 5 de Acción Republicana —el partido de Azaña—[39] y uno comunista. La victoria de la derecha fue clamorosa. No parece que le favoreciera el sufragio de las mujeres, que votaban por primera vez. En cambio, la abstención de los anarquistas contribuyó mucho a la derrota de la izquierda.

La victoria electoral de la derecha precipitó la evolución de los partidos hacia posturas extremistas, tanto en la izquierda como en la derecha. En los dos bandos se seguía con inquietud e interés lo que sucedía en el extranjero. Se observaba la crisis moral y política de Francia, con el caso Stavisky, la formación de grupos facciosos —las Croix de feu—, la manifestación del 6 de febrero de 1934 y la respuesta de la izquierda. Más aún que la situación en Francia, llamó la atención en España la manera en que el canciller Dollfuss aplastó a los socialdemócratas en Austria (febrero de 1934). Los socialistas españoles se dieron cuenta de que la ame-

---

37.   Un 66 por 100 de abstenciones en Cádiz, un 50 por 100 en Sevilla, un 49 por 100 en Málaga, un 44 por 100 en Zaragoza, un 39 por 100 en Barcelona...

38.   Los socialistas obtuvieron 1.618.000 votos, las listas comunes socialistas-republicanos de izquierda 286.000 y los comunistas 195.000.

39.   El propio Azaña fue elegido por Bilbao en una lista de unión de izquierdas que incluía socialistas y radicalsocialistas. Prefirió presentarse en Bilbao, junto con Prieto, a hacerlo en Madrid, donde Largo Caballero le había propuesto encabezar una lista socialista homogénea.

naza fascista era real, y de que debían actuar a tiempo si no querían correr la misma suerte que sus compañeros austríacos. De ahí su decisión de oponerse por todos los medios a la llegada al poder de los «fascistas» españoles, encarnados, según ellos, en Gil Robles. Éste sacó la misma enseñanza de los sucesos de Austria, pero al revés. Vio en él la prueba de que un gobierno fuerte podía frenar la revolución social, y lo utilizó como argumento para reclamar el poder. El único elemento moderador era el presidente de la República, Alcalá Zamora. El anticlericalismo del gobierno de Azaña había herido sus sentimientos católicos. El desorden, las huelgas y los motines anarquistas le alarmaban, pero seguía fiel a los principios de la democracia liberal. El autoritarismo de algunos jefes de la derecha le preocupaba, y no estaba dispuesto a avalar una política social reaccionaria que arrojara fuera de la nación a los obreros y los campesinos. Para él lo ideal sería atenuar algunos aspectos de la legislación de Azaña y restablecer el orden en la calle y en el campo, sin salirse del marco institucional. Alcalá Zamora no veía con buenos ojos a Lerroux, demasiado demagogo y oportunista. También desconfiaba de Gil Robles y los que le rodeaban,[40] pero no podía pasar por alto el resultado de las elecciones. Frente a Gil Robles, Lerroux le pareció el mal menor. Partiendo de estas premisas podemos resumir así la evolución política de España entre 1933 y 1936: hasta octubre de 1934 hubo un gobierno de derechas sin la CEDA. Ésta exigió entrar en el gobierno, lo cual desató una insurrección (octubre de 1934). La represión y la política reaccionaria propiciaron el reagrupamiento de las fuerzas de izquierda, y la victoria del Frente Popular (febrero de 1936).

El 18 de diciembre de 1933 Lerroux formó un gobierno de radicales[41] y representantes de la derecha republicana, sin participación de la CEDA pero con su apoyo parlamentario. Durante el debate de investidura hubo dos intervenciones destacadas. Prieto anunció que los socialistas organizarían una revolución si la derecha intentaba un golpe de mano. Gil Robles no fue menos categórico: «Hoy, apoyo al gobierno en cuanto rectifique la política de las Cortes constituyentes. Mañana, el poder íntegramente, con plena libertad». Estas dos declaraciones explican por adelantado lo que sucedió después.

El gobierno Lerroux, apoyado por la CEDA, revisó las medidas sociales de la mayoría anterior, y en especial la ley que autorizaba a los campesinos extremeños a ocupar tierras de forma provisional en espera de la aplicación de la reforma agraria. Esta disposición, que favoreció a unos 30.000 yunteros, fue derogada el 11 de febrero de 1934. La nueva ley entró en vigor el 1 de agosto siguiente. Algunos diputados querían que se aplicara inmediatamente, para privar a los campesinos del fruto de su trabajo e impedirles cosechar lo que habían sembrado. Al mismo tiempo se indemnizó a los grandes, cuyos bienes había expropiado Azaña tras la conspiración de 1932. En el país, muchos terratenientes se anticiparon a las decisiones del Parlamento y el gobierno: bajaron los salarios, revisaron los arriendos al alza, se negaron a dar

---

40.   Por su parte, Gil Robles consideraba que Alcalá Zamora era un estorbo. En abril de 1934 sugirió a Lerroux que destituyera al presidente de la República, pero Lerroux se negó.

41.   En febrero de 1934 dimitió Martínez Barrio, que no se sentía a gusto en un gobierno demasiado escorado a la derecha. Siguiendo su ejemplo, una veintena de diputados radicales se escindieron y fundaron el Partido radical-demócrata, que en septiembre se fusionó con los radical-socialistas para formar la Unión Republicana. Salvador de Madariaga sustituyó a Martínez Barrio en el gobierno.

trabajo, y a los jornaleros que se quejaban de tener hambre les contestaban: «¡Que os dé de comer la República!». En una situación caracterizada por crecientes dificultades económicas y un paro que afectaba a cientos de miles de obreros, se diría que lo hacían aposta para empujar a los proletarios a la desesperación y la rebelión. Las huelgas, numerosas, fueron sofocadas sin contemplaciones. La derecha también se había comprometido a amnistiar a los conspiradores de 1932, y mantuvo su palabra. El 20 de abril de 1934 se votó una ley en este sentido, pero en unas condiciones que disgustaron al presidente de la República. Alcalá Zamora se opuso a que los amnistiados —en especial los militares— fueran repuestos en sus cargos. Este desacuerdo con el jefe del estado obligó a Lerroux a dimitir. Le sustituyó otro radical, Samper. En el nuevo gobierno no había ningún ministro de la CEDA.

La nueva mayoría también tuvo un conflicto con el gobierno autónomo de Cataluña. El primer presidente de la Generalitat, Macià, murió el 25 de diciembre de 1933. Le sustituyó Lluís Companys, que formó un consejo ejecutivo dominado por Esquerra, partido bien implantado —declaró 70.000 militantes en 1933—, como lo demuestra su amplia victoria en las elecciones municipales del 14 de enero de 1934. Companys trató de resolver el problema de los viticultores y arrendatarios catalanes (*rabassaires*), cuyos contratos peligraban. El 21 de marzo de 1934 el Parlamento de Cataluña votó una ley que garantizó a los *rabassaires* la explotación de las tierras durante un mínimo de seis años. Pasado ese plazo los arrendamientos se renovarían de forma tácita, y al cabo de dieciocho años los arrendatarios tendrían derecho a comprar la tierra que trabajaban. Además, los arriendos de los viticultores se consideraron enfitéuticos, y los arrendatarios ya no pudieron ser desposeídos. En Cataluña la derecha se rebeló ante lo que consideraba como un atentado contra el derecho a la propiedad. Apeló al poder central para que declarase la ley anticonstitucional, por rebasar las competencias de la Generalitat. Pese a los esfuerzos del presidente de la República para llegar a un compromiso, el poder central dio la razón a las objeciones de los terratenientes, declarando la ley contraria a la Constitución (8 de junio de 1934). Más allá del problema concreto, lo que se cuestionaba era el estatuto de autonomía. En Madrid las derechas nunca habían aceptado su espíritu. Propugnaban la unidad de la nación, y la lucha contra los separatismos formaba parte de su programa político. Así lo entendieron los diputados catalanes, y también los vascos. Unos y otros dejaron de asistir a las sesiones de las Cortes. Este episodio reforzó el prestigio y la autoridad de Companys en Cataluña, y le aseguró el apoyo de hombres que no siempre compartían sus opiniones de izquierda.

La CEDA aprobó la actuación de los gobiernos Lerroux y Samper, pero se impacientó, pues ansiaba compartir el poder. En la izquierda estaban convencidos de que la CEDA quería entrar en el gobierno para quedarse y aplicar una política semejante a la de Hitler o Dollfuss. Había que impedirlo por todos los medios. El giro a la izquierda esbozado por los socialistas el año anterior se confirmó. Largo Caballero impuso al PSOE y a la UGT su estrategia de conquista del poder, inspirada en la experiencia de Lenin, contra la línea reformista y moderada de Besteiro. Contaba con el apoyo de un grupo de intelectuales dirigido por Araquistáin, que en marzo de 1934 fundó la revista *Leviatán*, en la que se denunciaba el peligro de fascismo y la necesidad de prepararse para combatirlo. Araquistáin había sido embajador en Alemania de febrero de 1932 a abril de 1934. Había sido testigo de la llegada al poder de los nazis, y tenía bien presente el modo en que Dollfuss había aplastado a los socialistas austríacos y la impotencia de los demócratas franceses frente a las ligas después del 6 de febrero. En el prólogo a una recopilación de discursos de Largo Caballero, Araquistáin escribió:

> Nuestras ilusiones del 14 de abril se han desvanecido y el dilema no es ya monarquía o república, república o monarquía; no hay más que un dilema, ayer como hoy, hoy como mañana: dictadura capitalista o dictadura socialista.

Cada vez eran más los socialistas que compartían este análisis. La degradación de la situación, con las medidas reaccionarias del gobierno y la proliferación de los conflictos sociales, les incitó a radicalizarse. Las Juventudes Socialistas eran en ese momento mucho más revolucionarias que las Juventudes Comunistas. Los primeros —que en abril de 1934 eligieron un nuevo secretario general, Santiago Carrillo— tachaban a los segundos de reformistas: «Ha pasado la época de la lucha por las reformas y el proletariado lo que quiere es batirse definitivamente». Estas divergencias no impidieron que socialistas y comunistas organizaran manifestaciones conjuntas. Se hablaba de unidad de acción, pero lo más destacado de este período es que la iniciativa la tomó casi siempre el PSOE. En las Alianzas Obreras que se organizaron entonces los socialistas tuvieron un papel decisivo. Las Alianzas se proponían unir a todos los sindicatos y fuerzas de izquierdas. En algunas zonas la CNT anarquista se mantuvo al margen —como en Cataluña—, y en otras —como en Asturias— se incorporó. Largo Caballero quiso convertirlas en los principales instrumentos para tomar el poder, a la manera de los sóviets de Lenin. La finalidad era la misma que en Rusia: instaurar la dictadura del proletariado. Para preparar la insurrección se acumularon armas. Los socialistas estuvieron a punto de apoderarse de un material muy valioso que el gobierno Azaña había adquirido para la oposición portuguesa. El 11 de septiembre de 1934 la policía sorprendió a unos grupos descargando estas armas en la costa de Asturias. Más de la mitad de las cajas burlaron la requisa. La entrada de la CEDA en el gobierno debía dar la señal de la insurrección.

Llegados a este punto cabe preguntarse: ¿estaban justificados los temores de los socialistas? ¿Quería realmente la CEDA instaurar un régimen fascista? ¿Era Gil Robles un émulo de Dollfuss? Hoy es fácil contestar que no y acusar a Largo Caballero de infantilismo revolucionario. Al fin y al cabo —se podría objetar— la CEDA y su jefe sólo pedían que se tuviera en cuenta la voluntad expresada por el sufragio universal. Una mayoría se había pronunciado a favor de las derechas, y en una democracia no hay nada más legítimo que la pretensión de entrar en el gobierno expresada por el grupo mayoritario del Parlamento. De entrada conviene señalar que, si hubo juicio de intenciones, Largo Caballero no fue el único en hacerlo. Un socialista moderado como Prieto hacía el mismo análisis [42] y el jefe del estado, Alcalá Zamora, nada sospechoso de izquierdismo, retrasó todo lo que pudo la entrada de la CEDA en el gobierno; sus razones tendría. Hoy sabemos que Gil Robles no era fascista porque pensamos en el Gil Robles posterior a 1940, en el monárquico que se opuso a Franco y que, en sus memorias, presenta las cosas de un modo favorable para él. Pero ¿quién era el Gil Robles de 1934? No debe extrañar que sus palabras alarmaran a sus adversarios, como por ejemplo esta declaración en una conferencia

---

42. En 1942 Prieto reconoció que se había equivocado y lamentó haber llamado a la insurrección.

pronunciada el 7 de abril de 1934: «Vamos a conquistar el poder. ¿Con este régimen? Con el que sea, con lo que sea y como sea». Y eso que Gil Robles tenía que medir sus palabras; sus partidarios, en cambio, no ocultaban sus intenciones. La Juventud de Acción Popular organizó grandes concentraciones en sitios históricos, en El Escorial en abril y en Covadonga en septiembre. Sus militantes desfilaban y saludaban a Gil Robles brazo en alto, gritando: «¡Jefe, jefe, jefe!», a imitación del *Führer* alemán. Hasta los menos suspicaces sospecharían de algo así, tanto más los militantes de izquierdas, que tenían bien presente la forma en que Hitler había llegado al poder y Dollfuss había tratado a los socialdemócratas. El programa de 18 puntos de la Juventud de Acción Popular aprobado en El Escorial el 22 de abril incluía fórmulas como estas:

2. Disciplina. Los jefes no se equivocan.
5. Fortaleza de la raza. Educación premilitar.
12. Antiparlamentarismo. Antidictadura. El pueblo se incorpora al Gobierno de un modo orgánico y jerárquico, no por democracia degenerada.
16. Prestigio de la autoridad. Poder ejecutivo fuerte.

Si esto no es fascismo, se le parece bastante.

Octubre de 1934

En septiembre de 1934 Gil Robles arreció en sus presiones. Sabía que el presidente de la República no estaba dispuesto a incorporarle al gobierno, y que la mayoría de los ministros del gabinete Samper también eran contrarios. Para vencer las resistencias Gil Robles contaba con Lerroux, que tenía mucha influencia en las Cortes, y le sometió esta alternativa: o facilitar el acceso de la CEDA al poder, o convocar elecciones legislativas. Lerroux se dejó convencer. El 1 de octubre, al reanudarse la sesión parlamentaria, Gil Robles increpó al jefe de gobierno: «Se ha demostrado que es necesaria una rectificación y que Su Señoría [Samper] no es el indicado para hacerla». Dos ministros se levantaron ostensiblemente del banco del gobierno. La sesión se suspendió. Samper dimitió. Como en todas las crisis ministeriales, el jefe del estado consultó a los presidentes de los grupos parlamentarios. Varios de ellos —por ejemplo, Azaña y Maura— sugirieron que se disolvieran las Cortes y se convocaran elecciones. Alcalá Zamora se lo pensó y luego encargó a Lerroux la formación del gobierno. Se resignó a admitir ministros de la CEDA, pero discutiendo su número y su personalidad. El día 4 la prensa publicó la composición del nuevo gobierno. En él no estaba Gil Robles —probablemente vetado por el presidente de la República—, pero la CEDA tenía tres carteras, entre ellas la de Agricultura, ocupada por Giménez Fernández.

Hacía varios días que se esperaba este desenlace. El 3 de octubre *El Socialista*, órgano del PSOE, publicó este editorial:

En guardia, compañeros. Hemos llegado al límite de los retrocesos. Gil Robles en el poder podría aplastar a las organizaciones obreras y a los partidos revolucionarios. Atención a la crisis. En guardia.

El hecho de que Gil Robles no figurase personalmente en el nuevo gobierno no introdujo ningún cambio en los planes revolucionarios. La noche del 4 al 5 de octubre el comité revolucionario —en el que estaban Largo Caballero y Prieto— dio la orden de huelga general en las grandes ciudades. Muchas personalidades republicanas —y sin duda elementos centristas del PSOE y la UGT— se habrían conformado con que las cosas no fueran más allá y todo se limitara a ejercer presión sobre el presidente de la República para volver a un gobierno de izquierdas. Álvaro de Albornoz, presidente del Tribunal de Garantías Constitucionales, y varios embajadores, dimitieron en apoyo de esta resolución de la crisis. Pero entre los socialistas y los sindicalistas se impuso la línea dura. En varias regiones, y sobre todo en Asturias, la huelga se convirtió en revolución, mientras que en Barcelona la Generalitat rompió con el gobierno central, sin que hubiera ninguna coordinación entre ambos movimientos.

En Cataluña la izquierda estaba dividida. La Alianza Obrera declaró la huelga general, pero sin el apoyo de la CNT. El presidente de la Generalitat, Companys, dudó sobre la conducta a seguir. No era ningún revolucionario, pero desde abril, cuando había estallado el conflicto entre la Generalitat y el poder central, temía que el gobierno acabara con la autonomía de Cataluña. La noche del 5 hizo un llamamiento a la calma por radio, y al día siguiente, presionado por la Alianza Obrera, proclamó «el Estado de Cataluña dentro de la República federal de España». El ejército permaneció leal al gobierno Lerroux, que declaró la ley marcial. Abrió fuego sobre los insurgentes y disparó unos pocos cañonazos contra la sede de la Generalitat. Companys no insistió, y el día 7 capituló. En el resto de Cataluña el ejército sofocó rápidamente la insurrección, con el refuerzo de un regimiento de la Legión. La CNT ordenó la vuelta al trabajo. En Cataluña la insurrección sólo había durado dos días.

En Asturias las milicias obreras se apoderaron de Oviedo y fundaron una efímera «República socialista». El general Franco se encargó de coordinar la contraofensiva. Se trajo dos regimientos de la Legión y a los regulares marroquíes. Estas tropas, apoyadas por la aviación y la armada, emprendieron la «reconquista» de Asturias. El ejército se topó con una fuerte resistencia y tuvo que tomar Oviedo calle por calle. El 19 de octubre fueron reducidos los últimos rebeldes. Las cifras oficiales hablan de 1.335 muertos y 2.951 heridos en los combates, pero seguramente se quedan cortas. La represión fue dura. Cientos de rebeldes fueron fusilados, las detenciones se contaron por miles (entre 15.000 y 20.000) y muchos detenidos fueron torturados durante los interrogatorios. En diciembre el director general de seguridad tuvo que destituir al comandante Doval de la guardia civil, responsable de estos actos. En el Parlamento la extrema derecha denunció el separatismo de los catalanes y los horrores de la revolución en Oviedo: actos de vandalismo (incendio de la universidad), pillaje, ejecución sumaria de 33 clérigos y una treintena de guardias civiles… Hablaron de una conjura inspirada por el extranjero y los comunistas. Calvo Sotelo recordó la Comuna de París e invitó al gobierno a seguir el ejemplo de Thiers: «Aquellos fusilamientos aseguraron setenta años de paz social [sic]». El gobierno cerró la mayoría de las casas del pueblo y los locales sindicales, prohibió la prensa obrera, estableció la censura y suspendió el estatuto de autonomía de Cataluña. Los instigadores, reales o presuntos, de la insurrección, fueron procesados. Algunos habían huido, como Prieto, exiliado en París. Azaña fue detenido el 8 de octubre. Su único crimen era hallarse en Barcelona en el momento de los hechos

—asistía a los funerales de su ministro Carner—. El 28 de diciembre fue puesto en libertad por falta de pruebas. Companys se había rendido el 7 de octubre. Con un gesto de gallardía se hizo responsable de todo lo ocurrido en Barcelona, y fue condenado a 30 años de cárcel. Largo Caballero pasó un año en prisión. Contra toda evidencia negó su participación en los sucesos, y los jueces le absolvieron. Fue un veredicto político: en 1935 el gobierno tenía otras preocupaciones.

En efecto, la represión, que indignó a las izquierdas de todas las tendencias, consternó al centro e incluso a grupos de derechas. El jefe del estado se conmovió. A finales de octubre de 1934 Alcalá Zamora planteó en el consejo de ministros el caso de la condena a muerte de un capitán por haber participado en la rebelión de Cataluña. Los ministros, sorprendidos, se miraron unos a otros en silencio. Más adelante Lerroux relataría su perplejidad: «Mañana se dirá que habíamos disputado como lobos hambrientos la cabeza de un hombre y que el único que había mantenido sentimientos humanos era Su Excelencia». El caso fue sometido al Tribunal Supremo, que no quiso pronunciarse, aduciendo que la decisión correspondía al gobierno. Algunos ministros eran partidarios de ejecutar la sentencia. Alcalá Zamora les recordó que en 1932 habían pedido clemencia para el general Sanjurjo, también acusado de rebelión. El 2 de noviembre el gobierno cedió, e indultó al condenado. El 23 de marzo de 1935 Lerroux se adelantó en un caso parecido. No quiso dejar al presidente de la República el monopolio de la compasión e indultó a una veintena de condenados a muerte. La CEDA protestó contra la debilidad del gobierno, y provocó una crisis ministerial, exigiendo cinco ministerios, con el de Guerra para Gil Robles. Alcalá Zamora se opuso. El nuevo gobierno Lerroux, formado el 3 de abril, sólo incluía radicales. Al ser minoritario no duró más de un mes. Esta vez el presidente de la República se plegó. El gabinete —también presidido por Lerroux— tenía cinco ministros de la CEDA. Gil Robles fue el nuevo ministro de la Guerra. Una de sus primeras decisiones fue nombrar a Franco jefe del estado mayor central.

El gobierno del 6 de mayo de 1935 era el más derechista de todos los que se habían sucedido desde las elecciones de noviembre de 1933. Anuló la mayor parte de las reformas sociales promulgadas en la época de Azaña, empezando por la que había puesto en pie de guerra a los terratenientes: la reforma agraria. Es significativo que Giménez Fernández no formara parte del nuevo gobierno. Miembro de la CEDA, Giménez Fernández pertenecía a la corriente del catolicismo liberal. Según Malefakis, uno de los mejores especialistas en la cuestión, entre octubre de 1934 y abril de 1935 fue el ministro de Agricultura más competente y enérgico de la historia de la República. Pretendió estabilizar la situación de los colonos de Extremadura permitiéndoles acceder a la propiedad. Los terratenientes clamaron contra el «bolchevismo blanco». Giménez Fernández trató de dar a la cuestión agraria unas soluciones inspiradas en la doctrina social de la Iglesia. Sus propios amigos políticos fueron los que torpedearon sus planes reformistas. Uno de ellos le llegó a espetar en las Cortes: «Si quiere usted quitarnos las tierras con encíclicas en la mano, nos haremos cismáticos». Dada la relación de fuerzas, Lerroux vio la posibilidad de revisar la Constitución, modificando sustancialmente los artículos referentes a la Iglesia —lo que no dejaba de tener su gracia, viniendo de un hombre que siempre había profesado un tosco anticlericalismo— y a las autonomías. También sugirió la creación del Senado (4 de julio de 1935). La CEDA no estuvo de acuerdo, pues no quería reformar la Constitución sino redactar una nueva, más autoritaria.

En realidad, la CEDA estaba desbordada por la derecha. Gil Robles lo reconocería en 1968:

> En especial durante el año 1935 [las Juventudes de Acción Popular mantuvieron posturas] cada día más apartadas de las tendencias democráticas e imprimió con gran vigor sus características al resto del país.

Fue una consecuencia inesperada de la revolución de octubre de 1934. Los grupos de extrema derecha querían aprovechar la oportunidad para acabar de una vez por todas con la democracia e instaurar un régimen autoritario.[43] Estaban resentidos con el presidente de la República, con Lerroux, y con el mismo Gil Robles, por haber dejado pasar la ocasión, y convencidos de que no se podía esperar absolutamente nada de la democracia y de que tratar de tomar el poder por la vía del sufragio universal era una pérdida de tiempo. Fue entonces, en diciembre de 1934, cuando se formó el Bloque Nacional, dirigido por Calvo Sotelo: «La revolución no está vencida todavía ... hay que acabar con el Estado constitucional». El Bloque Nacional, como los carlistas, cifraba todas sus esperanzas en un golpe militar y se puso en contacto con la Unión Militar Española, un grupo de generales hostiles al régimen. La Falange, en pleno crecimiento —en 1935 tenía 5.000 afiliados—, compartía este punto de vista. En junio de 1935 José Antonio declaró sin ambages: «No tenemos más remedio que ir a la insurrección ... Nuestro deber es ir ... a la guerra civil».

Todo era porque la izquierda se estaba recuperando. Los comités a favor de la amnistía para los presos de octubre de 1934 crearon un estado de opinión contrario a los excesos de la represión. La política reaccionaria del gobierno preocupaba a muchos. A medida que el gobierno aflojaba la presión —levantamiento del estado de alarma, de la censura, etc.—, las izquierdas tomaban la palabra. Azaña convocaba a miles de asistentes a sus mítines, en los que volvía a defender las reformas como antídoto de la revolución.[44] Se fue abriendo paso la idea de la unión de la izquierda. No obstante, las Juventudes Socialistas seguían cautivadas por las teorías bolcheviques y no querían saber nada de un bloque popular antifascista, aferradas a la idea de una alianza entre proletarios. En cambio, en el PSOE, aunque la tendencia de Besteiro había perdido toda su influencia, Prieto hizo campaña a favor de un entendimiento con los republicanos progresistas. Por último, el Partido Comunista, siguiendo las directrices del Komintern, adoptó una táctica nueva. El 12 de junio de 1935 propuso una concentración popular antifascista. Lo mismo que en Francia, se avanzaba hacia la formación de un frente popular.

Mientras la izquierda se recomponía, la coalición gubernamental se deshacía. En septiembre de 1935 Alcalá Zamora aprovechó un episodio de escasa importancia para cambiar el gobierno. Lerroux perdió la jefatura, aunque siguió siendo ministro. Gil Robles conservó la cartera de la Guerra. Varias semanas después estalló un escán-

---

43. Lo cual formaba parte de los planes de Gil Robles, como reveló más tarde. Al exigir que entraran ministros de la CEDA en el gobierno en octubre de 1934, sabía que la izquierda lo consideraría una provocación: «Yo puedo dar a España tres meses de aparente tranquilidad si no entro en el gobierno. ¡Ah! ¿pero entrando estalla la revolución? Pues que estalle antes de que esté bien preparada, antes de que nos ahogue».

44. En Valencia, en mayo de 1935, delante de 80.000 personas, Azaña pronunció esta frase: «Poner a la sociedad española la vacuna del reformismo social que la librase, el día de mañana, de la viruela negra [la revolución]».

dalo similar al *affaire* Stavisky de Francia, pero de mucha menor envergadura. Dos aventureros habían inventado una especie de ruleta, llamada *estraperlo* por el nombre de sus creadores, David Strauss y Perlo.[45] Éstos, mediante sobornos, obtuvieron la autorización para introducir su aparato en varios casinos, pero les fue retirada al cabo de unas horas. Al sentirse estafados, Strauss y Perlo revelaron el nombre de sus cómplices al presidente de la República. Entre los implicados había miembros del Partido Radical —al que pertenecía Lerroux—, y parientes del mismo Lerroux. El gobierno quiso echar tierra sobre el asunto, pero Alcalá Zamora se opuso. Definitivamente desacreditados, Lerroux y sus amigos radicales tuvieron que renunciar a sus cargos. Gil Robles trató de aprovechar la crisis. Se daba cuenta de que la opinión pública estaba dando un giro a la izquierda, y quiso adelantarse tomando las riendas del poder, no ya como ministro, sino como jefe del gobierno. Intentó obligar al presidente de la República a que le nombrara con el argumento de que, ante el desprestigio de los radicales, él era el único capaz de resolver la crisis, pues disponía del grupo parlamentario más numeroso, y sin la CEDA no era posible ninguna mayoría. Alcalá Zamora le hizo notar que había otra solución: convocar elecciones. Fue precisamente la tarea que el presidente encomendó a un amigo suyo, Portela Valladares. En su gobierno no había radicales ni miembros de la CEDA, sólo centristas. Fue así como Alcalá Zamora logró cerrarle el paso a Gil Robles hasta el final. El 31 de diciembre de 1935 se disolvieron las Cortes.

---

45. La palabra «estraperlo» se generalizó a partir de 1935 como sinónimo de tráfico sospechoso. Durante la guerra civil y los primeros años del régimen de Franco sirvió para designar el mercado negro.

Capítulo VII

LA GUERRA CIVIL

EL FRENTE POPULAR

La disolución de las Cortes no fue ninguna sorpresa. Ya se esperaba, y la izquierda llevaba semanas preparándose para esa eventualidad. A mediados de noviembre de 1935 el PSOE hizo saber que estaba dispuesto a llegar a un acuerdo electoral con los republicanos de izquierda, pero le parecía indispensable que dicho acuerdo agrupara a todas las organizaciones obreras —incluido el Partido Comunista—. El 30 de noviembre Azaña contestó que por su parte no había inconveniente, pero no quería reunirse con los comunistas. Entre Azaña y los comunistas la desconfianza era recíproca. El primero se preguntaba en una carta a Prieto del 20 de abril de 1935: «¿Adónde podemos ir nosotros, ni ustedes, con los comunistas?». Éstos no significaban gran cosa en el terreno electoral, y en cambio el hecho de asociarse con ellos podía espantar a una parte del electorado. En cuanto a los comunistas, para ellos Azaña era en el peor de los casos un enemigo de clase, y en el mejor un antifascista. Su consigna era: unidad de acción con los socialistas. Largo Caballero consiguió que se pusieran todos de acuerdo. El 15 de enero de 1936 Izquierda Republicana —partido de Azaña—, Unión Republicana —disidentes del Partido Radical, agrupados en torno a Martínez Barrio—, el PSOE, la UGT, las Juventudes Socialistas, el PC y el POUM firmaron el pacto del Frente Popular. En Cataluña se formó una agrupación análoga llamada Front d'Esquerres. La CNT se mantuvo al margen, pero anunció que no iba a dar la consigna de abstención. El manifiesto del Frente Popular pedía una amnistía general, la reanudación de la reforma agraria, el restablecimiento del estatuto de autonomía de Cataluña y de los jurados mixtos para los conflictos laborales, el desarrollo de la enseñanza a todos los niveles, la democratización de la universidad... Era un programa de gobierno que debían aplicar los partidos republicanos de izquierda «con el apoyo de las fuerzas obreras». En otras palabras, el futuro gobierno tendría el sostén de los socialistas y los comunistas, pero sin que formaran parte de él. Los republicanos de izquierda consideraron inaceptables otros puntos, como la nacionalización de la banca y la tierra, el control obrero, el subsidio de paro...

Las derechas también formaron una coalición electoral «contra la revolución y sus cómplices». Agrupaba a la CEDA y el Bloque Nacional de Calvo Sotelo, pero no a la Falange, que se mostró demasiado exigente sobre el número de candidatos.

La campaña se desarrolló sin incidentes pero con gran violencia verbal. Largo Caballero y Calvo Sotelo destacaron por el tono apasionado de sus discursos. Se presentaron 976 candidatos para ocupar 473 escaños. En 31 distritos sólo había dos listas: izquierdas contra derechas. En 27 se presentaron tres. En el País Vasco los nacionalistas no quisieron aliarse con la derecha, y se disputaron el voto tres listas: Frente Popular, PNV y derecha.

El escrutinio se realizó el 16 de febrero de 1936. La participación fue del 72 por 100. Parece que los anarquistas votaron en Cataluña, y no tanto en Andalucía —Sevilla, Cádiz, Málaga—, aunque la CNT no dio esta vez su habitual consigna de abstención. Los partidos del Frente Popular obtuvieron 4.650.000 votos, el Bloque Nacional 4.500.000, el centro 400.000 y los nacionalistas vascos 125.000. España quedó dividida en dos, pero las fuerzas políticas se equilibraron. Es verdad que la ley electoral amplificó la victoria del Frente Popular, pues de los 473 escaños que tenían las Cortes el Partido Socialista obtuvo 99, Izquierda Republicana 87, Unión Republicana 39, la Esquerra catalana 36, el Partido Comunista 17, mientras que los partidos de centro y de derechas (nacionalistas vascos, radicales, conservadores, independientes, etc.) se repartieron el resto. La CEDA obtuvo 88 diputados. No era precisamente una asamblea dominada por los «bolcheviques». Si por lo menos los partidos del Frente Popular formaran un bloque homogéneo... pero no fue así. Para los amigos de Azaña y ciertos socialistas (los que se agrupaban en torno a Prieto), el Frente Popular era una simple alianza electoral, y no pensaban dejarse arrastrar a un proceso revolucionario. Ahora bien, sin ellos no había mayoría posible. La disposición de los comunistas era parecida, se atenían a la defensa de las instituciones democráticas y a la lucha antifascista. Sólo el ala izquierda del Partido Socialista, con Largo Caballero, desconfiaba de los partidos «burgueses». Impulsó la unidad de acción de la clase obrera, creyendo que había llegado el momento de establecer un régimen colectivista. En el terreno político estaba aislada.

El gobierno Portela dimitió sin esperar a que se reunieran las Cortes. El 19 de febrero Azaña formó un nuevo gabinete, compuesto exclusivamente por republicanos moderados. Para sus adversarios, Azaña representaba lo que más odiaban: la República, el anticlericalismo militante, el desmantelamiento del ejército, el separatismo, las reformas sociales... Pero él no tenía nada de revolucionario, es más, probablemente era el único capaz de evitar la revolución. Pero los conservadores no querían darse cuenta... todavía. ¡Ha habido que esperar a los años noventa para que algunos dirigentes del Partido Popular reivindiquen a Azaña! En 1936 las cosas eran muy distintas, y Azaña pasaba por ser un precursor del comunismo.

La mayoría de las nuevas Cortes inauguró su trabajo con un enorme error político que posiblemente hizo inevitable la guerra civil: la destitución del presidente de la República, Alcalá Zamora. La Constitución la facultaba para ello, pues preveía que después de dos disoluciones durante el mismo mandato presidencial la última asamblea elegida podía decidir si la segunda disolución era necesaria. Pero si las izquierdas habían recuperado el poder, ¡se debía precisamente a esa segunda disolución! Además, la actuación de Alcalá Zamora había sido irreprochable. Había cerrado el paso con determinación a los extremistas de derechas, y después de octubre de 1934 había hecho lo posible por atenuar el rigor de la represión. Algunos de los condenados le debían la vida. Además, con su sola presencia en la jefatura del estado, Alcalá Zamora era una garantía relativa para los moderados. Al destituirle la nueva mayoría dio una muestra de sectarismo. Su decisión sólo tiene una explicación: el afán de hacerse con todos los resortes del poder. Lo cual no dejaba muy tranquilos a los que, sin ser de extrema derecha, temían que la izquierda fuera demasiado lejos y abusara de su victoria. Azaña, haciendo valer su prestigio, habría podido evitar la destitución de Alcalá Zamora. Los dos hombres no congeniaban, pero esa no era una razón para comprometer el futuro del régimen.

El 3 de mayo Azaña fue elegido presidente de la República por mayoría aplastante. Obtuvo 154 votos, los de los partidos del Frente Popular, y también los de los republicanos conservadores, los radicales, los centristas y los nacionalistas vascos y catalanes. Sólo se abstuvieron los 88 representantes de la CEDA, y no hubo ningún voto en contra. Azaña no era, pues, prisionero de una mayoría de extremistas. ¿Por qué presentó su candidatura? ¿Cedió a una ambición personal? Es lo que da a entender su réplica a Américo Castro, cuando éste le pidió que no aspirase a tan alta función y siguiera como jefe del gobierno: «¿Cree usted, acaso, que no me lo merezco?». ¿Fue cómplice involuntario de una maniobra del ala izquierda del PSOE, tramada por Araquistáin? Se trataría de relegarle a un puesto en el que no tuviera poder efectivo, para facilitar una revolución socialista. Por razones similares el ala izquierda del PSOE no quiso que Prieto, socialista moderado, fuera jefe del gobierno, como propuso Azaña. En estas condiciones el encargado de formar el primer gabinete del Frente Popular fue Casares Quiroga. El gobierno estaba formado exclusivamente por republicanos moderados, algunos de ellos intelectuales. Los socialistas y los comunistas lo apoyaban sin participar en él. Fiel a las promesas de la campaña electoral, el gobierno decretó una amnistía por los sucesos de 1934, volvió a poner en vigor el estatuto de Cataluña —gracias a lo cual Companys fue reelegido presidente de la Generalitat— y anunció su intención de reanudar la reforma agraria. Su objetivo era consolidar una república moderna, introduciendo más justicia social e integrando a las masas obreras y campesinas, que se sentían excluidas. En una palabra, se trataba de continuar el movimiento interrumpido en 1934, ni más ni menos.

En el país la situación había cambiado. Los que habían votado por el Frente Popular esperaban satisfacciones inmediatas. Las organizaciones sindicales estaban divididas. La UGT no quiso entorpecer la tarea del gobierno, pero los anarquistas de la CNT no se sentían comprometidos y trataron de desbordar por la izquierda a socialistas y comunistas. Plantearon reivindicaciones como la subida de salarios, la semana de 36 horas y la expropiación inmediata y sin indemnización de todas las fincas de más de 50 hectáreas. Se multiplicaron las huelgas, hubo ocupaciones ilegales de tierras en Extremadura y Andalucía e incendios de iglesias. Se produjeron choques entre grupos armados y corrió la sangre. Entre febrero y julio de 1936 murieron asesinados una treintena de falangistas, también conservadores, y una cincuentena de republicanos y socialistas.[1] Los falangistas fueron acusados del intento de asesinato del diputado socialista Jiménez de Asúa. Hubo un registro en un local del movimiento y se encontraron armas, a raíz de lo cual la Falange fue ilegalizada y José Antonio Primo de Rivera detenido.

La intranquilidad de los conservadores fue en aumento no sólo por estos sucesos, sino también por las manifestaciones populares y la retórica revolucionaria, que les hacían temer lo peor: el alborozo de los electores de izquierdas la noche de las elecciones, las manifestaciones del primero de mayo, los puños en alto, la *Interna-*

---

1. El 16 de junio, en una intervención parlamentaria, Gil Robles denunció el incendio de 170 iglesias y 216 asesinatos, por no hablar de las huelgas.

cional, entonada con frecuencia, los discursos exaltados de Largo Caballero, a quien *Pravda* llamaba «el Lenin español», que anunciaba a multitudes entusiastas la inminencia de la revolución social... Tanto en la prensa como en el Parlamento el tono subió. Las invectivas cobraron una violencia inusitada. Se cruzaron acusaciones de querer instaurar en España un régimen bolchevique o fascista. El 16 de abril Azaña, que aún era jefe del gobierno, declaró solemnemente en las Cortes:

> Nosotros no hemos venido a presidir una guerra civil; más bien hemos venido con intención de evitarla. Pero si alguien la provoca, si alguien la mantiene, si alguien la costea ... nuestro deber, señores diputados, tranquila y sonrientemente estará siempre al lado del Estado republicano.

Los sucesos más graves tuvieron lugar el 12 de julio. Al anochecer un teniente de los guardias de asalto, Castillo, fue asesinado.[2] Sus camaradas decidieron tomarse inmediata venganza. Secuestraron al diputado Calvo Sotelo, le mataron de un tiro y dejaron el cadáver en un cementerio. Ya un mes antes, el 16 de junio, Gil Robles había interpelado al gobierno por su incapacidad para mantener el orden y su falta de autoridad. En efecto, el gobierno estaba desbordado, sin que por ello se le pudiera acusar de complicidad con los promotores de disturbios. ¿Era necesaria una guerra civil para recuperar el control de la situación? El mismo Gil Robles lo reconoció más adelante:

> En la primavera de 1936 no existía un verdadero complot comunista, según han pretendido hacer creer los historiadores de la España oficial; pero se había iniciado en muchos sectores de la península una profunda revolución agraria, que llevó al desorden y la anarquía a una gran parte del canɪ,ɔo.

Precisemos: un desorden del que no era responsable el gobierno, que lo desaprobaba.

EL ALZAMIENTO

La misma noche de las elecciones empezaron las conspiraciones contra el régimen. La victoria del Frente Popular sembró el pánico en las derechas. Ese mismo día Franco, en su calidad de jefe de estado mayor, y luego Gil Robles y Calvo Sotelo sugirieron al gobierno —todavía dirigido por Portela— que declarase el estado de guerra. Eran intentos de interrumpir el proceso democrático negando legitimidad al gobierno salido de las elecciones. Los conservadores no estaban dispuestos a dejar el poder ni a renunciar a algunos de sus privilegios. Obsesionados por los sucesos de 1934, estaban convencidos de que el Frente Popular iba a sumir a España en el caos y a desatar una revolución comunista. Ya no esperaban nada del juego democrático. El sufragio universal les había decepcionado. Sólo el ejército parecía capaz de instaurar un régimen autoritario que restableciera el orden social. En marzo José Antonio Primo de Rivera hizo un llamamiento al ejército desde la cárcel. No cabe duda de que parte del ejército compartía este punto de vista. Por lo menos desde fines del siglo XIX ciertos militares se consideraban garantes de la grandeza

---

2.   En 1936 la guardia de asalto era completamente afecta al gobierno.

e independencia de la patria. La pérdida de Cuba en 1898 y las dificultades encontradas en Marruecos habían creado en ellos un sentimiento de humillación y frustración, reforzado por el desarrollo del antimilitarismo y el anticlericalismo, y el avance de los nacionalismos y las vindicaciones sociales, que les parecían sendos ataques contra el orden tradicional o, en sus palabras, contra la nación. No en vano la zona ocupada por los rebeldes fue designada desde el principio como «zona nacional». La otra, la España roja —los facciosos nunca decían la España republicana— no sólo no tenía derecho a la existencia, sino que ella misma se había excluido de la nación al atentar contra lo que los rebeldes consideraban consubstancial a España: la unidad, el orden, el catolicismo, entendidos en un sentido restrictivo. Las aspiraciones autonomistas se consideraban separatismo, el anhelo de reformas subversión, el estado laico una perversión del espíritu. Es interesante destacar dónde se situaba el punto de ruptura, lo que justificó el levantamiento armado: la reforma agraria y, en general, el cuestionamiento de las estructuras económicas heredadas del pasado. Los reaccionarios hacían marxismo sin saberlo. La fidelidad a la clase estaba por encima de la fidelidad a la nación, o mejor dicho, identificaban la nación con el capitalismo, por lo que cualquier atentado contra éste se veía como un ataque contra aquélla. Algunos militares pertenecían desde 1933 a la Unión Militar Española, organización clandestina fundada por oficiales monárquicos para quienes la República era la culpable de todas las desdichas de España. Otros —a veces los mismos— estaban suscritos a los boletines que publicaba en Ginebra la Entente Internacional contra la III Internacional, oficina de estudios creada por un extremista de derechas suizo, Théodore Aubert, y un exiliado ruso, Georges Lodygensky, para alertar a los círculos conservadores de Europa sobre los objetivos y las intrigas del Komintern, y llamar a la resistencia. Tras la llegada de Hitler al poder la Entente presentó a los regímenes nazi y fascista como ejemplos a seguir. Franco, que recibía desde hacía tiempo los boletines de la Entente, estaba convencido de que la victoria del Frente Popular era la primera etapa de un plan del Komintern para tomar el poder en España. Para estos militares el poder civil —también cuando lo ejercía la derecha— había dado muestras de incapacidad. También ellos habían aprendido la lección de 1934. El ejército estaba llamado a enderezar la situación, pero de un modo definitivo, con la instauración de un régimen autoritario.

La conjura se fraguó durante el mes de marzo a iniciativa de dos generales, Sanjurjo y Mola. El primero, exiliado en Portugal, no podía actuar con eficacia, de modo que fue Mola quien tomó la dirección. El general tenía prestigio y sentido de la organización. El gobierno había cometido el error de nombrarle jefe de la región militar de Pamplona, en una zona completamente adicta a la oposición. Mola se puso rápidamente en contacto con las guarniciones del norte de España (Logroño, Burgos, Vitoria, San Sebastián y Bilbao) y con otros generales, en particular con Queipo de Llano, director general de carabineros, Cabanellas, destinado en Zaragoza, y Goded, comandante general de Baleares. Logró aglutinar un frente único de todas las fuerzas políticas situadas a la derecha del gobierno, con excepción de los nacionalistas vascos. La Falange y los carlistas también se sumaron. Estos dos movimientos disponían de grupos paramilitares bien entrenados y decididos. Franco estaba al corriente de la conspiración, pero no se decidía a sumarse.[3] El gobierno, que

---

3. El 12 de julio aún no se había decidido. Transmitió este mensaje a Mola: «Geografía poco extensa». Dicho de otra forma, las circunstancias aún no le parecían propicias.

no se fiaba de él, juzgó prudente destinarle a Canarias. Los conspiradores tenían dinero, el que los medios financieros pusieron a su disposición. Contaban con apoyos en el extranjero, sobre todo en Italia. El movimiento de Calvo Sotelo había firmado un acuerdo con Mussolini en virtud del cual «en el caso de que ... hubiese un alzamiento contra la República, el gobierno de Italia le auxiliaría, prestándole apoyo, incluso militar, si llegara a ser necesario».

Todos esperaban un levantamiento militar excepto Casares Quiroga, que se obstinó en negar la evidencia y confió en la lealtad del ejército... a no ser que el gobierno estuviera cometiendo un error de cálculo. En efecto, cabe preguntarse si permitió deliberadamente que los conspiradores pasaran a la acción para luego aplastarlos mejor. Había un precedente, el alzamiento del general Sanjurjo del 10 de agosto de 1932, fácilmente reprimido. Si ese era el plan de Casares Quiroga, es evidente que se equivocó. La España de 1936 ya no era la misma que la de 1932. Los oponentes tenían experiencia y no iban a caer en los mismos errores. La noche del 17 de julio, en Marruecos, la Legión ocupó Melilla, Ceuta y Tetuán. El 18, con una audaz maniobra, el general Queipo de Llano se apoderó de Sevilla, haciendo creer que disponía de más tropas de las que en realidad mandaba. Casares Quiroga, chasqueado, no quiso armar al pueblo, y dimitió. Le sustituyó otro republicano moderado, el profesor Giral. Varios ministros trataron de negociar con Mola, que aún no se había movido, pero ya era demasiado tarde. La noche del 18 al 19 los militares proclamaron el estado de guerra en Baleares, Pamplona, Burgos, Valladolid, Salamanca, Zaragoza, Zamora, Oviedo, Toledo, Cáceres, Córdoba, Albacete... El 19 Franco, que la víspera se había decidido a salir de Canarias,[4] tomó el mando de las tropas de Marruecos. Envió al otro lado del Estrecho tropas de la Legión y regulares, que tomaron Cádiz. El 20 el alzamiento se extendió a Galicia y Granada, pero los republicanos recuperaron Guadalajara y Toledo, donde los rebeldes se atrincheraron en el alcázar. La conspiración fracasó en Madrid y Barcelona. En ambos casos la resistencia popular, apoyada por elementos de la guardia civil, neutralizó a los facciosos. El País Vasco, con la excepción de Álava, permaneció leal al gobierno. El PNV no vaciló, y entre el fascismo y la República optó por la segunda.[5]

El 21 de julio la rebelión había triunfado en Galicia, Álava, Navarra, La Rioja, Aragón, Castilla la Vieja, parte de Extremadura y las grandes ciudades de Andalucía

---

4. Desde el 14 de julio un avión privado, fletado en Gran Bretaña por Juan March, esperaba para llevarle de Canarias a Marruecos. Franco, precavido, prefirió pasar la noche del 18 al 19 en Casablanca.

5. Declaración de Irujo, ministro del gobierno de la República, en octubre de 1936: «Cuando el hecho militar que ha producido la perturbación que sufren los pueblos peninsulares surgió, los vascos no podíamos tener opción. Entre la dictadura, el fascismo, la tiranía y el pronunciamiento militar por una parte y la democracia social-republicana, la suerte estaba echada ... Abrazamos la causa de la democracia social porque era la nuestra. Lo hemos hecho con pleno conocimiento de causa». Contrariamente a lo que a veces se ha dicho, la postura del Partido Nacionalista Vasco no fue la contrapartida de un estatuto de autonomía que el gobierno Largo Caballero había decidido conceder a Euzkadi en octubre de 1936. La decisión ya estaba tomada varios meses antes. En efecto, las Cortes del Frente Popular admitieron la validez del plebiscito de 1933 y la integración de Álava en Euzkadi. El 25 de junio de 1936 se comunicó que el estatuto sería examinado en sesión plenaria y adoptado al final de la sesión parlamentaria. El estatuto no fue aprobado definitivamente hasta el 1 de octubre de 1936, pero fue a causa de los sucesos del verano. Una semana después, José Antonio Aguirre formó en Guernica el primer gobierno autónomo vasco.

(Huelva, Cádiz, Sevilla, Córdoba y Granada). Asturias (excepto la capital Oviedo), la provincia de Santander, la mitad de Extremadura, Cataluña, Levante y la mayor parte de Andalucía (excepto las capitales de provincia) permanecían leales al gobierno. Lo que durante cuarenta años se presentó como el «glorioso movimiento» del 18 de julio de 1936 no fue más que una conspiración militar, aunque contara con el apoyo de grupos políticos de extrema derecha que tuvieron un papel complementario antes, durante y después del levantamiento. Sin el ejército los civiles habrían sido incapaces de derribar a un gobierno salido de las urnas. Pero no se trataba ni mucho menos de un pronunciamiento al estilo de los del siglo XIX. El pronunciamiento supone una situación política y social en la que el ejército es la única fuerza coherente y organizada. Implica la inexistencia o debilidad de los partidos, y la pasividad o incluso la aprobación de la opinión pública. Nada más lejos de la situación que había en julio de 1936, tres meses después de unas elecciones generales con fuerte participación y una intensa movilización.

Los partidos de izquierdas no estaban dispuestos a dejarse robar la victoria; los sindicatos, poderosos y bien organizados, tampoco. El alzamiento chocó de inmediato con resistencias populares, a menudo espontáneas. Todos eran conscientes de lo que se jugaban. Por eso se puede decir que, técnicamente, el golpe militar fracasó. En vez de imponerse en pocos días, como esperaban, los conspiradores tuvieron que librar durante más de tres años una guerra civil antes de vencer a la mitad de España, con el apoyo de las potencias totalitarias.

LAS DOS ZONAS

Desde las primeras horas la guerra de España tuvo un cariz que mantuvo hasta el final, el de una guerra sin cuartel, total, feroz, una guerra civil con todo su horror. Así lo entendió Mola el 19 de julio, cuando rechazó cualquier compromiso con el gobierno de la República: la lucha sólo terminaría con la derrota de uno de los adversarios.

El reparto de fuerzas el 21 de julio dibuja bastante bien la geografía del desarrollo en España: el gobierno mantenía teóricamente su autoridad sobre 270.000 km^2, poblados por 14 millones de personas, con la mayoría de las grandes ciudades (Madrid, Barcelona, Valencia, Bilbao), mientras que los rebeldes ocupaban 230.000 km^2 del territorio, con algo más de 10 millones de habitantes. A grandes rasgos las regiones industriales estaban en el campo republicano, mientras que el resto cayó rápidamente en manos de los sublevados. El gobierno legal disponía, pues, del 80 por 100 de la producción industrial, pero sólo el 30 por 100 de la agrícola. En cambio sus adversarios podían contar con casi toda la producción de azúcar, dos tercios de la de cereales, la mitad de la de maíz y el ganado de Galicia. Como recursos industriales apenas poseían otra cosa que el carbón leonés y las piritas de Riotinto. Este desequilibrio tuvo consecuencias cuando, al prolongarse la guerra, hubo que organizar el avituallamiento de las grandes ciudades y las milicias republicanas, sometidas a un racionamiento cada vez más estricto, mientras que las zonas ocupadas por los rebeldes dieron la impresión de estar mejor abastecidas. El gobierno también conservó (en teoría, al menos) el control de los centros financieros, las cámaras de compensación, las bolsas de comercio y las reservas de oro del Banco de España, que le permitieron adquirir divisas extranjeras y comprar material de guerra. En octubre de 1936 Largo

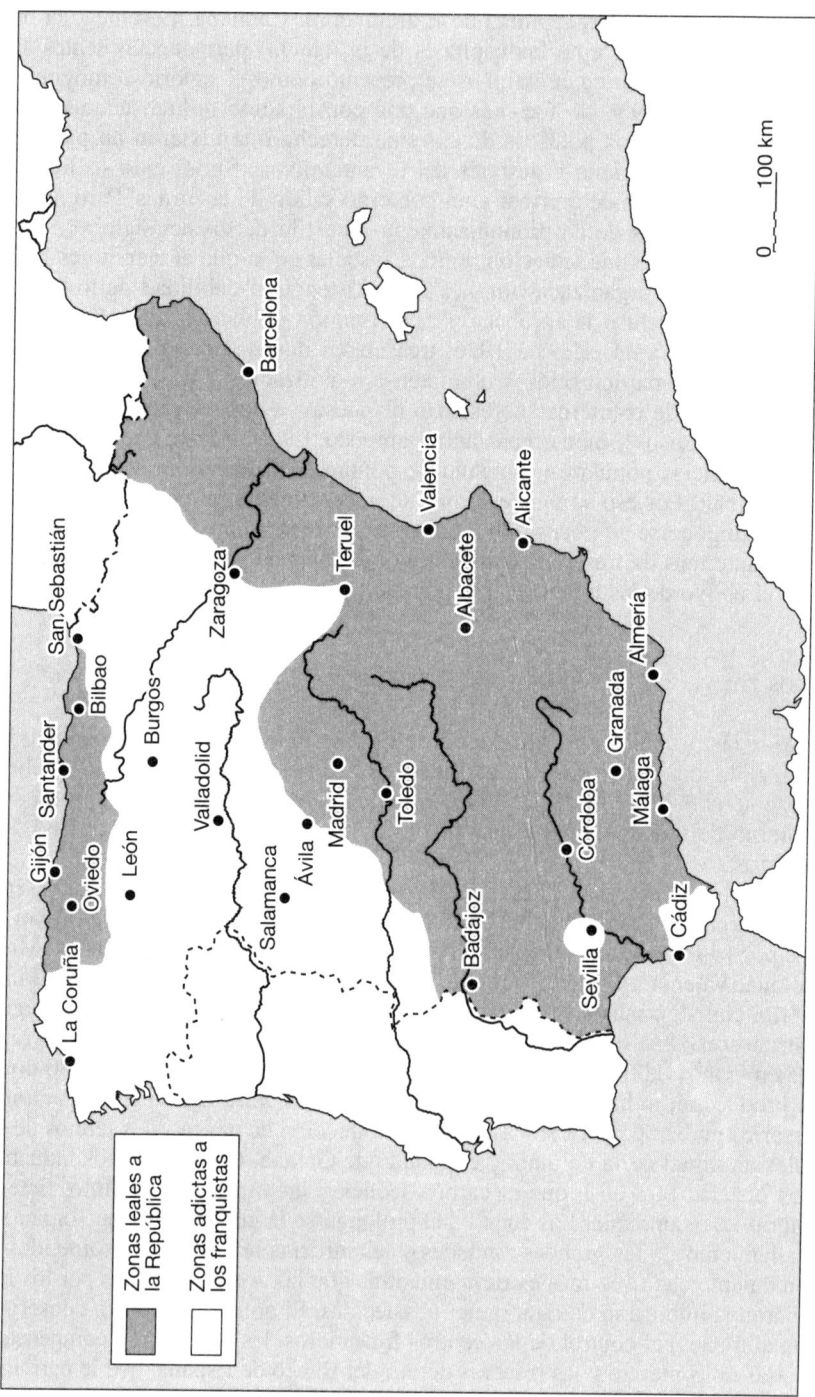

MAPA 10.   La relación de fuerzas a finales de julio de 1936.

Caballero consideró más prudente transferir a Moscú esas reservas de oro, lo que más tarde daría lugar a un contencioso entre la URSS y el régimen franquista, que pretendía recuperar lo que en su opinión pertenecía a España, mientras que según Moscú todas las reservas habían servido para financiar el esfuerzo bélico de la República. La guerra civil tuvo su vertiente monetaria. Los franquistas anularon los billetes puestos en circulación por el gobierno después del 18 de julio de 1936, e inyectaron grandes cantidades en la zona republicana y el extranjero para provocar la inflación y la depreciación de la peseta.

La evolución política de la España republicana

El gobierno Giral, desprevenido, desbordado por los comités populares que surgieron a iniciativa de los sindicatos y los partidos de izquierda, se mostró incapaz de desempeñar adecuadamente las dos tareas previas a toda ofensiva: restablecer la autoridad del estado y dirigir con eficacia las operaciones militares, con la organización de un ejército. El 4 de septiembre de 1936 cedió el puesto a Largo Caballero, jefe de la izquierda socialista. Este gobierno, que pretendía ser más representativo de la relación de fuerzas en la España republicana, contó con dos ministros comunistas. Era un gobierno de coalición revolucionaria. Los anarquistas se incorporaron en noviembre. Se empezó a organizar un ejército partiendo de las milicias populares, pero bajo el control de comisarios políticos. Pero la autoridad de Largo Caballero no tardó en ser discutida. Las condiciones en que su gobierno se instaló en Valencia el 7 de noviembre, en vísperas de la batalla de Madrid, no fueron muy honrosas. Los comunistas criticaron su línea política. Ahora bien, los comunistas tenían mucha más influencia que en julio. Con su dinamismo, su sentido de la disciplina, el tono moderado que empleaban, en contraste con las violencias verbales de otros grupos, se ganaron el aprecio de sectores de la opinión que hasta entonces no les eran nada adictos. También se beneficiaron del prestigio de la Unión Soviética, la única potencia que al final del verano apoyaba de forma activa a la España republicana. Así las cosas, el Partido Comunista supo hacerse oír y criticó el modo en que Largo Caballero dirigía la contienda.

Aquí se sitúa uno de los episodios más controvertidos de la guerra de España, el papel del Partido Comunista en la eliminación del movimiento anarquista catalán y de los marxistas revolucionarios, antiestalinistas, del Partido Obrero de Unificación Marxista (POUM). El 3 de mayo de 1937 la Generalitat de Cataluña intentó recuperar el control de varios sectores dominados por la Federación Anarquista Ibérica (FAI). Se produjo un tiroteo. ¿Provocación, torpeza o simple cúmulo de circunstancias? El presidente Companys pidió ayuda al gobierno central, que rápidamente envió tropas a Barcelona. Después de una semana de luchas callejeras y cientos de muertos, la Generalitat impuso su autoridad. La CNT tuvo que renunciar a su posición dominante. El POUM fue ilegalizado y sus jefes amenazados con un proceso del tipo de los que se instruían en Moscú en la misma época. Algunos de sus dirigentes fueron eliminados en circunstancias turbias. ¿Debemos ver la mano de Stalin en los sucesos de Barcelona? Lo cierto es que en ese momento el Partido Comunista español propugnaba la unión de todas las fuerzas democráticas para acabar con los rebeldes. Esta política le llevaba a aplazar provisionalmente unas transformaciones revolucionarias a las que no querían renunciar los anarquistas ni el POUM. Cuando los comunistas hablaban de mano tendida, de unión democrática, de superar el sectarismo y de eficacia, sus rivales les acusaban de traicionar la revolución y, al mismo tiempo, de frenar el ímpetu popular y comprometer las posibilidades de victoria. Los hechos posteriores, en todo caso, muestran que la influencia del Partido Comunista en la conducción de la política republicana fue cada vez mayor.

Abandonado por los comunistas, Largo Caballero se retiró. En mayo de 1937 le sucedió el doctor Negrín. Fue la revelación de este período trágico. Cuando este hombre reservado, modesto, orador mediocre, llegó al poder, exhibió cualidades de hombre de estado y hombre de acción. Durante su presidencia el gobierno republicano orientó su política en tres direcciones:

— En el interior se afanó por restablecer la autoridad del estado y aplazar las medidas revolucionarias. Así, una vez restablecido el orden en Cataluña, le llegó el turno al Consejo Autónomo de Aragón, dominado por la FAI, que fue disuelto. En esta operación los comunistas también tuvieron un papel destacado.

— En el terreno militar se lanzaron varias ofensivas para devolver la iniciativa al ejército republicano, un ejército reconstituido con un mando unificado.

— En el terreno diplomático se hizo un esfuerzo para convencer a las democracias occidentales de que la causa de la España republicana era también la suya, y de que su derrota sería el preludio de su propia derrota. Negrín estaba convencido de que tarde o temprano las potencias totalitarias declararían la guerra a Francia y Gran Bretaña, y también a la Unión Soviética. Si la España republicana lograba resistir hasta entonces, su suerte estaría unida a la de las otras democracias, que se verían obligadas a ayudarla. El razonamiento era sugerente, pero se le podía dar la vuelta: tal vez Hitler estuviera esperando la victoria franquista en España para lanzarse a la conquista de Europa.

Se ha dicho que Negrín fue un rehén de los comunistas. La realidad es más compleja. Negrín no podía prescindir de la ayuda de la Unión Soviética ni del apoyo del Partido Comunista que, después del sometimiento de los anarquistas, era la única fuerza política organizada de la España republicana. Negrín no era, pues, el hombre de Moscú. De hecho, era partidario de negociar con Franco un cese de los combates a cambio de una amnistía para los republicanos y un referéndum que decidiera el futuro del país. Este plan requería un gobierno fuerte, un ejército eficaz y apoyo internacional. El traslado del gobierno de Valencia a Barcelona durante el verano de 1938 denota por lo menos ciertas dudas sobre la suerte del conflicto. Los acuerdos de Munich fueron, en este sentido, un duro revés para Negrín.

La ascensión de Franco

Franco no formó parte del pequeño grupo de militares que preparó el golpe de julio. Titubeó hasta el último momento, y sólo se decidió cuando estuvo convencido de que el alzamiento tenía posibilidades de éxito. Pero entonces, sin abandonar su prudencia, maniobró con habilidad para ponerse a la cabeza. Tres circunstancias favorecieron este plan:

— La desaparición de algunos de los que habrían podido hacerle sombra. Los generales Fanjul y Goded fueron eliminados el 19 de julio al fracasar la sublevación en Madrid y en Barcelona, respectivamente. El general Sanjurjo murió en un accidente de aviación el 20 de julio, cuando se disponía a partir de Portugal para encabezar la insurrección.

— El ejército de África, mandado por Franco: la ayuda de la Legión y los regulares fue indispensable para el éxito del levantamiento.

— El apoyo de las potencias totalitarias. El 11 de agosto Mola se resignó a dejar a Franco la tarea de negociar con Hitler y Mussolini la cuestión del suministro de armas. El 21 de agosto el Führer le comunicó a Mola que a partir de entonces Franco, y sólo él, sería el receptor del material de guerra entregado por Alemania; Italia adoptó la misma posición.

Así las cosas, la ascensión de Franco fue rápida. El 1 de agosto fue nombrado comandante en jefe del ejército del sur. El 3 fue admitido en la Junta de Burgos. El 21 de septiembre la Junta decidió crear un mando único. Pese a las reticencias de su presidente, el general Cabanellas, Franco, que acababa de conquistar Extremadura y marchaba sobre Madrid mientras Mola se empantanaba en el norte, recibió el título de generalísimo. En septiembre la Junta nombró a Franco «jefe del gobierno del estado». El 1 de octubre, en Burgos, en presencia de diplomáticos alemanes, italianos y portugueses, Cabanellas le dio plenos poderes. Franco instaló su cuartel general en Salamanca, y en Burgos sólo dejó una Junta técnica presidida por el general Dávila. Cabanellas y Mola fueron apartados. El primero fue nombrado inspector del ejército, y el segundo jefe del ejército del norte. En menos de tres meses Franco había llegado a lo más alto.

La dictadura, en principio, debía limitare «a la duración de la guerra». Eso fue lo que decidieron los generales, pero Franco se las ingenió para que estas palabras no figurasen en el texto remitido a la prensa. Nadie osó protestar, de modo que Franco quedó libre para ocupar el poder indefinidamente. También en este caso las circunstancias favorecieron su ambición. Los «nacionales» tenían distintos criterios sobre la naturaleza del régimen político a instaurar tras la victoria. Los conjurados de julio sólo estaban de acuerdo en que había que suprimir el régimen parlamentario. Sanjurjo contaba con restaurar la monarquía, y los otros eran más reservados. El 19 de julio», al tomar Zaragoza, Cabanellas había gritado: «¡Viva la República!», y hay textos de Queipo de Llano y de Franco de la misma época que repiten la misma consigna. En junio de 1936 Mola, que era el alma de la conspiración, no había querido ceder ante los carlistas, quienes exigían que la bandera roja y gualda, colores de la monarquía, fuera el símbolo del Movimiento. Pensaba en una dictadura militar semejante a la instaurada por Primo de Rivera en 1923. En la zona «nacional» la opinión que podía expresarse era mayoritariamente monárquica, y la Iglesia, que tenía mucha influencia, también. Franco lo tuvo en cuenta. El 15 de agosto, sin consultar con nadie, decidió adoptar la bandera bicolor de la monarquía. La Junta no tuvo más remedio que aceptarla quince días después.

Parecía, pues, que el régimen sería monárquico. Pero los generales tenían que contar con los falangistas y los carlistas, únicas fuerzas políticas organizadas —y armadas—. Los primeros no quisieron ni oír hablar de una vuelta a la monarquía, mientras que los segundos tenían su propio candidato a rey. Para no disgustar a nadie la Junta decidió aplazar la cuestión. Mola mandó expulsar sin contemplaciones a don Juan, hijo y heredero de Alfonso XIII, que se había presentado el 1 de agosto para alistarse en el ejército nacional. Poco después la reacción de Franco fue similar, pero se mostró más hábil: le explicó a don Juan que el futuro monarca debía ser «el rey de todos los españoles»; si quería reinar algún día era preferible que no tomara parte en los combates.

En teoría, el nombramiento de Franco como jefe del estado no tenía por qué alterar el curso de los acontecimientos. Pero la realidad fue muy distinta. A partir del 1 de octubre la propaganda se dedicó a exaltar la personalidad del Caudillo —tal fue el título que el propio Franco se atribuyó—.[6] Su retrato debía exhibirse en todas partes, y las cabeceras de los periódicos debían incluir la fórmula «Una patria, un estado, un caudillo», copiada de la de la Alemania nazi (*Ein Volk, ein Reich, ein Führer*). Cada vez que aparecía en público había que gritar: «¡Franco, Franco, Franco!» y saludar brazo en alto.

Estaba claro que Franco no tenía intención de soltar el poder o, como prefería decir él, el mando. Faltaba dar consistencia a esa ambición. De ello se encargó Ramón Serrano Súñer, que había conseguido evadirse de la cárcel de Madrid donde le habían encerrado los rojos en abril de 1936. Era un hombre inteligente, con instinto político, falangista de primera hora y amigo de José Antonio, lo que tranquilizaba a los militantes. Serrano Súñer fue la eminencia gris de Franco y su consejero político.[7] El panorama que encontró a su llegada a Salamanca el 20 de febrero de 1937 le desconcertó. La España nacional no era una unidad real. Andalucía era una suerte de feudo en el que Queipo de Llano campaba por sus respetos. En el norte la Junta técnica de Burgos coordinaba vagamente las operaciones militares. Serrano Súñer se dispuso a enderezar la situación, en provecho de su cuñado. Las circunstancias eran propicias. Los partidos que sostenían el movimiento carecían de jefes capaces de imponerse. El asesinato de Calvo Sotelo, varios días antes del alzamiento, había dejado a los monárquicos sin una personalidad de primer orden. Gil Robles, presidente de la CEDA, era muy discutido. Para desacreditarle un poco más se dio a entender que tenía una gran responsabilidad en el desarrollo del «bolchevismo». De 1934 a 1936 podía haber aplastado definitivamente a la izquierda, y no lo había hecho. Quedaban la Comunión Tradicionalista —el partido carlista— y la Falange. La primera fue decapitada cuando Franco desterró a su jefe, Fal Conde, con el pretexto de que al crear su propia escuela de mandos había puesto en peligro la cohesión del Movimiento. En cuanto a la Falange, su fundador José Antonio Primo de Rivera fue fusilado por los rojos el 20 de noviembre de 1936 en Alicante. Franco no hizo nada por salvarle.[8] Exigió que no se publicara la noticia, para crear incertidumbre y que se barajara la posibilidad de que había sido trasladado de prisión… Durante meses se habló de él como el «Ausente», lo que evitó que la Falange se diera un sucesor. Así, el partido estuvo dirigido por hombres de segundo plano.

En marzo de 1937 en el círculo de Franco se tomó la decisión de unificar todas las tendencias políticas que apoyaban la causa nacional. Con el pretexto de las rivalidades internas de la Falange, que habían dado lugar a choques sangrientos —en Salamanca hubo un tiroteo con varios muertos—, Franco mandó detener a algunos de sus dirigentes. El 19 de abril de 1937 publicó el decreto de creación de un partido único llamado Falange Española Tradicionalista y de las Juntas de Ofensiva Nacio-

---

6. El cardenal Segura, arzobispo de Sevilla, reaccionario pero muy contrario al nazismo, cuya influencia creía ver en la nueva España, no perdía la ocasión de recordar que en la Edad Media los caudillos eran vulgares jefes de bandoleros, lo que desataba las iras de Franco.

7. Le llamaban familiarmente «Cuñadísimo», por su parentesco con el Generalísimo.

8. Franco no le perdonó a José Antonio el haberle apartado de la lista de derechas en abril de 1936, con motivo de una elección complementaria en Cuenca.

nal Sindicalista, un nombre bastante largo que reflejaba su variada composición. Franco ocupó la presidencia. En virtud de unos estatutos redactados por Serrano Súñer, sólo era «responsable ante Dios y ante la historia». Nombraba a la mitad de los miembros del Consejo Nacional y a todos los miembros de la Junta Política, la ejecutiva del partido. Uno de los discrepantes, Manuel Hedilla, que se atrevió a protestar en nombre de la Falange, fue arrestado y condenado a muerte por rebelión militar. Su pena fue conmutada por cuatro años de cárcel.[9] Otros disidentes fueron enviados al frente. La hermana del «Ausente», Pilar Primo de Rivera, fue neutralizada con el nombramiento de jefa de la Sección Femenina del nuevo partido.

El 3 de junio de 1937 murió en accidente de avión el último hombre que habría podido encabezar una oposición a Franco: el general Mola. Ya sin rivales, Franco trasladó su cuartel general a Burgos. El 30 de enero de 1938 formó su primer gobierno. Serrano Súñer ocupó la cartera de la Gobernación. Franco reunió todos los poderes: era jefe del estado, jefe del gobierno, jefe de los ejércitos y jefe del partido único.

Tropas coloniales contra milicias

Durante cuarenta años la propaganda franquista se esforzó por presentar el Movimiento del 18 de julio como un alzamiento del ejército para salvar a España. Conviene matizar esta afirmación. Sólo una parte (aunque mayoritaria) de los militares volvieron contra la República las armas que ella les había confiado. De los veintiún generales de división en activo, cuatro participaron en el alzamiento (Cabanellas, Franco, Goded y Queipo de Llano), cuatro fueron fusilados por los sublevados y tres fueron encarcelados. Esta categoría de altos mandos, llegados al final de su carrera, eran poco aventureros, más bien inclinados a la prudencia. En los rangos inferiores la proporción de rebeldes era más alta: de los quince mil oficiales en activo el 18 de julio de 1936, de todas las armas, unos dos mil permanecieron leales a la República. Muchos lo pagaron caro.[10] Los facciosos los consideraron rebeldes, por lo que fueron sometidos a consejo de guerra y fusilados.

La situación variaba según los cuerpos. Las tropas coloniales de infantería fueron más sensibles a los temas desarrollados por los conspiradores. La armada también, pero las tripulaciones reaccionaron con rapidez y sin contemplaciones, matando a los oficiales y apoderándose de los buques, que siguieron así a disposición del gobierno. Gracias a ello se pudo bloquear el Estrecho y retrasar la llegada a la península de las tropas rebeldes estacionadas en Marruecos, aunque los buques se quedaron sin mandos experimentados. El ejército del aire, en general, permaneció leal, pues el 80 por 100 de los aparatos, la tercera parte de los oficiales y el 90 por 100 de los mecánicos y la clase de tropa permanecieron en el bando republicano. En todas partes, excepto en Marruecos —donde las tropas coloniales no manifestaban sus

---

9. No fue definitivamente indultado hasta mayo de 1947.

10. Como anécdota cabe citar el caso de un primo hermano de Franco, Ricardo de la Puente Bahamonde, comandante del ejército del aire. Ya en 1934 había tenido escrúpulos para utilizar la aviación contra los huelguistas de Oviedo, y Franco le había relevado del mando. En julio de 1936 su actuación fue mucho más grave: Ricardo de la Puente se opuso al golpe en Tetuán. Antes de ser arrestado saboteó los aviones estacionados en el aeródromo para que no pudieran volar. Condenado a muerte, fue inmediatamente fusilado. Franco no intercedió por él.

inclinaciones y los escasos oficiales hostiles fueron eliminados—, la suerte del alzamiento dependió de la actitud de las fuerzas del orden, la guardia civil y la guardia de asalto. Donde estas unidades se les unieron, los rebeldes triunfaron rápidamente y con facilidad. En Sevilla la guardia de asalto se resistió, y Queipo de Llano mandó fusilar de inmediato a su comandante. En Valencia la guardia civil se puso de parte de las autoridades legítimas, lo mismo que en Barcelona, donde el coronel Escobar hizo desfilar a sus hombres delante de Companys, y luego se cuadró: «¡A sus órdenes, señor presidente!».

El 21 de julio de 1936 los rebeldes tenían de su parte a la mayoría de los cuadros y soldados profesionales, y, sobre todo, al ejército de África. Desde el principio Franco contó con las fuerzas coloniales para lograr una victoria rápida. Las conocía bien, porque ya había estado a su mando. Formadas por legionarios extranjeros y regulares marroquíes, estaban sometidas a una férrea disciplina, y ejecutaban sin vacilar las órdenes más arriesgadas. Acostumbradas a perseguir a los indígenas, fueron implacables. Encargadas de quebrar la resistencia, tenían las manos libres para matar a los prisioneros y a los rojos, violar a sus mujeres e hijas y saquear sus pobres bienes. Nada expresa mejor el odio de los facciosos a sus adversarios. No les consideraban compatriotas, sino salvajes a los que había que someter, de ahí el empleo de mercenarios bien remunerados.[11] Los rebeldes también tenían sus milicias, los requetés carlistas de Navarra y los grupos armados de la Falange y la CEDA. Formados y entrenados mucho antes del alzamiento, entraron en acción el 18 de julio. A diferencia de lo que ocurría en el campo republicano, estas milicias estaban a disposición de las autoridades militares, que apreciaban su colaboración pero les dejaban poca iniciativa, excepto cuando había que «limpiar» los territorios ocupados, mantener el orden en ellos y eliminar a los rojos. Cuando los requetés decidieron crear su propia escuela militar, en diciembre de 1936, Franco lo consideró como una especie de golpe de estado. Le dio al jefe carlista Fal Conde cuarenta y ocho horas para salir de la zona nacional, y lo tomó como pretexto para militarizar todas las milicias y ponerlas al mando de un coronel del ejército regular. En marzo de 1937, en previsión de una guerra que se presentaba más larga y difícil de lo previsto, Franco tomó medidas para crear un gran ejército. En la zona nacional fueron movilizados un millón de hombres.

En el bando republicano la situación era bien distinta. Incluso en las ciudades donde los militares eran leales, todo estaba desorganizado. El gobierno Giral se decidió a dar armas al pueblo. En realidad, se limitó a ratificar el hecho consumado. Las organizaciones de izquierda no habían esperado a su autorización para proveerse en los cuarteles y los arsenales. Cada sindicato organizó su propia milicia, que sólo le obedecía a él y desconfiaba de las demás. Los oficiales de carrera que seguían en sus puestos eran tratados con recelo. Casi siempre se les redujo a la función de consejeros técnicos, y no siempre fueron escuchados. No resultaba fácil convencer a estas milicias de que debían coordinar su acción y, sobre todo, aceptar el principio de un mando único. Faltaban armas. Cuando las había, no siempre se conocía su manejo. La disciplina era inexistente. El entusiasmo y el valor compensaron durante algún tiempo estas limitaciones. Apoyadas localmente por elementos de la guardia civil y

---

11. El 19 de julio de 1936, en cuanto llegó a Marruecos, Franco concedió a los legionarios (que ya cobraban el doble que los soldados del ejército regular) una peseta más al día. Tuvo que ablandar al gran visir Sidi Ahmed el Gamnia para que le facilitara el reclutamiento de regulares.

la guardia de asalto, las milicias hicieron frente, pese a todo, al adversario, y le detuvieron en las montañas del norte y el noreste de Madrid. Gracias a ellas la capital se salvó al principio del verano. Pero las milicias no parecían capaces de medirse con un ejército profesional organizado, equipado y disciplinado, ni con tropas de choque como las unidades de la Legión y los tabores marroquíes. Los comunistas se dieron cuenta de inmediato. El 20 de julio crearon lo que se llamó el Quinto Regimiento, que más que una unidad de combate era un centro de instrucción. En él oficiales de carrera o cuadros políticos (Modesto, Líster, etc.) se encargaron de encuadrar a los reclutas y darles una formación militar básica y nociones de estrategia antes de mandarles al combate. Presintiendo que la guerra sería larga, los comunistas se preocuparon de crear un ejército republicano capaz de oponerse con eficacia al ejército rebelde. Pero en el verano de 1936 todavía estaba todo por hacer. Cuando el gobierno Largo Caballero, a primeros de octubre, aceptó militarizar las milicias, lo hizo a regañadientes. La medida estuvo acompañada del envío de comisarios políticos para vigilar a los oficiales, lo que causó resentimientos y falta de agilidad. Hubo que esperar al verano de 1937 para que el ejército republicano, reorganizado por el gobierno Negrín, estuviera en condiciones de oponerse a sus adversarios.

Las reacciones internacionales

El 21 de julio de 1936 los facciosos disponían de un elemento de choque: el ejército de África. Pero tenían que trasladarlo a la península. La flota republicana vigilaba el Estrecho. Franco tuvo que ingeniárselas. Hizo reparar los aviones que habían sido saboteados en sus bases y pudo enviar algunos refuerzos, pero esos pequeños aparatos sólo podían transportar un número reducido de soldados. Entonces Franco recurrió a Italia y Alemania. Con Italia las primeras gestiones fueron poco alentadoras, pese a las promesas anteriores al alzamiento. Mussolini cambió de actitud después de ponerse en contacto con sus agentes en Tánger. El 30 de julio entregó nueve aparatos. Las cosas se presentaban mejor por el lado alemán. En Marruecos, Franco tenía a su lado a un miembro del partido nazi, quien le aconsejó que no perdiera el tiempo en gestiones diplomáticas y acudiera directamente a Hitler. Los emisarios de Franco, provistos de recomendaciones para ciertos miembros del partido, viajaron a Alemania y el 25 de julio se entrevistaron con Hitler, logrando convencerle. En vez de los doce aviones pedidos, el Führer entregó veinte. La mitad de estos aparatos llegaron directamente a Marruecos entre el 29 de julio y el 9 de agosto. Los otros se dirigieron a Cádiz el 11 de agosto. Estas entregas fueron decisivas. El 5 de agosto un convoy naval protegido por aviones alemanes e italianos transportó a 8.000 hombres al otro lado del Estrecho. Luego se organizó un puente aéreo que, hasta octubre, transportó a 14.000 hombres, 44 piezas de artillería y 500 toneladas de material.

El suministro de armas y material bélico (aviones, carros, artillería, transportes blindados) procedente de Alemania e Italia prosiguió durante todo el conflicto. Las dos potencias totalitarias no se limitaron a eso. Pronto pasaron del envío de material y técnicos al de unidades de combate. Los italianos empezaron con cuerpos de «voluntarios», los Camisas Negras, que llegaron con sus propios oficiales y equipamiento. Los efectivos aumentaron sin cesar hasta alcanzar la cifra de 40.000 hombres en febrero de 1937. Formaban el CTV (Corpo di Truppe Volontarie), a las órdenes del general Roatta. La participación alemana se concretó en la Legión Cóndor, tropas escogidas formadas sobre todo por aviadores, cuyos primeros elementos llegaron en noviembre de 1936. La Legión Cóndor disponía de armamento moderno, que los alemanes aprovecharon para probar en España. Esta ayuda exterior, decisiva para la suerte de la contienda, se debía a las afinidades ideológicas entre Franco y los regímenes totalitarios. El fascismo y el nazismo habían sido los modelos en los que se había inspirado la Falange, principal fuerza política en la zona «nacional». Franco también contrajo obligaciones debido a esta ayuda, pues cada vez dependía más de sus proveedores alemanes e italianos.[12]

Los republicanos no tuvieron tanta suerte. Se suponía que debían contar con la solidaridad del Frente Popular francés, tanto más cuanto que no pedían favores sino la aplicación de acuerdos anteriores, firmados en la época en que la derecha gobernaba en España. Propusieron comprar armas, pagándolas al contado. El 20 de julio Giral hizo una gestión en este sentido, pero tropezó con dos obstáculos:

— La defección del cuerpo diplomático. En varias capitales —de las más importantes, como París, Berlín o Londres— los embajadores abandonaron sus puestos o se pasaron al enemigo. En París el agregado militar pasaba las informaciones a su colega alemán y a la prensa de derechas, gracias a las cuales el *Écho de Paris* publicó el 23 de julio una advertencia al gobierno francés: «¿Se atreverá el Frente Popular francés a armar al Frente Popular español?».

— La actitud del gobierno británico, que el 22 de julio desaconsejó a Léon Blum que proporcionara ayuda militar a la España republicana, para evitar complicaciones internacionales. Como alternativa Francia propuso entonces, a primeros de agosto, la fórmula de la no injerencia en el conflicto español, que pronto se convertiría en no intervención. Gran Bretaña, Portugal, Bélgica y otras veintitrés naciones —entre ellas Alemania e Italia— se sumaron a la propuesta. Estos países se comprometieron a no suministrar material bélico a ninguno de los dos bandos. En Londres se formó un comité para vigilar la aplicación del acuerdo. Celebró su primera sesión el 9 de septiembre. La no intervención no fue obstáculo para que Alemania e Italia proporcionaran una ayuda cada vez más importante a los rebeldes. Francia, que la había sugerido, se debatía entre sus escrúpulos y su mala conciencia. No abandonó del todo a la España republicana, pero los suministros de armas tomaron formas clandestinas u oficiosas, y en cualquier caso nunca alcanzaron, ni por asomo, el volumen de las proporcionadas por los regímenes totalitarios.

Mucho más importante fue la ayuda de la Unión Soviética. Las primeras entregas llegaron a Cartagena el 15 de octubre de 1936: cincuenta carros, veinte camiones blindados y un centenar de bombarderos, que se enviaron rápidamente a Madrid. Los aviones de caza soviéticos, pilotados por aviadores rusos, entraron en acción en noviembre. Estos refuerzos dieron una superioridad relativa a la aviación republicana durante seis meses. Los suministros soviéticos prosiguieron hasta el final de la guerra. En cuanto a los combatientes, se trató sobre todo de voluntarios de todo el mundo que acudieron para apoyar la causa de los republicanos. Uno de los primeros fue André Malraux, que viajó a España el 21 de julio para hacerse cargo de la situación. Regresó a París e hizo campaña con el lema: «¡Aviones para España!».

---

12.   No había que disgustar a Alemania e Italia. Por eso Franco prohibió la difusión en España de la encíclica de Pío XI *Mit brennender Sorge* contra el nazismo.

El 8 de agosto estaba de vuelta encabezando una escuadrilla. Permaneció en España hasta febrero de 1937. El grueso de las tropas extranjeras al servicio de la España republicana lo constituyeron las Brigadas Internacionales. El 60 por 100 de estos voluntarios eran comunistas.[13] Los primeros contingentes (1.900 hombres) llegaron en octubre de 1936. En el otoño de 1938, en el momento de partir, las Brigadas Internacionales contaban con 60.000 combatientes, procedentes de 53 países. La cuarta parte eran franceses.

Orden social y revolución

Si el gobierno británico —y no sólo él— optó por abandonar a la España republicana a su suerte, fue en gran medida a causa de las informaciones alarmantes que le llegaban sobre los sucesos españoles. El 23 de julio de 1936 los facciosos crearon en Burgos un Comité de Defensa Nacional, que proclamó la ley marcial en la llamada zona nacional. La autoridad militar tuvo plenos poderes. Los partidos de izquierda y los sindicatos fueron disueltos, sus militantes encarcelados, y las huelgas y manifestaciones prohibidas. Estas medidas dieron la impresión de que en estos territorios reinaba el orden. Además, las clases altas se habían unido en masa a los sublevados, no sólo la aristocracia y los grandes propietarios, sino también gran parte de las clases medias y la pequeña burguesía, así como el conjunto del clero. Por mucha reserva o prevención que suscitara la tendencia fascista de algunos jefes nacionalistas, los círculos dirigentes de las democracias occidentales los veían ante todo como personas de orden, los únicos capaces de oponerse a la subversión. Lo que obró fue un reflejo de clase.

Enfrente estaba la anarquía. Los conspiradores justificaban el alzamiento como un intento de atajar una inminente revolución social. Lo que tanto temían se produjo, pero después de su golpe, ya que desencadenaron la revolución en la zona republicana. En efecto, la izquierda y los sindicalistas tomaron el poder y se dispusieron a acabar con el capitalismo ahora que ya nada podía frenarles, pues la época de las contemplaciones con los partidos «burgueses» había pasado. El estado se vino abajo. En Madrid, por mucho que Giral mantuviera la ficción de un gobierno republicano y moderado, el poder real se le escapó de las manos. Por doquier surgieron poderes locales autónomos, sobre los que no tenían la menor autoridad los representantes del estado —los gobernadores civiles—. Estos comités estaban dominados por los partidos de extrema izquierda y los sindicatos, que se vigilaban unos a otros y no siempre se entendían entre ellos. Los anarquistas de la FAI y la CNT se adelantaron a sus rivales. A menudo ocupaban todo el terreno y hacían grandes promesas. Según ellos había que ganar la guerra y al mismo tiempo hacer la revolución, ganar la guerra para asegurar el triunfo de la revolución, dialéctica que desacreditaba de antemano a sus oponentes, a los que acusaban de frenar el ímpetu popular y dar posibilidades al enemigo. Esta campaña iba dirigida no

---

13.   Entre ellos había hombres que más adelante tuvieron importantes responsabilidades en la lucha contra el nazismo y en Europa del Este: Klement Gottwald, futuro presidente de la República Popular de Checoslovaquia, Walter Ulbricht, futuro presidente de la RDA, Dimitrov, futuro jefe del gobierno búlgaro, Lazlo Rajk, Palmiro Togliatti, Pietro Nenni, Charles Tillon, André Marty, Auguste Lecœur, François Billoux, el coronel Rol-Tanguy...

sólo contra los republicanos moderados, sino también contra el ala derecha del Partido Socialista y el Partido Comunista, que procuraba mantener la alianza con las clases medias y ganarse la confianza de los gobiernos extranjeros. Estas diferencias se agudizaron sobre todo en Cataluña. En Barcelona los anarquistas habían contribuido eficazmente a aplastar el alzamiento militar. El 21 de julio aceptaron colaborar con las otras fuerzas de izquierdas en el seno de un Comité de Milicias Antifascistas, pero se apoderaron de los sectores más importantes: la guerra, la organización de las milicias, la seguridad y el avituallamiento. La Generalitat siguió en sus funciones, presidida por Companys, pero se limitó a dar forma legal *a posteriori* a las decisiones del Comité, creando la ilusión de que las instituciones republicanas funcionaban normalmente. En Cataluña, Aragón, Levante, Castilla la Nueva y la provincia de Jaén los campesinos se apoderaron de las tierras y los obreros de las fábricas. Se decretó la colectivización y el comunismo libertario. Para una parte del proletariado español, encuadrado por los anarquistas, los socialistas de izquierda y los trostkistas del POUM, la guerra y la revolución eran complementarias y no se podían separar. Otros, y en especial los comunistas, pensaban que una excluía a la otra: si se quería ganar la guerra había que formar un frente democrático que aglutinara a todos los que se oponían al fascismo y tranquilizara a las potencias extranjeras. Durante diez meses, hasta la caída del gobierno Largo Caballero en mayo de 1937, en el bando republicano la lucha contra los rebeldes se complicó con un conflicto interno cada vez más enconado.

Lucha de clases

Desde el primer momento la guerra de España fue de una atrocidad inusitada, que horrorizó a los que la conocieron y a los que oyeron hablar de ella. En los dos bandos hubo un encarnizamiento con el adversario. Durante tres años se sucedieron los arreglos de cuentas, las ejecuciones sumarias, las represalias salvajes y las matanzas de prisioneros. En la península se libró una lucha de clases terrible. Para ciertos militantes, los del otro bando no eran compatriotas, sino enemigos a eliminar. Se comprende, pues, la angustia de los que no se resignaban a este maniqueísmo y, aterrorizados por estas crueldades, temían ser algún día sus víctimas. Según la zona en la que se encontraran, se adhirieron a los partidos que más garantías les podían ofrecer: la Falange o el Partido Comunista.

Para algunos militantes de extrema izquierda cualquier burgués era sospechoso, y debía ser eliminado como enemigo de clase o miembro potencial de una «quinta columna».[14] Los primeros que estuvieron en el punto de mira fueron los terratenientes y patronos, pero muchos de ellos habían tomado la precaución de huir o esconderse, por lo que los asesinados fueron sobre todo individuos de clase media. Pequeños grupos armados que actuaban por su cuenta sacaban de su casa a cualquier «fascista» y le llevaban a «dar un paseo», matándolo en alguna cuneta. A veces las ejecuciones estuvieron precedidas de un furor colectivo y adquirieron proporciones más importantes. Fue lo que sucedió en agosto de 1936, cuando fue asaltada la cárcel de

---

14. Al principio de la guerra el general Mola había anunciado el envío de cuatro columnas que convergían hacia la capital. Llegado el momento, serían apoyadas por la «quinta columna», formada por los simpatizantes que estaban en la zona republicana.

Madrid. Decenas de presos —muchos de los cuales no tenían nada que ver con el fascismo—[15] fueron ejecutados sin juicio.

El odio no fue menos mortífero en la zona nacional. Aquí la amenaza pesaba sobre los proletarios, sindicalistas o no, y los que eran sospechosos de simpatizar con ellos o preocuparse por su suerte: maestros, profesores, masones reales o supuestos, pastores protestantes, intelectuales... En sus charlas familiares de Radio Sevilla el general Queipo de Llano dio su versión: el orden tradicional establecía que los pobres se sometieran a las leyes de los ricos, y así se había hecho desde Adán; la República quiso cambiar las cosas, y eso fue lo que movió a los militares a sublevarse. En octubre de 1936 el capitán González de Aguilera, encargado de relaciones públicas de la Junta de Burgos, recibió a los representantes de la prensa internacional. Presentó a los rojos como animales a los que «tenemos que matar, matar y matar» y, delante de sus atónitos interlocutores, el capitán explicó su visión de las cosas: en el fondo lo que pasaba en España se debía al alcantarillado. Antes de que se instalara los pobres morían en sus viviendas insalubres por falta de higiene y cuidados. Luego sobrevivieron. Cuando terminara la guerra se pondría orden: el alcantarillado era para los amos, no para los esclavos. Entre los nacionales este odio de clase no era exclusivo de unos cuantos paranoicos. Los dirigentes lo sentían, y no lo ocultaban. En marzo de 1937, en vísperas de la ofensiva contra Bilbao, Mola pidió a los aviadores de la Legión Cóndor que destruyeran las fábricas siderúrgicas del País Vasco. El jefe alemán se sorprendió: después de tomar la ciudad, ¿no necesitarían los nacionales esas instalaciones para sostener el esfuerzo de guerra? Da igual, replicó Mola, «España está totalmente dominada pos sus centros industriales de Bilbao y Barcelona», había demasiadas industrias y demasiados proletarios. Franco tampoco ocultó sus intenciones de hacer una guerra de exterminio. El 27 de julio de 1936, en Tetuán, le explicó a un periodista norteamericano que estaba dispuesto a llegar hasta el final, a cualquier precio. El periodista insistió: «¿Significa eso que tendrá que matar a media España?». Y Franco contestó: «Le repito, a cualquier precio».

Era, sin duda, una lucha de clases, la lucha de los que no tenían nada contra los que no querían renunciar a nada. A un lado los obreros, los campesinos, los artesanos, los pequeños comerciantes y una parte de las clases medias. Enfrente otra parte de las clases medias, los ricos, los terratenientes, los banqueros, la Iglesia y la aristocracia. El pueblo luchaba por el pan, la escuela, la libertad y, ante todo, la vida. Fue este sentimiento el que Dolores Ibárruri, la Pasionaria, supo expresar durante la batalla de Madrid: «Antes morir de pie que vivir de rodillas».

Resulta tentador —y demasiado fácil— atribuir estas barbaridades a una locura colectiva y medir a los contendientes por el mismo rasero, diciendo que se cometieron excesos en los dos bandos. Las responsabilidades no se reparten por igual. No hay comparación posible entre la violencia de los «rojos» y la de los «nacionales». La primera fue consecuencia, sobre todo, del desmoronamiento del estado republicano el 20 de julio de 1936 a causa del alzamiento. El gobierno perdió el control de la situación. Los mecanismos de que disponía ya no funcionaron: se quedó sin ejército regular, sin policía, sin tribunales. Las puertas de las cárceles se abrieron para liberar a los políticos afines encarcelados, y con ellos salieron los

---

15.   Entre ellos estaba Melquíades Álvarez, dirigente de un pequeño partido en el que había militado Manuel Azaña.

delincuentes comunes. Se repartieron armas al pueblo sin comprobar en qué manos caían. El poder pertenecía a unos comités que tenían muchas dificultades para imponer su autoridad, discutida por otros grupos o comités. En estas circunstancias las iniciativas individuales o los desenfrenos colectivos no hallaron ningún obstáculo. Cualquier crimen tenía la impunidad asegurada, ya fuera debido a la pasión política o al resentimiento. Durante meses el gobierno se esforzó por acabar con esta situación, reconstruir el estado y restablecer su autoridad. Esta determinación se saldó con choques sangrientos en el propio bando republicano, sobre todo entre anarquistas y comunistas, porque los comunistas no tardaron en adoptar una postura coherente: querían reconstruir el estado, formar un ejército regular y disciplinado, y mantener la alianza entre el proletariado y los partidos burgueses. Estas metas no se alcanzaron hasta la primavera de 1937, y aun así hubo regiones más o menos autónomas hasta el fin de la guerra. Lo más importante no fue eso. Las autoridades republicanas nunca avalaron los crímenes que se cometían en su bando. Siempre los condenaron, si no habían podido evitarlos. Recordemos, por ejemplo, la exclamación de Azaña en agosto de 1936 al enterarse de la matanza de la cárcel Modelo: «No quiero ser presidente de una república de asesinos». Un mes después el mismo Azaña, cuando el gobernador civil de Almería le informó de que en su provincia sólo había habido unas decenas de ejecuciones sumarias, le contestó: «¡Matar es!».[16]

En la zona nacional no hubo ninguna declaración parecida.[17] También aquí actuaron elementos descontrolados, como los grupos armados de falangistas y carlistas, ansiosos de saldar cuentas o perpetrar venganzas personales.[18] Pero los generales no tardaron en dominar la situación. Proclamaron la ley marcial y no toleraron ningún desorden. Lo cual autoriza a pensar que los crímenes cometidos en la zona nacional contaron con la aprobación de las autoridades militares. Y, por añadidura, con la bendición de la Iglesia, como pudo comprobar con horror Georges Bernanos, testigo ocular de lo ocurrido en las Baleares.[19] Allí el terror no lo sembró el «lumpen», sino jóvenes de buena familia que no carecían de nada y hacían alarde de sentimientos religiosos. En Valladolid —ciudad obrera, pero conquistada por los rebeldes en las primeras horas del alzamiento— la gente bien asistía a los fusilamientos como quien va a un espectáculo, con puestos de churros incluidos. El 25 de septiembre de 1936 un periódico local, *El Norte de Castilla*, tuvo que reclamar un poco de caridad cristiana para los desdichados que iban al paredón.

16. No fueron unas declaraciones aisladas, todos los dirigentes republicanos las hicieron del mismo tenor. Véase, por ejemplo, el testimonio de Diego Abad de Santillán, que había sido dirigente anarquista en Barcelona: «No queremos negar que el 19 de julio ha traído consigo un desborde de pasiones y abusos ... Es posible que nuestra victoria haya significado la muerte violenta de cuatro o cinco mil ciudadanos de Cataluña catalogados como hombres de derechas, vinculados a la reacción política o a la reacción eclesiástica ... Por muchos límites que se le opongan, es como el dique que se desborda: lo arrolla y lo devasta todo a su paso hasta que, al dilatarse, pierde su intensidad».

17. Pedro Laín Entralgo, que por entonces estaba en el bando nacional, lo reconoció más tarde y lo deploró: «De los millares de asesinatos que, durante la guerra, bajo el orden externo más riguroso y la más impecable disciplina, fueron cometidos ..., ¿quién ha hablado luego?».

18. Fueron grupos de este tipo los que mataron a Federico García Lorca en Granada, en agosto de 1936.

19. *Les grands cimetières sous la lune.*

En la zona nacional las purgas estaban planeadas desde mucho antes del alzamiento. Una instrucción secreta del general Mola, fechada el 25 de mayo de 1936, dice explícitamente:

> Se tendrá en cuenta que la acción ha de ser en extremo violenta, para reducir lo antes posible al enemigo, que es fuerte y bien organizado. Desde luego, serán encarcelados todos los directivos de los partidos políticos, sociedades o sindicatos no afectos al Movimiento, aplicándose castigos ejemplares a dichos individuos, para estrangular los movimientos de rebeldía o huelgas.

Este plan se aplicó de un modo riguroso. Al principio se hicieron ejecuciones sumarias, sin juicio. Se podían oír comentarios de este estilo cuando un grupo de campesinos era conducido al paredón: «¡Dadles la reforma agraria!». A raíz de algunas protestas[20] se guardaron más las formas. Se condujo a las víctimas ante consejos de guerra,[21] que volvieron contra ellas la legalidad republicana, con acusaciones de sedición, complicidad con la rebelión, etc. A partir de marzo de 1937 las condenas a muerte, en principio, debían ser ratificadas por el estado mayor de la rebelión. Franco revisaba personalmente los expedientes, mientras tomaba un café o iba en coche.[22] De vez en cuando anotaba al margen: «garrote y prensa», porque no bastaba con eliminar al adversario, había que darlo a conocer, para aterrorizar y desmoralizar a los rojos. La publicidad formaba parte del sistema. Incluso hubo algunas conmutaciones de pena, que casualmente llegaban demasiado tarde...

Cabe preguntarse: ¿cuántas víctimas hubo? Algunos cálculos hablan de más de 70.000 ejecuciones sumarias en la zona republicana y más de 57.000 en la franquista (35.000 durante la guerra y 23.000 después). Estas cifras parecen muy escasas. Más que esta contabilidad macabra, lo importante es el horror que suscita este desencadenamiento de violencias, unas espontáneas y deploradas, las otras calculadas y planeadas. Nada justifica las primeras, todo acusa a los responsables de las segundas.

La persecución religiosa y la cruzada contra el comunismo

Uno de los aspectos más dramáticos de la ola de violencia en la zona republicana fue la persecución contra los miembros del clero católico. Miles de curas, frailes, seminaristas y monjas fueron asesinados. Algunos, considerados mártires de la fe, han sido beatificados por la Iglesia en fecha reciente. Al mismo tiempo se produjeron ataques contra los lugares y los objetos de culto. Hubo iglesias y conventos

---

20. Algunos oficiales italianos que luchaban junto a los rebeldes quedaron desagradablemente sorprendidos por la arbitrariedad de las ejecuciones y represalias. A los nazis y los fascistas les parecía absurda esta manera de eliminar a la izquierda sin discriminación. Según ellos, habría sido más inteligente tratar de que el futuro régimen contara con apoyo popular.

21. Uno de los fiscales militares más despiadados —se ganó el sobrenombre de «carnicero de Málaga»— hizo más tarde una brillante carrera: Carlos Arias Navarro sucedió en 1973 al almirante Carrero Blanco, y fue el último jefe de gobierno del régimen franquista.

22. Unamuno se equivocaba. En diciembre de 1936 creía que Franco cerraba los ojos y que la represión, a sus espaldas, era más bien cosa del general Mola, «un monstruo de perversidad, venenoso y rencoroso». Franco hablaba —y escribía— menos que Mola, pero actuaba con una determinación más fría.

saqueados, imágenes mutiladas y reliquias destruidas.[23] Excepto en el País Vasco, se prohibieron las ceremonias religiosas. Los que celebraban misas clandestinas o asistían a ellas se jugaban la vida. La persecución religiosa tuvo una amplitud y una violencia inusitadas.[24] Sólo una identificación de la Iglesia española con las clases dominantes, que la hiciera aparecer como algo inseparable de ellas, podría explicar este encono. Fue precisamente lo que ocurrió, y la Iglesia lo pagó caro. Durante la guerra civil, en la zona nacional, muy pocos sacerdotes protestaron contra la represión sanguinaria que se abatió sobre los hijos de Dios. En cuanto a los obispos, se cuentan con los dedos de una mano. Para la inmensa mayoría de la Iglesia las víctimas no eran hijos de Dios, sino instrumentos del Diablo. El 30 de septiembre de 1936 el obispo de Salamanca, Pla y Deniel, publicó una carta pastoral titulada *Las dos ciudades*. Inspirándose en san Agustín, el prelado oponía la ciudad terrestre a la ciudad de Dios. La primera era la zona republicana, dominada por el odio, la anarquía y el comunismo. En la segunda, identificada con la zona nacional, reinaba el amor a Dios, el heroísmo y el martirio. La carta pastoral justificaba *a posteriori* el alzamiento del 18 de julio: una España laica ya no era España, de modo que había que acabar con la República. Se trataba de un alzamiento destinado a restablecer el orden. Aunque tuviera forma de guerra civil, en realidad era una cruzada. Esa fue la palabra clave: cruzada, repetida sin cesar hasta la muerte de Franco. Los conspiradores del 18 de julio habían emprendido una cruzada contra el bolchevismo y la conjura judeomasónica que pretendía destruir el catolicismo. Los «nacionales» eran soldados de Dios, luchaban por una causa sagrada, eran cruzados de Cristo Rey y de España.[25] ¿También los moros de los tabores? Tam-

23. Los dirigentes republicanos se preocuparon de proteger algunas reliquias. Las tropas franquistas, al tomar Málaga, encontraron en un hotel el brazo de santa Teresa. Fue enviado a Franco, que no quiso devolvérselo a las carmelitas de Ronda y no se separó de él hasta su muerte.
24. El artículo de Hilari Raguer («Le vicaire du cardinal, Mgr Rial Lloberas», en la *Revue d'Histoire Ecclésiastique* de Lovaina, LXXIX, 1984) aporta datos sobre la cronología de la persecución religiosa en Cataluña. El vicario general de Cataluña, Rial i Lloberas, había procurado mantener una actividad pastoral elemental en las casas particulares de Barcelona donde se habían refugiado muchos curas, que pasaban relativamente inadvertidos. Hasta septiembre de 1936 los curas fueron ejecutados sumariamente —el canónigo Cardó atribuye estas matanzas a los «murcianos» de la CNT—; luego los tribunales populares introdujeron ciertas garantías, y la cárcel sustituyó a la pena de muerte. Tras la eliminación de los anarquistas en mayo de 1937, casi todos los curas encarcelados fueron liberados. Las persecuciones se reanudaron durante la ofensiva franquista de enero-febrero de 1939. Después de mayo de 1937, Irujo, ministro de Justicia del gobierno Negrín, se esforzó por acabar con las persecuciones e hizo un intento de reconciliación entre la Iglesia y la República. Con su aprobación, Rial i Lloberas transmitió al Vaticano un mensaje de Álvarez del Vayo, ministro de Asuntos Exteriores: el gobierno Negrín estaba decidido a restablecer la libertad religiosa. El vicario general de Barcelona, Torrent, saboteó las negociaciones, oponiéndose a cualquier normalización y a cualquier celebración pública del culto en la Cataluña roja. Amenazó con sanciones canónicas a los sacerdotes que incumplieran esta orden. Había que demostrar a toda costa que el catolicismo y la República eran incompatibles.
25. Alertados por unos amigos, los católicos franceses reaccionaron contra esta connivencia. Cf. el prólogo de Jacques Maritain al libro del profesor Alfredo Mendizábal, *Aux origines d'une tragédie. La politique espagnole de 1923 à 1936* (París, s. f. [1937]): «¡Invóquese pues, si se considera justa, la justicia de la guerra que se hace, pero que no se invoque su santidad! Mátese, si se cree necesario, en nombre del orden social o de la nación. Eso ya es bastante horrible, pero que no se mate en nombre de Cristo Rey». Para Maritain, la noción de guerra santa utilizada en la España franquista suponía una *islamización de la conciencia religiosa*.

bién ellos, pues en la guerra civil «los que creen en Dios luchan contra los que no creen en Dios». ¿Y los vascos, católicos y sin embargo republicanos? También ellos representaban la anti-España, dado que eran separatistas. En septiembre de 1936 el general Mola expulsó al obispo de Vitoria, Múgica, afecto al alzamiento militar, pues *a priori* era sospechoso por ser vasco. Un mes después Mola mandó fusilar a catorce curas vascos.[26] Cuando Franco, después de asumir plenos poderes, llegó a Salamanca en octubre de 1936 para tomar el mando de las operaciones, no se instaló en un cuartel, sino en el palacio episcopal que el obispo Pla y Deniel puso a su disposición. Hasta ese punto llegaba la confusión entre la Iglesia y los «nacionales». Pero no bastaba, había que proclamar a los cuatro vientos, de forma solemne, el carácter sagrado del combate contra la República. Tal era el fin que se proponía la carta colectiva del episcopado español publicada el 1 de julio de 1937 y dirigida a los obispos de todo el mundo. Sólo dos obispos se negaron a firmar: el cardenal Vidal i Barraquer, arzobispo de Tarragona, y Múgica, obispo de Vitoria. Nunca se lo perdonaron.[27]

El Vaticano aprobó la postura de la Iglesia española. En diciembre de 1936 se hizo representar ante la Junta de Burgos por el cardenal Gomá, arzobispo de Toledo y primado de España, el hombre que meses después redactaría la carta colectiva de los obispos. El papa rechazó sistemáticamente las gestiones del gobierno Negrín para restablecer el culto católico por lo menos en una parte de la España republicana. Siguiendo instrucciones suyas, el vicario general de Barcelona amenazó con suspender a los sacerdotes que osaran celebrar oficios en capillas o iglesias devueltas al culto. Eso equivaldría a reconocer que el régimen republicano no era intrínsecamente ateo y totalmente hostil al catolicismo. Consecuente consigo mismo, el papa Pío XII le envió a Franco un telegrama en abril de 1939 para felicitarle por su victoria:

> Levantando nuestro corazón al Señor, agradecemos sinceramente a Vuestra Excelencia deseada victoria católica España … Efusivamente enviamos a Vuestra Excelencia y a todo el noble pueblo español nuestra apostólica bendición.

La causa de Franco se identificó con la del catolicismo. No es extraño, pues, que millones de españoles se comportaran como adversarios de la Iglesia entre 1936 y 1939.

---

26. El cardenal Gomá, que al parecer no se inmutó por el resto de las ejecuciones, se quejó a Franco. Éste le aseguró que no volvería a suceder nada semejante. Había que mantener a toda costa la idea de que todos los republicanos eran ateos. Fusilar curas equivalía a admitir que se podía ser católico y republicano.
27. El canónigo catalán Cardó acusa al episcopado español de haber hecho todo lo posible por malquistar a los catalanes con la Iglesia. La mitad de los obispos nombrados en Cataluña eran anticatalanes, «la gent començava a preguntar-se si ésser català era compatible amb ésser catòlic» (Carles Cardó, *El gran refús*, Barcelona, 1994). Para Cardó las tribulaciones de la Iglesia española de la época se vieron agravadas por la rivalidad personal entre los cardenales Vidal i Barraquer, arzobispo de Tarragona, y Gomá, arzobispo de Toledo. Ambos eran naturales de Tarragona. Gomá «tant espiritualment com corporalment era un home estructurat a la germànica [*sic*]»: inteligente, culto, orador pomposo, pero sectario. En 1931 se opuso a Vidal, un asceta, un hombre lleno de cordura y temperamento latino. Vidal estaba dispuesto a aceptar la República, por lo que desde entonces tuvo que soportar toda clase de acusaciones: separatista, republicano, rojo, masón…

Los grandes momentos

El 21 de julio de 1936 los facciosos no habían logrado, como esperaban, imponerse a sus adversarios. Los dos bandos se dispusieron a enfrentarse en una guerra que se presentaba larga. Del verano de 1936 cabe destacar dos aspectos:

— los milicianos de la República, combatientes improvisados, estaban a la defensiva en todas partes, tratando de mantener las posiciones que habían logrado conservar el 21 de julio;

— en el lado de los rebeldes la situación era desigual, según los teatros de operaciones.

En el norte de la península las tropas al mando de Mola se estancaron. No consiguieron pasar de la sierra de Guadarrama, y su avance sobre Madrid quedó detenido. Sólo a primeros de septiembre, después de los bombardeos diarios de los aviones italianos y los buques de guerra, ocuparon Irún, y luego San Sebastián. Este éxito les permitió bloquear la frontera con Francia, privando a los republicanos de los refuerzos que pudieran llegar por allí. La segunda consecuencia fue que Vizcaya, Santander y Asturias, que permanecían en zona republicana, quedaron aislados.

En cambio, en el sur, Franco avanzó a buen paso. Fue allí donde se puso de manifiesto la superioridad de las tropas coloniales (Legión y regulares marroquíes), bien pertrechadas y disciplinadas. El general Yagüe, que estaba al frente, habría podido marchar sobre Madrid vía Córdoba, Despeñaperros y La Mancha, pero prefirió lanzarse sobre Mérida para despejar la frontera con Portugal, país aliado. El avance fue rápido, y estuvo acompañado de atrocidades destinadas a minar la moral de la población. Mérida cayó el 10 de agosto. Cientos de milicianos prisioneros —campesinos con armas heterogéneas— fueron fusilados. Cuatro días después Yagüe asaltó Badajoz. Los legionarios se entregaron a una carnicería espantosa, una orgía de matanzas y pillaje. Las calles se llenaron de cadáveres. Después de la batalla cientos de civiles fueron concentrados en la plaza de toros. Los que tenían en el hombro la marca de la culata del fusil fueron ejecutados inmediatamente. El exterminio continuó durante semanas. Cuando un periodista norteamericano le preguntó sobre estas matanzas, Yagüe le contestó sin rodeos:

Claro que los fusilamos. ¿Qué esperaba? ¿Suponía que iba a llevar cuatro mil rojos conmigo mientras mi columna avanzaba contra reloj? ¿Suponía que iba a dejarlos sueltos a mi espalda y dejar que volvieran a edificar una Badajoz roja?

Los legionarios avanzaron por el valle del Tajo. Aterrorizados por la carnicería de Badajoz, los milicianos abandonaron Talavera a toda prisa. La ciudad fue ocupada el 3 de septiembre. También aquí hubo una matanza deliberada. El ejército del sur (Franco) conectó con el del norte (Mola).

El 21 de septiembre Yagüe se encontraba en Maqueda. Madrid estaba a su alcance, pero Franco ordenó a la columna Varela que se desviara al este, hacia Toledo. ¿Cómo explicar esta decisión? Toledo no tenía mucha importancia estratégica, pero Franco quería intentar una hazaña: liberar el alcázar, donde el coronel Moscardó resistía un asedio desde julio con seiscientos guardias civiles, soldados y civiles, mujeres y niños, entre los que había varios rehenes.[28] El alcázar era la sede de las escuelas militares de infantería, caballería e intendencia, pero en julio, cuando se produjo el alzamiento, los cadetes estaban de vacaciones. Sólo quedaban ocho, lo que no fue obstáculo para que la propaganda franquista exaltara el heroísmo de los cadetes del alcázar, que habían resistido durante dos meses el asedio de las «hordas rojas». El ataque empezó el 25 de septiembre. Toledo cayó el 27. Cuando los legionarios y los regulares entraron en la ciudad no se permitió el paso de los corresponsales de guerra, para que no hubiera testigos de lo que se avecinaba. Fue otra carnicería. No se hicieron prisioneros y la sangre corrió abundante por las calles. El 28, Varela entró en la fortaleza y abrazó al coronel Moscardó. Franco se presentó al día siguiente.

La batalla de Madrid

Con la liberación del alcázar Franco cosechó un éxito personal que le dio prestigio y consideración, pero perdió la ocasión de tomar Madrid.[29] El gobierno republicano aprovechó el respiro para reforzar la defensa de la capital. La batalla de Madrid parecía perdida de antemano. Desde Toledo, el ejército de África reanudó su avance hacia el norte. El 31 de octubre los 25.000 hombres de Varela llegaron a las afueras de la capital, por el oeste y por el sur. Todos estaban convencidos de que iba a caer, empezando por el gobierno de Largo Caballero, que se trasladó a Valencia el 6 de noviembre. En las filas de los asaltantes se saboreaba la victoria. El día 7 Franco anunció que al día siguiente iría a misa en una iglesia de Madrid. Algunos estaban tan seguros que se adelantaron al acontecimiento. El día 8 Austria envió un telegrama de felicitación a Franco a esta dirección: «Ministerio de la Guerra, Madrid». Más aún: ¡Radio Lisboa relató la acogida entusiasta de los madrileños al caudillo, y el corresponsal de la cadena Hearst describió con todo lujo de detalles el desfile de la victoria! El 8 de noviembre, mientras se difundían estas informaciones, se combatía en las afueras de Madrid. Porque Madrid resistía. Al partir, el gobierno de Largo Caballero confió su defensa a Miaja, un general que carecía de un historial distinguido, pero dio muestras de una capacidad insospechada. Además tuvo el acierto de nombrar jefe de su estado mayor a un oficial muy brillante, Rojo, y contaba con importantes bazas. Para empezar, con el valor y la determinación de las milicias de la población, conscientes de lo que se jugaban y de la suerte que les esperaba si la Legión y los moros entraban en Madrid. Además, a primeros de noviembre llegaron las primeras armas soviéticas —tanques y aviones—, así como los primeros elementos de las Brigadas Internacionales. Por último, la suerte se alió con Miaja, pues en un tanque capturado el 7 de noviembre los milicianos hallaron el plan de ataque de Varela.

El asalto se produjo el día 8. Por primera vez desde su desembarco en la península los legionarios y los moros tropezaron con una resistencia seria. Tuvieron

---

28. Unos rehenes de los que nunca más se supo. Se desconoce qué fue de ellos tras la liberación del alcázar.

29. En diciembre de 1936 se lo confesó a un periodista portugués: «Cometimos un error militar y lo cometimos deliberadamente. Tomar Toledo exigía que desviáramos nuestras fuerzas de Madrid. Para los nacionales españoles, Toledo representaba un tema político que había que resolver».

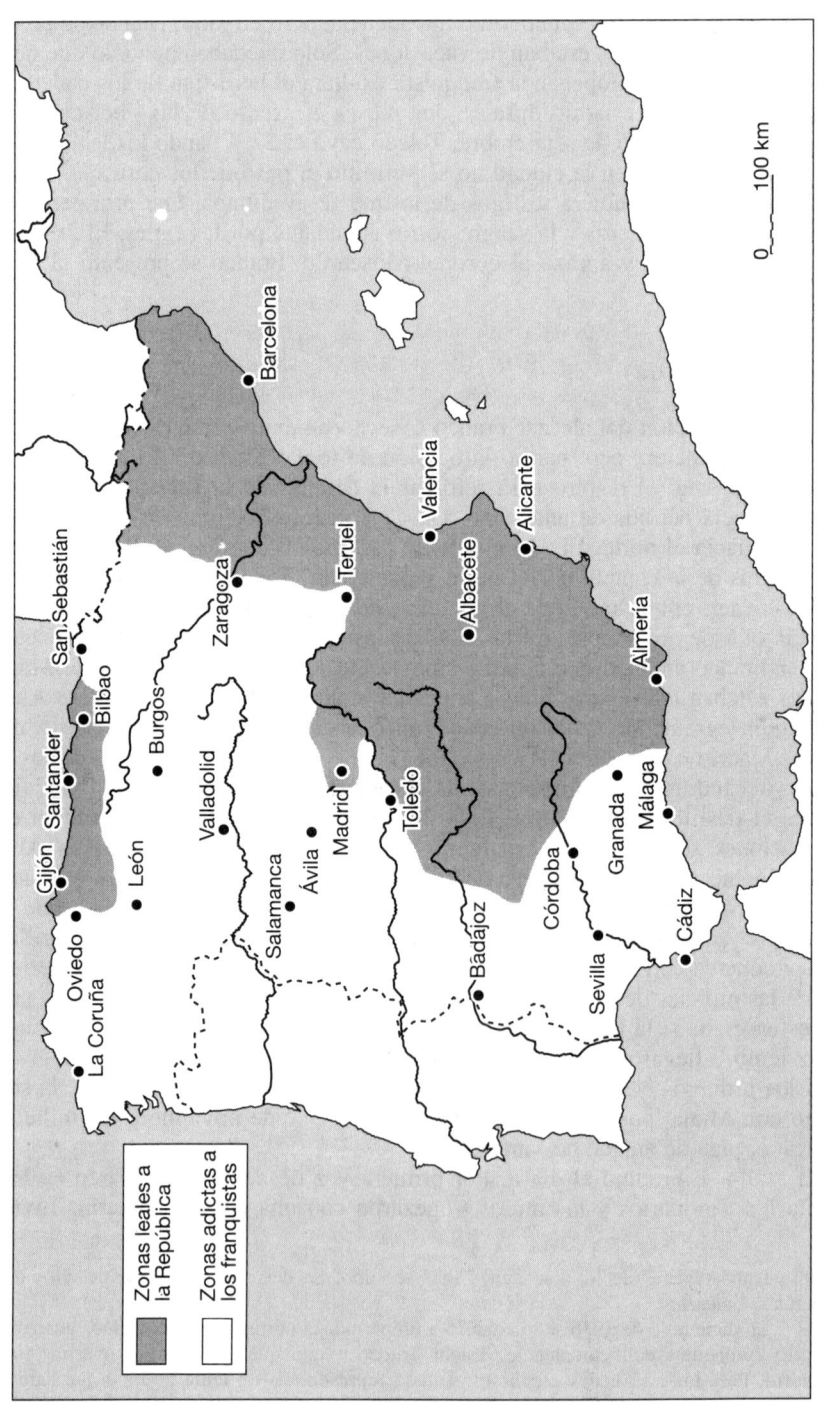

MAPA 11.   La relación de fuerzas en noviembre de 1936.

muchas bajas al tratar de cruzar el Manzanares y luego en la Ciudad Universitaria, donde se combatió cuerpo a cuerpo. A partir del día 12 la Legión Cóndor bombardeó los barrios obreros.[30] El 22 los franquistas dieron por perdida la batalla. No habían podido avanzar más allá de la Ciudad Universitaria, en el sector oeste de las afueras. Contra toda previsión Madrid había resistido. La esperanza de los milicianos se había hecho realidad. «¡No pasarán!», gritaban a finales de octubre. Y no habían pasado.

Al no poder dar el golpe decisivo en Madrid, los franquistas decidieron consolidar sus posiciones en Andalucía y apoderarse de un puerto mediterráneo, Málaga. La operación corrió a cargo de los italianos del general Roatta, ansioso por entrar en combate y mostrar la eficacia de sus columnas motorizadas. El asalto se produjo después de que la aviación y la marina bombardearan profusamente la ciudad, y Málaga cayó el 7 de febrero de 1937. Una vez más se impidió el paso de los corresponsales de prensa. La represión fue feroz. Durante la primera semana fueron fusilados unos tres mil prisioneros. A pesar de las protestas de los oficiales italianos, disgustados por ese ensañamiento con los vencidos, las ejecuciones continuaron durante meses.

Al mismo tiempo los franquistas volvieron a la carga en el frente de Madrid. Esta vez la ofensiva se lanzó al sureste de la capital, en el valle del Jarama. Un ejército de 60.000 hombres, bien pertrechado, pasó al ataque el 6 de febrero de 1937. Cruzó el Jarama, pero no pudo alcanzar su objetivo, la carretera Madrid-Valencia. Las tropas republicanas, apoyadas por las Brigadas Internacionales, lo rechazaron después de unos combates de intensidad inusitada. Fue la batalla más cruenta de toda la guerra civil. Las bajas fueron muy numerosas en los dos bandos: 10.000 muertos entre los republicanos y cerca de 7.000 entre los nacionales. Alentados por su éxito de Málaga, los italianos estaban deseosos de mostrar, una vez más, su capacidad guerrera. Se preparó una operación más al este, para tomar Guadalajara. Los italianos concentraron 45.000 soldados, aviones, tanques y artillería pesada. En el momento oportuno los legionarios, moros y requetés procedentes de Soria debían apoyarles por el norte. El ataque comenzó el 12 de marzo, pero los esperados refuerzos franquistas se pusieron en camino con excesiva lentitud. ¿Error en las comunicaciones de estado mayor, o mala voluntad? Lo cierto es que a Franco no le hacía mucha gracia que los italianos cosecharan otra victoria. Sea como fuere, el ataque fue rechazado y los italianos se batieron en retirada, acosados por el batallón Garibaldi de las Brigadas Internacionales, que se dirigían a ellos en su propia lengua por medio de octavillas y altavoces.

En vista de estos fracasos sucesivos alrededor de Madrid, Franco prefirió aplazar la ofensiva contra la capital. Sus ataques se lanzaron en otros frentes, siguiendo un plan minucioso:

— Aterrorizar a la población y minar su moral. Tal era el objetivo de los bombardeos de ciudades, que se saldaron con miles de víctimas y de personas sin techo.

— Avanzar lentamente y con limpiezas sistemáticas, como explicó el propio Franco: «En una guerra civil es preferible una ocupación sistemática de territorio, acompañada por una limpieza necesaria, a una rápida derrota de los ejércitos enemigos que deje el país infestado de adversarios». Este método descartaba la rendi-

---

30. No cayó ninguna bomba sobre el barrio de Salamanca...

ción pactada y la amnistía, ni siquiera parcial. A finales de 1938 Franco declaró en una entrevista que tenía una lista de dos millones de rojos, y pensaba castigarles por sus crímenes.

— No abandonar nunca la menor porción de terreno conquistada, aun a costa de sacrificar hombres y de mantenerse en posiciones difíciles. Las tropas franquistas se quedaron en las afueras de Madrid en vez de replegarse a una línea más fácil de defender.

Guernica

Estos métodos, que dieron resultado en Extremadura, Castilla la Nueva y Málaga, se aplicaron en otros frentes que se consideraban más fáciles, porque después de las derrotas del Jarama y Guadalajara estaba claro que la República había concentrado en la región de Madrid sus mejores tropas y su material más eficaz. Mola se encargó de liquidar el reducto vasco y ocupar Bilbao. En su ejército había legionarios, requetés y brigadas mixtas hispanoitalianas. También contaba con el apoyo táctico de la Legión Cóndor. La campaña empezó el 31 de marzo de 1937 con proclamas radiadas advirtiendo a los vascos que toda resistencia sería severamente castigada. Dicho y hecho: la villa de Durango fue bombardeada y destruida. Mas lo peor estaba por llegar. El 26 de abril por la tarde, durante tres horas, los aviones de la Legión Cóndor, reforzados con aparatos italianos, lanzaron toneladas de bombas sobre Guernica y ametrallaron a la población. Era día de mercado, y los campesinos de los alrededores habían acudido a la villa. Hubo, al menos, 1.600 muertos y cerca de un millar de heridos. La ciudad quedó destruida y ardió. Para el jefe de la Legión Cóndor, Richtofen, la operación fue un completo éxito desde el punto de vista técnico, pues las bombas explosivas de 250 kg y las bombas incendiarias habían demostrado su eficacia. Desde el punto de vista moral el asunto fue distinto. Dio la casualidad de que tres periodistas británicos se encontraban allí ese día, y contaron lo que habían visto. El *Times* y el *New York Times* publicaron la crónica. El bombardeo de Guernica se convirtió en un problema para los franquistas. Ante las reacciones de la opinión internacional empezaron a negar su responsabilidad. Según ellos, los destructores de Guernica habían sido los propios vascos.[31] La acusación era demasiado burda, y pronto se tuvo que cambiar por la que se convertiría en la versión oficial durante toda la era franquista: fueron los alemanes de la Legión Cón-

---

31. El 29 de abril de 1937 el *Diario de Burgos* publicó esta crónica: «Guernica está destruida por el incendio y la gasolina. La han incendiado y la han convertido en ruinas las hordas rojas al servicio criminal de Aguirre, presidente de la república de Euzkadi ... Puede probarse en todo momento que la Aviación Nacional no voló ayer [27] a causa de la niebla ... Hoy sí ha volado la Aviación Nacional sobre Guernica. Ha volado y ha tomado fotografías ... Hay testigos del incendio de Guernica por los rojos, testigos de su labor con la tea incendiaria y con el petróleo ... Los vascos y el mundo entero deben saber que Aguirre ha quemado Guernica». En abril de 1937 la revista falangista *Vértice*, editada en San Sebastián, publicó en su primer número una fotografía de las ruinas con el siguiente pie: «Trágica estampa del vandalismo rojo, el esqueleto ennegrecido de la que fue Guernica ofrece al mundo un alegato incontrovertible del sadismo marxista». En el verano de 1937 *L'Osservatore romano* publicó una declaración del cardenal Gomá, arzobispo de Toledo y primado de España, diciendo que había visitado Guernica pocos días después de la tragedia y tenía la prueba de que los propios vascos habían incendiado la villa.

dor los que tomaron esa lamentable iniciativa. Pero es una explicación inverosímil. La Legión Cóndor atacaba los objetivos que le señalaban. Además el bombardeo de Guernica encajaba a la perfección en las operaciones desatadas para aterrorizar y desmoralizar al adversario. En este caso se trataba de castigar a los vascos, que para los franquistas eran culpables por partida doble, por republicanos, a pesar de ser católicos, y por separatistas.[32]

Este intento de desmoralizar a los vascos destruyendo una población que para ellos era sagrada no hizo más que reforzar su determinación. Pasaron dos meses antes de que los franquistas lograran franquear la treintena de kilómetros que separan Guernica de Bilbao. El 19 de junio, creyéndose abandonados, los vascos se batieron en retirada. El 26 de agosto se rindieron en el puerto pesquero de Santoña. El acuerdo firmado con los italianos garantizaba la vida de los combatientes y la posibilidad de que los jefes embarcaran en unos buques ingleses que esperaban frente a la costa. Franco se negó a cumplir este compromiso. Se pronunciaron cientos de condenas a muerte, después de unos juicios sumarios. En el norte los republicanos habían perdido la partida. Los italianos ocuparon Santander el 26 de agosto, y en octubre los franquistas tomaron Gijón y Avilés. Dos terceras partes del territorio español estaban ya en su poder.

Brunete, Teruel, la batalla del Ebro

Sin embargo, los republicanos del centro, para apoyar a vascos y asturianos, habían intentado una maniobra de diversión en Brunete, al oeste de Madrid, el 6 de julio. Franco, sorprendido, había tenido que retirar 30.000 hombres del norte para cerrar la brecha. El 18 de julio sus refuerzos recuperaron el terreno perdido.

Seis meses después, en pleno invierno, el ejército republicano lanzó otra ofensiva para reducir la presión sobre Madrid, que 100.000 soldados franquistas se disponían a atacar desde Alcalá de Henares. Esta vez el campo de operaciones se situó lejos, en Teruel. También en este caso la sorpresa fue total. La aviación enemiga no pudo despegar a causa de la temperatura, que a veces llegó a veinte grados bajo cero.

Los republicanos tomaron Teruel el 8 de enero de 1938. Franco no se dio por vencido. Ordenó contraatacar. Tras varias semanas de combates y batallas en las calles, el 22 de febrero los franquistas volvieron a apoderarse de Teruel. Los republicanos les dejaron 15.000 prisioneros y material de guerra.

¿Renunció Franco a atacar Madrid a causa de Teruel? ¿O consideró que la capital estaba demasiado bien defendida? Sea como fuere, a primeros de marzo de 1938 centró sus esfuerzos en Aragón. En esta operación empleó un ejército de 100.000 hombres, reforzado por doscientos tanques y unos mil aviones. El objetivo era cortar en dos la zona republicana ocupando Lérida. Yagüe lo consiguió el 4 de abril. Sin detener su avance, se lanzó no contra Barcelona, como se esperaba, sino sobre Valencia. El 15 de abril el ejército franquista llegó a Vinaroz, en el Mediterráneo. Un mes después cayó Castellón. Valencia estaba a tan sólo cuarenta kilómetros.

---

32. El 29 de abril de 1937, cuando las tropas franquistas entraron en Guernica, un carlista se preguntó: «¿Era necesario hacer esto?», y un oficial del estado mayor de Mola le contestó: «Esto es lo que hay que hacer con toda Vizcaya y toda Cataluña».

Los republicanos decidieron entonces concentrar todas sus fuerzas en una contraofensiva. Fue la batalla del Ebro. La noche del 24 al 25 de julio de 1938 el ejército del general Modesto cruzó el río al norte de Tortosa y obligó al enemigo a retirar parte de las tropas, listas para marchar sobre Valencia. Durante cuatro meses el esfuerzo bélico de las dos Españas se concentró en el curso inferior del Ebro. Al mismo tiempo —24 de agosto— los republicanos lanzaron otra ofensiva en Belchite, con Zaragoza como objetivo. Les faltó poco para conseguirlo, pues su avance fue detenido cuando se encontraban tan sólo a diez kilómetros de Zaragoza. La contraofensiva nacional en el frente del Ebro se desató en octubre de 1938. Hubo miles de víctimas en los dos bandos.

La guerra ha terminado

Las ofensivas de Brunete, Teruel, Belchite y, sobre todo, la batalla del Ebro, demostraron que en el verano de 1938 el ejército republicano aún disponía de una temible potencia de fuego. El embajador alemán ante Franco, Stohrer, lo sabía. El 19 de septiembre le escribió al Führer:

> Hay que descartar que Franco gane la guerra en un futuro próximo a menos que Alemania e Italia decidan, una vez más, hacer por él grandes sacrificios de pertrechos y hombres ... Una decisión militar, en un futuro más o menos cercano, sólo sería posible si uno de los contendientes recibe ayuda masiva del extranjero.

Los republicanos no recibieron nunca esta ayuda. Habían perdido la guerra no tanto en el campo de batalla, cuanto en el frente diplomático. Mientras sus tropas luchaban en el Ebro, en septiembre de 1938, Francia y Gran Bretaña cedían a las exigencias de Hitler en Munich, con la esperanza de evitar un conflicto europeo. Checoslovaquia no fue la única sacrificada en Munich, también lo fue la España republicana. El 21 de septiembre, ante la Sociedad de Naciones, Negrín anunció en vano la retirada inmediata y total de todos los combatientes no españoles que participaban en la lucha del lado gubernamental, es decir, la partida de las Brigadas Internacionales. Francia y Gran Bretaña se dispusieron a reconocer a Franco. El 10 de enero de 1939 el representante español, Álvarez del Vayo, tomó la palabra por última vez en la Sociedad de Naciones:

> Sí señores, malherido, abandonado, el pueblo español continuará la resistencia. No se ha podido restablecer la paz y la justicia y no nos queda más que combatir hasta la muerte. Pero llegará un día en que se acuerden de nuestras advertencias y en que se den cuenta de que España era el primer campo de batalla de la segunda guerra mundial, que se aproxima inevitablemente.

El ministro inglés de Asuntos Exteriores, Halifax, salió de la sala cuando Álvarez del Vayo subió a la tribuna. El ministro francés, Bonnet, se quedó. Al oír esta frase esbozó una sonrisa irónica...

El 15 de enero de 1939 cayó Tarragona. El 26 los franquistas entraron en Barcelona y se dedicaron a fusilar a miles de personas. El 10 de febrero toda Cataluña estaba ocupada. Unos 100.000 combatientes republicanos pasaron a Francia, donde

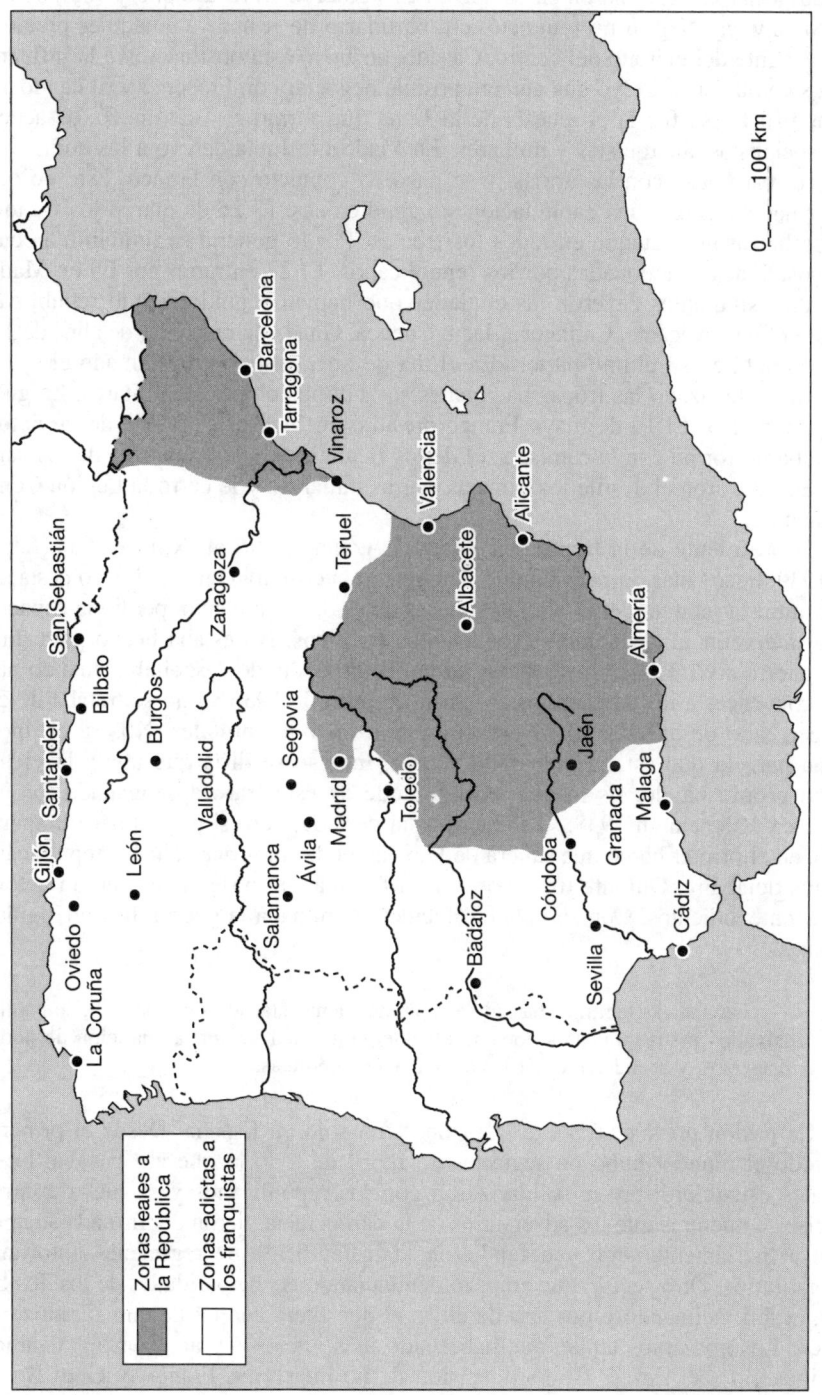

MAPA 12.   La relación de fuerzas en julio de 1938.

los desarmaron e internaron en campos. Les siguieron entre 250.000 y 300.000 refugiados civiles. Negrín no renunció, era partidario de resistir a cualquier precio. El comandante del ejército del centro, Casado, atribuyó esta obstinación a la influencia de los comunistas. Creyó que aún era posible negociar con Franco, sacrificando a los comunistas. Esa fue la propuesta de la Junta que formó el 4 de marzo, de acuerdo con socialistas, anarquistas y militares. En Madrid la Junta detuvo a los comunistas, que se resistieron con las armas, y se puso en contacto con Franco. Éste no quiso saber nada y exigió una capitulación sin condiciones. El 26 de marzo los franquistas se lanzaron al ataque en todos los frentes. Por lo general se limitaron a ocupar las posiciones abandonadas por los republicanos. El 27 entraron por fin en Madrid. Los días siguientes cayeron las ciudades que habían seguido siendo republicanas hasta el final: Alicante, Cartagena, Jaén, Cuenca, Guadalajara... El 1 de abril de 1939 Franco publicó su último parte: «En el día de hoy, cautivo y desarmado el ejército rojo, han alcanzado las tropas nacionales sus últimos objetivos militares. La guerra ha terminado». El 19 de mayo Franco presidió en Madrid el desfile de la victoria. Llevaba uniforme con la camisa azul de los falangistas y la boina roja de los carlistas. Encabezaron el desfile los camisas negras italianos, y lo cerró la Legión Cóndor alemana.

El presidente de la República, Manuel Azaña, partió al exilio el 4 de febrero de 1939. Pocos días después dimitió. Durante la guerra tuvo un papel poco destacado. Al asumir la jefatura del estado, dos meses antes del alzamiento, perdió la capacidad para intervenir eficazmente en los asuntos políticos. No estaba hecho para dirigir una guerra civil. Era en los debates parlamentarios donde descollaba, cuando había que convencer a los adversarios. A partir de julio de 1936 ya no se trataba de convencer, sino de aplastar al adversario, y con métodos brutales. No era el tipo de lucha para la que estaba preparado Azaña. Incluso se diría que temía la victoria de su propio bando. Es lo que se desprende de esta frase desengañada, pronunciada en Valencia en 1938: «La guerra está perdida, pero si por milagro la ganáramos, en el primer barco que saliera de España tendríamos que salir los republicanos. Si nos dejaban». Durante tres años Azaña fue más un observador que un actor de los acontecimientos. Con su habitual lucidez, terminada la guerra, hizo el siguiente análisis:

> Un Estado legítimo ha sido simultáneamente atacado por una rebelión militar, minado en sus cimientos por una revolución abortada y por la aparición de poderes dispersos, y abandonado por las democracias timoratas.

La pasión prevaleció sobre la razón, y no sólo en España. Desde el principio, en todo el mundo, hubo un seguimiento febril de todo lo que allí pasaba. Los liberales e izquierdistas se solidarizaron con los republicanos y su lucha contra el fascismo, mientras que los adversarios de la democracia vieron confirmada su aprensión al parlamentarismo y defendieron la instauración de regímenes autoritarios o totalitarios. Otro sector, que empezó denunciando las barbaridades de los dos bandos, acabó inclinándose por uno de ellos, el que fuera con tal de que garantizara el orden. Los gobiernos tenían que haber sido más juiciosos y analizar objetivamente la situación y el riesgo. Con su decisión de no intervenir, Francia y Gran Bretaña dejaron las manos libres a los otros. Por miedo a verse arrastrados a una guerra en

Europa, prefirieron dar satisfacciones a Alemania cediendo no sólo en España, sino también en Checoslovaquia. La no intervención en España y los acuerdos de Munich fueron complementarios, dos caras de la misma operación diplomática. Ya conocemos el resultado. Dígase lo que se quiera sobre la política de Negrín, pero al menos se dio perfecta cuenta de la jugada. El 11 de noviembre de 1938 le escribió a Stalin: «Si en España fuéramos derrotados dudo que el verano del año 1939 transcurra sin estallar un conflicto general».

Capítulo VIII

LA ESPAÑA DE FRANCO (1939-1975)

En 1939 empezó uno de los regímenes más largos de la historia de España. El 30 de septiembre de 1936 el general Cabanellas había advertido a sus camaradas de la Junta de Burgos: «Ustedes no saben lo que han hecho ... Si, como quieren, va a dársele en estos momentos España, va a creerse que es suya y no dejará que nadie lo sustituya en la guerra ni después de ella, hasta su muerte». Y así fue, el Caudillo ejerció la dictadura hasta su muerte. Se libró de todos sus adversarios y rivales, eliminando a los primeros y enfrentando entre sí a los segundos. Supo aprovecharse de la situación internacional, presentándose sucesivamente como aliado de las potencias totalitarias y como precursor de la cruzada contra el comunismo. Sin alterar la naturaleza del régimen, dio la impresión de que evolucionaba desde el nacionalsindicalismo hasta la monarquía sin rey. En realidad, no pudo impedir que España cambiara. La de 1975 era bien distinta de la de 1936 en estructuras, composición social y mentalidad. Franco, más que propiciar estas transformaciones, las padeció.

El Caudillo

Nada indicaba que acabaría siendo el dueño y señor de España. Francisco Franco Bahamonde, nacido en El Ferrol en 1892, tenía complejo de frustración. Era el segundo de cinco hermanos. Su padre, intendente de marina, era librepensador y llevaba una vida disoluta. En 1907 abandonó definitivamente el domicilio conyugal.[1] A Franco le afectó mucho. En la novela con pretensiones autobiográficas que escribió en 1940 y que fue llevada a la pantalla, *Raza*, el Caudillo imaginó la familia y la infancia que le hubiera gustado tener: el padre del héroe es un marino que muere por la patria, en Cuba, en 1898. Su viuda, con gran sacrificio, saca adelante a sus tres hijos y a su hija. Sólo la tercera parte coincide con la realidad. Sus hermanos heredaron algunos rasgos de su padre, pues eran vividores y más bien de

---

1. Murió en 1942 en Madrid. Franco se preocupó de que tuviera un entierro digno, pero no asistió a las exequias.

izquierdas.[2] Francisco, en cambio, procuró parecerse lo menos posible a su padre. No bebía, no fumaba, no se le conocían líos de faldas. Quiso ingresar en la escuela naval, pero el año en que se presentó se limitó el ingreso, de modo que optó por la academia de infantería de Toledo, donde fue admitido en 1907. Sus compañeros le tomaban el pelo debido a su pequeña estatura (1,64 m), su aspecto enclenque y su voz atiplada, lo que hizo que se encerrara en sí mismo. Poco después de salir de la academia militar, en 1912, pidió destino en Marruecos, donde destacó por su valor (se presentó voluntario a misiones arriesgadas, y siempre en primera línea), la austeridad de sus costumbres,[3] el valor que daba a la disciplina —la suya y la de sus subordinados— y su insensibilidad ante el sufrimiento —el suyo y el de los demás—. Todo ello le valió el aprecio de sus jefes y el respeto de sus hombres. Cuando Millán Astray fundó la Legión extranjera, en 1920, le ofreció a Franco, que aceptó, el mando de la primera bandera.

Franco se arriesgaba, pero en cambio ya nadie se burlaba de su aspecto físico y, además, ascendía en el escalafón militar. En la metrópoli sólo se ascendía por antigüedad, mientras que en el ejército de África también contaban los méritos. A Franco no le faltaban. En 1926 fue ascendido a general de brigada. Tenía entonces 34 años y era el general más joven de España, después de haber salido de la academia de Toledo con un empleo modesto. Con tal graduación, que le impedía seguir en Marruecos, entró en una etapa de vida de guarnición que le dio la oportunidad de frecuentar otros círculos. En 1923 se casó con Carmen Polo, pese a las reticencias de sus suegros, que pertenecían a la burguesía acomodada de Oviedo. Franco no descuidó su carrera. Sabía utilizar sus relaciones para obtener nombramientos sin dar la impresión de que los ansiaba. Se consideraba uno de los más fieles servidores de la patria. En 1928 fue nombrado director de la Academia General Militar de Zaragoza, recién creada para agrupar cuatro escuelas militares (infantería, artillería, caballería e ingenieros). Las conspiraciones de algunos oficiales contra la monarquía le irritaban, pues las consideraba una falta de disciplina. La proclamación de la República le inquietó, pero evitó comprometerse con la oposición al régimen. No obstante, el gobierno desconfió de él. En 1932 le apartó de la dirección de la academia de Zaragoza, algo que no le sentó nada bien y fue el origen de su resentimiento contra Azaña, al que acusaba de rebajar al ejército y vulnerar su carrera personal. Después de pasar unos meses al mando de la brigada de infantería de Galicia, en 1933 desempeñó la comandancia militar de Baleares. La derecha, de nuevo en el poder, se acordó de él, y Gil Robles, ministro de la Guerra en mayo de 1935, le nombró jefe del Estado Mayor central, con 42 años. Unos meses antes, en 1934, había asesorado, desde Madrid, la represión de la revolución de Asturias. Para esta tarea recurrió al ejército de África y empleó contra los mineros los mismos métodos que tan eficaces resultarían en 1936: brutalidad, represalias y ejecuciones sumarias. La victoria del Frente Popular le costó el puesto. Azaña le destinó a Canarias. Volvió de allí en julio de 1936 para ponerse a la cabeza del alzamiento, y luego del estado.

2. Uno hizo carrera en la armada y el otro en la aviación. El mayor, Nicolás, fue un colaborador servicial de su hermano durante la guerra civil. En 1939 fue nombrado embajador en Portugal. El más pequeño, Ramón, se hizo popular en 1928 al atravesar por primera vez el Atlántico sur en avión. Masón y relacionado con los anarquistas, conspiró contra la monarquía en 1930 (sobrevoló el palacio real para lanzar octavillas). Se unió al Movimiento y, pese a las reticencias de algunos generales, Franco le envió a Baleares. Murió en octubre de 1938 mientras se disponía a bombardear el puerto de Valencia con su aparato.

3. Le llamaban «el hombre sin miedo, sin mujeres y sin misas».

¿Qué explicación tiene una ascensión tan rápida? Franco no poseía ninguna de las cualidades que predisponen a convertirse en conductor de un pueblo. No era brillante, ni en el terreno militar ni en el intelectual.

La primera afirmación puede parecer sorprendente, pero es confirmada por los informes confidenciales enviados por oficiales alemanes e italianos a sus gobiernos respectivos durante la guerra civil. Franco no pertenecía a un arma técnica, como la armada, la artillería o la aviación. Era de infantería, y sus conocimientos militares se habían quedado anclados en las teorías de la primera guerra mundial. Optaba por la guerra de posiciones, con frentes y trincheras, y las ofensivas en las que el peso principal recaía en la infantería. No conocía bien el uso táctico de las armas modernas, los carros y la aviación, para operaciones combinadas destinadas a sorprender y arrollar al adversario. Desconocía la noción de guerra relámpago. Sus propios compañeros de armas se irritaban cuando veían que Franco no sabía explotar los éxitos y prolongaba innecesariamente las cosas. Sin él se podría haber ganado la guerra antes. Acostumbrado a luchar contra las tribus de Marruecos, mal pertrechadas, su guerra contra los «rojos» fue de tipo colonial: partidario de conservar el terreno conquistado y recuperarlo si se había perdido, aun a costa de grandes pérdidas humanas, era muy reacio a replegarse a posiciones más fáciles de defender. Esta táctica, a decir verdad, tenía su intención política, pues cuanto más se prolongara la guerra más pérdidas causaría al enemigo, porque el objetivo no era sólo vencer, sino también exterminar al adversario. Franco fue un soldado valiente, pero un estratega mediocre.

El Caudillo tampoco fue capaz de concebir ninguna teoría original sobre la organización de la sociedad y la evolución del mundo. Nunca dedicó mucho tiempo a la lectura y la meditación. Desde que en 1939 se instaló en El Pardo sus distracciones favoritas fueron la caza, la pesca, el golf, el cine y, en ocasiones, la pintura. Los diplomáticos que trataron con él destacan su conversación trivial y su tendencia a evitar las discusiones serias. No entendía mucho de economía; en este ámbito era fácil de convencer. En cuanto a sus ideas políticas, eran simples, por no decir simplistas. Según él, la democracia llevaba a la anarquía. Franco creía en una conspiración internacional de los judíos, los masones y los comunistas contra la civilización cristiana. Estaba obsesionado, sobre todo, con la masonería. Creía ver sus maquinaciones por doquier, siempre dispuesta a perjudicar a España.[4] En realidad, Franco pretendía gobernar España como si fuera un cuartel, con autoridad en el jefe y disciplina en los subordinados.

Franco no tenía la prestancia de un tribuno. Pequeño, barrigudo, su porte no despertaba entusiasmo. A diferencia de un Hitler o un Mussolini, carecía de cualidades oratorias. Su débil tono de voz no le permitía hacer grandes alardes. Tampoco ejercía sobre sus subordinados, sus políticos y la masa de sus partidarios un ascendiente con trazas de carisma. Su autoridad no se basaba en éxitos insólitos, ni en el rigor de su argumentación, ni en la elocuencia de sus discursos. Sin embargo, Franco fascinaba a sus allegados y a sus auditorios, y sus órdenes no se discutían. El secreto de su

---

4.   Durante la guerra su cuartel general había empezado a reunir un fichero de sospechosos de pertenecer a la masonería. Tenía más de 80.000 nombres. El número de masones españoles nunca fue tan elevado. Conviene relativizar el papel y la importancia de la masonería en España. Franco veía masones por todas partes: entre los republicanos, por supuesto, pero también en la ONU, en el círculo de don Juan de Borbón ¡y hasta en el Vaticano, tras la muerte de Pío XII!

triunfo era que estaba convencido, y convenció a los demás, de que la Providencia le había encomendado la misión de salvar a España. A partir de 1946 las monedas acuñadas con su efigie llevaron la leyenda: «Caudillo de España por la gracia de Dios». Nadie osaba contradecirle. Todos decían y escribían que era un gran militar y un genio político, comparable a las glorias pasadas de España como el Cid, los Reyes Católicos y Felipe II.[5] Franco compensó lo que podría pasar por deficiencia o mediocridad con ambición, obstinación y confianza en sí mismo. Se creía superior a los demás. Deseaba ardientemente ser el primero, pero procuraba disimularlo. Actuaba sin precipitación. No corría riesgos. Esperaba a que llegara su hora. Gracias a su dominio de sí mismo, su obstinación y su flema, pudo superar las situaciones más críticas, desbaratar las maquinaciones de sus rivales y adversarios, y resistir a las presiones. Carrero Blanco, que fue su confidente y le conocía bien, resumió en una palabra su actitud frente a la hostilidad de Naciones Unidas en 1946: aguantar. Esta actitud era propia del temperamento de Franco y una de las razones de su triunfo. Otra fue su indiferencia en materia política. Lo único que le interesaba era conservar el poder y mantener algo que le parecía esencial: un régimen autoritario. En este sentido, jamás hizo concesiones. No renunció a ninguna de sus prerrogativas y rechazó todo lo que supusiera una evolución hacia la democracia, como las elecciones, la libertad de prensa o el derecho de asociación. Por lo demás, supo aprovechar hábilmente las rivalidades entre monárquicos, falangistas y militares, entre las potencias del Eje y las Naciones Unidas, entre el mundo libre y el bloque soviético. No le resultó difícil, al no estar vinculado a ningún grupo, lo que le permitió servirse de todos sin acabar siendo rehén de ninguno. Franco es un caso único en la historia: fue el jefe de un partido que no fundó, y al que no estuvo afiliado. Eso le dio una gran libertad de maniobra.

El régimen instaurado por Franco duró hasta su muerte. Esta duración plantea algunos interrogantes. Se podría interpretar como el resultado de una represión policial persistente, pero el terror no lo puede explicar todo. Franco se ganó muchos enemigos, pero también contó con el apoyo de la Iglesia, el ejército, los propietarios y la gente de orden, que le estaban agradecidos por haberles devuelto sus privilegios y protegerles contra la subversión. Pero andando el tiempo, y con las transformaciones producidas en España, estos apoyos empezaron a flaquear. Otros grupos tomaron el relevo, y en especial, en 1945-1946, una parte de las clases medias, que se pusieron de parte del Caudillo cuando éste fue rechazado por la comunidad internacional. Estos sectores no entendieron la distinción que hacían las democracias entre el dictador y el pueblo español, y sólo vieron que se discriminaba a España y se le impedía, por ejemplo, beneficiarse del plan Marshall. Franco supo aprovechar este resentimiento popular contra el extranjero. Más adelante, cuando España empezó a modernizarse, el franquismo obtuvo el apoyo masivo de una parte de esas mismas clases medias cuyo nivel de vida aumentaba y, siguiendo los consejos de la propaganda oficial, preferían no meterse en política. La prensa, la radio y después la televisión resaltaban insistentemente los méritos de un régimen que, al término

---

5.   Incluso le dieron el título de primer periodista de España por los artículos que publicaba con seudónimo cuando se creía en el deber de precisar algún aspecto de su política. Estaba especialmente orgulloso de sus artículos sobre la masonería, e hizo intentos de traducirlos al inglés para abrirle los ojos a la opinión pública norteamericana. Sus representantes en Estados Unidos le disuadieron.

de una cruel guerra civil, había proporcionado al país la paz y una relativa prosperidad. Hay que rendirse a la evidencia: pese a todas las críticas que se le hacían
desde dentro y fuera de España, Franco gozó, si no de popularidad, si de la aceptación de una mayoría de españoles, que no veían otra solución para la nación y temían,
por encima de todo, otra guerra civil.

Tras la derrota de Alemania en 1945, cuando su régimen parecía condenado al
fracaso, Carrero Blanco le dio a Franco este consejo:

> La única fórmula para nosotros no puede ser otra que orden, unidad y aguantar.
> Buena acción policial para prevenir cualquier subversión; enérgica represión si se pro-
> duce, sin temor a las críticas de fuera, pues más vale castigar duramente una vez que
> no dejar de corregir el mal.

Toda la política del franquismo se resume en esta frase. Desde 1939 hasta la
muerte de Franco en 1975, el franquismo se mantuvo idéntico a sí mismo, limitándose a adaptarse a las circunstancias. Lo que cambió fue la forma. Renunció a los
signos exteriores demasiado comprometedores, como el saludo fascista, y a un vocabulario que recordaba demasiado al totalitarismo. Para designar al partido único se
habló más del Movimiento y menos de la Falange. Pero en lo esencial no hubo la
menor concesión. El franquismo fue, desde el principio hasta el final, un régimen
autoritario en el que media España impuso su dominio a la otra media.

El mantenimiento del orden

El 31 de marzo de 1947 Carrero Blanco se entrevistó en Portugal con Juan de
Borbón, hijo y heredero del rey Alfonso XIII, y le previno contra su pretensión
de ser rey de todos los españoles:[6]

> En España se abrió en 1936 una trinchera y hay que estar de ese lado de la trin-
> chera o enfrente. Su Alteza debe pensar que puede ser rey de España, pero de la España
> del movimiento nacional, católica, anticomunista, antiliberal...[7]

Este planteamiento explica por qué fue imposible cualquier compromiso entre
los dos bandos de 1936 a 1939. Los franquistas sólo conocían una España, la suya.
En 1939, después de la victoria, no había ninguna reconciliación pendiente, ni cabía
esperar una amnistía.[8] Muchos lo entendieron así, y en 1939 medio millón de personas se refugiaron en Francia o en Hispanoamérica. La mayoría volvieron. Cuando no fueron perseguidos, tuvieron que soportar la hostilidad, las hostigaciones y las

---

6.   Rey de todos los españoles. La fórmula irritaba a Franco. Para acabar así, no valía la pena
haber hecho una guerra: «todos los vencidos, separatistas vascos, separatistas catalanes, comunistas,
anarquistas, socialistas, de la CNT, republicanos de varios matices y terroristas también, ¿por qué
no?, todos son españoles», declaró en 1962.

7.   Un símbolo faraónico de este maniqueísmo todavía se puede ver a pocos kilómetros de
El Escorial. Es la cruz del Valle de los Caídos, levantada para glorificar la España de la Cruzada.
La decisión de construirla se tomó el 1 de abril de 1940. José Antonio Primo de Rivera y Franco
están enterrados en el coro.

8.   Hasta 1975 cada boletín informativo de la radio terminaba con el recuerdo de los «caídos
por Dios y por España».

sospechas de las autoridades. En la España de 1940 no era fácil ser viuda o hijo de «rojo». Muchos se quedaron sin trabajo, víctimas de una depuración en las administraciones públicas.[9] A otros —los intelectuales—[10] se les prohibió la actividad pública. Los republicanos que se habían quedado en España o habían vuelto tuvieron que enfrentarse a la depuración, que pretendía castigar a los vencidos, y a la represión, dirigida a impedir cualquier oposición al régimen.

El 13 de febrero de 1939 el gobierno de Burgos había publicado una ley llamada de responsabilidades políticas. Un año después, la ley de 1 de marzo de 1940 sobre la represión de la masonería y el comunismo completó el instrumento que dio base jurídica a la depuración. Los términos «comunismo» y «masonería» hay que entenderlos en un sentido amplio. Se consideraban criminales las actividades hostiles al Movimiento Nacional desde octubre de 1934. Los trotskistas, los anarquistas y los socialistas podían ser perseguidos igual que los comunistas y los masones, así como las personas consideradas afines a todos ellos. La noción de «rebelión militar continua» agravó estas disposiciones. Este crimen estaba recogido en la legislación militar, lo cual implicaba consejos de guerra y un procedimiento llamado sumario: el acusado no podía nombrar abogado y su defensa corría a cargo de un oficial; el condenado no tenía recurso posible, y sólo el capitán general podía apelar ante el Consejo General de Justicia Militar (la mayoría de las veces hacía uso de esta facultad para obtener penas más severas). Según el código militar de 1870, los hechos prescribían al cabo de 20 años, pero en 1945 este plazo se amplió a treinta.[11]

La mayoría de los dirigentes republicanos se exiliaron, y así salvaron la vida. Los pocos que no quisieron o no pudieron hacerlo lo pagaron caro. Julián Besteiro, ex presidente de las Cortes, fue condenado a treinta años de cárcel, y murió de exte-

---

9. Y en los más diversos organismos. Sólo la Academia de la Lengua, tuvo la elegancia de esperar a que los miembros que habían sido apartados por sus ideas murieran para sustituirles.

10. El exilio de los intelectuales impresiona por su amplitud. Conviene aclarar que la mayoría se marcharon de España en 1936, como los prohombres de la universidad y las letras: Claudio Sánchez Albornoz, Américo Castro, Pedro Salinas, Jorge Guillén, Montesinos, Menéndez Pidal, Juan Ramón Jiménez, Ortega, Marañón... No se sentían con ánimos de participar en la contienda fratricida que asolaba su país. La mayoría, aunque desaprobaran algunos aspectos, defendían la causa republicana, y todo lo que había en el bando «nacional» les parecía aborrecible. Algunos se hicieron la promesa de no volver en vida de Franco, y se afincaron definitivamente en Estados Unidos o Hispanoamérica, donde contribuyeron a la difusión y el enriquecimiento de la cultura española. A ello se debe, por ejemplo, la fundación del Colegio de México, centro de investigación de alto nivel. Pero no todos los intelectuales fueron insensibles a la causa de Franco. Azorín, por ejemplo, que se había instalado en París en octubre de 1936, volvió a España al terminar la guerra y reanudó su actividad de periodista como si tal cosa. Para congraciarse con el régimen escribió un elogio de José Antonio («un maestro para los escritores nacionales...») en *Arriba*, órgano de la Falange. Al fin y al cabo Azorín era reaccionario, pero ¿y Ortega, que en mayo de 1937, en una revista inglesa, protestó contra la actitud de Einstein y otros intelectuales partidarios de la República española? En su correspondencia privada, entre 1937 y 1939, Ortega se muestra más bien favorable a Franco. Al tener noticia de la entrada de los «nacionales» en Madrid envió este mensaje a Marañón: «Telegrama de alborozo y felicitación». Pero no hizo públicas estas opiniones. De regreso a la España franquista, Ortega fue relegado y sólo pudo mantener abierto durante dos años (1948-1950) el instituto de humanidades donde intentó reanudar la enseñanza de la filosofía, ya que la universidad le estuvo vedada.

11. En aplicación de este texto Julián Grimau, ex comisario político del ejército republicano, fue condenado a muerte el 18 de abril de 1963 y ejecutado dos días después.

nuación en su celda en septiembre de 1940. Algunos, refugiados en Francia, fueron devueltos a España por la policía de Vichy o por la Gestapo, como Zugazagoitia, ex ministro, y Companys, presidente de la Generalitat de Cataluña. Ambos fueron fusilados en 1941. Manuel Azaña estuvo a punto de correr la misma suerte. Dos agentes españoles buscaban la ocasión de secuestrarle y llevarle a España cuando murió en Montauban, en noviembre de 1940.

La mayoría de las víctimas era gente modesta, obreros, campesinos y personas de clase media, culpables de simpatizar con los partidos de izquierdas o los sindicatos, o simplemente de tener ideas más o menos avanzadas. Se detuvo a 7.000 maestros, 6.000 de los cuales fueron ejecutados, y otros miles perdieron su trabajo. Al final de 1939 había en España por lo menos 250.000 presos políticos, cifra que no empezó a disminuir hasta 1944. Sólo en Madrid, en las semanas posteriores a la entrada de los «nacionales», hubo 50.000 detenciones. Se fusilaba entre 200 y 300 personas diarias en Madrid, a 150 en Barcelona, a 80 en Sevilla... En total, entre el 1 de abril de 1939 y el 30 de junio de 1944 fueron pasados por las armas unos 200.000 republicanos. Algunos tuvieron que esperar años antes de que se decidiera su suerte. Los que se libraron de la pena de muerte tuvieron que soportar las vejaciones y humillaciones de sus carceleros.[12] La última ejecución capital por participación en la guerra civil fue la de Julián Grimau, en 1963. Aunque se situaba en otro contexto político, fue una secuela de la legislación y la mentalidad de los años cuarenta.

Los fundamentos del régimen

Los «nacionales» que en 1939 esperaban la restauración de la monarquía quedaron defraudados. Franco no tenía la menor intención de retirarse. No renunció a ninguna de sus atribuciones, al contrario, las amplió. Una ley del 8 de agosto de 1939 le facultó para dictar leyes y decretos sin consultar a nadie. La dictadura no tenía límites, y las instituciones que creaba eran simples engañifas.

En 1942 Franco decidió crear las Cortes. Fue una asamblea sin poder deliberativo, ni siquiera consultivo. Su papel se limitó a aprobar lo que se le sometía en nombre del Caudillo. Entonces, ¿cuál era el interés de semejante institución? La respuesta la dio el propio Franco: intercambiar opiniones en el marco del régimen. Por la composición de las Cortes, su docilidad estaba asegurada. Los 586 procuradores se dividían en tres categorías: miembros natos, miembros de libre designación por el jefe del estado y miembros elegidos. Pertenecían a la primera los ministros, los miembros del Consejo Nacional de la Falange, los jefes del ejército, los alcaldes de las capitales de provincias y de las ciudades del Marruecos español (Ceuta y Melilla), los rectores de universidad y los dirigentes de los sindicatos verticales. El Caudillo designaba a una cincuentena de procuradores de la segunda categoría. La tercera categoría (miembros elegidos) incluía a los delegados sindicales, los

---

12. Y también de los capellanes. En enero de 1941 la revista de Acción Católica, *Ecclesia*, reproducía unas declaraciones del director general de prisiones, en las que afirmaba que no se concedería ninguna reducción de pena a los que no conocieran los principios elementales de la religión. Los presos que se negaban a asistir a las clases de catecismo y a misa y no querían comulgar se consideraban recalcitrantes.

representantes de las corporaciones municipales y provinciales y, por último, una veintena de representantes de los colegios profesionales. Todos los procuradores dependían directa o indirectamente del poder central, incluyendo a los de la tercera categoría, aunque en su caso la dependencia fuera menos aparente.

Tras la derrota de Hitler, Franco creyó oportuno hacer algunas concesiones formales, y preparó el Fuero de los españoles, aprobado en Cortes por aclamación el 16 de julio de 1945. El Fuero garantizaba cierto número de libertades fundamentales, pero con limitaciones que equivalían a negarlas. Por ejemplo, los españoles podían expresar libremente sus opiniones a condición de que no pusieran en tela de juicio los principios fundamentales del estado; tenían derecho de asociación, siempre que estas asociaciones respetaran la «unidad espiritual, nacional y social de la patria», lo cual excluía los partidos políticos y los sindicatos al margen del sindicato oficial. Por último, el artículo 34 remitía a leyes posteriores la concreción de los derechos reconocidos en el Fuero. Era la llamada «democracia orgánica».

La ley de sucesión, promulgada el 31 de marzo de 1947, definió la naturaleza y la forma del régimen: España era una «monarquía tradicional, católica, social y representativa» que, con arreglo a la tradición, se constituía en reino (artículo primero); el jefe del estado era el Caudillo de España y de la cruzada, generalísimo de los ejércitos, Francisco Franco Bahamonde (artículo 2). Franco ejercería estas funciones hasta su muerte o incapacidad. Designaría al rey llamado a sucederle, que debería comprometerse a respetar las leyes fundamentales y los principios del Movimiento. Se creó un Consejo de Regencia para ejercer el poder en caso de que Franco desapareciera. Lo formaban tres personas, el presidente de las Cortes, el jefe militar de más alto rango y el primado de España. La ley de sucesión fue sometida a referéndum el 6 de julio de 1947. Fue aprobada por aplastante mayoría. De los 14 millones de votos (82 por 100 del censo, 93 por 100 de los votantes), poco más de 7.000 electores votaron no; más de tres millones se abstuvieron o votaron en blanco o nulo, es decir, el 17 por 100 del censo.[13] Estas cifras no tenían nada de sorprendente en la España de 1947. La prensa y la radio se movilizaron a favor del sí a Franco, y la oposición quedó reducida al silencio. En virtud de la ley de sucesión, Franco se consideró como un rey sin ese título, y se arrogó facultades propias de esa función, en particular la de crear títulos de nobleza.[14] En la historia de España ningún soberano había acumulado tantos poderes.

La evolución del régimen de 1939 a 1957

Desde sus orígenes el franquismo se apoyó en tres pilares: el ejército, la Iglesia y el partido único. La habilidad de Franco consistió en bandearse entre esas tres fuerzas, a veces enfrentándolas entre sí, sin vincularse a ninguna de ellas. A cada una le hacía creer que tenía en cuenta sus aspiraciones, pero debía contentar a las demás. Durante una veintena de años el Caudillo dominó este juego. Posteriormente, a partir de 1960, empezó a tener dificultades, pero su autoridad permaneció intacta hasta el final.

La victoria de 1939 fue, ante todo, del ejército. No se podía hacer nada sin el ejército, y menos aún contra él. En teoría Franco actuaba por delegación de los genera-

---

13. Esta proporción ascendió al 41 por 100 en Barcelona.
14. Durante su «reinado» creó 39.

les, que le habían instalado en el poder. Se las arregló para quedarse, pero no estaba libre de sorpresas desagradables: los militares podían deshacer lo que habían hecho. Franco no podía permitirse enfrentarse a ellos. Les consultaba con frecuencia, buscaba su aprobación para las decisiones más importantes y procuraba convencerles de que la situación exigía que él siguiera al frente, para garantizar el orden público en el interior y la independencia de España en el exterior. Al principio los militares tenían pensada una dictadura provisional que, llegado el momento, daría paso a otra forma de gobierno. Muchos de ellos se inclinaban por la monarquía. Hubo que convencerles de que tuvieran paciencia, haciéndoles ver que la restauración monárquica encontraría resistencias. El ejército aborrecía por encima de todo el desorden y la vuelta a la anarquía. Franco supo explotar este reflejo para apalancarse en el poder. El ejército fue el más firme sostén del régimen hasta el final.

La Iglesia española se solidarizó con el alzamiento, al que consideraba una cruzada. El régimen supo agradecérselo. El catolicismo volvió a ser la religión del estado, y los otros cultos no tuvieron existencia legal. Las leyes laicas (divorcio, matrimonio y entierros civiles) fueron derogadas. La enseñanza de la religión volvió a ser obligatoria, desde la escuela primaria hasta la universidad. La Iglesia y sus centros de enseñanza recibieron subvenciones. El clero fue incorporado a todos los actos públicos. En la moral social y privada se impuso la doctrina de la Iglesia. La Acción Católica fue la única asociación autorizada al margen de la Falange y sus satélites. El Vaticano, por su parte, siempre fue benevolente con el régimen. Pío XII saludó la victoria de Franco como la de la España católica:

> El pueblo elegido por Dios como instrumento principal de la evangelización del Nuevo Mundo y baluarte inexpugnable de la fe católica acaba de dar a los prosélitos del ateísmo materialista de nuestro tiempo la prueba más elevada de que por encima de todo se encuentran los valores eternos de la religión y el espíritu.[15]

Sin embargo, el Vaticano consideraba caduco el concordato de 1851, denunciado por la República. Este concordato otorgaba al jefe del estado español el derecho de patronato, es decir, el de presentar candidatos a los obispados vacantes. En 1941 se llegó a un compromiso: por cada obispado a cubrir, Franco proponía seis candidatos, el papa elegía tres y Franco designaba a uno de ellos. Pese a su simpatía por el Caudillo, Pío XII no tenía prisa por ir más lejos. No se decidió a avalar de forma patente un régimen al que la comunidad internacional había condenado en 1945. Después de largas negociaciones, el 25 de agosto de 1953 se firmó el nuevo concordato. Las dos partes tenían motivos para estar satisfechas, pero la Iglesia más que el estado, ya que obtuvo la confirmación de muchas concesiones materiales, fiscales y judiciales, así como una función destacadísima en la enseñanza. Además, recibió el estatuto de «sociedad perfecta» en el sentido que da el derecho canónico a esta expresión, de independencia de la autoridad laica. A cambio, Franco obtuvo el derecho de presentación de obispos, y nombraba al candidato de su elección de la terna propuesta por el nuncio.[16] La armonía prevaleció en las relaciones entre la Iglesia y el estado.

15. Mensaje de Pío XII, el 16 de abril de 1939.
16. En general, Franco optaba por el primer nombre de la lista. En el Vaticano se dieron cuenta en seguida, y la encabezaron sistemáticamente con el nombre de su candidato preferido. Así pudieron ser nombrados algunos obispos relativamente independientes del régimen.

Como ya se ha dicho, la Falange era un movimiento heterogéneo nacido de la fusión, voluntaria o forzosa, de varios elementos. En 1936 participó en la conspiración contra la República, el alzamiento y la guerra civil. Franco la obligó a fundirse con el tradicionalismo carlista, movimiento antidemocrático y antiliberal, pero monárquico y conservador, por no decir reaccionario. Al mismo tiempo, Franco se adjudicó la presidencia del nuevo partido. La operación fue hábil: al unir dos movimientos de ideología contradictoria, los neutralizaba. Además, Franco no tenía ningún programa concreto, al margen de algunas ideas muy simples como el odio al liberalismo y la democracia, el poder fuerte... Por lo tanto, tenía las manos libres para imponer la línea política que quisiera. Hizo del partido un instrumento a su servicio, y el partido sólo podía obedecer, ya que su influencia y autoridad en el país dependían por completo del Caudillo. La estructura del Movimiento reforzaba esta dependencia: en la cúspide había un secretario general (que en calidad de tal era miembro del gobierno), una junta política y un consejo nacional, que se reunía una vez al año. Todas estas instancias eran nombradas por Franco, jefe del partido. En la base los militantes se organizaban por consejos, sometidos a la autoridad de los gobernadores civiles y los alcaldes, cuyo cargo les convertía en jefes provinciales y locales del Movimiento.

Entre estas tres fuerzas —el ejército, la Iglesia y la Falange— se trabaron complejas relaciones. La solidaridad que existió durante la guerra dio paso a la rivalidad. La Falange ocupó posiciones dominantes en los años posteriores a la victoria. El número de sus afiliados fue en aumento. De los 36.000 de 1936 pasó a 650.000 en 1939, y a cerca de un millón en 1942. Desde la muerte de José Antonio, su fundador, el partido no tuvo un jefe capaz de darle una línea política coherente. Franco maquinó para eliminar a todos los que acariciaban esta ambición, pero dio compensaciones a los falangistas, que desempeñaron estas tres funciones:

— La propaganda política.

— El encuadramiento: la Falange proporcionó gran parte del personal de los ministerios, las administraciones y los servicios públicos. Tenía sus propios organismos, como el Frente de Juventudes y el Auxilio Social.

— El monopolio sindical.

El partido, además de ocupar esta posición privilegiada, contaba con el apoyo de varios ministros, sobre todo de Serrano Súñer, ministro de la Gobernación y, a partir de 1940, de Asuntos Exteriores, que, como cuñado del Caudillo, tenía gran ascendiente en el gobierno. La Falange no ocultaba su admiración por las potencias totalitarias, cuya victoria deseaba, y aspiraba a desempeñar la misma función que los partidos nazi o fascista. Fue una época de manifestaciones aparatosas, desfiles, viajes a Alemania e Italia, proclamas orgullosas a favor de una España una —contra los separatismos—, grande —se auguraba para ella un destino imperial, con conquistas territoriales en África— y libre de la dominación extranjera, en particular de Inglaterra, a la que se acusaba de explotar al país desde el siglo XIX. «Una, grande, libre» fue el lema de la España franquista.

Esta arrogancia y estas pretensiones irritaron a los otros componentes del régimen, y sobre todo a una parte de los militares, molestos por las referencias a la Alemania nazi y por la corrupción. Algunos falangistas —aunque ellos no fueron los únicos—, abusando de su posición, se dedicaron al tráfico de influencias y al mercado negro, y amasaron fortunas en poco tiempo. Su tren de vida contrastaba con la penuria de muchos españoles, rayana en la miseria. De vez en cuando había altercados entre falangistas y monárquicos. El incidente más grave se produjo el 16 de agosto de 1942 en los alrededores de Bilbao, cuando unos estudiantes falangistas interrumpieron una ceremonia en memoria de los carlistas muertos durante la guerra civil. Alguien lanzó dos granadas y la metralla hirió a un centenar de personas. El general Varela, que presidía la ceremonia, acusó a la Falange de conspirar contra el ejército, acusación que hizo extensiva a Serrano Súñer, por ampararla y azuzarla. De acuerdo con la línea que se había marcado, Franco dominó la situación. No quería dar la impresión de ceder a las presiones, pero le inquietaba la creciente influencia de su cuñado, inteligente y eficaz, una de las escasas cabezas políticas del Movimiento. Franco efectuó una reorganización ministerial para apartar a Serrano Súñer, que empezaba a hacerle sombra, reemplazándole por falangistas menos brillantes. De este modo contentó a una parte del ejército y colocó en un segundo plano a la Falange sin que ésta tuviera la impresión de haber sido sacrificada.

La reorganización del 18 de julio de 1945, relacionada con la victoria de los aliados, fue más profunda. Sin ceder en lo fundamental, Franco quiso deshacerse de los ministros demasiado vinculados a los nazis y, al mismo tiempo, tranquilizar a los sectores franquistas que rechazaban las doctrinas totalitarias. En ambos casos, la perdedora fue la Falange. Franco nombró para los puestos claves del gobierno a hombres procedentes de la Asociación Católica Nacional de Propagandistas, que gozaban del favor de la Iglesia. Martín Artajo ocupó la cartera de Asuntos Exteriores, y Joaquín Ruiz-Giménez la de Educación Nacional. Los nuevos dirigentes eran conocidos por su fidelidad al Caudillo y su anticomunismo, y se interesaban por las cuestiones sociales. Su aspiración secreta era hacer que el régimen evolucionara desde dentro. Franco se cuidó muy mucho de desengañarles. Pero tampoco sacrificó a la Falange. Al contrario, dejó que se hiciera la ilusión de ser su más firme sostén. En este sentido hay que interpretar la creación, en la primavera de 1945, de la guardia de Franco, grupo paramilitar de función poco definida, pero que gozaba de privilegios y daba la impresión de ser un núcleo duro al servicio personal del Caudillo.

Economía y sociedad

Los tres años de guerra civil fueron más devastadores en unos sectores que en otros. Los centros industriales, situados en la retaguardia de los combates, salieron relativamente indemnes, no así las vías de comunicación. Las carreteras se encontraban en un estado desastroso, y en los ferrocarriles cerca de la mitad del material móvil y de las infraestructuras estaba destruido. En el campo muchos animales de tiro habían muerto y faltaban máquinas para sustituirlos. La reforma agraria fue anulada. Los antiguos propietarios recuperaron sus fincas, y los campesinos que las habían ocupado fueron expulsados.

La situación se agravó por las repercusiones de la guerra mundial y los efectos de la política de autarquía decidida en 1939. Durante la guerra de 1914-1918, gracias a su neutralidad, España había obtenido importantes ventajas y había acumulado divisas. En 1939 Franco optó por la no beligerancia. El comercio exterior de España se limitó a la compra de productos indispensables: petróleo importado de Estados Unidos, trigo suministrado por la Argentina de Perón... Debido a su simpatía por la Alemania nazi y su régimen totalitario, en 1947 quedó excluida del plan Marshall. Hasta 1953, tras la firma de los acuerdos militares con Estados Unidos, no empezó a recibir créditos exteriores.

España poseía recursos importantes en algunos sectores (minerales de hierro, plomo, cobre, mercurio, wolframio...), escasos o nulos en otros, pero dependía del extranjero para el petróleo. Su producción de electricidad era insuficiente, y el carbón de Asturias era de calidad mediocre y costosa extracción. Por último, carecía de capitales para reconstruir y desarrollar sus equipamientos. La política de autarquía, que se proponía lograr la independencia económica de España, la obligó a contar casi exclusivamente consigo misma. Esta política tenía tres aspectos.

El libre comercio fue denunciado como una impostura destinada a explotar y colonizar. El país pretendía protegerse de la competencia extranjera con los productos industriales que fabricaba o pensaba fabricar. Las importaciones se sometieron a autorización.

La producción estaba dirigida por el estado. Cualquier instalación, ampliación o traslado de un establecimiento industrial debía contar con autorización. El estado intervenía para repartir las materias primas y fijar los precios. Las empresas o ramos industriales que se consideraban de interés nacional gozaban de ventajas fiscales, tipos de interés protegidos y desgravaciones para la importación del utillaje indispensable. Estas medidas fomentaron unas actividades poco o nada desarrolladas antes de la guerra (abonos nitrogenados, fibras textiles artificiales, productos químicos).

El estado se hizo productor por mediación del Instituto Nacional de Industria (INI), creado el 25 de septiembre de 1941 para fomentar y financiar, con arreglo al interés nacional, la creación y reflotación de industrias, en especial las dirigidas a la defensa nacional o al desarrollo de la autarquía económica. Se destinaron cuantiosos créditos a la construcción de presas y a trabajos de electrificación. Este capitalismo de estado estuvo presente en casi todos los sectores, de forma total (ENSIDESA, Iberia) o mediante participación. Por ejemplo, el INI se asoció con la FIAT para fabricar los automóviles SEAT en Barcelona.

La política de autarquía, que estuvo acompañada de una congelación salarial, no dominó la inflación [17] ni dio los resultados esperados. La producción industrial no recuperó su nivel de 1929 hasta 1953-1954. En cuanto a la producción agrícola, no sobrepasó las cifras de antes de la guerra hasta 1951. La superficie sembrada disminuyó mucho, lo que, unido a una sequía persistente de 1940 a 1945, produjo malas cosechas. Esta política tuvo unas consecuencias sociales dramáticas. Los españoles pasaron hambre, y hubo que introducir el racionamiento, que no se suprimió hasta 1952. La ración de pan bajó a 150 gramos diarios en 1948, y el consumo de carne a la mitad del de 1926. La penuria estuvo acompañada del mercado negro: en las calles se vendía pan blanco. Las dificultades en la agricultura —los precios agrícolas eran muy inferiores a los industriales— ocasionaron un éxodo rural hacia las ciudades ya industrializadas (Barcelona, Bilbao) o en vías de desarrollo (Madrid).[18] Las afueras de Madrid, Barcelona, Sevilla, etc., se llenaron de poblados de chabolas, donde se apiñaban miles de personas.

La mayoría de los españoles, mal alimentados, mal vestidos, mal calzados y mal alojados, vivían en una situación cercana a la miseria. La prostitución, la mendicidad y la delincuencia aumentaron. Al mismo tiempo carecían de una protección

---

17. Desde 1939 los precios habían aumentado diez veces más que los salarios.
18. En 1960 más de la mitad de los habitantes de Madrid no habían nacido en la ciudad.

social eficaz, y las protestas estaban prohibidas. El Fuero del Trabajo, promulgado en 1938, definía el régimen nacionalsindicalista como una reacción tanto frente al capitalismo como frente al materialismo marxista, y como la voluntad de dar a los españoles, de una vez por todas, «Patria, Justicia y Pan». Pero la Falange tuvo que renunciar a dos puntos de su programa, la nacionalización del crédito y la reforma agraria. Los sindicatos verticales pretendieron acabar con la lucha de clases asociando en una organización única a todos los que trabajaban en el mismo ramo, empresarios y obreros. El Instituto Nacional de Previsión se hizo cargo de la asistencia a los enfermos y accidentados. José Antonio había dicho que era inadmisible ver cómo masas de gente pobre vivían en la miseria al lado de un puñado de ricos que gozaban de todos los lujos, y Franco había prometido que no volvería a haber un español sin pan ni un hogar sin lumbre. La realidad fue bien distinta.

Aunque la huelga era un delito, el agravamiento de la situación, debido a la congelación de los salarios y la subida de los precios, hizo que rebrotaran los conflictos sociales. El primer movimiento significativo desde el final de la guerra se produjo en mayo de 1947 en el País Vasco. El gobierno reaccionó enviando a Bilbao refuerzos militares y policiales. Los empresarios recibieron la orden de despedir a los huelguistas sin contemplaciones, si no querían ser sancionados. En marzo de 1951, en respuesta a una fuerte subida de las tarifas de los transportes públicos de Barcelona, se dio la consigna de boicot, seguida de una huelga general a la que se sumaron 300.000 obreros. Al mes siguiente más de 200.000 obreros de los astilleros y las minas de Bilbao hicieron una huelga de 48 horas.

La derrota de la República en 1939 también había sido la de los intelectuales. Cientos de profesores tuvieron que marcharse del país o fueron depurados. La universidad española, tan ilustre durante la República, estaba en manos de mediocres cuyo único mérito era su lealtad a los principios del Movimiento.[19] El nivel había bajado mucho. La mayoría de los escritores, poetas, novelistas, historiadores y pensadores que habían contribuido al renacimiento de las letras desde 1898 eran considerados sospechosos o autores subversivos. La inteligencia española se refugió en los conventos. Sólo algunos frailes, libres de la censura oficial, podían permitirse estudiar el marxismo. Es de justicia reconocer la labor de hombres como J. Ruiz-Giménez, ministro de Educación Nacional de 1951 a 1956, que hicieron atrevidos intentos de ir contra la corriente, con la ayuda de falangistas abiertos como Dionisio Ridruejo o Pedro Laín Entralgo, que fue nombrado rector de la Universidad Complutense. Ruiz-Giménez acabó con las vejaciones a intelectuales como Ramón Menéndez Pidal, se propuso enlazar con las corrientes de pensamiento marginadas a raíz de 1939, y quiso acabar con el monopolio del Sindicato Español Universitario (SEU), falangista. Eso le costó el cargo.

En el campo artístico la situación no era mejor. También en este ámbito había que «restablecer el orden», como proclamó Franco en 1940 al inaugurar la Escuela Superior de Bellas Artes de San Jorge en Barcelona. Los artistas debían cultivar los temas épicos y las glorias imperiales: la reconquista, la época de los Reyes Católicos, el descubrimiento de América... A partir de 1945 se perfiló una evolución. En pintura, la escuela de Altamira, creada en 1948, reunió a los artistas que trataban de

---

19. Cf. en *Coto cerrado* el testimonio de J. Goytisolo sobre la Universidad de Barcelona hacia 1950. Muy pocos maestros, como L. G. de Valdeavellano y posteriormente J. Vicens Vives, inspiraban respeto a sus estudiantes.

conectar con los movimientos de vanguardia. A partir de 1951 las bienales hispano-americanas de arte fueron otro intento de modernización y apertura. En 1953 se celebró el primer congreso de arte abstracto en Santander, pero el clima no era nada propicio al trabajo de los creadores. Los que pudieron se marcharon a París, como el escultor Chillida y, un poco después, el pintor Tàpies. Si bien es cierto que los dos pertenecían a sendas comunidades —vasca y catalana— a las que el centralismo del régimen quería privar de su lengua y sus medios de expresión.

El franquismo de los años cuarenta y cincuenta también impuso su orden moral. A partir de 1938 la prensa y la edición quedaron sometidas a una severa reglamentación: censura previa, obligación de insertar comunicados oficiales (consignas, informaciones, anuncios de ceremonias y actos públicos...). Una ley de 1941 concretó algunos aspectos. Por ejemplo, no se podía imprimir nada sin la aprobación de la vicesecretaría de Educación Popular. Para los folletos de menos de 32 páginas bastaba con dirigirse a las delegaciones provinciales, a condición de que el texto no mencionara la Falange, los partidos políticos, los asuntos militares o las cuestiones religiosas. Las películas producidas en España debían respetar un código moral, y las que se importaban del extranjero eran retocadas, tapando los escotes, cortando los besos demasiado apasionados y las escenas que se consideraban escabrosas. Los novios que se besaban en público podían ser multados, lo mismo que los blasfemos. Los predicadores tronaban en el púlpito contra los bailes lascivos. A las mujeres demasiado maquilladas se les negaba la comunión. En las piscinas públicas había separación de sexos, y los modelos de los bañadores debían cumplir ciertos requisitos. Todo era una pura hipocresía, ya que este puritanismo ocultaba una profunda degradación moral y un aumento de la corrupción y la prostitución. Es la España que reflejan las películas de J. A. Bardem (*Muerte de un ciclista, Calle Mayor*) o la novela de C. J. Cela *La colmena*, con las secuelas de la guerra civil, el hambre, el paro, el mercado negro, la corrupción, la mediocridad de la vida diaria, la falta de perspectivas e ideales...

El franquismo y el mundo

Franco había contraído una fuerte deuda con las potencias totalitarias que le ayudaron a tomar el poder, pero si se puso del lado de Alemania en 1939 no fue sólo por reconocimiento. El Caudillo y los elementos falangistas que le rodeaban admiraban a Hitler y deseaban su victoria; querían que España formara parte del nuevo orden europeo. Si España no entró en la guerra no fue porque Franco no quisiera. El 31 de marzo de 1939 había firmado un tratado de amistad con Alemania, y el 12 de junio pasó de la neutralidad a la no beligerancia, preludio de la declaración de guerra. En julio de 1940 no dudaba de la victoria de Hitler. Estaba convencido de que, después de la derrota de Francia, Inglaterra no resistiría mucho. Pero el Caudillo presentó unas reivindicaciones territoriales y materiales excesivas a cambio de su participación tardía en el conflicto. Quería el control del Estrecho, que la zona francesa de Marruecos[20] y la de Orán pasaran a la soberanía española, y además pedía una ayuda importante en armamento, petróleo y avituallamiento. A Hitler le

---

20. El 14 de junio de 1940 Franco se tomó un anticipo ocupando Tánger, pero tuvo que evacuar la plaza en 1945, tras la victoria de los aliados.

parecieron unas peticiones excesivas, y por eso España no entró en la guerra. Contrariamente a lo que la propaganda franquista dio a entender más tarde, Franco, en la entrevista celebrada en Hendaya el 23 de octubre de 1940, no plantó cara a Hitler cuando éste le apremió para que se comprometiera en el conflicto. Al Führer le habría venido bien el apoyo de España —una aportación forzosamente modesta, dado el agotamiento del país—, pero no estaba dispuesto a dar a Franco los medios necesarios para conquistar un imperio colonial a expensas de Francia. La entrevista de Montoire con Pétain tuvo lugar pocos días después de la de Hendaya con Franco. Hitler esperaba convencer a Pétain de que colaborase con Alemania. Estaba impresionado por la resistencia que la Francia de Vichy había opuesto a la ofensiva de De Gaulle sobre Dakar, y pensó que la reacción sería similar en el caso de que hubiera un desembarco inglés en Marruecos. Hitler no quiso contrariar a Pétain para contentar a Franco. En los años siguientes el problema siguió planteado en los mismos términos. Franco propuso varias veces entrar en la guerra a cambio de promesas firmes y contrapartidas que Hitler no estaba dispuesto a conceder. La ocupación de Gibraltar serviría para obstaculizar los movimientos de la flota inglesa en el Mediterráneo, pero requeriría una mejora de la red viaria y los ferrocarriles españoles para transportar las tropas y el material necesario. Además, los expertos alemanes se daban cuenta de que España sería incapaz de hacer un esfuerzo bélico prolongado. Estas razones explican la no beligerancia de España. No es que Franco se resistiera a las presiones de Hitler, fue éste quien no quiso acceder a las exigencias de Franco. En este sentido, el relevo de Serrano Súñer en 1942 fue una peripecia de política interior, y no marcó ninguna evolución en la diplomacia española, dirigida personalmente por Franco. Al final, la participación de la España franquista en el conflicto se redujo a estas tres iniciativas:

— En junio de 1941 se envió al frente de Rusia un cuerpo de 18.000 voluntarios (que Alemania tuvo que armar y equipar...), la División Azul, así llamada por el color de las camisas de los falangistas.[21]

— En agosto de 1941, 100.000 obreros «voluntarios» españoles fueron a trabajar a Alemania;

— Por último, Alemania recibió un apoyo logístico consistente en facilidades a su marina para abastecerse de carburante y hacer reparaciones en los puertos españoles; España proporcionó información a los agentes alemanes sobre las potencias aliadas; y, sobre todo, España proporcionó a Alemania el wolframio indispensable para su industria de armamento.

Tan sólo en un aspecto —nada desdeñable— el régimen franquista se desmarcó de los nazis: la actitud con los judíos. Franco siempre denunció un «contubernio» internacional que amenazaba a la civilización cristiana. En esta conspiración el papel de los judíos era tan importante como el de los masones o los bolcheviques. Pese a ello, su gobierno quiso proteger a los descendientes de los judíos expulsados de España en 1492. Les consideraba súbditos españoles, y como tales acogió a los que se refugiaron en el país, y no quiso entregarlos a los nazis. Pero el gobierno franquista fue más lejos, y en una ocasión, por lo menos, llegó a librarlos de los campos de exterminio. El asunto merece que nos detengamos un momento. En la primavera

---

21.   La División Azul se retiró del frente el 26 de septiembre de 1943. Los soldados que lo solicitaron se incorporaron a las SS.

de 1943 el cónsul de España en Atenas alertó sobre la situación de 500 sefardíes de Salónica que iban a ser deportados. Logró que los alemanes reconocieran la nacionalidad española de estos sefardíes y autorizaran su traslado a España. La única condición que pusieron los alemanes fue que los españoles corrieran con los gastos del viaje. Las discusiones entre Atenas y Madrid se prolongaron. Los sefardíes fueron deportados a Bergen-Belsen, pero los españoles no cejaron. Un diplomático destinado en Berlín se expresó con valor y firmeza: negarse a acoger a esa gente era condenarla a muerte. Un día, cuando la guerra terminara y los principios de humanidad volvieran a tener su lugar en el mundo, a España no le perdonarían haber dejado morir a esas personas. Su gestión dio fruto, y 365 sefardíes fueron liberados de Bergen-Belsen. Llegaron a España en dos trenes, el 10 y el 13 de febrero de 1944.[22] La actitud de la España franquista pone aún más en evidencia la ignominia del gobierno de Vichy que, en vez de resistirse a las exigencias de los alemanes, fue todavía más allá.

Cuando Estados Unidos entró en la guerra, Franco siguió dando apoyo logístico a Hitler, pero se mostró más prudente. Para obtener un petróleo del que España no podía prescindir, el Caudillo empezó a mencionar ante los estadounidenses supuestas presiones de Alemania. Los estadounidenses e ingleses no se dejaron engañar. Ni Roosevelt ni Churchill sentían la menor simpatía por el régimen español, pero les pareció conveniente tratarle con tiento. Después de la victoria de los aliados, Franco se quedó aislado. Habría bastado con una actitud enérgica para echarle, pero Churchill temía que España se convirtiera en una democracia popular, y se resignó a la situación. En 1945 la asamblea general de las Naciones Unidas aprobó por aclamación la propuesta de México de excluir a los países cuyos regímenes se hubieran establecido con la ayuda de las potencias totalitarias. La conferencia de Potsdam adoptó esta resolución. El 12 de diciembre de 1946, por 34 votos contra 6 y 13 abstenciones, la asamblea general de las Naciones Unidas recomendó a sus miembros que llamaran a sus embajadores en España. Se esperaba que el aislamiento intimidaría al Caudillo, pero Franco encajó el golpe. La medida adoptada por la ONU sólo concernía a las relaciones diplomáticas y no incluía sanciones económicas ni militares, lo cual atenuaba su alcance. Tres días antes de la votación, en la plaza de Oriente de Madrid hubo una manifestación de apoyo a Franco con gritos de: «¡Franco sí! ¡Comunismo no!». El pueblo español, condicionado por la propaganda oficial, no comprendió la distinción que hacían las Naciones Unidas entre el pueblo y el franquismo, y sólo reparó en que el aislamiento de España agravaría su penuria. El pueblo se sintió condenado, tocado en su orgullo y sus intereses por la retirada de los embajadores y el cierre de la frontera francesa.[23] Contrariamente a lo esperado, dio la impresión de que cerraba filas alrededor del Caudillo.

La guerra fría dio a Franco la oportunidad de presentarse como un precursor de la lucha contra el comunismo, pero sus esperanzas de ser aceptado por la comunidad internacional fueron vanas. En 1947 España quedó excluida de los beneficios del plan Marshall. Tampoco fue admitida en la OTAN en 1949, cuando ingresó Portugal. El estallido de la guerra de Corea (junio de 1950) facilitó un acercamiento que los mili-

---

22. Sobre este asunto, cf. los documentos publicados por A. Marquina y G. L. Ospina, *España y los judíos en el siglo XX*, Espasa Universidad, Madrid, 1987, pp. 191-205.
23. El 26 de febrero de 1946 Francia decidió cerrar la frontera tras la ejecución de Cristino García, un republicano español que había luchado en la Resistencia francesa.

ESPAÑA Y EUROPA

tares norteamericanos llevaban meses recomendando, a causa de las posibilidades que brindaba la península ibérica como base logística. En noviembre de 1950 las Naciones Unidas autorizaron la reanudación de las relaciones diplomáticas con España, pero las negociaciones con Estados Unidos se prolongaron tres años más. La mayoría de las potencias europeas mantuvieron sus reservas hacia el régimen franquista y no quisieron que España se integrara en el Pacto Atlántico. Se abrió paso entonces la fórmula del acuerdo bilateral, firmado el 26 de agosto de 1953. Estados Unidos, a cambio de ayuda económica, instaló en España cuatro bases aéreas (Torrejón de Ardoz, Sevilla, Zaragoza y Morón de la Frontera) y una base naval en Rota. En noviembre de 1952 España fue admitida en la UNESCO. En diciembre de 1955 ingresó en la ONU.

La democracia orgánica

Después de los acuerdos con Estados Unidos, España ya no estaba aislada en el terreno diplomático, pero tampoco se consideraba un socio respetable debido a su régimen político. En el interior, con la incorporación al gobierno de dirigentes católicos, Franco se ganó a sectores de la opinión pública que le eran adictos pero ya empezaban a estar hartos de la hegemonía falangista. Una vez más supo manejar las rivalidades entre facciones. Este equilibrio se mantuvo durante unos quince años. En 1956 una serie de factores lo rompieron.

Las dificultades económicas crearon un descontento obrero que la policía apenas podía contener. En enero de 1957 se declaró otra huelga de usuarios de transportes en Barcelona.

Desde 1950 la oposición tradicional —miembros clandestinos de los sindicatos disueltos— no era la única activa. A la ola de protestas se sumaron falangistas y militantes católicos, lo que refleja la amplitud del descontento popular. Las generaciones jóvenes no se reconocían en una dictadura que parecía anacrónica en Europa occidental. El régimen portugués de Salazar, el único que mantenía relaciones cordiales con la España franquista, no les entusiasmaba.

Un sector del propio franquismo se apartó del régimen. Fue un movimiento que implicó, por un lado, a los desencantados del falangismo y, por otro, a los católicos que habían perdido la esperanza de conseguir que el régimen evolucionara en un sentido liberal. Entre los primeros había hombres como Dionisio Ridruejo, que habían creído en la posibilidad de regenerar España con arreglo a los principios de José Antonio y que, veinte años después, comprobaban que no había cambiado nada: el país estaba gobernado por una clase política sin ideales, alejada de la realidad, encerrada en un conservadurismo retrógrado. El régimen cada vez tenía menos atractivo para las jóvenes generaciones, que le hacían responsable de la mediocridad cultural y el orden moral impuesto a la sociedad.

La sorpresa llegó de los ambientes universitarios. El 8 de febrero de 1956, en la antigua facultad de derecho de Madrid, hubo altercados entre liberales y falangistas. Las algaradas se reprodujeron al día siguiente, y un falangista resultó gravemente herido de un disparo. Intervino la policía, que hizo detenciones y restableció el orden, pero el ejército consideró que los incidentes denotaban falta de autoridad. Se acusó a los que preconizaban la apertura, el diálogo y la liberalización progresiva del régimen de ser los instigadores. El ejército también acusó a los grupos de la Falange de ser unos alborotadores y hacer uso de las armas que se habían puesto imprudentemente a su disposición. Según su costumbre, Franco no quiso pronunciarse a favor de uno u otro bando. Destituyó al ministro de Educación Nacional, Ruiz-Giménez, pero también al general Muñoz Grandes, jerarca de la Falange. Aconsejado por Carrero Blanco, su eminencia gris, recurrió a hombres nuevos, jóvenes y sin filiación política. Mariano Navarro Rubio fue el nuevo ministro de Hacienda, y Alberto Ullastres el de Comercio. Una tercera personalidad ocupó un cargo en apariencia más modesto, pero, en realidad, decisivo: Laureano López Rodó, que a los 37 años fue nombrado secretario general técnico de la Presidencia del gobierno, un departamento especial creado para él. Estos tres hombres eran miembros del Opus Dei y no lo ocultaban.[24] Tenían fama de competentes. Se declaraban apolíticos, lo cual era verdad en el sentido de que no estaban vinculados a ningún partido. Su prioridad era impulsar la economía para mejorar el nivel de vida de los españoles, sin salirse del marco de un régimen autoritario.

La llegada al poder de estos tecnócratas —o «desarrollistas»— fue un hito importante en la historia del franquismo. La ideología falangista —o lo que pasaba por tal— fue abandonada en pro de una política más eficaz. La contradicción entre una sociedad civil que anhelaba más libertad y bienestar, y unas estructuras económicas y políticas anacrónicas, se había agudizado. Los tecnócratas del Opus Dei trataron de reducir estas tensiones modernizando la economía y mejorando el nivel de vida, al tiempo que mantenían el carácter autoritario del régimen. El franquismo pudo sobrevivir así hasta la muerte del dictador, pero ¿podía haber un franquismo sin Franco? Esta fue la cuestión que se trató de resolver instaurando una monarquía que permaneciera fiel a los principios del Movimiento Nacional.

El milagro español

Franco no entendía nada de economía, y Carrero Blanco, su consejero más cercano, tampoco. Los dos se daban cuenta de que la política de autarquía había fracasado, pero cuando nombraron a miembros del Opus Dei para los ministerios técnicos, probablemente no sospechaban las transformaciones que se iban a producir en la sociedad española.

Tanto para Franco como para Carrero Blanco el objetivo era político. Se trataba de acallar a la oposición. En este sentido, los tecnócratas pensaban que el descontento desaparecería si se mejoraba el nivel de vida de la población y ésta podía gozar de unas condiciones similares a las de los otros países de Europa.[25] Los turistas franceses, alemanes e ingleses que empezaban a pasar las vacaciones en España suscitaban

24. Fundado en 1928 por el sacerdote aragonés José María Escrivá de Balaguer, el Opus Dei se definió como un instituto secular de derecho pontificio, aprobado como tal por Pío XII en 1947. Recluta sus miembros en todo el mundo, pero la mayoría son españoles. El Opus propone a sus miembros alcanzar la santidad y la perfección en el ejercicio de su vida profesional. Siempre ha rodeado de misterio sus objetivos, lo que ha dado pie a toda clase de cábalas: ¿es un grupo de presión? ¿Una masonería católica?

25. Para Laureano López Rodó, artífice de los planes de desarrollo —en febrero de 1962 fue nombrado comisario general del Plan de Desarrollo, y en 1965 ministro—, sólo después de superar el umbral de 2.000 dólares de renta per cápita se podría pensar en democratizar España. Esperaba que entonces el bienestar haría que los españoles se despreocuparan de la política.

amargas comparaciones. Para llegar a este resultado, los desarrollistas propugnaron una política económica de inspiración liberal, en la que las empresas públicas pasarían a un segundo plano. La Falange defendía la autarquía y las empresas públicas, en las que sus miembros ocupaban cargos y disfrutaban de prebendas. Franco apostó por los desarrollistas.

En 1957 se adoptaron una serie de medidas para reducir el gasto público y la inflación; se devaluó la peseta, se aumentaron los impuestos directos, se fomentaron las importaciones y las inversiones de capital extranjero. A comienzos de 1958 España se acercó a la OCDE y al Fondo Monetario Internacional, cuyos informes fueron esgrimidos por los tecnócratas en apoyo de sus tesis. El primer plan de estabilización se promulgó el 21 de julio de 1959. Entre 1964 y 1975 fue sustituido por otros tres planes de desarrollo. El objetivo era impulsar el crecimiento industrial inyectando fondos públicos en el sector privado y recurriendo al capital extranjero.

Poco a poco se fue renunciando a las grandes obras públicas destinadas a aumentar el rendimiento de la agricultura. Se buscó el mismo resultado con la mecanización[26] y el uso de fertilizantes. La estructura tradicional del país cambió radicalmente. La reforma agraria, que desde hacía más de un siglo era la obsesión de los políticos y los revolucionarios —la tierra para el que la trabaja— perdió actualidad, y se convirtió en un simple problema técnico.

España se industrializó. El principal esfuerzo se hizo en la siderurgia, la producción de bienes de consumo y los automóviles. La producción de energía eléctrica pasó de 18 millones de kWh en 1960 a más de 30 millones en 1965. En 1970 empezó la producción de energía nuclear. La producción de cemento y acero experimentó un progreso del mismo orden. En 1960 se fabricaron menos de 40.000 automóviles, cifra que pasó a 100.000 en 1964 y a 450.000 en 1970. Se modernizaron los transportes, se mejoró la red viaria y poco a poco se electrificaron las líneas de ferrocarril. Algunas, menos rentables, se cerraron, y se abrieron otras, como la línea directa Madrid-Burgos, cuya ausencia era una anomalía. También se modernizó el material móvil.

Hasta los años sesenta la industria española se concentraba en las regiones periféricas: Cataluña, el País Vasco y Asturias. A partir de entonces Madrid dejó de ser una simple capital administrativa para convertirse en un centro industrial. Al mismo tiempo se crearon siete polos de desarrollo para fomentar la actividad en zonas hasta entonces poco favorecidas: Burgos, Huelva, Vigo, La Coruña, Valladolid, Zaragoza y Sevilla. El objetivo era crear unos 80.000 puestos de trabajo. Sólo se cumplió en un 85 por 100 en Vigo y Valladolid, y el resto se quedó en un 50 por 100, pero aun así los cambios fueron espectaculares. Pese a la resistencia de la Falange y a algunos escándalos financieros,[27] en veinte años el plan transformó la fisonomía de España, que dejó de ser el país subdesarrollado de la posguerra para convertirse en una potencia industrial, con una tasa de crecimiento superior a la de muchos países europeos. Las importaciones se triplicaron y las exportaciones se doblaron. El producto interior bruto real (sin inflación) aumentó un promedio del 7,5 por 100 anual entre 1960 y 1968, y de 1968 a 1973 todavía era de 6,8 por 100.

---

26. De 1954 a 1969 el número de tractores pasó de 25.000 a 250.000.

27. El más conocido fue el caso Matesa, en 1969. La sociedad Matesa, de Pamplona (Maquinaria Textil del Norte de España) fabricaba maquinaria para la industria textil y la vendía en Europa y América. Se descubrió que algunas filiales instaladas en América Latina eran ficticias. Matesa las utilizaba para cobrar ayudas a la exportación.

Pero este desarrollo tuvo aspectos negativos, cuyos efectos se notarían más tarde. Al principio se caracterizó por la implantación de empresas poco competitivas, poco especializadas, sin investigación industrial seria. Creó nuevas desigualdades en el país. Surgieron centros industriales en zonas desprovistas de actividad, pero hubo regiones enteras que permanecieron al margen. Con la excepción —no siempre— de las capitales de provincia, Galicia, las dos Castillas, Andalucía, Extremadura, Aragón y Canarias siguieron estando subdesarrolladas, y su situación se agravó con el éxodo rural a consecuencia de la mecanización de la agricultura. En pocos años dos millones de campesinos tuvieron que marcharse del campo. Extremadura perdió la tercera parte de su población, La Mancha la cuarta parte, Andalucía y Galicia la décima. En cambio el País Vasco, Navarra, Cataluña y Madrid[28] recibieron una gran afluencia de inmigrantes. Muchos otros tuvieron que emigrar fuera de España. En 1960 empezó el éxodo masivo de trabajadores españoles al norte de Europa: Francia, Alemania, Suiza, Bélgica y Holanda, donde contribuyeron a la expansión industrial.[29]

¿Fueron los planes de los tecnócratas la causa directa del desarrollo de España en la última etapa de la era franquista? Su éxito fue tal que se ha acabado atribuyéndoles el mérito exclusivo. Pero eso sería olvidar que, ya en 1930, España no era la misma de 1900. A partir de 1910, y más aún entre 1920 y 1930 —época de prosperidad que coincidió con la dictadura de Primo de Rivera—, la industrialización se había intensificado y la proporción de la población activa empleada en la agricultura había empezado a disminuir. La urbanización refleja esta doble evolución. La crisis económica de 1929 acabó con este impulso, lo que explica en parte las dificultades de los republicanos. La guerra civil no solucionó nada. El franquismo, con su política de autarquía, aisló a España durante algún tiempo. Hacia 1960 el movimiento de la economía se reanudó partiendo de los valores de 1930. El mérito de los desarrollistas fue comprender que había que favorecerlo en vez de frenarlo. Al liberalizar la economía y hacer que España se abriera al mundo exterior, retiraron los obstáculos que la autarquía había opuesto al desarrollo. Los resultados fueron tan rápidos y patentes que se pudo hablar de «milagro».

El crecimiento de los años sesenta fue posible por la conjunción de una serie de circunstancias favorables. España recibió empréstitos de organismos internacionales. Atrajo a las empresas multinacionales, que no dudaron en invertir a causa de los bajos salarios, consecuencia a su vez del excedente de mano de obra y de una legislación laboral represiva que dificultaba las reivindicaciones obreras. Hubo otros dos factores que aseguraron el éxito de los planes elaborados por los tecnócratas: el dinero que mandaban los trabajadores españoles emigrados a Europa, fuente apreciable de divisas, y la prosperidad de Europa durante esos años, que favoreció las exportaciones españolas y el turismo, convertido a partir de entonces en una industria y una fuente de divisas.[30] España recibió seis millones de visitantes en 1960, el doble que en 1958. En 1970 la cifra ascendió a más de 20 millones.

28. En diez años la población de Madrid creció un millón de habitantes (cerca de 3.200.000 en 1970).

29. Los emigrantes no pasaban de 200.000 anuales, por término medio, hasta 1961. Estas cifras se doblaron en los años siguientes hasta 1973, fecha en la que de nuevo descendió.

30. Se calcula que los ingresos por turismo en 1960 fueron de menos de 300 millones de dólares. Cinco años más tarde superaron el millar de millones.

La ley orgánica

El gobierno, al tiempo que modernizaba la economía, creyó necesario emprender reformas políticas. Se trataba de suavizar los aspectos totalitarios del régimen, manteniendo su carácter autoritario, hacer algunas concesiones a los partidarios de la apertura sin soliviantar demasiado a los falangistas. Con este fin se promulgaron la ley orgánica del estado, la ley de asociaciones y la ley de prensa.

La ley orgánica introdujo tres modificaciones en la «constitución» del régimen. Convirtió el Movimiento en una institución. Su consejo nacional pasó a ser una suerte de cámara política formada por representantes nombrados directa o indirectamente por Franco. También cambió la composición de las Cortes: la tercera categoría la formaban un centenar de procuradores elegidos directamente por los cabezas de familia y las mujeres casadas, con la correspondiente disminución de los representantes nombrados o elegidos por las organizaciones sindicales o las corporaciones municipales y provinciales. La ley electoral limitó esta aparente liberalización, ya que para ser candidato había que estar afiliado a la Falange o ser presentado por un millar de electores. Pese a estas precauciones, en algunos casos llegó a haber tres veces más candidatos que escaños a cubrir. A partir de 1967 las Cortes ya no formaron un bloque homogéneo. Varios diputados se atrevieron a pedir la legalización de los partidos políticos o a preguntarse sobre la función y la representatividad de la cámara, sin que estas expresiones de descontento o estos escrúpulos fueran un estorbo para el gobierno. En tercer lugar, la ley orgánica distinguió entre las funciones del jefe del estado y jefe del gobierno. Por supuesto, esta distinción no se pensaba aplicar en vida de Franco. De hecho, cuando la enfermedad y luego la senilidad impidieron al Caudillo ocuparse de todos los asuntos, delegó algunas de sus atribuciones en personas de su confianza, como el general Muñoz Grandes, el almirante Carrero Blanco y Carlos Arias Navarro. Pero incluso entonces Franco se reservó la última palabra, y nadie osó contradecirle.

La ley orgánica se sometió a referéndum el 14 de diciembre de 1966. La campaña, dirigida por el ministro de Información y Turismo, Manuel Fraga, no dejaba lugar a dudas sobre el sentido del voto: se trataba de respaldar a «Francisco Franco, nuestro Caudillo, que se ha pasado la vida sirviendo a la patria y nos ha dado treinta años de buen gobierno». ¿Quién osaría decir lo contrario? Los españoles recibieron un mensaje claro: Moscú, Praga y Budapest preconizaban la abstención o el voto negativo, de modo que ya sabían lo que tenían que hacer. En estas condiciones, gracias a una intensa propaganda acompañada de amenazas a los abstencionistas, el resultado sólo podía ser favorable. La participación fue del 89 por 100, y el 95 por 100 de los votantes dijeron sí a la ley orgánica.

Las instituciones territoriales también dependían del Caudillo. Cada una de las cincuenta provincias estaba sometida a la autoridad de un gobernador civil nombrado por el poder central. En los ayuntamientos la situación era parecida. Las corporaciones municipales se dividían en tres categorías. Un tercio de los concejales era elegido por un colegio de padres de familia y mujeres casadas, otro tercio por los sindicatos del régimen, y el tercio restante cooptado por los anteriores de una lista presentada por el gobernador civil. En las ciudades de menos de 10.000 habitantes el alcalde lo elegía el gobernador civil; en las demás, el ministro de la Gobernación.

La ley orgánica pretendía consolidar el régimen salido de la guerra civil y asegurar su permanencia. Desde el exilio, el secretario general del Partido Comunista, Santiago Carrillo, había planteado la pregunta: ¿después de Franco, qué? Durante la elaboración de la ley orgánica un ministro falangista contestó: «Después de Franco, las instituciones; será el franquismo sin Franco».

La ley de asociaciones pretendía crear una ilusión de pluralismo, pero dentro de la adhesión a los principios del Movimiento. Este último se había convertido en una institución del estado. Se definía como la unión de todas las fuerzas que habían contribuido a la victoria de 1939, lo que suponía reducir la influencia de la Falange, pero también prohibir cualquier expresión política contraria a la ideología de los vencedores. En los estatutos del Movimiento se incluyó un artículo que, a falta de partidos políticos, permitía formar asociaciones dentro de unos límites muy estrictos. Estas asociaciones debían recibir la aprobación previa del consejo nacional del Movimiento.

La «ley Fraga» de 1966 suprimió la censura previa. Los directores de las publicaciones y los periodistas fueron, a partir de entonces, los encargados de evitar su procesamiento por atentar contra los principios del Movimiento Nacional o contra el crédito de las personas e instituciones que lo representaban (Franco, la Falange, el ejército…). A pesar de estas limitaciones, la ley Fraga suponía un avance, pues ya no se podían aplicar con todo su rigor unas normas que databan de la guerra civil. Varios periódicos aprovecharon la ocasión para guardar prudentemente las distancias. Aparecieron otros, situados en una perspectiva completamente nueva. Entre ellos destacaban revistas como *Cuadernos para el Diálogo*, fundada por Joaquín Ruiz-Giménez, el ex ministro de Franco que empezaba a evolucionar hacia la democracia cristiana, *Triunfo*, *El Ciervo* y, un poco después, *Cambio 16*.

Reivindicaciones sociales y oposición política

Los planes de desarrollo propiciaron la formación de una clase media. También agravaron las condiciones de vida de millones de españoles, obligados a abandonar la región donde habían nacido y vivido hasta entonces. Los que buscaron trabajo en las ciudades tuvieron grandes dificultades de alojamiento. La industria de la construcción se benefició de la situación y, a su vez, contribuyó al desarrollo del país, pero la lógica liberal de los desarrollistas les llevó a favorecer la iniciativa privada. En los años sesenta se construyó mucho,[31] pero con vistas a un beneficio inmediato: hoteles y apartamentos para turistas, pisos o segundas residencias para las clases medias. Las viviendas sociales fueron insuficientes, pese a las advertencias de los ministros falangistas, que en su pugna con sus colegas del Opus Dei apelaban a las inquietudes «revolucionarias» de José Antonio. Los obreros se apiñaban en barriadas edificadas apresuradamente, sin planificación ni infraestructuras: pavimentado de calles, transportes públicos, colegios, hospitales, mercados, comercios, espacios verdes, zonas de ocio… Estos obreros, que a menudo vivían lejos de sus centros de trabajo, tuvieron que soportar una parte del esfuerzo de modernización del país, ya que los salarios estaban congelados mientras que los precios subían constantemente.

---

31. Cerca de un millón de viviendas entre 1961 y 1968.

Entre las medidas previas al plan de estabilización figuraba una ley de 1958 sobre convenios colectivos. El estado invitaba a empresarios y obreros a negociar libremente, empresa por empresa, los niveles de remuneración y las condiciones de trabajo (horarios, seguridad, etc.). Con la negociación de los convenios renació la actividad sindical, que pronto desbordó los sindicatos verticales. En efecto, la ley permitía la elección de enlaces sindicales para negociar con los representantes patronales. Los comunistas vieron la ocasión de salir de la clandestinidad a la que estaban condenados los viejos sindicatos (Confederación Nacional del Trabajo —CNT—, de tendencia anarquista, y Unión General de los Trabajadores —UGT—, de filiación marxista). Se infiltraron en el sindicato oficial y lograron que algunos de sus militantes fueran elegidos enlaces. De este modo, Marcelino Camacho, vuelto del exilio en 1957, empezó a luchar por lo que en unos años se convertiría en un nuevo sindicato sin ese nombre: las Comisiones Obreras, reuniones de delegados de empresas, después de provincias y por último de ramos de actividad a escala nacional. Apareció un sindicalismo de nuevo tipo. Ya no eran jornaleros del campo, que pedían tierra y trabajo; el éxodo rural les había expulsado a las ciudades y al extranjero. En el campo apenas había huelgas, porque había pocos jornaleros. Los que quedaban conducían tractores y máquinas, y los empresarios les trataban mejor, porque estaban interesados en aumentar la producción y darle salida en el mercado interior o internacional. La reforma agraria ya no era un problema candente. En cierto modo, se había solucionado con la desaparición de la mayoría de los que deberían ser sus beneficiarios. Los conflictos sociales eran más numerosos en las ciudades. Las Comisiones Obreras ocuparon el lugar de la CNT en sus feudos tradicionales, como Andalucía y Cataluña... El propio anarcosindicalismo estaba en claro retroceso. Los nuevos sindicatos renunciaron a las preocupaciones ideológicas —la instauración del socialismo—, o por lo menos las pusieron entre paréntesis. Se centraron en demandas concretas: condiciones de trabajo, salarios, mejora del nivel de vida, etc. Con el apoyo activo de organizaciones como la Juventud Obrera Cristiana (JOC) o las Hermandades Obreras de Acción Católica (HOAC), Comisiones Obreras dio cohesión a las demandas sociales, que cobraron fuerza en 1962. Una huelga muy dura en Asturias se extendió rápidamente a todas las cuencas mineras del país y a otros sectores industriales. A partir de entonces la agitación social fue incesante. Comisiones Obreras marginó al sindicato falangista y encuadró a los trabajadores.

El régimen reaccionó con una represión brutal, confiada a la policía y los tribunales militares. En 1964 se creó el Tribunal de Orden Público, pero siguió en vigor un decreto de 1958 que daba competencias a la justicia militar para las actividades calificadas de extremistas. La definición de estas actividades era muy vaga, y en la práctica el propio juez determinaba cuáles eran. Una ley de 1959 permitía detener a los que cometían o tenían la intención de cometer actos contrarios al orden público. Un decreto de 1960 asimilaba a la «rebelión militar continuada» la propagación de noticias falsas o tendenciosas, la huelga, los sabotajes... Todos estos textos legales permitían detener, juzgar y condenar a cualquier persona bajo cualquier pretexto, pues correspondía al juez apreciar lo que era delito, desde los actos de terrorismo y las manifestaciones contra el régimen hasta el reparto de octavillas pidiendo, por ejemplo, amnistía para los presos políticos, pasando por las demandas sociales y las huelgas. El proceso contra Cerón, en 1959, es ilustrativo. Julio Cerón, de 31 años, era miembro de la delegación española en la Organización Internacional del Trabajo. Fue juzgado por «rebelión militar continuada» con otros dieciséis jóvenes, católicos liberales como él. La policía había encontrado en su equipaje unas octavillas y folletos que incitaban a los obreros a la huelga. El consejo de guerra condenó a Cerón a tres años de cárcel. El capitán general consideró la condena demasiado leve y apeló al Consejo Superior de Justicia Militar, que la amplió a ocho años.

Muchos procesos castigaron el delito de opinión. Como la oposición no podía expresarse en público, incluso la más moderada quedó relegada a la clandestinidad y fue víctima de acusaciones de propaganda ilegal y difusión de noticias tendenciosas. En junio de 1962 se abrió en Munich el cuarto congreso del Movimiento Europeo. El antiguo embajador Salvador de Madariaga pidió a los organizadores que invitaran a un centenar de personalidades españolas, parte de las cuales vivían en el exilio (el propio Madariaga, el socialista Rodolfo Llopis, el nacionalista vasco Manuel de Irujo) y el resto en España, entre los que había monárquicos, católicos liberales y falangistas desencantados. El congreso votó una moción moderada que invitaba al gobierno español a conceder una mayor libertad de movimientos y de expresión. Franco se enfureció con este nuevo «contubernio». Mandó detener y expulsar de España al antiguo ministro monárquico Gil Robles y a Dionisio Ridruejo, uno de los fundadores de la Falange y ex combatiente de la División Azul. El proceso contra Comín es otro ejemplo de esta intransigencia. Este sociólogo había publicado un artículo sobre el referéndum de 1966 y la represión contra los obreros en la revista francesa *Témoignage Chrétien*. En enero de 1968 fue procesado por atentado contra la autoridad y el crédito del estado, y condenado a 16 meses de cárcel.

Pese a la valentía de los abogados, que tenían muchas trabas para defender a sus clientes, y a las protestas cada vez más numerosas de la opinión pública internacional, las detenciones y los juicios prosiguieron hasta el final del franquismo. Cada manifestación y cada huelga daban lugar a severas condenas, que iban de las multas y la cárcel a la pena capital. Entre 1957 y 1963 se pronunciaron 23 condenas a muerte, de las que se ejecutaron 10. Casi todos los años decenas de personas eran procesadas y condenadas, tanto por huelgas o incitación a la huelga como por oposición política. En la primavera de 1965 los estudiantes de la mayoría de las universidades se manifestaron a favor de una mejora de sus condiciones y, sobre todo, contra el monopolio del Sindicato Español Universitario (SEU), emanación de la Falange. Varios profesores expresaron su solidaridad asistiendo a las asambleas generales, en las que a veces tomaron la palabra. Entre ellos destacaron Tierno Galván, García Calvo y Aranguren, que fueron inmediatamente expulsados de la universidad. No obstante, los estudiantes se apuntaron un tanto, pues el SEU fue suprimido.

A las reivindicaciones sociales y políticas se sumó el renacer de los nacionalismos vasco y catalán, severamente perseguidos por el régimen. En abril de 1960, con motivo de una visita de Franco a Barcelona, se repartieron octavillas reclamando libertad de expresión. Su autor, un nacionalista moderado llamado Jordi Pujol, fue condenado a siete años de cárcel. En marzo de 1964 se reunieron 35.000 personas en Guernica para conmemorar las libertades tradicionales del pueblo vasco.

La nueva sociedad española

Las transformaciones económicas alteraron profundamente la estructura del país. España estaba considerada como uno de los países más pobres de Europa, junto con Portugal. Todo cambió en pocos años. La renta media por habitante, que en 1953 era de 350 dólares, pasó a 650 en 1968 y 1.250 en 1973. En 1960 sólo el 1 por 100 de los hogares tenían televisor, el 4 por 100 frigorífico y el 4 por 100 automóvil. Diez años después estos porcentajes pasaron, respectivamente, a 62, 63 y 24. En poco tiempo se formó una clase media, que en 1970 representaba la mitad de la población activa. Esta clase media adquirió unas costumbres de consumo similares a las de los países desarrollados de Europa. Compró a crédito automóviles, electrodomésticos, pisos e incluso segundas residencias en la sierra o en la costa para pasar los fines de semana y las vacaciones. Empezó a viajar al interior del país o al extranjero. El signo más visible de esta mejora del nivel de vida fue el pequeño SEAT 600, que ocupó el mismo lugar en la sociedad española de 1960 que el 4 CV Renault en la Francia de 1950.

Con el nivel del vida también creció la demanda de educación. El analfabetismo, una de las lacras tradicionales de España, se situó en un nivel muy bajo.[32] Casi todos los niños de 6 a 14 años fueron escolarizados. El número de institutos de enseñanza media y universidades se multiplicó por dos, lo mismo que el de bachilleres y estudiantes universitarios. En 1970 el ministro Villar Palasí, cercano al Opus Dei, aplicó una reforma cuyas líneas maestras se han mantenido hasta hace poco, con sus tres ciclos: la enseñanza general básica (EGB), obligatoria para todos los niños de 6 a 14 años, el bachillerato unificado polivalente (BUP) de 14 a 16 años, y el curso de orientación universitaria (COU).

La urbanización, el turismo y la televisión socavaron los fundamentos de la sociedad tradicional. Cada vez fueron más numerosas las mujeres que trabajaban fuera de casa, la práctica religiosa disminuyó, la moral católica quedó desprestigiada. La pérdida de influencia de la Iglesia fue, al menos en parte, consecuencia del esfuerzo de escolarización realizado por el estado. En 1975 los colegios religiosos sólo acogían a un tercio de la población escolar; esta proporción era del 85 por 100 en 1955. Ninguna censura fue capaz de frenar la evolución de las costumbres y las mentalidades. Los españoles adoptaron los modos y gustos del mundo contemporáneo en las costumbres, el vestir, las formas de ocio o de expresión cultural. En las pantallas empezaron a ser habituales las series de televisión estadounidenses. Lo mismo se puede decir del cine, la literatura y las corrientes de pensamiento. Las nuevas generaciones se interesaron vivamente por el marxismo y el estructuralismo. Cuando una película o un libro aún estaba prohibido, la gente iba a verla o a comprarlo a Perpiñán, Biarritz o París. En el interior de España proliferaban las críticas al régimen. Los novelistas usaban la literatura como un arma de lucha contra la dictadura, y so capa de realismo social denunciaban las lacras del franquismo. En las películas de Bardem o Saura, en el teatro[33] y en las artes plásticas[34] surgieron ten-

---

32. Menos del 2 por 100 de la población en 1968.
33. En 1962 la primera obra de Lauro Olmo, *La camisa*, que al principio fue prohibida, se convirtió en una manifestación pública de oposición. En la obra aparecían unos obreros obligados a emigrar.
34. El pintor Arroyo pintó un cuadro cuyo tema era el asesinato del comisario Manzanas, ejecutado por ETA en 1968.

dencias similares. En todos los ámbitos apareció una contracultura de testimonio y protesta que rompía con el arte oficial.

En 1969 el almirante Carrero Blanco estaba escandalizado. Las librerías estaban llenas de propaganda comunista o atea, ya no se podía ir al teatro o al cine en familia porque sólo se representaban obras subversivas o libertinas; para complacer a los turistas se presentaban espectáculos pornográficos en los locales nocturnos... No sólo estaba amenazado el orden moral, también el orden social y el político eran atacados. Contrariamente a lo que esperaban los tecnócratas del Opus Dei, la modernización no había apartado a los españoles de la política. Al contrario, les había puesto en la boca la miel de la libertad. Para muchos de ellos las ataduras empezaban a ser insoportables. Como única respuesta, el régimen recurría a los métodos de siempre: reprimir la agitación social y rechazar toda apertura democrática.

Hasta la Iglesia, pilar del régimen, había cambiado. Tras la victoria de Franco, François Mauriac decía, indignado: «Tenemos la horrible desgracia de que, para millones de españoles, cristianismo y fascismo se confunden, y ya no podrán aborrecer al segundo sin aborrecer al primero».

Y se preguntaba:

> ¿Cuántos años, cuántos siglos necesitará la Iglesia de España para librarse de este espantoso equívoco y para que los hijos de las mujeres asesinadas en Guernica, en Durango, en Barcelona y en toda España aprendan a no confundir la causa de su Dios crucificado con la del general Franco?

Hoy conocemos la respuesta: tuvieron que pasar unos veinte años para que se produjera una doble evolución, del Vaticano y del clero español.

Pío XII, el papa que había bendecido la cruzada de Franco, murió en 1958. Le sucedió Juan XXIII, que convocó el segundo concilio del Vaticano. Franco estaba desconcertado. El concilio recomendaba que se respetaran los sentimientos religiosos, incluso cuando se expresaran en un credo distinto del de la Iglesia de Roma. El Caudillo se plegó, y la ley orgánica de 1967 reconoció la libertad religiosa. En 1953, con la firma del acuerdo con Estados Unidos, se había comprometido a autorizar el libre ejercicio del culto protestante, pero no había hecho nada al respecto. En esa época el Vaticano le animaba a mantener la unidad católica de España. Diez años después el concordato era un estorbo para el Vaticano, que deseaba desvincularse lo antes posible de un régimen autoritario. En 1964 el concilio pidió a los estados que no intervinieran en el nombramiento de los obispos. En 1968 Pablo VI le sugirió a Franco que renunciara al derecho de presentación. El Caudillo se negó, pues quería asegurarse la lealtad del alto clero. Entonces el papa recurrió a varios ardides, como proponerle a Franco que eligiera entre candidatos comprometidos por igual en la línea conciliar, o presentar un solo nombre en vez de tres, o también designar obispos auxiliares, para los que no se requería la aprobación del jefe del estado. Así fueron desapareciendo poco a poco los obispos de la Cruzada. El último, monseñor Pla y Deniel, primado de España, murió en 1968. Le sustituyó Vicente Enrique y Tarancón, que tenía fama de conciliar y no tardó en confirmarla. La conferencia episcopal española, reunida ese mismo año de 1968, recomendó la libertad sindical. Tres años después una asamblea de obispos y sacerdotes sugirió que se revisara el concordato, propuso que los obispos no tuvieran escaño en las cortes y, por último, pidió perdón al pueblo español por la debilidad del clero, que no había sido capaz de lograr la reconciliación nacional después de la guerra civil. El 24 de febrero de 1971 el obispo de Bilbao, monseñor Añoveros, pidió que se reconociera la identidad cultural de los vascos. Franco renunció a expulsarle por miedo a agravar aún más las desavenencias entre su régimen y la Iglesia. El clero vio cómo perdía importancia e influencia social, pero ganó autoridad moral. Las vocaciones disminuyeron de forma alarmante. Entre 1963 y 1972 los seminarios perdieron dos tercios de su alumnado. Cada vez hubo más casos de curas secularizados para casarse. Otros colgaron los hábitos. Muchos de ellos se dieron cuenta de que la Iglesia había vivido engañada hasta entonces. Como el clero era un poder establecido que gozaba de privilegios y ejercía un control sobre la enseñanza, la vida pública y las costumbres, se pensaba que España era una nación católica, pero los fieles no eran tan cristianos como parecía. Los curas jóvenes prestaban menos atención que sus mayores a las formas exteriores del culto y la pompa de las ceremonias. Trataban de estimular la vida interior y de renovar la liturgia. Hacían experiencias comunitarias en sus parroquias. Por último, muchos de ellos reaccionaron ante la pobreza material y moral del pueblo. Llevaban varios años introducidos en el movimiento obrero a través de la JOC y las HOAC. Algunos se hicieron curas obreros, compartiendo la vida de sus compañeros de trabajo y solidarizándose con su lucha. En enero de 1973 un grupo de católicos expresó públicamente su deseo de conciliar su fe con el marxismo. Sin llegar tan lejos, algunos sacerdotes se manifestaron contra la tortura a la que se sometía en las comisarías a los militantes obreros y oponentes políticos. Hubo episodios inimaginables veinte años antes: ¡manifestantes de izquierda, perseguidos por la policía, que se refugiaban en iglesias, casas rectorales y conventos![35]

En 1963, en una entrevista a *Le Monde*, monseñor Escarré, abad del monasterio benedictino de Montserrat, expuso el punto de vista de este sector del clero que no quería comprometerse con el régimen. En respuesta al lema oficial de la conmemoración del vigesimoquinto aniversario de la victoria de 1939, «25 años de paz», el abad replicó que no eran veinticinco años de paz, sino veinticinco años de victoria, ya que los vencedores de 1939 —incluyendo la Iglesia— no habían hecho nada por superar la división entre vencedores y vencidos. También dijo que ya era hora de que el pueblo se diera un gobierno de su elección.

La agonía del franquismo

Las reformas, lejos de desactivar a la oposición, la habían reforzado. Para las generacior   jóvenes las divisiones de la guerra civil ya no tenían sentido. Querían libertad y justicia social. La comunidad internacional no perdonó a la España franquista sus orígenes ni su carácter totalitario, y le negó la entrada en el Mercado Común Europeo. La propia supervivencia del régimen era un problema: ¿quién relevaría a Franco tras su muerte? Desde 1962 el general Muñoz Grandes, antiguo jefe

---

35. La «capuchinada» de Barcelona, en 1966, es un ejemplo significativo. Unos universitarios se habían reunido en un convento de capuchinos, creyendo que así burlarían la vigilancia de la policía o que ésta no se atrevería a intervenir. Pero no fue así. La policía cercó el convento y cortó el teléfono y toda comunicación con el exterior. El 11 de marzo, como los frailes se negaban a entregar a sus huéspedes, la policía entró en el convento, sacó a los reunidos e hizo detenciones.

de la División Azul, era vicepresidente del gobierno. A él le correspondía suceder al Caudillo, pero estaba demasiado identificado con los aspectos totalitarios del franquismo, y su edad no le dejaba muchas esperanzas de sobrevivir al dictador. En 1967 le sustituyó el almirante Carrero Blanco, que dos años después pasó a ser el jefe efectivo del gobierno. El almirante estaba tan convencido como Muñoz Grandes de la necesidad de mantener en España un poder fuerte que impidiera cualquier apertura democrática. La ley orgánica había previsto los mecanismos necesarios, pero Franco siempre había dejado una cuestión pendiente: España era una monarquía, pero sin rey. Carrero Blanco se propuso convencer al Caudillo de que para institucionalizar el régimen y darle su forma definitiva era urgente organizar la sucesión, designando al futuro titular de la corona.

Durante treinta años Franco no había querido desvelar sus intenciones. ¿Repondría en el trono de España a un descendiente de Alfonso XIII, al pretendiente carlista o a un tercero? Las dos últimas soluciones habrían tropezado con demasiados obstáculos. La primera era la que deseaban los monárquicos, pero Franco guardaba rencor al hijo de Alfonso XIII, don Juan, conde de Barcelona. El 19 de marzo de 1945 este último había denunciado el carácter totalitario del régimen y su ayuda a la Alemania nazi, y le había pedido al Caudillo que diera paso a una monarquía constitucional y democrática, la única capaz de reconciliar a España con los aliados y a los españoles entre sí. En febrero de 1946 don Juan se había afincado en Portugal, y con tal motivo había recibido una carta colectiva firmada por varios cientos de personalidades, entre las que había ex ministros, banqueros y universitarios, que expresaban su deseo de que en España se restaurase la monarquía encarnada por él. A Franco no le había hecho ninguna gracia. Don Juan había empeorado las cosas en 1947 al considerar ilegal la ley de sucesión que modificaba el carácter de la monarquía sin consultar al pueblo ni al heredero del trono. Peor aún: en octubre de 1948, en el llamado pacto de San Juan de Luz, don Juan se había acercado al Partido Socialista Obrero Español, que había renunciado a la esperanza de aprovechar la derrota nazi para restablecer la república.[36] El conde de Barcelona concebía su vuelta como una restauración de la institución monárquica. Quería estar por encima de los partidos, como rey de todos los españoles.

Eso era lo que a Franco le sacaba de sus casillas. Estaba dispuesto a restablecer la monarquía, pero una monarquía franquista que excluyera a media España de la nación. Fiel a su táctica, el Caudillo alimentó el equívoco sobre sus intenciones. A los monárquicos les dio a entender que comprendía sus inquietudes, pero debía contar con los falangistas. Ahora bien, para estos últimos la guerra civil había sido inevitable por los errores de la República y también los de la monarquía.[37] A pesar de

---

36. En agosto de 1945 José Giral había formado en Francia un gobierno republicano en el exilio, esperando que la presión de los aliados acabara con el régimen. En enero de 1947 le sucedió Rodolfo Llopis, un socialista moderado, con el propósito de preparar un acercamiento a los monárquicos. Luego cundió el desánimo entre los republicanos exiliados. En los años sesenta el historiador Claudio Sánchez Albornoz se puso a la cabeza del gobierno en el exilio, para mantener contra viento y marea la legalidad republicana frente a un régimen salido de un alzamiento militar.

37. La hostilidad de los falangistas se expresaba en enfrentamientos violentos y periódicos con los monárquicos. Durante una manifestación en El Escorial, en noviembre de 1965, se oyó gritar a un miembro de la guardia de Franco: «No queremos a ningún rey idiota», alusión poco afectuosa a don Juan Carlos.

su resentimiento, Franco tuvo la habilidad de no romper con el conde de Barcelona. Para calmar la impaciencia de los monárquicos, aceptó entrevistarse con don Juan en tres ocasiones, la primera el 25 de agosto de 1948, a bordo del *Azor*, el yate en el que salía a pescar, y las otras dos en la provincia de Cáceres, en 1954 y 1960. Estas entrevistas sólo dieron un resultado: sin renunciar a sus derechos, el conde de Barcelona aceptó que su hijo mayor estudiara en España. De modo que Juan Carlos se instaló a partir de noviembre de 1948 en el pequeño palacio de la Zarzuela, y estudió en las academias militares y la universidad, siguiendo los planes de Franco.

La ambigüedad se mantuvo hasta 1969. Este año, apremiado por Carrero Blanco, Franco tomó por fin una decisión. Le preguntó a Juan Carlos si aceptaría ser el futuro rey de España sin salirse de las instituciones del régimen, y le exigió una respuesta inmediata, sin dejarle que lo consultara con su padre. Juan Carlos, pillado por sorpresa, asintió. El conde de Barcelona se encontró ante el hecho consumado. Treinta y tres años después del golpe militar, el 17 de julio de 1969, Juan Carlos fue proclamado príncipe de España, y no de Asturias, como manda la tradición monárquica, que reserva este título al heredero del trono. Con ello se pretendía recalcar que el futuro rey obtenía sus derechos de Franco y no de la legitimidad monárquica. Juan Carlos juró fidelidad a los principios del Movimiento Nacional ante las Cortes. La maniobra era hábil, ya que Franco no había negociado con el conde de Barcelona y le había mantenido al margen. Lo que estaba en ciernes era una nueva monarquía definida por el Caudillo, en la que el régimen esperaba perpetuarse. Por eso Franco pudo tranquilizar a los falangistas con su famosa frase: «Todo ha quedado atado y bien atado».

La oposición, sin embargo, no cejó, e incluso tomó formas más violentas con el recrudecimiento de las reivindicaciones nacionalistas, sobre todo en el País Vasco. En 1959 un grupo de jóvenes que encontraban demasiado moderados a sus mayores del Partido Nacionalista Vasco (PNV) habían fundado un movimiento que pretendía ser más dinámico: Euskadi y Libertad, en euskera *Euzkadi ta Askatasuna* (ETA). ETA no cobró su forma definitiva hasta 1962. El movimiento se inspiraba en las teorías de la guerra revolucionaria elaboradas en Indochina y Argelia por el Viet Minh y el FLN. Al principio se definió como movimiento vasco de liberación nacional, y posteriormente como movimiento socialista vasco de liberación popular. ETA no tardó en adoptar la violencia armada como medio de acción. Una de sus acciones más sonadas fue el asesinato, el 2 de agosto de 1968, de un comisario de policía de Irún especializado en la lucha antiterrorista. En términos de ETA no se trataba de un asesinato, sino de una ejecución. En diciembre de 1970 ETA alcanzó notoriedad internacional con el proceso de Burgos, cuando dieciséis de sus miembros comparecieron ante un consejo de guerra. El fiscal pidió la pena de muerte. El Vaticano y varios gobiernos pidieron clemencia, y Franco, por una vez, se dejó ablandar y conmutó las penas de muerte por cadena perpetua. En 1972 ETA adoptó una nueva táctica con el secuestro de un industrial, que fue liberado después de prometer la readmisión de los huelguistas despedidos y un aumento salarial a sus empleados. Estos métodos desagradaron a los partidos tradicionales, pero ETA ganó prestigio ante ciertos sectores de la opinión pública, tanto en España como en el extranjero, impresionados por la espectacularidad de sus acciones y por una intransigencia que, por aquel entonces, no parecía incompatible con las aspiraciones a la democracia. ETA asestó un duro golpe en 1973 cuando asesinó al almirante Carrero Blanco. Carrero era el hombre fuerte del régimen. Desde 1973 ocupaba un nuevo cargo, el de presidente del gobierno, con amplios poderes. Después de estudiar minuciosamente las costumbres y el itinerario de Carrero, el 20 de diciembre de 1973 un comando de ETA hizo estallar una carga explosiva en la calle por donde pasaba el almirante a la salida de misa. Franco quedó abrumado, pero reaccionó pronto. Nombró a otro presidente del gobierno, Arias Navarro, famoso por su severidad, su intolerancia y su intransigencia. El régimen continuó. En su discurso de fin de año Franco llegó a hacer un insólito comentario acerca de la muerte de Carrero Blanco: «No hay mal que por bien no venga». Sin embargo, la situación evolucionó. En 1974 la «revolución de los claveles» acabó con la dictadura en Portugal. El franquismo estaba cada vez más aislado. El Caudillo permaneció inamovible, convencido de que la mano dura era la única respuesta apropiada a la situación. En enero de 1974 le comentó a uno de sus ministros que sobre todo no había que cometer el error de bajar la guardia. El 22 de agosto del año siguiente hizo aprobar una nueva ley antiterrorista. En agosto y septiembre los consejos de guerra pronunciaron ocho condenas de muerte. Pese a las peticiones de clemencia llegadas de todo el mundo (los obispos españoles, el papa Pablo VI, una quincena de gobiernos…), el 27 de septiembre fueron ejecutados cinco condenados. Casi con un pie en la tumba, Franco mantenía en todo su vigor el aparato represivo en el que siempre se había apoyado.

El fin se acercaba. Franco padecía la enfermedad de Parkinson. Los primeros síntomas se habían manifestado en 1964, pero el Caudillo apenas había alterado sus costumbres. Seguía dedicando mucho tiempo a cazar y pescar, con buen o mal tiempo, pero los observadores sabían que Franco estaba condenado. En julio de 1974 no hubo más remedio que hacer oficial la noticia de su enfermedad. Los síntomas de senilidad fueron evidentes en su última aparición en público, en la plaza de Oriente, el 1 de octubre de 1975, con motivo del 39 aniversario de su llegada al poder. El día 17, a pesar de que el 14 había sufrido un ataque al corazón, el Caudillo tuvo aún fuerzas para presidir el consejo de ministros. El 22 sufrió un nuevo ataque seguido de una hemorragia intestinal. Tuvo que ser operado urgentemente con medios improvisados en el propio palacio del Pardo el 2 de noviembre, antes de ser trasladado a una clínica para otra operación. Ya no volvió a levantarse. A partir del 5 de noviembre se le prolongó artificialmente la vida. Al parecer esta decisión la tomaron su yerno, el marqués de Villaverde, y el «búnker», es decir, el núcleo de los irreductibles, formado por falangistas intransigentes, viejos jerarcas y sus familias, todos ellos hostiles a Juan Carlos y trastornados por la idea de perder sus privilegios. El 19 de noviembre la hija de Franco pidió que se le dejara morir. Entonces se desenchufaron los aparatos que le mantenían con vida. Oficialmente, Franco murió el 20 de noviembre de 1975 a las 5.25. Su cuerpo fue expuesto en el palacio real de Madrid, adonde acudió una multitud para verle después de hacer horas de cola. El día 23 fue enterrado en la basílica del Valle de los Caídos, junto al fundador de la Falange, José Antonio Primo de Rivera. Uno de los pocos jefes de estado que asistieron al entierro fue el general Pinochet, dictador de Chile.

Capítulo IX

LA ESPAÑA DEMOCRÁTICA (1975-1996)

La transición

Dos días después de la muerte de Franco, Juan Carlos fue proclamado rey, conforme a la ley de sucesión de 28 de julio de 1969. Juró fidelidad a las leyes fundamentales del franquismo y a los principios del Movimiento. Se presentó así como el heredero de Franco, quien había supervisado su educación y le había impuesto como sucesor suyo. ¿Era viable esta solución? Muchos lo dudaban. Para la oposición Juan Carlos era un títere. La actitud del búnker reforzó esta convicción. En la extrema derecha, Blas Piñar lo recordaba con energía: no se trataba de una restauración, sino de la instauración de una monarquía franquista basada en una ideología, la victoria de los «nacionales» en la guerra civil. La frase de Franco «todo está atado y bien atado» se citaba con frecuencia, para concluir que el nuevo rey sería un rehén de los franquistas intransigentes. Muchos monárquicos albergaron la esperanza de coronar a su padre, el conde de Barcelona, alentados por su silencio. En efecto, don Juan no renunciaría a sus derechos en favor de su hijo hasta el 14 de mayo de 1977. Pero había que contar con dos elementos: la evolución de la sociedad española y la personalidad de Juan Carlos.

España había cambiado. Se había convertido en una nación moderna que aspiraba a integrarse en Europa, cuyo modo de vida había adoptado. Era una nación joven, y la mitad de sus habitantes habían nacido después de 1939. La población había pasado de 24 millones de habitantes en 1949 a unos 40 en 1980. Este aumento demográfico no tenía precedentes. Se había producido a pesar de las pérdidas ocasionadas por la guerra y la posguerra, y la fuerte emigración de los años sesenta. Las antiguas desavenencias parecían cosa de otra época, ya que en realidad, ¿qué tenían en común la España de 1975 y la de 1939? El país devastado, carente de casi todo, se había transformado profundamente. El abismo entre el mundo urbano y el rural ya no existía. Hasta en los pueblos más remotos se podían encontrar hogares con teléfono, televisor y electrodomésticos. Los coches particulares eran numerosos. Los niños iban a la escuela —el analfabetismo había desaparecido casi por completo—, al instituto y, cada vez más, a la universidad. Los jóvenes iban a las discotecas y bebían Coca-Cola. Sus padres ya no aspiraban al reparto o la colectivización de las tierras. Su objetivo era conservar —o encontrar— un empleo estable y bien pagado en explotaciones donde se procuraba aumentar la rentabilidad y la productividad para vender mejor en el mercado nacional o de exportación. En las ciudades las transformaciones también eran profundas. La industria ya no estaba concentrada en algunas regiones periféricas, y se había extendido a todo el país. El sector terciario —servicios, comercios— había aumentado considerablemente. El número de ejecutivos en las empresas industriales y comerciales se había multiplicado. Las administraciones públicas daban empleo a muchos funcionarios formados en las universidades, y éstas tenían el mismo desarrollo y los mismos problemas que las de los países vecinos: masificación, falta de espacio, necesidad de aumentar el profesorado, dificultad para encontrar salidas profesionales... No es que todo fuera una maravilla en la España de 1975. El país también se vio afectado por la crisis del petróleo, pero sus problemas eran similares a los de los otros países desarrollados. España sabía que no podía salir adelante sola. La integración en las instituciones comunitarias europeas aparecía, si no como la solución, al menos como un envite que no convenía desdeñar. En efecto, esta España ya estaba integrada en Europa. Lo único que la diferenciaba de los otros países era su régimen anacrónico. En 1975 las instituciones se habían quedado anticuadas en relación con las costumbres y la evolución social. Había que actualizarlas, ahora que ya no estaba ahí el fundamento del régimen para impedirlo.

Juan Carlos lo sabía muy bien, y tuvo que jugar una partida difícil. Su instalación definitiva en el trono de España se decidió en los meses posteriores a la muerte de Franco. ¿Sería capaz de emanciparse del régimen franquista e imponerse como rey de todos los españoles? El nieto de Alfonso XIII nació en 1938. Estudió en España, a petición de Franco y con la aprobación de su padre. Pasó por todas las academias militares, lo que le permitió conocer a muchos oficiales jóvenes y ser aceptado por los antiguos. En 1962 se casó con la princesa Sofía de Grecia. La pareja se instaló en el pequeño palacio de la Zarzuela, cerca de Madrid y del Pardo, residencia del Caudillo. Juan Carlos viajó al extranjero, a Alemania y Estados Unidos, donde hizo unas declaraciones sobre la necesidad de introducir más democracia en España que se consideraron alentadoras, sin que Franco llegara a desconfiar. La posición de Juan Carlos entre el momento de ser proclamado sucesor, en 1969, y su coronación, fue muy ambigua. No quería ni podía desvincularse del Caudillo, pues sería un suicidio político. También debía convencer a su padre de que los Borbones sólo volverían a reinar con él, su hijo.[1] Sabía que la oposición desconfiaba y tenía mala opinión de él. Sólo algunos íntimos conocían sus pensamientos e intenciones. Para la mayoría de los españoles Juan Carlos era casi un desconocido. Leyendo la obra de Tusell se puede apreciar el aislamiento del príncipe durante estos años de espera, las vejaciones que sufrió por parte de los círculos más próximos a Franco —aunque era el sucesor le mantenían al margen de los asuntos políticos—, su amargura ante el escepticismo de la oposición, que ponía en duda su capacidad. Hoy sabemos que durante estos años tuvo ocasión de informarse, reflexionar y preparar el futuro, pero los españoles no lo sabían. Para ellos Juan Carlos era el ejecutor testamentario de Franco. Salvando las distancias, el Juan Carlos de este período recuerda a Isabel la Católica antes de 1474. Igual que ella,

---

1. Se cuenta que cuando le anunció al conde de Barcelona que acababa de aceptar la proposición de Franco de nombrarle sucesor, le dijo: «Si yo no, entonces ni tú ni yo».

Juan Carlos dio muestras de una asombrosa capacidad de disimulo para no desvelar sus intenciones futuras y no ganarse enemigos antes de estar en condiciones de imponer su autoridad. Juan Carlos fue el catalizador del cambio. Supo captar las aspiraciones profundas de la sociedad española y el deseo de hacerlas realidad lo antes posible.

El plan de Juan Carlos era sencillo, pero de aplicación delicada. Consistía en instaurar la democracia en España sin incumplir el juramento hecho en 1969, y ratificado en la ceremonia de investidura, de permanecer en el marco de las instituciones franquistas. Ante todo debía deshacerse del presidente del gobierno en ejercicio, Carlos Arias Navarro, y luego encontrarle un sucesor decidido a comprometerse en la dirección deseada. Por último, tenía que someter la reforma política a las Cortes franquistas. Juan Carlos, que no quería salirse de la legalidad existente, tuvo que contar con las reglas e instituciones del franquismo:

— No podía destituir a Arias Navarro, quien, nombrado el 31 de enero de 1974, debería permanecer en funciones, teóricamente, hasta 1979. Lo único que el rey podía esperar era convencerle de que dimitiera, pero no podía obligarle a ello.

— El nombramiento de un nuevo presidente del gobierno estaba sometido a un procedimiento estricto: el rey debía designarlo de una terna propuesta por el Consejo del Reino.

— Las Cortes debían aprobar la reforma política.

Por supuesto, la mayoría de los miembros del Consejo del Reino y las Cortes eran franquistas, y el búnker estaba bien representado en estas instituciones, pero el presidente de ambas era Torcuato Fernández Miranda, uno de los escasos políticos a los que Juan Carlos había revelado sus intenciones y que estaba dispuesto a ayudarle. Fernández Miranda era un excelente jurista que conocía todos los recovecos y triquiñuelas de la «constitución» franquista. Su papel fue decisivo en el proceso de la transición.

El rey tenía que empezar levantando la hipoteca Arias Navarro, totalmente identificado con el pasado. Eso le llevó seis meses. Arias había tomado la precaución de rodearse de varios ministros que pasaban por ser partidarios de las reformas y de abrirse a la oposición: Manuel Fraga Iribarne, un franquista que se había distanciado del búnker y, sobre todo, el ministro de Asuntos Exteriores, Areilza, que tenía fama de liberal y era una esperanza de los reformadores. El primer gobierno de la monarquía fue decepcionante. La forma en que reprimió las huelgas del País Vasco en enero de 1976 y, sobre todo, la muerte de cinco manifestantes en Vitoria en marzo de ese año, confirmaron la impresión de que era un gobierno continuista. La oposición no dudó en rechazar a un rey impuesto, franquista. En marzo de 1976 esta oposición formó un frente unido, la Coordinación Democrática, nacida de la fusión de dos coaliciones rivales: la Junta Democrática, formada en julio de 1974 por los comunistas de Santiago Carrillo, el pequeño Partido Socialista Popular de Tierno Galván y monárquicos liberales como Rafael Calvo Serer, y la Plataforma de Convergencia Democrática, formada por el PSOE y los democratacristianos. La Coordinación preconizaba la «ruptura pactada» para establecer una verdadera democracia. Arias Navarro no lo entendió así. El 14 de junio hizo aprobar una ley que reconocía el derecho a crear asociaciones políticas, es decir, partidos con otro nombre, fuera del marco del Movimiento, pero para ser legalizados estos partidos debían someterse al código penal vigente. Los franquistas, mayoritarios en las Cortes, se resignaron a revisar el Código penal, pero tomaron precauciones. Por ejemplo, querían que se legalizara el Partido Socialista, pero no el Partido Comunista. En este sentido hay que interpretar la nueva redacción del código penal, con arreglo a la cual los partidos, para ser legalizados, tenían que demostrar que no dependían de ninguna potencia extranjera. En lo referente a la reforma política —eufemismo para designar el restablecimiento de la democracia—, las Cortes se mostraron intransigentes. No estaban dispuestas a ir más lejos, y Arias Navarro tampoco. Quería permanecer fiel, en lo posible, al franquismo.

El 2 de junio de 1976 Juan Carlos, durante una visita oficial a Estados Unidos, pronunció ante la Cámara de representantes y el Senado reunidos un discurso tranquilizador: la corona no quería hacer discriminaciones entre los españoles, se garantizarían las libertades civiles y se restablecería la democracia. La frase más importante del discurso fue la que mencionaba el acceso al poder, de forma ordenada, de las distintas alternativas de gobierno, de acuerdo con la voluntad del pueblo libremente expresada. A pesar de estas promesas la oposición se impacientaba. Si el rey no quería verse desbordado, debía darse prisa en aplicar el plan concebido con Torcuato Fernández Miranda. El 1 de julio de 1976 le pidió a Arias Navarro que dimitiera, a lo que éste se avino.

Sin más dilación se pasó a la segunda fase. El Consejo del Reino tuvo que decidir la terna para que el rey eligiera al nuevo presidente del gobierno. En ella debía estar incluido Adolfo Suárez, el hombre en el que Juan Carlos había pensado para dirigir el cambio. Fue entonces cuando intervino Torcuato Fernández Miranda. Sin hacer nada que pudiera interpretarse como una presión, se las arregló para que en la terna apareciera el nombre de Adolfo Suárez. La mayoría de los dieciséis miembros del Consejo del Reino querían, ante todo, cerrar el paso a Areilza, monárquico liberal, y a Fraga Iribarne, por considerarle un traidor. Suárez era joven —tenía 43 años— y carecía de experiencia política. Nadie sabía que gozaba de la confianza del rey. Al votarle, la mayoría de los consejeros creyeron que daban más posibilidades a sus preferidos, los otros dos candidatos: el democratacristiano Silva Muñoz y López Bravo, próximo al Opus Dei. Logrado su objetivo, Torcuato Fernández Miranda levantó la sesión con unas palabras ambiguas: ahora ya le puedo llevar al rey «lo que me ha pedido».[2] Esa misma tarde del 3 de julio de 1976 Adolfo Suárez fue nombrado presidente del gobierno. La noticia sorprendió a todos, tanto a la clase política como a la opinión pública. La derecha se quedó atónita, pues esperaba a Fraga. La oposición antifranquista se habría resignado con Areilza y estaba aterrada con la designación de Adolfo Suárez, un hombre del Movimiento que, por este motivo, tranquilizó a los falangistas —había sido gobernador civil de Segovia, director de radio y televisión, y secretario general del Movimiento en el gobierno de Arias Navarro—, pero alarmó a los demás. Se interpretó como un paso atrás y se llegó a decir que era peor que Arias Navarro. La composición del gobierno confirmaba esta mala impresión. Antes de que les preguntaran, Areilza y Fraga declararon que no pensaban entrar en el nuevo gabinete. Éste no incluía a ninguna personalidad conocida. La Bolsa de Madrid bajó. La prensa ironizó, y habló de «un gobierno de

---

2. Con este título, *Lo que el rey me ha pedido,* los hijos del presidente del Consejo del Reino, Pilar y Alfonso Fernández Miranda, publicaron en 1995 un libro que relata detalladamente la operación. En otro momento Torcuato Fernández Miranda trató de atenuar el sentido de esta frase. Según él, se trataba únicamente de que el rey le había pedido una lista de tres nombres, y él se la había dado.

PNN».[3] No le faltaba razón, pues los nuevos ministros tenían edades que parecían más propias de subsecretarios de estado. En esta inexperiencia radicaba, precisamente, la fuerza del nuevo gobierno. Los ministros pertenecían a la generación de Juan Carlos y, como él, querían ser políticos de su tiempo y adaptar las instituciones a la situación real del país. Estaban cortados por el mismo patrón que su jefe, Adolfo Suárez, quien llevaba tiempo preparándose para dirigir la transición. A los observadores se les pasó por alto un episodio insólito. Tres semanas antes, el 9 de junio, la presentación en Cortes del proyecto de ley de partidos políticos no la había hecho el presidente del gobierno —Arias Navarro—, ni el ministro del Interior —Fraga Iribarne—, sino el ministro secretario general del Movimiento, Adolfo Suárez. Con tal motivo pronunció un discurso singular, cuyo verdadero significado se puso de manifiesto en julio. Refiriéndose a la reciente intervención de Juan Carlos en Washington, Suárez habló de la necesidad de reconocer el pluralismo: en la España de 1976 existían ya unas fuerzas políticas organizadas —tanto si se llamaban partidos políticos o con otro nombre—, que no se podían obviar. Suárez habló también de la urgencia de legalizar los derechos de reunión, expresión, asociación y manifestación, y de crear una cámara elegida por sufragio universal que fuera intérprete del país. Sólo tras la elección de dicha asamblea el gobierno dispondría de interlocutores válidos para saber lo que quería el pueblo, que podía estar muy alejado de lo que pensaban los miembros de las Cortes franquistas. Adolfo Suárez no era un arribista ni un títere de Torcuato Fernández Miranda, como han dicho sus adversarios, sino un hombre de gran sutileza política, como lo demuestra el desarrollo de los acontecimientos. Fue muy representativo de la España de su tiempo, que deseaba emprender el camino democrático sin renegar del pasado inmediato. Recibió el encargo de fundar la democracia a partir de la legislación franquista, respetando formalmente lo que había dejado preparado el Caudillo para impedir cualquier desviación del Movimiento. Suárez llevó a cabo brillantemente su misión. En menos de un año vació de contenido el régimen y puso en su lugar una monarquía democrática, con la anuencia de las instituciones franquistas.

Suárez hizo declaraciones que tranquilizaron a la oposición democrática. Declaró que la soberanía pertenecía al pueblo —lo que no era evidente para todo el mundo—, habló de formar un gobierno representativo, anunció una amnistía parcial y la preparación de una reforma política, y se comprometió a organizar elecciones generales con sufragio universal antes del 30 de junio de 1977. En efecto, el 30 de julio proclamó una amnistía de la que quedaron excluidos los miembros de ETA procesados por actos de terrorismo. Los profesores Aranguren, García Calvo y Tierno Galván volvieron a ocupar sus cátedras, once años después de ser expulsados por Franco. Cientos de militantes políticos y sindicalistas recuperaron la libertad. Eso no bastó para convencer a la oposición, que seguía desconfiando. Los amnistiados temían que les devolvieran a la cárcel, pues pertenecían a organizaciones aún ilegales. La oposición no se movió de sus posiciones. El 10 de septiembre Suárez confirmó su intención de dar la palabra al pueblo, único depositario de la soberanía nacional. Al día siguiente, 11 de septiembre, autorizó a los catalanes a celebrar su

---

3. Los PNN (profesores no numerarios) eran jóvenes profesores, contratados en gran número para hacer frente a la gran afluencia de estudiantes a las universidades, que reclamaban una plaza. En la misma época los profesores ayudantes de las universidades francesas planteaban las mismas reclamaciones.

fiesta «nacional», la *Diada*. Por primera vez desde 1939 la bandera catalana, la *senyera*, ondeó en las calles y un joven militante regionalista, Miquel Roca, tomó la palabra en catalán ante miles de compatriotas para reclamar la libertad de su pueblo. Pese a todo la oposición siguió desconfiando. La Coordinación Democrática pensaba que el gobierno, por su origen y composición, era incapaz de responder a las expectativas del país. Exigió que se abriera otro proceso: formación de un gobierno provisional y elección de una asamblea constituyente encargada de decidir la forma de régimen, república o monarquía. Según ella, las instituciones democráticas no podían surgir de componendas, sino de una ruptura con el pasado. Pero Suárez, si quería tener éxito, debía andarse con cautela para no poner en su contra a los franquistas, bien instalados en el aparato del estado. No quiso recibir a los delegados de la Coordinación, pero mantuvo varias entrevistas privadas con dirigentes de la izquierda, en especial con Raúl Morodo del Partido Socialista Popular y Felipe González del PSOE. También mantuvo discretos contactos a través de intermediarios con el secretario general del Partido Comunista, Santiago Carrillo.

El 8 de septiembre Suárez reunió a los principales jefes del ejército para explicarles el meollo de la reforma, la elección por sufragio universal de dos cámaras, un congreso de diputados y un senado. Aunque no se dijera, nadie dudaba de que esas asambleas serían constituyentes. Los militares parecían convencidos, y sólo exigieron que no se legalizara el Partido Comunista. ¿Se lo prometió Suárez? No lo sabemos. El ministro de Marina, un almirante, dimitió del gobierno para no tener que avalar el proyecto. Fue sustituido por un almirante en la reserva, después de la negativa de varios oficiales en activo. El 8 de octubre de 1976 el Consejo Nacional del Movimiento aprobó la reforma. Sólo 13 representantes votaron en contra, y hubo seis abstenciones. Quedaba lo más difícil: obtener la aprobación de las Cortes franquistas. A mediados de noviembre las Cortes la otorgaron por gran mayoría: 425 votos a favor, 59 en contra y 13 abstenciones. Este suicidio político, un año después de la muerte de Franco, resulta difícil de explicar. Una de las causas podría ser la pasividad de una institución acostumbrada a asentir sin discusión, pero sobre todo cabe destacar la inteligencia de Suárez, apoyado por el presidente de las Cortes, Torcuato Fernández Miranda. Suárez anunció que la reforma sería sometida a referéndum. Los franquistas montaron en cólera. En el primer aniversario de la muerte del Caudillo reunieron a mucha gente, y se oyeron gritos como: «¡Suárez, dimite, el pueblo no te admite!». La oposición estaba frustrada. Las cosas no se desarrollaban según sus planes. El gobierno la había situado en una posición incómoda, pues no podía oponerse a un proyecto que, en el fondo, satisfacía sus demandas. Pero tampoco quería aprobar un proceso que no se había negociado y consagraba la forma monárquica de la nueva España. Por lo tanto, optó por abstenerse, esperando que el pueblo votaría que sí.[4] El 15 de diciembre de 1976 el 94 por 100 de los votantes ratificaron la ley de reforma política. La participación fue del 77,7 por 100. Conforme a dicho texto Suárez hizo aprobar inmediatamente la ley de asociación política —que autorizaba la formación de partidos—, la ley electoral —votación a listas cerradas, con representación proporcional corregida para favorecer a las listas más votadas— y la ley de asociación sindical, que terminaba con el monopolio de los sindicatos verticales del franquismo. Suprimió por decreto el Tribunal de Orden Público, que se había distinguido por su rigor en la represión. Suárez también viajó a Barcelona y

---

4. La campaña oficial por el referéndum se hizo con el lema: «Habla, pueblo, habla».

pronunció las palabras que los catalanes esperaban: reconocimiento de la personalidad catalana y derecho a que el catalán fuera lengua oficial en Cataluña. El referéndum desbarató los planes de la oposición. El pueblo se había pronunciado. Se iban a celebrar elecciones para designar las asambleas encargadas de redactar la Constitución, y todo ello en el marco de la monarquía. La oposición tuvo que renunciar a la idea de una ruptura democrática. Suárez se había salido con la suya, y Juan Carlos también. En enero el presidente del gobierno recibió a los delegados de la Coordinación Democrática, la llamada comisión de los nueve, en la que había representantes de todas las tendencias salvo del Partido Comunista, pero estas conversaciones no tuvieron mucho interés. Ya había empezado la competencia entre los partidos, preocupados por obtener el mayor número de escaños en la futura asamblea. Uno tras otro fueron presentando sus estatutos para legalizarse. La mayoría sin problemas. El PSOE se resignó —provisionalmente— a la monarquía. Quedaba el Partido Comunista. Tenía que actuar deprisa si no quería quedarse al margen.

Varios días antes del referéndum, del 5 al 8 de diciembre, el PSOE, aún ilegal, había dado la campanada, organizando, en Madrid, su XXVII congreso. Felipe González subió a la tribuna rodeado de los dirigentes de los partidos hermanos: Willy Brandt, premio Nobel de la Paz, Olof Palme, Pietro Nenni, François Mitterrand... Era todo un alarde para mostrar que el PSOE contaba con el apoyo de la opinión pública internacional, y que los socialistas tenían vocación de gobernar en un futuro. El gobierno lo permitió. El PSOE ya tenía derecho de ciudadanía. Fue legalizado varias semanas después. El Partido Comunista tenía que hacer algo para recordar que también había que contar con él. El 10 de diciembre su secretario general Santiago Carrillo, que había regresado clandestinamente en febrero, dio una conferencia de prensa en pleno centro de Madrid. Esta vez el sorprendido fue el gobierno; tuvo que reaccionar para no quedar en ridículo. Carrillo fue detenido el 22 de diciembre. ¿Qué hacer con él? Era más incómodo en la cárcel que en la clandestinidad. ¿Expulsarle? No tardaría en volver, y sería el cuento de nunca acabar. El 30 de diciembre Carrillo salió en libertad con fianza. Fue el primer paso hacia la legalización del Partido Comunista, hecho que horrorizaba a los franquistas, aún numerosos en el aparato del estado, y disgustaba profundamente al ejército. El 24 de enero de 1977 un grupo de extrema derecha irrumpió en un despacho del centro de la capital y asesinó a tiros a cinco abogados comunistas especializados en asuntos laborales. El Partido Comunista no cayó en la provocación. Al contrario, el entierro de las víctimas le dio la oportunidad de mostrar su fuerza y su sentido de la responsabilidad. Miles de personas, puño en alto, desfilaron detrás de unas banderas rojas que no se habían vuelto a ver en España desde abril de 1939. Ni un discurso, ni un grito, sólo un impresionante silencio. Los que aún dudaban acabaron por convencerse. El Partido Comunista se ganó el respeto de la opinión pública con la dignidad demostrada en esta ocasión.

Las conversaciones para su legalización se entablaron con la mayor discreción. Suárez se entrevistó secretamente con Carrillo. Estaba dispuesto a legalizar el Partido Comunista, pero necesitaba tiempo. Mientras tanto le pidió a su interlocutor que se armara de paciencia y moderación y le diera garantías. Carrillo entendió este lenguaje, pero mantuvo la presión. Celebró una reunión pública en compañía de Enrico Berlinguer y Georges Marchais. Era la réplica al congreso del PSOE, para demostrar que los comunistas españoles no estaban aislados en Europa. Al mismo tiempo Carrillo dio a entender que no cuestionaba la monarquía. Lo importante era el contenido, no la forma del régimen. Pidió oficialmente la legalización de su partido y presentó los estatutos en el ministerio del Interior, que los sometió al dictamen del Tribunal Supremo. Comparados con los del PSOE eran unos estatutos de una moderación sorprendente, y no contenían nada que fuera contrario a las disposiciones del código penal. A pesar de todo el Tribunal Supremo se declaró incompetente. La decisión era política y debía tomarla el gobierno. El 9 de abril de 1977 Suárez se decidió y legalizó el Partido Comunista. Sólo algunos ministros conocían sus intenciones, entre ellos el general Gutiérrez Mellado, que debía informar a los militares miembros del gabinete y prepararles. Éstos expresaron vivamente su malestar. Afirmaron que se habían enterado por la prensa y publicaron una declaración amenazadora: el ejército no toleraría que se atentara contra el orden público, la monarquía o la unidad de la nación. El Partido Comunista, por su parte, renunció al triunfalismo y mantuvo una actitud tranquilizadora. Convocó una reunión pública en la que apareció Carrillo flanqueado por dos banderas, la roja de los comunistas y la roja y gualda de la monarquía. Los nostálgicos del franquismo se enfurecieron, los jefes del ejército se sintieron engañados, pero se resignaron. La legalización del Partido Comunista estuvo acompañada de gestos espectaculares, como la vuelta del exilio de personalidades republicanas. En abril de 1976 había vuelto el profesor Claudio Sánchez Albornoz, que había jurado no regresar a España mientras durara la dictadura, y había querido asumir la presidencia de la República en el exilio en un momento en que ya nadie creía en ella.[5] En abril y mayo de 1977 Dolores Ibárruri —la Pasionaria—, el poeta Rafael Alberti, la dirigente anarquista Federica Montseny y otros volvieron a su patria.

Las elecciones se convocaron para el 15 de junio de 1977. Se votarían listas cerradas, con representación proporcional corregida. ¡Nada menos que 158 partidos políticos legalizados se disputaban el voto! Por su actitud cuando Suárez había sido nombrado presidente del gobierno, Fraga Iribarne se encontró escorado a la derecha. Formó Alianza Popular, refugio de muchos viejos franquistas. En enero de 1977 se formó un centro democrático con los liberales y los socialdemócratas. Adolfo Suárez se unió a ellos para convertirse en su jefe.[6] La formación se llamó Unión de Centro Democrático (UCD). A la izquierda destacaban el PSOE de Felipe González, el Partido Socialista Popular de Tierno Galván y el Partido Comunista. La participación electoral fue del 80 por 100. La UCD obtuvo el 34 por 100 de los votos y 165 escaños, el PSOE el 29 por 100 y 118 escaños, el PCE el 9,5 y 20 escaños, Alianza Popular el 8,1 por 100 y 16 escaños. La Democracia Cristiana sólo obtuvo el 1,5 por 100 de los votos y se quedó sin representación. Los grupos declaradamente franquistas no tuvieron ningún éxito. El franquismo murió definitivamente el 15 de junio de 1977. Lo impresionante es el parecido con las últimas elecciones libres celebradas en España, las de 1936, que habían dado la victoria al Frente Popular: la proporción derecha-izquierda no había cambiado, el mapa electoral era el mismo. El modo de escrutinio —proporcional con ventaja para las listas más votadas— permitió que se formaran dos grupos parlamentarios dominantes, el de la UCD y el del PSOE.

5. La estancia de Sánchez Albornoz en 1976 fue muy corta. Su regreso definitivo se produjo después el 23 de julio de 1983; murió el 8 de julio de 1984.

6. Previamente Suárez exigió la salida del monárquico liberal Areilza, que habría podido hacerle sombra.

Después de las elecciones, Suárez reorganizó su gobierno, que incluyó antiguos miembros del Movimiento, democratacristianos, socialdemócratas y al general Gutiérrez Mellado. Cuando el Parlamento se disponía a abordar la redacción de la Constitución había tres cuestiones sobre el tapete: la amnistía, las relaciones con los sindicatos y la cuestión de las autonomías. Las tres eran decisivas para restablecer la confianza y crear un clima político y social favorable. Había que evitar que, en esta etapa decisiva, los primeros pasos del nuevo régimen quedaran ensombrecidos por disputas y conflictos.

La ley de amnistía general se votó el 14 de octubre de 1977. Anulaba todas las penas impuestas desde 1939 por delitos políticos o de opinión. Los funcionarios depurados en 1939 recuperaron sus puestos. Aunque la medida era simbólica, porque había muy pocos profesores o diplomáticos con edad para volver a sus puestos, tuvo un efecto psicológico importante. Los exiliados volvieron con la cabeza alta, a diferencia de los que se habían beneficiado de los indultos parciales de Franco, que habían tenido que sufrir en silencio las burlas de los falangistas. Se había pasado página, y no había «rojos» ni «nacionales», sino españoles con los mismos derechos y la misma dignidad. Juan Carlos cumplió su promesa de ser el rey de todos los españoles. La visita que hizo en México a la viuda del ex presidente de la República Manuel Azaña fue un homenaje de la nueva España a la España republicana.

En sus comienzos, en 1931, la República había tenido que afrontar una coyuntura difícil, plagada de conflictos sociales y manifestaciones violentas. La situación de 1977 no era menos delicada. En enero de 1976 murieron varios huelguistas y manifestantes. La agitación social amenazaba con provocar nuevas tensiones y divisiones, poco compatibles con la serenidad del debate constitucional. Para remediarlo Suárez negoció con el Partido Comunista los acuerdos conocidos con el nombre de pactos de La Moncloa, a los que se sumó el PSOE, que fueron ratificados por el Congreso de diputados el 3 de octubre casi por unanimidad.[7] Los pactos contemplaban reducir el 10 por 100 de los gastos presupuestarios, congelar los salarios y mantener la tasa de inflación en el 15 por 100.

En los últimos años del franquismo había cobrado fuerza la reivindicación autonomista en Cataluña y el País Vasco. El gobierno Suárez se había comprometido a tenerlas en cuenta. Los diputados vascos y catalanes empezaron a reunirse para elaborar proyectos de estatuto. Para evitar que la situación se le escapara de las manos, Suárez tomó una iniciativa audaz. Se puso en contacto directamente con los dirigentes del antiguo gobierno vasco y la antigua Generalitat de Cataluña, ambos en el exilio, y les propuso el restablecimiento inmediato de las instituciones que encarnaban, dándoles así una legitimidad que Franco les había negado. El catalán Josep Tarradellas aceptó inmediatamente. Un decreto ley de 29 de septiembre de 1977 restableció la Generalitat de Cataluña. Tarradellas volvió del exilio y el 23 de octubre se instaló solemnemente en Barcelona, donde formó un consejo ejecutivo de amplia unidad. Los catalanistas del interior habrían preferido tener la voz cantante, pero les resultaba difícil oponerse a una iniciativa que suponía la vuelta a la situación de 1939. Tarradellas recibió una acogida entusiasta. Suárez no tuvo tanta suerte en el País Vasco, donde los atentados de ETA mantenían la tensión. El jefe del gobierno vasco en el exilio, Leizaola, prefirió dar la palabra a los elegidos. Hasta el 17 de noviembre de 1978 no se formó el consejo general vasco, cuya presidencia recayó

---

7.   Hubo tres votos en contra y dos abstenciones.

en un socialista, por ser el PSOE el partido más votado en las elecciones del 15 de junio. Se suele decir que la transición del franquismo a la democracia se hizo sin quebrantar las reglas establecidas por el antiguo régimen; los organismos creados por Franco habían aceptado un orden democrático, sin que se produjera la ruptura pedida por la oposición. Esto es verdad, pero con una excepción: la autonomía de Cataluña. En este caso hubo un incumplimiento manifiesto de la legalidad franquista y una ruptura. Con el restablecimiento de la Generalitat y el reconocimiento de Tarradellas, sucesor de Companys, a quien Franco había mandado fusilar, Suárez se adelantó a la votación de la Constitución.

La transición española se considera ejemplar. Permitió pasar sin grandes traumas de un régimen autoritario a una democracia. Hay coincidencia en caracterizarla por tres rasgos.

Fue dirigida por el poder restablecido y los hombres que lo encarnaban, el rey Juan Carlos y el jefe del gobierno Adolfo Suárez, que estaban perfectamente de acuerdo. Nunca se insistirá lo bastante sobre el decisivo papel de estas dos personalidades en el éxito de un proceso sumamente delicado de controlar. Juan Carlos se ganó rápidamente el aprecio de los españoles, que dejaron de verle como el sucesor nombrado por Franco. No se trasladó de la Zarzuela, residencia que tenía asignada desde 1969. El palacio real de Madrid[8] sólo se usa para las ceremonias oficiales: recepción de jefes de estado, entrega de cartas credenciales de los embajadores, conferencias internacionales, etc. Al situarse por encima de los partidos y presentarse como el garante de la unidad nacional y la encarnación de una comunidad histórica que se adapta a la existencia de culturas regionales, Juan Carlos ha reconciliado la nación y la monarquía, algo que no había podido hacer Alfonso XIII.[9] La reina Sofía también ha contribuido mucho a crear la imagen de una monarquía democrática, por el papel que ha desempeñado en la vida cultural del país. En cuanto a Suárez, se admira su forma de dirigir el cambio. Dio muestras de autoridad, firmeza y flexibilidad a la vez. También supo correr riesgos —recordemos la legalización del Partido Comunista—. Cumplió la misión que el rey le había encomendado: establecer la democracia en España.

Las manifestaciones de masas mantuvieron la presión sobre el gobierno para reclamar la amnistía y las libertades públicas, pero no hubo excesos. El pueblo español se remitió a unas organizaciones, sindicatos y partidos, no todos legalizados —por razones de peso—, pero representativos del estado de la opinión. Confió en ellos para armonizar las instituciones con la situación real del país. El franquismo ya había muerto antes de Franco. Prueba de ello es que en todas las elecciones cele-

---

8. El palacio real también se llama palacio de Oriente, aunque se encuentra al oeste de la ciudad. Este nombre, al parecer, es reciente. Hasta 1931 era la residencia oficial del rey. Durante la República pasó a llamarse palacio nacional. En 1939 Franco prefirió instalarse en El Pardo, pero no quiso devolver al palacio su nombre de real. Como de alguna manera había que llamarlo, se le denominó palacio de Oriente por hallarse junto a la plaza del mismo nombre que, en efecto, está al este del palacio. En la plaza de Oriente se celebraban las grandes manifestaciones oficiales del franquismo. El Caudillo arengaba a la multitud desde un balcón del palacio.

9. Parece que Juan Carlos se había dado cuenta de que Alfonso XIII, al aislarse de una parte de la nación, había precipitado la caída de la monarquía. Es lo que se desprende de sus palabras, recogidas por Tusell: en mayo de 1982, hablando del papel de los intelectuales en la España contemporánea, el rey dio a entender claramente que no cometería el mismo error que su abuelo.

bradas a partir de 1977 los que se proclamaban franquistas o de la extrema derecha autoritaria nunca sumaron más del 2 por 100 de los votos. En España no hay nada comparable al Frente Nacional francés.

Por último, la transición española se hizo por consenso. Los partidos, de común acuerdo, decidieron enterrar el pasado. Los vencedores de 1939 comprendieron que se había cerrado una época, y aceptaron el regreso de los antiguos vencidos. Las víctimas no pidieron venganza ni reparaciones. No hubo arreglos de cuentas, ni tampoco depuraciones en el ejército, la policía o la administración. Veinte años después, algunos lo lamentan. Entonces fue el precio a pagar para reconciliar a los españoles entre sí. Se discutieron y negociaron constantemente las reformas, los modos de aplicación, el calendario de ejecución. La mayoría no trató de imponer su ley a la minoría, la convenció en algunos aspectos y se dejó convencer en otros. Los españoles que, vistos desde el extranjero —particularmente desde Francia—, parecían dispuestos a destrozarse entre sí a la muerte de Franco, dieron al mundo un ejemplo de sensatez y madurez. La Constitución de 1978 es una prueba más.

La Constitución de 1978

Aunque nunca se plantearon así las cosas, se daba por hecho que las Cortes elegidas en junio estaban destinadas a dar una Constitución al país. A Suárez le hubiera gustado ir muy deprisa, hacer que un grupo de expertos redactaran un breve texto para que fuera aprobado por el Parlamento. Pero los diputados no eran de la misma opinión, y Suárez tuvo que resignarse. Una ponencia de siete diputados se puso manos a la obra. La formaban representantes de todas las tendencias, repartidos de forma proporcional: tres de UCD, dos del PSOE, uno de Alianza Popular y un comunista. El PSOE renunció a uno de sus representantes para que el catalán Miquel Roca pudiera hablar en nombre de los autonomistas catalanes y vascos. Estos últimos manifestaron que no se sentían comprometidos por lo que dijera Roca. La ponencia definió sus métodos de trabajo: sus miembros guardarían la mayor discreción sobre las discusiones, lo que evitaría las presiones causadas por la publicidad de los debates. Todo se hacía en un círculo reducido. El objetivo era redactar un texto que contentara a todos. Cuando la ponencia se atascaba en un punto, se reunía de manera informal, en un salón o un restaurante, para discutir tranquilamente. Seguramente era la primera vez que una Constitución era redactada por diputados tan interesados en lograr la unanimidad. De hecho, el anteproyecto sometido a la comisión competente de las Cortes el 5 de mayo de 1978 llevaba la firma de todos los miembros de la ponencia. El proyecto de Constitución, enmendado en la discusión general, fue aprobado por el Congreso de forma casi unánime el 31 de octubre de 1978, con las únicas abstenciones de los diputados del Partido Nacionalista Vasco. Esta Constitución tenía tres rasgos característicos: consagraba la forma monárquica del régimen, instauraba una monarquía parlamentaria y reconocía a las regiones el derecho a evolucionar hacia formas más o menos completas de autonomía.

La forma monárquica del régimen fue una concesión de la izquierda, que renunció a una de sus principales aspiraciones, la restauración de la República. El rey se definía como jefe del estado, símbolo de su unidad y su continuidad, y la corona de España era hereditaria en los sucesores de Juan Carlos, «legítimo heredero de la dinastía histórica». Esta última mención se limitaba a tomar acta de un hecho, y no era una restauración de los Borbones propiamente dicha. Tampoco era la monarquía tal como la había instituido Franco. La Constitución de 1978 instauró una monarquía de nuevo tipo, en la que el monarca quedaba separado del gobierno efectivo y de las contingencias políticas. A diferencia de la mayoría de las constituciones del siglo XIX, en las que la soberanía estaba compartida entre el rey y la nación representada por las Cortes, la Constitución de 1978 proclama que «la soberanía nacional reside en el pueblo español, del que emanan los poderes del Estado», incluida la corona, desde luego. Corresponde al rey «ser informado de los asuntos de Estado y presidir, a estos efectos, las sesiones del Consejo de Ministros, cuando lo estime oportuno, a petición del Presidente del Gobierno» (artículo 62 § 8).

El Parlamento —Cortes generales— está formado por dos cámaras, ambas elegidas por sufragio universal: el Congreso de los diputados, que representa a la población, y el Senado, «cámara de representación territorial». Pese a esta última definición, el Senado, por su composición y sus competencias, recuerda más a la segunda asamblea de un estado unitario —como el Senado de Francia— que a la segunda cámara de un estado federal —como el Senado de Estados Unidos—.[10] El rey nombra al presidente del gobierno, que debe pedir un voto de confianza al Congreso de los diputados. En la primera vuelta se requiere mayoría absoluta de los diputados, en la segunda basta con mayoría simple. Si no obtiene la confianza, se disuelven las Cortes y se convocan nuevas elecciones en un plazo de dos meses. Una vez obtenida la confianza del Congreso, el presidente del gobierno elige a los ministros. Los constituyentes querían un ejecutivo fuerte, y como temían que ningún partido lograra una mayoría suficiente idearon un mecanismo para evitar la inestabilidad ministerial: el gobierno sólo podía ser obligado a dimitir tras una moción de censura, y en la moción debía figurar el nombre de la persona encargada de formar el nuevo gobierno. Por lo tanto, para hacer que dimita el gobierno la mayoría del Congreso tiene que ponerse de acuerdo sobre un programa y un nombre, no basta con la suma de las distintas oposiciones.

La peculiaridad de la Constitución de 1978 es el papel que atribuye a las autonomías regionales: «La Constitución se fundamenta en la indisoluble unidad de la Nación española, patria común e indivisible de todos los españoles, y reconoce y garantiza el derecho a la autonomía de las nacionalidades y regiones que la integran y la solidaridad entre todas ellas» (artículo 2). El texto menciona, pues, dos clases de comunidades autónomas, nacionalidades y regiones. Esta redacción tenía dos ventajas. Por un lado, reconocía la personalidad histórica, cultural y lingüística de Cataluña, el País Vasco y Galicia definidos como nacionalidades —la palabra se introdujo a propuesta de Miquel Roca—, y, por otro, no confería a estas nacionalidades históricas un privilegio con respecto al resto del España, pues las otras provincias, si lo deseaban, podían agruparse para formar comunidades autónomas.

Cada comunidad posee una asamblea legislativa y un consejo de gobierno. La Constitución dispone que el estado puede transferir a las comunidades autónomas competencias muy amplias: la ordenación del territorio, las vías de comunicación, el

---

10. El Congreso constaba de 350 diputados. En el Senado cada provincia de la península tenía el mismo número de escaños, cuatro. Las islas grandes (Gran Canaria, Tenerife y Mallorca) tenían tres cada una; Ceuta y Melilla dos; las islas pequeñas (Ibiza, Formentera, Menorca, Fuerteventura, Gomera, Hierro, Lanzarote y La Palma) uno; las diecisiete comunidades autónomas tenían un escaño cada una, y un escaño suplementario por cada millón de habitantes.

ESPAÑA Y EUROPA

desarrollo económico, la enseñanza y la cultura, el turismo, la sanidad, etc., siempre que se respete el interés general, la solidaridad nacional y la planificación económica y social. «El castellano es la lengua oficial del Estado ... Las demás lenguas españolas serán también oficiales en las respectivas Comunidades Autónomas de acuerdo con sus Estatutos» (artículo 3).

Antes incluso de que se votara la Constitución ya se habían producido agrupamientos de provincias. Al final se formaron 17 comunidades autónomas. La Constitución establecía una distinción entre:

— Las comunidades históricas, que recibieron un estatuto de preautonomía: el País Vasco, Cataluña, Galicia y Andalucía, a las que se asimilaron Canarias, Navarra y el País Valenciano. Eran las llamadas comunidades de vía rápida.

— Las otras comunidades, llamadas de vía lenta. Algunas se reducían a una sola provincia (Asturias, La Rioja, Cantabria, Madrid y Murcia), otras agrupaban varias provincias (Castilla-León, Castilla-La Mancha, Extremadura, Aragón, Baleares).

Al dejar a las comunidades la posibilidad de decidir por sí mismas las competencias que querían asumir dentro del marco general previsto, los constituyentes idearon un sistema flexible que podía ir de la simple descentralización a la más completa autonomía interna. Al final todas las comunidades aspiraron a lo segundo, sin que los gobiernos pusieran inconvenientes.[11] La organización actual de España no se parece nada a la regionalización francesa. Las comunidades autónomas españolas tienen muchas más competencias que las regiones francesas.[12] La estructura de España es, de hecho, la de un estado federal sin ese nombre. Se evitó la palabra federalismo por los malos recuerdos que traía —sobre todo el cantonalismo de 1873—. ¿Se podrá seguir ocultando esta realidad durante mucho más tiempo?

Otras dos disposiciones de la Constitución merecen ser destacadas: la figura del defensor del pueblo, encargado de velar por el respeto a los derechos y libertades de los ciudadanos, y la creación del Tribunal Constitucional, encargado de decidir si una ley es contraria a la Constitución y también de proteger a los ciudadanos contra las violaciones de la ley cometidas por las administraciones (recurso de amparo).[13]

Cabe citar también el carácter no confesional del estado, la reducción a 18 años de la mayoría de edad, el reconocimiento de la objeción de conciencia y la abolición de la pena de muerte.

11. El pacto autonómico concertado en febrero de 1992 entre el presidente del gobierno, Felipe González, y el jefe de la oposición, José María Aznar, preveía conceder a todas las comunidades las mismas competencias que a las de vía rápida, y en especial la enseñanza.

12. En cierto modo, Ortega fue el precursor del estado de las autonomías. En unos artículos publicados en 1927 y 1928 —reunidos en un volumen titulado *La redención de las provincias*—, sugería dividir España en diez regiones: Galicia, Asturias, Castilla la Vieja, el conjunto vasconavarro, Aragón, Cataluña, Levante, Andalucía, Extremadura y Castilla la Nueva. Salvo en lo concerniente a la reunión del País Vasco y Navarra en un solo bloque, y al caso de Baleares y Canarias, que Ortega no menciona, esta división parece más adecuada que la actual a las realidades históricas, geográficas y económicas.

13. El Tribunal Constitucional tiene doce miembros nombrados por el rey: cuatro a propuesta del Congreso de los diputados por mayoría de tres quintos, cuatro a propuesta del Senado, también por mayoría de tres quintos, dos a propuesta del gobierno y dos a propuesta del Consejo General del Poder Judicial. Todos los miembros tienen que ser juristas —magistrados, profesores universitarios, abogados...— y justificar 15 años de experiencia profesional. Son nombrados para nueve años, y eligen entre ellos a su presidente.

La Constitución se sometió a referéndum el 6 de diciembre de 1978. La participación fue del 67,11 por 100. La abstención fue especialmente alta en el País Vasco debido a la postura del PNV, que no se había sumado al consenso,[14] un hecho inquietante de cara al futuro. En el conjunto del país la Constitución cosechó cerca del 92 por 100 de los sufragios expresados.

Los primeros gobiernos democráticos

Después de la votación y la aprobación de la Constitución se disolvieron las Cortes y se convocaron elecciones generales para el 1 de marzo de 1979, en el marco de las nuevas instituciones. Debido a la reducción a 18 años de la edad para votar había muchos más electores que en 1977 —tres millones más—, pero las abstenciones superaron el 32 por 100, lo que da pie a dos interpretaciones: o bien parte de los jóvenes electores se desinteresaban de la política, o bien era el conjunto de la sociedad la que manifestaba cierto desencanto tras el restablecimiento de la democracia. Una explicación no excluye la otra. Los resultados expresaban una tendencia que se confirmó en las elecciones siguientes y se acabó convirtiendo en una característica de la vida política española: la existencia de dos partidos dominantes, flanqueados por partidos pequeños que representaban tanto a los electores de izquierda que no se reconocen en el PSOE —como el Partido Comunista—, como movimientos regionalistas —Partido Nacionalista Vasco y Herri Batasuna en el País Vasco, la coalición centrista Convergència i Unió en Cataluña, pequeños partidos, andalucista, canario, etc.—, y en 1977 un partido de derecha, Alianza Popular de Fraga Iribarne.

La transición debía mucho a Adolfo Suárez. Gracias a su prestigio la coalición que dirigía —la Unión de Centro Democrático, UCD— obtuvo el 35 por 100 de los votos, y el sistema electoral le permitió rozar la mayoría absoluta en el Congreso: 168 escaños, de un total de 350. Con el 30 por 100 de los votos y 121 diputados, el PSOE se afianzó como la fuerza más importante de la izquierda. A bastante distancia quedaron el Partido Comunista (10 por 100 de votos, 23 diputados), Alianza Popular (6 por 100 y nueve diputados), Convergència i Unió (2,7 por 100 y ocho escaños), Partido Nacionalista Vasco (1,7 por 100 y tres escaños), Herri Batasuna (1 por 100 y tres diputados)... Las elecciones municipales del 1 de abril confirmaron la bipolarización, pero esta vez el gran vencedor fue el PSOE que, solo o aliado con los comunistas, se hizo con la alcaldía de muchas grandes ciudades, empezando por Madrid —cuyo alcalde fue Tierno Galván— y Barcelona.

El consenso ha terminado, declaró Suárez al día siguiente de las elecciones. Después de que casi todas las tendencias se hubieran puesto de acuerdo sobre las instituciones, empezó el juego político normal. Había una mayoría y una oposición. No obstante, los partidos procuraron encontrar fórmulas aceptables para todos sobre los asuntos más espinosos: las cuestiones sociales, las relaciones con la Iglesia y el proceso autonómico.

España sufrió por partida doble los efectos de la crisis del petróleo. Directamente, a causa de la crisis que obligó a volver a cientos de miles de obreros emigrantes que hasta entonces habían encontrado trabajo en países de la Comunidad Europea.

---

14.   En Guipúzcoa y Vizcaya sólo hubo un 44 por 100 de votantes, en Álava un 42,3 por 100 y en Navarra un 50 por 100.

Para afrontar este problema y preparar su entrada en el mercado común, España tuvo que reorganizar sectores como la siderurgia, el carbón, el textil, el automóvil, los electrodomésticos... con despidos masivos y un fuerte aumento del paro. Pero los partidos de izquierda se habían resignado a ello en octubre de 1977, cuando firmaron con Suárez los pactos de La Moncloa. Estos pactos estaban destinados a reducir la inflación, que en 1976 era del 25 por 100 y bajó al 20 por 100 en 1978 y al 16 por 100 en 1979 y 1980. Los sindicatos no habían firmado los pactos, que sólo comprometían a los partidos. Contrariamente a lo que a veces se ha afirmado, esos pactos no acabaron con los conflictos sociales, pero los moderaron. Los conflictos ya no tuvieron la virulencia que les caracterizaba en la época franquista, y eran comparables a los que en todas las democracias enfrentan, por un lado, al estado, responsable de la dirección de la economía nacional, y, por otro, a los obreros y los consumidores, que defienden su nivel de vida. Las organizaciones sindicales también eran parecidas a las de los países vecinos. Gracias a la supresión de los sindicatos verticales del franquismo, la Unión General de Trabajadores —UGT—, cercana al PSOE, pudo reconstituirse. En cambio la CNT y el anarcosindicalismo habían desaparecido. Comisiones Obreras, sindicato nacido en la clandestinidad, reforzó sus posiciones. Las elecciones sindicales mostraron que entre las dos agrupaban a la gran mayoría de los trabajadores. En marzo de 1978 Comisiones Obreras obtuvo el 35,8 por 100 de los votos; en diciembre de 1980 este porcentaje bajó al 30,7 por 100, para volver a subir al 33,4 por 100 en 1983. En las mismas elecciones UGT logró, respectivamente, el 22,7 por 100, el 29,7 por 100 y el 36,7 por 100. Lo mismo que en Francia, la afiliación era bastante escasa.

Las cuestiones religiosas, que habían contribuido al fracaso de la República en 1931, se situaron en un marco menos conflictivo debido a dos procesos paralelos: la Iglesia había mantenido las distancias con el régimen en los diez últimos años del franquismo, y la sociedad se había vuelto más laica. Pero una parte de la jerarquía católica no se resignó a esta evolución. En contraste con Tarancón, obispo de Madrid, que en la ceremonia de entronización exhortó solemnemente a Juan Carlos para que emprendiera el camino de la democracia y el pluralismo, aún quedaban numerosos prelados, como monseñor Guerra Campos, obispo de Cuenca, que se quejaban de que hubiera «una constitución sin Dios para un pueblo cristiano».[15] De todos modos la cuestión religiosa no se debatió en la campaña electoral de 1977. La UCD —cuya composición recordaba a la de la CEDA antes de 1936— hizo todo lo posible por no aparecer como un partido confesional. Parece que una gran proporción de católicos votaron por el PSOE —entre el 38 y el 55 por 100, según las estimaciones—, y el 45 por 100 de los afiliados de este partido se declaraban creyentes. Surgieron conflictos a propósito de la enseñanza, la despenalización del aborto y el divorcio. La UCD estaba dividida al respecto, y la ley de divorcio propuesta por la UCD fue aprobada gracias al voto favorable de la oposición socialista. Se llegó a un compromiso acerca de la financiación de la Iglesia: los contribuyentes que quisieran

---

15.   El cardenal González Martín y los obispos de Orense, Vitoria, Ciudad Rodrigo, Sigüenza-Guadalajara, Tenerife, Orihuela, Alicante y Burgos se sumaron a esta condena. Según el artículo 16 de la Constitución «se garantiza la libertad ideológica, religiosa y de culto a los individuos y las comunidades ... Ninguna confesión tendrá carácter estatal. Los poderes públicos tendrán en cuenta las creencias religiosas de la sociedad española y mantendrán las consiguientes relaciones de cooperación con la Iglesia Católica y las demás confesiones».

incluirían en su declaración de la renta un suplemento para este fin. Por último, las relaciones entre el estado y el Vaticano entraron en una nueva fase. El 9 de julio de 1976 Juan Carlos renunció espontáneamente al privilegio de patronato. A partir de entonces el nombramiento de los obispos correspondió exclusivamente a la Santa Sede. El acuerdo del 3 de enero de 1979 constató que el concordato de 1953 se había quedado anticuado, y fijó una serie de normas para resolver los problemas que pudieran surgir entre la Iglesia y la sociedad civil.[16]

La creación de las comunidades autónomas, el ritmo de aprobación de los distintos estatutos y la lista de competencias a transferir dieron lugar a divergencias y rivalidades entre regiones y partidos en las que no vamos a entrar aquí.[17] Entre 1979 y 1982 las distintas comunidades recibieron sus estatutos, a reserva de profundizaciones posteriores. Euskadi, Cataluña y Galicia, es decir, las regiones donde las aspiraciones autonomistas eran más antiguas, vieron satisfechas sus demandas esenciales y tuvieron su propia enseñanza, sanidad y policía. Además, Euskadi y Navarra gozaban de un régimen fiscal especial, heredado del pasado. Estas dos comunidades perciben el impuesto y entregan una parte al estado.[18] Los vascos no quedaron plenamente satisfechos, y reclamaron el derecho a la autodeterminación o incluso la independencia.[19] Esta desavenencia dio origen al terrorismo que no ha dejado de ensombrecer el clima político español. El PNV renunció a la violencia para lograr la independencia, no así ETA, fundada en 1959 por jóvenes militantes que consideraban al PNV demasiado moderado y no estaban de acuerdo con su carácter confesional. En 1974 la fracción político-militar de ETA abandonó la lucha armada y formó un partido independentista, Euskadiko Eskerra (Izquierda Vasca). Pero la mayoría de ETA consideró que la suerte de la nación vasca no se podía dejar al albur de la «aritmética electoral». Esta organización clandestina rechazó de antemano los resultados electorales y confió únicamente en la violencia para lograr sus fines. ETA consideraba que la muerte de Franco no había cambiado nada: el pueblo vasco seguía oprimido por el estado español, ocupado por su ejército, perseguido por su policía, un ejército y una policía que no habían sido depurados y seguían usando los

16. Este acuerdo concernía, en particular, a la lista de días festivos, lo que dio lugar a situaciones embarazosas. Por ejemplo, la fiesta de la Purísima es inhábil y cae el 8 de diciembre, dos días después de la fiesta de la Constitución —6 de diciembre—, también inhábil. El estado y la Iglesia fueron incapaces de entenderse, y cada uno invitaba al otro a trasladar la celebración de una de estas fiestas al domingo siguiente...

17. Por ejemplo, Alianza Popular quería que la provincia de León fuera autónoma en vez de estar integrada en Castilla y León («León sin Castilla funciona de maravilla»). El PSOE quiso acelerar el proceso de autonomía de Andalucía, etc.

18. En Euskadi los impuestos nacionales y locales eran recaudados por las provincias y se repartían entre las provincias, los municipios, la comunidad autónoma y el estado con arreglo a las siguientes proporciones: 11 por 100 para el estado, 47,5 por 100 para el gobierno vasco, 31 por 100 para las provincias vascas y 9,6 por 100 para los ayuntamientos. La parte del estado español debía disminuir a medida que se transfirieran competencias al gobierno vasco.

19. Los nacionalistas vascos reivindican un gran Euskadi formado por las tres provincias vascas españolas —Euskadi sur—, Navarra y tres cantones vascos situados en Francia (Euskadi norte: Basse Navarre —Saint-Jean-Pied-de-Port—, Labourd —Ustaritz— y Soule —Mauléon—), según la fórmula 4+3 = 1. En Navarra también existe nacionalismo vasco, pero no tiene tanta fuerza. Cabe destacar que no hay una relación estricta entre la difusión de la lengua vasca y el voto a los nacionalistas: en Bilbao sólo el 8 por 100 de la población habla euskera, pero en 1979 los partidos nacionalistas lograron el 47 por 100 de los votos emitidos.

mismos métodos —en especial la tortura— contra los nacionalistas vascos. ETA tenía un brazo político, el partido Herri Batasuna, fundado en octubre de 1976, y un diario con 42.000 ejemplares de tirada, *Egin*, que expresaba sus puntos de vista. Gozaba del apoyo de una parte de la población vasca y de la indulgencia —como mínimo— de un sector del clero vasco que, hasta fechas recientes, no ha querido condenar los atentados terroristas y ha mantenido una actitud de abierta simpatía hacia los *abertzales* —patriotas— que encontraban refugio en las rectorales y, cuando morían en combate —en ocasiones al colocar una bomba— tenían derecho a unas exequias casi oficiales. A esto había que añadir la existencia del «santuario francés» junto al País Vasco, donde los militantes buscados por la policía se refugiaban y tenían la oportunidad de preparar nuevos atentados.

Todo esto puede explicar la fuerza de ETA después de 1975. La organización optó deliberadamente por oponerse al proceso democrático y arrancar por las armas una independencia que el sufragio universal no parecía dispuesto a conceder. ETA intensificó la lucha, atentó contra edificios públicos, cobró el «impuesto revolucionario» a los industriales y comerciantes del País Vasco y secuestró a personalidades para cobrar rescate. Lo que más horrorizó a la opinión pública fueron los atentados individuales, los asesinatos de guardias civiles, jóvenes soldados que hacían el servicio militar en el País Vasco y mandos del ejército en toda España. ETA se ha mostrado más sangrienta en la democracia que en el franquismo. De 1959 a la muerte de Franco se le atribuyen unos cincuenta asesinatos —entre los que destaca el del almirante Carrero Blanco—, pero después de la muerte de Franco los asesinatos se cuentan por centenares, han sido más de ochocientos. Entre los más castigados figuran los altos mandos militares. Entre el 21 de julio de 1978 y el 19 de noviembre de 1984 fueron asesinados diez generales, además de oficiales, soldados de reemplazo, magistrados… ETA intentó provocar al ejército para interrumpir un proceso democrático que la organización terrorista consideraba contrario a los intereses del pueblo vasco. Pero no todos los oficiales, ni mucho menos, apoyaban el cambio. La evolución de la sociedad les desconcertaba. Se había formado una alta administración y cargos superiores que poco a poco fueron desplazando a los militares de sus puestos en los poderes públicos. Con la desaparición del franquismo los oficiales perdieron prestigio. Los valores que defendían ya no encontraban eco en la sociedad. Desde principios de siglo el ejército estaba acostumbrado a mantener el orden público frente a las actividades que consideraba sediciosas, y esta función se había acentuado durante el franquismo. A partir de 1975 ya no hubo enemigo interior. Al ejército le pareció un escándalo la legalización del Partido Comunista. Para él, las autonomías eran el principio del desmembramiento de la nación. Ahora bien, el ejército se consideraba garante de la unidad nacional, y la lucha contra los separatismos era una de sus misiones. En general, el ejército tendía a responsabilizar al régimen democrático de todos los males de la sociedad española: degradación de las costumbres, delincuencia, desorden… El hecho de ser uno de los blancos preferidos del terrorismo tenía, por fuerza, que exasperarle. Pero no conviene generalizar. La mayoría de los oficiales estaban descontentos con la evolución de España, pero confiaban en el rey, jefe supremo de las fuerzas armadas —la constitución de 1978 le confirmó en este cargo—. Cuando enterraban a la víctima de un atentado, algunos expresaban su ira y su indignación insultando a las autoridades presentes e incluso al ministro de Defensa, el general Gutiérrez Mellado. Pero, en general, los oficiales tuvieron mucha sangre fría. Hubo una época en que casi no pasaba una semana sin que se cometiera un atentado contra un militar. La mayoría de ellos no cayeron en la provocación, pero algunos se sintieron obligados a reaccionar contra una evolución que desde su punto de vista socavaba los fundamentos del orden social y de la unidad nacional.

La operación Galaxia[20] fue una de estas conspiraciones, frustrada en noviembre de 1978. El plan consistía en ocupar el palacio de La Moncloa —sede de la presidencia del gobierno—, arrestar a Suárez y dar el poder a una junta militar. El asunto se descubrió antes de que los conjurados pasaran a la acción. Uno de ellos, el teniente coronel de la guardia civil Tejero, estuvo implicado en otra operación más ambiciosa, en febrero de 1981. Estamos lejos de saber toda la verdad sobre este asunto, pero podemos rastrear su origen y desarrollo. Algunos de los conspiradores querían, pura y simplemente, una dictadura militar. Otros, más sutiles, pensaban formar un gobierno de salvación nacional dirigido por un militar pero con participación de civiles. Prevalecieron los segundos. A finales de 1980 la situación era propicia a un golpe. A la agitación social y el terrorismo se vino a sumar la inestabilidad política: el partido en el poder, la UCD, estaba dividido, y el presidente Suárez, criticado por algunos de sus correligionarios, dimitió. Los conjurados aprovecharon este vacío de poder. El golpe se fijó para el 23 de febrero de 1981, durante el debate de investidura del futuro presidente del gobierno. Con tal motivo, todos los diputados estarían reunidos en el hemiciclo. Resultaría fácil asaltar las Cortes, tomar como rehenes a los diputados y ministros e imponer un nuevo poder. En una palabra, se trataría de repetir el golpe del general Pavía, que en 1873 ocupó las Cortes e instaló al general Serrano en el poder. La primera parte del plan se llevó a cabo con arreglo a lo previsto. A eso de las seis de la tarde los guardias civiles del teniente coronel Tejero entraron en el salón de sesiones, dispararon al techo y ordenaron a los diputados que se echaran al suelo. Todos obedecieron, a excepción del presidente del gobierno, Adolfo Suárez, el ministro de Defensa, general Gutiérrez Mellado, y Santiago Carrillo. Tejero anunció que esperaba la llegada de otra personalidad. ¿Quién era esta personalidad? Probablemente el general Armada, antiguo miembro de la casa del rey, que contaba con la adhesión de parte del ejército. En Valencia el general Milans del Bosch proclamó la ley marcial y colocó tanques en las principales vías de la ciudad. En el resto del país la situación era confusa. Los golpistas esperaban que el rey se plegaría, como lo había hecho Alfonso XIII ante Primo de Rivera en 1923. Se dio a entender a los generales que Juan Carlos avalaría la operación si tenía éxito. Pero el rey no estaba al corriente, y al ser informado llamó por teléfono personalmente a los jefes de las principales guarniciones para comunicarles que desaprobaba el golpe y estaba dispuesto a oponerse. Pasó varias horas convenciendo a los jefes del ejército de que sería absurdo lanzarse a una aventura anacrónica, y de que no había solución para los problemas de España al margen de los cauces democráticos. A la 1.24 de la madrugada Juan Carlos apareció en la televisión, de uniforme, para denunciar solemnemente a los golpistas e intimar al ejército a permanecer fiel a las instituciones que España se había dado libremente. El 24 de febrero por la mañana Tejero y sus hombres se rindieron. Milans del Bosch levantó el estado de excepción. El día 26, cientos de miles de madrileños se manifestaron para proclamar su adhesión a la democracia. En cabeza marchaban los dirigentes de los partidos políticos, de la derecha a la izquierda, de Fraga Iribarne a Santiago Carrillo.

---

20.   Así llamada porque los conspiradores se reunían en una cafetería de Madrid del mismo nombre.

El fracaso del golpe reveló el carácter irreversible del proceso democrático. Aunque los españoles habían perdido parte de sus ilusiones, no estaban dispuestos a dar marcha atrás. Una circunstancia fortuita les permitió darse cuenta de lo que había pasado. Cuando los hombres de Tejero asaltaron el Congreso no se dieron cuenta de que las cámaras de televisión y los micrófonos de las radios estaban conectados para transmitir en directo el debate de investidura. Durante varios minutos millones de telespectadores y oyentes vieron y oyeron lo que pasaba: unos militares irrumpían pegando tiros, obligaban a echarse al suelo a los representantes del pueblo y a los ministros, el general Gutiérrez Mellado se levantaba de su escaño para exigir obediencia a los guardias y era zarandeado por Tejero... Estas escenas, indignas de un gran país, pusieron a los españoles en contra de los conspiradores. Es posible que a parte de la oficialidad también le disgustara la imagen que daba el ejército de sí mismo.

La actitud de Juan Carlos fue decisiva. Sólo él tenía la suficiente autoridad como para imponer a los militares el respeto a las instituciones, y lo hizo con gran determinación. Aquella noche Juan Carlos disipó las últimas dudas que aún podían abrigar algunos. Se ganó la legitimidad democrática, al aparecer como garante y defensor de las instituciones aprobadas por el pueblo. Los españoles se lo agradecieron. El pecado original de su nombramiento por Franco quedó borrado.

El intento de golpe de Tejero puso de manifiesto que la democracia aún tenía poderosos detractores. También sirvió para medir el apego que le tenían los españoles. Por último, evidenció el desgaste del gobierno de Adolfo Suárez. Por una extraña paradoja, el hombre que había hecho posible la restauración de la democracia tuvo muchas dificultades para aceptar algunas de sus reglas de funcionamiento. Suárez había tenido una brillante actuación en sus contactos con los jefes de la oposición en 1976 y 1977 —es un seductor, diría Santiago Carrillo—. Había sabido convencerles de su buena fe y de su determinación. Siempre había tomado la iniciativa; la transición se había hecho a su ritmo, de acuerdo con el plan ideado con el rey, y la oposición había acabado aceptando un proyecto que de entrada rechazaba. Durante este difícil período Suárez había llevado la batuta en la orquesta política. Sus intervenciones televisadas seducían a los españoles. Su juventud, su prestancia y su sinceridad evidente lo convirtieron en el hombre más popular de España, después del rey. Las elecciones de 1979 fueron su triunfo personal. La coalición electoral UCD, vencedora en estas elecciones, le debía casi todo. Suárez tuvo la intuición de que España quería ser gobernada por el centro, y acertó.

Las cualidades que tanto le habían servido a Suárez de 1976 a 1979 se volvieron en parte contra él a partir de marzo de 1979. No estaba muy a gusto en los debates parlamentarios y prefería explicarse en la televisión, donde sus intervenciones aún eran seguidas con atención e interés. Era muy aficionado a los encuentros con periodistas y a las entrevistas, pero huía de las ruedas de prensa. Daba la impresión de que evitaba el debate público y la confrontación con varios interlocutores. En mayo de 1980, cuando la oposición presentó la moción de censura, Suárez dejó que sus ministros contestaran a Felipe González, mientras él, el presidente del gobierno, permanecía mudo en su escaño. Suárez tampoco fue capaz de imponer una disciplina y una línea de acción en el seno de la UCD. Sus distintos componentes no se entendían entre sí, y Suárez fracasó en el intento de ponerlos de acuerdo. Aspiraba a transformar esta coalición electoral en un partido estructurado, pero sus métodos parecían autoritarios. La UCD se fue disgregando poco a poco. El 27 de enero de 1981 Suárez dimitió. Tras unas laboriosas negociaciones, a finales de febrero le sucedió Leopoldo Calvo Sotelo. Fue esta la crisis que aprovecharon los golpistas el 23 de febrero. La UCD sobrevivió un año más, pero con defecciones cada vez más numerosas. Fernández Ordóñez y los socialdemócratas se acercaron al PSOE, el ala derecha se unió a Alianza Popular, de Fraga. La UCD se disolvió el 22 de febrero de 1982. Suárez, aislado, fundó un partido centrista al mes siguiente, el Centro Democrático y Social (CDS).

La desaparición de la UCD reflejaba la reorganización política que se estaba produciendo en la España democrática. Con la fundación de Alianza Popular, Fraga Iribarne esperaba atraer a gran parte de los españoles que habían apoyado al régimen anterior. Pensaba que eran muchos los que aún permanecían fieles por lo menos a algunos de los valores franquistas. Pero estaba equivocado, y las elecciones de 1977 y 1979 revelaron que el franquismo, incluso moderado, ya no era atractivo. Fraga aprendió la lección y se propuso transformar Alianza Popular en un gran partido de derechas «liberal, conservador y progresista», cuyo programa sería la defensa de los principios sociales inspirados en la doctrina cristiana, la defensa de la unidad de España a través de sus variedades regionales y la integración de España en la Europa comunitaria.

Dos partidos se disputaban al electorado de izquierda: el Partido Comunista y el Partido Socialista Obrero Español (PSOE). El Partido Comunista, dirigido por Santiago Carrillo, había empezado a guardar las distancias con la Unión Soviética y a evolucionar hacia lo que entonces se llamaba el eurocomunismo. Esperaba sacar provecho de su lucha contra el franquismo y de su moderación con Suárez. Pero los resultados de las elecciones fueron decepcionantes para él. Aunque el partido renunció al leninismo —permaneciendo fiel al marxismo— y a la dictadura del proletariado, no logró atraer a grandes masas de electores. En cambio, esta línea política fue muy discutida en el interior del partido. A Carrillo le reprocharon no tener más perspectiva que un gobierno de unidad democrática con la UCD y el PSOE. Los prosoviéticos —a los que sus adversarios llamaron «afganos» por apoyar a la URSS cuando invadió Afganistán— se enfrentaron a los eurocomunistas, los militantes del interior a los que volvían del exilio, los jóvenes a los viejos. La gravedad de estas desavenencias internas se puso de manifiesto en el X congreso (julio de 1981): los renovadores, en contra de la opinión de Santiago Carrillo, propusieron un cambio de rumbo. El solo hecho de presentar una moción distinta de la del comité ejecutivo era algo insólito en un partido comunista. Y aún más que dicha moción consiguiera un tercio de los votos. Santiago Carrillo reaccionó expulsando a los disidentes más destacados: Manuel Azcárate, Jaime Sartorius, Cristina Almeida y otros, por actividades fraccionales. Carrillo siguió siendo secretario general —no fue reemplazado por uno de sus lugartenientes, Gerardo Iglesias, hasta 1983—, pero fracasó en su intento de convertir el Partido Comunista en una gran fuerza política.

El PSOE, en cambio, se afianzó como el principal aglutinador de la izquierda. Antes de la muerte de Franco el partido estaba dividido en tendencias rivales: por un lado, los dirigentes históricos, herederos de los combates de la República, y, por otro, los renovadores, convencidos de que España había cambiado y había que buscar soluciones originales para los nuevos problemas. La ruptura se produjo en el congreso de Toulouse (1972), pero el giro decisivo se produjo dos años después, en 1974, en el congreso de Suresnes. Contra todo pronóstico, un joven militante del interior, Felipe González, se aupó a la dirección del partido. Valiéndose del apoyo de la Internacional Socialista y, sobre todo, de Willy Brandt y los socialdemócratas alemanes, Felipe González era el símbolo del nuevo PSOE: un secretario general joven para un partido joven —la edad media de los militantes era de cuarenta años—. En 1976 y 1977 González fue el interlocutor privilegiado de Suárez, que puso mucho empeño en convencerle, pues necesitaba un aval democrático que sólo el PSOE podía darle. En última instancia Suárez podía prescindir de los comunistas, pero sin el PSOE perdería todo el crédito, en particular ante la opinión internacional. Felipe González lo sabía y aprovechó esta ventaja. Combinando la firmeza con la moderación, compartió con Suárez el prestigio de llevar a término una transición ejemplar. Los electores se lo supieron agradecer. En 1977 el PSOE pasó a ser el segundo partido de España. Rechazó las alianzas electorales. Los que se acercaron a él fueron invitados a unirse o quedarse fuera y defender sus posiciones por su cuenta y riesgo. La táctica dio resultado: el PSOE absorbió al Partido Socialista Popular de Tierno Galván (abril de 1978), y posteriormente a los socialdemócratas de Fernández Ordóñez, escindidos de la UCD. En mayo de 1979 Felipe González consideró que el PSOE había cometido un error declarándose marxista. Según él, eso no tenía sentido ante un electorado de cinco millones de personas en el que el obrero analfabeto de Andalucía se codeaba con el ejecutivo catalán. Esta declaración causó bastante revuelo en el partido, donde algunos preconizaban la alianza con los comunistas y una estrategia de unión de la izquierda similar a la de los socialistas franceses en la misma época. El sector llamado crítico obtuvo la mayoría en el XXVIII congreso. Aceptó que Felipe González siguiera de secretario general, pero decidió elegir un comité directivo en el que estuvieran representadas todas las tendencias —incluida la suya, mayoritaria—. Felipe González rechazó ese compromiso y prefirió renunciar a sus funciones. El sector crítico no pudo encontrarle un sucesor. Para salir del atolladero, en septiembre de 1979 se convocó un congreso extraordinario en el que triunfó Felipe González. Éste hizo aprobar una nueva línea en la que se suprimió toda referencia al marxismo. Esta decisión no hizo más que ratificar una tendencia que había aparecido mucho antes, en el congreso de Suresnes, cuando Felipe González había accedido a la dirección del partido. Por muchos homenajes que rindiera a sus ilustres antepasados, el PSOE de 1978 no tenía mucho que ver con el de Pablo Iglesias. Ya no se planteaba abolir el capitalismo, sino aprovecharlo para hacer de él un instrumento de la modernización de España. En las elecciones municipales de 1979 el PSOE había concertado alianzas con el Partido Comunista que le permitieron lograr alcaldías importantes como las de Madrid y Barcelona, pero ahora no estaba dispuesto a repetir la experiencia, y menos aún a hacerla extensiva a las elecciones generales. No quería hacer nada que pudiera asustar a los electores con el recuerdo del Frente Popular. El PSOE consideraba que podía ganar solo.

La UCD, AP, el PCE y el PSOE eran partidos nacionales que trataban de extender su influencia a toda España. Otros partidos limitaban su acción a una comunidad autónoma, sobre todo en el País Vasco y Cataluña. Los partidos nacionales cosecharon éxitos importantes en estas dos regiones, pero tuvieron que competir con las formaciones regionales. En el País Vasco, el Partido Nacionalista Vasco (PNV), más que un partido, era un movimiento identificado con el pueblo vasco. Aunque estaba próximo a la corriente democratacristiana, aparte de la reivindicación de la independencia, no tenía una ideología definida. Por este motivo, no le hizo ascos a la alianza con los socialistas para formar un gobierno vasco. Muy distinto era el caso de Euskadiko Eskerra y Herri Batasuna, este último expresión política de la organización terrorista ETA. Por último, en Cataluña, junto a las secciones regionales del PSOE y el PCE, existía un grupo centrista sólidamente implantado —Convergència i Unió—, nacido en 1979 de la alianza de dos formaciones, Convergència Democràtica y Unió Democràtica de Catalunya. La primera, dirigida por Jordi Pujol, pretendía ser la heredera de la Lliga Regionalista de Cambó, mientras que la segunda era de filiación democratacristiana.[21]

Estas eran las formaciones políticas que se presentaron ante los electores el 28 de octubre de 1982, cuando quedó patente que las Cortes de 1979 ya no eran capaces de garantizar una mayoría estable. La participación fue de cerca del 80 por 100. Los resultados para el Congreso de diputados fueron los siguientes:

	Votos emitidos (en porcentajes)	Escaños
PSOE	48,43	202
AP	26,53	107
UCD	6,6	11
PCE	4,05	4
CDS	2,89	2
Convergència i Unió	3,69	12
PNV	1,89	8
Herri Batasuna	1	2

El escrutinio tuvo unas características que merecen ser destacadas. Ante todo, la aplastante victoria de los socialistas, que obtuvieron una holgada mayoría absoluta en el Congreso: 202 escaños de 350. Luego el hundimiento de Suárez y su partido, el CDS, así como lo que quedaba de la UCD, pues entre ambos sólo lograron trece diputados. Otro hecho destacable es la subida de la Alianza Popular de Fraga, que pasó a ser el principal partido de la oposición. Por último, el retroceso de los comunistas, que perdieron 19 escaños. Por lo demás, se pudo constatar la estabilidad de los centristas catalanes de Jordi Pujol y del PNV, pero también una irrupción inquietante de Herri Batasuna, señal de que una parte nada despreciable de los electores vascos apoyaban a ETA y sus métodos terroristas. El gran vencedor fue Felipe González, que el 2 de diciembre de 1982 formó el primer gobierno socialista de la historia de España.

Los socialistas en el poder (1982-1996)

El triunfo socialista en las elecciones de 1982 se confirmó meses después en las elecciones autonómicas y municipales de 1983. El PSOE obtuvo la mayoría en 11 de las 13 comunidades autónomas donde se celebraban elecciones. Logró mayoría absoluta en 26 capitales de provincia y relativa en otras siete. La hegemonía socialista duró hasta 1996. La victoria de Felipe González fue posterior en año y medio a la elección de François Mitterrand como presidente de la República francesa. A diferencia de sus compañeros franceses, los socialistas españoles no se plantearon reformas estructurales como, por ejemplo, las nacionalizaciones. Su afán era moder-

---

21. El partido nacionalista catalán Esquerra Republicana es muy minoritario.

nizar España e introducir más justicia social, pero sin alterar los equilibrios económicos. La experiencia de los socialistas franceses en el año siguiente a la elección de Mitterrand les sirvió de lección. Su modelo era la socialdemocracia tal como la concebían Willy Brandt en Alemania y Olof Palme en Suecia. También consiguieron que hubiera consenso para acabar con el terrorismo de ETA, sin lograr eliminarlo por completo. En el aspecto diplomático los gobiernos de Felipe González supusieron la reaparición de España como gran potencia en el escenario internacional. A partir de 1990 el poder socialista empezó a dar señales de desgaste. En 1996 tuvo que dar paso a la oposición. Esta alternancia es la prueba de que la democracia se ha consolidado definitivamente en España.

PROBLEMAS ECONÓMICOS Y SOCIALES

El primer gobierno González —con Miguel Boyer como ministro de Economía y Hacienda y Carlos Solchaga como ministro de Industria— se propuso sanear la economía. Trató de reducir la inflación. La tasa era del 14 por 100 en 1982; subió al 20 por 100 en 1984, luego bajó al 8 por 100 en 1985, y al 4,6 por 100 en 1987... El gobierno favoreció las inversiones privadas y llevó a cabo la reconversión de varios sectores industriales, la siderurgia, la construcción naval, la fabricación de automóviles, la construcción, el textil, etc., lo que supuso el cierre de muchas fábricas. La evolución que había empezado en 1960 continuó y se intensificó. El peso de las actividades primarias en la economía siguió reduciéndose: la agricultura y la pesca apenas representaban el 4 por 100 del PIB, y la población activa en los dos sectores no pasaba del 10 por 100 del total. El pequeño comercio perdió el 60 por 100 de su importancia, y los supermercados e hipermercados pasaron del 33 al 60 por 100. El rigor en la gestión de la Hacienda pública implicó medidas de austeridad. Por ejemplo, el presupuesto de 1984 preveía la supresión de 6.000 empleos en el ejército, con reducción del 23 por 100 de los oficiales y el 5 por 100 de los suboficiales. En 1985 el ingreso en el Mercado Común obligó a reforzar la fiscalidad indirecta y a crear un impuesto sobre el valor añadido, el IVA. Esto causó un rebrote de la inflación y un déficit de la balanza comercial, pero estos desequilibrios se atenuaron en parte con la afluencia de capitales extranjeros. El crecimiento se reanudó en 1987-1988, hasta el punto de que algunos hablaron de un nuevo milagro de la economía española. Estas transformaciones estuvieron acompañadas de destrucción masiva de empleo. La población activa ocupada en la agricultura cayó un 42 por 100, la de la construcción un 40 por 100 y la de la industria un 25 por 100.

Las organizaciones sindicales —y en especial la UGT—, que al principio mantuvieron una actitud moderada, se mostraron cada vez más agresivas frente a una política que acarreaba una pérdida de poder adquisitivo de los trabajadores. Acogieron con hostilidad las decisiones que, con el pretexto de la flexibilidad, daban a las empresas libertad para despedir al personal. En cierto modo, suponían un retroceso con respecto al franquismo. En efecto, el régimen de Franco había puesto muy difíciles los despidos. Era una forma de garantizar la paz social; tratando de compensar la legislación que prohibía la huelga, había suprimido la libertad sindical y obligaba a los obreros a afiliarse a un sindicato único sometido a la Falange. El número de parados se disparó. En 1982 había más de dos millones, es decir, el 16 por 100 de la población activa. En 1990 ya eran más de dos millones y medio, el 20 por 100 de esta población, y las cifras aumentaron en los años siguientes. Aunque estaban por encima de la realidad —la economía sumergida tendía a desarrollarse—, no por ello eran menos alarmantes. Después de muchas discusiones la UGT rompió con el gobierno socialista y, de acuerdo con Comisiones Obreras, convocó el 14 de abril de 1988 una huelga general de protesta contra la política neoliberal de Carlos Solchaga, que en junio de 1986 había sustituido a Boyer como ministro de Economía y Hacienda. Dada la aplastante mayoría socialista y la autoridad que ejercía Felipe González sobre el grupo parlamentario, las Cortes no fueron capaces de desempeñar su papel. La mayoría de las leyes aprobadas fueron de iniciativa gubernamental, y la función de control sobre los actos del ejecutivo acabó siendo casi nula. En efecto, el aparato del partido era el que decidía qué candidatos se presentaban a las elecciones y el puesto que ocupaba cada uno en las listas, es decir, sus posibilidades de ser elegido. Felipe González era secretario general del PSOE y además presidente del gobierno; el responsable administrativo del partido era Alfonso Guerra, vicepresidente del gobierno. Eso no animaba precisamente a los diputados socialistas a criticar la política de los ministros. Los sindicatos fueron la única oposición seria al gobierno que, si no hubieran estado allí o hubieran sido menos poderosos, habría dispuesto de un poder casi absoluto.

Las autonomías

A partir de 1980 empezaron a formarse las comunidades autónomas previstas por la Constitución, sin que por ello desaparecieran las provincias.[22] Los aparatos administrativos se amontonaron: el estado, la comunidad autónoma, la provincia y el municipio, cada uno tenía el suyo, lo cual no facilitaba las cosas, sobre todo cuando no coincidían las tendencias políticas de los distintos niveles. El gobierno central socialista no siempre mantenía buenas relaciones con la comunidad autónoma gobernada por la oposición.[23] Lo mismo sucedía en el interior de una comunidad, como en Cataluña. Aquí los centristas de Convergència i Unió tenían la mayoría en el Parlamento, y su jefe, Jordi Pujol, presidía la Generalitat, pero la ciudad más grande, Barcelona, tenía un alcalde socialista, Pasqual Maragall. En Andalucía la situación era la contraria: en los últimos años los socialistas conservaron la mayoría en la comunidad, pero la perdieron en Sevilla. La consecuencia más visible del desarrollo de las autonomías fue que la administración se reforzó considerablemente. En 1994 las autonomías disponían de la cuarta parte del presupuesto nacional. Cuando todas reciban la transferencia de la enseñanza gestionarán el 30 por 100 de ese presupuesto. El País Vasco tiene 43.000 funcionarios, Andalucía unos 200.000, Cataluña más de 100.000, el País Valenciano 80.000... Una autora catalana destaca

22. A veces esta dualidad comunidades-provincias crea problemas. Por ejemplo, el reparto de los recursos en Euskadi y las tres provincias que forman esta comunidad causó una división en el PNV. El presidente del partido, Arzallus, defendía el papel tradicional de las provincias; Carlos Garaicoechea, en cambio, era partidario de la supremacía del gobierno vasco. Al verse desautorizado fundó otro partido, Eusko Alkartasuna.
23. El País Vasco era la excepción que confirmaba la regla: el PNV gobernaba con el apoyo de los socialistas.

el hecho de que antiguamente en Cataluña no tenían burócratas locales, y comenta que tiene la impresión de que Cataluña, sin ser un estado independiente, ha heredado todos los defectos del estado.[24] Las comunidades de la llamada vía rápida —es decir, las que tenían una personalidad histórica, cultural y lingüística consolidada— se preocuparon de fomentar la enseñanza de la lengua regional. El País Vasco, Galicia, Cataluña y el País Valenciano pusieron en marcha sendos programas lingüísticos. En el País Vasco, según una encuesta realizada en 1989-1990, cerca de la cuarta parte de los dos millones de habitantes hablaban el euskera habitualmente y el 17,49 por 100 de un modo imperfecto. El resto de la población —es decir, el 57,86 por 100— no lo hablaba. Este grupo no estaba formado sólo por emigrantes, ya que muchos vascos autóctonos se encontraban en este caso en Álava y algunas zonas de Vizcaya. El gobierno vasco aplicó un sistema de enseñanza de la lengua regional con arreglo a tres modelos: en algunos colegios el castellano se usaba para la enseñanza, pero los alumnos recibían clases de euskera; en otros el castellano y el euskera estaban en pie de igualdad, y por último, en otros el euskera era la lengua de enseñanza y el castellano la segunda lengua.

No parece que este sistema contara con la aprobación de todos los padres. Por ejemplo, en Álava algunos prefirieron mandar a sus hijos a la provincia de Burgos, donde no se enseñaba el euskera.

En Galicia existían problemas del mismo orden. La ley de normalización lingüística (julio de 1983) dispone que el gallego es obligatorio para todos los alumnos en todos los niveles, pero prevé excepciones para los exámenes de los alumnos que deben residir menos de dos años en Galicia. La realidad era muy distinta. El 95 por 100 de los habitantes entendían el gallego y el 80 por 100 eran capaces de hablarlo. El problema se planteaba en el paso del oral al escrito, pues sólo el 15 por 100 de los niños se escolarizaron en esta lengua desde el principio debido a las reticencias de muchos padres, partidarios de que en vez del gallego sus hijos aprendieran una lengua extranjera. Este problema se plantea en todas las comunidades históricas: la enseñanza del castellano se ha sumado a la de la lengua de la comunidad, mientras que el inglés, el francés, el alemán, etc., han pasado a un tercer lugar. Esto explica en parte el retroceso que ha experimentado el aprendizaje del francés desde hace una veintena de años. En España casi todos los niños estudian inglés. En Francia también, pero en este país pueden estudiar una segunda lengua, mientras que en España las lenguas distintas del inglés son, a menudo, cuartas lenguas, después de la vernácula, el castellano y el inglés. En el caso del gallego hay que tener en cuenta otro fenómeno: el interés de una minoría culta por el gallego contrasta con el poco aprecio que siente el pueblo por esta lengua. Gracias a una codificación de la gramática y el vocabulario, se está haciendo un esfuerzo por devolver su dignidad a esta lengua, que poco a poco va perdiendo su arraigo popular.

El catalán no se encuentra en la misma situación. Esta lengua nunca dejó de ser hablada, escrita y utilizada por todas las capas de la población, incluyendo las elites sociales y culturales. Más del 90 por 100 de los seis millones de habitantes de Cataluña lo entienden, el 64 por 100 lo hablan, el 60 por 100 lo leen y el 31,5 por 100 lo escriben. En 1990 estos porcentajes eran más altos entre los jóvenes entre 15 y 19 años: más de dos tercios hablaban catalán, y cerca de la mitad sabían escribirlo.

---

24. Margarita Rivière, *El problema*, Barcelona, 1996.

Estos resultados se deben a la ley de normalización lingüística y al programa llamado de inmersión, que consiste en que todos los niños —incluidos aquellos cuya lengua materna es el castellano— son escolarizados en catalán.

El País Valenciano tiene un problema de identidad. En el siglo XIV la región fue conquistada y colonizada por catalanes, pero los valencianos siempre han reivindicado una personalidad original. Valencia no ha querido ser «Cataluña la Nueva», como ha habido una Castilla la Nueva, surgida de las guerras de la reconquista. El reino de Valencia fue el tercer componente de la corona de Aragón, junto con Aragón y el principado de Cataluña. Con una reacción que se podría interpretar como un complejo de antiguos colonizados frente a sus colonizadores, los valencianos desconfían de la tendencia hegemónica —¿imperialista?— de Cataluña, y se consideran diferentes de los catalanes. En las provincias que forman hoy la comunidad valenciana[25] se habla valenciano, pero esta lengua en realidad es un catalán con algunas diferencias en el vocabulario y la pronunciación. Desde el punto de vista lingüístico Cataluña, las Baleares y Valencia forman una unidad. Pero los valencianos no quieren ir más allá y fundirse en una unidad política que agrupe a todos los territorios de expresión catalana. Estas inquietudes explican las tensiones que se producen entre catalanes y valencianos, en particular la indignación de los segundos cuando el diccionario de la Academia española ha definido su lengua como catalán. Es algo indiscutible desde el punto de vista científico, pero política y sociológicamente los valencianos sostienen que hablan valenciano y no catalán.

Con el estado de las autonomías la Constitución fomentó el policentrismo cultural, que estaba ya muy arraigado en España. Pero al mismo tiempo introdujo un riesgo de desequilibrio entre el estado y las regiones. El artículo 148 incluye la cultura entre las competencias que las comunidades autónomas pueden reclamar y asumir, mientras que el 149 dice que la cultura es una facultad esencial del estado. Las comunidades autónomas han aprovechado esta posibilidad, y todas han creado una Consejería de Cultura, cuyos objetivos y prioridades no siempre coinciden con los del Ministerio de Cultura del gobierno central. Por un lado, es indudable que se han hecho importantes esfuerzos para la restauración y conservación del patrimonio histórico de las provincias. Los castillos medievales, palacios y edificios renacentistas, conjuntos urbanos, etc., se han beneficiado de una ayuda, a veces considerable, de las regiones autónomas. Por supuesto, las regiones más prósperas están en mejores condiciones para desarrollar iniciativas culturales. Pero, por otro lado, existe el riesgo de que se difunda una cultura exclusiva o principalmente provinciana. Por ejemplo, el gobierno vasco subvenciona hasta el 25 por 100 de las producciones cinematográficas hechas en su territorio, con actores y técnicos vascos y temas específicamente vascos. Como la mayoría de las comunidades autónomas, la Generalitat de Cataluña tiene sus propias cadenas de televisión[26] y sus emisoras de radio. Una de las primeras iniciativas de la recién creada TV3 fue comprar la serie *Dallas* y doblarla al catalán, ¿se puede hablar, en este caso, de cultura catalana? La Generalitat subvenciona

---

25. Valencia, Alicante y Castellón, pero el castellano había progresado considerablemente en las ciudades, sobre todo en Valencia.

26. Hay una cadena catalana con dos canales —TV3 y Canal 33—, dos canales de la televisión vasca Euskal Telebista —ETB1 y ETB2—, una cadena gallega —TVG—, una cadena de la Comunidad de Madrid —Telemadrid—, una cadena andaluza —Canal Sur—, una cadena valenciana —Canal 9—, una cadena murciana —TV Mur—...

las ediciones en catalán y compra ejemplares de casi cada obra publicada.[27] No cabe duda de que es una manera de fomentar la literatura, pero sólo si está escrita en catalán. Así, en un reciente catálogo de «escritores catalanes», no aparecen los nombres de Ana María Matute, Manuel Vázquez Montalbán, Eduardo Mendoza, los hermanos Goytisolo… por la única razón de que, pese a ser catalanes, escriben en castellano.

El fenómeno más sorprendente de estos últimos años ha sido la promoción de Madrid al rango de gran metrópoli cultural. La capital de España va camino de convertirse en el centro artístico más vivaz y dinámico del país. Han contribuido a favorecer esta tendencia las iniciativas de las autoridades municipales —recordemos el empeño de Enrique Tierno Galván por hacer de Madrid una gran ciudad cultural—, y también la política del Ministerio de Cultura. El centro de arte Reina Sofía, instalado en un hospital del siglo XVIII, aspira a ser el gran museo de arte moderno y contemporáneo de la España actual. Cerca de allí, en el palacio de Villahermosa, se expone la colección Thyssen, con unas 800 obras, la mitad de las cuales son anteriores al siglo XVII. De 1988 a marzo de 1990 España tuvo un ministro de Cultura de una calidad excepcional, Jorge Semprún, que por su fama internacional[28] y su independencia —no era miembro del PSOE—, contribuyó a acrecentar el prestigio de España en el mundo. Una de las aspiraciones de Semprún era hacer de Madrid un centro artístico de primer orden. Algunos se lo reprocharon, y el ministro se enzarzó en una polémica con la Generalitat de Cataluña a propósito del legado de Dalí, pues Semprún quería depositar en el Reina Sofía las obras anteriores a 1960, que generalmente son las más bellas… Al final se llegó a un acuerdo, pero el incidente es significativo.

Da la impresión de que la irrupción de Madrid como gran ciudad, centro cultural y laboratorio de experiencias no se debió únicamente a una situación pasajera o a una política voluntarista del poder central y las autoridades municipales. La apertura al mundo exterior ha sido real, la tendencia de España a encerrarse en sí misma parece superada, y Madrid ha sabido aprovechar la ocasión en el ámbito cultural, entre otros. Se diría que el desarrollo de las autonomías ha reforzado en cierto modo el papel cultural de la capital. El contraste con Barcelona es significativo. Durante mucho tiempo esta ciudad tuvo una vocación más cosmopolita y abierta que Madrid, lo que hizo de ella un foco artístico activo y vivaz. La paradoja es que cuando Cataluña reclamó y obtuvo la autonomía a la que aspiraba desde hacía tres siglos, Barcelona empezó a encerrarse en sí misma y en el catalanismo. Segura de su riqueza cultural, parecía muy satisfecha de una situación que no tenía por qué ser eterna, y manifestó una tendencia a cultivar en exceso su particularismo. Un signo de esta mentalidad podría ser la forma en que la vanguardia de ayer (o de anteayer) se transforma en una suerte de academicismo. Para los catalanes Tàpies es una referencia obligada. La estética oficial u oficiosa de la región se define en comparación con él, con todo lo que esto implica de rechazo de otras expresiones artísticas, o al menos de negligencia con ellas. La política de la Generalitat refuerza esta tendencia a afirmar la personalidad de Cataluña en todas las circunstancias. Su presidente, Jordi Pujol, se considera, en cierto modo, como el viajante de Cataluña en el mundo, dedicado a promover su país, sus productos, su cultura y su lengua, lo cual no deja

---

27. En 1991 se imprimieron más de 4.800 títulos en catalán, frente a los 600 de 1975.
28. A veces se decía de él que era el ministro francés de la Cultura española.

de causar irritación en el resto de España. Barcelona se queja de que el poder central favorece a Madrid. La realidad, sin duda, es más compleja: Barcelona sigue siendo lo que era, que no está mal, pero no parece dispuesta a abrir nuevos cauces. Así lo manifestaba sin rodeos Jorge Semprún en octubre de 1988 al hablar de la identidad catalana: «Hay un momento en que la afirmación de esa identidad provoca cierta crispación y una relativa cerrazón».[29] En 1992 el escritor de origen peruano Mario Vargas Llosa[30] causó cierto revuelo con su declaración a El País:

> La ciudad [de Barcelona] da ahora una impresión de prosperidad impresionante desde el punto de vista material. Sin embargo, Barcelona representaba antes un centro cosmopolita, un tipo de actitud cultural abierta y volcada hacia afuera que nos atrajo a muchos. Y tengo la impresión que esta actitud ha cambiado ahora desde el punto de vista cultural. La defensa de lo propio, de lo peculiar catalán, no sé si por un sector mayoritario, es una actitud que prevalece, una actitud que tiende a cerrar la ciudad y que me parece lamentable aquí y en todo el mundo. Si hay algo reñido con lo local es la cultura. Es una lástima que ocurra esto en un período de gran internacionalización.[31]

El desarrollo de las autonomías, con la acentuación de las diferencias regionales, ha reforzado el papel de Madrid. Ya no es sólo la capital política y administrativa, sino también, y cada vez más, un lugar de acogida, abierto al mundo exterior, sobre todo en el ámbito cultural.

ESPAÑA, POTENCIA MUNDIAL

Desde el fin de la guerra de la Independencia, y tras la emancipación de los territorios americanos, España pasó a ser una potencia de segundo orden. Consciente de ello, se fijó unos objetivos diplomáticos modestos: mantener buenas relaciones con los países extranjeros, en particular con Francia e Inglaterra, pero sin entrar en sistemas de alianzas que pudieran arrastrarla a conflictos armados. La situación apenas cambió con Franco, excepto en el hecho de que España se acercara a Alemania e Italia de 1939 a 1944, y luego, a partir de 1945, a Estados Unidos. A partir de 1975 España se propuso ocupar en Europa y en el mundo un lugar más acorde con su historia y sus transformaciones recientes. Ya no era un país atrasado y tenía un régimen democrático. Por lo tanto, se planteó una política exterior ambiciosa en América Latina, la cuenca mediterránea y Europa. De 1982 a 1992 la diplomacia de los gobiernos socialistas estuvo dirigida por Fernando Morán hasta el 4 de julio de 1985, por Francisco Fernández Ordóñez hasta 1992, y luego por Javier Solana. Los tres tuvieron en común su deseo de que España entrara en la Comunidad Europea sin renunciar a una política activa en América Latina y el Mediterráneo, pero esta segunda preocupación fue más acusada en Fernando Morán, menos atlantista que sus sucesores.

El interés por América Latina se remonta a fines del siglo XIX.[32] Se reactivó

---

29. Declaración a Le Monde, 22 de octubre de 1988.
30. En virtud del artículo 11 de la Constitución, Mario Vargas Llosa pudo naturalizarse español sin perder su nacionalidad peruana.
31. Esta declaración provocó distintas reacciones.
32. Los españoles no son muy aficionados a la expresión «América Latina», creada a mediados del siglo pasado, pues consideran que es una forma de poner en tela de juicio —sobre todo por

durante la dictadura de Primo de Rivera. A causa de sus orígenes, el régimen franquista fue acogido de forma desigual por las naciones latinoamericanas. Mantuvo buenas relaciones con la Argentina de Perón, no así con México. La vuelta de la democracia creó una situación nueva. A partir de 1976 el rey Juan Carlos hizo varios viajes destinados a estrechar los vínculos entre España y sus antiguos territorios, cualquiera que fuera su régimen político. Por ejemplo, España nunca rompió sus relaciones con Cuba, pese a la irritación de Estados Unidos. Juan Carlos se propuso desarrollar la idea de una comunidad de naciones iberoamericanas, basada en su larga historia común, dejando a un lado todo lo que hiciera pensar en el neocolonialismo.[33] Esta comunidad se caracteriza por la pertenencia a un fondo cultural común —a la misma área cultural, diría Fernand Braudel— y el uso de la misma lengua. La definición que hace el rey del iberoamericanismo incluye los elementos autóctonos y descarta la tentación de eurocentrismo. La Constitución española prevé la posibilidad de doble nacionalidad para los españoles y los ciudadanos de los países iberoamericanos, siempre que haya reciprocidad. En 1979 se creó en Madrid una Agencia de Cooperación Iberoamericana que sustituyó al Instituto de Cooperación Iberoamericana de la época franquista. La inspiración era la misma, pero la Agencia procuró suprimir cualquier connotación paternalista por parte de España. Entre los cometidos de la Agencia estaban acoger a becarios hispanoamericanos —estudiantes, jóvenes funcionarios—, desarrollar la asistencia técnica y formar especialistas en varios campos. La preparación del V centenario del descubrimiento de América fue la ocasión de dar un contenido a esta comunidad de intereses culturales.[34] La comisión nacional creada en 1981 impulsó toda clase de proyectos, que una sociedad anónima con financiación pública se encargó de poner en práctica. El objetivo era mostrar la riqueza del patrimonio artístico y cultural de España y los países que habían tenido una historia común con ella. La Sociedad Estatal V Centenario subvencionó los más variados proyectos, no sólo concernientes a Iberoamérica,[35] sino a la civilización hispánica en general.[36] A partir de 1991 todos los años se celebra una reunión de jefes de estado y de gobierno iberoamericanos. Se ha dicho que la conferencia de Guadalajara (México), celebrada ese año, fue el acta de nacimiento de esta comunidad de naciones iberoamericanas. En la primavera de 1982 la guerra de las Malvinas puso a prueba la política exterior de España, que estaba en conver-

---

parte de los franceses— su influencia en un continente descubierto y conquistado por ellos, y marcado por su presencia durante tres siglos. Prefieren hablar de Hispanoamérica o Iberoamérica. La disputa ha perdido fuerza. Por ejemplo, Felipe González no duda en emplear el término América Latina.

33.   En su discurso de México, el 21 de noviembre de 1978, Juan Carlos recordó que las Indias no eran colonias en el sentido moderno de la palabra, sino territorios asociados.

34.   La idea misma de esta celebración dio lugar a interminables discusiones. Los más críticos se preguntaban: ¿qué pretendía conmemorar España? ¿El punto de partida de un genocidio? Para apaciguar estos temores y susceptibilidades se prefirió hacer hincapié en el encuentro de dos mundos, más que en el descubrimiento y la conquista.

35.   Las civilizaciones precolombinas, la obra de España en América, los archivos de Indias de Sevilla, la Revolución francesa y la emancipación de los territorios americanos, etc.

36.   1992 fue también el V centenario de la expulsión de los judíos de España. La Sociedad Estatal V Centenario incluyó en su programa unas actividades destinadas a abordar temas como la España de las tres religiones —al-Andalus, el judaísmo español en la Edad Media—, la España de los Reyes Católicos, la primera gramática española —la de Nebrija—, etc.

saciones con Gran Bretaña a propósito de Gibraltar. España reconoció los derechos de Argentina sobre las Malvinas y se abstuvo de votar la resolución del Consejo de Seguridad de las Naciones Unidas que condenaba a Argentina. El episodio puso de manifiesto lo difícil que podía ser conciliar la política americana de España con su compromiso europeo.

España, excluida del plan Marshall, había solicitado en 1962 el ingreso en la Comunidad Económica Europea. La respuesta había sido negativa debido a la naturaleza de su régimen. En 1977 volvió a presentar su candidatura. Fue admitida en el Consejo de Europa, pero en lo referente al Mercado Común los gobiernos de Suárez y Calvo Sotelo chocaron con la firme oposición de Francia, lo que provocó la irritación de los españoles. En efecto, para la mayoría de ellos la integración en Europa, además de aumentar las posibilidades de desarrollo, era una consagración, una forma de reconocer que España tenía legitimidad democrática y era un país europeo como cualquier otro. Pensaban que Francia sólo buscaba pretextos para retrasar la admisión de España, y su presidente Giscard d'Estaing concitaba mucho resentimiento. Giscard había asistido en noviembre de 1975 a la coronación de Juan Carlos, y desde entonces aparentaba apadrinar a España, en cierto modo, pero tampoco quería ponerse en contra a los agricultores del suroeste, que temían la competencia de las frutas y verduras españolas. A este motivo de desavenencia se añadía otro, la actitud de Francia con ETA. Las autoridades francesas se obstinaban en considerar refugiados políticos a sus militantes, tratándolos como si fueran miembros de la resistencia contra la dictadura franquista que luchaban por la libertad de su pueblo. Los españoles de todas las tendencias trataron, inútilmente, de hacer ver que la situación había cambiado, pues se habían restablecido las libertades públicas y ya no existía el delito de opinión. En esas condiciones no podía haber refugiados políticos. Los militantes de ETA eran terroristas que se negaban a someterse al veredicto de los electores, y el 90 por 100 de los atentados que se les atribuían se habían perpetrado después de la restauración de la democracia. Además, el País Vasco disfrutaba de una amplia autonomía, con casi todas las facultades de un estado soberano, excepto la diplomacia, el ejército y la moneda. El contencioso entre Francia y España empezó a desbloquearse en 1984, tres años después de la elección de François Mitterrand y dos años después de la llegada al poder de Felipe González. La visita de Gaston Deferre, ministro de Interior, en junio de 1984 y la del presidente de la República en octubre del mismo año propiciaron un acuerdo sobre las dos cuestiones en litigio: ETA y la Comunidad Europea. Francia accedió a extraditar a los terroristas refugiados en su territorio. La policía francesa colaboró con las autoridades españolas. Por otra parte, Francia prometió apoyar la candidatura de España al Mercado Común. El tratado de adhesión se firmó en Madrid el 12 de junio de 1985.

Fernando Morán, ministro de Asuntos Exteriores del primer gobierno de Felipe González, tenía un gran interés en que España entrara en la Comunidad Europea. En cambio, era muy reticente a la adhesión de su país a la OTAN. Al principio su posición era la del PSOE en su conjunto. La iniciativa en este asunto la había tomado el gobierno de Calvo Sotelo. Pensaba que la adhesión de España a la OTAN facilitaría el ingreso en el Mercado Común y, además, proporcionaría al ejército español la posibilidad de modernizarse y misiones dignas de una gran nación. El 30 de agosto de 1981 el Congreso aprobó esta iniciativa con el voto en contra de los socialistas, que se declararon dispuestos a convocar un referéndum sobre la cuestión si llegaban al poder. La opinión pública española era bastante contraria a la OTAN, no simpatizaba mucho con Estados Unidos y sus afanes imperialistas, y prefería una política de neutralidad, más acorde con una larga tradición. Llegados al poder, los socialistas se encontraron en un apuro. Muchos de ellos seguían siendo contrarios a la OTAN, empezando por Fernando Morán, ministro de Asuntos Exteriores, partidario de garantizar la seguridad de España mediante acuerdos bilaterales con Estados Unidos, pero sin adherirse a la OTAN. Felipe González trató de ganar tiempo, con la esperanza de que la disminución de la tensión entre los bloques hiciera que la Alianza Atlántica perdiera gran parte de su razón de ser. Vaciló durante tres años antes de convocar el referéndum prometido. Acabó decidiéndose en 1986. Entonces ya era favorable a la entrada de España en la OTAN, con algunas restricciones: no integración en las estructuras militares de la Alianza, reducción progresiva de las tropas estadounidenses estacionadas en España y prohibición de armas nucleares en suelo español. Morán cedió su puesto a Fernández Ordóñez, partidario de la Alianza Atlántica. Pero había que convencer a los españoles. Para ello el Partido Socialista organizó una intensa campaña de propaganda: carteles, octavillas, reuniones públicas, intervenciones televisadas… Lo que estaba en juego era algo más que la cuestión planteada. La respuesta sería una prueba para el gobierno. Así lo entendió la derecha, que siendo favorable a la OTAN hizo campaña por la abstención, pues no quería que el referéndum fuera un plebiscito a favor de Felipe González. Los socialistas se quedaron solos pidiendo el sí. Los comunistas mantuvieron su postura contraria. Dadas las circunstancias, no es extraño que la participación en el referéndum del 12 de marzo de 1986 fuera tan escasa: sólo el 60 por 100. El sí ganó por escaso margen, el 52,5 por 100 de los votos. Hubo un 8 por 100 de votos en blanco o nulos. Fue una victoria personal de Felipe González, que confirmó su popularidad en el país.

La adhesión de España a la Comunidad Europea le obligó a reconsiderar algunos aspectos de su política en relación con Latinoamérica. Para adecuarse a las directrices europeas tuvo que pedir un visado de entrada a los ciudadanos de algunas repúblicas americanas, que no recibieron nada bien la medida, pues en 1939 habían acogido a los refugiados españoles, y cuarenta años después España limitaba la libertad de circulación en el otro sentido… En general, España se sumó a todas las decisiones importantes de la Alianza Atlántica y la Comunidad: la guerra del Golfo en 1991, la ayuda humanitaria y la intervención en la antigua Yugoslavia, etc. Hay un ámbito que reviste un interés especial para España: el Mediterráneo. Franco mantenía unas relaciones privilegiadas con el mundo árabe. La nueva España perseveró en esa dirección y firmó acuerdos con Argelia —que le suministra gas natural— y Marruecos, a pesar del contencioso que enfrentaba a los dos países a causa del Sahara occidental, algunos caladeros de pesca y el estatuto de Ceuta y Melilla. Sin renunciar a la amistad con los países árabes, España se decidió a reconocer el estado de Israel en enero de 1986. Dos hitos marcan esta vocación mediterránea de España: el Consejo Europeo de Madrid (junio de 1989), que terminó con una declaración sobre Oriente Próximo, y sobre todo la conferencia de Madrid (30 de octubre de 1991) con la que se inició el proceso de paz entre Israel y los palestinos, bajo los auspicios de Estados Unidos y la URSS. Este segundo acontecimiento era todo un símbolo, pues señalaba la vuelta de España al escenario de la alta política internacional. España era el país anfitrión porque había sabido restablecer unos vínculos de confianza con dos confesiones que antaño habían convivido en su suelo; gracias a ello pudo hacer de intermediaria entre judíos y árabes. Nada indica mejor el camino recorrido desde 1815. España volvía a ser una gran potencia.

La alternancia de 1996

En las elecciones legislativas del 22 de junio de 1986 Alianza Popular, los comunistas, el PNV y Herri Batasuna mantuvieron sus posiciones. La coalición de Jordi Pujol avanzó, lo mismo que el CDS de Suárez. El PSOE perdió un millón de electores pero conservó la mayoría absoluta.[37] Tres años después Felipe González trató de explotar el éxito de los socialistas en las elecciones europeas de junio de 1989 y convocó elecciones legislativas anticipadas para el 29 de octubre de 1989. El resultado fue tal como lo esperaba: sólo los comunistas ganaron votos y escaños, las otras formaciones se estancaron o retrocedieron, incluido el PSOE, pero éste logró conservar por escaso margen la mayoría absoluta.[38] Parecía que nada haría peligrar la hegemonía socialista, pese a los reagrupamientos que se producían tanto a la derecha como a la izquierda. Los comunistas no se habían repuesto de sus divisiones. Santiago Carrillo tuvo que abandonar el partido que había dirigido durante tantos años. El nuevo secretario general, Julio Anguita, trató de ampliar la influencia de los comunistas formando una coalición electoral, Izquierda Unida, que consiguió unos resultados alentadores, pero tuvo escasa influencia en la vida política a causa de su estrategia de lucha en dos frentes, contra la derecha y contra los socialistas. No sucedió lo mismo con Alianza Popular, que en enero de 1989 pasó a llamarse Partido Popular. Desde hacía varios años la figura de Fraga era discutida, tanto en su propio partido como en la opinión pública, pues se la asociaba al franquismo, y eso apartaba a los electores centristas. Fraga acabó dimitiendo. Para sucederle el Partido Popular designó en 1990 a un hombre mucho más joven, José María Aznar, que quiso encarnar a una derecha moderna y liberal. Aznar amplió poco a poco la base electoral del Partido Popular. Trató de ganarse a los centristas, a los desencantados del PSOE y a los descontentos en general. Pero tuvo muchas dificultades para medirse con Felipe González, que durante este período parecía el único hombre de estado de la nueva España. Por otro lado, el Partido Popular no tenía un verdadero programa alternativo, porque el PSOE aplicaba una política liberal en la que se había suprimido cualquier referencia a reformas estructurales, y se con-

37.

	Sufragios expresados (en porcentajes)	Escaños
PSOE	43,4	184
Alianza Popular	26	105
PCE	4,6	7
CDS	9,2	19
Convergència i Unió	5	18
PNV	1,5	6
Herri Batasuna	1,1	5

38.

PSOE	39,56	176
Partido Popular	25,84	106
Izquierda Unida	9	17
CDS	7,5	14
Convergència i Unió	5	18
PNV	1,2	5
Herri Batasuna	1	4

tentaba con garantizar las pensiones y el subsidio de desempleo. Por otra parte, los sindicatos, que tanto criticaban la política del gobierno, a la hora de las elecciones seguían votando socialista. Todo esto hacía muy incómoda la posición de Aznar, jefe de una oposición que criticaba la política del gobierno pero era incapaz de proponer otra.

No obstante, el PSOE empezó a sufrir el desgaste del poder. La autoridad de Felipe González en el seno del partido se mantuvo intacta, pero surgieron divergencias entre Alfonso Guerra, vicepresidente del gobierno, que dominaba el aparato, y los ministros neoliberales Miguel Boyer y su sucesor Carlos Solchaga. El primero representaba una tendencia populista que procuraba no decepcionar demasiado a los votantes tradicionales de los socialistas. En marzo de 1990 Felipe González se resignó a separarse de Guerra. A decir verdad, la salida de Guerra del gobierno se había hecho inevitable desde que en 1989 se descubriera un asunto de tráfico de influencias en el que estaba implicado su hermano. Juan Guerra, que no tenía ningún cargo oficial, se había instalado en un despacho de Sevilla que, en principio, estaba reservado al delegado del gobierno. Allí recibía a los solicitantes y les ayudaba a obtener autorizaciones sin pasar por las ofertas públicas. Llegó a amasar una fortuna respetable. Alfonso Guerra no era personalmente culpable de las malversaciones, pero su situación, cuando menos, era ambigua. El caso Guerra fue el primero de una serie de escándalos que desprestigiaron al partido en el poder:[39] financiación ilegal, facturas falsas, tráfico de influencias, utilización de fondos reservados, sobornos, escuchas telefónicas... Dos escándalos fueron especialmente demoledores para los socialistas: el caso Roldán y los GAL. Luis Roldán fue nombrado director general de la guardia civil. Por primera vez el cargo no lo desempeñaba un militar. Pero se descubrió que Roldán era un estafador de altos vuelos, que se había apropiado de cantidades muy considerables. Roldán huyó. Su detención en Laos, que puso fin a su fuga, fue un episodio rocambolesco digno de una novela de espionaje. Los GAL —Grupos Antiterroristas de Liberación— acabaron siendo otro quebradero de cabeza para el gobierno socialista. En un intento de combatir el terrorismo con sus propios métodos, un grupo de policías reclutaron mercenarios, secuestraron en territorio francés a presuntos militantes y simpatizantes de ETA, mataron a otros, y a veces se equivocaron y confundieron a honrados ciudadanos con terroristas. ¿Encubrieron y costearon estas acciones los servicios oficiales y algunos ministros? Peor aún: ¿fue suya la iniciativa? ¿Estaba al corriente Felipe González?

Estas cuestiones y escándalos se debatieron en la prensa y en el Parlamento. Los socialistas se pusieron a la defensiva. Las elecciones municipales de mayo de 1991 les fueron adversas. El PSOE pudo conservar las alcaldías de Barcelona y Zaragoza, pero perdió las de Madrid, Sevilla y Valencia. Sin embargo, Felipe González no perdió la esperanza de enderezar la situación. Contaba con su popularidad —que era real— y con su talla de hombre de estado respetado en Europa y en el mundo, frente a un José María Aznar sin prestancia y mal orador. Se convocaron elecciones legislativas anticipadas. Por primera vez en España hubo debates televisados entre los dirigentes de los dos principales partidos, el PSOE y el PP. Para sorpresa de todos, Aznar salió airoso del primer debate, el 24 de mayo de 1993; Felipe González, demasiado seguro de sí mismo, no se había tomado la molestia de prepararse.

---

39. No sólo afectaron a este partido. El PP también se financió de forma ilegal durante este período.

Recuperó su inspiración el 31 de mayo y dio la vuelta a la situación. El 6 de junio de 1993 la participación fue elevada, del 78,28 por 100. El PP ganó votos y escaños. Pasó del 25,84 por 100 al 34,82 por 100 y de 106 a 141 diputados. El PSOE se mantuvo en las zonas rurales y perdió posiciones en las ciudades. Cedió un punto en porcentaje —38,68 en vez de 39,56—, y se quedó con 159 diputados, cuando para la mayoría absoluta hacían falta 176.[40] No obstante consiguió mantenerse en el poder gracias al grupo de Jordi Pujol, Convergència i Unió, a cambio de concesiones para Cataluña.[41] En vano repetía Aznar en el Parlamento y por televisión: «¡Váyase, señor González!». El presidente del gobierno le retó a presentar una moción de censura, pero Aznar sabía que dicha moción no tenía ninguna posibilidad de prosperar, pues implicaba un acuerdo de todas las oposiciones sobre el nombre del futuro jefe del gobierno. Hostigado por esta batalla parlamentaria, blanco de los ataques y revelaciones de la prensa que no paraba de denunciar escándalos, abandonado por sus aliados de Convergència i Unió, en septiembre de 1995 Felipe González acabó disolviendo las Cortes. Los sondeos aseguraban una victoria holgada a Aznar que, a fuerza de paciencia, había ganado fuste político y ya convencía a un sector de la opinión pública.[42] Pero no acertaron. Los socialistas perdieron las elecciones, pero por escaso margen. Con 156 escaños, el PP estaba lejos de la mayoría absoluta (176). Para gobernar tuvo que entablar negociaciones laboriosas con los regionalistas canarios —4 diputados—, el PNV y, sobre todo, Convergència i Unió —16—. Aznar, que tanto le había reprochado a Pujol su apoyo a los socialistas, se vio obligado a ponerse de acuerdo con él. ¿Con qué condiciones? El futuro lo dirá.

---

40. Los demás partidos permanecieron estables: 18 escaños para Izquierda Unida, 17 para Convergència i Unió, 5 para el PNV y 2 para Herri Batasuna. El CDS de Suárez se quedó sin representación parlamentaria.

41. En octubre de 1993 Jordi Pujol logró que el 15 por 100 del impuesto sobre la renta revirtiera en las comunidades autónomas.

42. El 19 de abril de 1995 Aznar se salvó milagrosamente de un atentado de ETA, lo cual acabó de convencer a ese sector de la opinión pública de que tenía capacidad para gobernar, puesto que trataban de eliminarle...

Conclusión

LA ESPAÑA DE 1996

Al preguntarse sobre la peculiaridad de España, Sánchez Albornoz destacaba la importancia de tres desembarcos: el de los musulmanes en Tarifa en 711, el de Colón en las Antillas en 1492 y el del futuro Carlos V en la costa de Asturias en 1517. Esos tres acontecimientos marcaron el destino de la península. El primero la separó durante siglos del resto de la cristiandad occidental, generó estructuras económicas, sociales y culturales especiales y rompió definitivamente su unidad política. En el momento en que España volvía a ser un país de cristiandad, el descubrimiento y la conquista del Nuevo Mundo prolongaron en el espacio y en el tiempo los marcos sociales y las mentalidades forjados en la Edad Media. La aventura de Cristóbal Colón, según Sánchez Albornoz, provocó un cortocircuito fatal para la modernidad española. Por último, el advenimiento de los Austrias implicó a España en una serie de conflictos ideológicos y políticos que la desviaron de sus intereses específicos y de su propio desarrollo. Todo habría sido muy distinto si los comuneros no hubieran sido derrotados en 1521, pues entonces España habría aplicado una política nacional, y no dinástica. A los tres acontecimientos que destaca el gran historiador cabe añadir un cuarto, más reciente: la catástrofe que supuso la invasión de la península ibérica por Napoleón en 1808. La guerra de Independencia cortó el impulso de renovación del siglo XVIII, incitó a los territorios americanos a emanciparse de la metrópoli y redujo a España al rango de potencia de segunda fila.

Después de 150 años de desavenencias e incertidumbres, España ha superado su atraso. Se ha convertido en una democracia y una potencia europea. En 1992 los Juegos Olímpicos de Barcelona y la Exposición Universal de Sevilla han dado la medida de estos cambios. En 1996 los problemas de España son similares a los de la mayoría de los países desarrollados: dificultades económicas con el consiguiente malestar social, corrupción de la vida política y violencia. En 1990 el filósofo José Luis Aranguren pronunció unas conferencias con el título: «La sociedad española entre el desencanto y la desmoralización». Como otros países de Europa occidental, la España de hoy parece desilusionada de muchas cosas. Esperaba mucho, sin duda demasiado, de la democratización. Las transformaciones de todo tipo producidas tras la muerte de Franco la han hecho entrar en un mundo moderno, cruel, a menudo decepcionante. Da la impresión de que los españoles han renunciado no tanto a los ideales cuanto a las ideologías, y se han vuelto realistas. Es lo que se oye a veces resumido en una frase, «con Franco vivíamos mejor», que recuerda a la famosa: «Que la République était belle sous l'Empire!». Sería más apropiado decir, sin duda, «contra Franco vivíamos mejor», porque existía la esperanza de que tras la muerte del dictador empezaría una vida nueva. De ahí el desencanto del que hablaba Aranguren,[1] prolongado y acentuado por el aumento del paro, la delincuencia y la drogadicción, así como del racismo.[2] El desprestigio del mundo político es muy patente, a causa de los escándalos de todo tipo que han salido a la luz en los últimos años. Mucho más alarmante es el terrorismo de ETA. Es el temor que expresaba una de sus últimas víctimas, el profesor Francisco Tomás y Valiente, historiador —esta obra le debe mucho—, jurista —presidió el Tribunal Constitucional— y una de las personalidades más interesantes de la España contemporánea, asesinado en su despacho de la Universidad de Madrid en febrero de 1996. En un libro póstumo de Francisco Tomás y Valiente leemos:

> Hoy el estado tiene mala prensa. Tampoco la tienen buena, sino peor, los partidos y los políticos, porque, cuando sopla el viento del descrédito, con todos, confundidos y revueltos, arrambla. Pagan justos por pecadores... Pese a los excesos y los defectos, el Estado democrático de derecho de este país nuestro de cada día tiene salud suficiente para encajar todo lo que le han echado unos y otros. Se ha hecho con frecuencia uso excesivo de la libertad de expresión, algunos jueces han desentonado, demasiados políticos se han enriquecido vilmente cediendo a tentaciones de poder y éxito inmediatos, todo eso y más ha sucedido, pero pese a eso y otros males las instituciones responden y el sistema actúa. Sólo una pesadilla nos amenaza y angustia como enigma cuyas soluciones se desconocen: el del terrorismo de ETA. Sólo ese problema nos enrabia y desquicia, porque no sabemos qué hacer con él. La corrupción es mal endémico y generalizado, es una enfermedad propia y ajena, y aunque el hecho de que sea mal de otros no debe consolarnos, sí ayudará a resolverlo, o por lo menos a combatirlo, conociendo sus raíces comunes y las experiencias de otros. Sólo el problema de ETA es nuestro y sólo nuestro, peculiar y distinto, envenenado y mortífero.[3]

En efecto, la cuestión de los nacionalismos no es irresoluble. España no ha sido nunca un estado-nación como Francia.[4] Los constituyentes de 1978 lo tuvieron en

---

1. En el ámbito cultural se expresa por el predominio de la estética sobre los valores morales: la moda, el esnobismo, el culto a la apariencia. Esta evolución es muy evidente en la novela. Los novelistas jóvenes ya no creen, como sus mayores, que la literatura sea un arma de combate ideológico para cambiar la conciencia de los hombres, y por tanto la sociedad. A partir de 1975 la literatura, y el arte en general, han seguido su propio curso. En la novela destaca el éxito de géneros nuevos, a medio camino entre la novela histórica y la novela negra, a menudo caracterizados por su tono irónico. Es la ocasión de volver sobre aspectos del pasado silenciados durante los años oscuros —caso de novelistas como Juan Benet, José Luis Sampedro y Antonio Muñoz Molina—, o de arrojar una luz distinta sobre la nueva sociedad española, cada vez más alineada con el modelo occidental: sociedad urbana, centrada en el consumo, dura con los marginados y las víctimas del sistema —véanse, por ejemplo, las obras de Eduardo Mendoza y Manuel Vázquez Montalbán.
2. España, que durante siglos fue un país de emigrantes, en los últimos veinte años se ha convertido en una tierra atractiva para los inmigrantes ilegales procedentes de África, que cruzan el Estrecho de Gibraltar en precarias embarcaciones. Luego se concentran en los suburbios de las grandes ciudades. Los negros, moros y gitanos padecen una discriminación que a veces degenera en agresiones violentas.
3. Francisco Tomás y Valiente, *A orillas del Estado*, Madrid, 1996.
4. En realidad, ¿hay muchos estados-nación en el mundo aparte de Francia? ¿No será Francia una excepción? Convendría hacerse esta pregunta.

cuenta, pero no se atrevieron a llegar hasta las últimas consecuencias. Ahora que todas las comunidades autónomas aspiran a las mismas competencias que las nacionalidades históricas, lo lógico sería que España evolucionara hacia un estado de estructura federal, o confederal. La reconstrucción de los estados bálticos resultó esperanzadora para vascos y catalanes. ¿Por qué no podemos hacer nosotros lo mismo?, se preguntaron. Pero el caos que siguió a la desintegración de Yugoslavia dio que pensar. El presidente de la Generalitat de Cataluña, Jordi Pujol, no oculta sus intenciones: aspira para Cataluña a un régimen semejante al de Quebec en el conjunto canadiense. Pero habría que aceptar todas sus consecuencias. Citemos de nuevo a Tomás y Valiente: «El Estado autonómico ... estará plenamente consolidado cuando los partidos nacionalistas de las comunidades que los tengan se integren en el gobierno central». Hasta el momento Jordi Pujol nunca ha querido hacerlo. Apoya al gobierno de Aznar como apoyó al último gobierno de González, votando la confianza, pero sin compartir las responsabilidades del poder. Volviendo a Tomás y Valiente: «Nadar y guardar la ropa, que es lo que intentó Pujol en Madrid, presenta más inconvenientes que ventajas». Los vascos parecen más intransigentes. El presidente del PNV, Javier Arzallus, afirmaba en septiembre de 1994 que ellos no suscribían, ni lo harían nunca, la Constitución española, y añadía: «Soy vasco, no español ... No necesitamos de España para relacionarnos con Bruselas». Es la idea de que en la Europa de las naciones los estados ya no tienen razón de ser. Ciertamente, el PNV está sometido a la presión de la organización ETA, que no se somete a las leyes de la democracia. Hasta ahora todos los intentos de convencer a ETA para que renuncie al terrorismo —ha habido conversaciones en 1984, 1987, 1989...— han fracasado. En 1987 todas las formaciones políticas se pusieron de acuerdo para condenar el terrorismo. La colaboración entre la policía francesa y la española, así como la intervención de la policía vasca, la Ertzaintza, han reducido la libertad de movimientos de los militantes de ETA. En principio ya no existe el «santuario francés», y algunas de sus redes han sido desarticuladas, pero la organización sigue matando. ¿Logrará España eliminar el terrorismo? Es la cuestión más grave que debe resolver hoy.

BIBLIOGRAFÍA

Obras generales

De las obras generales sobre la historia de España que se han publicado merecen una mención especial el precioso librito de Jaime Vicens Vives, *Aproximación a la historia de España* (Barcelona), y las interpretaciones contrapuestas de Américo Castro, *La realidad histórica de España* (México, 1962) y de Claudio Sánchez-Albornoz, *España. Un enigma histórico* (Buenos Aires, 1962), así como la *Introducción a la historia de España* de Antonio Ubieto, Juan Reglá, José María Jover y Carlos Seco Serrano (Barcelona, 1963), que es mucho más de lo que reza el título, el volumen colectivo *España. Reflexiones sobre el ser de España* (Real Academia de la Historia, Madrid, 1997) y Juan Marichal, *El secreto de España*, Taurus, Madrid, 1996. Cuatro colecciones se recomiendan por sus méritos científicos y expositivos; son las que dirigen (o han dirigido) respectivamente Miguel Artola (Alianza Editorial, Madrid), Antonio Domínguez Ortiz (Planeta, Barcelona), Manuel Tuñón de Lara (Labor, Barcelona) y José María Jover (Espasa-Calpe, Madrid); esta última es la continuación de la que puso en marcha Ramón Menéndez Pidal. Es también de consulta imprescindible la *Enciclopedia de Historia de España* dirigida por Miguel Artola y que consta de cinco volúmenes (Madrid, 1988-1991). Entre las obras publicadas fuera de España y traducidas al castellano son de especial interés la *Historia de España* de Pierre Vilar (Barcelona, 1978⁷), *Cataluña en la España moderna* del mismo autor (Barcelona, 1977-1988, 3 vols.) y *El Mediterráneo y el mundo mediterráneo* de Fernand Braudel (FCE, Madrid, 1976², 2 vols.), las obras de varios hispanistas ingleses (G. Parker, J. H. Elliott), etc.

Introducción

Blázquez, J. M., y A. Tovar, *Historia de la España romana*, Madrid, 1975.
Bosch-Gimpera, P., *El poblamiento antiguo y la formación de los pueblos de España*, México, 1944.
Fontaine, J., *Isidore de Séville et la culture classique dans l'Espagne wisigothique*, París, 1972.
Le Roux, P., *Romains d'Espagne. Cités et politique dans les provinces*, París, 1995.
Orlandis, J., *Historia de la España visigoda*, Madrid, 1977.

PRIMERA PARTE: *La España de las tres religiones*

Capítulo I

Arié, R., *Études sur la civilisation de l'Espagne musulmane*, Leiden-Nueva York, 1990.
Ashtor, E., *The Jews of Moslem Spain*, 3 vols., Filadelfia, 1973-1984.
Baer, Y., *Historia de los judíos en la España cristiana*, 2 vols., Madrid, 1981.

Dufourcq, Ch.-E., y J. Gaultier-Dalché, *Histoire économique et sociale de l'Espagne chrétienne au Moyen Âge*, París, 1976 (hay trad. cast.: *Historia económica y social de la España cristiana medieval*, Barcelona, 1983).

Gerbet, M.-C., *L'Espagne au Moyen Âge. viiie-xve siècles*, París, 1992.

Guichard, P., *Structures sociales «orientales» et «occidentales» dans l'Espagne musulmane*, París, 1977.

Lévi-Provençal, E., *La Civilisation arabe en Espagne*, París, 1948 (hay trad. cast.: *La civilización árabe en España*, Madrid, 1982[6]).

Martínez Gros, G., *L'idéologie omeyyade*, Madrid, 1992.

Terrasse, H., *L'islam d'Espagne*, París, s. d. [1958].

Vallvé, J., *El califato de Córdoba*, Madrid, 1992.

Capítulo II

Défourneaux, M., *Les Français en Espagne aux xie et xiie siècles*, París, 1949.

Epalza, M. de, *Jésus otage. Juifs, chrétiens et musulmans en Espagne (vi^e-xviie siècles)*, París, 1987.

Peyronnet, G., *L'islam et la civilisation islamique, viie-xiiie siècle*, París, 1992.

Vernet. J., *Ce que la culture doit aux Arabes d'Espagne*, París, 1985.

Capítulo III

Arié, R., *L'Espagne musulmane au temps des Nasrides (1232-1492)*, París, 1973.

Ballesteros Beretta, A., *Alfonso X el Sabio*, reedición, Madrid, 1985.

Carrère, C., *Barcelone, centre économique. 1380-1462*, 2 vols., París-La Haya, 1967 (hay trad. cat.: *Barcelona 1380-1462: un centre econòmic en època de crisi*, 2 vols., Barcelona, 1977-1978).

García Gómez, E., *Foco de antigua luz sobre la Alhambra desde un texto de Ibn-Al-Jatib en 1362*, Madrid, 1989.

García de Valdeavellano, L., *Sobre los burgos y los burgueses de la España medieval*, Madrid, 1960.

González Jiménez, M., *Alfonso X el Sabio. 1252-1284*, Palencia, 1993.

Klein, J., *La Mesta*, Madrid, 1936.

Ladero Quesada, M. Á., *El siglo xv en Castilla. Fuentes de renta y política fiscal*, Barcelona, 1982.

Suárez Fernández, L., *Nobleza y monarquía*, Valladolid, 1959.

—, *Monarquía hispana y revolución trastámara*, Madrid, 1994.

Valdeón Baruque, J., *Los conflictos sociales en el reino de Castilla en los siglos xiv y xv*, Madrid, 1975.

Vicens Vives, J., *Juan II de Aragón*, Barcelona, 1953.

Capítulo IV

Baer, Y., *Historia de los judíos en la España cristiana*, 2 vols., Madrid, 1981.

Monsalvo Antón, J. M., *Teoría y evolución de un conflicto social. El antisemitismo en la corona de Castilla en la Edad Media*, Madrid, 1985.

Poliakov, L., *Histoire de l'antisémitisme*, t. II: *De Mahomet aux Marranes*, París, 1961.

Romano, D., «Les Juifs catalans face aux chrétiens», en *Cinq siècles de vie juive à Gérone*, París, Éditions hispaniques, s. d.

Suárez Fernández, L., *Judíos españoles en la Edad Media*, Madrid, 1980.

Valdeón Baruque, J., *Los conflictos sociales en el reino de Castilla en los siglos xiv y xv*, Madrid, 1975.

SEGUNDA PARTE: *La España imperial*

Capítulo I

Azcona, T. de, *Isabel la Católica*, Madrid, 1964.
Kamen, H., *La Inquisición española*, nueva edición, Barcelona, 1988³).
Kriegel, M., «La prise d'une décision: l'expulsion des Juifs d'Espagne en 1492», *Revue Historique*, CCLX, 1978.
Ladero Quesada, M. Á., *Los Reyes Católicos: la corona y la unidad de España*, Madrid, 1989.
Netanyahu, B., *The Marranos of Spain. From the Late xivth to the Early xvith Century*, according to contemporary hebrew Sources, Nueva York, 1966.
Pérez, J., *Isabelle et Ferdinand, Rois Catholiques d'Espagne*, París, 1988 (hay trad. cast.: *Isabel y Fernando: los Reyes Católicos*, Madrid, 1988).
—, *Historia de una tragedia. La expulsión de los judíos*, Barcelona, 1993.
Suárez Fernández, L., *Los Reyes Católicos*, Madrid, 1989.
—, *La expulsión de los judíos de España*, Madrid, 1991.

Capítulo II

Brandi, K., *Charles Quint et son temps*, París, 1951.
Chaunu, P., *L'Espagne de Charles Quint*, 2 vols., París, 1973 (hay trad. cast.: *La España de Carlos V*, 2 vols., Barcelona, 1980-1981).
Jover, J. M., *Carlos V y los españoles*, Madrid, 1963.
Pérez, J., *La révolution des «Comunidades» de Castille*, Burdeos, 1970 (hay trad. cast.: *La revolución de las comunidades de Castilla*, Madrid, 1985⁵).
—, *Charles Quint, empereur des deux mondes*, París, 1994.

Capítulo III

Bouza Álvarez, F. J., *Cartas de Felipe II a sus hijas*, Madrid, 1988.
Cloulas, I., *Philippe II*, París, 1992.
Fernández Álvarez, Manuel, *Felipe II*, Madrid, 1998.
Jago, Ch., «Habsburg Absolutism and the Cortes of Castile», *The American Historical Review*, vol. 86, n.º 2, abril de 1981.
—, «Philip II and the Cortes of Castile: The case of the Cortes of 1576», *Past and Present*, n.º 109, noviembre de 1985.
Kamen, H., *Felipe de España*, Madrid, 1977.
Marañón, G., *Antonio Pérez*, 2 vols., Buenos Aires-México, 1947.
Parker, G., *España y la rebelión de Flandes*, Madrid, 1989.
—, *Felipe II*, Madrid, 1997.
Pfandl, L., *Philippe II. 1527-1598. Une époque, un homme, un roi*, trad. fr., París, 1980.

Capítulo IV

Aldea Vaquero, Q., *El cardenal infante Don Fernando o la formación de un príncipe*, Madrid, 1997.
Domínguez Ortiz, A., *Crisis y decadencia de la España de los Austrias*, Barcelona, 1969.
Elliott, J. H., *The Count-Duke of Olivares. The statesman in an age of decline*, Yale, 1986 (hay trad. cast.: *El conde-duque de Olivares*, Barcelona, 1991⁶).
Kamen, H., *La España de Carlos II*, Barcelona, 1981.
Palacio Atard, V., *Derrota, agotamiento, decadencia en la España del siglo xvii*, Madrid, 1966³.

Capítulo V

Dios, S. de, *Fuentes para el estudio del Consejo Real de Castilla*, Salamanca, 1986.
Elliott, J. H., *The Revolt of the Catalans. A study in the decline of Spain. 1598-1640*, Cambridge, 1963 (hay trad. cast.: *La rebelión de los catalanes*, Madrid, 1986³).
Hermann, Ch., coordinador, *Le premier âge de l'État en Espagne (1450-1700)*, París, 1989.
Iago, Ch., «The influence of debt on the relations between crown and aristocracy in seventeenth century Castile», *The Economic History Review*, XXVI (1973), pp. 218-236.
—, «The crisis of the aristocracy in seventeenth century Castile», *Past and Present*, 84 (1979), pp. 60-90.
Maravall, J. A., *Estado moderno y mentalidad social*, 2 vols., Madrid, 1972.
Schaub, J.-F., «La crise hispanique de 1640», *Annales, Économies, Sociétés, Civilisations*, 1994.
Tomás y Valiente, F., *Los validos en la monarquía española del siglo XVII*, Madrid, 1982.

Capítulo VI

Bernal, A. M., *La financiación de la carrera de Indias (1492-1824)*, Madrid, 1992.
Carande, R., *Carlos V y sus banqueros*, 3 vols., Madrid, 1943-1967.
Cardaillac, L., *Morisques et chrétiens*, París, 1977 (hay trad. cast.: *Moriscos y cristianos*, Madrid, 1979).
Céspedes del Castillo, *Las cecas indianas en 1536-1825*, Madrid, 1996.
Domínguez Ortiz, A., y B. Vincent, *Historia de los moriscos*, Madrid, 1978.
Hamilton, E. J., *American Treasure and Price Revolution in Spain*, Cambridge (Mass.), 1934 (hay trad. cast.: *El tesoro americano y la revolución de los precios*, Barcelona, 1983²).
Lapeyre, H., *Une famille de marchands, les Ruiz*, París, 1955.
—, *Géographie de l'Espagne morisque*, París, 1959 (hay trad. cast.: *Geografía de la España morisca*, Valencia, 1985).
Ruiz Martín, F., *Las finanzas de la monarquía hispánica en tiempos de Felipe IV*, Madrid, 1990.

Capítulo VII

Andrés Martín, M., *Historia de la mística de la Edad de Oro en España y América*, Madrid, 1994.
Bataillon, M., *Érasme et l'Espagne*, París, 1937 (hay trad. cast.: *Erasmo y España*, Madrid, 1991⁴).
Bennassar, B., *L'Inquisition espagnole*, París, 1979 (hay trad. cast.: *Inquisición española: poder político y control social*, Barcelona, 1984²).
Caro Baroja, J., *Las brujas y su mundo*, Madrid, 1961.
—, *Inquisición, brujería y criptojudaísmo*, Madrid, 1972.
Domínguez Ortiz, A., *Los judeoconversos en la España moderna*, Madrid, 1971.
Kamen, H., *La Inquisición española*, nueva edición, Barcelona, 1988³).

TERCERA PARTE: *España y Europa*

Capítulo I

Anes, G., *Economía e Ilustración en la España del siglo XVIII*, Barcelona, 1969.
—, *La Corona y la América del siglo de las Luces*, Madrid, 1994.
Artola, M., *La hacienda del Antiguo Régimen*, Madrid, 1982.
Domínguez Ortiz, A., *Carlos III y la España de la Ilustración*, Madrid, 1988.
—, *Sociedad y Estado en el siglo XVIII español*, Madrid, 1976.
Herr, R., *España y la revolución del siglo XVIII*, Madrid, 1964.

Lluch, E., *El pensament econòmic a Catalunya (1760-1840)*, Barcelona, 1973.
Lynch, J., *Bourbon Spain, 1700-1800*, Oxford, 1989 (hay trad. cast.: *El siglo XVIII*, Barcelona, 1991).
Maravall, J. A., *Estudios de historia del pensamiento español. Siglo XVIII*, Madrid, 1991.

Capítulo II

Artola, M., *Los afrancesados*, Madrid, 1989.
Aymes, J. R., *La guerra de la independencia en España (1808-1814)*, Madrid, 1974.
Carrera Damas, G., *El culto a Bolívar*, Caracas, 1973.
Céspedes del Castillo, G., *La Independencia de Iberoamérica. La lucha por la libertad de los pueblos*, Madrid, 1988.
Fontana, J., *La crisis del Antiguo Régimen*, Barcelona, 1979.
Gil Novales, A., *El trienio liberal*, Madrid, 1989.
La Parra, E., *El Regente Gabriel Císcar*, Madrid, 1995.
Lynch, J., *Las revoluciones hispanoamericanas. 1808-1826*, Barcelona-Caracas-México, 1980.
Stoetzer, O. C., *El pensamiento político en la América española durante la emancipación (1789-1825)*, 2 vols., Madrid, 1966.

Capítulo III

Aróstegui, J., *El carlismo alavés y la guerra civil de 1870-1876*, Vitoria, 1970.
Artola, M., *Antiguo Régimen y revolución liberal*, Barcelona, 1978.
—, *La burguesía revolucionaria. 1808-1874*, Madrid, 1974.
Bernal, M. Á., *La lucha por la tierra en la crisis del Antiguo Régimen*, Madrid, 1979.
Broder, A., *Histoire économique de l'Espagne contemporaine*, París, 1998.
Bullón de Mendoza, A., coord., *Las guerras carlistas*, Madrid, Actas, 1993 (curso de verano de 1992 de la Universidad Complutense en El Escorial).
—, *La primera guerra carlista*, Madrid, Actas, 1992.
Carr, R., *España. 1808-1939*, Barcelona, 1968.
García Delgado, J. L., ed., *España entre los siglos (1875-1931)*, Madrid, 1991.
Garmendia, V., *La ideología carlista (1868-1876). En los orígenes del nacionalismo vasco*, Zarauz, 1984.
Jover Zamora, J. M.ª, *La civilización española a mediados del s. XIX*, Madrid, 1991.
—, *Realidad y mito de la primera república*, Madrid, 1991.
López Cordón, V., *La revolución de 1868 y la I república*, Madrid, 1976.
Nadal, J., *El fracaso de la revolución industrial*, Barcelona, 1975.
Palacio Atard, V., *La España del siglo XIX. Introducción a la España contemporánea*, Madrid, 1984.
Seco Serrano, C., *Militarismo y civilismo en la España contemporánea*, Madrid, 1984.
Simpson, J., *La agricultura española (1765-1965): la larga siesta*, Madrid, 1997.
Témime, E., A. Broder, y G. Chastagnaret, *Histoire de l'Espagne contemporaine*, París, 1989.
Tomás y Valiente, F., *El marco político de la desamortización en España*, Barcelona, 1971.
Tortella, G., *Los orígenes del capitalismo en España*, Madrid, 1973.
Tuñón de Lara, M., *La España del siglo XIX*, París, 1968².

Capítulo IV

Álvarez Junco, J., *Ideología política del anarquismo español*, Madrid, 1976.
Cheyne, G., *Joaquín Costa. El gran desconocido*, Barcelona, 1971.
García Camarero, E. y E., *La polémica de la ciencia española*, Madrid, 1970.
Gómez Molleda, D., *Los reformadores de la España contemporánea*, Madrid, 1966.
Jover Zamora, J. M., *La civilización española a mediados del siglo XIX*, Madrid, 1991.

Laín Entralgo, P., *La generación del noventa y ocho*, Madrid, 1945.
Martí, C., *Orígenes del anarquismo en Barcelona*, Barcelona, 1959.
Martínez Cuadrado, M., *Elecciones y partidos políticos de España, 1868-1931*, 2 vols., Madrid, 1969.
Maurice, J., *L'Anarchisme espagnol*, París.
Niño, A., *Cultura y diplomacia. Los hispanistas franceses y España. 1875-1931*, Madrid, 1988.
Pablo, S. de, *Los nacionalistas. Historia del nacionalismo vasco. 1876-1960*, Vitoria, 1995.
Pabón, J., *Cambó*, 3 vols., Barcelona, 1952-1969.
Pérez de la Dehesa, R., *El pensamiento de Costa y su influencia en el 98*, Madrid, 1966.
Seco Serrano, C., *Alfonso XIII y la crisis de la Restauración*, Madrid, 1969.
Tuñón de Lara, M., *Medio siglo de cultura española (1885-1936)*, Madrid, 1970.
—, *Historia y realidad del poder*, Madrid, 1967.
Tusell, J., *Oligarquía y caciquismo en Andalucía (1890-1923)*, Barcelona, 1976.
—, *Antonio Maura*, Madrid, 1994.
Varela Ortega, J., *Los amigos políticos. Partidos, elecciones y caciquismo en la Restauración (1875-1900)*, Madrid, 1977.

Capítulo V

Andrés Gallego, J., *El socialismo durante la Dictadura. 1923-1930*, Madrid, 1977.
—, *España en el siglo XX (1900-1978)*, Madrid, 1989.
Díaz, E., *Revisión de Unamuno*, Madrid, 1968.
Elorza, A., *La razón y la sombra*, Barcelona, 1984.
González Calbet, T., *La dictadura de Primo de Rivera. El Directorio militar*, Madrid, 1987.
Hermet, G., *L'Espagne au XXᵉ siècle*, París, 1992.
Mainer, J. C., *La Edad de plata. 1902-1939*, Madrid, 1981.
Maurice, J., y C. Serrano, *L'Espagne au XXᵉ siècle*, París, 1992.
Tuñón de Lara, M., *La España del siglo XX*, París, 1966.
—, *Costa y Unamuno en la crisis de fin de siglo*, Madrid, 1974.
Tusell, J., *Radiografía de un golpe de Estado. El ascenso al poder del general Primo de Rivera*, Madrid, 1987.

Capítulo VI

Bécarud, J., *La IIᵉ République espagnole*.
Carr, R., y J. P. Fusi, *España, de la dictadura a la democracia*, Barcelona, 1979.
Fusi, J. P., *el problema vasco en la II República*, Madrid, 1979.
Jackson, G., *The Spanish Republic and the Civil War*, Princeton, 1965 (hay trad. cast.: *La República española y la guerra civil*, Barcelona, 1990⁸).
Juliá, S., *Orígenes del Frente popular en España (1934-1936)*, Madrid, 1979.
—, *Manuel Azaña. Una biografía política*, Madrid, 1991.
Malefakis, E., *Reforma agraria y revolución campesina en la España del siglo XX*, Barcelona, 1971.
Maurice, J., *La reforma agraria en España en el siglo XX*, Madrid, 1975.
Payne, S., *Phalange; histoire du fascisme espagnol*, París, 1965.
—, *The Spanish Revolution*, Londres, 1970 (hay trad. cast.: *La revolución y la guerra civil española*, Gijón, 1979³).
Seco Serrano, C., *Historia de España. Época contemporánea*, Barcelona, 1966.
Tamames, R., *La República. La era de Franco*, Madrid, 1983.
Tuñón de Lara, M., *La segunda república*, 2 vols., Madrid, 1976.
Tusell, J., *Historia de la democracia cristiana*, 2 vols., Madrid, 1974.

Capítulo VII

Aróstegui, J., dir., *Historia y memoria de la guerra civil*, 3 vols., Salamanca, 1986.
Brennan, G., *The Spanish Labyrinth*, Cambridge, 1943 (hay trad. cast.: *El laberinto español*, Madrid, 1994).
Broué, P., y É. Témime, *La Révolution et la guerre d'Espagne*, París, 1961.
Carr, R., *The Spanish Tragedy: The Civil War in Perspective*, Londres, 1977 (hay trad. cast.: *La tragedia española: la guerra civil en perspectiva*, Madrid, 1986).
Jackson, G., *The Spanish Republic and the Civil War*, Princeton, 1965 (hay trad. cast.: *La República española y la guerra civil*, Barcelona, 1995[8]).
Preston, P., *Franco. A biography*, Londres, 1993 (hay trad. cast.: *Franco. Caudillo de España*, Barcelona, 1994).
Raguer, H., *El general Batet*, Barcelona, 1996.
Salas Larrazábal, R., *Los datos exactos de la guerra civil*, Madrid, 1980.
Southworth, H. R., *El mito de la cruzada de Franco*, París, 1963.
Témime, É., *La guerre d'Espagne*, París, 1996.
Thomas, H., *The Spanish Civil War*, Londres, 1977[3] (hay trad. cast.: *La guerra civil española (1936-1939)*, Barcelona, 1987[10]).
Tuñón de Lara, M., dir., *La guerra civil española cincuenta años después*, Barcelona, 1985.
Tuñón de Lara, M., R. Miralles y B. N. Díaz Chico, *Juan Negrín López. El hombre necesario*, 1996.
Vilar, P., *La Guerre d'Espagne (1936-1939)*, París, 1986 (collection «Que sais-je?», n.º 2.338) (hay trad. cast.: *La guerra civil española*, Barcelona, 1992[5]).
Viñas, Á., *La Alemania nazi y el 18 de julio*, Madrid, 1977[2].

Capítulo VIII

Bennassar, B., *Franco*, París, 1995.
Carr, R., y J. P. Fusi, *España. De la dictadura a la democracia*, Barcelona, 1979.
Fusi, J. P., *Franco. Autoritarismo y poder personal*, Madrid, 1985.
Hermet, G., *La politique dans l'Espagne franquiste*, París, 1971.
Nourry, Ph., *Franco*, París.
Payne, S., *El régimen de Franco*, Madrid, 1987.
Preston, P., *Franco. A biography*, Londres, 1993 (hay trad. cast.: *Franco. Caudillo de España*, Barcelona, 1994).
Tamames, R., *Estructura económica de España*, Madrid, 1978.
Tuñón de Lara, M., y J. A. Biescas, *España bajo la dictadura franquista*, Barcelona, Labor, 1980 (vol. 10 de la *Historia de España* dirigida por M. Tuñón de Lara).
Tusell, J., *La dictadura de Franco*, Madrid, 1988.
—, *La España de Franco*, Madrid, 1989.
—, *Carrero. La eminencia gris del régimen de Franco*, Madrid, 1993.

Capítulo IX

Acuña, R. L., *Las tribus de Europa*, Barcelona, 1993.
Bon, P., y F. Moderne, dir., *L'Espagne aujourd'hui. Dix années de gouvernement socialiste (1982-1992)*, París, 1993.
Díaz, E., *La transición a la democracia*, Madrid, 1987.
Lavroff, D.-G., *Le Régime politique espagnol*, París, 1985.
Martínez Cuadrado, M., *La democracia en la España de los años 90*, Barcelona, 1996.
Nourry, Ph., *Juan Carlos, un roi pour l'Espagne*, París.
Preston, P., *El triunfo de la democracia en España*, Barcelona, 1986.
Tusell, J., *Juan Carlos I. La restauración de la monarquía*, Madrid, 1995.

CRONOLOGÍA

1474	Coronación de Isabel la Católica	
1478	Fundación de la Inquisición española	
1483		Carlos VIII, rey de Francia
1492	Reconquista de Granada	
	Expulsión de los judíos	
	Primer viaje de Cristóbal Colón	
1494	Tratado de Tordesillas	
1498		Luis XII, rey de Francia
1504	Muerte de Isabel la Católica	
1515		Francisco I, rey de Francia
		Batalla de Marignano
1516	Muerte de Fernando el Católico	
	Coronación de Carlos V	
1519	Carlos Quinto emperador	
1520	Rebelión de los comuneros	Solimán el Magnífico
1521	Hernán Cortés en México	
1525	Victoria imperial de Pavía	
1526		Victoria turca de Mohacs
1529		Los turcos asedian Viena
1533	Pizarro en Cuzco	
1534		Fundación de la Compañía de Jesús
1547	Batalla de Mühlberg	
1556	Abdicación de Carlos V	
	Coronación de Felipe II	
1571	Victoria de Lepanto	
1572		Matanza de San Bartolomé
1580	Felipe II, rey de Portugal	
1588	Armada Invencible	Enrique IV, rey de Francia
1598	Muerte de Felipe II	
	Coronación de Felipe III	
1609	Expulsión de los moriscos	
1610		Asesinato de Enrique IV
		Luis XIII, rey de Francia
1618		Comienza la guerra de los Treinta Años
1621	Coronación de Felipe IV	
1625	Victoria española de Breda	
1635	Guerra franco-española	
1640	Rebelión de Cataluña	
	Rebelión de Portugal	
1643	Derrota de Rocroi	Luis XIV, rey de Francia
1648	Tratados de Westfalia	La Fronda
1659	Tratado de los Pirineos	
1665	Coronación de Carlos II	
1685		Revocación del edicto de Nantes
1700	Coronación de Felipe V	
1713	Tratado de Utrecht	
1715		Luis XV, rey de Francia
1746	Coronación de Fernando VI	
1754	Concordato con la Santa Sede	
1756		Guerra de los Siete Años
1759	Coronación de Carlos III	
1766	Motín de Esquilache	

1767	Expulsión de los jesuitas	
1774		Luis XVI, rey de Francia
1776		Declaración de independencia de los Estados Unidos
1779	España en guerra del lado de Estados Unidos y Francia	
1783	Tratado de Versalles	
1788	Coronación de Carlos IV	
1789		Toma de la Bastilla
1793	Guerra de la Convención	
1796	Tratado de San Ildefonso	
1797	Batalla del cabo San Vicente	
1799		Bonaparte, primer cónsul
1801	Guerra de las Naranjas	
1802	Paz de Amiens	
1804		Napoleón I, emperador de los franceses
1805	Trafalgar	Austerlitz
1808	José Bonaparte, rey de España Guerra de la Independencia Batalla de Bailén	
1810	Cortes de Cádiz Empiezan los movimientos de emancipación en América	
1812	Batalla de los Arapiles	
1814	Vuelta de Fernando VII	Abdicación de Napoleón
1815		Congreso de Viena Cien mil hijos de san Luis
1820	Pronunciamiento de Riego	
1823	Expedición de los Cien Mil Hijos de San Luis	Declaración de Monroe
1824	Batalla de Ayacucho	Carlos X, rey de Francia
1830		Luis Felipe, rey de Francia
1833	Muerte de Fernando VII Regencia de María Cristina Primera guerra carlista	
1839	Fin de la primera guerra carlista	
1841	Regencia de Espartero	
1843	Coronación de Isabel II	
1844	Creación de la guardia civil	
1848		Revolución en Francia
1851	Concordato con la Santa Sede	
1852		Napoleón III, emperador de los franceses
1859	Guerra de Marruecos	
1862		Expedición francesa a México
1868	Exilio de Isabel II	
1870	Amadeo de Saboya, rey de España	Concilio del Vaticano Guerra franco-prusiana
1871		Comuna de París
1873	Primera República	
1875	Coronación de Alfonso XII	Tercera República francesa
1885	Muerte de Alfonso XII	
1890	Sufragio universal	

1895	Guerra de Cuba	
1898	Guerra con Estados Unidos	Fachoda
1902	Coronación de Alfonso XIII	
1904		Entente cordial
1906		Conferencia de Algeciras
1909	Semana Trágica de Barcelona	
1914		Primera guerra mundial
1917	Juntas de defensa	Revolución rusa
	Asamblea de parlamentarios	
	Huelga general	
1919		Tratado de Versalles
1921	Desastre de Annual	
1923	Dictadura de Primo de Rivera	
1929		Crack bursátil en Nueva York
1930	Dimisión de Primo de Rivera	
	Pacto de San Sebastián	
1931	Segunda República	
1932	Conspiración de Sanjurjo	Dollfus, canciller de Austria
1933	Matanza de Casas Viejas	Hitler, canciller de Alemania
	Fundación de la Falange	
1934	Revolución de Asturias	
1936	Victoria del Frente Popular	
	Alzamiento militar	
	Plenos poderes de Franco	
	Batalla de Madrid	
1937	Los franquistas toman Málaga	
	Guernica	
	Eliminación de los anarquistas	
	en Barcelona	
	Gobierno de Negrín	
	Batalla de Brunete	
	Batalla de Teruel	
1938	Batalla del Ebro	Acuerdos de Munich
1939	Victoria de Franco	Segunda guerra mundial
1940	Entrevista Franco-Hitler	Entrevista Pétain-Hitler
1943		Capitulación de Stalingrado
1944		Liberación de París
1945	Fuero de los Españoles	Capitulación de Alemania
1946	La ONU contra Franco	Perón, presidente de Argentina
1950	La ONU levanta las sanciones	Guerra de Corea
	contra España	
1952	España entra en la UNESCO	
1953	Concordato con la Santa Sede	
	Acuerdos con Estados Unidos	
1955	España ingresa en la ONU	
1958		V República francesa
1959	Creación de ETA	
	Inauguración del Valle de los Caídos	
1963	Ejecución de Julián Grimau	
1969	Juan Carlos, nombrado sucesor de Franco	
1973	Asesinato de Carrero Blanco	Crisis del petróleo
1974	Felipe González, secretario general	Revolución de los Claveles en Portugal
	del PSOE	

1975	Muerte de Franco	Marcha Verde en el Sahara
1976	Gobierno de Adolfo Suárez	
1977	Elecciones generales	
1978	Constitución	
1979	Elecciones generales	
1981	Dimisión de Adolfo Suárez	Elección de François Mitterrand
	Intento de golpe de estado de Tejero	
1982	Elecciones generales: gobierno	Guerra de las Malvinas
	de González	
1983		Mario Soares gobierna en Portugal
1985	España entra en la Comunidad Europea	
1996	Elecciones generales: gobierno de Aznar	

ÍNDICE ALFABÉTICO

ÍNDICE DE MAPAS

ÍNDICE

PRIMERA PARTE
LA ESPAÑA DE LAS TRES RELIGIONES
(711-1474)

Tercera parte

ESPAÑA Y EUROPA
(1700-1996)

Esta obra,
publicada por CRÍTICA,
se acabó de imprimir en los talleres
de Domingraf, S.L.,
de Mollet del Vallès (Barcelona),
el día 17 de mayo de 2000